교육부 정책 과제 답신 보고에 기초하고
표준국어대사전, 교과서 편수 자료에 맞춘

우리말 우리글 바로쓰기 사전

띄어쓰기 편람

- 개정판 -

대표 편저자 이승구
이인제
최용기

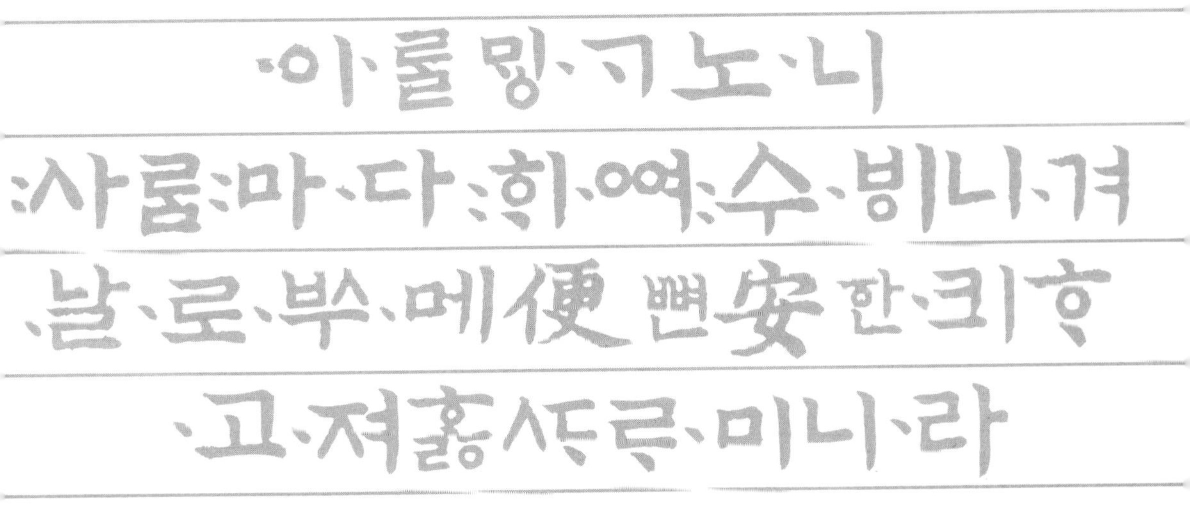

대한교과서주식회사

머 리 말

편저자는 '정서법 자료'(대한 교과서(주). 1990)의 머리말에서도 언급한 바 있지만, 편집·교정 업무에 종사하는 사람들에게 실제로 필요로 하는 것은, 심오한 이론서보다는 그때그때 옆에 두고 찾아볼 수 있는 편람적 자료라고 생각해 왔다.

젊었을 때, 교육부에서 교과서 편찬 업무를 보조하는 일을 하면서, 어떻게 하면 학자가 아닌 우리 실무자들이 손쉽게 이용 또는 응용할 수 있는 규정을 도출해 내고, 그런 편람을 만들어 낼 수 있을까 하고 생각을 하던 때가 있었다. 마침 윗분으로부터 띄어쓰기, 문장 부호를 쉽게 풀이한 교정 편람을 만들어, 새로 편찬하는 교과서에 적용할 수 있도록 해 보라는 지시를 받았다. 과연 짧은 시간 내에 이런 일을 해낼 수 있을까 내심 걱정이 태산 같았지만, 용기를 내서 해 보기로 했다. 그때까지 교육부에서 만든 내부 자료를 참고하고, 교과서에서 많은 용례를 뽑아 정리, 규정화해서 A안과 B안을 만들어 보고했다. 주로 A안을 가지고 집중 심의했다.

A안은 '교정 편람'(교육부. 1964) '띄어쓰기' 규정의 근간을 이루는 것으로서, '교정 편람'의 규정은 후에 국어 심의 회의에서 소위 '현행안'이라고 확인, 한글 전용 편람(교육부. 1969)에 실리기도 한 안이다. 물론, 심의 과정에서 많이 첨삭되었다. 이 안은 '한글 맞춤법 통일안'의 범위 안에서 그때까지 써 온 관용을 많이 수용한 안으로서, 한글 맞춤법이 개정될 때까지 교과서의 띄어쓰기 준칙으로 사용되었다. 물론, 아쉬움이 많은 안이었지만, 그 줄거리는 맞춤법 개정 이후까지도 많이 인용 또는 활용되고 있다.

B안은 1933년의 한글 맞춤법 통일안의 띄어쓰기로 부분적으로 돌아가는 안으로서, 제1 부사형 어미에 잇달리는 보조 용언을 비롯한 몇 개의 보조 용언과 몇 개의 의존 명사를 붙여 쓰는 안이었다. 띄어쓰기를 문법의 문제에서 조금 사유스러워지려는 생각에서 만든 안이었다.

일반 언중(一般言衆)은 문법 학자가 아니므로, 맞춤법이나 띄어쓰기의 규정이 마치 수학의 구구단처럼 욀 수 있도록 만들어져야 한다는 생각은 예나 이제나 변함없는 일관된 생각으로서, 편저자는 그런 생각에서 그동안 몇 가지 실무적인 자료집을 만드는 데 힘을 쏟았던 것이다.

편저자는 교과서 만드는 일에 평생을 종사하면서 그동안에 편집, 교정 또는 관리한 책 수가 수천 권은 넘으리라고 생각되는데, 수량으로 볼 때에는 기록이 될지 모르지만, 저지른 과오로 볼 때에는 참괴를 금하지 못할 일이다. 편람 같은 것이 있어 그것에 의존했더라면 과오를 훨씬 줄였을 것이다.

'붙여쓰기'를 하면 문제가 해결되지 않을까 생각도 해 보았지만, 이것 또한 "구절양장이 물도곤 어려왜라."라고 하는 옛 시조가 생각날 정도이다.

교과서의 편찬에는 교육인적자원부와 개발 및 검정 기관의 관계관을 비롯해서 많은 집필자와 편집·교열자, 그리고 심의·검토 위원 등이 참여하게 되는데, 이들이 일관되게 처리해 줄 것을 기대하는 것은 어려운 일이다. 이들이 통일되게 처리하기 위해서는 편람적 자료의 제공이 무엇보다 필요하다고 편저자는 생각한다. 그래서 교과서에 나온 띄어쓰기 용례를 추출, 정리해서 용례집을 만든 바 있고, 또 새 교과서에 적용하기 위한 '띄어쓰기 편람'을 교육부의 위탁 과제로 만든 바 있다. 이 '띄어쓰기 편람'은 바로 그 정책 과제의 답신 보고에 기초한 것이다. 이런 자료에 의존하지 않고서는 오랜 실무 경험이 있는 편저자가 직접 집필, 편집, 교정한 책이라 하더라도 앞뒤가 맞지 않고, 연계가 제대로 되지 않는 경우가 허다하다.

하기는, 띄어쓰기를 문법적으로 옳고 그름의 내용으로만 파악하는 것은 문제가 있다고 본다. 띄어쓰기는 어떻게 처리하는 것이 가독성을 높일 수 있고, 쉽게 통일할 수 있겠는가 하는 문제로 보는 것이 오히려 바람직할 것으로 보인다. 따라서, 띄어쓰기는 ① 반드시 붙여 써야 하는 것과 ② 반드시 띄어 써야 하는 것, ③ 허용할 수 있는 내용의 것으로 파악하는 것이 좋을 듯하다. 그러나 교과서의 경우, 나름대로 통일이 되어 있지 않으면 책의 품위가 떨어져 보이고 산만해 보일 뿐 아니라, 비판의 도마에 오르기 쉬우므로, 이를 유념해 둘 필요가 있다.

교과서 기획자, 집필자, 편집·교열자, 그리고 교사 들이 하나의 잣대로서 옆에 놓고 참고하기를 기대하면서 이 책을 만들었지만, 만족스런 제시를 못한 것이 많다. 이론과 실용면에 좀더 합의를 보아야 할 것들이 많이 있기 때문이다.

책의 성격과 대상에 따라 다양하게 운용할 수 있다고 보고, 또 이를 권장하고 싶다. 여기에 많은 용례를 제시해 놓은 것은 마치 바둑에서 축(逐)으로 몰리는 결과가 되지 않도록 하기 위한 것일 뿐이다. 그래서 비교 어휘를 많이 실어 서로 관계를 지어 볼 수 있도록 하였다. 이것이 이 책의 특징이기도 하다.

아무쪼록 널리 활용하여, 읽기 쉽고 눈맛이 나는 책을 만드는 데 도움이 되기를 바라면서, 연구를 도와 주신 여러분께 거듭 감사의 말씀을 드린다. 또, 여러 자료에서 참고 또는 인용하면서 그 저자분께 일일이 양해를 구하지 못한 점도 사과드린다.

2001. 8. 30.

편저자 대표

개정판을 내면서

교육인적자원부에서는 2009년에 적용되는 새 교과서부터 표준국어대사전을 따르기로 하고, 국립국어원과 업무 협정을 맺어 교과서의 표현·표기는 국립국어원의 감수를 받기로 하였다. 또, '검정 도서 편찬상의 유의점 및 검정 기준'을 발표하면서 배점 기준까지 발표하였다. 결국, 표현·표기에 대한 검정상의 배점 기준이 높기 때문에 이를 따르지 않을 경우에는 검정 불합격이라는 불이익을 받게 되어 있다. 또, 국정 교과서의 발행도 여러 회사에 분산되어 표기 통일을 기하기 어렵게 되어 있다.

표준국어대사전에 제시된 띄어쓰기 등 표기상의 불합리한 점이 개선되지 않은 채, 무엇이 문제이고 교육적으로 어떤 문제에 봉착하게 되겠는지도 파악해 보지 않은 채 행정적으로 결단을 내리고 시행에 들어간 것이다.

책을 읽고 보는 사람의 입장에서는 대수롭지 않은 일로 느낄지 모르겠지만, 책을 만드는 사람의 입장에서는 적지 않은 부담을 안고 있는 것이 사실이다. 통일하기가 꽤 어렵게 되어 있기 때문이다.

편저자는 반세기를 교과서 만드는 일에 종사한 사람으로서, 이번 행정 조치가 과연 합당한 조치였는가 하는 의문과 함께 더 쉽고 기계적으로 처리할 수 있게 만들 수는 없었는가 하는 아쉬움을 떨칠 수 없다. 이런 일을 결정할 때에는 편집·교정자의 고충도 참작되어야 한다는 생각은 편저자의 일관된 생각이다. 편집·교정 작업을 제대로 하려면 광범한 어문 지식을 가지고 있어야 하지만, 그렇다고 편집·교정자가 국어학자는 아니라는 것을 알아야 한다.

그러나 어쩌겠는가? 편저자의 경험적인 주장만을 할 수는 없지 않겠는가? 편저자 때문에 검정상의 불이익을 보게 할 수는 없는 일이 아닌가? 그래서 편저자의 평소의 생각과는 다른 면이 있지만, 표준국어대사전에 맞춰 개정판을 내기로 한 것이다. 집필자의 생각과는 달리 일부 수정이 되었지만 새 '교과서 편수 자료'의 '실용 띄어쓰기' 원칙도 편저자가 집필한 것이고, 현재까지 준칙으로 사용하던 '띄어쓰기 편람'도 편저자가 대표 연구자가 되어 교육부의 연구 용역을 받아 개발한 것이다. 이 편람을 개발하느라 사전을 여러 번 검토한 것 외에도, 편집·교정 작업을 하느라 수시로 참고하였으니, 편저자가 작업하는 것이 다른 사람보다는 빠르고, 이 책의 독자에게 서비스하는 길도 된다고 판단하였다.

교과서 출판계에서는 불만의 소리가 크고, 새로운 편람을 고대하는 것도 사실이다. 그런 상황에 따라 이 책의 개정판을 만들면서도 편저자는 수정 원고를 몇 번이나 내던졌던 일이 있다. 단어끼리의 연계성이 잘 정리, 반영되지 않아 사전을 일일이 찾아보아야 하기 때문이었다. 평생을 이 일에 종사한 편저자도 앞뒤 처리가 일치하지 않으니, 초심자나 다른 교과의 일반 편집·교정자들은 얼마나 어렵겠는가 하는 생각이 들었다. 쉽게 찾아보고 단어를 비교해 볼 수 있는 편람적 자료가 있어야 편집·교정자가 띄어쓰기와 붙여쓰기라는 늪에서 빠져나와 본연의 업무에 충실할 수 있겠다는 생각을 하였다.

국어 어문 정책에 관심이 많은 정치권의 한 인사가 국립국어원에 합성어 처리에 대해 대정부 정책 질의를 하니까 지적 사항에 동감한다고 하면서 지금 개편하고 있는 사전에 반영하겠다는 답변을 했다고 한다. 앞으로 어떻게 고쳐질지는 지켜보아야 할 일이지만, 이미 나와 있는 사전에 맞춰 급한 대로 개정판을 낼 수밖에 없다. 따라서, 사전이 수정이 되면 다시 수정을 해야 한다. 사전에서 수정한 내용은 백서를 만들어 발표해야 한다고 생각한다.

국·검인정 교과서는 지도서를 포함해서 약 70만 페이지에 이르고, 각종 학습물과 아동물을 포함하면 교과서의 몇 배가 된다고 한다. 이것들을 고치는 데는 조(兆) 단위의 경비가 들 것이라고 한다. 신중히 접근을 해야만 하는 이유가 여기에 있다. 그러나 이미 던져진 주사위이다. 이 사전에 따라 표기 통일을 하는 데는 많은 노력이 들면서도 교육적인 효과는 크지 않을 것으로 보이지만, 현재로서는 거기에 맞출 수밖에 없다. 그래서 서둘러 개정판 작업을 하는 것이다.

사전 편찬에 참여하는 편집·교열진은 오랜 경험이 쌓여야 한다고 생각한다. 이들이 책의 질을 결정하기 때문이다. 오류를 없애는 일은 말할 것도 없고, 연관되는 단어들이 어떻게 처리되는가를 검토, 조정하는 일이 무엇보다 중요하다. 단편적인 지식이나 탁상의 이론만으로 사전을 만들 수는 없다. 각 분야에 대한 폭넓은 지식과 조정 능력, 그리고 곰삭은 경험의 결정체가 사전이라고 생각하기 때문이다. 이러한 과정을 제대로 밟지 않은 사전은 여러 사람에게 고통을 줄 뿐 아니라, 노력과 금전적인 면에서도 많은 후유증을 남긴다. 많은 학문적 업적이 있음에도 제대로 평가받지 못하는 이유이기도 하다.

끝으로, 손익 분기점에 못 미칠 것이 뻔한 이 편람의 개정판을 흔쾌히 받아 준 대한교과서(주) 김창식 사장과 여러 분께 감사의 말을 드린다.

2008. 2. 29.

대표 편저자

차 례

◆ 규정과 해설

Ⅰ. 한글 맞춤법의 띄어쓰기 규정

Ⅱ. 실용 띄어쓰기

◆ 가나다로 찾아보기

◆ 부 록

일러두기

1. 이 편람은 '교정 편람'(문교부, 1964)의 '띄어쓰기', '한글 전용 편람'(문교부, 1969)의 '띄어쓰기', '한글 맞춤법'(문교부, 1988)의 '띄어쓰기', 그리고 '우리글 바로쓰기'(교육부, 1998)의 '실용 띄어쓰기', '교과서 편수 자료 Ⅱ-1'(교육인적자원부, 2007)의 '실용 띄어쓰기' 등의 규정과 교과서 등에 쓰인 실제 용례와 '교과서 편수 자료' 및 '표준국어대사전'의 표제어에 근거해서 만들었다.

2. 이 편람은 '표준국어대사전'(국립국어연구원, 1999)의 표제어를 원칙적으로 따랐으나, 표제어가 교육인적자원부의 교과서 편수 자료 및 각급 학교 교육과정 등의 교육 용어와 차이가 나는 경우에는 교육 용어를 원칙적으로 따랐다.

(1) 표준어

썩이다(속을 ~.) / 썩히다(음식물을 ~.)
깃들다(어둠이 ~.) / 깃들이다(보금자리를 만들어 살다.)
넓적넓적(떡을 ~ 썰다.) / 넙적넙적(말대답을 ~ 잘 한다.)
넓죽넓죽(떡을 ~ 썰다.) / 넙죽넙죽(말대답을 ~ 잘 한다.)
아니요('네 / 예', '아니요'로 대답하시오.) / 아니오(나는 홍길동이가 ~.)
끼어들다(사이에 ~.)
넙죽이(~ 절을 하다.)
마/마라(술을 먹지 ~.) ('말아라'는 인정하지 않음.)
친친/칭칭(~ 동여매다.)

(2) 띄어쓰기

'만하다' — 종래에 접미사로 보던 것을 표준국어대사전에 따라 보조사 '만'과 서술어 '하다'로 분리해서 처리하였다.

형만 하다 주먹만 하다 콩알만 하다

'싫어하다' — 종래에 보조 동사로 보던 것을 표준국어대사전에서는 '-고 싶다'라는 구에 '-어 하다'가 붙은 것으로 보았으나, 이 책에서는 종전대로 처리하였다.

'시(時)', '씨(氏)' — 표준국어대사전의 처리 방법과 이론을 소개하였으나 이 책에서는 '한글 맞춤법 통일안' 제정 이후 지금까지 써 오던 대로 처리하는 것을 원칙으로 하였다.

'가루', '값', '길', '꽃', '더미', '밭', '빛' 등 — 명사와 결합하여 하나의 합성어처럼 쓰이는 '가루', '값', '길', '꽃', '더미', '밭', '빛' 등은 윗말에 붙여 처리하였다.

그러나 표준국어대사전의 어휘 용례나 표제어 선정 취지에 따라 굳이 처리하고자 하는 경우에는 다음과 같이 처리할 수 있다.

고춧가루, 송홧가루, 엿기름가루,… / 노른자 가루〔卵黃粉〕, 옥수수 가루, 유리 가루,…

절댓값, 대푯값, 함숫값,… / 논리 값, 순서 값, 좌표 값,…

등굣길, 바닷길, 답삿길,… / 성묘 길, 하늘 길, 탐사 길,…

국화꽃, 나팔꽃, 살구꽃,… / 사과 꽃, 아카시아 꽃, 무궁화 꽃,…

잿더미, 산더미, 흙더미,… / 쓰레기 더미, 짚 더미, 퇴비 더미,…

갈대밭, 녹두밭, 채소밭,… / 감자 밭, 고추 밭, 배추 밭,…

구릿빛, 청잣빛, 포돗빛,… / 녹두 빛, 버찌 빛, 신주 빛,…

(3) '사이 ㅅ'

표준국어대사전에 표제어로 올라 있는 것은 원칙적으로 따르되, 이를 확대 적용은 하지 않았다.

등굣길, 귀갓길,… / 성묘길, 취재길,…

장밋빛, 포돗빛,… / 살구빛, 버찌빛,…

사윗감, 치맛감,… / 당 대표감, 대통령 후보감,…

절댓값, 대푯값, 소릿값, 최솟값, 함숫값, 유횻값,… / 논리값, 순서값, 순시값, 상대값, 응고값, 임계값, 좌표값, 증가값, 함수값, 유효값(편수 자료),…

깜부깃병, 검은별무늿병, 깨씨무늿병, 흰가룻병, 붉은곰팡잇병, 붉은별무늿병, 잎말잇병, 키다릿병… / 물렁썩이병, 곱사병, 난쟁이병,…

(4) 전문 용어 및 고유 명사

한글 맞춤법의 띄어쓰기 규정의 정신에 맞지 않게 처리된 것으로 생각되는 것도 표준국어대사전 및 교과서 편수 자료에서 처리된 대로 수용하였다. 이에 준하는 일반 용어도 이에 합치되도록 처리하였다.

명예혁명/군사 혁명　　전공과목/선택 과목　　산업예비군/향토 예비군
김포평야/동한 해류　　태백산맥/대서양 중앙 해령
국립공원/도립 공원　　정신외과/일반 외과

(5) 문장 부호

가운뎃점 — 두 인명에서 온 공식과 공법 및 두 지명에서 온 지명과 용어 등에 주로 사용하던 짧은 줄표(-)는 표준국어대사전에 따라 가운뎃점을 사용하였다.

보일·샤를의 법칙	만주·퉁구스 어	볼가·돈 운하
데이비슨·거머의 실험	델타·와이 결선	딜롱·프티의 법칙
요오드·녹말 지시약		

3. 의미가 변하지 않는 범위 내에서 상호 연계하기 쉽고, 기억하기 쉬우면서, 일관성 있게 통일할 수 있는 쪽을 택했던 것도 표준국어대사전을 따랐다. 그리고 이해를 돕기 위해 비교 용례를 풍부하게 넣었다.

가려내다	골라내다	긁어내다	뜯어내다
견뎌 내다	떼어 내다	벗겨 내다	씻어 내다
북소리	종소리	피리 소리	피아노 소리
쌀장사	옹기장사	채소 장사	과일 장사

4. 구령(口令)의 띄어쓰기는 표준국어대사전의 원칙을 따랐다.

열중쉬어	뒤로돌아가	엎드려쏴	앞으로나란히

5. 외래어의 띄어쓰기는 원칙적으로 편수 자료의 원칙을 따랐다. 표준국어대사전의 외래어 띄어쓰기를 따를 경우에 부담해야 할 내용이 너무 많기 때문이다.

6. 많은 표기상의 문제점이 나타나 오히려 혼란이 올 수 있음에도 불구하고, 비교 용례(*cf.*)와 '뒷말 또는 앞말로 찾아보기'를 될 수 있는 대로 많이 실어, 단어끼리의 연계성을 쉽게 지어 볼 수 있고 문제점들을 쉽게 파악할 수 있게 함으로써 스스로 응용하고 활용할 수 있도록 하였다. 그리고 번잡을 피하기 위하여 모든 단어를 '가나다로 찾아보기'의 표제어로 다 등재하지는 않았다.

7. 표준국어대사전에 등재된 표제어와 교과서 편수 자료의 용어가 다를 경우에 다름을 표시하여 혼동되지 않도록 하였다. 또, 교과서 편수 자료에 제시된 용어 중에서 같은 용어가 교과 간, 편수 자료 간에 다른 경우에 기초가 되는 교과의 용어를 따름을 원칙으로 하고, 필요할 경우에 다름을 표시하였다.

8. '몇백, 몇천'도 '기백, 기천'/'수백, 수천'과 같이 수사, 관형사로 보아 종전처럼 처리하였다.

9. 합성 명사나 이에 준하는 전문 용어는 혼동되기 쉬운 것만 표제어로 싣고, 원칙에 따라 쉽게 처리할 수 있는 것은 표제어로 싣지 않았다.

우리말 우리글

규정과 해설

I. 한글 맞춤법의 띄어쓰기 규정

제 5 장 띄어쓰기

제 1 절 조 사

제 41 항 조사는 그 앞말에 붙여 쓴다.

꽃**이**	꽃**마저**	꽃**밖에**	꽃**에서부터**
꽃**으로만**	꽃**이나마**	꽃**이다**	꽃**입니다**
꽃**처럼**	어디**까지나**	거기**도**	멀리**는**
웃고**만**			

제 2 절 의존 명사, 단위를 나타내는 명사 및 열거하는 말 등

제 42 항 의존 명사는 띄어 쓴다.

아는 **것**이 힘이다.	나도 할 **수** 있다.
먹을 **만큼** 먹어라.	아는 **이**를 만났다.
네가 뜻한 **바**를 알겠다.	그가 떠난 **지**가 오래다.

제 43 항 단위를 나타내는 명사는 띄어 쓴다.

한 **개**	차 한 **대**	금 서 **돈**	소 한 **마리**
옷 한 **벌**	열 **살**	조기 한 **손**	연필 한 **자루**
버선 한 **죽**	집 한 **채**	신 두 **켤레**	북어 한 **쾌**

다만, 순서를 나타내는 경우나 숫자와 어울리어 쓰이는 경우에는 붙여 쓸 수 있다.

두**시** 삼십**분** 오**초**	제일**과**	삼**학년**
육**층**	1446**년** 10**월** 9**일**	2**대대**
16**동** 502**호**	제 1 **어학실습실**	80**원**
10**개**	7**미터**	

제 44 항 수를 적을 적에는 '만(萬)' 단위로 띄어 쓴다.

십이억 삼천사백오십육만 칠천팔백구십팔

12억 3456만 7898

제 45 항 두 말을 이어 주거나 열거할 적에 쓰이는 말들은 띄어 쓴다.

국장 **겸** 과장
청군 **대** 백군
이사장 **및** 이사들
사과, 배 **등속**
열 **내지** 스물
책상, 걸상 **등**이 있다.
사과, 배, 귤 **등등**
부산, 광주 **등지**

제 46 항 단음절로 된 단어가 연이어 나타날 적에는 붙여 쓸 수 있다.

그때 그곳　　좀더 큰것　　이말 저말　　한잎 두잎

제 3 절 보조 용언

제 47 항 보조 용언은 띄어 씀을 원칙으로 하되, 경우에 따라 붙여 씀도 허용한다. (ㄱ을 원칙으로 하고, ㄴ을 허용함.)

ㄱ	ㄴ
불이 꺼져 **간다.**	불이 꺼져**간다.**
내 힘으로 막아 **낸다.**	내 힘으로 막아**낸다.**
어머니를 도와 **드린다.**	어머니를 도와**드린다.**
그릇을 깨뜨려 **버렸다.**	그릇을 깨뜨려**버렸다.**
비가 올 **듯하다.**	비가 올**듯하다.**
그 일은 할 **만하다.**	그 일은 할**만하다.**
일이 될 **법하다.**	일이 될**법하다.**
비가 올 **성싶다.**	비가 올**성싶다.**
잘 아는 **척한다.**	잘 아는**척한다.**

다만, 앞말에 조사가 붙거나 앞말이 합성 동사인 경우, 그리고 중간에 조사가 들어갈 적에는 그 뒤에 오는 보조 용언은 띄어 쓴다.

잘도 놀아만 **나는구나!**
네가 덤벼들어 **보아라.**
그가 올 듯도 **하다.**
책을 읽어도 **보고**…….
강물에 떠내려가 **버렸다.**
잘난 체를 **한다.**

제 4 절　고유 명사 및 전문 용어

제 48 항　성과 이름, 성과 호 등은 붙여 쓰고, 이에 덧붙는 호칭어, 관직명 등은 띄어 쓴다.

김양수(金良洙)　　서화담(徐花潭)　　채영신 씨

최치원 선생　　박동식 박사　　충무공 이순신 장군

다만, 성과 이름, 성과 호를 분명히 구분할 필요가 있을 경우에는 띄어 쓸 수 있다.

남궁억 / 남궁 억　　독고준 / 독고 준　　황보지봉(皇甫芝峰) / 황보 지봉

제 49 항　성명 이외의 고유 명사는 단어별로 띄어 씀을 원칙으로 하되, 단위별로 띄어 쓸 수 있다. (ㄱ을 원칙으로 하고, ㄴ을 허용함.)

ㄱ	ㄴ
대한 중학교	대한중학교
한국 대학교 사범 대학	한국대학교 사범대학

제 50 항　전문 용어는 단어별로 띄어 씀을 원칙으로 하되, 붙여 쓸 수 있다. (ㄱ을 원칙으로 하고, ㄴ을 허용함.)

ㄱ	ㄴ
만성 골수성 백혈병	만성골수성백혈병
중거리 탄도 유도탄	중거리탄도유도탄

Ⅱ. 실용 띄어쓰기

1. 원칙과 그 실례

(1) 조사는 그 앞말에 붙여 쓴다. (한글 맞춤법 제41항)

조사는 주로 체언이나 부사, 어미 따위에 붙어 그 말과 다른 말과의 문법적 관계를 나타내어 주거나 그 말의 어떤 특별한 뜻을 더해 주는 단어를 말한다. 조사는 주로 체언 뒤에 오지만, 용언이나 부사에 결합되기도 하고, 어말 어미 뒤에 결합되기도 한다.

부산**까지**
황소**같이**
그**나마**
먹기는**커녕**
멋**대로***
너**더러**
퍽**도**
배추**든지** 무**든지**
너**라야만**
사람**마다**
그 사람 말**마따나**
그것**마저**
이**만큼***
그것**말고** 저것
너**밖에**, 할 수**밖에**
돈**보다** 신의
그 아이**서껀**
서울**에서부터** 부산**까지**
방**에설랑** 뛰지 마라.
너**야말로**
사랑하는 임**이시여**
통일**이야말로**
일**인즉슨**
너**조차**
저**처럼**
학생**치고서**
밥**커녕** 죽도 못 먹는다.
붓**하고** 책**하고**
선생님**한테**
너**만**
실력**뿐**이다*
조금**이나마**
꽃**이다**
꽃**입니다**
거기**도**
멀리**는**
웃고**만**

붙임 1. 조사가 둘 이상 겹치거나 조사가 어미 뒤에 붙는 경우에도 붙여 쓴다.

집**에서처럼**	학교**에서만이라도**	여기서**부터입니다**
어디**까지인가**	나가면서**까지도**	들어가기**는커녕**
놀지**마는**	먹습니다**그려**	"알았다."**라고**

붙임 2. 이 중에서 용언의 관형사형 뒤에 붙는 것은 의존 명사이므로 띄어 쓴다.

될 수 있는 **대로***　　먹을 **만큼***(분량, 정도)　　웃고 있을 **뿐***

○ 그러나 어미 '-이니' 뒤에 오는 '만큼'은 이유를 나타내는 조사이므로 붙여 쓴다.

문학 형식이니**만큼**(이유)

(2) 용언의 어미는 붙여 쓴다.

동사와 형용사를 묶어서 용언이라고 한다. 용언에서 고정된 부분을 어간(語幹)이라고 하고, 그 뒤에 붙어서 변화하는 부분을 어미(語尾)라고 한다. 어간에 여러 어미가 결합하는 현상을 활용(活用)이라고 한다.

〈어간〉	〈어미〉
먹	다 어 게 지 고 어서 겠다

어 미
- 어말 어미
  - 종결 어미 : 평서형 어미, 감탄형 어미, 의문형 어미, 명령형 어미, 청유형 어미
  - 연결 어미 : 대등적 연결 어미, 종속적 연결 어미, 보조적 연결 어미
  - 전성 어미 : 관형사형 어미, 명사형 어미, 부사형 어미
- 선어말 어미

밥은 있는데* 반찬이……	보다시피
얼마나 먹었는지*	하면 할수록
집을 두 채 지었던바*, 그 한 채는	그 꼴을 볼작시면
돈을 물 쓰듯이 한다.	놀지언정

그냥 갈쏘냐? 배운 것은 없을망정	하자마자

붙임 1. 다음과 같이 용언의 관형사형 다음에 와서 의존 명사로 쓰이는 경우는 띄어 쓴다.

하는 듯　　　　좋을 듯　　　　밥을 먹을 듯이

【참고 1】 '-ㄴ바, ㄴ 바', '-ㄴ데, ㄴ 데', '-ㄴ지, ㄴ 지', '∨만, -만'은 다음과 같이 구별한다.

금강산에 가 본바 과연 절경이더군. ('-ㄴ바'는 어미이므로 조사가 결합할 수 없음.)
생각하는 바가 같다. ('바'는 의존 명사이므로 조사가 결합할 수 있음.)

키는 큰데, 힘이 없다. ('-ㄴ데'는 어미이므로 조사가 결합할 수 없음.)
이 일을 하는 데(에) 며칠이 걸렸다.(이 '데'는 '것'의 뜻을 나타내는 의존 명사이므로 조사가 결합할 수 있음.)
어디 갈 데가 있어야지. (이 '데'는 처소를 나타내는 의존 명사이므로 조사가 결합할 수 있음.)

누구인지 아니? ('-ㄴ지'는 '막연한 의문'을 나타내는 어미임.)
떠난 지 닷새가 되었다. ('지'는 '시간의 경과'를 나타내는 의존 명사임.)

닷새 만에 소식이 왔다. (이 '만'은 '시간의 경과'를 나타내는 의존 명사임.)
일만 한다. (이 '만'은 한정하는 조사임.)
내가 너만 못하겠니? (이 '만'은 비교하는 조사임.)

(3) 의존 명사는 띄어 쓴다. (한글 맞춤법 제42항)

> 의존 명사는 자립적으로 쓰이지 못하고 언제나 다른 요소에 의존하는 특징이 있어서 붙여 써야 한다고 생각할 수 있다. 그렇지만 문장에서 하는 구실이 명사와 다르지 않으므로 명사의 띄어쓰기에 준해서 띄어 쓴다.

열 사람 **가량** 되 **가웃** 한 **가지**	그 **건**(件)에 대해서는 우는 **것***이 어린이 **나름**대로의

말할 **나위** 없이	키 큰 **이***
가는 **데**가	어떤 **자**가
내가 옳다는 **둥**, 제가 옳다는 **둥**	시집 올 **적**
배, 사과, 감 **들***	보는 **족족**
꺼지는 **듯**	할 **줄** 안다.
미국, 영국, 프랑스 **등** 열국	떠난 **지**
부산, 대구, 대전 **등지**……	할 **짓**이냐?
앞으로 나아갈 **따름**	그 **즈음**
제 **딴**에는	멀리 보이는 **쪽***
그럴 **리**가 있나?	마침 놀던 **차**
열흘 **만**에	먹을 **참**이었다.
먹을 **만큼**	벗은 **채**
할 **무렵**	있는 **척**
어찌할 **바**를 모르고	아는 **체**
하라는 **바람**에	술 먹는 **축**
적삼 **바람**으로	잘못한 **탓**
한 **번***, 두 **번**	갈 **터**이다.
훌륭한 **분**	그럴 **턱**이 있나?
어떤 **분**	싸우는 **통**
앞으로 나아갈 **뿐***	노는 **판**
할 **수** 없다.	어느 **편***
학자인 **양**	

붙임 1. 다음의 경우와 같은 의존 명사는 앞말과 굳어 버린 것으로 보아 붙여 쓴다.

이것	그것	저것	아무것	날것〔未熟物〕
들것〔擔架〕	별것	생것	탈것〔車〕	동쪽
서쪽	남쪽	북쪽	위쪽	아래쪽
앞쪽	뒤쪽	양쪽	한쪽〔一方〕	반대쪽
오른쪽	왼쪽	맞은쪽	바깥쪽	안쪽
옆쪽	이번	저번	요번	이편〔自己, 我方人〕
저편〔彼方人〕	그이(그분)	이이(이분)	저이(저분)	늙은이

젊은이　　　　어린이

붙임 2. 체언에 붙는 '뿐'은 조사이므로 붙여 쓰고, 용언에 붙는 '뿐'은 의존 명사이므로 띄어 쓴다.

이것뿐이다　　　　　　　　할 뿐

【참고 1】 '우리들', '사람들'에서 '들'은 복수를 나타내는 접미사이므로 붙여 쓰고, 어떤 명사를 나열하고 그 말 끝에 붙어서 그 개개를 나타내거나 그 밖에 더 있음을 나타낼 때에는 의존 명사이므로 띄어 쓴다.

우리들

감, 배, 포도 들은 과일이다.

(4) 단위를 나타내는 명사는 띄어 쓴다. (한글 맞춤법 제43항)

단위를 나타내는 명사에는 아래에 열거된 것 외에도 수학, 물리, 화학 및 공학에서 사용하는 수많은 단위가 있는데, 이러한 단위들에는 기본 단위 외에 보조 단위, 유도 단위, 병용되는 단위, 사용이 허용되는 단위 등이 있다. 이러한 단위들은 혼란을 막기 위하여 '한국 산업 규격(KS)', '계량에 관한 법률'과 '국제 표준화 기구(ISO)'가 권장하는 'SI 표기법' 등에서 띄어 쓰도록 규정하고 있다.

두 **개**
두 **개소**
오이 한 **거리**
나무 한 **그루**
고기 두 **근**
열 **길** 물 속
한 **끼**를 굶었다.
오전 **나절**
두 **냥**
바느질실 한 **님**
가마 한 **닢**
한 **다발**

나무 두 **단**
한 **달** 봉급
자동차 한 **대**
섭씨 십 **도**
금 서 **돈**
명주 네 **동**
닷 **되** 서 **홉**
소 한 **마리**
논 두 **마지기**
콩 너 **말**
한 **모금**의 물
대포 한 **문**(門)

청어 한 **뭇**	연필 한 **자루**
일 **미터**	술 한 **잔**
한 **바람**의 새끼	백지 한 **장**
마차 한 **바리**	저고리 한 **죽**
노끈 두 **발**	흙 한 **줌**
열 **밤** 자고	사과 여섯 **쪽**
대포 한 **방**	집 한 **채**
옷 한 **벌**	배 한 **척**
삼 **분** 삼십 **초**	오징어 한 **축**
국수 한 **사리**	신 두 **켤레**
열 **살**	북어 한 **쾌**
석 **새** 삼베	밤 한 **톨**
백 **석**	김 네 **톳**
한 **섬** 쌀	풀 한 **포기**
조기 한 **손**	서 **푼**
시 한 **수**(首)	양단 세 **필**
밥 한 **술**	

다만, 순서(順序)를 나타내는 경우나 숫자와 어울리는 경우에는 붙여 쓴다.

제1과	3학년	16동 502호	6층
2대대	10개	80원	7미터

붙임 1. 연월일 등은 붙여 쓰고, 숫자 다음의 시·분·초도 붙여 쓴다. 다만, 시·분·초 앞에 한글 수사를 쓸 때에는 띄어 쓴다.

갑자년　　　1936년 1월 16일　　　2시 30분 5초(두 시 삼십 분 오 초)

붙임 2. 숫자 다음의 '개년, 개월, 년간, 분간, 주간, 초간, 일간'은 붙여 쓴다.

1개년	1개월	1년간	
1분간	1주간	1초간	1일간

(5) 수를 적을 적에는 '만(萬)' 단위로 띄어 쓴다. (한글 맞춤법 제44항)

십이억 삼천사백오십육만 칠천팔백구십필

12억 3456만 7898

다만, 금액을 적을 때에는 사고를 방지하기 위하여 붙여 쓸 수 있다.

일금 : 삼십일만오천육백칠십팔원정.

돈 : 일백칠십육만오천원임.

(6) 두 말을 이어 주거나 열거할 적에 쓰이는 말들은 띄어 쓴다.
(한글 맞춤법 제45항)

국장 **겸** 과장	열 **내지** 스물	청군 **대** 백군
책상, 걸상 **등**이 있다.	이사장 **및** 이사들	사과, 배, 귤 **등등**
사과, 배 **등속**	부산, 광주 **등지**	

(7) 단음절로 된 단어가 연이어 나타날 적에는 붙여 쓸 수 있다.
(한글 맞춤법 제46항)

좀더 큰것	이말 저말	한잎 두잎
좀더 큰 이 새집	내것 네것	이집 저집
한잔 술		

다만, '이때', '이곳', '그때', '그곳', '접때', '저곳', '이곳저곳'은 표준국어대사전에서 한 단어로 보아 표제어로 올렸으므로 항상 붙여 쓴다.

(8) 보조 용언은 띄어 씀을 원칙으로 하되, 경우에 따라 붙여 씀도 허용한다(한글 맞춤법 제47항). **다만, 이 조항은 교육상 일관성을 유지하기 위하여 원칙 조항만을 적용한다.**

〈취 함〉	〈버 림〉
영어를 배워 **가지고**	영어를 배워**가지고**
불이 꺼져 **간다.**	불이 꺼져**간다.**
견디어 **내다.**	견디어**내다.**
논을 갈아 **놓다.**	논을 갈아**놓다.**
자꾸 먹어 **댄다.**	자꾸 먹어**댄다.**
이만 말해 **두겠다.**	이만 말해**두겠다.**

신문을 읽어 **드리다.**	신문을 읽어**드리다.**
할 **만하다.**	할**만하다.**
갈 **만하다.**	갈**만하다.**
썩어 **빠지다.**	썩어**빠지다.**
먹어 **버리다.**	먹어**버리다.**
죽을 **뻔하였다.**	죽을**뻔하였다.**
읽어 **보아라.**	읽어**보아라.**
웃어 **쌓다.**	웃어**쌓다.**
날이 밝아 **오다.**	날이 밝아**오다.**
때려 **주다.**	때려**주다.**
잘난 **척하다.**	잘난**척하다.**
그럴 **법하다.**	그럴**법하다.**
좋은가 **보다.**	좋은가**보다.**
일이 될 **성싶다.**	일이 될**성싶다.**

【참고 1】 용언의 어미 '-지' 다음의 부정 보조 용언 '아니하다', '못하다'와 질(質), 양(量)의 우열을 나타내는 '못하다'에서 '아니', '못'은 한 단어의 구성 요소이므로 붙여 쓰고, 본용언을 부정하는 '아니(안)', '못'은 부정의 부사이므로 뒷말과 띄어 쓴다.

먹지 아니하다. 　　곱지 아니하다.
먹지 못하다. 　　곱지 못하다.
동생만 못하다. 　　이것보다 못하다.
아니(안) 먹다. 　　안 곱다. 　　못 먹다.

다만, '① 일정한 수준에 못 미치거나 할 능력이 없다.', '② 비교 대상에 미치지 않다.', '③ ('못해도' 꼴로 쓰여) 아무리 적게 잡아도' 등의 의미로 사용되는 '못하다'는 하나의 단어이므로 '못'과 '하다'를 붙여 쓴다.

① 술을 못하다. / 노래를 못하다. / 물음에 답을 못하다.
② 음식 맛이 예전보다 못하다. / 건강이 젊은 시절만 못하다.
③ 잡은 고기가 못해도 열 마리는 되겠지. / 아무리 못해도 스무 명은 족히 넘을 것이다.

【참고 2】 명사에 직접 붙어 용언을 만드는 '지다'와 부사형 어미 '아', '어' 등에 붙는 '지다'는 앞말에 붙여 쓴다.

그늘지다　　기름지다　　등지다　　메지다
모지다　　살지다　　숨지다　　턱지다
떨어지다　　아름다워지다　　엎어지다　　추워지다
풀어지다

○ 그러나 명사 다음에 조사가 들어갈 경우에는 붙여 쓰지 아니한다.

그늘이 지다　　모가 지다　　등을 지다　　숨이 지다

붙임 1. 다음 말은 합성어로 붙여 쓴다. 〔(8) 참조〕 (이 밖에도 합성어는 많음.)

단어를 형성할 때 실질적인 의미를 나타내는 부분을 어근(語根)이라고 하고, 어근에 붙이 뜻을 제한하는 부분을 접사(接辭)라고 한다. '산, 나무, 맑다'처럼 하나의 어근으로 된 단어를 '단일어'라고 하고, '밤나무, 집안'처럼 둘 이상의 어근이나 '톱질, 어른스럽다'처럼 어근과 파생 접사로 이루어진 단어를 '복합어'라고 한다. 복합어 중에서 '밤나무, 집안' 등은 '합성어'라고 하고, '톱질, 어른스럽다' 등은 '파생어'라고 한다.

가져**가다**
걸어가다
굴러가다
기어가다
기어들어가다(기어들다)
끌려가다
끌어가다
날아가다
날아돌아가다(날아돌다)
내려가다
넘어가다
다가가다
다녀가다
달려가다
달려들어가다〔突入貌〕(달려들다)
데려가다
돌아가다
되돌아가다
들어가다
따라가다
떠나가다
떠내려가다
뛰어가다
뛰어내려가다
뛰어들어가다(뛰어들다)
몰려가다

몰아가다
물러가다
밀려가다
살아가다
스며들어가다(스며들다)
잡아가다
잡혀가다
지나가다
쫓아가다
쳐들어가다
파고들어가다〔沒入〕(파고들다)
흘러가다
흘러내려가다(흘러내리다)
흘러들어가다(흘러들다)
깨어**나다**
뛰어나다(합성 형용사)
물러나다
벗어나다
불어나다
살아나다
생겨나다
솟아나다
쫓겨나다
들고**나가다**
뛰어나가다
뛰쳐나가다
빠져나가다
놓여**나오다**
뛰어나오다
뛰쳐나오다
우러나오다
튀어나오다

풀려나오다
우려**내다**
자아내다
끌어**내리다**
뛰어내리다
쓸어내리다
오르내리다
흘러내리다
몰아**넣다**
물어넣다
불어넣다
내**놓다**
내려놓다
늘어놓다
덮어놓다〔不顧是非〕
빼놓다
올려놓다
접어놓다(생각을 ~.)
터놓다
털어놓다
펴놓다
끌어**당기다**
잡아당기다
집어**던지다**
새겨**듣다**
알아듣다
걸려**들다**
끼어들다
날아들다
녹아들다
달려들다
덤벼들다

뛰어들다
말려들다
먹혀들다
모여들다
몰려들다
밀려들다
배어들다
빠져들다
새어들다
스며들다
엉켜들다
오므라들다
자아들다
줄어들다
파고들다〔專心, 沒頭〕
흘러들다〔流入〕
감아**들이다**
거두어들이다
끌어들이다
날라들이다
따들이다
맞아들이다
모셔들이다
모아들이다
받아들이다
벌어들이다
베어들이다
불러들이다
빨아들이다
사들이다
잡아들이다
물어**뜯다**
잡아뜯다
쥐어뜯다
들어**맞다**
동여**매다**
붙들어매다
싸매다
얽어매다
잡아매다
졸라매다
가려**먹다**〔偏食〕
놀아먹다〔放蕩〕
떼어먹다〔橫領〕
뜯어먹다〔騙取〕
받아먹다
배라먹다
부려먹다
빨아먹다
빼먹다
씹어먹다
얻어먹다
우려먹다
살라먹다(장사 밑천을 ~)
잡아먹다
집어먹다
긁어**모으다**
불러모으다
쓸어모으다
파**묻히다**(일에 ~.)
물려**받다**
이어받다
잃어**버리다**
잊어버리다

내려**보내다**
내보내다
들여보내다
올려보내다
거들떠**보다**
건너다보다
굽어보다
내다보다
내려다보다
넘겨보다
넘겨다보다
넘어다보다
노려보다
눈여겨보다
돌아보다
돌아다보다
돌이켜보다
둘러보다
뒤돌아보다
들여다보다
떠보다(마음을 ~.)
뜯어보다(얼굴을 ~.)
몰라보다
바라보다
바라다보다
살펴보다
쏘아보다
알아보다
올려다보다
우러러보다
지나쳐보다
찾아보다

쳐다보다
칩떠보다
훑어보다
흘겨보다
쳐**부수다**
눌어**붙다**
달라붙다
들어붙다
말라붙다
얼어붙다
밀어**붙이다**
쏘아붙이다
올려붙이다(따귀를 ~.)
곤두**서다**
내려서다
늘어서다
다가서다
돌아서다
되돌아서다
들어서다
막아서다
물러서다
올라서다
일어서다
덮어**쓰다**
뒤집어쓰다(누명을 ~.)
덮어**씌우다**
뒤집어씌우다
감싸**안다**
끌어안다
부둥켜안다
얼싸안다

꿇어앉다
다가앉다
돌아앉다
들어앉다
주저앉다
가져**오다**
건너오다
걸어오다
기어오다
끌려오다
날아오다
내려오다
넘어오다
다가오다
다녀오다
닥쳐오다
달려오다
돌아오다
되돌아오다
뒤좇아오다 / 뒤쫓아오다
들어오다
떠내려오다
몰려오다
몰려들어오다(몰려들다)
밀려오다
밀려들어오다(밀려들다)
불려오다
쫓아오다
찾아오다
치밀려오다
흘러오다

기어**오르다**
끓어오르다
날아오르다
달아오르다(얼굴이 ~.)
돋아오르다
떠오르다
뛰어오르다
부풀어오르다(가슴이 ~.)
솟아오르다
치밀어오르다
타오르다
걷어**올리다**(치마를 ~.)
끌어올리다
들어올리다
받아올리다
빨아올리다
쌓아올리다
추어올리다
따라**잡다**
사로잡다
움켜잡다
휘어잡다
내**주다**
물려주다
그러**쥐다**
움켜쥐다
알아**채다**
집어**치우다**
올라**타다**
파**헤치다**(사건을 ~.)

【참고 3】 보조 동사 '내다'가 한 음절의 말에 붙어 굳어 버린 것은 붙여 쓴다.

퍼내다	짜내다	빼내다	파내다	떠내다
차내다	펴내다	쳐내다	캐내다	해내다

붙임 2. '가다'를 앞말에 붙여 쓰는 합성어에서 '가다' 대신 '다니다'가 붙는 것은 붙여 쓴다.

뛰어가다	뛰어다니다
따라가다	따라다니다
지나가다	지나다니다
쫓아가다	쫓아다니다
날아가다	날아다니다

붙임 3. '하다'로 대체가 되는 '드리다'는 붙여 쓴다.

인사하다	인사드리다
말씀하다	말씀드리다

(9) 다음과 같은 단어는 합성어로 보고 한 덩어리가 되게 붙여 쓴다. 〔(8) 붙임 1 참조〕

가랑잎
가랑잎배
가로놓이다
가로막다
가로젓다
가로지르다
가시밭
가시밭길
가위바위보
가을밤
간유리
감나뭇골
감잣국
값나가다

값비싸다
값싸다
강줄기
개고기
개눈
개소리괴소리
개울둑
거센소리
건잡다
걸터앉다
겁나다
겉모양
겉치레
게으름피우다

겨우살이
겹옷
곁사람
곁엣사람
계집아이
고기잡이배
고깃배
고등학교
고래수염
곧은결(↔무늿결)
공들이다
구멍가게
궂은말
궂은비
궂은살〔贅肉(군살)〕
귀담아듣다
그동안
그전(예전)
그중
기름때
기와집
길바닥
그림붓
그림일기
그만두다(간두다)
그민하다(병세가 ~.)
그물코
글공부
글모음
글쓴이(지은이)
꽃가루
꽃구름
꽃나무
꽃다발
꽃동네
꽃동산
꽃마을
꽃바구니
꽃사슴
꽃시계
꿈같다
꿈꾸다
꿈나라
끌그물
끝인사(↔첫인사)
나들이
나들이옷
나라꽃
나뭇가지
나뭇잎
남다르다
남몰래
낯설다
낯익다
냇가
냉잇국
네눈이
노랫소리
노루발장도리
논농사
놋그릇
농사일
누비옷
눈대중

눈뜨다
눈멀다
눈설다
눈익다
눈싸움
눈웃음
눈짐작
단맛
단물
단발머리
단옷날
단풍잎
달맞이
대감마님
대쪽같다
더운물
덩이줄기
돈지갑
돌계단
돌다리
돌도끼
돌부처
돌사자
돌잔치
돌팔매질
동냥젖
동사무소
돛단배
돼지고기
되지못하다(되지못한 놈)
된소리
두꺼비집
뒤따르다
뒤보다〔用便〕
뒷걸음
뒷부분(앞부분)
딴소리
딸자식
땀구멍
땀방울
땅바닥
땅속줄기
또다시
똑같다
똥오줌
뜬구름
뜬눈
뜻글자
마련그림(=설계도)
마음먹다
마음잡다
마지못하다
마지않다
막내딸
막내아들
말고삐
말끝
말동무
말버릇
말솜씨
말조심
맛보다
머리끝
머리없다

머리털
머지않다
먼빛
면사무소
모눈종이
모양내다
목놓다
목마르다
목메다
몸두다(몸둘 바를 모르다.)
몸무게
몸조심
못마땅하다
못생기다
못쓰다(그러면 못써.)
못지않다
무녀리
무늿결(↔곧은결)
무청
문단속
문종이
물거품
물결치다(파도~, 소리~)
물그릇
물난리
물수건
물장난
밀농사(벼농사, 쌀농사, 보리농사)
밀짚모자
바늘구멍
바늘귀
바닷물

반올림
반지름
발걸음
발맞추다
발벗다
발빼다
밤늦다
밤새다
밤새우다
밥그릇
배부르다
배춧잎
버드나무
번개같다
벌쓰다
벼농사
벼락같이
벼포기
병들다
보다못해
보람차다
볼멘소리
무삽
부싯돌
불붙다
불사르다
불장난
불태우다
불호령
비눗갑
빈틈
빗방울

빨랫줄
뿌리박다
사내아이
사이좋다
살찌다
살코기
삼발이
상갓집
새끼손가락
색다르다
색도화지
색연필
색종이
샘솟다
설빔(추석빔)
섬나라
섬사람
세발자전거
셈여림표
소리글자
소리지르다
소리치다(물결~, 파도~)
소릿값
손꼽다
손대다
손쉽다
손잡다
손재주
수놓다
수돗물
수레바퀴
수많다

숨넘어가다
숨막히다
숨쉬다
숨차다
식은땀
신맛
심술궂다
싸잡다
싹트다
쓴맛
쓴웃음
아들딸
아침때(점심때, 저녁때)
아침밥
아침별
안팎
앉은절
앉은키
앞당기다
앞못보다
앞부분(뒷부분)
앞서다
앞세우다
애타다
양지바르다(예절~)
양지쪽(↔응달쪽)
어깨동무
어린것
어린이날
어버이날
억척같다
얼굴빛

얼굴색
얼룩소
엄살부리다
여름날(봄날, 가을날, 겨울날)
여봐란듯이
예절바르다(예~, 양지~)
오가다
온몸
온종일
욕먹다
우리글
우리나라
우리말
울음바다
웃음꽃
웃음바다
위아래
의좋다
이다음
이야기꽃
읽을거리
입맞춤(입맞춤하나)
입버릇
작은누나
작은따옴표
작은말
작은아들
작은형
잔가지
잔돈
잔뿌리
잔손질
잔재주
장난치다
저녁놀
저녁때(아침때, 점심때)
저녁밥
정떨어지다
제각기
제때
제자리
조개더미(조개무지, 패총)
좀먹다
주고받다
줄짓다
쥐꼬리
쥐뿔같다
지난번
지은이
집주인
짝짓기
짧은소리
찬물
찬새
천둥치다
철모르다
철통같다
초등학교
촌사람
촌색시
추석빔(설빔)
춤추다
캐묻다
코납작이

콧노래
큰고모(큰누나, 큰언니, 큰어머니, 큰아버지, 큰형, 큰딸, 큰아들)
큰길
큰닭
큰댁
큰딸
큰물
큰북
큰비
큰아들
큰아버지
큰절
큰형
톱니바퀴
파도치다(소리~, 물결~)
폭넓다
하루같이(감쪽같이, 굴뚝같이, 귀신같이, 꿈같이, 다락같이, 득달같이, 뚱딴지같이, 목석같이, 벼락같이, 불같이, 불꽃같이, 살같이, 새벽같이, 쏜살같이, 억척같이, 주옥같이, 철석같이, 하나같이, 한결같이)
하루바삐
하루빨리
한결같다
한눈팔다
한동안
한시바삐
한없다
해돋이
해지다(='해어지다 : 닳아서 떨어지다'의 뜻일 때 합성어)
헌신짝
활기차다
황소걸음
회사일
흉보다
흙장난
흰나비
힘들다
힘쓰다
힘주다

【참고 1】 명사나 명사의 성질을 가진 말에 '없다', '있다'가 붙어 한 단어가 된 것은 붙여 쓴다.

가없다
값없다
거리낌없다
거침없다
구김없다
굽힘없다
그지없다
까딱없다
꾸밈없다
끄떡없다
끊임없다
끝없다

난데없다	어처구니없다
남김없다	엉터리없다
넋없다	여지없다
다름없다	열없다
덧없다	염치없다
두말없다	영락없다
말없다	온데간데없다
맥없다	일없다
물색없다	종자없다
물샐틈없다	지각없다
밑도끝도없다	터무니없다
밤낮없다	턱없다
버릇없다	틀림없다
부질없다	하릴없다
빠짐없다	하염없다
사정없다	하잘것없다
상없다	한량없다
속절없다	한없다
수없다	허물없다
스스럼없다	흉허물없다
시름없다	힘없다
쓸데없다	가만있다
쓸모없다	값있다
아낌없다	뜻있다
아랑곳없다	맛있다
어김없다	멋있다
어림없다	재미있다

○ 그러나 앞에 꾸미는 말이 올 때에는 붙여 쓰지 않는다.

아무 거리낌 없이　　　별 꾸밈 없이　　　아무 쓸데 없는

【참고 2】 다음에 나오는 명사에 직접 '삼다', '나다', '짓다', '들이다'가 붙는 말들은 앞말에 붙여 쓴다.

거울삼다　일삼다　자랑삼다　장난삼다　주장삼다　참고삼다
결딴나다　결말나다　결판나다　소문나다　이름나다　일나다
탐나다
결정짓다　관련짓다
공들이다　길들이다　힘들이다

○ 그러나 앞에 꾸미는 말이 올 때에는 붙여 쓰지 않는다.

큰 힘 들이지 않고

【참고 3】 형용사의 보조적 연결 어미에 보조 동사 '하다'가 붙어서 다른 말로 전성할 경우, '하다'를 앞말에 붙여 쓴다.

가려워하다	신기로워하다
간지러워하다	싫어하다
거북스러워하다	아니꼬워하다
고마워하다	아쉬워하다
괴로워하다	안타까워하다
귀여워하다	어려워하다
그리워하다	정다워하다
노여워하다	좋아하다
두려워하다	즐거워하다
따가워하다	지겨워하다
뜨거워하다	징그러워하다
무서워하다	기뻐하다
미워하다	나빠하다
반가워하다	슬퍼하다
부러워하다	아파하다
서러워하다	예뻐하다

【참고 4】 명사에 '가〔邊〕'가 붙는 다음의 말들은 앞말과 붙어 굳어 버린 것으로 보아 붙여 쓴다.

길가 난롯가 마룻가 못가 무덤가 물가 바닷가
부둣가 샘물가 연못가 우물가 창문가 한길가

○ 그러나 앞말만 꾸미는 말이 오면 붙여 쓰지 아니하고, 전체를 꾸미는 말이 오면 그대로 붙여 쓴다.

불 있는 난로 가에서 비 내리는 부둣가

【참고 5】 두 음절 이상의 말에 수(數)를 나타내는 명사 '수'가 붙는 말 중에서 다음의 것들은 굳어 버린 것으로 보아 붙여 쓴다.

가짓수 마력수 마릿수〔頭數〕 머릿수 번지수 정족수
일정수 주파수 진동수 질량수 회전수

(10) 파생어는 붙여 쓴다.

> 실질 형태소에 접사가 결합하여 형성된 복합어를 '파생어'라고 하는데, 접사는 다른 단어나 어근에 첨가하여 새로운 의미를 나타내거나 문법적 기능에 변화를 주는 요소로서, 접사에는 단어나 어근의 앞에 붙는 '접두사'와 뒤에 붙는 '접미사'가 있다. 접두사는 뒤에 오는 어근의 뜻을 제한할 뿐 품사를 바꾸는 일이 없지만, 접미사는 뜻만 제한하는 것이 아니라 그 앞에 오는 어근의 품사를 바꾸는 경우가 많다. 접사에는 기능에 따라 새로운 단어를 형성하는 '파생 접사'와 어형 변화에 관여하는 '굴절 접사'가 있다.

① 접두사는 붙여 쓴다.

강추위	**설**삶다
개살구	**싯**누렇다
날김치	**웃**어른
늦더위	**잔**소리
돌미나리	**짓**이기다
맏며느리	**풋**나물
맨발	**한**가운데
민대가리	**한**여름
새파랗다	**햇**것
선하품	**홑**이불

○ 한자에서 나온 말로서 접두사 또는 접두사처럼 쓰이는 것은 붙여 쓴다.

가건물(假建物) **가**분수(假分數) **가**조인(假調印)
가처분(假處分) **가**출옥(假出獄) **가**환부(假還付)
건대구(乾大口) **건**선거(乾船渠) **건**전지(乾電池)
고속도(高速度) **고**자세(高姿勢) **고**차원(高次元)
구대륙(舊大陸) **구**시대(舊時代) **구**학문(舊學問)
귀공자(貴公子) **귀**금속(貴金屬) **귀**부인(貴婦人)
내내년(來來年) **내**주일(來週日) **내**학기(來學期)
당고모(堂姑母) **당**고모부(堂姑母夫) **당**형제(堂兄弟)
대규모(大規模) **대**도시(大都市) **대**문자(大文字)
대부분(大部分) **대**만원(大滿員) **대**성황(大盛況)
몰상식(沒常識) **몰**인정(沒人情) **몰**지각(沒知覺)
무관심(無關心) **무**보수(無報酬) **무**투표(無投票)
미개척(未開拓) **미**결정(未決定) **미**성년(未成年)
반민족(反民族) **반**작용(反作用) **반**정부(反政府)
반도체(半導體) **반**벙어리(半-) **반**주권국(半主權國)
본남편(本男便) **본**바탕(本-) **본**회의(本會議)
부도덕(不道德) **부**정직(不正直) **부**정확(不正確)
부사장(副社長) **부**작용(副作用) **부**주제(副主題)
비공식(非公式) **비**국민(非國民) **비**전투원(非戰鬪員)
생가죽(生-) **생**쌀(生-) **생**트집(生-)
소규모(小規模) **소**도시(小都市) **소**문자(小文字)
신문학(新文學) **신**소설(新小說) **신**학문(新學問)
아열대(亞熱帶) **아**음속(亞音速) **아**황산(亞黃酸)
잡문학(雜文學) **잡**수입(雜收入) **잡**식구(雜食口)
재교육(再敎育) **재**무장(再武裝) **재**생산(再生産)
재인식(再認識) **재**조사(再調査) **재**확인(再確認)
저물가(低物價) **저**자세(低姿勢) **저**학년(低學年)
준결승(準決勝) **준**교사(準敎師) **준**항고(準抗告)
중공업(重工業) **중**노동(重勞動) **중**양자(重陽子)
진면목(眞面目) **진**범인(眞犯人) **진**주홍(津朱紅)
초가을(初-) **초**봄(初-) **초**저녁(初-)

초고속도강(超高速度鋼) **초**음속(超音速) **초**현실주의(超現實主義)
총공격(總攻擊) **총**궐기(總蹶起) **총**동원(總動員)
총선거(總選擧) **총**정리(總整理) **총**참모장(總參謀長)
총천연색(總天然色)
최고위(最高位) **최**선봉(最先鋒) **최**전선(最前線)
항갑상선제(抗甲狀腺劑) **항**히스타민제(抗-劑)

○ 관형사는 띄어 쓴다. 〔(10) 붙임 1 참조〕

매 회계 연도 **매** 경기
별 이상스러운 소리 **본** 법정
신 교육과정(구 교육과정) **전** 기동력(全起動力)
전 세계(全世界) **전** 국회의원(前國會議員)
총 운전 자본(總運轉資本) **총** 작업 시간(總作業時間)
순 우리말

【참고 1】 관형사와 접두사의 차이

관 형 사	접 두 사
1. 단어의 자격이 있어 독립적으로 띄어 쓸 수 있다. 2. 두 음절로 된 것도 있다. 3. 관형사로서의 본뜻을 그대로 가지고 있으며, 그것을 띄어도 다른 것이 충분히 한 단어로 인시된다. 전 국회의원 순 우리말 4. 여러 명사를 두루 꾸밀 수 있다.	1. 단어의 자격이 없어 독립적으로 띄어 쓸 수 없다. 2. 두 음절로 된 것은 거의 없다. 3. 관형사로서의 본뜻이 약간 변하여 쓰이거나, 그 조성(組成)이 굳어 그것이 붙은 어근과 어울려 한 말로 인식된다. 전세기(前世紀) 순문학(純文學) 4. 여러 명사를 두루 꾸밀 수 없다.

> 관형사는 체언 앞에 놓여서 체언의 내용을 자세히 꾸미는 구실을 하는 단어이다. 관형사는 접두사와는 달리 여러 명사를 두루 꾸밀 수 있다.

붙임 1. 이와 같이 붙여 쓰는 접두사와 구별해서 관형사는 띄어 쓴다. 관형사는 단어이기 때문이다.

각(各) 학교
갖은 고생
고(故) 해공(海公) 선생
그 아가씨
근(近) 달포 동안
너댓 개
단(單) 하나
두어 사람
맨* 처음
몇 사람
몹쓸 놈들
무슨 소리
뭇 백성
백(百) 사람
새* 학교
순* 한국식
아무 고생도
여러 가지
옛 친구
오만 가지
온갖 고통
요 근처
요만 고생
웬 소리
이 작품도 그 작가……
저 사람
전(全)* 공무원
조 아이
천(千) 사람
첫* 나무
첫째 사람
한* 가지
한두 집
현(現) 편수관

붙임 2. 다음의 경우에는 '새'가 뒷말과 붙어 굳어 버린 것으로 보아 붙여 쓴다.

새달〔來月〕	새댁	새봄〔來春, 新春〕	새색시
새서방	새싹〔新芽〕	새아기	새해〔新年〕

붙임 3. 다음의 경우에는 '첫'을 뒷말과 붙여 쓴다.

첫가을	첫개	첫걸	첫걸음	첫겨울	첫국밥
첫기제	첫길	첫나들이	첫날	첫낮	첫눈
첫더위	첫도	첫돌	첫딸	첫마디	첫머리
첫물	첫배	첫사랑	첫새벽	첫소리	첫솜씨
첫술	첫아기	첫아들	첫여름	첫윷	첫인상
첫추위	첫출발	첫출사	첫판	첫행보	첫혼인

【참고 2】 다음과 같은 단어의 '한'은 관형사가 아니고 접두사이므로 붙여 쓴다.

한가운데	한가을	한가지〔同一〕	한걱정〔大念慮〕	한겨울
한고비	한길	한동생(=한동기)	한동안〔許久間〕	한밑천
한밤중〔深夜〕	한복판	한숨	한중간	한집안
한통〔同一團體中〕	한패	한풀	한허리	

【참고 3】 '온통', '더할 수 없이 가장'의 뜻을 가진 '맨'은 관형사이므로 띄어 쓰고, '비다〔空〕'의 뜻을 가진 '맨'은 접두사이므로 붙여 쓴다.

구경거리는 없고 맨 사람뿐이다.

맨 처음	맨 끝	맨 꼴찌	맨 나중
맨주먹	맨머리	맨입	맨손

【참고 4】 '두 번'에 대응(對應)되는 '한 번'은 띄어 쓰고, 그 밖의 막연한 '一次', '一但'의 뜻일 경우에는 붙여 쓴다.

한 번, 두 번,……

되나 안 되나 한번 하고 말겠다.

붙임 4. 각(各), 전(全), 본(本), 당(當)이 독립성이 없는 한 음절의 말과 어울려 굳어 버렸을 경우에는 붙여 쓴다.

각급(各級)	각자(各者)
전교(全校)	전신(全身)
본교(本校)	본관(本官)
당교(當校)	당인(當人)

② 접미사는 붙여 쓴다.

정치**가**(政治家)	보름**께**
이**가**(李哥)	팔월**경**
번화**가**(繁華街)	한국**계**(韓國系)
이틀**간**(-間)	문학**계**(文學界)
노리**개**	충무**공**(忠武公)
까드락**거리다**	인쇄**공**(印刷工)
정성**껏**	장산**곶**〔長山串〕

여행**기**(旅行記)
세면**기**(洗面器)
세탁**기**(洗濯機)
한 사람**꼴**
욕심**꾸러기**
애인**끼리**
겨우**내**
시골**내기**
영감**님**(令監-)
어른**답다**
평**당**(坪當)
봉변**당하다**
양곡**대**(糧穀代)
어른**들**
심술**딱지**
주목**받다**
부산**발**(釜山發)
앉은**뱅이**
학년**별**(學年別)
3**분의** 2
닷새**분**〔五日分〕의 양식
처가**살이**
을해**생**(乙亥生)
증권 거래**소**(證券去來所)
사교**술**(社交術)
창피**스럽다**
격퇴**시키다**
한국**식**(韓國式)
하나**씩**
벼슬**아치**

한국**어**(韓國語)
천**여** 명(千餘名)
교사**용** 지침서
수행**원**(隨行員)
고아**원**(孤兒院)
정치**인**(政治人)
신임**장**(信任狀)
세기말**적**(世紀末的)
쟁탈**전**(爭奪戰)
산화**제**(酸化劑)
단원**제**(單院制)
미국**제**(美國製)
만주**족**(滿洲族)
재래**종**(在來種)
한 섬**지기**
문**지기**
먹음**직하다**
믿음**직하다**
양복**짜리**
십 원**짜리**
자**짜리** 잉어
여러 개**째**
미심**쩍다**
어디**쯤**
연구**차**(硏究次)
접수**처**(接受處)
피**투성이**
미련**퉁이**
부산**행**(釜山行)
신격**화**(神格化)

붙임 1. '해', '섬', '강', '산' 등이 외래어에 붙을 때에는 띄어 쓰고, 우리말에 붙을 때에는 붙여 쓴다. (외래어 표기법 제4장 제3절 제1항)

카리브 해　　　　　　　북해

발리 섬　　　　　　　　목요섬

○ '道, 市, 邑, 面, 里, 郡, 區, 洞, 島, 灣, 驛, 洋, 寺, 線, 港, 州, 洲'가 붙은 우리말 고유 명사는 붙여 쓴다.

경기도(전라북도)　　　　서울역

붙임 2. 붙어 써서 이해하기 어렵거나 의존 명사로 인정되는 것은 띄어 쓴다.

문명인 간(文明人間 : 문명인들 사이)

이렇든저렇든 간에　　　　어떻든지 간에

삼십이 강(32强)　　　　19세기 말

붙임 3. '주의'가 붙어 단어가 되는 말은 '주의'를 앞말에 붙여 쓴다.

민주주의　　자유주의　　사실주의　　후기 인상주의　　낭만주의

붙임 4. 성명에 붙는 '公, 君, 氏, 孃, 翁'은 띄어 쓴다. 다만, '氏'가 성씨 전체를 대표하는 경우에는 붙여 쓴다. 외국어에 붙을 경우에는 다 띄어 쓴다. 〔(9) 참조〕

김 공(김유신 공)　　　　이 군(이인승 군)　　　　이 씨(이인승 씨)

성 양(성유리 양)　　　　박 옹(박문수 옹)

해당 성씨 전체를 대표하는 경우 : 김씨 / 이씨 / 박씨

두필스카 양

【참고 1】 명사, 어근 또는 부사에 '하다'가 붙어 한 단어가 될 때, '하다'는 접미사이므로 앞말에 붙여 쓴다.

부사는 주로 용언을 꾸며서 그 뜻을 더 세밀하고 분명하게 해 주는 단어이다. 부사에는 '어떻게'라는 방식으로 용언을 꾸미는 '성상 부사'가 있고, '이리'와 같이 특정한 대상을 가리키는 '지시 부사'가 있으며, '못'과 같이 부정의 뜻을 가진 '부정 부사'가 있다. 그런데 성상 부사 가운데에서 '철썩철썩', '울긋불긋'처럼 사물의 소리와 모양을 흉내 내는 부사들을 특히 '의성 부사' 또는 '의태 부사'라고 한다.

이들은 모두 문장 가운데에서 어느 한 성분만을 한정해 주므로 '성분 부사'라고 한다. '과연'과 같이 문장 전체를 꾸며 주는 부사는 '문장 부사'라고 하고, '그러나'와 같이 앞 문장의 뜻을 뒤의 문장에 이어 주면서 뒤의 문장을 꾸며 주는 부사는 '접속 부사'라고 한다.

결행하다	출렁출렁하다
황량하다	착하다
물렁물렁하다	반듯하다

【참고 2】 '하다'가 붙을 수 있는 명사에 '되다', '시키다'가 붙어 한 낱말이 될 때, '되다', '시키다'는 접미사이므로 앞말에 붙여 쓴다.

결정되다	결정시키다

【참고 3】 명사 아래에 붙어 '입음'을 나타내는 '당하다', '받다'는 접미사이므로 앞말에 붙여 쓴다.

봉변당하다	이용당하다	압제당하다
오해받다	인정받다	

【참고 4】 명사 아래에 접미사 '화(化)'가 붙어, 그렇게 만들거나 그렇게 됨을 나타내는 말 아래에 다시 '하다', '시키다', '되다'가 붙을 때에는 붙여 쓴다.

대중화하다	대중화시키다	대중화되다

다만, 중간에 조사가 들어갈 경우에는 띄어 쓴다.

결정을 하다	봉변을 당하다	반듯은 하다
대중화를 하다	결정을 시키다	오해를 받다

○ 그러나 이와 같이 붙여 쓰는 말이라도, 그 앞에 꾸미는 말이 오면〔즉, 명사나 명사의 성질을 가진 말이 목적어('ㄹ'이 붙는 말)로 쓰일 때〕 붙여 쓰지 아니한다.

몇 등분 하였습니까?	재미있는 이야기 하시오.
들은 이야기 하기는 쉽다.	한글 공부 하기가 재미있다.
힘든 운동 하지 마시오.	그런 권고 하러 갔었다.
쓸데없는 싸움 하지 마시오.	무슨 생각 하느라고 말이 없나?

좋은 일 하였구나.

【참고 5】 종래에 접미사로 처리하던 '만하다'를 인정하지 아니하고, 보조사 '만'과 서술어 '하다'로 분리해서 처리한다.

형만 하다　　　　콩알만 하다　　　　주먹만 하다

집채만 하다　　　　코끼리만 하다　　　　황소만 하다

[대조] 용언 아래의 '만하다'는 보조 형용사로 처리하며, '만'과 '하다'를 붙여 쓴다. (예 : 먹을 만하다, 주목할 만하다)

(11) 첩어 또는 준첩어는 띄어 쓰지 않는다.

첩어는 같은 음이나 비슷한 음을 가진 단어를 반복적으로 결합한 '합성어'를 말한다. 첩어에는 '동음 첩어'와 '유음 첩어'가 있는데, 대개 의미를 강하고 깊게 하여 사물의 집합체를 가리키거나 동작의 반복, 계속 등을 표시하며, 부사로 쓰이는 경우가 많다. 특히 의성어, 의태어에서 많이 볼 수 있다.

가깝디가깝다*
가끔가끔
가만가만히
곤드레만드레
그럭저럭
긁적긁적
기우뚱기우뚱
끌쩍끌쩍
너울너울
두고두고
들락날락
매일매일
머나먼
본둥만둥
생긋생긋
시큼시큼
얼룩덜룩
엉큼성큼
여기저기
왈가닥달가닥
요리조리
이러나서러나
이리저리
이모저모
일기죽얄기죽
지껄지껄
찌그락짜그락
차례차례
하나하나
하루하루

【참고 1】 '-디-'를 취하는 말은 첩어로 보고 붙여 쓴다.

예쁘디예쁘다　　높디높다　　시디시다
차디차다　　짜디짜다　　크디크다

【참고 2】 대립적인 뜻을 가진 두 낱말이 하나의 낱말처럼 익은 다음의 것은 붙여 쓴다.

오나가나　　가타부타　　오다가다
오르락내리락

붙임 1. 용언의 부사형이 첩어의 형태를 취하는 다음의 것은 붙여 쓰지 않는다.

곱게 곱게　　높게 높게　　높고 높다　　곧게 곧게
싸고 싼(향기)　　흘러 흘러

(12) 성과 이름, 성과 호 등은 붙여 쓰고, 이에 덧붙는 호칭어, 관직명 등은 띄어 쓴다. (한글 맞춤법 제48항). 〔(10) ② 붙임 4 참조〕

김양수(金良洙)　　서화담(徐花潭)
채영신 씨　　최치원 선생
박동식 박사　　충무공 이순신 장군

붙임 1. 다만, 성과 이름, 성과 호를 분명히 구분할 필요가 있을 경우에는 띄어 쓸 수 있다.

남궁억 / 남궁 억　　독고준 / 독고 준
황보지봉(皇甫芝峰) / 황보 지봉

○ 그러나 이름에 접미사 '전(傳)'이 붙어 책 이름이 될 때에는 붙여 쓴다. 다만, 이름 앞에 꾸미는 말이 올 때에는 '전'을 띄어 쓴다.

홍길동전　　심청전　　유관순전
의적 홍길동 전　　효녀 심청 전　　순국 소녀 유관순 전

(13) 성명 이외의 고유 명사(기관명, 단체명)**는 단위별로 띄어 쓴다**(한글 맞춤법 제49항). **다만, 이 조항은 교과용 도서 편찬의 일관성을 유지하기 위하여 허용 조항을 우선적으로 적용한 것이다.**

〈우선 적용〉	〈필요시 허용〉
대한중학교	대한 중학교
한국대학교 사범대학	한국 대학교 사범 대학
학술원 부설 국어연구소	학술원 부설 국어 연구소
대통령 직속 국가안전보장회의	대통령 직속 국가 안전 보장 회의
서울대학교 사범대학 부속고등학교	서울 대학교 사범 대학 부속 고등 학교
한국대학교 의과대학 부속병원	한국 대학교 의과 대학 부속 병원

(14) 전문 용어는 단어별로 띄어 씀을 원칙으로 하되, 붙여 쓸 수 있다.
(한글 맞춤법 제50항)

〈원 칙〉	〈허 용〉
만성 골수성 백혈병	만성골수성백혈병(慢性骨髓性白血病)
중거리 탄도 유도탄	중거리탄도유도탄(中距離彈道誘導彈)
만국 음성 기호	만국음성기호(萬國音聲記號)
긴급 재정 처분	긴급재정처분(緊急財政處分)
무한 책임 사원	무한책임사원(無限責任社員)
배당 준비 적립금	배당준비적립금(配當準備積立金)
손해 배상 청구	손해배상청구(損害賠償請求)
관상 동맥 경화증	관상동맥경화증(冠狀動脈硬化症)
급성 복막염	급성복막염(急性腹膜炎)
지구 중심설	지구중심설(地球中心說)
탄소 동화 작용	탄소동화작용(炭素同化作用)
해양성 기후	해양성기후(海洋性氣候)
교육 행정	교육행정(敎育行政)
원시 사회	원시사회(原始社會)

붙임 1. 동식물명(動植物名)의 분류학상(分類學上)의 단위는 붙여 쓴다.

사과나무	감나무	푸른누룩곰팡이
이른봄애호랑나비	가는뿔꼬마새우	강장동물
양치식물	원생동물	

붙임 2. 우리말로 된 품종명은 붙여 쓴다.

조선호박	애국다섯치	서울무
도변조생	지나조생	진주교배
산동사엽	예우다다기	긴알락콩
근성사엽		

붙임 3. 한 음절의 말과 어울려 굳어 버린 것은 붙여 쓴다.

열역학	열전도	원운동
핵반응	핵무기	각속도(角速度)

붙임 4. '놀이'가 붙어 하나의 유희(遊戲) 이름이나 운동 이름이 된 술어는 앞말에 붙여 쓴다. 그러나 아직 굳어진 말이 아니거나 앞말이 두 개 이상의 단어로 변별될 때에는 띄어 쓴다.

풍물놀이	공놀이	고무줄놀이
물놀이	비슷한 문장 말하기 놀이	

붙임 5. 명사와 동사, 동사와 동사, 부사와 동사가 서로 어울려 말끝이 '기'로 끝나는 말로서, 하나의 동작, 작업, 상태, 놀이를 나타내는 술어는 붙여 쓴다.

까막잡기	벌치기〔養蜂〕
가지고르기〔整枝〕	사이짓기〔間作〕
거름주기〔施肥〕	씨뿌리기〔播種〕
높이뛰기〔高跳〕	삼단뛰기〔三段跳〕
메쌓기〔空積〕	이어짓기〔連作〕
돌쌓기〔石積〕	이어달리기〔繼走〕
듣고부르기〔聽唱〕	찰쌓기〔練積〕

○ 그러나 띄어 쓴 두 말에 걸리거나 꾸미는 말이나 한정하는 말이 앞에 올 때에는 띄어 쓴다.

여름 채소 가꾸기	아름다운 노래 부르기
닭과 돼지 치기	범창(範唱)을 듣고 부르기
바닷말과 물고기 기르기	아기 양말 뜨기

붙임 6. 여러 구절로 된 경우에는 동작이나 작업의 단계를 기준으로 하여 붙여 쓴다.

손짚고 엎드려 다리굽히기	두팔늘어 가슴절하기
나무에 못박아 굽히기	목 뒤로굽히기

붙임 7. 하나의 개념을 나타내는 화학 물질의 이름은 붙여 쓴다.

과산화바륨	일산화탄소	석회질소	염화나트륨
아황산나트륨	이산화질소	탄산나트륨	안식향산

붙임 8. 하나의 개념을 나타내는 수학 용어는 붙여 쓴다.

꺾은선그래프	거듭제곱근	곱셈구구	나머지정리
덧셈정리	소인수분해	이등변삼각형	직각삼각형

붙임 9. 하나의 구령(口令)은 붙여 쓴다.

열중쉬어	편히쉬어	앉아쏴	엎드려쏴
우향우	좌향좌	뒤로돌아가	앞으로나란히
앞으로가	제자리에서		

붙임 10. 역사적인 서명(書名), 사건명(事件名), 관청명, 관직명, 화폐명 등은 붙여 쓸 수 있다. 그러나 뚜렷이 별개 단어로 인식되는 것은 띄어 쓴다.

경국대전(經國大典)	갑오개혁(甲午改革)
계림유사(鷄林類事)	임진왜란(壬辰倭亂)
고금속어(古今俗語)	훈민정음(訓民正音)
대동운부군옥(大東韻府群玉)	동국여지승람(東國輿地勝覽)
중서문하성(中書門下省)	동지춘추관사(同知春秋館事)
상평통보(常平通寶)	팔방통보(八方通寶)
건원중보(乾元重寶)	의암 선생 행장기(義菴先生行狀記)

붙임 11. 우리말로 된 음식 이름은 붙여 쓴다.

김치볶음밥	김치찌개	감자조림	새우튀김
쇠고기덮밥	도토리묵무침		

붙임 12. 음악에서 조성 이름 등은 붙여 쓴다.

내림마　　　　내림마장조　　　　이플랫장조

(15) 한문으로 이루어진 고사 성어나 숙어는 붙여 쓸 수 있다.

돈수재배(頓首再拜)　　　　멸죄생선(滅罪生善)
사고무친(四顧無親)　　　　일패도지(一敗塗地)
조삼모사(朝三暮四)　　　　조변석개(朝變夕改)
무소부지(無所不知)　　　　진퇴유곡(進退維谷)
가화만사성(家和萬事成)　　　　화무십일홍(花無十日紅)

(16) 구문 활자(歐文活字)로 된 일반 외래어는 원어에 따라 띄어 쓰되, 지명은 붙여 쓰고, 인명은 띄어 쓴다. 중국인, 일본인의 성과 이름은 우리 한자음으로 적을 때에는 붙여 쓰고, 그 나라 음으로 적을 때에는 띄어 쓴다.

air pump　　에어 펌프(전문 용어로 보면 붙여 쓸 수 있음.)
drop shot　　드롭 샷(전문 용어로 보면 붙여 쓸 수 있음.)

Los Angeles　　로스앤젤레스
New York　　뉴욕

Christian Dior　　크리스티앙 디오르
Churchill, Winston Leonard Spencer　　처칠, 윈스턴 레너드 스펜서
윈스턴 처칠

등소평(鄧小平)　　덩 샤오핑
장개석(蔣介石)　　장 제스
가등청정(加藤淸正)　　가토 기요마사(원칙적으로 우리 한자음으로 읽는 것을 허용치 않음.)
풍신수길(豊臣秀吉)　　도요토미 히데요시(원칙적으로 우리 한자음으로 읽는 것을 허용치 않음.)

붙임 1. 서양 인명, 지명 앞에 접두어나 관사류가 붙는 경우에는 인명이나 지명에 붙여 쓴다.

반트호프(van't Hopp)　　　　레오나르도 다빈치(Leonardo da Vinci)
드골(De Gaulle)

(17) 법률 문장에서 법령의 이름, 조항 표시, 사건명, 죄명 등은 관행적으로 붙여 쓰고 있지만, 교과서에서는 관행을 인정하지 않는다.

〈취 함〉	〈버 림〉
폭력 행위 등 처벌에 관한 법률	폭력행위등처벌에관한법률
도시 계획법 시행령 제7조의 3 제2항 제3호 (가)목	도시계획법시행령제7조의3제2항제3호(가)목
종합 소득세 부과 처분 취소	종합소득세부과처분취소
특정 경제 범죄 가중 처벌 등에 관한 법률 위반죄	특정경제범죄가중처벌등에관한법률위반죄

우리말 우리글

가나다로 찾아보기

가

ㄱ자집(-字-) *cf.* 일자집, ㅁ자집, 을자집

ㄱ자턱솔이음(-字-)

-가(哥)(접미사) *cf.* 김가(金哥), 이가(李哥), 김씨, 이씨, 김인후 씨(김 씨), 이인승 씨(이 씨)

-가(街)(접미사) *cf.* 번화가, 주택가, 은행가

-가(歌)(접미사) *cf.* 유행가, 애국가

-가(家)(접미사) *cf.* 전문가, 발명가, 장서가, 록펠러가, 케네디가, 합스부르크가

-가(價)(접미사) *cf.* 최고가, 적정가, 원자가

-가[邊] *cf.* 강가, 길가, 바닷가, 부둣가

ᵛ가[邊] *cf.* 도로 가에, 운동장 가에, 불이 있는 화로 가에, 유유히 흐르는 강 가에

가(假)-(접두사) *cf.* 가압류, 가처분

가강수량(可降水量) *cf.* 유효 강수량

가거나 말거나 *cf.* 하거나 말거나

가건 말건 간에(-間-) *cf.* 하건 말건 간에

가검역증(假檢疫證)

가게그려 <집으로 ~.> *cf.* 그려(조사)

가게내기(기성품) *cf.* 장내기

가게 내다

가게놀이 *cf.* 기차놀이

가게 되다 *cf.* 일하게 되다

가게 될 것 같다 *cf.* 하게 될 것 같다

가게 될 듯싶다 *cf.* 듯싶다

가게 될 듯하다 *cf.* 듯하다

가게맞춤(기획 상품)

가게 문(-門) *cf.* 교실 문, 교회 문, 금고 문, 사당 문, 사무실 문, 창고 문, 안방 문, 사랑문, 현관문

가게 안에 *cf.* 교실 안에

가게일 *cf.* 교회일, 마을일, 은행일, 집안일(문중의 일), 학교일, 학회일, 회사일

가게 차리다

가게채(가게로 쓰는 집채) *cf.* 사랑채

가겟방(-房)

가겟세(-貰) *cf.* 집세

가겟집 *cf.* 살림집, 약국집, 국숫집, 쌀집

가격 내리기(價格-) <~ 경쟁>, <가격(을) 내리기 위하여….>

가격시점(價格時點)

가격 올리기(價格-) <~ 경쟁>, <가격(을) 올리기 위하여….>

가격차(價格差) *cf.* 실력차, 능력차, 개성차

가격표(價格表) *cf.* 요금표

가격 혁명(價格革命) *cf.* 산업 혁명, 상업 혁명

가결산(假決算)

가결시키다(可決-) *cf.* 시키다

가결의(假決議)

가결해 버리다(可決-)

가계부 적기(家計簿-)

가계부(를) 적다(家計簿-)

가계 수표(家計手票) *cf.* 은행 수표, 당좌 수표, 보증 수표, 횡선 수표

가고 나면 *cf.* 먹고 나면, 하고 나면

가고 난 지 *cf.* 떠난 지 닷새, ㄴ 지, 지(의존명사)

가고 난 후(-後)

가고 말 것이다 *cf.* 하고 말 것이다

가고말고 *cf.* 하고말고, 놀고말고, 고말고(어미)

가고 싶다 *cf.* 먹고 싶다, 놀고 싶다

가고 싶어하다 *cf.* 싶어하다

가고 싶은 듯하다 *cf.* 듯하다

가고 오는 *cf.* 오고 가는

가고 있는 중(-中)/가고 있다

가곡원류(歌曲源流)

가곡 장단(歌曲-)

가공 이익(架空利益)

가공인물(架空人物) *cf.* 등장인물, 실재 인물, 주요 인물

가공창고(加工倉庫) *cf.* 보관 창고, 보세 창고

가공해 놓다(加工-)

가관절(假關節)

가교 은행(架橋銀行)(정부 기관이 출자해서 만든 정리 금융 기관)

가구당(家口當) *cf.* 1인당, 호구당, 당(접미사)
가구 수(家口數) *cf.* 식구 수, 호구 수
가구와 바닥 닦기(家具-)
가구 용품(家具用品) *cf.* 사무 용품, 자동차 용품, 주방 용품
가구장이(家具匠-)
가기는 고사하고(-姑捨-)
가기는커녕 *cf.* 먹기는커녕, 자기는커녕, ㄴ커녕, 커녕(조사)
가기 때문에
가까우리만큼 *cf.* 리만큼(어미)
가까운 바다 *cf.* 먼 바다, 먼바다(용어로서)
가까울뿐더러 *cf.* ㄹ뿐더러(어미)
가까울 뿐 아니라 *cf.* ㄹ 뿐 아니라
가까워 보이다 *cf.* 멀어 보이다, 쉬워 보이다, 어려워 보이다
가까워 오다
가까이 가까이 <더 ~ 다가오다.> *cf.* 멀리멀리
가까이 가다
가까이 하다 <전깃불을 물체에 ~.>
가까이하다 <책을 ~.>, <친구를 ~.>
가까이해 오다
가까이해 주다
가깝디가까운/가깝다 *cf.* 차디찬, 무겁디무거운
가꾸로박히다
가꾸어 가다
가꾸어 나가다
가꾸어 놓다
가꾸어 보다
가꾸어 오다
가꾸어 주다
가끔가끔
가끔 가다 <친정에 가끔 간다.>
가끔가다(부사) <~ 친정 생각이 난다.>
가끔가다가(부사) <~ 꾸중을 듣다.>
가끔씩
가나다순(-順) *cf.* 음절순, 알파벳순, 자모순
가나다차례(-次例) *cf.* 가나다순, 알파벳순
가나마나 *cf.* 하나마나
가나마나하다 *cf.* 먹으나마나하다
가나 보다 *cf.* 하나 보다
가나 봐 *cf.* 하나 봐
가나오나 *cf.* 오나가나
가난 돌다
가난살이 <~ 10년에….>
가난타령 *cf.* 돈타령, 술타령, 신세타령
가난하든 부유하든(-富裕-)
가난한 것 같다
가난한 듯하다 *cf.* 듯하다
가난한 마련 해선 *cf.* 고단한 마련 해선
가난한 체하다 *cf.* 부자인 체하다, 체하다
가난할뿐더러 *cf.* ㄹ뿐더러(어미)
가난할 뿐 아니라 *cf.* ㄹ 뿐만 아니라
가난해 보이다
가난해져 가다
가느니 마느니 *cf.* 하느니 마느니
가는-〔細〕 *cf.* 가는눈, 가는바늘, 가는베, 가는귀, 가는소금
가는∨〔細〕 *cf.* 가는 철사, 가는 실선
가는가 보다 *cf.* 자는가 보다, ㄴ가 보다
가는 가지 *cf.* 굵은 가지
가는 고리 *cf.* 굵은 고리
가는 고리 귀거리 *cf.* 굵은 고리 귀거리
가는귀 <그 노인은 ~가 먹었다.>
가는귀먹다 *cf.* 귀먹다
가는눈(가늘게 뜬 눈) *cf.* 실눈, 잉눈
가는눈줄 *cf.* 거친눈줄
가는대(활의 아기살)
가는 대로 <집에 ~ 연락해라.> *cf.* 대로(의존 명사)
가는 데마다 *cf.* 데(의존 명사), 마다(조사)
가는 말에 채찍질하기 *cf.* 달리는 말에 채찍질하기
가는 맥(-脈)
가는 모래 *cf.* 굵은 모래, 잔모래, 고운 모래
가는바늘 *cf.* 돗바늘
가는베 *cf.* 굵은베
가는 비 *cf.* 굵은 비

가 나 다 라 마 바 사 아 자 차 카 타 파 하

가는뿔꼬마새우
가는선(-線)(용어로서) *cf.* 굵은선
가는소금 *cf.* 굵은소금, 가는 모래, 굵은 모래
가는실 *cf.* 굵은실
가는 실선(-實線) *cf.* 굵은 실선
가는 족족 *cf.* 하는 족족, 족족(의존 명사)
가는 줄뿌림
가는 척하다 *cf.* 하는 체하다, 자는 체하다, 척하다
가는체(구멍이 잔 체) *cf.* 굵은체(어레미)
가는 체하다 *cf.* 자는 체하다, 하는 체하다, 체하다
가는톱니 *cf.* 자르는톱니, 켜는톱니
가는허리 *cf.* 잔허리
가는홈
가늘디가는/가늘다 *cf.* 굵디굵은
가늠구멍(소총의 조준 장치) *cf.* 장붓구멍, 꽁숫구멍, 단춧구멍, 마룻구멍, 수챗구멍, 옹잇구멍, 도수리구멍
가늠 맞춤
가늠 보다
가늠쇠
가늠표(-票)
가늠해 보다
가능성 없다(可能性-)
가능성 있다(可能性-)
가능한 한(可能-限) *cf.* 될 수 있는 대로
가능해 보이다(可能-)
가능해져 가다(可能-)
-가다 *cf.* 굴러가다, 날아가다, 달려가다, 쫓겨가다, 흘러가다, 간혹가다가(가끔가다가)
ˇ가다 (보조 용언) *cf.* 꺼져 가다, 늙어 가다, 변해 가다, 만들어 가다
가다듬어 나가다
가다듬어 놓다
가다듬어 두다
가다듬어 보다
가다듬어 주다
가다 말고 <학교에 ~ 되돌아왔다.> *cf.* 먹다 말고, 하다 말고
가다 말다 하다 *cf.* 자다 말다 하다, 하다 말다 하다
가다 보니 <학교에 ~….>
가다 보면 *cf.* 하다 보면
가닥가닥
가닥 못 잡다
가닥수(-數)(가닥의 수) *cf.* 마릿수, 번지수, 가짓수, 머릿수
가닥 잡게 되다
가닥 잡히다
가단조(-短調) *cf.* 가장조
가단주철(可鍛鑄鐵) *cf.* 보통 주철, 합금 주철, 칠드 주철, 구상 흑연 주철, 노듈러 주철
가담된 듯하다(加擔-) *cf.* 듯하다
가담시켜 주다(加擔-)
가담해 오다(加擔-)
가당분유(加糖粉乳) *cf.* 무가당 주스, 무가당 제품, 무당연유
가당연유(加糖煉乳) *cf.* 무당연유
가당찮다(可當-)
가당치 않다(可當-)
가당치 않아 보이다(可當-)
가댁질 *cf.* 입가댁질
가던 중에(-中-) *cf.* 하던 중에
가도 가도 <~ 끝이 없다.> *cf.* 자도 자도, 주어도 주어도, 먹어도 먹어도
가도 오도 못하다 *cf.* 오도 가도 못하다
가동단(可動端)(토목) *cf.* 고정단
가동해 오다(稼動-)
가두극장(街頭劇場) *cf.* 노천극장, 야외극장, 실내 극장
가두녹음(街頭錄音) *cf.* 거리녹음, 실내 녹음
가두모금(街頭募金) *cf.* 거리 모금
가두방송(街頭放送) *cf.* 거리 방송
가두서명(街頭署名) *cf.* 길거리 서명
가두선전(街頭宣傳) *cf.* 거리 성명
가두시위(街頭示威) *cf.* 무력시위, 교내 시위, 폭력 시위

가두어 기르다 *cf.* 놓아기르다
가두어 놓다
가두어 두다
가두어 버리다
가두연설(街頭演說) *cf.* 길거리 연설
가두집회(街頭集會) *cf.* 거리 집회, 교내 집회, 실내 집회, 길거리 시위
가두판매(街頭販賣) *cf.* 길거리 판매, 점두 매매
가득가득
가득 넣다
가득 담다
가득 메우다
가득 차다
가득 차 있다
가득 채우다
가득 채워 놓다
가득하다
가득한 듯하다 *cf.* 듯하다
가득해 보이다
가득해져 가다
가든지 말든지
가든지 말든지 간에(-間-)
가뜩가뜩
가라말(털빛이 검은 말) *cf.* 절따말, 부절따말
가라앉다
가라앉아 가다
가라앉아 버리다
가라앉아 있다
가라앉을 듯하다 *cf.* 듯하다
가라앉을 뻔했다 *cf.* 뻔하다
가라앉혀 놓다
가라앉혀 두다
가라앉혀 버리다
가라앉혀 주다
가라앉히다
가락국기(駕洛國記)
가락국수 *cf.* 칼국수, 틀국수, 올챙이국수
가락덜이
가락바퀴 *cf.* 톱니바퀴, 수레바퀴, 물레바퀴
가락선(-線)
가락 악기(-樂器) *cf.* 리듬 악기, 멜로디 악기, 찰현악기
가락엿 *cf.* 가래엿
가락 음정(-音程)
가락짓기
가락 짓다
가락토리(물레)
가랑눈 *cf.* 함박눈, 싸락눈
가랑니 *cf.* 수퉁니, 옷엣니, 머릿니
가랑머리 *cf.* 갈래머리
가랑무
가랑비 *cf.* 이슬비, 부슬비, 실비
가랑비 내리다
가랑잎 <~에 불붙기> *cf.* 갈잎, 솔잎
가랑잎배 *cf.* 나뭇잎배, 종이배
가래그물류(-類) *cf.* 초롱그물류, 후릿그물류
가래떡
가래엿 *cf.* 가락엿
가래조장단(-調-)
가래톳 서다
가랫날 *cf.* 가윗날, 괭잇날, 대팻날, 자귀날, 면도날, 도끼날, 까뀌날, 호미날
가랫바닥 *cf.* 혓바닥, 디딤바닥
가랫밥 *cf.* 대팻밥, 톱밥, 끌밥, 자귓밥, 호밋밥, 가윗밥
가랫자루 *cf.* 빗자루, 삽자루, 갈사구, 호미자루, 괭이자루
가랫줄 *cf.* 빨랫줄, 멍엣줄, 피댓줄
가량(假量)(접미사) <열흘~/한 닷새~>
가량맞다 *cf.* 거령맞다
가량없다(假量-)(어림짐작 못하다.)
가려 가다
가려나 보다 *cf.* 하려나 보다
가려내고 있다
가려내다
가려내 보자
가려 놓아 두다
가려 뉘다 *cf.* 갈아 뉘다

가려 두다
가려듣다
가려막기 효과(-效果)
가려먹다(편수 자료) <아이가 음식을 ~.>
가려먹지 마라
가려보다(분간하여 알아보다.)
가려 보다 <앞을 ~.>
가려 뽑다
가려서 듣다
가려서 먹다
가려 쓰다
가려움증(-症) *cf.* 구역증
가려워하다
가려 있다
가려잡다(골라잡다)
가려져 있다
가려 주다
가려 하다 <고향으로 ~.>
가례도감의궤(嘉禮都監儀軌) *cf.* 화성성역의궤, 공신도감의궤
가로가다 <불경기를 만나 ~.>
가로거치다
가로결 *cf.* 세로결
가로글씨 *cf.* 세로글씨
가로금 *cf.* 세로금
가로 나비(피륙 등의 가로 잰 나비)
가로날[橫刀]
가로놓다
가로놓여 있다
가로놓이다
가로누르기
가로누워팔꺾기
가로누이다('가로눕다'의 사동형)
가로눕다
가로다지(가로로 된 방향)
가로닫다 <옆으로 가지 않고 ~.>
가로닫이(가로로 여닫게 된 문) *cf.* 미닫이
가로대 *cf.* 세로대
가로대넘기
가로둑
가로등(街路燈) *cf.* 실내등, 옥외등
가로띠 *cf.* 세로띠
가로막(-膜)
가로막다
가로막대 공정표(-工程表)
가로막아 서다
가로막혀 있다
가로막히다
가로맡다(남이 할 일을 대신 맡다.)
가로무늬 *cf.* 세로무늬
가로무늬근(-筋) *cf.* 민무늬근
가로뻗다 <전주에 머리를 부딪고 ~.>
가로새다 <어디론가 ~.>
가로서다
가로선(-線) *cf.* 세로선
가로세로 *cf.* 위아래, 가로, 세로
가로, 세로 <~ 각각> *cf.* 가로세로, 위아래
가로세우다
가로수 길(街路樹-) *cf.* 과수원 길, 보리밭 길
가로수 잎(街路樹-) *cf.* 활엽수 잎, 정원수 잎
가로썰다
가로쓰기 *cf.* 세로쓰기
가로안다
가로 열쇠 *cf.* 세로 열쇠
가로잡다
가로젓다
가로좌표(-座標) *cf.* 세로좌표
가로줄 *cf.* 세로줄
가로줄눈 *cf.* 세로줄눈
가로줄 무늬 *cf.* 가로무늬, 세로무늬
가로쥐다
가로지르다
가로진수(-進水)
가로질러 가다
가로짜기 *cf.* 세로짜기
가로채 가다/가로채 오다
가로채다
가로채 버리다

가로채이다
가로축(-軸) *cf.* 세로축
가로축 반작용(-軸反作用)
가로타다 <산길을 ~.>
가로퍼지다
가로획(-劃) *cf.* 세로획
가로 힘
가루눈(가루 모양의 눈) *cf.* 함박눈, 싸락눈
가루담배 *cf.* 가루비누, 가루우유, 잎담배
가루받이(농·생명)→꽃가루받이/수분(受粉)(생물)
가루붙이 *cf.* 고기붙이, 육미붙이, 피붙이
가루비누 *cf.* 가루소금, 가루우유, 물비누, 얼음사탕, 가루사탕, 모래사탕
가루사탕(-砂糖) *cf.* 각사탕, 물사탕, 얼음사탕
가루소금 *cf.* 가루비누, 돌소금, 가루우유
가루수프 *cf.* 가루주스, 가루소금
가루약(-藥) *cf.* 물약, 환약, 주사약
가루우유(-牛乳) *cf.* 가루비누, 가루소금
가루음식(-飮食)
가루자반 *cf.* 김자반, 콩자반, 고등어자반
가루주스 *cf.* 분말주스, 가루우유, 가루비누, 가루소금
가루지기타령 *cf.* 잡타령, 흥타령
가루집(벌레집)
가룻국(밀가루를 탄 물)
가르마 타다
가르맛길
가르맛자리
가르쳐 가지고
가르쳐 나가다
가르쳐 놓다
가르쳐 달라다
가르쳐 두다
가르쳐 드리다/가르쳐 주다
가르쳐 보다
가르쳐 오다
가르쳐 주기는커녕 *cf.* ㄴ커녕, 커녕(조사)
가르쳐 준 대로 *cf.* 대로(의존 명사)
가르치기보다는 *cf.* 보다(조사)
가르친 대로 *cf.* 말한 대로, 대로
가른돌(일정한 모양으로 쪼갠 돌)
가름끈 *cf.* 갈피끈, 보람줄
가름대
가름돌
가름둑
가름솔
가름수(-繡)
가름하다
가리산지리산(갈팡질팡) *cf.* 지리산가리산
가리켜 드리다
가리켜 보다
가리켜 주다 <손으로 동쪽을 ~.>
가리키는 듯싶다 *cf.* 듯싶다
가리키는 듯하다 *cf.* 듯하다
가린주머니(인색한 사람을 이르는 말) *cf.* 허영주머니, 음흉주머니
가릴 것 없다
가릿국 *cf.* 갈빗국, 뭇국
가마내기(북한)
가마니바늘 *cf.* 뜨개바늘, 그물바늘, 낚싯바늘
가마닛동 *cf.* 나뭇동, 짚동
가마때기
-가마리(접미사) *cf.* 웃음~, 구경~, 놀림~
가마멀미 *cf.* 뱃멀미, 차멀미, 사람멀미, 물멀미, 산멀미
가마솥
가마솥더위 *cf.* 불볕더위, 찜통더위
가마싸움(민속)
가마우지 떼 *cf.* 개미 떼, 거미 떼, 송사리 떼, 벌 떼, 모기떼
가마자리 *cf.* 가마터
가마재임 *cf.* 가마 쟁임(편수 자료 '공업')
가마질
가마타기놀이
가마 타다 *cf.* 차 타다
가마 태우다
가마터 *cf.* 나루터, 빨래터, 싸움터, 절터, 움터, 궁터

가막조개
가만가만
가만가만히
가만 놔 두다
가만두다
가만 못 있다
가만있거라 <~, 이게 누구더라?>
가만 있거라 <나서지 말고 ~.>
가만 있다
가만 있자 <우리, 나서지 말고 ~.>, <철수야, 우리는 ~.>
가만있자 <~, 이게 누구더라?>
가만하다 <가만한 약속>
가맛바가지(쇠죽 끓일 때 쓰는 바가지)
가맛바람
가맛바탕
가맛밥 *cf.* 증깃밥
가맛방석(-方席) *cf.* 맷방석
가망 없다(可望-)
가면 갈수록 *cf.* 하면 할수록, 자면 잘수록, ㄹ수록(어미)
가면놀이(假面-) *cf.* 탈놀이
가면무도회(假面舞蹈會) *cf.* 가장무도회
가면무용(假面舞踊) *cf.* 한국 무용, 서양 무용, 일반 무용
가면서 차기(제기의)
가문 땅 <~에 비가 내리다.>
가문설화(可聞說話)
가물가물하다
가물 끝에 *cf.* 장마 끝에, 고생 끝에
가물대다/거리다
가물 들다
가물 때 *cf.* 장마 때
가물막이(假-) *cf.* 물막이
가물에 콩 나듯 하다
가물철
가물/가뭄 타다
가뭄 끝 *cf.* 장마 끝
가뭄 들다
가뭄 타다
가뭄해(-害)
가뭇없이/없다
가미 먹이다(연날리기)
가미시켜 놓다(加味-)
가미해 놓다(加味-)
가방 끈 *cf.* 운동화 끈, 등산화 끈, 구두끈, 허리끈, 신발끈
가방 만들기
가방(을) 만들다
가방면(假放免)
가방 안
가 버리고 말다
가 버리다
가벼운입술소리/순경음(脣輕音)
가벼워 보이다
가벼워져 가다
가볍게 거듭뛰기
가볍고 가벼운/가볍다
가볍디가벼운/가볍다 *cf.* 무겁디무거운, 차디찬
가 보고 싶다 *cf.* 해 보고 싶다
가 보고 오다
가 보기로 하다
가보석(假保釋)
가 보세나그려 *cf.* 그려(조사)
가보잡기
가 본 듯하다 *cf.* 듯하다
가본적(假本籍)
가 본 적 없다/있다 *cf.* 적(의존 명사)
가 본 지 오래되다 *cf.* 지(의존 명사)
가 볼 만하다 *cf.* 만하다
가 봄 직하다 *cf.* 직하다
가 봐야겠다
가부간에(可否間-) *cf.* 여하간에
가분가분하다
가분수(假分數) *cf.* 진분수
가불가(可不可)
가비라 성(-城)
가빠 오다 <숨이 ~.>

가뿐가뿐하다
가뿐해 보이다
가사리밭(바닷가의 풀가사리가 많이 난 곳)
가산군수(加山郡守) *cf.* 양주군수
가산 금리(加算金利)
가살 부리다/가살 피우다
가살쟁이
가상공간(假想空間) *cf.* 생활공간, 수납공간, 주거 공간, 활동 공간, 우주 공간, 사이버 공간
가상기억(假想記憶)
가상 기업(假想企業)
가상 박물관(假想博物館)
가상변위(假想變位)(물리)
가상섹스(假想-)
가상현실(假想現實) *cf.* 분단 현실, 농촌 현실, 정치 현실
가상훈련(假想訓練) *cf.* 도상 연습, 도상 훈련, 시뮬레이션 훈련
가새지르다
가새표 *cf.* 가위표
가석방(假釋放)
가 선박 국적 증서(假船舶國籍證書)
가설극장(假設劇場) *cf.* 안방극장, 노천극장, 야외극장
가설무대(假設舞臺) *cf.* 특설 무대
가설해 나가나(架設-)
가설해 놓다(架設-)
가설해 수나(架設-)
가세타령 *cf.* 규밤타령
가세할 듯하다(加勢-) *cf.* 듯하다
가세해 버리다(加勢-)
가서 버리디 <슬픔이 ~>
가속도병(加速度病)
가속화되다(加速化-)
가속화시키다(加速化-)
가솔린차(-車) *cf.* 디젤차, 가스차
가솔린펌프 *cf.* 기름펌프, 배수펌프, 압축 펌프, 물 펌프

가송장(假送狀)
가수 분해(加水分解)
가수요(假需要)
가스관(-管) *cf.* 송유관
가스난로(-煖爐) *cf.* 석유난로, 연탄난로, 석탄난로, 톱밥 난로
가스등(-燈) *cf.* 석유등, 아세틸렌등
가스램프 *cf.* 석유램프
가스레인지 *cf.* 전자레인지, 석유 레인지
가스버너 *cf.* 석유 버너, 휘발유 버너, 중유 버너
가스사(-絲) *cf.* 놉사
가스징(-徵) *cf.* 유징
가스차(-車) *cf.* 가솔린차, 디젤차
가스총(-銃) *cf.* 공기총, 고무총
가스층(-層) *cf.* 이온층, 전리층
가스 콕
가스탄(-彈)
가스탱크 *cf.* 물탱크, 기름 탱크
가스 호스 *cf.* 물 호스, 기름 호스, 소방 호스
가슬가슬하다
가슴 가득히
가슴가슴마다
가슴걸이(안장에 매는 끈)
가슴 깊은 곳에서
가슴 깊이 *cf.* 마음 깊이
가슴너비 *cf.* 어깨너비(북한)(어깨통)
가슴놀이 *cf.* 관사놀이, 배꼽노리
가슴높이(용어로서는) *cf.* 가슴높이 지름, 가슴 높이 지름(변수 자료 '농·생명')
가슴 높이 *cf.* 눈높이, 가슴높이 지름, 천장높이
가슴둘레 *cf.* 목둘레, 허리둘레, 엉덩이 둘레, 허벅시 둘레, 종아리 둘레
가슴등뼈
가슴 뛰다
가슴막(-膜)
가슴 벅차다
가슴뼈 *cf.* 목뼈, 등뼈, 다리뼈, 엉치뼈

가슴 뿌듯하다
가슴살 *cf.* 볼깃살, 목살, 갈빗살, 비곗살, 홍두깨살, 토시살
가슴 설레다
가슴속 *cf.* 마음속, 머릿속, 목구멍 속
가슴속 깊이 *cf.* 마음속 깊이
가슴 아파 죽겠다
가슴 아파하다 *cf.* 마음 아파하다
가슴 아파해 오다
가슴 아프다 <가슴(이) 아픈 병을 앓다.>, <가슴 아픈 이별을 하다.>
가슴 앓다
가슴앓이 *cf.* 속앓이
가슴에 얹기(제기의)
가슴 운동(-運動) *cf.* 몸통 운동, 다리 운동
가슴 저리다
가슴 저미다
가슴 적시다
가슴 졸여 오다 *cf.* 마음 졸여 오다
가슴 졸이다 *cf.* 마음 졸이다
가슴 죄며 살다
가슴지느러미 *cf.* 등지느러미, 꼬리지느러미
가슴 찔리다
가슴 치다 <가슴 치며 통곡한다.>
가슴 태우다/가슴 태워 오다
가슴 한구석 *cf.* 마음 한구석
가시 같다 <눈에 ~.>
가시거리(可視距離) *cf.* 명시 거리
가시광선(可視光線) *cf.* 비가시광선
가시나무
가시눈(날카롭게 쏘아보는 눈) *cf.* 도끼눈, 가자미눈, 게눈
가시덤불 *cf.* 나무 덤불, 딸기 덤불
가시덩굴 *cf.* 칡덩굴, 호박덩굴, 으름덩굴, 댕댕이덩굴, 인동덩굴, 나팔꽃 덩굴, 강낭콩 덩굴
가시 돋친 소리
가시방석(-方席) *cf.* 바늘방석
가시밭 *cf.* 갈대밭, 쑥대밭, 잔디밭, 지뢰밭, 솔밭, 대밭
가시밭길 *cf.* 자갈길, 황톳길, 모랫길
가시줄 *cf.* 거미줄, 새끼줄, 동아줄, 빨랫줄
가시집(처가)
가시철망(-鐵網)/가시철사(-鐵絲)
가시화시키다(可視化-)
가식 없다(假飾-)
가십거리 *cf.* 뉴스거리, 화젯거리, 추억거리
가십난(-欄)(고유어, 외래어 다음에서는 '난') *cf.* 뉴스난, 어린이난
가쓰라·태프트 밀약(-密約)
가·악·무(歌樂舞)
가압류당하다(假押留當-)
가압류되다(假押留-)/가압류시키다(假押留-)
가야 한다 *cf.* 먹어야 한다, 자야 한다
가야 할 것 같다
가야 할 길
가야 할 데/곳
가야 할 텐데 *cf.* ㄹ 텐데, 터
가얌 깍정이 *cf.* 도토리 깍정이
가없는(끝이 없는) <~ 부모의 은혜>
가없이
가여워 보이다/가엾어 보이다
가여워하다
가연효과(加鉛效果) *cf.* 광고 효과, 선전 효과, 파급 효과
가열램프(加熱-)
가열해 주다(加熱-)
가엾어하다/가엾어해 오다
가오리연(-鳶) *cf.* 올챙이연, 방패연
가오리연 만들기(-鳶-)
가옥대장(家屋臺帳) *cf.* 토지 대장, 집기 대장, 급여 대장
가온음(-音)
가온음자리표(-音-票)
가온화음(-和音)
가욋돈(加外-) *cf.* 여윳돈, 쌈짓돈, 연봇돈
가욋사람(加外-)
가욋일(加外-) *cf.* 사삿일, 예삿일

가용 인구(可容人口)(편수 자료)
가용인구(可容人口) *cf.* 축구 인구, 농촌 인구, 어업 인구, 유동 인구
가용 자원(可用資源)
가운데가슴
가운데 말 잇기
가운데 부분(-部分) *cf.* 첫 부분, 첫머리 부분, 끝 부분, 중간 부분, 뒷부분, 앞부분
가운데층(-層) *cf.* 중간층
가운데치마(갈퀴의)
가운뎃다리
가운뎃발가락
가운뎃소리/중성(中聲) *cf.* 첫소리, 끝소리
가운뎃손가락 *cf.* 집게손가락, 새끼손가락
가운뎃점(-點)
가운뎃줄
가운뎃집
-가웃(접미사) *cf.* 되~, 말~, 자~
-가웃지기(접미사) <서 말~ 논배미>
가위놀이 *cf.* 추석놀이
가위눌리다 <흉한 꿈에 ~>
가위다리(× 모양)
가위다리양자(-養子)
가위뛰기
가위바위보
가위 바위 보(동작에 따라 띄어 쓰기도 함.)
가위, 바위, 보(동작에 따라 쉼표를 넣기도 함.)
가위바위보놀이
가위손(삿자리 따위의 둘레에 댄 천, 또는 그릇이나 냄비의 손잡이)
가위손끝찌르기
가위질선(-線) *cf.* 바느질선
가위질하다
가위집(가위를 넣는 집)
가위춤
가위표(-標) *cf.* 동그라미표
가윗날 *cf.* 대팻날, 괭잇날, 톱날, 면도날, 까뀌날, 자귀날, 호미날,
가윗날(추석) *cf.* 한가윗날, 추석날, 설날
가윗밥 *cf.* 대팻밥, 도맛밥, 까뀟밥, 줄밥
가윗집(가윗집 표시)
가을 가꾸기
가을갈이 *cf.* 봄갈이
가을갈이하다
가을감자 *cf.* 가을보리
가을걷이/가을걷이하다
가을고치 *cf.* 봄고치
가을국화(-菊花) *cf.* 겨울국화
가을귀리 *cf.* 봄밀, 봄보리, 가을보리
가을 길 *cf.* 봄 길
가을꽃 *cf.* 봄꽃
가을 나들이 *cf.* 봄나들이
가을날 *cf.* 봄날, 여름날, 겨울날, 어느 늦은 가을 날
가을 날씨 *cf.* 봄 날씨, 여름 날씨, 겨울 날씨
가을날 저녁 *cf.* 봄날 저녁
가을 내내 *cf.* 겨울 내내, 여름 내내
가을 놀이
가을누에 *cf.* 봄누에, 여름누에
가을 동산 꾸미기 *cf.* 봄 동산 꾸미기
가을 동안 *cf.* 여름 동안, 겨울 동안
가을 들어 *cf.* 봄 들어, 여름 들어, 겨울 들어
가을마당
가을맞이 *cf.* 봄맞이, 겨울맞이
가을 물
가을밀 *cf.* 봄밀
가을바람 *cf.* 봄바람, 겨울바람, 여름 바람
가을밤 *cf.* 겨울밤, 봄밤, 여름밤, 늦가을 밤, 이른 봄 밤 <달 밝고 서리 찬 ~에….>
가을밭
가을배추 *cf.* 봄배추, 봄보리, 가을보리
가을볕 *cf.* 봄볕
가을보리 *cf.* 봄보리
가을비 *cf.* 봄비
가을빛 *cf.* 봄빛
가을뿌림 *cf.* 봄뿌림, ~ 한해살이 화초
가을상추 *cf.* 가을보리, 봄보리, 봄배추
가을 소풍(-消風) *cf.* 봄 소풍

가을심기
가을양배추(-洋-)
가을 열매
가을옷 *cf.* 봄옷, 여름옷, 겨울옷
가을일(가을걷이하는 일)
가을장마 *cf.* 봄장마
가을장미(-薔薇)
가을철 *cf.* 봄철, 여름철, 겨울철
가을 하늘 *cf.* 봄 하늘, 여름 하늘, 겨울 하늘, 늦가을 하늘
가을 한철 *cf.* 여름 한철
가이거·뮐러 계수기(-計數器)
가이슬러관(-管) *cf.* 부르동관
가이없다 <가이없는 평원>
가일층(加一層) *cf.* 한층 더
가입시켜 주다(加入-)
가입자 수(加入者數)
가입한 지 두 달(加入-) *cf.* 지(의존 명사)
가입해 두다(加入-)
가 있다
가자 가자 어서 가자
가자마자 *cf.* 하자마자, 보자마자
가자미눈 *cf.* 뱁새눈, 도끼눈, 고리눈, 게눈
가자미 살 *cf.* 참치 살, 대구 살
가자미조림 *cf.* 고등어조림
가자미회(-膾) *cf.* 민어회
가잠나룻(성기게 난 구레나룻) *cf.* 구레나룻
가장무도회(假裝舞蹈會) *cf.* 가면무도회
가장 작은 수(-數)
가장조(-長調) *cf.* 가단조
가장 추운 달
가장 큰 놈 *cf.* 가장 작은 놈
가장 큰 수(-數)
가장행위(假裝行爲) *cf.* 기만행위, 범죄 행위, 폭력 행위, 호객 행위
가재걸음 *cf.* 게걸음, 거위걸음, 달팽이걸음, 황새걸음, 황소걸음
가재걸음치다
가재도구(家財道具) *cf.* 세면도구, 청소 도구, 화장 도구
가재수염(-鬚髥)(윗수염이 양옆으로 뻗은 수염)
가전자(價電子)/가전자대(價電子帶)
가전제품(家電製品) *cf.* 유리 제품, 가죽 제품, 플라스틱 제품
가정교사(家庭敎師) *cf.* 보육 교사, 학습지 교사, 학원 교사
가정교육(家庭敎育) *cf.* 사회 교육, 학교 교육, 공중 교육
가정배달(家庭配達) *cf.* 우편배달, 신문 배달, 우유 배달, 퀵서비스 배달
가정부인(家庭婦人) *cf.* 직업여성
가정불화(家庭不和) *cf.* 고부간 불화
가정상담소(家庭相談所) *cf.* 법률 상담소, 취업 상담소
가정상비약(家庭常備藥)
가정생활(家庭生活) *cf.* 사회생활, 학교생활, 법률생활, 직장 생활, 군대 생활
가정에서뿐만 아니라(家庭-) *cf.* 서울에서뿐 아니라, 에서뿐 아니라
가정용품(家庭用品) *cf.* 사무 용품, 자동차 용품
가정의 날(家庭-)
가정의 달(家庭-)
가정의례(家庭儀禮) *cf.* 국민의례
가정·이웃·학교 생활(家庭-學校生活)
가정주부(家庭主婦) *cf.* 겸업주부
가정집(家庭-) *cf.* 살림집, 여염집, 가겟집
가정체육(家庭體育) *cf.* 사회 체육
가정해 보다(假定-)
가정환경(家庭環境) *cf.* 생활환경, 근무 환경, 사회 환경, 직장 환경, 작업 환경
가제본(假製本)
가져가다 *cf.* 가져오다
가져가 버리다
가져가 보다
가져가지 마라 *cf.* 마/말아라(→마라)
가져간다 하더라도
가져갈까 봐 <~ 조심했다.>
가져다/갖다 놓다

가져다/갖다 대다
가져다/갖다드리다//가져다/갖다주다
가져 보다
가져 본 적이 없다/있다 *cf.* 해 본 적이 없다
가져오고말고 *cf.* 고말고
가져오다
가져온 듯하다 *cf.* 듯하다
가져올 듯하다 *cf.* 듯하다
가져 주다
가졌음 직하다 *cf.* 믿음직하다, 먹음직하다, 직하다
가조인(假調印)
가족 간(家族間) *cf.* 형제간, 부자간, 모녀간
가족끼리(家族-)
가족 내에(家族內-)
가족놀이(家族-)
가족 되는 분(家族-)
가족 된 도리(家族-道理) *cf.* 부모 된 도리
가족사진(家族寫眞) *cf.* 졸업 사진, 단체 사진
가족 삼고 <별들을 ~ 풀벌레와 친구 하며….>
가족생활(家族生活) *cf.* 가정생활, 사회생활, 단체 생활, 부족 생활
가족 수(家族數) *cf.* 당원 수, 사원 수, 주민 수, 직원 수, 학생 수, 회원 수, 교직원 수
가족 역할 놀이(家族役割-)
가족 외에(家族外-)
가족 중에(家族中-)
가족찾기놀이(家族-)
가족호텔(家族-) *cf.* 관광호텔
가족회의(家族會議) *cf.* 교무 회의, 국무 회의, 부족 회의
가죔 볼트
가 주고 싶다
가 주다
가죽 가방 *cf.* 헝겊 가방, 비닐 가방, 레더 가방, 종이 가방
가죽 구두 *cf.* 비단 구두
가죽끈 *cf.* 삼끈, 노끈, 종이 끈
가죽 띠
가죽 부대(-負袋)
가죽숫돌 *cf.* 금강사숫돌, 연마 숫돌
가죽신 *cf.* 비단신, 고무신, 헝겊신
가죽옷 *cf.* 무명옷, 명주옷, 비단옷
가죽 이기기
가죽(을) 이기다
가죽자반 *cf.* 콩자반, 깨자반, 김자반
가죽 장갑(-掌匣) *cf.* 털장갑, 면장갑, 비닐장갑, 고무장갑
가죽점퍼
가죽집
가죽칼 *cf.* 나무칼, 대나무칼
가죽피리 *cf.* 옥피리, 대피리, 버들피리
가 줄 거야 *cf.* ㄹ 거야, 것
가지가지
가지각색(-各色)
가지고/갖고 가다
가지고/갖고 나가다
가지고/갖고 나오다
가지고/갖고 놀다
가지고/갖고 다니다
가지고르기/가지다듬기
가지(를) 고르다
가지고 오다
가지급(假支給)
가지급금(假支給金)
가지꽂이 *cf.* 줄기꽂이, 잎눈꽂이
가지 끝
가지끝마름병(-病)
가지나물 *cf.* 오이나물, 무나물, 호박나물
가지 달린 둥근 바닥 플라스크
가지 달린 둥근 플라스크
가지 달린 삼각 플라스크(-三角-)
가지돌기(-突起)
가지런해 보이다
가지 마라 *cf.* 마/말아라(→마라)
가지 말아라(→마라) *cf.* 마/마라
가지무늬 토기 *cf.* 칠무늬 토기

가지바늘
가지 방울〔八頭鈴具〕
가지번호(-番號) *cf.* 어깨번호
가지뽕 거두기
가지뽕치기(양잠) *cf.* 잎뽕치기
가지 솎아주기
가지 열매
가지자르기
가지(를) 자르다
가지전(-煎) *cf.* 호박전
가지접(-椄) *cf.* 쪼개접
가지접 붙이기(-椄/接-) *cf.* 접붙이기
가지줄
가지 줄기
가지찜 *cf.* 호박찜
가지치기
가지 치다
가진 만큼(분량을 나타내는 경우)
가진만큼(가지느니만큼) *cf.* 하는(느니)만큼
가진 채 *cf.* ㄴ 채, 채(의존 명사)
가질 만하다 *cf.* 만하다
가질수록 *cf.* 먹을수록, 공부할수록, 일할수록, ㄹ수록
가질 테면 가져라 *cf.* 터(의존 명사)
가짓말 *cf.* 거짓말, 가짓말쟁이
가짓빛 *cf.* 쥣빛, 모싯빛, 산홋빛, 마놋빛, 상앗빛, 녹두빛, 버찌빛, 치자빛
가짓수(-數) *cf.* 마릿수, 머릿수, 번지수, 가닥수, 주파수
가짓잎쌈 *cf.* 상추쌈, 호박잎쌈, 머윗잎쌈
가짜 꿀 *cf.* 진짜 꿀
가짜 미끼
가짜배기 *cf.* 진짜배기
가짜 신선타령(-神仙-)
가차없다/없이(假借-)
가채광량(可採鑛量)
가처분 등기(假處分登記) *cf.* 가처분 명령, 가처분 소득
가첨밥(加添-)
가축 기르기(家畜-)
가축(을) 기르다(家畜-)
가축단위(家畜單位) *cf.* 구성단위, 화폐 단위, 학급 단위
가축병(家畜病)
가축병원(家畜病院) *cf.* 동물 병원, 나무 병원, 어류 병원
가축우리(家畜-) *cf.* 돼지우리
가축 중에서(家畜中-)
가치담배 *cf.* 갑담배(북한), 봉지 담배, 쌈지담배, 잎담배, 살담배, 가루담배
가치 없다(價値-)/가치 있다(價値-)
가치주(價値株) *cf.* 우선주, 공모주
가치중립(價値中立)
가칠해지다
가타부타(可-否-)
가타부타 안 하다(可-否-)
가탈걸음 <말이 ~을 걷다.>
가탈 부리다(까다롭게 굴다.)
가터뜨기(뜨개질)
가팔막('가풀막'의 원말)
가평균(假平均)
가풀막(가파르게 비탈진 곳)
가해 오다(加-)
가해자측(加害者側) *cf.* 피해자측
가혹할뿐더러(苛酷-) *cf.* ㄹ뿐더러
가혹할 뿐 아니라(苛酷-) *cf.* ㄹ 뿐 아니라
가혹해져 가다(苛酷-)
가후리
각(各-)(접두사) *cf.* 각가지, 각살림, 각자
각(各)ᵛ(관형사) *cf.* 각 마을, 각 학교
각가속도(角加速度)
각 가정(各家庭) *cf.* 각 학교
각가지(各-)(각각의 여러 가지) *cf.* 갖가지
각 개인별로(各個人別-)
각계각층(各界各層)
각 계층(各階層)/각 계층 간에(各階層間-)
각 과별로(各課別/科別-)
각골난망(刻骨難忘)

각골통한(刻骨痛恨)
각광받다(脚光-)　*cf.* 받다
각광받아 오다(脚光-)
각국(各國)
각 국가 간에(各國家間-)
각 군마다(各郡-)　*cf.* 각(관형사), 마다(조사)
각급(各級)
각기둥(角-)　*cf.* 원기둥
각기둥의 전개도 알아보기(角-展開圖-)
각다귀판
각 단체 간에(各團體間-)
각 단체별로(各團體別-)　*cf.* 각 회사별로 각(관형사), 별(접미사)
각 대학 간에(各大學間-)
각 대학별로(各大學別-)
각 도 간에(各道間-)
각도기로 각 그리기 알아보기(角度器-角-)
각 도별로(各道別-)
각도 알아보기(角度-)
각도의 합과 차 알아보기(角度-合-差-)
각도장(角圖章)
각 동 간에(各洞間-)
각 동네(各-)
각 동네 간에(各-間-)
각 동에서(各洞-)
각 마을(各-)
각 마을 간에(各-間-)
각막은행(角膜銀行)　*cf.* 장기은행, 정자은행, 문제 은행, 골수 은행
각 민족 간에(各民族間-)
각박해져 가다(刻薄-)
각 반 간에(各班間-)
각 반별로(各班別-)
각 반에서(各班-)
각 방마다(各房-)
각배(各-)　*cf.* 한배
각벌(各-)(따로따로의 한 벌)
각변위(角變位)
각변조(角變調)
각별한 듯하다(恪別-)　*cf.* 듯하다
각별해 보이다(恪別-)
각본 짠 대로(脚本-)　*cf.* 대로(의존 명사)
각봉투(角封套)
각 부(各部)　*cf.* 각 반, 각 과, 각 군, 각 당, 각 도, 각 시, 각 학과, 각자, 각처
각 부문별로(各部門別-)　*cf.* 별(접미사)
각 부분마다(各部分-)　*cf.* 마다(조사)
각 부서별로(各部署別-)
각 부에서(各部-)
각 분야 중에(各分野中-)
각 분야별로(各分野別-)
각불때나('각실림하다'의 속된 말)
각뿔(角-)　*cf.* 원뿔
각뿔대(角-臺)
각뿔을 알아보기(角-)
각뿔의 전개도 알아보기(角-展開圖-)
각 사원들 간에(各社員-間-)
각사탕(角砂糖)　*cf.* 가루사탕, 얼음사탕
각살림(各-)/각살이(各-)
각상(各床)(따로 차린 음식상)
각상 차려 놓다(各床-)
각설이타령(却說-)
각설이패(却說-牌)
각섬석암(角閃石巖)
각성바지(各姓-)(이부의 형제, 성이 다른 사람)
각성시켜 주다(覺醒-)
각속도(角速度)
각수장이(刻手匠-)
각 시 간에(各市間-)
각시광대
각시놀음
각시방(-房)
각시차(角視差)
각시탈　*cf.* 양반탈
각싯감　*cf.* 색싯감, 신붓감, 아냇감
각양각색(各樣各色)
각운동(角運動)　*cf.* 원운동
각운동량(角運動量)

각의 크기 알아보기(角-)
각자(各者) *cf.* 각인, 각급, 각처
각자 병서(各自竝書) *cf.* 합용 병서
각 장(各張)
각전 닢(角錢-)
각 절(各節) *cf.* 각조, 각항, 각 목
각 정당 간에(各政黨間-)
각 정당별로(各政黨別-)
각조(各條) *cf.* 각항, 각 절, 각 목
각 조(各組)
각 조별로(各組別-)
각 주(各州)
각주파수(角周波數)
각지다(角-) *cf.* 모지다
각 지방(各地方)
각진동수(角振動數)
각처(各處)
각 편(各篇)
각 편마다(各篇-) *cf.* 마다
각 학과 간에(各學科間-)
각 학과별로(各學科別-)
각 학교(各學校)
각 학교 간에(各學校間-)
각 학교별로(各學校別-)
각항(各項) *cf.* 각조, 각 목, 각 절
각 항목별로(各項目別-)
각 행(各行)
각 행마다(各行-) *cf.* 마다
-간(間) *cf.* 별안간에, 삽시간에, 순식간에, 10년간, 10일간, 10분간
부부간, 형제간, 자매간, 부자간, 모녀간, 부녀간, 사촌간
방앗간, 대장간, 곳간, 찻간
가부간, 상호간, 피차간
잘잘못간에
간(間) *cf.* 이틀 간, 사흘 간, 나흘 간, 닷새 간, 열흘 간
어느 나라고 간에, 서로 간에, 문화인 간에, 여당 야당 간에, 여러 형제 간에, 학생들 간에, 이렇든 저렇든 간에, 부모 자식 간에
간간짭짤하다
간거리장사(間-) *cf.* 뜨내기장사
간격넓혀/좁혀(間隔-)
간경도감(刊經都監)
간경화증(肝硬化症)
간고등어 *cf.* 간꽁치
간곳없다 <간곳없이 사라지다.>, <평상시의 모습은 간곳없고….> *cf.* 간데없다
간국 <~이 흐르다.>
간 김에 <시장에 ~ 사 왔다.> *cf.* 떡 본 김에
간꽁치 *cf.* 간고등어
간 녹다(肝-)/간 녹이다(肝-)
간다라 양식(-樣式) *cf.* 굽타 양식
간다손 치더라도 *cf.* 그렇다손 치더라도('는다손치더라도'를 관용 어미로 보기도 함.)
간다 하더라도 *cf.* 먹는다 하더라도
간단 말이에요 *cf.* 한단 말이에요
간단명료하다(簡單明瞭-)
간단반응(簡單反應) *cf.* 복합 반응
간단없다(間斷-) <간단없는 노력>
간단한 바느질 하기(簡單-) *cf.* 바느질하기
간단해 보이다(簡單-)
간대구(-大口) *cf.* 간고등어
간대로(그리 쉽사리) <하늘을 보니 ~ 비가 그치지 않겠다.>
간대토양(間帶土壤)
간덩이 붓다(肝-)
간 데마다 *cf.* 간 곳마다, 데, 마다
간데없다 <간데없이 사라지고 없다.>
간데온데없다(온데간데없다)
간데족족(부사) <~ 대환영이다.> *cf.* 가는 족족, 먹는 족족, 족족('는'이나 '데' 아래에 쓰이는 의존 명사)
간도 참변(間島慘變) *cf.* 자유시 참변
간도 협약(間島協約)
간드랑간드랑하다
간드랑대다/거리다
간들간들하다

간들바람 *cf.* 건들바람, 산들바람
간 듯싶다 *cf.* 듯싶다
간 듯이 *cf.* 하는 듯이, 하듯이, 듯이
간디스토마(肝-) *cf.* 폐디스토마
간 떨어지다(肝-)(몹시 놀라다.) *cf.* 간 녹이다
간 마르다(肝-)
간막국(소의 여러 부위를 조금씩 고루 다 넣고 끓인 국)
간 맞추다(음식의 간을 맞추다.)
간무침(肝-)
간물(염분이 섞인 물)
간물때 *cf.* 찬물때
간밤 *cf.* 지난밤
간부급(幹部級) *cf.* 부장급, 급(접미사)
간부들 간에(幹部-間-)
간부전(肝不全) *cf.* 신부전, 심부전
간 빼 먹다(肝-)
간사 떨다(奸詐-)
간사 부리다(奸詐-)
간사스러워 보이다(奸詐-)
간사스러워져 가다(奸詐-)
간사해 보이다(奸詐-)
간살맞다
간살부리다 *cf.* 간사 부리다
간살잡기
간살생이
간살 시르다
간 생체 검사(肝生體檢査)
간석기(-石器) *cf.* 뗀석기
간섭무늬(干涉-)(물리)
간섭받다(干涉-)
간섭받아 오나(干涉-)
간섭 없이(干涉-)
간섭해 오다(干涉-)
간세포암(肝細胞癌)
간소화되다(簡素化-)
간소화되어 가다(簡素化-)
간소화시키다(簡素化-)
간수해 두다

간식 다루기(間食-)
간식(을) 다루다(間食-)
간언 놓다(間言-)(이간하는 말을 하다.)
간여해 오다(干與-)
간오징어 *cf.* 간고등어
간위축증(肝萎縮症)
간유리(-琉璃) *cf.* 젖빛 유리
간유리판(-琉璃板)
간이매점(簡易賣店) *cf.* 구내매점, 학교 매점, 지하철 매점
간이무선(簡易無線)
간이생활(簡易生活) *cf.* 호화 생활, 금욕 생활, 탐욕 생활, 천막 생활
간이세율(簡易稅率)
간이수도(簡易水道)
간이식당(簡易食堂) *cf.* 호화 식당
간이식사(簡易食事)
간이음식점(簡易飮食店) *cf.* 호화 음식점
간이주점(簡易酒店)
간이침대(簡易寢臺) *cf.* 야전 침대
간이 해머던지기(簡易-)
간이화되다(簡易化-)
간이화하다(簡易化-)
간잎(肝-) <~에 소금 치는 듯 가슴이 저리고 아프다.>
간자말(이마와 뺨에 흰 줄이 있는 말) *cf.* 절따말, 가리말
간장 녹이다(肝腸-)
간장버캐(-醬-) *cf.* 소금버캐, 오줌버캐
간장병(-醬瓶) *cf.* 기름병, 맥주병, 우유병, 소주병, 향수병, 라이덴병, 세척병
간장 치다(-醬-) *cf.* 소금 치다
간장타령
간장통(-醬桶)
간 적(이) 없다 *cf.* 적(의존 명사)
간 적(이) 있다
간전갱이 *cf.* 간오징어
간절한 듯하다(懇切-) *cf.* 듯하다
간절해 보이다(懇切-)

간접구이(間接-)
간접 높임(間接-)
간접 높임말(間接-)
간접떼기(間接-)(고고학) *cf.* 직접떼기
간접 인용절(間接引用節)
간접흡연(間接吸煙)
간정맥(肝靜脈)
간 졸여 오다(肝-)
간 졸이다(肝-)
간종그리다(가닥을 가려서 가지런히 하다.) *cf.* 건중그리다
간주해 버리다(看做-)
간지러워하다
간지럼 타다 *cf.* 부끄럼 타다
간지 산지(-山地)
간 지 오래되다 *cf.* 지(의존 명사)
간직한 채 *cf.* 채(의존 명사)
간직해 달라다
간직해 두다
간직해 오다
간질간질하다
간질간질해 오다
간질여 보다
간질이다 <코를 ~.>
간청하다시피 하다(懇請-) *cf.* 다시피 하다
간청하듯 하다(懇請-) *cf.* 듯
간청해 오다(懇請-)
간추려 가다
간추려 놓다
간추려 두다
간추려 보다
간충조직(間充組織) *cf.* 상피 조직, 근육 조직, 신경 조직, 분열 조직, 영구 조직
간치(염장품)
간 크다(肝-)(매우 대담하다.)
간 토기(-土器) *cf.* 뗀석기, 붉은 간 토기
간파해 버리다(看破-)
간판선수(看板選手) *cf.* 대표 선수
간판스타(看板-)
간판장이(看板匠-) *cf.* 요술쟁이, 월급쟁이
간판타자(看板打者)
간행, 배포하다(刊行, 配布-)
간호학교(看護學校) *cf.* 실업학교, 체육 학교
간호해 드리다(看護-)
간호해 주다(看護-)
간혹가다가(間或-) *cf.* 가끔가다가
간힘
간힘 쓰다 *cf.* 안간힘 쓰다
간힘 주다
갇혀 버리다
갇혀 살다
갇혀 있다
갇혀 지내다
갇힌 물 <댐에 ~….>
갇힌물(괴어 있는 물)
갇힌 채 *cf.* 채(의존 명사)
갈개발(연의 양 귀퉁이에 붙이는 종이, 또는 권세 있는 사람에 붙어 세도하는 사람)
갈 거야 *cf.* 할 거야, 먹을 거야
갈걸 <그 사람은 아마 안 ~.> *cf.* ㄹ걸
갈 걸 <그리 ~로 알고 있다.> *cf.* ㄹ 걸
갈 것 같다
갈겨먹다
갈겨쓰다 *cf.* 흘려 쓰다
갈겨 주다(때려 주다)
갈고 다듬다
갈고닦다/갈닦다
갈고리낚시
갈고리눈 *cf.* 가자미눈, 도끼눈, 뱁새눈, 게눈
갈고리단추 *cf.* 매듭단추
갈고리달
갈고리바늘(갈고리 모양의 낚싯바늘)
갈고리쇠
갈고리촌충(-寸蟲)
갈 곳 모르다/갈 곳 없다
갈 곳 못 된다
갈기갈기 *cf.* 발기발기
갈 길 <~이 멀다.>

갈 길 가다 <제 갈 길(을) 가다.>
갈 길 없다
갈깃머리
갈까 말까 하다 *cf.* 할까 말까 하다
갈꽃머리
갈대꽃 *cf.* 갈꽃
갈대발 *cf.* 대발, 싸리발, 구슬발
갈대밭 *cf.* 가시밭, 쑥대밭, 잔디밭, 풀밭, 쑥밭, 자갈밭
갈대배 *cf.* 띠배
갈대숲 *cf.* 솔숲, 대숲, 풀숲, 대나무 숲, 소나무 숲, 밤나무 숲
갈대풀 *cf.* 억새풀, 바랭이풀
갈대피리 춤
갈댓잎 *cf.* 댓잎
갈 데 없다(갈 곳이 없다.)
갈 데 없이 <도망갈 데 없이 포위하다.>
갈데없이/없다(그렇게 될 수밖에 없다.) <~ 물에 빠진 쥐 모양이다.>
갈돌
갈 둥 말 둥 하다 *cf.* 할 둥 말 둥 하다, 둥
갈 듯도 하다
갈 듯 말 듯하다 *cf.* 듯하다
갈 듯하다 *cf.* 듯하다
갈등 끝에 *cf.* 고민 끝에
갈등 때문에(葛藤-)
갈등 빚다(葛藤-)
갈등상태(葛藤狀態) *cf.* 백지상태, 혼수상태, 대치 상태, 전시 상태
갈등 생기다(葛藤-)
갈등 없다(葛藤-)
갈라내다
갈라놓다 <두 사람을 ~.>
갈라 놓다 <생선을 ~.>
갈라대다 <합쳐 있는 것을 ~.>
갈라디아서(-書) *cf.* 빌레몬서
갈라땋다
갈라먹기식으로(-式-)
갈라 먹다
갈라 보다
갈라붙이다 <머리를 빗어 ~.>
갈라서다
갈라설 듯하다 *cf.* 듯하다
갈라져 나가다/갈라져 나오다
갈라 주다 <두 조각으로 ~.>
갈라치기(바둑)
갈락 말락 하다 *cf.* 갈까 말까 하다
갈락테이스
갈락토오스→갈락토스
갈래갈래
갈래머리 *cf.* 가랑머리
갈랫줄
갈려가기(반진행)
갈려 가다(전근되어 가다.)/갈려 오다(전근되어 오다.)
갈려 있다 <편이 ~.>
갈림길 *cf.* 고빗길, 사잇길, 지름길
갈림둑
갈림목(갈라지는 길목)
갈마들다(번갈아 들다) <내우외환이 ~.>
갈마들이다
갈마바람(서남풍)
갈마보다(양쪽을 번갈아 보다.)
갈마쥐다(한 손에 쥔 것을 다른 손으로 바꾸어 쥐다.)
갈 만하다 *cf.* 만하다
갈망해 오다(渴望-)
갈맷빛(짙은 초록)
갈모
갈목(갈대의 이삭)
갈목비 *cf.* 대비, 싸리비, 수수비
갈무리해 두다
갈묻이
갈물(떡갈나무에서 뽑은 물감) *cf.* 감물, 모싯물, 치자물
갈바람(←가을바람) *cf.* 봄바람, 겨울바람, 초겨울 바람, 여름 바람, 늦여름 바람
갈바람(서풍 또는 서남풍) <~에 곡식이 혀를 빼물고 자란다.>

갈 바를 모르다 cf. 바
갈밭(←갈대밭)
갈밭머리 cf. 밭머리, 논머리
갈봄(가을과 봄)
갈붙이다(이간하다)
갈비구이 cf. 등심구이
갈비뼈 cf. 등뼈, 허리뼈, 엉치뼈
갈비사이근(-筋)
갈비새김(갈비에서 발라낸 고기)
갈비씨(-氏) cf. 바지씨
갈비조림
갈비집 cf. 횟집, 국숫집
갈비찜 cf. 사태찜
갈빗국 cf. 뼛국, 조깃국, 시래깃국, 시금칫국
갈빗대
갈빗살 cf. 목살, 다리살
갈뿐더러 cf. 할뿐더러, ㄹ뿐더러, 뿐더러
갈 뿐 아니라 cf. 할 뿐 아니라, ㄹ 뿐 아니라
갈삿갓 cf. 대삿갓
갈새 둥지 cf. 새둥지
갈새 새끼
갈색목탄(褐色木炭) cf. 갈색 화약
갈색무늿병(褐色-病)
갈색점무늿병(褐色點-病)
갈 수밖에 없다 cf. 밖에(조사)
갈 수 없다 cf. 할 수 없다
갈아 가며/가면서
갈아 끼다
갈아 끼우다
갈아 놓다
갈아 뉘다 cf. 가려 뉘다
갈아대다 <새것으로 ~.>
갈아 두다
갈아들다
갈아들이다 <가정부를 ~.>
갈아매다
갈아먹다 <밭에 감자와 옥수수를 ~.>
갈아 먹다 <물을 ~.>
갈아붙이다 <분함을 ~.>
갈아 붙이다 <표지를 ~.>
갈아서다
갈아세우다
갈아 신다 <신을 ~.>, <양말을 ~.>
갈아엎다 <땅을 ~.>
갈아입다 <옷을 ~.>
갈아입히다
갈아주다 <개업한 상점의 물건을 ~.>
갈아 주다 <칼을 ~.>, <물을 ~.>
갈아 치우다 cf. 먹어 치우다
갈아타다 <차를 ~.>
갈앉히다
갈음옷 cf. 나들이옷
갈이그릇(갈이 기계로 갈아 만든 나무 그릇)
갈이소리(마찰음)
갈이장이(-匠-)
갈이칼 cf. 호비칼, 도장칼
갈잎(떡갈잎) cf. 솔잎, 댓잎, 연잎, 깻잎
갈잎나무(떡갈나무)
갈 적에 cf. 올 적에, 할 적에, 적
갈증 나다(渴症-)
갈지 말지 하다 cf. 할지 말지 하다
갈지언정 cf. ㄹ지언정
갈지자(-之字) cf. 가로왈자, 여덟팔자
갈지자걸음(-之字) cf. 여덟팔자걸음, 종종걸음, 까치걸음
갈지자형(-之字形) cf. 밭전자형, 새을자형
갈짚 cf. 볏짚, 보릿짚, 호밀짚, 귀릿짚
갈치구이 cf. 고등어구이, 꽁치구이
갈치밭(갈치가 많이 잡히는 곳)
갈치배 cf. 조깃배, 새우잡이배
갈치잠(여럿이 모로 끼여 자는 잠) cf. 나비잠, 새우잠
갈치조림 cf. 고등어조림, 병어조림
갈퀴나무
갈퀴눈(화가 난 험상궂은 눈) cf. 도끼눈, 고리눈, 가자미눈
갈퀴손(태권도)
갈퀴코(갈퀴자루의 앞 끝을 잡아맨 부분)

갈퀸밑
갈퀸발
갈퀸밥
갈 터이다/갈 테다 *cf.* 할 터이다, 터
갈판
갈팡질팡하다
갈팡질팡해 오다
갈팽이 새끼
갈피끈 *cf.* 가름끈
갉아당기다 *cf.* 긁어당기다
갉아먹기(노름) *cf.* 모두먹기
갉아먹다 <재물을 ~.>
갉작갉작하다
-감(感)(접미사) *cf.* 거리감, 친밀감, 사명감
-감(명사) *cf.* 치맛감, 며느릿감, 사윗감, 혼숫감, 장난감, 놀잇감, 눈요깃감, 아낫감, 양복감, 주전부릿감
대통령 후보감, 당 대표감, 총리감
ˇ감 *cf.* 저고리 한 감
감(感) <때늦은 ~이 있다.>
감가상각(減價償却) *cf.* 감모 상각
감감무소식(-無消息)
감개무량하다(感慨無量-)
감겨들다
감겨 있다
감겨 주다
감격무지하다(感激無地-)
감격 어리다(感激-) *cf.* 피 어리다, 눈물 어리다, 감동 어리다, 순정 어리다, 인정 어리다
감격해하다(感激-)
감결합 회로(減結合回路)
감귤밭(柑橘-) *cf.* 배나무밭, 딸기밭, 복숭아밭
감금당하다(監禁當-)
감금시켜 놓다(監禁-)/감금시키다(監禁-)
감금해 두다(監禁-)
감기 걸리다(感氣-)
감기 기운(感氣-) *cf.* 몸살 기운, 약기운
감기 들다(感氣-) *cf.* 병들다
감꼭지
감꽃 *cf.* 매화꽃
감나무 가지 *cf.* 나뭇가지, 은행나무 가지, 단풍나무 가지
감나무 잎 *cf.* 나뭇잎, 감잎, 솔잎, 은행잎, 단풍잎, 담쟁이덩굴 잎, 사과나무 잎, 단풍나무 잎
감나무집 *cf.* 살구나무집
감나뭇골 *cf.* 감잣골, 느티나뭇골, 싸릿골
감내림새(박공처마 끝에 대는 감새 기와)
감내해 나가다(堪耐-)
감내해 오다(堪耐-)
감는목
감는줄기 *cf.* 기는줄기
감당 못하다(堪當-)
감당할 듯하다(堪當-) *cf.* 듯하다
감당해 나가다(堪當-)
감당해 내다(堪當-)
감당해 오다(堪當-)
감독관청(監督官廳) *cf.* 감독 기관, 감리 회사, 상급 관청
감독 나오다(監督-)
감독 잘하다(監督-)
감독해 오다(監督-)
감돌(수지 계산에 넣을 광석)
감돌아들다
감돌아치다
감돌아 흐르다
감동받다(感動-)
감동시켜 주다(感動-)
감동 어리다(感動-) *cf.* 감격 어리다, 눈물 어리다, 인정 어리다, 미소 어리다
감동 주다(感動-)
감동해 버리다(感動-)
감때사납다(억세고 사납다.) *cf.* 눈꼴사납다, 볼꼴 사납다, 욕심 사납다
감때세다 *cf.* 아귀세다, 고집 세다
감마선(-線) *cf.* 베타선, 알파선
감면받다(減免-) *cf.* 받다
감면시켜 주다(減免-)

감면해 주다(減免-)
감명 깊다(感銘-) *cf.* 인상 깊다, 뜻깊다
감명받다(感銘-) *cf.* 받다, 큰 감명 받다
감명 주다(感銘-)
감모 상각(減耗償却) *cf.* 감가상각
감물 *cf.* 치자물, 갈물, 쉿물, 쪽물, 꽃물, 모싯물
감미로워 보이다(甘味-)
감발 <짚신 ~에 사립짝 쓰고 간다.>
감방 같다(監房-) *cf.* 감옥 같다
감방살이(監房-) *cf.* 감옥살이, 시집살이
감방살이하다(監房-)
감벼락 <무슨 ~ 같은 소리냐?> *cf.* 날벼락
감별해 내다(鑑別-)
감봉당하다(減俸當-) *cf.* 당하다
감빛 *cf.* 쪽빛, 버찌빛, 살구빛, 앵두빛, 가짓빛, 장밋빛, 모싯빛, 산홋빛, 상앗빛, 마놋빛
감빛 *cf.* 치자빛, 살구빛, 모싯빛, 장밋빛
감사 나가다(監査-)
감사 나오다(監査-)
감사납다 <감사나운 얼굴>, <잡초가 우거진 감사운 밭> *cf.* 감때사납다
감사 드리다(感謝-) <선생님께 깊은 ~.>
감사드리다(感謝-) <선생님께 진심으로 ~.>
감사받다(監査-) *cf.* 조사받다, 받다
감사원장(監査院長) *cf.* 학교장, 농촌 진흥원장, 비서실장, 연구실장, 어문과장, 인사계장
감사하기보다는(感謝-) *cf.* 보다(조사)
감 3화음(減三和音)
감상주의(感傷主義)
감상하기보다는(鑑賞-) *cf.* 보다(조사)
감상해 보다(鑑賞-)
감새마루(감새로 이어 마무리한 박공마루)
감서 산지(贛西山地)
감소되어 가다(減少-)
감소상태(減少狀態)(수학)
감소수열(減少數列) *cf.* 증가수열
감소함수(減少函數) *cf.* 증가함수
감수받다(監修-) *cf.* 받다
감수해 나가다(甘受-)

감시당하다(監視當-) *cf.* 당하다
감시받고 있다(監視-)
감시받다(監視-) *cf.* 받다
감시하에(監視下-)
감시해 오다(監視-)
감싸고돌다
감싸고 있다
감싸안다
감싸 잡다
감싸 주기는커녕 *cf.* ㄴ커녕, 커녕(조사)
감싸 주다
감싸쥐다
감씨 *cf.* 살구씨, 복숭아씨, 대추씨, 호박씨
감아 놓다
감아 돌다
감아들다
감아들이다
감아 마무름(가사·실업)
감아 매다 *cf.* 잡아매다
감아 버리다
감아 붙이다
감아시침
감아올리다
감아 주고 있다
감아쥐다 <목덜미를 ~.>
감아치기
감아코 만들기
감안해 주다(勘案-)
감염시켜 주다(感染-)
감옥 가다(監獄-) *cf.* 영창 가다, 유치장 가다
감옥 갔다 오다(監獄-)
감옥 같다(監獄-) *cf.* 감방 같다
감옥살이(監獄-) *cf.* 영창살이, 시집살이, 벼슬살이, 머슴살이, 더부살이, 처가살이
감원당하다(減員當-) *cf.* 당하다
감원 바람(減員-) *cf.* 바람
감원해 버리다(減員-)
감은빛 *cf.* 검은빛
감은사지 3층 석탑(感恩寺址三層石塔)

감은사 터(感恩寺-) *cf.* 원각사 터
감은 수(-數) <전선의 ~>
감음정(減音程) *cf.* 증음정
감입 곡류(嵌入曲流)/감입 사행(嵌入蛇行)
감잎전(-煎) *cf.* 깻잎전
감자 가꾸기
감자(를) 가꾸다
감자 고르기
감자(를) 고르다
감자구이 *cf.* 통닭구이
감자국수 *cf.* 메밀국수, 녹말국수
감자 껍질 벗기기
감자마자 <머리를 ~….> *cf.* 하자마자, 자마자
감자 반쪽 *cf.* 사과 한 쪽, 두 쪽
감자밥 *cf.* 고구마밥, 옥수수밥
감자밭 *cf.* 고구마밭, 고추밭, 깨밭, 마늘밭, 담배밭, 무밭, 배추밭, 상추밭, 수박밭, 수수밭, 시금치밭, 아욱밭, 오이밭, 참외밭, 채소밭, 호박밭, 가시밭, 갈대밭, 잔디밭, 지뢰밭
감자 삶기
감자알 *cf.* 깨알, 쌀알, 호두알
감자잎마름병(-病)
감자조림
감자 찌기
감자 찌기와 달걀 삶기
감자 찌다 *cf.* 고구마 찌다, 달걀 삶다
감자 철 *cf.* 옥수수 철, 수박 철, 김장철
감자 캐기 *cf.* 고구마 캐기
감자튀김 *cf.* 고구마튀김, 새우튀김
감 잡다(感-)(눈치로 알아채다.)
감잡히다 *cf.* 감 잡다
감잡이쇠
감잣고개 *cf.* 보릿고개
감잣골 *cf.* 감나뭇골, 느티나뭇골, 싸릿골
감잣국 *cf.* 조깃국, 시금칫국, 조갯국, 뭇국
감장돌 *cf.* 흰돌
감장 병아리 *cf.* 노랑 병아리
감장빛/감장색(-色)
감장콩알 *cf.* 콩알, 쌀알, 깨알
감점당하다(減點當-)
감점해 버리다(減點-)
감정 감탄사(感情感歎詞)
감정 나다(感情-) *cf.* 화나다
감정 내다(感情-) *cf.* 화내다
감정 사다(感情-) *cf.* 원한 사다
감정싸움(感情-) *cf.* 기싸움, 사랑싸움
감정 어린/어리다(感情-) *cf.* 감동 어린, 눈물 어린, 피 어린, 미소 어린
감정 없다(感情-) *cf.* 감정 있다
감정이야말로(感情-) *cf.* 그 사람이야말로, 이야말로, 야말로(조사)
감정 있다(感情-) *cf.* 감정 없다
감지덕지하다(感之德之-)
감쪽같다/같이
감찰제도(監察制度) *cf.* 감수 제도, 사찰 제도, 검정 제도
감쳐물다
감초 과자(甘草菓子) *cf.* 얼음과자
감초맛(甘草-) *cf.* 소태맛, 꿀맛
감추어 놓다
감추어 놓아 두다
감추어 두다
감추어 버리다
감추어 오다
감추어 주다
감축되다(減縮-)
감축시키다(減縮-)
감축해 오다(減縮-)
감춘 채 *cf.* 숨겨 둔 채, 채(의존 명사)
감출 길 없었다
감춰 가다
감춰 가지고
감춰 놓다
감춰 두다
감춰 버리다
감춰 오다
감춰 주다
감칠맛

감칠맛 나다 *cf.* 맛나다
감 7화음(減七和音)
감탄 어린/어리다(感歎-) *cf.* 감격 어린, 눈물 어린, 피 어린, 감동 어린
감탄해 오다(感歎-)
감탄형 어미(感歎形語尾)
감탕밭(곤죽 같은 진흙땅) *cf.* 쑥대밭, 갈대밭
감태같다(머리칼이 까맣고 윤기가 나다.)
감투밥(수북하게 많이 담은 밥) *cf.* 고봉밥
감투 벗다
감투싸움 *cf.* 자리싸움, 사랑싸움, 싸움
감투 쓰다
감투 씌워 주다
감투쟁이 *cf.* 양복쟁이
감항능력(堪航能力) *cf.* 감화능력, 적재 능력, 업무 처리 능력
감행되어 오다(敢行-)
감행해 버리다(敢行-)
감형시켜 주다(減刑-)
감형해 주다(減刑-)
감화능력(堪貨能力) *cf.* 감항능력, 적재 능력
감화받다(感化-) *cf.* 받다
감화시켜 주다(感化-)
감화음(減和音) *cf.* 증화음
감회 어린/어리다(感懷-) *cf.* 감격 어린, 눈물 어린, 감정 어리다
갑갑증 나다(-症-)
갑갑해 보이다
갑갑해하다 *cf.* 답답해하다
갑곶진(甲串津)
갑남을녀(甲男乙女) *cf.* 선남선녀
갑론을박(甲論乙駁)
갑사댕기(甲紗-)
갑산·장진고원(甲山長津高原) *cf.* 개마고원, 대구 분지
갑상선암(甲狀腺癌)
갑술환국(甲戌換局)
갑신정변(甲申政變)
갑오개혁(甲午改革)
갑오경장(甲午更張)
갑오·을미개혁(甲午·乙未改革)
갑오혁신(甲午革新)
갑인자(甲寅字) *cf.* 계미자, 을해자
갑진개화운동(甲辰開化運動)
-값(명사) *cf.* 절댓값, 상댓값, 근삿값, 최솟값, 비누홧값, 소릿값
임계값, 인수값, 한계값, 자리값, 좌표값
왁댓값, 해웃값, 덩칫값, 나잇값, 킷값, 갯값,
쇠고기값, 우표값, 고추값, 딸기값, 담뱃값
값-(명사) *cf.* 값비싸다, 값싸다, 값지다
값나가다
값나다(금나다)
값 내리기 <~ 경쟁>, <값(을) 내리기 위하여….> *cf.* 값 올리기
값 내리다
값 놓다(값을 정하여 말하다.)
값 닿다
값 매겨 보다
값매김률(-率)
값 매기다
값 보다
값 부르다
값비싸다
값싸고 질 좋은/좋다
값싸다
값없다/없이 *cf.* 값있다
값 오르다
값 올리기 <~ 경쟁>, <값(을) 올리기 위하여….> *cf.* 값 내리기
값(을) 올리다
값은 고하간에(-高下間-) *cf.* 좌우지간에
값있다 *cf.* 값없다
값지다
값 치르다
갓-(접두사) *cf.* 나이 갓서른
갓$^{\vee}$(부사) *cf.* 갓 시집 온 색시
갓걸이 *cf.* 옷걸이
갓 결혼하다

갓고깔 *cf.* 잣고깔
갓 구워 내다
갓길
갓김치
갓 깨다
갓끈 *cf.* 신끈, 구두끈, 운동화 끈, 군화 끈
갓 나다(방금 나다.)
갓 나오다(방금 나오다.)
갓난것(갓난아기)
갓난아기
갓난아이
갓난애
갓 낳다
갓 넘기다 <육십을 ~.>
갓 넘다 <육십이 ~.>
갓다리
갓돌
갓 들어온 사람
갓마흔 *cf.* 갓스물
갓망건(-網巾)
갓모
갓 모양(-模樣)
갓밝이(날이 막 밝을 무렵)
갓 부임하다(-赴任-)
갓서른 *cf.* 갓마흔
갓스물 *cf.* 갓마흔
갓 시집오다 *cf.* 갓 장가가다
갓 쓰다 <갓 쓰고 자전거 타는 격> *cf.* 모자 쓰다
갓 입학하다(-入學-)
갓장이(-匠-)(갓을 만드는 사람)
갓쟁이(갓을 쓴 사람) *cf.* 양복쟁이, 월급쟁이
갓 졸업하다(-卒業-)
갓집 *cf.* 안경집, 수젓집, 벼룻집, 가위집
갓 찌다 <갓 찐 옥수수>
갓 태어나다
갓 피다 <갓 핀 장미>
갓 피어나다
갓후리(어업)

갔나 보다 *cf.* 보다
갔다 오다
갔을 텐데 *cf.* 터
-강(强)(접미사) *cf.* 약(弱), 182강
강(强)-(접두사) *cf.* 강속, 강행군, 강펀치, 강조밥, 강추위, 강굴, 강담
강(江) *cf.* (한국어 지명에서) 낙동강, 두만강 (외래어 지명에서) 나일 강, 아마존 강
-강 가(江-) *cf.* 임진강 가, 압록강 가, 도도히 흐르는 강 가, 앞을 가로지르는 강 가
강가(江-) <~에서 놀다>
강가 쪽으로(江-)
강감찬전(姜邯贊傳) *cf.* 홍길동전, 심청전
강강술래
강강술래놀이
강강해 보이다(剛剛-)
강 건너(江-) *cf.* 바다 건너
강 건너 불 보듯 하다(江-) *cf.* 듯
강경장(江景場) *cf.* 봉평장, 모란장
강구조(剛構造) *cf.* 유구조, 목구조
강구 중인(講究中-)
강구해 나가다(講究-)
강구해 내다(講究-)
강굽이(江-) *cf.* 산굽이, 물굽이
강권하다시피 하다(强勸-) *cf.* 다시피
강기슭(江-) *cf.* 산기슭, 처맛기슭, 개울 기슭
강남 땅(江南-) *cf.* 중국 땅, 미국 땅
강남산맥(江南山脈) *cf.* 태백산맥
강남 제비(江南-)
강낭콩 *cf.* 완두콩
강낭콩 꼬투리 *cf.* 콩꼬투리
강낭콩 덩굴 *cf.* 나팔꽃 덩굴, 고구마 덩굴, 으름덩굴, 담쟁이덩굴, 댕댕이덩굴
강낭콩 심기
강낭콩(을) 심다
강낭콩꽃
강낭콩만 하다 *cf.* 만 하다(←만하다)
강낭콩밭 *cf.* 감자밭, 콩밭, 수수밭, 옥수수밭
강냉이떡 *cf.* 수수떡, 감자떡

강냉이묵 *cf.* 메밀묵, 도토리묵
강냉이밭 *cf.* 감자밭, 고구마밭, 토마토밭, 땅콩밭, 옥수수밭, 인삼밭
강냉이튀김
강님도령
강다짐(까닭 없이 억눌러 꾸짖음.)
강단 있다(剛斷-)
강당 내에(講堂內-)
강대해져 가다(强大-)
강도끼장이(江-匠-)
강도 높다(强度-)
강도 떼(强盜-) *cf.* 도둑 떼
강도상(講道床) *cf.* 교자상
강도짓(强盜-) *cf.* 여우짓, 바보짓, 몸짓, 눈짓
강된장(-醬)
-강 둑(江-) <한강 둑에서 산보하다.>
강둑(江-) <~에서 산보하다.> cf. 냇둑
강력분(强力粉) *cf.* 박력분, 중력분
강력인견(强力人絹)
강력해 보이다(强力-)/강렬해 보이다(强烈-)
강력해져 가다(强力-)
강렬해져 가다(强烈-)
강릉길(江陵-) *cf.* 서울길, 부산길, 울산길, 경주길, 진주길, 고향길
강릉 단오제(江陵端午祭)
강릉 매화타령(江陵梅花-)
강릉장(江陵-) *cf.* 봉평장, 모란장
강릉행(江陵行) *cf.* 서울행, 공주행, 대구행, 목포행, 뉴욕행, 도쿄행, 파리행
강마르다 *cf.* 깡마르다
강마을(江-) *cf.* 섬마을, 산마을
강 말뚝(鋼-)
강모래(江-) *cf.* 바닷모래, 산모래, 강자갈
-강 물(江-) *cf.* 한강 물
강물(江-) <흐르는 ~>
강물 속(江-)
강물 저편(江-便)
강물 쪽(江-)
강바닥(江-) *cf.* 논바닥, 방바닥, 못바닥, 개울바닥, 우물 바닥, 웅덩이 바닥, 호수 바닥
강바람(江-) *cf.* 산바람, 골바람, 바닷바람
강밥
강벼랑(江-) *cf.* 산벼랑
강변길(江邊-) *cf.* 해변길
강변 살다(江邊-) <엄마야 누나야 강변 살자. 뜰에는….>
강보리밥(꽁보리밥)
강보합(强保合) *cf.* 약보합
강비탈(江-) *cf.* 산비탈
강쇠바람(첫가을에 부는 동풍) *cf.* 고추바람, 칼바람
강술
강습소 일(講習所-) *cf.* 연구소 일, 관청일
강식염천(强食鹽泉)
강씨(姜/康氏) *cf.* 이씨, 김씨, 이가, 김가, 강소천 씨(강 씨)
강아지 똥 *cf.* 개똥, 닭똥, 새똥
강아지집 *cf.* 개집, 까치집, 제비집, 비둘기집
강아지풀 뿌리 *cf.* 풀뿌리
강아지풀 잎 *cf.* 풀잎, 억새풀 잎
강알칼리(强-) *cf.* 약알칼리
강어귀(江-) *cf.* 동네 어귀, 마을 어귀
강 언덕(江-) *cf.* 산언덕
강염기(强鹽基) *cf.* 약염기
강 옆(江-)
강·온파(强溫派)
강요당하다(强要當-) *cf.* 당하다
강요받다(强要-) *cf.* 받다
강요하다시피 하다(强要-) *cf.* 다시피 하다
강요해 오다(强要-)
강울음(억지로 우는 울음) *cf.* 건울음, 건성울음
강원 대지(江原臺地)
강원도(江原道) *cf.* 경기도, 충청남도
강원도 삼(江原道蔘) *cf.* 개성 삼, 금산 삼
강원도 아리랑(江原道-) *cf.* 정선 아리랑
강 유역(江流域) *cf.* 낙동강 하구 유역
강유전성(强誘電性)
강유전체(强誘電體)

강의 시간 중에(講義時間中-)
강의실 내에(講義室內-) *cf.* 교실 내에
강의해 오다(講義-)
강인주철(强靭鑄鐵) *cf.* 가단주철
강입자(强粒子) *cf.* 경입자
강자갈(江-) *cf.* 강모래, 산자갈, 바닷자갈
강자락(江-) *cf.* 냇자락, 산자락, 바닷자락
강자성체(强磁性體) *cf.* 강유전체, 경자성체
강장동물(腔腸動物)
강 전 장관(姜/康前長官)
강전해질(强電解質) *cf.* 약전해질
강점기하에(强占期下-) <일제 ~….>
강접합(强接合) *cf.* 강구조
강정밥 *cf.* 지에밥, 고누밥
강정속(강정에 가루를 묻히기 전의 몸)
강제당하다(强制當-) *cf.* 당하다
강제 집행(强制執行)
강제통풍(强制通風) *cf.* 인공통풍, 자연통풍
강제하다시피 하다(强制-) *cf.* 다시피
강조밥 *cf.* 강피밥
강조해 두다(强調-)
강조해 오다(强調-)
강종받다(强從-)(억지로 복종시키다.)
강좌문학(江左文學)(중국 문학)
강주물(鋼鑄物)
강줄기(江-) *cf.* 산줄기, 물줄기
강직해 보이다(剛直-)
강진 땅(康津-) *cf.* 부산 땅
강짜 부리다 *cf.* 투정 부리다, 욕심 부리다
강참숯(다른 나무의 숯이 섞이지 않은 참숯)
강철 같다(鋼鐵-)
강철판(鋼鐵板)
강추위
강탈당하다(强奪當-) *cf.* 당하다
강탈해 가다(强奪-)
강태공(姜太公)
강턱(江-) *cf.* 산턱, 문턱
강피밥 *cf.* 강조밥
강한 듯하다(强-) *cf.* 듯하다

강한 산(强-酸)(용어로는 '강산') *cf.* 약한산
강한 염기(强-鹽基) *cf.* 약한 염기
강한 전해질(强-電解質) *cf.* 약한 전해질
강한 체하다(强-) *cf.* 체하다
강해 보이다(强-)
강해져 가다(强-)
강행군하다(强行軍-)
강행해 오다(强行-)
강 형(姜/康兄) *cf.* 이 형, 김 형, 오 형
강화도 조약(江華島條約)
강화되어 가다(强化-)
강화섬(江華-)
강화시켜 주다(强化-)
강화식품(强化食品) *cf.* 강화 유리, 강화 플라스틱
강화우유(强化牛乳) *cf.* 강화 식품, 강화 우유(편수 자료 '공업')
강화하여 가다(强化-)
강화 학파(江華學派) *cf.* 기호학파, 기호 학파(편수 자료), 영남학파, 영남 학파(편수 자료)
강화해 나가다(强化-)
강희자전(康熙字典) *cf.* 패문운부, 사고전서
갖가지(여러 가지) *cf.* 각가지
갖고 가다
갖고 놀다
갖고 다니다
갖고 싶다 *cf.* 싶다
갖고 싶어하다 *cf.* 싶어하다
갖다 놓다
갖다 두다
갖다드리고 싶다
갖다드리다
갖다 바치다
갖다 버리다
갖다 붙이다 <그 일을 거기에다 갖다 붙이지 마라.>
갖다 쓰다
갖다주다
갖다줄게 *cf.* ㄹ게

갖은- *cf.* 갖은양념, 갖은자(-字)
갖은✓(관형사) *cf.* 갖은 고생, 갖은 풍상
갖은것 <~이 다 있다.>
갖은 고생 끝에(-苦生-)
갖은 고생 다 해 가며(-苦生-)
갖은떡(여러 모양으로 만든 떡)
갖은소리 <~ 다 해 가면서 사정을 하다.>
갖은시루떡 <없는 주제에 무슨 ~을 다 하느냐?>
갖은양념(온갖 양념)
갖은자(-字)
갖은 짓 다 하다 *cf.* 다 하다, 다하다
갖은 풍상 다 겪다(-風霜-)
갖저고리
갖추갖추
갖추느니보다는 *cf.* 보다
갖추쓰다(획을 갖추어 쓰다.)
갖추어 가다/갖추어 오다
갖추어 나가다
갖추어 놓다
갖추어 두다
갖추어 입다
갖추어 주다
갖춘꽃 *cf.* 안갖춘꽃
갖춘마디 *cf.* 못갖춘마디
갖춘마침 *cf.* 못갖춘마침
갖춘잎 *cf.* 안갖춘잎
갖춘탈바꿈(완전 변태) *cf.* 안갖춘탈바꿈
갖춰 가다
갖춰 나가다
갖춰 놓다
갖춰 두다
갖춰 입다
갖춰 주다
갖풀(아교풀) *cf.* 부레풀, 밀풀, 쌀풀, 고무풀
같게 하다
같기 때문에 *cf.* 하기 때문에
같아 보이다 *cf.* 달라 보이다
같아져 가다

같은 값에/값이면
같은걸 *cf.* ㄴ걸
같은 것끼리 *cf.* 끼리(접미사)
같은 계획을 가진 친구 찾기 놀이(-計劃-親舊-)
같은꼴가기
같은 날
같은 달 *cf.* 같은 주, 같은 해, 지난주, 지난달, 지난해
같은 듯하다 *cf.* 듯하다
같은 모양 찾기(-模樣-)
같은 반(-班)
같은 발로 내리기
같은 수끼리(-數-) *cf.* 끼리(접미사)
같은으뜸음조(-音調)
같은 음식 카드 모으기 활동(-飮食-活動)
같은 카드 모으기 놀이
같은 편끼리(-便-) *cf.* 자기편, 상대편, 끼리
같은 해 *cf.* 같은 달, 같은 주, 지난해, 지난달, 지난주
같을뿐더러 *cf.* ㄹ뿐더러
같을 뿐 아니라 *cf.* ㄹ 뿐 아니라
-같이(조사) <그림~ 아름답다.>
✓같이(형용사의 부사형) <그림과 ~ 아름답다.>
같이가기/나란히가기
같이 가다 *cf.* 함께 가다
같이 살다
같이 하다 <운동을 ~./일을 ~./영화 여러 편을 ~.>
같이하다 <운명을 ~./뜻을 ~.>
같이해 오다 <운명을 ~.>
같이 해 오다 <공부를 ~.>
같지 않다
갚아 나가다
갚아 다오
갚아 드리다 <은혜/원수를 ~.>
갚아 버리다
갚아 볼까
갚아 오다
갚아 주다

갚을 듯하다 *cf.* 듯하다
갚을 만하다 *cf.* 만하다
갚지 않다
개가죽 *cf.* 쇠가죽, 말가죽, 양가죽, 쥐가죽
개가죽 모자(-帽子) *cf.* 털모자, 밍크 모자, 말가죽 구두, 쇠가죽 혁대, 섀미 가죽 구두
개 같다 *cf.* 돼지 같다
개 같은 놈들 *cf.* 돼지 같은 놈들, 여우 같은 놈들, 쥐새끼 같은 놈들
개고기 *cf.* 쇠고기, 말고기, 돼지고기, 양고기
개관되자마자(開館-) *cf.* 가자마자, 자마자
개교기념일(開校記念日) *cf.* 결혼기념일, 창립기념일, 건국 기념일, 독립 기념일
개구리놀이
개구리눈 *cf.* 가자미눈, 거적눈, 고리눈
개구리 몸
개구리바위 *cf.* 촛대바위, 사자바위
개구리밥
개구리밥 뿌리
개구리밥 수(-數)
개구리 소리 *cf.* 꾀꼬리 소리, 부엉이 소리, 매미 소리, 여치 소리, 새소리, 종소리
개구리알 *cf.* 연어알, 도루묵알
개구리알 그리기
개구리알(을) 그리다
개구리차기
개구리참외
개구리처럼 뛰기
개구리타령
개구리 팀
개구리헤엄 *cf.* 모잽이헤엄, 개헤엄
개구멍 *cf.* 쥐구멍, 개미구멍, 땀구멍
개구멍바지(밑을 튼 사내아이 바지)
개구멍받이 <아이를 낳는 대로 ~로 넣어 주고….>
개구멍서방(-書房)
개구수(開口數)(현미경 해상력을 나타내는 수)
개구쟁이 자동차(-自動車)
개구쟁이짓 *cf.* 바보짓, 망나니짓

개 꼬리 <~ 3년 묻어도 황모 되지 않는다.> *cf.* 쥐꼬리, 쇠꼬리
개꼴(個-) <10원에 한 ~> *cf.* 두 번꼴, 1년꼴, 두 달꼴, 두 말꼴, 두 홉꼴, 두 근꼴, 두 냥(쭝)꼴, 두 명꼴, 두 사람꼴, 두 마리꼴, 10원꼴, 2달러꼴, 2평꼴, 하루꼴, 꼴(접미사)
개꿈 <장독간의 ~>
개나리꽃 *cf.* 무궁화꽃, 장미꽃
개나리 잎 *cf.* 단풍나무 잎, 주목나무 잎
개나리 팀
개나발
개나발 불다 *cf.* 나팔 불다
개날
개년(個年)(의존 명사) *cf.* 5개년 계획, 10개년 계획
개념시(概念詩) *cf.* 사상시, 생명시, 저항시
개념화해 보다(概念化-)
개눈 <~엔 뭣만 보인다.> *cf.* 뱁눈, 쇠눈, 새눈, 족제비눈
개다리소반(-小盤) *cf.* 팔각소반
개더골드 씨(-氏)
개더 스커트감
개돼지
개돼지 같다
개돼지만도 못하다 *cf.* 못하다
개들이 <2~, 3~> *cf.* 한 말들이, 두 되들이, 한 홉들이, 한 통들이, 한 병들이, 2장들이, 100알들이, 한 근들이, 2그램들이, 2리터들이, 1톤들이, 들이(접미사)
개떡 *cf.* 봄보리개떡
개떡 같다 *cf.* 지랄 같다
개띡수제비
개똥 *cf.* 쇠똥, 말똥, 새똥, 쥐똥, 닭똥
개똥갈이
개똥 같다 *cf.* 지랄 같다
개똥밭(땅이 건 밭)
개똥벌레
개똥상놈 *cf.* 개불상놈, 불상놈
개똥참외

개똥철학(-哲學)
개띠(개해에 난 사람의 띠) *cf.* 소띠, 호랑이띠, 원숭이띠
개량간장(改良-醬) *cf.* 조선간장, 왜간장, 재래간장
개량 골묻이(改良-)
개량되어 오다(改良-)
개량된장(改良-醬) *cf.* 왜된장, 재래 된장
개량변소(改良便所) *cf.* 재래식 변소
개량 뽕(改良-)
개량 섶(改良-)
개량해 가다(改良-)
개량해 오다(改良-)
개마고원(蓋馬高原) *cf.* 부전고원
개막되다(開幕-)
개막되자마자(開幕-) *cf.* 자마자
개막된 지(開幕-) <~ 열흘이 되다.> *cf.* 지
개막될 듯하다(開幕-) *cf.* 듯하다
개막 전에(開幕前-)
개만 못하다 *cf.* 못하다
개망나니
개망신당하다(-亡身當-) *cf.* 당하다
개 머루 먹듯 하다
개머리판(-板)
개미구멍 *cf.* 쥐구멍
개미굴 *cf.* 여우굴, 호랑이굴, 너구리굴, 토끼굴
개미 기르기
개미(를) 기르다
개미 나라 *cf.* 베짱이 나라
개미누에
개미 떼 *cf.* 양 떼, 거미 떼, 고기 떼, 송사리 떼, 가마우지 떼, 모기떼
개미 떼 같다 *cf.* 벌 떼 같다.
개미 먹이다(연줄)
개미새끼 *cf.* 거미새끼, 쥐새끼
개미지옥(-地獄)
개미집 *cf.* 새집, 개집, 까치집, 제비집, 거미집, 벌레집
개미허리

개밋둑 *cf.* 냇둑, 봉홧둑
개발 <~에 주석 편자> *cf.* 새발, 쇠발
개발도상국(開發途上國) *cf.* 저개발국
개발도상국 간(開發途上國間)
개발쇠발(→괴발개발)
개발수입(開發輸入)
개 발싸개 같다 *cf.* 거지 발싸개 같다
개발 중인(開發中-) *cf.* 연구 중인
개발코 *cf.* 말코, 딸기코, 매부리코, 사자코
개발해 나가다(開發-)
개발해 내다(開發-)
개밥 <~에 도토리>
개방 집합(開放集合)
개방해 버리다(開放-)
개백장 같다
개백장(개 잡는 사람) *cf.* 쇠백장
개버딘직(-織) *cf.* 콥트직
개 버릇 남 못 주다
개벼룩 *cf.* 물벼룩, 쥐벼룩
개별검사(個別檢査) *cf.* 집단검사, 표준검사, 발취 검사, 발췌 검사, 지능 검사, 적성 검사, 학력 검사
개별경제(個別經濟) *cf.* 거시 경제, 미시 경제, 가정 경제, 가계 경제
개 보름 쇠듯 하다
개불상놈(언행이 천박한 사람)
-개비(접미사) *cf.* 성냥개비, 장작개비, 나뭇개비
ᵛ개비(명사) *cf.* 담배 한 개비
개뼈 *cf.* 쇠뼈, 말뼈, 호랑이뼈
개뿔도 아니다(아무것도 아니다.)
개사냥 *cf.* 매사냥, 덫사냥, 총사냥
개산날(開山-)(절을 연 날)
개살구 *cf.* 양살구
개새끼('개 같은 놈'을 뜻하는 욕설로는) *cf.* 쥐새끼, 여우새끼
개 새끼('개의 새끼'의 뜻으로는)
개선되어 가다(改善-)
개선장군(凱旋將軍) *cf.* 개선 장병, 개선 부대, 승리 투수, 패전 투수

개선해 나가다(改善-)
개설해 놓다(開設-)
개성말(開城-) *cf.* 서울말, 경상도말, 전라도말, 충청도말, 부산말, 평양말
개성배추(開城-) *cf.* 서울배추, 서울무
개성 삼(開城蔘) *cf.* 금산 삼, 강원도 삼
개성상인(開城商人) *cf.* 동래상인, 강경상인
개성 없다(個性-)/개성 있다(個性-)
개성적이기보다는(個性的-) *cf.* 보다(조사)
개성차(個性差) *cf.* 실력차, 능력차, 성격차
개소(個所) *cf.* 10개소
개 소리(개 짖는 소리) <멀리 ~가 들리다.>
개소리(당치 않은 말) <말도 안 되는 ~>
개소리괴소리(마구 지껄이는 말)
개소리하다
개수작(-酬酌)
개숫물 *cf.* 허드렛물, 낙숫물, 설거지물
개심매듭
개싸움 *cf.* 닭싸움, 소싸움
개암사탕(-砂糖) *cf.* 얼음사탕, 솜사탕, 눈깔사탕, 박하사탕
개암알 *cf.* 호두알, 포도알, 밤알, 깨알, 쌀알
개암죽(-粥) *cf.* 깨죽
개암 지르다(매의 먹이에 솜을 넣어 주다.)
개어 놓다/개어 두다
개어 보다
개어 있다
개어 주다
개업 중인(開業中-) *cf.* 조업 중인
개업 초에(開業初-)
개업 후에(開業後-)
개염 나다(샘이 나다.) *cf.* 게염나다
개요 싸기(概要-)
개요(를) 짜다(概要-)
개운찮아하다
개운해하다
개울가 *cf.* 바닷가, 강가, 우물가
개울 건너뛰기
개울 기슭 *cf.* 산기슭, 강기슭, 처맛기슭

개울둑 *cf.* 냇둑, 개천둑, 하굿둑
개울둑과 논둑 쌓기
개울물 *cf.* 바닷물, 시냇물, 낙숫물
개울물 소리 *cf.* 시냇물 소리, 강물 소리
개울 바닥 *cf.* 냇바닥, 못바닥, 늪 바닥, 우물 바닥, 웅덩이 바닥, 호수 바닥
개울 쪽으로
개원중학교(開院中學校)
개월(個月) *cf.* 6개월, 15개월
개월 간(個月間) *cf.* 6개월 간
개으름 부리다/개으름 피우다 *cf.* 게으름 부리다/게으름 피우다
개으름쟁이
개을러빠지다/개을러터지다 *cf.* 게을러빠지다/게을러터지다
개이빨 자국 *cf.* 이빨 자국, 눈물 자국, 마맛자국
개인 간(個人間) *cf.* 국가 간
개인감정(個人感情)
개인끼리(個人-) *cf.* 끼리(접미사)
개인생활(個人生活) *cf.* 집단생활, 사회생활, 단체 생활, 동거 생활
개인숭배(個人崇拜) *cf.* 조상 숭배, 사령 숭배, 정령 숭배, 사자 숭배
개인연금(個人年金)
개인영업(個人營業)
개인위생(個人衛生) *cf.* 집단 위생
개인으로서뿐만 아니라(個人-) *cf.* 뿐
개인의식(個人意識) *cf.* 집단의식, 경쟁의식, 민족의식, 국가 의식, 안보 의식
개인잡지(個人雜紙)
개인주의(個人主義)
개인차(個人差) *cf.* 능력차, 실력차, 개성차
개인 키(個人-)
개인택시(個人-) *cf.* 회사 택시, 조합 택시
개인플레이(個人-)
개인행동(個人行動) *cf.* 집단행동, 단체 행동
개자식(개새끼)
개잠(개처럼 머리와 팔다리를 모으고 자는 잠)
개잠(아침에 깨었다가 다시 자는 잠)

개잡놈(-雜-)

개 잡듯이 *cf.* 쥐 잡듯이, 이 잡듯이

개장국(-醬-)

개장사/장수 *cf.* 넝마장수, 엿장수, 쌀장수, 채소 장수

개장 초부터(開場初-)

개점휴업(開店休業)

개정전보(改正電報)

개정, 정비하다(改定, 整備-)

개정해 놓다(改定-)

개조해 주다(改造-)

개좆같다 *cf.* 개떡 같다, 쥐좆같다

개죽음(값어치 없는 죽음)

개죽음당하다(-當-) *cf.* 당하다

개지랄하다

개집 *cf.* 새집, 개장, 제비집, 까치집

개집합(開集合) *cf.* 폐집합

개 짖는 소리

개짜리(個-) <3 ~> *cf.* 10원짜리, 10달러짜리, 한 말짜리, 한 되짜리, 1홉짜리, 한 냥짜리, 한 돈짜리, 10달짜리, 10개월짜리, 1미터짜리, 1그램짜리, 1톤짜리, 짜리(접미사)

개척해 나가다(開拓-)

개척해 내다(開拓-)

개척, 확장하다(開拓, 擴張-)

개천가(開川-) *cf.* 개울가, 우물가, 연못가

개천 구석 *cf.* 방구석, 촌구석, 시골구석

개천둑(開川-) *cf.* 냇둑, 논둑, 개울둑, 하굿둑

개천물(開川-) *cf.* 시냇물, 호숫물, 바닷물

개천 바닥(開川-) *cf.* 냇바닥, 못바닥, 늪 바닥, 우물 바닥, 웅덩이 바닥, 호수 바닥

개천절날(開天節-) *cf.* 부활절날, 크리스마스날, 한글날

개천 쪽으로(開川-)

개체 수(個體數) *cf.* ~ 피라미드

개최될 듯하다(開催-) *cf.* 듯하다

개최해 주다(開催-)

개켜 놓다

개코 *cf.* 말코

개코같다 *cf.* 개떡 같다

개코쥐코 <~ 떠들다가….>

개 콧구멍으로 안다

개타령 *cf.* 새타령, 흥타령, 장끼타령

개털 *cf.* 쇠털, 양털, 오리털, 족제비털

개털니

개털 외투(-外套) *cf.* 털외투, 밍크코트, 오리털 파카

개 패듯 때리다

개 패듯 하다

개펄(개흙땅) *cf.* 갯벌〔潟野〕

개펄 속에

개편되어 가다(改編-)

개편해 나가다(改編-)

개평 떼다

개평술 *cf.* 외상술

개·폐회식(開·閉會式)

개피떡

개학날(開學-) *cf.* 방학날

개학 초에(開學初-)

개해 *cf.* 원숭이해, 호랑이해

개헤엄

개헤엄 치다 *cf.* 헤엄치다

개혁·개방 정책(改革開放政策)

개혁해 나가다(改革-)

개혁해 보다(改革-)

개화사상(開化思想) *cf.* 봉건사상, 독립사상, 문학 사상, 퇴폐 사상, 도교 사상

개회로 제어(開回路制御) *cf.* 폐회로 제어

-객(客)(접미사) *cf.* 불청객, 방청객, 상춘객

객관화되다(客觀化-)

객관화하다(客觀化-)

객기 부리다(客氣-)

객기 피우다(客氣-)

객소리(客-)

객소리하다(客-)

객식구(客食口)

객줏집(客主-) *cf.* 기생집, 대폿집, 목롯집

객지살이(客地-) *cf.* 타향살이

객지살이하다(客地-)
객짓밥(客地-)
객쩍다(客-) *cf.* 겸연쩍다, 멋쩍다
객쩍어하다(客-) *cf.* 겸연쩍어하다, 멋쩍어하다, 미안쩍어하다
객쩍은 말(客-)
객차편(客車便) *cf.* 버스편, 항공편
객체 높임법(客體-法) *cf.* 주체 높임법
갠 날 *cf.* 흐린 날
갠지스 강(-江)
갤러빠지다
갤러터지다
갯가 *cf.* 냇가, 강가, 바닷가, 호숫가, 수돗가
갯값(형편없이 싼 값) *cf.* 똥값, 헐값
갯강변(-江邊)
갯것 <소라, 바지락 같은 ~하며….>
갯고랑
갯논(갯벌에 둑을 쌓고 만든 논)
갯닭기(→갯바위닭기)
갯돌
갯마을
갯머리
갯물
갯바닥 *cf.* 냇바닥, 강바닥
갯바람 *cf.* 바닷바람, 골바람, 산바람
갯바위낚시
갯바위닭기
갯버들
갯벌[潟野] *cf.* 개펄(개흙땅)
갱 내(坑內) *cf.* 갱 안에서
갱내(坑內) *cf.* 갱내 배수
갱 밖(坑-)
갱 속에(坑-)
갱 안에(坑-)
갱충머리없다
갱충쩍다
갸우뚱갸우뚱하다
거국일치(擧國一致) *cf.* 만장일치, 어문일치, 언문일치, 언행일치, 학행일치, 의견 일치
거기나 여기나
거꾸로가기
거꾸로 나라
거꾸로 말하다
거꾸로매달리기
거꾸로박히다
거꾸로서기
거꾸로 서다
거꾸로 선 상(-像) *cf.* 바로 선 상
거꾸로 세워 놓다
거꾸로오르기
거꾸로올라 뒤돌기
거꾸로올라 버티기
거꾸로잡고 매달리기
거꾸로잡기
거꾸로 잡다
-거나 간에(-間-) <크거나 작~….>
거대과학(巨大科學) *cf.* 거대 시장, 거대 조직, 거대 기업
거덜 나다
거덜 나 버리다
거두어 가다
거두어 놓다
거두어들이기/거두어들이다
거두어 오다
거두어 주다
거둥길 *cf.* 귀향길, 성묘길, 취재길, 답삿길
거둬 가다
거둬 놓다
거둬들이다
거둬 먹이다
거둬 오다
거둬 주다
거드름 부리다 *cf.* 유세 부리다, 건방 부리다
거드름 빼다
거드름춤
거드름 피우다 *cf.* 유세 피우다, 건방 피우다
거들떠보다
거들떠보지 않다

거들어 다오
거들어 드리다
거들어막기
거들어 주다
거듭거듭
거듭나다
거듭되어 갈수록 cf. ㄹ수록
거듭되어 오다
거듭뛰기
거듭 뛰어 보다
거듭제곱
거듭제곱근(-根)
거듭해 나가다
거듭해 오다
거뜬거뜬하다
거라 불규칙 동사(-不規則動詞)
거란군(契丹軍)
거란족(契丹族)
거란지뼈
거래해 오다(去來-)
거령맞다 cf. 가량맞다
거령맞아 보이다
거론되어 오다(擧論-)
거론해 오다(擧論-)
거룻배 cf. 나룻배, 통나무배
거른 액(-液)
거름기(-氣)(거름 기운)
거름더미 cf. 두엄더미, 흙더미, 욕더미, 건 거름더미
거름 되다
거름망(-網)
거름발(거름 기운) cf. 면도발, 화장발
거름 장치(-裝置)
거름 장치 꾸미기(-裝置-)
거름종이(여과지)
거름주기
거름(을) 주다
거름지게 cf. 물지게, 똥지게, 나무지게, 쟁기지게, 꼴지게
거름통 cf. 물통, 쌀통, 개수통, 똥통, 오줌통
거름흙
-거리(접미사) cf. 땔거리, 볼거리, 걱정거리, 반찬거리, 웃음거리, 추억거리, 화젯거리, 문젯거리, 이야깃거리, 읽을거리
ᵛ거리(의존 명사) <일할 ~가 없다.>, <말할 ~가 없다.>, <오이 한 ~>
거리거리(명사)
거리공간(距離空間) cf. 가상공간, 생활공간, 주거 공간
거리낌 없다 <아무 거리낌 없는 행동>
거리낌없다 <거리낌없는 행동>
거리 나타내기(距離-)
거리넓혀가(距離-) cf. 걸음바꿔가, 앞으로나란히, 한팔간격
거리녹음(-錄音) cf. 가두녹음, 실내 녹음
거리 미술(-美術)/스트리트 아트
거리상(距離上) cf. 위치상, 미관상
거리제(-祭)(거리 제사)
거릿송장(거리에서 죽은 시체) cf. 길송장
거릿집 cf. 골목집, 길갓집
거만스러워 보이다(倨慢-)
거만해 보이다(倨慢-)
거망빛
거머들이다
거머삼키다
거머안다
거머잡다
거머쥐다
거멀띠
거멀맞춤
거멀못
거멀장식(-裝飾)
거무죽죽하다
거무튀튀하다
거문고자리 cf. 백조자리
거문도 뱃노래(巨文島-)
거문도 사건(巨文島事件)
거뭇거뭇

거미 떼 *cf.* 개미 떼, 새 떼, 양 떼, 가마우지 떼, 모기떼
거미발(보석의)
거미새끼 *cf.* 개미새끼, 쥐새끼
거미알 떼
거미줄 *cf.* 고무줄, 동아줄, 시곗줄, 피댓줄, 그넷줄, 줄넘기줄
거미줄 같다
거미줄 치다
거미집 *cf.* 벌집, 개미집, 제비집, 까치집
거미집 같다
거보시오(그것 보시오.) *cf.* 저보시오/저봅시오
거부당하다(拒否當-) *cf.* 당하다
거부해 버리다(拒否-)
거부해 오다(拒否-)
거북놀이 *cf.* 차전놀이, 소꿉놀이
거북등무늬 *cf.* 귀갑무늬
거북살스러워하다
거북살스럽다
거북선(-船)
거북스러워하다
거북운행(-運行) <차가 ~하다.>
거북이걸음 *cf.* 소걸음, 게걸음, 거위걸음, 가재걸음, 달팽이걸음, 황새걸음
거북이등 *cf.* 고래등, 새우등, 낙타등, 호랑이등, 손등, 콧등
거북이 알낳기
거북이집(거북이네 집의 뜻으로)
거북점(-占)
거북지 않다 *cf.* 닉닉지 않다, 답답지 않다
거북 할아버지 *cf.* 사슴 할아버지
거북해하다
거뿐거뿐하다
거뿐거뿐해지다
거사소리(居士-)
거석문화(巨石文化) *cf.* 거석 기념물
거세당하다(去勢當-)
거세어져 가다
거세해 버리다(去勢-)
거센말 *cf.* 센말
거센소리〔激音〕 *cf.* 된소리
거센소리되기/격음화(激音化) *cf.* 된소리되기
거센털 *cf.* 솜털
거수경례(擧手敬禮) *cf.* 정지 경례
거수투표(擧手投票) *cf.* 결정투표, 공개 투표, 기립 투표, 기명 투표, 무기명 투표, 기립 투표, 박수 표결, 비밀 투표
거스름결 *cf.* 정결
거스름돈 *cf.* 나머지 돈
거슬러 가다
거슬러 드리다
거슬러 들어오다
거슬러 받다
거슬러 오다
거슬러 오르다
거슬러 올라가다
거슬러 올라오다
거슬러 주다
거슴츠레해 보이다 *cf.* 게슴츠레해 보이다
거실 바닥(居室-) *cf.* 방바닥, 냇바닥, 땅바닥, 마룻바닥
거울 같다
거울놀이 *cf.* 광대놀이, 마당놀이, 물놀이, 술래잡기놀이, 짝짓기놀이, 말 떠올리기 놀이
거울삼아/삼다 *cf.* 교훈삼아, 기준삼아, 목표삼아, 원칙삼아, 좌우명삼아, 지침삼아, 표준삼아, 장난삼아
거울 속
거울집 *cf.* 안경집, 가위집
거위 간(-肝) *cf.* 토끼 간, 돼지 간, 쇠간
거위걸음 *cf.* 게걸음, 황소걸음, 기계걸음, 달팽이걸음, 황새걸음, 물레걸음
거위 다리 *cf.* 닭다리, 개다리, 코끼리 다리
거위배(횟배)
거위튀김 *cf.* 새우튀김
거의거의
거의 다
거의 다 되다 <일이 ~.>

거의 다되다 <수명이 ~.>
거의 다 자라다
거인 같다(巨人-) *cf.* 소인 같다
거인 나라(巨人-) *cf.* 난쟁이 나라
거저먹기
거저먹기식으로(-式-)
거저먹다 <너무 쉬워서 ~.>
거저 먹다 <돈도 안 내고 ~.>
거저 주다시피 하다
거저줍다
거적눈(윗눈시울이 처진 눈) *cf.* 자라눈, 도끼눈, 움펑눈
거적때기 *cf.* 가마때기
거적문(-門) *cf.* 장지문, 싸리문, 바잣문, 널문, 부엌문, 사립문, 판자문, 사랑문, 다락문, 벽장문, 빈지문
거적송장
거적자리 *cf.* 대자리, 삿자리, 돗자리
거적주검
거절당하다(拒絕當-) *cf.* 당하다
거절해 버리다(拒絕-)
거주지별로(居住地別-) *cf.* 별
거죽감 *cf.* 속감, 안감, 겉감
거지 같다 *cf.* 비렁뱅이 같다
거지 나라 *cf.* 부자 나라
거지 발싸개 같다
거지주머니(기형적으로 생긴 과일)
거짓꾸밈
거짓되다 *cf.* 참되다
거짓마침
거짓말 *cf.* 가짓말, 참말
거짓말 같다
거짓말대장(-大將) *cf.* 싸움대장, 울보대장, 지각대장
거짓말쟁이
거짓말투성이 *cf.* 먼지투성이, 투성이
거짓말하다 <거짓말하면 안 된다.>
거짓말 하다 <새빨간 거짓말(을) 하고 있다.>
거짓 보고 하다('거짓 보고를 하다'의 뜻으로)
거짓 보고하다('거짓으로 보고하다'의 뜻으로)
거짓부렁이
거짓부리(거짓불)
거짓소리(가성)
거짓 없다
거창스러워 보이다(巨創-)
거창해 보이다(巨創-)
거쳐 가다
거쳐 오다
거추없다(하는 것이 싱거워 어울리지 않다.)
거춤거춤(일을 대강대강 하는 모양)
거친구리〔粗銅〕
거친눈줄 *cf.* 고운눈줄
거친돌
거친돌쌓기 *cf.* 호박돌쌓기
거친 들판
거친 말 *cf.* 바른 말, 고운 말
거친먹이
거친면 소포체(-面小胞體)
거친무늬 거울 *cf.* 잔무늬 거울
거친 바람 *cf.* 찬바람, 잔 바람, 더운 바람
거친 밭 *cf.* 거친 들판
거친 분쇄기(-粉碎機)
거친 절삭(-切削)
거칠 것 없다
거칠고 모진 말
거칠어 보이다
거칠어져 가다
거침 없다 <아무런 거침(이) 없는 언행을 하다.>
거침없다 <거침없는 언행을 하다.> *cf.* 막힘없다
거푸집
거푸집널
거품 같다
거품 일으킨 흰자
거피녹두떡(去皮綠豆-)
거피떡(去皮-)
거피팥(去皮-)
거피팥떡(去皮-)

거행해 오다(擧行-)
걱정가마리 *cf.* 웃음가마리, 놀림가마리, 구경가마리, 가마리(접미사)
걱정거리 *cf.* 근심거리, 화근거리, 화젯거리
걱정꾸러기 *cf.* 잠꾸러기, 욕심꾸러기
걱정 끼치다
걱정덩어리 *cf.* 골칫덩어리, 근심덩어리, 화근덩어리, 덩어리(명사)
걱정되다 *cf.* 근심되다, 염려되다
걱정 때문에
걱정 마/말게/마라
걱정 마라 *cf.* 마/말아라(→마라)
걱정 마세요
걱정 마시오
걱정 말고 *cf.* 염려 말고
걱정스러워 보이다
걱정스러워하다
걱정시켜 드리다
걱정 어린/어리다 *cf.* 근심 어린, 눈물 어린
걱정 없다
걱정할까 봐 *cf.* 염려할까 봐
걱정해 오다
걱정해 주다
-건(어미) <가건 말건 상관할 일 아니다.>
-건 간에(-間-) <오건 안 오건 간에>
건강관리(健康管理) *cf.* 질병 관리, 위생 관리, 환경 관리
건강달리기(健康-)
건강식품(健康食品) *cf.* 강장 식품, 보양 식품, 유해 식품, 불량 식품
건강 줄넘기(健康-)
건강 탓으로(健康-) *cf.* 나이 탓으로
건강해 보이다(健康-)
건강해져 가나(健康-)
건건찝찔하다
건국된 지(建國-) *cf.* 지(의존 명사)
건국이념(建國理念) *cf.* 근본이념, 창사 이념, 건학 이념
건기침(乾-)(마른기침)

건너가다
건너가 버리다
건너가 보다
건너긋다
건너다니다
건너다보다 *cf.* 넘겨다보다
건너다보이다
건너대다(물을 건너 저쪽에 대다.) <배를 ~.>
건너 동네 *cf.* 건넛마을
건너뛰다
건너뛰어 가다(건너뛰어서 가다.)
건너 뛰어가다(건너서 뛰어가다.)
건너뛰어 돌아오르기
건너뛰어 보다
건너란 말이냐? *cf.* 말이다/말이오
건너막다
건너 버리다
건너보다 <크게 뜬 눈으로 ~.>
건너 보다 <강을 한 번 ~.>
건너서다
건너오다
건너지르다
건너짚다 <속으로 ~.>
건너쪽 *cf.* 건너편
건너편(-便)/건너편 가 (-便-)
건넌방(-房) *cf.* 건넛방
건널목
건널목지기 *cf.* 등대지기, 지기(접미사)
건넛마을
건넛방(-房) *cf.* 건넌방
건넛산(-山)
건넛집
건네받다
건네 오다
건네주다 <나룻배로 ~.>, <돈을 ~.>
건다짐(속뜻이 없이 겉으로만 하는 다짐)
건달꾼(乾達-)
건달패(乾達牌)
-건대(어미) *cf.* 바라건대, 듣건대, 보건대

건둥반둥 *cf.* 반둥건둥
건드렁타령(술에 만취된 동작)
건드려 보다
건드려 주다
건드리자마자 *cf.* 자마자
건들멋(멋지고 부드러운 태도에서 풍기는 멋)
건들바람 *cf.* 흔들바람, 선들바람, 된바람
건들장마 *cf.* 억수장마
건들팔월(-八月) *cf.* 깐깐오월, 미끈유월, 어정칠월, 동동팔월
건립 중(建立中) *cf.* 진행 중
건립해 놓다(建立-)
건몸달다(공연히 혼자 몸이 달다.)
건물 꾸미기(建物-)
건물(을) 꾸미다(建物-)
건물 내에(建物內-)/건물 속에(建物-)
건물 배치하기 놀이(建物配置-)
건물중(乾物重)
건물 터(建物-) *cf.* 빨래터, 집터, 궁궐 터
건반 악기(鍵盤樂器) *cf.* 가락 악기, 찰현악기
건방 떨다
건방 부리다 *cf.* 거드름 부리다, 유세 부리다
건방져 보이다
건방 피우다 *cf.* 거드름 피우다, 유세 피우다
건밭 *cf.* 거친 밭
건비빔(乾-) *cf.* 물비빔
건빵내기(乾-) *cf.* 술내기, 돈내기, 밥내기, 내기(명사)
건사해 나가다
건생식물(乾生植物) *cf.* 수생 식물
건설업자(建設業者) *cf.* 수출업자
건설업체(建設業體) *cf.* 수출업체
건설 중(建設中) *cf.* 진행 중
건설해 나가다(建設-)
건성드뭇하다
건성쌓기(乾性-) *cf.* 사춤쌓기
건성울음(건성으로 우는 울음) *cf.* 강울음
건수(件數)
건습구 습도계(乾濕球濕度計)
건실해 보이다(健實-)
건실해져 가다(健實-)
건어물전(乾魚物廛)
건염물감(建染-) *cf.* 냉염물감
건오징어(乾-)(마른 오징어)
건울음(건성울음)
건원중보(乾元重寶) *cf.* 해동통보
건의해 오다(建議-)
건잠(일의 내용) <~도 모르고 깨춤을 추다.>
건져 가다/건져 오다
건져 가지고 오다
건져 내다
건져 놓다/건져 놔라/건져 두다
건져 먹다
건져 올리다
건져 주다
건조보험(建造保險) *cf.* 화재 보험, 운송 보험, 해상 보험
건조식품(乾燥食品) *cf.* 냉동식품
건조야채(乾燥野菜) *cf.* 냉동 야채
건조할뿐더러(乾燥-) *cf.* ㄹ뿐더러
건조할 뿐 아니라(乾燥-) *cf.* ㄹ 뿐 아니라
건조해 놓다(建造-)
건조해 보이다(乾燥-)
건조해져 가다(乾燥-)
건조화(乾燥花)
건초더미(乾草-) *cf.* 흙더미, 욕더미, 퇴비더미, 거름더미, 쓰레기더미, 잘 마른 건초 더미, 더미(명사)
건축업계(建築業界) *cf.* 수출업계, 전자업계
건칠가루(乾漆-) *cf.* 송홧가루, 메줏가루, 미숫가루, 고춧가루
걷고 싶어하다 *cf.* 싶어하다
걷고 있다
걷기 용품(-用品)
걷듯이 <사람이 ~ 짐승도….> *cf.* 듯이
걸어 가다/걸어 오다
걸어 내다
걸어 놓다

걷어들다
걷어매다
걷어붙이다 <소매를 ~.>
걷어안다 <우는 아이를 품에 ~.>
걷어올리다
걷어올림 장치(-裝置)
걷어입다(옷을 되는대로 입다.)
걷어 입다 <빨랫줄에 있는 옷을 ~.>
걷어잡다
걷어 주다
걷어쥐다
걷어지르다
걷어질리다
걷어차다/걷어채다
걷어치우다
걷은 채 <바지를 ~….>
-걷이(접미사) *cf.* 덩굴걷이, 도래걷이
걷잡다 *cf.* 겉잡다
걷잡을 수 없다
걷혀 있다
ᵛ걸(것을) <깨끗한 걸 주시오.>
걸(ㄹ걸) <그 학생은 아마 집에 있을걸.> *cf.* ㄹ걸(어미)
걸개그림 <대형 ~이 걸려 있다.>
걸고넘어지다 <사사건건 ~.>
걸그물/자망(刺網) *cf.* 끌그물, 들그물
걸까 말까 <~ 망설이다.> *cf.* 할까 말까, ㄹ까 말까
걸낫
걸러 가지고
걸러 나오다
걸러내기(배설)
걸러 내다
걸러 내 버리다
걸러 놓다
걸러뛰다
걸러뜨기(뜨개질)
걸러 먹다
걸러 보다
걸러 주다
걸레 같은 사람
걸레받이 <장판의 ~> *cf.* 쓰레받기
걸레질 *cf.* 비질, 총채질
걸레쪽 *cf.* 종이쪽, 나무쪽, 대쪽
걸려 넘어지다
걸려들다
걸려 오다
걸려 있다
걸린곡(-谷) *cf.* 현곡(용어로서는 '현곡')
걸릴 만큼 <시일이 ~> *cf.* 만큼(의존 명사)
걸림돌
걸림음/계류음(繫留音)
걸립굿(乞粒)
걸립패(乞粒牌)
걸맞지 않다
걸머지다
걸목
걸 스카우트 *cf.* 보이 스카우트
걸신들리다(乞神-)
걸신쟁이(乞神-)
걸어가다
걸어가 보다
걸어 나가다
걸어 나갈 만하다 *cf.* 만하다
걸어 나오다
걸어 내려가다
걸어 놓다
걸어다녀 보다
걸어다니다
걸어 두다
걸어 드리다
걸어 들어가다
걸어 들어오다
걸어매다
걸어매 두다
걸어 보다
걸어앉다(걸터앉다)/걸어앉히다
걸어야 될걸 *cf.* ㄹ걸(어미)

걸어오다 <큰길로 ~.>
걸어 오다 <수작을 ~./시비를 ~.>
걸어 올라가다/~ 올라오다
걸어잠그다
걸어잡다
걸어 주다
걸어 줄게 *cf.* ㄹ게(어미)
걸어총(-銃) *cf.* 검사총, 세워총, 어깨총
✓걸음 *cf.* 한 걸음, 두 걸음, 몇 걸음
걸음 *cf.* 걸음걸이, 발걸음, 뒷걸음
걸음 걷고 넷째 박에 한 발 들기(-拍-)
걸음걸음이(부사)
걸음걸이
걸음낚시
걸음 너비
걸음마타다 *cf.* 걸음발타다
걸음마하는구나 <겨우 ~.>
걸음바꿔가 *cf.* 거리넓혀가
걸음발타다 *cf.* 걸음마타다
걸음사위 *cf.* 춤사위, 고빗사위
걸음 수(-數)
걸음장맞춤
걸음짐작 *cf.* 어림짐작, 속짐작
걸쩍지근하다
걸쭉해 보이다
걸쳐 놓다
걸쳐 있다
걸쳐 주다
걸터들이다(휘몰아들이다.)
걸터먹다(닥치는 대로 휘몰아 먹다.)
걸터앉다
걸터앉아 내리기
걸터앉아서 발차기
걸터앉아 앞으로 들어가기
걸프전(-戰)
걸핏하면 *cf.* 툭하면
검거, 탄압하다(檢擧, 彈壓-)
검거해 오다(檢擧-)
검댕칠(-漆) *cf.* 옻칠, 니스칠

검덕귀신(-鬼神)(얼굴 따위가 검은 사람을 낮잡아 이르는 말)
검둥개 *cf.* 누렁개, 센개
검둥개 등 *cf.* 새우등, 고래등
검디검다 *cf.* 희디희다
검문당하다(檢問當-) *cf.* 당하다
검문받다(檢問-) *cf.* 받다
검문 중(檢問中) *cf.* 연구 중
검 바이트(劍-)
검부잿불 *cf.* 짚불, 겻불
검불덤불
검붉은 빛 *cf.* 검은빛, 붉은빛
검사당하다(檢査當-) *cf.* 당하다
검사받다(檢査-) *cf.* 받다
검사 쪽(檢事-) *cf.* 변호사 쪽, 피고 쪽
검사해 보다(檢査-)
검소해 보이다(儉素-)
검어져 가다
검열점호(檢閱點呼) *cf.* 취침 점호, 아침 점토, 각개 점호
검은 간 토기(-土器) *cf.* 붉은 간 토기
검은건(-鍵) *cf.* 흰건
검은건반(-鍵盤) *cf.* 흰건반
검은깨 *cf.* 흰깨
검은깨 가루 *cf.* 고춧가루, 메줏가루, 깻가루
검은돈
검은띠누에
검은 말(빛이 검은 말) *cf.* 흰 말
검은 머리 <~ 파뿌리 되고….> *cf.* 흰머리
검은모루 동굴(-洞窟)
검은무늿병(-病)
검은 바둑돌 *cf.* 흰 바둑돌
검은별무늿병(-病) *cf.* 잎말잇병, 깜부깃병
검은빛/검은색(-色) *cf.* 흰빛, 파란빛, 빨간빛
검은빛썩음병(-病)
검은 색종이(-色-) *cf.* 빨간 색종이
검은손(음험한 손길)
검은엿(갱엿) *cf.* 흰엿
검은 옷 *cf.* 흰 옷

검은자위 *cf.* 흰자위, 노른자위, 검은자, 흰자
검은점병(-點病)
검은 종이 *cf.* 흰 종이
검은콩 *cf.* 검정콩, 흰콩, 검은팥, 검은깨 *cf.* 붉은팥, 흰팥
검인정필(檢認定畢)
검자줏빛 *cf.* 자줏빛
검정고시(檢定考試) *cf.* 임용 고시, 학사 고시, 행정 고시
검정 말 *cf.* 흰 말
검정빛
검정색(-色)
검정 소 *cf.* 누렁 소
검정 옷 *cf.* 흰 옷
검정콩 *cf.* 검은콩, 검은깨, 흰콩
검쥐다
검증받다(檢證-) *cf.* 받다
검증해 보다(檢證-)
검출해 내다(檢出-)
검토 끝에(檢討-) *cf.* 고민 끝에, 생각 끝에
검토 중(檢討中) *cf.* 심사 중
검토해 보다(檢討-)
검푸르죽죽하다 *cf.* 불그죽죽하다
겁결에 *cf.* 엉겁결에, 꿈결에, 잠결에
겁꾸러기(怯-)(겁쟁이) *cf.* 욕심꾸러기, 잠꾸러기, 말썽꾸러기, 꾸러기(접미사)
겁나다(怯-)
겁내다(怯-)
겁먹고 있다(怯-)
겁먹은 듯하다(怯-) *cf.* 듯하다
겁 없다(怯-)/없이
겁쟁이(怯-)
겁주다(怯-)
ˇ것(의존 명사) *cf.* 네 것, 제 것, 나의 것
것 *cf.* 이것, 들것, 물것, 탈것, 날것, 늙은것
것 같다 <그런 ~.>, < 아닌 ~.>
것끼리 <비슷한 ~> *cf.* 끼리(접미사)
-것다(어미) <공부 잘하~ 건강하~ 너는 참 좋겠다.>
것다(조사) <부자~ 신사~ 무엇이 부족하겠소?>
것 말고 *cf.* 그것 말고, 이것 말고, 말고(표준국어대사전에서는 동사 '말다'의 부사형으로 봄. 조사로 보는 견해도 있음.)
것 말고는 <지붕을 인 ~> *cf.* 자네 말고, 너 말고, 그것 말고
것밖에 없다 <비싼 ~.> *cf.* 밖에(조사)
것 외에(-外-) <이런 ~는 없니?>
것이라기보다는 *cf.* 보다
것이야말로 *cf.* 이야말로, 야말로
것인 듯하다 *cf.* 듯하다
것인지에서부터 *cf.* 에서부터
것조차 <사용하는 ~> *cf.* 조차
것처럼 말이야 *cf.* 너말이야, 먹으란 말이야, 하겠단 말이야, 말이다/말이오
겅더리되다(뼈가 앙상해지다.)
겅둥겅둥하다
겅성드뭇하다
겉가량하다(-假量-) *cf.* 속가량하다
겉가루 *cf.* 속가루
겉가죽 *cf.* 속가죽
겉감 *cf.* 속감, 안감
겉고름 *cf.* 속고름
겉고샅 *cf.* 속고샅
겉곡식(-穀食)
겉꺼풀 *cf.* 속꺼풀
겉껍데기 *cf.* 속껍데기
겉껍질 *cf.* 속껍질
겉꼴 *cf.* 속꼴
겉넓이
겉눈(곱자의) *cf.* 속눈, 바깥눈
겉눈썹 *cf.* 속눈썹
겉늙어 보이다
겉대중하다 *cf.* 눈대중하다
겉도랑 *cf.* 속도랑
겉뜨기코(뜨개질)
겉뜨물 *cf.* 속뜨물
겉마음 *cf.* 속마음

겉말 *cf.* 속말
겉맞추다(겉으로만 발라맞추다.)
겉멋 들다
겉면(-面)
겉모습 *cf.* 속모습
겉모양(-模樣) *cf.* 속모양
겉목소리 <~로 대답하다.>
겉바람 <~이 나서 외도를 하다.>
겉바르다(겉으로만 흠이 없게 꾸미다.)
겉바름
겉바탕
겉보기 밝기
겉보리 *cf.* 쌀보리
겉볼안(겉을 보면 속을 짐작할 수 있다는 말)
겉봉(-封) <편지 ~에 주소를 쓰다.>
겉부분(-部分) *cf.* 속부분
겉불꽃 *cf.* 속불꽃
겉비늘
겉뿌림 초지(-草地)
겉살 *cf.* 속살
겉 상자(-箱子) *cf.* 속 상자
겉색깔
겉수작(-酬酌)
겉시늉
겉씨식물(-植物) *cf.* 속씨식물
겉어림해 보다 *cf.* 속어림해 보다
겉여물다
겉옷 *cf.* 속옷
겉욕심(-慾心)
겉웃음 <~을 치다.>
겉잎 *cf.* 속잎
겉자락 *cf.* 속자락
겉잠(깊이 들지 못하는 잠)
겉잡다(겉으로 대강 짐작하다.) *cf.* 걷잡다
겉장(책의 표지) *cf.* 속장
겉저고리 *cf.* 속저고리
겉절이다
겉조직(-組織)
겉짐작 *cf.* 눈짐작, 지레짐작, 속짐작, 어림짐작, 어림짐작
겉쪽 *cf.* 안쪽
겉창 *cf.* 속창
겉채비→바깥채비
겉채비 소리→바깥채비 소리
겉치레 *cf.* 속치레
겉치장 *cf.* 속치장
겉포장(-包裝) *cf.* 속포장
겉표지(-表紙) *cf.* 속표지
겉핥기 <~식으로 대충 조사하다.>
겉허울
겉흙 *cf.* 속흙
게감정
게거품 <~을 물고 떠들다.>
게걸들다/들리다
게걸음 *cf.* 거위걸음, 달팽이걸음, 황소걸음, 황새걸음, 가재걸음
게걸쟁이
게구이
게그물
게나예나('거기나 여기나'의 준말)
게눈 *cf.* 뱀눈, 족제비눈, 뱁새눈, 도끼눈
게눈(박공널 등에 새긴 소용돌이무늬)
게 눈(표준국어대사전에서는 표제어로 싣지 않고 용례로 보임.) *cf.* 뱀눈, 뱁새눈
게눈 감추듯 하다 <마파람에 ~.>
게딱지 <~ 같은 집>
게르마늄→저마늄[게르마늄]
게르만족(-族) *cf.* 라틴족
게르버교(-橋) *cf.* 라멘교, 트러스교
게르트너균(-菌)
게릴라전(-戰) *cf.* 육탄전, 정규전, 비정규전
-게 마련이다 *cf.* 하게 마련이다, 먹게 마련이다, 웃게 마련이다 *cf.* 기 마련이다
게 마을
게 섰거라(거기 서 있거라)
게 성운(-星雲)
게슴츠레해 보이다 *cf.* 거슴츠레해 보이다
게시판 꾸미기(揭示板-)

게염나다(샘이 나다) *cf.* 개염 나다
게염내다
게워 내다
게워 놓다
게워 버리다
게으르단 말인가 *cf.* 했단 말인가, 그렇단 말인가, 말이다/말이오
게으름뱅이/게으름쟁이
게으름 부리다/게으름 피우다
게으름성(-性) *cf.* 불뚝성, 사귐성
게을러 보이다 *cf.* 부지런해 보이다
게을러빠지다
게을러터지다 *cf.* 물러 터지다
게을리하다
게이뤼삭탑(-塔)
게임 중독(-中毒) *cf.* 알코올 중독
게임차(-差) *cf.* 점수차, 실력차
게재비구멍(가래, 보습 등의) *cf.* 도수리구멍
게재해 주다(揭載-)
게젓 *cf.* 굴젓, 조개젓, 새우젓, 소라젓, 밴댕이젓, 명란젓
게젓 국물
게정내다(불평하다)
게줄(줄다리기할 때, 줄을 여러 사람이 당기도록 된 여러 가닥의 작은 줄)
게줄다리기 *cf.* 줄다리기
게트림하다 *cf.* 용트림하다, 무트림하다
게 편(-便) <가재는 ~이다.>
겔프당(-黨) *cf.* 기벨린당
겟국 *cf.* 뭇국, 팟국, 췻국
겨끔내기(서로 번갈아 하기)
겨냥내다
겨냥대다
겨냥도 그리기(-圖-) *cf.* 전개도 그리기
겨냥도(-圖)(를) 그리다
겨냥해 보다
겨눠 보다
겨드랑눈(표준국어대사전)/겨드랑이눈(편수 자료 '농·생명')
겨레 되게 *cf.* 국민 되게
겨레 되다[겨레(가) 되다]
겨레말
겨레붙이 *cf.* 피붙이, 살붙이
겨레 얼
겨루어 나가다
겨루어 보다
겨뤄 오다
겨를 없이/없다 <생각할 ~ 뛰어나가다.>
겨릅문(-門)(겨릅대로 엮어 만든 사립문) *cf.* 거적문, 싸리문, 바잣문
겨릅발 *cf.* 싸리발, 갈대발
겨릿소(겨리를 끄는 소)
겨릿소리
겨범벅 *cf.* 꿀범벅, 기름범벅, 땀범벅
겨우겨우
겨우내 *cf.* 여름내
겨우살이
겨울국화(-菊花) *cf.* 가을국화
겨울깃 *cf.* 여름깃
겨울 나그네(음악)
겨울나기 *cf.* 여름나기
겨울나다 *cf.* 여름나다
겨울나무 *cf.* 여름 나무, 겨울 작물
겨울날 *cf.* 가을날, 여름날, 봄날
겨울 내내 *cf.* 여름 내내
겨울냉면(-冷麵)
겨울 놀이 *cf.* 여름 놀이, 가을 놀이, 봄 놀이
겨울눈 *cf.* 여름눈
겨울 동안 *cf.* 여름 동안, 가을 동안
겨울맞이 *cf.* 봄맞이, 여름맞이
겨울밀 *cf.* 봄밀, 가을보리
겨울 바다
겨울바람 *cf.* 봄바람, 가을바람, 여름 바람
겨울밤 *cf.* 봄밤, 가을밤[秋夜], 여름밤, 초여름 밤, 늦가을 밤, 한겨울 밤
겨울 방학 때(-放學-) *cf.* 봄 방학 때
겨울비 *cf.* 봄비, 여름비, 가을비
겨울 산(-山) *cf.* 여름 산

겨울새　*cf.* 여름새
겨울옷　*cf.* 봄옷, 여름옷, 가을옷
겨울잠[동면(冬眠)]　*cf.* 여름잠
겨울잠자기　*cf.* 여름잠자기, 잠자다
겨울줄(물고기 비늘에 나타나는 줄)
겨울철　*cf.* 봄철, 여름철, 가을철
겨울철 놀이　*cf.* 여름철 놀이
겨울 해　<~가 짧다.>　*cf.* 여름 해
겨워하다　*cf.* 눈물겨워하다, 힘겨워하다
겨웠단 말인가?　*cf.* 했단 말인가, 말이다/말이오/말이야
겨자기름　*cf.* 고추씨기름
겨자씨　*cf.* 무씨, 배추씨, 호박씨
겨자씨만 하다　*cf.* 콩알만 하다, 쥐꼬리만 하다, 만 하다(←만하다)
겨자즙(-汁)　*cf.* 무즙, 생즙
겨자찜질　*cf.* 얼음찜질, 모래찜질
겨잣가루　*cf.* 고춧가루, 송홧가루, 계핏가루
✓격(格)　<마치 소경 개천 나무라는 ~이다.>, <터줏대감 ~인 고참 사원>
격(格)　*cf.* 주격 조사, 목적격 조사
격려 속에(激勵-)　*cf.* 응원 속에
격려해 주다(激勵-)
격렬비 열도(格列飛列島)　*cf.* 고군산 군도
격렬해 보이다(激烈-)
격렬해져 가다(激烈-)
격리시켜 놓다(隔離-)
격리해 두다(隔離-)
격멸당하다(擊滅當-)　*cf.* 당하다
격몽요결(擊蒙要訣)
격물치지(格物致知)
격식체(格式體)
격의 없다(隔意-)
격자무늬(格子-)　*cf.* 바둑판무늬
격자선(格子線)
격자점(格子點)
격자창(格子窓)
격조 높다(格調-)
격조사(格助詞)　*cf.* 접속 조사, 보조사
격짓돌(고고학)
격추당하다(擊墜當-)　*cf.* 당하다
격추해 버리다(擊墜-)
격투기왕(格鬪技王)　*cf.* 씨름왕
격해져 가다(激-)
격화되어 가다(激化-)
격화시켜 주다(激化-)
겪게 되다/겪게 하다
겪고 나서/나다
겪고 난 후(-後)/다음
겪고 있다
겪는다 해도　*cf.* 먹는다 해도
겪어 가다/겪어 오다
겪어 나가다
겪어 내다
겪어 보다
겪을 수밖에 없다　*cf.* ㄹ 수밖에, 밖에
겪지 않다
견뎌 가다/견뎌 오다
견뎌 나가다
견뎌 내다
견뎌 보다
견뎌 주다
견디다 못해　*cf.* 보다못해, 하다못해, 참다못해, 듣다 못해, 굶주리다 못해
견디어 나가다
견디어 내다
견디어 보다
견디어 오다
견딜 만하다　*cf.* 만하다
견딜성(-性)　*cf.* 참을성
견딜성 없다(-性-)　*cf.* 참을성 없다
견딜힘
견물생심(見物生心)
견우직녀(牽牛織女)
견인줄(牽引-)　*cf.* 늘임줄
견인해 가다(牽引-)
견제당하다(牽制當-)　*cf.* 당하다
견제받다(牽制-)　*cf.* 받다

견제받아 오다(牽制-)
견제해 나가다(牽制-)
견제해 오다(牽制-)
견주어 보다/견줘 보다
견줄 만하다 *cf.* 만하다
견지낚시 *cf.* 대낚시, 릴낚시
견짓살(닭의 겨드랑이에 붙은 살) *cf.* 갈빗살
견책당하다(譴責當-) *cf.* 당하다
견칫돌(犬齒-)
견학 가다(見學-)/견학 오다(見學-) *cf.* 유학 가다/유학 오다, 소풍 가다, 시집가다
견학 갔다 오다(見學-)
견학 다니다(見學-)
견학 보내다(見學-)
견학시켜 주다(見學-)
견해차(見解差) *cf.* 성격차, 능력차, 빈부차
견해 차이(見解差異)
겯거니틀거니하다
겯고틀다
결(의존 명사) *cf.* 꿈결에, 무심결에, 엉겁결에, 어느 결에, 자기도 모르는 결에
결과값(結果-) *cf.* 좌표값, 임계값, 실수값, 절댓값, 첨둣값, 목푯값
결국원인(結局原因)
결내다(성미를 내다)
결단 내리다(決斷-) *cf.* 용단 내리다
결딴나 버리다
결딴나다/결딴내다
결렬되어 버리다(決裂-)
결론 나다(結論-)/결론 내다(結論-) *cf.* 결말나다/결말내다
결론 내 버리다(結論-)
결론 내리다(結論-) *cf.* 단안 내리다
결론 없이(結論-)
결론지어 버리다(結論-)
결론짓다(結論-) <결론짓지 못하고 있다.>
결론 짓다(結論-) <최종 결론(을) 지을 때가 아니다.>
결말나다(結末-)/결말내다(結末-) *cf.* 결론 나다/결론 내다
결말내 버리다(結末-)
결박당하다(結縛當-) *cf.* 당하다
결박짓다(結縛-)
결부시켜 보다(結付-)
결사반대(決死反對) *cf.* 결사 항쟁
결사보국(決死報國) *cf.* 출판 보국, 교육 입국, 산업 보국, 제철 보국
결사 운동(結社運動)
결석생 수(缺席生數) *cf.* 지각생 수
결석신고(缺席申告) *cf.* 숙박신고, 사망 신고, 출생 신고, 입항 신고
결성해 놓다(結成-)
결속시켜 주다(結束-)
결손 나다(缺損-)/결손 내다(缺損-)
결수(結數)
결승골(決勝-) *cf.* 선제골, 자책골
결승줄(決勝-)
결식노인(缺食老人) *cf.* 결식아동
결식아동(缺食兒童) *cf.* 결식노인
결실 맺다(結實-)
결심해 오다(決心-)
결연 맺다(結緣-)
결은 때 *cf.* 찌든 때
결은신
결재 나다(決裁-)/결재 내다(決裁-)
결재 받다(決裁-) *cf.* 편지 받다
결재해 주다(決裁-)
결점 없다(缺點-)
결점투성이(缺點-) *cf.* 흙투성이, 먼지투성이, 진흙투성이, 상처투성이, 피투성이, 욕투성이, 투성이(접미사)
결정격자(結晶格子) *cf.* 공간격자
결정 나다(決定-)/결정 내다(決定-)
결정 내리다(決定-) *cf.* 진단 내리다, 판단 내리다, 용단 내리다, 단안 내리다, 결론 내리다, 판정 내리다
결정되어 버리다(決定-)
결정립계(結晶粒界)

결정 짓다(決定-) <최종 결정(을) 지을 때가 아니다.>
결정짓다(決定-) <결정짓지 못하고 있다.>
결정투표(決定投票) *cf.* 결선 투표
결정해 버리다(決定-)
결정화도(結晶化度)
결정화열(結晶化熱)
결제해 주다(決濟-)
결판나다(決判-) *cf.* 결정 나다
결판내다(決判-) *cf.* 결정 내다
결판내 버리다(決判-)
결합되어 있다(結合-)
결합시켜 보다(結合-)
결합시켜 주다(結合-)
결합해 주다(結合-)
결혼기념일(結婚記念日) *cf.* 개교기념일, 창립기념일, 약혼 기념일, 졸업 기념일, 창사 기념일, 건국 기념일, 독립 기념일
결혼날(結婚-) *cf.* 회갑날, 졸업식날, 소풍날
결혼도감(結婚都鑑)
결혼 동맹(結婚同盟)
결혼반지(結婚半指) *cf.* 약혼반지
결혼사진(結婚寫眞) *cf.* 약혼 사진, 졸업 사진
결혼시켜 주다(結婚-)
결혼식날(結婚式-) *cf.* 졸업식날, 운동회날, 소풍날, 환갑날
결혼식장(結婚式場)
결혼 전에(結婚前-)
결혼 초에(結婚初-)
결혼하자마자(結婚-) *cf.* 끝내자마자, 자마자
결혼한 지(結婚-) *cf.* 떠난 지, 만난 지, 지
결혼해 주다(結婚-)
결혼 후에(結婚後-)
겸(兼)(의존 명사) <국장 겸 과장>, <운동도 할 겸 해서>
겸상해 먹다(兼床-)
겸손 떨다(謙遜-) *cf.* 얌전 떨다, 교만 떨다
겸손해 보이다(謙遜-)
겸손해져 가다(謙遜-)

겸연쩍어 보이다(慊然-)
겸연쩍어하다(慊然-)
겸연쩍은 듯이 *cf.* 듯이
겹것 *cf.* 홑것
겹고리무늬
겹글자(-字)
겹꽃잎 *cf.* 홑꽃잎
겹꾸밈음(-音)
겹나이테
겹날 *cf.* 덧날
겹내림표(-標)
겹눈 *cf.* 홑눈
겹단코(대바늘뜨기)
겹닿소리(복자음)
겹돌림버꾸
겹두도막 형식(-形式) *cf.* 한도막 형식
겹문장(-文章) *cf.* 홑문장
겹바지 *cf.* 홑바지, 핫바지
겹박자(-拍子) *cf.* 홑박자
겹받침 *cf.* 홑받침
겹버선 *cf.* 홑버선
겹살림
겹새김
겹세도막 형식(-形式) *cf.* 겹두도막 형식
겹세로줄
겹암꽃술 *cf.* 홑암꽃술
겹온음표(-音標)
겹올림표(-標)
겹옷 *cf.* 홑옷
겹음정(-音程)
겹잎 *cf.* 속잎, 홑잎
겹자락 *cf.* 홑자락
겹장구매듭 *cf.* 장구매듭
겹저고리 *cf.* 홑저고리
겹점음표(-點音標)
겹제자리표(-標)
겹집 *cf.* 홑집
겹쳐 놓다/겹쳐 놓은 듯하다 *cf.* 듯하다
겹쳐 바름

겹쳐 보다
겹쳐쓰기
겹쳐 쓰다
겹쳐 있다
겹치기이음 *cf.* 맞대기이음
겹친 이음(편수 자료 '공업') *cf.* 맞대기 이음
겹톱니 *cf.* 자르는톱니, 켜는톱니
겹홀소리(이중 자음)
겻불 *cf.* 짚불, 검부잿불
겻불 쬐다
-경(頃)(접미사) *cf.* 10일경, 8월 말경, 2시 반경, 19세기 말경
경-(經)(접두사) *cf.* 경비행기, 경음악, 경자동차, 경쪽석기
경강상인(京江商人) *cf.* 동래상인, 개성상인
경강 상인(京江商人)(편수 자료)
경건해 보이다(敬虔-)
경계경보(警戒警報) *cf.* 적색경보, 황색경보, 화재경보, 대설 경보, 태풍 경보
경계관제(警戒管制) *cf.* 공습관제, 항공관제, 보도 관제, 사격 관제
경계면(境界面) *cf.* 접촉면
경계표지(警戒標識) *cf.* 안전표지, 위험 표지
경계해 오다(警戒-)
경곗값(境界-) *cf.* 절댓값, 최댓값, 좌표값, 임계값, 실수값
경곗빛(警戒-)
경골어류(硬骨魚類) *cf.* 연골어류
경과보고(經過報告) *cf.* 결과 보고, 상황 보고, 출장 보고
경국대전(經國大典)
경기날(競技-) *cf.* 대회날
경기도당굿(京畿都堂-)
경기 동향 지수(景氣動向指數)
경기 민요(京畿民謠) *cf.* 서도 민요, 남도 민요
경기별(競技別) *cf.* 기량별, 별(접미사)
경기 선행 지수(景氣先行指數)
경기 아리랑(京畿-) *cf.* 진도 아리랑, 정선 아리랑, 밀양 아리랑
경기작업(耕起作業)/쟁기 작업/쟁기갈이
경기 잡가(京畿雜歌) *cf.* 서도 잡가
경기 종합 지수(景氣綜合指數)
경기체가(景幾體歌)
경기 후행 종합 지수(景氣後行綜合指數)
경단 거름(瓊團-)
경단꽃이(瓊團-) *cf.* 흙떡꽂이, 빗꽂이
경덕진요(景德鎭窯) *cf.* 징더전 요, 만력요, 마이센 요
경랍 땜(硬鑞-)
경량급(輕量級) *cf.* 중량급
경력 쌓다(經歷-) *cf.* 이력 쌓다
경력 없다(經歷-)
경련 나다(痙攣-) *cf.* 위경련 나다
경례 받다(敬禮-) *cf.* 편지 받다, 인사 받다
경례 붙이다(敬禮-)
경로계수(經路係數) *cf.* 팽창 계수, 점성 계수, 탄성 계수
경로사상(敬老思想) *cf.* 경천사상, 홍익인간 사상, 신선 사상
경로잔치(敬老-) *cf.* 노인잔치, 생일잔치, 회갑잔치, 축하 잔치, 혼인 잔치
경로효친(敬老孝親)
경리규정(經理規定) *cf.* 사무규정, 휴가 규정
경마 잡다
경마 잡히다
경망스러워 보이다(輕妄-)
경망해 보이다(輕妄-)
경멸당하다(輕蔑當-) *cf.* 당하다
경멸받다(輕蔑-) *cf.* 받다
경멸해 버리다(輕蔑-)
경멸해 오다(輕蔑-)
경모궁 악기조성청의궤(景慕宮樂器造成廳儀軌)
경무국장 자리(警務局長-) *cf.* 장관 자리
경박스러워 보이다(輕薄-)
경복궁타령(景福宮-) *cf.* 신고산타령, 오봉산타령, 몽금포타령
경부 고속도로(京釜高速道路)
경비계엄(警備戒嚴) *cf.* 비상계엄

경비대원(警備隊員)
경사관세(傾斜關稅) cf. 수출 관세, 수입 관세, 보복 관세
경사 나다(慶事-) cf. 사고 나다
경사생산(傾斜生産)(경제)
경사 줄눈(傾斜-)
경사지다(傾斜-) cf. 비탈지다
경사 지붕(傾斜-)
경사진 길(傾斜-) cf. 비탈길
경삿날(慶事-) cf. 제삿날, 잔칫날
경상남도(慶尙南道) cf. 경상북도
경상남·북도(慶尙南·北道)
경상도 쪽(慶尙道-)
경상북도(慶尙北道) cf. 경상남도
경상 분지(慶尙盆地) cf. 곡산 분지, 대구 분지
경선매매(徑先賣買)
경성 방직(京城紡織)
경성신문(京城新聞)
경성 제국 대학(京城帝國大學)
경세유표(經世遺表)
경세치용(經世致用)
경세치용 학파(經世致用學派) cf. 이용후생 학파
경소리(經-)(경을 읽거나 외는 소리)
경순양함(輕巡洋艦) cf. 중순양함
경순왕신(敬順王神) cf. 최영장군신
경술국치(庚戌國恥)
경시당하다(輕視當-) cf. 당하다
경시왕(競試王) cf. 발명왕, 저축왕
경시해 오다(輕視-)
경신환국(庚申換局) cf. 기사환국
경심 높이(傾心-) cf. 눈높이, 천장 높이
경악할 만하다(驚愕-) cf. 만하다
경없다(景-)(경황없다.)
경엽수림(硬葉樹林) cf. 침엽수림, 활엽수림
경엽식물(莖葉植物)
경영위치(經營位置)
경영해 오다(經營-)
경우의 수(境遇-數)
경원 개시(慶源開市) cf. 북관 개시
경원당하다(敬遠當-) cf. 당하다
경원 이씨(敬遠李氏) cf. 전주 이씨, 경주 최씨, 반남 박씨 cf. 씨
경원해 오다(敬遠-)
경·위도상(經·緯度上)
경위 바르다(涇渭-) cf. 올바르다, 예절바르다 (편수 자료)
경위 밝다(涇渭-)
경위의식(經緯儀式) cf. 적도의식
경유값(輕油-) cf. 석유값, 고추값, 담뱃값
경을 칠 녀석/경칠 놈
경이로워 보이다(驚異-)
경입자(輕粒子)
경자성체(輕磁性體) cf. 강자성체
경작해 오다(耕作-)
경장급(輕壯級) cf. 장사급, 용장급
경쟁 끝에(競爭-) cf. 논의 끝에, 토론 끝에
경쟁·배타 원리(競爭排他原理)
경쟁 속에서(競爭-)
경쟁시험(競爭試驗) cf. 무경쟁 시험
경쟁의식(競爭意識) cf. 계급의식, 관료의식, 질서 의식, 특권 의식
경적 소리(警笛-) cf. 기적 소리, 고함 소리, 뱃고동 소리, 나팔 소리
경전으로서뿐만 아니라(經典-) cf. 뿐
경전철(輕電鐵)
경제관념(經濟觀念) cf. 시간관념, 고정관념, 정조 관념
경제문감(經濟文鑑)
경제·문화 교류(經濟·文化交流)
경제·문화 외교(經濟·文化外交)
경제사상(經濟思想) cf. 정치사상, 문학 사상, 퇴폐 사상
경제속도(經濟速度) cf. 순항 속도, 제한 속도, 비행 속도
경제육전(經濟六典)
경제특구(經濟特區) cf. 관광특구, 행정 특구, 교육 특구
경제평화(經濟平和)

경제학사(經濟學史) *cf.* 국문학사
경제학자(經濟學者) *cf.* 정치학자
경제학파(經濟學派) *cf.* 고전학파, 마르크스학파, 케인스학파
경종 울리다(警鐘-)
경주 김씨(慶州金氏) *cf.* 김해 김씨, 씨
경주놀이(競走-)
경주말(競走-)
경주말(慶州-) *cf.* 서울말
경주자직(-織)
경질해 버리다(更迭-)
경찰견(警察犬) *cf.* 맹도견, 군용견, 안내견
경찰서원(警察署員)
경찰서장(警察署長) *cf.* 학교장
경찰수첩(警察手帖) *cf.* 야전수첩, 전자수첩, 군인 수첩, 교무 수첩
경찰지서(警察支署) *cf.* 산림 지서, 소방 지서
경찰학교(警察學校) *cf.* 교도관 학교, 제빵 학교
경천동지(驚天動地)
경천사상(敬天思想) *cf.* 사대사상, 사회사상, 철학 사상, 신선 사상, 홍익인간 사상
경천사지(敬天寺址) *cf.* 원각사지
경치다
경치 좋다(景致-)
경칠수(-數)(심한 꾸지람을 들을 운수)
경토리(京-)
경편성물(經編成物) *cf.* 위편성물
경포 해수욕장(鏡浦海水浴場)
경풍 들리다(驚風-)
경학박사(經學博士) *cf.* 율학박사
경합금(輕合金)
경합 끝에(競合-) *cf.* 경쟁 끝에, 토론 끝에
경향극(傾向劇)/경향시(傾向詩) *cf.* 사상극, 사상시, 서정시
경험담(經驗談) *cf.* 실패담
경험면(經驗面) *cf.* 기능면
경험삼아/삼다(經驗-) *cf.* 참고삼아, 장난삼아
경험 없이(經驗-) <~ 사업에 뛰어들다.>
경험해 보다(經驗-)/경험해 오다(經驗-)
경황없다(景況-) <경황없이 달리다 보니….>
곁가지 *cf.* 원가지
곁길 <~로 빠지다.>
곁누르기(유도)
곁눈
곁눈 주다 *cf.* 눈 주다
곁눈지르기
곁눈질
곁눈 팔다 *cf.* 한눈팔다
곁다리 <신랑 가는 데 ~로 가다.>
곁다리 끼다
곁동네
곁들여 놓다
곁들이나
곁따르다
곁땀
곁땀내→암내
곁마을
곁말
곁모습
곁방살림(-房-)
곁방살이(-房-) *cf.* 셋방살이, 처가살이
곁방석(-方席)(세력 있는 사람 곁에 있는 사람)
곁부축
곁붙이 *cf.* 일가붙이, 피붙이
곁뿌리
곁사돈(-査頓) *cf.* 친사돈
곁사람
곁사슬
곁순(-筍)
곁순따기(-筍-)
곁엣사람 *cf.* 주변 사람
곁줄
곁줄기 *cf.* 원줄기
곁집 <~ 잔치에 낯을 낸다.>
곁쪽(가까운 일가붙이)
-계(屆)(접미사) *cf.* 결근계, 사망계, 지각계
-계(界)(접미사) *cf.* 군계, 도계, 시계
-계(系)(접미사) *cf.* 독일계, 야당계, 열대계

-계(計)(접미사) cf. 습도계, 체온계, 온도계
-계(係)(접미사) cf. 인사계, 서무계, 관리계
계곡길(溪谷-) cf. 능선길, 골목길
계곡물(溪谷-) cf. 시냇물, 호숫물, 개천물
계곡 쪽 스키(溪谷-) cf. 산 쪽 스키
계그릇(戒-)(계명을 감당할 수 있는 사람)
계급값(階級-)
계급 없다(階級-)
계급의식(階級意識) cf. 특권 의식, 절약 의식, 질서 의식
계급주의(階級主義)
계급투쟁(階級鬪爭) cf. 이념 투쟁, 독립 투쟁, 임단협 투쟁
계단강의실(階段講義室) cf. 계단교실, 원형 강의실
계단교실(階段敎室) cf. 원형 교실
계단밭(階段-) cf. 비탈밭
계단식 논(階段式-) cf. 다랑논
계단식떼기(階段式-)(고고학)
계단 오르기(階段-) <가파른 ~….>
계단오르기놀이(階段-)
계단코(階段-)
계란구이(鷄卵-) cf. 갈비구이, 통닭구이
계란빵(鷄卵-) cf. 국화빵
계량컵(計量-)
계류낚시(溪流-) cf. 민물낚시, 바다낚시
계림유사(鷄林類事)
계림잡전(鷄林雜傳)
계면 가락 도드리
계면놀이(계면을 돌며 하는 굿)
계몽당하다(啓蒙當-) cf. 당하다
계몽사상(啓蒙思想) cf. 복고사상, 봉건사상, 반전사상, 계몽주의 사상, 민본 사상, 도교 사상, 신선 사상
계몽시켜 주다(啓蒙-)
계몽주의(啓蒙主義)
계몽편(啓蒙篇)
계미자(癸未字) cf. 갑인자, 을해자
계발시켜 주다(啓發-)
계발해 나가다(啓發-)
계백료서(誡百僚書)
계산값(計算-) cf. 임계값, 실효값, 목표값, 절댓값, 최댓값
계산, 정리하다(計算, 整理-)
계산해 내다(計算-)
계산해 주다(計算-)
계속저음(繼續低音)
계속 하다(繼續-)('계속해서 하다'의 뜻으로는) <거짓된 말과 행동을 ~.>
계속해 나가다(繼續-)
계수나무(桂樹-) cf. 오동나무, 소나무
계승되어 오다(繼承-)
계승, 발전되어 오다(繼承, 發展-)
계승해 나가다(繼承-)
계시받다(啓示-) cf. 받다
계시해 주다(啓示-)
계실 제 <와 ~> cf. 제(의존 명사)
계알(契-)
계약 맺다(契約-)
계약해 놓다(契約-)
계약해 버리다(契約-)
계원필경(桂苑筆耕)
계유명 삼존 천불 비상(癸酉銘三尊千佛碑像)
계이름(階-) cf. 음이름
계이름부르기(階-)
계이름(으로) 부르다(階-)
계자난간(鷄子欄干)
계절노동(季節勞動) cf. 종속노동, 계절 학교
계절놀이(季節-)
계절상품(季節商品)
계절 지수(季節指數) cf. 불쾌지수, 고통 지수
계집년 cf. 사내놈
계집아이 cf. 사내아이
계집애 cf. 사내애
계집애종
계집자식(-子息)(처자) cf. 사내자식, 딸자식, 아들자식
계집종 cf. 사내종

계집 타령 *cf.* 자전거 타령
계집 편에서(-便-) *cf.* 사내 편에서
계집 하인(-下人)
계체승(計體勝) *cf.* 판정승
계축일기(癸丑日記) *cf.* 난중일기
계층 간(階層間)
계층 간, 세대 간(階層間, 世代間)
계층 방언(階層方言) *cf.* 성별 방언
계 타다(契-)
계 태우다(契-)
계 태워 주다(契-)
계통 간 교잡종(系統間交雜種)
계통수(系統樹)
계파 간(系派間)
계파 싸움(系派-) *cf.* 당파싸움, 자리싸움
계핏가루(桂皮-) *cf.* 고춧가루, 후춧가루, 송홧가루, 고깃가루
계해약조(癸亥約條)
계화타령
계획도시(計劃都市) *cf.* 공간도시
계획성 있다(計劃性-)
계획 세우기(計劃-)
계획(을) 세우다(計劃-)
계획안(計劃案) *cf.* 기획안
계획 없다(計劃-)
계획, 준비하다(計劃, 準備-)
계획해 오다(計劃-)
계획했던 대로(計劃-) *cf.* 대로(의존 명사)
곗날(契-)
곗돈(契-)
곗술(契-)
곗일(契-)
고(故)(관형사) *cf.* 고 처칠 수상, 고 안중근 의사, 고 이승만 박사
고가사다리차(高架-車) *cf.* 소방차, 청소차
고갈돼 버리다(枯渴-)
고갈되어 가다(枯渴-)
고개 갸우뚱하기
고개(를) 꼬다
고개 끄덕이기
고개 너머(고개 저쪽)
고개 넘어(고개를 넘어서)
고개 넘어 오지('고개를 넘어(서) 오지'의 뜻으로) *cf.* 넘어오다
고개 돌리다
고개 들다
고개를 앞으로 들어 숨쉬기
고개를 옆으로 들어 숨쉬기
고개 숙이다
고개 숙인 채 *cf.* ㄴ 채, 채(의존 명사)
고개턱 *cf.* 마루턱
고개튀겨 돌아뛰기
고개 흔들다
고갯길 *cf.* 언덕길, 내리막길, 비탈길, 고빗길
고갯마루 *cf.* 영마루, 산마루, 콧마루
고갯방아 <졸려서 ~를 찧다.>
고갯장단 *cf.* 입장단, 칼장단, 손장단, 발장단
고갯짓 *cf.* 손짓, 발짓, 눈짓, 어깻짓, 엉덩잇짓, 곤댓짓
고갯짓하다
고것(그것)
고것 봐라
고고학자(考古學者) *cf.* 역사학자
고고해 보이다(孤高-)
고공비행(高空飛行) *cf.* 저공비행, 초저공비행, 초계 비행, 고공 폭격, 저공 폭격, 고공 정찰, 고공 행진
고공살이(雇工-) *cf.* 머슴살이, 저가살이
고교 때(高校-) *cf.* 초등학교 때, 대학 때
고구려 때(高句麗-) *cf.* 신라 때, 고려 때
고구려 말에(高句麗末-)
고구려말(高句麗-)(고구려의 언어) *cf.* 신라말
고구려비(高句麗碑) *cf.* 중원 고구려비
고구려·수의 전쟁(高句麗·隋 戰爭)
고구려어(高句麗語)
고구려인(高句麗人)
고구려 초에(高句麗初-) cf. 조선 초에
고구마 껍질 *cf.* 감자 껍질, 사과 껍질, 귤껍질

고구마 농사(-農事) *cf.* 감자 농사, 보리농사
고구마 덩굴 *cf.* 칡덩굴, 인동덩굴, 댕댕이덩굴, 강낭콩 덩굴, 나팔꽃 덩굴
고구마밥 *cf.* 옥수수밥
고구마밭 *cf.* 감자밭, 수박밭, 인삼밭, 참외밭
고구마볶음
고구마엿 *cf.* 호박엿, 수수엿, 찹쌀엿, 좁쌀엿
고구마잎 *cf.* 근대잎, 상추잎, 시금치잎, 쑥갓잎, 아욱잎, 보리잎, 옥수수잎, 해바라기잎, 오동잎, 단풍잎, 은행잎, 담뱃잎, 수숫잎, 머윗잎
고구마 캐기 *cf.* 감자 캐기
고국 땅에(故國-) *cf.* 조국 땅에, 미국 땅에
고국산천(故國山川) *cf.* 고향산천
고군산 군도(古群山群島) *cf.* 격렬비 열도
고궁길(古宮-)
고규산질 시멘트(高硅酸質-)
고금석림(古今釋林)
고금속어(古今俗語)
고급문화(高級文化) *cf.* 대중문화, 고급 언어, 귀족 문화
고급스러워 보이다(高級-)
고급화되어 가다(高級化-)
고급화하다(高級化-)
고기구이 *cf.* 너비아니구이, 갈비구이
고기닭 *cf.* 고기소, 싸움닭, 싸움소
고기 떼 *cf.* 개미 떼, 새 떼, 양 떼, 송사리 떼, 모기떼
고기맛 *cf.* 밥맛, 장맛, 꿀맛
고기 바구니 *cf.* 나물바구니
고기반찬(-飯饌) *cf.* 나물 반찬, 마른반찬
고기밥
고기붙이 *cf.* 육미붙이, 일가붙이, 피붙이, 가루붙이
고기비늘
고기 새끼
고기소 *cf.* 싸움소, 젖소, 고기닭
고기수염(-鬚髥)
고기쌈 *cf.* 전복쌈, 밀쌈

고기압(高氣壓) *cf.* 저기압
고기 잡다 *cf.* 고래 잡다, 새우 잡다
고기잡이
고기잡이 나가다
고기잡이놀이
고기잡이배 *cf.* 고깃배, 낚싯배
고기 장사 *cf.* 생선 장사, 채소 장사
고기 조산대(古期造山帶)
고기풀
고깃가루 *cf.* 달걀가루
고깃결 *cf.* 나뭇결, 머릿결, 마음결
고깃국 *cf.* 조갯국, 시금칫국, 북엇국, 시래깃국, 뭇국
고깃국물 *cf.* 김칫국물
고깃기름
고깃길(어도)
고깃깃(고기를 모이게 하기 위해 넣는 나뭇가지나 풀포기)
고깃덩어리 *cf.* 설탕덩어리, 근심덩어리, 골칫덩어리, 화근덩어리, 얼음덩어리, 흙덩어리, 덩어리(명사)
고깃덩이 *cf.* 설탕덩이, 근심덩이, 골칫덩이, 화근덩이, 얼음덩이, 흙덩이
고깃마리 <~나 잡았다.>
고깃배 *cf.* 짐배, 조깃배, 갈치배, 새우잡이배
고깃점(-點)(고기의 작은 조각)
고까신(꼬까신)/고까옷(꼬까옷) *cf.* 때때옷
고까워하다
고까짓 것 *cf.* 그까짓 것
고까짓 일 *cf.* 그깟 일
고깔모자(-帽子) *cf.* 사각모자
고깔 쓰다
고난당하다(苦難當-) *cf.* 당하다
고녀석 <참, ~!>
고 녀석 <~을 불러 와!>
고년 *cf.* 그년
고놈 *cf.* 그놈
고누놀이
고단할 뿐 아니라 *cf.* ㄹ 뿐 아니라

고단할뿐더러 *cf.* ㄹ뿐더러
고단해 보이다
고단해하다
고달퍼 보이다
고달퍼하다
고대 국어(古代國語) *cf.* 중세 국어, 근대 국어
고대선(-線) *cf.* 어깨선
고대하던 차에(苦待-次-) *cf.* 바라던 차에, 차
고대해 오다(苦待-)
고도성장(高度成長) *cf.* 고도 경제 성장
고도순화(高度馴化) *cf.* 고도 자본주의
고도화되다(高度化-)
고독해 보이다(孤獨-)
고독해져 가다(孤獨-)
고독해하다(孤獨-)
고동물학(古動物學) *cf.* 고생물학
고동빛(古銅-)
고동치다(鼓動-) *cf.* 요동치다, 지둥치다, 벼락치다, 난리 치다
고되어 보이다(苦-)
고두리뼈(넓적다리뼈의 머리빼기)
고두밥 *cf.* 지에밥, 강정밥
고두저고리(여자가 제사 지낼 때 입는 옷)
고드래뽕 <하날때, 두알때, 사마중, 날때, 육낭거지, 팔때, 장군, ~.>
고드랫돌 *cf.* 김칫돌, 머릿돌
고드름똥
고드름수염(-鬚髥)
고들개(마소의 가슴걸이에 다는 방울) *cf.* 워낭
고들개 소리 *cf.* 워낭 소리
고들빼기김치
고등 고시(高等考試) *cf.* 보통 고시, 사법 고시, 행정 고시
고등보통학교(高等普通學校)
고등실업자(高等失業者) *cf.* 청년 실업자
고등어구이 *cf.* 삼치구이
고등어자반 *cf.* 콩자반, 김자반, 깨자반
고등어조림 *cf.* 갈치조림
고등학교(高等學校) *cf.* 중학교, 고등 기술학교, 고등 보통학교, 국제 학교, 성인 학교
고등학생(高等學生) *cf.* 초등학생, 중학생
고딕 양식(-樣式) *cf.* 로코코 양식, 바로크 양식
고 따위 *cf.* 그 따위, 이 따위
고라말(등에 검은 털이 난 누른 말) *cf.* 가라말, 절따말
고락간에(苦樂間-)
고란초 잎(皐蘭草-) *cf.* 담쟁이덩굴 잎
고래 같다 *cf.* 고래등 같다
고래고래
고래기름 *cf.* 쇠기름, 정어리기름, 돼지기름
고래등 *cf.* 낙타등, 노새등, 새우등, 호랑이등
고래등 같은/같다 <~ 기와집>
고래민 하다 *cf.* 주먹민 하다, 콩알만 하다, 만 하다(←만하다)
고래뼈 *cf.* 개뼈, 쇠뼈, 호랑이뼈
고래 사냥 *cf.* 꿩 사냥
고래수염(-鬚髥) *cf.* 염소수염, 호랑이수염(호수)
고래 싸움 *cf.* 새우 쌈, 개싸움, 소싸움
고래자리
고래 잡다 *cf.* 고기 잡다
고래잡이 *cf.* 참치잡이
고래잡이배 *cf.* 새우잡이배, 홍어잡이 배
고랫등(구들장의)
고랭지 채소(高冷地菜蔬)
고량진미(膏粱珍味)
고런대로 *cf.* 그런대로
고려군(高麗軍) *cf.* 신라군
고려 끝에(考慮-) *cf.* 생각 끝에, 고민 끝에
고려 대장경(高麗大藏經)
고려 땅(高麗-) *cf.* 신라 땅
고려 때에(高麗-) *cf.* 신라 때
고려 말(高麗末) *cf.* 신라 말, 조선 말
고려말(高麗-)(고려의 언어) *cf.* 신라말, 고구려말, 백제말
고려비(高麗碑) *cf.* 중원 고구려비
고려사절요(高麗史節要)
고려식(高麗式)
고려양(高麗樣) *cf.* 몽고풍

고려 없다(考慮-)
고려인(高麗人)
고려자기(高麗瓷/磁器)
고려 적(高麗-) *cf.* 신라 적, 고구려 적
고려 중(考慮中)
고려청자(高麗靑瓷/磁) *cf.* 조선백자
고려 초에(高麗初-) *cf.* 조선 초에
고려해 보다(考慮-)
고려해 주다(考慮-)
고로쇠물
고루고루
고루해 보이다(固陋-)
고른돌(담을 쌓을 때에 맨 위에 고르게 놓는 돌)
고른쌀(돌이나 뉘 등을 골라낸 쌀)
고른음(-音)
고름소리(조음소)
고름집
고리가마
고리 내어 매다
고리넣기
고리눈 *cf.* 도끼눈, 뱁새눈, 게눈, 갈퀴눈, 옴팡눈, 거적눈
고리눈말
고리눈이
고리달린 단추 *cf.* 매듭단추
고리대업(高利貸業)
고리던지기/고리던지기놀이
고리모양근(-模樣筋)
고리 모양 탄화수소(-模樣炭化水素)
고리 모양 화합물(-模樣化合物)
고리무늿병(-病) *cf.* 곰팡잇병, 키다릿병, 곱삿병
고리받이(문고리 달 만한 곳에 가로댄 막대)
고리쇠
고리열림(개방 루프)
고리 자석(-磁石) *cf.* 막대자석, 말굽자석(표준국어대사전), 막대 자석, 말굽 자석, 바늘 자석
고리잠(-簪) *cf.* 나비잠, 말뚝잠
고리장이(-匠-)
고리타분하다
고리타분해 보이다
고리탑탑하다
고린내 *cf.* 비린내, 쿠린내
고린내 나다 *cf.* 비린내 나다, 향내 나다
고린도서(-書)
고린짓
고립된 채(孤立-) *cf.* 채
고릿적 *cf.* 소싯적, 언젯적, 태곳적
고마워하기는커녕 *cf.* 는커녕, 커녕(조사)
고마워하다
고마워할뿐더러 *cf.* ㄹ뿐더러
고마워할 뿐 아니라 *cf.* ㄹ 뿐 아니라
고막이돌(화방 밑에 놓는 돌)
고만고만해 보이다
고만두다('그만두다'의 작은말)
고만하다 <크기가 ~.>, <병세가 그저 ~.>, <고만한 돈은 내게도 있다.> *cf.* 그만하다
고만 하다 <거짓말 고만 해라.>
-고말고(어미) <춥고말고>, <그렇고말고>, <좋고말고>
-고 말았다 <자고 말았다.>, <실패하고 말았다.>, <먹고 말았다> *cf.* 말다(보조 용언)
고맘때 *cf.* 그맘때, 요맘때
고명딸
고명파
고모님 댁에(姑母-宅-) *cf.* 아저씨 댁에
고모 집(姑母-) *cf.* 이모 집, 고모님 댁
고모할머니(姑母-)(대고모) *cf.* 이모할머니
고목 껍질(古木-) *cf.* 나무껍질, 귤껍질, 소태껍질, 왕골껍질, 느릅나무 껍질
고목나무(古木-)
고목등걸(古木-) *cf.* 나뭇등걸
고무공 *cf.* 새끼공
고무관(-管) *cf.* 플라스틱관, 구리관, 흄관, 주물관, 유리관
고무나무
고무다리(고무로 만든 의족)
고무도장(-圖章) *cf.* 나무 도장, 상아 도장, 옥도장, 목도장

고무뜨기(뜨개질)
고무락고무락하다
고무래바탕
고무래질
고무마개 cf. 코르크 마개, 플라스틱 마개, 나무 마개, 종이 마개, 짚 마개
고무 마개 뚫이(편수 자료 '화학') cf. 고무마개 뚫이(편수 자료 '공업')
고무막(-膜)
고무망치 cf. 쇠망치, 나무망치
고무바닥 cf. 흙바다, 구두 바닥, 가죽 바닥, 시멘트 바닥, 우레탄 바닥
고무반창고(-絆瘡膏) cf. 종이 반창고, 헝겊 반창고
고무벨트 cf. 가죽 벨트
고무보트 cf. 플라스틱보트, 나무 보트
고무신 cf. 가죽신, 비단신, 헝겊신
고무신짝
고무신코 cf. 신코
고무장갑(-掌匣) cf. 비닐장갑, 털장갑, 면장갑, 가죽 장갑, 양피 장갑
고무장화(-長靴) cf. 가죽 장화
고무주머니 cf. 가죽 주머니, 비닐 주머니, 헝겊 주머니
고무줄 cf. 거미줄, 동아줄, 시곗줄, 피댓줄, 가랫줄, 그넷줄
고무줄 가야금(-伽倻琴) cf. 실전화기
고무줄 끼우개
고무줄 끼우기
고무줄(을) 끼우다
고무줄넘기/고무줄놀이
고무줄 높이뛰기 놀이
고무지우개 cf. 칠판지우개
고무 찰흙 cf. 종이 찰흙
고무 찰흙 반대기
고무총(-銃) cf. 물총, 가스총, 공기총
고무코 만들기
고무코(를) 만들다
고무 타이어
고무테이프 cf. 셀로판테이프, 비닐 테이프
고무통(-桶) cf. 플라스틱통, 나무통
고무판(-板)
고무 패킹 받침
고무풀 cf. 부레풀, 밀가루풀, 갖풀
고무풍선(-風船) cf. 종이풍선, 비닐 풍선
고무해 주다(鼓舞-)
고무호스 cf. 비닐 호스, 소방 호스
고문당하다(拷問當-) cf. 당하다
고문서학(古文書學)
고문에 못 이겨(拷問-)
고문하다시피 하다(拷問-) cf. 다시피(어미)
고문학파(古文學派) cf. 훈고학파
고물더미(古物-) cf. 쓰레기더미, 퇴비더미, 빚더미, 욕더미, 잿더미, 못 쓰는 고물 더미, 더미(접미사)
고물장수(古物-) cf. 넝마장수
고미받이
고미집(고미다락이 있는 집)
고민거리(苦悶-) cf. 골칫거리, 문젯거리, 화젯거리, 문젯거리
고민 끝에(苦悶-) cf. 연구 끝에, 고생 끝에
고민 속에(苦悶-)
고민은커녕(苦悶-) cf. ㄴ커녕, 커녕
고민 중(苦悶中) cf. 생각 중
고민해 오다(苦悶-)
고발극(告發劇) cf. 이념극, 인형극
고발당하다(告發當-) cf. 당하다
고발정신(告發精神) cf. 자립정신, 시대정신, 신고 정신, 군인 정신, 협동 정신
고발해 버리다(告發-)
고발해 오다(告發-)
고방사선(高放射線)
고백할 수밖에(告白-) cf. 밖에
고백해 오다(告白-)
고별인사(告別人事) cf. 작별 인사
고병원성 변이(高病原性變異) cf. 저병원성
고봉준령(高峰峻嶺)
고부간(姑婦間) cf. 내외간

고분고분하다
고블랭직(-織) *cf.* 개버딘직
고비고비마다 *cf.* 마다
고비빅 산지(-山地)
고비샅샅(부사)
고빗길 *cf.* 갈림길, 사잇길, 지름길
고빗사위(아슬아슬한 순간)
고삐줄
고삐 풀린/풀리다 <~ 말>
고사리 꺾기(편수 자료)
고사리꺾기
고사리꺾자 *cf.* 청어엮자
고사리무늬
고사하고(姑捨-)(부사)
고사해 버리다(枯死-)
고삿말(告祀-) *cf.* 인사말, 머리말
고샅고샅(구석구석마다)(부사)
고샅길(좁은 골목길)
고생고생하다(苦生苦生-)
고생길(苦生-) *cf.* 성묘길, 취재길, 항해길, 여행길, 저승길, 답삿길, 나그넷길, 출셋길
고생 끝에(苦生-) *cf.* 노력 끝에, 고민 끝에
고생되다(苦生-)
고생물학(古生物學) *cf.* 고동물학
고생바가지(苦生-) *cf.* 욕바가지
고생보따리(苦生-) *cf.* 꾀 보따리, 추억 보따리
고생살이(苦生-) *cf.* 시집살이, 감옥살이
고생 속에(苦生-)
고생시켜 주다(苦生-)
고생은커녕(苦生-) *cf.* ㄴ커녕, 커녕(조사)
고생주머니(苦生-) <~를 차다.>
고생태학(古生態學)
고생티(苦生-) *cf.* 시골티, 촌티, 학생 티
고생할뿐더러(苦生-) *cf.* ㄹ뿐더러
고생할 뿐만 아니라(苦生-) *cf.* ㄹ 뿐 아니라
고생해 오다(苦生-)
고성방가(高聲放歌)
고성 오광대놀이(固城五廣大-)
고소당하다(告訴當-) *cf.* 당하다
고소득층(高所得層) *cf.* 저소득층
고소해 버리다(告訴-)
고속도강(高速度鋼) *cf.* 초고속도강
고속도로(高速道路) *cf.* 고속화 도로, 일반 도로, 간선 도로, 이동 도로, 지방 도로
고속도로 가(高速道路-)
고속도 별(高速度-)
고속버스(高速-) *cf.* 일반 버스, 고속 사진, 고속 철도
고수동굴(古藪洞窟)
고수머리(곱슬머리) *cf.* 까까머리, 더벅머리
고수하여 오다(固守-)
고숙질간(姑叔姪間)
고승전(高僧傳) *cf.* 전
고시랑고시랑(부사) *cf.* 구시렁구시렁
고신원루(孤臣寃淚) <~를 비삼아 띄워다가 ….>
고실계단(鼓室階段) *cf.* 틀계단, 상자계단
고심고심하다(苦心苦心-)
고심 끝에(苦心-) *cf.* 노력 끝에, 고생 끝에
고심 중(苦心中) *cf.* 고민 중
고심해 오다(苦心-)
-고 싶어하다 <먹고 싶어하다.>, <가고 싶어하다.> *cf.* 싶어하다(보조 용언)
고싸움/고싸움놀이
고씨동굴(高氏洞窟)
고안해 내다(考案-)
고압가스(高壓-) *cf.* 저압 가스
고압수단(高壓手段) *cf.* 방어 수단, 강압 수단, 통제 수단
고액추출(固液抽出)
고얀 녀석/고얀 놈
고양이 같다
고양이소(-素)(짐짓 청렴한 체하거나 착한 체함.)
고양이와 쥐 놀이
고양이울음 증후군(-症候群)
고에너지 결합(高-結合)
고여 가다 *cf.* 괴어 가다
고여 있다
고역살이(苦役-) *cf.* 감옥살이, 처가살이

고열량식(高熱量食)
고열시멘트(高熱-) *cf.* 고로 시멘트, 광재 시멘트, 조강 시멘트
고온건조(高溫乾燥) *cf.* 일광건조, 냉동 건조, 열풍 건조, 햇볕 건조
고온건조하다(高溫乾燥-)
고온·고압(高溫高壓)
고온굽기(高溫-)
고온균(高溫菌) *cf.* 저온균
고온다습하다(高溫多濕-)
고온 뜨임(高溫-) *cf.* 저온 뜨임
고온성 균(高溫性菌)
고와 보이다
고와져 가다
고요한 밤 거룩한 밤
고용살이(雇傭-) *cf.* 머슴살이, 고공살이
고용해 오다(雇用-)
고운눈줄 *cf.* 거친눈줄
고운댓국(토란 줄기를 넣고 끓인 국)
고운때(조금 묻은 때)
고운 말 *cf.* 바른 말, 거친 말, 궂은말, 낮은말
고운 말 쓰기/고운 말 쓰기 운동(-運動)
고운 모래 *cf.* 가는 모래, 굵은 모래, 잔모래
고운체 *cf.* 굵은체
고울뿐더러 *cf.* ㄹ뿐더러
고울 뿐 아니라 *cf.* ㄹ 뿐 아니라
고위 침식면(高位浸蝕面)
고위 평탄면(高位平坦面)
고유 명사(固有名詞) *cf.* 보통 명사
고유문화(固有文化) *cf.* 외래문화, 토착 문화
고유화되다(固有化-)
고윳값(固有-) *cf.* 초깃값, 절댓값, 좌표값
고을고을
고을살이 *cf.* 골살이
고의든 아니든 간에(故意-間-) *cf.* 실수든 아니든 간에, 많든 적든 간에
고의적삼(袴衣-) *cf.* 바지저고리
고의춤 *cf.* 허리춤
고이고이
고인돌
고인돌 세우기
고인류학(古人類學)
고인 물 *cf.* 괸 물
고임성(-性)(남의 눈에 들게 하는 성질)
-고 있는 듯싶다 <먹고 있는 듯싶다.>
-고 있는 체하다 <먹고 있는 체하다.>
고자잎(활의 고자)
고자쟁이(告者-)
고자좇(鼓子-)(바둑 용어)
고자질하다(告者-)
-고자 하다 <홍보하고자 하다.>
고장 나 버리다(故障-)
고장 나다(故障-) *cf.* 탈 나다, 야단나다
고장 내다(故障-)
고장력강(高張力鋼) *cf.* 초고장력강, 쾌삭강
고장말 *cf.* 시골말
고장물 *cf.* 구정물
고장 사람
고장애물 경주(高障碍物競走)
고장일
고저장단(高低長短)
고적운(高積雲)/높쌘구름
고전력 변조(高電力變調)
고전압 선별(高電壓選別)
고전주의(古典主義)
고전학자(古典學者)
고전학파(古典學派)
고정관념(固定觀念) *cf.* 기성관념, 시간관념, 정조 관념
고정단(固定端)(토목) *cf.* 가동단
고정 댐(固定-)
고정 도르래(固定-) *cf.* 움직 도르래
고정밀도 텔레비전(高精密度-)
고정 받침(固定-)
고정보(固定-)
고정시켜 놓다(固定-)
고정시킨 도르래(固定-)
고정줄(固定-)

고정화하다(固定化-)
고조되어 가다(高潮-)
고조할머니(高祖-) *cf.* 증조할머니, 5대조 할머니, 6대조 할머니
고조할아버지(高祖-) *cf.* 증조할아버지, 6대조 할아버지
고종 사촌 형(姑從四寸兄) *cf.* 이종 사촌 형
고종형(姑從兄) *cf.* 이종형, 외종형
고주망태(가) 되도록 <~ 술을 먹다.>
고주박잠 *cf.* 새우잠, 나비잠
고줏구멍(연자매 밑돌에 뚫어 놓은 구멍) *cf.* 꽁숫구멍, 단춧구멍, 마룻구멍, 옹이구멍
고증학파(考證學派) *cf.* 구성학파, 귀납학파, 강화 학파, 실학 학파
-고 지고('지고'는 보조 형용사) *cf.* 먹고 지고, 살고 지고, 하고 지고
고지랑물 *cf.* 구지렁물
고지리도(古地理圖)
고지리학(古地理學)
고지자기(古地磁氣)
고집 때문에(固執-) *cf.* 때문
고집 부리다(固執-) *cf.* 억지 부리다
고집 세다(固執-)/고집 세 보이다(固執-)
고집스러워 보이다(固執-)
고집통머리(固執-)
고집통이(固執-)
고집 피우다(固執-) *cf.* 억지 피우다
고집해 오다(固執-)
고착화되다(固着化-)
고찰해 보다(考察-)
고참 티 나다(古參-) *cf.* 상급생 티 나다, 시골티 나다, 촌티 나다
고체시(古體詩) *cf.* 근체시
고쳐 가다
고쳐 가지고 <자세를 ~….>
고쳐곁누르기(유도)
고쳐 나가다
고쳐 내다
고쳐 놓다
고쳐 달라다
고쳐 드리다
고쳐 말하다
고쳐먹다 <마음을 ~.>
고쳐 보다
고쳐 세우다
고쳐 써 보다
고쳐쓰기 *cf.* 띄어쓰기, 받아쓰기
고쳐 쓰기 <다시 고쳐(서) 쓰기 시작하다.>
고쳐 쓰다
고쳐 오다
고쳐 입다
고쳐 주다
고쳐질 리 없다(-理-) *cf.* 리(의존 명사)
고춧값 *cf.* 감자값, 고구마값, 과일값, 귤값, 딸기값, 레몬값, 바나나값, 배값, 복숭아값, 사과값, 살구값, 자두값, 과자값, 담뱃값
고추기름 *cf.* 콩기름, 참기름, 목화씨기름
고추 농사(-農事) *cf.* 마늘 농사, 고구마 농사
고추 모종 *cf.* 꽃모종, 상추 모종
고추바람 *cf.* 칼바람, 황소바람
고추밭 *cf.* 보리밭, 콩밭, 수수밭, 호박밭, 참외밭, 오이밭
고추선(-膳) *cf.* 오이선
고추쌈 *cf.* 상추쌈, 쑥갓쌈, 고기쌈, 머윗잎쌈
고추씨 *cf.* 무씨, 배추씨, 시금치씨, 복숭아씨, 살구씨, 포도씨, 겨자씨, 아카시아나무 씨
고추씨기름 *cf.* 삼씨기름, 아주까리기름
고추잠자리
고추잠자리 떼 *cf.* 송사리 떼, 벌 떼, 모기떼
고추장 먹이기(-醬-)
고추장무침(-醬-)
고추장볶이(-醬-)
고추장 항아리(-醬缸-) *cf.* 된장 항아리
고춧가루 *cf.* 메줏가루, 송홧가루, 미숫가루
고춧물 *cf.* 쪽물, 감물, 딸깃물, 창포물, 치자물
고춧잎 *cf.* 나뭇잎, 배춧잎, 머윗잎, 깻잎, 찻잎, 댓잎, 솔잎, 갈잎
고취해 주다(鼓吹-)

고층운(高層雲)/높층구름
고치값 *cf.* 고추값
고치 고르기
고치 따기
고치 삶기
고치 켜기
고침표(-標)
고콜불 *cf.* 난롯불, 화롯불
고탄소강(高炭素鋼) *cf.* 저탄소강
고통 겪다(苦痛-)
고통 끝에(苦痛-) *cf.* 고심 끝에, 고민 끝에
고통당하다(苦痛當-) *cf.* 당하다
고통받다(苦痛-) <병으로 고통받고 있다.>
고통 받다(苦痛-) <큰 고통(을) 받고 있다.>
고통받아 오다(苦痛-)
고통 속에(苦痛-)
고통스러워 보이다(苦痛-)
고통스러워하다(苦痛-)
고통 주다(苦痛-)
고통 지수(苦痛指數) *cf.* 불쾌지수, 행복 지수
고틀란드기(-紀) *cf.* 쥐라기
고패낚시
고팻줄 *cf.* 빨랫줄, 물렛줄
고하간에(高下間-) <값은 ~….>
고할 듯하다(告-)
고함 소리(高喊-) *cf.* 고동 소리, 파도 소리, 나팔 소리, 클랙슨 소리
고함지르다(高喊-) *cf.* 함성 지르다, 소리 지르다, 반성 지르다
고함치다(高喊-) *cf.* 소리치다, 천둥 치다
고합금강(高合金鋼) *cf.* 저합금강
고 해공 신익희 선생(故海公申翼熙先生) *cf.* 고
고해바치다(告-) *cf.* 일러바치다
고해상도(高解像度) *cf.* 저해상도
고해 주다(告-)
고향 가는 참에(故鄕-) *cf.* 시골 가는 참에
고향길(故鄕-) *cf.* 피서길, 취재길, 성묘길, 귀갓길, 혼삿길, 장삿길, 답삿길, 나그넷길
고향 땅에(故鄕-) *cf.* 타향 땅에
고향 마을(故鄕-)
고향 별(故鄕-)
고향산천(故鄕山川) *cf.* 고국산천
고향 없는(故鄕-)
고향 집(故鄕-) *cf.* 시골집
고향 쪽에(故鄕-)
고혈단신(孤孑單身)
고혈당증(高血糖症) *cf.* 저혈당증
고혈압증(高血壓症) *cf.* 저혈압증
-곡(曲)(접미사) *cf.* 교향곡, 합주곡
곡괭이자루 *cf.* 도낏자루, 빗자루, 괭이자루
곡률 반지름(曲率-)
곡률반지름(曲率半-)(수학)
곡률 중심(曲率中心)
곡륭산지(曲隆山地) *cf.* 신기 습곡 산지
곡면깎기(曲面-) *cf.* 구면깎기
곡빙하(谷氷河) *cf.* 대륙 빙하, 산악 빙하
곡사문직(曲斜紋織)
곡사포탄(曲射砲彈) *cf.* 직사포탄
곡산 분지(谷山盆地) *cf.* 대구 분지
곡선박기(曲線-) *cf.* 직선박기
곡선 지치기(曲線-)
곡선축(曲線軸)
곡소리(哭-) *cf.* 울음소리, 목소리, 통곡 소리
곡식가루(穀食-) *cf.* 탄가루
곡식 농사(穀食農事) *cf.* 벼농사, 논농사, 깨농사, 보리농사, 고구마 농사, 담배 농사, 채소농사, 자식 농사
곡식바다(穀食-) *cf.* 정보 바다, 인터넷 바다
곡식밭(穀食-) *cf.* 감자밭, 채소밭, 고구마밭, 땅콩밭, 보리밭, 밀밭, 수수밭, 옥수수밭, 콩밭, 갈치밭
곡식알(穀食-) *cf.* 쌀알, 보리알, 모래알, 호두알, 밤알
곡예비행(曲藝飛行) *cf.* 저공비행, 편대 비행, 수직 비행
곡저 평야(谷底平野)
곤댓국 *cf.* 고운댓국
곤댓짓 *cf.* 고갯짓, 몸짓, 엉덩잇짓

곤두기침
곤두박질치다
곤두박히다
곤두서다
곤두세우다
곤드레만드레
곤란해 보이다(困難-)
곤란해하다(困難-)
곤봉흔들기(棍棒-)
곤봉(을) 흔들다(棍棒-)
곤소금 *cf.* 가는소금, 굵은소금
곤여만국전도(坤輿萬國全圖)
곤여전도(坤輿全圖)
곤욕 치르다(困辱-) *cf.* 산고 치르다
곤장 맞다(棍杖-) *cf.* 난장 맞다, 매맞다
곤죽 같다
곤죽같이
곤지곤지
곤충학자(昆蟲學者) *cf.* 식물학자
-곤 하다 <같이 가곤 하다.>, <자곤 한다.>
곤혹스러워하다(困惑-)
-곧(조사) <밤곧 되면 가야금을 타오.> *cf.* 옷
곧✓(부사) <~ 봄이 오겠지.>
곧게 곧게 *cf.* 높게 높게, 굳세게 굳세게
곧고 곧은/곧다
곧바로
곧뿌림[直播] *cf.* 흩어뿌림, 골뿌림
곧은 가위 *cf.* 굽은 가위
곧은결 *cf.* 무늿결
곧은금
곧은길 *cf.* 굽은길
곧은 길 *cf.* 쭉 곧은 길, 좌로 굽은 길
곧은길에서 달리기
곧은낚시 *cf.* 갈고리낚시
곧은바닥(수갱)
곧은뿌리
곧은 선(-線) *cf.* 굽은 선
곧은 선수(-船首)
곧은솔기
곧은줄기 *cf.* 땅속줄기, 기는줄기, 감는줄기
곧은창자
곧이곧대로(부사)
곧이듣다
곧이들리다
곧이어(부사)
곧잘
곧장
곧추들다
곧추뛰기(체조)
곧추뜨다
곧추세우다
곧추안다 <어린애를 ~.>
곧추앉다
골경화증(骨硬化症)
골고다 언덕
골골샅샅이 <~ 돌아다니다.>
골김에/으로 *cf.* 홧김
골나다 *cf.* 화나다, 성나다, 성깔 나다
골내다 *cf.* 화내다, 성내다
골대
골 득실차(-得失差)
골든 골
골라 가다/골라 오다 <물건을 ~.>
골라 가지다
골라 골라
골라내다
골라 넣다
골라 놓다
골라 다니다
골라 다오
골라 달라다
골라 두다
골라 들다
골라 디디다
골라먹다
골라 보다
골라 쓰다
골라인

골라 읽다
골라 입다 *cf.* 갈아 입다
골라잡다
골라 주다
골려 주다 <그가 나를 ~.> *cf.* 곯려 주다
골로가다('죽다'의 속어)
골로새서(-書) *cf.* 로마서, 이사야서
골마루(골방처럼 된 좁은 마루) *cf.* 툇마루
골마지 <된장에 ~가 끼다.>
골막골막
골막이
골막해 보이다
골머리 썩이다 *cf.* 골치 썩이다
골머리 앓다
골목골목(명사)
골목골목마다
골목골목이(부사)
골목길 *cf.* 큰길, 한길
골목 끝
골목대장(-大將)
골목 안
골목쟁이
골목집 *cf.* 길갓집
골몰해 오다(汨沒-)
골문(-門)
골뭇감 *cf.* 바느질감, 양복감, 치맛감
골바람 *cf.* 산바람, 바닷바람, 강바람
골방문(-門) *cf.* 사랑문, 다락문
골백번(-百番)
골법용필(骨法用筆)
골병들다(-病-) *cf.* 병들다
골 비다
골 빠지다 *cf.* 뼈 빠지다, 다릿골 빠지다
골뿌림법(-法) *cf.* 점뿌림법, 흩어뿌림, 모내기법
골살이 *cf.* 고을살이
골속(골풀의 속 또는 머릿골의 속)
골 스로
골 썩이다
골 쓰다
골안개 *cf.* 산안개, 들안개, 물안개, 바다 안개, 땅안개
골 앓다
골에 던져넣기
골 에어리어
골 에어리어 라인
골연화증(骨軟化症)
골 오르다 *cf.* 독 오르다
골육 간(骨肉間) *cf.* 혈육 간
골인
골잡이
골조직(骨組織)
골지르다(밭을 세 번째 매다.)
골지름
골지체(-體)
골 지키기
골(을) 지키다
골 치다
골치 썩이다 *cf.* 골머리 썩이다
골치 아파하다 *cf.* 머리 아파하다, 마음 아파하다, 가슴 아파하다
골치 아프다 *cf.* 머리 아프다
골치 앓다
골칫거리 *cf.* 화젯거리, 두통거리, 화근거리
골칫덩어리 *cf.* 근심덩어리, 비곗덩어리
골칫덩이 *cf.* 근심덩이, 비곗덩이
골 키퍼
골키퍼 차징
골 기핑
골 킥
골탕 먹다/골탕 먹이다
골통대
골통뼈
골 틀리다(부아가 나다.)
골판문(骨板門)
골판지(-板紙) *cf.* 골함석
골패타령(骨牌-)
골풀이(화풀이)
골품제(骨品制)

골프 용품 업체(-用品業體)
골프 치다 *cf.* 탁구 치다, 당구 치다
골함석 *cf.* 골판지
곪아 빠지다 *cf.* 곯아 빠지다
곯려 먹다 *cf.* 속여 먹다, 놀려 먹다
곯려 주다 <부모 속을 곯릴 대로 ~.> *cf.* 골려 주다
곯아떨어지다 *cf.* 곯아 빠지다
곪아 터지다 *cf.* 물러 터지다, 느려 터지다
곯은 배
곰개미집
곰국 *cf.* 탕국
곰달래길
곰돌이 모둠
곰바윗골 *cf.* 감잣골, 싸릿골, 감나뭇골
곰배말(등이 굽은 말) *cf.* 가라말, 절따말
곰보딱지 *cf.* 심술딱지
곰보빵
곰보타령
곰봇자국 *cf.* 마맛자국, 잇자국, 손톱자국, 바퀴자국, 글씨 자국, 눈물 자국, 여드름 자국, 수술 자국
곰비임비 <경사스런 일이 ~ 일어나다.>
곰 사냥 *cf.* 꿩 사냥, 노루 사냥, 매사냥, 덫사냥, 몰이사냥
곰삭다
곰살갑다(상냥하고 부드럽다.)
곰살궂다
곰 아저씨/아주머니
곰우리 *cf.* 돼지우리, 양우리
곰 인형(-人形)
곰 처녀(-處女)
곰팡내 *cf.* 땀내, 흙내
곰팡내 나다 *cf.* 비린내 나다
곰팡 슬다 *cf.* 쉬슬다
곰팡이 냄새
곰팡이독증(-毒症)
곰팡 피다
곰 할아버지 *cf.* 사슴 할아버지
곰 할아버지 댁(-宅)
곱게 곱게 *cf.* 곧게 곧게
곱게 썰기
곱게 저미기
곱고 고운/곱다/곱지요
곱길(두 배나 걸리는 길)
곱다시(무던히 곱게, 그대로 고스란히)
곱단이 년
곱돌솥 *cf.* 돌솥, 무쇠솥, 스테인리스 솥
곱들다/들이다
곱디고운/곱다
곱빼기
곱사등이춤/곱사춤
곱살끼다(몹시 보채다.)
곱살문(-門)
곱삿병(-病) *cf.* 곰팡잇병, 키다릿병, 고리무늿병
곱셈구구(-九九)
곱셈구구 익히기(-九九-)/활용하기(-活用-)
곱셈놀이
곱셈식(-式) *cf.* 덧셈식, 뺄셈식, 나눗셈식
곱셈식 알아보기(-式-)
곱셈 키
곱셈표(-標) *cf.* 가위표, 동그라미표, 나눗셈표
곱셈표 만들기(-表-)
곱셈표(를) 만들다(-表-)
곱송그리다
곱슬털
곱씹다
곱씹어 보다
곱아들다
곱은옥[曲玉]
곱장다리 *cf.* 안짱다리
곱접어감침(바느질)(북한)
곱지 않은/않다 <~ 시선>
곱해 보다
곱해지는 수(-數)
곳간(庫間)
곳간차(庫間車) *cf.* 화물차, 소방차
곳집(庫-)

-공(公)(접미사) cf. 이 충무공, 민 충정공
ˇ공(公)(의존 명사) cf. 김 공, 이 공, 최 공
공간도시(空間都市) cf. 계획도시, 행정 도시
공간속도(空間速度) cf. 경제속도, 성장 속도, 비행 속도
공간 속에(空間-)
공간 폭(空間幅)
공갈치다(恐喝-) cf. 소리치다, 호통 치다
공개강좌(公開講座) cf. 비공개 강좌
공개경쟁(公開競爭) cf. 제한 경쟁
공개서한(公開書翰)
공개수사(公開搜査) cf. 탐문 수사, 극비 수사, 비공개 수사
공개정지(公開停止)
공개 키(公開-)
공개해 버리다(公開-)
공것(空-)
공격당하다(攻擊當-) cf. 당하다
공격받다(攻擊-) cf. 받다
공격 편(攻擊便) cf. 수비 편
공격해 오다(攻擊-)
공경해 오다(恭敬-)
공고해 보이다(鞏固-)
공고히 하다(鞏固-)
공공경제(公共經濟) cf. 공공 기업
공공복리(公共福利)
공공복지(公共福祉)
공공사업(公共事業) cf. 공공 서비스
공공선(公共善) cf. 공중선
공공수면(公共水面)
공공시설(公共施設) cf. 공공 재산
공공요금(公共料金)
공공용물(公共用物)
공공용지(公共用地) cf. 학교용지
공공장소(公共場所)
공공질서(公共秩序) cf. 교통질서, 행락 질서, 경제 질서, 사회 질서, 국제 질서
공공칠가방(空空七-)(아타셰케이스)
공공포스터(公共-) cf. 불조심 포스터

공과상반(功過相半)
공교육(公敎育) cf. 사교육
공구 자루(工具-) cf. 호미자루, 도낏자루, 농구자루
공굴리기
공(을) 굴리다
공급받다(供給-) <공급받는 사람의 처지에서 무슨 말을….> cf. 받다
공급받아 오다(供給-)
공급자측(供給者側) cf. 수요자측
공급해 오다(供給-)
공급해 주다(供給-)
공기구멍(空氣-) cf. 바람구멍, 기름구멍
공기 기둥(空氣-) cf. 물기둥, 불기둥, 바람기둥
공기놀이 cf. 윷놀이, 차전놀이
공기덩어리(空氣-)(천문 기상)
공기 딱총(空氣-) cf. 물딱총, 불딱총
공기 딱총 만들기(空氣-)
공기램프(空氣-) cf. 알코올램프
공기방석(空氣方席) cf. 부들방석
공기 방울(空氣-) cf. 기름방울, 비눗방울
공기베개(空氣-) cf. 얼음베개
공기 속에(空氣-)
공기업(公企業) cf. 사기업
공기 옮기기(空氣-)
공기 옮겨보기(空氣-)
공기주머니(空氣-) cf. 모래주머니, 쓸개주머니, 모이주머니
공기 주머니(空氣-) <~를 팔에 감고….>
공기 중(空氣中) cf. 산소 중
공기총(空氣銃) cf. 가스총, 고무총
공기쿠션(空氣-)
공기탱크(空氣-) cf. 가스탱크, 물탱크, 기름탱크, 오일 탱크
공기 틈[空隙]
공기 펌프(空氣-) cf. 기름펌프, 물 펌프
공깃길(空氣-) cf. 바람길(북한)
공깃돌 cf. 주춧돌, 바윗돌, 호박돌, 주먹돌
공깃밥 cf. 사발밥, 접시 밥, 접시 물

공넣기
공(을) 넣다
공노비(公奴婢) *cf.* 사노비
공놀이 *cf.* 꽃놀이, 카드놀이
공다루기
공(을) 다루다
공단 내에(工團內-)
공대말(恭待-) *cf.* 예사말, 홍내말, 겸사말
공대해 주다(恭待-)
공던져넣기
공 던져 넣다
공 던지고 받기
공던지기
공(을) 던지다
공돈(空-)
공동결혼식(共同結婚式) *cf.* 합동결혼식, 공동 회갑잔치, 합동 회갑잔치
공동묘지(共同墓地) *cf.* 국립묘지, 공원묘지, 개인 묘지
공동변소(共同便所) *cf.* 공중변소, 공동 시장, 공동 숙박소
공동보조(共同步調)
공동생활(共同生活) *cf.* 사회생활, 가족생활, 개인 생활, 유목 생활, 농촌 생활
공동욕실(共同浴室) *cf.* 대중목욕탕, 가족 욕탕, 공동 주택
공동치기[共同飼育]
공든 탑(功-塔)
공들다(功-)
공들여 오다(功-)
공들이다(功-)
공 들이다(功-) <많은 공(을) 들여 가꾸다.>
공뜨다(空-)
공랭식(空冷式) *cf.* 수냉식
공로주(功勞株) *cf.* 노동주, 자본주
공론화하다(公論化-)
공룡 뼈(恐龍-) *cf.* 동물 뼈, 사람 뼈, 개뼈, 쇠뼈, 호랑이뼈
공룡알(恐龍-) *cf.* 타조알

공립학교(公立學校) *cf.* 국립학교, 사립학교, 국립대학, 공립 대학, 도립 대학
공·막대기 모형(-模型)
공멈추기
공(을) 멈추다
공명 상자(共鳴箱子) *cf.* 어둠상자, 안개상자
공명선거(公明選擧) *cf.* 부정 선거
공명정대하다(公明正大-)
공명주의(功名主義)
공 모양(-模樣)
공모주(公募株) *cf.* 수혜주, 우선주
공몰기
공 몰다
공무원 티(公務員-) *cf.* 군인 티, 시골티, 촌티
공문서식(公文書式) *cf.* 입찰 서식
공민학교(公民學校) *cf.* 고등학교, 고등 기술학교
공 바구니 *cf.* 고기 바구니, 나물바구니
공바기밭(씨도리 배추의 뿌리를 심은 밭)
공받기
공(을) 받다
공밥(空-) *cf.* 공술
공방살이(空房-) *cf.* 과부살이
공배수(公倍數)
공백 키(空白-)
공변세포(孔邊細胞)
공병삽(工兵-) *cf.* 야전삽, 모종삽, 동력삽
공보내기
공보험(公保險) *cf.* 사보험
공부는커녕(工夫-) *cf.* 는커녕, 커녕(조사)
공부도 못하다(工夫-)
공부도 잘하다(工夫-)
공부도 하는 둥 마는 둥 해서(工夫-) *cf.* 둥
공부 때문에(工夫-)
공부방(工夫房) *cf.* 놀이방
공부 소리(工夫-) *cf.* 풍악 소리
공부시켜 주다(工夫-)
공부 외에(工夫外-)
공부하기는커녕(工夫-) *cf.* 는커녕, 커녕
공부하다 말고(工夫-) *cf.* 밥 먹다 말고

공부해 보고 싶다(工夫-) *cf.* 싶다
공부해 보자(工夫-)
공부해 오다(工夫-)
공붓벌레(工夫-) *cf.* 일벌레
공뺏기
공뺏기놀이
공 뺏다
공사 끝에(工事-) *cf.* 시험 끝에
공·사노비(公私奴婢)
공사다망하다(公私多忙-)
공사부담금(工事負擔金) *cf.* 도로 부담금, 도시 계획 부담금, 원인자 부담금, 수익자 부담금, 손괴자 부담금
공사 중(工事中) *cf.* 건축 중
공산당식(共産黨式) *cf.* 사회당식
공산당원(共産黨員) *cf.* 공화당원
공산당측(共産黨側) *cf.* 공화당측
공산주의(共産主義) *cf.* 민주주의
공산주의식(共産主義式)
공산주의하(共産主義下)
공산화되다(共産化-)
공산화하다(共産化-)
공석 중인(空席中-) *cf.* 회의 중
공손해 보이다(恭遜-)
공수받이(무당이 전하는 공수를 듣는 일)
공술(空-) *cf.* 화햇술, 공밥
공습경보(空襲警報) *cf.* 화재경보, 해일 경보
공습관제(空襲管制) *cf.* 항공관제, 보도관제, 중앙 관제, 보도 관제, 사격 관제
공시 운전(公試運轉)
공시운전(空試運轉)
공시체(供試體)
공식화해 놓다(公式化-)
공신력 있다(公信力-)
공신전(功臣田)
공액 보(共軛-)
공양드리다(供養-)
공양학파(公羊學派)
공업 용수(工業用水)('공업+용수'로 보는 견해)
공업용수(工業用水)(표준국어대사전에서는 '공업용+수'로 보는 견해)
공업 용지(工業用地) *cf.* 공원 용지
공업학교(工業學校) *cf.* 상업학교, 농업학교, 통신 학교, 경리 학교
공연비(空燃比)
공염불하다(空念佛-)
공영사업(公營事業) *cf.* 국영사업, 민간사업, 공공사업, 공영 주택, 민영 사업
공예사진(工藝寫眞) *cf.* 가족사진, 보도 사진, 예술 사진, 기록 사진, 나체 사진
공용외출(公用外出) *cf.* 사적 외출
공 운동(-運動) *cf.* 줄 운동, 마루 운동
공원경관(公園景觀) *cf.* 자연경관, 문화 경관, 도시 경관
공원 내에(公園內-)
공원묘지(公園墓地) *cf.* 공동묘지, 국립묘지, 개인 묘지
공원 용지(公園用地) *cf.* 공업 용지
공원화하다(公園化-)
공유 키(公有-)
공을 잡아 이어주기
공의무(公義務) *cf.* 사의무
공이어주기
공이어주기놀이
공익사업(公益事業) *cf.* 공공사업, 국영사업, 공공사업, 민영 사업, 복구 사업, 환경 사업, 취로 사업
공일(空) *cf.* 삯일
공일날(空日-) *cf.* 반공일날
공자상(孔子像) *cf.* 그리스도상, 부처상
공자집(工字-) *cf.* 팔자집, ㄱ자집, 맏집, 일자집, 일잣집
공작기(工作機)
공작부늬(孔雀-)
공작새(孔雀-) *cf.* 앵무새
공작 아주머니(孔雀-)
공작자리(孔雀-)
공작 정치(工作政治) *cf.* 작문정치

공작칼(工作-) *cf.* 도련칼, 부엌칼, 해부칼
공 잡다
공장공해(工場公害) *cf.* 환경 공해, 축산 공해
공장 내에(工場內-)
공장 쪽에서(工場-)
공장일(工場-) *cf.* 농사일, 회사일
공장 터(工場-) *cf.* 집터, 두엄터, 싸움터, 약수터, 움집터, 화장터
학교 터, 궁궐 터, 미륵사 터, 원각사 터
공제기차기
공제받다(控除-) *cf.* 받다
공제해 주다(控除-)
공존의식(共存意識) *cf.* 집단의식, 역사의식, 특권 의식, 동포 의식, 우월 의식
공주병(公主病) *cf.* 왕자병
공주시간(空走時間) *cf.* 기동 시간, 지연 시간, 오락 시간, 점호 시간, 주행 시간
공줍기
공 줍다
공중던지기(空中-)
공중도덕(公衆道德) *cf.* 사회도덕, 교통도덕
공중돌기(空中-)(체조)
공중돌아 버티기(空中-)
공중뛰기(空中-)
공중목욕탕(公衆沐浴湯) *cf.* 대중목욕탕
공중물(空中-)
공중변소(公衆便所)
공중분해(空中分解)
공중서커스(空中-)
공중식당(公衆食堂) *cf.* 대중식당
공중위생(公衆衛生) *cf.* 개인위생, 보건 위생
공중전화(公衆電話) *cf.* 휴대 전화, 자택 전화, 이동 전화, 국제 전화, 무선 전화
공중점법(公衆點法)
공중제비(空中-)
공중제비돌기(空中-)
공중차기(空中-)
공중합체(共重合體)
공중회전(空中回轉) *cf.* 공중돌기, 공중 동작
공집기(空-)
공집합(空集合)
공짚기(空-)
공차기
공차기놀이
공차넣기
공(을) 차다
공채증권(公債證券) *cf.* 국채 증권, 사채 증권, 유가 증권, 증거 증권
공책값(工册-) *cf.* 우표값, 원료값, 우유값
공천받다(公薦-) *cf.* 받다
공천선임(公薦選任)
공천해 주다(公薦-)
공치기/공치기놀이
공치기하다
공치다(空-)('허탕치다'를 뜻할 경우)
공 치다('공을 치다'를 뜻할 경우)
공쿠르상(-賞)
공터(空-) *cf.* 빈 터, 빈터
공터넣기(空-)
공통근(共通根)
공통분모(共通分母)
공통이온효과(共通-效果)(북한)
공통집합(共通集合)
공통현(共通弦)
공통화음(共通和音)
공 튀겨 주고받기
공튀기기
공(을) 튀기다
공판인쇄(孔版印刷) *cf.* 평판 인쇄, 오목판 인쇄, 볼록판 인쇄, 프린트 인쇄
공포 속에(恐怖-)
공포정치(恐怖政治) *cf.* 공하 정치
공포해 버리다(公布-)
○표 하다(-標-)
공피하기(-避-)
공피하기 게임(-避-)
공 피하기 게임(-避-) 〈튀겨져 날아오는 ~〉
공피하기놀이(-避-)

공핍증(空乏症)
공항버스(空港-) *cf.* 공항 택시
공해상에(公海上-)
공해 없다(公害-)
공허해 보이다(空虛-)
공헌해 오다(貢獻-)
곶감 꼬치 <~ 뽑아 먹듯….> *cf.* 어묵 꼬치
과각화증(過角化症)
과감성 있다(果敢性-)
과감해 보이다(果敢-)
과거길(科擧-) *cf.* 벼슬길, 항해길, 취재길, 성묘길, 등굣길, 하굣길, 귀갓길, 답삿길
과거 보다(科擧-) *cf.* 시험 보다
과거사 털기(過去史-)
과거 속에(過去-)
과거 시제(過去時制) *cf.* 현재 시제
과것날(科擧-) *cf.* 제삿날, 잔칫날, 혼삿날
과격분자(過激分子) *cf.* 극렬분자, 회색분자, 돌출 분자, 추종 분자
과격해져 가다(過激-)
과공석강(過共析鋼)
과냉각(過冷却)
과녁맞히기
과녁맞히기 게임
과녁맞히기놀이
과녁(을) 맞히다
과녁빼기집(똑바로 건너다보이는 집)
과녁판(-板)
과단성 있다(果斷性-)
과대망상(誇大妄想) *cf.* 피해망상, 세계화 망상, 몽상 망상
과대평가(過大評價)/과소평가(過小評價)
과대평가하다(過大評價-)/과소평가하다(過小評價-)
과도시대(過渡時代) *cf.* 신화시대, 영웅시대, 과도 정부, 고려 시대, 조선 시대
과도현상(過渡現象)
과두시절(蝌蚪時節)(개구리가 올챙이였던 때) *cf.* 유년 시절, 청년 시절
과망가니즈〔망간〕산칼륨(過-酸-)
과목밭(果木-) *cf.* 감자밭, 사과밭, 복숭아밭
과목 수(課目數)
과보강 보(過補强-)
과부 딸(寡婦-)
과부 살림(寡婦-) *cf.* 홀아비살림
과부살이(寡婦-) *cf.* 홀아비살이
과붓집(寡婦-)
과산화물(過酸化物)
과산화바륨(過酸化-)
과산화수소(過酸化水素)
과산화수소수(過酸化水素水)
과산화 이온(過酸化-)
과수원 길(果樹園-) *cf.* 보리밭 길
과수원 일(果樹園-) *cf.* 변호사 일, 논일, 밭일
과수원집(果樹園-) *cf.* 살구나무집, 감나무집
과실고르기〔選果〕
과실상규(過失相規)
과실섬유(果實纖維) *cf.* 식물 섬유, 유리 섬유, 탄소 섬유, 아크릴 섬유, 인조 섬유
과실시럽(果實-)
과실음료(果實飮料) *cf.* 탄산음료, 알코올음료, 과즙 음료, 유산균 음료, 발효 음료
과실초(果實醋) *cf.* 양조초, 합성초
과열돼 가다(過熱-)
과열시켜 주다(過熱-)
과욕 때문에(過慾-) *cf.* 일 때문에
과욕 부리다(過慾-) *cf.* 욕심 부리다
과인산석회(過燐酸石灰)
과일 가게(果-) *cf.* 과자 가게, 옷 가게, 쌀가게, 생선 가게, 잡화 가게, 채소 가게
과일값(果-) *cf.* 고추값, 배추값, 우표값
과일 껍질(果-) *cf.* 나무껍질, 귤껍질
과일나무(果-)
과일 다루기(果-)
과일 따기(果-)
과일별(果-別)
과일상 차리기(果-床-)
과일 자루(果-)
과일 장사(果-) *cf.* 채소 장사

과일 장수(果-) *cf.* 채소 장수
과일즙(果-汁) *cf.* 무즙, 생즙, 녹즙, 사과즙
과일칼(果-) *cf.* 부엌칼, 회칼, 해부칼
과일 통조림(果-) *cf.* 과일 병조림
과잉보호(過剩保護) *cf.* 과잉 생산
과자값(菓子-) *cf.* 배추값, 고추값
과자 나라(菓子-)
과자 봉지(菓子封紙) *cf.* 사탕 봉지, 비닐봉지
과장님 댁에(課長-宅-) *cf.* 사장 댁에
과장약(過裝藥)
과중교육(過重敎育)
과학·기술 분야(科學·技術分野)
과학 기술처(科學技術處)
과학박물관(科學博物館) *cf.* 역사박물관, 교과서 박물관, 농업 박물관
과학사전(科學辭典) *cf.* 백과사전, 국어사전, 수학 사전
과학자들이야말로(科學者-) *cf.* 야말로
과학책(科學冊) *cf.* 국어책, 역사책, 수학책
과학화하다(科學化-)
과혈당증(過血糖症)
과형성염(過形成炎)
관개 용수(灌漑用水)('관개+용수'로 보는 견해)
관개용수(灌漑用水)(표준국어대사전에서는 '관개용+수'로 보는 견해)
관계 맺어 오다(關係-)
관계 부처 간에(關係部處間-)
관계없다(關係-)/관계있다(關係-) *cf.* 관련 없다/관련 있다
관계조(關係調)
관계짓기놀이(關係-)
관계짓다(關係-)
관계치 않다(關係-)
관공작용(貫孔作用) *cf.* 길항 작용, 약지 작용, 상충 작용
관곽장이(棺槨匠-)
관광 가다(觀光-) *cf.* 소풍 가다, 등산 가다
관광객 수(觀光客數) *cf.* 귀향자 수
관광거리(觀光-) *cf.* 구경거리, 추억거리
관광길(觀光-) *cf.* 여행길, 유학 길
관광단지(觀光團地) *cf.* 산업 단지, 공업 단지, 농공 단지
관광버스(觀光-) *cf.* 마을버스, 고속버스, 일반버스, 회사 버스
관광·여행비(觀光·旅行費)
관광차 오다(觀光次-)
관광특구(觀光特區) *cf.* 경제특구, 교육 특구, 행정 특구
관광포스터(觀光-) *cf.* 영화 포스터, 개인전 포스터, 연극 포스터, 불조심 포스터
관광·휴양객(觀光·休養客)
관급제(官給制)
관노비(官奴婢) *cf.* 사노비
관다발식물(管-植物)
관대 차림(冠帶-) *cf.* 양복 차림, 작업복 차림
관대해 보이다(寬大-)
관동별곡(關東別曲) *cf.* 서경별곡
관등놀이(觀燈-)
관련되어 있다(關聯-)
관련시켜 보다(關聯-)
관련 없다(關聯-) *cf.* 관계없다
관련 있다(關聯-) *cf.* 관계있다
관련 자료 찾기(關聯-) *cf.* 자료찾기
관련지어 보다(關聯-)
관련짓다(關聯-) *cf.* 연계짓다
관례화되다(慣例化-)
관록 있다(貫祿-)
관록 있어 보이다(貫祿-)
관료의식(官僚意識) *cf.* 직업의식, 목적의식, 엘리트 의식, 질서 의식
관료주의(官僚主義)
관리상(管理上)
관리, 유지하다(管理, 維持-)
관리해 오다(管理-)
관리해 주다(管理-)
관망해 오다(觀望-)
관머리(棺-)
관민 공동회(官民公同會)

관방학파(官房學派)
관북유람일기(關北遊覽日記) *cf.* 의유당 관북 유람일기, 계축일기, 열하일기, 난중일기
관상감원(觀象監員)
관상 보다(觀相-) *cf.* 사주 보다
관상쟁이(觀相-) *cf.* 점쟁이
관성 바퀴(慣性-)
관성의 법칙(慣性-法則)
관성 저울(慣性-)
관세음보살(觀世音菩薩)
관 속(棺-)
관솔불 *cf.* 기름불, 검부잿불
관수 관급제(官需官給制)
관습화되다(慣習化-)
관 시추(管試錐)
관심거리(關心-) *cf.* 화젯거리, 자랑거리, 웃음거리, 골칫거리
관심 끌다(關心-) *cf.* 시선 끌다
관심 두다(關心-)
관심 많다(關心-)
관심 밖의(關心-)
관심 없다(關心-)
관심 없어 보이다(關心-)
관심은커녕(關心-) *cf.* ㄴ커녕, 커녕
관심 있다(關心-)
관심 있어 보이다(關心-)
관심조차 없다(關心-) *cf.* 조차
관악 합주(管樂合奏) *cf.* 현악 합주
관여해 오다(關與-)
관영 수공업(官營手工業)
관음보살(觀音菩薩)
관음타령(觀音-)
관이음(管-)
관자놀이(貫子-) *cf.* 가슴놀이, 배꼽노리, 콧등노리
관 장식(冠裝飾)
관절꺾기(關節-)
관제묘(官制墓)
관찰놀이(觀察-) *cf.* 재판놀이, 공기놀이
관찰해 보다(觀察-)
관찰해 오다(觀察-)
관철시켜 나가다(貫徹-)
관철해 나가다(貫徹-)
관촉사 석조 미륵보살 입상(灌燭寺石造彌勒菩薩立像)
관측기구(觀測氣球) *cf.* 선전기구, 기상 기구, 타진기구
관측해 오다(觀測-)
관한 한(關-限) <수학에 ~….>
관할 내에(管轄內-)
관할 밖의(管轄-)
관할해 오다(管轄-)
관현맹인(管絃盲人)(소경 악사)
관현악곡(管絃樂曲)
관현악단(管絃樂團) *cf.* 교향악단
관형격 조사(冠形格助辭)
관형사구(冠形詞句)
관형사형 어미(冠形詞形語尾)
관형절(冠形節)
관형절을 안은 문장(冠形節-文章)
관혼상제(冠婚喪祭))
괄목할 만하다(刮目-) *cf.* 만하다
괄시당하다(恝視當-) *cf.* 당하다
괄시받다(恝視-) *cf.* 받다
괄시받아 오다(恝視-)
괄시해 오다(恝視-)
광감쇠기(光減衰器)
광감작(光感作)
광감지기(光感知器)
광개토 대왕릉비(廣開土大王陵碑)
광개토 대왕릉 비문(廣開土大王陵碑文)
광개토왕릉비(廣開土王陵碑)
광개폐기(光開閉器)
광검출기(光檢出器)
광결합기(光結合器)
광고글(廣告-)
광고란(廣告欄) *cf.* 문예란, 뉴스난, 어린이난
광고·선전비(廣告·宣傳費)
광고업계(廣告業界) *cf.* 수출업계

광고온계(光高溫計)
광고주(廣告主)
광고탑(廣告塔) *cf.* 취수탑, 선전탑
광고해 주다(廣告-)
광·공업(鑛·工業)
광과민성(光過敏性)
광교산맥(光敎山脈)
광기생(光寄生)
광기 어리다(狂氣-) *cf.* 수심 어리다, 근심 어리다, 피 어리다
광기전력(光起電力)
광나다(光-)
광내다(光-)
광노화(光老化)
광다이오드(光-)
광달거리(光達距離)
광대 같다
광대놀음
광대놀이
광대뼈
광대역(光帶域)
광대역망(光帶域網)
광대치장 *cf.* 몸치장, 머리치장
광대해 보이다(廣大-)
광도전체(光導電體)
광동요리(廣東料理) *cf.* 북경요리, 사천요리, 한국 요리, 중국 요리
광드라이브(光-)
광디스크(光-)
광메모리(光-)
광명시대(光明時代) *cf.* 암흑시대, 요순시대, 봉건 시대, 서해안 시대, 석기 시대
광무개혁(光武改革)
광반사(光反射)
광반응(光反應)
광발아성(光發芽性)
광발아 종자(光發芽種子)
광변조(光變調)
광 분배망(光分配網)
광 분배점(光分配點)
광분해(光分解)
광산업(光産業)
광산왕(鑛山王) *cf.* 신인왕, 타격왕
광산촌(鑛山村) *cf.* 농어촌
광산화(光酸化)
광선속(光線束)
광섬유(光纖維)
광센서(光-)
광속도(光速度)
광수용기(光受容器)
광수차(光收差)
광스캐너(光-)
광신호 제어(光信號制御)
광안정제(光安定劑)
광양자(光陽子)
광양자설(光量子說)
광역학(光力學)
광열·수도비(光熱·水道費)
광열탄성(光熱彈性)
광온성(廣溫性)
광이온화(光-化)
광인산화(光燐酸化)
광인자(光因子)
광입자(光粒子)
광자기 디스크(光磁氣-)
광자성(光磁性)
광장촌(廣場村)
광저항(光抵抗)
광적응(光適應)
광전고온계(光電高溫計) *cf.* 광전관 고온계
광전관(光電管)
광전기(光電氣)
광전도(光傳導)/광전도도(光傳導度)
광전도체(光傳導體)
광전류(光電流)
광전리(光電離)
광전자(光電子)
광전지(光電池)

광점탄성(光粘彈性)
광접속기(光接續器)
광주광역시(光州廣域市)
광주기성(光週期性)
광주리장수 *cf.* 방물장수
광주산맥(廣州山脈)
광중성자(光中性子)
광중합(光重合)
광증폭기(光增幅器)
광 직접 검파(光直接檢波)
광집적 회로(光集積回路)
광채 나다(光彩) *cf.* 광나다
광채 없다(光彩-)
광채 있다(光彩-)
광컴퓨터(光-)
광케이블(光-)
광탄성(光彈性)
광탄성축(光彈性軸)
광탄성학(光彈性學)
광통신(光通信)
광트랜지스터(光-)
광펜(光-)
광포화점(光飽和點)
광표백(光漂白)
광학대(光學臺)
광학 지레(光學-)
광합성(光合成)
광합성 단위(光合性單位)
광합성률(光合成率)
광행로차(光行路差)
광행차(光行差)
광 헤테로다인 검파(光-檢波)
광호흡(光呼吸)
광화학(光化學)
광환원(光還元)
광회복(光回復)
광회전(光回轉)
광휘 열처리로(光輝熱處理爐)
괘다리적다(멋없고 거칠다.)
괘씸죄(-罪)
괘씸해하다
괘종시계(掛鐘時計) *cf.* 벽시계, 탑시계, 탁상시계, 손목시계, 회중시계
괜찮단 말이냐 *cf.* 단 말이냐, 말이다/말이오
괭이자루 *cf.* 호미자루, 낫자루, 칼자루, 도낏자루, 빗자루, 공구 자루
괭이잠(자주 깨는 잠) *cf.* 풋잠, 선잠
괭잇날 *cf.* 대팻날, 가윗날, 호미날, 면도날
괴까다롭다
괴나리봇짐
괴로운 듯해 보이나 *cf.* 듯하다
괴로울 수밖에 *cf.* ㄹ 수밖에, 밖에(조사)
괴로움당하다(-當-) *cf.* 당하다
괴로움받다 *cf.* 받다
괴로움받아 오다
괴로워 보이다
괴로워하다
괴로워해 오다
괴롭혀 오다
괴롭혀 주다
괴롭힌단 말이야 *cf.* 단 말이야, 말이다/말이오/말입니다
괴머리기둥(물레의)
괴멸되어 가다(壞滅-)
괴물 같다(怪物-)
괴발개발
괴발디딤(소리가 나지 않게 고양이처럼 조심스럽게 발을 디디는 짓)
괴불주머니(노리개의 하나)
괴상만측하다(怪常罔測-)
괴상야릇하다(怪常-)
괴어오르다 <술이 ~.>
괴이 있다
괴이쩍다(怪異-) *cf.* 수상쩍다, 미심쩍다
괴이쩍어하다(怪異-)
괴팍해 보이다(乖愎-)
굄돌 *cf.* 사춤돌
굄성(-性)(남의 사랑을 받을 만한 특성)

굉장해 보이다(宏壯-)
교내(校內) <~ 서클>
교내외(校內外)
교단 내에(敎壇內-)
교단생활(敎壇生活) cf. 교편생활, 교원 생활, 유학 생활, 수사관 생활
교도소 가다(矯導所-) cf. 형무소 가다
교두보삼아/삼다(橋頭堡-) cf. 장난삼아, 거울삼아, 표준삼아, 문제삼아, 자랑삼아
교란당하다(攪亂當-) cf. 당하다
교란해 놓다(攪亂-)
교류한 지(交流-) cf. 만난 지, 시작한 지, 지(의존 명사)
교리면(敎理面) cf. 조직면
교린 정책(交隣政策)
교만해 보이다(驕慢-)
교무실 문(敎務室門) cf. 교실 문, 사무실 문
교문 밖에(校門-)
교문 앞(校門-)
교문 쪽(校門-)
교배잔(交拜盞)
교복 물려주기 운동(校服-運動)
교부받다(交付-) cf. 받다
교부해 주다(交付-)
교사들 간에(敎師-間-)
교사상(敎師像) cf. 어머니상
교사 수(敎師數) cf. 학생 수
교·선 양 종(敎禪兩宗) cf. 선·교 양 종
교섭 끝에(交涉-) cf. 노력 끝에, 싸움 끝에
교섭 중(交涉中) cf. 섭외 중
교섭해 오다(交涉-)
교수 간에(敎授間-) cf. 사제 간에
교실 꾸미기(敎室-)
교실(을) 꾸미다(敎室-)
교실 내에서(敎室內-)
교실 문(敎室門) cf. 교무실 문, 사무실 문, 창고 문, 사당 문, 안방 문
사랑문, 사립문, 현관문, 다락문, 분합문, 장지문
교실 바닥(敎室-) cf. 창고 바닥, 길바닥, 마룻바닥, 땅바닥, 방바닥, 구들바닥
교실 밖에(敎室-)/교실 안에(敎室-)
교실 쪽(敎室-)
교양 없다(敎養-)/교양 있다(敎養-)
교양 없어 보이다(敎養-)
교양·오락비(敎養·娛樂費)
교양오락비(敎養娛樂費)
교양 있어 보이다(敎養-)
교역선(交易船) cf. 유람선, 무역선
교육무용(敎育舞踊) cf. 예술무용, 고전 무용, 현대 무용, 한국 무용
교육·문화 활동(敎育·文化活動)
교육 받다(敎育-) cf. 훈련받다
교육 받아 오다(敎育-)
교육산업(敎育産業) cf. 도시산업, 기간산업, 원시산업, 의료 산업, 정보 산업, 군수 산업, 레저 산업, 유통 산업
교육시켜 주다(敎育-)
교육열(敎育熱) cf. 향학열
교육인구(敎育人口) cf. 어업 인구, 축구 인구, 정치 인구, 이농 인구, 농업 인구
교육과학기술부령(敎育科學技術部令)
교육과학기술부 장관(敎育科學技術部長官)
교육 입국(敎育立國) cf. 출판 보국, 제철 보국
교육 중(敎育中) cf. 수업 중
교육한자(敎育漢字) cf. 상용한자, 당용 한자
교육해 오다(敎育-)
교육형론(敎育刑論) cf. 응보형론, 목적형론
교전 중(交戰中) cf. 전투 중
교정도감(敎定都監)
교정보다(校正-) cf. 준보다, 시험 보다
교정봐 주다(校正-)
교정 잘못 보다(校正-)
교정해 주다(矯正-)
교제 중(交際中) cf. 연애 중
교제해 오다(交際-)
교집합(交集合) cf. 해집합
교찻값(交叉-) cf. 특윳값, 절댓값, 좌표값

교체해 버리다(交替-)
교통경찰(交通警察) *cf.* 철도 경찰
교통관제(交通管制) *cf.* 항공관제, 등화관제, 보도 관제, 사격 관제
교통·군사상(交通·軍事上)
교통 규칙 알아맞히기 놀이(交通規則-)
교통 규칙 지키기 놀이(交通規則-)
교통난(交通難) *cf.* 식량난
교통난 때문에(交通難-)
교통노동(交通勞動)
교통놀이(交通-)
교통도덕(交通道德) *cf.* 공중도덕, 사회도덕
교통마비(交通痲痺) *cf.* 신경 마비, 근육 마비, 안면 마비
교통사고(交通事故) *cf.* 안전사고, 의료 사고, 자동차 사고, 인사 사고
교통사업(交通事業) *cf.* 운수 사업, 환경 사업, 건축 사업, 토목 사업
교통수단(交通手段) *cf.* 기동수단, 응급수단, 통신 수단, 거래 수단, 운송 수단
교통순경(交通巡警) *cf.* 교통경찰, 철도 경찰
교통 신호(交通信號) *cf.* 구난 신호, 응급 신호, 항공 신호, 난선 신호, 난항 신호
교통안전(交通安全) *cf.* 산업 안전(~ 표지)
교통 안전 놀이(交通安全-)
교통·운수 시설(交通·運輸施設)
교통정리(交通整理) *cf.* 경지 정리, 전표 정리, 재산 정리
교통지옥(交通地獄) *cf.* 입시 지옥
교통질서(交通秩序) *cf.* 공공질서, 위생질서, 행락 질서, 상하 질서, 경제 질서
교통·통신망(交通·通信網)
교통·통신비(交通·通信費)
교통편(交通便) *cf.* 항공편, 기차편, 승용차편
교통 표지 읽기 놀이(交通標識-)
교통학설(交通學說)
교파 간에(敎派間-) *cf.* 계파 간에, 학파 간에
교편생활(敎鞭生活) *cf.* 가정생활, 사회생활, 교단생활, 전원생활, 교원 생활, 기자 생활, 선수 생활, 유목 생활
교편 잡다(敎鞭-)
교향악단(交響樂團) *cf.* 관현악단
교향악인 듯싶다(交響樂-) *cf.* 듯싶다
교화되어 가다(敎化-)
교환해 드리다(交換-)
교환해 주다(交換-)
교활해 보이다(狡猾-)
교황령(敎皇令)
교회 간에(敎會間-) *cf.* 국가 간에, 사찰 간에
교회 내에(敎會內-)
교회 안에(敎會-)
교회일(敎會-) *cf.* 회사일
교훈삼아/삼다(敎訓-) *cf.* 거울삼아, 목표삼아, 스승삼아, 좌우명삼아
교훈삼아 오다(敎訓-)
구(舊)-(접두사) *cf.* 구시대, 구석기 시대, 구학문, 구역사학파
구(舊)ˇ(관형사) *cf.* 구 회칙, 구 학생회, 구 교육과정
구각뿔(九角-)
구강내과학(口腔內科學)
구강외과학(口腔外科學)
구개음화(口蓋音化)
구걸해 가다(求乞-)
구걸해 오다(求乞-)
구겨 넣다
구겨박히다
구겨 버리다
구겨 쥐다
구경 가다 *cf.* 소풍 가다, 관광 가다, 여행 가다, 피서 가다, 장가가다, 시집가다
구경가마리 *cf.* 놀림가마리, 맷가마리, 욕가마리, 웃음가마리, 가마리(접미사)
구경김 *cf.* 장난김, 놀잇김, 먹잇김
구경거리 *cf.* 관광거리, 관심거리, 자랑거리
구경꾼 이온
구경나다
구경 다니다

구경 못하다
구경삼아 *cf.* 공부삼아, 연습삼아, 장난삼아, 휴양삼아, 일삼아
구경시켜 주다
구경 오다
구경차(-次) *cf.* 관광차, 유세차, 유람차
구경하러 오다
구경할 겸 해서(-兼-) *cf.* 겸
구경해 오다
구구절절이(句句節節-)
구구표(九九表) *cf.* 곱셈구구
구국 교육 운동(救國敎育運動)
구근베고니아(球根-)
구금당하다(拘禁當-) *cf.* 당하다
구금시켜 놓다(拘禁-)
구급상자(救急箱子) *cf.* 어둠상자, 공명 상자, 케이크 상자, 사과 상자, 저항 상자
구급약품(救急藥品)
구기지르다(함부로 구기다.)
구길 대로 구기다 *cf.* 옭힐 대로 옭히다, 대로
구김살 없다
구김살지다
구김없다
구깃구깃
구깃구깃해 놓다
구내매점(構內賣店) *cf.* 구내 이발관
구내방송(構內放送) *cf.* 구내 다방
구내식당(構內食堂) *cf.* 구내매점, 구내 이발관
구내전화(構內電話) *cf.* 국제 전화, 시내 전화, 시외 전화
구대륙(舊大陸) *cf.* 신대륙
구덕구덕
구덕구덕해지다
구덩이심기
구덩이 파기
구덩이(를) 파다
구두 가게 *cf.* 신발 가게
구두값
구두끈 *cf.* 신발끈, 들메끈, 갓끈, 군화 끈, 운동화 끈
구두닦기 일 *cf.* 농사일, 회사일, 가게일, 공장일 접시닦기 일, 변호사 일
구두닦이
구두 뒤축
구두 병원(-病院) *cf.* 시계 병원
구두쇠/구두쇠 같다
구두쇠 노릇 *cf.* 사장 노릇, 자식 노릇
구두쇠 영감(-令監)
구두약(-藥)
구두칼 *cf.* 종이칼, 해부칼
구두코 *cf.* 신코
구둣발 *cf.* 군홧발
구둣발길
구둣방(-房) *cf.* 책방, 노래방
구둣솔 *cf.* 빨랫솔, 양복솔, 면분솔
구둣주걱 *cf.* 밥주걱, 약주걱, 잉크 주걱
구들구들하다
구들돌
구들동티 <~가 나다.>
구들바닥 *cf.* 길바닥, 마룻바닥, 방바닥, 흙바닥, 논바닥
구들방(-房)
구렁말〔黃馬〕
구렁텅이
구레나룻 *cf.* 다박나룻
구령대(口令臺)
구례 쪽(求禮-) *cf.* 서울 쪽
구류감(拘留-) *cf.* 구속감, 사형감, 파면감, 정학감, 눈요깃감
구름 가는 대로 *cf.* 발 가는 대로
구름 같다
구름결 *cf.* 꿈결, 잠결
구름 끼다 *cf.* 안개 끼다
구름다리 *cf.* 홍예다리, 출렁다리, 섶다리
구름덩이 *cf.* 흙덩이, 달덩이
구름 따라
구름 떼 같다 *cf.* 양 떼, 벌 떼, 개미 떼, 모기떼
구름마찰(-摩擦)(편수 자료 용어로서는 '굴림

마찰') *cf.* 미끄럼마찰
구름머리
구름무늬 *cf.* 산수무늬, 인동무늬
구름바다 *cf.* 눈물바다, 웃음바다, 울음바다
구름발(길게 뻗어 있는 구름의 덩어리)
구름발치(구름에 맞닿아 보일 만큼 먼 곳) *cf.* 먼발치, 산발치
구름 방울 *cf.* 비눗방울, 이슬방울, 빗방울
구름밭(산꼭대기에 있는 뙈기밭)
구름 빛
구름사다리
구름 속
구름송이 *cf.* 꽃송이, 눈송이, 목화송이, 포도송이
구름씨 뿌리기
구름씨(를) 뿌리다
구름양(-量) *cf.* 잉크양
구름의 양(-量) *cf.* 쓰레기양
구름자락 *cf.* 산자락, 밭자락
구름집〔雲堂〕
구름칼(삿자리를 겯는 데 쓰는 칼) *cf.* 해부칼, 담배칼, 도련칼
구름판(-板)
구름판 딛고 뛰기(-板-)
구리거울〔銅鏡〕 *cf.* 유리 거울
구리광(-鑛) *cf.* 우라늄광
구리 막대 *cf.* 유리 막대, 알루미늄 막대
구리 조각 *cf.* 나뭇조각, 아연 조각, 유리 조각, 기와 조각, 비누 조각, 걸레 조각
구리족(-族) *cf.* 알루미늄족, 할로겐족
구리줄 *cf.* 금줄, 은줄
구리쪽 *cf.* 나무쪽, 종이쪽, 구리 조각
구리판(-板)
구린내 *cf.* 고린내, 지린내
구린내 나다 *cf.* 지린내 나다
구린입(주제넘은 말을 하는 입) <~도 안 떼다.>
구릿값
구릿빛 *cf.* 연둣빛, 장밋빛, 보랏빛, 잿빛, 쥣빛, 모싯빛, 상앗빛, 대춧빛, 산홋빛, 포돗빛, 주툿빛, 비췻빛, 마놋빛, 살구빛, 앵두빛, 치자빛, 버찌빛
구만 리(九萬里) <거리가 ~나 된다.>
구만리(九萬里) <~ 장천>
구멍가게
구멍 나다/구멍 내다
구멍뚫기
구멍 뚫다
구멍뚫이
구멍무늬
구멍무늬 토기(-土器)
구멍바위 *cf.* 사자바위, 병풍바위, 너럭바위
구멍 속
구멍수(난관을 뚫고 나갈 만한 수단)
구멍 종이로 떨기
구멍파기끌 *cf.* 깎기끌
구메농사(-農事)(풍흉이 고르지 않은 농사)
구메밥(죄인에게 몰래 넣던 사식)
구면 거울(球面-) *cf.* 반사 거울
구면짝(球面-)
구명띠(救命-)
구명보트(救命-)/구명뗏목(救命-)
구명부표(救命浮標)/구명부환(救命浮環)
구명조끼(救命-)
구명줄(救命-)
구문서(舊文書)
구문타이프라이터(歐文-) *cf.* 영문 타이프라이터, 영문 타자, 한글 타자
구미 당기다(口味-)
구미 돋우다(口味-) *cf.* 돋구다 <도수를 ~.>
구미 돋워 주다(口味-)
구박당하다(驅迫當-) *cf.* 당하다
구박받다(驅迫-) *cf.* 받다
구박받아 오다(驅迫-)
구박해 오다(驅迫-)
구변머리(口辯-) *cf.* 주변머리
구별 말고(區別-) <아들 딸 ~….>
구별시켜 주다(區別-)
구별 없다(區別-)
구별짓다(區別-) *cf.* 결정짓다, 구분짓다

구별하기조차(區別-) *cf.* 조차
구별하여 보다(區別-)
구별해 내다(區別-)
구별해 놓다(區別-)
구별해 주다(區別-)
구부러들다
구분될뿐더러(區分-) *cf.* ㄹ뿐더러
구분될 뿐 아니라(區分-) *cf.* ㄹ 뿐 아니라
구분 말고(區分-)
구분 없다(區分-)
구분짓다(區分-) *cf.* 결정짓다, 구별짓다
구분해 놓다(區分-)
구분해 보다(區分-)
구분해 주다(區分-)
구불구불하다
구비해 놓다(具備-)
구빈사업(救貧事業) *cf.* 구빈 제도, 원호 사업, 구호 사업
구사상(舊思想) *cf.* 신사상
구사일생(九死一生)
9산선문(九山禪門)
구상도 그리기(構想圖-)
구상도(를) 그리다(構想圖-)
구상해 보다(構想-)
구상화 풀림(球狀化-)
구새먹다(나무의 속이 썩어 구멍이 뚫리다.)
구새통(속이 썩어서 구멍이 생긴 통나무)
구석구석
구석기 시대(舊石器時代) *cf.* 신석기 시대
구석기인(舊石器人) *cf.* 신석기인
구석방(-房)
구석 자리
구석지다
구석 쪽에
구설수(口舌數)
구성단위(構成單位) *cf.* 가축단위, 화폐 단위, 학급 단위
구성상(構成上)
구성없다(격에 어울리지 않다.)
구성원 간(構成員間) *cf.* 직원 간, 교직원 간
구성학파(構成學派)
구성해 내다(構成-)
구성해 놓다(構成-)
구성해 보자(構成-)
구세계(舊世界) *cf.* 신세계
구세대(舊世代) *cf.* 신세대
구세력(舊勢力) *cf.* 신세력
구소련(舊蘇聯) *cf.* 구한국(舊韓國), 구 유고슬라비아
구속당하다(拘束當-) *cf.* 당하다
구속받지 않는다(拘束-)
구속시켜 놓다(拘束-)
구속해 버리다(拘束-)
구수회의(鳩首會議) *cf.* 확대회의, 교무 회의, 편집 회의, 수뇌 회의, 정상 회의
구순성격(口脣性格)(심리)
구슬가방
구슬 같다
구슬 꾸러미 *cf.* 동전 꾸러미, 달걀 꾸러미
구슬놀이 *cf.* 기차놀이, 공기놀이, 불놀이
구슬땀 *cf.* 비지땀, 피땀, 식은땀
구슬땀 흘려 가며 일하다
구슬뜨기(뜨개질)
구슬려 삶다
구슬려내다
구슬려대다
구슬발[珠簾] *cf.* 대발, 갈대발
구슬방울 *cf.* 빗방울, 땀방울, 눈물방울, 이슬방울, 침방울, 핏방울
구슬비 *cf.* 이슬비, 가랑비
구슬상모(-象毛)
구슬 수(-數)
구슬아기
구슬줄 *cf.* 쇠줄
구슬줄기[球莖]
구슬치기/구슬치기하다
구슬 친구(-親舊) *cf.* 불알친구, 소꿉친구
구시가(舊市街) *cf.* 신시가

구시대(舊時代) *cf.* 신시대
구시렁구시렁하다
구시월(九十月)
구실길(구실을 할 수 있는 도리나 방법)
구실삼아 *cf.* 놀이삼아, 장난삼아, 일삼아
구심리학(舊心理學)
구심운동(求心運動) *cf.* 원심운동, 결합 운동, 회전 운동
구애받다(拘碍-) *cf.* 받다
구약 성서(舊約聖書) *cf.* 신약 성서
구양순체(歐陽詢體) *cf.* 왕희지체
구 어린이회장(舊-會長)
구 어머니회장(舊-會長)
구어박다(한 곳에서만 시내나.)
구어박혀 지내다 <왕십리에만 ~.>
구어박히다
구역나다(嘔逆-) *cf.* 욕지기나다, 역정 나다, 짜증 나다, 구역질 나다
구역 내에(區域內-)
구역사학파(舊歷史學派) *cf.* 궤변학파, 고증학파, 실학 학파, 이용후생 학파
구역 안에(區域-)
구연동화(口演童話) *cf.* 전래 동화, 창작 동화
구운밤(군밤) *cf.* 군고구마
구운석고(-石膏)
구움일(구움판에 재목을 넣고 말리는 일)
구워 가지고
구워 내다
구워 놓다
구워 드리다/구워 주다
구워 먹다
구워삶나(구슬려 말을 듣게 하나.)
구워 팔다
구원받다(救援-) *cf.* 받다
구원 얻다(救援-)
구원해 주다(救援-)
9월 말경에(九月末頃-)
9월 말에(九月末-)
구월산맥(九月山脈) *cf.* 태백산맥, 소백산맥
9월 중에(九月中-)
9월 초에(九月初-)
구 유고슬라비아(舊-) *cf.* 구소련
구유배 *cf.* 통나무배
구을방울(격구의 동작)
구음 살풀이(口音煞-)
구음 장단(口音-)(편수 자료)
구음 장단(構音-)(표준국어대사전)
9의 단 곱셈구구(九-段-九九)
구의 반지름(球-半)
구의 중심(球-中心)
구의회(區議會) *cf.* 시의회, 도의회
구입해 가다(購入-)/구입해 오다(購入-)
구입해 두나(購入-)
구입해 주다(購入-)
구잇감 *cf.* 횟감
구장어른(區長-) *cf.* 이장어른, 사돈어른, 동네 어른
구저분해 보이다
구절구절(句節句節)
구접스러워 보이다
구정물 *cf.* 구지렁물
구정물 통 *cf.* 물통, 쓰레기통
구제도(舊制度) *cf.* 신제도
구제받다(救濟-) *cf.* 받다
구제비젓 *cf.* 창난젓
구제해 주다(救濟-)
구조대원(救助隊員)
구조대장(救助隊長)
구조되어 나오다(救助-)
구조면(構組面) *cf.* 조직면, 교리면, 면
구조사다리(救助-) *cf.* 고가사다리
구 조선 총독부(舊朝鮮總督府)
구조 아리랑(舊調-)
구조용 강(構造用鋼)
구조체형(構造體型)
구조해 내다(救助-)
구조해 주다(救助-)
구조화되다(構造化-)

구주인(舊主人)
구중궁궐(九重宮闕)
구중심처(九重深處)
구증구포(九蒸九曝)
구지렁물 *cf.* 설거지물, 개숫물, 도랑물, 시냇물, 세숫물
구지레해 보이다
구질서(舊秩序) *cf.* 신질서
구차스러워 보이다(苟且-)
구청 내에(區廳內-)
구청측에서(區廳側-) *cf.* 정부측 발표
구체제(舊體制) *cf.* 신체제
구체화되다(具體化-)
구체화되어 가다(具體化-)
구체화시켜 나가다(具體化-)
구체화시켜 주다(具體化-)
구체화시키다(具體化-)
구체화하다(具體化-)
구체화해 보다(具體化-)
구축전차(驅逐戰車)
구축함대(驅逐艦隊)
구출되어 나오다(救出-)
구출해 내다(救出-)
구출해 주다(救出-)
구타당하다(毆打當-) *cf.* 당하다
구태의연하다(舊態依然-)
구태의연해 보이다(舊態依然-)
구텐베르크 불연속면(-不連續面)
9품중정제(九品中正制)
구하러 가다(救/求-)
구학문(舊學問) *cf.* 신학문
구한국(舊韓國) *cf.* 구소련, 구 유고슬라비아
구한말(舊韓末) *cf.* 한말, 구한국 말, 일제 말, 여말 선초(麗末鮮初)
구해 가다(求-)
구해 가지고(救-)
구해 내다(救-)
구해 놓다(求-)
구해 달라다(求-)
구해 두고 싶다(求-)
구해 보다(求-)
구해 쓰다(求-)
구해 오다(求-)
구해 주다(救/求-)
구현해 나가다(具現-)
구현해 내다(具現-)
구 협의회장(舊協議會長)
구형받다(求刑-) *cf.* 받다
구형법(舊刑法)
구호물자(救護物資) *cf.* 구호 단체, 구호 시설, 원조 물자
구호 아래(口號-) *cf.* 명분 아래
구호양곡(救護糧穀)
구혼색(求婚色)
구화반자(국화반자) *cf.* 우물반자, 소란반자
9화음(九和音) *cf.* 7화음, 3화음
구황실(舊皇室)
9회 말(九回末)
구 회칙(舊會則)
국가 간의(國家間-) *cf.* 집단 간의
국가고시(國家考試) *cf.* 고등 고시, 보통 고시, 행정 고등 고시, 사법 고등 고시
국가들 간에(國家-間-) *cf.* 구성원들 간에
국가 번호(國家番號) *cf.* 국번호, 지역 번호
국가 재건 최고 회의(國家再建最高會議)
국간장(-醬) *cf.* 진간장
국거리 *cf.* 반찬거리, 안줏거리, 시빗거리, 탕거리, 찌갯거리
국경선 너머(國境線-) <~로 ….>
국경선 넘어(國境線-) <~오다.>
국경 없는(國境-)
국·공유림(國·公有林)
국·공채(國·公債)
국·공 합작(國·共合作)
국교 맺다(國交-)
국국물 *cf.* 탕국물
국권·민권 사상(國權·民權思想)
국권 피탈(國權被奪)

국그릇 *cf.* 죽그릇, 밥그릇, 개밥 그릇
국기함 만들기(國旗函-)
국기함(을) 만들다(國旗函-)
국 끓여 먹다
국 끓이기
국 끓이다
국내 총생산(國內總生産)
국내외에(國內外-)
국·도립 공원(國·道立公園)
국립공원(國立公園) *cf.* 시립 공원, 도립 공원, 국립 극장
국립대학(國立大學) *cf.* 사립대학, 도립 대학, 민립 대학
국립묘지(國立墓地) *cf.* 공동묘지, 공원묘지, 개인 묘지, 시립 화장터
국말이 *cf.* 물말이, 밥말이
국무 위원(國務委員) *cf.* 정무 위원
국무총리(國務總理) *cf.* 국무 위원, 정무 위원
국문뒤풀이(國文-)
국문학사(國文學史)
국문학사상(國文學史上)
국민 공회(國民公會)
국민 된 도리(國民-道理) *cf.* 자식 된 도리
국민들 간에(國民-間-)
국민 소학 독본(國民小學讀本)
국민악파(國民樂派) *cf.* 민족악파, 네덜란드악파, 플랑드르악파, 나폴리악파
국민운동(國民運動) *cf.* 시민운동, 여성 운동, 민주화 운동
국민의례(國民儀禮) *cf.* 가정의례
국민정신(國民精神) *cf.* 민족정신, 애국정신, 박애 정신, 호국 정신
국민 총생산(國民總生産)
국민 투표(國民投票)
국민학생(國民學生) *cf.* 초등학생, 고등학생
국민 혁명(國民革命) *cf.* 군사 혁명, 산업 혁명, 시민혁명, 명예혁명
국방백서(國防白書) *cf.* 교육 백서, 경제 백서, 주택 백서
국방상(國防上) *cf.* 국책상, 교육상
국방헌금(國防獻金) *cf.* 방위성금
국번호(局番號) *cf.* 지역 번호, 국가 번호
국사책(國史冊) *cf.* 도덕책, 윤리책, 화학책, 교련책, 음악책, 미술책, 농업책
국산화되다(國産化-)
국산화시키다(國産化-)
국산화하다(國産化-)
국상학파(國狀學派) *cf.* 구성학파, 소요학파
국선생전(麴先生傳) *cf.* 이생규장전
국소징험(局所徵驗)
국수 말기
국수 말다
국수물
국수발(국수를 삶아 놓는 발)
국수방망이 *cf.* 빨랫방망이, 다듬잇방망이, 신골방망이, 도깨비방망이
국수 삶기
국수 삶다
국수장국(-醬-) *cf.* 어복장국
국수주의(國粹主義)
국숫발(면발) *cf.* 화장발
국숫분통
국숫상(-床) *cf.* 잔칫상, 요리상
국숫집 *cf.* 횟집, 밥집, 약국집, 가겟집
국어사전(國語辭典) *cf.* 어원사전, 언어학 사전, 어학학 사전
국어 지식(國語知識)
국어책(國語冊) *cf.* 영어책, 불어책, 독일어책, 일본어책, 중국어책
국어학사(國語學史) *cf.* 국문학사
국어학자(國語學者) *cf.* 국문학자
국으로(제 생긴 대로) <~ 가만히 있어라>
국제 간(國際間) *cf.* 국가 간
국제결혼(國際結婚)
국제경찰(國際警察)
국제공무원(國際公務員)
국제공항(國際空港) *cf.* 국내선 공항
국제관례(國際慣例) *cf.* 국제 관행, 선진 사례

국제기관(國際機關)
국제기구(國際機構) cf. 유엔 기구
국제노선(國際路線) cf. 국내 노선
국제단위(國際單位) cf. SI 단위, CGS 단위
국제단위계(國際單位系, SI) cf. CGS 단위계, SI 단위계
국제단체(國際團體) cf. 국내 단체, 지역 단체, 지연 단체
국제도덕(國際道德) cf. 공중도덕
국제도시(國際都市) cf. 지방 도시, 무역 도시, 문화 도시
국제무대(國際舞臺) cf. 세계무대, 국내 무대, 유럽 무대
국제볼트(國際-)
국제암페어(國際-)
국제올림픽위원회(國際-委員會)
국제옹스롬(國際-)
국제와트(國際-)
국제화되다(國際化-)/국제화하다(國際化-)
국조보감(國朝寶鑑)
국조오례의(國朝五禮儀)
국채 보상 운동(國債報償運動)
국토방위(國土防衛) cf. 향토방위, 지역 방위
국풍 문화(國風文化)
국학정신(國學精神) cf. 산문정신, 문학 정신
국화꽃(菊花-) cf. 장미꽃
국화매듭(菊花-) cf. 장구매듭, 개심매듭
국화반자(菊花-) cf. 우물반자, 소란반자
국화빵(菊花-) cf. 붕어빵
국회 내에(國會內-)
국회 본회의(國會本會議)
국회의원(國會議員) cf. 시의원, 도의원, 국회의장
국회일(國會-) cf. 회사일
국회측(國會側) cf. 정부측
-군(君)(접미사) cf. 대원군, 양원군, 무산군
ˇ군(君)(의존 명사) cf. 김 군, 김주열 군
군검찰부(軍檢察部)
군것
군경원호(軍警援護) cf. 극빈자 원호, 새터민 원호
군고구마 cf. 군밤
군고구마 껍질 cf. 감자 껍질, 사과 껍질, 귤껍질
군고구마 장수
군고구마 통(-桶)
군고기
군 고위층(軍高位層)
군국기무처(軍國機務處)
군국주의(軍國主義)
군권신수설(君權神授說) cf. 왕권신수설
군기와
군기침(헛기침)
군내
군내 나다 cf. 신내 나다
군눈(쓸데없는 짓)
군눈뜨다(외도에 눈을 뜨다.)
군대밥(軍隊-) <~ 더 먹다.> cf. 눈칫밥
군더더기
군더더기 없다
군데군데
군돈
군두부(-豆腐)
군둣구멍(군두 새끼를 꿰는 구멍) cf. 마룻구멍, 단춧구멍, 옹잇구멍, 열쇳구멍, 구멍
군령다짐(軍令-) cf. 우격다짐, 주먹다짐
군만두(-饅頭) cf. 찐만두
군말 cf. 군소리
군말 말고 일해라
군말썽
군목
군물
군·민 모두(軍·民-)
군밤 cf. 군고구마
군밤타령 cf. 새타령, 흥타령
군밥(군식구에게 주는 밥, 먹고 남은 밥)
군법무관(軍法務官)
군변조(群變調)
군병력(軍兵力)

군복무(軍服務)
군복 차림(軍服-) *cf.* 작업복 차림, 양복 차림, 한복 차림
군부대신(軍部大臣) *cf.* 학부대신, 국방부 장관, 문교부 장관
군불
군불 때다
군불솥
군불 지피다
군붓
군빗질
군사람(가욋사람)
군사령관(軍司令官)
군사령부(軍司令部)
군사부일체(君師父一體)
군사상(軍事上)
군사일(軍事-)
군사적, 경제적 원조(軍事的, 經濟的援助)
군살빼기
군살 빼다
군소리 *cf.* 군말
군소리 없다
군소리하다
군 소재지(郡所在地) *cf.* 면 소재지
군수 산업(軍需産業) *cf.* 교육산업, 가전 산업, 내수 산업
군식구(-食口) *cf.* 객식구
군신 간(君臣間) *cf.* 부자간, 형제간
군신유의(君臣有義)
군악대원(軍樂隊員)
군악대장(軍樂隊長)
군악장단(軍樂-)
군악타령(軍樂-)
군용견(軍用犬) *cf.* 경찰견, 맹도견, 안내견
군음식(-飮食)(간식)
군의회(郡議會) *cf.* 시의회, 도의회
군인 가다(軍人-)
군인전(軍人田)
군일(쓸데없는 일) *cf.* 가욋일, 흙일
군입 다시다
군자 같다(君子-)
군정서군(軍政署軍)
군정하(軍政下)
군중대회(群衆大會) *cf.* 보고대회, 체육 대회, 궐기 대회, 경연 대회, 민중 대회
군중 속에(群衆-)
군중집회(群衆集會) *cf.* 노동자 집회
군짓(소용 없는 행동)
군측(軍側) *cf.* 청와대측
군침
군침 돌다
군침 흘리다
군포제(軍布制)
군형법(軍刑法)
군화 끈(軍靴-) *cf.* 신끈, 구두끈, 운동화 끈
군홧발(軍靴-) *cf.* 구둣발
굳건해 보이다
굳게 굳게 <~ 맹세하다.> *cf.* 곧게 곧게
굳비늘
굳뼈 *cf.* 물렁뼈(여린뼈)
굳세게 굳세게 *cf.* 곧게 곧게, 높게 높게
굳세어 보이다
굳어 가다
굳어 버리다
굳어 보이다
굳어 있다
굳어서 가다
굳은가지꽂이
굳은돌 *cf.* 무른돌, 굳은목
굳은실
굳은살 박히다
굳은어깨
굳은 통(-筒)(인쇄 용어) *cf.* 무른 통
굳혀 가다
굳혀 나가다
굳혀 주다
굳힘구이 *cf.* 애벌구이, 재벌구이
굴가마(窟-)

굴 구멍(窟-)
굴국 *cf.* 칫국, 팟국, 뭇국, 조갯국
굴 기르기
굴(을) 기르다
굴길
굴 껍데기 *cf.* 소라 껍데기, 조개껍데기
굴다리 *cf.* 구름다리
굴 따기
굴(을) 따다
굴때장군(-將軍)(크고 살갗이 검은 사람)
굴뚝같다 <생각이 ~.>
굴뚝 등반(-登攀)
굴뚝 속
굴뚝 없는 공장 지대(-工場地帶)
굴뚝족제비
굴러가다 *cf.* 굴러 오다
굴러 내리다
굴러다니다
굴러듣다 <떠도는 소리만 ~.>
굴러들다
굴러들어가다
굴러(서) 들어가다 <공(이) ~.>
굴러들어오다
굴러 떨어지다
굴러먹다 <어디서 굴러먹던 사람인지….>
굴러 보다
굴러 오다 *cf.* 굴러가다
굴러차기
굴렁쇠
굴렁쇠굴리기
굴렁쇠굴리기놀이
굴렁쇠놀이
굴레 벗은 말
굴레 속에
굴레 쓰다
굴레 씌우다
굴려 가다
굴려 보내다
굴려 보다
굴려 오다
굴린 공 맞히기
굴림 마찰(-摩擦)(편수 자료) *cf.* 구름마찰, 미끄럼 마찰
굴림만두(-饅頭)
굴림소리
굴무덤(窟-)
굴 문(窟門)
굴 바닥(窟-) *cf.* 창고 바닥, 개울 바닥, 우물 바닥, 웅덩이 바닥, 호수 바닥
길바닥, 땅바닥, 방바닥, 밑바닥, 마룻바닥
굴 밖에(窟-)
굴밥
굴복당하다(屈服當-) *cf.* 당하다
굴복시켜 놓다(屈服-)
굴복 않다(屈服-)
굴복해 오다(屈服-)
굴속(窟-) <~ 같은 방>
굴속 같다(窟-)
굴식 돌방무덤(窟式-)
굴 안(窟-)
굴 앞(窟-)
굴왕신같다(屈枉神-)(더럽고 보기 흉하다.) <굴왕신같은 골방에서 살다.>
굴우물(窟-)(깊은 우물)
굴절 없이/없다(屈折-)
굴절 접사(屈折接辭)
굴젓눈이 *cf.* 밥풀눈이
굴죽(-粥) *cf.* 홍합죽
굴참나무 껍질 *cf.* 소나무 껍질, 느릅나무 껍질, 소태껍질, 귤껍질, 왕골껍질, 메밀껍질
굴참나무 아저씨
굴타리먹다(수박 따위가 땅에 닿아 썩은 부분을 벌레가 파먹다.)
굵디굵은/굵다 *cf.* 차디찬, 가늘디가는
굵어 보이다
굵어져 가다
굵은 가지 *cf.* 잔가지(용어로서), 잔 가지
굵은 가지 자르기

굵은 고리 *cf.* 가는 고리
굵은 고리 귀걸이 *cf.* 가는 고리 귀걸이, 귀고리
굵은 골재(-骨材) *cf.* 잔 골재
굵은금무늬〔太線文〕 *cf.* 잔금무늬
굵은 깔깔사(-紗)
굵은 꼰사(-絲)
굵은 모래 *cf.* 가는 모래, 잔모래
굵은베 *cf.* 가는베
굵은 비 *cf.* 가는 비
굵은선(-線)(제도 용어로서) *cf.* 가는선
굵은 설탕(-雪糖) *cf.* 모래사탕, 얼음사탕, 감초사탕
굵은소금 *cf.* 곤소금, 왕소금
굵은 실선(-實線) *cf.* 가는 실선
굵은 자갈 *cf.* 잔자갈
굵은체 *cf.* 고운체
굵직굵직하다
굵직굵직해 보이다
굵직해 보이다
굶겨 가며 일시키다
굶겨 죽이다
굶다굶다 못해 *cf.* 굶주리다 못해
굶다 못한 나머지
굶다시피 *cf.* 다시피
굶다시피 하다 *cf.* 다시피 하다
굶듯 하다 <가난한 집 신주 ~.>
굶어 보다
굶이 오디
굶이 죽이 기디
굶은 채 *cf.* 굶주린 채, ㄴ 채, 채
굶주려 오디
굶주리다
굶주리다 못해 *cf.* 굶다 못해
굶주림
군뜨다
굼베타령
굼벵이 같다
굼실굼실
굽갈리장수
굽갈이 *cf.* 창갈이
굽깎기 <말의 ~>
굽다리 바리
굽다리 접시
굽다리합(-盒) *cf.* 굽다리 바리
굽도 젖도 할 수 없다
굽뒤축(굽의 뒤축)
굽바닥
굽바탕
굽어들다
굽어보다
굽어 살펴 주나
굽어 살피다
굽은 가위 *cf.* 곧은 가위
굽은 길 <좌로 ~> *cf.* 곧은길, 굽은길
굽은길 *cf.* 곧은길, 좌로 굽은 길
굽은길에서 달리기
굽은 선(-線) *cf.* 곧은 선
굽은 형(-形)
굽이감다
굽이굽이(부사)
굽이돌다
굽이쳐 내리다
굽이쳐 흐르다
굽이치다
굽이칼 *cf.* 호비칼, 갈이칼
굽잇길 *cf.* 지돌잇길, 안돌잇길
굽잡히다(남에게 잡히어 기운을 못 쓰다.)
굼적굼적하다
굽타 양식(-樣式) *cf.* 간다라 양식
굼통줄
굽혀 보다
굽혀 펴다
굽혀펴기(체조 등)
굽혔다 폈다 하다
굽힌 채 *cf.* 선 채, 편 채, ㄴ 채, 채
굽힐 줄 모르다
굽힘없는/없다
굿거리

굿거리 시조(-時調)
굿거리장단 *cf.* 염불타령장단, 세마치장단, 배다리장단, 푸너리장단
굿놀이
굿문(-門)〔坑門〕
굿일(뫼의 구덩이를 파는 일)
궁궐 내에(宮闕內-)
궁궐 밖(宮闕-) *cf.* 대궐 밖
궁궐 속에(宮闕-)
궁궐 터(宮闕-) *cf.* 궁터, 절터, 집터, 샘터, 나루터, 화장터, 움집터, 왕궁 터, 미륵사 터
궁글막대
궁금해하다
궁둥방아 *cf.* 엉덩방아
궁둥방아 찧다 *cf.* 엉덩방아 찧다
궁둥이내외(-內外)
궁둥이뼈 *cf.* 어깨뼈, 다리뼈
궁둥잇바람 *cf.* 어깻바람, 엉덩잇바람
궁둥잇짓 *cf.* 엉덩잇짓, 눈짓, 어깻짓
궁둥잇짓하다
궁리 끝에(窮理-) *cf.* 연구 끝에, 토의 끝에
궁리해 내다(窮理-)
궁리해 보다(窮理-)
궁상떨다(窮狀-) *cf.* 익살 떨다
궁상맞다(窮狀-) *cf.* 익살맞다
궁상맞아 보이다(窮狀-)
궁상스러워 보이다(窮狀-)
궁색해 보이다(窮塞-)
궁색해져 가다(窮塞-)
궁싯거리다
궁중말(宮中-) *cf.* 대중말
궁중 무용(宮中舞踊) *cf.* 민속 무용, 고전 무용, 현대 무용, 한국 무용
궁초댕기(宮綃-)
궂은날
궂은말 *cf.* 낮은말, 고운 말, 바른 말
궂은 밥
궂은비
궂은비 내리다
궂은비 오다
궂은살
궂은소리(사람이 죽었다는 말)
궂은쌀
궂은일
-권(圈)(접미사) *cf.* 고기압권, 수도권
-권(券)(접미사) *cf.* 관람권, 승차권
-권(權)(접미사) *cf.* 참정권, 전세권
권고받다(勸告-) *cf.* 받다
권고해 보다(勸告-)
권고해 오다(勸告-)
권도살림(權道-)(형편에 맞춰 살아가는 살림)
권력관계(權力關係) *cf.* 남자관계, 혈연관계, 사실 관계, 가족 관계
권력(을) 다투다(權力-)
권력 다툼(權力-) *cf.* 이권 다툼, 세력 다툼, 선두 다툼, 주도권 다툼, 자리다툼, 말다툼
권력 있다(權力-)
권력잡기(權力-) *cf.* 정권잡기, 주도권잡기
권력층 내에(權力層內-)
권리락(權利落) *cf.* 권리부
권리문제(權利問題) *cf.* 사실문제, 남북문제, 교육 문제, 노인 문제
권리 장전(權利章典)
권선징악(勸善懲惡)
권세 부리다(權勢-) *cf.* 세도 부리다
권수(卷數) *cf.* 부수(판매 ~), 면수, 책 수
권위 세우다(權威-) *cf.* 체면 세우다
권위 없다(權威-)
권위 있다(權威-)
권위주의(權威主義)
권유받다(勸誘-) *cf.* 받다
권유해 보다(勸誘-)
권유해 오다(勸誘-)
권장해 오다(勸奬-)
권철심형(捲鐵心形)
권총띠(拳銃-)
권총집(拳銃-) *cf.* 안경집, 가위집, 벼룻집
권커니 잣거니 하다(勸-)

권태로워 보이다(倦怠-)
권투놀이(拳鬪-)
권 판서(權判書) *cf.* 권 장관
권 판서 댁(權判書宅) *cf.* 권 장관 댁
권하는 대로(勸-) *cf.* 주는 대로, 대로
권한 내의(權限內-)
권한 밖의(權限-)
권한 있다(權限-)
권해 드리다(勸-)
권해 주다(勸-)
궐식아동(闕食兒童) *cf.* 결식아동
궐위되다(闕位-)
궤도 장반경(軌道長半徑)
궤도차(軌道車)
궤변학파(詭辯學派) *cf.* 소요학파
궤짝 속에(櫃-)
귀(貴)-(접두사) *cf.* 귀국에서, 귀교에서, 귀금속
귀(貴)∨(관형사) *cf.* 귀 학교에서, 귀 회사에서
귀가려움증(-症)
귀 가렵다 *cf.* 귀 아프다, 귀 따갑다
귀갑따내기(龜甲-)(바둑)
귀갑무늬(龜甲-) *cf.* 거북등무늬
귀갓길(歸家-) *cf.* 하굣길, 답삿길, 출근길, 취재길, 항해길, 성묘길
귀걸이 *cf.* 귀고리
귀결짓다(歸結-) *cf.* 결말짓다
귀고리「耳環」 *cf.* 귀걸이
귀공자 같다(貴公子-)
귀국시켜 주다(歸國-)
귀국한 지(歸國-) *cf.* ㄴ 지, 지(의존 명사)
귀국해 보니(歸國-)
귀국 후에(歸國後-)
귀글(句-) *cf.* 줄글
귀긋기뱃바닥(단청의)
귀기둥
귀 기울여 듣다
귀 기울이다
귀끝 *cf.* 손끝, 발끝
귀나다
귀납학파(歸納學派) *cf.* 연역학파
귀넘어듣다(흘려듣다) *cf.* 귀여겨듣다
귀달이 활자(-活字)
귀담아듣다 *cf.* 새겨듣다, 알아듣다
귀담아들어 오다
귀담아들어 주다
귀대길(歸隊-) *cf.* 성묘길, 취재길, 답삿길
귀 대학에서(貴大學-)
귀덕어미 *cf.* 빼덕어미
귀돌
귀동냥(귀로 얻어들음) *cf.* 눈동냥
귀동냥하다
귀둥대둥(말 따위를 아무렇게 하는 모양)
귀 따갑게 <~ 많이 듣다.>
귀때그릇(액체를 따르는 데 편리하게 만든 귀때기가 붙은 그릇)
귀때기
귀떨어진돈(가장자리가 떨어져 나간 돈)
귀뚜라미 소리 *cf.* 벌레 소리, 매미 소리, 여치 소리, 풀벌레 소리, 모깃소리
귀뚜라미 울다
귀뚤귀뚤
귀 뜨다
귀띔해 드리다
귀띔해 주다
귀릿짚 *cf.* 보릿짚, 호밀짚, 밀짚
귀마루
귀막이
귀머거리
귀먹다 <귀먹은 사람 같다.>
귀 먹다 <한 쪽 귀(가) 먹은 사람>
귀먼기와(鬼面-) *cf.* 하고기와
귀명창(-名唱) *cf.* 소리명창
귀밑(뺨에서 귀 가까운 부분)
귀 밑 *cf.* 코밑, 턱밑(가까운 곳), 딕 밑
귀밑머리
귀 밝다
귀 밝은 체 *cf.* ㄴ 체, 체, 척
귀밝이술

귀빠진 날(생일)
귀뿌리
귀살이
귀삼폿집(-三包-)
귀성길(歸省-) *cf.* 귀갓길, 등굣길, 하굣길, 장삿길, 출셋길, 답삿길, 퇴근길, 성묘길, 취재길, 귀향길
귀성열차(歸省列車) *cf.* 귀성 버스, 귀향 버스, 귀향 자동차
귀 속에 <오른쪽 ~….> *cf.* 귓속
귀솟음(건축)
귀순해 오다(歸順-)
귀신같다(鬼神-) <귀신같은 솜씨>
귀신날(鬼神-)(음력 정월 열엿샛날, 원행을 삼가는 날)
귀신 들리다(鬼神-) *cf.* 신들리다
귀신무늬(鬼神-) *cf.* 번개무늬
귀신불(鬼神-) *cf.* 도깨비불
귀싸대기
귀 아프다 <귀(가) 아파서 병원에 가다.>, <귀 아프게 많이 듣다.>
귀애해 주다(貴愛-)
귀얄무늬
귀얄자국 *cf.* 손톱자국, 마맛자국, 붓자국, 잇자국, 눈물 자국, 수술 자국, 글씨 자국
귀양 가다/귀양 오다
귀양길 *cf.* 귀갓길, 등굣길, 하굣길, 출셋길, 장삿길, 출근길, 귀향길, 여행길, 퇴근길, 항해길
귀양 보내다
귀양살이 *cf.* 감옥살이, 시집살이
귀양살이하다
귀 어둡다
귀엣말(귓속말)
귀여겨듣다 *cf.* 귀넘어듣다, 귀담아듣다
귀 여리다
귀여움받다 *cf.* 받다
귀여움받아 오다
귀여워 보이다
귀여워하다
귀여워해 오다
귀여워해 주다
귀염둥이 *cf.* 귀둥이, 막둥이, 쌍둥이
귀염받다 *cf.* 받다
귀염받아 오다
귀염성(-性)
귀엽단 말이야 *cf.* 예쁘단 말이야, 좋아했단 말이야, 말이다/말이오
귀울음
귀 위원회에서(貴委員會-) *cf.* 귀 학교에서
귀이개
귀 익은/익다 <~ 목소리>
귀 인두관(-咽頭管)(유스타키오관)
귀자르기 *cf.* 꼬리자르기
귀(를) 자르다
귀잠(아주 깊이 든 잠) *cf.* 선잠, 단잠
귀접이반자
귀족과 평민 간(貴族-平民間)
귀족 집(貴族-) *cf.* 서민 집, 평민 집, 고관 집, 사대부집, 양반집, 중인집, 토반집, 상놈 집, 부잣집
귀 주다
귀주 대첩(龜州大捷)
귀주머니
귀중해 보이다(貴重-)
귀 질기다
귀짐작 *cf.* 손짐작, 눈짐작
귀찮아하다
귀측(貴側) *cf.* 귀편(貴便)
귀탈 *cf.* 배탈
귀퉁머리
귀퉁배기(귀퉁머리)
귀틀집 *cf.* 움집, 토막집
귀티 나다(貴-) *cf.* 부티 나다, 촌티 나다, 나이티 나다, 시골티 나다, 공무원 티 나다
귀티 풍기다(貴-) *cf.* 부티 풍기다
귀표하기(-標-)
귀 학교에서(貴學校-)

귀해 보이다(貴-)
귀향길(歸鄕-) *cf.* 귀성길, 퇴근길, 성묘길, 귀양길, 취재길, 귀갓길, 등굣길, 하굣길, 답삿길, 장삿길
귀향해 버렸다(歸鄕-)
귀히 여기다(貴-)
귓가 *cf.* 입가, 눈가
귓것(잡귀)
귓결 *cf.* 바람결에, 잠결
귓구멍 *cf.* 눈구멍, 콧구멍, 목구멍
귓돈(전립의 징두리)
귓머리
귓문(-門)
귓바퀴
귓밥
귓방울
귓병(-病)
귓불
귓속 *cf.* 콧속, 뱃속, 눈 속, 목구멍 속, 입 속
귓속다짐 *cf.* 주먹다짐
귓속말(귀엣말)
귓속뼈 *cf.* 등뼈, 갈비뼈, 허리뼈, 엉치뼈
귓전
규격화되다(規格化-)/규격화하다(規格化-)
규격화되어 가다(規格化-)
규명해 놓다(糾明-)
규모면(規模面) *cf.* 구조면
규모에서뿐 아니라(規模-) *cf.* 에서뿐 아니라
규모 있다(規模-)
규방 가사(閨房歌辭) *cf.* 내방 가사
규범의식(規範意識) *cf.* 도덕의식, 문제의식, 질서 의식, 특권 의식
규산염도(硅酸鹽度)
규산염비(硅酸鹽比)
규장전운(奎章全韻)
규정 때문에(規程-) *cf.* 학력 때문에
규정연기(規定演技) *cf.* 자유연기, 규정 종목
규정짓다(規定-) *cf.* 결정짓다
규정해 놓다(規定-)
규제당하다(規制當-) *cf.* 당하다
규제되어 오다(規制-)
규제받아 오다(規制-)
규제해 오다(規制-)
규칙 동사(規則動詞)
규칙 알아맞히기 놀이(規則-)
규칙 용언(規則用言)
규칙 정하기(規則定-)
규칙 지키기(規則-)
규칙 형용사(規則形容詞)
규탄해 오다(糾彈-)
균등해 보이다(均等-)
균등화되다(均等化-)/균등화하다(均等化-)
균압결선(均壓結線) *cf.* △ 결선, Y 결선
균여대사(均如大師)
균제도율(均齊度率)
균죽이기(菌-)(살균)
균질화 풀림(均質化-)
균형을 잡으며 걷기와 뛰기(均衡-)
균형 잃다(均衡-)
균형 있다(均衡-)
균형잡기(均衡-)/균형잡기놀이(均衡-)
균형 잡다(均衡-)
균형 잡다(均衡-) <몸의 ~.>
균형 잡으며 걷기와 뛰기(均衡-)
균형 잡히다(均衡-)
귤껍질(橘-) *cf.* 소태껍질, 왕골껍질, 메밀껍질, 사과 껍질, 고구마 껍질
귤껍질무늬(橘-)
귤꽃(橘-)
귤밭(橘-) *cf.* 딸기밭, 감자밭, 사과밭
귤빛(橘-)
귤옹초사략(橘翁草史略)
귤잎(橘-) *cf.* 솔잎, 깻잎
귤정과(橘正果)
그- *cf.* 그것, 그이, 그분
그$^{\vee}$(관형사) *cf.* 그 사람, 그 책, 그 밖에도(그것 이외에도), 그 책상, 그 동네
그 가운데

그간(-間)
그 같은
그같이 cf. 그처럼
그건 그렇고
그건 그렇다 치고
그건 말이야 cf. 말이다/말이오
그것대로
그것 대신(-代身)
그것 때문에
그것만큼
그것 말고 cf. 너 말고, 네 친구 말고, 말고 (표준국어대사전에서는 동사 '말다'의 부사형으로 봄. 조사로 보는 견해도 있음.)
그것 밖에 <~도 많이 있다.>
그것밖에 <~ 없다.>
그것 보라는 듯이 cf. 듯이
그것뿐 아니라
그것뿐이다
그것 외에(-外-) cf. 그것 밖에도
그것이야말로 cf. 야말로(조사)
그것참
그게 아니고 cf. 이게 아니고
그게 아니라 cf. 저게 아니라
그 결과(-結果)
그 곁에
그곳에 cf. 이곳에
그 길 <아까 왔던 ~이다.>
그 길로 <아까 왔던 ~ 다시 갔다.>
그길로(부사)
그 길밖에 없다 cf. 밖에(조사)
그까지로
그까짓 거(그까짓 것)
그까짓 것 cf. 제까짓 것, 그까짓 거
그까짓 놈
그깟 놈(그까짓 놈)
그깟 일(그까짓 일)
그 나름대로
그 나름의
그나저나(그러나저러나)
그날 cf. 이날, 그때, 그곳, 이곳
그날그날(부사) <~ 겨우 살아가다.> cf. 그때그때
그날 낮
그날따라 cf. 오늘따라, 올해따라, 작년따라, 그해 겨울따라, 따라(조사)
그날 밤
그날 밤 늦도록/늦게 cf. 밤늦게
그날사 말고 cf. 말고
그날 아침
그날 일
그날 저녁
그날 하루의
그날 할 일
그냥 가다
그냥 놔두다
그냥 두다
그냥 둔 채 cf. 채(의존 명사)
그냥 둬라
그냥저냥
그네뛰기
그네뛰기하다
그네 뛰다 cf. 널뛰다
그네비계 cf. 달비계
그네타기
그넷줄 cf. 낚싯줄, 벼릿줄, 거미줄, 고무줄
그녀(-女)
그녀석 <~ 참 !>
그 녀석 <~을 불러 오너라.>
그년 <~이 그랬다고 ?>
그놈 <~이 그랬다고 ?>
그늘값
그늘 나무 cf. 정자나무, 당산나무, 학 나무
그늘받이 cf. 언덕바지
그늘지다
그늘집터(고고학 용어)
그다음 <~ 사람은 ~에 서라.> cf. 이다음
그 다음(그것 다음에)
그 다음날 cf. 그 이튿날

그 다음날 밤
그 다음달
그 다음 주(-週)
그달 *cf.* 그날, 이달, 그 주, 이 주
그달 그달
그 당시(-當時)
그 대신(-代身)
그 댁에(-宅-) *cf.* 이 댁에
그 덕분에(-德分-)
그동안 *cf.* 이 동안
그 뒤에 *cf.* 그 후에
그득그득
그득그득하다
그들 간에(-間-)
그들끼리 *cf.* 끼리
그들 나름대로/그들 나름의
그들 외에(-外-)
그들 중에(-中-) *cf.* 우리 중에
그따위 *cf.* 이 따위, 저 따위
그따위 일
그딴 소리
그 땅에서
그때
그때 가서
그때그때
그때 그 사람
그때 그 시절(-時節)
그때마다
그때 마침 *cf.* 때마침
그때문에
그때쯤
그라비어인쇄(-印刷) *cf.* 오프셋 인쇄, 활판 인쇄, 평판 인쇄, 볼록판 인쇄
그라처학파(-學派)
그래(조사) <날씨가 좋군~.>, <기분이 좋아 보이는군~.>
그래(형용사) <왜 잔소리를 하고 그래?>
그래 가지고 *cf.* 저래 가지고, 이래 가지고
그래그래
그래 놓고
그래뉼러당(-糖)
그래미상(-賞) *cf.* 에미상, 노벨상
그래서 그런지
그래 오다(그렇게 해 오다.)
그래저래
그래프 그리기
그래프(를) 그리다
그램당량(-當量)
그램분자(-分子)
그램센티미터
그램원자(-原子)
그램원자부피(-原子-)
그램 화학식량(-化學式量)
그램힘
그랬나 보다 *cf.* 했나 보다, 보다
그랬다저랬다하다 *cf.* 이랬다저랬다하다
그러게나 말이야/말입니다
그러게 말이다/말이야/말이오
그러고 나서 *cf.* 그리고 나서
그러고 보니/보면
그러고저러고
그러기 때문에
그러기에 말이다/말이야/말이오
그러기 위해(-爲-)
그러기 전에(-前-)
그러나저러나
그러내다 <아궁이에서 재를 ~.>
그러넣다(그러모아 넣다.)
그러는 가운데
그러는 게 아니다
그러는 동안
그러니까 말이다/말이지 *cf.* 말이다
그러니만큼 *cf.* 그런만큼, 만큼
그러니저러니(그렇다느니 저렇다느니)
그러다 보니/보면
그러담다(그러모아 담다.)
그러당기다
그러던 중에(-中-) *cf.* 하던 중에

그러던 차에(-次-) *cf.* 하던 차에, 먹던 차에
그러들이다
그러려니 하고/하다 *cf.* 저러려니 하다
그러면 그렇지
그러모으다
그러묻다
그러안다(두 팔로 싸잡아 안다.)
그러자꾸나
그러잖아도
그러잡다(그러당기어 잡다.)
그러저러하다
그러쥐다
그러지 마 *cf.* 마라/말아라(→마라)
그러지 마라
그러지 말고 *cf.* 먹지 말고
그러지 않아도
그러한 가운데
그러한 중에(-中-)
그러한즉 *cf.* ㄴ즉
그러했듯이
그러했음 직하다 *cf.* 하였음 직하다, 직하다
그럭저럭
그럭저럭해서
그런가 보다
그런가 봐
그런 가운데
그런가 하면
그런 거야
그런 걸 가지고
그런 걸(그러한 것을)
그런 것
그런 게 아니라
그런고로(-故-)
그런 권고하러 갔다(-勸告-)
그런 녀석
그런 년
그런 놈
그런 다음
그런대로 <~ 살아가고 있다.>

그런 대로 *cf.* 대로
그런데
그런 데 <~ 돈 쓸 필요가 있나?>
그런 데다 <~ 놓지 마라.>
그런데다 <형편이 ~ 병까지 들다.>
그런데도 <형편이 ~ 놀러 갔다.>
그런데도 불구하고(-不拘-)
그런데 말야 *cf.* 말이다/말이오
그런 듯하다 *cf.* 듯하다
그런 따위
그런 때에
그런 뜻에서
그런만큼(그러니만큼) *cf.* 만큼
그런 말씀 하시다
그런 면에서(-面-)
그런 바에야
그런 양으로(-樣-)
그런저런
그런 줄도 모르고
그런 중에도(-中-)
그런즉(-卽)
그런즉슨(-卽-)
그런지 <왜 ~ 모르겠다.>
그런 지 <~ 10년 만에> *cf.* 지(의존 명사)
그런지 아닌지
그런 척하다 *cf.* 척하다
그런 체하다 *cf.* 체하다
그런 탓으로 *cf.* 탓
그런 터에 *cf.* 터
그런 후에(-後-)
그럴 거야
그럴걸 <아마 ~.>
그럴 걸(그럴 것을) <~ 잘못 생각했다.>
그럴 듯하다(그러할 듯하다.)
그럴듯하다(그럴싸하다.)
그럴듯해 보이다
그럴 때마다 *cf.* 마다
그럴 리 없다(-理-) *cf.* 리
그럴 만큼 *cf.* 만큼

그럴 만한 *cf.* 만하다
그럴 바에야
그럴밖에 *cf.* 그럴 수밖에
그럴 법한 이야기 *cf.* 법하다
그럴수록
그럴 수밖에
그럴싸하다
그럴싸해 보이다
그럴 즈음 *cf.* 이럴 즈음
그럼은요
그렇게밖에 안 된다 *cf.* 밖에
그렇고 그런 거다
그렇고 그렇다 <그렇고 그런 소설뿐이다.>
그렇고말고 *cf.* 고말고(어미)
그렇고 저렇다
그렇기 때문에
그렇다고 치고
그렇다손 치더라도 *cf.* 다손 치더라도(전체를 관용 어미로 보기도 함.)
그렇다 치고
그렇다 치더라도/그렇다 하더라도
그렇듯이
그렇지가 않다 *cf.* 그렇잖다
그렇지 않다
그레고리력(-曆) *cf.* 로마력, 율리시스력
그레이 실
그레코로만형(-型)
그려(조사) <기분이 좋습니다~.>
그려 가다/그려 오다
그려 가지고
그려 나가다
그려내기 *cf.* '보여주기'와 '그려내기'
그려 내다
그려 넣다
그려 놓다
그려 두다
그려보기
그려 보다
그려 봐라
그려져 있다
그려 주기
그려 주다
그루갈이
그루낮추기
그루높이기
그루다듬기
그루되다(아이가 늦되다.)
그루밭
그루잠 *cf.* 두벌잠, 아침잠
그루조
그룹 내(-內) *cf.* 회사 내
그르쳐 놓다
그른 밀 *cf.* 옳은 밀
그릇 가게 *cf.* 과일 가게, 채소 가게
그릇 가꾸기
그릇(이) 나다
그릇되게 마련이다 *cf.* 잘되게 마련이다, 게 마련이다, 기 마련이다
그릇되다(잘못되다)
그릇 만들기
그릇(을) 만들다
그릇받침 *cf.* 책받침, 장독받침
그릇 받침(편수 자료)
그릇붙이 *cf.* 고기붙이, 쇠붙이
그릇 씻기
그릇 장사/장수
그릇 조각 *cf.* 구리 조각, 유리 조각, 비누 조각, 걸레 조각, 나뭇조각, 쇳조각
그리고 나서 *cf.* 그러고 나서
그리고 말야 *cf.* 말이다/말이오
그리니치시(-時)
그리 되다(그렇게 되다.)
그리 될 양이면(-樣-) *cf.* 양
그리스극(-劇)
그리스도상(-像) *cf.* 부처상, 공자상, 보살상, 나한상, 제자상
그리스력(-曆) *cf.* 로마력
그리스·로마 시대(-時代)

그리스 말/그리스 어(-語)
그리스 인(-人)
그리스자(-字) *cf.* 로마자, 이집트자
그리워하다
그리워해 오다
그리하다 <그리하여 마침내 성공하다.>
그리 하다 <소원대로 그리 하라.>
그리하였다, 그리하였다 <~. 이때 걸린 시간은 묻지 마라.>
그린 듯이 *cf.* 듯이
그림값 *cf.* 우표값, 채소값, 고추값, 담뱃값
그림 값(한 폭의 ~)
그림 같다 <그림 같은 집을 짓고….>
그림그래프
그림그래프 알아보기
그림 그리기 <~를 좋아하다.>, <그림(을) 그리기가 어렵다.>
그림(을) 그리다
그림글
그림 글자(글자에 그림을 넣어 디자인한 것)
그림 글자(-字) *cf.* 쐐기 글자
그림돌리기
그림뒤집기
그림말
그림면(-面) <~에서는 그 사람이 낫다.>
그림 면(-面)(그림이 있는 면)
그림문자(픽토그램)(물체의 형태를 간략하게 그린 문자)
그림물감
그림배
그림붓
그림엽서(-葉書) *cf.* 사진엽서, 그림지도
그림 오려내기
그림의 떡
그림 이야기
그림일기(-日記)
그림 일기 그리기(-日記-)
그림 일기장(-日記帳)
그림자 같다
그림자 그리기
그림자(를) 그리다
그림자극(-劇)
그림자놀이
그림자밟기
그림자 연극(-演劇)
그림자잡기놀이
그림자조차 *cf.* 너조차, 사람조차, 조차(조사)
그림지도(-地圖) *cf.* 관광 지도, 작전 지도
그림책(-冊)
그림 카드 빙고놀이
그림 카드 집기 놀이
그림칼 *cf.* 부엌칼, 해부칼
그림틀
그림판(-板)
그림풀이
그만 가 봐라
그만그만하다 *cf.* 고만고만하다
그만그만해 보이다
그만두다
그만둘 수밖에 *cf.* 밖에
그만둬 버리다
그만둬야 한다
그만 못하다
그만저만하다
그만하다 <병세가 그저 ~.>
그만 하다 <거짓말 그만 해라.>, <일을 ~.>
그만하면 <~ 예쁜 편이다.>, <~ 잘한 편이다.>, <~ 됐지….>
그만해 두다
그만 해라
그 말대로 *cf.* 대로
그맘때
그 무렵
그물감뜨기/그물감 뜨다
그물감붙이기/그물감 붙이다
그물눈 *cf.* 그물코
그물망 주머니(-網-)
그물맥잎(-脈-)

그물무늬
그물바늘 *cf.* 뜨개바늘, 시곗바늘, 주삿바늘, 낚싯바늘
그물주머니
그물 치다
그물코 *cf.* 그물눈
그믐게(그믐에 잡히는 게) *cf.* 보름게
그믐께 *cf.* 보름께
그믐날
그믐달
그믐밤
그 밑에
그 바람에
그밖에('그사람뿐, 그것뿐'이라는 뜻으로) <아는 이는 ~ 없다.>
그 밖에(그 이외에도) <그 밖에도 할 일은 많이 있다.>
그 밖의 일
그 반면에(-反面-)
그분/그이 *cf.* 저이/저분, 이이/이분
그분께 *cf.* 이분께
그분 댁에(-宅-) *cf.* 이분 댁에
그분들 중에(-中-)
그뿐 아니라
그뿐이다
그 사이 *cf.* 그동안/그 사이(그것 사이에)
그 새 <그 새(사이)를 못 참아서>
그새 <~ 갔다 왔나?>
그 새끼 *cf.* 저 새끼, 이 새끼
그 속에
그 순간(-瞬間)
그슬려 놓다 <개를 ~.>
그 아이
그야말로(그 사람, 그것이야말로) <~ 진정한 애국자이다.>
그어 놓다
그어 두다
그어 보다
그어 주다
그어주다 <네 몫으로 벼 열 섬을 ~.>
그 역시
그 옆
그 외에(-外-)(그 밖에)
그 위
그은총이(-驄-)(회색의 얼룩말) *cf.* 가라말
그을음 나다 *cf.* 연기 나다
그을음물
그이/그분 *cf.* 이이/이분, 저이/저분
그 이듬해 *cf.* 그해
그 이상(-以上)/이하(-以下)
그자(-者)(그 사람)
그 자식(-子息)
그저 그렇다
그저께 밤에 *cf.* 어젯밤
그전(-前)(전날, 과거) <~에는 여기가 산책로였다.>, <~에는 없던 제도>
그 전(-前)(그 이전) <~에 돌아와라.>
그전 같으면(-前-)
그전 같지 않다(-前-)
그 전날(-前-)
그 전날 밤(-前-)
그전대로(-前-)(예전대로)
그전부터(-前-)(옛날부터) <~ 내려오는 풍속>
그 전부터(-前-)(그 이전부터) <~ 와 있다.>
그 전주(-前週)
그 전해(-前-)
그 주(-週) *cf.* 이 주
그 중(-中)(그것 중에서) <~에서 골라라.>
그중(-中)(가장) <여럿 중에서 ~ 낫다.>
그중 낫다(-中-)
그 중에서(-中-) *cf.* 그 가운데에서
그즈음 *cf.* 이즈음
그지없다
그 집 주인(-主人)
그 집주인(-主人)
그쪽 <~에 있다.>, <~은 어떻게 생각하는지?>
그쯤 되고 보니 *cf.* 이쯤 되고 보니

그쯤 해서 *cf.* 이쯤 해서
그쳐 버리다
그치지 않고
그칠 듯하다가 *cf.* 듯하다
그칠 새 없다
그 턱이다 <그냥 ~.>
그편(-便)
그해 *cf.* 그날, 이해, 이날, 그 주, 이 주
그해 가을/그해 겨울
그해 봄
그해 여름
그 후에(-後-) *cf.* 그 전에
극(極)-(접두사) *cf.* 극존칭, 극초단파, 극빈자
극거리(極距離)
극고기압(極高氣壓)
극고압대(極高壓帶)
극구 만류하다(極口挽留-) *cf.* 극구(부사)
극구 부인하다(極口否認-)
극구 사양하다(極口辭讓-)
극구 찬양하다(極口讚揚-)
극궤도 위성(極軌道衛星)
극기단(極氣團)
극기주의(克己主義)
극기후(極氣候)
극단면 계수(極端面係數)
극대화시키다(極大化-)
극대화하다(極大化-)
극댓값(極大-) *cf.* 극솟값, 절댓값, 좌표값, 요구값, 임의값
극락 가다(極樂-) *cf.* 천당 가다
극락길(極樂-) *cf.* 지옥길, 저승길
극락보전(極樂寶殿)
극렬분자(極烈分子) *cf.* 악질분자, 반동분자, 불온 분자, 극성 분자
극반지름(極半-)
극방정식(極方程式)
극복해 가다/극복해 오다(克服-)
극복해 나가다(克服-)
극복해 내다(克服-)
극복해 보다(克服-)
극상품(極上品)
극성떨다(極盛-) *cf.* 궁상떨다
극성맞다(極盛-) *cf.* 궁상맞다, 익살맞다
극성 부리다(極盛-)
극성 분자(極盛分子)(화학) *cf.* 유극성 분자
극성스러워 보이다(極盛-)
극성 팬(極盛-)
극성 피우다(極盛-)
극세사(極細絲) *cf.* 극태사
극솟값(極小-) *cf.* 극댓값, 절댓값, 최댓값, 요구값, 임의값, 좌표값
극악무도하다(極惡無道-)
극이동설(極移動說)
극장 같은 곳(劇場-)
극장식당(劇場食堂) *cf.* 뷔페 식당, 노천 식당
극저층수(極底層水)
극전선(極前線)
극전압(極電壓)
극좌표(極座標)
극좌표식 전위차계(極座標式電位差計)
극지방(極地方)
극 쪽으로(極-)
극찬받다(極讚-) *cf.* 받다
극찬해 오다(極讚-)
극초단파(極超短波)
극초단파대(極超短波帶)
극태사(極太絲) *cf.* 극세사
극판군(極板群)
극피동물(棘皮動物)
극한계(極限界)
극한재료(極限材料) *cf.* 일반 재료
극한투쟁(極限鬪爭) *cf.* 준법 투쟁
극형식(極形式)
근(近)-(접두사) *cf.* 근거리, 근자외선
근(近)[v](관형사) *cf.* 근 한 달 동안, 근 백 년
근거삼아(根據-) *cf.* 바탕삼아, 장난삼아
근거 없다(根據-)
근거 있다(根據-)

근거 찾기(根據-)
근거(를) 찾다(根據-)
근검절약(勤儉節約)
근검절약하다(勤儉節約-)
근교계수(近交係數)
근긴장증(筋緊張症) *cf.* 근무력증
근년 들어(近年-) *cf.* 최근 들어, 올해 들어
근 노드(根-)
근대감사(近代監査)(경제) *cf.* 구식 감사
근대 국어(近代國語)
근대시(近代詩) *cf.* 현대시
근대정신(近代精神) *cf.* 국학정신, 세계정신, 모험 정신, 박애 정신
근대화되어 가다(近代化-)
근대화시키다(近代化-)
근대화하다(近代化-)
근드렁타령(몸을 가누지 못하는 것을 놓으로 이르는 말)
근디스트로피(筋-)
근래 들어(近來-) *cf.* 올해 들어, 최근 들어
근로자 간에(勤勞者間-)
근로정신(勤勞精神) *cf.* 준법정신, 자립정신, 독립 정신, 봉사 정신, 협동 정신
근로학교(勤勞學校) *cf.* 노작학교, 실업학교, 양호학교, 국제 학교, 조리 학교
근린공원(近隣公園) *cf.* 해상공원, 해중공원, 놀이 공원, 자연 생태 공원, 테마 공원
근면·자조·협동 정신(勤勉 自助 協同精神)
근무력증(筋無力症) *cf.* 근긴장증
근무 중(勤務中) *cf.* 수업 중, 이동 중
근방추(筋紡錘)
근 백 년간(近百年間)
근보증(根保證)
근본 되는/되다(根本-) *cf.* 기초 되는
근본 뜻(根本-)
근본 원리(根本原理)
근본이념(根本理念) *cf.* 건국이념, 창사 이념, 건학 이념, 근본 원리
근본정신(根本精神) *cf.* 준법정신, 희생정신, 시민 정신, 절약 정신
근 사십 리 길(近四十里-) *cf.* 십 리 길, 10리 길, 백 리 길, 100리 길, 천 리 길, 하룻길
근 삼 년간(近三年間) *cf.* 근 3년간
근삿값(近似-) *cf.* 목푯값, 기댓값, 최댓값, 좌표값, 임의값
근섬유(筋纖維)
근섬유막(筋纖維膜)
근섬유초(筋纖維鞘)
근소포체(筋小胞體)
근수축(筋收縮)
근심거리 *cf.* 골칫거리, 화근거리, 화젯거리
근심 걱정 없다
근심덩어리 *cf.* 골칫덩어리, 비곗덩어리
근심되다 *cf.* 걱정되다
근심 속에
근심스러워 보이다
근심스러워하다
근심 어린/어리다 *cf.* 수심 어린, 인정 어린
근심 없다
근심 있다
근심투성이 *cf.* 결점투성이, 오자투성이
근 10년간(近十年間)
근엄해 보이다(謹嚴-)
근원섬유(筋原纖維)
근원세사(筋原細絲)
근위축(筋萎縮)
근육덩어리(筋肉-) *cf.* 고깃덩어리
근자오선 고도(近子午線高度)
근자외선(近紫外線)
근저당(根抵當)
근적외선(近赤外線)
근전도(筋電圖)
근절해 버리다(根絕-)
근접치 못할 곳(近接-)
근조직(筋組織)
근지구력(筋持久力)
근 지구력(筋持久力)(편수 자료) *cf.* 근무력증
근지러워하다

근지수(根指數)
근지점(近地點)
근지점조(近地點潮)
근체시(近體詩) *cf.* 현대시
근친 가다(覲親-) *cf.* 시집가다
근친결혼(近親結婚) *cf.* 속간교배, 종간 교배, 근친 교배, 족내 혼인
근친 교배(近親交配)
근친 오다(覲親-) *cf.* 시집오다
근·현대사(近·現代史) *cf.* 중·근세사
근형질막(筋形質膜)
글감 *cf.* 일감, 횟감, 양념감, 치맛감, 땔감
글감 고르기
글감 잡기
글감(을) 잡다
글감 찾기
글감(을) 찾다
글값
글 값 <한 편의 ~>
글공부하다
글구멍(글을 잘하는 지혜나 소질의 주머니) <~이 커서 아는 것이 많다.>
글귀[-句]
글 깨치기
글(을) 깨치다
글눈
글다듬기
글(을) 다듬다
글동무 *cf.* 말동무, 잠동무, 술친구
글 뜻 *cf.* 말뜻
글러 먹다 *cf.* 틀려먹다, 먹다(보조 동사)
글레이층(-層)
글로버탑(-塔) *cf.* 게이뤼삭탑
글로벡스 선물 지수(-先物指數)
글루코스/포도당
글말
글맛 *cf.* 입맛, 눈맛, 밥맛
글맵시 *cf.* 옷맵시, 몸맵시
글모음
글밑천
글발
글방(-房)
글방 앞(-房-)
글방도련님(-房-)
글방물림(-房-)
글방사랑(-房舍廊)
글벙어리
글빛 *cf.* 술빛, 말빛, 노름빛
글속 <~이 깊다.>
글 속 <~에 길이 있다.>
글솜씨 *cf.* 말솜씨, 춤솜씨
글쎄 말예요
글쎄 말이다 *cf.* 말이다/말이오
글쎄올시다 *cf.* 올시다(어미)
글쓰기 <~ 숙제를 하다.>
글 쓰기 <~가 어렵다.>, <소개하는 ~….>
글 쓰다
글쓴이[筆者] *cf.* 듣는이, 말하는이, 펴낸이, 지은이, 듣는 이, 말하는 이
글씨쓰기 <~ 숙제를 하다.>
글씨 쓰기 <~가 어렵다.>
글씨 쓰다
글씨 자국 *cf.* 눈물 자국, 수술 자국, 여드름 자국, 마맛자국, 망건자국, 곰봇자국
글씨체(-體)
글읊기
글읽기
글 읽기 <좋은 ~…>
글 읽는 소리
글 읽다
글자놀이(-字-)
글자 만들기(-字-)
글자말(-字-)(문자 언어)
글자맞히기
글자 수(-字數) *cf.* 음절 수
글자체(-字體)
글재간(-才幹) *cf.* 손재간, 발재간, 말재간
글재주(-才-) *cf.* 말재주, 손재주

글줄 <~이나 읽은 모양이다.>
글짓기
글짓기상(-賞)
글 짓다
글쪽지
글치레 *cf.* 막치레, 눈치레
긁개
긁어 가다
긁어내기 주걱
긁어내다
긁어내리다
긁어놓다 <긁어놓은 솔잎>
긁어당기다 *cf.* 끌어당기다
긁어 드리다
긁어들이다
긁어먹다(남의 재물을 뜯어먹다.)
긁어 먹다 <과일을 숟갈로 긁어(서) 먹다.>
긁어모으다
긁어 보다
긁어 부스럼 만들다
긁어 주다
긁어줘다
긁적긁적하다
긁적대다
긁혀미다
-금(金)(접미사) *cf.* 계약금, 장학금, 축하금
금(今)-(접두사) *cf.* 금세기, 금월, 금주일
금(今)✓(관형사) <금 20일에>
금가다
금가락지(金-) *cf.* 은가락지, 옥가락지
금가루(金-) *cf.* 은가루, 쇳가루, 돌가루
금값(金-) *cf.* 은값, 돌값, 똥값
금강사숫돌(金剛砂-) *cf.* 기름숫돌, 가죽숫돌, 연삭숫돌, 변노 숫돌
금강산타령(金剛山-)
금강삼매경론(金剛三昧經論)
금강역사상(金剛力士像)
금강저비단무늬(金剛杵緋緞-)
금강전도(金剛全圖)
금고학파(今古學派) *cf.* 고문학파
금관가야(金官伽倻)
금관 악기(金管樂器) *cf.* 목관 악기, 리듬 악기, 멜로디 악기, 찰현악기
금관자(金貫子) *cf.* 옥관자, 뿔관자, 대모관자
금귀걸이(金-) *cf.* 은귀걸이, 옥귀걸이
금귀고리(金-)
금긋기 바늘 *cf.* 나침반 바늘, 시곗바늘, 주삿바늘, 뜨개바늘
금긋다
금기시하다(禁忌視-)
금기시해 오다(禁忌視-)
금난전권(禁亂廛權)
금년 같은 해(今年-) *cf.* 내년 같은 해
금년 내에(今年內-)
금년 들어(今年-)
금년 말에(今年末-)
금년 봄(今年-)
금년 중에(今年中-)
금년 초에(今年初-)
금(을) 놓다(물건값의 표준을 정하다.)
금니박이(金-) *cf.* 덧니박이, 박이(접미사)
금다래꿍
금단청(金丹靑)
금단추(金-) *cf.* 쇠단추
금더미(金-) *cf.* 흙더미, 퇴비더미, 잿더미
금덩어리(金-) *cf.* 은덩어리, 납덩어리, 흙덩어리, 고깃덩어리, 골칫덩어리
금덩이(金-) *cf.* 은덩이, 납덩이, 흙덩이
금도금(金鍍金) *cf.* 은도금, 크롬 도금, 주석 도금, 불소 도금, 니켈 도금
금도끼(金-) *cf.* 은도끼, 돌도끼
금돈(金-) *cf.* 은돈, 쇠돈
금동 미륵 반가 사유상(金銅彌勒半跏思惟像)
금동 미륵 반가상(金銅彌勒半跏像)
금동 비로자나불 좌상(金銅毘盧遮那佛坐像)
금동 아미타여래 좌상(金銅阿彌陀如來坐像)
금동 여래 입상(金銅如來立像)
금릉쇄사(金陵瑣事)

금맥 찾기(金脈-)
금 맞추다
금메달(金-) *cf.* 은메달, 동메달
금명일(今明日)
금명일간(今明日間)
금모 곡옥(金帽曲玉)
금모래(金-) *cf.* 은모래
금모래 빛(金-) <반짝이는 ~.>
금모으기 운동(金-運動)
금문학파(今文學派) *cf.* 고문학파
금문 해협(金門海峽) *cf.* 대한 해협
금물결(金-) *cf.* 은물결, 황금물결
금박이(金-) *cf.* 박이
금박지(金箔紙) *cf.* 은박지, 먹박지
금반지(金斑指) *cf.* 은반지, 다이아몬드 반지
금방금방(今方今方)
금방망이(金-) *cf.* 은방망이
금방울(金-) *cf.* 은방울
금배지(金-) *cf.* 은배지
금뱃바닥(錦-)(단청의)
금벽 산수(金碧山水)
금별(金-) *cf.* 은별, 붉은 별
금병풍(金屛風)
금(을) 보다(시세를 알아보다.)
금부족설(金不足說)
금부처(金-) *cf.* 돌부처, 철부처
금붕어 기르기(金-)
금붕어(를) 기르다(金-)
금붕어 수(金-數)
금비(金-) *cf.* 은비, 구슬비
금비녀(金-) *cf.* 은비녀, 옥비녀, 놋비녀
금빛(金-) *cf.* 은빛
금 빛깔(金-) *cf.* 은 빛깔
금빛 나다(金-) *cf.* 구릿빛 나다, 은빛 나다, 하늘빛 나다
금산 삼(錦山蔘) *cf.* 개성 삼, 강원도 삼
금 상자(金箱子) *cf.* 은 상자
금석 같다(金石-) <금석 같은 맹세>
금석동이고(金石同異考)

금세공(金細工) *cf.* 은세공, 죽세공
금세공품(金細工品) *cf.* 죽세공품
금세기 내에(今世紀內-)
금세 알다
금속·기계·중화학 공업(金屬·機械·重化學工業)
금속 막대(金屬-) *cf.* 나무 막대, 유리 막대, 플라스틱 막대, 구리 막대
금속·목재 가공 처리공(金屬·木材加工處理工)
금속박(金屬箔)
금속선(金屬線)
금속 실(金屬-)
금속음(金屬音)
금속 이온(金屬-)
금속판(金屬板)
금속 판대(金屬版臺)
금수강산(錦繡江山)
금수 같다(禽獸-) <금수 같은 놈>
금수레(金-) *cf.* 은수레
금수송점(金輸送點)
금수입점(金輸入點)
금수출점(金輸出點)
금시계(金時計) *cf.* 은시계, 수정 시계
금시장(金市場)
금시초문(今始初聞)
금실(金-) *cf.* 은실
금실 같다(金-)
금싸라기 같다(金-)
금싸라기 땅(金-)
금아말감(金-)
금알갱이 붙임(金-)(편수 자료)
금알갱이붙임(金-)
금오신화(金鰲新話)
금옥관자(金玉貫子) *cf.* 옥관자, 금관자, 대모관자
금요일날(金曜日-) *cf.* 주일날, 일요일날
금융업자(金融業者) *cf.* 출판업자
금·은광(金銀鑛)
금은보화(金銀寶貨)
금·은 세공품(金·銀細工品)

금이빨(金-) *cf.* 은이빨
금 25일(今二十五日)
금저울(金-) *cf.* 은저울
금전만능(金錢萬能) *cf.* 황금만능, 물질 만능
금정산성(金井山城) *cf.* 남한산성
금정책(金政策)
금정틀(金井-)
금제 관식(金製冠飾)
금제 뒤꽂이(金製-)
금제 띠고리(金製-)
금제품(禁制品)
금제품(金製品)
금종이(金-) *cf.* 은종이, 색종이
금주 들어(今週-)
금주 안에(今週-)
금주 중에(今週中-)
금준비율(金準備率)
금줄(禁-)
금줄치기(禁-)(민속)
금줄 치다(禁-) *cf.* 줄 치다
금지당하다(禁止當-) *cf.* 당하다
금지해 오다(禁止-)
금쪽같다(金-) <금쪽같은 내 새끼>
금테두리(金-) *cf.* 은테두리
금파오다(金-)(민속)(부잣집의 흙을 파오다.)
금팔찌(金-) *cf.* 은팔지, 옥팔찌
금패물(金佩物)
금평가(金平價)
금품 받다(金品-) *cf.* 편지 받다
금해 오다(禁-)
금호강변(金湖江邊) *cf.* 한강변, 압록강변
금호평야(琴湖平野) *cf.* 나수평야
금화도감(禁火都監)
-급(級)(접미사) *cf.* 헤비급 선수
ᵛ급(級)(명사) <같은 급의 선수>, <바둑 1 급> (의존 명사) <적의 머리 20급>
급(急)-(접두사) *cf.* 급브레이크, 급행군
급격해진만큼(急激-) *cf.* 만큼
급·배수 설비(給·排水設備)
급브레이크(急-)
급살 나다(急煞-)
급살 맞다(急煞-)
급살 맞아 죽다(急煞-)
급섬광등(急閃光燈)
급수·배수 시설(給水·排水施設)
급신장세(急伸張勢)
급여 받다(給與-) *cf.* 편지 받다
급템포(急-)
급피치(急-)
급한 김에(急-) *cf.* 덕 본 김에, 분한 김에
급한 대로(急-) *cf.* 대로
급한 볼일(急-)
급해 보이다(急-)
급행군(急行軍)
급행열차(急行列車) *cf.* 완행열차, 급행 버스
급행차(急行車) *cf.* 완행차
긋기뱃바닥(단청의)
긍정문(肯定文) *cf.* 부정문
긍정 의문문(肯定疑問文)
-기(期)(접미사) *cf.* 방황기, 유아기, 소년기
-기(器)(접미사) *cf.* 생식기, 소화기, 호흡기
-기(氣)(접미사) *cf.* 시장기, 기름기, 화장기
-기(記)(접미사) *cf.* 여행기, 유람기, 옥중기
-기(機)(접미사) *cf.* 이앙기, 탈곡기, 예초기
기가 막히다(氣-)
기가 막힐 노릇(氣-)
기가전자볼트(-電子-)
기각역(棄却域)
기간 내에(期間內-)
기간단체(基幹團體) *cf.* 산하 단체, 시민 단체, 협력 단체
기간 망(基幹網)
기간산업(基幹産業) *cf.* 교육산업, 원시산업, 기초 산업, 의료 산업
기간 외에(期間外-)
기간 중에(期間中-)
기개 있다(氣槪-)
기겠다는 말이냐 *cf.* 다는 말이냐

기계공작(機械工作)
기계국수(機械-) *cf.* 칼국수, 틀국수
기계·기구(機械·器具)
기계기름(機械-) *cf.* 기계유
기계모 내기(機械-) *cf.* 손모 내기
기계모 심기(機械-) *cf.* 손모 심기
기계 문명(機械文明) *cf.* 물질문명, 정신문명
기계 비비기(機械-) *cf.* 손 비비기, 믹서 비빔
기계 시계(機械時計) *cf.* 전자시계, 아날로그시계, 디지털시계
기계요소(機械要素) *cf.* 전자요소(북한), 문법 요소, 핵심 요소
기계인형(機械人形) *cf.* 봉제완구, 봉제 인형
기계 체조(器械體操) *cf.* 맨손 체조
기계켜기(機械-) *cf.* 발틀켜기, 손틀켜기
기계톱(機械-)
기계화되어 가다(機械化-)
기고만장해 보이다(氣高萬丈-)
기곳날(忌故-) *cf.* 제삿날, 파제삿날
기공수(氣孔數)
기관지경(氣管支鏡)
기관지병(氣管支病)
기관지염(氣管支炎)
기관총 소리(機關銃-) *cf.* 총소리, 대포 소리
기관총탄(機關銃彈)
기교 없다(技巧-)
기구 다루기(器具-)
기구(를) 다루다(器具-)
기구 만들기(器具-)
기구(를) 만들다(器具-)
기구 체조(器具體操) *cf.* 맨손 체조
기꺼워하다
기꺼이 하다 <궂은 일을 ~.>
기껏해야
기나긴/길다 *cf.* 머나먼, 크나큰
기념박물관(記念博物館) *cf.* 역사박물관, 기념 도서관, 교과서 박물관, 고인쇄 박물관
기념사업(記念事業)
기념사진(記念寫眞) *cf.* 결혼사진, 증명사진, 졸업 사진, 영정 사진
기념상품(記念商品)
기념식날(記念式-)
기념식수(記念植樹)
기념식전(記念式典)
기념엽서(記念葉書)
기념우표(記念郵票)
기념인장(記念印章)
기념주화(記念鑄貨)
기념집회(記念集會) *cf.* 군중집회, 환영 집회
기념탑(記念塔) *cf.* 광고탑, 선전탑
기념행사(記念行事) *cf.* 추모 행사
기는줄기 *cf.* 감는줄기, 붙는줄기
-기는커녕('커녕'은 조사) <도와 주기는커녕>
기능면(技能面) *cf.* 성능면
기능재료(機能材料)
기능 키(機能-)
기능학과(技能學科)
기능학파(機能學派)
기다래 보이다 <얼굴이 ~.>
기다려 달라고 하다
기다려 보다
기다려 오다
기다려 주다
기다렸다는 듯이 *cf.* 듯이
기다리는 중에(-中-)
기다리다 못해 *cf.* 참다못해, 견디다 못해
기다리던 차에(-次-)
기다릴 수밖에 *cf.* 수밖에, 밖에(조사)
기다릴 테야 *cf.* 터
기대서다
기대 속에(期待-)
기대앉다
기대 오다
기대한 만큼(期待-) *cf.* 만큼
기대해 보다(期待-)
기대해 오다(期待-)
기댓값(期待-) *cf.* 극댓값, 절댓값, 순서값, 좌표값, 임계값

기도 덕에(祈禱德-) *cf.* 따님 덕에, 원님 덕에
기도드리다(祈禱-)
기도발(祈禱-) *cf.* 면도발, 화장발, 국숫발
기도 소리(祈禱-) *cf.* 주문 소리, 응원 소리
기독교회(基督敎會)
기동력 있다(機動力-)
기동수단(機動手段) *cf.* 교통수단, 비상수단, 이동 수단, 교환 수단
기동시간(起動時間) *cf.* 대기시간, 비행시간, 작동 시간, 활동 시간
기동시켜 보다(起動-)
기둥감 *cf.* 서까랫감, 들봇감
기둥 구멍 *cf.* 수챗구멍, 옹이구멍
기둥 나무 *cf.* 기둥목
기둥 될 만하다 <나라의 ~> *cf.* 만하다
기둥머리
기둥바위
기둥뿌리 *cf.* 파뿌리, 칡뿌리, 나무뿌리
기둥서방(-書房)
기둥자리
기둥코
-기 때문에 *cf.* 좋기 때문에, 먹기 때문에
기러기 떼 *cf.* 참새 떼, 송사리 떼, 양 떼, 제비 떼, 모기떼
기러기발(거문고, 가야금 등의) *cf.* 안족
-기로서니(어미) <철없는 아이~ 그럴 수가 있나?>, <아무리 독서가 좋~ 밤까지 새울 것까지 있나?>
기록계기(記錄計器) *cf.* 서산계기, 시시계기
기록, 계산, 정리함으로써(記錄, 計算, 整理-)
기록 내다(記錄-)
기록되어 있다(記錄-)
기록 세우다(記錄-)
기록해 나가다(記錄-)
기록해 놓다(記錄-)
기록해 두다(記錄-)
기른단 말이야 *cf.* 말이다/말이오
기른 듯한 *cf.* 듯하다
기를 만큼 *cf.* 만큼

기름값 *cf.* 석탄값, 가스값
기름거르개
기름걸레 *cf.* 물걸레, 진걸레, 마른걸레
기름고무 *cf.* 생고무, 찰고무, 파라고무, 아라비아고무, 지렁이고무
기름구멍 *cf.* 바람구멍, 단춧구멍
기름기(-氣) *cf.* 화장기, 거름기
기름 담금 통조림(-桶-)
기름덩어리 *cf.* 기름덩이, 살덩이, 고깃덩어리
기름덩이 *cf.* 기름덩어리
기름독 *cf.* 김칫독, 오줌독, 장독
기름등잔(-燈盞) *cf.* 어유등잔, 목화씨기름 등잔, 콩기름 등잔
기름땅
기름때 *cf.* 물때
기름때 묻다
기름떡
기름띠
기름먹
기름받이
기름방울 *cf.* 물방울, 빗방울, 핏방울, 침방울, 땀방울, 비눗방울, 이슬방울, 공기 방울
기름방울법(-法)
기름배(유조선)
기름범벅 *cf.* 꿀범벅, 땀범벅
기름병(-甁) *cf.* 향수병, 약주병, 맥주병, 우유병
기름불 *cf.* 등잔불, 관솔불
기름소금
기름소금장(-醬)
기름숫돌 *cf.* 금강사숫돌, 가죽숫돌, 연삭숫돌, 면도 숫돌
기름양 *cf.* 잉크양, 먼지양, 벡터양
기름얼룩
기름에 볶기
기름옷
기름의 양(-量)
기름 장사 *cf.* 곡식 장사, 과일 장사, 과자 장사, 군밤 장사, 그릇 장사, 꽃 장사, 두부 장사, 떡 장사, 모자 장사, 물감 장사, 붓 장

사, 빈대떡 장사, 쌀 장사, 옷 장사, 이불 장사, 채소 장사, 책 장사, 화장품 장사, 나무 장사, 밥장사, 술장사, 엿장사

기름 장수

기름 장수 역(-役)

기름접시

기름종이 *cf.* 거름종이

기름 중탕(-重湯)(오일 배스) *cf.* 물중탕, 모래 중탕

기름지다

기름집 *cf.* 떡집, 국숫집, 튀김집

기름 찌꺼기 *cf.* 음식 찌꺼기

기름 치다

기름 탱크 *cf.* 가스탱크, 물탱크

기름통(-桶)

기름투성이 *cf.* 먼지투성이, 흙투성이

기름튀기(기름에 튀겨 내는 일이나 그런 음식)

기름펌프 *cf.* 소방펌프, 배수펌프, 물 펌프, 공기 펌프, 압축 공기 펌프

기름 항아리(-缸-) *cf.* 꿀항아리, 똥항아리, 고추장 항아리, 된장 항아리

기름흙(조각)

기리나 보다

기린 아저씨(麒麟-)

기린우리(麒麟-) *cf.* 돼지우리, 곰우리

기린 총각(麒麟總角)

기린하고는(麒麟-) *cf.* 하고(조사)

기마경찰(騎馬警察) *cf.* 교통경찰, 해양 경찰

-기 마련이다 *cf.* 게 마련이다

기마바지(騎馬-)

기마순경(騎馬巡警) *cf.* 해양 경찰, 전투 경찰

기마 인물모양 토기(騎馬人物模樣土器)

기마행렬(騎馬行列) *cf.* 자동차 행렬, 군인 행렬, 피란민 행렬

기막혀 죽겠다

기만전술(欺瞞戰術) *cf.* 기만 동작

기만정책(欺瞞政策)

기만행위(欺瞞行爲) *cf.* 부정행위, 탈선행위, 도발 행위, 사기 행위

기말수당(期末手當) *cf.* 위험수당, 가족 수당, 잔업 수당, 야근 수당, 월차 수당, 연차 수당

기명날인(記名捺印) *cf.* 서명 날인

기명악기(氣鳴樂器) *cf.* 현명악기, 찰현악기, 리듬 악기, 금관 악기

기묘사화(己卯士禍) *cf.* 을사사화

기미 끼다

기미독립운동(己未獨立運動)

기미시장(期米市場)

기미운동(己未運動) *cf.* 시위운동, 결사 운동, 반대 운동

기미채다(幾微-)(낌새채다) *cf.* 눈치 채다

기밀문서(機密文書) *cf.* 비밀문서, 공개 문서, 토지 문서

기밀시험(氣密試驗) *cf.* 고압 시험, 내구 시험, 충격파 시험, 비파괴 시험

기밀장치(氣密裝置) *cf.* 집전장치, 시건장치, 기밀 용기, 감압 장치, 개폐 장치

기반 다지다(基盤-)

기반 닦다(基盤-)

기반 닦아 놓다(基盤-)

기반 잡다(基盤-)

기반 잡히다(基盤-)

기백번(幾百番) *cf.* 수백 번, 몇백 번

기백후청(岐伯侯鯖)

기벨린당(-黨) *cf.* 겔프당

기별 없다(寄別-)

기별 있다(寄別-)

기본뜻(基本-)

기본 소체(基本小體)

기본열(基本列)

기본예절(基本禮節) *cf.* 기본 화기

기본요금(基本料金) *cf.* 할증 요금

기본음(基本音)

기본임금(基本賃金) *cf.* 기준 임금, 최저 임금

기본자세(基本姿勢) *cf.* 응용 자세

기본 키(基本-)/주 키

기본틀(基本-)

기부받다(寄附-) *cf.* 기증받다, 받다

기부예약(寄附豫約) *cf.* 기부 체납
기부족(氣不足)
기부해 주다(寄附-)
기분 나다(氣分-) *cf.* 화나다
기분 나빠 보이다(氣分-)
기분 나빠져 가다(氣分-)
기분 나빠지다(氣分-)
기분 나빠하다(氣分-)
기분 나쁘다(氣分-)
기분 내다(氣分-) *cf.* 화내다
기분 내키다(氣分-) *cf.* 마음 내키다
기분 맞춰 주다(氣分-)
기분 좋다(氣分-) *cf.* 기분 나쁘다
기분 좋아 보이다(氣分-)
기분 좋아져 가다(氣分-)
기분 좋아하다(氣分-)
기뻐 날뛰다
기뻐할 만하다 *cf.* 만하다
기뻐해 주다
기사광고(記事廣告) *cf.* 신문 광고
기사문 쓰기(記事文-) *cf.* 설명문 쓰기
기사 중 광고(記事中廣告)
기사환국(己巳換局)
기 살다(氣-)
기삿거리(記事-) *cf.* 화젯거리, 흥밋거리, 시빗거리, 끼닛거리, 핑곗거리
기상관제(氣象管制) *cf.* 교통관제, 등화관제, 항공관제, 보도 관제, 사격 관제
기상나팔(起床喇叭) *cf.* 취침나팔, 진혼나팔, 진군 나팔
기상 예보(氣象豫報) *cf.* 강수 예보, 계절 예보, 단수 예보, 폭풍 예보
기상재해(氣象災害) *cf.* 산업 재해
기상천외하다(奇想天外-)
기색은커녕(氣色-) *cf.* 는커녕, 커녕(조사)
기생년(妓生-) *cf.* 무당년
기생오라비 같다(妓生-)
기생집(妓生-) *cf.* 색싯집, 대폿집
기생충병(寄生蟲病)
기생충 알(寄生蟲-)
기생충혈증(寄生蟲血症)
기생타령(妓生-)
기생퇴물(妓生退物) *cf.* 선생 퇴물, 경찰 퇴물
기성관념(既成觀念) *cf.* 고정관념, 도덕관념, 시간관념, 정조 관념
기성도덕(既成道德) *cf.* 공중도덕, 사회도덕, 교통도덕
기성동맹(期成同盟)
기성복 고르기(既成服-)
기성복(을) 고르다(既成服-)
기성사실(既成事實) *cf.* 기정사실
기성세대(既成世代) *cf.* 신세대, 6·3 세대
기성세력(既成勢力) *cf.* 신진 세력, 훈구 세력, 진보 세력, 보수 세력
기성원인(既成原因)
기성학자(既成學者) *cf.* 신진 학자
기세당당하다(氣勢當當-)
기세등등하다(氣勢騰騰-)
기세부리다(氣勢-) *cf.* 권세 부리다, 세도 부리다, 강짜 부리다, 위세 부리다, 기세피우다
기세 좋다(氣勢-)
기세충천하다(氣勢衝天-)
기세피우다(氣勢-) *cf.* 기세부리다
기술·경제면(技術·經濟面)
기술면(技術面) *cf.* 기능면
기술배상(技術賠償) *cf.* 금전 배상
기술정비(技術整備) *cf.* 하수도 정비, 하천 정비, 뒷골목 정비, 제도 정비, 법률 정비
기술·지식 집약적(技術·知識集約的)
기술직원(技術職員) *cf.* 사무직원, 경리 직원, 관리 직원, 현장 직원
기술학교(技術學校) *cf.* 공업학교, 실업학교, 조리 학교
기술학파(記述學派)
기술해 놓다(記述-)
기슭막이 *cf.* 물막이
기습당하다(奇襲當-) *cf.* 당하다
기습받다(奇襲-) *cf.* 받다

기습해 오다(奇襲-)
기승떨다(氣勝-)
기승부리다(氣勝-) *cf.* 기세부리다, 억척 부리다, 위세 부리다
기신없다(氣神-)(기력이 없고 정신이 흐리다.)
기신호(旗信號) *cf.* 수신호, 눈신호
기십만(幾十萬) *cf.* 몇십만, 수십만
기싸움(氣-) *cf.* 말싸움, 눈싸움, 머리싸움, 밥그릇 싸움
기 쓰다(氣-)
기악 합주(器樂合奏)
기암괴석(奇巖怪石)
기암절벽(奇巖絕壁)
기압골(氣壓-)
기약분수(既約分數)
기약 없다(期約-)
기어가기
기어가다
기어 나가다
기어 나오다
기어 내려오다
기어다니다
기어들다
기어들어가다
기어들어오다
기어열(-列)
기어오다
기어오르기
기어오르다
기어 올라가다
기어 올라오다
기억개선(記憶改善) *cf.* 품질 개선
기억과잉(記憶過剩)
기억나다(記憶-) *cf.* 생각나다
기억 덧셈 키(記憶-)
기억 뺄셈 키(記憶-)
기억 속에(記憶-)
기억시켜 주다(記憶-)
기억 재현 키(記憶再現-)
기억해 내다(記憶-)
기억해 두다(記憶-)
기억해 오다(記憶-)
기엄둥실
기업 간에(企業間-)
기업 내에(企業內-)
기업의식(企業意識) *cf.* 목적의식, 정치의식, 패배의식, 경제 의식, 우월 의식
-기에 망정이지(어미, 의존 명사. '기에망정이지'를 관용 어미로 보기도 함.) *cf.* 그러기에 망정이지, 혼자이기에 망정이지, 망정(의존 명사)
기여해 오다(寄與-)
기역자(-字) *cf.* 디귿자, 미음자
기역자집(-字-) *cf.* 말집, 디귿자집, 날개집, 일자집, 일잣집
기역자홈(-字-)
기연가미연가하다(其然-未然-)
기온 감률(氣溫減率)
기온차(氣溫差) *cf.* 온도차
기와밟기(민속) *cf.* 놋다리밟기
기와 이기
기와장이(-匠-)
기와 조각 *cf.* 유리 조각, 구리 조각, 나뭇조각
기와집 *cf.* 초가집, 너와집, 판잣집, 함석집
기왓가마
기왓고랑
기왓등
기왓장꿇림 *cf.* 모말꿇림
기왓장일망정 *cf.* ㄹ망정(어미)
기우뚱기우뚱하다
기운 나다 *cf.* 힘 나다
기운 내다 *cf.* 힘 내다
기운단 말이야 *cf.* 말이야/말이다/말이오
기운생동(氣韻生動)(동양화 기법)
기운 세다 *cf.* 힘세다
기운 쓰다 *cf.* 힘쓰다
기운 없다 *cf.* 힘없다
기운차게/차다 *cf.* 힘차게
기울기자

기울어 가다
기울어져 가다
기울여 놓다
기울여 보다
기울여 오다
기울여 주다
기움말
기웃기웃(부사)
기워 붙이기(수산·해양)
기워 입다
기워 주다
기원독립단(紀元獨立團)
기원전(紀元前) *cf.* 기원후
기원후(紀元後) *cf.* 기원전
기유각서(己酉覺書)
기유약조(己酉約條)
기유조약(己酉條約)
기인 제도(其人制度)
기입해 놓다(記入-)
기자릉(箕子陵)
기장밥 *cf.* 수수밥, 옥수수밥, 기장국수
기재해 놓다(記載-)
기적 같다(奇蹟-)
기적 소리(汽笛-) *cf.* 경적 소리, 고함 소리, 나팔 소리, 장구 소리, 클랙슨 소리, 피리 소리, 뱃고동 소리
기절할 듯이(氣絕-) *cf.* ㄹ 듯이, 듯이
기절해 버리다(氣絕-)
기정방침(旣定方針) *cf.* 기본 방침, 교육 방침, 기존 방침
기정사실(旣定事實) *cf.* 기성사실, 특정 사실
기죽다(氣-)
기죽어 살나(氣-)
기죽어 지내다(氣-)
기죽이다(氣-)
기죽지 말고(氣-)
기준값(基準-) *cf.* 표준값
기준 끓는점(基準-點)
기준 되는(基準-) *cf.* 모범 되는
기준삼아/삼다(基準-) *cf.* 표준삼아, 잣대삼아, 장난삼아, 농담삼아
기준선 긋기(基準線-)
기준선(을) 긋다(基準線-)
기준 없이(基準-)
기준틀(基準-)
기중기선(起重機船)
기중미생물(氣中微生物)
기증받다(寄贈-) *cf.* 구애받다, 할애받다
기증해 버리다(寄贈-)
기증해 주다(寄贈-)
기지개 켜다
기지개 펴다
기진맥진하다(氣盡脈盡-)
기진맥진해 보이다(氣盡脈盡-)
기차 꽁무니(汽車-)
기차놀이(汽車-) *cf.* 병원놀이, 재판놀이
기차다(氣-) <기차게 좋다.>
기(가) 차다(氣-)
기차 바퀴(汽車-) *cf.* 자동차 바퀴, 자전거 바퀴, 수레바퀴, 톱니바퀴, 물레바퀴
기차 속(汽車-) *cf.* 자동차 속
기차 안(汽車-) *cf.* 배 안, 차 안
기차역(汽車驛) *cf.* 지하철역
기차표(汽車票) *cf.* 비행기표, 배표
기찻길(汽車-) *cf.* 뱃길, 자동찻길, 자전거길
기찻삯(汽車-) *cf.* 찻삯, 버스삯
기체 방울(氣體-) *cf.* 공기 방울, 기름방울
기체·액체 크로마토그래피(氣體液體-)
기체 크로마토그래피(氣體液體-)
기초 되는/되다(基礎-) *cf.* 근본 되는, 기준 되는
기초뜨기(基礎-)(뜨개질)
기초 뜨다(基礎-)
기초박기(基礎-)(건축)
기초삼아/삼다(基礎-) *cf.* 기준삼아, 농담삼아, 근거삼아, 자랑삼아
기초식품(基礎食品) *cf.* 기초 어휘, 기초 운동, 기초 의학
기초 편(基礎篇) *cf.* 응용 편

기초화장(基礎化粧) *cf.* 기초 과학, 기초 대사율, 기초 어휘
기치 아래(旗幟-) *cf.* 구호 아래, 명분 아래
기침 소리 *cf.* 고함 소리, 숨소리, 목소리, 울음소리, 웃음소리
기타족(-族) *cf.* 만돌린족
기타 치기
기타 치다 *cf.* 피아노 치다, 풍금 치다
기탄없다(忌憚-) *cf.* 거침없다, 스스럼없다, 막힘없다
기틀 잡히다
기펜재(-財)(경제)(가격이 내릴 때 오히려 수요가 줄어드는 재화)
기 펴고 살다(氣-)
기 펴다(氣-)
기평가보험(旣評價保險)
기포 상자(氣泡箱子) *cf.* 공명 상자, 안개상자, 어둠상자
기품 높다(氣品-)/기품 있다(氣品-)
기하급수적으로(幾何級數的-)
기하학무늬(幾何學-)
기한 내에(期限內-)
기한 지나다(期限-)
기한 차다(期限-) *cf.* 나이 차다
기합받다(氣合-) *cf.* 벌받다
기합 주다(氣合-) *cf.* 벌 주다
기해박해(己亥迫害)
기해일기(己亥日記) *cf.* 계축일기, 난중일기
기형화되다(畸形化-)/기형화하다(畸形化-)
기호음료(嗜好飮料) *cf.* 기호 식품
기호 표(記號表)
기호학파(畿湖學派) *cf.* 영남학파
기호 학파(畿湖學派)(편수 자료) *cf.* 영남 학파, 강화 학파
기호현상(記號現象)
기호 흥학회(畿湖興學會)
기화열(氣化熱)
기화요초(琪花瑤草)
기회감염(機會感染)
기회균등(機會均等) *cf.* 수혜균등
기회균등의 원칙(機會均等-法則)
기회균등주의(機會均等主義)
기회비용(機會費用) *cf.* 매몰 비용, 기회원가, 여행 비용, 수술 비용, 건설 비용
기회삼아/삼다(機會-) *cf.* 핑계삼아, 거울삼아
기회 없다(機會-)/기회 있다(機會-)
기회 있는 대로(機會-) *cf.* 대로(의존 명사)
기회주의(機會主義)
기후 탓으로(氣候-) *cf.* 날씨 탓, 나이 탓
기후표(氣候表)
긴가민가하다(기연가미연가하다)
긴 관형절(-冠形節)
긴군악 장단(-軍樂-)
긴 글
긴급시에(緊急時-) *cf.* 유사시에, 비상시에
긴급회의(緊急會議) *cf.* 확대회의, 구수회의, 군축 회의, 원로 회의
긴긴날
긴긴낮
긴긴밤
긴긴해
긴 꼴 부정문(-否定文) *cf.* 짧은 꼴 부정문
긴난봉가(-歌)
긴농부가(-農夫歌)
긴단장(-丹粧)
긴 달(낮의 길이가) *cf.* 짧은 달, 큰달, 작은달
긴대답(-對答)(길게 빼서 하는 대답)
긴대패 *cf.* 짧은대패
긴뜨기 *cf.* 짧은뜨기
긴뜨기코
긴 만큼 <역사가 ~….> *cf.* 만큼(분량, 정도를 나타낼 때에는 의존 명사)
긴말
긴말하다 <긴말할 것 없이…>
긴 머리 *cf.* 짧은 머리
긴목
긴 목 항아리(-缸-)
긴밀해 보이다(緊密-)

긴바늘(시계의) *cf.* 짧은바늘
긴바지 *cf.* 반바지, 짧은바지
긴 바지 <길이가 ~를 입고….> *cf.* 짧은 바지(길이가 ~)
긴박해져 가다(緊迫-)
긴반지름(半-) *cf.* 짧은반지름
긴 법이다(-法-) <수명이 ~.>
긴베개
긴병(-病) <~에 효자 없다.>
긴 부정문(-否定文) *cf.* 짧은 부정문
긴불긴간에(緊不緊間-)
긴사설(-辭說)(수다스럽게 늘어놓는 말)
긴 섬유(-纖維) *cf.* 짧은 섬유
긴 세월(歲月)
긴소리(용어로서) *cf.* 짧은소리
긴 소리(용어가 아닌 '짧은 소리'와 '긴 소리')
긴소리표(-標)
긴소매 *cf.* 반소매, 짧은소매
긴아리
긴아리랑
긴아리랑타령
긴알락콩
긴앞꾸밈음(-音)
긴염불(-念佛)
긴 얘기
긴육자배기(-六字-)
긴·자진 형식(-形式)
긴장된 채로(緊張-) *cf.* 술 취한 채로, 채
긴장시켜 주다(緊張-)
긴절로소리
긴 줄
긴줄넘기(줄넘기의)
긴지름 *cf.* 짧은지름
긴 쪽 *cf.* 짧은 쪽
긴촉이음(-鏃-)
긴촌충(-寸蟲)
긴치마 *cf.* 짧은치마
긴칼〔大刀〕
긴파람(긴 휘파람)
긴 한숨 쉬다
길가 <~의 가로수>
길 가 <학교 가는 ~에>
길 가는 <~ 행인>, <~ 사람들>
길갓집 *cf.* 골목집, 거릿집
길거리
길 건너기
길 건너쪽
길고 긴/길다 *cf.* 멀고 먼
길고 짧음 *cf.* 때리고 맞다, 깊고 얕음
길군악(-軍樂)
길그물
길길이 뛰다
길꼬냉이
길나다
길나들이(길목)
길녘
길놀이 행사(-行事)
길눈
길눈 어둡다
길 닦아 놓다
길닦음소리
길 닳다
길동무 *cf.* 말동무, 글동무, 술친구
길들다
길들어 있다
길들여 놓다
길들여 오다
길들어져 가다
길들여 주다
길들이기
길들이다
길디길다 *cf.* 무겁디무겁다
길 따라 걷기
길 따라 공굴기 게임
길 따라 여행하기(-旅行-)
길 떠나다
길 뚫다
길라잡이 *cf.* 길잡이

길러 가다 <인재를 ~.>
길러 나가다
길러 내다
길러 내려는/내려다
길러 놓다
길러 보다
길러 오다
길러 주다
길머리
길모퉁이 *cf.* 산모퉁이
길목
길목버선(먼길을 갈 때에 신는 허름한 버선)
길물 *cf.* 발목물, 허릿물
길바닥 *cf.* 땅바닥, 방바닥, 논바닥, 마룻바닥
길벌레 *cf.* 날벌레
길상무늬(吉祥-)
길섶 <~에 주저앉다.>
길속(전문적인 내용) <안 해 본 일이라 ~을 모른다.>
길손
길송장 *cf.* 거릿송장
길싸움 <먼저 가려고 ~을 한다.>
길쌈내기
길쌈노래
길 안내하기(-案內-)
길 안내하기 놀이(-案內-)
길양식(-糧食)
길 양쪽(-兩-)
길어 가다 <물을 ~.>
길어 놓다
길어다 놓다
길어다 주다
길어 보이다 *cf.* 짧아 보이다, 커 보이다
길어 부으면/붓다 <물을 ~….>
길어 오다 <물을 ~.>
길어 주다
길 옆에
길이길이
길이만큼 *cf.* 만큼(조사)
길이모쌓기 *cf.* 작은모쌓기
길이 비교하기(-比較-)
길이세워쌓기
길이쌓기 *cf.* 켜쌓기
길이의 단위 알아보기(-單位-)
길이이음
길이 재기
길이(를) 재다
길잡이
길잡이책(-冊) *cf.* 안내책
길잡이 톱질
길 저편에서(-便-)
길조심(-操心) *cf.* 몸조심, 불조심, 차조심
길조차 <~ 막혔거늘….> *cf.* 너조차, 그 사람조차, 조차(조사)
길지 않다
길짐승 *cf.* 산짐승, 날짐승
길 쪽 *cf.* 들 쪽, 산 쪽
길쭉길쭉해 보이다
길쭉해 보이다
길찾기
길타령
길 한복판
길허리 *cf.* 산허리
-김(의존 명사) *cf.* 홧김에, 부앗김에
ˇ김(의존 명사)('은/ㄴ 김'의 구성으로 쓰여) *cf.* 떡 본 김에, 시작한 김에
김가놈(金哥-) *cf.* 이가놈, 박가놈
김 공(金公) *cf.* 이 공, 박 공
김구이 *cf.* 생선구이, 갈비구이
김국 *cf.* 팟국, 뭇국, 칡국
김 군(金君)
김 굽다
김 기르기
김(을) 기르다
김 나가다
김 나다
김 노인(金老人)
김 대감 댁(金大監宅) *cf.* 김 장관 댁

김말이 *cf.* 달걀말이, 김치말이, 무쌈말이, 두루마리
김매기/김매다
김매기 소리
김매기타령
김모 씨(金某氏) *cf.* 이모 씨
김무침 *cf.* 달래무침, 미역무침
김 박사(金博士) *cf.* 이 박사
김발 *cf.* 대발, 갈대발
김밥
김부각 *cf.* 다시마부각, 가죽부각
김빠지다 *cf.* 땀 빠지다, 힘 빠지다
김빼기
김 빼 놓다
김 빼다
김새다(맥이 빠지다.)
김(이) 새다(실제로 김이 새는 경우)
김생 집(金生-)
김 선생 댁(金先生宅) *cf.* 강 선생 댁
김쐬기
김씨(金氏) *cf.* 이씨, 박씨, 김대성 씨(김 씨)(표준국어대사전)
김씨네(金氏-) *cf.* 이씨네, 박씨네
김씨 댁에(金氏宅-) *cf.* 이씨 댁에
김 영감(金令監)
김유신 장군 묘(金庾信將軍墓)
김 의원 댁(金議員宅) *cf.* 이 의원 댁
김인우 해산(-海山)
김자반 *cf.* 깨자반, 콩자반, 가죽자반
김장감
김장값 *cf.* 사탕값
김장거리
김장 김치 *cf.* 봄김치, 지레김치
김장독 *cf.* 장독
김장 녹 <밧난 ~….>
김장때
김장밭 *cf.* 배추밭
김장철
김 전 장관(金前長官) *cf.* 김 전 총리
김찬국 *cf.* 찬국, 오이찬국, 미역찬국
김철수 선생(金哲洙先生)
김 첨지(金僉知) *cf.* 박 첨지
김치 국물(김칫국) *cf.* 찌개 국물, 국국물
김치군만두
김치녹두부침(-綠豆-)
김치 담그기 *cf.* 장 담그기
김치 담그다 *cf.* 장 담그다
김치덮밥
김치말이 *cf.* 국말이, 김말이, 달걀말이, 무쌈말이
김치 맛 *cf.* 장맛, 술맛, 밥맛, 고기맛, 감초맛, 소태맛, 음식 맛, 깍두기 맛
김치 박사(-博士) *cf.* 나비 박사
김치볶음밥
김치잡채(-雜菜)
김치전골
김치죽(-粥)
김치찌개 *cf.* 된장찌개
김치 학파(-學派)
김치해장국(←-解酲-)
김칫거리 *cf.* 찌갯거리, 국거리, 양념거리
김칫국 <~부터 마신다.>
김칫독 *cf.* 기름독, 오줌독, 장독
김칫돌 *cf.* 다듬잇돌
김칫소 *cf.* 만두소
김포 쌀(金浦-) *cf.* 이천 쌀, 철원 쌀
김포평야(金浦平野) *cf.* 김해평야
김해평야(金海平野) *cf.* 호남평야, 나주평야
김 형(金兄) *cf.* 이 형, 강 형
김홍집·박영효 연립 내각(金弘集·朴永孝 聯立內閣)
김화 분지(金化盆地) *cf.* 곡산 분지
깁바탕(서화에 쓰는 깁 또는 그 깁에 그린 그림)
깃갈이 *cf.* 털갈이
깃구멍 막히다 *cf.* 숨구멍, 귓구멍
깃그물
깃기바람(도포의 옷깃 바람)
깃낚시
깃대(旗-)

깃대기둥(旗-)(당간)
깃대종 살리기 운동(旗-鐘-運動)
깃대춤(旗-)
깃들다 <수심이 ~.>, <어둠이 ~.>, <황혼이 ~.> *cf.* 깃들이다
깃들어 있다/깃들여 있다
깃들이다 <새가 ~.>, <사찰이 곳곳에 깃들여 있다.> *cf.* 깃들다
깃무늬
깃발(旗-)
깃발 아래(旗-) *cf.* 기치 아래
깃봉(旗-)
깃세포(-細胞)
깃 속
깃저고리
깃주다
깃촉
깃털
깊게 깊게 *cf.* 곧게 곧게, 높게 높게
깊고 깊은/깊다 *cf.* 넓고 넓은
깊고 넓은/넓다
깊고 얕은 *cf.* 주고받다, 길고 짧은
깊드리(바닥이 깊은 논)
깊디깊은/깊다 *cf.* 슬프디슬픈, 높디높은
깊어 가다
깊어 보이다
깊은구멍파기끌 *cf.* 깎기끌
깊은 바다
깊은 바다 속 *cf.* 바다 속
깊은 밤
깊은 사랑
깊은 산속(-山-)
깊은 산속 골짜기(-山-)
깊은숨(심호흡)
깊을뿐더러 *cf.* ㄹ뿐더러
깊을 뿐 아니라 *cf.* ㄹ 뿐 아니라
깊이 갈다
깊이갈이
깊이깊이
깊이 있다
깊이 파고 들어가서/가면
까 가지고 오다
까까머리(빡빡 깎은 머리) *cf.* 중머리
까꿍놀이
까뀌날 *cf.* 면도날, 가윗날
까뀌자루 *cf.* 도낏자루, 빗자루, 괭이자루, 곡괭이자루
까끳밥 *cf.* 자귓밥, 톱밥, 가랫밥, 가윗밥
까 넣다
까놓고 말해서
까놓다 <까놓고 말해서….>
까 놓다 <마늘을 ~.>
까다로워 보이다
까다로워져 가다
까닥 못하다
까닭 모를 *cf.* 원인 모를
까닭수(까닭으로 삼을 만한 수)
까닭 없다
까드락까드락
까딱수(-手)(요행을 바라는 얕은 수) <내기 장기에서 ~에 넘어가 지다.> *cf.* 꼼수
까딱 않다
까딱없다
까딱 잘못했다가는
까딱하면
까땍없다
까래짚
까마귀 떼 *cf.* 기러기 떼, 개미 떼, 송사리 떼
까마귀밥이 되다 *cf.* 개밥, 까치밥
까마귀 소리 *cf.* 까치 소리, 기러기 소리, 여치 소리, 새소리, 종소리
까마귀 할머니
까막관자(-貫子) *cf.* 옥관자, 뿔관자, 대모관자
까막길(까마득한 먼길)
까막까치
까막눈
까막눈이
까막잡기

까만 구두 *cf.* 빨간 구두, 흰 구두, 백구두
까만빛 *cf.* 흰빛, 노란빛, 빨간빛
까만색(-色)
까만 치마 *cf.* 흰 치마
까매 보이다 *cf.* 하얘 보이다
까먹다(잊어버리다) <공부한 것을 ~.>
까 먹다 <밤을 ~.>
까무러쳐 버리다
까무잡잡해 보이다
까물까물하다
까뭇까뭇하다
까뭉개다
까바치다(일러바치다)
까발리다
까불지 마/마라
까슬까슬하다
까 주다
-까지(조사) *cf.* 서울까지, 너까지
까짓것 <~을 알아서 무엇하려고?>
까치걸음 *cf.* 종종걸음, 게걸음, 황소걸음, 가재걸음, 황새걸음, 물레걸음
까치걸음(국악)
까치구멍(용마루에 뚫어 놓은 환기구)
까치놀 <먼바다의 ~을 등지고….>
까치눈(발가락 밑바닥에 갈라진 자리)
까치 떼 *cf.* 기러기 떼, 개미 떼, 까마귀 떼, 벌 떼, 모기떼
까치말(선반을 받치는 물건)
까치밥(까치의 먹이) *cf.* 개밥
까치밥(나무 열매의 하나)
까치 새끼 *cf.* 염소 새끼
까치설날 *cf.* 설날, 보름날
까치 소리 *cf.* 기러기 소리, 까마귀 소리, 새소리, 참새 소리, 꾀꼬리 소리, 부엉이 소리
까치 아주머니
까치저고리
까치집 *cf.* 새집, 제비집, 비둘기집
까칠까칠하다
까칠이 탈 *cf.* 흔들이 탈, 삐뚤이 탈

까칫골 *cf.* 감나뭇골, 싸릿골, 감잣골
까탈 부리다 *cf.* 말썽 부리다
까투리타령 *cf.* 새타령, 박타령
까팡돈(아이들 장난감)
깍둑썰기 *cf.* 어슷썰기, 깎아썰기
깍듯이 모시다
깍쟁이 같다
깍지끼다
깍짓동
깍짓손 *cf.* 꺽짓손
깎기끌 *cf.* 구멍파기끌
깎기접 붙이기(-椄-) *cf.* 접붙이기
깎기접/절접(-椄/切椄)
깎는목(국악)
깎아 내다
깎아내리다 <명예를 ~.>
깎아 놓다/깎아 두다
깎아 다오
깎아 달라고 하다
깎아 먹다 <무를 ~.>, <원금을 ~.>
깎아 보다
깎아 세우다
깎아썰기 *cf.* 깍둑썰기, 어슷썰기
깎아 오다
깎아 주다 <머리를 ~.>, <물건을 ~.>
깎아지른 듯하다 *cf.* 듯하다
깎아지른/지르다 <~ 절벽>
깎아차기
깎아치기
깎여 나가다
깎여 내려가다
깎은 듯이 *cf.* 듯이
깎은새서방(-書房)
깎음다리(태껸)
깎인 채 <물에 ~….> *cf.* 채
깎지 않는다
깐(의존 명사) *cf.* 제 깐에는, 제놈 깐에는
깐깐오월(-五月) *cf.* 미끈유월, 동동팔월
깐깐해 보이다

깐돌
깐보다(마음 속으로 가늠을 보다.)
깔고 앉다
깔깔사(-絲) *cf.* 노브사
깔깔수(-繡) *cf.* 꽃수, 징금수, 쌀알수
깔깔웃음 *cf.* 껄껄웃음
깔끔이상(-賞) *cf.* 으뜸상, 버금상
깔도리
깔돌(장식으로 바닥에 까는 돌)
깔딱깔딱하다
깔때기대(-臺)
깔때기홈통(-桶)
깔려 오다
깔려 있다
깔려 죽다
깔밋잖다(차림새 따위가 깔끔하지 않다.)
깔방석(-方席) *cf.* 맷방석, 부들방석
깔보다
깔아 놓다/깔아 두다
깔아뭉개다
깔아 주다
깔유리 *cf.* 받침 유리, 덮개 유리
깔축없다(조금도 축남이나 버릴 것이 없다.)
깜깜무소식(-無消息)
깜깜소식(-消息)
깜냥깜냥(힘을 다하여)
깜박불
깜박 잊다
깜박하다
깜부기불 *cf.* 잉걸불, 등걸불, 번갯불, 소줏불, 도깨비불
깜부기숯 *cf.* 등걸숯, 참숯, 뜬숯
깜부깃병(-病) *cf.* 잎말잇병, 검은별무늿병, 잔알이병(잔알병), 물렁썩이병
깜빡이등(-燈) *cf.* 전조등, 후미등
깜빡 잊다
깜작깜작하다
깜장빛 *cf.* 검정빛
깜장색(-色)
깜짝 놀라다
깜짝깜짝
깜짝 마우스
깜짝 쇼/깜짝 파티
깜찍해 보이다
깡다구 세다
깡동치마 *cf.* 긴치마, 짧은치마
깡마르다
깡말라 보이다
깡충깡충(부사)
깡통 *cf.* 통조림통
깡통따개 *cf.* 병따개, 캔따개
깡통차기
깡통 차다
깨 가다 <술이 거의 ~.>
깨값 *cf.* 고추값, 마늘값
깨강정 *cf.* 잣강정, 콩강정
깨고 나서/나다
깨고 나오다
깨고물 *cf.* 팥고물, 콩고물
깨금발/깨금다리 *cf.* 앙감질
깨끗이 하다
깨끗지 않다
깨끗해 보이다
깨끼걸음
깨끼리춤
깨끼식 춤(-式-)
깨끼저고리
깨끼춤
-깨나(조사) *cf.* 돈깨나, 힘깨나, 심술깨나
깨농사(-農事) *cf.* 벼농사, 밭농사, 보리농사
깨닫게 하다
깨닫지 못한 채 *cf.* ㄴ 채, 채(의존 명사)
깨달아 가다
깨달을 둥 말 둥 하다 *cf.* ㄹ 둥 말 둥 하다
깨물어 먹다
깨물어 보다
깨 버리다
깨보송이

깨소금 맛
깨씨무늬병(-病) *cf.* 검은별무늬병
깨알 *cf.* 쌀알, 녹두알, 밤알, 개암알, 콩알, 호두알, 유리알
깨알 같다 <글씨가 ~.> *cf.* 밀알 같다
깨어나다
깨어 나오다
깨어 보니
깨어 있다
깨어질 듯하다 *cf.* 듯하다
깨엿 *cf.* 호박엿, 콩엿, 수수엿, 쌀엿, 땅콩엿
깨우자마자 *cf.* 자마자(어미)
깨우쳐 가다
깨우쳐 주다
깨워 놓다
깨워 일으키다
깨워 주다
깨자마자 *cf.* 깨우자마자, 자마자(어미)
깨자반 *cf.* 콩자반, 김자반, 가죽자반
깨져 버리다
깨죽(-粥) *cf.* 들깨죽, 참깨죽, 타락죽
깨진 자국
깩소리
깬자갈
깻국 *cf.* 팥국, 뭇국, 칡국
깻묵
깻묵가루 *cf.* 메줏가루, 송홧가루, 미숫가루
깻송이 *cf.* 꽃송이, 포도송이, 민두송이
깻잎 *cf.* 머윗잎, 찻잎, 방앗잎, 댓잎, 연잎
깻잎김치쌈밥
깻잎나물
깻잎쌈 *cf.* 방앗잎쌈, 머윗잎쌈, 호박잎쌈
깻잎장아찌
깼나 보다 *cf.* 었나 보다, 나 보나, 보나
깽깽이걸음 *cf.* 까치걸음, 비척걸음, 종종걸음
꺼 나가다 <할부금을 ~.>
꺼내 가다
꺼내 놓다
꺼내다
꺼내 다오
꺼내 두다
꺼내 드리다
꺼내 들다
꺼내 먹다
꺼내 물다
꺼내 보다
꺼내 보여 주다
꺼내 보이다
꺼내 쓰다
꺼내 오다
꺼내 주다
꺼 놓다
꺼 두다
꺼려 오다
꺼려하다
꺼려해 오다
꺼림칙해하다
꺼먼빛
꺼 버리다
꺼 보자
꺼올리다
꺼져 가다
꺼져 버리다
꺼 주다
꺼진 듯 *cf.* ㄴ 듯, 듯
꺼질 듯 <불면 ~….> *cf.* ㄹ 듯, 듯
꺼칠꺼칠하다
꺼칠해 보이다
꺽짓손 *cf.* 깍짓손
꺾꽂이
꺾꽂이순(-筍)
꺾꽂이하다
꺾는소리
꺾쇠괄호(-括弧)
꺾쇠구멍 *cf.* 열쇳구멍, 마룻구멍, 단춧구멍, 옹이구멍, 수챗구멍
꺾쇠묶음 *cf.* 손톱묶음
꺾어 가다

꺾어 놓다
꺾어다 주다
꺾어들다
꺾어 버리다
꺾어 오다
꺾어오르기
꺾어 오르다
꺾어 주다
꺾여 있다
꺾은선(-線)(용어로서)
꺾은선그래프(-線-)
꺾은선그래프 그리기(-線-)
꺾은선그래프 알아보기(-線-)
꺾은 섶
꺾은지붕 *cf.* 톱날지붕, 외쪽지붕
꺾은획 쓰기(-劃-)
꺾음솔/홑솔
꺾인계단(-階段) *cf.* 틀계단
꺾인지붕 *cf.* 부른지붕, 부섭지붕
꺾인 채 *cf.* 채
꺾지 마라 *cf.* 하지 마라, 물지 마라, 마라/말아라(→마라)/마
껄껄 웃다
껄껄웃음 *cf.* 너털웃음, 깔깔웃음
껌정 소 *cf.* 검정 소, 누렁 소
껍질깐소리
껍질눈(식물의 皮目)
껍질 벗기기
껍질 벗기다
껍질 이어깎기
껍질째 *cf.* 째(접미사)
-껏(접미사) *cf.* 재주껏, 정성껏, 힘껏
껐다 켰다 하다
껑더리되다(병으로 뼈가 엉성해지다.)
껑청껑청
껑충걸음 *cf.* 까치걸음, 가재걸음, 비틀걸음
-께(접미사) *cf.* 초승께, 보름께, 그믐께, 남대문께, 중앙청께
껴들다
껴들자마자 *cf.* 오자마자, 자마자(어미)
껴묻거리(고고학)
껴묻기
껴신다
껴안고 있다
껴안다
껴안아 주다
껴안자마자 *cf.* 자마자(어미)
껴입다
껴입히다
껴잡다
꼬까신
꼬까옷(때때옷)
꼬나들다
꼬나물다
꼬나보다
꼬뚝이타령
꼬라박다
꼬리 감추다
꼬리구름
꼬리 길이 *cf.* 허리 길이
꼬리짓 *cf.* 꽁지짓, 발갯짓
꼬리날개면(-面)
꼬리 내리다
꼬리등뼈
꼬리 따기
꼬리(를) 따다
꼬리 만들기
꼬리(를) 만들다
꼬리말 *cf.* 머리말
꼬리맞히기 게임
꼬리 밟히다
꼬리별
꼬리잇기(놀이)
꼬리잇기놀이
꼬리(를) 잇다
꼬리자루(물고기의)
꼬리자르기 *cf.* 귀자르기
꼬리(를) 자르다

꼬리자리
꼬리잡기놀이
꼬리 잡히다
꼬리줄
꼬리지느러미 *cf.* 등지느러미, 배지느러미
꼬리 쪽 *cf.* 날개 쪽
꼬리처짐
꼬리치기
꼬리 치다
꼬리 흔들다
꼬마 개구리
꼬마 기차(-汽車) *cf.* 꼬마 비행기
꼬마 꽃
꼬마 난쟁이
꼬마 눈사람
꼬마 대장(-大將)
꼬마 대장 놀이(-大將-)
꼬마 도깨비
꼬마 돼지
꼬마 마법사(-魔法師)
꼬마 머슴
꼬마 별
꼬마 비행기(-飛行機) *cf.* 꼬마 기차
꼬마 신하(-臣下)
꼬마 알밤
꼬마 임금
꼬마잎[小葉]
꼬마전구(-電球)
꼬마 전동기(-電動機)
꼬마전등(-電燈)
꼬박꼬박
꼬부랑글씨
꼬부랑길
꼬부랑 늙은이
꼬부랑말
꼬불꼬불
꼬불꼬불하다
꼬아 놓다 <새끼를 ~.>
꼬아 달라다
꼬아 보다
꼬아서기
꼬아 주다
꼬여 가다
꼬여 내다
꼬여 있다
꼬인결 *cf.* 곧은결, 무늿결
꼬인사변형(-四邊形)
꼬일 대로 꼬인/꼬이다 *cf.* 대로(의존 명사)
꼬임 도파관(-導波管)
꼬임무늬/꽈배기무늬
꼬임 사문직(-斜紋織)
꼬임 상수(-常數)
꼬임수(→꾐수)
꼬장꼬장하다
꼬장떡(무르지 않고 꼬들꼬들하게 만든 떡)
꼬질꼬질하다
꼬집어 놓다
꼬집어 뜯다
꼬집어 말하다
꼬집어 보다
꼬집어 주다
꼬창모 *cf.* 꼬챙이
꼬치구이
꼬치꼬치
꼬치백반(-白飯)
꼬치안주(-按酒)
꼬투리 속
꼬투리 잡다
꼬투리 잡히다
꼭 같다 *cf.* 똑같다, 꼭(부사)
꼭꼭 숨다
꼭두각시놀음
꼭두각시춤
꼭두새벽(아주 이른 새벽)
꼭두잡이
꼭두짚기
꼭 맞다
꼭 붙들다

꼭 잡다
꼭지각(-角)
꼭지놀음
꼭지눈〔頂芽〕
꼭지미역
꼭지쇠
꼭지연(-鳶) *cf.* 방패연, 올챙이연
꼭지잡이
꼭짓점(-點)
꼭짓점의 수(-點-數)
꼭짓집(빨래 삶아 주던 집)
꼰 그물실
꼰무늬
-꼴(접미사) <한 개에 1000원~이다.>
ᵛ꼴(명사) <이게 무슨 ~이냐?>
꼴값하다
꼴같잖다
꼴뚜기구이 *cf.* 낙지구이, 장어구이
꼴뚜기장수(재산을 다 없애고 어렵게 사는 사람)
꼴망태
꼴발
꼴 보기 싫다
꼴불견
꼴사나워 보이다/꼴사납다
꼴시늉말 *cf.* 짓시늉말
꼴좋다
꼴지게 *cf.* 물지게, 나무지게, 쟁기지게
꼼꼼쟁이
꼼수(쩨쩨한 수단이나 방법) *cf.* 노림수, 달램수
꼼지락꼼지락하다
꼼짝달싹
꼼짝달싹 못하다
꼼짝도 못하다
꼼짝도 안 하다
꼼짝 마라
꼼짝 않다
꼼짝없이 <~ 붙잡히게 되었다.>
꼼틀꼼틀
꼽꼽쟁이
꼽사리
꼽사리 끼다
꼽사리 붙다
꼿꼿해 보이다
꽁무니바람(뒤에서 불어 오는 바람) *cf.* 뒷바람, 소소리바람, 회오리바람
꽁무니 빼다
꽁무니뼈
꽁무니 사리다
꽁보리밥
꽁숫구멍 *cf.* 고줏구멍, 마룻구멍, 수챗구멍, 단춧구멍, 열쇳구멍, 꿰쇠구멍, 옹이구멍
꽁숫줄 *cf.* 벼릿줄, 가랫줄, 부싯줄
꽁지깃 *cf.* 발갯깃, 꼬리깃
꽁지머리
꽁지발 *cf.* 까치발, 깨금발
꽁해 가지고
꽂아 놓다
꽂아 두다
꽂아 드리다
꽂아 보다
꽂아 주다
꽂은밭 <윷놀이 ~>
꽂을대
꽂임촉(-鏃)
꽂혀 있다
꽃 가게 *cf.* 쌀 가게, 그릇 가게, 담배 가게
꽃 가꾸기 <~ 실습>, <꽃(을) 가꾸기 위하여….>
꽃가루
꽃가루받이
꽃가루주머니 *cf.* 모래주머니, 공기주머니, 뺨주머니
꽃가위 *cf.* 전정가위, 재단가위, 핑킹가위, 함석가위
꽃가지 *cf.* 열매가지
꽃 같다
꽃게 박사(-博士)
꽃고무신 *cf.* 꽃버선

꽃과 채소 가꾸기(-菜蔬-)

꽃구경 *cf.* 눈구경, 불구경, 물구경, 집 구경

꽃구경하다 *cf.* 불구경하다

꽃구름

꽃국(용수 안에 괸 술의 웃국)

꽃굴레

꽃그늘 *cf.* 산그늘, 나무 그늘, 집 그늘

꽃그릇

꽃기운 *cf.* 술기운, 약기운, 감기 기운

꽃길

꽃길 가꾸기

꽃길(을) 가꾸다

꽃길 만들기

꽃길(을) 만들다

꽃꽂이/꽃꽂이하기

꽃끈무늬

꽃나라 *cf.* 하늘나라, 꿈나라, 구름나라

꽃나막신

꽃나무

꽃나무 가지 *cf.* 단풍나무 가지, 나뭇가지

꽃나무류(-類)

꽃나비

꽃내미장단

꽃 냄새 *cf.* 흙냄새, 풀 냄새, 땀 냄새, 흙내, 풀내, 땀내

꽃노래

꽃노루

꽃놀이

꽃농사(-農事) *cf.* 벼농사, 논농사, 밭농사

꽃눈

꽃님

꽃다발 *cf.* 꽃바구니, 돈다발

꽃단장(-丹粧)

꽃달임

꽃담 *cf.* 흙담

꽃대궐(-大闕)

꽃동네

꽃동산 *cf.* 놀이동산, 무궁화동산

꽃등(-燈)

꽃등(맨 처음) <일이 ~으로 치달으며….>

꽃등심

꽃따기

꽃떨이 현상[花振現象]

꽃 리본

꽃마을

꽃마차(-馬車) *cf.* 꽃자동차, 꽃수레

꽃 만들기

꽃말

꽃망울 *cf.* 눈망울

꽃맞이(꽃 필 때에 하는 굿)

꽃맞이굿

꽃맺음

꽃모습 <아기씨 ~ 그대로야.>

꽃 모양(-模樣)

꽃모종 *cf.* 고추 모종, 상추 모종

꽃모종 가꾸기

꽃 모판

꽃목걸이

꽃무늬

꽃무늬 띠

꽃무리

꽃묶음

꽃물 *cf.* 감물, 갈물, 딸깃물, 치자물, 쪽물, 창포물

꽃물 들다 *cf.* 물들다

꽃물 들이다 *cf.* 물들이다

꽃미남(-美男)

꽃바구니 *cf.* 꽃다발

꽃바다 *cf.* 구름바다, 웃음바다

꽃바닥

꽃바람 *cf.* 흙바람, 눈바람

꽃반지(-斑指)

꽃받침

꽃발게

꽃밥

꽃방석(-方席) *cf.* 부들방석

꽃밭 *cf.* 채소밭, 수박밭, 담배밭, 참외밭

꽃밭 구경 *cf.* 불구경, 물구경, 집 구경

꽃밭 만들기

꽃밭(을) 만들다
꽃버선
꽃병(-甁) *cf.* 향수병, 기름병
꽃보라 *cf.* 눈보라, 물보라
꽃봉오리 *cf.* 산봉우리
꽃불(이글이글 타오르는 불)
꽃비
꽃사슴
꽃사슴 아주머니 *cf.* 사슴 할아버지
꽃 사전(-辭典)
꽃 사전 만들기(-辭典-)
꽃 사진(-寫眞)
꽃사태(-沙汰) *cf.* 산사태, 눈사태
꽃살문(-門)
꽃 색깔
꽃샘바람 *cf.* 꽃바람, 눈바람
꽃샘잎샘 <~에 설늙은이 얼어죽다.>
꽃샘추위 *cf.* 손돌이추위
꽃소금 *cf.* 돌소금, 약소금
꽃 소식(-消息) *cf.* 비 소식, 눈 소식
꽃 속
꽃솎기〔摘花〕
꽃 솎아내기
꽃(을) 솎아 내다
꽃송이 *cf.* 포도송이, 깻송이
꽃수(-繡) *cf.* 깔깔수, 새털수
꽃수레 *cf.* 꽃마차
꽃수풀
꽃숲 *cf.* 나무숲
꽃시계(-時計) *cf.* 물시계, 해시계, 물시계, 모래시계, 양초시계
꽃 시장(-市場)
꽃신 *cf.* 가죽신, 나막신
꽃 심기
꽃 심다
꽃싸움 *cf.* 눈싸움, 기싸움, 말싸움
꽃씨
꽃씨 뿌리기
꽃씨(를) 뿌리다
꽃씨 뿌리기 운동(-運動)
꽃씨 할아버지
꽃 아가씨
꽃염불(-念佛)
꽃 이름
꽃이삭
꽃이슬
꽃잎 *cf.* 나뭇잎, 풀잎, 떡잎, 갈잎
꽃잎 달기
꽃잎(을) 달다
꽃잎별
꽃자동차(-自動車) *cf.* 꽃마차, 꽃수레
꽃자루〔花柄〕
꽃잔치 *cf.* 술잔치, 밥잔치, 빗잔치
꽃잠(깊이 든 잠)
꽃 장수 *cf.* 쌀장수, 엿장수, 책 장수, 소 장수, 기름 장수, 채소 장수
꽃쟁반(-錚盤)
꽃종이 *cf.* 색종이
꽃줄기
꽃즙(-汁) *cf.* 과일즙, 사과즙, 무즙
꽃집 *cf.* 술집, 밥집
꽃집 할아버지
꽃차례〔花序〕
꽃창포(-菖蒲)
꽃천
꽃파도(-波濤)
꽃 피고 새 우는 *cf.* 눈 녹고 바람 불고
꽃피다 <문화가 꽃핀 시기>
꽃 피다 <꽃 피고 새 우는 때>
꽃 피우고 <~ 열매 맺게 하고….>
꽃피우다 <문명의 역사를 ~.>
꽃 피우려고 <예쁜 ~>
꽃피워 간다
꽃피워야 한다
꽃할머니 집
꽃향기(-香氣) *cf.* 풀 냄새, 술 향기
꽃향내(-香-)
꽃활자(-活字)(인쇄)

꽈릿빛 *cf.* 장밋빛, 포돗빛, 산홋빛, 모싯빛, 치자빛, 앵두빛, 버찌빛
꽈배기바늘 *cf.* 뜨개바늘, 시곗바늘, 주삿바늘, 금긋기 바늘
꽉 들어차다
꽉 차다
꽥꽥 지르다 <소리를 ~.>
꽹과리 소리 *cf.* 북소리, 징 소리, 장구 소리
꾀꼬리노래
꾀꼬리눈썹
꾀꼬리 목소리
꾀꼴꾀꼴
꾀꾀로(가끔가끔 틈을 내서)
꾀똥(짐짓 누는 체하는 똥)
꾀바르다(약삭빠르다)
꾀배
꾀병 부리다(-病-) *cf.* 말썽 부리다, 성깔 부리다, 투정 부리다, 꾀부리다
꾀부리다 *cf.* 꾀피우다
꾀쓰다
꾀어내다
꾀어 오다
꾀음꾀음(교묘한 말로 남을 꾀는 모양)
꾀잠(거짓으로 자는 척하는 잠)
꾀죄죄해 보이다
꾀피우다 *cf.* 꾀부리다
꾀해 오다
꾸김없다
꾸러 가다
-꾸러기(접미사) *cf.* 잠꾸러기, 장난꾸러기, 심술꾸러기, 욕심꾸러기
꾸려 가기
꾸려 가다/꾸려 오다 <생활을 ~.>
꾸려 나가다
꾸려 놓다
꾸려 주다
꾸리 감기
꾸리살(쇠고기 부위)
꾸며 내다
꾸며 놓다
꾸며 놓은 듯한 *cf.* 듯하다
꾸며 대다 *cf.* 둘러 대다
꾸며 보다/꾸며 보이다
꾸며 써 보다
꾸며 쓰다
꾸며져 있다
꾸며 주다
꾸물꾸물하다
꾸미고기
꾸미는 말
꾸미장수
꾸민단(-緞)
꾸민잠(-簪)
꾸밈말 *cf.* 매김말
꾸밈없는 <~ 표현>
꾸밈 없는 <아무 ~ 표현>
꾸밈음(-音)
꾸벅꾸벅
꾸부러들다
꾸부정해 보이다
꾸불꾸불하다
꾸불꾸불한 길
꾸불텅꾸불텅하다
꾸어 가다 <그가 돈을 ~.>
꾸어 가지고
꾸어다 놓은 <~ 보릿자루>
꾸어 다오 *cf.* 빌려 다오
꾸이 될라나
꾸이 오다
꾸어 주다
꾸었나 보다 *cf.* -나 보다, 보다
꾸중 듣다 *cf.* 야단맞다, 꾸지람 듣다
꾸중은커녕 *cf.* 는커녕, 커녕
꾸시람당하다(-當-) *cf.* 당하다
꾸지람 듣다 *cf.* 꾸중 듣다
꾸지람해 주다
꾸짖기보다는 *cf.* 보다
꾸짖어 주다

꾹 참다
꿀꺽꿀꺽
꿀꺽 삼키다
꿀꿀돼지
꿀꿀이죽(-粥) *cf.* 쇠죽
꿀 냄새 *cf.* 풀 냄새, 똥 냄새, 흙냄새
꿀단지 *cf.* 술단지, 물단지, 똥단지
꿀떡꿀떡하다
꿀맛 <밥맛이 ~이다.> *cf.* 술맛, 밥맛
꿀맛 같다
꿀 먹은 벙어리
꿀물 *cf.* 설탕물
꿀밤
꿀벌 *cf.* 땅벌, 호박벌
꿀벌님
꿀범벅 *cf.* 기름범벅, 땀범벅
꿀비
꿀잠
꿀주머니
꿀칼
꿇어앉다
꿇어앉혀 놓다
꿇어앉히다
꿇어 엎드리다
꿈같다 *cf.* 번개 같다, 꿈결 같다
꿈결 *cf.* 잠결, 바람결
꿈결 같다 *cf.* 꿈같다
꿈길
꿈꾸다 <과학자를 꿈꾸고 있다.>
꿈 꾸다 <좋은 ~.>
꿈꾸어 오다
꿈나라 *cf.* 하늘나라, 달나라, 별나라
꿈 나무 *cf.* 대학 나무
꿈나무 모둠
꿈만하다(어찌해야 할지 몰라 막막하다.)
꿈 많은 <~ 소녀 시절….>
꿈 생각
꿈속
꿈속 같다
꿈 이야기
꿈자리 *cf.* 잠자리
꿈쩍 못하다
꿈쩍 않다
꿈쩍없다
꿈틀운동(-運動)(생물) *cf.* 연동운동
꿈풀이 *cf.* 화풀이
꿍꿍이셈
꿍꿍이속(도무지 모를 수작) *cf.* 우렁잇속, 야바윗속, 장삿속
꿍꿍이수작(-酬酌)
꿍꿍이짓
꿔 가다
꿔다 놓은 <~ 보릿자루 같은 사람….>
꿔 주다
꿩 구워 먹은 소식(-消息)
꿩 구워 먹은 자리
꿩국 *cf.* 닭국, 뭇국, 북엇국
꿩 궈 먹다
꿩꿩 장서방(-張書房)(국악)
꿩덫 *cf.* 쥐덫
꿩망태(-網-) *cf.* 꼴망태
꿩 먹고 알 먹고
꿩 사냥 *cf.* 노루 사냥, 산돼지 사냥, 매사냥, 덫사냥, 개사냥
꿩 새끼 *cf.* 제비 새끼, 개미 새끼
꿩알 *cf.* 새알, 게알, 오리알, 타조알
꿰들다(꿰어서 쳐들다.)
꿰뚫다
꿰뚫어 보다 *cf.* 뚫어 보다
꿰맞추다
꿰매 놓다
꿰매다
꿰매 들다
꿰매 주다
꿰비치다
꿰어 들다
꿰어 차다 <구슬을 꿰어(서) 차고 다니다.>
꿰어차다 <애인을 꿰어차고 달아나다.>

꿰차다(자기 것으로 만들다.)
꿴 만큼 *cf.* 만큼
뀌어 드리다
뀌어 주다
끄덕여 보이다
끄떡도 아니 하다
끄떡 않다
끄떡없다
끄어올리다
끄지르다(주책없이 까대다.)
끄집어내다
끄집어 내리다
끄집어 당기다
끄집어들이다
끄집어 올리다
끈기 없다(-氣-)
끈기 있다(-氣-)
끈끈막(-膜)
끈끈액(-液) *cf.* 미끈액
끈끈이막(-膜)
끈 끼우기
끈(을) 끼우다
끈 다루기
끈(을) 다루다
끈달이 원피스
끈떨어지다
끈 만들기
끈(을) 만들다
끈목
끈붙이다(살아갈 방도를 만들어 주다.)
끈허리 *cf.* 어깨허리, 치마허리
끊겨 버리다
끊겨 있다
끊고 말다
끊길 듯 이이지다
끊는 듯하다
끊는목(판소리)
끊어 가다
끊어 내다
끊어 놓다
끊어 다오
끊어 버리다
끊어읽기 *cf.* 띄어읽기
끊어 읽다
끊어적기/분철(分綴)
끊어져 버리다
끊어 주다
끊은음(-音)(스타카토)
끊일 사이 없다
끊임없다
끌가방 *cf.* 멜가방, 들가방
끌고 가다
끌고 나가다
끌고 다니다
끌고 들어가다
끌고 들어오다
끌고 밀어 주다
끌고 오다
끌구멍 *cf.* 장붓구멍, 창구멍, 문구멍, 단춧구멍, 쥐구멍, 열쇠구멍, 옹이구멍
끌그물 *cf.* 걸그물, 들그물
끌그물 어업(-漁業)
끌낚기 *cf.* 채낚기
끌낚시
끌날같다 <끌날같은 젊은이들이….> *cf.* 칼날 같다
끌러 놓다
끌러져 나가다
끌러 주다
끌려가다
끌려 나가다
끌려 나오다
끌려 내려오다
끌려다니다
끌려들다
끌려 들어가다
끌려 들어오다
끌려오다

끌리어가다
끌리어오다
끌맺음박기 재봉기(-裁縫機)
끌멍에
끌목
끌밥 *cf.* 대팻밥, 자귓밥, 가랫밥
끌방망이 *cf.* 빨랫방망이, 엿방망이
끌뿐더러 *cf.* ㄹ뿐더러
끌 뿐만 아니라 *cf.* ㄹ 뿐 아니라
끌어가다
끌어내기
끌어내기가 무섭게
끌어내다
끌어내리다
끌어넣다
끌어놓기(정보)
끌어다 놓다
끌어다 대다
끌어다 쓰다
끌어다 주다
끌어당기다
끌어대다
끌어들이다
끌어매다
끌어 모아 놓다
끌어 모으다
끌어 보다
끌어안는가 싶다
끌어안다
끌어올려 보다
끌어올리다
끌어올림무늬/겹침무늬
끌어잡다
끌어 주다
끓는 물 *cf.* 찬물, 더운물, 미지근한 물
끓는점(-點) *cf.* 어는점
끓는점 오름법(-點-法)
끓는 피
끓듯 하다 <변덕이 죽 ~.>
끓어 가지고
끓어 넘치다 <국이 ~.>
끓어오르다 <감정이 ~.>
끓여 내다
끓여 놓다
끓여 드리다
끓여 먹다
끓여 먹이다
끓여 보다
끓여 주다
끓을 만큼 *cf.* 먹을 만큼, 만큼
끓이지 않다
끓인 기름
끓임쪽(화학)
끔벅끔벅하다
끔뻑끔뻑하다
끔찍끔찍하다
끕끕수(수모)
끗발 세다
끗수(-數)
끙끙 앓다
끙끙 앓아 눕다
끙짜놓다
끝 간격(-間隔)
끝간 데 없는/없다
끝 곡(-曲) *cf.* 첫 곡
끝 구절(-句節) *cf.* 앞 구절, 뒷구절
끝 글자(-字)
끝까지 다 하지 못하다 *cf.* 다 하다, 다하다
끝나 가다
끝나다
끝나다시피 하다 *cf.* 다시피 하다
끝나 버리다
끝나자마자 *cf.* 자마자
끝난 지 *cf.* 떠난 지, ㄴ 지, 지(의존 명사)
끝날 듯하다 *cf.* 듯하다
끝날 무렵
끝날 뻔하다 *cf.* 뻔하다
끝내 놓다

끝내다
끝내 버리다
끝내 보다
끝내어 가다
끝내자마자 *cf.* 자마자(어미)
끝내 주다
끝눈
끝단속(-團束) *cf.* 불단속, 입단속
끝닿다 <끝닿은 데 없이 펼쳐진 바다….>
끝돈(끝전)
끝동
끝마감하다
끝마무리
끝마쳐 가다
끝마쳐 놓다
끝마쳐 주다
끝마치다
끝마함
끝막음
끝말
끝말잇기
끝말잇기놀이
끝매듭
끝맺다/끝맺음
끝 모음(-母音) *cf.* 끝 자음
끝물 *cf.* 맏물
끝 번(-番)
끝보기낚시(민물낚시)
끝 부분(-部分) *cf.* 첫 부분
끝세로줄
끝소리 *cf.* 첫소리
끝소리/종성(終聲)
끝소리 규칙(-規則)
끝속도(-速度)
끝손질
끝수(-數)
끝 순(-筍) *cf.* 애순
끝악장(-樂章)
끝악절(-樂節)

끝없다
끝음절(-音節) *cf.* 첫음절
끝인사(-人事) *cf.* 첫인사
끝 인사말(-人事-)
끝일
끝자락
끝자루 줄
끝자리
끝 자리 *cf.* 첫 자리(첫째 자리), 둘째 자리, 셋째 자리, 맨 끝 자리
끝자리올림
끝 자음(-字音) *cf.* 끝 모음
끝장나다/끝장내다
끝장내 버리다
끝장놀이
끝장 보다
끝 장식(-裝飾)
끝 점(-點)
끝점(-點)(온점)
끝종(-鐘)
끝 줄 *cf.* 첫 줄(제1열), 둘째 줄, 몇째 줄, 가운데 줄, 중간 줄
끝 쪽(끝 방향, 끝 페이지)
끝 쪽에
끝 칸
끝코(수예)
끝판
끝항(-項)(용어로서)
끝 항(-項)
끼니때
끼니 때우다
끼닛거리 *cf.* 찬거리, 국거리, 핑곗거리, 볼거리
끼룩끼룩
-끼리(접미사) *cf.* 같은 민족끼리, 가속끼리, 이웃끼리, 친구끼리
끼리끼리
끼리끼리(국악)
끼어들기
끼어들다

끼어 있다 <때가 ~.>
끼없는 듯하다 *cf.* 듯하다
끼여 앉다/자다
끼여 있다 <여러 사람 사이에 ~.>
끼움말
끼워넣기
끼워넣기 정렬(-整列)
끼워 넣다
끼워 놓다
끼워 달라다
끼워 두다
끼워 맞추다
끼워맞춤 *cf.* 장부맞춤, 연귀맞춤
끼워 버리다
끼워 보다
끼워져 있다
끼워 주다
끼워팔기
끼워팔기식으로(-式-)
끼워 팔다
끼인각(-角)
끼 있다
끼쳐 드리다
끼쳐 오다
끼쳐 주다
끼칠까 봐
끼칠뿐더러 *cf.* ㄹ뿐더러
끼칠 뿐만 아니라 *cf.* ㄹ 뿐 아니라
끽소리 *cf.* 찍소리
끽소리 못하다
끽소리 없다
끽해야 <~ 곰탕 정도나 내겠지.>
낀 듯하다 <안개가 ~.> *cf.* 듯하다
낌새 못 채다
낌새 보다
낌새채다 *cf.* 눈치채다
낌줄(광산의 아주 가는 광맥)

나

-ㄴ가 보다 <쉬운가 보다.>, <어려운가 보다.>, <벅었는가 보다.> *cf.* 보다(보조 용언)

ㄴ 거냐(←ㄴ 것이냐) <잘하는 거냐 못하는 거냐 말해 보아라.>

ㄴ 거야(←ㄴ 것이야) <좋은 약은 입에 쓴 거야.>

-ㄴ걸(어미) <그거 반가운 소식인걸.>

-ㄴ 걸(←ㄴ 것을) <큰 걸 주다.>

-ㄴ 걸세(ㄴ 것일세) <참아야 하는 걸세.>

-ㄴ걸요(어미) <벌써 나간걸요.>, <제법 큰 걸요.>, <난리가 난걸요.>

-ㄴ다손 <그가 한다손 치더라도 별 수 없다.>

-ㄴ다손 치더라도(관용 어미로 보기도 함.)

-ㄴ데다가(어미) <얼굴도 고운데다가 마음씨도 곱다.>, <나쁜 버릇이 있는데다가 ….>

-ㄴ 데다가 <가까운 데다가 놓다.>

-ㄴ 둥 만 둥 <먹는 둥 만 둥>, <하는 둥 만 둥 하다.> *cf.* 둥(의존 명사)

-ㄴ 둥 만 둥 하다 <먹은 둥 만 둥 하다.>

-ㄴ 듯싶다('듯싶다'는 보조 용언) <결혼한 듯싶다.>

-ㄴ 듯하다('듯하다'는 보조 용언) <결혼한 듯하다.>

-ㄴ만큼(이유를 나타내는 어미) <너는 학생인 만큼(학생이니만큼)>

-ㄴ 만큼('만큼'은 '분량, 정도'를 나타내는 의존 명사) <일한 만큼 보수를 받다.>

-ㄴ바 <먹어 본바 맛이 좋더라.('았더니'의 뜻을 가진 어미)>, <내일이 저의 아버님 생신이온바….('인데'의 뜻을 가진 어미)>

-ㄴ 바('바'는 '방법, 일'을 나타내는 의존 명사) <들은 바와 같다.>

ㄴ 바에 <기왕 하는 바에….> *cf.* 바

-ㄴ 셈 치고 <잃어버린 셈 치고….>

-ㄴ 양하다(보조 용언) <다 아는 양한다.>

ㄴ즉슨(어미) <가 본즉슨 좋더라.>

ㄴ즉슨(조사) <얘기인즉슨 진담이다.>

-ㄴ지(어미) <큰지 작은지 입어 봐라.>

-ㄴ 지('지'는 '어떤 동작으로부터 지금까지 동안'을 나타내는 의존 명사) <떠난 지 한 달>, <만나 본 지 얼마 만이냐?>

-ㄴ 채('채'는 의존 명사) <모자를 쓴 채….>

-ㄴ 체 만 체하다 <본 체 만 체하다.>

-ㄴ 체하다('체하다'는 보조 용언) <못 본 체하다>

-ㄴ커녕 <먹기는커녕>, <놀기는커녕> *cf.* 은커녕, 는커녕, 커녕(조사)

나가고 싶어하다 *cf.* 싶어하다(보조 용언)

나가곤드라지다

나가넘어지다

나가동그라지다

나가떨어지다(되게 넘어지다)

나가 버리다

나가 보니

나가빼드러지다

나가 살다 *cf.* 들어와 살다

나가세그려 *cf.* 그만 가세그려, 그려(조사)

나가쓰러지다

나가야 한다

나가 있다

나가자마자 *cf.* 자마자(어미)

나가자빠지다 <땅바닥에 벌렁 ~.>

나가 주다

나긴 듯 *cf.* 듯

나간 채 *cf.* 채

나갔다 오다

나 같은 *cf.* 남 같은, 저 같은

나같이

나귀등 *cf.* 낙타등, 노새등, 말등, 새우등, 고래등, 발등, 손등, 호랑이등

나그네새 *cf.* 뒷새

나그네올시다 *cf.* 아니올시다, 올시다(어미)

나그넷길 <인생은 ~, 어디서 왔다가….> *cf.* 나들잇길, 가시밭길

나긋나긋이
나긋나긋해 보이다
나깨수제비('나깨'는 메밀 속껍질)
나꾸어 보다
나 나름대로 *cf.* 대로(조사)
나 나름의 *cf.* 자기 나름의, 나름(의존 명사)
나누어 가지다
나누어 갚다
나누어 넣으려고 하다
나누어 놓다
나누어 담다
나누어떨어지다(수학)
나누어 떨어지다(편수 자료)
나누어 떨어지지 않는다
나누어 마시다
나누어 맡다
나누어먹기식으로(-式-)
나누어 먹다
나누어 보다
나누어 쓰다
나누어 주다
나누어 줄 테니 *cf.* 터
나누어 타려고 하다
나눗셈식(-式) *cf.* 곱셈식, 덧셈식, 뺄셈식
나눗셈의 몫 구하기
나눗셈의 몫 알아보기
나눗셈표(-標) *cf.* 곱셈표
나눗셈 활용하기(-活用-)
나눠 가지다
나눠 놓다
나눠 들다
나눠 마시다
나눠 타다
나뉘어 있다
나는 대로 <틈이 ~> *cf.* 있는 대로, 대로
나는 듯이 *cf.* 듯이
나는 듯하다 *cf.* 듯하다
나는 말이야 *cf.* 너는 말이야, 말이다/말이오
나는 북〔飛梭〕

나니가타령
나다(동사 또는 접미사) *cf.* 생각나다, 불나다, 엄청나다, 별나다
나다(보조 용언) *cf.* 피어나다, 태어나다, 배겨나다, 풀려 나다
나다니다
나단조(-短調) *cf.* 가장조
나·당 연합군(羅唐聯合軍)
나·당 전쟁(羅·唐戰爭)
나더러 *cf.* 너더러, 자기더러, 더러(조사)
나도 몰래 *cf.* 아무도 몰래
나돌다
나돌아 다니다
나둥그러지다
나들이 가다 *cf.* 소풍 가다, 여행 가다
나들이객(-客)
나들이놀이
나들이옷
나들이하다
나들잇길 *cf.* 시골 나들이 길
나들잇벌 <변변한 ~ 하나 없다.>
나 때문에 *cf.* 너 때문에, 그 일 때문에
나라 간에(-間-)
나라굿
나라글 *cf.* 나라말
나라꽃
나라님 *cf.* 군수님, 해님
나라들 간에(-間-)
나라 만들기
나라말 *cf.* 겨레말, 나라글
나라 밖 <~의 일> *cf.* 나라 안
나라밖에 <우리 ~ 없다.> *cf.* 나밖에, 밖에
나라 사랑
나라 살림 *cf.* 집안 살림, 학교 살림
나라 안 *cf.* 나라 밖
나라에서조차 *cf.* 에서조차, 조차(조사)
나라일 *cf.* 국회일, 집안일(문중의 일), 마을일, 학교일, 회사일, 교회일, 나랏일
나라 잃다

나라 찾기 <~ 운동>
나라 찾다
나란히맥(-脈)
나란히서기
나란히 서다
나란히쓰기
나란히 쓰다
나란히 조(-調)
나랏돈 *cf.* 은행돈, 시줏돈, 쌈짓돈, 주머닛돈, 회사 돈
나랏빛
나랏일〔國事〕 *cf.* 나라일
나래깃
나례도감(儺禮都監)
나루터 *cf.* 빨래터, 놀이터, 사냥터, 약수터
나룻가 *cf.* 화롯가, 부뚜가
나룻목 *cf.* 길목
나룻배 *cf.* 거룻배
나른해 보이다 *cf.* 씩씩해 보이다
나른해져 가다
나름(의존 명사) *cf.* 그 사람 하기 ~, 어린이 ~으로, 자기 ~대로, 사람 ~이다, 할 ~이다
나름대로 <자기 ~….> *cf.* 대로(조사)
나룻걸이(멍에의 양 끝에 나룻을 거는 부분)
나리꽃
나리마님 *cf.* 대감마님, 영감마님, 실내마님, 마님(접미사)
-나마(어미) <동냥은 못 주~….>
-나마(조사) <너~ 훌륭하게 되어야지.>
-나마나(구) *cf.* 먹으나마나, 있으나마나
-나마나하다(구) <먹으~.>, <하~.>
나만 못하다(나보다 못하다.) *cf.* 못하다
나만 못한다(나 혼자만 하지 못한다.)
나만 하다 *cf.* 그 사람만 하다, 만 하다
나머지 구하기(-求-)
나머지 돈 *cf.* 거스름돈
나 몰라라 한다
나 몰래 *cf.* 집사람 몰래
나 못잖은
나무 가꾸기
나무(를) 가꾸다
나무값 *cf.* 고추값, 과일값, 쌀값, 우표값, 책값, 담뱃값
나무겉 *cf.* 나무속
나무 국자 *cf.* 스테인리스 국자, 놋 국자
나무 궤짝(-櫃-)
나무 그늘 *cf.* 집 그늘, 산그늘
나무 그릇 *cf.* 플라스틱 그릇, 유리그릇, 유기그릇, 사기그릇
나무 기둥 <~만 얼싸안고….> *cf.* 쇠기둥
나무 깔기
나무껍질 *cf.* 뿌리껍질, 귤껍질, 왕골껍질, 소태껍질, 사과 껍질, 고구마 껍질
나무 꼭대기 *cf.* 지붕 꼭대기, 산꼭대기
나무꾼
나무꾼 패(-牌) *cf.* 싸움패
나무 끝
나무 노래 *cf.* 길쌈노래
나무 높이 *cf.* 기둥 높이, 장대 높이
나무눈 *cf.* 꽃눈
나무다리 *cf.* 돌다리, 철다리, 콘크리트 다리
나무다리(의족)
나무 덤불 *cf.* 딸기 덤불, 가시덤불
나무 도마 *cf.* 플라스틱 도마
나무 도막 *cf.* 초 도막, 구리 도막, 나무토막, 쇠토막
나무 도시락
나무 동강이 *cf.* 숯 동강이
나무둥치 *cf.* 느티나무 둥치, 소나무 둥치
나무 등걸 *cf.* 썩은 나무(의) 등걸, 나뭇등걸
나무때기 *cf.* 판자때기
나무 뚜껑 *cf.* 쇠뚜껑
나무랄 데 없다
나무람해 주다
나무래 주다
나무 마치 *cf.* 고무 마치
나무 막대 *cf.* 유리 막대, 구리 막대, 자막대
나무말미 <~도 없이 계속 비가 왔다.> *cf.*

빨랫말미
나무망치 *cf.* 고무망치, 쇠망치, 플라스틱 망치
나무 모양 만들기
나무못 *cf.* 대못, 쇠못
나무 밑
나무 밑 그늘
나무 밑동
나무바다[樹海] *cf.* 구름바다, 물바다, 불바다
나무 받침 *cf.* 쇠받침
나무 방망이 *cf.* 솜방망이, 대추나무 방망이
나무 부스러기 *cf.* 빵 부스러기
나무뿌리 *cf.* 파뿌리, 칡뿌리, 연뿌리
나무 상자(-箱子) *cf.* 플라스틱 상자, 종이 상자
나무새김(목각)
나무속 *cf.* 나무겉
나무 속 <~에 총알이 박히다.>
나무 손질하기
나무쇠싸움(민속) *cf.* 쇠머리대기
나무숲 *cf.* 대숲, 솔숲, 대나무 숲, 소나무 숲
나무시집보내기(-媤-)(민속) *cf.* 대추나무 시집보내기
나무 신발 *cf.* 가죽 신발
나무 심기
나무 심다
나무 아저씨
나무에 못박아 굽히기
나무 열매
나무 의자(-椅子) *cf.* 등의자
나무 자루 *cf.* 쇠자루
나무장사/장수 *cf.* 쌀장수, 과일 장수, 과자 장사
나무절구 *cf.* 쇠절구, 돌절구
나무젓가락 *cf.* 은젓가락, 놋젓가락, 상아 젓가락, 대나무 젓가락
나무 주걱 *cf.* 플라스틱 주걱, 놋 주걱
나무줄기 *cf.* 풀줄기
나무지게 *cf.* 물지게, 똥지게, 꼴지게, 쟁기지게
나무진(-津)(나무즙) *cf.* 나뭇진
나무집 *cf.* 토담집, 흙집, 벽돌집
나무집게 *cf.* 연탄집게, 빨랫집게, 플라스틱 집게, 핀치 집게
나무쪽 *cf.* 종이쪽, 쇠쪽, 고무쪽, 대쪽
나무 책상(-冊床) *cf.* 철제 책상
나무칼 *cf.* 쇠칼, 종이칼, 구두칼
나무타기 <그는 ~ 명수다.>
나무토막 *cf.* 쇠토막, 초 토막, 벽돌 토막
나무판(-板) *cf.* 고무판, 동판, 구리판
나무판자(-板子)
나무하는 소리
나무하다
나물 가게 *cf.* 반찬 가게, 쌀가게
나물국 *cf.* 토장국, 뭇국, 시래깃국, 조깃국
나물국 빛
나물 노래
나물바구니 *cf.* 고기 바구니
나물밥
나물밭 *cf.* 채소밭, 배추밭
나물범벅 *cf.* 호박범벅, 흙범벅, 땀범벅
나물죽(-粥) *cf.* 호박죽, 깨죽, 타락죽, 감인죽
나물 캐다
나뭇가지 *cf.* 대나무 가지, 소나무 가지, 회양목 가지, 단풍나무 가지
나뭇가지 모양의 그림을 그려 풀기(-模樣-)
나뭇갓 *cf.* 말림갓, 밤나뭇갓
나뭇개비 *cf.* 장작개비, 성냥개비
나뭇결 *cf.* 고깃결, 머릿결, 살결
나뭇고갱이
나뭇구멍 *cf.* 옹이구멍, 단춧구멍, 마룻구멍
나뭇길 *cf.* 오솔길, 산길
나뭇단 *cf.* 배춧단, 열뭇단
나뭇더미 *cf.* 퇴비더미, 흙더미, 잿더미
나뭇동 *cf.* 짚동
나뭇등걸 *cf.* 썩은 나무(의) 등걸
나뭇잎 *cf.* 은행잎, 수숫잎, 담뱃잎, 대나무잎, 소나무 잎, 은행나무 잎
나뭇잎배 *cf.* 가랑잎배, 종이배
나뭇잎 소리
나뭇잎 조각
나뭇재 *cf.* 담뱃재, 연탄재, 짚재, 화산재

나뭇조각 *cf.* 쇳조각, 댓조각, 뼛조각, 유리 조각, 고무 조각, 구리 조각, 기와 조각
나뭇진(-津) *cf.* 담뱃진, 댓진
나뭇짐 *cf.* 비단짐
나박김치
나박김치 국물 *cf.* 김칫국, 찌개 국물
나박김치 담그기
나박김치(를) 담그다
나밖에 <갈 사람은 ~ 없다.>, <너밖에 누가 있겠니?> *cf.* 밖에(조사)
나 밖에(나 이외에) <~도 많이 있다.>
나 버리다 <화가 ~.>
나보고 <~ 가라고 한다.> *cf.* 보고(조사)
나 보고 <~ 싶어 왔겠지.>
나 보기가 역겨워
-나 보다 <비가 오려나 보다.>, <가려나 보다.>, <있으려나 보다.>, <갔나 보다.> *cf.* 보다(보조 용언)
나보란듯이 *cf.* 여봐란듯이
나 보란 듯이 *cf.* 남 보란 듯이
나부대다
나불나불하다
나붙다 <밖에 나붙어 있다.>
나비 날다 *cf.* 새 날다, 제비 날다
나비 너트
나비 떼 *cf.* 개미 떼, 거미 떼, 양 떼, 도둑 떼, 벌 떼, 모기떼
나비매듭 *cf.* 도래매듭, 국화매듭, 선원 매듭
나비 모양 머리 핀(-模樣-)
나비물
나비 부인(-婦人)
나비수염(-鬚髥) *cf.* 팔자수염, 카이저수염
나비은장이음(-隱-)
나비잠(두 팔을 머리 위로 벌리고 자는 잠)
나비잠(-簪)
나비장붙임
나비장쪽매
나비춤
나비 효과(-效果)(기상)
나빠져 가다
나빠하다
나쁘기 때문에 *cf.* 좋기 때문에
나쁘지 않다
나쁘지 않다는 말이야 *cf.* 말이다/말이오
나쁜 년
나쁜 놈
나쁜 말
나쁜 자식(-子息)
나삐 듣다 <나삐 듣지 마라.>
나삐 보다(좋지 않게 보다.)
나사고리(螺絲-)
나사골(螺絲-) *cf.* 나사산
나사 구멍(螺絲-) *cf.* 조리개 구멍, 열쇳구멍, 창구멍
나사 깎기(螺絲-)
나사내기기(螺絲-機)
나사돌리개(螺絲-)
나사마개(螺絲-) *cf.* 왕관마개, 코르크 마개
나사매듭(螺絲-) *cf.* 도래매듭, 개심매듭
나사 머리(螺絲-) *cf.* 못대가리, 리벳 머리
나사못(螺絲-)
나사산(螺絲山) *cf.* 나사골
나사송곳(螺絲-)
나사 쐐기(螺絲-)
나사짝(螺絲-)
나삿니(螺絲-) *cf.* 나사산
나서/나다('나다'는 보조 용언) *cf.* 먹고 나서, 하고 나서, 먹고 난 다음
나서 보다
나서자마자 *cf.* 자마자(어미)
나선 모양 만들기(螺線模樣-)
나선 정벌(羅禪征伐)
나선팔(螺線-)
나설 줄이야 *cf.* 줄(의존 명사)
나아 가다 <병이 점점 나아 가고 있다.>
나아가다 <앞으로 나아가고 있다.>
나앉다 <거리에 ~.>
나앉은도리(건축)

나았나 보다 *cf.* 써나 보다, 보다
나약해 보이다(懦弱-)
나약해져 가다(懦弱-)
나어리다 <나어린 딸이….> *cf.* 나이 많다
나열해 놓다(羅列-)
나열해 보다(羅列-)
나오는 대로 *cf.* 닥치는 대로, 대로
나오는 발 차기
나오자마자 *cf.* 자마자
나온 김에 <말이 ~….> *cf.* 하는 김에, '은/ㄴ 김에'
나올 둥 말 둥 *cf.* 둥(의존 명사)
나올 듯 말 듯하다 *cf.* 듯하다
나올 법하다 <말이 ~.> *cf.* 법하다
나올 테니 *cf.* 터
나옴 직하다 *cf.* 하였음 직하다, 되었음 직하다, 믿음직하다, 먹음직하다, 직하다(보조 용언)
나와 버리다
나와 보다
나와 있다
나와 주다
나와 큰아버지 아들 간의(-間-)
나왕목(羅王木) *cf.* 티크목
나위(의존 명사) <말할 ~도 없다.>, <더할 ~도 없다.>
나을 뻔했다 *cf.* 뻔하다
나이니 망정이지 <날랜 ~> *cf.* 니 망정이지, 기에 망정이지, 때문에 망정이지, 망정(의존 명사. '니망정이지'를 관용 어미로 보기도 함.)
나이대로 줄서기 놀이
나이 드시다
나이 든 사람
나이 들다
나이(가) 들어 갈수록
나이(가) 들어 감에 따라
나이(가) 들어 보이다
나이 많다 *cf.* 나어리다
나이 먹다
나이배기 *cf.* 배기(접미사)
나이 어리다 *cf.* 나이 많다, 나어리다
나이 자랑 *cf.* 장기 자랑, 노래 자랑, 제 자랑
나이저 강(-江)
나이차(-差) *cf.* 성격차, 개성차
나이 차다 <나이 찬 처녀>
나이 탓으로 *cf.* 숨찬 탓으로, 학력 탓으로
나이테
나이트로실 이온
나이트릴 이온
나이티 *cf.* 촌티, 시골티, 귀티, 어린 티
나일 강(-江)
나일론 부채 *cf.* 대나무 부채, 태극부채, 부들부채, 진주부채, 줄부채
나일론사(-絲)
나일론실
나잇값 *cf.* 덩칫값, 해웃값, 왁댓값, 킷값, 물값, 갯값, 똥값
나잇살
나 있다
나자빠지다 <얼음판에 ~>
나전 연당초무늬 함(螺鈿蓮唐草文函)
나절(의존 명사) *cf.* 오전 나절, 점심 먹을 나절, 아침나절, 점심나절, 저녁나절, 한나절, 반나절
나절가웃(하루 낮의 4분의 3쯤 되는 동안)
나·제 동맹(羅濟同盟)
나 좀('좀'은 부사) <~ 살려 주세요.>
나 좀 보시오
나주 군도(羅州群島) *cf.* 추자 군도
나주평야(羅州平野) *cf.* 박천평야
나지리보다(남을 업신여겨 낮게 보다.)
나지막해 보이다
나직나직하게
나치당(-黨) *cf.* 지롱드당, 파시스트당
나침반 바늘(羅針盤-) *cf.* 금긋기 바늘, 시곗바늘, 주삿바늘, 뜨개바늘
나침반자리(羅針盤-)

나타나 있다
나타내 보이다
나타내 보자
나타내 주다
나타낼 만하디 *cf.* 만하다
나타냄말
나태해 보이다(懶怠-)
나트륨등(-燈) *cf.* 네온등, 아크등, 텅스텐등
나트륨 이온
나팔관염(喇叭管炎)
나팔꽃(喇叭-)
나팔꽃 덩굴 *cf.* 칡덩굴, 담쟁이덩굴, 으름덩굴, 인동덩굴, 댕댕이덩굴, 강낭콩 덩굴, 고구마 덩굴
나팔꽃 씨(喇叭-) *cf.* 고추씨, 무씨, 갓씨, 호박씨, 살구씨, 복숭아씨
아카시아나무 씨, 단풍나무 씨, 백일홍 씨, 봉숭아 씨, 분꽃 씨
나팔꽃 즙(喇叭-汁) *cf.* 꽃즙, 무즙, 배즙, 사과즙, 생즙
나팔바지(喇叭-) *cf.* 월남바지
나팔 불기(喇叭-)
나팔 불다(喇叭-)
나팔 소리(喇叭-) *cf.* 꽹과리 소리, 피리 소리, 피아노 소리, 호각 소리, 장구 소리, 북소리, 종소리, 새소리
나폴리악파(-樂派) *cf.* 네덜란드악파, 국민악파
나풀나풀
나풀나풀하다
나프탈렌덩어리 *cf.* 서회덩어리, 일음덩어리
나하고 *cf.* 너하고, 하고(조사)
나 한 몸 *cf.* 이 한 몸
나 혼자 *cf.* 너 혼자
나 홀로
나 홀로 집보기
나흘 간(-間)
나흘 만('만'은 의존 명사) <~에 돌아오다.>
나흘만('만'은 조사) <~ 참아라.>
나흘째 되다 *cf.* 한 달째 되다, 째(접미사)
낙관주의(樂觀主義)
낙관해 오다(樂觀-)
낙농·목축업(酪農·牧畜業)
낙락장송(落落長松) 되어
낙목한천(落木寒天)
낙서 미술(落書美術)(그래피티아트)
낙서투성이(落書-) *cf.* 먼지투성이, 흙투성이, 빚투성이, 피투성이, 모순투성이, 추잡스러운 낙서 투성이, 투성이(접미사)
낙숫물(落水-) *cf.* 비눗물, 세숫물, 개숫물
낙숫물받이(落水-) *cf.* 빗물받이, 오물받이
낙심천만(落心千萬)
낙심해하다(落心-)
낙안 읍성 마을(-邑城-)
낙엽수림(落葉樹林) *cf.* 상록수림
낙인찍다(烙印-) *cf.* 도장 찍다, 지장 찍다
낙장거리(팔다리를 벌리고 나자빠짐.) *cf.* 넉장거리
낙점받다(落點-) *cf.* 받다
낙종물(落種-)(못자리 때 맞춰 오는 봄비)
낙차(落差)
낙찰받게 해 주다(落札-)
낙찰받다(落札-) *cf.* 받다
낙천적인데다가(樂天的-) *cf.* 는데다가(어미)
낙천주의(樂天主義)
낙타등(駱駝-) *cf.* 나귀등, 노새등, 새우등, 고래등, 거북이등
낙타똥(駱駝-) *cf.* 개똥, 쇠똥, 말똥
낙하 메(落下-)
낙하산병(落下傘兵) *cf.* 운전병, 포병
낙향길(落鄕-) *cf.* 귀향길, 성묘길, 항해길
낙화송이(落花-) *cf.* 꽃송이, 포도송이, 다래송이
낚시 가다 *cf.* 등산 가다, 소풍 가다, 골프 가다, 운동 가다
낚시걸이 *cf.* 안낚시걸이, 바깥낚시걸이
낚시꾼
낚시놀이
낚시 다니다
낚시줄 잇기

낚시질 가다 *cf.* 등산 가다
낚시찌
낚시터 *cf.* 절터, 약수터, 나루터, 빨래터
낚싯대 *cf.* 바지랑대
낚싯대값
낚싯대꽂이 *cf.* 우산꽂이
낚싯바늘(→낚시) *cf.* 주삿바늘, 시곗바늘, 뜨개바늘, 나침반 바늘, 금긋기 바늘
낚싯밥 *cf.* 뗏밥, 고기밥
낚싯배 *cf.* 고깃배
낚싯줄 *cf.* 그넷줄, 벼릿줄, 빨랫줄, 전깃줄 거미줄, 고무줄, 철사줄, 새끼줄
낚아 가다/낚아 오다
낚아 보다
낚아채다/낚아채듯 *cf.* 듯(어미)
낚지 못한 채 <고기 한 마리 ~….> *cf.* 채
-난(難-)(접미사) *cf.* 교통난, 주택난, 취직난
난-(難-)(접두사) *cf.* 난공사, 난문장
난가게 <주막집에서 ~를 꾸미고 술을 팔러 나왔다.>
난간두겁(欄干-)
난간이마(欄干-)
난간 틈(欄干-) *cf.* 바위틈, 문틈, 창틈, 돌 틈
난감해 보이다(難堪-)
난감해하다(難堪-) *cf.* 서운해하다
난거지 <~든부자>
난다 긴다 하는(능력이 뛰어난)
난데없이/없다
난뎃놈/난뎃사람
난뎃손님(다른 고장에서 온 손님)
난도질당하다(亂刀-當-) *cf.* 당하다
난동 부리다(亂動-) *cf.* 행패 부리다
난동 피우다(亂動-) *cf.* 소란 피우다
난든집(익숙한 솜씨) <~이라 잠깐이면 끝낸다.>
난랑비서(鸞郎碑序)
난로 가 <불 있는 ~>
난로 속에(煖爐-)
난롯가(煖爐-) *cf.* 강가, 냇가, 호숫가, 부둣가, 무덤가, 우물가

난롯불(煖爐-) *cf.* 화롯불, 모닥불, 화톳불
난리 나다(亂離-) <난리 나던 해에 태어나다.>, <큰 난리(가) 나다.>
난리 치다(亂離-) *cf.* 호통 치다
난리통(亂離-)
난리판(亂離-)
난바다(원해) <~에 떠 있는 배>
난밭(지정한 바깥의 바닥)
난봉나다 *cf.* 바람나다
난봉 부리다/난봉 피우다 *cf.* 바람피우다
난봉살림
난봉쟁이 *cf.* 풍각쟁이
난부자(-富者) <~든거지>
난사람(뛰어나게 잘난 사람) *cf.* 못난 사람
난 사람 *cf.* 된 사람
난생처음으로(-生-)
난세포(卵細胞) *cf.* 정세포
난십자수(亂十字繡)
난원세포(卵原細胞) *cf.* 정원세포
난·육 겸용종(卵·育兼用種)
난잡스러워 보이다(亂雜-)
난잡해 보이다(亂雜-)
난장 맞다(亂杖-) *cf.* 곤장 맞다, 매 맞다
난쟁이 *cf.* 빚쟁이, 월급쟁이, 요술쟁이, 소리쟁이, 거짓말쟁이
난쟁이 나라 *cf.* 거인 나라
난쟁이 대장(-大將)
난쟁이증(-症)
난중일기(亂中日記) *cf.* 계축일기, 산성일기
난처해 보이다(難處-)
난처해져 가다(難處-)
난처해하다(難處-)
난초님(蘭草-)(난초를 의인화해서)
난초 치다(蘭草-)
난층쌓음(亂層-) *cf.* 허튼층쌓기, 손질돌쌓음, 막쌓기, 찰쌓기
난파당하다(難破當-) *cf.* 당하다
난폭해져 가다(亂暴-)
낟가리 *cf.* 볏가리, 노적가리

낟알〔穀粒〕 *cf.* 낱알〔個粒〕
낟알 잎
날가루
날개그물
날개깃 *cf.* 꽁지깃, 부등깃
날개 달기
날개 돋친 듯이 *cf.* 듯이
날개바퀴 *cf.* 가락바퀴, 톱니바퀴
날개벽(-壁)
날개보
날개비
날개옷
날개집 *cf.* 팔작집, 맞배집, ㄱ자집, 일자집
날개 치다 *cf.* 활개치다
날개판(-板)
날개 펴기
날갯죽지 *cf.* 어깻죽지
날갯짓 *cf.* 몸짓, 어깻짓, 눈짓, 엉덩잇짓
날건달
날것 *cf.* 날고기, 날김치, 들것, 탈것
날것 같다 *cf.* 익은 것 같다
날 것 같다 <탈이 ~.>, <하늘을 ~.>
날고구마 *cf.* 군고구마
날고기
날고 기는 장사(-壯士)
날고뛰다
날고르기
날고 있다
날구역(-嘔逆)
날기와
날까 봐(싱거가 ~.)
날끝 *cf.* 칼끝, 창끝, 코끝, 손끝
날단거리(땔나무)
날담배(생담배)
날도둑놈
날돈
날 들다
날듯이('듯이'는 어미) <새가 공중을 ~.>
날 듯이(날아갈 듯이) <~ 가벼운 기분.>
cf. 미친 듯이, 듯이(부사)
날 듯이([뜨시]) <~ 몸이 가볍다.> *cf.* 뛸 듯이, 듯이(부사)
날 듯하다 <병이 ~.>
날라 가다 <짐을 ~.>
날라다 놓다
날라다 주다
날라들다
날라들이다〔搬入〕
날라 오다 <짐을 ~.>
날라 주다
날려 갈 뻔하다 *cf.* 뻔하다
날려 버리다 <밑천을 ~.>
날려 보내다
날려 보다
날려 오다
날려 주다
날로달로
날름날름하다
날름대다
날문 구멍(-門-)(의학)
날밑(칼날과 칼자루 사이의 테)
날바닥 *cf.* 맨바닥
날바탕
날반죽 *cf.* 익반죽
날 받다
날밤 *cf.* 날고구마, 군밤
날밤집(밤을 새워 가며 먹는 선술집)
날벌레(날아다니는 벌레) *cf.* 날짐승, 길벌레
날벼락 *cf.* 물벼락, 불벼락
날벼락 같다 <날벼락 같은 소리를 ~….>
cf. 벼락같다, 벽력같다
날벼락 맞다 *cf.* 벼락 맞다, 물벼락 맞다, 불벼락 맞다
날변/일변(-邊/日邊)
날불한당 같다(-不汗黨-)
날붙이
날사이
날삯꾼

날 새다 *cf.* 밤새다
날 샐 녘에 *cf.* 해질녘, 해뜰녘
날수(-數) *cf.* 달수, 햇수
날숨 *cf.* 들숨
날숨 불어넣기
날숨소리(언어학) *cf.* 들숨소리
날실 감기
날실(을) 감다
날실꿰기
날실풀기 운동(-運動)
날씨 탓 *cf.* 나이 탓
날씬해 보이다
날씬해져 가다
날아가고픈 *cf.* 하고프다, 가고프다
날아가다
날아가 버리다
날아갈 듯하다 *cf.* 듯하다
날아갔단 말이냐 *cf.* 말이다/말이야/말이오
날아놓다
날아다니다
날아돌다 <마을 안을 ~.>
날아들다
날아 들어가다
날아 들어오다
날아 뛰다
날아 보다
날아예다 *cf.* 날아가다
날아오다
날아오르다
날아 올라가다
날어김(톱의)
날어김기(-機)
날염풀(捺染-)
날음식(-飮食) *cf.* 익은 음식, 선 음식
날이면 날마다 *cf.* 장이면 장마다
날일(날삯을 받고 하는 일)
날 잡아서(날짜를 정해서)
날 잡아 잡수 한다
날 저물다
날조해 놓다(捏造-)
날 좀 도와 주오/다오
날줄 *cf.* 씨줄
날짐승 *cf.* 길짐승, 날벌레
날짜 고치기
날짜(를) 고치다
날짜난(-欄) *cf.* 어린이난, 가십난, 뉴스난, 일자란(日字欄)
날짜 변경선(-變更線)
날짜별(-別) *cf.* 월별
날짜선(-線)
날치기당하다(-當-) *cf.* 당하다
날치기해 가다
날치 떼 *cf.* 새 떼, 개미 떼, 모기떼
날칫과(-科)
날카로워 보이다
날카로워져 가다
날파람 <두루마기자락에 ~을 일으키다.>
날품
날품 팔다 *cf.* 품 팔다, 매품 팔다
날품팔이/날품팔이꾼
낡아 가다
낡아 빠지다 *cf.* 썩어 빠지다, 시어 빠지다, 흔해 빠지다, 닳아빠지다, 빠지다(보조 용언)
낡아져 가다
낡은 것 *cf.* 새것, 헌것
넓작해 보이다
남강 댐(南江-) *cf.* 충주 댐
남 같다 *cf.* 나 같다
남게 되다
남겨 가다
남겨 놓다
남겨 두다
남겨 둔 채 *cf.* ㄴ 채, 채
남겨 보려고 하다
남겨 오다
남겨 주다
남경 남해부(南京南海府)
남궁 억 선생(南宮檍先生) *cf.* 독고 준, 황보 지봉

남극 해류(南極海流) *cf.* 적도 해류
남기자마자 *cf.* 자마자
남긴 채 *cf.* ㄴ 채, 채
남김없다/없이
남 끝동(嵐-)
남나중(남보다 나중)
남남 간에(-間-)
남남끼리 *cf.* 끼리(접미사)
남남문제(南南問題) *cf.* 남북문제, 교육 문제, 복지 문제
남남 사이
남녀 간(男女間) *cf.* 남자·여자 간에, 의원 간에, 학자 간에, 남북 간에
남녀노소(男女老少)
남녀동등권(男女同等權) *cf.* 남녀 평등권
남녀별로(男女別-)
남녀 수(男女數) *cf.* 학생 수
남녀 중에(男女中-)
남녀칠세부동석(男女七歲不同席)
남녀평등(男女平等)
남녘 땅(南-) *cf.* 북녘 땅, 동녘 땅
남는 게 없다
남다른/남달리/남다르다
남대문로(南大門路)
남대천변(南大川邊) *cf.* 압록강변
남도길(南道-) *cf.* 낙향길
남도 들노래(南道-)
남도 땅(南道-)
남도 소리(南道-) *cf.* 서도 소리, 경기 소리
남도 입창(南道立唱)
남도 잡가(南道雜歌) *cf.* 서도 잡가, 경기 잡가
남독일(南獨逸)
남동생(男同生) *cf.* 여동생
남동쪽(南東-) *cf.* 동남쪽
남로당파(南勞黨派) *cf.* 북로당파
남만 하다 <남만 한 실력은 가지고 있나.> *cf.* 만 하다(←만하다)
남매간(男妹間) <그들은 ~이다.> *cf.* 형제간, 부자간, 자매간, 내외간

남명 학파(南冥學派) *cf.* 강화 학파
남모르게/남모르다 *cf.* 남다르다
남모를 <~ 고민>
남몰래
남 못지않다
남문 밖(南門-)
남 보기에 *cf.* 내 보기에
남 보란 듯이 *cf.* 나 보란 듯이, 여봐란듯이, 나보란듯이
남볼썽
남볼썽 사납게/사납다 <~ 그게 무슨 짓이냐?>
남부끄럽다
남부끄럽잖다/남부끄럽지 않다
남부럽잖다
남부여대하고(男負女戴-) <~ 피란을 가다.>
남북 간(南北間) *cf.* 남녀 간에, 의원 간에
남북국 시대(南北國時代) *cf.* 요순시대, 구석기시대, 빙하 시대, 공룡 시대
남북문제(南北問題) *cf.* 동서문제, 노사 문제, 노인 문제
남·북아메리카(南·北-)
남북 적십자 회담(南北赤十字會談)
남북 전쟁(南北戰爭)
남북 조절 위원회(南北調節委員會)
남북통일(南北統一)
남북한 간의(南北韓間-) *cf.* 미·소 간의
남·북회귀선(南·北回歸線)
남빛(藍-) *cf.* 잿빛, 쪽빛, 이빛, 나싯빛, 주툿빛, 치자빛, 버찌빛
남사당패(男寺黨牌)
남사당패놀음(男寺黨牌-)
남산골샌님(南山-)
남산골 한옥 마을(南山 韓屋-)
남새밭(→나물밭)
남색(藍色) *cf.* 감색
남생아 놀아라
남생이놀이
남서부(南西部)

남서쪽(南西-)
남선생(男先生) *cf.* 여선생
남 선생(南先生) *cf.* 독고 선생, 이 선생
남성고음(男性高音) *cf.* 여성 고음
남성마침(男聲-) *cf.* 여성마침
남성병학(男性病學)
남실남실(부사)
남실바람 *cf.* 건들바람, 싹쓸바람, 건들바람
남아돌다
남아돌아가다 <곡식이 ~.>
남아메리카(南-) *cf.* 남아시아
남아 보다
남아시아(南-) *cf.* 동아시아, 서아시아
남아 오다
남아 있다
남아 있을 리 없다(-理-)
남아프리카(南-) *cf.* 북아프리카
남예멘(南-)
남용되어 오다(濫用-)
남용해 오다(濫用-)
남을 듯 말 듯하다
남의 것 *cf.* 나의 것, 내 것
남의나이(환갑이 지난 나이)
남의눈 <~을 피하다.>
남의달 <~을 무서워하다.>, <산월을 넘기어 ~에 태어나다.>
남의 말 하기 좋아하다
남의 말 하듯 하다 *cf.* 말하듯 하다
남의집살이 *cf.* 행랑살이, 처가살이
남의집살이하다
남의 흉 보다 *cf.* 흉보다
남자 같다(男子-) *cf.* 여자 같다, 노인 같다
남자관계(男子關係) *cf.* 여자관계, 가족 관계, 갈등 관계
남자구실(男子-) *cf.* 남편구실, 여자구실
남자다워 보이다(男子-) *cf.* 사내다워 보이다
남자다워져 가다(男子-)
남자다워지다(男子-)
남자 된 도리(男子-道理) *cf.* 며느리 된 도리
남자든 여자든(男子-女子-)
남자들 간에(男子-間-)
남자 수(男子數)
남자 아이(男子-) *cf.* 여자 아이
남자 애(男子-) *cf.* 여자 애
남자 어린이(男子-)
남자 여자 할 것 없이(男子女子-) *cf.* 할 것 없이, 너나없이, 너나 할 것 없이
남자역(男子役) *cf.* 여자역, 월매역
남자 중에(男子中-)
남자 쪽(男子-)
남장미인(男裝美人) *cf.* 여장미남
남적도 해류(南赤道海流) *cf.* 북적도 해류
남존여비(男尊女卑)
남중국(南中國) *cf.* 북중국
남지나해(南支那海) *cf.* 동지나해
남지 않다
남짓(의존 명사) *cf.* 한 달 남짓, 한 되 남짓
남쪽(南-) *cf.* 북쪽
남쪽 길(南-) *cf.* 북쪽 길, 서쪽 길
남쪽 나라(南-) *cf.* 북쪽 나라, 서쪽 나라
남쪽 땅(南-) *cf.* 북쪽 땅
남쪽왕관(南-王冠) *cf.* 북쪽왕관
남창가곡(男唱歌曲)
남창지름시조(男唱-時調)
남챗방(南-房) *cf.* 동챗방
남치마(藍-) *cf.* 청치마
남태령고개(南泰嶺-) *cf.* 아리랑고개
남태칠기(藍胎漆器) *cf.* 나전 칠기, 채화칠협
남태평양(南太平洋) *cf.* 북태평양
남파되어 오다(南派-)
남편감(男便-) *cf.* 신랑감, 신붓감, 아냇감
남편구실(男便-) *cf.* 남자구실, 여자구실
남편 까치(男便-) *cf.* 아내 까치
남편 덕에(男便德-) *cf.* 아내 덕에, 자식 덕에
남편 되는 분(男便-) *cf.* 부인 되는 분, 자식 되는 분
남편 된 도리(男便-道理) *cf.* 아내 된 도리
남폿구멍 *cf.* 옹이구멍, 마룻구멍, 창구멍

남폿돌
남폿불 *cf.* 난롯불, 등잔불, 화롯불
남학생 수(男學生數) *cf.* 여학생 수
남한 내에(南韓內-)
남한 대토벌 작전(南韓大討伐作戰)
남한 땅(南韓-) *cf.* 북한 땅, 미국 땅, 중국 땅, 일본 땅
남한·북한 간에(南韓北韓間-)
남한산성(南漢山城) *cf.* 북한산성
남한일기(南漢日記) *cf.* 계축일기
남해 바다(南海-) *cf.* 동해 바다, 서해 바다
남향집(南向-) *cf.* 북향집, 서향집, 동향집
남회귀선(南回歸線) *cf.* 북회귀선
납덩어리 *cf.* 납덩이, 흙덩어리, 얼음덩어리, 금덩어리, 눈덩어리
납덩이 *cf.* 금덩이, 돌덩이, 흙덩이
납덩이같다 <그의 얼굴은 창백해서 ~.>
납도릿집 *cf.* 팔작집, 엇치량집
납땜인두
납부필증(納付畢證) *cf.* 신고필증
납북당하다(拉北當-) *cf.* 당하다
납북되어 가다(拉北-)
납빛 *cf.* 젓빛, 잿빛, 쥐빛, 장밋빛, 모싯빛, 앵두빛, 버찌빛, 치자빛
납신납신하다
납작마루 *cf.* 다락마루, 박공마루
납작바닥(고고학) <~ 토기>
납작보리 *cf.* 통보리, 쌀보리
납작보리쌀
납작지수(-指數)(고고학) *cf.* 편평지수
납작천장(-天障)
납작칼 *cf.* 호비칼, 둥근칼
납작코 *cf.* 수먹코, 매부리코, 들창코, 사자코
납작해 보이다
납작해지다
납죽납죽
납축전지(-蓄電池) *cf.* 카드뮴 전지
납치당하다(拉致當-) *cf.* 당하다
납치되어 가다(拉致-)
납치해 가다(拉致-)
납활자(-活字) *cf.* 동활자, 목활자, 놋활자
낫날 *cf.* 칼날, 대팻날
낫 놓고 <~ 기역자도 모른다.>
낫 모양 적혈구 빈혈증(-赤血球貧血症)
낫 스트레이트
낫 업
났을걸 <난리가 ~.> *cf.* 했을걸, ㄹ걸(어미)
낭독연설(朗讀演說) *cf.* 대중 연설
낭독하여 보다(朗讀-)
낭림산맥(狼林山脈) *cf.* 부전령산맥
낭만주의(浪漫主義)
낭만주의 극(浪漫主義劇) *cf.* 무언극, 일인극, 사상극, 사실주의 극
낭만주의 시(浪漫主義詩) *cf.* 사실주의 시
낭비시켜 주다(浪費-)
낭비 없다(浪費-)
낭비해 버리다(浪費-)
낭송시(朗誦詩) *cf.* 구송시
낭송해 보다(朗誦-)
낭패당하다(狼狽當-) *cf.* 당하다
낭패 보다(狼狽-)
낭패스러워하다(狼狽-)
낭패시키다(狼狽-)
낮교대(-交代) *cf.* 밤교대
낮닭 <~이 울다.>
낮도깨비
낮도둑 *cf.* 밤도둑
낮 동안 *cf.* 밤 동안
낮말 <~은 새가 듣고….> *cf.* 밤말
낮보다
낮술 *cf.* 해장술
낮 시간(-時間) *cf.* 밤 시간
낮아 보이다
낮아져 가다
낮은꼴음(-音)(음악)
낮은말[卑語]
낮은 소리
낮은음(-音)

낮은음자리표(-音-標)
낮은 쪽에
낮은 철봉에 앉은 자세에서 앞으로 내리기(-鐵棒-姿勢-)
낮은 철봉에서 다리 빼어 앞으로 내리기(-鐵棒-)
낮은 철봉에서 뛰어오르기(-鐵棒-)
낮이나 밤이나
낮일 *cf.* 밤일
낮잠 *cf.* 밤잠, 아침잠, 새벽잠
낮잠 자다 *cf.* 새벽잠 자다, 밤잠 자다, 잠자다
낮잠터 *cf.* 놀이터, 싸움터, 사냥터
낮추베기 *cf.* 높이베기, 낮추 베기(편수 자료 '농·생명')
낮추보다
낮추잡다
낮춤말(비칭어, 하대어) *cf.* 높임말
낮춰 주다
낯가리다
낯가림 <~이 심한 아이> *cf.* 해가림
낯가죽 *cf.* 뱃가죽, 등가죽
낯간지럽다 *cf.* 낯 뜨겁다
낯깎이다 *cf.* 체면 깎이다
낯나다
낯내다(생색내다)
낯닦음(면치레)
낯 두껍다
낯들다
낯 뜨거워하다
낯 뜨겁다 *cf.* 낯간지럽다
낯모르는 이
낯바닥
낯부끄러워하다
낯부끄럽다
낯 붉히다
낯빛 *cf.* 얼굴빛
낯 빛깔 *cf.* 낯빛
낯선 사람들 간(-間)
낯설게하기(문학적 수법)
낯설다 *cf.* 낯익다
낯설어 보이다
낯설어하다
낯없다
낯없어하다
낯없이
낯익다 *cf.* 낯설다, 판수익다
낯익히다
낯짝 없다
낱개 모형(-模型)
낱그릇(따로따로의 그릇)
낱낱이
낱눈 *cf.* 겹눈
낱돈
낱말 만들기
낱말맞추기
낱말맞히기/낱말맞히기놀이
낱말 묶음
낱말밭
낱말 여행(-旅行)
낱말 오목 놀이(-五目-) *cf.* 오목놀이
낱말 짝
낱말찾기놀이
낱말 찾기 놀이 <같은 글자로 시작되는 ~/두 글자로 된 ~>
낱말 퍼즐 맞히기
낱소리
낱소리글 *cf.* 음소 문자
낱알〔個粒〕 *cf.* 낟알〔穀粒〕
낱이삭
낱홍정 *cf.* 모개홍정
낳아 가지고 오다
낳아 기르다
낳아 놓다
낳아 주다
낳을 수밖에
-낳이(접미사) *cf.* 안동~, 한산~, 봄~
낳이하다(길쌈하다) *cf.* 봄낳이
낳자마자 *cf.* 자마자
-내(內) *cf.* 사내 방송, 교내 행사, 국내 여행

-내(접미사) *cf.* 겨우내, 여름내
내(內)(의존 명사) *cf.* 금주 내에, 교실 내에서, 도서관 내에서
내(來)-(접두사) *cf.* 내주일, 내월, 내년, 내후년
내(耐)-(접두사) *cf.* 내한성, 내도복성, 내마멸성, 내냉성, 내알칼리성
내(來)(관형사) *cf.* 내 25일, 작
내가 내가 <~가 잘하지.> *cf.* 누가 누가
내가다 <밥상을 ~.>
내갈기다
내 갈 길 가다
내 걱정 마라 *cf.* 마/마라/말아라(→마라)
내걸다
내걸어 두다
내 것 네 것 *cf.* 내것 네것
내경동맥(內頸動脈)
내공해성(耐公害性)
내관골근(內髖骨筋)
내구연한(耐久年限) *cf.* 보존 연한, 사용 연한, 내구 생산재, 근무 연한, 내용 연수
내국환(內國換) *cf.* 외국환
-내기(접미사) *cf.* 서울내기, 신출내기, 풋내기, 여간내기
내기(명사) *cf.* 점심 내기, 저녁 내기, 돈내기, 술내기, 내기 바둑, 내기 골프
내기는커녕 <화를 ~….>, <돈을 ~….> *cf.* 는커녕, 커녕(조사)
내기하다 <내기하지 마라.>
내기 하다 <점심 내기(를) 해 보자.>
내 깐에 *cf.* 제 깐에
내깔겨 두다
내깔기다
내 나름대로 *cf.* 자기 나름대로
내남없이 *cf.* 너나없이, 너나 할 것 없이
내냉성(耐冷性) *cf.* 내한성, 내열성
내년 말경(來年末頃) *cf.* 경(접미사)
내년 말에(來年末-)
내년 봄(來年-)
내년쯤(來年-) *cf.* 쯤(접미사)
내년 초(來年初)
내 놓고 <구멍을 ~….>
내놓고 가다
내놓다 <밖에 화분을 ~.>, <성금을 ~.>
내놓자마자 *cf.* 자마자
내다 *cf.* 빛내다, 성내다, 탐내다, 겁내다 해내다, 펴내다, 따내다, 써내다, 떠내다 견뎌 내다, 밝혀 내다, 만들어 내다, 이루어 내다, 이룩해 내다
내다 놓다
내다 놓다 보니
내다 버려라
내다보다
내다보이다 <바다가 내다보이는 방>
내다 보이다 <창고에서 물건을 ~.>
내다 세우다
내다 쌓다
내다 주다
내다지보/내민보
내다지장부맞춤
내다 팔다
내닫다
내닫이창(-窓) *cf.* 내민창
내달리다
내달 말에(來-末-)
내달 중에(來-中-)
내달 초에(來-初-)
내 덕에(-德-) *cf.* 네 덕에, 아내 덕에
내던져 놓다
내던져 버리다
내딘지나
내도복성(耐倒伏性) *cf.* 내한성
내동댕이쳐지다/내동댕이치다
내두르다 <혀를 ~.>
내둘리다
내드리다 <거스름돈을 ~.> *cf.* 내주다
내디디다
내 딴에는 *cf.* 제 딴에는, 딴(의존 명사)
내뛸성(-性)(수줍어하지 않는 성질) *cf.* 불뚝

성, 붙임성, 내칠성
내러 오다
내려가 버리다
내려가 보다
내려가 살다
내려가자마자 *cf.* 자마자(어미)
내려 긋다 <5 cm 내려(서) 긋다.> *cf.* 내리긋다
내려꽂다
내려놓고 오다
내려놓다 *cf.* 올려놓다
내려놓자마자 *cf.* 자마자
내려다니다
내려다보다 <아래를 ~.> *cf.* 올려다보다
내려다보이다 *cf.* 올려다보다
내려다본 각(-角)(편수 자료) *cf.* 올려다본 각, 내려본각, 올려본각
내려 드리다 *cf.* 올려 드리다
내려 들다
내려디디다
내려뜨리다/트리다
내려 받다 <십의 자리에서 ~.>
내려보내다 *cf.* 올려보내다
내려 보다 <짐을 ~.>
내려본각(-角) *cf.* 올려본각
내려서다 *cf.* 올라서다
내려쓰다 <한 줄을 띄우고 그 다음에 내려쓴다.>
내려 쓰다 <한 글자 내려(서) 쓰다.>
내려앉다 *cf.* 올라앉다
내려앉아 있다
내려오다
내려오자마자 *cf.* 자마자
내려제기다
내려주다 <사장이 내려주신 명령>
내려 주다 <차에서 ~.>
내려 찍는다['내려(서) 찍는다'의 뜻으로]
내려찍다
내렸는가 보다 *cf.* ㄴ가 보다, 보다
내로라하는 <~ 학자들>
내리갈리다
내리감기다
내리감다
내리구르다
내리글씨 *cf.* 세로글씨, 가로글씨
내리긋다
내리까다
내리깎다
내리깔기다
내리깔다
내리깔리다
내리꽂히다
내리꿰다
내리누르다
내리닫다 *cf.* 치닫다
내리닫이 *cf.* 여닫이
내리닫이문(-門) *cf.* 여닫이문
내리달리다
내리덮다
내리뒹굴다
내리들다
내리떨어지다
내리뛰다
내리뜨다
내리막굴리기
내리막길 *cf.* 오르막길
내리매기다 *cf.* 치매기다
내리밀다
내리받다
내리받이(비탈진 곳의 내려가는 방향)
내리벋다
내리붓다
내리비치다/내리비추다
내리사랑 *cf.* 치사랑
내리쏘다
내리쏟다
내리쓰다 <글을 ~.>
내리쓸다
내리외다(줄줄 외다.)

내리읽다
내리지르다
내리쬐다
내리찍다
내리쳐지다
내리치다
내리퍼붓다
내리훑다
내릴톱 *cf.* 켜는톱, 자르는톱, 동가리톱
내림나장조(-長調)
내림마장조(-長調)
내림사장조(-長調)
내림은장(-隱-)
내림주먹장
내림차순(-次順) *cf.* 오름차순
내림턱열장끼움
내림표(-標)
내림활(현악기 연주) *cf.* 올림활
내립떠보다 *cf.* 칩떠보다
내마멸성(耐磨滅性)
내맡겨 두다
내맡겨 버리다
내맡기다
내면생활(內面生活) *cf.* 정신생활, 집단생활, 은둔 생활, 기초 생활, 금욕 생활
내면세계(內面世界) *cf.* 정신세계, 물질세계
내몰다
내무반장(內務班長)
내무 생활(內務生活) *cf.* 병영 생활
내무 총장 자리(內務總長-) *cf.* 장관 자리
내무행정(內務行政) *cf.* 교육 행정, 교통 행정, 세무 행정, 경찰 행정, 병무 행정
내물려쌓음 *cf.* 난층쌓음, 손질돌쌓음
내미손(어수룩하게 생긴 사람)
내민보/내다지보
내민 줄눈 *cf.* 통줄눈, 둥근 줄눈
내민턱
내밀어 보다
내방 가사(內房歌辭) *cf.* 규방 가사

내배다(액체가 겉으로 나와 젖다.)
내버려 두다
내버려 주다
내보내 놓고
내보내다
내보내 보다
내보내 주다
내보다 <장 속에 넣어 두었던 사진을 ~.>
내 보다 <흉내를 ~.>
내 보다(꺼내어 보다.)
내보여 주다
내보이다 <속옷이 ~.>
내 보이다 <신분증을 내(어서) 보이다.>
내부 고발자(內部告發者)
내분비계(內分泌系) *cf.* 호흡기계, 순환기계
내분비물(內分泌物)
내분비선(內分泌腺)
내붙이다
내빼 오다 <잡혀 있다가 ~.>
내뻗다
내뿜어 주다
내사당하다(內査當-) *cf.* 당하다
내사받다(內査-) *cf.* 받다
내사받아 오다(內査-)
내사해 오다(內査-)
내산성(耐酸性) *cf.* 내알칼리성
내색 없이(-色-)
내선 일체(內鮮一體)
내세우고 있다
내세우다
내세워 보다
내세워 오다
내세탁성(耐洗濯性)
내숭 떨다
내숭 피우다
내쉬다 *cf.* 들이쉬다
내쉬어 보다
내 식대로 하다(-式-) *cf.* 대로
내실 리가 없다(-理-) <그런 시험 문제를 ~.>

내실 없다/내실 있다(內實-)
내실화하다(內實化-)
내(來) 15일 *cf.* 작 15일
내쌓기 *cf.* 들여쌓기
내쌓다(바깥쪽으로 나가게 쌓다.)
내쏘다
내앉다 <길에 ~.>
내알칼리성(耐-性) *cf.* 내산성, 내마멸성
내어 가며 <학비를 ~….>
내어놓다 <밥상을 ~.>
내어 놓다 <시험 문제를 ~.>
내어 드리다
내어 보다
내어 주다
내열강(耐熱鋼)
내염성(耐鹽性)
내오다 <손님에게 과일을 ~.>
내 오다 <매년 세금을 내 오고 있다.>
내왕길(來往-) <~에 들르다.>
내외 간(內外間) *cf.* 두 내외 간에
내외간(內外間) <그들은 ~이다.> *cf.* 형제간, 자매간, 부부간
내외종간(內外從間)
내용 간(內容間)
내용 간추리기(內容-)
내용 구성하기(內容構成-)
내용 마련하기(內容-)
내용면에서(內容面-) *cf.* 형식면에서
내용 생각해 내기(內容-)
내용 선택하기(內容選擇-)
내용인즉(內容-) *cf.* ㄴ즉(어미)
내유외강(內柔外剛) *cf.* 외유내강
내의 바람에(內衣-) *cf.* 팬티 바람, 파자마 바람, 작업복 바람
속옷바람, 저고릿바람, 치맛바람, 상툿바람, 동저고릿바람, 속곳바람
내일모레(來日-)
내일 밤(來日-) *cf.* 오늘 밤
내일 밤 중에(來日-中-)(내일 밤 안에)
내일 밤중에(來日-中-)
내 일인 양(-樣) *cf.* 양(의존 명사)
내일 중에(來日中-)
내재비평(內在批評) *cf.* 외재비평
내재철학(內在哲學)
내재해 있다(內在-)
내재화되다(內在化-)
내 정신 아니다(-精神-) *cf.* 제 정신 아니다.
내종 사촌(內從四寸) *cf.* 고종 사촌, 외종 사촌
내종형제(內從兄弟) *cf.* 이종형제
내주다 <집을 내주고 이사하다.>, <책을 ~.>, <시간을 ~.>
내주 말에(來週末-)
내주 중에(來週中-)
내주 초에(來週初-)
내준 듯하다 *cf.* 듯하다
내줄 듯하다 *cf.* 듯하다
내지(乃至)(부사) *cf.* 열 ~ 스물
내지연장주의(內地延長主義)
내 집 가지다
내집갖기 <사원들의 ~ 사업>
내 집 일같이
내 짝
내 쪽 *cf.* 너희 쪽
내쫓고 있다
내쫓아 버리다
내 책임 아래(-責任-)
내 책임하에(-責任下-)
내치락들치락하다
내친걸음
내친김에 *cf.* '은/ㄴ 김에'
내친말 <~ 끝에 다 말했다.>
내칠성(-性) *cf.* 내뛸성, 불뚝성, 냅들성
내키는 대로 *cf.* 시키는 대로, 대로
내 탓 *cf.* 네 탓, 제 탓, 누구 탓, 아무개 탓
내팽개친 채 *cf.* ㄴ 채, 채
내팽개쳐 두다
내퍼붓다(냅다 퍼붓다.)
내 편(-便) *cf.* 네 편, 제 편

내항동물(內肛動物)
내 해 cf. 내 것, 네 것
내해수강(耐海水鋼)
내흔들다
냄비뚜껑 cf. 솥뚜껑, 주발뚜껑
냄비받침 cf. 책받침, 그릇받침, 그릇 받침(편수 자료)
냄비받침 만들기
냄새값(냄새를 맡은 값)
냄새나다 cf. 발냄새 나다
냄새 맡다
냄새 풍기다
냄샛길(생물)
냅떠서다(남을 앞질러 나서다)
냅뜰성(-性) cf. 부끄럼성, 불뚝성, 내칠성
냅뜰힘(남을 앞질러 가는 힘)
냅킨꽂이 cf. 칼꽂이, 편지꽂이, 우산꽂이
냇가 cf. 시냇가, 갯가, 부둣가, 바닷가, 호숫가, 수돗가, 화롯가
냇내 cf. 탄내, 단내, 땀내, 숯내
냇돌석기(-石器)(고고학)
냇둑 cf. 시냇둑, 논둑, 밭둑, 하굣둑
냇모래 cf. 강모래, 바닷모래
냇물 cf. 시냇물, 개울물
냇바닥 cf. 강바닥, 땅바닥, 방바닥, 논바닥 우물 바닥, 웅덩이 바닥, 호수 바닥, 굴 바닥, 개천 바닥
냇바람 cf. 샛바람, 바닷바람
냇사락 cf. 샅자락, 바닷자락
냉-(冷) cf. 냉커피, 냉가슴
냉가슴(冷-)
냉가슴 앓듯 하다(冷-) cf. 듯
냉가압실식(冷加壓室式)
냉각능풍속계(冷却能風速計)
냉각되이 기디(冷却-)
냉각소화(冷却消火) cf. 질식소화, 분말 소화, 액체 소화, 포말 소화, 탄산 소화
냉각시켜 주다(冷却-)
냉갈령(몹시 매정하고 쌀쌀한 태도)
냉결정화 온도(冷結晶化溫度)
냉경바퀴(冷硬-) cf. 수레바퀴, 톱니바퀴
냉경주물(冷硬鑄物)
냉·난방(冷·煖房)
냉담해 보이다(冷淡-)
냉대당하다(冷待當-) cf. 당하다
냉대림대(冷帶林帶) cf. 한대림대
냉대받다(冷待-) cf. 천대받다, 받다
냉대받아 오다(冷待-)
냉대·한대·건조 기후(冷帶·寒帶·乾燥氣候)
냉대해 오다(冷待-)
냉대해 주다(冷待-)
냉동시켜 놓다(冷凍-)
냉동식품(冷凍食品) cf. 건조식품, 냉동 야채
냉동실 문(冷凍室門) cf. 냉장고 문
냉동 야채(冷凍野菜) cf. 건조야채
냉동외과(冷凍外科) cf. 냉동 태아
냉랭해 보이다(冷冷-)
냉랭해져 가다(冷冷-)
냉방병(冷房病)
냉연신(冷延伸)
냉염물감(冷染-) cf. 건염물감
냉·온대(冷·溫帶)
냉·온대 기후(冷·溫帶氣候)
냉·온대 지방(冷·溫帶地方)
냉온수(冷溫水)
냉음극(冷陰極)
냉잇국 cf. 북엇국, 조갯국, 시래깃국, 우거짓국, 뭇국
냉장고(冷藏庫)
냉장고 문(冷藏庫門) cf. 창고 문
냉장·냉동법(冷藏·冷凍法)
냉 점화 플러그(冷點火-)
냉정해 보이다(冷情-, 冷靜-)
냉찜실 cf. 겨자찜질, 더운찜질, 얼음찜질, 모래찜질, 파라핀 찜질
냉큼냉큼
너 같은/같다 cf. 나 같은
너같이 <~ 착한 사람> cf. 같이(조사)

너 같이 <너(와) 같이 가야 한다.>
너구리굴(-窟) *cf.* 뱀굴, 여우굴, 오소리굴, 족제비굴, 두더지굴, 토끼굴, 호랑이굴
너구리 아저씨
너구리집 *cf.* 개집
너구리 집('너구리네 집'의 뜻으로)
너그러워 보이다
너글너글하다
너나 나나 *cf.* 저나 나나
너나들이(서로 터놓고 지내는 사이)
너나없이 *cf.* 내남없이
너나 할 것 없이
너는목(판소리)
너답지 않다
너덜겅(돌이 많이 흩어져 있는 비탈) *cf.* 너설, 바위너설
너덜밭 *cf.* 돌서덜밭
너도 나도 <~ 가 본 적이 없다.>
너도나도(부사) <~ 도움의 손길을 주었다.>
너도밤나무 잎
너 돈(-쭝) <금 ~> *cf.* 서 돈, 너 말
너 따위
너라 불규칙(-不規則)
너라 불규칙 동사(-不規則動詞)
너만 할 적에 *cf.* 만 하다, 적
너 말 <쌀 ~> *cf.* 서 말, 너 돈
너 말고 네 아범 *cf.* 너 아니고 네 엄마
너머(사물의 저쪽) <산 ~ 남촌에는 ….>
너무날(음력 열사흘과 스무여드레)
너무너무
너무하다 <장난치고는 ~.>
너무 하다 <일을 너무 해서 병이 나다.>
너밖에 <내 편은 ~ 없다.>
너 밖에(너 이외에) <~도 많이 있다.>
너보고 <누가 ~ 놀라고 했니?> *cf.* 보고
너 보고 <너(를) 보고 싶어서 왔다.>
너 보란 듯이 *cf.* 나보란듯이, 남 보란 듯이
너비잡이 바디
너새기와
너새집 *cf.* 기와집, 초가집
너설(험한 바위나 돌이 삐죽삐죽 나온 곳)
너스레 놓다
너스레 떨다
너스레웃음 *cf.* 너털웃음
너 아니고 네 엄마 *cf.* 너 말고 네 아범
너야말로 *cf.* 야말로(조사)
너영나영
너와지붕 *cf.* 초가지붕, 너새지붕
너와집 *cf.* 기와집, 초가집, 굴피집
너울가지(남과 잘 사귀는 솜씨) <~가 좋다.>
너울너울(부사)
너울춤(흥겨워 팔다리를 내저으며 추는 춤)
너 자신(-自身) *cf.* 나 자신
너털웃음 *cf.* 코웃음, 눈웃음, 깔깔웃음
너 푼 *cf.* 서 푼
너푼너푼(부사)
너하고('하고'는 조사) <~ 함께 가자.>
너 하고 <~ 싶은 대로 하라.>
너희 편(-便) *cf.* 우리 편, 저희 편
넉 냥(-쭝) *cf.* 석 냥
넉넉잖아 보이다
넉넉지 못한/넉넉지 않다
넉넉지 못해 보이다
넉넉한 듯해 보이다
넉넉해 보이다
넉 달 간(-間) *cf.* 석 달 간
넉두리춤(사자놀이)
넉살 떨다
넉살맞다
넉살머리 *cf.* 주변머리
넉살 부리다
넉살 좋다
넉살 피우다
넉장거리(벌렁 나자빠짐) *cf.* 낙장거리
넋건지기굿
넋 나간 듯이
넋 놓고 있다
넋두리

넋 빠진 듯이
넋없이
넋올리기(민속)
넋 잃은 체 *cf.* ㄴ 채, 채
넋타령
넋풀이굿
넌더리 나다/넌더리 내다 *cf.* 생색나다/생색내다
넌더리대다
넌덕 부리다
넌덕 피우다
넌출문(-門)(문짝 넷이 잇따라 달린 문)
널감
널결
널다리 *cf.* 돌다리, 구름다리, 굴다리, 홍예다리, 복찻다리
널뛰기
널뛰기노래
널뛰기놀이
널뛰기하다
널뛰다
널려 있다
널리널리
널리 펴다
널마루
널무덤(고고학) *cf.* 독무덤, 돌무덤
널문 *cf.* 돌문, 쇠문
널반자 *cf.* 철반자, 우물반자
널받침(관을 받쳐 두는 대) *cf.* 채반침
널밥 <널뛰기의 ~>
널방석(-方席) *cf.* 부들방석, 짚방석, 꽃방석
널빈지(널로 만든 빈지)
널빤지
널어놓다
널어놓아 두다
널어 두다
널어 주다
널장식(-裝飾)(고고학)
널조각(널빤지 조각) *cf.* 나뭇조각, 뼛조각, 댓조각, 구리 조각, 기와 조각

널쪽 *cf.* 대쪽, 나무쪽
널쪽문(-門) *cf.* 양판문
널찍널찍하다
널찍해 보이나
넓게 넓게
넓고 넓은/넓다 *cf.* 깊고 깊은
넓디넓은/넓다 *cf.* 좁디좁은
넓살문(-門) *cf.* 널쪽문
넓어 보이다 *cf.* 좁아 보이다, 커 보이다
넓은도랑
넓은목(판소리)
넓이 비교하기(-比較-)
넓이의 단위 알아보기(-單位-)
넓이 재기
넓이(를) 재다
넓적넓적(부사) <떡을 ~ 썰다.>
넓적니 *cf.* 방석니, 앞니
넓적다리
넓적다리뼈
넓적 바닥 플라스크
넓적코 *cf.* 주먹코, 사자코, 개발코
넓죽넓죽(부사) <떡을 ~ 썰다.>
넓혀 가다
넓혀 나가다
넓혀 놓다
넓혀 보다
넓혀져 오다
넓혀 주다
넘겨 가며/가다
넘겨 놓다
넘겨다보다 *cf.* 내려다보다, 올려다보다
넘겨박다
넘겨받다
넘겨 버리다
넘겨보다(←넘겨다보다) <담 너머로 ~.>
넘겨 보다 <책장을 ~.>
넘겨쓰다 <누명을 ~.>
넘겨씌우다 <누명을 ~.>
넘겨잡다

넘겨주다
넘겨지고 지고 하면서/하다
넘겨짚다
넘겨짚어 보다
넘고 넘어 <전우의 시체를 ~.>
넘고처지다
넘나들다
넘날아오다
넘보다
넘실넘실
넘실넘실하다
넘어(넘어서) <핏줄 ~ 사랑의 실천>, <산 ~ 바다 건너>, <철조망 ~ 평화의 길로….>
넘어가다
넘어 나아가려면 <고비를 넘어 앞으로 나아가려면….>
넘어 다니다
넘어다보다
넘어 들어가다
넘어 들어오다
넘어뜨려 보다
넘어뜨릴 듯하다 *cf.* 듯하다
넘어 보다
넘어서다
넘어설 양으로(-樣-) *cf.* ㄹ 양으로
넘어오다
넘어질 뻔하다 *cf.* 뻔하다
넘을락 말락 하다
넘쳐나다
넘쳐 나오다
넘쳐흐르다 <물이 그릇에 ~.>
넙적넙적 <말대답을 ~ 잘하다.>, <~ 엎드리다.> *cf.* 납작납작
넙죽넙죽 <술만 ~ 받아 마시다.>, <절을 ~ 해 댄다.>
넙죽 엎드리다 *cf.* 넓죽넓죽
넙죽이 <~ 절을 하다.>
넙치눈이 *cf.* 뱁새눈이, 굴젓눈이
넙치 요리(-料理) *cf.* 복요리, 참치 요리
넛손자(-孫子)(누이의 손자)
넛할머니(아버지의 외숙모)
넛할아버지(아버지의 외숙)
넝마 같다
넝마장수 *cf.* 고물장수
넝마주이
넝마쪽 *cf.* 종이쪽
넣고 오다
넣어 가다
넣어 가지고 다니다
넣어 놓다
넣어 두다
넣어 버리다
넣어 보다
넣어 주다
넣었다 뺐다 하다
넣은 채 *cf.* ㄴ 채, 채
네 가닥 *cf.* 세 가닥
네 갈래 길 *cf.* 세 갈래 길, 갈랫길, 쌍갈랫길
네거리 *cf.* 삼거리, 오거리
네거리놀이
네것 내것 없이
네 것 내 것 없이 *cf.* 네것 내것 없이
네게도 말야 *cf.* 말이다/말이야/말이오
네 겹 *cf.* 세 겹
네 구멍
네구멍단추 *cf.* 두구멍단추
네굽씨름 *cf.* 민둥씨름
네굽질
네그루소체(-小體)
네까짓 것 *cf.* 제까짓 것
네까짓 녀석 *cf.* 제까짓 녀석
네까짓 년 *cf.* 제까짓 년
네까짓 놈 *cf.* 제까짓 놈
네 깐에는 *cf.* 내 깐에는, 제 깐에는, 네깟
네 깜냥에는 *cf.* 제 깜냥에는
네깟/네깐('네까짓'을 구어적으로 하는 말)
네깟 놈 *cf.* 제깟 놈
네 나름대로 *cf.* 내 나름대로, 제 나름대로

네녀석 *cf.* 제녀석
네년 *cf.* 제년
네 논 좀 <~ 매어 주마.>
네놈 *cf.* 제놈
네눈박이 *cf.* 박이(접미사)
네눈이
네다리뼈
네다섯 *cf.* 대여섯
네 덕에(-德-) *cf.* 내 덕에, 아내 덕에, 자식 덕에, 선생님 덕에
네덜란드령(-領) *cf.* 미국령, 벨기에령
네덜란드 말
네덜란드식 쌓기(-式-) *cf.* 영국식 쌓기, 미국식 쌓기, 프랑스식 쌓기
네덜란드악파(-樂派) *cf.* 나폴리악파, 민족악파, 빈악파
네덜란드 어(-語)
네덜란드풍(-風) *cf.* 풍(접미사)
네 딴에는
네 마리 용(-龍)
네 말마따나 *cf.* 마따나(조사)
네 멋대로 *cf.* 대로
네모나다 *cf.* 세모나다
네모도끼
네모 모양
네모무덤(고고학)
네모 반듯하다
네모뿔 *cf.* 세모뿔
네모얼레 *cf.* 볼기짝얼레, 육모얼레
네 박에 네 번 치며 걷기(-拍-番)(소고)
네 박에 한 번 치며 걷기(-拍-)
네발
네발걸음 *cf.* 앉은걸음, 물레걸음
네발짐승 *cf.* 두발짐승
네방망이(4명이 메는 상여)
네 번째(4회째) *cf.* 넷째 번(차례)
네 번 치면서 자리 바꾸기(-番-)
네 사람이 모였다가 둥글게 서기
네 살배기 *cf.* 배기(또래의 아이)
네스팅족(族)(가정을 중시하고 집안 가꾸기에 열중하는 신세대)
네슬러관(-管) *cf.* 부르동관
네 시(-時)
네 시간(-時間)
네쌍둥이 *cf.* 세쌍둥이
네안데르탈인(-人) *cf.* 베이징인
네오다다이즘
네오펜탄→네오펜테인
네온관등(-管燈)
네온등(-燈) *cf.* 제논등(←크세논등), 아크등, 텅스텐등, 할로젠[할로겐]등
네 이놈!
네이팜탄(-彈) *cf.* 로켓탄
네 잎 클로버
네 자리 수(-數) *cf.* 자릿수
네 자리 수 알아보기(-數-)
네 자리의 수(-數) *cf.* 한 자리의 수, 두 자리의 수, 세 자리의 수 *cf.* 자릿수
네제곱하다
네 쪽
네쪽매듭 *cf.* 국화매듭, 장구매듭
네 차지 되다
네 책임 아래(-責任-)/네 책임하에(-責任下-)
네치각(-角) *cf.* 두치각
네 탓 *cf.* 내 탓, 제 탓, 누구 탓, 아무개 탓
네트 너머로(네트 저쪽으로)
네 편(-便) *cf.* 내 편
네 해 *cf.* 네 것, 내 해
넨장맞을(관형사, 감탄사)
넨장맞을 놈
넷째 가다 *cf.* 첫째가다, 제일가다, 으뜸가다, 셋째 가다
넷째 단(-段)
넷째 마당
넷째 번(-番)(차례) *cf.* 네 번째(횟수)
넷째 아들
넷 하면 *cf.* 다섯 하면
녀석 *cf.* 이 녀석, 그 녀석, 저 녀석, 나쁜 녀

석, 미운 녀석
-년 *cf.* 이년, 그년, 저년, 도둑년, 이놈, 그놈, 저놈, 도둑놈
-년(年) *cf.* 1994년, 세종 28년(특정 연월일), 기미년, 을사년(특정 간지 다음)
✓년 *cf.* 나쁜 년, 미운 년, 몹쓸 년, 나쁜 놈, 미운 놈
✓년(年) *cf.* 십 년, 백 년, 10년, 100년
년간(年間) *cf.* 십 년간, 10년간, 20년간, 100년간
년 간(年間) *cf.* 10여 년 간, 20여 년 간
-년경(年頃) <1950~> *cf.* 경(접미사)
-년대 말(年代末) *cf.* 60년대 말, 80년대 말, 90년대 말, 말
-년대 초(年代初) *cf.* 70년대 초, 80년대 초, 90년대 초, 초
-년도(年度) *cf.* 1998년도
년만(年-) <이/삼 ~ 기다려라.> *cf.* 만(조사)
년 만(年-) <이/삼 ~에 돌아오다.> *cf.* 만(의존 명사)
-년 말(年末) *cf.* 금년 말, 작년 말, 1998년 말, 연말
-년생(年生) *cf.* 1936~, 생(접미사)
년제(年制) <4~ 대학>
-년 초(年初) *cf.* 금년 초, 작년 초, 1995년 초, 연초
-녘 *cf.* 동녘, 북녘, 동틀녘, 밝을녘, 해질녘
✓녘(의존 명사) *cf.* 어두워질 녘에
-노(奴)(접미사) *cf.* 매국노
노(老)-(접두사) *cf.* 노학자, 노처녀, 노마님
노간주나무 가지 *cf.* 느티나무 가지
노계가사(盧溪歌辭) *cf.* 송강가사
노교수(老敎授) *cf.* 노스님, 노학자, 노총각, 노처녀, 노노스님
노구멍(노의 중간에 낸 구멍)
노구솥 *cf.* 곱돌솥, 양은솥
노구쟁이(老嫗-)(늙은 뚜쟁이)
노기 띤/띠다(怒氣-) *cf.* 웃음 띤
노기 차다(怒氣-)
노기충천하다(怒氣衝天-)
노기충천해 보이다(怒氣衝天-)
노끈 도막 *cf.* 새끼 도막, 초 도막, 나무토막, 쇠토막
노나 가지다
노나 놓다
노나 먹다
노나 쓰다
노나 주다
노네인
노년층(老年層) *cf.* 청소년층, 장년층, 지도층
노노법사(老老法師) *cf.* 노노스님
노노스님(老老-)
노는계집
노는 듯하다 *cf.* 듯하다
노는 셈 치고 *cf.* 적선하는 셈 치고
노는 척하다 *cf.* 척하다
노는 체하다 *cf.* 체하다
노다지판
노대바람 *cf.* 왕바람
노도 같다(怒濤-) *cf.* 질풍 같다
노동관계(勞動關係) *cf.* 법률관계, 상관관계, 가족 관계, 경제 관계
노동일(勞動-)
노동조합(勞動組合) *cf.* 협동조합, 신용 조합, 금융 조합
노동 지대(勞動地代)
노둣돌〔下馬石〕
노들강변(-江邊)
노란 공 *cf.* 빨간 공, 빨간 구슬
노란 구슬
노란 꽃
노란빛 *cf.* 빨간빛, 푸른빛
노란색(-色)
노란색 셔츠(-色-)
노란색 테이프(-色-)
노란 저고리
노랑감투(상제)
노랑 구슬

노랑 꽃
노랑나비(품종으로 보아서는)
노랑 나비
노랑돈(몹시 아끼는 돈)
노랑머리
노랑묵
노랑물
노랑 병아리
노랑 사과
노랑연두
노랑 저고리
노랑 테이프
노랑 회장저고리
노래 가락(노래의 가락) <긴 양이 부르는 ~이 참 아름답구나.> *cf.* 노랫가락
노래방(-房)
노래 부르기 <~(를) 위하여 일어서다.>, <그는 ~를 좋아한다.>
노래 부르다
노래 이름
노래자랑 *cf.* 힘자랑, 장기 자랑, 솜씨 자랑
노래잔치 *cf.* 생일잔치, 빗잔치
노래쟁이
노래져 가다
노래주머니 *cf.* 이야깃주머니
노랫가락 <구성진 ~….>
노랫가락 소리
노랫가락장단
노랫말 *cf.* 인사말, 머리말, 혼잣말
노랫소리 *cf.* 음악 소리, 피리 소리, 장구 소리, 피아노 소리
노략질당하다(擄掠-當-) *cf.* 당하다
노략질해 가다(擄掠-)
노량 앞바다(露梁-)
노량 해전(露梁海戰)
노려보다
노력 끝에(努力-)
노력 덕분에(努力德分-) *cf.* 부모 덕분에
노력 없이(努力-)
노력한 만큼(努力-) *cf.* 만큼(의존 명사)
노력해 가다(努力-)
노력해 나가다(努力-)
노력해 오다(努力-)
노령산맥(蘆嶺山脈) *cf.* 차령산맥
노령화되어 가다(老齡化-)
노령화 지수(老齡化指數)
노루걸음 *cf.* 황새걸음, 게걸음
노루글(건너뛰며 읽는 글)
노루막이(산의 막다른 꼭대기)
노루발(재봉틀, 쟁기 등) *cf.* 새발, 개발
노루발장도리
노루뼈 *cf.* 쇠뼈, 돼지뼈
노루 새끼 *cf.* 돼지 새끼, 사슴 새끼
노루잠(깊이 들지 못하는 잠) <~에 개꿈이라.> *cf.* 풋잠, 선잠, 귀잠, 새우잠
노루잠 자다 *cf.* 새우잠 자다
노루 할아버지
노르께하다
노르딕 무늬
노르만족(-族) *cf.* 게르만족
노르말부틸→노말뷰틸
노른자(←노른자위) *cf.* 흰자, 검은자
노른자위 *cf.* 흰자위, 검은자위
노른잣빛
노름빛 *cf.* 글빛, 술빛, 말빛
노름판 *cf.* 씨름판, 도박판
노릇노릇하다
노릇 하다 <사장 ~.>, <[illegible] ~.> *cf.* 종노릇하다, 병신노릇하다
노리겟감
노린내
노린내 나는/나다 <~ 벌레>, <노래기 냄새 같은 ~.> *cf.* 놓내 나다, 비린내 나나
노림수 *cf.* 달램수
노마님(老-)
노말 농도(-濃度)
노망기 탓(老妄氣-)
노망나다(老妄-) *cf.* 망령 나다

노망들다(老妄-) *cf.* 망령들다
노박덩굴 *cf.* 담쟁이덩굴, 댕댕이덩굴
노박이로 <그는 스키장에서 ~ 지냈다.>
노발대발(怒發大發)/노발대발하다(怒發大發-)
노벨상(-賞) *cf.* 설리번상
노비안검법(奴婢按檢法)
노비종모법(奴婢從母法)
노사 간에(勞使間-)
노·사·정(勞使政)
노상강도(路上强盜) *cf.* 노상 방뇨
노상안면(路上顔面) <그 자는 ~ 정도이다.>
노새등 *cf.* 나귀등, 낙타등, 말등, 코끼리등, 고래등, 새우등, 거북등
노선버스(路線-) *cf.* 시외버스, 관광버스, 통근버스, 직통 버스, 일반 버스
노 손잡이(櫓-)
노스님(老-) *cf.* 노교수, 노학자, 노총각, 노처녀, 노형
노신사(老紳士) *cf.* 노스님
노여워하다
노염 사다
노염 타다 *cf.* 부끄럼 타다
노예 같다(奴隸-)
노예 되다(奴隸-)
노예 취급 당하다(奴隸取扱當-) *cf.* 당하다
노예층(奴隸層) *cf.* 집권층, 상류층
노예화되다(奴隸化-)
노을 빛 <하늘에 절로 피는 ~>
노을빛 <벼 이삭에 떨어지는 ~>
노을지다
노인들 간에(老人-間-)
노인방(老人房) *cf.* 어린이방, 놀이방
노인 병원(老人病院) *cf.* 아동 병원
노인자제(老人子弟) *cf.* 청년자제
노인잔치(老人-) *cf.* 경로잔치, 생일잔치, 회갑잔치, 돌잔치
노인 집(老人-)
노인 티(老人-) *cf.* 선생티, 처녀티, 학생 티
노작학교(勞作學校) *cf.* 근로학교, 향토 학교
노적가리(露積-) *cf.* 볏가리, 낟가리
노 전 대통령(盧前大統領)
노젓는 소리(국악)
노 젓다(櫓-)
노즐 구멍 *cf.* 바람구멍, 바늘구멍, 공기구멍
노즐 마개 *cf.* 병마개, 코르크 마개
노처녀 티(老處女-) *cf.* 노총각 티
노천갑판(露天甲板)
노천강당(露天講堂) *cf.* 노천 수업
노천굴(露天掘)
노천극장(露天劇場) *cf.* 야외극장, 안방극장
노천카페(露天-) *cf.* 노천 식당
노총각 티(老總角-) *cf.* 노인 티, 노처녀 티, 처녀티
노출해 버리다(露出-)
노타이셔츠
노타임
노트르담악파(-樂派) *cf.* 네덜란드악파, 국민악파, 나폴리악파
노트사(-絲)
노퍽재킷
노학자(老學者) *cf.* 노교수, 노총각, 노처녀, 노신사, 노스님
노햇사람(바닷가의 들판에 사는 사람) *cf.* 갯사람, 두멧사람
노화되어 가다(老化-)
녹나다(綠-)
녹는 듯하다 *cf.* 듯하다
녹는열(-熱)
녹는점(-點) *cf.* 어는점
녹는점 내림(-點-)
녹 닦기(綠-)
녹두꽃(綠豆-) *cf.* 완두꽃, 나팔꽃
녹두묵(綠豆-) *cf.* 메밀묵, 도토리묵
녹두밥(綠豆-) *cf.* 옥수수밥, 수수밥
녹두방정(綠豆-) *cf.* 오두방정, 입방정
녹두밭(綠豆-) *cf.* 감자밭, 콩밭, 수수밭, 조밭
녹두비누(綠豆-) *cf.* 팥비누
녹두빛(綠豆-) *cf.* 치자빛, 버찌빛, 앵두빛, 장

밋빛, 비췻빛, 상앗빛
녹두알(綠豆-) *cf.* 깨알, 쌀알, 콩알, 밤알, 감자알, 대추알, 개암알, 호두알
녹두죽(綠豆粥) *cf.* 콩죽, 우유죽, 팥죽
녹록지 않다(碌碌-)
녹록해 보이다(碌碌-)
녹말가루(綠末-) *cf.* 쌀가루, 밀가루, 메밀가루
녹말값(綠末-)
녹말다식(綠末茶食) *cf.* 콩다식, 쌀다식, 황률다식, 흑임자다식
녹말당(綠末糖)/전분당(澱粉糖)
녹말씨앗
녹말알(綠末-)
녹말 젖(綠末-)/전분유(澱粉乳)
녹말풀(綠末-) *cf.* 쌀풀, 갓풀, 밀풀, 부레풀
녹망간광(綠-鑛)
녹물(綠-)
녹번고개 *cf.* 박석고개, 말티고개
녹변병(綠變病)
녹색 댐(綠色-) *cf.* 인공 댐
녹색등(綠色燈) *cf.* 적색등, 청색등
녹색말(綠色-) *cf.* 적색말
녹색맹(綠色盲) *cf.* 적색맹
녹색신고(綠色申告) *cf.* 성실 신고, 자진 신고
녹색 어머니회(綠色-會)
녹색 혁명(綠色革命) *cf.* 산업 혁명, 문자 혁명, 시민혁명
녹슬다(綠-)
녹슬어 가다(綠-)
녹슬어 버리다(綠-)
녹아 가다
녹아나다
녹아내리다
녹아들다
녹이 들어가다
녹아떨어지다 <너무 고단해서 ~.>
녹아 떨어지다 <고드름이 ~.>
녹아 버리다
녹아 스러지다
녹아 있다
녹아 흐르다
녹 없는 사람(祿-)
녹여 가지고
녹여 내다
녹여 놓다
녹여 버리다
녹여 보다
녹여 주다
녹음곡선(-曲線) *cf.* 융해 곡선
녹음열(-熱)(융해열)
녹음해 놓다(錄音-)
녹음해 오다(錄音-)
녹조 현상(綠藻現像) *cf.* 적조 현상
녹초 되다(힘을 못 쓰고 늘어지나.)
녹화해 놓다(錄畫-)
논가 *cf.* 밭가
논갈이하다
논곡식(-穀-) *cf.* 밭곡식
논길 *cf.* 밭길, 숲길, 산길, 들길, 보리밭 길, 과수원 길
논농사(-農事) *cf.* 밭농사, 벼농사, 쌀농사, 보리농사, 고추 농사, 담배 농사
논두렁 *cf.* 밭두렁
논두렁길 *cf.* 논둑길, 밭둑길
논두렁새
논두렁콩
논둑 *cf.* 밭둑, 철둑, 개울둑, 하굿둑
논둑길 *cf.* 논두렁길
논둑밭틀길
논뒷그루 재배(-栽培)/답리작(畓裏作)
논뙈기 *cf.* 밭뙈기
논란거리(論難-) *cf.* 고민거리, 골칫거리, 시빗거리, 화젯거리, 문젯거리
논란 끝에(論難-) *cf.* 토의 끝에
논란 빚다(論難-)
논리값(論理-) *cf.* 좌표값, 임계값, 진릿값, 절댓값
논리곱(論理-)

논리곱항(論理-項)
논리 정연하다(論理整然-)
논마지기
논매기/논매기하다
논매기노래
논매다 *cf.* 밭 매다
논문서(-文書) *cf.* 땅문서, 집문서
논물
논바닥 *cf.* 강바닥, 냇바닥, 못바닥, 개울 바닥, 우물 바닥, 웅덩이 바닥, 호수 바닥
논밭
논밭길 *cf.* 논두렁길, 논둑길
논밭 두렁 *cf.* 논두렁, 밭두렁
논배미 *cf.* 찬물배미
논앞그루 재배(-栽培)/답전작(畓前作)
논의 끝에(論議-) *cf.* 생각 끝에, 토의 끝에
논의돼 오다(論議-)
논의해 나가다(論議-)
논의해 보자(論議-)
논의해 오다(論議-)
논일 *cf.* 밭일, 산일, 들일
논자리
논쟁 끝에(論爭-) *cf.* 격론 끝에
논쟁거리(論爭-) *cf.* 관심거리, 문젯거리, 이야깃거리, 시빗거리, 읽을거리
논토양(-土壤)
논틀길
논틀길 밭틀길
논틀밭틀
논평해 주다(論評-)
논풀다
논흙 *cf.* 밭흙
놀고먹다
놀고 싶다
놀고 있다
놀고 있단 말이오 *cf.* 말이다/말이야/말이오
놀구름(노을이 진 구름) *cf.* 비구름, 매지구름
놀구멍(낫의 슴베 끝을 꼬부려 놓은 구멍)
놀까 말까 하다 *cf.* 갈까 말까 하다

놀다 오다
놀라셨나 보다 *cf.* 보다
놀라워하다
놀라 자빠지다 <놀라 자빠질 일이다.>
놀란 가슴 <자라 보고 ~….> *cf.* 덴가슴
놀란 듯이 *cf.* 듯이
놀란 듯하다 *cf.* 듯하다
놀란 피 *cf.* 죽은피
놀란흙(한 번 파서 건드린 흙)
놀랄 만큼 *cf.* 만큼
놀랄 만하다 *cf.* 만하다
놀랐겠는걸 *cf.* 는걸(어미)
놀래 주다
놀량목(판소리)
놀러 가다
놀러 나가다
놀러 나오다
놀러 다니다
놀러 오다
놀러 와라
놀려내다(남을 놀아나게 하다.)
놀려 대다
놀려 먹다(이리저리 놀리다.) *cf.* 속여 먹다, 곯려 먹다
놀려 주다
놀리는 듯하다 *cf.* 듯하다
놀림가마리 *cf.* 욕가마리, 맷가마리, 걱정가마리, 웃음가마리, 가마리(접미사)
놀림감 *cf.* 웃음감, 장난감
놀림거리 *cf.* 웃음거리, 일거리, 화젯거리, 이야깃거리, 볼거리
놀림낚시 *cf.* 흘림낚시, 던질낚시
놀림당하다(-當-) *cf.* 당하다
놀림받다 *cf.* 받다
놀림받아 오다
놀부네 집 *cf.* 흥부네 집
놀부타령
놀소리(옹아리)
놀 수밖에 없다 *cf.* 수밖에, 밖에

놀아가다(배나 말이 빨리 가다.) <놀아가는 배>
놀아 가면서 <~ 일하다.>
놀아나다
놀아먹다 <몇 년을 ~.>, <화류계에서 ~.>
놀아 주다
놀 양으로(-樣-) <느릿느릿 ~….> *cf.* 양
놀음놀이
✓놀이 *cf.* 재미있는 놀이
놀이(명사) *cf.* 불놀이, 물놀이, 농악놀이, 뱃놀이, 불꽃놀이, 물방울놀이
놀이곡(-曲)
놀이 공원(-公園) *cf.* 근린공원, 해상공원, 해중공원, 자연 생태 공원, 테마 공원
놀이 기구 타기(-器具-)
놀이노래(국악)
놀이동산 *cf.* 꽃동산, 무궁화동산
놀이마당
놀이말 *cf.* 놀이판
놀이방(-房) *cf.* 어린이방, 노인방
놀이옷
놀이 집단(-集團) *cf.* 또래 집단
놀이터 *cf.* 약수터, 빨래터, 나루터, 화장터
놀이틀
놀이판(-板) *cf.* 놀이말
놀잇감('놀이의 재료'의 뜻으로는) *cf.* 빨랫감, 장난감, 양념감
놀잇감 만들기
놀잇배
-놈 *cf.* 네 이놈!, 도둑놈
✓놈 *cf.* 어리석은 놈, 착한 놈, 나쁜 놈, 놈늘은, 싱거운 놈, 악착스러운 놈
놉사(-絲) *cf.* 가스사
놋그릇 *cf.* 은그릇, 대그릇, 질그릇, 옹기그릇, 사기그릇, 유리그릇, 유기그릇, 플라스틱 그릇
놋날
놋다리밟기(민속)
놋대야 *cf.* 플라스틱 대야, 스테인리스 대야
놋대접(-大楪) *cf.* 사기대접, 스테인리스대접
놋소리 *cf.* 가래소리, 술비소리
놋숟가락 *cf.* 은숟가락, 스테인리스 숟갈
놋요강 *cf.* 사기요강
놋젓가락 *cf.* 은젓가락, 스테인리스 젓가락
놋주발(-周鉢) *cf.* 은주발
놋활자(-活字) *cf.* 납활자, 동활자, 목활자
농(濃)-(접두사) *cf.* 농갈색, 농녹색
농가월령가(農家月令歌)
농간당하다(弄奸當-) *cf.* 당하다
농간 부리다(弄奸-) *cf.* 재간 부리다
농간질하다(弄奸-)
농간 피우다(弄奸-) *cf.* 재간 피우다
농경·목축 생활(農耕·牧畜生活)
농경문화(農耕文化) *cf.* 목축문화, 전통문화, 유목민 문화, 구석기 문화, 청동기 문화, 철기 문화
농경민족(農耕民族) *cf.* 기마 민족, 수렵 민족
농경의례(農耕儀禮) *cf.* 가정의례, 전통 의례
농·공업(農·工業)
농·공의 균형 발전(農·工-均衡發展)
농구공(籠球-) *cf.* 축구공, 탁구공, 테니스공
농구공 던지기(籠球-)/잡기
농구자루(農具-) *cf.* 가랫자루, 도낏자루, 호미자루, 괭이자루, 공구 자루
농기계(農機械)
농기구(農器具)
농기구 다루기(農器具-)
농기구(를) 다루다(農器具-)
농기싸움(農旗-)(민속)
농녹색(濃綠色) *cf.* 담녹색
농남 같다(弄談-)
농담 반 진담 반(弄談半眞談半)
농담삼아(弄談-) *cf.* 자랑삼아, 장난삼아
농땡이 부리다
농땡이 치다
농락당하다(籠絡當-) *cf.* 당하다
농락해 오다(籠絡-)
농림·수산업(農林·水産業)
농림·어업직(農林·漁業職)
농림학교(農林學校) *cf.* 공업학교, 공병 학교

농말(弄-)
농·목업(農·牧業)
농본 정책(農本政策)
농부 아저씨(農夫-)
농사(農事) *cf.* 쌀농사, 논농사, 밭농사, 보리농사, 자식 농사, 포도 농사
농사 때(農事-) *cf.* 추수 때, 파종 때
농사일(農事-) *cf.* 부엌일, 바닷일, 대장일, 들일, 두렛일, 밭일, 회사일, 변호사 일, 과수원 일
농사일 돕기(農事-)
농사일(을) 돕다(農事-)
농사직설(農事直說)
농사짓기(農事-)
농사짓다(農事-)
농사철(農事-) *cf.* 장마철
농사타령(農事-) *cf.* 돈타령, 방아타령, 새타령
농삿길(農事-)
농삿말(農事-) *cf.* 농삿소
농삿소(農事-) *cf.* 고기소, 싸움소
농삿집(農事-)
농상집요(農桑輯要)
농성 중인(籠城中-) *cf.* 파업 중인
농수산물(農水産物)(결합도에 따라)
농·수산물(農·水産物) *cf.* 농·축산물
농·수산업(農·水産業)
농악놀이(農樂-) *cf.* 풍악놀이
농악대놀이(農樂隊-)
농악무(農樂舞)
농악 소리(農樂-) *cf.* 장구 소리, 피리 소리
농약병(農藥甁) *cf.* 소주병, 맥주병, 기름병, 향수병, 간장병, 씻기병, 라이덴병
농약 뿌리기(農藥-)
농약 뿌리다(農藥-)
농·어민(農·漁民)
농·어촌(農·漁村)
농업 용수(農業用水)('농업+용수'로 보는 견해)
농업용수(農業用水)(표준국어대사전에서는 '농업용+수'로 보는 견해)
농업학교(農業學校) *cf.* 공업학교, 공병 학교, 병참 학교
농외소득(農外所得) *cf.* 영업 외 비용, 영업 외 소득
농익다(濃-)
농·임·수산업(農·林·水産業)
농 장수(籠-)
농장일(農場-) *cf.* 공장일, 목장일, 회사일, 강습소 일, 변호사 일, 미용사 일, 과수원 일
농지 개혁법(農地改革法)
농지거리(弄-) *cf.* 욕지거리, 반말지거리
농지조성(農地組成) *cf.* 택지 조성, 기금 조성, 기반 조성
농촌 계몽 운동(農村啓蒙運動)
농촌과 도시 간에(農村-都市間-)
농·축산물(農·畜産物)
농토 넓히기(農土-)
농토(를) 넓히다(農土-)
농트다(弄-)(농담하는 사이가 되다.)
높게 높게 *cf.* 곧게 곧게
높게더기(고원의 평평한 땅)
높고 낮은/낮다 *cf.* 길고 짧은
높고 낮음(음의)
높고 높은 *cf.* 싸고 싼
높낮음/높낮이
높디높은/높다 *cf.* 차디찬, 푸르디푸른
높새바람
높쌘구름/고적운(-/高積雲)
높아 가다
높아 보이다
높아져 가다
높여 가다
높여 나가다
높여 놓다
높여 두다
높여 오다
높여 주다
높으락낮으락
높은기둥

높은밥(→고봉밥)
높은 산 꼭대기(-山-) *cf.* 산꼭대기
높은 소리
높은여(지명)
높은음자리표(-音-標) *cf.* 낮은음자리표
높은주춧돌(-柱-)
높은 흐림
높이높이
높이떼기
높이뛰기
높이 뛰기 <고무줄놀이를 할 때처럼 ~도 합시다.>
높이뛰기대(-臺)
높이뛰기하다
높이 뛰다
높이뛰었다가 돌아내리기
높이 뛰었다가 앉기
높이띄우기
높이를 다르게 하여 솟구치기
높이베기
높이 비교하기(-比較-)
높이 사다 <근면성을 ~.>
높이어 오다
높인 듯하다 *cf.* 듯하다
높임말 *cf.* 낮춤말
높임말 쓰기
높임말 쓰다
높임 표현(-表現)
높직높직하다
높직이 *cf.* 나직이
높직하다
높층구름/고층운(-層-/高層雲)
높틘 흐림
높하늬바람
놓고 가다
놓고 오다
놓아기르기
놓아기르다 *cf.* 가두어 기르다
놓아 달라다
놓아두다
놓아둔 채 *cf.* 채
놓아먹다 <부모 없이 놓아먹은 놈>
놓아먹이기
놓아먹이다 *cf.* 가두어 먹이다
놓아 보다
놓아주다 <잡은 고기를 ~.>
놓아 주다 <침을 ~.>
놓여나다
놓여나오다
놓여 있다
놓자마자 *cf.* 자마자(어미)
놓쳐 버리다
뇌경색(腦梗塞)
뇌동맥류(腦動脈瘤)
뇌동맥사(腦動脈寫)(뇌혈관 촬영)
뇌두개골(腦頭蓋骨)
뇌매독(腦梅毒)
뇌물 공여 지수(賂物供與指數)
뇌물 덕에(賂物德-) *cf.* 안면 덕에, 나이 덕에
뇌물 먹다(賂物-)
뇌물 받다(賂物-)/뇌물 주다(賂物-)
뇌빈혈(腦貧血)
뇌세포(腦細胞) *cf.* 체세포, 생식 세포
뇌수면(腦睡眠)
뇌신경(腦神經)
뇌신경절(腦神經節)
뇌압박증(腦壓迫症)
뇌어 보다
뇌연화증(腦軟化症)
뇌외과(腦外科)
뇌일혈(腦溢血)
뇌전류(腦電流)
뇌전색(腦栓塞)
뇌진탕(腦震蕩)
뇌척수막염균(腦脊髓膜炎菌)
뇌척수액(腦脊髓液)
뇌출혈(腦出血)
뇌충혈(腦充血)

뇌하수체(腦下垂體)
뇌혈전증(腦血栓症)
누가 누가 <~ 잘하나?> *cf.* 내가 내가
누가 되든 간에(-間-)
누가 뭐라 해도
누가복음(-福音) *cf.* 마태복음
누가, 언제, 어디에서, 무엇을
누구네 집
누구누구
누구든 간에(-間-)
누구로부터, 언제, 어디에서
누구 짓/누구 탓
누그러들다
누기 차다(漏氣-) *cf.* 습기 차다
누 끼치다(累-)
누나네 집 *cf.* 매부네 집, 형네 집
누나 집에 *cf.* 형 집에, 오빠 집에
누님 댁에(-宅-) *cf.* 아저씨 댁에
누대구조(累帶構造)(광산) *cf.* 가옥 구조, 권력 구조, 사회 구조, 산업 구조, 피라미드 구조, 다층 구조
누더기 같다
누더기옷
누덕누덕
누런빛 *cf.* 푸른빛
누런색(-色)
누렁개 *cf.* 검둥개, 센개
누렁물 *cf.* 먼물
누렁 소 *cf.* 황소, 검정 소, 얼룩소
누렁 송아지 *cf.* 누렁 소, 검정 송아지, 흰 강아지, 흰 염소
누렁우물(물이 궂어서 먹지 못하는 물) *cf.* 먼우물, 먼물
누려 나가다
누려 보다
누려 오다
누룩곰팡이속(-屬)
누룩밑 *cf.* 술밑, 촛밑
누르디누른/누렇다 *cf.* 푸르디푸른
누르락붉으락하다
누르락푸르락하다
누른빛 *cf.* 붉은빛, 푸른빛
누른색(-色)
누름꽃〔壓花〕
누름단추 *cf.* 똑딱단추
누름돌
누름상침(-上針)
누리고 싶어하다 *cf.* 먹고 싶어하다
누린내
누린내 나다 *cf.* 냄새나다, 고린내 나다
누마루(樓-)
누명 벗다(陋名-) *cf.* 허물 벗다, 때 벗다
누명 쓰다(陋名-)
누명 씌우다(陋名-)
누벼 가다
누벼 나가다
누벼 놓다
누비옷
누비이불
누비저고리
누비줄
누비혼인(-婚姻) *cf.* 겹혼인, 덤불혼인
누설해 버리다(漏泄-)
누에고치
누에그물
누에깨끼
누에 농사(-農事) *cf.* 벼농사, 논농사, 밭농사, 보리농사, 고추 농사, 옥수수 농사
누에떨기 *cf.* 누에 올리기
누에똥 *cf.* 새똥, 개똥
누에머리
누에섶
누에시렁
누에 올리기 *cf.* 누에떨기
누에잠
누에채반
누에치기
누에치기타령

누엣구더기
누엣병(-病) *cf.* 곰팡잇병, 붉은별무늿병
누엣자리
누여 놓다
누우면서던지기
누운 대로 *cf.* 대로(의존 명사)
누운목(-木)(양잿물에 빤 무명)
누운 살장법(-法)
누운 지 <~ 벌써 1년> *cf.* 지(의존 명사)
누운 채로 *cf.* 채(의존 명사)
누운헤엄〔背泳〕 *cf.* 모잽이헤엄
누워 계시다
누워 떠서 발차기
누워 떠서 헤엄치기
누워뛰기(체조)
누워뜨기(수영)
누워 뜨다
누워먹다(편하게 놀고 먹다.)
누워 발차기
누워 버리다
누워서 발차기
누워 있다
누워 자다
누워 졸다
누워 지내다
누이동생(-同生)
누적막대그래프(累積-)
누중법칙(累重法則)
누진세제(累進稅制)
누천 년(累千年)
누추할망정(陋醜-) *cf.* ㄹ망정(어미)
눅은목(판소리)
눈가 *cf.* 귓가, 입가, 창가, 냇가
눈가늠 *cf.* 속가늠, 빌가늠, 손가늠
눈가리개
눈 가리고 아웅
눈가림식으로(-式-)
눈가림하다
눈가죽 *cf.* 뱃가죽, 등가죽

눈감고 친구찾기(-親舊-)
눈감다 <한 번만 눈감아 주다.>, <결국 눈감았어.>
눈 감다 <눈 감으면 코 베어 간다.>
눈감아 오다
눈감아 주다
눈 감으면 코 베어 가는 세상(-世上)
눈 감은 채 *cf.* 채(의존 명사)
눈감을밖에 *cf.* ㄹ밖에
눈겨냥 *cf.* 눈대중, 손대중, 눈가늠
눈겨룸
눈겨룸하다(눈싸움하다.)
눈결 *cf.* 손결
눈 경치(-景致) *cf.* 밤 경치
눈곱 끼다 *cf.* 때 끼다, 기미 끼다
눈곱만하다 *cf.* 대문짝만하다, 만 하다
눈곱자기만하다 *cf.* 만 하다
눈구경 *cf.* 꽃구경, 불구경, 물구경, 집 구경
눈구덩이 *cf.* 흙구덩이, 똥구덩이
눈구름 *cf.* 비구름
눈구멍 *cf.* 귓구멍, 목구멍, 콧구멍, 놋구멍
눈구멍길
눈구석 *cf.* 눈초리, 눈꼬리
눈 구실 *cf.* 머리 구실
눈금
눈금 매기기
눈금 읽기
눈금 읽기(온도계의 ~)
눈금(을) 매기다
눈금(을) 읽다
눈금 맞추기
눈금자
눈금차(-差)
눈길〔雪路〕
눈길〔視線〕 *cf.* 손길, 빌길
눈길 끌다
눈길 속
눈까풀 *cf.* 눈꺼풀
눈깔사탕(-砂糖) *cf.* 얼음사탕, 눈사탕, 솜사탕

눈깔사탕 사내기(-砂糖-)
눈깔사탕 장사/장수(-砂糖-) *cf.* 군고구마 장수
눈 깜짝 안 하다
눈깜짝이
눈 깜짝할 동안/눈 깜짝할 사이
눈꺼풀 *cf.* 눈까풀
눈꼬리 *cf.* 눈초리, 눈구석
눈꼴사납다 *cf.* 감때사납다, 볼품사납다, 볼썽사납다, 볼꼴 사납다, 소문 사납다
눈꼴시다
눈꼴틀리다 *cf.* 심사 틀리다
눈꽃
눈꽃새
눈꽃송이 *cf.* 밤송이, 잣송이, 포도송이
눈끔쩍이
눈끔쩍이탈 *cf.* 양반탈, 먹중탈
눈 내리다 *cf.* 바람 불다
눈 녹다
눈놀이 *cf.* 물놀이, 불놀이, 천장 놀이
눈놀이하기
눈높이 *cf.* 가슴 높이, 가슴높이 지름, 천장 높이, 허리 높이
눈대목
눈대중 *cf.* 손대중, 눈짐작, 손짐작
눈대중하다
눈덩어리 *cf.* 얼음덩어리, 흙덩어리, 돌덩어리
눈덩이 *cf.* 얼음덩이, 흙덩이, 돌덩이
눈덩이 같다
눈 덮이다
눈도장 찍다(-圖章-) *cf.* 손도장
눈독들여 오다(-毒-)
눈독들이다(-毒-)
눈 돌리다(외면하다)
눈동냥 귀동냥
눈동자(-瞳子)
눈두덩 *cf.* 논두덩, 밭두덩, 불두덩
눈 둘 곳 모르다
눈 둘 곳 없다
눈 뒤집히다

눈따기〔摘心〕
눈딱부리
눈떠 가다 <학문에 ~.>
눈 뜨고 못 볼 일
눈 뜨다 <차마 눈(을) 뜨고 볼 수 없다.>
눈뜨다 <새로운 학문에 눈뜨게 되다.>
눈뜬장님 *cf.* 눈먼 장님
눈망울 *cf.* 꽃망울
눈 맞다 *cf.* 배맞다
눈 맞추다
눈맞춤 *cf.* 입맞춤
눈맵시 *cf.* 옷맵시, 몸맵시
눈먼 돈
눈먼 장님 *cf.* 눈뜬장님
눈멀다 <눈멀어 3년, 귀먹어 3년>
눈 멀다 <눈(이) 먼 자에게 다시 보게….>
눈 무섭다
눈물겨워지다
눈물겨워하다
눈물겹다
눈물 나다 *cf.* 콧물 나다
눈물단지 *cf.* 술단지, 물단지, 똥단지
눈물 맺히다
눈물 머금다
눈물바다 *cf.* 울음바다, 웃음바다
눈물방울 *cf.* 비눗방울, 땀방울, 이슬방울, 기름방울, 공기 방울
눈물범벅 *cf.* 땀범벅, 피범벅
눈물샘
눈물양(-量) *cf.* 기름양, 먹이양
눈물 어리다/어린 *cf.* 감격 어리다, 감동 어리다, 정성 어리다, 피땀 어리다
눈물 없이 못 볼
눈물 자국 *cf.* 글씨 자국, 인주 자국, 여드름 자국, 곰봇자국, 마맛자국
눈물 젖은 손수건(-手巾)
눈물주머니 *cf.* 밥주머니, 모래주머니, 쓸개주머니, 독주머니
눈물짓다

눈물 짜다
눈물 흘리다
눈뭉치 *cf.* 솜뭉치, 실뭉치, 사고뭉치
눈 밑에 *cf.* 코 밑에
눈바람(풍설 또는 설한풍)
눈 밖에 나다
눈발 *cf.* 서릿발, 빗발
눈발 서다
눈발 섞이다
눈발 속
눈 밝다
눈 밝히다
눈방울
눈밭(눈이 깔린 땅)
눈벌판 *cf.* 모래벌판
눈병(-病) *cf.* 귓병, 뱃병, 콧병
눈병 나다(-病-) *cf.* 병나다
눈보라 *cf.* 물보라
눈보라 치다 *cf.* 물결치다, 소리치다, 파도치다, 천둥 치다, 허풍 치다, 코웃음 치다
눈부시다
눈 붙이다(잠을 자다.)
눈비
눈비음(겉으로 꾸미는 일)
눈빛(눈의 빛깔, 眼色, 雪色) <~이 파란 사람>, <~처럼 하얀 빛깔>
눈빛으로
눈 삐다
눈사람
눈사태(-沙汰) *cf.* 산사태, 돌사태
눈사태 나다(-沙汰-) *cf.* 산사태 나다
눈사탯길(-沙汰-)
눈살 찌푸리다
눈살피다(눈을 돌려서 살피다.)
눈석임물(눈 녹은 물)
눈 설다(눈에 익숙지 않다.) *cf.* 낯설다
눈세계(-世界) *cf.* 은세계
눈 속
눈 속이다 <눈 속이지 않는 양심적인 사람>
눈속임
눈속임하다
눈송이 *cf.* 꽃송이, 목화송이, 포도송이
눈 술잔(-盞)(생물)
눈 시다 *cf.* 눈꼴시다
눈시울
눈신호(-信號) *cf.* 기신호, 수신호
눈싸움 *cf.* 기싸움, 말싸움
눈싸움하다
눈 쌓이다
눈썰매
눈썰매타기
눈썰미
눈썹
눈썹그물
눈썹달
눈썹연필(-鉛筆)
눈썹지붕 *cf.* 팔작지붕, 맞배지붕, 톱날지붕
눈썹차양
눈썹춤(눈가를 방정맞게 씰룩거리는 것)
눈씨름 *cf.* 말씨름, 입씨름
눈안개
눈알〔眼球〕
눈앞 <~의 이익>, <~이 캄캄해지다.>
눈 앞 <오른쪽 ~에> *cf.* 코 앞
눈 어둡다
눈어림(눈대중) *cf.* 손어림
눈어림하다
눈어림해 보다
눈언저리 *cf.* 입언저리
눈얼음
눈에 나다(눈 밖에 나다.)
눈에 들다
눈에 띄다
눈엣가시 *cf.* 속에 티, 소금엣밥
눈여겨보다
눈여겨보아 두다
눈 오다 *cf.* 비 오다, 바람 불다
눈요기

눈요깃감 *cf.* 맷감, 이야깃감, 놀이갯감, 안줏감
눈요깃거리(-療飢-) *cf.* 요깃거리, 끼닛거리
눈웃음 *cf.* 코웃음
눈웃음짓다
눈웃음치다 *cf.* 선웃음 치다, 코웃음 치다
눈 익다 *cf.* 낯익다, 눈 설다
눈인사(-人事) *cf.* 절인사
눈자루
눈자위
눈접붙이기(-椄-) *cf.* 접붙이기
눈접(을) 붙이다(-椄-)
눈접칼(-椄-) *cf.* 도련칼, 해부칼
눈정기(-精氣)
눈정신(-精神)
눈 주다
눈주름 *cf.* 목주름
눈짐작(-斟酌) *cf.* 손짐작, 눈대중, 손대중
눈짓해 오다
눈 째지게 <~ 흘겨보다.>
눈초리 *cf.* 눈구석, 눈꼬리
눈총기(-聰氣)
눈총맞다(남의 미움을 받다.)
눈총받다 <눈총받는 짓 하지 마라.>
눈총 받다 <따가운 눈총(을) 받고 있다.>
눈총 주다
눈치껏
눈치꾸러기 *cf.* 꾸러기
눈치놀음
눈치레 *cf.* 옷치레, 겉치레, 음식치레
눈치보기
눈치 보다
눈치 보이다
눈치 빠르다
눈치 살피다
눈치 없다
눈치작전(-作戰)
눈치 채다
눈치코치
눈치코치 모르다
눈치코치 없다
눈칫밥
눈칫밥 먹다
눈코
눈코 뜰 새 없다
눈퉁이
눈트다 *cf.* 움트다
눈 하나 깜짝 않다
눈 화장(-化粧) *cf.* 얼굴 화장
눈 흘겨 가며
눈 흘겨 보다 *cf.* 흘겨보다
눈 흘기다
눌러놓다
눌러다듬기
눌러 담다
눌러두다
눌러듣다(탓하지 않고 너그럽게 듣다.)
눌러먹다(같은 집에서 계속 먹다.)
눌러박기
눌러보다 <글씨가 흐려도 눌러보아 주세요.>
눌러 보다 <손가락으로 ~.>
눌러살다(계속 머물러 살다.)
눌러쓰다
눌러앉다
눌러앉혀 두다
눌러앉히다
눌러 있다
눌러자다
눌러 주다
눌러짜기/눌러 짜다
눌러찍기(압날법)(고고학)
눌러 찍다
눌러참다(계속하여 참다.)
눌려 살다
눌려 지내다
눌어붙다
눌은밥
눌은밥튀각
눕자마자 *cf.* 먹자마자

눕혀 놓다
눕혀묻기(고고학)
눕혀 묻다
뉘반시기(뉘가 많이 섞인 쌀) *cf.* 반지기
뉘보다(자손의 덕을 보다.) <늘그막에 ~.>
뉘어 놓다/뉘어 두다
뉘어 주다
뉘엿뉘엿
뉘엿뉘엿해지다
뉘 해 *cf.* 내 해, 네 해, 뉘 것
뉴레이팅
뉴로컴퓨터
뉴비지니스
뉴세라믹스
뉴스거리 *cf.* 가십거리
뉴스난(-欄) *cf.* 어린이난
뉴스쇼
뉴질랜드 화이트종(-種)
뉴턴의 원무늬(-圓-)
뉴턴의 제1 법칙(-第一法則)
뉴턴의 제2 법칙(-第二法則)
뉴턴의 제3 법칙(-第三法則)
뉴햄프셔
뉴 호라이즌호(-號)(최초의 무인 명왕성 탐사선)
느긋해 보이다
느긋해하다
느껴 보다
느껴 오다
느껴 울다
느낀 대로 <본 대로 ~> *cf.* 대로(의존 명사)
느낌 나타내기
느낌 말하기
느낌열(-熱)
느낌표(-標)
-느니보다(어미) <따라가~ 그냥 있거라.>
느닷없다
느려 터지다 *cf.* 물러 터지다, 불어 터지다, 유순해 터지다, 터지다(보조 형용사)
느루 가다 <죽을 쑤어 먹으면 느루 가겠지만….>
느루 먹다(더 오랫동안 먹다.)
느루 잡다(느직하게 잡다.)
느루 재다
느릅나무 껍질 *cf.* 닥나무 껍질, 소태껍질, 메밀껍질, 왕골껍질, 귤껍질
느리개타령
느리지않게(음악 용어로서)
느린데다가 *cf.* ㄴ데다가(어미)
느린맥(-脈) *cf.* 빠른맥
느린목(판소리)
느린자진모리
느린 중성자(-中性子)
느림줄[弔繩] *cf.* 늘임줄
느릿느릿하다
느물느물하다/느물느물해지다
느티나무 그늘 *cf.* 플라타너스 그늘, 나무 그늘, 집그늘, 산그늘
느티나무 둥치 *cf.* 나무둥치
느티나무 막대기 *cf.* 나무 막대
느티나무 잎 *cf.* 감나무 잎, 플라타너스 잎
느티나뭇골 *cf.* 싸릿골, 감잣골
늑대 같다 *cf.* 여우 같다, 황소 같다
늑대 소리 *cf.* 호랑이 소리
늑대우리 *cf.* 돼지우리
늑목놀이(肋木-)
늑장 끝에 *cf.* 늦장 끝에
늑장 부리다 *cf.* 늦장 부리다
늑줄(놓여매여 있으나 좀 느슨한 줄)
-는/ㄴ다손 치더라도('치다', '하다'와 함께 쓰이는 관용 어미로 보기도 함.) <산다손 치더라도 제 구실을 못 할 것 같다.>
-는가 보다 <모르는가 보다.> *cf.* ㄴ가 보다
는개 *cf.* 이슬비, 가랑비
-는거야(-는 것이야)(어미) <고생 끝에 낙이 있는거야.>
-는걸(어미) <비가 오겠는걸.>
-는 걸('-는 것을'의 준말) <주는 걸 받다.>
-는다손(어미) <죽~ 치더라도 후회할 것 없다.>

-는데(어미) <배가 고픈데 밥이 없다.>
-는 데('데'는 의존 명사) <가는 데가 어디냐?>, <공부하는 데 힘쓰다.>, <피 흐르는 데 바르는 약이다.>
-는데다(어미) <외면하고 있는데다….>
-는데도(어미) <싫다는데도 자꾸 권하다.>
-는 데도('데'는 의존 명사) <과일 파는 데도 가 보다.>
-는 둥 마는 둥 <먹는 둥 마는 둥> *cf.* 둥(의존 명사)
-는 듯싶다 *cf.* 듯싶다
-는 듯하다 *cf.* 듯하다
-는바(어미) <집을 두 채 지었~ 한 채는….>
-는 바 <하~가 없다.> *cf.* 바(의존 명사)
-는바에(관용 어미) <공부를 하~ 1등을 해야지.>
는실타령 *cf.* 매화타령, 건드렁타령
-는 양하다 *cf.* 양하다
-는 족족('족족'은 의존 명사) <먹~ 살로 간다.>
-는 척하다 *cf.* 척하다
-는 체하다 *cf.* 체하다
-는커녕(어미) *cf.* 공부는커녕, 좋아하기는커녕, 커녕
-는 한편(-便) <공부하는 한편 운동도 한다.>
늘그막바지
늘려 가다/늘려 오다
늘려 나가다
늘려 잡다
늘려 주다 *cf.* 늘여 주다
늘름늘름
늘씬해 보이다
늘어 가고 있다
늘어나다
늘어난 만큼 *cf.* 만큼(의존 명사)
늘어날 수밖에 *cf.* ㄹ 수밖에, 밖에(조사)
늘어놓다/늘어놓아 보다
늘어뜨리다/트리다
늘어붙다
늘어서다/늘어세우다
늘어서 있다
늘어앉다
늘어진패(-牌)
늘여 가다
늘여 놓다
늘여 주다 *cf.* 늘려 주다
늘임봉(-棒)
늘임줄 *cf.* 느림줄
늘임줄오르기
늘임줄 오르다
늘임코
늘임표(-標)
늘임표/페르마타
늘쩡늘쩡
늘푸른나무(임업 용어로서는 '상록수')
늘품성(-品性)
늙게 마련이다 *cf.* 게 마련이다, 기 마련이다
늙고 병든 몸(-病-)
늙다리소
늙바탕
늙수그레해 보이다
늙어 가다
늙어 버리다
늙어 보이다
늙어 빠지다 *cf.* 썩어 빠지다, 닳아빠지다, 빠지다(보조 용언)
늙어 오다
늙어 죽다
늙었나 보다 *cf.* 했나 보다, 나 보다, 보다
늙은 것 <너무 ~은 그대로 두다.>
늙은것(늙은이) <~이 나잇값도 못 한다.>
늙은오이 *cf.* 늙은호박
늙은이 <~도 일을 한다.>
늙은 이 <너무 ~는 일을 안 해야 한다.>
늙은이 같다
늙은층(-層)(노인층) *cf.* 젊은층
늙은호박 *cf.* 애호박, 청둥호박, 늙은오이
늠름해 보이다(凜凜-)

능글능글해 보이다
능갈맞다 *cf.* 능글맞다, 능청맞다
능글맞다 *cf.* 청승맞다, 능청맞다
능력급(能力給) *cf.* 직능급
능력 밖(能力-) <자기 ~의 일>
능력밖에(能力-) <그런 ~ 없다.>
능력 없다(能力-)/능력 있다(能力-)
능력차(能力差) *cf.* 개성차, 실력차, 학력차
능률 나다(能率-)
능선길(稜線-) *cf.* 계곡길
능수능란하다(能手能爛-)
능숙해 보이다(能熟-)
능엄경언해(楞嚴經諺解) *cf.* 소학언해, 두시언해, 훈민정음언해
능참봉(陵參奉)
능청꾸러기 *cf.* 말썽꾸러기, 꾸러기
능청 떨다
능청맞다 *cf.* 청승맞다, 능글맞다
능청 부리다 *cf.* 딴청 부리다
능청스러워 보이다
능청 피우다 *cf.* 딴청 피우다
능해 보이다(能-)
늦가을〔晩秋〕 *cf.* 늦봄, 늦여름, 초가을, 이른 봄, 이른 가을
늦게 가다
늦게나마 *cf.* 나마(어미)
늦겨울〔晩冬〕 *cf.* 늦봄, 늦여름, 초겨울, 이른 겨울
늦고사리
늦깎이
늦더위 *cf.* 일더위
늦바람
늦바람 나다
늦바람 내다
늦봄〔晩春〕 *cf.* 늦가을, 늦여름, 늦은 봄, 늦은 여름, 늦은 가을
늦심기 *cf.* 올심기
늦어 버리다
늦었는걸 *cf.* ㄴ걸(어미)
늦었다손 치더라도 *cf.* 다손 치더라도(관용 어미로 보기도 함.)
늦여름〔晩夏〕 *cf.* 늦봄, 늦가을
늦은 가을
늦은밤 <~에 찾아오다.>
늦은 밤 <너무 ~에 다니지 마라.>
늦은 봄 *cf.* 이른 봄
늦은불 <아직 ~이라 정신이 덜 났다.>
늦은 여름
늦잠 *cf.* 낮잠, 아침잠
늦잠꾸러기 *cf.* 장난꾸러기, 꾸러기
늦잠 자다 *cf.* 잠자다
늦장가 가다 *cf.* 장가 가다, 시집 가다
늦장마
늦장 부리다 *cf* 늑장 부리다
늦지 않게
늦추어 오다
늦추어 주다
늦추위 *cf.* 늦더위
늦추잡다
늦춘걸음
늦춰 달라고 하다
늦춰 오다
늦춰 주다
늪 바닥 *cf.* 방바닥, 마룻바닥, 냇바닥, 강바닥, 호수 바닥
닐리리
닐리리타령
니나놋집 *cf.* 방석집, 대폿집
니 망정이지 *cf.* 기에 망정이지(어미. 의존 명사. '기에망정이지'를 관용 어미로 보기도 함.), 망정(의존 명사)
니스칠(-漆) *cf.* 캐슈칠, 옻칠
니오브→나이오븀〔니오브〕
니은('ㄴ')자로 균형잡기
니켈·카드뮴 전지(-電池)
니크롬선(-線) *cf.* 텅스텐선
니트로기(-基)
니트로메탄→나이트로메테인
닌텐도 증후군(任天堂症候群)(광과민성 간질 발

작 증세)

✓님(의존 명사) *cf.* 안창호 님, 주시경 님

실 한 님(토막낸 실을 세는 단위)

님(접미사) *cf.* 선생님, 사장님, 회장님, 교수님, 학장님, 형님

님비 현상(-現象)

닢(의존 명사) *cf.* 가마니 한 닢, 동전 한 닢

다

ㄷ 불규칙(-不規則)
ㄷ 불규칙 동사(-不規則動詞)
ㄷ자턱솔이음(-字-)
다가가다
다가가 보다 *cf.* 보다
다가논리(多價論理) *cf.* 단순 논리, 기업 논리
다가놓다
다가놓아 두다
다가들다
다가붙다
다가 산(多價酸)
다가서다
다가앉다
다가오다
다가채기
다가치 사회(多價値社會)
다각기둥(多角-) *cf.* 육모기둥, 팔모기둥
다각집(多角-) *cf.* 팔작집, 다폿집, 오폿집
다각형토(多角形土)
다각화되다(多角化-)
다갈솥(전이 있는 옹솥) *cf.* 곱돌솥, 노구솥
다강재법(多鋼滓法)
다 같은/같다
다 같이
다격자관(多格子管)
다결정체(多結晶體)
다공성 막(多孔性膜)
다과 다루기(茶菓/果-)
다과(를) 다루다(茶菓/果-)
다과상(茶菓床) *cf.* 놀상, 입맷상, 잔칫상
다과상 차리기(茶菓床-)
다과상(을) 차리다(茶菓床-)
다과상차림(茶菓床) *cf.* 상차림
다그쳐 묻다
다급한 김에(多急-) *cf.* 급한 김에, 배고픈 김에, 홧김에, 떡 본 김에
다급해 보이다(多急-)
다급해하다(多急-)
-다기보다는 *cf.* 예쁘다기보다는, 사랑한다기보다는, 보다(조사)
다기차다(多氣-) *cf.* 활기차다, 자랑차다, 희망차다, 야심 차다
다녀가다
다녀 나가다
다녀 나오다
다녀 보다
다녀 본 적이 있다 *cf.* 적(의존 명사)
다녀 봐라
다녀오다
다녀와라
다년간(多年間)
다뉴브 강(-江) *cf.* 라인 강
다는목(판소리)
다 늙다
다니는 둥 마는 둥 *cf.* 둥
다니러 가다
다니러 오다
다니시는 듯하다 *cf.* 듯하다
다니엘서(-書) *cf.* 로마서
다다미방(-房)
다닥다닥(부사)
다단조(-短調) *cf.* 가단조
다독거려 주다
다독다독하다
다되다 <수넝이 ~.> *cf.* 다된 집안
다 되나 <모든 일이 뜻한 대로 ~.>
다 되어 가다 <밥이 거의 ~.>
다되어 가다 <수명이 거의 ~.>
다듬돌쌓기 *cf.* 사춤쌓기, 건성쌓기
다듬어 내다
다듬어 놓다
다듬어 보다
다듬어 오다
다듬어 주다

다듬이 소리 *cf.* 방망이 소리, 풍구 소리, 도리깨소리, 도맛소리
다듬이질
다듬이질 소리 *cf.* 도맛소리, 방망이 소리
다듬잇감 *cf.* 빨랫감, 안줏감, 치맛감
다듬잇돌 *cf.* 김칫돌, 주춧돌, 이맛돌, 방앗돌
다듬잇방망이 *cf.* 빨랫방망이, 신골방망이
다듬잇방석(-方席) *cf.* 맷방석, 시룻방석
다듬잇살 *cf.* 주름살
다듬재단(-裁斷) *cf.* 마무리 재단
다듬 주걱
다디달다(←달디달다) *cf.* 쓰디쓰다, 자디잘다
다라니경(-經)
다락같다/같이 *cf.* 벼락같이
다락마루 *cf.* 누마루
다락문(-門) *cf.* 분합문, 장지문, 현관문
다락집
다람쥐 집
다람쥐통(-桶)
다랑귀(두 손으로 붙잡고 매달리는 짓)
다랑논 *cf.* 계단밭
다랑어('다랑어', '참치'는 복수 표준어)
다랑어잡이(-魚-) *cf.* 새우잡이, 고래잡이
다래송이 *cf.* 포도송이, 목화송이, 꽃송이
다래순(-筍) *cf.* 두릅순, 참죽순
다려 놓다/다려 두다
다려 입다
다려 주다
다루어 가다
다루어 나가다/다뤄 나가다
다루어 보다
다루어 오다
다루어 주다
다르다기보다는 *cf.* 했다기보다는, 좋다기보다는, 다기보다는, 보다(조사)
다르듯이
다른걸 <눈동자가 ~> *cf.* ㄴ걸, 는걸(어미)
다른 것
다른 나라 *cf.* 우리나라, 이웃 나라
다른 나라들 간(-間)
다른 데 <~로 가 보다.>
다른데 <성격은 ~ 서로 친하다.>
다른 발로 내리기
다른 쪽 *cf.* 어느 쪽, 어떤 쪽, 아무 쪽, 같은 쪽 위쪽, 아래쪽, 안쪽, 바깥쪽, 뒤쪽
다른 쪽 끝까지
다른 한쪽은
다를 게 없다 *cf.* 것
다를 듯싶다 *cf.* 듯싶다
다를 듯하다 *cf.* 듯하다
다를망정 *cf.* ㄹ망정
다를뿐더러 *cf.* ㄹ뿐더러
다를 뿐만 아니라 *cf.* ㄹ 뿐 아니라
다를 수밖에 *cf.* 밖에(조사)
다름 아니라
다름 아닌
다름없다
다름 직하다 *cf.* 있음 직하다, 하였음 직하다, 탓함 직하다, 직하다(보조 용언)
다리감아 돌리기
다리 건너 오지['다리를 건너(서) 오지'의 뜻으로]
다리걸고 앞돌기와 뒤돌기
다리걸기
다리 걸다
다리걸어 거꾸로오르기
다리걸어돌기
다리걸어 밀어넘어뜨리기
다리걸어 앞돌기
다리걸어 오르기
다리걸어 흔들어 내리기
다리 결합(-結合)
다리구부리기(체력 운동)
다리 굽혀펴기 *cf.* 팔 굽혀펴기
다리 기술(-技術) *cf.* 발기술, 손 기술
다리 노릇 *cf.* 노릇
다리 놓다
다리들고 한 손 당기기
다리 들다

다리들어 메치기(레슬링)
다리모아 뛰기(체조)
다리모아 뛰어넘기
다리 모으다
다리미요
다리미판(-板)
다리밋자루 *cf.* 도낏자루, 가랫자루, 까뀌자루
다리 밑에
다리밟기(민속)
다리 밟다
다리 번갈다
다리벌려 구르기(체조)
다리벌려 균형잡기(-均衡-)(체조)
다리벌려 넘기
다리벌려 뒤구르기
다리벌려 뛰기(체조)
다리벌려 수평뛰기(-水平-)
다리벌려 앞공중돌기(-空中-)
다리벌려 앞구르기
다리벌려 옆공중돌기(-空中-)
다리벌리기
다리(를) 벌리다
다리병신(-病身)
다리 부분(-部分) *cf.* 가슴 부분
다리빗지르기(레슬링)
다리빼기
다리(를) 빼다
다리뼈 *cf.* 무릎뼈, 갈비뼈, 등뼈, 허리뼈
다리살 *cf.* 갈빗살, 목살
다리쉬임 <잠시 ~을 하려고 정자에 앉았다.>
다리씨름 *cf.* 발씨름, 팔씨름
다리아랫소리(남에게 애걸하는 말)
다리 아파하다
다리잇길어 뛰기(체조)
다리올리기
다리(를) 올리다
다리우스왕(-王) *cf.* 아서왕
다리 운동(-運動) *cf.* 몸통 운동
다리재간(-才幹) *cf.* 발재간, 손재간
다리 쪽 *cf.* 머리 쪽, 등 쪽, 배 쪽, 허리 쪽
다리차기
다리(로) 차다
다리춤
다리팔(팔다리)
다리펴기(체력 운동)
다리품 팔다
다리후리기(레슬링)
다리훅치기
다림줄(다림을 볼 때에 쓰는 줄)
다림질감 *cf.* 빨랫감, 바느질감, 양념감
다림추(-錘) *cf.* 저울추
다릿골 빠지다 <하루 종일 걸어서 다릿골만 빠지다.> *cf.* 뼛골 빠지다, 빠지다
다릿기둥
다릿널
다릿돌(징검다리로 놓은 돌)
다릿마디 *cf.* 손마디
다릿목
다릿병(-病) *cf.* 입병, 귓병
다릿심 *cf.* 허릿심, 뱃심
다릿짓 *cf.* 손짓, 발짓, 눈짓
-다마는(어미) <가기는 간~>
-다마다(어미) *cf.* 하다마다, 먹다마다
다모다르 강(-江)
다 못하다 <숙제를 ~.>, <실력이 너보다는 ~.>, <수명을 ~.>
-다 못해 *cf.* 견디다 못해, 웃다 못해, 노하다 못해, 우기다 못해, 하다못해, 참다못해
다물어 주다 <입을 ~.>
다미씌우다(책임을 남에게 넘겨 지우다.)
다박나룻 *cf.* 구레나룻, 텁석나룻
다박머리 *cf.* 더벅머리, 쑥대머리
다박수염(-鬚髥) *cf.* 다박나룻, 팔자수염
ᵛ다발(의존 명사) *cf.* 꽃 한 ~, 배추 두 ~
다발 *cf.* 꽃다발
다방골잠(茶坊-)(늦잠 자는 것)
다변화되어 가다(多變化-)
-다 보면 *cf.* 하다 보면, 먹다 보면

다복솔밭
다부져 보이다
다비드상(-像) *cf.* 모나리자상, 예수상, 부처상
-다뿐(어미) <가~이냐?/먹~이냐?>
다사다난하다(多事多難-)
다섯고개놀이 *cf.* 스무고개놀이
다섯 되들이 *cf.* 들이
다섯목가래질
다섯무날(음력 13, 14, 28, 29일)
다섯 번째(-番-)(5회째) *cf.* 다섯째 번, 번째(횟수), 째 번(차례)
다섯 살배기 *cf.* 배기(또래의 아이)
다섯 알 공기 놀이
다섯잇단표(-標) *cf.* 둘잇단표, 셋잇단표
다섯 자리 수(-數)
다섯 자리의 수(-數)
다섯째 번(-番) *cf.* 다섯 번째
다섯째 연(-聯)
다섯 하면 *cf.* 하나 하면
다소곳해 보이다
-다손(어미) <아무리 크~ 그만하면 맞겠지.>
-다손 치더라도(관용 어미로 보기도 함.) <비록 간다손 치더라도….>
다수확왕(多收穫王) *cf.* 타격왕, 득점왕, 왕
다스려 나가다
다스려 보다
다스려 오다
다슬기 껍데기 *cf.* 조개껍데기, 굴 껍데기
다시 또 *cf.* 또다시
다시마부각 *cf.* 김부각, 고추부각
다시마쌈 *cf.* 상추쌈, 전복쌈, 머윗잎쌈
다시마튀각 *cf.* 감자튀각
다시 말하면 *cf.* 환언하면
다시 말해
다시 보기 단계(-段階)
다시 알아보기
다시없다/다시없이 <다시없는 좋은 기회>
다시 없다 <이런 실수는 다시 없어야 한다.>
-다시피(어미) *cf.* 보다시피, 아시다시피
-다시피 하다 *cf.* 굶다시피 하다
다시 한 번(-番) *cf.* 두 번 다시
다양하단 말이야(多樣-) *cf.* 말이다
다양해 보이다(多樣-)
다양해져 가다(多樣-)
다양화, 다가치화되다(多樣化, 多價値化-)
다양화되다(多樣化-)
다양화하다(多樣化-)
-다워 보이다 *cf.* 아름다워 보이다, 꽃다워 보이다, 군인다워 보이다
다원론자(多元論者) *cf.* 일원론자
다원뿔 도법(多圓-圖法) *cf.* 단원뿔 도법
다원화되다(多元化-)
다원화되어 가다(多元化-)
다원화하다(多元化-)
다음가는/가다 *cf.* 버금가는, 으뜸가는, 제일가는, 둘째 가는, 셋째 가는
다음날 *cf.* 이튿날
다음다음
다음달 내에(-內-) *cf.* 이달 내에
다음달 중에(-中-) *cf.* 이달 중에
다음달 초에(-初-) *cf.* 이달 초에, 이 주 초에
다음번에(-番-) *cf.* 이번에, 전번에
다음 세기 말(-世紀末)
다음절어(多音節語) *cf.* 단음절어
다음 주(-週) *cf.* 이번 주, 이 주, 다음달
다음 쪽(다음 페이지)
다음 해 *cf.* 이해, 지난해
다이너모유(-油) *cf.* 모빌유
다이를까? <~, 행복은 작은 기쁨 속에 있다는 사실을.>
다이애너비(-妃)
다이어트식(-食)
다자간(多者間) *cf.* 상호간
다자간 무역 협상(多者間貿易協商)
다자엽식물(多子葉植物) *cf.* 단자엽식물
다잡아먹다 <마음을 ~.>
다 잡아먹다 <가축을 ~.>
다장조(-長調) *cf.* 가단조

다저녁때
다전자원자(多電子原子)
다정다감하다(多情多感-)
다정스러워 보이다(多情-)
다정한 듯해 보이다(多情-)
다정해 보이다(多情-)
다정해져 가다(多情-)
다져 가다/다져 오다
다져 나가다
다져 놓다
다져쌓기 *cf.* 찰쌓기, 메쌓기
다짐글 *cf.* 다짐장
다짐 놓다
다짐다짐하다
다짐 두다
다짐막대 *cf.* 달굿대, 지팡막대
다짐 말뚝 공법(-工法)
다짐 모래 말뚝 공법(-工法)
다짐받다
다짐받아 두다
다짐해 가다
다짐해 두다
다짐해 보다
다짜고짜(로)(부사)
다채로워 보이다(多彩-)
다쳤을까 봐
다칠 뻔하다 *cf.* 뻔하다
다 큰 애 *cf.* 큰애
다투는 듯 *cf.* 듯(의존 명사)
다투다 못해 *cf.* 싸우다 못해, 우기다 못해, 견디다 못해, 참다못해, 하다못해
다툼 끝에 *cf.* 싸움 끝에, 격투 끝에
다툼 없이
다트 박기
다트(를) 박다
다팔머리 *cf.* 더펄머리, 단발머리, 떠꺼머리총각
다폿집(多包-) *cf.* 팔작집, 오폿집, 삼폿집
다하다 <정성을 ~.>, <수명을 ~.>, <의무를 ~.>
다 하다 <맡은 일을 ~.>, <별 소리를 다 해도 듣지 않는다.>, <관람을 ~.>, <할 말을 ~.>
다할 뿐이다 *cf.* 뿐
다할 수밖에 *cf.* 밖에
다 함께
다함없다
다 해 가면서 <별짓을 ~….>
다 해 버리다 <할 말을 ~.>
다해 버리다 <수명이 ~.>
다해 오다 <최선을 ~.>
다핵탄두(多核彈頭)
다행스러워 보이다(多幸-)
다행스러워하다(多幸-)
다홍빛(-紅-) *cf.* 분홍빛
다홍치마(-紅-) *cf.* 옥색 치마, 빨간 치마
닥나무 껍질 *cf.* 느릅나무 껍질, 소태껍질, 메밀껍질, 왕골껍질, 귤껍질
닥지닥지
닥쳐오다
닥치는 대로 *cf.* 대로(의존 명사)
닥친 셈이다 <겹으로 ~.>
닦고 있다
닦는 둥 마는 둥 하다 *cf.* 둥(의존 명사)
닦달하다
닦아 가다
닦아 내다
닦아 내리다
닦아 놓다
닦이대다(남을 홀닦다.)
닦아 대다 <마루를 계속 ~.> *cf.* 대다(보조 용언)
닦아 두다
닦아 드리다
닦아 버리다
닦아 보다
닦아세우다(꼼짝 못하게 나무라다.)
닦아주다(홀닦아 꼼짝 못하게 하다.)
닦아 주다 <코를 ~.>
닦음대패 *cf.* 다듬질대패

단- *cf.* 단감, 단것, 단꿈, 단비, 단잠, 단무지, 단팥죽, 단맛

단(單)-(접두사) *cf.* 단세포 생물, 단벌 신사

단(單)✓(관형사) *cf.* 단 한 달 만에, 단 두 사람, 단 하나, 단 한 번

단✓(형용사의 관형사형) *cf.* 단 음식, 너무 단 과자

단가살림(單家-) *cf.* 신접살림

단가살이(單家-) *cf.* 신접살이

단거리달리기(短距離-) *cf.* 장거리달리기

단거리(를) 달리다(短距離-)

단거리서방(-書房)(여러 서방 중에서 가장 마음에 드는 서방)

단걸음에(單-)(부사) <~ 달려가다.>

단것(설탕류, 과자류) *cf.* '신 것', '짠 것'과 대응되는 것은 '단 것'

단 것 *cf.* 단것

단결시켜 주다(團結-)

단골막이

단골말

단골소리

단골손님

단골집

단관절(單關節) *cf.* 복관절

단국(맛을 달게 한 국)

단군개국(檀君開國) *cf.* 조선 개국, 고려 개국

단군기원(檀君紀元) *cf.* 서력기원, 이슬람기원

단군왕검(檀君王儉)

단권변압기(單券變壓器) *cf.* 2권선 변압기, 분권 변압기

단권제도(單券制度)(창고 증권)

단기간 내에(短期間內-)

단꿈 꾸다

단 끝

단내 *cf.* 쉰내, 누린내, 구린내

단내 나다 *cf.* 땀내 나다, 구린내 나다, 향내 나다, 누린내 나다

단념해 버리다(斷念-)

단단해 보이다

단단해져 가다

단대위법(單對位法)

단독무늬(單獨-)

단돈(單-) <~ 10원도 없다.>

단동기관(單動機關) *cf.* 복동기관, 왕복 기관

단 두 식구(單-食口) *cf.* 단 두 사람, 단둘

단둘 <~이 오붓이 지내다.> *cf.* 단 하나

단락짓다(段落-) *cf.* 결정짓다, 짓다

단란해 보이다(團欒-)

단란해져 가다(團欒-)

단련해 오다(鍛鍊-)

단마디명창(單-名唱) *cf.* 귀명창, 소리명창

단막극(單幕劇)

단맛 <~ 쓴맛 다 보았다.> *cf.* 쓴맛, 짠맛, 신맛, 매운맛, 매콤한 맛, 떫은 맛

단모리

단모리장단 *cf.* 휘모리장단

단무지

단물 *cf.* 센물, 짠물

단물나다(옷 따위가 낡다.) <양복을 단물나도록 입다.> *cf.* 신물 나다

단발머리(斷髮-)

단발총(單發銃) *cf.* 다발총

단발효주(單醱酵酒)

단방치기(單放-)(어떤 일을 단 한 번에 해치움.)

단배 주리다(제대로 못 먹고 굶주리다.)

단백값(蛋白-)

단백질가루(蛋白質-) *cf.* 인회암가루, 화강암가루

단번떼기(單番-)(고고학)

단번에(單番-)(부사) <~에 해치우다.>

단벌 가다(單-)(그것보다 나은 것이 없다.) <단벌 가는 사업가> *cf.* 으뜸가다, 제일가다, 버금가다

단벌 신사(單-紳士)

단벌옷(單-)

단본위제(單本位制) *cf.* 복본위제

단봇짐(單褓-) *cf.* 반봇짐

단봉낙타(單峯駱駝) *cf.* 쌍봉낙타

단봉던지기(短棒-)

단봉(을) 던지다(短棒-)
단분자층(單分子層)
단비
단사 성계(單斜晶系)(표준국어대사전)
단사정계(單斜晶系)('단사정+계'로 보는 견해) *cf.* 사방정계
단섬광(短閃光)
단섬유(短纖維) *cf.* 장섬유
단성 생식(單性生殖)
단성화(單性花) *cf.* 양성화
단소 만들기(短簫-)
단소(를) 만들다(短簫-)
단소 소리(短簫-) *cf.* 피리 소리, 가야금 소리
단속 나가다(團束-)
단속당하다(團束當-) *cf.* 당하다
단속 중인(團束中-) *cf.* 수사 중인
단속해 오다(團束-)
단손(單-) <~에 밥하랴 아기 보랴….>
단솥(불에 달아 뜨거운 솥) <~에 물붓기.>
단순보(單純-) *cf.* 고정보
단순천(單純泉)
단순해 보이다(單純-)
단순해져 가다(單純-)
단술
단숨에(單-)
단시간 내에(短時間內-)/단시일 내에(短時日內-)
단식기도(斷食祈禱) *cf.* 금식 기도, 철야 기도
단신총(單身銃)
단안 내리다(斷案-) *cf.* 결론 내리다
단 약(-藥) *cf.* 쓴 약
단양 분지(丹陽盆地) *cf.* 대구 분지
단양 신라 적성비(丹陽新羅赤城碑)
단양행(丹陽行) *cf.* 충주행, 경주행, 목포행, 제주도행, 아프리카행, 서울행, 행(접미사)
단어 간(單語間)
단어별(單語別)
단어 수(單語數) *cf.* 어휘 수
단언 내리다(斷言-) *cf.* 결정 내리다, 용단 내리다, 결말 내리다
단언해 버리다(斷言-)
단오놀이(端午-) *cf.* 놀이
단오등띄우기(端午燈-)
단오떡(端午-)
단오맞이(端午-) *cf.* 설맞이, 추석맞이
단오부채(端午-)
단오빔(端午-) *cf.* 설빔, 추수빔, 생일빔
단옥수수
단옷날(端午-) *cf.* 삼짇날, 동짓날, 한가윗날
단원뿔 도법(單圓-圖法) *cf.* 다원뿔 도법
단원제(單院制) *cf.* 양원제
단위가축(單胃家畜)
단위각(單位角)
단위당(單位當) *cf.* 당(접미사)
단위분수(單位分數)
단위생식(單爲生殖)(편수 자료 용어로는 '단성 생식') *cf.* 단성 생식, 처녀 생식
단위원(單位圓)
단위점(單位點)
단위행렬(單位行列) *cf.* 단위 집합
단음계(短音階) *cf.* 장음계
단음노래(單音-)
단음절어(單音節語) *cf.* 다음절어
단음정(短音程) *cf.* 장음정
단일과세(單一過歲) *cf.* 이중과세
단일안(單一案) *cf.* 복수안
단일화되어 가다(單一化-)
단자업자(短資業者)
단자엽식물(單子葉植物) *cf.* 다자엽식물
단잠 *cf.* 선잠, 풋잠, 첫잠
단잠 깨우다
단잠 자다 *cf.* 잠자다, 꿀잠 자다
단장거울(丹粧-) *cf.* 손거울, 몸거울
단장시켜 주다(丹粧-)
단절된 채(斷切-) *cf.* 채(의존 명사)
단절해 버리다(斷絕-)
단접기
단 접다
단정 내리다(斷定-) *cf.* 결정 내리다, 결말 내

리다
단정짓다(斷定-) *cf.* 결정짓다, 짓다
단정해 버리다(斷定-)
단정해 보이다(端正-)
단조로워 보이다(單調-)
단조로워져 가다(單調-)
단조로워하다(單調-)
단죄받다(斷罪-) *cf.* 받다
단죄해 버리다(斷罪-)
단짜기(段-) *cf.* 판짜기, 틀짜기
단 처리(段處理)
단청집(丹青-) *cf.* 백골집
단체정신(團體精神) *cf.* 고발정신, 시대정신, 박애 정신, 애민 정신, 협동 정신
단추놀이 *cf.* 놀이
단추 달기
단추 달다
단추 살피기 *cf.* 옷깃 바로하기, 지퍼 확인하기, 옷매무시 살피기
단추(를) 살피다
단추 채우다
단축시켜 주다(短縮-)
단축 키(短縮-)
단축해 주다(短縮-)
단출해 보이다
단춧고리
단춧구멍 *cf.* 장붓구멍, 옹이구멍, 마룻구멍, 창구멍, 수챗구멍, 군둣구멍, 콧구멍, 열쇳구멍, 글구멍
단측파대법(單側波帶法)
단층집(單層-) *cf.* 2층 집, 3층 집, 4층 집
단 7화음(短七和音)
단칸방(單-房) *cf.* 단칸집
단칸살림(單-) *cf.* 신접살림
단칸살이(單-) *cf.* 신접살이, 살이
단칸집(單-) *cf.* 단칸방
단칸짜리(單-) <~ 셋방>
단탑가람식(單塔伽藍式)
단판걸이(單-)
단판싸움(單-)
단판씨름(單-) *cf.* 삼판양승 씨름
단판키(單板-) *cf.* 복판키
단팥죽(-粥)
단풍나무 숲(丹楓-) *cf.* 소나무 숲, 아카시아 나무 숲
단풍나무 씨(丹楓-) *cf.* 아카시아나무 씨
단풍나무 잎(丹楓-) *cf.* 은행나무 잎, 단풍잎, 은행잎
단풍놀이(丹楓-)
단풍 들다(丹楓-)
단풍 옷(丹楓-) <가을 산은 ~ 곱게 입고….>
단풍잎(丹楓-) *cf.* 갈잎, 솔잎, 댓잎, 은행잎, 오동잎, 단풍나무 잎, 아카시아 잎
단풍잎무늬 붙이기(丹楓-)
단풍져 가다(丹楓-)
단풍 지다(丹楓-)
단 하나(單-) *cf.* 단둘
단 하루(單-)
단 한 번(單-番)
단 한 순간(單-瞬間)
단합시켜 주다(團合-)
단행해 버리다(斷行-)
단향도파관(單向導波管)
단향이로통신법(單向二路通信法)
닫게 되다
닫아걸다 <문을 ~.>
닫아 놓다
닫아 두다
닫아 드리다
닫아 버리다
닫아 주다
닫았다 열었다 하면서
닫은 채 *cf.* 잠근 채, 멈춘 채, 채(의존 명사)
닫집(법당의 집의 모형)
닫혀 있다
닫힌계(-系) *cf.* 열린계
닫힌 교육(-教育) *cf.* 열린 교육
닫힌도덕(-道德) *cf.* 열린도덕, 열린 교육

닫힌 루프 제어(-制御)
닫힌사회(-社會) *cf.* 열린사회
닫힌 우주(-宇宙)
닫힌집합(-集合) *cf.* 열린집합
닫힌핏줄계(-系) *cf.* 열린핏줄계
닫힌회로(-回路) *cf.* 열린회로
달 가듯이 <구름에 ~….> *cf.* 듯이
달가워하다
달가워하지 않다
달갑잖아하다
달갑지 않다
달개집(원채에 달아 지은 집)
달걀가루 *cf.* 고춧가루, 송홧가루, 무릿가루, 고깃가루
달걀값 *cf.* 고추값, 감자값, 우표값, 담뱃값
달걀구이 *cf.* 더덕구이, 북어구이, 양념구이
달걀굴리기
달걀귀신(-鬼神)
달걀김말이 *cf.* 달걀말이, 멍석말이, 두루마리, 무싹말이
달걀 껍데기 *cf.* 조개껍데기, 나무껍질, 굴 껍데기, 소라 껍데기, 전복껍데기(북한)
달걀꼴 *cf.* 사다리꼴, 활꼴
달걀 꾸러미 *cf.* 돈 꾸러미, 짐 꾸러미, 열쇠 꾸러미, 선물 꾸러미, 엽전 꾸러미, 꾸러미
달걀노른자 *cf.* 달걀흰자
달걀덮밥
달걀만 해지다 *cf.* 만 하다(←만하다)
달걀말이 *cf.* 멍석말이, 김말이, 두루마리
달걀 모양(-模樣)
달걀부침
달걀빛 *cf.* 녹두빛, 살구빛, 앵두빛, 치자빛, 버찌빛, 잿빛, 팥빛, 산홋빛, 장밋빛, 모싯빛, 상앗빛, 쪽빛빛
달걀 삶기
달걀 수(-數)
달걀흰자 *cf.* 달걀노른자
달거리하다
달게 굴다
달게 받다
달게 여기다
달겨들다
달고 가다
달고 다니다
달고 오다
달곰삼삼하다
달곰새금하다
달곰쌉쌀하다
달구경 가다 *cf.* 불구경 가다
달구노래
달구벌 *cf.* 만경벌, 요동벌, 만주벌
달구지 바퀴 *cf.* 자동차 바퀴, 자전거 바퀴, 물레바퀴, 톱니바퀴, 수레바퀴
달궈 놓다
달그렌 축임 장치(-裝置)(인쇄)
달그림자 *cf.* 별 그림자, 물그림자
달나라 *cf.* 꿈나라, 별나라, 하늘나라
달넘이
달놀이
달님 *cf.* 해님, 별님
달님 공주(-公主)
달다 쓰다 <~ 말이 없다.>
달달 외우다/외다
달덩이 *cf.* 돌덩이, 납덩이, 흙덩이
달덩이 같다
달돋이[月出] *cf.* 해돋이
달동네 *cf.* 산동네
달두 달두 밝다(전래 동요)
달디달다(→다디달다) *cf.* 쓰디쓰다, 차디차다
달뜨다 *cf.* 들뜨다
달 뜨다 *cf.* 해 뜨다
달라 보이다 *cf.* 같아 보이다
달라붙다
달라져 가다
달라질뿐더러 *cf.* ㄹ뿐더러
달라질 뿐 아니라 *cf.* ㄹ 뿐 아니라
달랑달랑하다
달래 가지고

달래 놓다
달래 보내다
달래 보다
달래 오다
달래 주다
달램수 *cf.* 노림수, 꼼수
달러벌이 *cf.* 외화벌이
달러어치('어치'는 접미사) *cf.* 10원어치, 만원어치
달러짜리('짜리'는 접미사) *cf.* 10원짜리, 만원짜리
달러화 대 원화(-貨對-貨)
달려가다
달려 나가다/달려 나오다
달려 내려가다
달려들다
달려들어가다
달려들어오다
달려 보다
달려오다
달려 올라가다
달려 올라오다
달려 있다
달력 만들기(-曆-)
달력(을) 만들다(-曆-)
달로켓 *cf.* 화성 로켓
달리고 뛰는/뛰다 *cf.* 때리고 맞는
달리기놀이 *cf.* 놀이
달리기 대회(-大會) *cf.* 걷기 대회
달리는 말에 채찍질하기 *cf.* 가는 말에 채찍질하기
달리듯이 *cf.* 하듯이, 듯이(어미)
달리 말하면 *cf.* 다시 말하면
달리하다 <의견을 달리하는 사람>, <유명(幽明)을 ~.> *cf.* 같이하다
달리 하다 <길이를 ~.>, <무게를 ~.>, <일을 ~.> *cf.* 같이 하다, 다르게 하다, 같게 하다
달리 할 일도 없어서
달림길
달링 강(-江)
달마을 *cf.* 해마을, 별마을
달맞이 *cf.* 물맞이, 봄맞이
달맞이 가다
달맞이 춤
달머슴
달무늬
달무리 *cf.* 햇무리
달물
달밑(솥 밑의 둥근 부분)
달 밝은 밤
달밤
달붙이(민속)
달비계 *cf.* 그네비계
달빛 *cf.* 햇빛
달빛 어린/어리다 *cf.* 수심 어린, 피땀 어린, 근심 어린
달성되어 가다(達成-)
달성시켜 주다(達成-)
달성해 나가다(達成-)
달성해 내다(達成-) *cf.* 만들어 내다, 이루어 내다, 건져 내다
달성해 주다(達成-)
달 세계(-世界) *cf.* 월세계
달싹달싹
달아나다시피 하다
달아나 버리다
달아내다 <차양을 ~.>
달아 놓다
달아 달아 밝은 달아
달아 달아 초생달아(민요에서는 '초생달' 인정)
달아 두다
달아 드리다
달아매다 <그네를 나무에 ~.>
달아보다 *cf.* 재어 보다
달아오르다 <얼굴이 ~.>
달아올리다
달아 있다

달아 주다 <훈장을 ~.>, <꽃등도 ~.>
달안개 *cf.* 물안개, 땅안개, 골안개, 바다안개
달여 먹다
달 오르니 <동산에 ~….>
달음박질치다
달음질치다
달 지다 *cf.* 해 지다
달집
달집태우기(민속)
달집(을) 태우다
달팽이 각시(설화)
달팽이걸음 *cf.* 황소걸음, 게걸음, 거위걸음, 황새걸음, 가재걸음
달팽이관(-管) *cf.* 세반고리관
달 표면(-表面) *cf.* 지구 표면
닭갈비 *cf.* 쇠갈비, 암소 갈비, 돼지갈비
닭고기 *cf.* 쇠고기, 양고기, 늙은 닭 고기
닭고기무침
닭고깃국 *cf.* 쇠고깃국, 조깃국, 뭇국
닭고집 *cf.* 쇠고집, 황소고집, 옹고집, 똥고집
닭곰탕(-湯) *cf.* 양곰탕
닭공장(-工場)
닭과 돼지 기르기
닭과 돼지 치기
닭구이 *cf.* 갈비구이
닭국 *cf.* 시금칫국, 팟국
닭기르기(농·생명)
닭 기르기 <~를 좋아한다.>, <닭(을) 기르기 위하여>
닭(을) 기르다
닭날 *cf.* 개날
닭니
닭똥 *cf.* 개똥, 쇠똥, 돼지똥, 쥐똥, 새똥
닭띠 *cf.* 용띠, 말띠, 돼지띠
닭 소리 *cf.* 개 소리, 새소리, 개소리
닭싸움 *cf.* 소싸움, 개싸움
닭 우는 소리
닭의똥 *cf.* 쇠똥, 말똥, 개똥
닭의 머리 *cf.* 쇠꼬리, 쇠머리, 돼지머리
닭의어리
닭의장(-欌) *cf.* 닭장
닭 장수 *cf.* 엿장수, 소 장수, 꽃 장수, 책 장수, 기름 장수
닭조림
닭죽(-粥) *cf.* 홍합죽
닭치다 *cf.* 소 치다, 양 치다
닭털 *cf.* 오리털, 돼지털, 쇠털, 족제비털, 양털, 개털
닭튀김 *cf.* 쇠고기튀김
닭해 *cf.* 호랑이해, 돼지해, 용해
닮다마다 *cf.* 하다마다, 다마다(어미)
닮아 가다
닮아 보다
닮아 보이다
닮았나 봐요
닮았네그려 *cf.* 갑시다그려, 크네그려, 합시다그려, 그려(조사)
닮았는걸 *cf.* 는걸(어미)
닮은꼴
닮은 도형(-圖形)
닮음비(-比)
닮음의 중심(-中心)
닳고 닳다
닳아먹다 *cf.* 닳아빠지다
닳아 버리다
닳아빠지다 *cf.* 시어 빠지다, 썩어 빠지다, 흔해 빠지다, 낡아 빠지다, 닳아먹다, 빠지다(보조 용인)
담가 놓다
담가 두다
담가 먹다
담가 버리다
담가 보다
담가 수다
담겨 나오다
담겨 있다
담 곁에
담고 가다

담고 있다
담구멍 *cf.* 수챗구멍, 마룻구멍, 옹이구멍
담금질하다
담기게 마련이다 *cf.* 하게 마련이다, 게 마련이다, 기 마련이다
담 너머(담 저쪽)
담 넘어(담을 넘어서)
담녹색(淡綠色) *cf.* 암녹색, 심녹색, 담록, 암록, 심록
담담해 보이다(淡淡-)
담당제(擔當制)
담당해 가다(擔當-)
담당해 오다(擔當-)
담덩어리(膽-)(겁이 없는 사람)
담 모퉁이 *cf.* 산모퉁이, 길모퉁이
담 밑 *cf.* 울 밑
담바고타령
담바귀타령
담 밖 *cf.* 울 밖
담배꽁초
담배내기 *cf.* 돈내기, 술내기
담배 농사(-農事) *cf.* 보리농사, 고구마 농사, 수수 농사, 옥수수 농사, 자식 농사
담배밭 *cf.* 고추밭, 배추밭, 인삼밭
담배설대
담배 심부름 *cf.* 물심부름, 술심부름
담배씨 *cf.* 근대씨, 무씨, 배추씨, 시금치씨, 해바라기씨, 겨자씨
담배 연기(-煙氣) <~ 속에 사라진 전우야.>
담배칼 *cf.* 부엌칼, 해부칼, 도련칼
담배통받침(-桶-) *cf.* 화분받침, 그릇받침, 책받침, 그릇 받침(편수 자료)
담배 피우다
담뱃가루 *cf.* 송홧가루, 미숫가루, 메줏가루, 고춧가루, 계핏가루, 얼레짓가루
담뱃갑(-匣) *cf.* 우유갑, 성냥갑
담뱃값 *cf.* 고추값, 그림값, 기름값, 달걀값, 사탕값, 떡값
담뱃대
담뱃불 *cf.* 성냥불, 화롯불, 화톳불
담뱃서랍
담뱃잎 *cf.* 깻잎, 댓잎, 솔잎, 나뭇잎, 머윗잎, 팟잎, 들깻잎
고구마잎, 옥수수잎, 해바라기잎, 호박잎
아카시아 잎, 상수리나무 잎, 감나무 잎
담뱃잎 말리기
담뱃잎(을) 말리다
담뱃재 *cf.* 나뭇재, 짚재, 연탄재
담뱃진(-津) *cf.* 나뭇진, 댓진, 송진
담쌓고 지내다
담쌓다(인연을 끊다.) <친척과 담쌓고 지내다.>, <술과는 담쌓고 지낸다.> *cf.* 벽 쌓다
담 쌓다(실제 담을 쌓을 경우) <담(을) 쌓다.>
담아 가다
담아 가지고
담아 나르다
담아내다 <과일을 접시에 담아내 오다.>
담아 넣다
담아 놓다
담아 다오
담아 두다
담아 드리다
담아 들고 오다/가다
담아 먹다
담아 보다
담아 붓는 듯하다 *cf.* 듯하다
담아 오다
담아 주다
담 안
담양 땅(潭陽-) *cf.* 남원 땅
담 위
담자균류(擔子菌類)
담장 가(-牆-)
담장 밑(-牆-)
담장 밖(-牆-)
담장이(-匠-)
담쟁이덩굴 *cf.* 댕댕이덩굴, 인동덩굴, 으름덩굴
담쟁이덩굴 뿌리

담쟁이잎 *cf.* 파초잎, 국화잎
담쟁이잎 말이야 *cf.* 말이다/말이야/말이오
담집 *cf.* 토담집
담 쪽으로 *cf.* 창 쪽으로
담차다(膽-)
담타기 쓰다('덤터기 쓰다'의 작은말)
담판 짓다(談判-) <최후 담판(을) 짓고 있다.>
담판짓다(談判-) <지금 담판짓고 있는 중이다.> *cf.* 짓다
담판해 보다(談判-)
담헌연기(湛軒燕記)
답교놀이(踏橋-) *cf.* 놀이
-답다(접미사) *cf.* 남자답다, 여자답다, 학생답다, 군인답다
답답해 보이다
답답해져 가다
답답해하다
답변해 주다(答辯-)
답사 나가다(踏査-) *cf.* 조사 나가다
답사해 보다(踏査-)
답삭나룻 *cf.* 텁석나룻
답삿길(踏査-) *cf.* 등굣길, 귀갓길, 항해길, 피서길, 탐사길, 성묘길, 취재길
답해 주다(答-)
닷 냥
닷넷
닷 되/닷 되들이만 하다 *cf.* 만 하다(←만하다)
닷 말
닷새째 되는 날
닷샛날
닷컴
-당(當)(접미사) <평당(坪當) 10만 원.>
ᵛ당(當)(관형사) <당 열차는 부산행이다.>, <당 32세>
당감잇줄(짚신의 끝에 꿰어 줄이고 늘이는 끈)
당겨 내리다
당겨 놓다
당겨 보다
당겨쓰다
당겨 올리다
당겨 주다
당고조(唐高祖) *cf.* 한고조, 청 태종
당권 싸움(黨權-) *cf.* 계파 싸움, 주도권 싸움
당근밭 *cf.* 배추밭, 무밭, 감자밭, 고추밭
당근 뿌리 *cf.* 우엉 뿌리, 연뿌리, 파뿌리, 칡뿌리
당금같다(唐錦-)
당길문(-門) *cf.* 여닫이문, 미닫이문
당길심(-心)
당김음(-音)
당나귀 귀(唐-) *cf.* 쇠귀에 경읽기
당나귀 귀 치레(唐-)
당나귀기침(唐-)(오래된 감기를 앓을 때에 내는 기침) *cf.* 마른기침, 밭은기침
당나귀등(唐-) *cf.* 낙타등, 말등, 호랑이등, 거북등, 새우등, 고래등
당나귀뼈 *cf.* 쇠뼈, 돼지뼈
당나라(唐-) *cf.* 수나라, 요나라
당나라놈(唐-) *cf.* 미국놈, 중국놈, 왜놈
당나라와 신라 간(唐-新羅間)
당단백질(糖蛋白質)
당당해 보이다(堂堂-)
당 대표감(黨代表-) *cf.* 왕자감, 신붓감
당돌해 보이다(唐突-)
당량수(當量數)(편수 자료 '공업')
당리당략(黨利黨略)
당방울[神鈴]
당백전(當百錢)
당번 된 날(當番-)
당부드리다(當付-) *cf.* 당부하다
당부해 두다(當付-)
당사자 간에(當事者間-)
당산굿(堂山-)
당산나무(堂山-) *cf.* 성사나무
당삼채(唐三彩)
당·송 문학(唐·宋文學)
당·송 시대(唐·宋時代)
당·송 의학(唐·宋醫學)

당 알코올(糖-)
당연함 직도 하다(當然-) *cf.* 됨 직도 하다, 믿음직하다, 먹음직하다, 직하다(보조 용언)
당일치기(當日-) *cf.* 하루치기
당정 간에(黨政間-)
당진평야(唐津平野) *cf.* 박천평야
당집(堂-)
당차다는 것 말고 *cf.* 말고
당차 보이다
당초무늬(唐草-)/덩굴무늬 *cf.* 인동무늬
당치않다(當-) *cf.* 당찮다
당 태종(唐太宗) *cf.* 당고조, 당태종전
당태종전(唐太宗傳)
당파싸움(黨派-) *cf.* 자리싸움
-당하다(當-)(접미사) *cf.* 모욕당하다, 창피당하다, 우롱당하다, 압제당하다
✓당하다(當-)(명사를 꾸미는 말이 앞에 있을 때) <심한 모욕 ~.>, <심한 창피 ~.>
당하였단 말이냐(當-) *cf.* 말이다
당해 내다(當-)
당해 보다(當-)/당해 본 적 없다(當-)
당혹스러워하다(當惑-)
당혹해하다(當惑-)
당황해 보이다(唐惶-)
당황해하다(唐惶-)
닻낚시 *cf.* 닻낚
닻돌
닻 매듭
닻 올리다
닻 주다(닻을 물 속에 넣다. 일정한 곳에 머물다.)
닻줄
닻코묶음
닳다시피 하다 *cf.* 굶다시피 하다, 다시피 하다, 다시피(어미)
닿소리(자음)
닿아 있다
닿을 듯 닿을 듯 *cf.* 듯
닿을락 말락 하다 *cf.* ㄹ락 말락 하다
닿을 만큼 *cf.* 만큼(의존 명사)
닿을 만하다 *cf.* 만하다
닿자마자 *cf.* 하자마자, 자마자(어미)
-대(代)(접미사) *cf.* 도서대
-대(臺)(접미사) *cf.* 수천억대
-대(帶)(접미사) *cf.* 주파수대
대(大)-(접두사) *cf.* 대가족, 대선배
대(對)-(접두사) *cf.* 대민 봉사, 대전차포
대(大)✓(관형사) *cf.* 대 체육 행사
대(對)✓(의존 명사) *cf.* 7 대 3, 청군 대 백군, 일대일 대응(용어로서)
대(代) <가문의 ~가 끊기다.>
대(代)(의존 명사) <3대가 한 집에 살다.> *cf.* 15대 대통령
대가다 <약속 시간에 ~.>
대가 없다(對價-) <일의 대가가 없다.>
대가족(大家族)
대가 치르다(代價-)
대각 국사(大覺國師) *cf.* 원광 법사
대각선 알아보기(對角線-)
대갈놀음
대갈마치 *cf.* 도드락망치
대갈장군(-將軍)
대감거리(국악)
대감놀이(大監-) *cf.* 놀이
대감 댁(大監宅) *cf.* 대감 집
대감마님(大監-) *cf.* 영감마님, 주인마님
대갓집(大家-) *cf.* 부잣집, 양반집
대갚음(對-)(은혜나 원수를 잊지 않고 그대로 갚음.)
대건축물(大建築物)
대견스러워 보이다
대견스러워하다/대견해하다
대경실색(大驚失色)
대경장(大更張)
대고모(大姑母)
대공원(大公園)
대과 없다(大過-)
대광주리 *cf.* 대바구니
대구광역시(大邱廣域市) *cf.* 부산광역시
대구구이(大口-) *cf.* 청어구이

대구무침(大口-)
대구 분지(大邱盆地) *cf.* 곡산 분지
대구 살(大口) *cf.* 가자미 살, 참치 살
대구잡이(大口-)
대구 화상(大矩和尙) *cf.* 대각 국사
대굿국(大口-) *cf.* 북엇국, 조갯국, 뭇국
대궁밥 <개한테 ~을 주다.>
대권 항로(大圈航路)/대원 항로(大圓航路)
대궐 같다(大闕-) *cf.* 움막 같다
대궐집(大闕-) *cf.* 초가집
대궐 쪽(大闕-)
대그릇 *cf.* 놋그릇, 양은그릇, 플라스틱 그릇
대금 받다(代金-)(물건값을 받다.)
대기 먼지(大氣-) *cf.* 우주 먼지, 실내 먼지
대기 속(大氣-)
대기 시간(待期時間) *cf.* 비행시간, 운전 시간, 기상 시간, 일몰 시간
대기시켜 놓다(待機-)
대기시켜 두다(待機-)
대기업과 중소 기업 간(大企業-中小企業間)
대기운(大機運)
대기 창(大氣窓)
대기후(大氣候)
대껍질 *cf.* 귤껍질, 메밀껍질, 왕골껍질
대꼬챙이 같다 *cf.* 대쪽 같다
대꼬타령
대꾸 없다
대꾸해 주다
대 끝에 *cf.* 싸리 끝에, 장대 끝에
대나무 맛
대나무 물총 놀이(-銃-) *cf.* 물총놀이
대나무 발 *cf.* 대발
대나무밭
대나무 부채 *cf.* 나일론 부채, 부들부채
대나무 숲 *cf.* 솔숲, 내숲, 참나무 숲, 소나무 숲, 오리나무 숲
대나무 잎 *cf.* 댓잎, 솔잎, 갈잎, 은행잎, 오동잎, 참나무 잎, 은행나무 잎, 오동나무 잎
대나무 젓가락 *cf.* 나무젓가락, 상아 젓가락
대나무지팡이 *cf.* 명아줏대지팡이, 나무지팡이
대나무 쪽 *cf.* 대쪽, 쇠쪽, 소나무 쪽, 오동나무 쪽, 베니어판 쪽, 나뭇조각
대나무 쪽 같다 *cf.* 대쪽 같다
대나무 통(-桶) *cf.* 나무통
대나뭇골 *cf.* 감잣골, 싸릿골
대낚시 *cf.* 주낙, 던질낚시, 털낚시
대납해 주다(代納-)
대낮 같다 *cf.* 한밤중 같다
대내외적(對內外的)
대놀음
대농장(大農場)
대놓고(부사)
-대다/거리다(접미사) *cf.* 덜컹대다, 울렁대다
ˇ대다(보조 용언) *cf.* 떠들어 대다, 먹어 대다, 웃어 대다, 울어 대다
대다수(大多數)
대단원(大單元) *cf.* 소단원
대단찮아 보이다
대단한가 봐(大端-) *cf.* 보다
대단해 보이다
대담스러워 보이다(大膽-)
대담해 보이다(大膽-)
대담해져 가다(大膽-)
대답 못하다(對答-)
대답 소리(對答-)
대답 아니하다(對答-)
대답 없다(對答-)
대답해 주다(對答-)
대당서역기(大唐西域記)
대대손손(代代孫孫)
대도시(大都市)
대도시권(大都市圈)
대동강 가(大洞江-) *cf.* 압록강 가
대동강변(大洞江邊) *cf.* 한강변, 압록강변
대동배(大同-)
대동 상회(大同商會)
대동여지도(大東輿地圖)
대동운부군옥(大東韻府群玉)

대들 듯이 <마구 ~….> *cf.* 듯이
대등적 연결 어미(對等的連結語尾)
대등하게 이어진 문장(對等-文章) *cf.* 이어진문장
대란치마 *cf.* 스란치마
대 런던 개발 계획(大-開發計劃)
대렛술(大禮-) *cf.* 제삿술
-대로(조사) <너는 너대로 나는 나대로….> *cf.* 마음대로, 멋대로
✓대로(의존 명사) <본 대로 들은 대로….>
대로변에(大路邊-)
대롱대롱
대롱옥(-玉) *cf.* 굽은옥
대류권파(對流圈波)
대륙 쪽(大陸-) *cf.* 바다 쪽, 육지 쪽
대리석 조각(大理石-) *cf.* 구리 조각, 아연 조각, 나뭇조각
대리 운전(代理運轉) *cf.* 대리 시험, 대리 출석, 대리전쟁
대리전쟁(代理戰爭) *cf.* 대리 출석, 대리 운전
대림끝(활의 명칭)
대립 끝에(對立-) *cf.* 갈등 끝에
대립해 오다(對立-)
대마디 대장단
대마루
대마루판 <계속 이기다가 ~에서 고비를 이기지 못하고 졌다.>
대마젤란운(大-雲)
대막대 *cf.* 쇠막대, 대나무 막대, 알루미늄 막대, 플라스틱 막대
대만 해협(臺灣海峽) *cf.* 대한 해협
대말[竹馬]
대면시켜 주다(對面-)
대모관자(玳瑁貫子) *cf.* 금관자, 옥관자, 호박관자, 까막관자, 뿔관자
대목밑(가장 긴요한 시간) *cf.* 세밑
대목장(-場)
대못박이
대문간(大門間)
대문간께(大門間-) *cf.* 께
대문놀이(大門-) *cf.* 놀이
대문니(大門-) *cf.* 송곳니, 어금니, 앞니
대문 뒤(大門-)
대문 밖(大門-)
대문 안(大門-)
대문 앞(大門-)
대문짝(大門-)
대문짝만하다(大門-) *cf.* 눈곱자기만하다, 쥐꼬리만 하다, 송아지만 하다, 만 하다
대문턱(大門-)
대문 틀(大門-) *cf.* 바위틈, 문틈, 창틈, 돌 틈
대물 렌즈(對物-) *cf.* 접안 렌즈
대물려 가며(代-)
대물려받다(代-) <대물려받은 물건을….>
대물려 주다(代-)
대물리다(代-)
대물림(代-)/대물림해 오다(代-)
대바구니 *cf.* 대광주리
대바늘 *cf.* 코바늘
대바늘뜨기
대바람 소리
대박 나다(大舶-)
대박 치다(大舶-)
대박 터지다(大舶-)
대발 *cf.* 갈대발, 싸리발, 대나무 발
대밭[竹田] *cf.* 솔밭
대밭목 *cf.* 길목, 노루목
대배우자(大配偶子)
대번에(부사) <~ 알아채다.>
대법원장(大法院長) *cf.* 감사원장
대법회(大法會)
대변 검사(大便檢査) *cf.* 소변 검사, 대·소변 검사
대변보다(大便-)(뒤보다) *cf.* 소변보다, 소피보다, 용변 보다
대변해 주다(代辯-)
대보다 <키를 ~.>
대보름 굿(大-)
대보름날(大-) *cf.* 보름날

대보름달(大-) *cf.* 초승달
대보름 때(大-) *cf.* 설 때, 추석 때
대보 조산 운동(大寶造山運動)
대본 읽기(臺本-)
대북한 관계(對北韓關係)
대비(대나무 비) *cf.* 댑싸리비, 싸리비, 수수비
대비마마(大妃-) *cf.* 상감마마, 왕비마마, 어마마마, 아바마마, 대왕마마, 중전마마, 대왕대비마마, 마마
대비해 놓다(對備-)
대비해 보다(對備-)
대비해 오다(對備-)
대사산물(代謝產物)
대사상가(大思想家)
대사습놀이(大私習-) *cf.* 놀이
대사업(大事業)
대삼작놀이개(大三作-)
대삿갓 *cf.* 갈삿갓
대서다(뒤를 따라 서다.)
대서양 중앙 해령(大西洋中央海嶺)
대서특필하다(大書特筆-)
대선거구제(大選擧區制) *cf.* 소선거구제, 중선구제
대성산성(大成山城) *cf.* 남한산성
대성 학교(大成學校)
대·소변 검사(大·小便檢査) *cf.* 대변 검사, 소변 검사
대소비자 촉진(對消費者促進) *cf.* 대판매업자 촉진
대소비지(大消費地)
대소수의 덧셈 알아보기(帶小數-)
-대손(代孫)(접미사) *cf.* 10대손, 대소
대솔잎 *cf.* 솔잎, 갈잎, 잔솔잎, 떡갈잎
대수롭잖아 보이다
대순환(大循環) *cf.* 소순환
대숲 *cf.* 솔숲, 살숲, 오리나무 숲, 밤나무 숲
대승기신론소(大乘起信論疏)
대승리(大勝利)
대승 불교(大乘佛敎) *cf.* 소승 불교
대신 된 자들(大臣-者-)
대신이야말로(大臣-) *cf.* 야말로(조사)
대신하다(代身-) <전자 우편이 편지를 ~.>
대신 하다(代身-) <그 일을 내가 ~.>
대신해 주다(代身-)
대안 찾기(代案-)
대약진 운동(大躍進運動)
대얏물 *cf.* 세숫물, 개숫물, 설거지물
대양 분지(大洋盆地)
대양저 평원(大洋底平原)
대어가다('대가다'의 본디말)
대어 놓다
대어 두다
대 어린이 홍보(對-弘報) *cf.* 대 북한 관계
대어보다 <키를 ~.>
대어 보다 <물건에 손을 ~.>
대어오다 <약속 시간에 ~.> *cf.* 대어가다
대어 오다 <그 집에 물건을 ~.>
대여해 주다(貸與-)
대엿샛날
대오다 <약속 시간에 ~.>
대오리
대왕대비(大王大妃)
대왕란(大王卵)
대왕릉(大王陵) *cf.* 광개토 대왕릉
대왕릉비(大王陵碑) *cf.* 광개토 대왕릉비
대왕마마(大王-) *cf.* 상감마마, 중전마마
대왕암(大王巖)
대용길이(代用-)
대용유(代用乳)
대용융법(帶熔融法)
대우길이(깃모자를 고치는 일)
대우받다(待遇-) <후하게 대우받고 있다.>
대우 받다(待遇-) <후한 대우(를) 받고 있다.>
대우주(大宇宙) *cf.* 소우주
대우해 주다(待遇-)
대울타리 *cf.* 싸리울
대월사기전서(大越史記全書)
대응각(對應角)
대응변(對應邊)

대응점(對應點)
대응표(對應表)
대응해 오다(對應-)
대의명분(大義名分)
대이동(大移動)
대 잇다(代-)
대자[竹尺] *cf.* 쇠자, 플라스틱 자, 셀룰로이드 자
대자리 *cf.* 삿자리, 거적자리
대자본가(大資本家)
대자연(大自然)
대작대기
대잠수함 작전(對潛水艦作戰)
대장간도(-間圖) *cf.* 서당도
대장간 집(-間-) *cf.* 푸줏간 집
대장간 집 주인(-間-主人) *cf.* 집주인
대장경판(大藏經板)
대장공(大將-)(대장장이)
대장공놀이(大將-)
대장균군(大腸菌群)
대장 노릇(隊長-) *cf.* 선생 노릇, 어른 노릇, 머슴 노릇, 종노릇, 병신노릇
대장 노릇 하다(隊長-) *cf.* 종노릇하다
대장놀이(大將-) *cf.* 놀이
대장 도깨비(大將-)
대장 원숭이(大將猿-)
대장일 *cf.* 밭일, 논일, 농사일, 목수일, 미장일, 함석일, 뗏일
대장 일(大將-) *cf.* 구장 일, 군수 일, 과장 일, 국장 일, 사장 일, 사단장 일
대저울 *cf.* 앉은뱅이저울, 은저울, 용수철저울, 용수철 저울(편수 자료)
대전광역시(大田廣域市) *cf.* 제주특별자치도
대전된 구름(帶電-)
대전제(大前提)
대전차 미사일(對戰車-)
대전차포(對戰車砲)
대전차호(對戰車壕) *cf.* 개인호
대전통편(大典通編)
대전회통(大典會通)
대접무늬(大楪-)
대접받다(待接-)
대접 받다(待接-) <후한 ~.>
대접받아 오다(待接-)
대접받침(건축) *cf.* 쇠서받침
대접젖(大楪-) *cf.* 사발젖, 병젖(북한)
대접해 드리다(待接-)
대접해 보내다(待接-)
대접해 주다(待接-)
대젓가락 *cf.* 놋젓가락, 대나무 젓가락
대제국(大帝國)
-대조(代祖)(접미사) *cf.* 10대조, 9대조, 세손(世孫)(접미사)
대조, 대비, 상반되다(對照, 對比, 相反-)
대조되는 일(對照-)(두 사건으로)
대조전보(對照電報) *cf.* 거듭전보
대조해 보다(對照-)
대 주다 <문 앞에 차를 ~.>, <학비를 ~.>
대주제(對主題)(음악)
대중가요(大衆歌謠) *cf.* 통속가요
대중교통(大衆交通)
대중국 투자(對中國投資)
대중말(大衆-) *cf.* 궁중말
대중목욕탕(大衆沐浴湯)
대중문화(大衆文化) *cf.* 대중문학, 대중식당, 대중 매체, 대중 사회, 대중 소설
대중삼다(기준이나 표준으로 삼다.)
대중없다
대중오락(大衆娛樂)
대중음식점(大衆飮食店)
대중음악(大衆音樂) *cf.* 대중 소설, 대중 매체
대중잡다 *cf.* 어림잡다
대중 행동(大衆行動) *cf.* 집단행동
대중화되다(大衆化-)
대중화시키다(大衆化-)
대중화하다(大衆化-)
대지 미술(大地美術)
대지주(大地主)

대지팡이　*cf.* 명아줏대지팡이, 나무지팡이
대질시켜 보다(對質-)
대짜배기(大-)
대쪽　*cf.* 쇠쪽, 무쪽
대쪽 같다　*cf.* 대꼬챙이 같다
대쪽같이
대차매듭　*cf.* 국화매듭, 장구매듭, 나비매듭
대찬정 분지(大鑽井盆地)
대참사(大慘事)
대책 세워 놓다(對策-)
대책 없다(對策-)
대처해 나가다(對處-)
대처해 오다(對處-)
대첩비(大捷碑)/대첩비각(大捷碑閣)
대청마루(大廳-)　*cf.* 쪽마루, 툇마루
대청소(大淸掃)
대청소날(大淸掃-)
대체 에너지(對替-)
대체 용지(對替用紙)　*cf.* 인쇄용지, 포장용지, 등사 용지, 필기 용지, 복사 용지
대 체육 대회(大體育大會)
대체 자원(代替資源)
대추격전(大追擊戰)
대추나무 가지　*cf.* 참나무 가지, 나뭇가지
대추나무 방망이　*cf.* 박달나무 방망이
대추나무 시집보내기(-媤-)(민속)　*cf.* 나무시집보내기
대추나무집　*cf.* 감나무집, 살구나무집
대추나뭇골　*cf.* 감나뭇골, 싸릿골, 감잣골
대추씨　*cf.* 살구씨, 복숭아씨, 감씨, 사과씨, 배추씨, 무씨, 시금치씨
대추씨 같다
대추알　*cf.* 밤알, 포도알, 호두알, 깨알, 개암알, 은행알, 팥알
대출받다(貸出-)　*cf.* 받다
대춧빛　*cf.* 사과빛, 살구빛, 감빛, 치자빛, 버찌빛, 복숭앗빛, 포돗빛, 비췻빛, 잿빛, 핏빛, 장밋빛, 모싯빛, 상앗빛, 산홋빛, 청잣빛, 주톳빛

대충대충(부사)
대충자금(對充資金)　*cf.* 운전 자금, 사업 자금, 운영 자금, 결혼 자금
대치해 놓다(代置-)
대칭축(對稱軸)　*cf.* 비대칭축
대칼　*cf.* 가죽칼, 종이칼
대타협(大妥協)
대통령령(大統領令)　*cf.* 교육과학기술부령
대통령제(大統領制)　*cf.* 내각제
대 투르크 만 운하(大-灣運河)
대파당하다(大破當-)　*cf.* 당하다
대판거리(大-)
대판매업자 촉진(對販賣業者促進)　*cf.* 대소비자 촉진
대팻날　*cf.* 삽날, 톱날, 가윗날, 괭잇날, 면도날, 까뀌날, 호미날, 자귀날
대팻밥　*cf.* 끌밥, 톱밥, 실밥, 줄밥, 자귓밥, 가윗밥, 호밋밥
대팻밥모자(-帽子)　*cf.* 밀짚모자
대팻손
대팻자국　*cf.* 마맛자국, 곰봇자국, 글씨 자국, 눈물 자국, 여드름 자국
대팻집　*cf.* 칼집, 안경집, 거울집, 가위집
대포 소리(大砲-)　*cf.* 박격포 소리, 로켓포 소리, 기관총 소리
대포알(大砲-)　*cf.* 총알, 로켓포알
대폭발설(大爆發說)　*cf.* 빅뱅설
대폿술　*cf.* 깡술, 병술
대폿잔(-盞)　*cf.* 맥주잔, 소주잔, 막걸리잔
대폿집　*cf.* 니나놋집, 소줏집, 맥줏집
대표 되는(代表-)　<저는 회사의 대표(가) 되는 사람입니다.>
대표되는(代表-)　<우리나라의 ~ 수출품>
대푯값(代表-)　*cf.* 최곳값, 절댓값, 임계값, 유횻값, 좌푯값, 순서값, 유효값(변수 자료 '물리')
대프랑스(對-)　*cf.* 대중국, 대러시아
대필업자(代筆業者)
대하드라마(大河-)　*cf.* 대하소설
대하소설(大河小說)　*cf.* 단편 소설, 장편 소설,

대하드라마
대학 가다(大學-)
대학교(大學校)
대학교수(大學教授) *cf.* 전문대학 교수
대학 나무(大學-) *cf.* 꿈 나무
대학들 간에(大學-間)
대학모(大學帽)
대한 광복군 정부(大韓光復軍政府)
대한 광복회(大韓光復會)
대한국 국제(大韓國國制)
대한 국민 의회(大韓國民議會)
대한 독립 만세(大韓獨立萬歲)
대한매일신보(大韓每日申報)
대한문전(大韓文典)
대한민국(大韓民國) *cf.* 대한 제국
대한민국 임시 정부(大韓民國臨時政府)
대한 사람(大韓-)/대한인(大韓人)
대한 자강회(大韓自强會)
대한 제국(大韓帝國) *cf.* 대한민국
대한 해협(大韓海峽)
대항거리(對抗-) *cf.* 싸움거리, 시빗거리
대항문화(對抗文化)(사회)
대항하여 나가다(對抗-)
대해 주다(對-)
대헌장(大憲章)
대형화되어 가다(大型化-)
대화궁 터(大花宮-) *cf.* 능허대 터, 왕궁 터
대화글(對話-) *cf.* 편지글, 광고글
대화 나누다(對話-)
대화 상자(對話箱子)(정보)
대화야말로(對話-) *cf.* 야말로(조사)
대화 없다(對話-)
대화재설(大火災說)
대화치고(對話-) *cf.* 셈치고, 치고(조사)
대화합(大和合)
대화해 보다(對話-)
대환영(大歡迎)

대회날(大會-)
-댁(宅)(접미사) *cf.* 새댁, 부산댁, 수원댁
ᵛ댁(宅)('집'의 존칭어로) *cf.* 외할머니 댁, 교장 선생님 댁
댁(宅) <~은 뉘시오?>
댁사람(宅-)(큰 살림집에 가까이 드나드는 사람)
댐 공사(-工事)
댐 마루 *cf.* 산마루, 물마루
댐 수로식(-水路式) *cf.* 댐수로식(편수 자료 '공업')
댑싸리비 *cf.* 싸리비, 수수비, 대비, 갈목비
댓개비
댓구멍(대롱의 구멍) *cf.* 수챗구멍
댓돌(臺-) *cf.* 섬돌, 툇돌
댓바람에
댓 살 *cf.* 두세 살, 네댓 살, 대여섯 살
댓 살배기 *cf.* 배기(또래의 아이)
댓살 붙이기
댓속(대나무의 속, 담뱃대의 속)
댓잎 *cf.* 솔잎, 갈잎, 깻잎, 팟잎, 연잎, 머윗잎
댓조각 *cf.* 쇳조각, 쇠쪽, 뼛조각, 뼈쪽
댓줄기
댓진(-津) *cf.* 나뭇진, 담뱃진, 송진
댓집(설대에 맞추게 된 물부리와 통의 구멍)
댕그랑댕그랑
댕기타령
댕기풀이
댕댕이덩굴 *cf.* 으름덩굴, 인동덩굴
댕댕이바구니 *cf.* 대바구니
댕돌같다
더기밭(고원의 평평한 땅을 일군 땅)
더기 처(-妻) *cf.* 덕기 모
더꺼머리처녀(-處女)(→떠꺼머리처녀)
더꺼머리총각(-總角)(→떠꺼머리총각)
더 나아가
더 나아가기
더넘바람(초가을에 서늘하게 부는 바람)

더 높이 더 멀리
더더욱
더덕구이 *cf.* 갈비구이
더덕더덕하다
더덕북어(-北魚)
더덕자반 *cf.* 콩자반, 김자반, 가죽자반
더덜없이
더뎅잇병(-病)
더돋기〔餘盛〕
더듬더듬
더듬어 가다/더듬어 나가다
더듬어 내려가다
더듬어 보다
더듬어 잡다
-더라손 치더라도(관용 어미로 보기도 함.)
-더라손(어미) <돈이 많다~ 치더라도….>
-더러(조사) <너~ 가라는 거야?>
더러ˇ(부사) <반대자도 ~ 있다.>
더러워 보이다
더러워 죽겠다
더럽혀 버리다
더럽혀 주다
더 멀리 더 높이
-더미(명사) *cf.* 쓰레기더미, 잿더미, 흙더미, 욕더미, 티끌더미, 빚더미, 퇴비더미, 장작더미, 두엄더미, 조개더미
ˇ더미 *cf.* 장작 세 더미
더미씌우다(책임을 남에게 지우다.)
더벅머리 *cf.* 떠꺼머리
더부룩해 보이다
더부살이 *cf.* 처가살이, 머슴살이, 살이
더불어 사는/살다
더아니(얼마나 더) <~ 좋은가?>
더없다 <더없는 영광이다.>
더 없다 <남는 것이 더 없는 것 같다.>
더없이
더욱더 *cf.* 좀 더, 한층 더, 일층 더
더운갈이
더운돌 *cf.* 불돌
더운물 *cf.* 찬물, 뜨거운 물, 미지근한 물
더운밥 *cf.* 식은밥
더운 비 *cf.* 찬비
더운색(-色) *cf.* 찬색
더운술 *cf.* 찬술
더운약(-藥) *cf.* 찬약
더운 음식(-飮食) *cf.* 찬 음식
더운점심(-點心)(새로 지은 따뜻한 점심)
더운죽(-粥) <~에 혀 대기> *cf.* 식은죽
더운찜질 *cf.* 냉찜질, 얼음찜질, 겨자찜질
더워하다
더위들다
더위막기 *cf.* 추위막이
더위 막다
더위맞이 *cf.* 봄맞이
더위 먹다
더위잡다(높은 곳에 오르려고 무엇을 끌어잡다.)
더위 타다 *cf.* 추위 타다, 여름 타다
더위팔기(민속)
더 이상(-以上)
더 좋다
더펄개(삽사리)
더펄머리
더하기 알아보기
더하다 <병세가 ~.>, <하나에 둘을 ~.>
더 하다('더'는 부사) <공부를 앞으로 더 하고 싶다.>
더 한 번(-番)
더한층(-層)
더할 나위 없다 *cf.* 나위(의존 명사)
더할 수 없다(그 이상 더 나을 수 없다.)
더 할 수 없다 <일을 더 할 수가 없다.>
더해 가다 <병이 더해 가고 있다.>
더해 보고 빼 보기
더해 보다
더해 주다(더 보태 주다.)
더 해 주다 <일을 ~.>
덕(德) <자네 ~으로 이만큼 됐네.> *cf.* 조상 덕에, 자식 덕, 마누라 덕

덕기 모(-母) cf. 더기 처
덕낚시
덕담 나누기(德談-)
덕대놀이
덕 되다(德-) cf. 도움 되다, 득 되다
덕망 높다(德望-)
덕망 있다(德望-)
덕 보다(德-) cf. 득 보다
덕석몰기(전래 동요)
덕석풀기(강강술래)
덕성스러워 보이다(德性-)
덕양평야(德陽平野) cf. 나주평야
덕이네 cf. 승미네
덕이편에(-便-) cf. 승미편에
덕적 군도(德積群島)
덕지덕지(부사)
덕진다리 cf. 살곶이다리
덕천 분지(德川盆地) cf. 곡산 분지
덕·체·지(德·體·智)
덕치주의(德治主義)
덖음차(-茶) cf. 녹차, 발효차
던적맞다
던져넣기
던져 넣다
던져 놓다
던져두다
던져두다(일을 그대로 놓아두다.)
던져떼기(고고학)
던져 버리다
던져 보다
던져서 받기
던져 올리다
던져 주다
던지고 받기 <곤봉 ~>
던지다시피 하다 cf. 다시피(어미)
던지자마자 cf. 자마자(어미)
던질까 말까 하다
던질낚시 cf. 흘림낚시
덜걱마루 cf. 다락마루, 널마루, 쪽마루

덜되다 <그는 사람이 덜된 것 같다.>
덜 되다 <밥이 아직 덜 되었다.>
덜렁말〔덜렁이는 말(馬)〕
덜렁이 도깨비
덜먹다 <덜먹은 짓만 하는구나.>
덜 먹다 <살을 빼기 위해서는 덜 먹어야 한다.>
덜미걸이(씨름) cf. 호미걸이, 감투걸이, 빗장걸이, 감투거리, 빗장거리
덜미소리(판소리)
덜미 잡다
덜미잡이
덜미 잡히다
덜미 쥐다
덜미 짚다
덜어 내다
덜어 놓다
덜어 두다
덜어 드리다
덜어 먹다
덜어 오다 cf. 덜어 가다
덜어 주기 위해
덜어 주다
덜커덩덜커덩하다
덜하다(동사·형용사) <병세가 ~.>, <값이 ~.>
덜 하다('덜'은 부사) <노력을 ~.>
덜해 가다
덜해져 가다
덤덤해 보이다
덤덤해하다
덤받이
덤벙덤벙하다
덤벼들다
덤벼들 때에는
덤벼들 뻔하다 cf. 뻔하다
덤벼 보다
덤벼 봐라
덤벼 오다
덤부리산 장단
덤불길 cf. 가시밭길

덤불혼인(-婚姻)(인척 관계가 있는 사람끼리 하는 혼인)
덤비어들다
덤비어 오다
덤터기 쓰다
덤터기 씌우다
덥기 때문에 *cf.* 때문에
덥석 잡다
덧거름
덧거름주기 *cf.* 거름주기
덧거리 <제 몫보다 ~가 많다.>
덧기둥
덧껴입다
덧나다
덧날 *cf.* 겹날
덧날막이
덧널무덤
덧니박이 *cf.* 옥니박이
덧대다
덧댄이음 *cf.* 맞대기이음, 겹치기이음
덧들다 <잠이 ~.>
덧들이다
덧띠 토기(-土器)
덧무늬
덧무늬 토기(-土器)
덧문(-門) *cf.* 겹문
덧묻다
덧버선 만들기
덧버선(을) 만들다
덧보기춤
덧붙어 살다
덧붙여 놓다
덧붙여 보다
덧붙여 쓰다
덧붙여 오다
덧붙여 주다
덧붙이기/덧붙이다
덧붙임벽(-壁)
덧살

덧살올림 용접(-鎔接)
덧셈, 뺄셈 익히기
덧셈식(-式) *cf.* 뺄셈식, 나눗셈식, 곱셈식
덧셈식 알아보기(-式-)
덧셈 이월 키(-移越-)
덧셈 익히기
덧셈표(-標) *cf.* 뺄셈표
덧소매 만들기
덧소매(를) 만들다
덧수(-繡)
덧신 신다
덧쌓임
덧씌워 놓다
덧없다 <덧없는 세월>
덧원가지(-原-) *cf.* 원가지, 덧가지
덧입다
덧저고리
덧줄 *cf.* 윗덧줄, 아랫덧줄
덩굴걷이 <~ 참외>
덩굴무늬 *cf.* 포도무늬, 당초무늬
덩굴손(포도 등의 작은 덩굴)
덩굴 식물(-植物) *cf.* 줄기 식물
덩굴줄기 *cf.* 기는줄기, 감는줄기
덩굴쪼갬병(-病)
덩굴치기 *cf.* 가지치기
덩굴 치기 위해서(덩굴을 치기 위하여)
덩달아 하다
덩덕새머리(더부룩한 머리) *cf.* 고수머리
덩실덩실(부사)
덩어리/덩이(명사) *cf.* 골칫~, 애굣~, 심술~
덩어리지다 *cf.* 응어리지다
덩이뿌리
덩이줄기 *cf.* 땅속줄기, 뿌리줄기
덩이지다 *cf.* 덩어리지다
덩칫값 *cf.* 나잇값, 짓값, 해웃값, 외몟값
덫사냥 *cf.* 몰이사냥, 매사냥, 개사냥, 총사냥
덮개돌
덮개 유리(-琉璃) *cf.* 받침 유리
덮개 천

덮걸이
덮고 추운
덮그물
덮밥
덮싸쥐다 <반가워서 서로 ~.>
덮어 가다
덮어 나가다
덮어놓고(부사) <~ 우기기만 하다.>
덮어 놓다 <뚜껑을 ~.>, <책을 ~.>
덮어두다 <허물을 ~.>
덮어 두다 <뚜껑을 ~.>
덮어 버리다
덮어쓰다 <누명을 ~.>
덮어 쓰다 <우비를 ~.>
덮어씌우다 <책임을 ~.>
덮어 씌우다 <촘촘한 망을 ~.>
덮어 주다
덮여 가다
덮여 있다
덮지 않은 채 *cf.* 채(의존 명사)
덮쳐 내리는 듯하다 *cf.* 듯하다
덮쳐누르다
덮쳐들다 <경찰이 현장에 ~.>
덮쳐 버리다
덮쳐 오다
덮쳐잡다
덮쳐쥐다
데굴데굴(부사)
데려가다/데려오다
데려가 버리다
데려다 놓다
데려다 주다
데리고 가다
데리고 나가다
데리고 놀다 *cf.* 갖고 놀다
데리고 오다
데릴사위
데릴사윗감 *cf.* 사윗감, 신붓감, 신랑감
데면데면하다
데본기층(-紀層)
데살로니가서(-書)
데생각(어설프게 하는 생각)
데시리터(dL)
데이비스컵전(-戰)
데이비슨·거머 실험(-實驗)
데이터망(-網)
데케인
데퉁맞다
데퉁바리
데페이즈망/전위법(轉位法≒轉置法)
데포르마시옹/변형(變形)
덴가슴 *cf.* 놀란 가슴
델타파(-波) *cf.* 알파파
델파이법(-法)
뎅기열(-熱) *cf.* 류머티즘열, 로키산열, 몰타열
도가니로(-爐) *cf.* 코크스로
도가니 집게 *cf.* 시험관 집게, 핀치 집게, 빨래집게, 연탄집게
도가니탕(-湯) *cf.* 곰탕, 설렁탕
도갓집(都家-) *cf.* 술도갓집, 장도갓집
도거리흥정 *cf.* 날흥정, 모개흥정
도괴되어 가다(倒壞-)
도구격 조사(道具格助辭)
도구 모음(道具-)
도구화되다(道具化-)
도구화하다(道具化-)
도깨그릇 *cf.* 독그릇, 사기그릇, 옹기그릇
도깨비감투
도깨비 같다
도깨비굴 *cf.* 두더지굴, 토끼굴
도깨비기와/용얼굴무늬 벽돌(龍-甓-)
도깨비 나라 *cf.* 동물 나라, 지구 나라, 하늘나라, 달나라, 별나라
도깨비네 집
도깨비놀음
도깨비 대가리 *cf.* 말대가리, 개대가리
도깨비바늘
도깨비바늘 씨 *cf.* 단풍나무 씨

도깨비방망이 *cf.* 요술 방망이, 부닥방망이
도깨비불 *cf.* 깜부기불, 번갯불, 반딧불, 모닥불, 봉홧불
도깨비살림 *cf.* 부엉이살림
도깨비장난
도끼나물(절에서 쇠고기를 이르는 말) *cf.* 또끼버섯
도끼날 *cf.* 가윗날, 자귓날, 대팻날, 면도날
도끼누이(양주 별산대놀이)
도끼눈(미워서 노려보는 눈) *cf.* 가자미눈, 게눈, 족제비눈
도끼집(거칠게 지은 집)
도낏자루 *cf.* 빗자루, 삽자루, 칼자루, 가랫자루, 호미자루, 괭이자루
도나우 강의 잔물결(-江-)
도나캐나(하찮은 무엇이나) <~ 마구 지껄이다.>
도난당하다(盜難當-) *cf.* 당하다
도난맞다(盜難-) *cf.* 도둑맞다
도내(道內) <~ 체육 대회>
도내기샘(깊게 판 샘)
도넛판(-板)
도·농 간의 격차(都·農間-隔差)
도다녀가다/도다녀오다
도 닦다(道-)
도당굿(都堂-)
도덕관념(道德觀念) *cf.* 고정관념, 시간관념, 정조 관념, 습득 관념
도덕규범(道德規範) *cf.* 생활 규범
도덕 윤리적 규범(道德·倫理的規範)
도덕의식(道德意識) *cf.* 규범의식, 관료의식, 우월 의식, 패배 의식
도덕주의(道德主義)
도덕책(道德冊) *cf.* 국어책, 사회책, 윤리책, 물리책, 음악책, 미술책, 동화책, 만화책, 소설책, 이야기책
도도록해 보이다
도돌방울(격구의 동작)
도돌이표(-標)
도두뛰다(힘껏 높이 뛰다.)
도두보다/도두보이다
도두앉다
도둑고양이
도둑글
도둑년
도둑놈
도둑눈(밤새 사람들이 모르게 내린 눈)
도둑때(누명)
도둑 떼 *cf.* 거지 떼, 송사리 떼, 가마우지 떼, 양 떼, 벌 떼, 모기떼
도둑맞다
도둑숨
도둑잠
도둑잡이놀이
도둑장가
도둑장가 가다
도둑질해 오다
도드락다듬 *cf.* 잔다듬
도드락망치 *cf.* 뿅망치, 대갈마치
도드락장단 *cf.* 세마치장단, 푸너리장단
도드리 형식(-形式)
도드밟다
도듬문(-門)
도떼기시장 같다(-市場-)
도라지꽃
도라지밭 *cf.* 인삼밭
도라지타령 *cf.* 몽금포타령, 신고산타령
도라짓골 *cf.* 감잣골, 피맛골
도린도란
도랑가 *cf.* 개울가, 개천가
도랑둑 *cf.* 강둑, 냇둑, 하굿둑
도랑물 *cf.* 개친물, 시냇물, 개숫물
도랑치마 *cf.* 몽당치마
도랒자반 *cf.* 김자반, 가죽자반, 콩자반
도래매듭 *cf.* 생쪽매듭, 국화매듭, 나비매듭
도래방석(-方席) *cf.* 두트레방석
도래송곳
도량형기(度量衡器)
도려내다

도려내 버리다
도려 버리다
도려빠지다 *cf.* 두려빠지다, 늙어 빠지다, 빠지다
도련님
도련단
도련선 그리기(-線-)
도련선(을) 그리다(-線-)
도련칼(刀鍊-) *cf.* 부엌칼, 회칼, 해부칼
도로 가(道路-) *cf.* 고속 도로 가, 차도 가, 활주로 가, 광장 가, 운동장 가, 두만강 가 길가, 개울가, 냇가, 바닷가, 호숫가, 화롯가
도로 가다
도로대장(道路臺帳) *cf.* 가옥대장, 토지 대장, 인감 대장
도로변(道路邊)
도로아미타불(-阿彌陀佛)
도로 오다
도로 주다
도로 찾다
도로포장(道路鋪裝) *cf.* 트랙 포장
도륙 내다(屠戮-)
도리깨바람
도리깨소리(노래)
도리깨질
도리깨춤 *cf.* 보릿대춤, 홍두깨춤
도리깨침(저절로 삼켜지는 침)
도리깻열
도리도리(감탄사)(명사)
도리도리도리
도리머리
도리스식(-式) *cf.* 이오니아식, 코린트식
도리암직하다
도리 없다(道理-)
도린곁(사람이 별로 가지 않는 외진 곳)
도림장이(-匠-)
도릿감 *cf.* 서까랫감, 사윗감, 당 대표감
도마질 소리 *cf.* 다듬이 소리, 도맛소리
도막 나다 *cf.* 조각나다
도막 내다 <생선을 도막 내고 있다.>, <생선을 여러 ~.> *cf.* 조각내다
도막도막
도맛밥 *cf.* 톱밥, 실밥, 끌밥, 자귓밥, 가랫밥, 가윗밥, 대팻밥, 호밋밥
도맛소리 *cf.* 다듬이질 소리, 도리깨소리
도망가다(逃亡-) *cf.* 피난/란 가다, 소풍 가다
도망가다시피 하다(逃亡-) *cf.* 다시피 하다
도망가 버리다(逃亡-)
도망 나오다(逃亡-)
도망망자집(逃亡亡字-) *cf.* 망자집, 일자집, 일잣집, 이자집, 팔작집, 말집
도망 오다(逃亡-) *cf.* 도망가다
도망쳐 가다(逃亡-)/도망쳐 오다(逃亡-)
도망쳐 나오다(逃亡-)
도망쳐 버리다(逃亡-)
도망치다(逃亡-)
도망해 가다(逃亡-)
도망해 버리다(逃亡-)
도망해 오다(逃亡-)
도맡아 가다
도맡아 오다
도맡아 하다
도매상점(都賣商店) *cf.* 소매상점
도매업자(都賣業者) *cf.* 소매업자
도맷값(都賣-) *cf.* 소맷값
도면 그리기(圖面-)
도면 그리기와 도면 읽기(圖面-圖面-)
도면(을) 그리다(圖面-)
도면 읽기(圖面-)
도면(을) 읽다(圖面-)
도미찜 *cf.* 갈비찜, 사태찜
도박 같다(賭博-)
도발해 오다(挑發-)
도배반자(塗褙-) *cf.* 널반자
도배장이(塗褙匠-) *cf.* 미장이
도벌해 가다(盜伐-)
도병마사(都兵馬使)
도붓길(도붓장수가 팔러 다니는 길)
도붓장사

도붓장수 *cf.* 등짐장수, 봇짐장수, 보따리장수
도산 서원(陶山書院) *cf.* 옥산 서원
도산해 버리다(倒産-)
도살풀이춤(都煞-)
도서실 책 정리하기(圖書室册整理-)
도선(度線) *cf.* 38 ~, 북위 20 ~
도섭부리다(수선스럽게 변덕을 부리다.)
도섭쟁이
도수 높은 안경(度數-眼鏡)
도수리구멍(가마의 옆으로 난, 불 때는 구멍)
도수분포표(度數分布表)
도스안(Daws案)
도시가스(都市-) *cf.* 천연가스, 석탄가스, 탄산가스, 메데인[메탄]가스, 합성 가스
도시공원(都市公園) *cf.* 자연공원, 근린공원, 묘지공원, 생태 공원, 놀이 공원
도시공원법(都市公園法)
도시락말이에요 *cf.* 말이오/말이다
도시락밥
도시락 보따리 *cf.* 이불 보따리, 돈 보따리
도시락 보자기(-褓-) *cf.* 책보자기
도시락통(-桶)
도시 문제(都市問題) *cf.* 남북문제, 남남문제, 노동 문제, 노인 문제
도시 바람(都市-) *cf.* 해외 바람, 외제 바람, 춤바람, 치맛바람, 산바람, 골바람
도시산업(都市産業) *cf.* 교육산업, 군수 산업, 섬유 산업
도시와 촌락 간의(都市-村落間-)
도와 가다
도와 나가다
도와 달라다
도와드리다/도와주다
도와주고말고 *cf.* 고말고
도와주기는커녕 *cf.* 기는커녕, 커녕
도와주나마나하다 *cf.* 나마나하다
도외시당하다(度外視當-) *cf.* 당하다
도외시해 오다(度外視-)
도울 만하다 *cf.* 만하다
도움글 *cf.* 도움말
도움닫기/도움닫기하다
도움닫기로 구르기
도움닫기 멀리뛰기
도움닫기와 발구르기
도움닫다
도움 되다 *cf.* 덕 되다, 득 되다
도움말 *cf.* 도움글
도움말 보기 기능 키(-機能-)
도움받다
도움받아 오다
도움 없이
도움 요청하기 놀이(-要請-)
도움음(-音)
도움 주다
도움짚기
도읍지별(都邑地別)
도의회(道議會) *cf.* 시의회, 구의회
도이칠란트 말
도입해 오다(導入-)
도자 공예(陶瓷/磁工藝) *cf.* 가죽 공예, 목공예
도장무늬 토기(圖章-土器)
도장 받다(圖章-) *cf.* 편지 받다, 지장 받다
도장 새기다(圖章-)
도장주머니(圖章-) *cf.* 돈주머니, 동전주머니
도장집(圖章-) *cf.* 안경집, 가위집, 대팻집
도장 찍다(圖章-) *cf.* 지장 찍다
도장칼(圖章-) *cf.* 해부칼, 부엌칼, 회칼
도전받다(挑戰-) *cf.* 받다
도전해 보다(挑戰-)
도전해 오다(挑戰-)
도·주·현(道·州·縣)
도중하차(途中下車)
도질토기(陶質土器)
도짓논(賭地-)
도짓돈(賭地-) *cf.* 이잣돈, 일숫돈, 노잣돈
도짓밭(賭地-)
도짓소(賭地-)
도착 체질(倒着體質)(심리)

도착하는 대로(到着-) *cf.* 대로
도착하자마자(到着-) *cf.* 착수하자마자, 먹자마자, 자마자
도참사상(圖讖思想) *cf.* 도피사상, 은둔사상, 도교 사상, 철학 사상, 풍수 사상
도채장이(塗彩-)
도축업자(屠畜業者) *cf.* 제과업자
도출해 내다(導出-)
도쿠멘타전(-展)(미술)
도태당하다(淘汰當-) *cf.* 당하다
도태시켜 버리다(淘汰-)
도토리 깍정이 *cf.* 가얌 깍정이
도토리묵 *cf.* 메밀묵, 녹두묵
도토리수제비 *cf.* 보리수제비
도토리 자루 *cf.* 보릿자루, 쌀자루, 옥수수 자루, 콩 자루
도투마리
도평의사사(都評議使司)
도포자락(道袍-) *cf.* 소맷자락, 치맛자락, 두루마기자락, 코트자락
도표 만들기(圖表-)
도표(를) 만들다(圖表-)
도피사상(逃避思想) *cf.* 은둔사상, 둔피사상, 도교 사상, 퇴폐 사상, 신선 사상
도피시켜 주다(逃避-)
도피피리(桃皮-)
도피해 버리다(逃避-)
도피해 오다(逃避-)
도학선생(道學先生)(융통성이 없는 사람을 놀리는 말)
도형 뒤집기(圖形-)
도형 옮기기(圖形-)
도형 움직이기(圖形-)
도화타령(桃花-)
도홧빛(桃花-) *cf.* 장밋빛, 포도빛, 모싯빛, 치자빛, 버찌빛, 앵두빛
도회지물(都會地-) <~ 먹더니….> *cf.* 시골물, 서울물
독가스(毒-)
독가스탄(毒-彈)
독개미(毒-) *cf.* 독거미, 독버섯, 독벌레, 독나방, 독나비
독그릇(도깨그릇)
독나방(毒-)
독널무덤(고고학) *cf.* 덧널무덤
독니(毒-)
독립가옥(獨立家屋)(외딴집이나 딴채로 된 살림집)
독립노동(獨立勞動) *cf.* 종속노동
독립 만세 운동(獨立萬歲運動)
독립사격(獨立射擊) *cf.* 지원 사격, 조준 사격, 엄호 사격
독립사상(獨立思想) *cf.* 사회사상, 시대사상, 민주 사상, 신선 사상
독립생활(獨立生活) *cf.* 가족생활, 집단생활, 동거 생활, 부부 생활
독립 서고문(獨立誓告文)
독립 선언서(獨立宣言書)
독립 성분(獨立成分) *cf.* 부속 성분
독립시켜 주다(獨立-)
독립신문(獨立新聞) *cf.* 독립 협회
독립신문사(獨立新聞社)
독립운동(獨立運動) *cf.* 시민운동, 농촌 운동
독립운동가(獨立運動家)
독립 의군부(獨立義軍府)
독립자존(獨立自尊)
독립정신(獨立精神) *cf.* 고발정신, 민족정신, 애국 정신, 자립 정신
독립지사(獨立志士) *cf.* 애국지사
독립해 나가다(獨立-)
독립 협회(獨立協會) *cf.* 황국 협회
독무덤 *cf.* 널무덤, 돌무덤
독물(짙은 남빛)
독바늘(毒-)
독뱀(毒-) *cf.* 독개미, 독거미
독버섯(毒-)
독버섯 같다(毒-)
독벌레(毒-) *cf.* 독거미, 독버섯, 독뱀

독불장군(獨不將軍)
독사 같다(毒蛇-)
독사눈(毒蛇-) *cf.* 뱀눈
독살림(獨-)
독살 부리다(毒煞-) *cf.* 암상 부리다
독살풀이(毒煞-)
독살 피우다(毒煞-) *cf.* 암상 피우다
독서 감상문 쓰기(讀書感想文-)
독서량(讀書量)
독서왕(讀書王) *cf.* 저축왕, 판매왕, 생산왕
독서출신과(讀書出身科)
독선생(獨先生)
독성분(毒性分) *cf.* 약 성분
독·소 불가침 조약(獨·蘇不可侵條約)
독수리 모양(-模樣)
독수리알 *cf.* 타조알, 오리알, 메추리알
독수리호(-號)
독신주의(獨身主義)
독실해 보이다(篤實-)
독 안 <~에 든 쥐>
독야청청하다(獨也靑靑-)
독 오르다(毒-) *cf.* 골 오르다
독 올리다(毒-)
독우물(독을 묻어 만든 우물)
독일말(獨逸-)/독일어(獨逸語)
독일 사람(獨逸-)/독일인(獨逸人)
독일·오스트리아학파(獨逸- 學派)
독장수/장사
독장수구구(-九九)→독장수셈
독장치다(獨場-) *cf.* 독판치다
독재주의(獨裁主義)
독점해 오다(獨占-)
독 조각
독주머니(毒) *cf.* 모이주머니, 모래주머니
독차지해 버리다(獨-)
독차지해 오다(獨-)
독챗집(獨-) *cf.* 별챗집
독촉당하다(督促當-) *cf.* 당하다
독촉받다(督促-) *cf.* 받다
독촉받아 오다(督促-)
독촉해 오다(督促-)
독침샘(毒針-)
독 틈에서 쥐잡기
독판쳐 오다(獨-)
독판치다(獨-) *cf.* 독장치다
독풀이(毒-)
독한사전(獨韓辭典) *cf.* 영한사전, 일한사전
독해 보이다(毒-) *cf.* 선해 보이다, 착해 보이다, 후해 보이다
독해져 가다(毒-)
독후감 쓰기(讀後感-)
독후감(을) 쓰다(讀後感-)
독후감쓰기 대회(讀後感-大會)
돈가뭄
돈 강(-江)
돈 거래(-去來)
돈 걱정 *cf.* 집 걱정, 자식 걱정, 입걱정
돈고생(-苦生) *cf.* 마음고생
돈고지 *cf.* 호박고지
돈구멍(돈이 생겨 나는 길)
돈 굴리다
돈궤(-櫃) *cf.* 못궤, 책궤
돈길 <~이 막히다.>
돈깨나 *cf.* 힘깨나, 심술깨나, 깨나(조사)
돈 꾸러미 *cf.* 선물 꾸러미, 열쇠 꾸러미
돈꾸밈음(-音)
돈꿰미
돈내기 *cf.* 술내기, 밥내기, 건빵내기
돈놀이
돈닢
돈단독(豚丹毒)
돈더미 *cf.* 산더미, 돌더미, 욕더미
돈독(-毒) <~이 오르다.>
돈독해 보이다(敦篤-)
돈돌라리춤
돈 드는 일
돈 들여 가며 *cf.* 힘 들여 가며
돈 때문에

돈 떼어먹다
돈 떼이다
돈맛 *cf.* 매맛, 몽둥이맛
돈맛 알다
돈머리 <~를 맞추다.>
돈뭉치 *cf.* 솜뭉치, 실뭉치, 사고뭉치
돈 받다
돈 받아 오다
돈 받아 주다
돈방석(-方席) *cf.* 가시방석, 부들방석
돈 벌다
돈벌레 *cf.* 일벌레
돈벌이
돈벼락 맞다 *cf.* 벼락 맞다
돈 보따리 *cf.* 짐 보따리, 옷 보따리
돈복(-福) *cf.* 염복, 여복, 자식복
돈 봉투(-封套) *cf.* 편지 봉투, 약봉지
돈 뿌리다
돈 상자(-箱子)
돈세탁(-洗濯)
돈수재배(頓首再拜)
돈 안 쓰기
돈잎
돈점박이(-點-)(말)(연)
돈주다(돈치기에서 겨냥하다.)
돈주머니 *cf.* 도장주머니, 동전주머니, 신주머니, 얼음주머니, 연장주머니
돈줄
돈지갑(-紙匣)
돈지랄
돈천(-千)
돈치기
돈키호테형(-型) *cf.* 햄릿형
돈타령 *cf.* 집타령, 신세타령, 자식타령
돈푼
돋구어 내다
돋궈 주다
돋보기 너머로 *cf.* 너머(저 쪽)
돋보기놀이 *cf.* 놀이
돋보기눈
돋아나다
돋아 나오다
돋아오르다
돋아 올라오다
돋아 있다
돋워 올리다
돋워 주다
돋을무늬
돋을볕(해가 돋을 때의 햇볕) *cf.* 뙤약볕, 여우볕, 석양볕
돋을새김 *cf.* 섭새김
돌가루 *cf.* 금가루, 은가루, 쇳가루
돌갈판
돌갓
돌개구멍
돌개바람 *cf.* 회오리바람
돌결 *cf.* 나뭇결, 살결
돌계단(-階段) *cf.* 돌층계
돌계집(아이를 못 낳는 여자)
돌고개 기슭 *cf.* 강기슭, 산기슭, 밭기슭
돌고개 너머 *cf.* 너머(저쪽)
돌고개 넘어(서) *cf.* 넘어(넘어서)
돌고개 모롱이
돌고 나서
돌고 돌다
돌고래(방고래)
돌고래 쇼
돌고래차기(수영) *cf.* 돌핀 킥
돌고 있다
돌 공예(-工藝) *cf.* 목공예, 칠공예, 도자 공예
돌공이
돌괭이
돌구멍
돌그릇 *cf.* 놋그릇
돌기둥 *cf.* 쇠기둥, 나무 기둥
돌기와집 *cf.* 너와집, 초가집
돌깐집터(고고학)
돌꼈잠(누운 채 빙빙 돌면서 자는 잠)

돌나물김치
돌난간(-欄干)
돌날
돌날격지(고고학)
돌날떼기(고고학)
돌날몸돌(고고학)
돌낫(고고학) *cf.* 돌칼, 돌도끼
돌너덜길 *cf.* 서덜길, 자갈길, 가시밭길
돌널
돌널무덤(고고학) *cf.* 흙무덤, 돌무덤
돌다리 *cf.* 널다리
돌단(-壇)
돌단춤(양주 별산대)
돌담 *cf.* 흙담
돌담길 *cf.* 철조망길, 과수원 길
돌대가리
돌대가리 같다
돌더미 *cf.* 돈더미, 산더미, 욕더미
돌던져넣기놀이
돌덧널무덤(고고학)
돌덩어리 *cf.* 흙덩어리, 눈덩어리, 얼음덩어리
돌덩이 *cf.* 흙덩이, 눈덩이
돌덩이 같다 *cf.* 쇳덩이 같다
돌도끼(고고학) *cf.* 쇠도끼, 금도끼, 은도끼
돌도끼장이(-匠-)
돌돌 말다
돌뒤집기
돌듯 <다람쥐 쳇바퀴 ~ 하다.>
돌 듯 <한 바퀴도 ~ 말 듯하다.>
돌라가다
돌라내다(남의 것을 빼돌려 내다.)
돌라놓다(각기의 몫으로 벌여 놓다.)
돌라대다
돌라맞추다
돌라매다
돌라방치다
돌라버리다(먹은 것을 게우다.)
돌라보다 <좌우를 ~.> *cf.* 둘러보다
돌라붙다 <독재자에게 ~.>
돌라서다
돌라쌓다
돌라앉다
돌라입다
돌라 주다(몫을 나누어 여러 군데 도르다.)
돌려 가며 하다
돌려나기눈/돌려나기잎
돌려내다(남을 빼돌려 내다.)
돌려놓다 *cf.* 되돌려놓다
돌려 눕다
돌려다붙이다 <늦은 것을 버스에 ~.>
돌려 나오
돌려 달라다
돌려 대다 <차를 ~.>
돌려 드리고말고요 *cf.* 고말고(어미)
돌려 드리다
돌려뜨기
돌려먹다 <마음을 ~.>
돌려 먹다 <음식을 ~.>
돌려 박다
돌려받다(반환받다.) <돈을 ~.>, <빌려 준 책을 ~.> *cf.* 되돌려받다
돌려 버리다
돌려벗기기
돌려보내다
돌려보내 버리다
돌려보내 주다
돌려보다 <책을 어깻이 ~.>
돌려 보다 <바퀴를 ~.>
돌려붙다
돌려 생각하다
돌려세우다 <마음을 ~.>
돌려쓰다(돈이나 물건을 변통하여 쓰다.)
돌려씌우다 <허물을 ~.>
돌려 씌우다 <모자를 ~.>
돌려 앉히다
돌려 읽고 고쳐 쓰기
돌려 읽다
돌려 있다

돌려 주다 <과제를 ~.>
돌려주다
돌려짓기[輪作] *cf.* 이어짓기
돌려차기
돌림감기
돌림길
돌림 노래(윤창)
돌림띠
돌림매
돌림무늬(토기의 뇌문)
돌림바퀴
돌림배지기
돌림병(-病)
돌림자(-字) *cf.* 항렬자
돌림잔(-盞)
돌림쟁이
돌림춤
돌림턱
돌림틀
돌림판(-板)
돌림편지(-便紙)
돌마낫적(첫돌이 될락 말락 한 때)
돌마치 *cf.* 돌망치
돌망치 *cf.* 돌도끼, 돌칼
돌망태 *cf.* 꼴망태, 산나물 망태
돌망태 쌓기/돌망태공(-工)
돌맞이
돌먼지 *cf.* 흙먼지
돌멩이 소리 *cf.* 쇳소리
돌멩이 주워 나르기
돌무더기 *cf.* 흙무더기
돌무덤 *cf.* 독무덤, 널무덤, 돌방무덤
돌무지덧널무덤(고고학)
돌무지돌덧널무덤(고고학)
돌무지무덤(고고학)
돌문(-門) *cf.* 쇠문, 널문
돌물
돌미나리
돌미륵(-彌勒)
돌바닥 *cf.* 흙바닥, 땅바닥
돌 반지(-斑指) *cf.* 결혼반지, 약혼반지
돌반지기(잔돌이나 모래가 섞인 쌀)
돌방무덤(-房-)(고고학) *cf.* 돌무덤, 널무덤
돌방아놀이 *cf.* 놀이
돌배나무
돌벼락 *cf.* 물벼락, 불벼락
돌벼랑 <~에 달린 머루….>
돌병풍(-屛風)
돌보송곳
돌보습
돌보아 나가다
돌보아 드리다
돌보아 오다
돌보아 주다
돌봐 드리다
돌부리 *cf.* 총부리, 물부리, 빨부리
돌부처 *cf.* 금부처, 쇠부처
돌붙임 *cf.* 타일붙임
돌비석(-碑石)
돌비알(깎아지른 벼랑)
돌사막(-砂漠) *cf.* 모래사막
돌사자(-獅子)
돌 사진(-寫眞) *cf.* 결혼사진, 약혼 사진, 졸업 사진, 영정 사진
돌사태(-沙汰) *cf.* 눈사태, 산사태
돌산(-山)
돌살촉(-鏃) *cf.* 뼈살촉
돌삽(고고학) *cf.* 돌칼
돌상(-床) *cf.* 환갑상, 입맷상, 제사상, 잔칫상
돌상 차림(-床-) *cf.* 설상 차림, 상차림
돌서덜
돌서덜밭 *cf.* 자갈밭, 가시밭, 쑥대밭
돌섬
돌 세포(-細胞)
돌소금 *cf.* 꽃소금, 약소금
돌솜
돌송편(-松-)
돌솥 *cf.* 무쇠솥, 양은솥, 곱돌솥, 스테인리스

솥, 전기솥
돌솥밥
돌싸움
돌쌈
돌쌓기 *cf.* 블록쌓기
돌쌓기공(-工)
돌아가고 싶다
돌아가 다오
돌아가며 <여럿이 ~ 점심을 내다.>
돌아가 버리다
돌아가셨는지조차 *cf.* 조차(조사)
돌아가시사마사 *cf.* 사마사(어미)
돌아가신 지 *cf.* 지(의존 명사)
돌아 나가다
돌아 나오다
돌아 내려오다
돌아내리기
돌아내리다(일부러 사양하다.)(돌면서 내려오다.)
돌아눕다
돌아다녀 보다
돌아다니다
돌아다보다 *cf.* 쳐다보다, 넘겨다보다
돌아들 가다
돌아들다
돌아 들어가다
돌아보다 <힐끗 ~.>
돌아 보다 <빙글빙글 ~.>
돌아서 가다
돌아서다
돌아서 버리다
돌아설 듯 말 듯
돌아앉다
돌아앉아 버리다
돌아오다 <집으로 ~.>
돌아 오다 <딴 길로 멀리 돌아(서) 오다.>, <극장 앞으로 빙 돌아(서) 왔다.>
돌아 오르는 잿길
돌아오신답니다그려 *cf.* 그려(어미)
돌아오자마자 *cf.* 자마자

돌아와 보다 <외출했다가 집에 돌아와 보니….>
돌아와 보다(돌아와(서) 보다) <회사로 온 편지를 집에 ~.>
돌아치다(여기저기 다니다.)
돌알(삶은 달걀)
돌알(수정으로 만든 안경알)
돌았나 보다 *cf.* 보다
돌연변이(突然變異)
돌연변이설(突然變異說)
돌연변이원(突然變異原)
돌연변이원성(突然變異原性)
돌연변이종(突然變異種)
돌옷
돌우물
돌 위〔石上〕 *cf.* 돌 아래, 돌 밑
돌이켜보건대
돌이켜보다 <과거를 ~.>
돌이켜 보다 <고개를 돌이켜(서) 보다.>
돌이켜 생각하다
돌자갈밭 *cf.* 돌서덜밭, 잔디밭
돌잔치 *cf.* 백일잔치, 생일잔치, 환갑잔치, 회갑잔치, 진갑 잔치, 칠순 잔치, 희수 잔치, 팔순 잔치, 미수 잔치, 구순 잔치
돌잔치하다
돌잡히다
돌장이(-匠-) *cf.* 석수장이
돌절구 *cf.* 쇠절구, 나무절구
돌제단(-祭壇)
돌조각 *cf.* 쇠조각, 댓조각, 나뭇조각
돌진해 가다(突進-)
돌진해 나가다(突進-)
돌짐승
돌집 *cf.* 흙집, 벽돌집
돌짜리(돌쟁이를 홀하게 이르는 말) *cf.* 양복짜리, 장옷짜리
돌 쪼다
돌찌꺼기
돌찜질 *cf.* 모래찜질, 겨자찜질

돌차기
돌축대(-築臺) *cf.* 시멘트 축대
돌춤
돌층계(-層階)/돌층대(-層臺) *cf.* 돌계단
돌치기
돌칼(고고학) *cf.* 쇠칼, 나무칼, 돌삽
돌탑(-塔)
돌 틈 *cf.* 바위틈, 문틈, 창틈
돌팔매질
돌팔이 선생(-先生)
돌팔이 의사(-醫師)
돌하르방
돌화살/돌화살촉(-鏃) *cf.* 뼈살촉
돕고 싶다
돕고 싶어하다 *cf.* 싶어하다
돗바늘
돗수분포표(度數分布表)(→도수분포표)
돗자리 *cf.* 삿자리, 대자리
돗자리 치다 *cf.* 삿자리 치다
동(同)(관) *cf.* 동 회사, 동 사
(접) *cf.* 동연령층, 동연배, 동학년, 동연령림
동가리톱 *cf.* 자르는톱, 켜는톱, 내릴톱
동갑내기(同甲-)
동강 나다/동강 내다 *cf.* 도막 나다/도막 내다, 조각나다/조각내다
동강변(東江邊) *cf.* 압록강변, 한강변
동거해 오다(同居-)
동결시켜 놓다(凍結-)
동결해 놓다(凍結-)
동결해 버리다(凍結-)
동고동락하다(同苦同樂-)
동고서저형(東高西低型)
동고트족(-族) *cf.* 서고트족
동곳 빼다(힘이 모자라서 복종하다.)
동구권(東歐圈) *cf.* 서구권, 태평양권
동구래깃 *cf.* 목판깃
동구래저고리
동구릉(東九陵) *cf.* 서오릉
동구 밖(洞口-)/동구 앞(洞口-)
동국문헌비고(東國文獻備考)
동국사략(東國史略)
동국세시기(東國歲時記)
동국신속삼강행실도(東國新續三綱行實圖)
동국여지승람(東國輿地勝覽)
동국역사(東國歷史)
동국이상국집(東國李相國集)
동국정운(東國正韻)
동국중보(東國重寶)
동국통감(東國通鑑)
동국통보(東國通寶)
동굴 속(洞窟-)
동그라미 모양(-模樣)
동그라미표(-票) *cf.* 가위표
동그랑땡타령
동그래당실
동글납작하다
동글동글하다
동기간(同氣間) *cf.* 친족간
동기 물림식(同期-式)
동기후학(動氣候學) *cf.* 정기후학
동나다
동남 방언(東南方言) *cf.* 서북 방언
동내사랑(洞內舍廊)
동냥아치
동냥자루 *cf.* 보릿자루, 쌀자루, 도토리 자루
동냥젖
동냥중
동네길(洞-) *cf.* 골목길, 마을 길
동네매 *cf.* 동네조리
동네밖에(洞-) <그것은 우리 ~ 없다.> *cf.* 밖에(조사)
동네 밖에서(洞-) <~ 만나자.>
동네방네(洞-坊-)
동네별(洞-別)
동네북 되다(洞-)
동네분(洞-) *cf.* 이웃분
동네 사람들(洞-)
동네 아이(洞-)

동네 앞(洞-)
동네 어귀(洞-) *cf.* 마을 어귀
동네 어른 *cf.* 이장 어른, 사돈어른
동네일(洞-) *cf.* 마을일, 회사일, 나랏일
동네잔치(洞-) *cf.* 마을 제사
동네제기놀이(洞-) *cf.* 놀이
동네조리 *cf.* 동네매
동네 친구(洞-)
동네한바퀴(洞-)(개 이름으로서)
동넷집(洞-) *cf.* 이웃집, 마을집
동년배(同年輩)
동녘(東-) *cf.* 북녘
동녘 땅(東-) *cf.* 북녘 땅
동대문로(東大門路)
동대문 밖(東大門-)
동대문 시장(東大門市場)
동댕이치다
동도서기론(東道西器論)
동독 사람(東獨-)
동독인(東獨人)
동돌(큰 덩어리의 버력)
동동걸음 *cf.* 종종걸음
동동 구르다
동떨어진소리
동뜨다
동래 들놀음(東萊-) *cf.* 동래 야유
동래 땅(東萊-)
동래싸움(차전놀이)
동래 야유(東萊野遊) *cf.* 수영 야유, 동래 들놀음
동력삽(動力-) *cf.* 야전삽, 공병삽, 모종삽
동력식 낚기(動力式-)
동력자원부(動力資源部)
동로마(東-) *cf.* 서로마
동로마 제국(東 帝國)
동료 간에(同僚間-)
동료끼리(同僚-) *cf.* 끼리
동료들 간(同僚-間)
동마루(棟-)(기와로 쌓아올린 지붕 마루)
동메달(銅-) *cf.* 금메달, 은메달

동명 성왕(東明聖王) *cf.* 태조 대왕, 세종 대왕, 광개토 대왕
동명왕편(東明王篇)
동몽선습(童蒙先習)
동무 같다
동무 따라 <~ 강남 간다.>
동무삼아 *cf.* 벗삼아, 친구삼아, 농담삼아
동무 아이
동무장사/장수
동무 해 주다
동문 간에(同門間-)
동문서답하다(東問西答-)
동문휘고(同文彙考)
동물 기르기(動物-)
동물(을) 기르다(動物-)
동물 나라(動物-) *cf.* 도깨비 나라, 지구 나라, 하늘나라, 꿈나라, 별나라
동물납(動物蠟) *cf.* 백랍, 경랍
동물 노래(動物-)
동물도감(動物圖鑑) *cf.* 식물도감, 곤충 도감, 나비 도감, 버섯 도감
동물 만들기(動物-)
동물(을) 만들다(動物-)
동물무늬(動物-) *cf.* 식물무늬
동물 뼈(動物-) *cf.* 공룡 뼈, 사람 뼈, 개뼈, 쇠뼈, 말뼈, 양뼈
동물성유(動物性油) *cf.* 식물성유
동물숭배(動物崇拜) *cf.* 자연 숭배, 수목 숭배, 조상 숭배, 사령 숭배
동물원에서밖에(動物園-) <~ 볼 수 없는 일> *cf.* 밖에(조사)
동물의장(動物意匠)
동물 이름 알아맞히기 놀이(動物-)
동물 이야기(動物-)
동물최면(動物催眠)
동물형태관(動物形態觀)
동바리 돌기초(-基礎)
동바리 마루
동바릿돌

동발이음(건축)
동방견문록(東方見聞錄)
동방구리 *cf.* 알방구리
동방문제(東方問題) *cf.* 남북문제, 교육문제, 남녀문제, 교육 문제, 노인 문제
동방예의지국(東方禮儀之國)
동백기름(冬柏-) *cf.* 면화씨기름, 무씨기름
동백꽃(冬柏-)
동베를린(東-) *cf.* 서베를린
동보정(動補正)
동부대인(東部大人)
동부여(東扶餘)
동북공정(東北工程)
동북 방언(東北方言) *cf.* 동남 방언
동북쪽(東北-) *cf.* 북동쪽
동북 항일 연군(東北抗日聯軍)
동분서주하다(東奔西走-)
동분서주해 오다(東奔西走-)
동사강목(東史綱目)
동사구(動詞句)
동사무소(洞事務所) *cf.* 면사무소, 읍사무소
동살 잡히다(동이 터 햇살이 비치다.)
동살풀이
동생 개구리
동생 나무(同生-)
동생네 집(同生-) *cf.* 형네 집, 처남네 집
동생 돌보기(同生-)
동생 되는 분(同生-) *cf.* 아버지 되시는 분
동생 선인장(同生仙人掌)
동생 탓(同生-) *cf.* 나이 탓, 형 탓
동서 간의(東西間-)
동서고금(東西古今)
동서남북(東西南北)
동·서·남·북(東·西·南·北)(구분할 경우에)
동, 서, 남, 북(東西南北)(각각 구분할 경우에)
동·서·남쪽(東·西·南-)
동·서 냉전 체제(東·西冷戰體制)
동·서 대비원(東·西大悲院)
동·서독(東·西獨)
동·서로마 교회(東·西-敎會)
동서문제(東西問題) *cf.* 남북문제, 환경 문제, 교육 문제
동·서양(東·西洋)
동·서유럽(東·西-)
동·서의 화해(東·西-和解)
동서쪽(東西-)(동·서의 중간 방위)
동·서활인서(東·西活人署)
동성동본(同姓同本)
동성동본 간에(同姓同本間-)
동성불혼(同姓不婚)
동성연애(同性戀愛)
동성할머니(同姓-)
동성할아버지(同姓-)
동세공(銅細工) *cf.* 금세공, 은세공, 죽세공
동시대(同時代)
동시대 미술(同時代美術)
동시대인(同時代人)
동시 배색무늬(同時配色-)
동시에 놓기(同時-)
동시조선(同時潮線)
동시조시(同時潮時)
동시집(童詩集)
동식물(動植物)
동심구설(同心球說)
동아따기 노래
동아시아(東-) *cf.* 서아시아
동아줄 *cf.* 고무줄, 가시줄, 철사줄, 시곗줄, 그넷줄, 피댓줄, 물렛줄
동안 기후(東岸氣候)
동압력(動壓力) *cf.* 정압력
동앗국 *cf.* 호박국, 감잣국, 시금칫국
동양사학(東洋史學) *cf.* 서양사학
동양 자수(東洋刺繡) *cf.* 한국 자수, 서양 자수
동양 척식 주식 회사(東洋拓植株式會社)
동여매 가지고 오다
동여매 놓다
동여매다
동여매 두다

동여매 보다
동여매 주다
동역학(動力學) *cf.* 정역학
동예루살렘(東-)
동요되어 가다(動搖-)
동요 없다(動搖-)
동원당하다(動員當-) *cf.* 당하다
동원되다시피 하다(動員-) *cf.* 다시피 하다
동원해 오다(動員-)
동유럽(東-) *cf.* 서유럽
동유럽권(東-圈) *cf.* 서유럽권, 아시아권
동음이의어(同音異義語) *cf.* 이음동의어
동의보감(東醫寶鑑)
동의수세보원(東醫壽世保元)
동의 없다/없이(同意-)
동의해 주다(同意-)
동이연(-鳶) *cf.* 방패연, 올챙이연
동이열전(東夷列傳)
동인도(東印度)
동인도 회사(東印度會社)
동인잡지(同人雜誌)
동일시되다/동일시하다(同一視-)
동일시해 오다(同一視-)
동자기둥(童子-)
동자상(童子像)
동작상(動作相)
동작주(動作主)
동작 흉내내기 놀이(動作-)
동재현상(同在現象)(철학)
동저고리
동저고릿바람 *cf.* 속옷바람, 상투바람, 내외 바람, 파자마 바람
동전닢(銅錢-)
동전던지기(銅錢-)(놀이)
동전(을) 던지다(銅錢-)
동전만해 보이다(銅錢-)
동전쌓기놀이(銅錢-)
동전주머니(銅錢-) *cf.* 도장주머니, 돈주머니
동점도(動粘度)
동정니(한복) *cf.* 어금니, 송곳니
동정받다(同情-) *cf.* 받다
동정서벌(東征西伐)
동정 어리다(同情-) *cf.* 순정 어리다, 감동 어리다
동정해 오다(同情-)
동정해 주다(同情-)
동조시도(同潮時圖)
동조시선(同潮時線)
동조해 오다(同調-)
동족 간(同族間)
동족결혼(同族結婚) *cf.* 친족 결혼
동족상잔(同族相殘) *cf.* 민족상잔
동족상잔하다(同族相殘-)
동종간 경쟁(同種間競爭)
동줄(물레에 얽어맨 줄)
동줄기(짐에 걸어 배에 졸라매는 줄)
동중성자체(同重性子體)
동중원소(同重元素)
동지급어음(同支給-) *cf.* 받을어음, 지급 어음, 약속 어음
동지섣달(冬至-)
동지점(冬至點) *cf.* 하지점
동지죽(冬至粥)
동지 팥죽(冬至-粥) *cf.* 동지죽
동짓국(冬至-)
동짓날(冬至-) *cf.* 삼짇날, 하짓날
동짓달(冬至-) *cf.* 섣달
동쪽(東-) *cf.* 서쪽
동참해 나가다(同參-)
동참해 오다(同參-)
동창끼리(同窓-) *cf.* 친구끼리, 끼리(접미사)
동치밋국물 *cf.* 김칫국물
동키펌프 *cf.* 직동펌프, 왕복펌프, 원심 펌프
동탄성 계수(動彈性係數)
동태평양 해령(東太平洋海嶺)
동트다(東-) *cf.* 동틀 무렵
동특성(動特性) *cf.* 정특성
동틀녘(東-) *cf.* 해질녘

동틀돌(돌다리에 까는 돌을 받치는 귀틀 돌)
동틀 무렵(東-) *cf.* 해질 무렵, 해뜰 무렵
동티 나다 *cf.* 역정 나다, 의심나다
동티 내다 *cf.* 역정 내다
동파키스탄(東-)
동포들 간에(同胞-間-)
동프랑크 왕국(東-王國) *cf.* 서프랑크 왕국
동하중(動荷重) *cf.* 사하중
동학 교도들(東學敎徒-) *cf.* 천주교도
동학군측(東學軍側)
동학 농민 운동(東學農民運動)
동한 해류(東韓海流) *cf.* 적도 해류
동해 가(東海-) *cf.* 서해 가, 지중해 가, 흑해 가, 태평양 가, 바닷가
동해 물(東海-) *cf.* 서해 물, 지중해 물, 흑해 물, 태평양 물
동해 바다(東海-) *cf.* 서해 바다, 남해 바다
동행해 오다(同行-)
동향집(東向-) *cf.* 서향집, 북향집, 남향집
동형습곡(同形褶曲)
동화 같은 이야기(童話-)
동화글(童話-) *cf.* 이야기글
동화되어 가다(同化-)
동화시켜 주다(同化-)
동화책(童話冊) *cf.* 만화책, 소설책, 이야기책, 국어책, 수학책, 미술책
동화책 수(童話冊數)
동화책 읽기(童話冊-)
동화책(을) 읽다(童話冊-)
동화해 가다(同化-)
동활자(銅活字) *cf.* 목활자, 놋활자, 납활자
돛단배 <~가 떠 있다.>
돛 단 배 <흰 ~가 떠 있다.>
돛 달다
돛대바위 *cf.* 병풍바위, 사자바위
돼 가다
돼먹은 <~ 사람>
돼먹지 못한 놈
돼먹지 않은 짓
돼 버리거든요
돼 버리다
돼 주다
돼지가죽 *cf.* 쇠가죽, 양가죽
돼지 간(-肝) *cf.* 쇠간, 거위 간, 토끼 간
돼지갈비 *cf.* 쇠갈비, 닭갈비
돼지 같다 *cf.* 사자 같다, 여우 같다
돼지 같은 놈 *cf.* 개 같은 놈, 여우 같은 놈
돼지걷기
돼지고기 *cf.* 닭고기, 새고기, 쇠고기
돼지고기튀김 *cf.* 쇠고기튀김, 생선튀김
돼지 기르기
돼지 기르다
돼지기름 *cf.* 쇠기름, 콩기름, 쇠기름
돼지꿈 *cf.* 개꿈, 용꿈
돼지꿈 꾸다 *cf.* 용꿈 꾸다, 꿈꾸다
돼지날
돼지다리 *cf.* 개다리, 닭다리, 쇠다리 코끼리 다리, 사람 다리
돼지똥 *cf.* 쥐똥, 새똥, 개똥, 쇠똥, 누에똥
돼지띠 *cf.* 개띠, 용띠, 돼지띠
돼지 마을 *cf.* 동물 마을, 사슴 마을
돼지비계
돼지새끼(욕설의 경우) *cf.* 개새끼, 쥐새끼
돼지 새끼('돼지의 새끼'를 뜻할 경우)
돼지 수(-數) *cf.* 돼지 마릿수
돼지 아저씨
돼지우리 *cf.* 양우리, 말우리
돼지 저금통(-貯金筒) *cf.* 두꺼비 연적
돼지죽(-粥) *cf.* 쇠죽
돼지코 *cf.* 매부리코, 사자코, 딸기코
돼지해 *cf.* 양해, 말해
됐단 말이냐 *cf.* 말이다/말이오
됐어 <그만하면 ~.>
되가웃 *cf.* 말가웃, 가웃(접미사)
되가져가다
되가져오다
되고말고 *cf.* 하고말고, 자고말고, 먹고말고, 고말고(어미)

되고 말았다
되고 싶어하다 *cf.* 싶어하다
되곱쳐(도로, 또다시)
되기는커녕 *cf.* 는커녕(어미)
되기르기
되나라 *cf.* 명나라, 당나라
되나마나 *cf.* 나마나(어미)
되나마나하다 *cf.* 나마나하다(어미)
되나 보다 *cf.* 먹나 보다, 보다(보조 용언)
되넘겨짚다
되넘기다 *cf.* 되넘기장사
되넘기장사
되뇌다
되뇌어 보다
되는 건데 말이야 *cf.* 말이다/말이오
되는 걸까
되는걸요 *cf.* 는걸
되는대로 <아무렇게나 ~ 지껄이다.>
되는 대로 <돈이 ~ 갚겠다.> *cf.* 대로
되는만큼(되느니만큼) *cf.* 느니만큼, 만큼(어미)
되는 양(-樣) <나무라도 ~….>, <대장이라도 ~….> *cf.* 양(의존 명사)
-되다(접미사) *cf.* 결정~, 사용~, 거짓~, 주목~, 참~, 망령~
되다 <예쁘게 ~.>, <떠난 지 닷새 ~.>
되단말가
되돌려놓다
되돌려드리다/되돌려주다
되돌려받다
되돌려보내 주다
되돌려보내다
되돌아가다
되돌아나가다
되돌아나오다
되돌아다보다
되돌아박기
되돌아보게 되다
되돌아보다
되돌아서다
되돌아오다
되든 말든 *cf.* 가든 말든
되든지 말든지 *cf.* 가든지 말든지
되들고 되나다
되들잇병(-瓶) *cf.* 됫병, 한됫병
되메우기
되몰아치다
되물어 보다
되받아넘기다 <비난을 유머로 ~.>
되받아뇌이다
되받아 오다
되받아치다
되살려 놓다
되살려 수다
되살릴 만하다 *cf.* 만하다
되살아나다
되새겨 두다
되새겨 보다
되새김
되신 지는 <선생이 ~> *cf.* 지(의존 명사)
되씹어 보다
되알지다
되어 가다
되어 가지고
되어 감으로써
되어 버리고
되어 보다
되어 보이다
되어야겠다고 말입니다 *cf.* 말이다
되어 오다
되어 있기 때문이다
되어 주다
되었음 직하다('직하다'는 보조 용언) *cf.* 해봄 직하다, 있음 직하다, 먹음직하다, 믿음직하다
되울려 나오다
되울려 퍼지다
되자마자 *cf.* 자마자(어미)
되잡아넣다 <속옷을 바지 속에 ~.>

되지못하다 <되지못한 녀석이 거만하다.>
되지 못하다 <훌륭한 사람이 ~.>
되지못한 녀석
되지못한 놈
되지않은 <~ 간섭을 하고 있다.>
되지 않은 <완성이 ~ 작품>
되직해 보이다 *cf.* 묵직해 보이다
되짚기
되짚어가다 *cf.* 짚어가다
되짚어 보다
되짚어 오다
되짚어 찾아가다
되짚어 타다
되쫓기다
되찾아오다 <갔던 곳에 ~.>
되찾아 오다 <빼앗긴 물건을 ~.>
되찾아 주다
되치기(유도)
되팔다
되풀이되어 오다
되풀이진(-陣)(농악)
되풀이하다
되풀이해 오다
된길 <~을 오느라 힘이 들었다.>
된데다가 <언게 ~> *cf.* ㄴ데다가(어미)
된 듯하다 *cf.* 듯하다
된똥 *cf.* 물똥, 물찌똥
된맛
된매 <~를 맞고 기어 나왔다.>
된목(판소리)
된물(설거지를 해서 더럽혀진 물)
된바람 *cf.* 센바람, 칼바람, 왕바람
된밥 *cf.* 진밥
된방망이
된불
된비빔 *cf.* 물비빔
된비알
된 사람(사람다운 사람) *cf.* 난사람
된삼채(-三-)
된새바람(북동풍)
된서리 *cf.* 무서리
된서방(-書房)(까다롭고 난폭한 남편)
된소리/경음(硬音) *cf.* 거센소리
된소리되기
된여울
된욕(-辱) <~을 얻어듣다.>
된장국(-醬-) *cf.* 토장국
된장떡(-醬-) *cf.* 고추장떡
된장찌개(-醬-)
된장 항아리(-缸-) *cf.* 꿀항아리, 똥항아리, 고추장 항아리, 김치 항아리
된죽(-粥) *cf.* 된밥, 진밥
된 지 <그렇게 ~ 열흘이 된다.> *cf.* 지
될 거다 *cf.* 것
될 거야 <훌륭한 사람이 ~.> *cf.* 것
될까 말까 하다
될까 봐 <그렇게 ~ 염려가 된다.> *cf.* 보다
될 대로 되라는 듯이 *cf.* 대로(의존 명사), 듯이(부사)
될 둥 말 둥 하다 *cf.* 둥(의존 명사)
될 듯 말 듯하다 *cf.* 듯하다
될 듯하다 *cf.* 듯하다
될락 말락 하다 *cf.* ㄹ락 말락 하다
될 만큼 <실례가 ~….> *cf.* 만큼(의존 명사)
될 만하다 *cf.* 만하다
될 법이나 <~ 한 일인가?> *cf.* 법(의존 명사)
될뻔댁(-宅) *cf.* 진사 ~
될 뻔했다 *cf.* 뻔하다
될성부르다 <하는 행동을 보니 될성부른 아이가 틀림없다.>
될 성싶다 *cf.* 성싶다
될 수 있는 대로 *cf.* 대로(의존 명사)
될 수 있는 한(-限)
될 턱이 없다
될 텐데/될 텐데 말이야 *cf.* 터, 말이다/말이오
됨됨이
됨에 따라 *cf.* 함에 따라
됨 직하다 *cf.* 있음 직하다, 했음 직하다, 되

없음 직하다, 직하다(보조 용언)
되밥 *cf.* 말밥
됫병(-甁) *cf.* 되들잇병, 한됫병
됫수〔升數〕 *cf.* 말수
됫술 *cf.* 말술, 병술, 잔술
두 갈래 길(두 갈래가 난 길의 뜻으로는) *cf.* 세 갈래 길, 갈랫길, 쌍갈랫길
두겁벽돌(-甓-)(담이나 성벽 위에 덮은 기와)
두겹 조직(-組織)
두겹 키
두고 가다/두고 오다
두고두고(부사) <~ 후회하다.>
두고 보다
두구멍단추 *cf.* 네구멍단추
두그루갈이/이모작(二毛作)
두근거려 오다
두근두근하다
두길긴뜨기(뜨개질)
두길마보기
두꺼비 같다 *cf.* 돼지 같다
두꺼비기름 *cf.* 쇠기름, 돼지기름, 고래기름
두꺼비눈
두꺼비씨름(승부가 나지 않는 겨룸)
두꺼비 연적(-硯滴) *cf.* 돼지 저금통
두꺼비집(쟁기)(안전기)
두꺼워 보이다
두꺼워져 가다
두껍닫이 *cf.* 여닫이, 미닫이
두껍다랗다 *cf.* 얄따랗다
두껍디두꺼운/두껍다
두 나라 간에(-間-) *cf.* 세 나라 간에
두남두다(잘못을 두둔하다.)
두남받다(남다른 사랑을 받다.)
두뇌싸움(頭腦-) *cf.* 머리싸움, 체력싸움
두 눈 *cf.* 양 눈, 두 팔, 두 손
두 눈 감다
두눈박이
두대박이(두 개의 돛대를 세운 배)
두더지 나라 *cf.* 도깨비 나라, 동물 나라
두더지 배수(-排水)/두더지 암거 배수(-暗渠排水)
두더지소금 *cf.* 약소금
두더지속도랑(토목)
두더지잡기(놀이명)
두덩뼈(치골)
두덩톱(널빤지에 구멍을 낼 때에 쓰는 톱)
두도막 형식(-形式) *cf.* 세도막 형식
두둑해 보이다
두둑해져 가다
두드러져 보이다
두드려 보다
두드려 맞추다
두드림무늬(고고학)
두들겨 대다
두들겨 맞다
두들겨 보다
두들겨 주다
두들겨 패다
두런두런(부사)
두렁길 *cf.* 논두렁길
두레길쌈놀이
두레놀이
두레박줄 *cf.* 빨랫줄
두레상(-床)(두리반)
두렛날
두렛논
두렛일
두려빠지다 *cf.* 발라빠지다, 늙어 빠지다, 빠지다
두려빼다
두려운 듯 *cf.* 듯
두려움 없다
두려워하다
두려워할뿐더러 *cf.* ㄹ뿐더러
두려워할 뿐 아니라 *cf.* ㄹ 뿐 아니라
두록저지종(-種) *cf.* 버크셔종
두루낮춤
두루높임
두루두루
두루마기자락 *cf.* 도포자락, 옷자락, 치맛자락,

소맷자락, 코트자락
두루마리 *cf.* 달걀말이, 국말이, 멍석말이, 김말이, 김치말이, 물말이, 무싹말이
두루마리 종이
두루미걸음 *cf.* 황새걸음
두루미자리 *cf.* 사냥개자리
두루 쓰다
두루주머니(아가리에 주름이 있는 주머니)
두루치기
두루치기걸음사위(탈춤) *cf.* 춤사위
두룽다리탈 *cf.* 할미탈, 초라니탈
두르다시피 하다
두른 듯 *cf.* 듯(의존 명사)
두름성(-性)(주변성) *cf.* 불뚝성, 내칠성, 내뻘성, 냅뜰성
두름손(수완)
두릅순(-筍) *cf.* 죽순, 참죽순, 다래순
두리걸그물 *cf.* 후릿그물, 걸그물
두리기둥 *cf.* 모기둥
두리새김(조각 방법)
두릿그물 *cf.* 후릿그물, 끌그물
두마음 <~을 가지고 행동하지 마라.>
두만강 가(豆滿江-) *cf.* 압록강 가
두말 <한 입 가지고 ~ 한다.>
두말 말고 있어라
두말없다/두말없이
두말하다 <두말할 것 없이>, <두말 못하다.> *cf.* 여러 말 하다
두말하지 마라
두말할 것 없이 *cf.* 여러 말 할 것 없이, 말할 것 없이
두말할 나위 없이
두메 마을 *cf.* 시골 마을, 산골 마을, 두메산골
두메산골
두멧구석 *cf.* 시골구석, 촌구석, 집구석
두멧길 *cf.* 시골길
두멧놈 *cf.* 두멧사람, 시골 놈, 서울 놈
두멧사람
두무날(음력 열하루와 스무엿새)
두무릎가새틀음(줄타기)
두 무릎 꿇고 빌다
두무릎꿇기(줄타기)
두문불출하다(杜門不出-)
두미없다(頭尾-) *cf.* 두서없다
두바이유(-油) *cf.* 브렌트유
두 박 한 걸음 걷기(-拍-)
두발당성(두 발로 차는 발길질)
두 발 모아 뛰기
두발바늘(쌍바늘낚시)
두 발에 한번 치며 춤추기(-番-)
두발자전거(-自轉車) *cf.* 세발자전거
두발장수→두발당성
두발제기
두방망이질
두방무덤(-房-)(고고학)
두 번 다시(-番-) *cf.* 다시 한 번
두 번에 쓰기(-番-)
두 번째(-番-) *cf.* 둘째 번
두 번째 옮겨심기(-番-)
두벌갈이
두벌김 *cf.* 애벌김
두벌논 *cf.* 애벌논
두벌묻기(고고학)
두벌솎음
두벌일 <~을 만들지 마라.>
두벌자식(-子息)(손자)
두벌잠 <~을 자다.>, <~이 들다.>
두 변(-邊)
두부껍질(豆腐-) *cf.* 나무껍질, 귤껍질, 소태껍질, 메밀껍질, 소나무 껍질, 느릅나무 껍질
두부된장국(豆腐-)
두부된장찌개 (豆腐-)
두부 만들기(豆腐-)
두부(를) 만들다(豆腐-)
두부자루(豆腐-) *cf.* 풀주머니, 보릿자루
두부장국(豆腐醬-)
두부 장수(豆腐-) *cf.* 채소 장수, 생선 장수
두부조림(豆腐-)

두부찌개(豆腐-) *cf.* 동태찌개, 대구찌개, 된장찌개
두 분곧 아니시면 *cf.* 옳지옷 아니하면, 곧(조사), 옷(조사)
두삭류(頭索類)(편수 자료)
두 살배기 *cf.* 배기(또래의 아이)
두 살짜리 *cf.* 짜리
두서너째
두서없다(頭緖-) *cf.* 두미없다
두세 번씩(-番-)
두 손 *cf.* 양손, 두 팔, 두 다리, 두 발
두 손 들다 <한 손만 말고 두 손 들어라.>
두손들다(굴복하다) <그의 고집에 ~.>
두손매무리(함부로 거칠게 얼버무려 냄.)
두 손 보아
두손을 동시에 짚으며 옆돌기
두손을 짚으며 옆돌기
두 손 잡고 돌기
두수없이/없다(다른 방도나 대책이 없다.) <~ 당하고 말았다.>
두 수의 비 알아보기(-數-比)
두 수의 크기 알아보기(-數-)
두시언해(杜詩諺解) *cf.* 소학언해
두 쌍(-雙) *cf.* 세 쌍
두어 달
두어두다(손대지 않고 그냥 두다.)
두어 번(-番)
두어 보다
두어춤
두어 칸(←間)
두엄 내다
두엄더미 *cf.* 흙더미, 퇴비더미, 욕더미, 쓰레기더미
두엄 만들기
두엄(을) 만들다
두엄물
두엄자리 *cf.* 두엄터, 두엄풀
두엄터 *cf.* 두엄자리, 약수터, 전쟁터, 나루터, 빨래터
두었을 법하다 *cf.* 법하다
두었음 직하다('직하다'는 보조 용언) *cf.* 되었음 직하다
두운봉산맥(頭雲峯山脈)
두이레 *cf.* 세이레
두 자리 리간드
두 자리 서술어(-敍述語)
두 자리 수(-數)
두 자리 수로 나누기(-數-)
두 자리의 수(-數)
두 자리의 어림수(-數)
두줄나사(-螺絲) *cf.* 일렬 나사
두줄보리 *cf.* 여섯줄보리
두 지점 간(-地點間)
두 쪽(두 방향, 방면)
두 쪽(두 페이지, 쪼개진 부분의 둘)
두치각(-角)(목재) *cf.* 네치각
두치못(못) *cf.* 세치못
두터워 가다/두터워져 가다
두톨박이 *cf.* 외톨박이, 세톨박이
두통거리(頭痛-) *cf.* 웃음거리, 장삿거리
두통 나다(頭痛-) *cf.* 현기증 나다
두툼해 보이다
두트레방석(-方席) *cf.* 대방석, 부들방석, 도래방석, 바늘방석
두 팔 *cf.* 양팔, 양다리, 두 손, 두 다리, 두 발
두팔걸어 돌리기(체조)
두팔들이 기슴질하기
두 패(-牌) <~로 갈리어 싸웠다.>
두 편(-便)
두편넣기(-便-)
두편빼기(-便-)
두해살이풀 *cf.* 한해살이풀
두해살이 화초(-花草) *cf.* 한해살이 화초, 여러해살이 화초
둑길 *cf.* 논길, 밭길, 산길, 두멧길, 보리밭 길, 과수원 길
둑쌓기
둑 쌓다

둑 아래
둑 위
둔각삼각형(鈍角三角形)
둔덕길 *cf.* 언덕길, 골목길
둔덕돌(경계석)
둔덕지다 *cf.* 턱지다, 언덕지다
둔 채 <그대로 ~….> *cf.* 채(의존 명사)
둔피사상(遁避思想) *cf.* 도피사상, 도참사상, 은둔사상, 민본 사상, 신선 사상
둔화되어 가다(鈍化-)
둘 다
둘러 가다
둘러놓다
둘러대다
둘러 두다
둘러막다
둘러막히다
둘러말하다 <이리저리 둘러말하지 말고….>
둘러맞추다 <천 조각을 둘러맞추어 방석을….>
둘러매다 *cf.* 돌라매다
둘러메다
둘러방치다
둘러 버리다
둘러보다
둘러봐라
둘러붙다
둘러빠지다 <방바닥이 ~.> *cf.* 도려빠지다, 닳아 빠지다, 뼛골 빠지다
둘러서다
둘러서 있다
둘러싸다/둘러싸이다
둘러싸여 있다
둘러싸인 채 *cf.* 채(의존 명사)
둘러쌓다
둘러쓰다
둘러씌우다
둘러앉다
둘러업다 <아기를 ~.>
둘러엎다 <밥상을 ~.>
둘러 있다
둘러 주다 <금띠를 ~.>
둘러차다 <칼을 허리에 ~.>
둘러치다
둘렀는 듯 *cf.* 듯
둘레깎기
둘레돌(묘의 호석)
둘레 둑
둘레둘레(부사)
둘레바늘/고리바늘
둘레심기
둘레썩음병(-病)
둘레춤(벌들이 주변에 꽃이 있다고 추는 춤)
둘려싸여 있다
둘려 있다
둘암소
둘이기에 망정이지 *cf.* 기에 망정이지(관용 어미로 보기도 함.)
둘잇단음표(-音標) *cf.* 셋잇단음표
둘째가다 *cf.* 첫째가다, 버금가다, 셋째 가다
둘째 날 *cf.* 셋째 날
둘째 놈 *cf.* 첫째 놈
둘째 단 뜨기(-段-)
둘째 단(-段)
둘째 딸
둘째 며느리
둘째 번 사례(-番事例)
둘째 번(-番)(차례) *cf.* 두 번째(횟수)
둘째 별
둘째 아들
둘째 연(-聯) *cf.* 2연, 3연
둘째자리바꿈
둘째 작은아버지
둘째 작은악절(-樂節)
둘째 줄
둘째 치고 <성공은 ~….>
둘쨋순(-筍)(담뱃잎)
둘쨋집 *cf.* 셋쨋집
둘 하면 *cf.* 넷 하면

둥(의존 명사) <올 ~ 말 ~>, <제가 옳다는 ~>
둥 마는 둥 <밥을 먹는 ~> *cf.* 둥(의존 명사)
-둥 마는 둥 하다 <먹는 ~.>
둥개둥개 둥개야
둥개타령
둥근 기둥 모양(-模樣)
둥근김(김 품종)
둥근나사(-螺絲) *cf.* 사각나사
둥근 너트
둥근대패 *cf.* 배대패
둥근돌김
둥근머리
둥근모(건축)
둥근 모자(-帽子) *cf.* 납작모자, 사각모자
둥근목(판소리)
둥근 목둘레
둥근못 *cf.* 민머리못
둥근 바닥 플라스크
둥근삽 *cf.* 야전삽, 공병삽, 모종삽
둥근정(-釘)
둥근줄 *cf.* 사각줄, 평줄, 줘꼬리줄
둥근줄기/알줄기
둥근 줄눈 *cf.* 내민 줄눈
둥근찍개(원반형 석기)
둥근칼 *cf.* 납작칼
둥근톱 *cf.* 띠톱
둥근톱 기계(-機械)
둥근톱날 *cf.* 띠톱날
둥글게 둥글게
둥당기타령 *cf.* 신고산타령
둥덩애타령
둥동기타령
둥둥 떠 가다 *cf.* 둥둥(부사)
둥둥타령
둥실둥실(부사)
둥실둥실 두둥실
둥우리장수 *cf.* 광우리장수
-둥이(접미사) *cf.* 귀염둥이, 막내둥이, 검둥이
둥지 고정하기(-固定-)
둥지 자리
둥지 틀다
뒤곁누르기(유도)
뒤공중돌기(-空中-)(체조)
뒤구르기
뒤굴러 물구나무서기(체조)
뒤꽁무니
뒤꽂이
뒤꾸머리(발뒤꿈치)
뒤꾸밈음(-音) *cf.* 앞꾸밈음
뒤꿈치
뒤꿈치들기(체력 운동)
뒤끓임 장치(-裝置) *cf.* 뒤 끓임 장치(편수 자료 '공업')
뒤끝 <그는 회의 ~에 가서야 말했다.>, <~이 흐리다.>
뒤늦게
뒤늦게나마 *cf.* 나마(어미)
뒤대다
뒤덮다시피 하다 *cf.* 다시피 하다
뒤덮어 버리다
뒤돌기
뒤돌려차기(태권도)
뒤돌아 앉다 *cf.* 돌아앉다
뒤돌아다보다
뒤돌아보다
뒤돌아서다
뒤둥그러지다
뒤따라가다
뒤따라 나가다
뒤따라 나오다
뒤따라다니다
뒤따라 들어가다
뒤따라 들어오다
뒤따라오다
뒤따르다
뒤뚱발이 *cf.* 절름발이
뒤뜰 *cf.* 앞뜰
뒤로 걷기

뒤로 겹돌아 내리기
뒤로 구르기
뒤로돌아
뒤로돌아가
뒤로 뒤로 *cf.* 앞으로 앞으로
뒤로 들어가기
뒤로 뛰기(수영)
뒤로 뛰어들기(수영)
뒤로서서 앞으로뛰기(수영)
뒤로 차내리기
뒤로 차오르기
뒤로 크게 휘돌기
뒤로 하다 <서울 생활을 ~.>
뒤로 흔들어 돌아오르기
뒤 목둘레선(-線) *cf.* 앞 목둘레선
뒤미처 *cf.* 미처
뒤바꾸다
뒤바꿔 놓다
뒤바뀌어 있다
뒤바르다 <색종이를 ~.>
뒤밟다
뒤범벅 *cf.* 땀범벅, 기름범벅
뒤보다(용변) <뒤보러 가다.>
뒤 보다(돌아보다) <뒤(를) 보면 안 된다.>
뒤보아주다
뒤붙임
뒤서 가다 *cf.* 앞서 가다
뒤서다 <앞서거니 뒤서거니 하며 걸어갔다.>
뒤섞어 놓다
뒤 소매 둘레선(-線) *cf.* 앞 소매 둘레선
뒤수평잡기(-水平-)
뒤악절(-樂節) *cf.* 앞악절, 뒤작은악절
뒤안길 <인생의 ~에서….>
뒤안아 넘기기
뒤어금니 *cf.* 앞어금니
뒤 어깨선(-線) *cf.* 앞 어깨선
뒤어쓰다
뒤엇걸기
뒤엉켜 있다
뒤엎어 버리다
뒤엔진식(-式)
뒤엣것 *cf.* 앞엣것, 앞의 것, 뒤의 것, 몸엣것
뒤엣사람 *cf.* 앞엣사람
뒤의 문장(-文章)
뒤이어
뒤작은악절(-樂節) *cf.* 앞작은악절
뒤잡아 넘어치기
뒤적거려 보다
뒤적뒤적해 보다
뒤적여 보다
뒤져내다
뒤져놓다
뒤져 보고 싶다
뒤져 보다
뒤져 있다
뒤좇아가다
뒤좇아 나가다
뒤좇아 나오다
뒤좇아오다
뒤 중심선(-中心線) *cf.* 앞 중심선
뒤지르기
뒤 진동 둘레선(-線) *cf.* 앞 진동 둘레선
뒤진 전류(-電流)
뒤집고 핥다
뒤집어넘기기
뒤집어 놓다
뒤집어 버리다
뒤집어 보다
뒤집어 붙이다
뒤집어 생각하다
뒤집어쓰다
뒤집어씌우다 <허물을 ~.>, <이불을 ~.>
뒤집어씌워 주다
뒤집어엎다 <계획을 ~.>
뒤집어 입다
뒤집어져 버리다
뒤집어찍기
뒤쪽[後方] *cf.* 앞쪽, 왼쪽, 오른쪽, 아래쪽,

위쪽, 안쪽, 바깥쪽
뒤 쪽(뒤 페이지) *cf.* 앞 쪽
뒤쫓아 가다
뒤쫓아 나가다
뒤쫓아 나오다
뒤쫓아 달려가다
뒤쫓아 오다
뒤찌름(검도) *cf.* 앞찌름
뒤차기(태권도)
뒤차오르기
뒤창(-窓) *cf.* 앞창
뒤채 *cf.* 안채
뒤처리(-處理)
뒤처리해 주다(-處理-)
뒤처져 있다
뒤축(-軸) *cf.* 앞축
뒤축걸어밀기(-軸-)
뒤치다꺼리 *cf.* 치다꺼리
뒤탈 없다(-頉-)
뒤통수
뒤통수치다 *cf.* 뒷걸음치다, 손사래 치다
뒤트기/뒤트임 *cf.* 앞트임
뒤트레방석(-方席) *cf.* 도래방석, 두트레방석
뒤틀려 가다
뒤틀려 있다
뒤틀리다
뒤판
뒤편짝(-便-) *cf.* 앞편짝
뒤표지(-表紙) *cf.* 앞표지, 속표지
뒤풀이
뒤허리
뒤혓바닥
뒤흔들어 놓다
뒬롱·프티의 법칙(-法則)
뒷가스(탄광)
뒷간(-間)
뒷갈망 *cf.* 뒷감당
뒷감당(-堪當) *cf.* 뒷갈망
뒷감당해 오다(-堪當-)

뒷거래(-去來)
뒷거울
뒷걱정 *cf.* 뒷근심
뒷걸음
뒷걸음질
뒷걸음질치다 *cf.* 뒤통수치다, 손사래 치다
뒷걸음질하다
뒷결박(-結縛)
뒷골(뒤통수)
뒷골목
뒷공론(-公論)
뒷구멍
뒷구절(-句節)
뒷굽이
뒷그루 *cf.* 앞그루
뒷근심 *cf.* 뒷걱정
뒷글자(-字)
뒷기둥
뒷길 *cf.* 앞길
뒷깃선(-線)
뒷날
뒷날개 *cf.* 앞날개
뒷눈질 *cf.* 옆눈질
뒷다리 *cf.* 앞다리
뒷다리 잡다
뒷다리 잡히다
뒷단속(-團束)
뒷단장(-丹粧)
뒷남 *cf.* 앞남
뒷담당(-擔當)
뒷대문(-大門)
뒷뎅기
뒷덜미 잡다 *cf.* 덜미 잡다
뒷덜미 잡히다 *cf.* 덜미 잡히다
뒷덮개
뒷도랑 *cf.* 앞도랑
뒷돈
뒷돈 대 주다
뒷동산 *cf.* 앞동산

뒷등성이
뒷마감
뒷마당 *cf.* 앞마당
뒷마루
뒷마무리
뒷마무리해 주다
뒷마을 *cf.* 앞마을
뒷막이
뒷말 *cf.* 앞말
뒷맛
뒷맵시
뒷머리 *cf.* 앞머리
뒷면(-面) *cf.* 앞면
뒷면도(-面刀) *cf.* 앞면도
뒷모습 *cf.* 앞모습
뒷모양(-模樣)
뒷목
뒷목점(-點)
뒷무릎치기(씨름) *cf.* 앞무릎치기
뒷문(-門) *cf.* 앞문, 옆문
뒷문께(-門-) *cf.* 께
뒷문단(-文段) *cf.* 앞 문단
뒷문장(-文章) *cf.* 앞 문장
뒷문 쪽(-門-)
뒷물대야 *cf.* 세숫대야
뒷바닥
뒷바라지
뒷바람
뒷바퀴
뒷받침
뒷받침되다
뒷받침 문장(-文章) *cf.* 중심 문장
뒷받침 문장 쓰기(-文章-)
뒷받침할 만하다 *cf.* 만하다
뒷받침해 주다
뒷발 *cf.* 앞발
뒷발굽
뒷발끝차기
뒷발목걸이(씨름)
뒷발서기(태권도)
뒷발질 *cf.* 앞발질
뒷발톱
뒷방(-房) *cf.* 안방
뒷방마누라(-房-) *cf.* 안방마님
뒷방살이(-房-) <아들을 낳지 못해 ~만 하다.>
뒷밭 *cf.* 앞밭
뒷배 보다(뒤에서 보살펴 주다.)
뒷배포(-排布)
뒷베기
뒷보증(-保證)
뒷부분(-部分) *cf.* 앞부분, 윗부분, 아랫부분 가운데 부분, 왼쪽 부분, 오른쪽 부분
뒷북치다
뒷사람 *cf.* 앞사람
뒷산(-山) *cf.* 앞산
뒷산타령(-山-)
뒷생각
뒷서기
뒷설거지
뒷세상(-世上)(내세)
뒷소리 *cf.* 뒷말
뒷소문(-所聞)
뒷속
뒷속없다(뒤끝을 잘 마무르지 못하다.)
뒷손 내밀다
뒷손가락질
뒷손질
뒷손질해 놓다
뒷수발 *cf.* 뒷시중
뒷수습(-收拾)
뒷수습해 주다(-收拾-)
뒷시세(-時勢)
뒷시중 *cf.* 뒷수발
뒷얘기/뒷이야기
뒷음절(-音節) *cf.* 앞 음절
뒷일 *cf.* 앞일
뒷입맛
뒷자락 *cf.* 앞자락

뒷자리 *cf.* 앞자리
뒷자손(-子孫)(후손)
뒷전
뒷전놀다
뒷전보다
뒷절(-節) *cf.* 앞절
뒷정리(-整理)
뒷정리해 주다(-整理-)
뒷조사(-調査)
뒷조직(-組織)
뒷좌석(-座席) *cf.* 앞좌석
뒷줄 *cf.* 앞줄
뒷지느러미
뒷짐 지다
뒷짐 지우다
뒷짐결박(-結縛)
뒷집 *cf.* 앞집, 옆집
듀크족(-族)(아이가 있는 맞벌이 주부) *cf.* 딩크족
드나나나 <~ 무엇을 먹는다.>
드나들 듯하다(드나들 것 같다.) *cf.* 듯하다
드나들다
드나들듯 하다 <제 집 ~.> *cf.* 듯(어미)
드나듦 <해안선의 ~>, <배의 ~>
드나 보다 <철이 ~.>
드난살이
드네프르 강(-江)
드높여 주다
드는가 보다
드라비다식(-式)
드라비다족(-族) *cf.* 아리안족
드라비다형(-型)
드라이버 쓰기
드라이버(를) 쓰다
드라이브명(-名)
드라이빙 용품(-用品) *cf.* 사무 용품, 주방 용품
드래건급(-級) *cf.* 핀급
드래프트제(-制)
드러나다
드러나보이다
드러나 있다
드러내 놓고/놓다
드러내다 <속마음을 ~.>, <주제들을 ~.>
드러내 보이다
드러내 주다
드러냄표(-標)
드러눕다
드러쌓이다
드렁칡 <만수산 ~이….>
드레나다(바퀴가 헐거워서 흔들거리며 돌다.)
드레드레
드레지다(점잖고 무게가 있다.) <허우대부터 가 드레져 보인다.>
드려 보디
드리다 *cf.* 갖다 ~, 말씀~, 인사~
드리러 가다
드리없다 <크고 작고 ~.>
드리워져 있다
드릴날 *cf.* 칼날, 면도날, 바이트날
드릴 만큼 <감사를 ~> *cf.* 만큼(의존 명사)
드릴 만하다 <감사를 ~.> *cf.* 만하다
드릴 테야 <선물을 ~.> *cf.* 터
드림셈(여러 번에 나누어서 주고받는 셈)
드림줄(마루에 오르내릴 때 붙잡는 줄)
드림흥정(값을 나누어 치르기로 하고 하는 흥정)
드문드문
드물게 심기 *cf.* 배게심기
드묾
드브로이파(-波)
드셔 보다
득달같이/같다(지체하지 않고)
득돌같다
득 되다(得-) *cf.* 덕 되다, 보탬 되다
득 보다(得-) *cf.* 덕 보다
득실득실하다
득의양양하다(得意揚揚-)
득점수(得點數) *cf.* 득표수, 인원수, 사람 수, 학생 수
득점 없이(得點-)

득점왕(得點王) *cf.* 발명왕, 타격왕
득점타(得點打)
득표수(得票數) *cf.* 득점수, 인원수, 사람 수, 학생 수
-든가 말든가 <가든가 말든가>, <먹든가 말든가>, <하든가 말든가> *cf.* 든지, 든가
-든 간에(-間-) <먹든 말든 간에>
든거지난부자(-富者)
든든해 보이다
든든해져 가다
든 듯싶다 *cf.* 듯싶다
든버릇난버릇
든부자난거지(-富者-)
든 사람 *cf.* 난 사람
든손 <~에 해치우다.>
든지 <배추~ 무~….>
-든지 말든지 <가든지 말든지>, <먹든지 말든지>, <하든지 말든지> *cf.* 든가
든직하다(듬직하다)
든 채로 <물건을 ~> *cf.* 채
듣거니 맺거니
듣게 되다
듣고 가다
듣고가리기
듣고 가리다
듣고 나서
듣고놓기 *cf.* 보고놓기
듣고 보니
듣고부르기(청창)
듣고 부르기 *cf.* 범창을 듣고 부르기
듣고 부르다
듣고 싶어하다 *cf.* 먹고 싶어하고, 공부하고 싶어하다
듣고 알기
듣고 있다
듣고적기
듣고 적다
듣기 나름이다
듣기 싫다
듣기 싫어하다
듣기 싫은 말 *cf.* 듣기 좋은 말
듣기 위해 *cf.* 먹기 위해
듣기 좋다 <소리가 ~.>
듣기 좋아하다
듣기 좋은 말 *cf.* 듣기 싫은 말
듣는 대로 *cf.* 대로
듣는 둥 마는 둥 *cf.* 둥(의존 명사)
듣는 사람
듣는이〔聽者〕(용어로서는) *cf.* 말하는이, 읽는이
듣는이/수신자(受信者)/청자(聽者) *cf.* 말하는이
듣는 이 *cf.* 말하는 이, 지은이, 펴낸이
듣다듣다 <~ 별소리를 다 듣는다.>
듣다 말고 <~ 어디를 가니?>
듣다못해 *cf.* 참다못해, 하다못해, 말리다 못해, 견디다 못해, 굶주리다 못해
듣다 보면
듣다 처음
듣던 대로 *cf.* 대로
듣도 보도 못한/못하다
듣보기장사(시세를 듣보아 가며 요행을 바라는 장사)
듣자듣자하니 *cf.* 보자보자하니
듣자마자 *cf.* 자마자
듣자하니
듣잘것없다 *cf.* 보잘것없다
듣지도 보지도 못하다
듣지 못한다
듣지 않다
✓들(의존 명사) <개, 닭, 소 들이 있다.>
들(접미사) <우리들, 고양이들>
들가방 *cf.* 멜가방, 끌가방, 손가방
-들 간에(-間-) <사람들 간에>
들것 *cf.* 날것, 물것, 숨탄것
들고 가다/들고 오다
들고나가다(연날리기)
들고 나가다 <책을 ~.>
들고나다 <남의 싸움에 ~ 얻어맞을라.>
들고 나서다

들고 나오다
들고 다니다
들고뛰다(달아나다)
들고빼다(달아나다)
들고일어나다 <국민이 일제히 ~.>
들고 일어나다 <무거운 짐을 겨우 들고(서) 일어나다.>
들고 있다
들고주다(달아나다)
들고차고/차다(마구 차다.)
들고치다(마구 치다.)
들고튀다 <산속으로 ~.>
들고파다 <영어만 ~.>
들고패다 <자식들만 ~.>
들국화(-菊花) *cf.* 들장미
들그물 *cf.* 끌그물, 후릿그물
들그물류(-類) *cf.* 후릿그물류
들그서내다(들들 뒤져 끄집어내다.)
들기 기술(-技術)
들기름 *cf.* 참기름
들기술(-技術) *cf.* 들재간, 발 기술, 발재간
들기슭 *cf.* 산기슭, 강기슭, 처맛기슭
들길 *cf.* 산길, 숲길
들길 따라 *cf.* 산길 따라, 철길 따라
들까불다
들깨죽(-粥) *cf.* 참깨죽, 호도죽, 타락죽, 잣죽
들깻잎 *cf.* 깻잎, 댓잎, 방앗잎, 연잎, 솔잎
들꽃
들꽃길 *cf.* 꽃길, 과수원 길
들끓어 오르다 <어른이 ~.> *cf.* 끓어오르다
들나물 *cf.* 산나물
들낚시(씨름)
들낚시걸이(씨름)
들녘
들녘 길 *cf.* 산길, 들길
들노래 *cf.* 섬 노래
들놀음/들놀이
들놀이 산놀이(-山-)
들농사(-農事) *cf.* 밭농사, 논농사

ᵛ들다 *cf.* 먹으려 들다, 싸우려 들다
들다 *cf.* 걸려들다, 덤벼들다, 몰려들다
들다 보면 <시중을 ~….> *cf.* 하다 보면, 먹다 보면
들돌(역도에 쓰던 돌)
들들 갈다 <맷돌에 ~.> *cf.* 들들(부사)
들들 볶다
들때밑(세력 있는 집에 사는 오만한 하인)
들떠 있다
들떼놓고(부사)(꼭 집어 바로 말하지 않고) <~ 얼버무린다.>
들뜬상태(-狀態)(물리) *cf.* 바닥상태
들락날락
들락날락하다
들락 말락 하다
들랑날랑하다
들러 가다/들러서 오다
들러리 서다
들러 보다
들러붙다
들러 오다 <친구네를 ~.>
들려 나가다 <들것에 ~.>
들려 드리다
들려오고 있다 <소리가 ~.>
들려오다
들려올 리 없다(-理-)
들려 있다
들려 주다 <손에 ~.>
들려주다 <노래를 ~.>
들리는 듯하다 *cf.* 듯하다
들리듯 하다 *cf.* 듯(어미)
들린바닥(고고학)
들릴 듯 말 듯이 *cf.* 듯(의존 명사)
들릴 듯 말 듯하다 *cf.* 듯하다
들릴라 말라 하다 *cf.* 닿을라 말라 하다, ㄹ라 말락 하다
들릴 만큼 *cf.* 만큼(의존 명사)
들마루
들 만큼 <생각이 ~> *cf.* 만큼

들망/들그물(-網) *cf.* 끌그물, 걸그물
들맞추다 <사장 기분만 ~.>
들머리(들어가는 첫머리)
들먹들먹하다
들메끈(신을 들메는 끈) *cf.* 신끈, 구두끈, 군화끈, 운동화 끈
들바람 *cf.* 산바람, 골바람, 강바람
들밭 *cf.* 산밭, 텃밭
들배지기
들병장수(-甁-)
들부셔내다
들불놀이 *cf.* 쥐불놀이
들뿐더러 *cf.* ㄹ뿐더러
들 뿐만 아니라 *cf.* ㄹ 뿐 아니라
들사냥 *cf.* 매사냥
들사람 *cf.* 산사람, 노햇사람, 뭍사람, 시골 사람, 도회 사람
들사위
들새 *cf.* 산새, 물새
들소
들손 *cf.* 양동이 들손
들숨날숨
들숨소리 *cf.* 날숨소리
들썩들썩거리다
들썽들썽하다
들쑤셔 놓다
들쑥날쑥 *cf.* 들쭉날쭉
들쓰다 <이불을 ~.>
들씌우다
들안개 *cf.* 산안개, 골안개, 바다 안개
들안아놓기(씨름)
들어가는 듯하다 *cf.* 듯하다
들어가다 <방에 ~.>, <학교에 ~.>
들어 가다 <나이가 ~.>, <근거를 ~.>
들어가 버리다
들어가 보다
들어가자마자 *cf.* 자마자(어미)
들어갈 뻔하다 *cf.* 뻔하다
들어내다(들어서 내놓다.) <물건을 ~.>
들어놓기
들어 놓다
들어 달라고 하다 <내 말을 ~.>
들어도 들어도 *cf.* 주어도 주어도, 가도 가도
들어 돌려치기
들어 두다
들어드리다 <요구를 ~.> *cf.* 들어주다
들어 드리다 <짐을 ~.>
들어막기(태권도)
들어맞다
들어맞히다
들어먹다 <재산을 ~.>
들어박히다
들어 버리다 <물건을 ~.>, <잠이 ~.>
들어 보다 <손을 ~.>, <예를 ~.>
들어 보이다 <나이가 ~.>, <힘이 ~.>
들어 보이다 <물건을 ~.>
들어 본즉 *cf.* ㄴ즉(어미)
들어붓다 <물을 ~.>
들어붙다→들러붙다
들어서다
들어서부터이다 <철이 ~.> *cf.* 부터
들어서 있다
들어서자마자 *cf.* 자마자(어미)
들어앉다
들어열개문(-門)
들어오기 전에(-前-)
들어오다 <방으로 ~.>, <학교에 ~.>
들어 오다 <여러 번 들어 온 이야기이다.>
들어오시자마자 *cf.* 자마자
들어오자마자 *cf.* 자마자
들어올려 배지기
들어올려치기(자치기)
들어올리기/들어올리다
들어와 살다 *cf.* 나가 살다
들어 있다
들어잡채기
들어주다 <요구를 ~.>, <손을 ~.>
들어 주다 <물건을 ~.>

들어찍기
들어차다 <교실에 학생이 ~.>
들어치기(씨름)
들었나 보다 *cf.* 했나 보다
들었다 놓다
들었다 놓았다 하다
들었음 직하다 <어디서 ~.>
들여가다 <안으로 ~.>
들여 가다 <힘을 들여 가며 운동을 하다.>
들여놓기 전(-前)/들여놓다
들여다보다
들여 달라 <장가를 ~고 하다.>
들여대다
들여디디다 *cf.* 내디디다
들여보내다 <안으로 ~.>
들여 보다 <물을 ~.>
들여세우다 <안쪽으로 ~.>
들여쌓기 *cf.* 내쌓기
들여쌓다
들여쓰기 간격(-間隔)
들여쓰다
들여앉히다
들여오다
들온말 *cf.* 토박이말
들으나마나 *cf.* 으나마나
들으나마나하다 *cf.* 먹으나마나하다, 있으나마나하다, 나마나하다
들으러 가다
들은귀(들은 경험)
들은 대로 *cf.* 대로(의존 명사)
들은 둥 만 둥 하다 *cf.* 둥(의존 명사)
들은 바에 의하면(-依-) *cf.* 바
들은 이야기 하기는 <~ 쉽다.>
들은 척도 안 하다 *cf.* 척
들은 척하다 *cf.* 척하다
들은 체 *cf.* ㄴ 체, 체
들은 체 만 체하다
들은 체하다 *cf.* 체하다
들은풍월(-風月) *cf.* 얻어들은 풍월

들을 거야 *cf.* ㄹ 거야, 것
들을까 보아
들을 만한 *cf.* 만하다
들음들음 <살림 비용이 ~ 꽤 든다.>
들음 직하다 *cf.* 되었음 직하다, 있었음 직하다, 믿음직하다, 먹음직하다
-들이(접미사) *cf.* 한 말~, 한 되~
들이-(접두사) *cf.* ~밀다
들이굽다 *cf.* 내굽다
들이긋다
들이끌다
들이끼다
들이끼우다
-들이다 *cf.* 끌어들이다, 받아들이다, 공들이다, 힘들이다, 정성들이다
들이닥치다
들이대다 <코 앞에 ~.>
들이덤비다
들이덮치다
들이떨다
들이마르다 <가뭄으로 땅이 ~.>
들이마시다
들이맞추다 <문짝을 문창에 ~.>
들이몰다
들이밀다
들이밀리다
들이박다
들이받다
들이부수다
들이불다(바람이 안으로 불다.)
들이붓다 <기름을 ~.>
들이 비교하기(比較)
들이비추다
들이비치다
들이빨다 <아기가 젖을 ~.>
들이세우다 <우산을 현관 안으로 ~.>
들이쉬다
들이쌓다
들이쏘다

들이쑤시다
들이울다
들이웃다
들이 재기 *cf.* 길이 재기, 부피 재기
들이지르다 <옆구리를 ~.>
들이치다
들이켜다
들이키다 <발을 ~.> *cf.* 내키다
들이패다
들이퍼붓다
들일 *cf.* 논일, 밭일, 집일
들입다 <~ 집어 넣으면서….>
들재간(-才幹) *cf.* 들기술
들쥐 떼 *cf.* 새 떼, 개미 떼, 벌 떼, 모기떼
들짐승 *cf.* 산짐승, 집짐승
들쭉날쭉 *cf.* 들쑥날쑥
들쭉술 *cf.* 머루술, 다래술, 복분자술
들창(-窓)
들창눈이(-窓-) *cf.* 밥풀눈이
들창문(-窓門)
들창코(-窓-) *cf.* 돼지코, 주먹코
들추기보다는 *cf.* 보다
들추어 가며
들추어내다
들추어 보다 <사건 내막을 ~.>
들춰내다
들켜 버리다
들켰나 보다 *cf.* 보다
들킬까 봐
들타작(-打作) *cf.* 진타작, 마른타작
들통 나 버리다
들통 나다
들통 내다
듬뿍듬뿍
듬성듬성
듬성듬성하다
듬쑥듬쑥
듬직해 보이다
-듯(어미) <거짓말을 밥 먹듯 하다.>

✓듯(의존 명사) <비가 올 ~ 말 ~>
듯싶다(보조 용언) <비가 올 ~.>
-듯이(어미) <거짓말을 밥 먹듯이 하다.>
✓듯이(부사) <뛸 ~ 기뻐하다.>
듯하다(보조 용언) <살아날 ~.>
듯 하다('듯'은 어미) <다람쥐 쳇바퀴 돌듯 하다.>, <사시나무 떨듯 하다.>
✓등(等)(의존 명사) <여행 일정 ~을 협의하다.>, <사과, 배, 밤 ~>
(접두사) *cf.* 등전위면, 등지온면
등(等) *cf.* 오등(吾等), 1등, 2등, 3등
등가르기
등 가르다
등가속도 운동(等加速度運動)
등가죽 *cf.* 뱃가죽
등건조도선(等乾燥度線)
등걸밭 *cf.* 자갈밭
등걸불 *cf.* 잉걸불, 깜부기불
등걸숯 *cf.* 뜬숯, 깜부기숯
등걸잠 *cf.* 발칫잠, 한뎃잠
등고도면(等高度面)
등골 빠지다 *cf.* 뼛골 빠지다, 다릿골 빠지다
등골뼈
등굣길(登校-) *cf.* 하굣길, 출셋길, 답삿길, 출근길, 퇴근길, 귀양길, 귀향길, 성묘길, 취재길
등굳힘
등굽잇길 *cf.* 굽은길, 안돌잇길
등글자(-字)(책의)
등 길이 *cf.* 등길이(편수 자료 '가사·실업')
등껍질 *cf.* 등딱지
등꽃(藤-)
등꽃나물(藤-)
등나무 줄(藤-) *cf.* 새끼줄, 나일론 줄, 마닐라삼 줄
등 나비(→등 너비)/등 너비 *cf.* 등나비(편수 자료 '가사·실업')
등 너머
등넘기기
등넘이눈(등 너머로 보는 눈)

등대기톱 *cf.* 양날톱
등대다
등대삼아(燈臺-) *cf.* 거울삼아, 발판삼아, 베개삼아, 의자삼아, 침대삼아
등대지기(燈臺-) *cf.* 문지기, 묘지기
등대탑(燈臺塔)
등댓불(燈臺-) *cf.* 담뱃불, 화롯불, 반딧불
등덜미 *cf.* 목덜미
등덜미 잡히다 *cf.* 목덜미 잡히다
등 돌려 버리다
등 돌리다(외면하다)
등 뒤
등딱지 *cf.* 등껍질
등 떼밀다
등 떼밀려 나가다
등 떼밀리다
등락폭(登落幅) *cf.* 상승폭, 하락폭
등록 받다(登錄-) *cf.* 신청 받다
등록시켜 주다(登錄-)
등록해 놓다(登錄-)
등록해 두다(登錄-)
등 물구나무서기
등밀도선(等密度線)
등바닥
등반대원(登攀隊員) *cf.* 탐험대원
등발진시선(等發震時線)
등배 운동(-運動) *cf.* 몸통 운동
등불(燈-) *cf.* 촛불, 남폿불, 등댓불, 반딧불
등비늘
등뼈 *cf.* 허리뼈, 복사뼈, 엉치뼈
등산 가다(登山-) *cf.* 소풍 가다
등산길(登山-) *cf.* 하산길, 등굣길, 하굣길, 답삿길, 출근길, 퇴근길, 항해길, 피서길, 성묘길, 순방길
등산로(登山路)
등산복 차림(登山服-) *cf.* 신사복 차림, 교복 차림, 군복 차림, 웃차림
등산 용품(登山用品) *cf.* 주방 용품, 생활 용품, 자동차 용품
등산지팡이(登山-)
등살 바르다 *cf.* 예절바르다, 행실 바르다
등성마루
등솔기/등솔
등수두선(等水頭線)
등수심선(等水深線)
등신짓(等神-) *cf.* 바보짓, 천치짓
등심선(等深線)
등쌀대다
등압력선(等壓力線)
등엔탈피선(等-線)
등엔트로피선(等-線)
등연령선(等年齡線)
등염분선(等鹽分線)
등온선(等溫線)
등용문(登龍門)
등용해 주다(登用-)
등우량선(等雨量線)
등자력선(等磁力線)
등잔걸이(燈盞-) *cf.* 옷걸이
등잔 밑(燈盞-) *cf.* 전등 밑, 귀밑, 코밑
등잔불(燈盞-) *cf.* 남폿불, 화롯불, 성냥불
등장인물(登場人物) *cf.* 가공인물, 주요 인물
등전위(等電位)
등전위면(等電位面)
등전자 이온(等電子-)
등조시선(等潮時線)
등주먹치기(태권도)
등줄
등줄기 *cf.* 산줄기, 물줄기
등중력선도(等重力線圖)
등지(等地) <부산, 대구, 광주 ~>
등지느러미 *cf.* 배지느러미, 꼬리지느러미
등지다
등지방 두께(-脂肪-)
등지온면(等地溫面)
등짐장수 *cf.* 봇짐장수, 도붓장수, 보따리장수
등짐지고 오리걸음 걷기
등 쪽 *cf.* 배 쪽, 다리 쪽

등차급수(等差級數)
등차수열(等差數列)
등채기
등쳐감아돌리기/등쳐감아젖히기(씨름)
등쳐 먹다
등축 정계(等軸晶系)(표준국어대사전은 '등축+정계'로 보는 견해)
등축정계(等軸晶系) cf. 사방정계
등충선도(等充線圖)
등치기/등치기놀이
등치다
등치선도(等値線圖)
등타령
등타령(燈-)
등토시(藤-) cf. 털토시
등퍼텐셜면(等-面)
등 푸른 생선(-生鮮) cf. 흰살 어류
등피(燈皮)
등피(-皮)(등가죽)
등·하교(登·下校)/등·하굣길(登·下校-)
등한시하다(等閑視-)
등한시해 오다(等閑視-)
등함량 곡선(等含量曲線)
등허리
등헤엄 cf. 모잽이헤엄, 개구리헤엄
등화관제(燈火管制) cf. 교통관제, 항공관제, 사격 관제, 보도 관제
등화관제선(燈火管制線)
등흘수(等吃水)
디귿자집(-字-) cf. 일자집, 말집
D급(-級) cf. A급, B급
디딜방아
디딜풀무 cf. 손풀무
디딤돌
디딤바닥
디딤방아
디딤판(-板)
디메틸→다이메틸
디스커버리호(-號)
디스켓 주머니 cf. 연장주머니, 사냥 주머니
디스크자키
디아조기(-基)
디아파종상(-賞)
디에틸술파이드→다이에틸설파이드
디에틸에테르→다이에틸에테르
디오니소스형(-型) cf. 아폴론형
디옥신→다이옥신
디젤유(-油) cf. 모빌유, 벙커C유
디즈니사(-社)
디지털망(-網)
디지털시계(-時計) cf. 아날로그시계, 전자시계, 원자시계
딛고 서다
딛고 있다
딜 씨 cf. 무씨, 목화씨, 해바라기씨, 코스모스 씨
딩크족(-族)(의도적으로 자녀를 두지 않는 맞벌이 주부) cf. 듀크족
따 가다
따가워하다 cf. 뜨거워하다
따 가지고 가다
따귀 때리다
따귀 맞다
따끔따끔
따 나가다 <차례차례 한 잎씩 ~.>
따내다 cf. 떠내다, 퍼내다, 파내다
따 내리다
따낸돌(바둑판에서 잡아 들어낸 돌)
따 넣다
따 놓다/놓은 <~ 당상>
따님 댁에(-宅-) cf. 아드님 댁에, 선생님 댁에, 고모님 댁에
따다 놓다
따다 먹다
따다바리다 <얄밉게 ~.>
따다 쓰다 <남의 글귀를 ~.> cf. 따오다
따다 주다
따돌리다
따돌림

따돌림당하다(-當-) *cf.* 당하다
따돌림받다
따 두다
따들이다
따따부따하다
따뜻한가 보다 *cf.* 보다
따뜻한 공기(-空氣) *cf.* 찬 공기
따뜻한 물 *cf.* 찬물, 더운물, 미지근한 물
따뜻한 바닷물
따뜻한 비 *cf.* 찬비
따뜻해 보이다
따뜻해져 가다
따라(조사) *cf.* 오늘따라, 올해따라, 작년따라, 이날따라
따라 가다 <바람 따라 가고 있다.>, <산길을 따라(서) 가고 있다.>
따라가다 <선배를 따라가고 있다.>
따라가 주다
따라갈 만하다 *cf.* 만하다
따라 걷다
따라 나가다/따라 나오다
따라나서다
따라 내다
따라 내려가다 <층계를 ~.>
따라 내려오다
따라 놓다
따라다니다
따라 다니다 <뱃길을 따라(서) 다니다.>
따라 두다
따라 들어가다
따라 들어오다
따라 마시다 <물을 ~.>
따라 먹다 <물을 ~.>
따라 보다
따라 볼 만하다 *cf.* 만하다
따라붙다 <행렬 뒤에 ~.>
따라서다 <내 뒤를 바짝 ~.>
따라오기는커녕 *cf.* 는커녕, 커녕(조사)
따라오다 <나를 따라오고 있다.>
따라 오다 <산길을 따라(서) 오고 있다.>
따라 올라가다 *cf.* 따라 내려가다
따라 올라오다
따라 웃다
따라 읽다
따라잡다 <앞사람을 ~.>
따라잡히다
따라 주다
따라지목숨(비참한 목숨) *cf.* 파리 목숨
따라지신세(-身勢)
따라 하다 <순이가 영이를 따라(서) 하다.>
따로국밥
따로나다 <살림을 ~.>
따로내다 <살림을 ~.>
따로따로(부사)(감탄사)
따로살기 <~ 훈련을 하다.>
따로 살다
따로서다 <아기가 ~.>
따로 서다 <내외가 ~.> *cf.* 따로 앉다
따로 앉다
따로 자다
따로 하다 <계산을 ~.>
따르게 마련이다 *cf.* 게 마련이다, 기 마련이다
따르고 있다
따를 만하다 *cf.* 만하다
따릉따릉
따먹다 <정조를 ~.>, <차를 따먹고 장을 부르다.>
따 먹다 <밤을 ~.>, <입구를 ~.>
따 버리다
따분해 보이다
따분해하다
따비밭(따비로 갈 만한 좁은 밭)
따오다 <남의 글에서 따온 것이다.> *cf.* 따옴표, 큰따옴표, 작은따옴표
따 오다 <과일을 ~.>
따온 말 <성경에서 ~>
따옴말
따위 *cf.* 그 따위, 너 따위, 훔치는 따위

따져 가며 말하다
따져 나가다
따져 묻다
따져 보다
따 주다
따지고 보면
따지기(얼었던 땅이 풀리려고 하는 초봄 무렵)
따지기때(초봄에 얼었던 흙이 풀리려고 할 때)
딱 감다 <눈을 ~.> *cf.* 딱(부사)
딱딱해 보이다
딱 벌리다
딱 부러지게
딱성냥 *cf.* 안전성냥
딱 자르다
딱 잘라 말하다
딱 잡아떼다
딱장받다(형벌을 가해 자백하게 하다.)
딱지날개(딱정벌레의 겉날개)
딱지놀이 *cf.* 놀이
딱지 놓다 *cf.* 퇴짜 놓다
딱지 떼다
딱지 맞다 *cf.* 퇴짜 맞다
딱지본(-本)
딱지붙임
딱지치기
딱지 치다
딱지 친구(-親舊) *cf.* 불알친구, 소꿉친구
딱총알(-銃-) *cf.* 총알, 대포알
딱 한 번/딱 두 번
딱해 보이다 <사정이 ~.>
딴∨(의존 명사) <제 딴에는 잘한 줄 안다.>
딴- *cf.* 딴마음, 딴말, 딴채, 딴판, 딴사람, 딴살림
딴(관형사) *cf.* 딴 길, 딴 생각, 딴 나라, 딴 책, 딴 걸상, 딴 주머니
딴가마(불길이 방고래에 들어가지 않게 딴 곳에 건 가마)
딴것 <~을 보여 주다.>
딴 것 <오늘 ~은 얼마냐?>
딴 곳
딴기적다(-氣-)
딴 길로
딴 나라
딴눈
딴 데에
딴따라패(-牌)
딴뜻(딴 의도) <~이 있는 것 같다.>
딴 뜻(다른 의미) <이 말은 ~으로도 쓰인다.>
딴마음 *cf.* 딴생각
딴마음 먹다 *cf.* 마음먹다
딴마음 먹지 마라
딴말 <~을 하지 마라.>
딴말하다 *cf.* 딴소리하다
딴맛(색다른 맛) <오랜만에 먹으니 ~이 난다.>
딴머리 *cf.* 본머리
딴사람(달라진 사람) <~이 되다.>
딴 사람(다른 사람) <~에게 부탁하다.>
딴사람 되다
딴살림
딴살림 나다/딴살림 내다 *cf.* 살림 나다, 살림 내다
딴살림 차리다
딴생각 *cf.* 딴마음
딴 세상 같다(-世上-)
딴소리(미리 정한 것과 어긋나는 말) <계약 후에 ~를 하면 안 된다.>
딴 소리(다른 소리) <파도 소리 외에 ~는 안 들린다.>
딴소리하다
딴솥(따로 걸어 놓고 쓰는 솥)
딴이름 한소리
딴전 부리다
딴전 피우다
딴집살림
딴집살이(별가살이)
딴 짓
딴쪽(공업의 inset)
딴채 *cf.* 별채
딴 채 <돈을 ~ 먼저 가 버리다.>

딴청 부리다
딴청 피우다
딴통같이(전혀 엉뚱하게)
딴판 <형과는 ~이다.>
딴 판(-版)(다른 판) <~을 인쇄하다.>
딴혀쪽매 *cf.* 제혀쪽매
딸 가자미
딸각발이
딸기 덤불 *cf.* 나무 덤불, 찔레 덤불, 가시덤불
딸기맛 *cf.* 배맛, 사과맛, 고기맛
딸기밭 *cf.* 고구마밭, 복숭아(나무)밭, 사과(나무)밭, 포도(나무)밭
딸기빛 *cf.* 녹두빛, 대춧빛
딸기술 *cf.* 살구술, 오디술, 머루술
딸기코 *cf.* 빈대코, 주먹코, 사자코
딸기편 *cf.* 살구편, 앵두편
딸기향(-香) *cf.* 바나나향, 레몬향
딸기혀(병 이름. 莓舌)
딸깃물 *cf.* 모싯물, 오디물, 창포물, 치자물, 감물, 쪽물, 갈물
딸 낳다 *cf.* 아들 낳다
딸네 집에 *cf.* 아들네 집
딸년 *cf.* 아들놈
딸 노릇 *cf.* 아들 노릇, 사위 노릇
딸 된 도리(-道理) *cf.* 아들 된 도리
딸랑딸랑
딸려 가다/딸려 오다
딸려 나오다
딸려 보내다
딸려 있다
딸린곱은옥(-玉)
딸린무덤(고고학)
딸린음(-音)
딸린음조(-音調)
딸림 9음(-九和音)
딸림음(-音)
딸림 7화음(-七和音)
딸림화음(-和音) *cf.* 버금딸림화음
딸부자(-富者)
딸부잣집(-富者-)
딸 삼다 *cf.* 며느리 삼다, 아들 삼다
딸세포(-細胞)
딸아이 *cf.* 아들아이
딸애 *cf.* 아들애
딸자식(-子息) *cf.* 아들자식
딸핵(-核)
땀구멍 *cf.* 숨구멍, 털구멍, 숫구멍
땀나다
땀내 *cf.* 향내, 풀내, 흙내, 살내
땀내다
땀 냄새 *cf.* 몸 냄새, 풀 냄새, 흙냄새
땀 냄새 나다
땀 들이다
땀등거리(땀받이)
땀띠 나다
땀띠약(-藥) *cf.* 감기약, 파리약
땀바가지 *cf.* 욕바가지, 주책바가지
땀받이
땀방울 *cf.* 물방울, 빗방울, 핏방울, 침방울, 눈물방울, 비눗방울, 기름방울, 공기 방울
땀벌창
땀범벅 *cf.* 기름범벅, 눈물범벅, 피범벅, 꿀범벅, 호박범벅
땀복(-服)
땀 빠지다 *cf.* 힘 빠지다, 김빠지다
땀 빼다 *cf.* 진땀 빼다
땀샘
땀수건(-手巾) *cf.* 세수수건, 물수건
땀자국 *cf.* 침자국, 눈물 자국, 여드름 자국
땀줄기 *cf.* 빗줄기, 핏줄기, 힘줄기, 산줄기
땀참봉(-參奉)(땀을 몹시 흘려 후줄근한 상태의 사람) *cf.* 물참봉
땀투성이 *cf.* 기름투성이, 먼지투성이, 흙투성이
땀 흘려 가며
땀 흘리다
땅가물
땅갈기
땅값 *cf.* 집값

땅거미
땅거미 지다 *cf.* 해지다
땅고기〔底魚〕
땅고르기
땅(을) 고르다
땅고집(-固執) *cf.* 옹고집
땅굴(-窟)
땅굴 파기(-窟-)
땅굴(을) 파다(-窟-)
땅귀신(-鬼神) *cf.* 물귀신
땅기운 *cf.* 술기운, 약기운
땅까불(암탉이 몸을 땅에 대고 비비댐.)
땅깎기
땅껍질
땅끝 *cf.* 손끝, 발끝
땅끝탑(-塔) *cf.* 광고탑, 선전탑
땅내 맡다
땅 넓이
땅 다루기
땅(을) 다루다
땅덩어리 *cf.* 눈덩어리, 흙덩어리, 돌덩어리
땅덩이 *cf.* 눈덩이, 흙덩이, 불덩이
땅두멍(도자기 흙을 가라앉히기 위한 구덩이)
땅따먹기 *cf.* 땅뺏기
땅뙈기 *cf.* 밭뙈기
땅마지기 *cf.* 논마지기
땅 모양(-模樣) *cf.* 산 모양, 집 모양
땅문서(-文書) *cf.* 집문서, 토지 문서
땅바닥 *cf.* 흙바닥, 방바닥, 마룻바닥
땅바람 *cf.* 골바람
땅뺏기 *cf.* 땅따먹기
땅뺏기하다
땅사태 *cf.* 눈사태, 산사태
땅속 *cf.* 흙속, 물속
땅속 식물(-植物)
땅속줄기 *cf.* 뿌리줄기, 물속줄기
땅안개 *cf.* 물안개, 들안개, 산안개, 밤안개
땅 오염(-汚染) *cf.* 물 오염, 대기 오염, 토질 오염, 환경오염

땅울림
땅 위
땅위뿌리
땅위줄기
땅 이름
땅 일구기
땅(을) 일구다
땅장사/장수 *cf.* 집 장사
땅재먹기 *cf.* 땅뺏기, 땅따먹기
땅(을) 재먹다
땅재주(-才-)(민속)
땅주낙 *cf.* 바닥주낙
땅 주인(-主人) *cf.* 집주인, 산 주인
땅줄기 *cf.* 땅속줄기, 산줄기
땅 짚고 헤엄치기
땅콩
땅콩기름 *cf.* 콩기름, 참기름, 고추기름
땅콩밭 *cf.* 감자밭, 고구마밭, 배추밭, 수박밭, 시금치밭, 인삼밭
땅파기 <~ 작업>
땅 파기 <땅(을) 파기 위하여….>
땅 파먹다
땅 파헤치기
땅 팔다 *cf.* 집 팔다
땅힘〔地力〕
땋아 가다
땋아 내리다
땋아 보다
땋아 주다
땋은 그물실
땋은머리
-때 *cf.* 그때, 이때, 이맘때, 저녁때, 점심때
ᵛ때 *cf.* 식사 때, 아무 때나
때가다 <거짓말을 하다가는 때갈 줄 알아.>
때깔 곱다
때깔 좋다
때꼽재기 *cf.* 눈곱자기
때꾼해 보이다
때 끼다

때늦은/늦다 *cf.* 때 이르다
때때로
때때신
때때옷 *cf.* 꼬까옷
때때저고리
때려내기끌
때려누이다
때려눕히다
때려마시다
때려먹다
때려 박다 *cf.* 쑤셔 박다, 우겨 박다
때려 보다
때려부수다
때려 엎다 <사업을 ~.>
때려잡다 <적군을 ~.>
때려 잡다 <몽둥이로 짐승을 때려(서) 잡다.>
때려 주다
때려죽이다 *cf.* 찔러 죽이다, 던져 죽이다, 쳐 죽이다
때려치기(자치기)
때려치우다
때리려 들다
때림도끼
때마침 *cf.* 그때 마침
때맞게 <~ 잘 왔다.>
때맞추다
때맞춰 가다
때맞춰 오다
때문(의존 명사) *cf.* 몸살 때문에, 너 때문에
때문인 듯하다 *cf.* 듯하다
때문일 거야
때 묻다 <때 묻은 옷>, <기름때 묻은 옷>
때 벗다 *cf.* 허물 벗다, 누명 벗다
때수건(-手巾) *cf.* 세수수건, 물수건, 땀수건
때 아닌 <겨울에 ~ 비가 내리다.>
때 없이(아무 때나) <사람들이 ~ 찾아오다.>
때오르다(순수성이 없어지다.)
때워 주다
땔감 *cf.* 일감, 놀림감, 불땔감
땔거리 *cf.* 볼거리, 웃음거리, 국거리
땔나무
땜일 *cf.* 밭일, 논일, 칠일
땜장이(-匠-)
땜쟁이(연주창을 앓은 사람)
땜질해 놓다
땟거리 *cf.* 국거리, 찬거리, 끼닛거리, 이야깃거리, 골칫거리
땟국
땟덩이
땟물 *cf.* 꽃물, 딸깃물, 모싯물, 쓸갯물, 치자물, 창포물
땟물 벗다
땟솔 *cf.* 구둣솔, 양복솔, 면솔, 빨랫솔
땟자국 *cf.* 곰봇자국, 글씨 자국, 여드름 자국
땡땡이 부리다
땡땡이치다 <수업을 ~.>
땡볕
땡잡다
땡전 한 푼 없다
떠가다 <물을 ~.>, <물 위에 ~.>, <구름이 ~.>
떠 가다 <눈을 ~.>, <떠(서) 가는 꽃 위에 ….> *cf.* 떠 오다
떠꺼머리처녀(-處女)
떠꺼머리총각(-總角)
떠나가도록 <집이 ~ 외치다.>
떠나가 버리다
떠나가 주나
떠나갈 듯이 *cf.* 듯이
떠나 다오
떠나 달라고 <아기를 ~ 하나.>
떠나려 하다
떠나 버리다
떠나보내다 <자식을 멀리 ~.>
떠나 살다
떠 나아가기
떠 나오는 <아침 햇발이 동해를 ~….>
떠나오다('떠나가다'에 대응되는 말로서도 '떠나오다')

떠나 오다(떠나서 오다)
떠나 있다
떠나자마자 *cf.* 자마자
떠나 주다
떠난 지 <~ 하루 만에> *cf.* 지(의존 명사)
떠날 듯하다 *cf.* 듯하다
떠났던 말이다 *cf.* 말이다
떠내다
떠내려가다
떠내려 보내다
떠내려오다
떠내려온 쪽
떠넘기다
떠 넣다
떠 넣어 주다
떠 놓다
떠 놔라
떠는목/떠는음(-音)→떠는소리
떠는소리(피리 등) *cf.* 흘러내리는 소리, 꺾는 소리
떠다 놓다
떠 다니다 <물 위에 둥둥 떠(서) 다니다.>
떠다니다 <낙엽이 하늘을 ~.>
떠다밀다
떠다박지르다
떠다 주다
떠대다
떠돈단 말이야 *cf.* 말이다/말이야/말이오
떠돌다
떠돌아다니다
떠돌아들다
떠돌이별
떠 두다
떠들어 대다 *cf.* 우겨 대다, 웃겨 대다, 웃어 대다, 울어 대다, 짖어 대다 *cf.* 대다(보조 용언)
떠들어 쌓다 *cf.* 우겨 쌓다, 웃어 쌓다, 울어 쌓다, 짖어 쌓다, 쌓다(보조 용언)
떠들어 오다 <계속 떠들어 오던 이야기다.>
떠들어오다 <이 동네에 떠들어온 지 벌써 3 년이다.>
떠들추다 <비리를 ~.>
떠 마시다
떠맡겨 놓다
떠맡겨 버리다
떠맡기다
떠맡아 가다/떠맡아 오다
떠맡아 하다
떠먹다 <김칫국을 ~.>
떠 먹다〔떠(서) 먹다의 뜻으로는〕
떠먹여 주다
떠먹이다
떠메고 오다
떠메다(어깨에 메다.)
떠밀다
떠밀려 가다
떠밀려 다니다
떠밀려 오다
떠밀어 내다
떠밀어 버리다
떠받들다
떠받들어 주다
떠받쳐 나가다
떠받쳐 오다
떠받쳐 주다
떠받치다
떠벌려 놓다
떠벌리다
떠보다 <남의 속마음을 ~.>
떠 보다 <눈 좀 떠 보아라.>
떠서 먹다
떠안기다 <회장직을 ~.>
떠안다
떠얹다
떠오다 <배가 물 위에 ~.> *cf.* 떠가다
떠 오다 <물을 ~.> *cf.* 떠 가다
떠오르다 <동산에 떠오르는 달>, <미소가 ~.>
떠오르며 나아가기
떠 온 물

떠올라 보이다
떠올려 보다
떠올려 주다
떠올리다
떠옮기다
떠 있다
떠 주다
떡가래 *cf.* 엿가래
떡가루 *cf.* 쌀가루, 횟가루, 쇳가루
떡갈나무 숲 *cf.* 소나무 숲
떡갈나무 잎 *cf.* 단풍나무 잎, 은행나무 잎
떡갈나무 할아버지
떡갈잎 *cf.* 솔잎, 갈잎, 단풍잎, 은행잎
떡값 *cf.* 약값
떡국 *cf.* 생떡국, 무리떡국
떡국차례(-茶禮) *cf.* 생신차례, 팥죽 차례
떡 나눠먹기
떡노래
떡돌
떡두꺼비 같다
떡만둣국(-饅頭-) *cf.* 떡국, 고깃국, 시래깃국
떡먹기내기
떡먹듯이 *cf.* 듯이(어미)
떡밥 *cf.* 밑밥
떡방아 *cf.* 보리 방아
떡방아 소리
떡 버티다
떡 벌이다
떡볶이
떡 본 김에 <~ 제사 지낸다.> *cf.* 김에
떡비 <실비 ~ 내려라.>
떡살무늬 *cf.* 빗살무늬
떡 싱자(-箱子)
떡소 *cf.* 송편소
떡시루
떡시루 잡기
떡쌀
떡암죽(-粥)
떡을할 <~ 놈 같으니라구….>
떡잎 *cf.* 겉잎, 속잎
떡 장사 *cf.* 책 장사, 체 장사, 군고구마 장사, 고물 장사, 고추 장사, 과일 장사, 과자 장사, 기름 장사, 꽃 장사, 두부 장사, 생선 장사, 채소 장사, 나무장사, 물장사, 엿장사
떡 장수 *cf.* 책 장수, 체 장수
떡줄(찌꺼기 실로 만든 연줄)
떡 치다
떡판(-板)
떡함지 *cf.* 밥함지
떡 해 먹다
떡 해 먹을 세상(-世上) <~ 같으니라구….>
떤꾸밈음(-音)
떨걱마루 *cf.* 들마루
떨고 있다
떨기나무층(-層)(관목층)
떨듯 하다 <사시나무 ~.> *cf.* 듯(어미)
떨 듯하다(떨 것 같다.) *cf.* 듯하다
떨떠름해하다
떨렁떨렁
떨려나다 <직장에서 ~.>
떨려 오다
떨림판(-板)
떨어가다 <도맷값으로 ~.>
떨어내다
떨어 대다
떨어뜨기
떨어뜨려 놓다
떨어뜨려 버리다
떨어뜨려 보다
떨어뜨려 주다
떨어뜨리기
떨어뜨리다/트리다
떨이먹다 →떨어먹다
떨어 먹다 <흙을 떨어(서) 먹다.>
떨어 버리다 <시름을 ~.>
떨어져 가다
떨어져 나가다
떨어져 나오다

떨어져 내리다
떨어져 버리다
떨어져 보다
떨어져 앉기
떨어져 있다
떨어져 지내다
떨어졌는걸 *cf.* 는걸(어미)
떨어주기/진동법(振動法)
떨어지자마자 *cf.* 자마자
떨어질락 말락 하다 *cf.* ㄹ락 말락 하다
떨어질 뻔하다 *cf.* 뻔하다
떨쳐나서다 <경제 살리기에 온 국민이 ~.>
떨쳐 내다
떨쳐 버리기 위해서라도
떨쳐 버리다
떨쳐 보이기 위해
떨쳐 일어나다
떫디떫다 *cf.* 곱디곱다, 다디달다, 쓰디쓰다
떫은감 *cf.* 단감
떫은 맛 *cf.* 신맛, 단맛, 쓴맛, 짠맛, 매운맛, 아린 맛
떳떳해하다
떼 가다
떼강도(-强盜) *cf.* 떼도둑, 떼거지, 떼꿩, 떼송장, 떼죽음
떼거지
떼구름 *cf.* 띠구름
떼굴떼굴(부사)
떼꾸러기 *cf.* 말썽꾸러기
떼꿩
떼내다
떼내 주다
떼는목(판소리)
떼 단 쌓기
떼도둑 *cf.* 떼강도, 떼거지, 떼송장, 떼죽음
떼돈 벌다
떼러 가다
떼려야 뗄 수 없다
떼먹다
떼밀다/떼밀리다
떼 버리다
떼붙임/떼붙이기
떼붙임공(-工) *cf.* 줄떼공, 물돌리기공
떼송장 *cf.* 떼죽음, 떼거리, 떼강도
떼쓰다
떼알 구조(-構造) *cf.* 홑알 구조
떼어 가다
떼어 가지고 가다
떼어 내라
떼어논 당상(-堂上)
떼어 놓다
떼어 두다
떼어먹다 <남의 돈을 ~.>
떼어 먹다 <떡을 손으로 조금씩 떼어(서) 먹다.>
떼어먹히다 <돈을 모두 ~.>
떼어 버리다
떼어 보다
떼어 오다 <시장에서 물건을 ~.>
떼어 주다
떼울음
떼입히기
떼잔디
떼쟁이 *cf.* 욕심쟁이, 욕쟁이, 심술쟁이, 말쟁이, 거짓말쟁이
떼 주다
떼죽음 *cf.* 떼송장, 떼강도, 떼거지
떼죽음당하다(-當-) *cf.* 당하다
떼지어 다니다
떼지어 있다
떼짓다
뗀석기(-石器) *cf.* 간석기
뗏말 <~에 망아지>
뗏목
뗏밥 *cf.* 낚싯밥
뗏밥 주다
뗏일 *cf.* 논일, 밭일
또다른
또 다른(~ 사람이….)

또다시
또드락장이(-匠-)
또랑광대(판소리를 잘 못하는 사람)
또랑또랑하다
또래 집단(-集團) *cf.* 놀이 집단
또렷또렷하다
또박또박
또박또박 말하기
또 하나의
또 한 번
똑같다 *cf.* 꼭 같다
똑같아 보이다
똑같이
똑같이 나누기
똑같이 나누어보기
똑같이 쌓아보기
똑도기자반(살코기를 잘라 볶아 만든 자반) *cf.* 콩자반, 고등어자반, 가루자반
똑따다 <저 아이는 엄마를 똑땄다.>
똑딱단추 *cf.* 스냅 단추
똑딱망치(북한) *cf.* 대갈마치
똑딱선(-船)
똑떨어지다(맞아떨어지다) <계산이 ~.>
똑똑한 체하다 *cf.* 체하다
똑똑해 보이다
똑바로
똑바르다
똑 소리 나다
똘똘 뭉치다
똘똘해 보이다
똥감태기 *cf.* 욕감태기, 흙감태기
똥값 *cf.* 깻값, 물값
똥강아지 *cf.* 똥개
똥개
똥거름장수
똥겨 주다 <글뜻을 ~.>
똥구덩이
똥구멍 *cf.* 눈구멍, 목구멍, 귓구멍, 콧구멍
똥끝 *cf.* 혀끝, 코끝, 뼈끝

똥내 *cf.* 입내, 발내, 땀내, 살내
똥내 나다 *cf.* 향내 나다, 냄새나다
똥 냄새 *cf.* 오줌 냄새
똥 누다 *cf.* 피똥 누다, 오줌 누다
똥 되다(체면이 형편 없이 되다.)
똥(이) 되다 <먹은 것이 ~.>
똥딱지 *cf.* 코딱지, 게딱지
똥마렵다 *cf.* 오줌 마렵다
똥물
똥바가지 *cf.* 물바가지, 욕바가지
똥배짱
똥범벅 *cf.* 땀범벅, 피범벅, 기름범벅
똥빠지다(속어)
똥 속
똥 싸다 *cf.* 오줌 싸다, 피똥 싸다
똥오줌
똥자루 <~가 길다.>
똥장군 *cf.* 오줌장군, 술장군
똥주머니 *cf.* 밥주머니
똥줄
똥줄 당기다
똥줄 빠지게
똥줄 타다
똥지게 *cf.* 물지게, 꼴지게, 쟁기지게, 나무지게
똥집
똥창 맞다 *cf.* 배짱 맞다
똥 치다 *cf.* 거름 치다
똥칠해 주다
똥침 주다(-鍼-)
똥탈 나다 *cf.* 배탈 나다, 탈 나다, 설사 나다
똥파리
똥항아리(-缸-) *cf.* 꿀항아리
뙈기밭
뙤새집(안뜰을 중심으로 'ㅁ'자 모양으로 된 집)
뙤약볕 *cf.* 가을볕, 여우볕
뙤창문(-窓門)
뚜껑돌(고고학)
뚜껑받이
뚜껑밥 <~을 먹이다.>

뚜껑접시
뚜껑항아리(-缸-)
뚜드려 내다
뚜드려 맞추다
뚜드려먹다 *cf.* 때려먹다
뚜뚜빵빵
뚜렷뚜렷
뚜렷이 하다 <성격을 ~.>
뚜렷한 만큼 *cf.* 만큼(의존 명사)
뚜렷한만큼(뚜렷하니만큼)
뚜렷해져 가다
뚜벅뚜벅
뚜쟁이
뚜쟁잇감 *cf.* 사윗감, 며느릿감, 아냇감
뚝 그치다
뚝딱뚝딱
뚝배기춤
뚫고 가다
뚫고 나가다
뚫고 나오다
뚫고 들어가다
뚫고 들어오다
뚫려 있다
뚫린골 *cf.* 막다른골
뚫린 골목 *cf.* 막다른 골목
뚫어 가다
뚫어 나가다
뚫어 내다
뚫어 놓다
뚫어 두다
뚫어맞히다
뚫어새기다 <글자를 나무판에 ~.>
뚫어 오다
뚫어져 가다
뚫어 주다
뚫어지게 보다
뚫어진 듯 *cf.* 듯하다
뚱겨 보다 <가야금을 ~.>
뚱딴지같다
뚱딴짓소리
뚱뚱하단 말이야 *cf.* 말이다/말이오
뚱뚱해 보이다
뛰고 있다
뛰나마나하다
뛰놀다
뛰어가기
뛰어가다
뛰어가다시피 하다 *cf.* 다시피 하다
뛰어가 버리다
뛰어가 보다
뛰어 건너가다
뛰어 건너다
뛰어나가다
뛰어나다
뛰어나오다
뛰어날아 앞구르기
뛰어내려가다
뛰어내려오다
뛰어내리기
뛰어내리다
뛰어넘기
뛰어넘다
뛰어넘어가다
뛰어넘어 보다
뛰어놀기는커녕 *cf.* 기는커녕, 커녕
뛰어놀다
뛰어다니다
뛰어 달아나다
뛰어들기
뛰어들다
뛰어들어가다
뛰어들어오다
뛰어 모둠발차기
뛰어 반대발 무릎으로 공차기(-反對-)
뛰어 보다
뛰어봤자 <제놈이 ~ 별수 있나?>
뛰어서 세어 보다
뛰어세기 *cf.* 묶어세기

뛰어세기하다
뛰어 세는 규칙 찾기(-規則-)
뛰어 앞구르기
뛰어앞차기
뛰어 앞 차다
뛰어오다
뛰어오르기
뛰어 오르기와 내리기
뛰어오르내리기
뛰어 오르내리다 <깡충깡충 ~.>
뛰어오르다
뛰어 올라가다(뛰어(서) 올라가다)
뛰어올라 다리벌려 서기
뛰어올라 돌기
뛰어차기
뛰어 한바퀴 몸틀며 구르기
뛰쳐나가다
뛰쳐나오다
뛰쳐 들어가다
뛸 듯이 *cf.* 듯이
뛸 듯이 기쁘다
뜀뛰기
뜀뛰기하다
뜀뛰다
뜀뛰어 발바닥치기
뜀박질해 오다
뜀틀
뜀틀놀이
뜀틀에 뛰어올라 높이 뛰어오르기
뜀틀에서 다리벌려 뛰어넘기
뜀틀에서 앞구르기
뜀틀 운동(-運動) *cf.* 마루 운동
뜀틀 위에서 앞구르기
뜀틀을 머리 대고 넘기
뜀틀을 연속으로 뛰어넘기(-連續-)
뜨개바늘 *cf.* 시곗바늘, 주삿바늘
뜨개 바탕
뜨개실
뜨개질감 *cf.* 바느질감
뜨개질바늘 *cf.* 뜨개바늘, 주삿바늘, 시곗바늘
뜨개코
뜨갯거리
뜨갯것 *cf.* 박이것, 무명것, 뜯이것
뜨거운 플룸
뜨거워 보이다
뜨거워하다
뜨겁디뜨거운/뜨겁다 *cf.* 차디찬
뜨게부부(-夫婦) <오다가다 만난 ~일망정….>
뜨고 지다 <달이 ~.>
뜨내기살림
뜨내기손님
뜨내기장사/장수 *cf.* 보따리장사, 봇짐장수
뜨덤뜨덤
뜨뜻미지근하다
뜨뜻해 보이다
뜨뜻해져 가다
뜨문뜨문
뜨임(금속) *cf.* 템퍼링
뜨임 메짐(금속)
뜨임색(-色)
뜨자마자 <눈을 ~> *cf.* 자마자
뜬걸그물
뜬것(뜬귀신. 우연히 관계를 맺게 된 사물)
뜬 것 <물 위에 ~/공중에 ~>
뜬계집
뜬고기/부어(浮魚)
뜬공
뜬광대
뜬구름 <인생은 ~과 같나.>
뜬 구름 <하늘에 ~을 보라.>
뜬구름 같다
뜬구조(-構造)
뜬귀신(-鬼神)(떠돌아다니는 못된 귀신)
뜬금없이/없다
뜬기초(-基礎)
뜬김
뜬눈 <~으로 밤을 새우다.>
뜬 눈 <크게 ~으로 노려보다.>

뜬다리(부교)(북한)
뜬더러움(인쇄)
뜬도배
뜬돈(우연히 생긴 돈)
뜬머슴
뜬발
뜬벌이
뜬부두(-埠頭)
뜬 생각
뜬세상(-世上)
뜬소리
뜬소문(-所聞)
뜬쇠
뜬숯 *cf.* 참숯, 등걸숯, 깜부기숯
뜬숯불
뜬용(-龍)
뜬잎[浮葉]
뜬재물(-財物)
뜬주낙
뜬흘림발 양식 어장(-養殖漁場)
뜯게옷
뜯게칼
뜯고 있다
뜯어 가며/가다
뜯어고치다 <부엌을 ~.>
뜯어내다
뜯어놓다
뜯어 두다
뜯어말리다 <싸움을 ~.>
뜯어맡다
뜯어먹다[편취(騙取)의 뜻으로는 '뜯어먹다']
뜯어 먹다[뜯어(서) 먹다.]
뜯어벌이다 <부품을 뜯어벌여 놓고는 다시 맞추지 못한다.>
뜯어보다 <얼굴을 ~.>
뜯어 보다 <소포를 ~.>
뜯어 붙이다
뜯어 오다 <나물을 ~.>
뜯어읽다
뜯어져 있다
뜯어 주다
뜯이것 *cf.* 박이것
뜯적뜯적하다
뜰 가 *cf.* 마당가
뜰 구석 *cf.* 방구석
뜰 밑에서
뜰 수 없을 만큼 <배가 ~….> *cf.* 만큼
뜰아래채(뜰 아래쪽의 집채)
뜰아랫방(-房)
뜰 안 <~에 심어 두다.> *cf.* 뜰 밖
뜰 앞
뜰층계(-層階)
뜰힘(부력)
뜸 들다
뜸 들이다
뜸마을(몇 집씩 모여 있는 작은 마을)
뜸베질(소가 물건을 들이받는 짓)
뜸북뜸북
뜸줄
뜸집
뜸집배
뜸해져 가다
뜻글자(-字) *cf.* 소리글자
뜻글자/표의 문자(-字/表意文字)
뜻 깊은(깊은 뜻이 있는) <~ 구절>, (의의 있는) <~ 행사를 하다.>
뜻대로 *cf.* 멋대로, 맘대로
뜻 맞다
뜻매김
뜻 모를/모르다
뜻밖에
뜻밖이다
뜻 없다
뜻에서라기보다
뜻을 같이하다
뜻을 달리하다
뜻이었네그려 *cf.* 그려
뜻있는/있다(의의가 있는) <~ 행사>

뜻 있는(의향이 있는) <뜻(이) 있는 사람>
뜻풀이
뜻하지 않은/않다
띄이 놓다
띄어 써라
띄어쓰기 <우리말 ~는 참 어렵다.> *cf.* 붙여쓰기, 풀어쓰기, 받아쓰기
띄어 쓰기 <합성어를 두 낱말로 ~ 쉽다.>
띄어 쓰다 *cf.* 붙여 쓰다
띄어읽기 *cf.* 끊어읽기
띄어 읽다
띄엄띄엄
띄움낚시 *cf.* 흘림낚시, 던질낚시, 속임낚시
띄워 놓다
띄워 보내다
띄워 올리다
띄워 주다
띠강판(-鋼板)
띠고리
띠구름 *cf.* 떼구름
띠구조(-構造)
띠그래프
띠그래프 그리기
띠그래프 알아보기
띠그래프의 정보 읽기(-情報-)
띠 모양(-模樣) *cf.* 원 모양
띠방울
띠뱃놀이
띠벽지(-壁紙)
띠살문(-門)
띠스펙트럼
띠씨름 *cf.* 샅바씨름
띠앗머리 <~ 사납다.>
띠양판문(-洋板門)
띠어 가다
띠어보다(잠깐 동안 여겨보다.)
띠열장붙임
띠철근(-鐵筋)
띠철근 기둥(-鐵筋-)
띠톱 *cf.* 둥근톱
띠톱날 *cf.* 둥근톱날
띠허리
띤 채로 <연두색을 ~….> *cf.* 채
띳장널문(-門) *cf.* 띠장널문(편수 자료 '공업')
띳집

라

-ㄹ거나(어미) <바다로 갈거나….>
-ㄹ 거예요 <그 사람은 모를 거예요.>
-ㄹ 거요 <그 사람도 모를 거요.>
-ㄹ걸(어미) <너는 꼭 합격할걸.>
-ㄹ 걸(ㄹ 것으로) <승낙할 걸로 알고 있다.>
-ㄹ 걸세(ㄹ 것일세) <그 사람은 안 올 걸세.>
-ㄹ걸요(어미) <그 사람이 더 클걸요.>·
-ㄹ게(어미) <나도 내일 갈게.>
-ㄹ 겸 해서 <머리도 식힐 겸 해서> *cf.* 겸
-ㄹ까 말까 <집에 갈까 말까 망설이다.>
-ㄹ까 말까 하다 <갈까 말까 하다.>
-ㄹ까 보냐 <내가 너한테 질까 보냐?>
-ㄹ까 보다 <이제 집에 갈까 보다.>
-ㄹ 나위 없다 <더 말할 나위 없다.> *cf.* 나위
-ㄹ 둥 말 둥 하다 <올 둥 말 둥 하다.> *cf.* 둥
-ㄹ 듯싶다 <비가 올 듯싶다.> *cf.* 듯싶다
-ㄹ 듯이 <뛸 듯이 기뻐하다.> *cf.* 듯이
-ㄹ락 말락 하다 <손이 닿을락 말락 하다.>
-ㄹ 리 없다(-理-) <그럴 리 없다.> *cf.* 리
-ㄹ 만하다 <그는 믿을 만하다.> *cf.* 만하다
-ㄹ망정(어미) *cf.* 나이는 어릴망정
-ㄹ 바에야 <이왕 떠날 바에야….> *cf.* 바
-ㄹ밖에 <뜻이 안 맞으니 헤어질밖에….> *cf.* 밖에(조사)
-ㄹ 뻔했다 *cf.* 뻔하다
-ㄹ뿐더러(어미)
-ㄹ 뿐만 아니라
-ㄹ성부르다 <될성부른 나무는 떡잎부터 알 수 있다고 했다.> *cf.* 성싶다
-ㄹ 성싶다 <될 성싶지도 않은 일에 매달리다.> *cf.* 성싶다
-ㄹ세그려 <여간 아닐세그려.> *cf.* 그려
-ㄹ세라 <행여 늦을세라.>
-ㄹ세말이지 <여간 클세말이지.> *cf.* 말이다
-ㄹ수록(어미) *cf.* 하면 할수록
-ㄹ 수밖에 없다 <인젠 단념할 수밖에 없다.> *cf.* 밖에(조사)
-ㄹ쏘냐 <너에게 질쏘냐?>
-ㄹ 양으로 <그를 만날 양이면 틈을 내라.>
-ㄹ 양이면 <그를 만나 볼 양이면 아침 일찍 와야 한다.> *cf.* 양(의존 명사)
-ㄹ/을 따름('그뿐'을 나타내는 말) <오직 공부할 따름이다.>
ㄹ자집(-字-) *cf.* ㄱ자집, ㅁ자집, 일자집, T자집
-ㄹ작시면 <하는 짓을 볼작시면 앞날이 참으로 걱정된다.>
-ㄹ지언정 <낙제를 할지언정….>
-ㄹ 터이다 *cf.* 터
-ㄹ 테야 <나도 갈 테야.> *cf.* 터
라니냐 현상(-現象) *cf.* 엘리뇨 현상
라돈천(-泉)
라드형(-型)
라디오파(-波)
라마 교(-敎)
라마승(-僧)
라마탑(-塔)
라멘교(-橋) *cf.* 트러스교
라벤더유(-油) *cf.* 부아드로즈유
라사열(-熱) *cf.* 뎅기열, 로키산열
라세미체(-體)
라셀음(-音)
라셸 그물감
라우르산(-酸)→로르산
라우에법(-法)
라우에 점무늬(-點-)
라유(辣油) *cf.* 고추씨기름, 올리브유
라이덴병(-甁) *cf.* 해류병, 씻기병
라이트급(-級) *cf.* 페더급
라이플총(-銃) *cf.* 모제르총
라인 강(-江)
라일락꽃
라임병(-病)(피부에 빨간 반점이 생기는 병)
라임즙(-汁) *cf.* 레몬즙
라장조(-長調) *cf.* 가장조

라코타족(-族)
라틴계(-系)
라틴 말/라틴 어(-語)
라틴십자(-十字)
라틴아메리카
라틴 인들(-人-)
라틴족(-族)
라프족(-族)
라호테프·네페르트상(-像)
-락-락(어미) <언덕을 오르락내리락하다.>
락토스/젖당
란타넘[란탄]족(-族) <~ 원소> *cf.* 할로젠[할로겐]족
란타늄→란타넘
란탄→란타넘[란탄]
랑게르한스 섬
래시선(-船) *cf.* 트롤선
래치 바늘
래치훑기
래핑면(-面)
랜드레이스종(-種) *cf.* 두록저지종
램 양모(-羊毛)
랩땜 케이블 접합(-接合)
랭거교(-橋)
랭스 강(-江)
랭스 대성당(-大聖堂)
랭커스터가(-家) *cf.* 케네디가, 플랜태저넷가
랭크되다
러 불규칙(-不規則)
러 불규칙 동사(-不規則動詞)
러 불규칙 형용사(-不規則形容詞)
러브파(-波)
러시아군(-軍) *cf.* 프랑스군
러시아 말
러시아 사람
런던교(-橋)
런던탑(-塔) *cf.* 에펠탑, 바벨탑
런던학파(-學派) *cf.* 기호학파, 영남학파, 스토아학파
런어웨이 턴오프등
럼주(-酒)
레그혼종(-種) *cf.* 뉴햄프셔종
레만 불연속선(-不連續線)
레몬수(-水)/레몬유(-油) *cf.* 팜유, 올리브유
레몬향(-香) *cf.* 바나나향
레이노병(-病)
레이노 현상(-現象)(혈액 순환 장애)
레이놀즈수(-數)
레이더망(-網)
레이스사(-絲)
레일리파(-波)/레일리판(-板)
레커차(-車)
레크 강(-江)
레토르트로(-爐)
레헤르선(-線)(두 개의 도선을 평행하게 한 전송선)
렉스종(-種)
렌즈구름 *cf.* 비행기구름, 전자구름, 원자구름, 소나기구름, 자개구름, 상층 구름
렌즈닮이 *cf.* 구두닮이, 차닮이
렌즈상층(-狀層)
렌즈축(-軸)
렙토스피라증(-症)
-려 들다 *cf.* 먹으려 들다, 싸우려 들다, 우기려 들다
-려들다 *cf.* 걸려들다, 달려들다, 몰려들다
로그 모눈종이
로그액(-液)
로렌츠·피츠제럴드 수축(-收縮)
로렌츠 힘
로로선(-船)
로마력(-曆) *cf.* 그레고리력, 율리시스력
로마법(-法) *cf.* 호르텐시우스법
로마악파(-樂派) *cf.* 네덜란드악파, 나폴리악파, 빈악파
로마자(-字) *cf.* 이집트자, 그리스자
로봇 팔
로봇학(-學)

로셸염(-鹽)
로슈미트수(-數)
로스 빙봉(-氷峯)
로스차일드가(-家) *cf.* 랭커스터가
로제교(-橋)
로제타석(-石)
로즈메리유(-油) *cf.* 팜유, 로트유
로진유(-油) *cf.* 로토유
로켓포(-砲)
로켓포 탄(-砲彈)
로키산열(-山熱) *cf.* 뎅기열, 류머티즘열
로트유(-油) *cf.* 올리브유
로프지(-紙) *cf.* 크라프트지
론도 형식(-形式) *cf.* 칸타타 형식
롤러낚기
롬바르디아화파(-畫派)
롯데 호텔
루골액(-液)
루브르궁(-宮) *cf.* 엘리제궁
루시타니아호 사건(-號事件)
루앙종(-種)
루터파(-派)
루프선(-線)
룸바춤 *cf.* 탱고춤
룻기(-記)
룽먼 석굴(-石窟) *cf.* 윈강 석굴
뤼드베리 상수(-常數)
뤼브롱 산(-山)
-류(類)(접미사) *cf.* 금속류, 염기류
-류(流)(접미사) *cf.* 자기류의 해석
류머티즘열(-熱) *cf.* 뎅기열, 로키산열, 몰타열
르노도상(-賞)(문학상)
르 불규칙(-不規則)
르 불규칙 동사(-不規則動詞)
르 불규칙 형용사(-不規則形容詞)
르블랑법(-法)
르샤틀리에의 원리(-原理)
-리(里) *cf.* 삼천~ 금수 강산
∨리(里)(의존 명사) <거리가 천 ~다.>, <백 ~나 된다.>
리(釐)(의존 명사) <1전 5~>
리(理)(의존 명사) <그럴 ~가 없다.>
리가·테티병(-病)
리간드장 이론(-場理論)
리그전(-戰)
리놀렌산(-酸)
리드각(-角)
리드선(-線)
리듬 공부(-工夫) *cf.* 글자 공부, 노래 공부
리듬꼴
리듬놀이
리듬에 맞추어 걷기
리듬읽기
리듬 읽다
리듬잇기
리듬(을) 잇다
리듬짓기
리듬짓다
리듬치기
리듬(을) 치다
리듬 합주 놀이(-合奏-)
-리만큼(어미) <충분하~ 토의를 하다.>
리만 해류(-海流) *cf.* 적도 해류, 래브라도 해류, 동한 해류
리벳머리 *cf.* 못대가리
리사주 그림
리스테리아증(-症)
리아스식(-式)
리어왕(-王) *cf.* 아서왕
-리오(어미) <얼마나 아프리오.>, <내 어찌 아니 떠나리오.>
리오그란데 강(-江)
-리요('요'는 어미 뒤에 붙는 조사) *cf.* 참으리요, 참으리/참으리요
'리'자(-字) <리 리 '리'자로 끝나는 말은….>
리콜제(-制) *cf.* 쿼터제
리트머스이끼
리트머스 종이

리파아제→리페이스
리프 구멍
리플러 시계(-時計) *cf.* 원자시계, 전자시계, 디지털시계, 아날로그시계, 암모니아시계, 배꼽시계, 수정 시계, 기계 시계
릴낚시
림드강(-鋼) *cf.* 킬드강, 텅스텐강
림프계(-系)
림프관염(-管炎)
림프구(-球)
림프선(-腺)
림프절염(-節炎)
림프절종(-節腫)
림프행성(-行性)
립턴차(-茶)
링거액(-液)
링네임
링컨이야말로 *cf.* 야말로(어미)
링크제(-制) *cf.* 쿼터제
링키지형(-型)

마

ㅁ자집(-字-) *cf.* 입구자집, 일자집, 이자집, 일잣집
-ㅁ직스럽다(접미사) *cf.* 먹음직스럽다, 믿음직스럽다
-ㅁ직하다(접미사) *cf.* 바람직하다, 믿음직하다, 먹음직하다
-ㅁ 직하다('직하다'는 보조 용언) *cf.* 믿어 봄직하다, 하였음 직하다, 직하다
마/마라/마라요 <울지 ~.> *cf.* 해, 말아?/해요/말아요
마가복음(-福音) *cf.* 요한복음
마감날 *cf.* 시작 날
마감일
마개 달린 깔때기
마개 달린 병(-瓶) *cf.* 마개달린 병(편수 자료 '공업')
마곡사 5층 석탑(麻谷寺五層石塔)
마과회통(麻科會通)
마구간(馬廏間)
마구리벽(-壁)
마구리쌓기
마구리 쪽
마구리테
마구발광 <~으로 날뛰다.>
마구 버리다
마구썰기 *cf.* 깍둑썰기, 어슷썰기
마구잡이로 <~ 땅을 사다.>
마귀 들리다(魔鬼-) *cf.* 신들리다
마귀할멈(魔鬼-)
마그네부르크 반구(-半球)
마그마 굄
마그마수(-水) *cf.* 바리타수
마그마 주머니
마기말로(실제라고 치고)(부사)
마나님
마냥 먹다
마냥모(←만이앙모)(늦게 심는 모)
마놋빛(瑪瑙-) *cf.* 상앗빛, 산홋빛, 청잣빛, 모싯빛, 주톳빛, 치자빛, 살구빛, 앵두빛
마누라 덕에(-德-) *cf.* 아버지 덕에, 처덕에
마는목(판소리)
마늘각시(하얗고 반반한 사람을 비유적으로 이르는 말)
마늘 농사(-農事) *cf.* 보리농사, 벼농사
마늘등(-燈)
마늘모(마늘쪽처럼 세모진 모양)
마늘밭 *cf.* 감자밭, 고추밭, 고구마밭, 수박밭, 시금치밭, 옥수수밭
마늘잎
마늘잎조림
마늘장아찌 *cf.* 파장아찌, 무장아찌, 오이장아찌, 깻잎장아찌
마늘종/마늘종구이 *cf.* 팟종
마니교(摩尼敎)
마닐라삼 *cf.* 사이잘삼, 헤네켄삼
마닐라지(-紙) *cf.* 아트지, 켄트지
-마님(접미사) *cf.* 나리마님, 대감마님, 안방마님, 실내마님
마님(명사) <우리 ~께 드리다.>
마다(조사) *cf.* 사람마다
마다 않고 <고생도 ~ 열심히 한다.>
마다지 말고
마다하고/하다(싫다고 하고/하다)
마단조(-短調) *cf.* 가단조
마당 가 *cf.* 논가, 밭가, 개울가, 바닷가, 난롯가, 비행장 가, 운동장 가, 책상 가
마당과부(-寡婦)(청상과부)
마당굿
마당귀(마당의 한쪽 귀퉁이)
마당귀바람
마당극(-劇) *cf.* 야외극, 실내극
마당꿇림 *cf.* 모말꿇림
마당놀이
마당맥질(마당을 고르는 일)

마당바위 *cf.* 병풍바위, 너럭바위, 곰바위
마당발 *cf.* 채발
마당밟기→마당밟이
마당밟이 *cf.* 지신밟기
마당밭 *cf.* 채밭
마당비 *cf.* 방비
마당쓰레기 *cf.* 방 쓰레기
마당 앞/마당 위
마당은커녕 *cf.* 공부는커녕, 놀기는커녕, 커녕
마당질(타작)
마당출입(-出入) *cf.* 바깥출입, 부엌출입, 안출입, 사랑 출입
마당춤 *cf.* 사랑방춤
마데이라주(-酒)(포도주) *cf.* 럼주
마 들다(魔-) *cf.* 골병들다, 병들다
마디마디
마디뿌리〔節根〕
마디선(-線)
마디숨 <~을 몰아쉬다.>
마디 위 자르기
마디지다(마디가 생기다.)
마딧줄 *cf.* 탯줄, 피댓줄, 빨랫줄, 물렛줄
-마따나(조사) <그 사람 말마따나….>
마땅찮아 보이다
마땅찮아하다
마뜩찮아하다
마라/마라요 <가지 ~.>, <울지 ~.>, <슬퍼 ~.>, <(박을) 타지 ~.> *cf.* 마, 말아
마라타 동맹(-同盟)
마려워하다 <오줌 ~.>, <똥~.>
마력수(馬力數) *cf.* 질량수, 회전수, 번지수, 주파수, 진동수, 정족수, 일전수, 인원수, 하생 수
마력시(馬力時)
마련그림
마련되어 가다
마련이다 <가게 ~.> *cf.* 게 마련이다, 기 마련이다
마련하다 <돈을 ~.>
마련 하다 <고단한 마련 해선>
마련해 가다/오다
마련해 가지고
마련해 놓다/마련해 두다
마련해 드리다
마련해 보다
마련해 주다
마루 끝에 *cf.* 추녀 끝에, 장대 끝에, 지붕 끝에, 바지랑대 끝에
마루높이(땅바닥에서 용마루까지의 높이) *cf.* 천장 높이, 허리 높이, 가슴높이(지름), 눈높이
마루도리
마루목(바지나 고의 따위의)
마루문(-門) *cf.* 방문, 다락문
마루 밑 *cf.* 책상 밑, 시룻밑
마루방(-房) *cf.* 골방, 토방
마루 벽(-壁) *cf.* 담벽
마루 운동(-運動) *cf.* 뜀틀 운동
마루 위 *cf.* 천장 위
마루중방(-中枋)
마루청(-廳)
마루턱 *cf.* 고개턱
마룻가 *cf.* 우물가, 개울가, 호숫가, 부뚜가, 화롯가, 마당 가, 담장 가
마룻구멍 *cf.* 땀구멍, 단춧구멍, 장붓구멍, 수챗구멍, 옹이구멍
마룻귀틀
마룻바닥 *cf.* 방바닥, 땅바닥, 갯바닥, 개울 바닥, 우물 바닥, 조수 바닥
마룻줄 *cf.* 용총줄, 물렛줄, 선싯줄, 아딧줄
마르부르크학파(-學派) *cf.* 소크라테스학파, 이오니아학파, 실존 학파, 강하 학파
마르스상(-像) *cf.* 다비드상
마르크스·레닌주의(-主義)
마르크스주의(-主義)
마른간법(-法) *cf.* 물간법
마른갈이 *cf.* 진갈이
마른걸레 *cf.* 젖은 걸레, 물걸레, 진걸레
마른 걸레(빨아서 마른 걸레의 뜻으로는)

가 나 다 라 마 바 사 아 자 차 카 타 파 하

마른고기(말려 놓은 고기)
마른과자(-菓子) *cf.* 진과자
마른국수
마른기침 *cf.* 밭은기침, 잔기침, 큰기침, 당나귀기침
마른나무 *cf.* 생나무
마른날 *cf.* 진날
마른내(물이 잘 마르는 내)
마른논 *cf.* 무논
마른눈 *cf.* 진눈
마른땅 <~에 물이 잦아들듯….> *cf.* 듯
마른똥 *cf.* 진똥, 된똥
마른멸치
마른못자리
마른미역 *cf.* 물미역
마른바가지 *cf.* 물바가지, 여물바가지
마른바람 *cf.* 습한 바람
마른박살(-撲殺)
마른반찬(-飯饌) *cf.* 진반찬
마른밥 *cf.* 된밥, 진밥
마른버짐 *cf.* 진버짐
마른번개 *cf.* 마른천둥
마른벼락
마른빨래 *cf.* 물빨래
마른 빨래(빨아서 마른 빨래의 뜻으로는)
마른세수(-洗手) *cf.* 분세수, 비누 세수
마른손 *cf.* 진손
마른 수건(-手巾) *cf.* 젖은 수건, 땀수건
마른신 *cf.* 진신
마른써레질 *cf.* 물써레질
마른안주(-按酒) *cf.* 진안주
마른오징어
마른옴 *cf.* 진옴
마른일 *cf.* 진일
마른입 *cf.* 맨입
마른잎 *cf.* 진잎
마른자리 *cf.* 진자리
마른장마
마른찜질 *cf.* 모래찜질, 얼음찜질
마른찬합(-饌盒) *cf.* 진찬합
마른천둥 *cf.* 마른번개
마른치(건제품)
마른침 <~을 삼키다.>
마른코 <~를 풀다.>
마른타작(-打作) *cf.* 물타작, 진타작
마른하늘(맑게 갠 하늘) <~에 날벼락 맞는다.>
마른행주 *cf.* 진행주, 젖은 행주
마른 행주(빨아서 마른 행주의 뜻으로는)
마른홍두깨 *cf.* 진홍두깨
마를 텐데 *cf.* 터인데, 터
마름돌쌓기 *cf.* 사춤쌓기
마름모
마름모 그리기 놀이
마름모깔기(건축)
마름모꼴 *cf.* 사다리꼴
마름모무늬
마름모 알아보기
마름재목(-材木)
마름질선(-線)
마름질선 긋기(-線-)
마름질선(을) 긋다(-線-)
마리당(-當) <1마리당 100원>
마리아상(-像) *cf.* 그리스도상, 부처상
마리오트 점도계(-粘度計)
마릿수(-數) *cf.* 가짓수, 머릿수, 번지수, 주파수, 진동수, 회전수, 질량수, 인원수, 학생 수
마마딱지 *cf.* 코딱지, 부스럼 딱지
마마 보이
마맛자국 *cf.* 곰봇자국, 잇자국, 손톱자국, 칼자국, 바큇자국, 글씨 자국, 여드름 자국
마무리글
마무리돼 가다
마무리 말 *cf.* 맺음말
마무리선(-線)
마무리짓다 *cf.* 짓다
마무리해 놓다/마무리해 두다
마방집(馬房-)
마법수(魔法數)

마병장수 *cf.* 넝마장수
마비시켜 놓다(痲痺-)
마사이족(-族) *cf.* 켈트족, 앵글로색슨족
마섬유(麻纖維) *cf.* 면섬유, 모섬유
마셔 대다
마셔 두다
마셔 버리다
마셔 보다
마수걸이
마수손님
마수없이(갑자기 또는 난데없이)
마술 나라(魔術-)
마술마장(馬術馬場)
마술 부리다(魔術-) *cf.* 요술 부리다
마술쟁이(魔術-) *cf.* 요술쟁이
마술 피리(魔術-) *cf.* 요술 피리
마스터판(-版) *cf.* 징크판
마스티프종(-種)(개)
마시다 보니 *cf.* 하다 보니, 먹다 보니
마식령산맥(馬息嶺山脈)
마실 것 <~을 가져오너라.>
마실 물
마애 여래 좌상(磨崖如來坐像)
마야력(-曆) *cf.* 이슬람력, 로마력
마야·잉카 문명(-文明)
마야족(-族) *cf.* 잉카족
마오리족(-族) *cf.* 라틴족
마요네즈 소스
마운령비(摩雲嶺碑)
마을 가꾸기
마을 가다 *cf.* 소풍 가다, 마을 오다
마을굿
마을금고(-金庫) *cf.* 마을문고
마을 길 *cf.* 동네길, 골목길
마을 다니다 *cf.* 소풍 다니다, 마을 오다, 마을 가다
마을 뒤
마을문고(-文庫) *cf.* 마을금고
마을밖에 <우리 ~ 없다.> *cf.* 밖에(조사)
마을버스 *cf.* 완행버스, 급행버스, 고속버스, 일반 버스
마을별(-別) *cf.* 동별, 도별
마을 사람 *cf.* 동네 사람
마을신(-神) *cf.* 산신
마을 앞
마을 어귀 *cf.* 동네 어귀
마을일 *cf.* 동네일, 부대일, 집안일, 학교일, 학급일, 학회일, 회사일, 변호사 일, 과수원 일
마을 제사(-祭祀) *cf.* 동네잔치
마음 가다
마음가짐 <올바른 ~….> *cf.* 몸가짐
마음 같아서는 *cf.* 생각 같아선
마음결 *cf.* 나뭇결, 고깃결, 머릿결, 살결
마음고생(-苦生)
마음공부(-工夫)
마음길 <양갈래 ~>
마음 깊이 *cf.* 가슴 깊이
마음껏 *cf.* 힘껏
마음 끌리다
마음 내키는 대로 *cf.* 대로
마음 놓고/놓다/마음 놓이다
마음눈(심안)
마음대로 *cf.* 대로
마음 둘 뿐 *cf.* 뿐(의존 명사)
마음먹기 나름이다 *cf.* 하기 나름이다, 나름
마음먹다 <청혼하기로 ~.>
마음 먹다 <엉뚱한 마음 먹지 마라.>
마음먹은 대로 *cf.* 대로
마음밭
마음병(-病) *cf.* 허릿병
마음보 *cf.* 심보
마음 붙이다 *cf.* 정 붙이다.
마음성(-性)
마음속
마음속 깊이 *cf.* 가슴속 깊이
마음 쓰다/마음 쓰이다
마음씀씀이
마음씨

마음씨야말로 *cf.* 야말로
마음씨 좋다
마음 아파하다 *cf.* 가슴 아파하다
마음 아픈/아프다 *cf.* 가슴 아픈/아프다
마음에 들어 하다
마음의 지도 그리기(-地圖-)
마음이야말로 *cf.* 야말로
마음자리(심지) <~가 틀려먹다.>
마음잡다
마이봄샘(눈꺼풀에서 지방을 분비하는 샘)
마이센 요(-窯) *cf.* 만력요, 경덕진요, 징더전 요
마이오세(-世)
마이컬슨·몰리 실험(-實驗)
마이크로소프트사(-社)
마이크로초(-秒)
마이크로파(-波) *cf.* 사인파
마인드 맵 그려보기
마자르족(-族) *cf.* 게르만족, 라틴족
마장수(馬-)(팔 물건을 말에 싣고 다니는 장수)
마장조(-長調) *cf.* 가장조
-마저(조사) <이것~ 가져라.>
ˇ마저(부사) <이것도 ~ 가져라.>
마전장이(-匠-)
마전터 *cf.* 빨래터
마젤란운(-雲)(마젤란은하)
마조장이(磨造匠-)(도자기를 만들 때, 맵시를 고치는 사람)
마주나기눈
마주나기잎
마주나다
마주 놓아 두다
마주 대다
마주 대하다
마주 바라보다
마주 보고 걷기
마주 보고 앞 사람과 한 손을 쳐 올리기
마주 보다
마주 서다/마주 앉다
마주 잡다
마주잡이(두 사람이 드는 들것)
마주치다
마주하다
마중 가다
마중 나가다/마중 나오다
마중물 <펌프에 ~을 붓다.>
마중선(-線)(마중대의 틈서리를 막는 나뭇조각)
마중해 주다
마지노선(-線) *cf.* 지크프리트선
마지막 날
마지막 부분(-部分)
마지막손(민속)
마지막 잎이야말로 *cf.* 야말로(조사)
마지막 칸 *cf.* 첫째 칸
마지막 회(-回) *cf.* 첫 회
마지막 힘
마지못하다
마지못해 <~ 한 잔 마시다.>
마지아니하다(보조 용언) <환영해 ~.>
마지않다(보조 용언) <사랑해 ~.>
마짓밥(摩旨-)(부처님께 올리는 밥)
마쪽(남쪽)
마차 바퀴 소리 *cf.* 톱니바퀴 소리
마차부자리(馬車夫-) *cf.* 백조자리, 큰곰자리
마찬가지
마찰 빚다(摩擦-) *cf.* 갈등 빚다
마찰원(摩擦圓)
마찰층(摩擦層)
마찰해 오다(摩擦-)
마찻길(馬車-) *cf.* 기찻길, 자동찻길, 자전거길
마천령산맥(摩天嶺山脈)
마쳐 놓다 <등록을 ~.>
마쳐 두다 <하던 일을 ~.>
마치나마나 *cf.* 나마나
마치자마자 *cf.* 자마자
마침구이 *cf.* 설구이, 애벌구이
마침 그때/이때
마침꼴
마침꼴 합창(-合唱)

마침꾸밈
마침마딧줄
마침맞게(꼭 알맞게)
마침몰리 <시니 끼를 굶으면 ~, 설마….>
마침줄
마침표(-標)
마타리꽃 *cf.* 개나리꽃, 도라지꽃
마태복음(-福音) *cf.* 요한복음, 누가복음
마파람 <~에 게눈 감추듯….>
마하계(-計)
마함뜨기(그물)
막가다 <그렇게 막가서는 되겠는가?>
막간극(幕間劇)
막갈이[初耕]/처녀경(處女耕)
막걸리 잔(-盞) *cf.* 걸걸한 ~
막걸리잔(-盞) *cf.* 맥주잔, 소주잔, 양주잔
막깎다
막내둥이
막내딸
막내리바람
막내며느리
막내 별
막내아들
막내아우
막내아이
막냇누이
막냇동생(-同生)
막냇사위
막냇삼촌(-三寸)
막냇손자(-孫子)
막냇자식(-子息)
막노동하다(-勞動-)
막다른 골목 *cf.* 뚫린 골목
막다른골 *cf.* 뚫린골
막다른집 *cf.* 과녁빼기집
막대그래프 *cf.* 띠그래프
막대그래프 알아보기
막대 끝 *cf.* 장대 끝
막대놀이
막대로 공치기
막대자석(-磁石) *cf.* 말굽자석, 바늘 자석
막대 자석(-磁石)(편수 자료) *cf.* 말굽 자석(편수 자료), 바늘 자석
막대 주고받기 놀이
막대 휘돌리기
막댓가지 *cf.* 싸릿가지, 댓가지
막덮기
막도장(-圖章)
막돼먹다 <막돼먹은 녀석>
막되다
막된놈
막막해하다
막말
막말하다
막매듭 그물감
막매듭 묶음
막 먹다 *cf.* 막 하다
막무가내로(莫無可奈-)
막무가내식으로(莫無可奈式-)
막무가내였다(莫無可奈-)
막벌이꾼
막베먹다(밑천이나 물건을 함부로 잘라 쓰다.)
막보다(얕보고 마구 대하다.)
막살다
막살이(아무렇게나 사는 살림살이)
막새기와
막소리 하다
막쌓기
막아 내다
막아 놓다
막아 두다
막아 버리다
막아 벌리다
막아 보다
막아서다 <차 앞을 ~.>
막아 오다
막아 주다
막역지간(莫逆之間)

막연해하다(漠然-)
막음돌(고고학)
막음벽돌(-甓-)(고고학)
막일(막노동) *cf.* 잡일, 흙일
막자사발(-沙鉢)
막장부촉(-鏃) *cf.* 붓촉, 펜촉, 장부촉
막장일 *cf.* 대장일, 뗏일
막주춧돌
막지르다
막집터(幕-)(고고학)
막차 타다
막창자꼬리
막판뒤집기
막판 승부(-勝負)
막팔기
막품팔이 *cf.* 날품팔이
막 하다 *cf.* 막 먹다, 막(부사)
막혀 놓다
막혀 버리다
막혀 있다
막힌줄눈 *cf.* 통줄눈
막힘없다 *cf.* 거침없다
-만(灣)(우리말 지명에) *cf.* 아산만, 영일만
만(灣)✓(외국어 지명에) *cf.* 멕시코 만
-만(조사) <너만 와라.>, <짐승만도 못한.>
✓만(의존 명사) <사흘 만에 돌아오다.>
✓만(의존 명사) *cf.* 할 만도 하다
만(滿)-(접두사) *cf.* 만기일, 만원
만(滿)(명사, 관형사)✓ *cf.* 만 스무 살, 만 2 년, 만으로 몇 살이냐?
만 가지(萬-) *cf.* 천 가지, 스무 가지
만경봉호(萬頃峰號)
만경산타령 *cf.* 신고산타령
만경창파(萬頃蒼波) *cf.* 만리창파
만경타령
만고강산(萬古江山)
만고불변하다(萬古不變-)
만권서(萬卷書)
만금(萬金) <~을 주어도 살 수 없다.>

만기요람(萬機要覽)
만길(萬-) *cf.* 천길
만 길(萬-)(1만 길을 뜻할 경우) *cf.* 천길만길, 만 길 낭떠러지
만나러 가다/만나러 오다
만나 보다
만나 보자마자 *cf.* 하자마자, 자마자
만나 뵙다 *cf.* 찾아뵙다
만나자마자 *cf.* 자마자
만나 주다
만난즉 *cf.* 가 본즉, ㄴ즉(어미)
만난 지 <~ 하루 만에 헤어지다.> *cf.* 지(의존 명사)
만날 <~ 놀기만 한다.>
만날까 봐
만날 뻔했다 *cf.* 뻔하다
만년(萬年)(오랜 세월을 뜻하는 경우) <~ 과장>, <천년~ 살고 지고….>
만 년(햇수로 일만 년을 뜻하는 경우)
만년필촉(萬年筆鏃) *cf.* 펜촉, 붓촉
만능선수(萬能選手)
만능숫돌(萬能-) *cf.* 금강사숫돌, 가죽숫돌, 연삭숫돌, 기름숫돌, 만능 연마기, 만능 연삭기
만능열쇠(萬能-)
만능주의(萬能主義)
만돌린족(-族) *cf.* 기타족
만두소 *cf.* 김칫소
만두송이 *cf.* 꽃송이, 포도송이
만두집 *cf.* 고기집
만둣국 *cf.* 순댓국, 냉잇국, 북엇국, 주먹만 한 만두 국
만들기보다는 *cf.* 보다
만들어 가다
만들어 나가다
만들어 내다
만들어 놓다/만들어 두다
만들어 달라고
만들어 먹다
만들어 버리다

만들어 보다
만들어 오다
만들어 주다
만들어지기까지에는 *cf.* 까지(조사)
만들어진 지 *cf.* 지(의존 명사)
만들었단 말이오 *cf.* 말이다/말이에요
만듦새
만력요(萬曆窯) *cf.* 마이센 요, 경덕진요
만료되어 가다(滿了-)
만리(萬里) *cf.* 만리장성, 만리장천
만 리(萬里)(1만 리의 거리를 뜻할 경우)
만 리 길(萬里-) *cf.* 백 리 길, 100리 길, 천 리 길, 하룻길
만리동풍(萬里東風) *cf.* 천리동풍
만 리 밖(萬里-) *cf.* 백 리 밖, 천 리 밖
만리장성(萬里長城) *cf.* 천리장성
만리창파(萬里蒼波) *cf.* 만경창파
만리타향(萬里他鄕) *cf.* 천리타향
만만찮다
만만찮아 보이다
만만치 않다
만만하게 보다
만만해하다
-만 못하다(비교, 우열) <그는 형만 못하다.>
-만 못하다(하지 못하다) <나만 못하고 있다.>
-만 못해 보이다
만물박사(萬物博士)
만민 공동회(萬民共同會)
만병통치약(萬病痛治藥)
만부득이(萬不得已)
만분의 일(萬分-)
만분지 일(萬分之-) *cf.* 분지
만석꾼(萬石-) *cf.* 천석꾼
만석들이(萬石-) *cf.* 천석들이
만세 부르다(萬歲-) *cf.* 쾌재 부르다
만세 삼창(萬歲三唱) *cf.* 만세 제창
만세 소리(萬歲-)
만수무강하다(萬壽無疆-)
만수받이(귀찮은 행동 등을 잘 받아 주는 일)
만수발이
만약, …보게 된다면(萬若-)
만약, …생각한다면(萬若-)
만연되어 가다(蔓延-)
만유인력(萬有引力)
만유인력 법칙(萬有引力法則)
만의 자리의 숫자(萬-數字) *cf.* 십의 자리 숫자, 백의 자리 숫자, 천의 자리 숫자
만장중(滿場中)
만전창살(卍田窓-) *cf.* 완자창, 용자창
만져 보다
만져 주다
만족스러워 보이다(滿足-)
만족스러워하다(滿足-)
만족시켜 주다(滿足-)
만족해 보이다(滿足-)
만족해하다(滿足-)
만주국인(滿洲國人)
만주놈(滿洲-) *cf.* 중국놈, 일본놈, 한국놈
만주 땅(滿洲-) *cf.* 중국 땅, 일본 땅
만주말(滿洲-)
만주벌(滿洲-) *cf.* 요동벌, 김제벌
만주 사변(滿洲事變)
만주어(滿洲語)
만주족(滿洲族) *cf.* 조선족
만주·퉁구스어군(滿洲-語群)
만천하에(滿天下-)
-만큼(조사) <너~은 한다.>, <나~ 크다.> (어미) <지나치리~ 친절하다.>, <너는 학생이니 ~.>
∨만큼(의존 명사) <먹을 ~ 갖다 먹어라.>, <일한 ~만 보수를 받다.>
만파식적(萬波息笛)
만 평(萬坪) *cf.* 천 평
만하다(-만 하다)(표준국어대사전에서는 '만'을 '하다'나 '못하다'와 함께 쓰이는 보조사로 보는 견해)
만하다(보조 용언) <먹을 만하다.>, <있을 만하다.>

-만 하다 <송아지만 한 개>, <쥐꼬리만 한 봉급> *cf.* 만하다('만하다'를 접미사로 보는 견해도 있음.)

만하바탕(소의 지라에 붙은 고기)

만하임악파(-樂派) *cf.* 네덜란드악파, 국민악파, 로마악파

만화 완성하기(漫畫完成-)

만화 읽기(漫畫-)

만화(를) 읽다(漫畫-)

만화책(漫畫冊) *cf.* 동화책, 소설책, 이야기책

만홧가게(漫畫-) *cf.* 채소 가게, 모자 가게

많거나 적거나 간에(-間-)

많건 적건 간에(-間-)

많고 많은 *cf.* 하고많은

많고 적고 간에(-間-)

많고 적음

많다 보니

많든 적든 간에(-間-)

많아 보이다

많아져 가다

많았을 만큼 *cf.* 만큼(의존 명사)

많았을 법하다 *cf.* 법하다

많은가 보다/많은가 봐 *cf.* 보다

많은데 <돈은 ~ 쓰지 않고 있다.> *cf.* ㄴ데(어미)

많은 데 <~를 구경하고 오다.> *cf.* 데(의존 명사)

많은데다 <부채가 ~ 사업도 안 되다.>

많은 데다 <사람이 ~ 가게를 차리다.> *cf.* 데(의존 명사)

많을뿐더러 *cf.* ㄹ뿐더러

많을 뿐만 아니라 *cf.* ㄹ 뿐 아니라

많음 직도 하다 *cf.* 있음 직도 하다, 됨 직도 하다, 직하다(보조 용언)

많이많이

많지 않다

맏딸

맏딸 노릇 하다 *cf.* 맏며느리 노릇 하다, 종노릇하다, 병신노릇하다

맏며느리

맏며느리 노릇 하다 *cf.* 맏사위 노릇 하다

맏물 *cf.* 끝물

맏사위

맏사위 노릇 하다

맏손자(-孫子)

맏아들

맏왕자(-王子)

맏형(-兄)

맏형 개구리(-兄-)

맏형 격인(-兄格-)

맏형수(-兄嫂)

-말(末)(접미사) *cf.* 학기말 시험, 금년말, 세기말, 학기말

✓말(末)(의존 명사) *cf.* 20세기 말에, 1995년 말에, 6월 말에

말가리(말의 조리 또는 줄거리)

말가웃(한 말 반 정도)

말가죽 *cf.* 쇠가죽, 돼지가죽, 양가죽, 뱀장어가죽, 뱀가죽, 악어가죽

말갈기처럼 *cf.* 처럼(조사)

말갈망 <막말을 해 놓고 ~도 못한다.>

말갈족(靺鞨族) *cf.* 여진족

말개미 *cf.* 왕개미

말거리 *cf.* 이야깃거리, 볼거리, 땔거리, 읽을거리, 웃음거리

말 거야 <하고 ~.>, <이기고 ~.> *cf.* 것

말결

말경(末頃) *cf.* 1월 말경에, 주말경에, 1998년 말경에, 경(접미사)

✓말고(표준국어대사전에서는 조사로 보지 않고 동사 '말다'의 부사형 '말고'꼴로 봄. 조사로 보는 견해도 있음.) <이것 ~ 저것을 주시오.>, <여기 ~….>, <당한 사람 ~는 아무도 모른다.>

✓말고(보조 용언) <먹지 ~ 보관하시오.>

말고(동사) <먹다 ~….>, <놀다 ~….>

말고기 *cf.* 쇠고기, 돼지고기, 양고기, 꿩고기

말고삐 *cf.* 쇠고삐

말공대(-恭待) <~가 깍듯하다.>
말공부(-工夫) *cf.* 글공부
말괄량이
말광대
말구멍(말문)
말구유
말 굳다
말굴레 <~를 씌우다.>
말굽서까래
말굽 소리 *cf.* 방울 소리, 워낭 소리, 말발굽 소리, 천둥 소리
말굽 자석(편수 자료) *cf.* 막대 자석, 바늘 자석
말굽자석 *cf.* 막대자석, 바늘 자석
말굽추녀 *cf.* 선자추녀
말글〔語文〕
말길〔言路〕
말길 되다(의논의 길이 트이다.)
말꼬리 *cf.* 말끝, 말꼬투리
말꼬리 물다
말꼬리 잡다
말꼬투리 *cf.* 말끝, 말꼬리
말꼭지(말의 첫마디)
말꾸러기
말끔해 보이다
말끝 *cf.* 털끝, 칼끝, 똥끝
말끝마다 *cf.* 마다(조사)
말 나다
말날
말 내다
말놀이 *cf.* 놀이
말 놓다
말눈치 *cf.* 속눈치
말다듬기
말 다듬다
말다짐(말로 다짐하는 일)
말다툼 *cf.* 주먹다툼
말 달리기
말달리다 *cf.* 자동차 달리다
말대가리 *cf.* 쇠머리, 개대가리, 새대가리, 북어대가리
말대꾸 *cf.* 말대답
말대답(-對答) *cf.* 코대답
말대접(-待接)
말 더듬다
말더듬이
말더듬증(-症)
말덕석 *cf.* 쇠덕석
말 돌리다
말동무 *cf.* 길동무, 글동무, 글동접, 술친구
말동무삼아 *cf.* 길동무삼아, 벗삼아, 친구삼아
말동무해 주다
말 되다 <그것이 말 되기 쉬워.>
말 뒤
말 듣다 <남의 ~.>, <말 들을 짓 하지 마라.>
말등 *cf.* 호랑이등, 당나귀등, 거북등, 고래등, 새우등
말 따라 생각 따라
말 떠올리기 놀이
말 떨어지다
말 떼다
말똥 *cf.* 쇠똥, 개똥, 돼지똥, 토끼똥
말똥말똥(부사)
말뚝 기초(-基礎)
말뚝박기 시험(-試驗)
말뚝 박다
말뚝이/말뚝이탈
말뚝잠(꼿꼿이 앉은 채로 자는 잠) *cf.* 새우잠, 괭이잠
말뚝잠(-簪) *cf.* 나비잠, 고리잠
말뚝타령
말 뜨다
말뜻
말뜻 읽기
말띠
말라 가다
말라기서(-書) *cf.* 이사야서, 로마서
말라 놓다
말라 들어가다

말라리아열(-熱) *cf.* 뎅기열, 로키산열
말라 버리다
말라 보이다
말라붙다
말라비틀어지다
말라빠지다 *cf.* 늙어 빠지다, 썩어 빠지다
말라 있다 *cf.* 젖어 있다
말라죽다 *cf.* 시들어 죽다
말라죽어 가다
말랑말랑해 보이다
말려 놓다
말려 두다
말려들다
말려들어가다
말려 버리다
말려 주다
말려 죽이다
말려파기
말려 파다
말림갓 *cf.* 나뭇갓, 밤나무갓
말마디나 하다
말마따나 <네 ~….>, <그 사람 ~….> *cf.* 마따나(조사)
말 마라/마/마시오
말막음하다
말 많다(수다스럽다.)
말말결 <~에 기분이 상하다.>
말말끝에 <~ 그의 속마음을 알았다.>
말말뚝 <처갓집 ~에 절하다.>
말 말아라(말아라→마라) *cf.* 말 마라/마시오
말맛 *cf.* 입맛
말맞추기/말 맞추다
말머리
말머리가리개
말머리꾸미개
말머리성운(-星雲)
말먹이
말몰이꾼 *cf.* 소몰이꾼
말 못 나가게 하다
말 못 나게 하다
말 못하다 <말 못하는 벙어리가….>
말문(-門) <~이 막혀서….>
말문 열다(-門-)
말문트기(-門-)
말미 받다 *cf.* 휴가 받다
말밋집(末尾-)(맨 끄트머리에 있는 집)
말밑(곡식을 되고 남은 부분)
말밑〔語源〕
말밑천
말 받다
말발 <~이 서지 않다.> *cf.* 면돗발, 화장발
말발굽 *cf.* 쇠발굽
말발굽 소리 *cf.* 발소리
말밥 *cf.* 뒷밥
말방울 *cf.* 매방울, 쥐방울
말방울 소리 *cf.* 워낭 소리
말밭
말버둥질
말버르장머리 *cf.* 말버릇
말버릇 *cf.* 손버릇, 입버릇, 술버릇
말버릇 사납다 *cf.* 술버릇 사납다, 잠버릇 사납다, 모양 사납다
말법사상(末法思想)(불교) *cf.* 경천사상, 불교사상
말벗 *cf.* 글벗, 술벗
말벗김
말복날(末伏-) *cf.* 초복날, 중복날
말본새 <~가 거칠다.>
말 비치다
말빚 *cf.* 술빚, 글빚
말뼈 *cf.* 개뼈, 쇠뼈
말살당하다(抹殺當-) *cf.* 당하다
말살돼 버리다(抹殺-)
말살되어 가다(抹殺-)
말살시켜 버리다(抹殺-)
말살해 버리다(抹殺-)
말 삼키다
말상대(-相對) <~가 되지 않는다.>

말세기적(末世紀的)
말소리 *cf.* 목소리, 숨소리
말속(말의 깊은 속뜻) <남의 ~을 알아듣다.>
말 속에 <~ 뼈가 있다.>
말솜씨 *cf.* 일솜씨, 글솜씨, 춤솜씨
말수
말수작(-酬酌)
말술 *cf.* 됫술, 병술, 잔술
말승강이(-昇降-)
말시비(-是非)
말실수(-失手)
말싸움 *cf.* 눈싸움, 입씨움, 기싸움
말썽거리 *cf.* 싸움거리, 화젯거리, 골칫거리
말썽꾸러기 *cf.* 장난꾸러기, 욕심꾸러기, 꾸러기, 눈치꾸러기
말썽 나다 *cf.* 사고 나다, 트집 나다
말썽 부리다/말썽 피우다 *cf.* 까탈 부리다
말썽쟁이
말쑥해 보이다
말씀드려 두다
말씀드리다 <말씀드릴 게 있습니다.>
말씀 드리다 <긴 말씀 드리지 않겠습니다.>
말씀 여쭈다
말씀 좀 *cf.* 길 좀, 물 좀, 맛 좀, 좀(부사)
말씀하신 대로 *cf.* 대로
말씀하여 주다/말씀해 주시다
말씨 *cf.* 솜씨
말씨름 *cf.* 입씨름, 눈씨름
말씹다(같은 단어를 불필요하게 되풀이하다.)
말아 <먹어, ~?>, <해, ~?>, <바꿔, ~?>
말아(보조 동사. '고 말아'의 형태로) <흡수되고 ~.>
말아→마라 <가지 ~.>
말아 가지고 <둘둘 ~….>
말아감침(바느질)
말아 놓다
말 아니다
말아 두다
말아라→마라 <아서라, 말아라….>
말아먹다 <재산을 다 ~.>
말아 먹다 <밥을 국에다 말아(서) 먹다.>
말아 보다
말아서 만들기(공작) *cf.* 판으로 만들기
말아 올리다
말아웃 *cf.* 되가웃, 말가웃, 가웃, 아웃(접미사)
말아 주다
말아 줘
말 안 되다 *cf.* 말되다
말안장(-鞍裝) *cf.* 자전거 안장
말 안 하고 있다가
말없는 <~ 대다수 사람들>
말 없는 <아무 ~ 사람들>
말없이 <~ 결근하다.>
말 옮기다
말우리(말의 우리) *cf.* 돼지우리, 양우리
말을 잘하는 *cf.* 공부 잘하다
말이다(사실의 확인이나 힘줌을 나타내는 구어) <누가 하겠단 말이냐?>, <그걸 나보고 먹으란 말이지?> *cf.* 말이야/말이오
말이씨[馬齒種]/오목씨(편수 자료 '농·생명')
말이야 <오늘 ~….>, <나는 ~….>
말이야말로 *cf.* 야말로
말 이어가기 *cf.* 이야기 이어가기
말 이어 가다
말이오 <딸아이가 ~?>
말이집 신경(-神經)
말이 필름
말익히기
말 익히다
말잇기놀이
말인사(-人事) *cf.* 입인사, 눈인사
말자루 <회의 때 혼자 ~를 잡다.>
말잔등 *cf.* 쇠잔등
말 잔등 <달리는 ~> *cf.* 쇠잔등
말잔치 *cf.* 술잔치, 밥잔치, 빗잔치
말장난 *cf.* 불장난, 물장난, 손장난
말장단 <~을 맞추다.> *cf.* 입장단, 칼장단
말장수 *cf.* 소장수

말재간(-才幹) *cf.* 손재간, 발재간
말재주(-才-) *cf.* 손재주, 글재주, 말솜씨, 말주변, 발재주
말쟁이 *cf.* 떼쟁이
말적수(-敵手)
말전주(말로 이간질하는 짓)
말 전하기 놀이(-傳-)
말조심(-操心) *cf.* 불조심, 차조심, 물조심
말종방울〔馬鐸〕 *cf.* 말방울
말 주고받기 놀이
말주머니 <만화의 ~를 만들다.>
말주벅(남을 공박하거나 자기 의견을 주장하는 말주변) <동네에서 ~이나 하는 사람이다.>
말주변 *cf.* 말재주
말죽(-粥)
말줄기(어간)(북한)
말줄임표(-標)
말집 *cf.* 모말집, 일자집
말짓거리
말짓기놀이
말짱해 보이다
말참견(-參見)/말참례(-參禮)
말채찍
말책임(-責任)
말총갓
말추렴(말을 거드는 일)
말치레 *cf.* 옷치레, 음식치레, 겉치레
말코 *cf.* 개코
말타기 <~를 좋아하다.>
말 타기 <말(을) 타기 위하여 나가다.>
말타기놀이 *cf.* 놀이
말 타다
말타박 *cf.* 반찬 타박, 옷타박(북한)
말 탄 무사(-武士)
말탄 사람 토기(-土器)
말 테야 <이기고 ~.> *cf.* 터
말토막
말토스/엿당
말투(-套) *cf.* 어투, 글투
말 투구
말티고개 *cf.* 박석고개, 녹번고개
말판놀이(-板-)
말판 쓰다
말품앗이
말피기관(-管)
말피기 소체(-小體)
말하기·듣기
말하기인만큼 *cf.* 이니만큼, 만큼(어미)
말하는 이 *cf.* 듣는 이, 지은이, 글쓴이
말하는이/발신자(發信者)/화자(話者) *cf.* 듣는이, 읽는이
말하여 보다
말하자면
말한 대로 *cf.* 듣던 대로, 대로(의존 명사)
말 한 마디
말할 거리 *cf.* 볼거리, 읽을거리, 일할 거리
말할 것도 없다
말할까 말까 <~ 망설이다.>
말할 나위 없다 *cf.* 나위(의존 명사)
말할 수밖에 *cf.* 밖에(조사)
말할 수 없다
말해 가며
말해 놓다/말해 두다
말해 버리다
말해 보다
말해 오다
말해 주다
말했나 보다
말허리(말하고 있는 중간) <남의 ~를 끊지 마시오.>
말휘갑(말을 잘 둘러맞추는 일)
맑고 맑다 *cf.* 높고 높다, 싸고 싸다
맑디맑다 *cf.* 곱디곱다, 넓디넓다, 푸르디푸르다, 묽디묽다, 짜디짜다
맑아 보이다
맑아져 가다
맑았다 흐렸다 하다
맑은 개울 가 *cf.* 개울가

맑은 날 *cf.* 갠 날, 흐린 날
맑은소리〔淸音〕 *cf.* 흐린소리
맑은술〔淸酒〕
맑은장국(-醬-) *cf.* 토장국
맘고생 *cf.* 마음고생
맘놓다(마음 놓다)
맘보바지 *cf.* 홀때바지, 나팔바지
맘속에 *cf.* 마음속
-맛 *cf.* 쓴맛, 단맛, 신맛, 짠맛, 매운맛, 밥맛
ˇ맛 *cf.* 너무 쓴 맛, 너무 단 맛, 너무 신 맛, 너무 매운 맛, 떫은 맛, 아린 맛, 떨떠름한 맛
맛 가다
맛국물
맛나다
맛난이
맛대가리 없다 *cf.* 멋대가리 없다, 맛없다
맛 들다
맛 들여 오다
맛 들이다
맛맛으로(색다른 맛으로)
맛보기
맛보다/맛보이다
맛봉오리/미뢰(味蕾)
맛부리다 *cf.* 멋 부리다, 맛피우다
맛 붙이다(재미를 붙이다.) *cf.* 재미 붙이다, 취미 붙이다
맛살조림
맛세포(-細胞)
맛소금 *cf.* 왕소금, 돌소금, 가루소금, 구운 소금, 천연 소금
맛없다 <맛없는 음식>
맛 없다 <아무 맛 없는 물>
맛없어하다
맛있다
맛있어 보이다
맛있어하다
맛장수(싱거운 사람)
맛적다 *cf.* 멋쩍다, 미심쩍다
맛 좀 보다 *cf.* 좀
맛 좋다
맛피우다 *cf.* 꾀피우다, 꽃피우다, 극성 피우다, 건방 피우다
-망(網)(접미사) *cf.* 연락망, 수사망
망가니즈 단괴(-團塊)
망가져 버렸어요
망각되어 가다(忘却-)
망각해 버리다(忘却-)
망간→망가니즈〔망간〕
망건값
망건꾸미개(網巾-)
망건냥술(網巾-)
망건자국(網巾-) *cf.* 칼자국, 발자국, 곰봇자국
망건장이(網巾匠-)
망건쟁이(網巾-) *cf.* 양복쟁이
망건집(網巾-) *cf.* 갓집, 안경집, 가위집
망관리(網管理)
망구조(網構造)
망나니짓 *cf.* 개구쟁이짓
망녕그물
망돌림(씨름 재주의 하나)
망령 나다(妄靈-) <철나자 ~.> *cf.* 노망나다
망령 내다(妄靈-)
망령 들다(妄靈-)
망령 들리다(妄靈-)
망령 부리다(妄靈-)
망령 피우다(妄靈-) *cf.* 난봉 피우다, 바람피우다
망류 하천(網流河川)
망망대해(茫茫大海)
망망무제(茫茫無際)
망명 가다(亡命-) *cf.* 도망가다, 소풍 가다, 여행 가다, 망명 오다
망명길(亡命-) *cf.* 노방길, 유학길, 항해길, 여행길, 취재길, 답삿길, 귀갓길, 허룻길
망명도생(亡命圖生)
망명 오다(亡命-) *cf.* 망명 가다
망명해 오다(亡命-)
망발풀이(妄發-)←망발턱(妄發-)

망보다(望-) *cf.* 파수 보다
망사르드 지붕 *cf.* 톱날지붕, 삿갓지붕
망석중놀이 *cf.* 놀이
망설망설
망신거리(亡身-) *cf.* 화젯거리, 소일거리, 말썽거리, 웃음거리, 볼거리
망신당하다(亡身-) *cf.* 당하다
망신살(亡身煞)
망신스러워하다(亡身-)
망신 주다(亡身-)
망실공비(忘失共匪) *cf.* 투항 공비
망실재배(網室栽培) *cf.* 하우스 재배, 온실 재배, 수경 재배
망우리고개(忘憂里-) *cf.* 아리랑고개, 박석고개, 버티고개
망울구슬(고고학)
망울망울
망울 서다
망울지다
망원경놀이(望遠鏡-) *cf.* 놀이
망원경자리(望遠鏡-)
망자집(亡字-) *cf.* 도망망자집
망자풀이(亡者-) *cf.* 살풀이
망점 얼룩(網點-)
-망정 *cf.* ㄹ망정(어미) <도와 주진 못할망정>, <비록 어릴망정>, <옷은 누더기일망정>
ᵛ망정이지(표준국어대사전에서는 '-니, -기에, 때문에' 등 다음에 오는 의존 명사로 봄. 전체를 관용 어미로 보는 견해도 있음.) <우리가 갔으니 망정이지.>, <비가 오기에 망정이지.>, <밤일 ~.>
망종길(亡終-)(사람이 죽어서 가는 길)
망쳐 가다
망쳐 놓다
망쳐 버리다
망쳐 주다(亡-)
망치자루 *cf.* 도낏자루, 빗자루, 호미자루, 괭이자루
망할 년(亡-)
망할 놈(亡-)
망할 자식(亡-子息)
망해 가다(亡-)
망해 버리다(亡-)
맞가지장식(-裝飾)(고고학)
맞갖잖다(마음이나 입맛에 맞지 않다.)
맞고 가다
맞고소해 오다(-告訴-)
맞고 오다
맞그물질
맞꼭지각(-角)
맞네그려 <그 말이 ~.> *cf.* 그려
-맞다(접미사) *cf.* 궁상맞다, 방정맞다, 빙충맞다, 청승맞다
맞담배질
맞닿다
맞닿아 있다
맞대결하다
맞대기이음 *cf.* 겹치기이음
맞대 놓고 *cf.* 빗대 놓고
맞대다
맞대다
맞대면시켜 주다(-對面-)
맞대응해 오다(-對應-)
맞댄 용접(-鎔接)/맞대기 용접(-鎔接) *cf.* 점용접
맞댄쪽매 *cf.* 제혀쪽매, 딴혀쪽매
맞돈 <~을 주고 샀다.>
맞돈 거래(-去來)
맞두레
맞들다
맞매다
맞먹다
맞물려 돌아가다
맞물려 있다
맞물리게 하다
맞바꾸어 가다/맞바꾸어 오다
맞바꿔 주다
맞바둑

맞바라보다
맞바람 *cf.* 뒷바람, 앞바람
맞받아치다
맞배지기
맞배지붕 *cf.* 팔작지붕, 눈썹지붕
맞배집 *cf.* 뱃집, 일자집, 이자집
맞벌이
맞부딪치다/맞부딪히다
맞부딪칠 수밖에 *cf.* 밖에(조사)
맞불 놓다 *cf.* 불 놓다
맞불 지르다 *cf.* 불 지르다
맞붙어 싸우다
맞붙이(직접 얼굴을 맞대어 처리함.)
맞비겨떨어지다 <그의 생각이 너의 계획과 ~.>
맞서 싸우다
맞서 있다
맞선 보다 *cf.* 선보다, 첫손 보다
맞소리
맞씨름
맞아 가다 <계교가 ~.>
맞아들이다 <아내를 ~.>
맞아떨어지다 <예측이 ~.> *cf.* 맞비겨떨어지다
맞아 떨어지다 <과일이 돌에 ~.>
맞아 봐라
맞아 주다
맞아 죽다
맞은 듯 <화살을 ~….>
맞은바라기 <길 건너 ~.>
맞은바람(맞은편에서 불어오는 바람) *cf.* 앞바람, 맞바람
맞은 지 *cf.* 떠난 지, 지(의존 명사)
맞은쪽
맞은쪽 길 가 *cf.* 길가
맞은편(-便)
맞은편에서 온 사람과 손잡고 문 통과하기(-便-門-通過-)
맞을 적마다 *cf.* 적(의존 명사), 마다(조사)
맞음새

-맞이(접미사) *cf.* 봄맞이, 추석맞이, 설맞이, 단오맞이, 손님맞이
맞이음
맞이하는 듯하다 *cf.* 듯하다
맞이하다
맞이해 주다
맞잡기
맞잡아 주다
맞장구쳐 주다
맞장구치다 *cf.* 장구 치다, 북 치다
맞장부이음 *cf.* 맞대기이음
맞적수(-敵手) *cf.* 맞수
맞주름 *cf.* 외주름
맞지 않다
맞추어 가다
맞추어 가지고
맞추어 나가다
맞추어 놓다
맞추어 두다
맞추어 보다
맞추어 쓰다
맞추어 입다
맞추어 주다
맞춤무늬
맞춤법(-法) *cf.* 철자법
맞춤부엌
맞춤세간
맞춤 셔츠
맞춤옷
맞춤옷집
맞춤 유기(-鍮器)
맞춤 핀
맞춰겨루기(태권도)
맞춰읽기
맞톱니무늬
맞혀 보다
맞흥정
맡겨 놓다/맡겨 두다
맡겨 버리다

맡겨 보다
맡겨 오다
맡겨 주다
맡고 싶어하다 *cf.* 싶어하다(보조 용언)
맡고 있다
맡아 가지고
맡아 기르다
맡아 놓다
맡아 두다
맡아보다 <경리를 ~.> *cf.* 달아보다, 재어보다
맡아 보다 <냄새를 ~.>
맡아 오다
맡아 주다
맡아 하다 <궂은일을 ~.>
매(每)-(접두사) *cf.* 매시간, 매주, 매달, 매해, A/m^2(암페어매제곱미터/제곱미터당암페어), m/s^2(미터매초제곱/제곱초당미터), $c \cdot m^2/V$(쿨롬제곱미터매볼트/볼트당쿨롬제곱미터)
매(每)$^{\vee}$(관형사) *cf.* 매 회계 연도, 매 회의 기간, 매 회기, 매 교육 연도, 매 경기마다
매갈잇간(-間) *cf.* 방앗간
매겨 가지고
매겨 놓다/매겨 두다
매겨 버리다
매겨 주다
매김말 *cf.* 꾸밈말
매꾸러기 *cf.* 잠꾸러기, 장난꾸러기
매끄러워 보이다
매끈매끈하다
매끌매끌하다
매끝 <~이 맵다.> *cf.* 손끝, 코끝, 혀끝, 머리끝, 명치끝
매 끝 <~에 정이 들다.>
매끼(每-)
매년 말(每年末)
매년(每年)
매니저병(-病)
매단 채 *cf.* 채(의존 명사)
매달(每-)
매달려 가다
매달려 계시다
매달려 보다
매달려서 옮겨가기
매달려 있다
매달리기
매달리기하다
매달리다시피 <~ 간청하다.>
매달리다시피 하다
매달린 키
매달아 놓다
매달아 두다
매달아 버리다
매달아 보다
매달아 주다
매도해 버리다(罵倒-)
매 들다
매듭단추 *cf.* 누름단추, 두구멍단추
매듭수(-繡) *cf.* 씨앗수, 십자수, 징금수
매듭술
매듭 없다/없이
매듭자반(다시마를 지진 자반)
매듭지어 가다
매듭지어 놓다
매듭짓다 *cf.* 결론짓다, 단정짓다
매듭춤
매란국죽(梅蘭菊竹)
매러피스나 빙하(-氷河)
매력 없다(魅力-)/매력 있다(魅力-)
매련쟁이
매롱이 소리
매만져 주다
매맛 *cf.* 술맛, 밥맛, 주먹맛, 몽둥이맛
매 맞다
매 맞아 죽다
매 맞을 뻔했다 *cf.* 뻔하다
매매해 오다(賣買-)
매명주의(賣名-)

매몰되어 가다(埋沒-)
매몰차다(埋沒-) *cf.* 옹골차다, 희망차다, 야심차다
매미 소리 *cf.* 쓰르라미 소리, 귀뚜라미 소리, 여치 소리, 새소리
매미채 *cf.* 파리채
매방울 *cf.* 말방울, 쥐방울
매번(每番)
매병(梅甁) *cf.* 자라병
매부놈(妹夫-) *cf.* 처남놈
매부리코 *cf.* 들창코, 주먹코, 말코, 사자코
매사냥 *cf.* 몰이사냥, 덫사냥, 개사냥, 총사냥, 꿩 사냥, 곰 사냥, 산돼지 사냥, 호랑이 사냥
매사냥꾼 *cf.* 몰이사냥꾼
매서워 보이다
매설해 놓다(埋設-)
매수공작(買收工作) *cf.* 이면공작, 정치 공작, 음해 공작
매순간(每瞬間)
매시간(每時間)
매어 놓다
매어 달다('매어서 달다'의 뜻으로는)
매어 두다
매어 주다
매얼음(두껍게 언 얼음) *cf.* 살얼음
매 열두 사람당(每-當)
매운맛 *cf.* 쓴맛, 단맛, 신맛, 짠맛, 떫은 맛, 아린 맛
매운바람 *cf.* 칼바람, 고추바람
매운탕(-湯)
매워 오다 <코끝이 ~.>
매워하나
매인 목숨 *cf.* 모진 목숨, 죽은 목숨
매일같이(每日-)(날마다) <~ 손님이 오다.>
매일 같이(每日-)(매일 함께) <~ 다니다.>
매일매일(每日每日)
매일반(-一般)(마찬가지)
매일 밤(每日-)
매일 아침(每日-)
매일없이(每日-)
매일 저녁(每日-)
매입가액(買入價額)
매입순법(買入順法)
매입역법(買入逆法)
매장시켜 놓다(埋葬-)
매장시켜 버리다(埋葬-)
매조미쌀(현미)
매죄료장수
매주(每週) *cf.* 매일, 매달, 매년
매주간(每週間)
매 주다
매지구름(비를 머금은 조각구름)
매직잉크
매직테이프
매직펜
매진되어 가다(賣盡-)
매진되어 버리다(賣盡-)
매진해 나가다(賣盡-)
매찜질 *cf.* 몽둥이찜질
매타작(-打作) <인정 사정 없이 ~하다.>
매트놀이
매트 모
매파(-派) *cf.* 비둘기파
매품 팔다(남의 매를 대신 맞고 삯을 받다.) *cf.* 날품 팔다
매품팔이 *cf.* 날품팔이
매학기(每學期)
매학년(每學年)
매한가지 *cf.* 마찬가지
매해(每-)
매화꽃(梅花-) *cf.* 살구꽃
매화점장단(梅花點-)
매화초옥도(梅花草屋圖)
매화타령(梅花-)
매화틀(梅花-)
매횟간(-間) *cf.* 뒷간
매 회계 연도(每會計年度)
매흙모래

맥고모자(麥藁帽子) *cf.* 밀짚모자, 대팻밥모자
맥낚시(脈-) *cf.* 찌낚시
맥놀이(脈-)
맥 놓다(脈-)
맥락 속에(脈絡-)
맥 모르다(脈-)
맥 못 추다(脈-)
맥박 뛰다(脈搏-)
맥박 소리(脈搏-) *cf.* 뱃고동 소리, 심장 박동 소리, 기적 소리, 기차 소리
맥박 수(脈搏數) *cf.* 호흡수, 득표수, 학생 수
맥박 치다(脈搏-)
맥 보다(脈-)
맥 빠지다(脈-) *cf.* 힘 빠지다
맥아즙(麥芽汁) *cf.* 무즙, 칡즙, 마즙
맥없다(脈-)/맥없이(脈-)
맥없어 보이다(脈-)
맥없어하다(脈-)
맥주병(麥酒甁) *cf.* 소주병, 약주병, 양주병
맥주보리(麥酒-)
맥주잔(麥酒盞) *cf.* 소주잔, 막걸리잔, 양주잔
맥줄(脈-)
맥줏집(麥酒-) *cf.* 선술집, 소줏집, 대폿집, 니나놋집, 양줏집, 생맥줏집
맥 짚다(脈-)
맥쩍다(脈-) *cf.* 멋쩍다, 미심쩍다
맥쩍어하다(脈-)
맥 풀리다(脈-)
맨-(접두사) *cf.* 맨입, 맨손, 맨주먹 맨대가리
맨ˇ(관형사) *cf.* 맨 처음, 맨 끝, 맨 나중, 맨 외국 상품
맨가슴
맨 꼭대기
맨 꼴찌
맨 끝 수(-數)
맨 끝에
맨 나중 *cf.* 맨 처음
맨눈 *cf.* 맨입, 맨손
맨다리
맨대가리 *cf.* 맨입, 맨손
맨대가릿바람 *cf.* 동저고릿바람, 상툿바람
맨 뒤에
맨 뒷자리
맨 뒷장(-帳)
맨드리(옷을 입고 매만진 맵시)
맨땅
맨 마지막 *cf.* 맨 처음
맨머리 *cf.* 맨입, 맨손
맨머릿바람 <~으로 바깥을 나가다.> *cf.* 동저고릿바람, 상툿바람
맨 먼저 *cf.* 맨 처음
맨몸
맨몸뚱이 *cf.* 맨손
맨몸 말입니다 *cf.* 말이다/말이오
맨바닥 *cf.* 맨몸뚱이
맨발 *cf.* 맨손
맨발길
맨밥 <~을 먹다.>
맨방바닥
맨살
맨손 *cf.* 맨손 체조, 맨입, 맨주먹
맨손조르기(유도)
맨손 체조(-體操) *cf.* 기계 체조
맨쌀밥
맨 아래 *cf.* 맨 위
맨 아래층(-層)
맨 안쪽 겹
맨 앞
맨 앞줄 *cf.* 맨 뒷줄
맨용접봉(-鎔接棒)
맨 위쪽 *cf.* 맨 아래쪽
맨 위층 *cf.* 맨 아래층
맨이름(호칭 따위를 생략한 채로 부르는 이름)
맨입 *cf.* 맨주먹, 맨손
맨제기차기
맨주먹 *cf.* 맨손, 맨입
맨 처음 *cf.* 맨 끝, 맨 나중
맨체스터학파(-學派) *cf.* 에피쿠르스학파, 훈

고학파, 실학 학파
맴돌고 있다
맴돌다
맴돌이 전류(-電流)
맴돌이치다 *cf.* 소용돌이치다, 메아리치다, 발버둥 치다, 벼락 치다
맵시 나다
맵시 내다
맵시 없다/맵시 있다
맵자하다
맷가마리 *cf.* 욕가마리, 웃음가마리, 놀림가마리, 걱정가마리, 가마리
맷감 *cf.* 안줏감, 눈요깃감, 땔감, 주먹감
맷독(-毒) *cf.* 똥독
맷돌다리 *cf.* 쳇다리, 지겟다리
맷돌질
맷돌흐름 *cf.* 소용돌이
맷방석(-方席) *cf.* 두트레방석, 도래방석
맷손 <~을 돌리다.>, <~이 맵다.>
맷집 좋다
맹(猛)(접두사) *cf.* 맹훈련, 맹활약
맹꽁이 같다
맹꽁이배 *cf.* 붕어배
맹꽁이 소리 *cf.* 개구리 소리, 염소 소리
맹꽁이자물쇠 *cf.* 붕어자물쇠, 쌍룡자물쇠
맹꽁이타령
맹꽁찡꽁(부사) <~ 닭의다리 술안주>
맹렬해 보이다(猛烈-)
맹렬해져 가다(猛烈-)
맹물 같다
맹세지거리 *cf.* 농지거리, 지거리(접미사)
맹안 모극제(猛安謀克制)
맹연습하다(猛練習-)
맹주 다툼(猛主-) *cf.* 세력 다툼, 권력 다툼
맹 진사 댁 경사(孟進士宅慶事)
맹추격(猛追擊)
맹활약하다(猛活躍-)
맺거니 틀거니
맺고 끊다
맺고 끊은 듯이/듯하다 *cf.* 듯이, 듯하다
맺고 있다
맺는말 *cf.* 들어가는 말, 맺음말
맺는상(농악의 동작)
맺는 장단
맺어 가다
맺어 나가다
맺어 놓다
맺어 두다
맺어 오다
맺어 주다
맺음말 *cf.* 맺는말, 들어가는 말
맺혀 있다
맺히는 듯 <목이 ~> *cf.* 듯
맺힌 데 <~가 없는 사람>
머그잔(-盞) *cf.* 유리잔, 사기잔, 플라스틱 잔
머금어 보이다
머나먼/멀다
머나먼 길 *cf.* 먼길
머루송이 *cf.* 포도송이, 꽃송이, 눈송이
머루알 *cf.* 포도알, 호두알, 밤알, 깨알, 쌀알
머루알 같다
머룻골 *cf.* 감잣골, 싸릿골, 피맛골
-머리(접미사) *cf.* 소갈머리, 인정머리, 주변머리, 싹수머리, 주책머리, 행실머리
머리감기
머리 감다
머리 깅(-江)
머리 구실 *cf.* 뉴 구실
머리 굴리다
머리 굽히다
머리글 *cf.* 머리말, 꼬리말
머리글자(-字)
머리 긁다
머리기사(-記事)
머리 깎다
머리 깎아 주다
머리꼭대기 *cf.* 산꼭대기, 지붕 꼭대기
머리꼭지

머리꾸미개
머리끄덩이
머리끝 *cf.* 발끝, 손끝, 말끝, 코끝, 혀끝, 명치끝, 매끝
머리 나쁜 놈 *cf.* 머리 좋은 놈
머리단장(-丹粧) *cf.* 머리치장
머리대고 넘기
머리대고 물구나무서기
머리 돌리다
머리 둘레 *cf.* 가슴둘레, 허리둘레, 목둘레, 엉덩이 둘레, 허벅지 둘레
머리 들다
머리때 *cf.* 손때, 발때
머리띠 *cf.* 허리띠
머리말 *cf.* 인사말, 머릿글, 꼬리말
머리맡에
머리 맵시 *cf.* 옷맵시
머리 모양(-模樣) *cf.* 몸 모양
머리 부분 *cf.* 가슴 부분
머리뼈 *cf.* 허리뼈, 등뼈, 복사뼈
머리삼아 <뿌리를 ~….>
머리소리 *cf.* 끝소리
머리 숙이다
머리숱
머리 식히다
머리 싸다
머리 싸매다
머리싸움 *cf.* 몸싸움
머리 썩다
머리 쓰다
머리 아파하다 *cf.* 골치 아파하다, 마음 아파하다, 가슴 아파하다
머리 아프다 *cf.* 마음 아프다, 가슴 아프다, 골치 아프다
머리악쓰다(기쓰다)
머리 얹다
머리에 얹기(제기의)
머리 위
머리 위의 카드 알아맞히기 놀이
머리 위의 카드 추측하기 놀이(-推測-)
머리 좋은 놈 *cf.* 머리 나쁜 놈
머리 쪽 *cf.* 다리 쪽
머리채
머리초무늬(-草-)
머리치기
머리치장(-治粧) *cf.* 몸치장, 집치장
머리카락
머리 타래 *cf.* 새끼타래, 실타래
머리 터지다
머리털 *cf.* 코털
머리통 *cf.* 다리통, 허리통, 배통
머리튀겨 돌기
머리 풀다
머리핀 *cf.* 옷핀, 시침 핀, 장식 핀
머리 하다
머리 하러 가다
머리 흔들다
머릿결 *cf.* 살결, 나뭇결
머릿골
머릿그림
머릿기름 *cf.* 동백기름, 왜밀기름
머릿날
머릿내 *cf.* 입내, 땀내
머릿내 나다
머릿니 *cf.* 가랑니, 옷엣니, 수퉁니
머릿돌 *cf.* 이맛돌
머릿밑(머리털이 난 살가죽) <~을 긁다.>
머릿방(-房)(안방에 딸린 작은 방)
머릿병풍(-屛風)
머릿사위
머릿살 <~ 아프다.> *cf.* 이맛살
머릿속에 *cf.* 핏속, 콧속, 혓속
머릿수(-數)(사람의 수) *cf.* 마릿수, 가짓수
머릿수건(-手巾) *cf.* 손수건, 세수수건, 땀수건, 바리 수건, 성작 수건
머릿장(-欌)
머릿줄
머릿짓 *cf.* 손짓, 발짓, 턱짓, 눈짓, 고갯짓, 어

깻짓, 엉덩잇짓
머무적머무적
머물러 살다
머물러 있다
머뭇머뭇하다
머슴 노릇 *cf.* 상전 노릇, 종노릇, 병신노릇
머슴 살다 *cf.* 식모 살다
머슴살이 *cf.* 고용살이, 셋방살이, 처가살이
머쓱해 보이다
머윗잎 *cf.* 고춧잎, 깻잎, 찻잎, 댓잎
머윗잎쌈 *cf.* 호박잎쌈, 참죽잎쌈
머저리 같다 *cf.* 멍텅구리 같다, 바보 같다
머지않아(시간적으로 오래 걸리지 않아)
머플로(-爐) *cf.* 코크스로
먹거리(→먹을거리) *cf.* 땔거리, 볼거리, 읽을거리, 기삿거리
먹게그려 *cf.* 그려
먹겠는걸 *cf.* ㄴ걸(어미)
먹고 들어가다
먹고 떨어지다
먹고 마시는 일
먹고 먹히다
먹고 보니 *cf.* 하고 보니
먹고살다 <하루하루 ~.>
먹고살 만하다 *cf.* 만하다
먹고 싶다
먹고 싶어하다 *cf.* 싶어하다(보조 용언)
먹고 있다
먹고파 *cf.* 하고파, 가고파, 놀고파
먹구름
먹구름 같다
먹그림
먹기 싫어하다 *cf.* 싫어하다
먹기 좋은/좋다 *cf.* 보기 좋은
먹나 보다 *cf.* 하나 보다, 가나 보다, 자나 보다, 보다(보조 용언)
먹느니 마느니 하다
먹는 대로 <~ 살이 찐다.>
먹는 둥 마는 둥 하다 *cf.* 둥(의존 명사)
먹는장사 <~로 겨우 연명하다.>
먹는 척하다 *cf.* 척하다
먹다 남은/남다
먹다 말고 *cf.* 하다 말고
먹다 못해 *cf.* 참다못해, 견디다 못해, 울다 못해, 웃다 못해
먹든 말든 간에(-間-)
먹똥(먹물이 말라붙은 검은 찌꺼기)
먹매김
먹물
먹물도(-圖)
먹물 들다
먹물 먹다
먹물뜨다(문신하다)
먹물번지기(미술)
먹물(이) 번지다
먹물샘
먹물주머니 *cf.* 모이주머니, 모래주머니, 쓸개주머니, 알주머니
먹물치기 *cf.* 먹줄치기
먹물(을) 치다
먹박지(-薄紙) *cf.* 금박지, 은박지
먹 번짐
먹빛 *cf.* 흙빛, 쪽빛, 버찌빛
먹빛 같다 *cf.* 칠흑 같다
먹성 좋다(-性-)
먹어 가며
먹어 간에 따라
먹어 나가다
먹어 놓고 볼 일
먹어 대다 *cf.* 묻어 대다, 대다(보조 용언)
먹어도 먹어도 *cf.* 가도 가도, 주어도 주어도
먹어 두다
먹어 버렸는걸 *cf.* ㄴ걸(어미)
먹어 버리다
먹어 버릴 만큼 *cf.* 만큼(의존 명사)
먹어 보다
먹어 본 적이 있다 *cf.* 적
먹어 쌓다

먹어 주다
먹어 치우다 *cf.* 해치우다, 때려치우다, 팔아 치우다, 갈아 치우다, 치우다(보조 동사. 동사 다음에 '어 치우다'의 형태로)
먹어 치워 버리다
먹었나 보다 *cf.* 했나 보다
먹었네그려 *cf.* 그려
먹었는데도 *cf.* ㄴ데도(어미)
먹여 다오
먹여 달라다
먹여 드리다
먹여 보내다
먹여 살리다
먹여 주다
먹으나마나 *cf.* 나마나
먹으나마나하다 *cf.* 들으나마나하다, 있으나마나하다, 나마나하다
먹으러 가다/먹으러 오다
먹으려 들다
먹은금(원가)
먹은 김에 *cf.* 떡 본 김에
먹은 둥 만 둥 하다 *cf.* 둥
먹은 듯싶다 *cf.* 듯싶다
먹은 듯하다 *cf.* 듯하다
먹은 지 오래되다 *cf.* 지
먹은 체하다 *cf.* 체하다
먹을거리 *cf.* 볼거리, 땔거리, 읽을거리
먹을걸 <그 사람 아마 안 먹을걸요.> *cf.* ㄹ걸
먹을 걸 <못 먹을 걸(것을) 주면 안 된다.>
먹을 것 <~이 흔하다.>
먹을까 말까 하고 있다
먹을까 봐
먹을 듯 말 듯하다 *cf.* 듯, 듯하다
먹을 만큼 *cf.* 만큼
먹을망정 *cf.* 놀망정, 웃을망정, ㄹ망정
먹을뿐더러 *cf.* ㄹ뿐더러
먹을 뿐 아니라 *cf.* ㄹ 뿐 아니라
먹을수록 *cf.* 하면 할수록, ㄹ수록
먹을 수밖에 없다 *cf.* 밖에(조사)
먹을알(금이 많이 섞인 광석)
먹음직하다 *cf.* 믿음직하다, 있음 직하다, 하였음 직하다, 직하다
먹음직해 보이다
먹이 그물
먹이 사슬
먹이 사슬 카드 놀이
먹이생물(-生物)
먹이양(-量) *cf.* 기름양
먹이주기
먹이(를) 주다
먹이 피라미드
먹잇감 *cf.* 안줏감
먹자골목
먹자마자 *cf.* 자마자
먹자판 *cf.* 놀자판
먹장 같다
먹장구름 *cf.* 먹구름, 뭉게구름
먹장구름 떼 *cf.* 구름 떼
먹줄
먹줄치기 *cf.* 먹물치기
먹줄펜
먹지 마라 *cf.* 하지 마라, 마라/마
먹지 못하다 *cf.* 못하다
먹지 아니하다 *cf.* 아니하다
먹지 않은 채 *cf.* 채
먹치마연(-鳶) *cf.* 방패연, 가오리연
먹칠당하다(-當-) *cf.* 당하다
먹칠해 주다
먹칼 *cf.* 구두칼
먹통줄
먹투성이 *cf.* 기름투성이, 흙투성이, 투성이
먹혀들다
먼가랫밥 *cf.* 가랫밥, 대팻밥, 호밋밥
먼개(썰물 때 멀리 드러나는 개펄)
먼 거리
먼 곳
먼길 <~ 다니는 장사꾼>, <~에 어떻게 왔느냐?>, <~에 얼마나 고생하셨습니까?>

먼 길 <가까운 길을 두고 아주 ~로 돌아서 왔다.>, <가깝고도 먼 길….>, <참으로 ~.>
먼 나라 *cf.* 이웃 나라, 우리나라
먼눈 < 이 밝다.>
먼눈팔다 <어디다 먼눈파는지 모르겠다.> *cf.* 한눈팔다
먼데 <갈 길은 ~ 해가 저물다.> *cf.* ㄴ데
먼 데(먼 곳) <~로 가지 마라.>
먼뎃불빛 <~이 반짝이고 있다.>
먼뎃손(먼 곳에서 온 손님)
먼동 트기
먼동 트다
먼로주의(-主義)
먼먼 길
먼 먼 산 너머로(-山-)
먼 먼 옛날에
먼물(먹을 수 있는 우물물)
먼바다(해양 용어로서는)
먼 바다
먼 바다 속
먼바다 쪽
먼발치로 *cf.* 구름발치
먼 별
먼빛으로 <몇 번 ~ 본 적이 있다.>
먼산(-山) *cf.* 먼산바라기
먼 산(-山) <~만 바라보다.>
먼 산골짜기(-山-)
먼산나무(-山-)
먼산나물(-山-)
먼산바라기(-山-)
먼산주름 <높은 산에 오르니 ~이 한 눈에 들어왔다.>
먼 옛날
먼우물(물이 맑아 먹을 수 있는 우물물) *cf.* 누렁우물
먼일 <~을 예상하다.>
먼저께 <~도 맞혔듯이….> *cf.* 께(접미사)
먼젓번(-番) *cf.* 지난번, 전번, 아깟번
먼지 같다

먼지 나다
먼지 닦기
먼지 닦다
먼지 떨기
먼지 떨다
먼지떨음하다
먼지떨이
먼지바람 *cf.* 모래바람, 흙바람
먼지보라 *cf.* 물보라, 눈보라
먼지 속에
먼지잼 <비가 ~으로 겨우 몇 방울 내렸을 뿐이다.>
먼지잼하다 <겨우 먼지잼할 정도로 비가 왔다.>
먼지투성이 *cf.* 흙투성이, 빚투성이, 피투성이
먼짓길 *cf.* 황톳길, 진흙길
먼 쪽에 *cf.* 가까운 쪽에
먼촌(-寸)(촌수가 먼 일가)
먼 친척에게서(-親戚-) *cf.* -으로부터
먼 하늘
먼 훗날(-後-)
멀고 먼 곳
멀다 하고 <하루가 ~ 찾아오다.>
멀대 같다(방언) *cf.* 멍청이 같다
멀뚱멀뚱
멀뚱멀뚱하다
멀리 가 버리다
멀리던지기
멀리 던지다
멀리뛰기 <~ 경기를 하다.>
멀리 뛰기 <~ 위하여….>
멀리 뛰다
멀리 뛰어가다
멀리 뛰어내리기 놀이
멀리 뛰이 봅시다
멀리멀리 *cf.* 가까이 가까이
멀리 보이다
멀리서나마 *cf.* 나마
멀리 오다
멀리차기 <~ 경기를 하다.>

멀리 차기 <공을 ~ 위하여….>
멀리 차다
멀리치기
멀리 치다
멀리하다 <사람을 ~….>
멀리 하다(멀리 가져가다.) <전등을 ~.>
멀리해 버리다
멀리해 오다
멀미 나다
멀미 내다
멀어 보이다
멀어져 가다
멀지 않다(거리가 멀리 떨어져 있지 않다.) *cf.* 머지않아
멀쩡해 보이다
멀찌가니
멀찌감치
멀찌막하다
멀찍멀찍
멀찍하다
멀태죽(-粥)(멀겋게 쑨 죽)
멈추개
멈추어 달라
멈추어 서다
멈추어 있다
멈춘 지 *cf.* 떠난 지, 지(의존 명사)
멈춰 주다
멈칫대다/거리다
멈칫멈칫
멈칫멈칫하다
멈칫하다
멋거리
멋내다 *cf.* 맛내다
멋대가리 *cf.* 맛대가리
멋대가리 없다 *cf.* 맛대가리 없다, 멋없다
멋대로 *cf.* 대로(조사)
멋대로 썰기
멋들다
멋들어지다
멋모르고/모르다
멋 부리다 *cf.* 맛부리다
멋없다 *cf.* 맛없다
멋없어 보이다
멋있다 *cf.* 맛있다
멋있어 보이다
멋져 보이다
멋지다
멋쩍다 *cf.* 맥쩍다
멋쩍어 보이다
멋쩍어하다 *cf.* 맥쩍어하다
멋쩍은 듯이 *cf.* 듯이
멍들다
멍석 구멍 <~에 생쥐 드나들듯….>
멍석말이 *cf.* 달걀말이, 국말이, 김말이
멍석말이걸음
멍석말이춤
멍석말이하다
멍석자리 *cf.* 대자리, 삿자리, 돗자리
멍석잠
멍에끈 *cf.* 신끈, 운동화 끈
멍에 메다/멍에 쓰다
멍엣상처(-傷處)
멍엣줄(인쇄물의 가를 두른 줄)
멍울 서다
멍울지다
멍첨지(-僉知)(개를 비유적으로 이르는 말)
멍청해 보이다
멍텅구리 같다 *cf.* 바보 같다
멍텅구리낚시
멍텅구리선(-船)
멍투성이 *cf.* 흙투성이
멍해 보이다
메가와트일(-日) *cf.* MWD
메기고받는소리
메기고 받다
메기고 받아 부르기
메기구이 *cf.* 조기구이, 참새구이
메기는소리 *cf.* 받는소리, 메김소리

메기며 받으며 부르다
메기 반장(-班長)
메기수염(-鬚髥) *cf.* 고래수염, 염소수염
메기입(크게 생긴 입) *cf.* 병어입
메김소리 *cf.* 메기는소리, 받는소리
메꽃
메나리토리
메다꽂다
메다듬
메다붙이다
메뚜기 떼 *cf.* 송사리 떼, 벌 떼, 모기떼
메뚜기장이음
메리노종(-種) *cf.* 랑부예종, 자넨종
메리야스 뜨기
메리야스(를) 뜨다
메리야스 바늘 *cf.* 뜨개바늘, 시곗바늘, 낚싯바늘
메리야스코 잇기
메리클론 묘
메리트재(-財) *cf.* 기펜재
메말라 가다/메말라져 가다
메말라 버리다
메모광(-狂) *cf.* 수집광
메모 보며 말하기
메모 용지(-用紙) *cf.* 기록 용지, 메모지
메모하며 듣기
메밀가루 *cf.* 밀가루, 콩가루, 쌀가루
메밀국수 *cf.* 옥수수국수, 쌀국수, 밀국수
메밀껍질 *cf.* 왕골껍질, 나무껍질, 귤껍질, 소태껍질, 굴참나무 껍질, 느릅나무 껍질
메밀꽃
메밀묵 *cf.* 도토리묵, 제물묵
메밀밥 *cf.* 보리밥, 옥수수밥
메밀밭 *cf.* 삼사밭, 고구마밭, 땅콩밭, 수수밭, 옥수수밭, 시금치밭, 고추밭
메밀밭께 *cf.* 께(접미사)
메밀범벅 *cf.* 꿀범벅, 호박범벅
메스꺼워하다
메스실린더
메시아 종(-鐘)
메쌓기 *cf.* 찰쌓기
메아리결 *cf.* 머릿결, 무늿결, 소릿결
메아리쳐 오다
메아리치다 *cf.* 소리치다, 파도치다, 눈보라 치다, 서릿발 치다
메어넘기기
메어붙이다
메어질 듯하다 *cf.* 듯하다
메워 가다
메워 나가다/메워 나오다
메워 놓다
메워 두다
메워 버리다
메워 주다
메이지 유신(-維新) *cf.* 10월 유신
메주먹치기(태권도)
메주콩 *cf.* 기름콩
메줏가루 *cf.* 미숫가루, 고춧가루, 송홧가루
메줏덩이 *cf.* 흙덩이, 돌덩이
메줏말 <메주를 ~에 넣어 밟다.>
메줏물 *cf.* 밥물, 국수물
메줏볼 <~이 나온 여자….>
메지다 *cf.* 차지다
메찰떡
메추리구이
메추리누에
메콩 강(-江)
메타산(-酸)
메타수학(-數學)
메타언어(-言語)
메타·크실렌→메타·자일렌
메탄→메테인[메탄]
메탄알
메탄알/아세트알데하이드
메탄알/폼알데하이드
메탄올
메탄올산 음이온(-酸陰-)
메테인[메탄]가스 *cf.* 탄산가스, 연탄가스, 도시가스

메티오닌→메싸이오닌

메틸기(-基)

메틸 바이올렛

메틸 오렌지

메틸티오에탄→메틸싸이오에테인

멕시코 만(-灣)

멕시코 만류(-灣流)

멘 채 <가방을 ~> *cf.* ㄴ 채, 채

멘헤이든유(-油) *cf.* 고래기름, 정어리기름

멜가방 *cf.* 끌가방, 들가방

멜로드라마

멜리스샘

멜빵끈 *cf.* 신발끈, 구두끈, 운동화 끈, 군화 끈

멜빵바지/멜빵치마

멜빵짐

멜빵허리 *cf.* 조끼허리

멜수 건드리체(한국 무용)

멥쌀밥 *cf.* 찹쌀밥, 보리밥

멧돼지 같다 *cf.* 곰 같다, 돼지 같다, 황소 같다, 바둑판같다

멧돼지 떼 *cf.* 참새 떼, 송사리 떼, 모기떼

'멧돼지와 촌닭'집(-村-)

멧돼짓과 *cf.* 두루밋과

멧등마다 *cf.* 산등마다, 마다(조사)

멧새집 *cf.* 새집, 개집, 개미집, 까치집

며느리 도깨비

며느리발톱

며느리 보다 *cf.* 사위 보다, 손자 보다

며느릿감 *cf.* 신붓감, 사윗감, 혼숫감, 아냇감

며늘년 *cf.* 사위놈

며늘아기

며칟날 *cf.* 삼짇날, 동짓날

며칠 간(-間)

며칠 동안 *cf.* 하루 동안, 닷새 동안, 오랫동안

며칠 뒤

며칠만 <~ 기다려라.> *cf.* 만(조사)

며칠 만에 <집 나간 지 ~ 돌아오다.> *cf.* 만(의존 명사)

며칠 밤

며칠 새

며칠 앞두고

며칠 전에(-前-)

며칠째

며칠째 되는 날

며칠쯤

며칠 후(-後)

멱 감다(미역 감다.)

멱둥그미

멱따다

멱살 잡다

멱살잡이하다

멱살 잡히다

멱씨름(멱을 잡고 싸우는 짓)

멱찌르다 <돼지를 멱찔러 잡다.>

멱차다

멱 틀어쥐다

-면(面)(접미사) <경제면의 성장>, <모호로비치 불연속면> *cf.* 정치면, 사회면, 경제면, 형식면, 내용면

✓면(面)(의존 명사) *cf.* 모든 면에서, 부족한 면, 너그러운 면

면공업(綿工業) *cf.* 철강 공업

면광원(面光源)

면구스러워하다(面灸-)

면나다(面-)(체면이 서다.)

면내다(面-)

면담놀이(面談-)

면담해 보다(面談-)

면대칭(面對稱) *cf.* 선대칭

면도날(面刀-) *cf.* 작두날, 도끼날, 대팻날, 가윗날, 가랫날

면도날 같다(面刀-)

면도발(面刀-) *cf.* 화장발, 국숫발

면도솔(面刀-) *cf.* 구둣솔, 면분솔, 양복솔

면도 숫돌(面刀-) *cf.* 기름숫돌, 가죽숫돌, 금강사숫돌

면도칼(面刀-) *cf.* 해부칼, 도련칼, 회칼, 주머니칼, 부엌칼, 배코칼, 호비칼

면도해 주다(面刀-)
면돌이(面-)(농악)
면돗발(面刀-) *cf.* 핏발, 말발, 화장발, 사진발
면·리 제도(面·里制度)
면모슬린(綿-) *cf.* 면포플린
면목 없다(面目-)/면목 없이(面目-) <면목 없게 되다.>, <그를 대할 ~.>
면목 없어 하다(面目-)
면바르다(面-) *cf.* 예절바르다(편수 자료), 예바르다
면박당하다(面駁當-) *cf.* 당하다
면박받다(面駁-) *cf.* 받다
면박 주다(面駁-) *cf.* 타박 주다, 핀잔주다
면벽돌(面甓-)
면분솔(面粉-) *cf.* 구둣솔, 양복솔, 면도솔
면사무소(面事務所) *cf.* 읍사무소, 동사무소
면서기(面書記) *cf.* 동서기
면섬유(綿纖維) *cf.* 모섬유, 마섬유
면 소재지(面所在地) *cf.* 군 소재지
면솔(面-) *cf.* 구둣솔, 양복솔
면심 입방(面心立方)(편수 자료 '화학')
면심입방격자(面心立方格子) *cf.* 체심입방격자
면양말(綿洋襪) *cf.* 털양말, 나일론 양말
면양씻기(緬羊-)
면의 수(面-數)
면장갑(綿掌匣) *cf.* 털장갑, 가죽 장갑
면재 구성(面材構成)
면적비(面積比)
면접시험(面接試驗) *cf.* 면접 고사, 서류 전형, 시필 고사
면제 받다(免除-) <학비는 약간의 면제(를) 받고 있다.>
면제받다(免除-) <학비를 면제받고 있다.> *cf.* 받다
면제받아 오다(免除-)
면제시켜 주다(免除-)
면제품(綿製品) *cf.* 모제품, 가죽 제품
면제해 오다(免除-)
면제해 주다(免除-)

면줄(面-)(장기판의 앞 끝에서 셋째 줄)
면직당하다(免職-) *cf.* 당하다
면직시켜 버리다(免職-)
면책당하다(免責-) *cf.* 당하다
면책받다(免責-) *cf.* 받다
면치레(面-) *cf.* 옷치레, 겉치레, 인사치레, 외면치레, 체면치레
면치 못하다(免-)
면크레이프(綿-)
면포플린(綿-) *cf.* 면모슬린
면플란넬(綿-)
면하자마자(免-) *cf.* 먹자마자, 자마자
면해 보다(免-)
면화씨(棉花-) *cf.* 목화씨, 평지씨, 복숭아씨, 살구씨, 시금치씨, 포도씨, 해바라기씨
면화씨기름(棉花-) *cf.* 배추씨기름, 고추씨기름, 무씨기름, 옥수수기름
면회 가다(面會-) *cf.* 휴가 가다, 소풍 가다
면회시켜 주다(面會-)
면회 오다(面會-)
멸망되어 버리다(滅亡-)
멸망시켜 버리다(滅亡-)
멸망해 가다(滅亡-)
멸망해 버리다(滅亡-)
멸사봉공(滅私奉公)
멸시당하다(蔑視當-) *cf.* 당하다
멸시받다(蔑視-) *cf.* 받다
멸시받아 오다(蔑視-)
멸시해 오다(蔑視-)
멸악산맥(滅惡山脈) *cf.* 태백산맥
멸종돼 버리다(滅種-)
멸종되다시피 하다(滅種-) *cf.* 다시피
멸종되어 가다(滅種-)
멸종해 버리다(滅種-)
멸죄생선(滅罪生善)
멸치국물 *cf.* 다시마국물
멸치 기름담금 통조림(-桶-)
멸치들망
멸치볶음 *cf.* 새우볶음

멸치잡이 *cf.* 고래잡이, 오징어잡이
멸치젓 *cf.* 조기젓, 굴젓, 밴댕이젓, 명란젓
멸치조림
멸치채소죽(-菜蔬粥)
멸치 후리는 소리
멸칫가루 *cf.* 송홧가루, 미숫가루, 계핏가루, 고춧가루, 메줏가루
멸칫과(-科)
명가수(名歌手)
명기해 놓다(明記-)
명 길다(命-)
명나라(明-) *cf.* 당나라, 수나라, 송나라
명년도(明年度) *cf.* 내명년도
명당바람(明堂-) <~으로 자손이 잘 된다.>
명당자리(明堂-) *cf.* 뫼자리, 삼살방자리
명도전(明刀錢)
명란젓 *cf.* 창난젓, 성게젓, 멸치젓, 굴젓
명랑해 보이다(明朗-)
명량 해협(鳴梁海峽) *cf.* 대한 해협
명령받다(命令-) *cf.* 받다
명령조로(命令調-) *cf.* 호령조로, 애원조로
명령하다시피 하다(命令-) *cf.* 다시피 하다
명령하자마자(命令-) *cf.* 자마자
명령형 어미(命令形語尾)
명료해져 가다(明瞭-)
명료화해 보자(明瞭化-)
명망 높다(名望-) *cf.* 악명 높다
명망 있다(名望-)
명매기걸음(맵시 있게 아장아장 걷는 걸음) *cf.* 씨암탉걸음
명명백백하다(明明白白-)
명목주의(名目主義)
명문화되다(明文化-)
명문화해 놓다(明文化-)
명반응(明反應) *cf.* 암반응
명백해 보이다(明白-)
명백해져 가다(明白-)
명분삼아(名分-) *cf.* 구실삼아
명분 아래(名分-)/명분하에(名分下-)
명분 없다(名分-)/있다
명사십리(明沙十里)
명사절(名詞節) *cf.* 부사절, 관형사절
명사절을 안은 문장(名辭節-文章)
명사형 어미(名詞形語尾)
명수네 집
명순응(明順應)
명시해 놓다(明示-)
명실공히(名實共-)
명실상부하다(名實相符-)
명심보감(明心寶鑑)
명아주 뿌리 *cf.* 칡뿌리, 파뿌리, 연근 뿌리
명아주 잎 *cf.* 방앗잎, 상추잎, 호박잎, 담쟁이 덩굴 잎, 떡갈나무 잎, 구기자나무 잎
명아줏대 *cf.* 옥수숫대
명아줏대지팡이 *cf.* 대나무지팡이, 대지팡이
명약관화하다(明若觀火-)
명예박사(名譽博士)
명예스러워하다(名譽-)
명예시민(名譽市民)
명예퇴직(名譽退職) *cf.* 정년퇴직, 불명예제대, 명예 제대
명예혁명(名譽革命) *cf.* 영예혁명, 군사 혁명
명의상(名義上)
명절날(名節-)
명절놀이(名節-) *cf.* 민속놀이
명절 때(名節-) *cf.* 추석 때
명절맞이(名節-) *cf.* 봄맞이
명절빔(名節-) *cf.* 설빔, 추석빔
명절 쇠다(名節-) *cf.* 설 쇠다, 추석 쇠다
명주붙이(明紬-) *cf.* 쇠붙이, 겨레붙이, 일가붙이, 피붙이, 고기붙이
명주실(明紬-) *cf.* 무명실, 털실
명주실구름(明紬-)
명주실꾸리(明紬-) *cf.* 실꾸리
명주옷(明紬-) *cf.* 비단옷, 무명옷, 베옷
명줄(命-) <~이 길다/짧다.>
명지바람(보드랍고 화창한 바람)
명·청 제국(明·清帝國)

명치끝 *cf.* 머리끝, 코끝, 손끝, 혀끝
명치뼈
명태구이(明太-) *cf.* 민어구이, 더덕구이
명태잡이(明太-) *cf.* 고래잡이, 오징어잡이
명탯국(明太-) *cf.* 북엇국, 조갯국, 시금칫국
명확해 보이다(明確-)
명확해져 가다(明確-)
몇∨(관형사) *cf.* 몇 개월, 몇 년, 몇 마리
몇 *cf.* 몇몇 사람, 몇십 년, 몇백 명, 몇이냐
몇 가지
몇 감
몇 갑절 *cf.* 곱절
몇 개(-個)
몇 개월 전(-個月前)
몇 걸음
몇 겹으로
몇 곱절 *cf.* 세 곱절, 네 곱절, 열 곱절, 몇 갑절
몇 곳
몇 군데
몇 나라밖에 *cf.* 밖에(조사)
몇 날
몇 날 며칠
몇 년 간(-年間)
몇 년 동안(-年-)
몇 년 만에(-年-) *cf.* 만(의존 명사)
몇 년 사이에(-年-)
몇 년씩(-年-)
몇 년 전(-年前)
몇 년째(-年-)
몇 년 후에(-年後-)
몇 닢 *cf.* 동전 ~
몇 달 간(-間)
몇 달 내에(-內-)
몇 달 동안
몇 달 뒤에
몇 달 만에 *cf.* 만
몇 달 사이에
몇 달 후에(-後-)
몇 달씩 *cf.* 씩(접미사)
몇 달째 *cf.* 째(접미사)
몇 등(-等) *cf.* 1등, 2등
몇 등분 되다(-等分-) *cf.* 3등분 되다
몇 리(-里)
몇 마디
몇만(-萬) *cf.* 수만
몇만 년(-萬年) *cf.* 수만 년
몇만분의 일(-萬分-一) *cf.* 분의, 분지
몇만 원(-萬-)
몇몇
몇몇 사람
몇몇 집
몇 배(-倍)
몇 배로 늘리다(-倍-)('늘리다'는 '增'의 뜻)
몇 배로 늘이다(-倍-)('늘이다'는 '延, 擴, 垂'의 뜻)
몇 배 알아보기(-倍-)
몇백 년 만에(-百年-) *cf.* 수백, 만(의존 명사)
몇백 리 밖에서(-百里-)
몇백만(-百萬)
몇백만 년(-百萬年)
몇백 몇십(-百-十)
몇백 몇십쯤(-百-十-)
몇백억(-百億)
몇백 원(-百-)
몇 번씩(-番-) *cf.* 씩(접미사)
몇 번째(-番-)(횟수) *cf.* 몇째 번(차례)
몇 분만(-分-)
몇 분 만에(-分-) *cf.* 만
몇 분 몇 초(-分-秒)
몇 분씩(-分-)
몇 분의 몇(-分-)
몇 분 전에(-分前-)
몇 분 후에(-分後-)
몇 살
몇 시(-時)
몇 시간 동안(-時間-)
몇 시간 만에(-時間-) *cf.* 만
몇 시간밖에(-時間-) *cf.* 밖에
몇 시간 전(-時間前)

몇 시간 후(-時間後)
몇 시경(-時頃) *cf.* 경(접미사)
몇 시 몇 분(-時-分)
몇 시쯤(-時-) *cf.* 쯤(접미사)
몇 시 차로(-時車-) <~ 내려왔나?>
몇십 년(-十年) *cf.* 수십
몇십 년 동안(-十年-) *cf.* 수십 년 동안
몇십 년 만에(-十年-) *cf.* 만
몇십 년 몇백 년(-十年-百年)
몇십 년밖에(-十年-) *cf.* 밖에
몇십 년 전(-十年前)
몇십 년째(-十年-) *cf.* 째
몇십 리(-十里) *cf.* 몇백 리, 몇천 리, 수천 리
몇십만(-十萬) *cf.* 수십만
몇십만 년(-十萬年)
몇십만 원(-十萬-)
몇십 명(-十名)
몇십 알아보기(-十-)
몇십억(-十億) *cf.* 수십억
몇십 원(-十-)
몇십으로 나누기(-十-)
몇 안 되는 <~ 기술자>
몇억 년(-億年) *cf.* 수억
몇억 년 전에(-億年前-) *cf.* 수억 년 전에
몇억만 덩이(-億萬-) *cf.* 수억만
몇 월 달
몇 자(-字)
몇 주 전에(-週前-)
몇 주일(-週日) *cf.* 수주일
몇째 날
몇째 번(차례) *cf.* 몇 번째, 다섯째 번, 다섯 번째
몇 차례(-次例)
몇천 년(-千年) *cf.* 수천 년
몇천 년 만에(-千年-)
몇천 리(-千里)
몇천만(-千萬) *cf.* 수천만
몇천 몇백만(-千-百萬)
몇천 알아보기(-千-)
몇천억(-千億) *cf.* 수천억
몇천 원(-千-)
몇 초 동안(-秒-)
몇 초 만에(-秒-) *cf.* 만
몇 편(-篇)
몇 푼
몇 학년(-學年)
몇 해 동안
몇 해 만에 *cf.* 만
몇 해 전에(-前-)
몇 해 후에(-後-)
-모 *cf.* 쓸모 있다
ˇ모(의존 명사) *cf.* 어느 모로 보나, 여러 모로 보아
모(某)(관형사) *cf.* 모 일간 신문사, 모 학교, 모 종교 단체, 모 소식통
모(某)(대명사) *cf.* 모년(某年), 모씨(某氏), 모일(某日), 김모 씨, 김모 양
모 가꾸기
모(를) 가꾸다
모가지 떨어지다
모가지 자르다
모개흥정 *cf.* 도거리흥정, 억매흥정
모갯돈 *cf.* 뭉칫돈, 쌈짓돈
모걸음(옆으로 걷는 걸음)
모굳히기
모금되다(募金-)
모금해 오다(募金-)
모기둥 *cf.* 각기둥
모기떼 *cf.* 파리 떼, 송사리 떼, 하루살이 떼
모기르기/모키우기
모(를) 기르다
모기약(-藥) *cf.* 파리약, 쥐약
모기장(-帳)
모기향(-香)
모깃불 *cf.* 모닥불, 화톳불, 화롯불, 봉홧불
모깃소리 *cf.* 매미 소리, 귀뚜라미 소리
모깎기
모꼬지(모임)
모나다 <너무 모나게 굴지 마라.>

모 나다 <다섯 모 난 돌>
모난 듯하면서도 *cf.* 듯하다
모내기/모심기 <~에 동원되다.>
모 내기 <모(를) 내기 위하여 물을 대다.>
모내기노래
모내기놀음
모내기법(-法) *cf.* 곧뿌림법, 골뿌림법
모내기소리
모내기철 *cf.* 벼베기철
모내기하다/모내다
모녀 간(母女間) *cf.* 두 모녀 간에, 두 부자 간에
모녀간(母女間) *cf.* 부자간, 부녀간, 부부간
모년 모월 모시(某年某月某時)
모눈
모눈종이
모다기령(-令)(쏟아지는 명령 또는 뭇사람의 공격)
모닥불 *cf.* 화톳불, 우등불, 모깃불, 봉홧불, 우죽불
모닥불 가에 *cf.* 불가
모닥불놀이
모닥불 피우다
모 단체(某團體)
모 대학(某大學)
모더니즘 시(-詩)
모델 노릇 *cf.* 선생 노릇, 종노릇
모델케이스
모델하우스
모도리(야무진 사람)
모두거리(두 다리를 한데 모으고 넘어지는 일)
모두걸기(유도)
모두걸이(씨름)
모두놀이(대동 놀이)
모두 다
모두뜀(두 발을 한데 모으고 뛰는 뜀)
모두먹기(돈치기) *cf.* 갉아먹기
모두모두
모두숨(한 번에 몰아쉬는 숨)
모둘빼기(땅재주)
모둠공기놀이
모둠꽃밭 *cf.* 살피꽃밭, 모둠 화단(편수 자료 '농·생명')
모둠 나누기
모둠냄비
모둠발
모둠발 멀리뛰기
모둠발넘기
모둠밥
모둠 앞무릎차기
모둠원(-員) *cf.* 팀원
모든 것/모든 게 *cf.* 깃이
모든 면에서(-面-)
모든 바퀴 구동식(-驅動式)
모든 분에게
모든 이에게
모든 일
모들뜨기(내사시의 사람)
모듬날(고고학)
모듬살이
모듬연장
모따기〔面取〕
모뜬소리(모를 찌면서 부르는 들노래)
모락모락
모란꽃(牡丹-) *cf.* 국화꽃, 장미꽃
모란꽃왕(牡丹-王)
모란무늬(牡丹-)
모래가꾸기 *cf.* 물가꾸기
모래강변(-江邊) *cf.* 모래사장
모래 같다
모래놀이
모래 동산
모래땅 *cf.* 진흙땅, 참흙땅, 모래참흙
모래로 덮기
모래먼지 *cf.* 흙먼지
모래바람 *cf.* 흙바람
모래밭 *cf.* 자갈밭, 가시밭, 갈대밭, 고추밭, 잔디밭, 지뢰밭, 고구마밭, 무밭, 배추밭
모래밭에서 바늘 찾기

모래벌판
모래 벌판 <희고 흰 ~….>
모래사막(-沙漠) cf. 자갈사막
모래사장(-沙場)
모래사탕(-砂糖) cf. 얼음사탕
모래성 쌓기(-城-)
모래성(-城)
모래성(을) 쌓다(-城-)
모래 속 cf. 땅속, 흙 속
모래시계(-時計) cf. 물시계, 해시계, 불시계, 꽃시계, 양초시계
모래알 cf. 쌀알, 콩알, 흙알, 개암알, 호두알
모래알 같다
모래 언덕
모래자갈
모래 장난 cf. 흙장난, 물장난, 불장난
모래주머니[동물의 사낭(砂囊)] cf. 모이주머니, 쓸개주머니, 똥주머니
모래주머니넣기(놀이명)
모래 중탕(-重湯) cf. 기름 중탕, 물중탕
모래지정(-地定)
모래집 cf. 모래성
모래집(양막)
모래집물
모래찜/모래찜질 cf. 개펄찜질, 물찜질, 얼음찜질
모래참흙 cf. 참흙
모래층(-層)
모래톱
모래투성이 cf. 흙투성이
모래 틈 cf. 바위틈, 돌 틈
모래판 cf. 씨름판
모래펄
모래흙
모래흙 cf. 참흙, 모래참흙
모랫구멍(주물의) cf. 공기구멍
모랫길 cf. 진흙길, 돌길, 황톳길, 자갈길
모랫논
모랫둑
모랫바닥 cf. 흙바닥
모랫벌
모로 가다 <모로 가도 서울만 가면 되지….>
모로걸기
모로 눕다 cf. 가로 눕다
모로코가죽 cf. 아라비아고무, 섀미가죽
모롱이 쪽
모루구름
모루긋기(단청)
모루단청(-丹靑)
모루떼기(고고학)
모루망치떼기(고고학)
모룻돌
모르겠단 말씀이야
모르나 보다 cf. 아나 보다, 보다
모르는 결에 cf. 어느결에
모르는 대로 cf. 알면 아는 대로, 시키는 대로, 대로(의존 명사)
모르는데 <나도 ~ 너는 잘 안다.> cf. 는데(어미)
모르는 데 <~ 가지 마라.>, <깊은 데는 들어가지 마라.> cf. 데(의존 명사)
모르는 척 cf. 아는 척, 먹는 척, 하는 척, ㄴ 척, 척, 체
모르는 척하다 cf. 척하다
모르는 체 cf. ㄴ 체, 체, 척
모르는 체하다 cf. 체하다
모르쇠(다 모른다고 잡아떼는 것) <~로 일관하다.>
모르타르 비비기
모른단 말이야 cf. 말이다/말이오
모른 채 <그 일을 ~ 떠났다.> cf. 채
모른 체해 오다
모를 리 없다(-理-) cf. 리
모를 뻔했다 cf. 뻔하다
모를 턱 없는/없다 cf. 턱
모리스 춤
모릿줄 cf. 아딧줄, 물렛줄, 피댓줄, 시곗줄 고무줄, 줄넘기줄, 새끼줄, 동아줄
모말꿇림(형벌의 일종) cf. 기왓장꿇림, 마당

꿇림
모말집 *cf.* 말집, 일자집, 일잣집
모멘트팔
모모(某某)
모모씨(某某氏) *cf.* 모씨, 최모씨
모무늬
모방시(模倣詩)
모방해 오다(模倣-)
모범 되다(模範-) *cf.* 기준 되다
모범삼다(模範-) *cf.* 표준삼다
모범택시(模範-) *cf.* 개인택시, 일반 택시
모범학교(模範學校) *cf.* 연구학교, 개방 학교, 정규 학교
모빌 만들기
모빌(을) 만들다
모빌유(-油) *cf.* 디젤유, 벙커C유
모빌햄
모사탕(-砂糖) *cf.* 각사탕
모삿그릇(茅沙-) *cf.* 모잇그릇, 찌갯그릇, 퇴줏그릇, 죽그릇
모색해 오다(摸索-)
모서리각(-角)
모서리 깎기
모서리(를) 깎다
모서리 박기
모서리(를) 박다
모서리의 수(-數)
모서리이음 *cf.* 겹치기이음, 맞대기이음
모서리 접기
모서리(를) 접다
모서리 쪽
모섬유(毛纖維) *cf.* 면섬유, 나섬유
모세우기/입모
모셔 가다
모셔 기디시피 하다 *cf.* 다시피 하다
모셔 놓다
모셔다 드리다
모셔 두다
모셔들이다 *cf.* 불러들이다, 받아들이다
모셔 오다
모 수(-數)
모순덩어리(矛盾-) *cf.* 골칫덩어리, 근심덩어리, 화근덩어리
모순덩이(矛盾-) *cf.* 골칫덩이, 근심덩이, 화근덩이, 벼락덩이
모순되다(矛盾-) *cf.* 반대되다, 정반대되다
모순 없다(矛盾-)
모순 있다(矛盾-)
모스 굳기계(-計)
모스키토급(-級) *cf.* 밴텀급
모습이야말로 *cf.* 야말로
모시(某時) *cf.* 모월 모시
모시계(-時計) *cf.* 각시계
모시러 가다
모시밭 *cf.* 왕골밭, 수수밭
모시베 *cf.* 삼베
모시 수건(-手巾) *cf.* 베수건, 명주 수건, 무명 수건
모시옷 *cf.* 베옷, 무명옷, 비단옷, 단풍 옷
모시짜기 *cf.* 베짜기
모시 짜다
모시풀밭
모심기 <~ 작업에 동원되다.>
모 심기 <~(를) 위하여 물을 대다.>
모심기 소리
모심기놀이
모심다
모싯물 *cf.* 쪽물, 감물, 딸기물, 치자물, 창포물, 고춧물
모싯빛 *cf.* 쥣빛, 잿빛, 잠밋빛, 상앗빛, 산호빛, 포돗빛, 주톳빛, 마놋빛, 청잣빛, 치자빛, 살구빛, 버씨빛
모씨(母氏)
모씨(某氏) *cf.* 김모 씨
모아 가다/모아 오다
모아 넣다
모아 놓다
모아 두기

모아 두다
모아들 제 <각 읍 수령 ~….>
모아들다/모아들이다
모아뜨기(뜨개질) *cf.* 풀어뜨기
모아 보다
모아서기(태권도)
모아심기/군식(群植)
모아쓰기 *cf.* 풀어쓰기
모아쓰다 *cf.* 풀어쓰다, 받아쓰다, 띄어 쓰다
모아 잡다
모아 주다
모아 쥐다
모아짜기(조판)
모악동물(毛顎動物)
모양 꾸미기(模樣-)
모양(을) 꾸미다(模樣-)
모양꾼(模樣-)
모양 나다(模樣-)
모양내다(模樣-) *cf.* 모양 나다
모양다리(模樣-)
모양 만들기(模樣-)
모양(을) 만들다(模樣-)
모양 사납다(模樣-)
모양새(模樣-) *cf.* 생김새
모양(이) 아니다(模樣-)
모양 없다(模樣-)
모양 있게 썰기(模樣-)
모양자(模樣-)
모양 정하기(模樣定-)
모양 좋게/좋다(模樣-)
모양 짓기(模樣-)
모양(을) 짓다(模樣-)
모양 짜맞추기(模樣-)
모양(을) 차리다(模樣-)
모양체근(毛樣體筋)
모양체염(毛樣體炎)
모양판(模樣-)
모양판놀이(模樣-)
모얼론유(-油)(무두질할 때에 나오는 폐유)
모여 놀다
모여 다니다
모여들다
모여 살다
모여 앉다
모여 있다
모오리돌(둥글둥글한 돌) *cf.* 호박돌, 뭉우리돌, 주먹돌, 자갈돌
모욕당하다(侮辱當-) <심하게 모욕당했다.> *cf.* 당하다
모욕 당하다(侮辱當-) <아주 심한 모욕(을) 당했다.>
모욕받다(侮辱-) *cf.* 받다
모욕 받다(侮辱-) <심한 모욕(을) 받다>
모욕 주다(侮辱-)
모월(某月) *cf.* 모년
모을사위(한국 무용)
모음곡(-曲) *cf.* 고전 모음곡, 근대 모음곡
모음 동화(母音同化) *cf.* 모음조화, 자음조화
모음 사각도(母音四角圖)
모음자(母音字) *cf.* 자음자
모음조화(母音調和) *cf.* 모음 동화
모음 조화(母音調和)(편수 자료)
모의고사(模擬考査) *cf.* 모의시험
모의국회(模擬國會) *cf.* 모의 유엔 총회
모의놀이(模擬-)
모의시험(模擬試驗) *cf.* 실제 시험, 본시험
모의실험(模擬實驗) *cf.* 실제 실험, 본실험
모의장이(毛衣匠-)
모의재판(模擬裁判)
모이마당(아주 좁은 마당 또는 봉분 앞의 터)
모이 주기
모이(를) 주다
모이주머니 *cf.* 모래주머니, 쓸개주머니
모이통(-桶)
모이통 놓기(-桶-)
모임난(-欄)(고유어나 외래어 아래에서는 '난') *cf.* 뉴스난, 어린이난, 난, 란
모임날

모임 내에서
모임지붕 *cf.* 톱날지붕, 외쪽지붕
모임지붕집
모잇그릇 *cf.* 모삿그릇, 찌갯그릇, 밥그릇, 죽그릇, 퇴줏그릇
모자간(母子間) *cf.* 부자간, 모녀간, 형제간, 자매간
모자 간(母子間) *cf.* 두 모자 간에, 두 모녀 간에, 두 형제 간에
모자걸이(帽子-) *cf.* 옷걸이, 귀걸이, 목걸이
모자라나 보다 *cf.* 보다
모자 만들기(帽子-)
모자(를) 만들다(帽子)
모자 쓰다(帽子-)
모자이크난(-卵)
모자이크병(-病) *cf.* 빗자룻병
모자이크화(-畫)
모잘록병(-病)
모잽이헤엄(횡영) *cf.* 송장헤엄
모접이/모걷기/모죽이기/모치기
모제르총(-銃) *cf.* 라이플총
모종 가꾸기
모종 가꾸기와 심기
모종(을) 가꾸다
모종기(-機) *cf.* 파종기, 이앙기
모종 기르기
모종(을) 기르다
모종 내다 *cf.* 모내다
모종비
모종삽 *cf.* 공명삽, 야전삽
모종 컵
모주망태 *cf.* 고주망태
모줏집(母酒-) *cf.* 목롯집
모지다
모지랑붓 *cf.* 몽당연필
모지랑비 *cf.* 몽당비
모진 목숨 *cf.* 죽은 목숨
모진 바람
모질어 보이다
모질어져 가다
모질음
모질음쓰다(기쓰다)
모집단(母集團)
모찌기/모찌기하다
모찌기 소리
모 찌다
모카커피
모태끝(흰떡을 자르고 난 끝)
모텔 방(-房) *cf.* 호텔 방, 여관 방
모퉁잇돌 *cf.* 탯돌, 툇돌, 주춧돌, 이맛돌
모판 만들기(-板-)
모판(을) 만들다(-板-)
모판뿌림(-板-)
모판 상자[苗板箱子]
모판흙(-板-)
모 품앗이
모함당하다(謀陷-) *cf.* 당하다
모함받다(謀陷-) *cf.* 받다
모함해 오다(謀陷-)
모험대차(冒險對借)(경제)
모험사업(冒險事業) *cf.* 벤처 사업, 모험 소설, 벤처 기업
모험삼아(冒險-) *cf.* 장난삼아, 시험삼아
모험 삼아 <큰 ~>
모험왕(冒險王) *cf.* 발명왕, 득점왕, 증산왕
모험주의(冒險主義)
모험해 오다(冒險-)
모형별(模形-)
모형 비행기 날리기(模型飛行機-)
모형팔(模形-)
모호로비치치 불연속면(-不連續面)(지구 과학)
모호면(-面)
모화사대사상(慕華事大思想)
모화사상(慕華思想) *cf.* 중화사상, 개화사상, 배외사상, 사대사상, 실학 사상, 자주 사상
목감아 넘기기(레슬링)
목거리(목병)
목걸이 *cf.* 모자걸이, 귀걸이, 옷걸이

목격해 오다(目擊-)
목공예(木工藝) *cf.* 칠공예, 죽공예, 도자 공예
목공예품(木工藝品) *cf.* 칠공예품, 죽공예품
목공일(木工-) *cf.* 흙일, 대장일, 미장일, 석공일, 토목일
목공일하기(木工-)
목구 나누기(牧區-)
목구(를) 나누다(牧區-)
목구멍 *cf.* 콧구멍, 눈구멍, 귓구멍, 숨구멍
목구멍소리
목구멍 속
목구조(木構造) *cf.* 강구조, 철근 골조
목 구하기(-求-)
목굽히기
목기러기(木-)
목기리병(-瓶)(목이 긴 병)
목기침
목 긴 항아리
목깃
목 날아가다
목놀림(목이나 축일 정도로 젖을 줌.)
목 놓아 부르다 *cf.* 목 놓아 울다
목 놓아 울다
목누름(씨름)
목 늘여 울다
목다심
목 다트
목단지 *cf.* 목항아리
목달구 *cf.* 쇠달구
목 달아나다
목대접(木大楪) *cf.* 놋대접, 사기대접, 양은 대접, 스테인리스 대접
목덜미 *cf.* 등덜미
목도꾼
목도리
목도장(木圖章) *cf.* 나무 도장, 상아 도장, 옥도장, 고무도장
목돈 *cf.* 모갯돈, 뭉칫돈, 쌈짓돈
목돌림(목이 아픈 전염병)
목돗줄 *cf.* 그넷줄, 가랫줄, 빨랫줄
목두께
목둘레 *cf.* 가슴둘레, 엉덩이 둘레, 머리 둘레, 허벅지 둘레
목둘레선(-線) *cf.* 허리선, 어깨선
목듯개비(木頭-)
목 뒤로굽히기
목 뒤로 굽히다
목뒤털
목뒷점(-點)
목등뼈
목 따는 소리 <돼지 ~ >
목 떨어지다
목 떼다
목련꽃(木蓮-) *cf.* 국화꽃, 개나리꽃
목련 잎 *cf.* 아카시아 잎, 떡갈나무 잎, 은행잎, 단풍잎, 솔잎, 댓잎, 갈잎
목로술집(木壚-)
목롯집(木壚-) *cf.* 객줏집, 대폿집, 기생집
목마르다
목마름
목말(木-)
목말라 보이다
목말라하다
목말 타다(木-) *cf.* 말 타다
목말 태우다(木-)
목매기송아지 *cf.* 부룩송아지
목매다/목매달다
목매어 죽다
목맺히다(→목메다)
목메다 *cf.* 목 잠기다
목메린스(木-)
목메어 울다
목멘 소리 *cf.* 볼멘소리
목물
목민심서(牧民心書)
목반자(木-) *cf.* 널반자, 소란반자
목 베다
목비(모낼 무렵에 내리는 비) *cf.* 모종비

목뼈 *cf.* 등뼈, 갈비뼈, 허리뼈, 어깨뼈
목사 댁 도련님(牧師宅-)
목석같다(木石-) *cf.* 깨알 같다, 무쇠 같다
목선(-線) *cf.* 얼굴선, 어깨선
목선반(木旋盤) *cf.* 목공 선반
목성형행성(木星型行星)
목소리 *cf.* 말소리, 숨소리, 울음소리, 웃음소리, 콧소리, 기도 소리, 사람 소리
목수건(木手巾) *cf.* 세수수건, 땀수건, 베수건, 모시 수건, 명주 수건
목숨 거두다
목숨 걸고/걸다 <~서라도 해내겠다.>
목숨 끊다
목숨 바치다
목숨수자(-壽字) *cf.* 갈지자, 가로왈자
목숨 잃다
목쉬다 <목쉰 소리로 부르다.>
목시비행(目視飛行) *cf.* 계기 비행, 맹목 비행, 무인 비행
목신의 오후에의 전주곡(木神-午後-前奏曲)
목심줄
목안[인두(咽頭)](학교 문법)
목 앞 점(-點)
목양견(牧羊犬) *cf.* 경찰견, 군용견, 맹도견
목 옆 점(-點)
목요일날(木曜日-) *cf.* 토요일날, 일요일날
목욕 가다(沐浴-) *cf.* 수영 가다, 소풍 가다
목욕물(沐浴-) *cf.* 세숫물, 손숫물, 발숫물, 설거지물
목욕시켜 주다(沐浴-)
목욕옷(沐浴-) *cf.* 잠옷
목욕재계(沐浴齋戒)
목욕주머니(沐浴-) *cf.* 신발주머니, 돈주머니, 위문 주머니, 선물 주머니
목욕하나마나하다(沐浴-) *cf.* 나마나하다
목운동(-運動) *cf.* 팔운동, 허리 운동, 다리 운동, 온몸 운동
목은집(牧隱集)
목 자르다(해고하다.)/목 잘리다

목 잠기다 *cf.* 목메다
목장도(木粧刀) *cf.* 은장도
목장승(木長-) *cf.* 석장승, 돌장승
목장 짓는 일(牧場-)
목재 이용하기(木材利用-)
목적격 조사(目的格助辭)
목적 구체화하기(目的具體化-)
목적어구(目的語句) *cf.* 부사어구
목적 없이(目的-) <~ 떠돌다.>
목적의식(目的意識) *cf.* 문제의식, 사회의식, 목표 의식, 우월 의식
목적이라기보다는(目的-) *cf.* 기보다는, 보다
목적지 찾아가기 놀이(目的地-)
목섬(-點)
목젓가락 *cf.* 놋젓가락, 은젓가락
목제품(木製品) *cf.* 석제품, 철제품
목제품 만들기(木製品-)
목제품(을) 만들다(木製品-)
목조르기(레슬링)
목(을) 조르다
목조 미륵보살 반가 사유상(木彫彌勒菩薩半跏思惟像)
목조 미륵보살 반가상(木彫彌勒菩薩半跏像)
목조탑(木造塔) *cf.* 석조탑
목 좀 축일 수 있겠소? *cf.* 물 좀 주시오, 일 좀 합시다, 좀(부사)
목주름 *cf.* 눈주름
목줄기
목줄매기
목청껏 *cf.* 힘껏
목청 돋우다
목청문(-門)(성문)
목청소리/후음(喉音)
목청울림
목촛대(木-臺) *cf.* 은촛대
목축 농업(牧畜農業)
목축문화(牧畜文化) *cf.* 농경문화, 청동기 문화, 철기 문화, 기업 문화
목축업(牧畜業)

목축임
목 치다
목침돌림(木枕-)(놀이의 하나)
목침찜(木枕-) *cf.* 몽둥이찜
목 타다
목타르(木-)
목탄가스(木炭-) *cf.* 탄산가스, 메테인〔메탄〕가스
목튀겨 돌기(체조)
목판깃(木版-)
목판되(木板-)
목판화(木版畫)
목표구매(目標購買)
목표 되는 양(目標-量)
목표량(目標量)
목표물 맞히기 게임(目標物-)
목표물 맞히기(目標物-)
목표물(을) 맞히다(目標物-)
목표삼다(目標-) *cf.* 표준삼다
목표 없다(目標-)
목푯값(目標-) *cf.* 절댓값, 최댓값, 좌표값
목풀이
목항아리 *cf.* 목단지
목홍빛(木紅-)
목화꽃(木花-)
목화송이(木花-) *cf.* 포도송이, 다래송이, 꽃송이, 잣송이, 밤송이, 머루송이, 만둣송이
목화송이 같다(木花-)
목화씨(木花-) *cf.* 담배씨, 시금치씨, 인삼씨, 사과씨, 포도씨, 면화씨, 평지씨, 무씨
목화씻가루(木花-) *cf.* 고춧가루, 송홧가루
목활자(木活字) *cf.* 납활자, 동활자
몬다위(소나 말의 어깻죽지)
몬순림(-林)
몰(沒)-(접두사) *cf.* 몰가치성, 몰염치, 몰인정, 몰이해, 몰취미
몰가치성(沒價値性)
몰고 가다/몰고 오다
몰고 다니다
몰고어족(-族)
몰골사납다 *cf.* 눈꼴사납다, 모양 사납다, 볼꼴사납다, 잠버릇 사납다
몰 기화열(-氣化熱)
몰내림
몰 녹음열(-熱)
몰 농도(-濃度)
몰라 하다 <몸둘 바를 ~.>
몰라보다
몰라브데넘〔몰리브덴〕강(-鋼) *cf.* 텅스텐강, 킬드강, 림드강, 바나듐강
몰라주다 *cf.* 알아주다
몰락되어 가다(沒落-)
몰락시켜 버리다(沒落-)
몰락하다(沒落-)
몰락하여 가다(沒落-)
몰락해 버리다(沒落-)
몰랄 내림 상수(-常數)
몰랄 농도(-濃度)
몰랄 오름 상수(-常數)
몰래몰래(부사)
몰래 빠져나가다
몰려가다/몰려다니다
몰려 나가다 *cf.* 몰려나오다
몰려나다
몰려나오다 *cf.* 몰려 나가다
몰려들다
몰려들어가다/몰려들어오다(편수 자료)
몰려서다 <주춤주춤 ~.>
몰려 앉다
몰려오다
몰려 있다
몰리브덴→몰리브데넘〔몰리브덴〕
몰매 맞다 *cf.* 뭇매 맞다
몰 부피
몰 분율(-分率)
몰 분자수(-分子數)
몰비열(-比熱)
몰살당하다(沒殺當-) *cf.* 당하다

몰살시켜 버리다(沒殺-)
몰상식하다(沒常識-)
몰상식해 보이다(沒常識-)
몰수당하다(沒收當-) *cf.* 당하다
몰수해 가다(沒收-)
몰수해 버리다(沒收-)
몰씬몰씬(부사)
몰아가다 <추억으로 ~.>
몰아 가지고 <일을 ~ 가다.>
몰아내다
몰아내다시피 *cf.* 다시피
몰아내자마자 *cf.* 자마자
몰아넣다
몰아닥치다
몰아대다 *cf.* 대다
몰아 덮치다
몰아들이다
몰아받다 <표를 ~.>
몰아 버리다
몰아 보다
몰아붙이다 <너무 몰아붙이지 마.>
몰아세다
몰아세우다 <사람을 너무 ~.>
몰아쉬다 <숨을 ~.>
몰아오다 <긴장감이 ~.>
몰아주다 <표를 ~.>
몰아치다
몰 액화열(-液化熱)
몰오름
몰 융해열(-融解熱)
몰 응고열(-凝固熱)
몰이사냥 *cf.* 덫사냥, 매사냥, 개사냥
몰이해(沒理解)
몰입그물(沒入-)/몰입망(沒入網)
몰잇그물 어법(-漁法) *cf.* 후릿그물, 두릿그물
몰잇배
몰 증발열(-蒸發熱)
몰지각하다(沒知覺-)
몰취미하다(沒趣味-)

몰칵몰칵(부사) <냄새가 ~ 나다.>
몰타열(-熱) *cf.* 지중해열, 뎅기열, 로키산열, 류머티즘열
몸가짐 *cf.* 마음가짐
몸가축 *cf.* 몸단장
몸간수 *cf.* 대문 간수, 집 간수, 돈 간수
몸값 *cf.* 킷값, 덩칫값, 나잇값
몸거울 *cf.* 손거울
몸굽혀 앞공중돌기(-空中-)
몸그물
몸기운
몸길이 *cf.* 몸높이, 몸무게
몸(이) 나다
몸 냄새 *cf.* 땀 냄새, 술 냄새, 입 냄새, 땀내, 풀내, 입내
몸놀림 *cf.* 손놀림, 발놀림
몸눕히기
몸 눕히다
몸닦달
몸 단 <~ 우리 금융계….>
몸단속(-團束) *cf.* 입단속
몸단장하다(-丹粧-) *cf.* 집단장, 옷단장, 머리단장
몸(이) 달다
몸담고 있다 <공직에 ~.>
몸담아 오다
몸돌석기(-石器)(고고학)
몸동작(-動作) *cf.* 손동작, 발동작
몸 두다
몸 둘 바를 모르다
몸 뒤로굽히기
몸때(생리 때)
몸뚱아리
몸만들기 <육체미 선수가 ~에 들어가다.>
몸말
몸맨두리(몸의 모양과 태도)
몸맵시 *cf.* 옷맵시
몸 모양(-模樣) *cf.* 머리 모양
몸무게 *cf.* 앉은키
몸 바치다

몸바탕(체질)
몸 밖으로
몸 받다 <아버지가 하던 사업을 아들이 ~.>
몸 버리다
몸보신(-補身)
몸부림/몸부림치다
몸 부분(-部分)
몸 붙이다
몸빛 <학의 ~은 순백색이다.> *cf.* 몸 빛깔
몸 빛깔 *cf.* 몸빛, 몸 색깔
몸빠진살(화살) *cf.* 부픈살
몸 사리다
몸살감기(-感氣) *cf.* 콧물감기, 목감기
몸살기(-氣)
몸살 기운 *cf.* 감기 기운, 약기운
몸살 나다 *cf.* 병나다
몸살 앓다
몸 색깔 *cf.* 몸 빛깔
몸서리나다
몸서리치다
몸 성히 <~ 다녀오다.>
몸 속에
몸수고 <~를 아끼지 않다.>
몸수색(-搜索) *cf.* 집 수색
몸시계(-時計) *cf.* 회중시계, 배꼽시계
몸시중 *cf.* 물시중, 병시중
몸싸움 *cf.* 팔싸움, 기싸움, 말싸움
몸 쓰다(몸으로 재간을 부리다.)
몸 아끼다
몸 아프다
몸 안에
몸 앞굽혀 뛰기
몸 앞으로 눕히기
몸에 맞는 공
몸에 배어 버리다
몸엣것(월경) *cf.* 뒤엣것, 앞엣것, 몸엣니, 웃음엣짓
몸을 가장 넓게 펼쳐보기
몸을 작게 웅크려보기
몸의 모양을 다르게 하여 손짚고 옆돌기(-模樣-)
몸자세(-姿勢) <~를 가다듬다.>
몸장식 꾸미기(-裝飾-)
몸장식(을) 꾸미다(-裝飾-)
몸져눕다
몸조리(-調理)
몸조심(-操心) *cf.* 차조심, 불조심, 물조심
몸 좀 <~ 깨끗이 씻어라.> *cf.* 물 좀, 돈 좀, 불 좀
몸주체 <~도 못할 정도로 술에 취하다.>
몸집
몸집 불리기
몸짓 *cf.* 날갯짓, 눈짓, 발짓, 엉덩잇짓, 우스갯짓
몸짓말 *cf.* 손짓말
몸차림 *cf.* 옷차림
몸치장(-治粧) *cf.* 집치장, 방치장
몸칼 *cf.* 주머니칼, 부엌칼, 해부칼
몸태질 <~을 치며 악을 쓰다.>
몸통감아 돌리기(레슬링)
몸통감아 들어던지기(레슬링)
몸통굽히기
몸통(을) 굽히다
몸통막기(태권도)
몸통바로지르기(태권도)
몸통반대지르기(태권도)
몸통 부분(-部分) *cf.* 머리 부분, 가슴 부분
몸통뼈 *cf.* 가슴뼈, 엉치뼈, 다리뼈
몸통안막기
몸통 운동(-運動) *cf.* 다리 운동
몸통지르기(태권도)
몸통틀기
몸 팔다
몸펴 다리벌려 앞공중돌기(-空中-)
몸펴 뒤공중돌기(-空中-)
몸풀기(운동에서)
몸(을) 풀다
몹쓸 것
몹쓸 년/몹쓸 놈
몹쓸 사람

못가 *cf.* 연못가, 호숫가, 시냇가, 바닷가
못 가다
못 가지다
못갖춘마디
못갖춘마침
못걸이
못견뎌하다
못 견디게 하다
못 나게(못 나가게) <말 ~ 단속하다.>
못나다 <잘난 사람 못난 사람>
못 나다(나지 못하다) <가물어서 싹이 ~.>
못난 것('못난 사람'을 낮추어 일컫는 말) *cf.* 잘난 것
못난 놈 *cf.* 잘난 놈
못난 사람
못난 소리
못난이
못내
못 내놓다
못 내다 <엄두를 ~.>
못다 그린 그림
못다 주다
못다 한 <~ 이야기>
못다(부사) <~ 읽다.>, <뜻을 ~ 이루다.>
못 당하다(-當-)
못대가리 *cf.* 말대가리, 북어대가리, 멸치대가리, 콩나물대가리, 나사 머리, 리벳 머리
못돼 먹다
못돼 먹은 놈
못되다 <못된 송아지 엉덩이에서 뿔 난다.>
못 되다 <장관은커녕 국장도 못 되었다.>, <떠난 지 1년도 못 되어…>
못된 녀석
못된 놈
못된 장난
못된 짓
못 들곤 하였다 <고개를 ~.>
못 들은 것처럼
못 들은 척 <~ 넘어갔다.> *cf.* 척
못 들은 체하다 *cf.* 체하다
못마땅하다
못마땅해 보이다
못마땅해하다
못 만나다
못 말리다
못 먹다
못 먹어 하다
못미더워지다
못미더워하다
못미처(명사) <학교 ~에 있는 가게>
못 미쳐 <거기에는 못 미쳤다.>
못 미치다
못 믿다
못바늘
못바닥 *cf.* 냇바닥, 방바닥, 땅바닥, 마룻바닥, 호수 바닥, 연못 바닥
못박기
못 박다 <벽에 못(을) 박다.>
못 박다 <시간을 못 박았다.>
못박아 놓다
못박이
못 박히다
못 받다 <월급을 ~.>
못밥(모를 내다가 들에서 먹는 밥)
못 배기다
못 뱉는다
못 보다
못 본 듯이 *cf.* 듯이
못 본 척하다 *cf.* 척하다
못 본 체 말이다
못 본 체하다 *cf.* 체하다
못 부정문(-否定文) *cf.* 안 부정문
못비(모를 다 낼 만큼의 비)
못 뽑기
못(을) 뽑다
못뽑이
못 사귀다(사귀지 못하다.) <그는 수줍어서 친구를 못 사귄다.>

못 사귀다(사이가 좋지 않다.) <그 사람과 왜 그렇게 못 사귀었나?>
못사는('잘살고 못사는'의 뜻으로) <잘사는 나라든 ~ 나라든….>
못살게 굴다 <강아지를 ~.>
못살다 <못산다고 얕보지 마라.>
못 살다 <이 동네에서 못 살겠다.>
못생기다 *cf.* 잘생기다
못써 <그러면 ~.>
못 써 <힘을 ~.>
못쓰게 되다 <얼굴이 못쓰게 되었다.>
못 쓰게 되다 <힘을 못 쓰게 되었다.>
못쓰다 <거짓말하면 못쓴다.>
못 쓰다 <아무짝에도 못 쓸 물건>
못 쓸 것(쓰지 못할 것) *cf.* 몹쓸것
못 알아듣다
못 알아보다
못 알아차리다/채다
못 오다시피 하다
못 이겨 <강요에 ~….>
못 이기는 듯이 *cf.* 듯이
못 이기는 체하다 *cf.* 체하다
못 이긴 듯싶어 보이다 *cf.* 듯싶다
못 잊어 하다
못 잊어 해 오다
못자리
못자리 가꾸기
못자리(를) 가꾸다
못주다(못박다.)
못줄 *cf.* 고팻줄, 빨랫줄, 물렛줄, 벌잇줄
못지않게/않다(형용사)
못 참다
못 참아 내다
못 채워 주다
못 챙기다
못하게('지' 아래에선 보조 용언) <술을 먹지 ~ 하다.>, <가지 못하다.>
(아프다, 고프다, 참다 등 '다' 아래에선 보조 용언) <배가 아프다 못해….>
못하게 하다 <오도 가도 ~.>
못하다(동사) <장난을 못하게 하다.>, <아파서 일을 못한다.>, <치아가 ~ 푸른빛이 돈다.>
못하다(비교 우열을 나타내는 형용사) <행동하는 것만 ~.>
못한 채 *cf.* 채
못할(동사) <출근 ~ 것 같다.>
못할('지' 아래에선 보조 용언) <출근하지 ~ 것 같다.>, <먹지 ~ 것 같다.>
못할걸 <풀지 ~.> *cf.* ㄹ걸(어미)
못할 리가(-理-) <~ 있는가?> *cf.* 리
못할 리 없다(-理-) *cf.* 리
못할망정 <출근하지 ~> *cf.* ㄹ망정
못할뿐더러 *cf.* ㄹ뿐더러
못할 뿐만 아니라 *cf.* ㄹ 뿐 아니라
못해 <시간 없어 운동 ~?>
못해 보았다 <상상도 ~.>
못해 보이다
몽고군(蒙古軍)
몽고말(蒙古-) *cf.* 아라비아말
몽고바람(蒙古-)
몽고식(蒙古式)
몽고왕(蒙古王)
몽고족(蒙古族)
몽고풍(蒙古風) *cf.* 고려양
몽근짐 *cf.* 부픈짐
몽금포타령(夢金浦-) *cf.* 도라지타령
몽깃돌(뱃머리를 곧게 하기 위해 다는 돌)
몽니 궂다
몽니 부리다
몽니 사납다
몽니쟁이
몽달귀신(-鬼神)
몽당붓 *cf.* 몽당비, 몽당연필, 몽당솔
몽당비 *cf.* 모지랑비
몽당빗자루 *cf.* 몽당비, 몽당연필
몽당소나무 *cf.* 몽당솔
몽당손
몽당솔 *cf.* 몽당소나무

몽당수염(-鬚髥) *cf.* 팔자수염, 염소수염
몽당연필(-鉛筆) *cf.* 몽당비, 몽당소나무
몽당치마 *cf.* 도랑치마
몽당 크레파스
몽동발이
몽둥이맛 *cf.* 매맛, 주먹맛
몽둥이세례(-洗禮) *cf.* 물세례, 불세례, 주먹세례
몽둥이찜 *cf.* 목침찜
몽둥이찜질 *cf.* 매찜질
몽둥잇바람 <~에 죄를 고백하다.>
몽따다(일부러 모르는 체하다.) <알면서도 몽따고 물었다.>
몽롱상태(朦朧狀態) *cf.* 가사 상태, 환각 상태
몽롱세계(朦朧世界)
몽롱해져 가다(朦朧-)
몽매간에(夢寐間-)
몽유도원도(夢遊桃源圖)
몽졸몽졸
몽톡한데다가 *cf.* ㄴ데다가
뫼 끝
뫼비우스의 띠(수학)
묏등 *cf.* 산등, 손등, 발등
묏버들
묏자리
묏자리 다툼 *cf.* 주도권 다툼, 자리다툼
묘목 기르기(苗木-)
묘목(을) 기르다(苗木-)
묘목 심기(苗木-)
묘목(을) 심다(苗木-)
묘미 없다(妙味-)
묘미 있다(妙味-)
묘사해 놓다(妙寫-)
묘수 싸움(妙手-) *cf.* 수 싸움, 감투싸움
묘수풀이(妙手-)
묘 쓰다(墓-)
묘지공원(墓地公園) *cf.* 공동묘지, 도시공원, 근린공원, 생태 공원, 테마 공원
묘지기(墓-) *cf.* 문지기, 등대지기
묘향산맥(妙香山脈) *cf.* 소백산맥
무(無)-(접두사) *cf.* 무감각, 무감정
무강근지친족(無强近之親族)
무강즙(-薑汁) *cf.* 생즙, 사과즙, 무즙, 생강즙
무개화차(無蓋貨車) *cf.* 유개 화차
무거워 보이다
무거워하다
무겁디무겁다 *cf.* 가볍디가볍다, 차디차다, 푸르디푸르다
무게 나가다
무게 다는 병(-瓶)
무게 달기
무게(를) 달다
무게병(-瓶) *cf.* 칭량병, 시약병
무게 비교하기(-比較-)
무게 알아보기
무게 어림하기
무게의 합과 차 알아보기(-合-差-)
무게 잡다
무게 중심(-重心) *cf.* 부력 중심
무격신앙(巫覡信仰) *cf.* 토착 신앙, 원시 신앙
무계획성(無計劃性)
무관심해 보이다(無關心-)
무관심해 오다(無關心-)
무관심해져 가다(無關心-)
무구정광대다라니경(無垢淨光大陀羅尼經)
무궁무궁하다(無窮無窮-)
무궁무진하다(無窮無盡-)
무궁화꽃(無窮花-) *cf.* 진달래꽃
무궁화동산(無窮花-) *cf.* 꽃동산, 놀이동산
무궁화 사랑하기 놀이(無窮花-)
무궁화 숲(無窮花-) *cf.* 참나무 숲, 솔숲, 대숲
무권대리인(無權代理人)
무기력해 보이다(無氣力-)
무기 염류(無機鹽類)
무꽃 *cf.* 배추꽃, 쑥갓꽃
무나물 *cf.* 콩나물, 숙주나물, 노라시나물
무날(음력 9일과 24일)
무너뜨려 버리다
무너져 가다

무너져 내리다
무너져 버리다
무너지는 듯하는 소리 *cf.* 듯하다
무너지려나 보다
무넘기 *cf.* 부넘기
무넘깃둑 *cf.* 물막잇둑
무녀리 같다
무논
무논갈이 *cf.* 진갈이
무논 골뿌림
무논 골뿌림 직파(-直播)
무농사(-農事) *cf.* 벼농사, 보리농사, 배추 농사, 땅콩 농사, 옥수수 농사, 자식 농사
무늬 꾸미기
무늬(를) 꾸미다
무늬 넣기
무늬(를) 넣다
무늬누에
무늬 만들기
무늬 벽돌(-甓-)
무늬쌓기
무늬 없는 토기(-土器)(→민무늬 토기)
무늬 유리(-琉璃)
무늬잉아
무늬지(-紙)
무늬 찍기
무늿결 *cf.* 곧은결
무단가출(無斷家出)
무단결근(無斷缺勤) *cf.* 무단 복제
무단결석(無斷缺席) *cf.* 무단 이석
무단이탈(無斷離脫) *cf.* 무단 횡단
무단출입(無斷出入) *cf.* 무단 출국, 무단 복제
무단 통치(武斷統治) *cf.* 문화 통치, 무단 정치
무당년 *cf.* 기생년
무당말 <~로 지껄이다.>
무당서방(-書房)
무당연유(無糖煉乳) *cf.* 가당연유
무당 옷
무당집
무당춤
무대 꾸미기(舞臺-)
무대(를) 꾸미다(舞臺-)
무더기무더기
무더기비(폭우)
무더기심기
무더워 보이다
무더위 *cf.* 불더위
무덤가 *cf.* 우물가, 샘물가, 창문가, 연못가
무덤 가 <우리 엄마 ~>
무덤구덩이(고고학) *cf.* 진흙 구덩이, 운석 구덩이
무덤길
무덤 뒤
무덤 밖으로
무덤 앞
무덤 옆
무덤이라기보다는 *cf.* 라기보다는, 보다
무동놀이(舞童-) *cf.* 놀이
무동 서다(舞童-)
무동춤(舞童-)
무동 타다(舞童-)/무동 태우다(舞童-)
무동 태워 주다(舞童-)
무두장이(-匠-)
무뚝뚝해 보이다
무람없다 <무람없이 행동하더라도 용서해 주세요.>
무량수전(無量壽殿)
무럭무럭
무럼생선(-生鮮)(허약한 사람을 놀리는 말)
무력간섭(武力干涉)
무력시위(武力示威) *cf.* 침묵시위, 민주화 시위, 학생 시위, 반정부 시위, 폭력 시위, 군사력 시위
무력해 보이다(無力-)
무력해져 가다(無力-)
무력행사(武力行事) *cf.* 실력 행사
무령왕릉(武寧王陵) *cf.* 광개토 대왕릉, 동구릉, 홍릉

무료입장(無料入場) *cf.* 무임승차, 유료 입장, 무임 승선
무료해 보이다(無聊-)
무료해하다(無聊-)
무르녹다
무르와내다(윗사람에게 무엇을 받아 내다.)
무르익어 가다
무른돌 *cf.* 굳은돌
무른숫돌 *cf.* 센숫돌, 가죽숫돌, 금강사숫돌
무른 통(-胴)(인쇄) *cf.* 굳은 통
무를문서(-文書)(무를 수 있게 약속하는 문서)
무름병〔軟腐病〕
무릅쓰다
무릎걸음 *cf.* 토끼걸음, 오리걸음, 물레걸음
무릎걸이
무릎굽혀 뒤구르기
무릎굽혀 앞구르기
무릎굽혀 위공중돌기(-空中-)
무릎굽히기
무릎굽힘체(한국 무용)
무릎길이(재단) *cf.* 팔 길이, 치마 길이, 바지 길이
무릎깍지 <~를 끼고 앉아 있다.> *cf.* 손깍지, 팔깍지(북한)
무릎 꿇다
무릎 꿇리다
무릎꿇림 *cf.* 마당꿇림, 기왓장꿇림
무릎 높이 *cf.* 가슴 높이, 가슴높이 지름(임학), 눈높이, 허리 높이
무릎당기기
무릎대돌리기(유도)
무릎도가니
무릎들기(에어로빅스)
무릎디피무(-舞)(처용무)
무릎맞춤 <~을 해서 진실을 밝히다.>
무릎 밑에
무릎 반사(-反射)
무릎방아 *cf.* 엉덩방아
무릎베개 *cf.* 팔베개
무릎뼈
무릎싸
무릎앉아
무릎올리기
무릎장단 *cf.* 발장단, 손장단, 칼장단
무릎치기
무릎펴앞구르기(체조)
무리꾸럭
무리떡국 *cf.* 생떡국
무리떼
무리말뚝
무리 없다(無理-) *cf.* 별 무리 없다
무리지어 다니다
무리짓다 *cf.* 떼짓다, 패거리짓다
무릿가루 *cf.* 고춧가루, 송홧가루, 메줏가루
무릿돌
무릿매(휘두르다 멀리 보내는 팔매)
무마시켜 주다(撫摩-)
무마해 오다(撫摩-)
무마해 주다(撫摩-)
무말랭이 *cf.* 고추말랭이
무말랭이무침
무 맑은장국(-醬-)
무명것 *cf.* 박이것
무명고지(無名高地) *cf.* 무명용사, 무명작가, 무명 가수, 무명 배우
무명끝(쓰다가 남은 짧은 무명)
무명실 *cf.* 비단실, 삼실
무명옷 *cf.* 비단옷, 삼베옷, 모시옷
무명용사(無名勇士) *cf.* 무명선사
무명작가(無名作家) *cf.* 유명 작가, 무명 선수, 무명 탤런트
무명 적삼 *cf.* 베적삼, 모시 적삼
무명전사(無名戰士) *cf.* 무명용사
무명 치마 *cf.* 비단 치마
무명 헝겊 *cf.* 베 헝겊
무모순성(無矛盾性)
무미건조하다(無味乾燥-)
무미건조해 보이다(無味乾燥-)

무반동총(無反動銃)
무반주곡(無伴奏曲)
무밭 *cf.* 감자밭, 배추밭, 보리밭, 상추밭, 시금치밭, 옥수수밭, 고구마밭
무배추/무·배추
무부하손(無負荷損)
무분별하다(無分別-)
무사마귀병(-病)
무사분주(無事奔走)
무사태평(無事泰平)
무사통과(無事通過)
무산고원(茂山高原) *cf.* 개마고원, 부전고원, 파미르 고원, 티베트 고원
무산되어 버리다(霧散-)
무산소증(無酸素症)
무산시켜 버리다(霧散-)
무상 일수(無霜日數) *cf.* 수업 일수, 출석 일수
무상출입(無常出入)
무색옷(-色-) *cf.* 흰옷
무색투명(無色透明)
무색해 보이다(無色-)
무색해하다(無色-)
무생물계(無生物界)
무생채(-生菜) *cf.* 도라지/도랒생채, 우엉생채, 오이생채
무서움 없이/없다
무서움 타다
무서워 보이다
무서워하나 보다
무서워하다
무서워할까 봐
무석인(武石人) *cf.* 문석인
무섬증 나다(-症-) *cf.* 겁나다
무성시(無聲詩)(훌륭한 그림을 비유적으로 이르는 말)
무소부지(無所不知)
무쇠 가마 *cf.* 무쇠솥, 스테인리스 가마
무쇠 같다
무쇠 다리
무쇠발굽
무쇠솥 *cf.* 곱돌솥, 돌솥, 노구솥, 양은솥, 스테인리스솥
무쇠 팔
무쇳덩어리
무쇳덩이
무숙이타령
무술변법(戊戌變法)
무술정변(戊戌政變)
무슨무슨
무슨 생각 하느라고 <~ 말이 없나?>
무시당하다(無視當-) *cf.* 당하다
무시되어 오다(無視-)
무시된 채(無視-) *cf.* 채
무시무시하다
무시무시해 보이다
무시하는 투로(無視-套-) <그는 상대방을 ~ 말했다.>
무시한 채(無視-) *cf.* 채
무시해 버리다(無視-)
무시해 오다(無視-)
무식쟁이(無識-)
무신론자(無神論者)
무신정변(武臣政變)
무신 정변(武臣政變)(편수 자료)
무심결에(無心-) *cf.* 바람결, 잠결, 꿈결
무심결인 듯(無心-) *cf.* 듯
무심중간에(無心中間-)
무심중에(無心中-) *cf.* 무심결에
무싯날(無市-)(장이 서지 않는 날)
무싹 가꾸기
무싹(을) 가꾸다
무싹말이 *cf.* 달걀말이, 김말이, 두루마리
무씨 *cf.* 겨자씨, 배추씨, 상추씨, 시금치씨, 옥수수씨, 해바라기씨, 고추씨, 딜 씨, 아카시아나무 씨
무씨기름 *cf.* 배추씨기름, 면화씨기름, 고추씨기름, 옥수수기름, 해바라기씨기름, 포도씨기름
무 씨앗 *cf.* 무씨

무안당하다(無顔當-) *cf.* 당하다
무안스러워 보이다(無顔-)
무안스러워하다(無顔-)
무안 주다(無顔-)
무안 타다(無顔-) *cf.* 부끄럼 타다
무안해하다(無顔-)
무알코올성(無-性)
무액면주(無額面株) *cf.* 액면주, 경제주, 공모주, 우선주, 보통주
무어냐 말이다 <네가 도대체 ~.> *cf.* 말이다/말이야
무어니무어니해노 *cf.* 뭐니뭐니해도
무언극(無言劇) *cf.* 일인극, 사상극, 낭만주의 극
무언용사(無言勇士) *cf.* 무명용사
무언중에(無言中-)
무얼 하고 <~ 있니?>
무얼 할꼬 <우리는 ~?>
무엇 때문에
무엇무엇
무엇이든 간에(-間-)
무엇 하는 분
무엇 하다 <돈은 벌어서 무엇 하느냐?>
무엇하다(난처하다.) <빈손으로 가기는 좀 ~.>
무역 당사국 간(貿易當事國間)
무역량(貿易量) *cf.* 수입량, 수출량
무역 외 수지(貿易外收支)
무역주의(貿易主義)
무역풍대(貿易風帶) *cf.* 편서풍대
무열왕릉(武烈王陵) *cf.* 광개토 대왕릉
무열왕릉비(武烈王陵碑) *cf.* 광개토 대왕릉비
무예도보통지(武藝圖譜通志)
무용지물(無用之物)
무운시(無韻詩)
무위도식하다(無爲徒食-)
무의무탁(無依無托)
무의미해 보이다(無意味-)
무의식 중에(無意識中-)
무익공집(無翼工-) *cf.* 익공집, 박공집
무인점포(無人店鋪) *cf.* 무인 비행기, 무인 창고, 무인 공장
무임승차(無賃乘車) *cf.* 무료승차권, 무료 우편물
무잎 *cf.* 무청, 깻잎, 연잎, 고춧잎
무 자르듯 하다
무장간첩(武裝間諜) *cf.* 고정간첩
무장봉기(武裝蜂起) *cf.* 농민 봉기
무장상선(武裝商船)
무장시켜 놓다(武裝-)
무장아찌 *cf.* 마늘장아찌, 파장아찌, 오이장아치, 참외장아치
무저항주의(無抵抗主義)
무적함대(無敵艦隊)
무정 명사(無情名詞) *cf.* 유정 명사
무정부주의자(無政府主義者)
무정위침(無定位針)
무정자증(無精子症)
무제한급(無制限級) *cf.* 밴텀급, 장사급
무주화물(無主貨物)
무죽(-粥) *cf.* 깨죽, 홍합죽, 시래기죽
무중력 상태(無重力狀態) *cf.* 갈등상태, 혼수상태, 과냉각 상태, 혼돈 상태
무지개다리 *cf.* 컬러 다리, 홍예다리, 구름다리, 복찻다리
무지개 되어/되다
무지개떡
무지개 띠
무지개무늬
무지개사위(님사낭)
무지개 딤
무지갯빛
무지갯살(무지개의 빛줄기)
무지렁이(아무것도 모르는 어리석은 사람)
무집배국(無集配局)
무쪽같다 *cf.* 대쪽같다, 댕돌같다
무찔러 버리다
무채색(無彩色) *cf.* 유채색
무책임하기로서니(無責任-) *cf.* 그렇기로서니, 기로서니(어미)
무청 *cf.* 무잎, 깻잎, 연잎, 고춧잎

무쳐 내다
무취미해 보이다(無趣味-)
무턱대고(부사)
무트림 *cf.* 개트림, 용트림
무표정해 보이다(無表情-)
무풍지대(無風地帶) *cf.* 안전지대, 곡창 지대, 산악 지대
무학년제(無學年制)
무학 대사(無學大師) *cf.* 서산 대사
무한궤도(無限軌道)
무한수출입(無限輸出入)
무한정 있다(無限定-)
무핵식물(無核植物)
무혈입성(無血入城)
무혈점령(無血占領)
무환수입(無換輸入)
무환수출(無換輸出)
무효화되어 버리다
무효화시켜 버리다(無效化-)
묵고 가다
묵과되어 오다(默過-)
묵국(청포탕)
묵물죽(-粥) *cf.* 녹두죽, 팥죽, 시래기죽
묵밭 *cf.* 묵정밭
묵사발(-沙鉢) *cf.* 죽사발, 욕사발, 밥사발
묵살당하다(默殺當-) *cf.* 당하다
묵살될 듯하다(默殺-) *cf.* 듯하다
묵살해 버리다(默殺-)
묵살해 오다(默殺-)
묵어 가다
묵어 갈 수밖에 *cf.* 밖에
묵은가지꽃이
묵은 김치 *cf.* 햇김치
묵은나물 *cf.* 묵나물
묵은내 *cf.* 문내
묵은눈 <~이 쌓이다.>
묵은닭 *cf.* 햇닭
묵은땅
묵은 먼지
묵은빚
묵은세배(-歲拜)
묵은셈(오래된 빚)
묵은쌀 *cf.* 햇쌀
묵은잎
묵은장(-醬)
묵은해 *cf.* 새해
묵인받다(默認-) *cf.* 받다
묵인해 오다(默認-)
묵인해 주다(默認-)
묵정밭 *cf.* 묵밭, 뙈기밭
묵주머니 <노름판이 ~가 되다.>
묵직해 보이다
묵튀각 *cf.* 다시마튀각, 감자튀각
묶어 가다
묶어 가지고
묶어 놓다/묶어 두다
묶어뜨기(뜨개질)
묶어 버리다
묶어 보다
묶어세기 *cf.* 뛰어세기
묶어 세다
묶어세우다(통일된 체계로 만들다.)
묶어 주다
묶어치밀다(한데 몰려 솟아오르다.)
묶음표(-標)
묶인 끝/고정단(-/固定端)
묶인 채 *cf.* 벗은 채로, 산 채로, 옷 입은 채로, 채(의존 명사)
문가(門-) *cf.* 창가
문간방(門間房) *cf.* 다락방, 안방, 사랑방
문고리(門-)
문골선(-線)
문곳도리(門-)(문틀 바로 위에 있는 도리)
문구멍(門-) *cf.* 창구멍, 땀구멍, 목구멍, 콧구멍, 구듯구멍, 귓구멍
문기둥(門-)
문내 <묵은쌀에서 ~가 난다.>
문단속(門團束) *cf.* 집단속, 불단속

문단 쓰기(文段-)
문단(을) 쓰다(文段-)
문단 펼치기(文段-)
문단(을) 펼치다(文段-)
문 닫는 소리(門-) *cf.* 문 여는 소리
문 닫다(門-) *cf.* 창 닫다
문 두드리는 소리(門-) *cf.* 문 닫는 소리
문 두들기다(門-)
문둥이탈
문득문득(부사)
문뜩문뜩(부사)
문란되어 가다(紊亂-)
문란시켜 놓다(紊亂-)
문란해져 가다(紊亂-)
문맹 퇴치 운동(文盲退治運動)
문명개화(文明開化)
문명인 간(文明人間)('문명인 사이에'의 뜻으로)
문명화되다(文明化-)
문명화시키다(文明化-)
문묘 제례악(文廟祭禮樂)
문·무반 차별 대우(文武班差別待遇)
문바람(門-)(문풍)
문바퀴(門-)
문밖(門-) <~ 사람> *cf.* 문안, 현관문 밖
문 밖(門-) <대문 밖> *cf.* 문 안
문밖출입(門-出入) *cf.* 바깥출입, 마당출입
문받이턱(門-)
문받(門-)
문방구점(文房具店)
문방사우(文房四友)
문방치레(文房-) *cf.* 사당치레
문뱃내
문뱃내 나다 *cf.* 풀내 나다
문 번호(文番號)
문벌 귀족(門閥貴族)
문벌제도(門閥制度) *cf.* 카스트 제도, 양반 제도, 결혼 제도
문법 변화(文法變化)
문법 요소(文法要素) *cf.* 기계요소
문법 지식(文法知識)
문법책(文法册) *cf.* 국어책, 사회책, 국사책, 미술책, 교련책
문병 가다(問病-)/문병 오다(問病-)
문빗장(門-)
문살(門-)
문살무늬(門-) *cf.* 창살무늬, 격자무늬
문상 가다(問喪-) *cf.* 조상 가다
문서놀음(文書-)
문서 인쇄하기(文書印刷-)
문소란(門小欄)
문소리(門-) *cf.* 대문 소리, 기도 소리, 개구리 소리, 장구 소리, 총소리
문수보살상(文殊菩薩像) *cf.* 관음보살상
문수산성(文殊山城) *cf.* 북한산성
문숫자 상수(文數字常數)
문안(門-) <~ 사람> *cf.* 문밖
문 안(門-) <대문 안> *cf.* 문 밖
문안드리다(問安-)
문 앞에(門-)
문어발(文魚-) *cf.* ~ 경영
문어연(文魚鳶) *cf.* 방패연, 가오리연
문어오림(文魚-)
문얼굴(門-)(→문틀)
문 여는 소리(門-) *cf.* 문 닫는 소리
문 열다(門-)
문 열어 놓다(門-)
문의해 보다(問議-)
문의해 오다(問議-)
문자 꾸미기(文字-)
문자사상(文字史上)
문자식(文字式) *cf.* 2a, xy
문자 언어(文字言語)
문자열(文字列)(데이터로 다루는 일련의 문자)
문자열형(文字列型)
문자찾기 기능(文字-機能)
문자체 바꾸기(文字體-)
문자체(를) 바꾸다(文字體-)
문자 키(文字-)

문자화되다(文字化-)
문자화시키다(文字化-)
문자화하다(文字化-)
문잡는굿(門-) *cf.* 문잡이굿
문장 고쳐쓰기(文章-)
문장 고치기 놀이(文章-)
문장 만들기 놀이(文章-)
문장 부사(文章副詞)
문장 부사어(文章副詞語)
문장 부호(文章符號)
문장삼이(文章三易)(보기 쉽고, 알기 쉽고, 읽기 쉬워야 한다는 뜻)
문장 성분(文章成分)
문장 속의 문장(文章-文章)
문장 연결하기 놀이(文章連結-)
문장 이어쓰기(文章-)
문장 전달하기 놀이(文章傳達-)
문전성시(門前成市)
문전옥답(門前沃畓)
문정맥(門靜脈)
문제 되다(問題-)
문제 될 듯하다(問題-) *cf.* 듯하다
문제 될 만하다(問題-) *cf.* 만하다
문제란 말이야(問題-) *cf.* 말이다/말이오
문제 만들기(問題-)
문제삼다(問題-) *cf.* 자랑삼아, 연습삼아
문제삼아 오다(問題-)
문제 상자(問題箱子) *cf.* 안개상자, 어둠상자
문제시하다(問題視-)
문제시해 오다(問題視-)
문제없다(問題-) *cf.* 문제 있다
문제없단 말이다(問題-) *cf.* 말이다
문제의식(問題意識) *cf.* 목적의식, 민족의식, 동료 의식, 안보 의식
문제 있다(問題-) *cf.* 문제없다
문제투성이(問題-) *cf.* 오류투성이, 피투성이, 흙투성이, 투성이
문제 풀이(問題-) *cf.* 어휘 풀이
문제 해결하기 놀이(問題解決-)
문제화시키다(問題化-)
문제화하다(問題化-)
문젯거리(問題-) *cf.* 골칫거리, 화젯거리
문 좀(門-) <~ 열어 보다.> *cf.* 물 좀, 책 좀, 돈 좀
문종이(門-)
문쥐놀음
문지기 노릇 하다(門-) *cf.* 교장 노릇 하다, 종노릇하다
문지방(門地枋)
문지방돌(門地枋-)
문질러 바르다
문질러 보다
문질러 주다
문짝(門-)
문 쪽으로(門-) *cf.* 대문 쪽
문창살(門窓-)
문창호지(門窓戶紙)
문 채 <고기를 ~….> *cf.* 채
문책당하다(問責當-) *cf.* 당하다
문책받다(問責-) *cf.* 받다
문치주의(文治主義)
문칫문칫 <~ 망설이기만 하다.>
문턱(門-)
문턱값(門-)
문틀(門-)
문틈(門-) *cf.* 창틈, 바위틈, 돌 틈
문 틈(門-) <반쯤 열린 ~>
문헌공도(文憲公徒)
문화·경제·사회 제도(文化·經濟·社會制度)
문화·교제비(文化·交際費)
문화면(文化面) *cf.* 경제면, 정치면
문화·복지 시설(文化·福祉施設)
문화생활(文化生活) *cf.* 사회생활, 물질생활, 원시생활, 전원생활, 금욕 생활, 유목 생활
문화어 간의 차이(文化語間-差異)
문화·예술 생활(文化·藝術生活)
문화·오락비(文化·娛樂費)
문화유산(文化遺産) *cf.* 자연 유산

문화재 보살피기(文化財-)
문화재 알기(文化財-)
문화 접변(文化接變) *cf.* 자음 접변
문화 통치(文化統治) *cf.* 무단 통치
묻고 물어 <~ 겨우 찾아갔다.>
묻는 대로 *cf.* 먹는 대로, 대로
묻어가다 <그 편에 ~.> *cf.* 묻어오다
묻어 가다 <구덩이를 ~.>
묻어 나가다
묻어나는 듯하다
묻어나다
묻어 나오다
묻어 놓다
묻어다니다 <그 편에 ~.>
묻어 다오
묻어 누다
묻어 드리다
묻어떼기
묻어 버리다
묻어 보다
묻어오다 <그 편에 ~.> *cf.* 묻어가다
묻어 오다 <구덩이를 ~.>
묻어 있다
묻어 주다
묻을까 봐
묻을무(묻어 두고 먹을 무)
묻지 말고
묻혀 가다
묻혀 놓다
묻혀 버리다
묻혀 보내다
묻혀 보자
묻혀 살다
묻혀 오다
묻혀 있기 때문에
묻혀 주다
묻혀 지내다
묻힌 채 *cf.* 채
묻힘 키

물가 *cf.* 냇가, 불가, 강가, 샘가, 바닷가
물 가다(싱싱한 맛이 없어지다.) *cf.* 물 간 생선, 물 좋다
물가 지수(物價指數) *cf.* 불쾌지수, 가격 지수, 엥겔 지수, 체질량 지수, 풍랭 지수, 식중독 지수, 행복 지수, 빈곤 지수
물간법(-法) *cf.* 마른간법
물갈래
물 갈아먹다
물갈음(수마)(고고학)
물갈이하다
물갈이해 주다
물감(을) 흘리다
물감놀이 *cf.* 놀이
물감흘리기(미술)
물개잡이 *cf.* 고래잡이, 멸치잡이
물거름 *cf.* 똥거름
물거름 주기 *cf.* 거름주기
물거름통(-桶) *cf.* 거름통
물거울
물거품
물거품 같다
물 걱정 *cf.* 밥걱정, 쌀 걱정, 반찬 걱정
물건 가격 추측하기 놀이(物件價格推測-)
물건값(物件-) *cf.* 고추값, 과자값, 배추값, 우표값, 달걀값, 담뱃값
물 건너 *cf.* 바다 건너
물 건너가다
물건 만들기(物件-)
물건(을) 만들다(物件-)
물건 바꾸기(物件-)
물건 바꾸어 쓰기(物件-)
물건 받다(物件-) *cf.* 편지 받다
물건 사기 놀이(物件-)
물건 사기(物件-)
물건 수(物件數)
물건 아껴쓰기(物件-)
물건 안 사기 운동(物件-運動)
물건 찾아오기(物件-)

물건치고(物件-) *cf.* 치고
물 걸러 대기 *cf.* 물 깊게 대기
물걸레 *cf.* 진걸레, 마른걸레, 젖은 걸레
물걸레질 *cf.* 마른걸레질
물것 <~들이 많다.> *cf.* 들것, 탈것, 뜬것
물결 *cf.* 돌결, 실결, 살결, 나뭇결, 무늿결
물결 따라 <~ 밀려가고….> *cf.* 바람 따라
물결무늬 *cf.* 꽃무늬, 줄무늬
물결선(-線)
물결 속에
물결 자국
물결쳐 오다
물결치다 *cf.* 파도치다, 소리치다, 눈보라 치다, 서릿발 치다
물결파(-波) *cf.* 소리파(북한)
물결표(-標) *cf.* 가새표
물겹것 *cf.* 물겹바지, 물겹저고리
물경단(-瓊團) *cf.* 밤경단, 수수경단
물고기
물고기길
물고기 낚기
물고기 등 *cf.* 쇠등, 고래등, 새우등
물고기 떼 *cf.* 양 떼, 벌 떼, 송사리 떼, 까마귀 떼, 모기떼
물고기 비늘
물고기 사냥 *cf.* 노루 사냥, 호랑이 사냥
물고기 삼신(-三神)
물고기 씨 *cf.* 바닷고기 씨
물고기알 *cf.* 개구리알, 민어알, 명태알, 연어알, 청어알, 산새알
물고기이
물고기자리
물고기 잡기
물고기잡이 *cf.* 새우잡이
물고 나다(죽다)
물고 내다(죄인을 죽이다.)
물고늘어지다 <문제가 해결될 때까지 ~.>
물고 늘어지다 <개가 옷자락을 ~.>
물고 뜯다 <당선을 위해서 서로 ~.>
물고문(-拷問) *cf.* 전기 고문
물고문하다(-拷問-)
물고 올리다(명령에 따라 죄인을 죽이다.)
물 고인/괸 듯 *cf.* 듯
물곬 <논에 ~을 잘 빼어 놓았다.>
물구나무서기
물구나무서다
물구나무서서 뛰기(수영)
물구나무서서 앞구르기(체조)
물구덩이 *cf.* 불구덩이, 똥구덩이
물구멍 *cf.* 숨구멍, 땀구멍, 샘구멍
물굽이 *cf.* 강굽이, 산굽이
물귀신(-鬼神) *cf.* 불귀신, 땅귀신
물귀신 같다(-鬼神-)
물그릇 *cf.* 밥그릇, 죽그릇, 찌갯그릇
물그림자 *cf.* 달그림자, 산 그림자
물긁기
물기둥 *cf.* 불기둥, 바람기둥
물기름
물기슭 *cf.* 산기슭, 강기슭
물긷기
물 긷다
물길 *cf.* 불길
물길 따라 *cf.* 산길 따라, 바람 따라
물 길어 오다
물 길으러 가다
물길 터 놓다
물깃
물 깊게 대기 *cf.* 물 걸러 대기
물까마귀
물껍질(물속에 잠긴 줄기의 껍질)
물꼬 터 놓다
물꼬 트다
물꽃
물 끓다/물 끓듯 하다
물 끓이다
물끼얹기
물나라
물낚시 *cf.* 얼음낚시

물난리(-亂離) *cf.* 불난리
물난리 겪다(-亂離-)
물난리 나다(-亂離-) *cf.* 난리 나다
물 내리다
물냉면(-冷麪) *cf.* 회냉면, 비빔냉면
물너울
물넘이
물노래(물이 흐르면서 내는 소리)
물노릇(물을 다루는 일)
물놀이 *cf.* 불놀이, 놀이
물놀이 가다
물놀이 그리기
물놀이(를) 그리다
물다짐(건축) *cf.* 흙다짐, 회다짐
물당량(-當量)
물대기 <논에 ~>
물 대다
물대포(-大砲)
물덤벙술덤벙
물독 *cf.* 술독, 쌀독, 장독, 똥독, 오줌독, 김장독, 된장독
물독대(-臺) *cf.* 장독대
물돌리기공(-工) *cf.* 줄떼공, 바자공
물동이 *cf.* 술동이, 오줌동이
물동이 나르기
물동이(를) 나르다
물돛 <~을 내리고 고기를 잡다.>
물두멍(물을 길어 붓고 쓰는 가마나 독)
물두부(-豆腐)
물둘레 *cf.* 눌부늬
물들다
물들어 가다
물 들어가다
물들어 버리다
물들어 있다
물들여 놓다
물들여 주다
물들이다
물딱총 *cf.* 불딱총
물때 *cf.* 기름때
물때(밀물이 들어오는 때)
물때썰때(밀물 때나 썰물 때)
물떼기
물똥 *cf.* 된똥, 물찌똥
물똥싸움 *cf.* 물싸움
물 뜨다
물러 나오다
물러 터지다 *cf.* 느려 터지다, 불어 터지다, 유순해 터지다
물러가다
물러나다
물러서다/물러앉다
물러오다
물렁물렁하다
물렁물렁해 보이다
물렁뼈 *cf.* 굳뼈
물렁썩이병(-病)
물렁조직(-組織)
물렁팥죽(-粥) <~ 같은 사람 같으니라고….>
물레걸음 *cf.* 황소걸음, 황새걸음, 팔자걸음
물레노래
물레로 만들기
물레바퀴 *cf.* 수레바퀴, 톱니바퀴, 숫돌바퀴, 기차 바퀴, 자전거 바퀴
물레방아 *cf.* 물방아
물레방아 소리 *cf.* 방아 소리, 기적 소리
물레방앗간(-間)
물레질/물레질하다
물레타령
물레혼(-婚)(삼각혼)
물렛돌
물렛줄 *cf.* 빨랫줄, 목돗줄, 시곗줄, 고무줄
물려 가다
물려 내다
물려 놓다
물려받다 *cf.* 물려주다
물려받아 오다
물려쓰기

물려 쓰다
물려입기
물려 입다 <옷을 ~.>
물려주고픈/주고프다/주고파 *cf.* 하고픈, 먹고픈, 가고픈
물려주다 *cf.* 물려받다
물려지내다 <무엇을 잘못했기에 그렇게 물려지내냐?>
물 로켓
물류비용(物流費用) *cf.* 생산 비용, 결혼 비용, 여행 비용
물리적 풍화(物理的風化) *cf.* 화학적 풍화
물리쳐 내다
물리쳐 버리다
물리쳐 오다
물리쳐 주다
물린 채 <젖을 ~….>
물림묶(인쇄)
물마루 *cf.* 산마루
물 마시다
물막이 *cf.* 보막이, 가물막이
물막이벽(-壁)
물막이흙
물막잇골
물막잇둑 *cf.* 하굿둑, 무넘깃둑, 물막이둑(편수자료 '공업')
물 만나다 <물 만난 오리 걸음처럼….>
물만두 *cf.* 군만두, 찐만두
물만밥
물말이 *cf.* 국말이, 밥말이, 김치말이
물 맑고 바람 시원한 곳
물 맑다
물맛 *cf.* 떡맛, 술맛, 밥맛, 고기맛
물 맛 <약수터의 ~….>
물 맞다
물맞이 *cf.* 해맞이, 달맞이
물머리 *cf.* 산머리, 불머리, 가맛머리
물먹다 <물먹은 토란대….>, <그만 물먹고 말았어.>
물 먹다 <물(을) 먹다.>, <물 먹은 배만 튕긴다.>
물먹이다
물 먹이다(물을 먹이다.)
물멀미 *cf.* 차멀미, 뱃멀미, 가마멀미, 사람멀미
물모래(물기가 있는 모래)
물목 <나룻배가 오는 ~만 바라보다.> *cf.* 길목, 불목, 건널목
물몰이
물못자리
물무늬 *cf.* 물둘레
물미끄럼틀
물미역
물밀다(조수가 육지로 밀려오다.)
물밀 듯이([밀뜨시]의 경우에는 '물밀 듯이')
물밑(수평이 되게 측량할 때 수평선의 아래) *cf.* 물알
물 밑 *cf.* 물 위
물바가지 *cf.* 똥바가지, 욕바가지, 여물바가지
물바다 *cf.* 불바다, 피바다, 웃음바다, 눈물바다, 울음바다
물바람 *cf.* 산바람, 골바람
물 밖
물 밖에 나다
물 밖에서 팔젓기
물 밖으로 나오기
물반지 수문(-水門)
물받이 *cf.* 불받이
물받이 그릇
물받이통(-桶)
물밥(귀신에게 주기 위한 물에 만 밥)
물방석(-方席)(워터 쿠션)(토목)
물방아
물방아 같다
물방앗간(-間)
물방울 *cf.* 빗방울, 땀방울, 침방울, 비눗방울
물방울 같다
물방울 듣는 소리
물방울무늬

물배 <~가 부르다.> *cf.* 똥배, 헛배
물뱀자리
물벌레
물베개
물벼락 *cf.* 불벼락
물벼락 맞다
물병(-甁) *cf.* 술병, 꿀병, 기름병
물보라 *cf.* 눈보라, 꽃보라
물보험(物保險) *cf.* 인보험
물볼기 맞다 *cf.* 자볼기 맞다, 볼기 맞다
물볼기 치다 *cf.* 볼기 치다
물부리 *cf.* 빨부리, 총부리, 돌부리
물분(-粉) *cf.* 가루분
물불 <~ 가리지 않다.>
물 붓기
물비누 *cf.* 가루비누, 종이비누
물비늘 <파란 ~을 일으키는 호수>
물비린내 *cf.* 피비린내, 젖비린내, 생선 비린내
물비린내 나다 *cf.* 피비린내 나다
물비빔 *cf.* 건비빔
물빛 *cf.* 하늘빛, 흙빛, 오렌지빛
물 빠지다
물빠짐
물빠짐 구멍 *cf.* 수챗구멍
물빨래/물빨래하다 *cf.* 마른빨래
물빼기
물(을) 빼다
물빼기 재료(-材料)
물뿌리[水中根]
물뿌리개
물 뿌린 듯이 *cf.* 듯이
물산 장려 운동(物産奬勵運動)
물살 가르는 소리
물살이 *cf.* 뭍살이
물새 *cf.* 산새
물 새다
물새알 *cf.* 산새알, 오리알, 꿩알, 메추리알, 기러기알, 까치알, 두루미알, 참새알, 타조알
물새 우는 *cf.* 산새 우는, 바닷새 우는

물색 끝에(物色-) *cf.* 고민 끝에
물색 모르다(物色-)
물색없다(物色-)
물색해 놓다(物色-)
물색해 오다(物色-)
물샐틈없다
물설다 *cf.* 낯설다
물세례(-洗禮) *cf.* 불세례
물세탁(-洗濯) *cf.* 기계 세탁, 물빨래
물소
물소리 *cf.* 총소리, 시냇물 소리, 피리 소리
물속 나라 *cf.* 숲 속 나라
물속에 *cf.* 물 위에
물속에 서서 팔젓기
물속에서 도움받아 팔젓기
물속줄기 *cf.* 땅속줄기
물손(물이 묻은 손)
물손받다(곡식이나 채소가 물의 피해를 받다.)
물송편(-松-)
물수건(-手巾) *cf.* 손수건, 세수수건, 땀수건
물수란(-水卵)
물수제비뜨다
물 수지(-收支)
물시계(-時計) *cf.* 해시계, 불시계, 모래시계
물·시멘트비(-比) *cf.* 물시멘트비(편수 자료 '공업')
물시중 *cf.* 물심부름, 몸시중, 병시중
물신선(-神仙) <넌 삼성도 없니? ~ 같으니라고….>
물실크
물심부름 *cf.* 물시중, 술시중, 술심부름
물심부름하다
물심양면(物心兩面)
물싸움 *cf.* 불싸움, 돌싸움
물써다(밀려 들어왔던 바닷물이 물러 나가다.)
물써레
물 쓰듯 하다
물씬 나다
물씬물씬

물 아껴쓰기
물아래 <여자들은 물위, 남자들은 ~에서 멱을 감았다.>
물안개 *cf.* 물보라, 땅안개, 골안개
물안경(-眼鏡)
물알(수준기 속의 물방울, 여물지 않은 곡식 알)
물약(-藥) *cf.* 가루약
물어 가다 <길을 물어 가며 겨우 찾았다.>
물어 가 버리다
물어 나르다
물어내다
물어내리다 <사장의 지시를 ~.>
물어넣다
물어다 놓다
물어다 주다
물어 당기다
물어들이다
물어 떨어뜨리다
물어 떼다
물어뜯다
물어뜯지 말아 줘
물어물어 <~ 찾아간 고향> *cf.* 묻고 물어
물어박지르다
물어보나마나 *cf.* 나마나
물어보다 *cf.* 여쭈어 보다
물어 보다 <손가락을 ~.>
물어 오다 <그 문제를 물어 오면 가르쳐 주겠다.>
물어 올리다
물어주다 <값을 ~.>
물어 주다 <입으로 깨물어 주다.>
물얼굴 <못가에서 자신의 ~을 바라보았다.>
물에 뛰어들기
물에 띄워 옮겨내기
물에서 걷기
물에서 달리기
물역 장사(물역을 파는 장사)
물역학(-力學)
물열량계(-熱量計)(편수 자료)
물열량계(-熱量計)(북한)
물엿 *cf.* 갱엿
물오르다 <물오른 송기 때 벗기듯….>
물 오염(-汚染) *cf.* 땅 오염, 대기 오염, 토양 오염, 환경오염
물오징어 *cf.* 건오징어, 마른 오징어
물 올리기
물(을) 올리다
물옮김 롤러 *cf.* 이김 롤러
물웅덩이
물위 <물아래, 물위로 편을 갈라 싸웠다.>
물 위에
물 위에 누워보기
물윗배(수상선)
물유리(-琉璃)
물은즉 *cf.* ㄴ즉(어미)
물음말
물음표(-標) *cf.* 느낌표, 쉼표, 따옴표
물의 빚다(物議-)
물의 양(-量) *cf.* 쓰레기의 양, 쓰레기양, 잉크양
물이랑
물익히기(수영)
물(을) 익히다
물자동차(-自動車) *cf.* 불자동차
물 자원(-資源) *cf.* 수자원, 관광 자원, 인적 자원
물잡히다
물장구질하다
물장구쳐서 빨리 가기
물장구치기
물장구치다 *cf.* 장구 치다
물장난 *cf.* 흙장난, 불장난
물장사 *cf.* 쌀장사, 책 장사, 기름 장사
물장수 <북청 ~….> *cf.* 쌀장수, 책 장수, 기름 장수
물재배(-栽培) *cf.* 수경 재배
물조심 *cf.* 불조심, 말조심, 차조심, 몸조심
물 좋다 <물 좋은 생선>, <산 좋고 ~.> *cf.* 물가다

물주기
물 주다
물주머니 <비를 맞아 ~가 되다.>
물주전자(-酒煎子) *cf.* 술주전자, 찻주전자
물줄기 *cf.* 산줄기, 강줄기, 불줄기
물중탕(-重湯) *cf.* 기름 중탕, 모래 중탕
물지게 *cf.* 똥지게, 나무지게, 쟁기지게
물 지님성(-性)
물질대사(物質代謝) *cf.* 신진대사
물질 만능주의(物質萬能主義)
물질문화(物質文化) *cf.* 정신문화
물질생활(物質生活) *cf.* 정신생활, 문화생활, 원시생활, 산거 생활, 종교 생활
물질주의(物質主義)
물짐승 *cf.* 산짐승, 들짐승
물집
물찌똥 *cf.* 물똥, 선똥, 산똥
물차돌
물 찬 제비
물참봉(-參奉)(물에 흠뻑 젖은 사람을 이르는 말) *cf.* 땀참봉
물청소(-淸掃)
물체놀이(物體-) *cf.* 놀이
물체 맞히기(物體-)
물체 매달기(物體-)
물체(를) 매달다(物體-)
물체 알아맞히기(物體-)
물체 주머니(物體-)
물총(-銃) *cf.* 고무총, 새총, 딱총
물총놀이(-銃-)
물추리막대(쟁기의)
물침대(-寢臺) *cf.* 공기 침대, 야전 침대
물침식(-浸蝕)
물컥물컥
물컵 *cf.* 술컵
물컹물컹하다
물켜다 <벌컥벌컥 ~.> *cf.* 헛물켜다
물코 <~를 들이키다.>
물타기
물 타다
물타작(-打作) *cf.* 진타작, 마른타작
물탄주(-株)
물탱크 *cf.* 가스탱크, 기름 탱크
물통(-桶) *cf.* 쌀통, 술통, 똥통
물통줄(-桶-)(반추 동물의 새김질한 것이 식도로 넘어가는 줄)
물투성이 *cf.* 흙투성이, 먼지투성이
물퉁배기/물퉁이
물 퍼붓다
물 퍼붓듯 하다
물 펌프 *cf.* 기름펌프, 배기펌프, 공기 펌프, 압축 펌프
물풀
물풍년(-豊年)
물항라(-亢羅)
물행주 *cf.* 마른행주, 물걸레, 기름걸레
물휴지(-休紙)
물 흐르듯 하다 *cf.* 듯(어미)
물 흐름
묽디묽다 *cf.* 진하디진하다
묽은 수산화나트륨 용액(-水酸化-溶液)
묽은 암모니아수(-水)
묽은 염산(-鹽酸) *cf.* 진한 염산
묽은 용액(-溶液) *cf.* 진한 용액
묽은 황산(-黃酸) *cf.* 진한 황산
뭇$^{\vee}$(관형사) *cf.* 뭇 백성, 뭇 사람, 뭇 사내
뭇 *cf.* 뭇매, 뭇매질, 뭇발길, 뭇입
뭇가름 <~을 해 놓은 파처럼 .>
뭇나무(한 뭇씩 묶은 땔나무)
뭇 남자(-男子)
뭇년
뭇놈
뭇동춤
뭇매 맞다 *cf.* 몰매 맞다
뭇매질당하다(-當-) *cf.* 당하다
뭇발길
뭇발길질당하다(-當-) *cf.* 당하다
뭇 백성(-百姓)

뭇별
뭇 사내
뭇 사람
뭇사랑
뭇생각
뭇소리(잡담)
뭇시선(-視線)
뭇 여자(-女子)
뭇웃음
뭇입(여러 사람을 나무라는 말)
뭇 짐승
뭉개 놓다
뭉개 버리다
뭉게구름 *cf.* 양떼구름, 새털구름, 조개구름
뭉게뭉게(부사)
뭉그대다
뭉우리돌 *cf.* 조약돌, 모오리돌
뭉쳐나다(더부룩하게 뭉쳐서 나다.)
뭉쳐 주다
뭉칫돈 *cf.* 쌈짓돈, 주머닛돈, 도짓돈
뭍사람 *cf.* 산사람, 바닷사람, 노햇사람
뭍살이 *cf.* 물살이
뭍짐승 *cf.* 산짐승, 집짐승, 물짐승
뭐냐 싶어서
뭐냐 하면 <그것이 ~….> *cf.* 왜냐하면
뭐니 뭐니 해도 *cf.* 무어니 무어니 해도
뭐라 뭐라 하다
뭐예요 *cf.* 말예요, 아니에요
뭐 하고 있나
뭐하다(난처하다) <직접 말하기가 좀 ~.>
뭐 하다 <너 지금 뭐 하니?>
뭐 하다 말고
뭐 하세요
뭘 봐
뭘 하십니까
뭣 때문에/뭣 땜에
뭣 하다 <그렇게 돈 벌어서 뭣 하느냐?>
뭣하다(난처하다) <말하기가 좀 ~.>
뮬 방적기(-紡績機)

미개 사회(未開社會) *cf.* 문명사회, 개명사회, 민주 사회, 독재 사회
미개척지(未開拓地)
미결감방(未決監房) *cf.* 미결감, 기결감
미고생물학(微古生物學)
미관말직(微官末職)
미국 땅(美國-) *cf.* 중국 땅, 북한 땅
미국식 쌓기(美國式-) *cf.* 영국식 쌓기, 네덜란드식 쌓기, 프랑스식 쌓기
미국톤(美國-) *cf.* 영국톤, 미터톤
미군정하(美軍政下) *cf.* 일제 강점기하에
미기상학(微氣象學)
미기압계(微氣壓計)
미꾸라지 같다
미꾸라짓국 <~ 먹고 용트림한다.>
미끄러져 가다
미끄럼마찰(-摩擦) *cf.* 굴림 마찰
미끄럼마찰력(-摩擦力) *cf.* 굴림 마찰력
미끄럼 타다
미끄럼틀
미끈미끈하다
미끈미끈해 보이다
미끈액(-液) *cf.* 끈끈액
미끈유월(-六月) *cf.* 깐깐오월, 어정칠월
미끼낚시 *cf.* 속임낚시
미끼치기 <사기꾼들 ~에 걸렸다.>
미나리강회(-膾) *cf.* 파강회
미나리꽝
미나리잎쌈 *cf.* 머윗잎쌈, 방앗잎쌈
미나마타병(-病)
미노르카종(-種)(닭의 품종)
미노아 인(-人)
미는목(판소리)
미는 장단
미늘잎 *cf.* 비늘잎
미늘창(-槍)(고고학)
미니급(-級)
미니멀 아트('60년대 미국의 미술 동향)
미니멈급(-級) *cf.* 밴텀급, 모스키토급

미다스왕(-王)
미닫이 *cf.* 여닫이
미닫이문(-門) *cf.* 여닫이문
미닫이창(-窓) *cf.* 여닫이창
미대륙(美大陸)
미래불(未來佛)
미래상(未來像) *cf.* 어머니상
미래 시제(未來時制)
미래학자(未來學者)
미련 때문에(未練-) *cf.* 돈 때문에, 때문에
미련 떨다 *cf.* 수다 떨다, 부지런 떨다, 극성 떨다, 궁상떨다
미련스러워 보이다
미련 없이/없다(未練-)
미련쟁이/미련퉁이 *cf.* 고집통이
미련해 보이다
미로찾기(迷路-)
미로찾기놀이(迷路-)
미뢰(味蕾)/맛봉오리
미루나무 가지 *cf.* 참나무 가지, 나뭇가지
미루나무 잎
미루어 가다/미루어 오다
미루어 나가다
미루어 놓다
미루어 두다/미루어 보다
미루지 마라 *cf.* 마/말아라(→마라)
미룬 채 *cf.* ㄴ 채, 채
미뤄잡음이요 <속마음도 ~….>
미륵바위 *cf.* 사자바위, 곰바위
미륵 반가 사유상(彌勒半跏思惟像)
미륵 반가상(彌勒半跏像)
미륵보살 반가 사유상(彌勒菩薩半跏思惟像)
미륵보살 반가상(彌勒菩薩半跏像)
미륵사지 석탑(彌勒寺址石塔) *cf.* 원각사지 10층탑, 경천사지 10층 석탑
미륵사 터(彌勒寺-) *cf.* 원각사 터
미리미리
미리스트산(-酸)
미립자병(微粒子病)
미만인 수(未滿-數)
미명 아래(美名-) *cf.* 명분 아래
미명하에(美名下-) *cf.* 명분하에
미묘해 보이다(微妙-)
미묘해져 가다(微妙-)
미분화되다(未分化-)
미사장석(微斜長石)
미삭류(尾索類)(편수 자료)
미상환액(未償還額)
미색동물(尾索動物)(편수 자료에서는 '미삭동물')
미성숙재(未成熟材)
미성숙토(未成熟土)
미세 먼지(微細-)
미세기문(-門)/미세기창(-窓) *cf.* 미서기문/미서기창(편수 자료 '공업')
미세섬유(微細纖維)
미·소 간의 대립(美·蘇間-對立)
미·소 공동 위원회(美·蘇共同委員會)
미소 띠다(微笑-)
미(도/레/미) 소리
미·소 양국(美·蘇兩國)
미·소 양군(美·蘇兩軍)
미소지어 보이다(微笑-)
미소짓다(微笑-) *cf.* 웃음짓다
미송리식 토기(美松里式土器)
미수 잔치(米壽-) *cf.* 환갑잔치
미숙련공(未熟練工)
미숫가루 *cf.* 고춧가루, 메줏가루, 콩팥가루
미숫가루 타기
미숫가루(를) 타다
미스트기(-機) *cf.* 콤바인기
미시시피 강(-江)
미시시피 강 가(-江-) *cf.* 낙동강 가, 두만강 가, 냇가, 강가, 개울가, 시냇가
미식건축(楣式建築)
미식 쌓기(美式-)(벽돌쌓기) *cf.* 프랑스식 쌓기, 네덜란드식 쌓기, 영국식 쌓기
미식축구(美式蹴球)
미심스러워하다(未審-)

미심쩍다는 듯이 *cf.* 듯이
미심쩍어 보이다(未審-)
미심쩍어하다(未審-)
미쓰야 협정(-協定)
미안쩍다(未安-) *cf.* 미심쩍다
미안쩍어하다(未安-)
미안쩍은 듯이(未安-) *cf.* 듯이
미안한 듯이(未安-) *cf.* 듯이
미안해하다(未安-)
미얄춤
미얄탈 *cf.* 할미탈, 양반탈
미얄할미
미어터지다
미엘린초(-鞘)
미역 감다 *cf.* 멱 감다
미역국 *cf.* 감잣국, 북엇국, 시래깃국
미역국 먹다
미역밭 *cf.* 배추밭, 고추밭
미역쌈 *cf.* 상추쌈, 다시마쌈
미역자반
미역찬국 *cf.* 오이찬국, 김찬국, 파찬국
미운털 <선배에게 ~이 박히다.>
미움받다 *cf.* 받다
미움받아 오다
미워져 가다
미워해 오다
미음솥(米飮-)
미음자집(-字-) *cf.* 말집, 디귿자집, 일자집
미의식(美意識) *cf.* 죄의식
미인단명(美人短命) *cf.* 미인박명
미인박명(美人薄命)
미인뽑기(美人-) <~ 대회>
미장이(-匠-)
미장일
미적미적해 오다
미주알고주알
미지근한 물 *cf.* 더운물, 찬물, 따뜻한 물
미지근해 보이다
미지기굿
미지항(未知項)
미처 모르다
미쳐 가다
미쳐 나가다
미쳐 버리다
미쳐 지내다
미치기 때문 *cf.* 하기 때문, 때문
미친개
미친갯병(-病) *cf.* 곰팡잇병
미친 것 <~ 같으니라고.>
미친 녀석
미친 년
미친 놈
미친 듯이 *cf.* 듯이
미친바람
미친병(-病)
미친증(-症)
미친 짓
미친 척하다 *cf.* 척하다
미친 체하다 *cf.* 체하다
미칠 듯이 *cf.* 듯이
미칠 듯하다 *cf.* 듯하다
미터기(-器)
미터나사(-螺絲) *cf.* 인치 나사
미터매초(-每秒)
미터법(-法)
미터원기(-原器) *cf.* 킬로그램원기
미터톤 *cf.* 미국톤, 영국톤
미합중국(美合衆國) *cf.* 영연방
미해결(未解決)
미행당하다(尾行當-) *cf.* 당하다
미행성설(微行星說)
미행해 오다(尾行-)
미호기성(微好氣性)
미혼모(未婚母)
미화시켜 주다(美化-)
미화해 주다(美化-)
미흡하나마(未洽-) *cf.* 하나마
믹서 비빔 *cf.* 손 비비기, 기계 비비기

민간단체(民間團體) *cf.* 자치 단체, 문화 단체, 체육 단체
민간사업(民間事業) *cf.* 국가사업, 공공사업, 공영사업, 지방 자치 단체 사업
민간요법(民間療法)
민간의학(民間醫學) *cf.* 대체 의학
민간전승(民間傳承)
민값(선금)
민권주의(民權主義)
민낚시
민날(창이나 칼 따위의 날)
민도릿집
민둥산(-山) *cf.* 벌거숭이산
민둥씨름 *cf.* 왼씨름, 오른씨름, 다리씨름, 샅바씨름
민들레꽃
민들레 꽃씨 *cf.* 해바라기 꽃씨
민들레 싹
민들레씨 *cf.* 단풍나무 씨, 아카시아나무 씨
민 듯한 *cf.* 듯하다
민립 대학 설립 운동(民立大學設立運動)
민망스러워하다(憫惘-)
민망해하다(憫惘-)
민머리못 *cf.* 둥근못
민며느리
민며느리제(-制) *cf.* 데릴사위제
민무늬
민무늬근(-筋)
민무늬 토기(土器) *cf.* 간토기, 붉은 간토기
민물 같다
민물고기 *cf.* 바닷고기
민물낚시 *cf.* 바다낚시
민물장어(-長魚) *cf.* 갯장어
민물조개
민박기
민박시켜 주다(民泊-)
민박집(民泊-)
민방위대(民防衛隊)
민방위대원(民防衛隊員)
민사위춤
민살풀이(-煞-)
민색떡(-色-)
민생주의(民生主義)
민석이네 집
민속극(民俗劇)
민속놀이(民俗-) *cf.* 산대놀이, 농악놀이, 겨울놀이, 놀이
민속 무용(民俗舞踊) *cf.* 궁중 무용, 한국 무용, 고전 무용, 현대 무용
민속사회(民俗社會) *cf.* 농촌 사회, 봉건 사회, 정보 사회
민속악 장단(民俗樂-)
민속자료(民俗資料) *cf.* 국학 자료, 역사 자료, 교육 자료
민속촌(民俗村)
민속춤(民俗-)
민속학자(民俗學者)
민어구이(民魚-) *cf.* 북어구이, 조기구이
민어알(民魚-) *cf.* 청어알, 연어알
민엇국(民魚-) *cf.* 조깃국, 시래깃국
민영화되다(民營化-)
민영화하다(民營化-)
민요 부르기(民謠-)
민요(를) 부르다(民謠-)
민우네 집
민원서류(民願書類) *cf.* 민원 사무
민음표(-音標)
민저고리
민저 산지(-山地)
민족 간에(民族間-)
민족들 간에(民族-間-)
민족 말살 정책(民族抹殺政策)
민족 문화 수호 운동(民族文化守護運動)
민족사관(民族史觀) *cf.* 식민사관, 황국사관
민족상잔(民族相殘) *cf.* 동족상잔
민족 실력 양성 운동(民族實力養成運動)
민족양식(民族樣式)
민족 유일당 운동(民族唯一黨運動)

민족의식(民族意識) *cf.* 집단의식, 역사의식, 국가 의식
민족정신(民族精神) *cf.* 애국정신, 자유정신, 독립 정신, 애향 정신
민족주의(民族主義)
민족중흥(民族中興) *cf.* 국가 중흥, 불교 중흥, 유교 중흥
민족혼(民族魂)
민주개혁(民主改革) *cf.* 민주 혁명, 교육 개혁, 정치 개혁
민주대다(미워서 싫어하다.)
민주·복지 사회(民主·福祉社會)
민주주의(民主主義)
민주주의야말로(民主主義-) *cf.* 야말로
민주화되어 가다(民主化-)
민줄(개미를 먹이지 않은 줄)
민중가요(民衆歌謠) *cf.* 대중가요, 통속가요, 국민가요
민중극(民衆劇)
민중무용(民衆舞踊)(한국 무용)(북한) *cf.* 민속무용
민중시(民衆詩) *cf.* 민족시, 자유시
민중화되다(民衆化-)
민지낚시 *cf.* 민낚시
민활한데다가(敏活-) *cf.* ㄴ데다가
믿고 있다
믿는 척하다 *cf.* 척하다
믿는 체하다 *cf.* 체하다
믿어 다오
믿어 버리다
믿어 보다
믿어 오다
믿어 주다
믿었음 직하다 *cf.* 직하다
믿으나마나 *cf.* 하나마나, 나마나
믿으나마나하다 *cf.* 하나마나하다, 나마나하다
믿을 만하다 *cf.* 만하다
믿음성(-性) *cf.* 붙임성
믿음직스럽다 *cf.* 먹음직스럽다
믿음직하다 *cf.* 먹음직하다
믿음직해 보이다
믿음직해하다
밀가루 *cf.* 쌀가루, 보릿가루, 옥수숫가루, 계핏가루, 미숫가루
밀가루바다 *cf.* 눈물바다, 물바다
밀가루 반죽 *cf.* 쌀가루 반죽, 익반죽, 날반죽
밀가루 차(-車) *cf.* 시멘트 차, 기름차, 물차
밀개
밀개떡 *cf.* 보리개떡
밀것 <~은 위궤양에 나쁘다.> *cf.* 가루붙이
밀결합(密結合)
밀고 가다
밀고 나가다
밀고 당기기/밀고 당기다
밀고당하다(密告當-) *cf.* 당하다
밀고 들어가다
밀고 오다
밀고해 버리다(密告-) *cf.* 고소해 버리다
밀기름
밀기울
밀기울죽(-粥)
밀농사(-農事) *cf.* 무농사, 벼농사, 보리농사, 감자 농사, 고구마 농사, 담배 농사, 마늘 농사, 인삼 농사, 자식 농사
밀 달력(-曆)
밀담 나누다(密談-)
밀도도(密度圖)
밀도 있는/있다(密度-)
밀돌
밀떡 *cf.* 보리개떡
밀라노파(-派) *cf.* 플랑드르파
밀레투스학파(-學派) *cf.* 프라하학파, 헤겔학파, 실학 학파
밀려가고 오며
밀려가다
밀려 나가다
밀려나다
밀려나 버리다

밀려 나오다
밀려다니다
밀려들다
밀려 들어가다
밀려 들어오다
밀려 버리다
밀려오다 <밀려오는 파도처럼….>
밀려 오다 <밀려(서) 오던 방세>
밀려 오다가 <월사금을 못 내 ~….>
밀려왔다 밀려 나가다
밀리고 밀리다
밀리리터(mL)
밀리미터(mm)
mm 단위 알기(-單位-)
밀리컨선(-線)
밀리컨의 기름 방울 실험(-實驗)(편수 자료) *cf.* 기름방울(표준국어대사전)
밀며 들어오다
밀물 *cf.* 썰물
밀물 같다
밀물 때 *cf.* 썰물 때
밀밭 *cf.* 감자밭, 고구마밭, 기장밭, 땅콩밭, 메밀밭, 보리밭, 수수밭, 옥수수밭, 인삼밭
밀밭 길 *cf.* 보리밭 길, 과수원 길
밀범벅 *cf.* 호박범벅, 꿀범벅
밀보리(밀과 보리 또는 쌀보리)
밀서리 *cf.* 수박서리, 참외서리
밀수업자(密輸業者)
밀수입해 오다(密輸入-)
밀쌈 *cf.* 전복쌈
밀썰물
밀씨 *cf.* 고추씨, 기장씨, 수수씨, 시금치씨, 옥수수씨, 해바라기씨, 코스모스 씨, 딜 씨
밀알 *cf.* 보리알, 쌀알
밀알 같다 *cf.* 깨알 같다
밀양 아리랑(密陽-) *cf.* 진도 아리랑
밀어끼우기
밀어내기
밀어내다
밀어넣기끌 *cf.* 깎기끌, 구멍파기끌
밀어넣다
밀어 놓다
밀어닥치다
밀어 대다
밀어던지기(씨름)
밀어 두다
밀어 드리다
밀어떨어뜨리기놀이 *cf.* 놀이
밀어 보다
밀어붙이기식으로(-式-)
밀어붙이다
밀어서 떨어뜨리기 놀이
밀어 쌓다
밀어올리기(씨름)
밀어 올리다
밀어젖히다
밀어 제치다
밀어주다 <회장으로 ~.>
밀어 주다 <차를 ~.>
밀어차기
밀어 펴다
밀었다 당겼다 하다
밀접해져 가다(密接-)
밀줏집(密酒-)
밀짚모자 *cf.* 대팻밥모자, 볏짚, 보릿짚, 귀릿짚, 호밀짚, 조짚
밀쳐 내다
밀쳐놓다
밀치기버꾸
밀치기하다
밀치락달치락
밀치락달치락하다
밀타작 *cf.* 콩타작, 보리타작
밀펌프 *cf.* 빨펌프
밀폐시켜 놓다(密閉-)
밉든 곱든 간에(-間-)
밉디미운/밉다 *cf.* 곱디고운
밉살맞다

밉살머리스럽다
밉상(-相) *cf.* 곱상
밉성(-性) <~을 부리다.>
및(부사) <이사장 ~ 이사들>
밑가지 *cf.* 아랫가지
밑각(-角)
밑거름 *cf.* 뒷거름, 덧거름
밑거름 넣기
밑거름(을) 넣다
밑거름 주다
밑걸그물
밑구녕
밑구멍
밑그림
밑그림약(-藥)
밑그림 옮기기
밑그림칠(-漆)
밑금
밑깎기
밑깔도리
밑깔이짚 *cf.* 까래짚
밑꼬임
밑 날개 *cf.* 앞날개, 뒷날개
밑넓이
밑다짐
밑다짐공(-工) *cf.* 망태공, 바자공, 줄떼공
밑도끝도없이/없다
밑도드리
밑돌고 있다
밑돌다
밑두리콧두리 <~ 별것 다 묻는다.>
밑둥치
밑면(-面)
밑바닥
밑바탕
밑박음
밑반찬(-飯饌)
밑받침 *cf.* 뒷받침, 책받침
밑받침이음
밑밥 *cf.* 밑알
밑 법랑(-琺瑯)
밑변(-邊)
밑부분(-部分) *cf.* 윗부분, 아랫부분, 끝부분
밑북침(-針)
밑 빠지다 <밑 빠진 독에….>
밑색 빼기(-色-)
밑솔기
밑실
밑실감기 장치(-裝置)
밑실 끌어올리기
밑씻개
밑아래 *cf.* 밑위
밑알 *cf.* 밑밥
밑에서 위로 치며 걷기(소고를)
밑위길이(한복의) *cf.* 밑아래
밑위선(-線)
밑위솔기하기
밑음(-音)
밑잎
밑자락
밑자리
밑주먹
밑줄 *cf.* 윗줄
밑줄 긋다
밑줄 치다
밑줄기
밑짝 *cf.* 위짝
밑창
밑창널깔기
밑창판
밑천삼아/삼다 *cf.* 자본삼아
밑층(-層) *cf.* 아래층
밑턱구름 *cf.* 위턱구름
밑판 쪽(-板-)
밑판(-板) *cf.* 위판
밑홈대

바

ㅂ 불규칙(-不規則)
ㅂ 불규칙 동사(-不規則動詞)
ㅂ 불규칙 형용사(-不規則形容詞)
-바가지(접미사) *cf.* 주책바가지, 고생바가지, 욕바가지
바가지 긁다
바가지싸움 *cf.* 사랑싸움, 부부 싸움
바가지 쓰다
바가지 씌우다
바가지요금(-料金)
바가지장단 *cf.* 무릎장단, 칼장단
바가지짜리
바가지 차다
바가지탈
바구니짜기
바구니터뜨리기/트리기
바구니(를) 터뜨리다/트리다
바깥공기(-空氣) <~가 심상치 않다.>, <~가 방 안으로 들어오다.> *cf.* 실내 공기
바깥 구경 *cf.* 세상 구경
바깥나들이
바깥날
바깥 날씨
바깥노인(-老人) *cf.* 안노인
바깥담
바깥뜰 *cf.* 안뜰
바깥마당 *cf.* 안마당
바깥목
바깥무릎치기(씨름)
바깥문(-門) *cf.* 안문
바깥바람 <~을 쐬다.> *cf.* 바깥공기
바깥 바람 <~이 방 안으로 들어오다.>
바깥방(-房) *cf.* 안방
바깥벽(-壁) *cf.* 안벽
바깥부모(-父母) *cf.* 안부모
바깥사돈(-査頓) *cf.* 안사돈
바깥사랑(-舍廊) *cf.* 안사랑
바깥살림 *cf.* 안살림
바깥상제(-喪制) *cf.* 안상제
바깥샅바잡기(씨름)
바깥성부(-聲部)
바깥세상(-世上)
바깥소리
바깥소문(-所聞)
바깥소식(-消息)
바깥손님 *cf.* 안손님
바깥식구(-食口) *cf.* 안식구
바깥심부름 *cf.* 안심부름
바깥양반(-兩班) *cf.* 바깥주인
바깥어른 *cf.* 바깥주인, 안주인
바깥어버이(바깥부모)
바깥옷
바깥일 *cf.* 안일, 부엌일, 두렛일
바깥 제침 회경법(-回耕法)
바깥주인(-主人) *cf.* 안주인
바깥지름 *cf.* 안지름
바깥지름 깎기(선반) *cf.* 안지름 깎기
바깥지름(을) 깎다
바깥짝 *cf.* 안짝
바깥쪽 *cf.* 안쪽, 앞쪽, 뒤쪽, 위쪽, 아래쪽, 이쪽, 그쪽, 저쪽, 어느 쪽, 어떤 쪽, 아무 쪽
바깥쪽 겹 *cf.* 안쪽 겹, 가운데 겹
바깥쪽 미끄럼 선회(-旋回)
바깥쪽 제침 왕복 경법(-往復耕法)
바깥채 *cf.* 안채
바깥채비
바깥채비 소리(편수 자료)
바깥채비소리(범패) *cf.* 안채비소리
바깥출입(-出入) *cf.* 부엌출입, 사랑 출입
바깥층(-層)
바깥치수(-數) *cf.* 안치수
바꾸나마나 *cf.* 하나마나, 나마나
바꾸어 가다
바꾸어 가지다

바꾸어 나가다
바꾸어 놓다
바꾸어 다오
바꾸어 달다
바꾸어 더해 보기
바꾸어 드리다
바꾸어 말하면 *cf.* 다시 말하면
바꾸어 먹다
바꾸어 버리다
바꾸어 보다
바꾸어 쓰기
바꾸어 쓰다
바꾸어 앉다
바꾸어 오다
바꾸어 입다 *cf.* 갈아입다
바꾸어 주다
바꾸어타기(증권) *cf.* 바꿔타기
바꿀 테니 *cf.* 터
바꿈진굿(-陣-)(민속)
바꿔 가다
바꿔 가지다
바꿔 나가다
바꿔 놓다
바꿔 다오
바꿔 달라고 하다 <옷을 ~.>
바꿔, 말아?
바꿔 말하면 *cf.* 다시 말하면
바꿔, 바꿔
바꿔 버리다
바꿔 쓰다
바꿔 앉다
바꿔 오다
바꿔입기
바꿔 입다 *cf.* 갈아입다
바꿔 잡다
바꿔 주다
바꿔지난음(-音)
바꿔치다
바꿔타기(증권)
바뀌어 가다
바뀌어 보면/보다
바뀌어 쓰이다
바뀌어 오다
바뀐음(-音)
바나나향(-香) *cf.* 딸기향, 레몬향
바나듐강(-鋼) *cf.* 텅스텐강
바너드 별
바너드성(-星)
바 넘기
바느질감 *cf.* 기둥감, 일감, 옷감, 반찬감 두루마깃감, 바짓감, 안줏감, 저고릿감, 다듬잇감, 빨랫감
바느질값(바느질삯)
바느질거리
바느질땀
바느질밥
바느질삯 *cf.* 길삯
바느질선(-線)
바느질자 *cf.* 대자, 쇠자
바느질집
바느질품
바느질품팔이
바늘겨레
바늘구멍 *cf.* 단춧구멍, 장붓구멍, 마룻구멍, 옹이구멍, 열쇳구멍, 창구멍, 꿰쇠구멍, 쥐구멍, 불구멍, 공기구멍, 바람구멍, 연탄구멍
바늘구멍('바늘귀'의 뜻으로도)
바늘구멍 사진기(-寫眞機)
바늘귀
바늘꽂이
바늘꽂이 만들기
바늘꽂이(를) 만들다
바늘꽂잇감 *cf.* 바짓감, 안줏감, 저고릿감
바늘 끝 *cf.* 칼끝, 손끝, 코끝, 창끝, 장대 끝
바늘 끼우기
바늘(을) 끼우다
바늘대뜨기
바늘 도둑 *cf.* 소도둑

바늘땀
바늘뜸
바늘머리
바늘 모양(-模樣)
바늘몸통
바늘밥 *cf.* 실밥, 끌밥, 대팻밥
바늘방석(-方席) *cf.* 부들방석, 대방석, 돈방석
바늘뼈 <~에 두부살이다.>
바늘쌈
바늘쌈지
바늘쌈짓감 *cf.* 바늘꽂잇감, 바짓감
바늘잎 *cf.* 비늘잎
바늘 자석(-磁石) *cf.* 막대 자석(편수 자료), 말굽 자석
바늘 잡기
바늘(을) 잡다
바늘잡이 나사(-螺絲)
바늘집 *cf.* 가위집, 안경집
바늘 찾기
바늘(을) 찾다
바늘투구(형구의 하나)
바늘허리
바늘 혀
바닐라향(-香) *cf.* 레몬향, 박하향, 박쥐향
바다 같다 *cf.* 하해 같다
바다거북
바다 건너 *cf.* 강 건너, 개울 건너
바다 구경 *cf.* 불구경, 물구경, 집 구경
바다 끝
바다낚시 *cf.* 민물낚시
바다낚시 터 *cf.* 낚시터
바다 물결 소리
바다미 석굴(-石窟) *cf.* 윈강 석굴, 룽먼 석굴
바다 밑에
바다뱀자리
바다빛 *cf.* 산빛, 눌빛, 호수 빛
바다 속
바다 속 나라
바다숲
바다신(-神) *cf.* 산신
바다 안개 *cf.* 산안개, 골안개, 들안개, 땅안개
바다 용(-龍)
바다 위에
바다일 *cf.* 논일, 들일, 밭일
바다짐승 *cf.* 산짐승, 들짐승
바다 쪽으로
바다표범
바다풀
바다흙
바닥갈이 *cf.* 창갈이
바닥감 *cf.* 안감, 기둥감, 바짓감
바닥걸기질
바닥고기
바닥고르기(토목, 건축)
바닥 긁다(생계가 곤란하다.)
바닥기와(암키와)
바닥깔기
바닥끝(손바닥의 가운데 금이 끝나는 곳)
바닥나 가다
바닥나다 <용돈이 ~.>, <구두창이 ~.> *cf.* 끝장나다, 들통 나다
바닥나 버리다
바닥날실
바닥내다 <음식을 ~.> *cf.* 끝장내다
바닥다짐 *cf.* 바닥 다짐(편수 자료 '공업')
바닥 닦기
바닥(을) 뒤다
바닥 드러나다
바닥막(-膜)
바닥 바름
바닥 보다
바닥상태(-狀態)(편수 자료 '물리') *cf.* 들뜬상태
바닥세(-勢)
바닥시세(-市勢) <증권이 ~다.>
바닥 쓸기
바닥(을) 쓸다
바닥없다
바닥을 걸어가면서 숨쉬기

바닥주낙
바닥 지도리
바닥천
바닥 첫째
바닥칠(-漆)
바단조(-短調) *cf.* 바장조
바닷가 *cf.* 냇가, 개울가, 시냇가
바닷가 쪽
바닷고기 *cf.* 민물고기, 바닷물고기
바닷고기 씨 *cf.* 물고기 씨
바닷골재(-骨材)
바닷길 <꽃길 나서니 ~도 쩍….> *cf.* 뱃길, 자동찻길, 항해길, 자전거길
바닷말〔海藻〕
바닷말 기르기
바닷말(을) 기르다
바닷말과 물고기 기르기
바닷모래 *cf.* 강모래, 산모래, 냇모래
바닷물 *cf.* 시냇물, 호숫물, 도랑물, 돌창물
바닷물고기 *cf.* 민물고기
바닷물 소리 *cf.* 냇물 소리, 강물 소리
바닷물 속 *cf.* 강물 속
바닷바람 *cf.* 강바람, 산바람, 들바람, 눈바람, 비바람, 서릿바람, 골바람, 들바람
바닷사람 *cf.* 산사람, 섬사람, 뭍사람, 노햇사람, 시골 사람, 도회 사람
바닷새 *cf.* 산새, 들새
바닷소금 *cf.* 돌소금, 막소금
바닷소리
바닷자갈 *cf.* 강자갈, 냇자갈
바닷자락 *cf.* 산자락, 밭자락
바닷조개 *cf.* 민물조개
바도즈대(-帶)
바동바동(부사)
바둑 두다 *cf.* 장기 두다
바둑강아지 *cf.* 삽살강아지
바둑돌/바둑알
바둑말
바둑무늬 *cf.* 얼룩무늬, 줄무늬

바둑이 방울
바둑판같다(-板-) <들판이 ~.>
바둑판깔음(-板-)
바둑판무늬(-板-)
바둑판연(-板鳶) *cf.* 방패연, 가오리연
바드득바드득(부사)
바득바득(부사)
바들바들(부사)
바듯해 보이다
바디 끼우기 방법(-方法) *cf.* 바디꿰기(편수자료 '공업')
바디집
바디침 장치(-針裝置)
-바라기(접미사) *cf.* 천둥바라기, 먼산바라기
바라다보다
바라던 대로 *cf.* 대로(의존 명사)
바라 마지않다 *cf.* 마지않다(보조 용언)
바라보다/바라보이다
바라일 산지(-山地)
바라지(명사) *cf.* 뒷바라지, 옥바라지, 해산바라지, 자식바라지
바라지창(-窓)
바라진목(고고학)
바라춤
ᵛ바람(의존 명사) *cf.* 떠드는 바람에, 우는 바람에, 도망가는 바람에
바람 *cf.* 봄바람, 하늬바람, 산바람, 골바람, 치맛바람, 상툿바람, 동저고릿바람
파자마 바람, 내의 바람, 잠옷 바람
바람(의존 명사) *cf.* 실 한 바람
바람 같다
바람개비 *cf.* 흔들개비, 나뭇개비, 장작개비
바람개비놀이 *cf.* 놀이
바람개비돌리기
바람결에 *cf.* 꿈결, 엉겁결
바람구멍 *cf.* 문구멍, 창구멍, 불구멍, 바늘구멍, 공기구멍
바람구멍 내기
바람굴(-窟)

바람그늘
바람기둥 *cf.* 물기둥, 불기둥
바람길(북한)
바람꼭지
바람꽃
바람 끝
바람 끼다
바람 나가다
바람나다
바람 나라
바람내다
바람 넣다
바람둥이 *cf.* 해방둥이, 쌍둥이, 검둥이
바람 들다
바람 따라
바림따라 노래따라(제목 같은 데서는)
바람떡→개피떡
바람막이
바람막이놀이 *cf.* 놀이
바람막이망(-網)
바람막이벽(-壁)
바람막이숲
바람만바람만 <곰녀는 칠성이를 ~ 뒤따라갔다.>
바람맞다/바람맞히다 *cf.* 소박맞다, 퇴짜 맞다, 딱지 맞다
바람맞이
바람머리 *cf.* 불머리
바람받이
바람벽(-壁)
바람 부는 날
바람 불다 *cf.* 휘파람 불다, 눈 내리다
바람비
바람세(-勢) <거친 ~ 잦아들다.>
바람 세다
바람 소리 *cf.* 물소리, 나팔 소리, 피리 소리
바람 속에
바람 쐬다 *cf.* 선바람쐬다
바람씨(바람이 불어오는 모양) <~가 몹시 사납다.> *cf.* 날씨, 불씨
바람 안다
바람 앞의 촛불 같다
바람 없는 날
바람에('바람'은 의존 명사) <넘어지는 ~…./ 막히는 ~….>
바람 올리다
바람의 눈 *cf.* 태풍의 눈
바람의 세기
바람 일으키다
바람 자다
바람잡다
바람잡이
바람쟁이
바람 지다
바람직해 보이다 *cf.* 직하다
바람 차다
바람 찬 날
바람총(-銃) *cf.* 가스총, 고무총
바람 축(-軸)
바람칼(새의 날개)
바람 켜다
바람 타다
바람통(-桶)
바람피우다 *cf.* 꽃피우다, 기세피우다, 난봉 피우다, 망령 피우다, 호들갑 피우다
바래다주다/바래주다
바래주다
바로 가다
바로걸기 전동 장치(-傳動裝置)
바로 곁에
바로 고치다
바로 그날
바로 그때
바로꽂이(꺾꽂이의) *cf.* 빗꽂이
바로 놓다
바로 놓이다
바로뒤기(씨름)
바로 맞히다
바로 밑에

바로바로(부사)
바로 보다
바로 서다
바로선 상(-像) *cf.* 거꾸로 선 상(像)
바로세우다 *cf.* 바로잡다
바로쓰기
바로 쓰다
바로 잡고 오르기
바로잡기
바로잡다 *cf.* 바로잡히다
바로잡아 나가다
바로잡아 놓다
바로잡아 보다
바로잡아 주다
바로잡히다
바로지르기(태권도)
바로크 양식(-樣式) *cf.* 로코코 양식
바로하다(옳게 하다.)
바로 하다 <그 일은 지시받는 대로 ~.>, <자세를 ~.>
바르게 고치기
바르게살기 *cf.* ~ 운동
바르게 살다
바르고 고운/곱다
바르고 고운 말 *cf.* 바른 말, 고운 말
바르비종파(-派) *cf.* 플랑드르파
바르소비아나 포지션(유럽 등에서 유행한 민속 무용)
바르집다 *cf.* 버르집다
바르톨린선(-腺)(의학)
바른걸음 *cf.* 오른걸음
바른걸음으로가
바른귀
바른길 <~로 인도하다.>
바른대로 <~ 말해라.> *cf.* 대로
바른마침 *cf.* 벗어난마침
바른말(사리에 맞는 말)
바른 말 *cf.* 고운 말
바른 말 고운 말
바른 말 쓰기
바른 말(을) 쓰다
바른말 하다
바른 몸가짐 상(-賞)
바른 문장 쓰기(-文章-)
바른발 *cf.* 오른발
바른 생활(-生活)
바른손 *cf.* 오른손
바른 순서(-順序)
바른씨름 *cf.* 왼씨름, 오른씨름
바른 자세(-姿勢)
바른 자세로 듣기(-姿勢-)
바른 자세로 읽기(-姿勢-)
바른주먹 *cf.* 왼주먹
바른쪽 *cf.* 오른쪽, 왼쪽, 위쪽, 아래쪽, 안쪽, 바깥쪽, 이쪽, 저쪽, 어느 쪽, 어떤 쪽, 아무 쪽
바른층 막쌓기(-層-)
바른팔 *cf.* 오른팔
바른편(-便) *cf.* 왼편, 오른편, 바른쪽 어느 편, 어떤 편, 아무 편
바름벽(-壁)
바리공주(-公主)(민속)
바리때
바리바리(부사) <~ 싣고 가다.>
바리새 교(-敎)
바리새 인(-人)
바리 수건(-手巾) *cf.* 성작 수건, 손수건, 땀수건, 세수수건, 목욕 수건
바리타수(-水) *cf.* 마그마수, 브롬수
바리타지(-紙) *cf.* 황산지
바릿밥 *cf.* 공깃밥
바버리양(-羊)
바벨탑(-塔) *cf.* 에펠탑, 런던탑
바보 같다 *cf.* 멍텅구리 같다
바보 같은 소리
바보 같은 이/바보 녀석
바보 같은 짓
바보상자(-箱子)(텔레비전) *cf.* 어둠상자, 안개상자

바보짓 *cf.* 등신짓, 천치짓, 미친 짓
바보천치(-天痴)
바빌론 유수(-幽囚)(서양사)
바빌론력(-曆) *cf.* 그레고리력, 로마력, 이슬람력
바빠 보이다
바빠져 가다
바쁘다 보니
바쁘단 말이야/말이다 <몹시 ~.>
바쁜 체하다 *cf.* 체하다
바삐 굴다
바삭바삭하다
바스락바스락(부사)
바스락 소리
바싹 마르다
바싹바싹(부사)
바위 같다
바위 구멍
바위굴
바위 그늘 *cf.* 나무 그늘, 꽃 그늘, 집 그늘, 산그늘
바위그림(고고학)
바위기둥 *cf.* 돌기둥
바위꽃
바위 끝에
바위너설
바위 등성이 *cf.* 산등성이
바위로 이 잡기
바위무늬
바위 밑에
바위 봉우리 *cf.* 산봉우리, 꽃봉오리
바위산(-山) *cf.* 돌산
바위샘
바위섬 *cf.* 돌섬, 모래섬
바위 오르기
바위(를) 오르다
바위옷
바위자락 *cf.* 산자락
바위자리(불상의 대좌)
바위층(-層) *cf.* 가스층, 모래층, 자갈층
바위타령
바위틈 *cf.* 돌 틈, 문틈, 창틈
바위 틈새
바윗골
바윗길 *cf.* 진흙길, 모랫길
바윗덩어리 *cf.* 돌덩어리, 설탕덩어리, 흙덩어리, 땅덩어리, 비곗덩어리
바윗덩어리만 하다 *cf.* 만 하다
바윗덩이 *cf.* 돌덩이, 설탕덩이, 흙덩이
바윗돌
바윗돌 틈 *cf.* 돌 틈, 바위틈
바윗등 *cf.* 뫼등
바윗물
바윗장
바이세시카학파(-學派) *cf.* 학파
바이없다 <방법이 ~.>
바이오산업(-産業)
바이올렛색 *cf.* 오렌지색, 그린색
바이올린 몸통
바이올린곡(-曲) *cf.* 피아노곡
바이올린족(-族) *cf.* 색소폰족
바이칼 호(-湖)
바이킹요리(-料理) *cf.* 쓰촨요리, 베이징요리, 한국 요리, 중국 요리
바이트날 *cf.* 드릴날, 면도날, 가윗날
바이패스비(-比)
바자공(-工) *cf.* 망태공, 밑다짐공, 물돌리기공
바자 구멍 *cf.* 멍석 구멍, 널쇳구멍
바자무늬
바자울
바자회(-會)
바작바작
바잣문(-門) *cf.* 분합문, 다락문, 사립문, 싸리문, 저적문, 지급문
바장조(-長調) *cf.* 바단조
바제도병(-病)
바주카포(-砲) *cf.* 로켓포, 벌컨포
바지게
바지 끝 *cf.* 소매 끝

바지락조개
바지랑대
바지런 떨다 *cf.* 부지런 떨다
바지런바지런해서/하다
바지런 피우다 *cf.* 부지런 피우다
바지 밑
바지바람 *cf.* 치맛바람
바지씨(-氏)
바지야말로 *cf.* 야말로
바지저고리
바지 적삼
바지 주머니
바지춤
바지허리
바질향(-香) *cf.* 레몬향, 딸기향
바짓가랑이/바짓부리
바짝바짝
바쳐 오다
-바치(접미사) *cf.* 갖바치, 성냥바치
바침술집(술을 만들어 술 장수에게 파는 사람)
바퀴날 도끼(고고학)
바퀴다리(비행기의)
바퀴모양 토기[車輪形土器] *cf.* 기마 인물모양 토기
바퀴벌레
바퀴살 *cf.* 우산살, 부챗살
바퀴살 가지
바퀴 소리 *cf.* 기적 소리, 박수 소리, 전동차 소리, 뱃고동 소리, 새소리, 종소리
바퀴 수(-數)
바퀴 자국 <소달구지의 ~이 나다.>
바큇자국 *cf.* 마맛자국, 곰봇자국, 잇자국, 글씨 자국, 수술 자국, 눈물 자국, 수레바퀴 자국
바탕감 *cf.* 땔감, 놀림감
바탕 그림 *cf.* 바탕 무늬
바탕글
바탕글자(-字)
바탕 더러움(인쇄)
바탕 무늬 *cf.* 바탕 그림
바탕 밝기
바탕색(-色)
바탕소리/바탕음(-音)
바탕실 *cf.* 배색실
바탕 없다
바탕천
바탕칠(-漆)
바탕흙
바터제(-制) *cf.* 쿼터제
바투 잡아 쥐다
바투 쥐다
바티칸시티
박가(朴哥) *cf.* 이가, 박씨, 박세당 씨(박 씨)
박격포 소리(迫擊砲-) *cf.* 대포 소리, 총소리
박공널(牔栱-)
박공마루(牔栱-)/박공지붕(牔栱-) *cf.* 눈썹지붕
박공집(牔栱-) *cf.* 익공집, 맞배집
박국 *cf.* 팥국, 칡국, 동앗국
박 군(朴君) *cf.* 이 군, 김 군
박꽃 *cf.* 호박꽃, 나팔꽃
박꽃 같은 웃음
박꽃 피다 *cf.* 호박꽃 피다
박나물 *cf.* 호박나물
박달나무 방망이 *cf.* 대추나무 방망이
박달나무 판(-板)
박대당하다(薄待當-) *cf.* 당하다
박대받다(薄待-) *cf.* 받다
박대받아 오다(薄待-)
박대해 오다(薄待-)
박덩굴 *cf.* 인동덩굴, 칡덩굴, 호박덩굴, 댕댕이덩굴, 나팔꽃 덩굴, 강낭콩 덩굴, 고구마 덩굴
박 동무(朴-)
박두해 오다(迫頭-)
박력 없다(迫力-)
박력 있다(迫力-)
박력분(薄力粉) *cf.* 강력분, 중력분
박리다매(薄利多賣)

박리다매하다(薄利多賣-)
박멸되어 가다(撲滅-)
박멸해 버리다(撲滅-)
박문수전(朴文秀傳) *cf.* 암행어사 박문수 전
박물관 가기(博物館-)
박물군자(博物君子)(온갖 사물에 정통한 사람)
박물신편(博物新編)
박박 긁다('박박'은 부사)
박박 우기다
박박 찢다
박배장이(-匠-)(문짝에 돌쩌귀 등을 다는 사람)
박산가루(깨어져 산산이 부서진 가루)
박산향로(博山香爐)
박살 나다
박살 내다
박 서방(朴書房) *cf.* 이 서방, 김 서방
박석고개(薄石-) *cf.* 녹번고개, 말티고개
박 선생 댁(朴先生宅) *cf.* 교장 선생 댁, 큰고모님 댁
박속 <~ 같은 흰 살결>, <~일랑 끓여 먹고….>
박 속 <~에서 나온….>
박속같다 <살결이 ~.> *cf.* 호박같다, 백옥같다
박속나물 *cf.* 호박나물, 무나물
박수갈채(拍手喝采)
박수갈채하다(拍手喝采-)
박수 소리(拍手-) *cf.* 기적 소리, 뱃고동 소리, 만세 소리, 환호 소리, 노랫소리, 새소리
박수 속에(拍手-)
박수쳐 주다(拍手-)
박수 치기(拍手-)
박수 치다(拍手-) *cf.* 손뼉 치다
박쌈(남의 집에 보내려고 음식을 함지박에 쌈.)
박씨 *cf.* 호박씨, 외씨, 참외씨, 해바라기씨, 수박씨, 딜 씨, 강낭콩 씨, 아카시아나무 씨
박씨(朴氏) *cf.* 박가(朴哥), 이씨, 김씨, 박 씨(박인로 씨), 씨
박씨 댁에(朴氏宅-) *cf.* 황보씨 댁에

박씨 성(朴氏姓)
박씨 집에(朴氏-)
박아 가다
박아 나가다
박아 내다
박아 놓다
박아 두다
박아디디다 <발끝에 힘을 주어 ~.>
박아 주다
박 양(朴孃) *cf.* 이 양, 김 양
박 어사(朴御史)
박연폭포/개성 난봉가(朴淵瀑布/開成-歌)
박 옹(朴翁)
박우물 *cf.* 두레우물
박은 듯한 <판에 ~> *cf.* 듯하다
박은이(책을 인쇄한 사람) *cf.* 찍은이
박음질 익히기
박음질(을) 익히다
-박이(접미사) *cf.* 덧니박이, 점박이, 토박이, 차돌박이, 소박이김치, 이리박이, 알배기
박이것 *cf.* 무명것, 뜯이것
박이끌
박이두루마기
박이연(-鳶) *cf.* 방패연, 가오리연
박이옷
박이저고리
박자젓기(拍子-)
박자치기(拍子-)
박자치며 소개하기 놀이(拍子-紹介-)
박자표(拍子標)
박장대소(拍掌大笑)
박장대소하다(拍掌大笑-)
박죽(-粥) *cf.* 호박죽, 녹두죽
박쥐 같다
박쥐구실(이리 붙고 저리 붙는 행동)
박쥐무늬
박쥐삼작(-三作)
박쥐오입쟁이(-誤入-)
박쥐우산(-雨傘) *cf.* 종이우산, 비닐 우산

박쥐족(-族) *cf.* 오렌지족
박쥐향(-香) *cf.* 금사향
박찍기(箔-)
박차고 나가다
박천평야(博川平野) *cf.* 연백평야, 호남평야
박첨지놀음(朴僉知-) *cf.* 상쇠놀음, 꼭두각시 놀음, 탈놀음
박초바람(舶趠-) *cf.* 손돌이바람
박치기당하다(-當-) *cf.* 당하다
박치기 대왕(-大王)
박타다
박타령 *cf.* 몽금포타령, 도라지타령
박탈당하다(剝奪當-)
박탈해 버리다(剝奪-)
박테리아법(-法)
박통사신석언해(朴通事新釋諺解)
박통 속
박패듯하다 *cf.* 듯하다(어미)
박하사탕(薄荷砂糖) *cf.* 계피 사탕, 오렌지 사탕
박하유(薄荷油) *cf.* 장미유
박하잎(薄荷-) *cf.* 담뱃잎, 들깻잎, 나뭇잎, 싸리잎, 파초잎
박학다식(博學多識)
박학다식하다(博學多識-)
박핫가루(薄荷-) *cf.* 송홧가루, 메줏가루, 고춧가루, 계핏가루
박해당하다(迫害當-) *cf.* 당하다
박해받다(迫害-) *cf.* 받다
박해받아 오다(迫害-)
박해져 가다(薄-)
박해해 오다(迫害-)
박혀 있다
박 형(朴兄) *cf.* 이 형, 김 형, 황보 형
밖 *cf.* 그 밖의, 이 밖의, 예상 밖의, 교문 밖으로, 대문 밖
ᵛ밖에(이것 이외에도) <이 밖에도 또 있다.> (집의 밖에) <집 ~ 내놓다.>
밖에('그것 말고는'의 뜻을 가진 조사) <이것~ 없다.>, <그렇게 할 수~ 없다.>, <신비스럽다고밖에는 표현할 수가 없다.>
밖으로 돌기
박홈통
반(反)-(접두사) *cf.* 반국가적, 반혁명
반(半)-(접두사) *cf.* 반나체, 반만년, 반죽음 상태, 반강제
반(半)ᵛ(명사) *cf.* 반 도막, 반 이상
반가공품(半加工品)
반가 사유상(半跏思惟像)
반가산기(半加算器)
반가워하다
반각시조(半刻時調)
반감되다(半減-)
반감 사다(反感-) *cf.* 미움 사다
반감산기(半減算器)
반감시켜 주다(半減-)
반감해 버리다(半減-)
반값(半-) *cf.* 본값
반갓집(班家-) <~ 음식답게 깔끔하다.> *cf.* 양반집, 중인집, 세돗집
반강자성체(反强磁性體)
반강제로(半强制-)
반개구간(半開口間)
반개모음(半開母音)
반개방형(半開放形)
반거들충이(半-)
반건성유(半乾性油) *cf.* 건성유
반건식법(半乾式法)
반걸음(半-) *cf.* 한 걸음, 두 걸음
반걸음으로가(半-)
반겨 달라고 <~ 꼬리를 친다.>
반겨 든다
반겨 않는다
반겨 주다
반겨하다
반격당하다(反擊當-) *cf.* 당하다
반격받다(反擊-) *cf.* 받다
반격해 오다(反擊-)
반결구 배추(半結球-) *cf.* 결구 배추

반결구 상추(半結球-) *cf.* 결구 배추
반경례(半敬禮) *cf.* 최경례
반계단 현상(反階段現像)
반계수록(磻溪隨錄)
반고리관(半-管)
반고정 축전기(半固定蓄電器)
반공일(半空日)
반공일날(半空日-) *cf.* 공일날
반공주의자(反共主義者)
반과격주의(反過激主義)
반국가적(反國家的)
반그늘(半-)
반그릇(半-) *cf.* 한 그릇
반그림자(半-)
반근대주의(反近代主義)
반글투(半-套)
반기 들다(反旗-)
반기생(半寄生)
반나마(半-)('나마'는 '반이 조금 넘게'를 뜻하는 조사) *cf.* 나마
반나절 동안(半-)
반나절(半-) *cf.* 한나절
반나체(半裸體)
반나체 되다(半裸體-)
반날(半-)
반날같이(半-) *cf.* 하루같이
반납해 버리다(返納-)
반년(半年) *cf.* 일년, 이 년
반년 가량(半年假量) *cf.* 이 년 가량
반년 간(半年間)/반년 동안(半年-) *cf.* 이 년 간
반년 뒤에(半年-)
반년 만에(半年-) *cf.* 만
반년 못 가(半年-)
반년밖에 안 된다(半年-) *cf.* 밖에(조사)
반농담조(半弄談調)
반농반공(半農半工)
반농반목(半農半牧)
반닫힌소리(半-)
반달(半-) *cf.* 초승달, 그믐달
반달(半-) *cf.* 한 달, 두 달
반달가슴곰(半-)
반달 같다(半-)
반달같이(半-)
반달꼴(半-) *cf.* 사다리꼴
반달꽂이(半-) *cf.* 빗꽂이, 경단꽂이, 바로꽂이
반달낫(半-)
반달눈(半-)
반달눈썹 *cf.* 버들눈썹
반달 돌칼(半-)
반달 동안(半-) *cf.* 한 달 동안, 두 달 동안
반달무늬(半-)
반달문(半-門)
반달송곳(半-)
반달썰기(半-) *cf.* 어슷썰기, 얄팍썰기
반달연(半-鳶)
반달음질(半-)
반달차기(半-)(태권도)
반달칼(半-)
반달 키(半-)
반달홈통(半-)
반당분자(反黨分子)(북한)
반당이색분자(反黨異色分子)(북한)
반당종파분자(反黨宗派分子)(북한)
반대급부(反對給付)
반대되다(反對-) *cf.* 정반대되다, 상반되다, 문제되다, 아침 되다, 실력 되다
반대말(反對-) *cf.* 혼잣말, 홀루말, 상대말, 존대말
반대색(反對色)
반대색설(反對色說)
반대 없이/없다(反對-)
반대지르기(反對-)(태권도)
반대쪽(反對-)
반대 쪽(反對-)(반대하는 쪽) *cf.* 찬성 쪽
반대측(反對側) *cf.* 찬성측
반대칭률(反對稱律)
반대투표(反對投票) *cf.* 찬성투표, 결선 투표
반대파(反對派) *cf.* 찬성파

반대편(反對便) *cf.* 반대쪽
반대한다기보다(反對-) *cf.* 다기보다, 보다
반대해 오다(反對-)
반덤핑 관세(-關稅)
반덩굴성(半-性)
반데르발스 식(-式)
반데르발스 힘
반 도막(半-) *cf.* 한 도막, 두 도막
반도체(半導體)
반독립국(半獨立國)
반독재 투쟁(反獨裁鬪爭)
반동분자(反動分子) *cf.* 악질분자, 과격분자, 테러 분자, 불온 분자
반동사상(反動思想) *cf.* 도피사상, 사대사상, 민본 사상, 신선 사상
반동 키(反動-)
반둥건둥하다 *cf.* 건둥반둥
반드림제(半-制)(판소리)
반들반들하다
반듯반듯해 보이다
반딧불 *cf.* 도깨비불, 깜부기불, 번갯불, 화톳불, 봉홧불, 모닥불, 우죽불
반딧불 빛 *cf.* 소나무 빛
반려되어 오다(返戾-)
반려해 버리다(返戾-)
반로그 모눈종이(半-)
반룡무늬(蟠龍-)
반 마장(半-)
반마침(半-)
반만년(半萬年) *cf.* 일만 년
반말(半-) *cf.* 존대말
반 말(半-) *cf.* 한 말, 두 말, 반 되
반말지거리(半-) *cf.* 농지거리, 욕지거리
반말질(半-)
반말질하다(半-)
반말체(半-體)
반말투(半-套)
반매듭(半-)
반모음(半母音)
반 묵은가지꽂이(半-) *cf.* 묵은가지꽂이
반물(검은색을 띤 짙은 남빛)
반물빛
반물 치마 *cf.* 연분홍 치마, 옥색 치마, 연두 저고리, 다홍치마
반미치광이(半-)
반민족적(反民族的)
반민족 행위 특별 조사 위원회(反民族行爲特別調査委員會)
반민주적(反民主的)
반민주주의(反民主主義)
반바닥(엄지손가락이 박힌 뿌리)
반바지(半-) *cf.* 긴바지
반박당하다(反駁當-) *cf.* 당하다
반박음질(半-) *cf.* 온박음질
반박해 오다(反駁-)
반발이었다기보다는(反撥-) *cf.* 하였다기보다는, 다기보다는, 보다
반발해 오다(反撥-)
반배부르다(半-) *cf.* 배부르다
반벙어리(半-)
반별(班別) *cf.* 학급별, 학년별
반병신(半病身)
반보기(두 집의 중간쯤에서 만나는 일) *cf.* 중로보기, 중로상봉
반보석(半寶石)
반보전적 복제(半保全的複製)
반복되어 오다(反復-)
반복 합성어(反復合成語)
반복해 오다(反復-)
반봇짐(半褓-) *cf.* 단봇짐
반봉건적, 반침략적(反封建的, 反侵略的)
반부담(半負擔)
반부패 지수(反腐敗指數) *cf.* 부패 지수
반불(半-) <땅거미가 지자 자동차가 ~을 켜고 다닌다.>
반블록(半-)
반비례(反比例) *cf.* 정비례
반비례 관계식(反比例關係式)

반빗 노릇 하다 *cf.* 하인 노릇, 어른 노릇, 머슴 노릇 하다, 종노릇하다, 병신노릇하다
반빗아치(飯-)
반사갓(反射-) *cf.* 전등갓, 투명 갓, 반투명 갓
반사되어 오다(反射-)
반사설시조(半辭說時調)
반사열(反射熱) *cf.* 복사열
반사표지(反射標識)
반사회적(反社會的)
반살미(갓 결혼한 신랑, 신부를 일갓집에서 초대하는 일)
반상록성(半常綠性)/반낙엽성(半落葉性)
반상반하(半上半下)
반상회날(班常會-) *cf.* 운동회날
반색맹증(半色盲症)
반섞이자갈 *cf.* 강자갈
반성코크스(半成-)
반성해 보다(反省-)
반세계(反世界)
반세기(半世紀) *cf.* 4 반세기, 일 세기
반세기 동안(半世紀-)
반세기 만에(半世紀-) *cf.* 만에
반세기 이상(半世紀以上)
반세포(伴細胞)
반소경(半-)
반소작농(半小作農)
반소주의(反蘇主義)
반송되어 오다(返送-)
반송장(半-) *cf.* 반병신, 반평생, 반숙음
반송해 버리다(返送-)
반수성 가스(半水性-)
반숙란(半熟卵) *cf.* 완숙란
반숙련공(半熟練工)
반승낙하다(半承諾-)
반시간(半時間) *cf.* 한 시간, 두 시간
반시간 동안(半時間-) *cf.* 한 시간 동안, 두 시간 동안
반시계 방향(反時計方向) *cf.* 시계 방향
반식민주의(反植民主義)
반식민지(半植民地)
반신반의하다(半信半疑-)
반신반의해 오다(半信半疑-)
반신반인(半神半人)
반신불수(半身不隨)
반신상(半身像) *cf.* 전신상
반실업자(半失業者)
반심리주의(反心理主義)
반심성암(半深成巖)
반심해 성층(半深海成層)
반심해 퇴적물(半深海堆積物)
반아카데미(反-)
반 양방향(半兩方向)
반양성자(反陽性子)
반어 의문문(反語疑問文)
반역청탄(半瀝青炭)
반열린소리(半-)
반영구적(半永久的)
반영시켜 주다(反映-)
반영해 주다(反映-)
반올림 스위치(半-)
반올림 알아보기(半-)
반올림(半-)
반올림하는 자리 수(半-數)
반외세적 자주 운동(反外勢的自主運動)
반우향앞으로(半右向-) *cf.* 반우향앞으로
반움집(半-) *cf.* 움집, 토담집, 귀틀집
반웃음 반울음(半-半-)
반원(半圓)
반원사(半圓-) *cf.* 띠자, 줄자, 바느질자
반원줄(半圓-) *cf.* 원줄, 쥐꼬리줄, 사각줄
반원지붕(半圓-) *cf.* 톱날지붕, 외쪽지붕
반원천장(半圓天障) *cf.* 궁륭 천장
반월성 터(半月城-) *cf.* 황룡사 터, 성터, 절터
반윤리적(反倫理的)
반음(半音) *cf.* 온음
반음계(半音階) *cf.* 온음계
반음계적 음정(半音階的音程)
반음계적 화음(半音階的和音)

반음정(半音程) *cf.* 온음정
반응고 모래층(半凝固-)
반응고 진흙층(半凝固-)
반응열(反應熱)
반의 관계(反意關係)
반의 반(半-半)
반 이상(半以上)
반 이중화(半二重化)
반 이하(半以下)
반인도적(反人道的)
반일주조(半日周潮)
반일주조류(半日周潮流)
반입자(反粒子)
반입해 가다/오다(搬入-)
반잇소리(半-)(반치음)
반자돌림띠 *cf.* 반자 돌림띠(편수 자료 '공업')
반자동식(半自動式) *cf.* 전자동식
반자동화(半自動化)
반자력(半自力)
반자불성(半字不成)
반자성체(反磁性體)
반자유민(半自由民)
반자유주의적(反自由主義的)
반자틀
반작용력(反作用力)
반 잔(半盞) *cf.* 한 잔, 두 잔, 반쪽
반잣대받이
반장님(班長-) *cf.* 회장님, 고문님
반장 벽돌(半張甓-)
반장일(班長-) *cf.* 회장일
반장 편(班長便) *cf.* 선생 편
반전력점(半電力點)
반전사상(反戰思想) *cf.* 독립사상, 반동사상, 적화사상, 민주 사상, 문학 사상, 민본 사상, 자주 사상
반전시(半戰時) *cf.* 전시, 유사시, 준전시
반전쟁(反戰爭) <전쟁과 ~….>
반제국주의 운동(反帝國主義運動)
반족세포(反足細胞)
반좌향앞으로(半左向-) *cf.* 반우향앞으로
반주권국(半主權國)
반죽음(半-)
반죽음당하다(半-當-) *cf.* 당하다
반죽 좋다 *cf.* 넉살 좋다
반중성미자(反中性微子)
반중성자(反中性子)
반중양성자(反重陽性子)
반증해 주다(反證-)
반지기(半-)(명사)(잡것이 섞였음을 나타내는 말) *cf.* 돌반지기, 뉘반지기, 억새반지기
반지름(半-)
반지붕식(半-式)
반지빠르다
반지성적(反知性的)
반직업적(半職業的)
반짇고리 *cf.* 바느질고리
반질반질해지다
반쪽(半-) *cf.* 사과 반쪽, 한 쪽, 두 쪽
반쪽 대회(半-大會)
반쪽 반응(半-反應)
반쪽 전지(半-電池)
반쯤(半-)
반쯤 앉아서 뜨기(半-)
반쯤 열린 문 틈(半-門-) *cf.* 문틈
반찬 가게(飯饌-) *cf.* 쌀가게, 우유 가게
반찬감(飯饌-) *cf.* 다듬잇감, 요깃감
반찬값(飯饌-) *cf.* 밥값, 우유값
반찬거리(飯饌-) *cf.* 국거리, 땟거리, 시빗거리
반찬단지(飯饌-) *cf.* 술단지, 꿀단지, 똥단지
반찬속(飯饌-) <~을 너무 밝히면 못써.>
반찬 타령(飯饌-) *cf.* 돈타령, 술타령, 신세타령, 계집 타령, 자전거 타령, 예산 타령, 절차 타령
반찬 타박 *cf.* 말타박
반찬투정(飯饌-) *cf.* 밥투정, 잠투정
반체제(反體制)
반추동물(反芻動物)
반출해 가다(搬出-)

반칙승(反則勝)
반칙왕(反則王) <~ 레슬러>
반칙패(反則敗) *cf.* 실격패, 판정패
반침략적 성격(反侵略的性格)
반쿼크(半-)
반 타다 남은(半-)
반타작(半打作)
반턱대패
반턱맞춤
반턱이음(半-)
반턱쪽매(半-) *cf.* 빗쪽매
반턱통맞춤
반토굴집(半-) *cf.* 토굴집
반토막 *cf.* 칠오토막, 이오토막
반투과성 막(半透過性膜)
반투명(半透明)
반투명갓(半透明-) *cf.* 투명갓
반트호프 식(-式)
반파 정류(半波整流)
반편짓 *cf.* 바보짓, 천치짓, 미친 짓
반평면(半平面)
반평생(半平生) *cf.* 한평생
반평형 키(半平衡-) *cf.* 평형키
반폐구간(半閉區間)
반폐모음(半閉母音)
반폐홈(半閉-)
반포해 놓다(頒布-)
반품(半-) *cf.* 온품
반품되어 오다(返品-)
반품시켜 버리다(返品-)
반품해 버리다(返品-)
반풍수(半風水)
반항해 오다(反抗-)
반허락받다(半許諾-)
반허락하다(半許諾-)
반허리(半-) <올 농사도 ~를 넘겼다.>, <나무가 ~ 될 정도로 자랐다.>
반혓소리(半-)(반설음)
반혼수(半昏睡)
반혼잣말처럼(半-) *cf.* 처럼
반홀소리(半-)(반모음)
반환받다(返還-) *cf.* 받다
반환해 주다(返還-)
반회장저고리(半回裝-) *cf.* 회장저고리, 삼회장저고리
반흘림(半-)
받고 나니/나서
받고 보니/보면
받고차기
받기 때문에
받나 보다
받내다(대소변을 받아 내다.)
받는단 말이냐 *cf.* 말이다/말이야
받는 대로 *cf.* 가는 대로, 들은 대로
받는데 <월급을 제법 받는데도 살기 어렵다.> *cf.* ㄴ데도(어미)
받는 데 <월급 많이 받는 데로 직장을 옮겨 가다.> *cf.* 데(의존 명사)
받는 둥 마는 둥 하다 *cf.* 둥(의존 명사)
받는소리 *cf.* 메기는소리
받는 이
받는 이로 하여금
-받다(접미사) *cf.* 허락받다, 버림받다, 압제받다, 탄압받다
받대접(-待接) *cf.* 푸대접
받들어 나가다
받들어 모시다
받들어 섬기다
받들어 오다
받들어 주다
받들어총(-銃) *cf.* 세워총, 어깨총
받아 가다
받아 가지고/받아 가지고 오다
받아 내다
받아(서) 내리다
받아내림 *cf.* 받아올림
받아넘겨 주다
받아넘기기

받아넘기다 <농담으로 ~.> *cf.* 되받아넘기다
받아 넣다
받아 놓다
받아 다오
받아 달라고
받아 두다
받아(서) 들다
받아들여지다
받아들이다
받아들일 수밖에 없다 *cf.* 밖에
받아 마시다
받아먹다 <봉급만 받아먹고 일은 안 한다.>
받아 먹다 <물을 손으로 받아(서) 먹다.>
받아 보다
받아 써 보다
받아쓰기 <~ 연습을 한다.>, <부르는 대로 ~ 위하여….>
받아쓰다 *cf.* 풀어쓰다, 모아쓰다, 옮겨 쓰다, 띄어 쓰다
받아 오다
받아올리기
받아 올리다
받아올림
받아 적다
받아 주다
받아 쥐다
받아치기
받아치다
받았나 보다 *cf.* 했나 보다, 보다
받았나 봐
받으나마나 *cf.* 있으나마나, 나마나
받으나마나하다 *cf.* 있으나마나하다, 먹으나마나하다, 나마나하다(구)
받으러 가다/받으러 오다
받은데다가 <충격을 ~> *cf.* ㄴ데다가(어미)
받은 듯하다 *cf.* 듯하다
받은 만큼 *cf.* 만큼(의존 명사)
받을걸 <금년에는 자격증을 ~.> *cf.* ㄹ걸
받을 걸 <받을 걸(것을) 먼저 받아라.>
받을까 말까 하다
받을 만하다 *cf.* 만하다
받을 수밖에 없다 *cf.* 밖에
받을어음
받을지라도 *cf.* 할지라도, ㄹ지라도
받을 텐데 *cf.* 터인데, 터
받자마자 *cf.* 하자마자, 자마자
받쳐 놓다
받쳐 두다
받쳐 들다
받쳐 이다
받쳐 입다
받쳐 주다
받침 글자
받침기둥
받침다리
받침단추
받침대(-臺)
받침대 세우기(-臺-)
받침대(를) 세우다(-臺-)
받침돌
받침두리(옷장 따위의)
받침 만들기
받침(을) 만들다
받침모루(고고학)
받침 붙은 항아리(-缸-)
받침소리(끝소리) *cf.* 첫소리, 머리소리
받침 소리 *cf.* ㄱ 받침 소리
받침쇠
받침옷
받침 유리(-琉璃) *cf.* 덮개 유리
받침 있는 글자(-字)
받침잔(-盞)
받침장(기와)
받침저울 *cf.* 접시저울, 용수철저울
받침점(-點)
받침 접시
받침틀
받침해 주다

-발(發)(접미사) <서울발 열차>
-발(접미사) *cf.* 화장발, 사진발, 기도발, 면도발
발 가는 대로 *cf.* 대로
발가늠 *cf.* 눈가늠, 손가늠
발가락 끝에 *cf.* 손가락 끝에
발가락뼈 *cf.* 손가락뼈
발가락장단 *cf.* 입장단, 손장단, 칼장단
발가벗기다
발가벗다
발가숭이
발가숭이산(-山) *cf.* 벌거숭이산
발가지다
발각 니다(發覺-) *cf.* 탄로 나다
발각날까 봐(發覺-)
발각될까 봐(發覺-)
발간해 오다(發刊-)
발감개
발감아되치기
발갯깃(꿩의 깃털) *cf.* 꼬리깃, 꽁지깃, 부등깃
발거리(못된 꾀로 남을 해치는 일)
발걸어 넘기기
발걸음 <~도 가볍다.>
발걸음 소리 *cf.* 기침 소리, 풍금 소리
발걸이
발견놀이(發見-) *cf.* 놀이
발견해 나가다(發見-)
발견해 내다(發見-)
발공놀이
발광열(發光熱)
발구르기(육상)
발구르기하다
발 구르다
발구름
발구름선(-線)
발구름판(-板)(육상)
발굴해 내다(發掘-)
발굴해 오다(發掘-)
발굽깎기
발굽 깎다

발그림자 <~도 들여놓지 않다.>
발그스름해 보이다
발급받다(發給-) *cf.* 받다
발급해 주다(發給-)
발기계(-機械) *cf.* 손기계
발기름(짐승의 배에 붙어 있는 기름덩이)
발기발기(부사) *cf.* 갈기갈기
발 기술(-技術) *cf.* 손 기술, 발재간
발기인주(發起人株) *cf.* 공모주, 우선주
발길 *cf.* 손길
발길 가는 대로 *cf.* 대로
발길 끊다
발 길다 *cf.* 발 짧다
발길질당하다(-當-) *cf.* 당하다
발김쟁이(못된 짓을 하고 다니는 사람)
발꼽재기 *cf.* 때꼽재기
발꿈치 *cf.* 팔꿈치
발꿈치꽂이
발끈발끈하다
발 끊고 지내다
발 끊다
발끝 *cf.* 머리끝, 손끝, 혀끝, 명치끝
발끝걸음
발끝부터 걷기
발끝으로만 걷기
발내 *cf.* 입내, 살내, 땀내, 흙내
발 냄새 *cf.* 입 냄새, 땀 냄새, 똥 냄새, 오줌 냄새, 흙냄새
발 넓다
발놀림 *cf.* 손놀림, 몸놀림
발 높이들기
발 높이 들다
발달되어 오다(發達-)
발달되어 있다(發達-)
발달시켜 오다(發達-)
발달시켜 주다(發達-)
발달하여 가다(發達-)
발달해 오다(發達-)
발 닿는 대로 *cf.* 대로

발 닳다
발대중 *cf.* 손대중, 눈대중
발돋움
발돋움하다
발돌줄(낚싯줄의)
발동작(-動作) *cf.* 손동작, 몸동작
발둘레
발뒤꿈치
발뒤꿈치대고 돌기
발뒤꿈치차기
발뒤축
발뒤축걸기(유도 등)
발뒤축후리기(유도)
발 들고 차기 *cf.* 헐렁차기
발 들여 놓다
발등 *cf.* 손등, 콧등
발등거리(대충 엮어 만든 둥 바구니)
발등걸이(남이 하려는 일을 앞질러 함.)
발등눈(발등까지 내린 눈) *cf.* 허릿물, 발목물
발등 밟히다
발등 찍히다(배신을 당하다.)
발등차기(축구)(북한)
발 디디다
발 디딜 틈 없다
발딛고 내리기
발딱발딱(부사)
발 뜨다
발라 가며 먹다 <가시를 ~.>
발라내다
발라 놓다
발라 두다
발라맞추다(비위를 맞추다.)
발라먹다(남을 속여서 빼앗아 가지다.)
발라 먹다 <가시를 ~.>
발라 주다 <가시를 ~.>, <문을 ~.>
발랄해 보이다(潑剌-)
발령 나다(發令-)
발령 내 주다(發令-)
발령받다(發令-) *cf.* 받다
발령해 주다(發令-)
발름발름(부사)
발림소리(비위를 맞추기 위해 하는 소리)
발림수(-數) *cf.* 노림수, 꼼수
발림수작(-酬酌) *cf.* 후림대수작
발맘발맘(부사)(한 발 또는 한 걸음씩 길이나 거리를 재는 모습)
발 맞다
발맞추다
발맞추어 가다/발맞춰 나가다
발명왕(發明王) *cf.* 홈런왕, 타격왕
발명해 내다(發明-)
발모가지 *cf.* 손모가지
발목걸어틀기(씨름)
발목 둘레 *cf.* 허리둘레, 손목 둘레, 배 둘레, 허벅지 둘레
발목마디 *cf.* 손목마디
발목물(발목까지 잠길 만한 물) *cf.* 허릿물, 자국물
발목받치기
발목뼈 *cf.* 손목뼈
발목 잡다 *cf.* 멱살 잡다
발목잡아 무너뜨리기
발목 잡히다 *cf.* 멱살 잡히다
발목쟁이
발 묶이다
발밑(발바닥) <~에서 피가 난다.>
발 밑에
발바꿔 돌려차기(태권도)
발바닥 *cf.* 손바닥
발바닥뼈 *cf.* 손바닥뼈
발바닥치기
발바디춤(처용무)
발바치(춤사위)
발바투(부사) <~ 다가가다.>
발발 떨다
발밭다(기회를 놓치지 않고 재빠르게 붙잡아 이용하는 소질이 있다.)
발버둥 치다

발벗고 나서다
발벗다
발 벗다(실제로 벗는다는 뜻으로는)
발병 나다(-病-) cf. 병나다
발보이다
발본색원(拔本塞源)
발부리 cf. 물부리, 총부리, 돌부리
발부받다(發付-) cf. 받다
발부해 주다(發付-)
발붙여 오다
발붙이다(의지하거나 근거로 삼다.)
발붙임 <~이라도 마련하였으니….>
발 빠르게/발 빠른 <~ 맞춤 생산>
발(이) 빠르다
발 빠지다
발 빼다(관계를 끊고 물러나다.)
발(을) 빼다 cf. 발 씻다
발뺌하다
발 뻗고 자다
발 뻗다
발사해 버리다(發射-)
발산해 버리다(發散-)
발샅의 때
발샅자국 cf. 손톱자국, 잇자국
발생시켜 주다(發生-)
발생하자마자(發生-) cf. 자마자
발생해 오다(發生-)
발생했는데도(發生-) cf. ㄴ데도
발설해 버리다(發說-)
발 세 번 구르며 어깨 위에서 손뼉치기(-番-)
발소리 cf. 곡소리, 목소리, 말소리, 숨소리, 웃음소리, 울음소리
발송해 주다(發送-)
발솥
발쇠서다(남의 비밀을 알아내 알려 주다.)
발숫물 cf. 세숫물, 손숫물, 개숫물, 설거지물
발싸개 <거지 ~ 같은 소리….>
발싸심(팔다리를 움직이며 비비적거리는 일)
발씨 <~가 가볍다.>
발씨름 cf. 팔씨름
발씨 서투르다
발씨 익다
발 씻다(관계를 끊다.) cf. 발 빼다
발아래 <구름이 ~에 있다.>
발 아래 cf. 발 밑
발야구(-野球) cf. 주먹 야구
발양식(-養殖) cf. 수하식 양식, 드림식 양식
발언 중(發言中) cf. 발표 중
발 없다 <발 없는 말이 천 리 간다.>
발연(-鳶) cf. 방패연, 가오리연
발옮기기
발(을) 옮기다
발육시켜 주다(發育-)
발음 기관(發音器官)
발음 나는 대로(發音-) cf. 대로
발음해 보다(發音-)
발자국 cf. 손자국, 칼자국, 잇자국
발자국 나다
발자국 소리(→발소리) cf. 목소리, 곡소리, 웃음소리, 울음소리, 기침 소리
발자취
발작(을) 일으키다(發作-)
발잔등 cf. 손잔등
발장구 치다 cf. 물장구치다, 장구 치다
발장난하다 cf. 손장난하다
발장단 cf. 손장단, 입장단, 칼장단
발장단 맞추다 cf. 장단 맞추다
발재간(-才幹) cf. 손재간
발재봉틀(-裁縫-) cf. 손재봉틀
발저리다 cf. 손저리다
발전되어 가다(發展-)
발전시켜 나가다(發展-)
발전시켜 오다(發展-)
발전용수(發電用水)(표준국어대사전에서는 '발전용+수'로 보는 견해) cf. 농업용수, 공업용수
발전 용수(發電用水)('발전+용수'로 보는 견해)
발전하기는커녕(發展-) cf. 는커녕, 커녕
발전해 오다(發展-)

발족시켜 놓다(發足-)
발줄
발진열(發疹熱)
발진 티푸스(發疹-)
발짐작 *cf.* 손짐작, 눈짐작, 눈대중
발 짧다 *cf.* 발 길다
발 쪽 *cf.* 등 쪽, 배 쪽, 머리 쪽
발쪽 <짐승의 ~….>
발차기(수영)
발칙스러워 보이다
발칙한 놈/년
발칫잠(발치에서 자는 잠) *cf.* 새우잠, 한뎃잠
발칵 뒤집어 놓다
발 타다
발탁되어 오다(拔擢-)
발탁해 오다(拔擢-)
발탄강아지(일 없이 쏘다니는 사람을 이름)
발톱눈 *cf.* 손톱눈
발트족(-族) *cf.* 게르만족, 라틴족
발틀켜기 *cf.* 기계켜기
발파음(發破音) *cf.* 폭파음
발판삼아/삼다 *cf.* 거울삼아, 시험삼아
발판 없이
발편잠
발포해 버리다(發砲-)
발표 나다(發表-)
발표해 버리다(發表-)
발풀무 *cf.* 손풀무
발품 *cf.* 말품
발행해 오다(發行-)
발허리(발 중간의 조금 잘록한 부분)
발헤엄 *cf.* 선헤엄
발헤엄하다
발화시(發話時)
발회목 *cf.* 손회목
발힘
밝아 오다
밝은 색(-色) *cf.* 어두운 색
밝은 선 스펙트럼(-線-)
밝은 성운(-星雲)
밝을녘 *cf.* 해질녘, 해뜰녘
밝음도(-度)
밝혀 나가다
밝혀내다
밝혀 놓다
밝혀 다오
밝혀 두다
밝혀 보다
밝혀 오다
밝혀 주다
밝힌 대로 *cf.* 대로
밟고 가다/밟고 오다
밟고 지나가다
밟아 가다
밟아 나가다
밟아넣기
밟아 넣다
밟아 대다
밟아도 밟아도
밟아딛기(한국 무용)
밟아 버리다
밟아 쌓다
밟아 오다
밟아 오르다
밟아 주다
밤 가는 줄 모르다
밤거리
밤경단(-瓊團) *cf.* 찹쌀경단, 수수경단
밤경치(-景致)
밤공기(-空氣) *cf.* 새벽 공기, 아침 공기
밤공부(-工夫)
밤교대(-交代) *cf.* 낮교대
밤 근무(-勤務) *cf.* 낮 근무
밤글 <~을 읽느라 시간 가는 줄 몰랐다.>
밤기운 <목덜미로 ~이 기어들다.>
밤길 *cf.* 새벽길, 저녁길, 초저녁길
밤 깊다
밤꽃

밤나무 숲 속 *cf.* 소나무 숲 속
밤낚시
밤낮없이
밤놀이
밤농사(-農事) *cf.* 쌀농사, 밀농사, 보리농사, 옥수수 농사, 자식 농사
밤눈 <~이 밤새 쌓였다.>
밤눈 <~이 어둡다.>
밤늦도록/늦게/늦다 <밤늦은 시간>
밤 늦도록/늦게 *cf.* 그날 밤 늦도록/늦게, 밤 늦도록/늦게
밤더위
밤도둑 *cf.* 낮도둑
밤도망(-逃亡)
밤도주(-逃走) *cf.* 야반도주
밤 동안 *cf.* 낮 동안
밤들다
밤 따기 *cf.* 호두 따기, 은행 따기
밤(을) 따다
밤똥(밤에 누는 것이 버릇이 된 똥누기)
밤마을(밤에 이웃에 놀러 가는 일)
밤마을 가다
밤 말 *cf.* 낮 말
밤맛〔栗味〕 *cf.* 밥맛, 사과맛, 꿀맛, 배맛, 복숭아맛, 바나나맛
밤무대(-舞臺)
밤문안(-問安) *cf.* 병문안, 아침 문안
밤물결
밤 바다 *cf.* 아침 바다
밤바람(밤에 부는 찬 바람) *cf.* 새벽바람, 아침 바람, 저녁 바람
밤 밝히다
밤밥〔夜飯/夜食〕 *cf.* 밤참
밤밥〔栗飯〕 *cf.* 수수밥, 좁쌀밥, 콩밥
밤불
밤비 *cf.* 새벽 비
밤빛
밤사람
밤사이
밤 사이 *cf.* 밤과 밤 사이
밤새(밤사이) <~ 안녕하십니까?>
밤새(밤새도록)
밤새껏(밤새도록)
밤새다 *cf.* 날 새다 <밤새는 것도 모르고 공부만 한다.>
밤새도록(밤새껏)
밤새우다/밤새움
밤색무늿병(-色-) *cf.* 곰팡잇병, 키다릿병
밤색토(-色土) *cf.* 흑색토
밤설기떡 *cf.* 호박고지떡, 쑥떡
밤소경 <~이라서 밤에는 밖을 나가지 못한다.>
밤소리(밤에 내거나 나는 소리)
밤소일(-消日)
밤손님(도둑)
밤송이 *cf.* 포도송이, 머루송이, 잣송이, 꽃송이, 만두송이
밤송이솔 *cf.* 구둣솔, 양복솔, 면솔
밤안개 *cf.* 새벽 안개
밤알 *cf.* 개암알, 깨알, 호두알, 포도알, 쌀알
밤암죽(-粥) *cf.* 암죽, 팥죽, 녹두죽, 전복죽
밤업소(-業所)
밤열차(-列車) *cf.* 야간열차, 새벽 열차
밤엿 *cf.* 호박엿, 땅콩엿
밤엿타령
밤이든 낮이든 간에(-間-)
밤이슬 *cf.* 아침이슬, 새벽이슬
밤 인사(-人事) *cf.* 아침 인사
밤일 *cf.* 낮일, 밭일, 들일, 칠일
밤자갈 *cf.* 잔자갈, 굵은 자갈
밤잔물(밤을 잔 자리끼)
밤잔치 <~를 벌이다.>
밤잠 *cf.* 낮잠, 새벽잠
밤재우다
밤저녁(그다지 늦지 않은 저녁)
밤주먹(태권도)
밤 줍기
밤(을) 줍다
밤차(-車) *cf.* 낮차, 새벽차, 아침차

밤참거리 *cf.* 찬거리
밤출입(-出入) <~이 잦다.>
밤톨
밤하늘 *cf.* 새벽 하늘, 저녁 하늘, 초저녁 하늘, 가을 하늘
밥값 *cf.* 찬값, 떡값
밥거리
밥걱정하다 *cf.* 쌀 걱정, 반찬 걱정
밥공기
밥 구경 하다
밥그릇 *cf.* 국그릇, 죽그릇, 찌개그릇
밥그릇 다툼 *cf.* 세력 다툼, 권력 다툼, 이권 다툼
밥내기 *cf.* 돈내기, 술내기
밥내다(죄상을 고백하게 하다.)
밥도둑 <그는 번둥거리는 ~이다.>
밥뚜껑
밥말이 *cf.* 국말이, 물말이, 김말이, 김치말이, 무싹말이
밥맛 *cf.* 국맛, 장맛, 꿀맛
밥맛 나다
밥맛 떨어지다
밥맛없다 <밥맛없게 굴지 마.>
밥맛 없다 <오늘 밥맛(이) 없어.>
밥맛 좋다
밥 먹다
밥 먹듯 하다
밥물
밥밑(밥을 지을 때 놓는 보리, 콩)
밥밑콩
밥반찬(-飯饌)
밥받이(죄인의 자백을 받는 일)
밥 벌다
밥벌레 *cf.* 일벌레
밥벌이
밥병신(-病身)
밥보자기(-褓-) *cf.* 떡보, 상보, 책보자기
밥빼기 <동생이 생긴 뒤로 ~가 되다.>
밥사발(-沙鉢) *cf.* 묵사발, 국대접, 막자 사발
밥살 <~ 오르다.> *cf.* 맷살
밥상(-床)
밥상머리(-床-) *cf.* 상머리, 술상머리
밥상보(-床褓)
밥소라
밥솥 *cf.* 국솥
밥숟갈
밥 시간(-時間)
밥 싸 가지고 다니며 말리다
밥쌀
밥알 *cf.* 쌀알, 깨알, 모래알
밥자루 <거지 ~ 같다.>
밥자리(일자리)
밥잔치 *cf.* 술잔치, 말잔치, 빚잔치
밥장사/장수 *cf.* 떡 장사, 고기 장사, 과일 장사, 채소 장사
밥주걱 *cf.* 찌개주걱, 약주걱, 구둣주걱, 잉크주걱
밥 주다 <시계의 ~>
밥주머니 <~ 왔니?> *cf.* 모이주머니
밥줄 <~이 끊어지다.>
밥집 *cf.* 상밥집, 국숫집
밥짓기
밥 짓다
밥찌꺼기 *cf.* 음식 찌꺼기
밥 차려 주다 *cf.* 상 차려 주다
밥 치다꺼리 *cf.* 송장 치다꺼리, 잔치 치다꺼리, 제사 치다꺼리, 자식 치다꺼리, 환자 치다꺼리, 남편 치다꺼리
밥통(-桶)
밥투정 *cf.* 잠투정, 반찬투정
밥풀
밥풀눈이 *cf.* 찔꺽눈이
밥 한 끼/밥 한 술
밥함지 *cf.* 떡함지
밥해 먹다
밥해 주다
밧다리후리기(유도)(편수 자료) *cf.* 밭다리후리기
밧줄 *cf.* 못줄, 물렛줄, 피댓줄, 탯줄, 횃줄

고무줄, 줄넘기줄, 새끼줄, 동아줄, 가시줄
방건지치기(防乾紙-)
방걸레질(房-)
방고래(房-)
방과 후(放課後) *cf.* 일과 후
방관해 두다(傍觀-)
방관해 오다(傍觀-)
방구들(房-)
방구매기(서까래 끝을 가운데 부분에서 자르는 일) *cf.* 일자매기
방구멍(연의 한복판에 뚫린) *cf.* 꽁숫구멍
방구석(房-) *cf.* 집구석, 촌구석, 시골구석
방귀 뀌다 *cf.* 콧방귀 뀌다
방귀 뀌어 뽕나무
방글방글(부사)
방긋방긋(부사)
방긋 웃다
방기뜨기
방내다(살림을 전부 없애다.)
방놓다(房-)
방망이 소리 *cf.* 도리깨 소리, 도마질 소리, 나팔 소리
방망이질
방망이찜질 *cf.* 몽둥이찜질
방망이찜질당하다(-當-) *cf.* 당하다
방망이찜질하다
방매해 버리다(放賣-)
방머리(房-)(마루나 출입문이 있는 쪽에 접한 방의 구석)
방문길(訪問-) *cf.* 귀갓길, 등굣길, 하굣길, 퇴근길, 여행길, 항해길
방물장수 *cf.* 보따리장수, 봇짐장수, 등짐장수, 고물장수, 떡 장수, 기름 장수, 과일 장수, 채소 장수
방밑(房-)
방바닥(房-) *cf.* 마룻바닥, 땅바닥
방밖에(房-) <~ 편히 쉴 곳이 없다.> *cf.* 집 밖에, 밖에
방 밖에(방의 밖) <~ 내놓다.> *cf.* 밖에
방방곡곡(坊坊曲曲)
방범대원(防犯隊員) *cf.* 소방대원, 응원대원
방사능진(放射能塵)
방사능천(放射能泉)
방사무늬(放射-) *cf.* 모무늬
방사선량계(放射線量計)
방사선비(放射線-) *cf.* 산성비
방사선원(放射線源)
방사선율(放射線率)
방석니(方席-) *cf.* 송곳니, 어금니, 앞니
방석집(方席-) *cf.* 니나놋집, 대폿집
방석코(方席-) *cf.* 주먹코, 딸기코, 돼지코
방선균병(放線菌病)
방성통곡(放聲痛哭)
방세간(房-) *cf.* 부엌세간
방송 듣기(放送-)
방송(을) 듣다(放送-)
방숫둑(防水-) *cf.* 냇둑, 개울둑, 하굿둑
방습포장(防濕包裝) *cf.* 상품 포장, 과대 포장
방승매듭(方勝-) *cf.* 개심매듭, 국화매듭
방아다리양자(-養子)(두 집에서 아들을 바꾸어 양자를 삼는 일)
방아두레박
방아 찧기
방아(를) 찧다
방아타령 *cf.* 새타령
방아틀뭉치
방 안에(房-)
방앗간(-間)
방앗간집(-間-) *cf.* 솜틀집
방앗삯
방앗잎 *cf.* 고춧잎, 머윗잎, 수숫잎, 가짓잎
방앗잎쌈 *cf.* 호박잎쌈, 머윗잎쌈
방 앞(房-)
방양밀도(放養密度)
방언사전(方言辭典) *cf.* 국어사전, 문학 사전, 독서 사전
방염 가공(防炎加工)
방오가공(防汚加工) *cf.* 방염 가공

방울꽃
방울낚시 *cf.* 흘림낚시, 찌낚시
방울눈
방울땀 <~을 흘리다.>
방울목(판소리)
방울 물주기/점적 관수(點滴灌水)
방울방울(명사)
방울병(-甁)(약병)
방울새
방울 소리 *cf.* 말방울 소리, 워낭 소리
방울손잡이
방울술
방울잔(-盞)(고고학)
방울지다
방울진(-陣)
방울진굿(-陣-)(민속)
방울집게 *cf.* 빨래집게
방위생산(防衛生産) *cf.* 농업 생산, 석탄 생산, 방위 산업
방위성금(防衛誠金) *cf.* 국방헌금, 불우 이웃 돕기 성금, 수재민 구호 성금
방위판(方位板)
방위표(方位標)
방음문(防音門)
방음벽(防音壁)
방임 꽃가루받이(放任-)
방자은행(放資銀行) *cf.* 중앙은행, 수탁은행, 피부은행, 골수 은행
방전끝 전압(放電-電壓)
방점찍기(傍點-)/가점(加點)
방정꾸러기 *cf.* 심술꾸러기
방정 떨다
방 정리(房整理)
방정맞다
방정맞아 보이다
방정스러워 보이다
방죽배미 *cf.* 논배미
방지기(房-) *cf.* 산지기, 문지기, 등대지기
방천길(防川-) *cf.* 둑길, 논두렁길, 돌담길
방천숲(防川-)
방축널
방출해 주다(放出-)
방치레(房-) *cf.* 옷치레, 집치레
방치해 놓다(放置-)
방침 아래(方針-)
방탄유리(防彈琉璃) *cf.* 방탄조끼, 방탄 철판
방탄조끼(防彈-) *cf.* 방탄유리
방탄차(防彈車)
방틀공(-工) *cf.* 망태공
방패막이(防牌-)
방패비늘(防牌-)
방패삼아/삼다(防牌-) *cf.* 거울삼아, 모험삼아, 이불삼아, 핑계삼아
방패연(防牌鳶) *cf.* 가오리연, 치마연
방패자리(防牌-)
방패춤(防牌-)
방풍림(防風林)
방풍벽(防風壁) *cf.* 방풍림
방학날(放學-) *cf.* 개학날
방학 때(放學-)
방학 중(放學-) *cf.* 휴가 중
방 한 칸(房-)
방 한가운데(房-)
방 한구석에(房-) *cf.* 한 모퉁이
방해 놓다(妨害-)
방해당하다(妨害當-) *cf.* 당하다
방해받다(妨害-) *cf.* 받다
방해해 오다(妨害-)
방향격 조사(方向格助辭)
방향 바꾸기(方向-)
방향(을) 바꾸다(方向-)
방향 없이(方向-) *cf.* 정처 없이
방향 잃다(方向-)
방향 잡아 주다(方向-)
방향족(芳香族) *cf.* 란탄족, 할로겐[할로겐]족
방향키(方向-)(표준국어대사전)
방호의복(防護衣服)
방황 끝에(彷徨-)

방황해 오다(彷徨-)
밭(명사) *cf.* 가시밭, 갈대밭, 꽃밭, 대밭, 모래밭, 비탈밭, 억새밭, 잔디밭, 잔솔밭, 고추밭, 보리밭, 수수밭, 참외밭
밭 갈다
밭갈이 나가다
밭갈이하다
밭걸이 *cf.* 안걸이
밭고랑
밭곡식(-穀-) *cf.* 논곡식
밭길 *cf.* 논길, 들길, 산길
밭날갈이(며칠 동안 걸려서 갈 만한 큰 밭)
밭농사(-農事) *cf.* 논농사, 보리농사, 감자 농사, 옥수수 농사, 자식 농사
밭다리걸기(씨름)
밭다리후리기(씨름)
밭도랑
밭두둑
밭두렁 *cf.* 논두렁
밭둑 *cf.* 논둑
밭둑길 *cf.* 논둑길
밭떼기 <마늘을 ~로 사재기한다.>
밭뙈기 *cf.* 논뙈기
밭매기 *cf.* 논매기
밭 매다 *cf.* 논매다
밭머리 *cf.* 논머리
밭머릿길 *cf.* 논두렁길
밭모퉁이
밭못자리
밭문서(-文書) *cf.* 집문서, 땅문서
밭번지기(씨름) *cf.* 안번지기
밭벼밭
밭벼쌀
밭볏짚 *cf.* 볏짚, 보릿짚, 귀릿짚
밭부모(바깥부모)
밭사돈(바깥사돈) *cf.* 안사돈
밭상제(-喪制)(바깥상제) *cf.* 안상제
밭알곡(-穀)
밭은기침 *cf.* 마른기침, 잔기침, 당나귀기침
밭은자리 *cf.* 벌린자리
밭은화성(-和聲)/밭은화음(-和音) *cf.* 벌린화성
밭이랑
밭일 *cf.* 논일, 낮일, 들일, 흙일
밭자락 *cf.* 산자락
밭작물(-作物)
밭장다리 *cf.* 안짱다리
밭전(田)자형(-字形)
밭 주인(-主人) *cf.* 땅주인, 집주인, 아파트 주인
밭쪽(바깥쪽)
밭틀길 *cf.* 논틀길
밭 팔아 논 사다
밭흙 *cf.* 논흙, 개흙
밭 흙(우리 밭의 흙의 뜻으로는) <우리 ~>
배게심기 *cf.* 드물게 심기
배게 치기
배겨 나다
배겨 내다
배격해 오다(排擊-)
배경값(背景-)
배경삼아(背景-) *cf.* 자랑삼아, 참고삼아
배고파 보이다
배고파하다
배곯고 살다
배곯아 오다
배공목(倍空目) *cf.* 분공목
배근력계(背筋力計)
배금주의(拜金主義)
배급받다(配給-) *cf.* 지급받다
배급 타다(配給-) *cf.* 월급 타다
배급 타 오다(配給-)
배급해 주다(配給-)
-배기(그런 물건) *cf.* 공짜배기, 진짜배기
-배기(접미사)(또래의 아이) *cf.* 나이배기, 세살배기
-배기(접미사)(무엇이 들어 있거나 차 있는 것) *cf.* 알배기
배기가스(排氣-)
배기팬츠

배기펌프(排氣~) *cf.* 배수펌프
배 껍질 <~ 무늬> *cf.* 귤껍질, 사과 껍질
배꼽노리 *cf.* 관자놀이, 가슴놀이, 콧등노리
배꼽대패 *cf.* 배대패
배꼽마당(동네에 있는 작은 마당)
배꼽 맞추다 *cf.* 입 맞추다
배꼽 빠지게 웃다
배꼽 빼다
배꼽시계(-時計) *cf.* 몸시계, 벽시계, 탑시계
배꼽썩음병(-病)
배꼽쟁이
배꼽 쥐다
배꼽춤 *cf.* 엉덩춤
배꽃타령(황해도 민요)
배나무검은별무늬병(-病)
배 나오다
배낚시 *cf.* 릴낚시, 던질낚시, 대낚시
배낭 세포(胚囊細胞)
배내똥 *cf.* 배내옷, 배냇짓
배 내밀다
배내옷
배내털
배냇교인(-敎人)
배냇냄새 *cf.* 입 냄새, 땀 냄새, 몸 냄새
배냇니 *cf.* 젖니
배냇돼지
배냇물
배냇버릇
배냇병신(-病身)
배냇소
배냇저고리
배냇적
배냇짓
배다르다 <그들은 배다른 형제다.>
배다리[舟橋]
배다리장단 *cf.* 세마치장단, 굿거리장단
배다릿집
배달 나가다(配達-)
배달나라 *cf.* 한나라
배달말
배달민족(-民族)
배달시켜 주다(配達-)
배달해 주다(配達-)
배담작용(排膽作用) *cf.* 배뇨 작용, 거담 작용, 소화 작용, 이뇨 작용
배당락(配當落)
배당받다(配當-) *cf.* 받다
배당해 주다(配當-)
배대고 돌기
배대고 앞돌기
배대뒤치기
배돌기
배돌림줄
배동바지
배돛대서기(민속)
배 두드리다
배 둘레 *cf.* 허리둘레, 가슴둘레, 허벅지 둘레, 종아리 둘레
배 따다 <생선을 ~.>
배때기
배떼고 돌기
배 띄우다
배라먹다
배려해 주다(配慮-)
배 맛 *cf.* 사과 맛, 딸기 맛
배맞다 *cf.* 눈 맞다
배메기농사(-農事)(병작농)
배면 수평매달기(背面水平-)
배면(을) 뛰다(背面-)
배면뛰기(背面-)(수영)
배목걸쇠
배미르기(농악)
배밀도(倍密度)
배밀이 *cf.* 등밀이
배반당하다(背反當-) *cf.* 당하다
배반해 버리다(背反-)
배발생(胚發生)
배밭 *cf.* 고구마밭, 사과밭, 딸기밭, 복숭아밭,

시금치밭, 포도밭
배배 꼬다/꼬이다/꾀다 *cf.* 배배(부사)
배배 틀다
배뱅잇굿
배부르다
배부해 주다(配付-)
배분해 주다(配分-)
배불뚝이
배불러 보이다
배불러하다
배불리/배불리 먹다
배붙이다(씨름에서 배를 대다.)
배비장타령(裵裨將-)
배빗메탈
배색실(配色-) *cf.* 바탕실
배수기준(排水基準) *cf.* 심사 기준, 평가 기준, 가치 기준
배수본관(配水本管)
배수 알아보기(倍數-)
배수지관(配水支管)
배수진 치다(背水陣-) *cf.* 진치다
배수탑(配水塔) *cf.* 취수탑
배수톤수(排水-數) *cf.* 순톤수
배수펌프(排水-) *cf.* 흡기펌프
배숨쉬기 *cf.* 가슴숨쉬기
배슬배슬(부사)
배신행위(背信行爲) *cf.* 탈선행위, 월권행위, 일탈행위, 범죄 행위, 불법 행위
배 아파 죽겠다
배 아파하다
배 아프다 <배(가) 아픈 증세가 있다.>, <사촌이 땅 사면 ~.>
배알 꼴리다
배알 나다
배 앓다/배앓이
배양해 내다(培養-)
배어 나오다
배어들다
배어 버리다
배연소방차(排煙消防車) *cf.* 사다리 소방차
배열해 놓다(配列-)
배오개 시장(-市場) *cf.* 모란 시장
배외사상(排外思想) *cf.* 사대사상, 독립사상, 사수 사상, 민주 사상
배우러 오다
배우려 하다
배우자 감(配偶者-) *cf.* 당 대표감
배우자주머니(配偶者-)
배울거리 *cf.* 읽을거리, 먹을거리, 시빗거리, 화젯거리, 골칫거리, 볼거리, 말할 거리, 일할 거리
배움술 <~이 말술이 되다.>
배움터 *cf.* 싸움터, 놀이터, 빨래터, 샘터, 절터, 약수터, 전쟁터, 왕궁 터, 황룡사 터
배웅 나가다/배웅 나오다
배웅해 주다
배워 가다
배워 가지고
배워 나가다
배워 놓다
배워 두다
배워 먹다 *cf.* 생겨 먹다, 자라 먹다, 돼먹다
배워 먹지 못하다
배워 오다
배잡잇줄
배장수(남의 은밀한 것을 캐내어 퍼뜨리고 변을 꾸미는 사람)
배 저어 가다
배전함(配電函) *cf.* 폐수지함, 분리수거 함
배 젓기
배(를) 젓다
배정받다(配定-) *cf.* 받다
배정해 주다(配定-)
배제당하다(排除當-) *cf.* 당하다
배제시켜 버리다(排除-)
배제해 버리다(排除-)
배지기 *cf.* 오른배지기, 엉덩배지기
배지느러미 *cf.* 등지느러미, 꼬리지느러미

배진동(倍振動)
배짱 내밀다
배짱놀음
배짱 맞다
배짱부리다 *cf.* 심술부리다, 기승부리다, 재롱부리다, 착살부리다, 투정 부리다, 딴청 부리다, 강짜 부리다, 행패 부리다
배짱 세다
배짱 좋다
배짱 퉁기다
배짱 튀기다
배쫑배쫑(부사)
배차해 주다(配車-)
배착걸음 *cf.* 비척걸음, 갈지자걸음
배 참봉 댁(裵參奉宅)
배 채우다
배척당하다(排斥當-) *cf.* 당하다
배척당해 오다(排斥當-)
배척받다(排斥-) *cf.* 받다
배척해 오다(排斥-)
배추김치 *cf.* 열무김치, 총각김치
배추꼬랑이
배추꼬랑잇국
배추꽃
배추 농사(-農事) *cf.* 벼농사, 보리농사, 고구마 농사, 옥수수 농사, 자식 농사
배추밭 *cf.* 감자밭, 고구마밭, 상추밭, 시금치밭, 참외밭, 인삼밭, 무밭, 고추밭
배추벌레
배추속대쌈
배추속댓국
배추씨 *cf.* 고추씨, 시금치씨, 옥수수씨, 해바라기씨, 면화씨, 무씨
배추씨기름 *cf.* 고추씨기름, 무씨기름, 동백기름, 옥수수기름, 유채씨기름
배추 잎새
배추 포기 *cf.* 벼포기, 장미 포기
배추흰나비
배출해 내다(輩出, 排出-)
배춧국 *cf.* 시금칫국, 뭇국, 북엇국, 조갯국
배춧속
배춧잎 *cf.* 고춧잎, 머윗잎, 수숫잎, 가짓잎, 방앗잎, 상추잎, 쑥갓잎, 아욱잎, 우엉잎, 호박잎, 미나리잎(쌈)
배치기
배치기 소리(국악 악곡)
배치시켜 놓다(配置-)
배치전환(配置轉換) *cf.* 전환 배치, 인력 배치, 병력 배치, 좌석 배치
배치해 두다(配置-)
배코 치다 *cf.* 손뼉 치다, 코웃음 치다
배코칼 *cf.* 식칼, 회칼, 도련칼, 해부칼
배콧자리 *cf.* 수염자리
배 타다 *cf.* 기차 타다, 비행기 타다
배타주의(排他主義)
배탈 나다(-頉-) *cf.* 똥탈 나다, 탈 나다
배 태우다
배터리병(-病)
배턴 주고받기
배턴(을) 주고받다
배틀걸음 *cf.* 비틀걸음, 비척걸음, 갈지자걸음
배틀배틀(부사)
배티고개 *cf.* 말티고개, 녹번고개, 남태령고개
배편(-便) <~이 끊어지다.>, <제주행 ~에 보낸다.> *cf.* 트럭편, 버스편, 비행기편
배포 유하다(排布柔-)
배포 크다(排布-)
배포해 주다(配布-)
배흘림
배흘림기둥
배흘림낚시 *cf.* 흘림낚시, 던질낚시
백강 전투(白江戰鬪)
백결 선생(百結先生) *cf.* 오류선생(도연명의 호), 와룡 선생
백골집(白骨-)(아무 칠도 안 한 집)
백과사전(百科事典) *cf.* 국어사전, 법률학 사전, 민속 사전
백과전서파(百科全書派)

백군 쪽(白軍-) cf. 청군 쪽
백김치(白-) cf. 나박김치, 파김치, 배추김치
백나일(白-) cf. 청나일
백날(百-) cf. 돌날
백납 먹다(白-)
백 냥(百兩)
백년(百年)(오랜 세월) <사위는 ~ 손님>
백 년(百年) <~ 전에 일어난 사건> cf. 100년, 천년, 1000년
백 년간(百年間) cf. 100년간
백 년 내에(百年內-) cf. 100년 내에
백년대계(百年大計)
백년동거(百年同居)
백 년 동안(百年-) cf. 100년 동안
백 년 된(百年-) <~ 산삼> cf. 1000년 된 절, ~ 고옥
백 년 전(百年前) cf. 100년 전
백년 전쟁(百年戰爭)
백년해로(百年偕老)
100년 후(百年後)
백두산 정계비(白頭山定界碑)
100 등분 하다(百等分-)
백련교도(白蓮敎徒)
백로알(白鷺-) cf. 거위알, 메추리알, 까치알, 꿩알, 두루미알, 오리알, 타조알
백 리(百里)
백 리 길(百里-) cf. 천 리 길, 십 리 길, 하룻길, 100리 길, 10리 길
백 리 밖(百里-) cf. 천 리 밖
백 리 안에(百里-)
백마강 가(白馬江-) cf. 압록강 가
백마고지(白馬高地)
백마비마론(白馬非馬論)
백마산성(白馬山城) cf. 북한산성, 행주산성
백만 냥(百萬兩)
백만분의 1초(百萬分-一秒)
백만 원어치(百萬-) cf. 이치(섭미사)
백만의 자리의 숫자(百萬-數字)
백만장자(百萬長者) cf. 억만장자
백면서생(白面書生)
백 명(百名) cf. 100명
백 몇십 년 만에(百-十年-) cf. 만
백모래밭
백 모형(百模型) cf. 십 모형
백미러
100 m 달리기
백반덩어리(白礬-) cf. 얼음덩어리, 흙덩어리
백반덩이(白礬-) cf. 얼음덩이, 흙덩이
백발노인(白髮老人) cf. 홍안백발
백발백중(百發百中)
백발홍안(白髮紅顔) cf. 홍안백발
백 배(百倍) cf. 천 배, 만 배
백 번(百番) cf. 천 번, 만 번
백범 일지(白凡逸志)
백 보 밖(百步-) cf. 100보 밖
백분율(百分率)
백분율손(百分率損)
백분율 알아보기(百分率-)
백분의 일(百分-一) cf. 100분의 1
백색선전(白色宣傳) cf. 회색선전, 흑색선전
백설 공주 탈(白雪公主-)
백수건달(白手乾達)
백수백복도(白壽白福圖)
백 수십 개(百數十個)
백악기 말(白堊紀末) cf. 19세기 말, 쥐라기 말, 구석기 시대 말
백안시당하다(白眼視當-) cf. 당하다
백안시하다(白眼視-)
백안시해 오다(白眼視-)
백암 온천(白巖溫泉)
백여우(白-) cf. 불여우, 은여우
백열전구(白熱電球) cf. 힐로센선구, 전광전구, 텅스텐 전구, 수은 전구, 삼파장 전구
백열진등(白熱電燈)
백옥 같다(白玉-) cf. 빙옥 같다, 보배 같다
백운동 서원(白雲洞書院)
백 원짜리(百-) cf. 십 원짜리, 100원짜리
백의동포(白衣同胞)

백의민족(白衣民族) *cf.* 백의동포
백의 자리 숫자(百-數字)
백의 자리 아래 수(百-數)
백의 자리(百-) *cf.* 십의 자리
백의종군(白衣從軍)
백의종군길에(白衣從軍-)
백일(百日) *cf.* 백일잔치
백 일(百日) <~ 동안 입원하다.> *cf.* 100일 동안
백일기도(百日祈禱) *cf.* 천일기도
백 일 동안(百日-)
백일잔치(百日-) *cf.* 돌잔치, 생일잔치, 회갑잔치, 칠순 잔치
백일청천(白日青天)
백일하에(白日下-)
백일해균(百日咳菌)
백자 반합(白瓷/磁飯盒)
백자 상감 모란무늬 병〔白瓷/磁象嵌牧丹文瓶〕
백자 상감 모란무늬(白瓷/磁象嵌牡丹-)
백자 철화 매죽무늬 항아리(白瓷/磁鐵畫梅竹文壺)
백자 철화 포도무늬 항아리(白瓷/磁鐵畫葡萄文壺)
백자 철회 매죽무늬 항아리〔白瓷/磁鐵繪梅竹文壺〕
백장미밭(白薔薇-) *cf.* 장미밭
백전노장(百戰老將)
백전백승(百戰百勝)/백전백승하다(百戰百勝-)
백절불굴(百折不屈)
백정놀이(白丁-) *cf.* 놀이
백제 금동 대향로(百濟金銅大香爐)
백제말(百濟-)(백제의 언어) *cf.* 신라말
백제 말에(百濟末-)
백제 사람(百濟-)
백제악(百濟樂)
백제어(百濟語) *cf.* 신라어
백제인(百濟人) *cf.* 신라인
백제 초에(百濟初-)
백제탑(百濟塔)
백제 토기 인물상(百濟土器人物像)
백조 떼(白鳥-) *cf.* 기러기 떼, 물새 떼, 오리 떼, 모기떼
백조알(白鳥-) *cf.* 갈매기알, 거위알, 꿩알, 오리알, 메추리알
백조자리(白鳥-) *cf.* 큰곰자리, 마차부자리
백중날(百中-)
백중놀이(百中-)
백중맞이(百中-)
백중물(百中-)(백중 무렵에 많이 오는 비)
백지상태(白紙狀態) *cf.* 혼수상태, 가사 상태, 포화 상태, 무지 상태
백지장 같다(白紙張-)
백통시계(-時計) *cf.* 금시계, 은시계
백 팀(白-) *cf.* 청 팀, 황 팀, 야구팀, 축구팀
백팔십 도(百八十度) *cf.* 180도, 180°
백합꽃(百合-)
백합 꽃잎(百合-)
백합꽃 줄기(百合-)
백해무익(百害無益)
백홋날(白虎-)(풍수지리에서 주산의 오른쪽으로 뻗은 산의 등성이) *cf.* 청룡날
백화정영(百華精英)
밴댕이구이 *cf.* 청어구이
밴댕이회(-膾) *cf.* 넙치회
밴덕꾸러기 *cf.* 심술꾸러기
밴덕 부리다 *cf.* 심술부리다, 기승부리다, 변덕 부리다, 강짜 부리다, 투정 부리다
밴덕쟁이
밴둥대다/거리다
밴드상운(-狀雲)
밴앨런대(-帶)
밴 지 한 달 만에 <새끼를 ~….>
밴텀급(-級) *cf.* 모스키토급
밸브 면(-面)
뱀날 *cf.* 범날, 소날
뱀눈 *cf.* 족제비눈, 게눈
뱀눈무늬
뱀독(-毒)
뱀띠 *cf.* 돼지띠, 용띠
뱀뱃살 모양 썰기(-模樣-)
뱀 사다리 놀이
뱀장어가죽(-長魚-) *cf.* 쇠가죽, 돼지가죽, 뱀

가죽, 말가죽
뱀주인자리(-主人-)
뱀 허물
뱁새눈 *cf.* 가자미눈, 게눈, 도끼눈
뱃가죽 *cf.* 등가죽
뱃고동 소리(-鼓動-) *cf.* 기적 소리, 기차 소리, 고동 소리
뱃구레(사람이나 짐승의 뱃속)
뱃길 *cf.* 찻길, 기찻길, 자전거길
뱃노래
뱃놀이
뱃놈 *cf.* 섬놈, 시골놈, 노햇놈
뱃대끈(치마나 치마허리 위에 매는 끈)
뱃딧
뱃덧 나다 *cf.* 뱃병 나다, 병나다
뱃덧 내다
뱃머리
뱃멀미 *cf.* 차멀미, 비행기멀미, 가마멀미, 사람멀미, 산멀미, 물멀미
뱃멀미 나다 *cf.* 멀미 나다
뱃바닥(단청을 하는 면)
뱃바람 *cf.* 갯바람, 강바람
뱃밥(배의 틈을 메우는)
뱃병(-病) *cf.* 귓병, 콧병
뱃병 나다(-病-) *cf.* 뱃덧 나다, 병나다
뱃사공(-沙工)
뱃사람 *cf.* 산사람, 두멧사람, 노햇사람
뱃사람들 편(-便)
뱃사람말
뱃삯 *cf.* 찻삯, 버스삯, 기찻삯
뱃소리
뱃속 <~이 좋지 않나.> *cf.* 콧속, 귓속, 핏속, 머릿속
뱃심
뱃심 좋다
뱃자반
뱃장사
뱃장수
뱃전
뱃조각 *cf.* 나뭇조각, 뼛조각, 쇳조각, 비누 조각, 걸레 조각
뱃집
뱅뱅 돌다 *cf.* 뱅뱅(부사)
뱅어포(-脯) *cf.* 대구포, 준치포, 육포
뱅어포구이(-脯-)
뱅엇국 *cf.* 조갯국, 북엇국, 시금칫국, 갈빗국
뱅충맞다 *cf.* 빙충맞다
뱉듯이
뱉어 내다
뱉어 놓다
뱉어 버리다
뱉어 주다
버거병(-病)
버금가다 *cf.* 제일가다, 으뜸가다, 둘째 가다
버금가온음(-音)
버금 되는/되다 *cf.* 으뜸 되는
버금딸림음(-音)
버금딸림조(-調)
버금딸림화음(-和音)
버금 3화음(-三和音)
버금상(-賞) *cf.* 으뜸상
버금 신(-神)
버금 여신(-女神)
버금 7화음(-七和音)
버금 화성음(-和聲音)
버꾸놀음
버꾸춤
버는 대로 *cf.* 먹는 대로, 하는 대로, 데로
버둥거리다/대다
버드나무 가지 *cf.* 대나무 가지, 소나무 가지
버드나무 잎 *cf.* 감나무 잎, 미루나무 잎, 사과나무 잎, 소나무 잎, 자작나무 잎, 감잎, 솔잎, 은행잎, 버들잎
버드나무집 *cf.* 살구나무집, 감나무집, 기름집, 국숫집, 상밥집
버들 가지('버드나무 가지'의 뜻으로는)
버들가지공(-工) *cf.* 망태공, 줄떼공
버들강아지/버들개지

버들고리
버들낫
버들 눈〔柳芽〕
버들눈썹 *cf.* 반달눈썹
버들밭(버드나무가 들어선 땅) *cf.* 가시밭, 갈대밭, 솔밭, 쑥대밭, 잔디밭, 풀밭, 표밭
버들붕어
버들 빛
버들상자(-箱子)
버들숲 *cf.* 솔숲, 갈숲, 소나무 숲, 참나무 숲
버들잎 *cf.* 솔잎, 갈잎, 단풍잎, 연잎, 댓잎
버들피리 *cf.* 풀피리, 보리피리, 옥피리
버들피리 소리 *cf.* 보리피리 소리, 풀피리 소리, 벌레 소리
버러지 같다
버럭버럭
버려 놓다
버려 다오/버려 달라고
버려두다 <창고에 ~.>, <아기는 버려둔 채 혼자 오다.>
버려 오다
버려져 있다
버려 주다
버려지다시피 하다 *cf.* 다시피 하다
버르장머리/버르장머리없다
버르장이 *cf.* 버르장머리
버르집다
버릇 나쁘다
버릇되다
버릇 들다
버릇 들이다
버릇 사납다
버릇소리(습관음)
버릇없다
버릇없어 보이다
버릇없이 굴다
버리고 가다
버리고 싶지 않다
버리고 오다
버리다시피 하다
버리지 말아야 한다
버리지 못하다
버릴까 말까 하다
버릴 듯싶다 *cf.* 듯싶다
버릴 수밖에 *cf.* 밖에
버림받다 *cf.* 받다
버림받아 오다
버뮤다팬츠 *cf.* 핫팬츠
버선목
버선발 *cf.* 구둣발, 군홧발
버선볼
버선 신다 *cf.* 구두 신다, 양발 신다
버선코 *cf.* 신코
버섯구름 *cf.* 뭉게구름, 새털구름, 조개구름
버섯돌
버섯바위 *cf.* 촛대바위
버스값(→버스삯) *cf.* 기차값(→기찻삯)
버스길 *cf.* 찻길, 기찻길, 뱃길, 자동찻길, 자전거길
버스비(-費)
버스삯 *cf.* 기찻삯
버스편(-便) *cf.* 기차편, 배편, 트럭편, 인편
버스표(-票)
버찌빛 *cf.* 살구빛, 앵두빛, 치자빛
포돗빛, 잿빛, 핏빛, 대춧빛, 마늣빛, 모싯빛, 산홋빛, 상앗빛, 청잣빛, 장밋빛, 구릿빛, 가짓빛, 구릿빛
버찌씨 *cf.* 대추씨, 복숭아씨, 살구씨, 시금치씨, 포도씨, 해바라기씨
버캐(명) *cf.* 소금버캐, 오줌버캐, 간장버캐
버클관(-罐)
버텨 가다
버텨 나가다
버텨 내다
버텨 보다
버텨 오다
버티고 서다
버티어 놓다

버티어 보다
버티어 주다
버팀기둥
버팀대공(-工) *cf.* 물돌리기공, 바자공
버팀돌
버팀목(-木)
벅차오르다 <가슴이 ~.>
벅차 있다
-번(番) <이번 행사/지난번 일>
ᵛ번(番) *cf.* 열 번, 한두 번, 열째 번
번가루
번갈아(番-)
번갈아 가며(番-)
번갈아 놓다(番-)
번갈아듣다(番-) <테이프를 ~.>
번갈아들다(番-) <번갈아들면서 잠견을 하다.>
번갈아들이다(番-)
번갈아 보다(番-)
번갈아 오다(番-)
번개 같다
번개무늬 *cf.* 줄무늬, 얼룩무늬, 귀신무늬
번개 치다 *cf.* 벼락 치다, 천둥 치다, 눈보라 치다, 물결치다, 요동치다
번갯불 *cf.* 전깃불, 화롯불, 화톳불, 반딧불, 모깃불, 깜부기불, 도깨비불, 우죽불, 장작불
번거로워 보이다
번거로워하다
번데기 그리기
번들다
번듯해 보이다
번민해 오다(煩悶-)
번서다
번선(番線) *cf.* 3번선, 5번선
번성해져 가다(蕃/繁盛-)
번 심빼기 발파(-發破)
번역, 간행하다(飜譯刊行-)
번역해 놓다(飜譯-)
번영해 오다(繁榮-)
번잡해 보이다(煩雜-)
번잡해져 가다(煩雜-)
번져 가다
번져 나가다/번져 나오다
번져 버리다
번져 오다
번지르르하다
번지선(番地線)
번지수(番地數) *cf.* 가짓수, 마릿수, 머릿수, 주파수, 진동수, 질량수, 회전수, 정족수, 일정수, 인원수, 법정수
번째(番-)(횟수) <열 ~ 턱걸이를 한다.> *cf.* 째 번(차례)
번쩍 들다
번쩍번쩍하다
번차례로(番次例-)
번창해 가다(繁昌-)
번호 부르기(番號-)
번호(를) 부르다(番號-)
번호 붙이다(番號-)
번화해 보이다(繁華-)
벋가다
벋나가다
벋니
벋디디다
벋어 올라가다
벋장다리 *cf.* 밭장다리
벋지르다
벋쳐오르다
벌(의존 명사) *cf.* 한 벌, 두 벌
벌거벗기다
벌거벗다
벌거벗은 채로 *cf.* 입은 채로, 채
벌거숭이산(-山) *cf.* 민둥산
벌구멍(벌통의 구멍)
벌금 내다(罰金-) *cf.* 숫구멍, 숨구멍
벌금 물리다(罰金-)
벌금형(罰金刑) *cf.* 금고형
벌꿀
벌떡대다

벌떡 일어서다
벌 떼 cf. 개미 떼, 메뚜기 떼, 양 떼, 파리 떼, 사슴 떼, 이리 떼, 코끼리 떼, 송사리 떼, 까마귀 떼, 모기떼
벌 떼 같다
벌렁 눕다
벌렁코 cf. 들창코, 주먹코, 딸기코, 사자코
벌레 같은 놈
벌레 소리 cf. 귀뚜라미 소리, 매미 소리, 참새 소리, 여치 소리, 모깃소리
벌레잡이잎
벌레집 cf. 벌집, 거미집, 개미집
벌려 놓다
벌려 보다
벌려 앉다 cf. 끼여 앉다
벌려 주다
벌름벌름하다
벌린자리 cf. 받은자리
벌린화성(-和聲) cf. 받은화성
벌매듭 cf. 국화매듭, 장구매듭
벌물(罰-) <~ 켜듯 한다.>
벌물(한데로 흩어지는 물)
벌바람 cf. 들바람
벌받다 cf. 벌주다, 벌쓰다
벌벌 기다
벌벌 떨다
벌불(심지 옆으로 뻗치는 불)
벌비
벌서다(벌을 받다.) cf. 벌쓰다
벌쐬다
벌쓰다(罰-)(벌을 받다.)
벌씌우다(罰-)
벌아 벌아 꿀 떠라
벌어 가다
벌어 놓다
벌어다 주다
벌어들이다
벌어먹다
벌어 보다
벌어 오다
벌어 주다
벌여 가다/벌여 오다
벌여 나가다
벌여 놓다
벌여 두다
벌여 보다
벌윷
벌이줄(버팀줄. 연에 벌여 매는 줄) cf. 아릿줄, 모릿줄, 피댓줄
벌이줄 잡다
벌인춤 <이미 ~이니 끝장내야지.>
벌잇거리 cf. 일거리, 볼거리
벌잇속 <~이 좋다.>
벌잇자리
벌잇줄/벌잇길 <~이 끊어지다.>
벌주놀이(罰酒-)
벌주다(罰-) cf. 벌받다
벌주시다(罰-)
벌집 cf. 벌레집
벌집구름
벌집무늬
벌집수(-繡) cf. 십자수, 쌀알수, 징금수
벌집 쑤셔 놓은 듯이/벌집 쑤신 듯이 cf. 듯이
벌집 터짐
벌집틀
벌초해 주다(伐草-)
벌충해 놓다
벌치기 <~ 사업을 하다.>
벌 치기 <벌(을) 치기 위하여 시골로 가다.>
벌 치다
벌컥 뒤집히다
벌컥 화내다(-火-)
벌컨포(-砲) cf. 로켓포, 바주카포
벌타령(규율이 없고 난잡함.) <어른이 없다고 ~으로 놀아서는 안 돼.>
벌통
벌판길 cf. 들길, 언덕길, 비탈길
범 같다 <범 같은 오빠> cf. 호랑이 같다,

황소 같다, 돼지 같다
범같이 *cf.* 같이
범게르만주의(汎-主義)
범국민 운동(汎國民運動)
범국민적(汎國民的)
범굴 *cf.* 호랑이굴, 여우굴, 두더지굴
범나비
범날 *cf.* 토끼날, 소날
범녹말(汎綠末)
범눈썹
범띠 *cf.* 소띠, 닭띠
범람원(汎濫原)/무넘이땅('무너미땅'은 잘못)
범바윗길
범발톱(노리개)
범벅되다 *cf.* 뒤범벅되다
범벅타령 *cf.* 어랑타령
범살장지(井자 모양으로 성기게 짠 장지문)
범생명론(汎生命論)
범세계적인(汎世界的-)
범슬라브주의(汎-主義)
범시민 운동(汎市民運動)
범신론적(汎神論的)
범아랍주의(汎-主義)
범아시아주의(汎-主義)
범위 내에서(範圍內-)
범이슬람주의(汎-主義)
범종 소리(梵鐘-) *cf.* 종소리, 북소리, 장구 소리, 피리 소리
범창을 듣고 부르기(範唱-) *cf.* 듣고부르기
범탈굿
범태평양(汎太平洋)
범패(梵唄)
범피중류(泛彼中流)
범행 저지르다(犯行-)
-법(法)(접미사) *cf.* 계산법, 조리법
법 감정(法感情)
법 개념(法概念)
법고놀이(法鼓-) *cf.* 놀이
법고수(法鼓手)
법고춤(法鼓-)
법과학자(法科學者)
법 교육(法教育) *cf.* 성교육
법 규범(法規範) *cf.* 법률 규범
법 규정(法規定)
법 규칙(法規則)
법단계설(法段階說)
법도 있다(法度-)
법률관계(法律關係) *cf.* 권력관계, 사회관계, 교육 관계, 국제 관계
법률문제(法律問題) *cf.* 남남문제, 남북문제, 사실문제, 경제 문제, 인구 문제, 교육 문제, 통일 문제, 사회 문제, 정치 문제
법률상(法律上) *cf.* 도의상, 의리상
법률주의(法律主義)
법률책(法律冊)
법률혼(法律婚) *cf.* 사실혼, 형식혼
법 문제(法文題)
법문화(法文化)
법 문화(法文化) *cf.* 법문화(法文化)
법사상(法思想)
법사회학(法社會學)
법 생활(法生活) *cf.* 성생활
법석 떨다
법석 부리다
법석 치다
법 세계(法世界)
법실증주의(法實證主義)
법 없이도(法-)
법 영역(法領域)
법 원리(法原理)
법의식(法意識) *cf.* 죄의식
법의학(法醫學)
법이념(法理念)
법이론(法理論)
법인격(法人格)
법 일반(法一般)
법 적용(法適用)
법 절차(法節次)

법정 다툼(法廷-)　*cf.* 세력 다툼, 선두 다툼, 권력 다툼, 정권 다툼, 맹주 다툼, 주도권 다툼, 뒷자리 다툼, 자리다툼, 말다툼
법정수(法定數)　*cf.* 정족수
법 정신(法精神)
법정책학(法政策學)
법정학교(法定學校)　*cf.* 기술학교, 성인 학교, 직할 학교
법 제도(法制度)
법 제정(法制定)
법제화되어 있다(法制化-)
법제화하다(法制化-)
법조문(法條文)
법조항(法條項)
법주권(法主權)
법 지식(法知識)
법질서(法秩序)
법 집행(法執行)
법철학(法哲學)
법체계(法體系)
법치국사상(法治國思想)　*cf.* 자연법사상, 사회사상, 봉건사상, 모화사대사상, 정치사상, 문학 사상, 준법 사상, 민본 사상, 민주주의 사상, 청교도 사상, 철학 사상
법치주의(法治主義)
법치학(法治學)
법칙삼아(法則-)　<사람은 땅을 ~ 산다.>
법칙이야말로(法則-)　*cf.* 이야말로
법하다(보조 용언)　<잘 이루어질 ~.>, <영화에서나 볼 법한 장면>
법 해석(法解析)
법 현상(法現象)
법형식(法形式)
벗겨 가지고
벗겨 나가다
벗겨 내다
벗겨 드리다/벗겨 주다
벗겨 먹다
벗겨 버리다
벗겨 보다
벗겨져 가다
벗겨져 있다
벗님네
벗다시피 하다　*cf.* 다시피 하다
벗 따라 강남 가다
벗바리(뒷배를 보아 주는 사람)
벗삼아/삼다　*cf.* 길벗삼아, 동무삼아, 친구삼아
벗삼아 지내다
벗어 가지고
벗어나다
벗어 나오다　<뱀이 허물을 ~.>, <껍질을 ~.>
벗어난마침　*cf.* 바른마침
벗어 놀 새 없이
벗어 놓다
벗어던져 놓다
벗어던지다
벗어 두고/두다
벗어 들다
벗어 버리다
벗어부치다
벗어젖히다
벗어 주다
벗어 쥐다
벗으나마나　*cf.* 나마나
벗은 채로　*cf.* 입은 채로, 채
벗집(염전의 소금을 굽는 가마)
벗트다(터놓고 사귀다.)
벗하다
벙글벙글(부사)
벙글벙글하다
벙어리 냉가슴(-冷-)
벙어리장갑(-掌匣)　*cf.* 손가락장갑
벙어리저금통(-貯金筒)
벙커시유(-油)　*cf.* 모빌유
벚꽃　*cf.* 개나리꽃
벚꽃길　*cf.* 코스모스 꽃길
벚나무 가지　*cf.* 버드나무 가지, 참나무 가지, 소나무 가지, 나뭇가지

베개 베다
베개삼아 *cf.* 장난삼아, 일삼아, 놀이삼아
베갯머리
베갯머리송사(-訟事)
베갯모
베갯밑공사(-公事)
베갯속 *cf.* 옷속, 강정속
베갯잇 *cf.* 옷잇, 이불잇
베껴 가다
베껴 놓다
베껴 놓아 두다
베껴 두다
베껴 버리다
베껴 보다
베껴 오다
베껴 주다
베네딕트회(-會)
베네치아악파(-樂派) *cf.* 국민악파, 민족악파, 네덜란드악파, 나폴리악파, 베를린악파
베네치아 유리(-琉璃) *cf.* 보헤미아 유리, 아라비아고무
베네치아파(-派)
베니어판(-板)
베니어 합판(-合板)
베니오프대(-帶)
베돌다(따로 떨어져 밖으로 돌다.)
베려 하다 <칼로 ~.>
베르가모트유(-油)(화장수나 비누 향료) *cf.* 보일유
베르기우스법(-法)
베르누이가(-家) <수학의 명문 ~>
베르스 강(-江)
베를륨구리
베를린악파(-樂派) *cf.* 악파
베리줄(소의 길마 위에 얹은 굵은 줄)
베릴륨구리
베링 빙하(-氷河)
베먹다('베어먹다'의 준말)
베물어 내다
베버선(-線)(동물 분포상의 경계선)
베붙이 *cf.* 솜붙이
베서머강(-鋼) *cf.* 토머스강
베서머로(-爐) *cf.* 토머스로
베서머법(-法) *cf.* 토머스법
베셀값
베셀년(-年)
베수건(-手巾) *cf.* 무명 수건, 명주 수건, 모시 수건, 손수건, 세수수건, 바리 수건, 성작 수건
베어 가다
베어 가지고
베어 나가다
베어 내다
베어넣기주머니(뜨개질)
베어 놓다
베어 두다
베어 들다
베어들이다
베어링강(-鋼) *cf.* 스프링강
베어 먹다
베어먼씨 댁(-氏宅)
베어 물다
베어 버리다
베어 보다
베어 봐라
베어 오다
베어 주다
베옷 *cf.* 모시옷, 무명옷, 비단옷
베이징 시(-市)
베이징 이(-語)
베이징행(-行) *cf.* 서울행, 뉴욕행
베일운(-雲)
베자루
베잠뱅이 *cf.* 모시 잠뱅이
베적삼 *cf.* 모시 적삼, 무명 적삼
베주머니 *cf.* 풀주머니, 고무주머니, 비닐 주머니
베짜기
베 짜다

베짱이 나라 *cf.* 개미 나라
베짱이님(베짱이를 의인화해서)
베치마 *cf.* 무명 치마, 비단 치마
베크렐선(-線)
베타 녹말
베타선(-線) *cf.* 감마선, 알파선
베타성(-星) *cf.* 알파성
베트남 인(-人)
베트남군(-軍)
베틀다리
베틀바위 *cf.* 촛대바위
베틀 속
베풀어 놓다
베풀어 두다
베풀어 오다
베풀어 주다
베 헝겊 *cf.* 무명 헝겊
벡터양(-量)
벤단 말이야/말이다 *cf.* 말이다
벤로형 온실(-型溫室) *cf.* 유리 온실
벤젠티올→벤젠싸이올
벤젠핵(-核)
벤조니트릴→벤조나이트릴
벤조산(-酸)
벤즈알데하이드
벤투리관(-管) *cf.* 부르동관
벨루어지(-紙) *cf.* 셀로판지, 하드롱지
벨 소리 *cf.* 알람 소리
벨츠수(-水)
벨트 바퀴 *cf.* 톱니바퀴, 수레바퀴
벨트 폭내기(-幅-)
벼 가꾸기
벼(를) 가꾸다
벼곰팡잇병(-病) *cf.* 키다릿병, 붉은별무늿병
벼까라기
벼깜부깃병(-病)
벼꽃
벼논 *cf.* 왕골논
벼농사(-農事) *cf.* 논농사, 밭농사, 무농사, 밤농사, 보리농사, 감자 농사, 고추 농사, 담배농사, 마늘 농사, 옥수수 농사, 인삼 농사, 자식 농사
벼농사 짓다(-農事-) *cf.* 농사짓다
벼락감투 *cf.* 벼락대신
벼락감투 쓰다
벼락같이/같다 *cf.* 벽력같이
벼락공부(-工夫) *cf.* 벼락김치, 벼락부자
벼락김치
벼락대신(-大臣) *cf.* 벼락감투
벼락덩이(밭을 맬 때에 크게 뒤집어 엎는 흙덩이)
벼락 떨어지다
벼락 맞다 *cf.* 불벼락 맞다, 물벼락 맞다
벼락 맞을 놈
벼락바람(위풍 있는 기세)
벼락방망이(갑자기 얻어맞는 매) *cf.* 부닥방망이
벼락부자 되다(-富者-)
벼락부자(-富者) *cf.* 벼락공부
벼락불 *cf.* 전깃불, 모닥불, 모깃불, 번갯불, 반딧불, 도깨비불, 깜부기불, 잉걸불
벼락출세(-出世)
벼락치기
벼락치기 공부(-工夫)
벼락 치다 *cf.* 번개 치다
벼랑 끝에
벼랑길 *cf.* 비탈길, 언덕길, 고갯길, 안돌잇길
벼룩시장(-市場)
벼룩잎벌레
벼룩잠 *cf.* 노루잠, 토끼잠, 개잠
벼룻길(강가나 벼랑길로 통하는 벼랑길)
벼룻논(문인들을 비유해서 하는 말)
벼룻돌
벼룻물
벼룻집 *cf.* 안경집, 칼집, 가위집
벼릿줄(그물의 벼리를 이루는 줄)
벼메뚜기
벼멸구
벼베기 <~ 작업을 하다.>
벼 베기 <벼(를) 베기 위하여 사람을 얻다.>

벼베기 일손 돕기
벼 베다
벼부치기소리
벼슬길 *cf.* 귀양길, 저승길, 낙향길, 귀향길
벼슬 살다
벼슬살이 *cf.* 귀양살이, 시집살이
벼슬아치
벼슬자리 *cf.* 장관 자리, 총리 자리, 사장 자리, 상무 자리
벼알 *cf.* 보리알, 깨알, 콩알, 쌀알, 모래알
벼 이삭 *cf.* 조 이삭, 수수 이삭
벼포기 *cf.* 배추 포기, 장미 포기
벼훑이
벽걸이(壁-)
벽걸이 등잔(壁-燈盞) *cf.* 벽걸이 시계
벽난로(壁煖爐)
벽돌담(甓-) *cf.* 블록담, 돌담
벽돌 덧널무덤(甓-)(고고학)
벽돌무덤(甓-)[塼築墳](고고학)
벽돌방무덤(甓-房-)(고고학)
벽돌쌓기(甓-) *cf.* 블록쌓기, 돌쌓기
벽돌 쌓다(甓-)
벽돌집(甓-) *cf.* 토담집
벽돌 한 장 한 장(甓-張-張)
벽 두께(壁-)
벽력같이/같다(霹靂-) *cf.* 벼락같이
벽면 꾸미기(壁面-)
벽면 잡고 엎드려 발차기(壁面-)
벽면(을) 꾸미다(壁面-)
벽 모퉁이(壁-) *cf.* 담 모퉁이, 산모퉁이
벽 밑(壁-)
벽시계(壁時計) *cf.* 해시계, 불시계, 물시계, 탑시계, 몸시계, 배꼽시계, 괘종시계, 사발시계, 빼꾸기시계, 벽걸이 시계
벽신문(壁新聞)
벽 쌓다(壁-) *cf.* 남쌓다
벽을 차고 앞으로 나아가기(壁-)
벽잡고 물장구치기
벽잡고 발차기(壁-)
벽장돌(甓-)(크고 두껍게 만든 벽돌)
벽장문(壁欌門) *cf.* 사랑문, 분합문, 다락문 교실 문, 사당 문, 안방 문
벽장 속에(壁欌-)
벽장 안(壁欌-)
벽장코 *cf.* 들창코, 주먹코, 사자코
벽전화기(壁電話機) *cf.* 휴대 전화기
벽 쪽(壁-) *cf.* 문 쪽
벽차고 나아가며 발차기(壁-)
벽창호 같다(碧昌-)
벽책상(壁冊床)
벽 한쪽에(壁-)
변가놈(卞/邊哥-) *cf.* 이가놈, 김가놈
변강쇠타령 *cf.* 가루지기타령
변경해 놓다(變更-)
변덕꾸러기(變德-) *cf.* 욕심꾸러기, 심술꾸러기, 장난꾸러기, 억척꾸러기
변덕 떨다(變德-)
변덕 많다(變德-)
변덕맞다(變德-)
변덕 부리다(變德-)
변덕스러워 보이다(變德-)
변덕쟁이(變德-)
변동 없다(變動-)
변동 폭(變動幅) *cf.* 제한 폭
변두리 이음
변말
변명 같다(辨明-)
변명거리(辨明-) *cf.* 소일거리, 이야깃거리
변명삼아(辨明-) *cf.* 일삼아, 놀이삼아
변명해 오다(辨明-)
변모되어 가다(變貌-)
변모없다(變貌-)(융통성 없고 무뚝뚝하다.)
변모해 가다(變貌-)
변법 자강 (운동)[變法自彊(運動)](편수 자료)
변법자강 운동(變法自彊運動)
변 사또(卞使道)
변상받다(辨償-) *cf.* 받다
변상해 주다(辨償-)

변색되어 가다(變色-)
변소 가다(便所-) *cf.* 뒷간 가다, 화장실 가다
변신해 버리다(變身-)
변심해 버리다(變心-)
변쓰다(암호로 말하다.)
변압기유(變壓器油) *cf.* 트랜스유
변온 동물(變溫動物) *cf.* 정온 동물, 냉혈 동물, 온혈 동물
변장시켜 주다(變裝-)
변조해 놓다(變造-)
변죽 울리다(邊-)
변질되어 가다(變質-)
변질성염(變質性炎)
변질시켜 왔다(變質-)
변질해 가다(變質-)
변천되어 오다(變遷-)
변천해 가다(變遷-)
변천해 오다(變遷-)
변칙국회(變則國會) *cf.* 파행 국회
변탕붙임(邊鐋-)
변통해 오다(變通-)
변통해 주다(變通-)
변한말(變-)
변한양반(弁韓兩班)(탈춤)
변함 없다(變-) <아무 변함 없는 마음>
변함없다(變-) <변함없는 마음>
변해 가다(變-)
변해 버리다(變-)
변해 오다(變-)
변했고말고(變-) *cf.* 고말고
변형과(變形果)
변호사 일(辯護士-) *cf.* 회사일, 농사일, 가게일, 대장(大將) 일, 계리사 일, 미용사 일, 약제사 일, 운전사 일, 의사 일, 중개사 일
변호인 쪽(辯護人-) *cf.* 피고인 쪽
변호인측(辯護人側) *cf.* 피고측
변호해 주다(辯護-)
변화되어 감에 따라(變化-)
변화무쌍하다(變化無雙-)
변화시켜 나가다(變化-)
변화시켜 주다(變化-)
변화 없다(變化-)/변화 있다(變化-)
변화해 오다(變化-)
-별(別)(접미사) *cf.* 계층별, 학년별, 직업별
ᵛ별(別)(관형사) *cf.* 별 거리낌 없이, 별 걱정 없이, 별 가치 없는, 별 이상스러운 이야기 <별 정신 나간 사람 다 보겠다.>
별-(別)(접두사) *cf.* 별천지, 별세계, 별소리, 별일, 별꼴, 별말, 별생각
별 가치 없다(別-)
별 같다
별거해 오다(別居-)
별걱정(別-) <~을 다 하는구나.>
별 걱정 없이(別-) *cf.* 걱정 없다
별것/별것 아니다(別-)
별고 없다(別故-)
별 관계 없다(別關係-) *cf.* 관계없다
별 관심 없다(別關心-) *cf.* 관심 없다
별궁리(別窮理) *cf.* 별생각
별 그림자 *cf.* 달그림자, 물그림자
별꼴(別-)
별 꾸밈 없이(別-) *cf.* 꾸밈없이
별나다(別-) *cf.* 유별나다, 별난 성격
별나라 *cf.* 꿈나라, 하늘나라, 달나라
별난 사람(別-)
별난 성격(別-性格)
별놈 다 보겠다(別-)
별님 *cf.* 해님, 달님
별다르다(別-)
별다른 계획 없이(別-計劃-) *cf.* 계획 없다
별다른 뜻 없다(別-) *cf.* 뜻 없다
별다른 불평 없이(別-不平-) *cf.* 불평 없다
별다른 일 없다(別-) *cf.* 일 없다, 일없다
별 대책 없다/없이(別對策-) *cf.* 대책 없다
별 도리 없다/없이(別道理-) *cf.* 도리 없다
별 도움 안 되다(別-)
별동대원(別動隊員)/별동대장(別動隊長)
별 등급(-等級) *cf.* 바람 등급

별똥/별똥돌
별똥별
별 뜻 없다/없이(別-) *cf.* 뜻 없다
별러 오다
별로 없다(別-)
별마을 *cf.* 달마을, 해마을
별말(別-) <~을 다 하는군.>
별 말(別-) <별(로) 말을 하지 않았다.>
별말씀(別-) <~을 다 하십니다.>
별맛(別-) <~ 아니다.>
별 모양(-模樣) *cf.* 달 모양, 공 모양
별무늬
별 무리 없다/없이(別無理-) *cf.* 무리 없다
별문제(別問題) <그 일은 ~이다.>
별 문제 없다(別問題-) *cf.* 문제없다
별바다
별박이
별반(別般) <~ 큰 변동이….>
별 반응 없다(別反應-)
별밥(別-)
별밥(別-)
별밭
별보기 운동(-運動)
별 보탬 안 되다(別-)
별 볼일 없는 사람(別-) *cf.* 볼일 없다
별 불편 없다/없이(別不便-) *cf.* 불편 없다
별빛 *cf.* 햇빛, 달빛
별사람(別-) <~ 다 보는군.>
별산대놀이(別山臺-)
별생각(別-) <~ 다 하는군.> *cf.* 별궁리
별 생각 없다(別-) *cf.* 생각 없다
별 성과 없다(別成果-) *cf.* 성과 없다
별성마마(別星媽媽) *cf.* 상삼마마
별세계(別世界)(별천지)
별소리(別-) <~ 다 하는군.>
별 소용 없다(別所用-) *cf.* 소용없다
별수(別數)
별수단(別手段) <~을 다 써 보았지만….>
별 수식(別修飾) <~을 하지 않다.>

별수없다(別數-)
별수 있나?(別數-)
별시계(-時計) *cf.* 해시계, 불시계, 물시계
별신굿(別神-)
별신굿놀이(別神-)
별신굿 탈놀이(別神-)
별 쓸모 없다(別-) *cf.* 쓸모없다
별 얘기 없다(別-)
별 어려움 없다(別-)
별 영향 없다(別影響-)
별 요량도 없다(別料量-)
별우조타령(別羽調-)
별 의미 없다(別意味-) *cf.* 의미 없다
별의별(別-別)
별 의심 없다(別疑心-) *cf.* 의심 없다
별 이득 없다(別利得-) *cf.* 이득 없다
별 이상 없다(別異常-) *cf.* 이상 없다
별 이상스러운 소리(別異常-)
별 이유 없다(別理由-)
별일(別-) <~ 다 보는군.>, <참 ~이야.>
별일 없다(別-)
별자리
별자리 만들기
별자리(를) 만들다
별자리 시계(-時計) *cf.* 해시계, 물시계
별자리 찾기
별자리(를) 찾다
별자리판(-板)
별자리표(-表)
별장 갈다(別莊-)
별장지기(別莊-) *cf.* 문지기, 능대지기, 산지기
별재간(別才幹)
별 재미 못 보다(別-)
별점치기(-占-)
별주부(鼈主簿)
별 지장 없다(別支障-) *cf.* 지장 없다
별 진전 없다(別進展-)
별짓 다 하다(別-)
별쭝나다

별쭝맞다
별 차이 없다(別差異-) cf. 차이 없다
별채(別-) cf. 안채, 바깥채
별챗집(別-) cf. 독챗집
별천지(別天地) <~에 온 기분>
별 탈 없다(別頉-) cf. 탈없다
별표(-標)
별하늘
별 할 일도 없다(別-)
별 해괴한 일도 다 있다(別駭怪-)
별 형제(-兄弟)
별 효과 없다/없이(別效果-) cf. 효과 없다
별 흥미 없다(別興味-) cf. 흥미 없다
볍씨 cf. 고추씨, 보리씨, 시금치씨, 우엉씨, 호박씨, 수박씨
볍씨 고르기
볍씨(를) 고르다
볏가리 cf. 노적가리, 낟가리
볏가마니 cf. 보릿가마니, 쌀가마니
볏단
볏밥(쟁기의 볏으로 받아 넘기는 흙덩이) cf. 가랫밥, 호밋밥, 대팻밥
볏섬
볏자르기
볏짚 cf. 보릿짚, 밀짚, 귀릿짚
병간호하다(病看護-) cf. 병구완, 병시중
병 걸리다(病-)
병 고쳐 주다(病-)
병 고치다(病-)
병구완하다(病-) cf. 병시중, 병간호
병굿(病-)
병나다(病-) cf. 탈 나다
병 되다(病-) cf. 약 되다
병들게 하다(病-)
병들다(病-)
병들어 가다(病-)
병들어 보이다(病-)
병들어 죽어 가다(病-)
병따개(甁-) cf. 깡통따개
병뚜껑(甁-)/병마개(甁-)
병렬 연결(竝列連結)(편수 자료) cf. 직렬 연결
병렬연결(竝列連結) cf. 직렬연결
병마용갱(兵馬俑坑)
병 모양 꼭지(甁模樣-)
병 모양 꽃부리(甁模樣-)
병목(甁-)
병문안(病問安)
병문안 가다(病問安-)
병보석(病保釋)
병산탈(屛山-) cf. 하회탈
병색 짙다(病色-)
병서(竝書)/나란히쓰기
병설해 놓다(倂設-)
병 속(甁-)
병술(甁-) cf. 말술, 됫술, 잔술
병술집(甁-) cf. 잔술집, 선술집, 대폿집
병시중하다(病-) cf. 병구완, 물시중
병시중해 오고 있다(病-)
병시중해 주다(病-)
병신 같다(病身-) cf. 등신 같다, 바보 같다
병신같이(病身-)
병신구실(病身-) cf. 남자구실, 여자구실, 사내구실, 사람 구실
병신난봉가(病身-歌)
병신노릇 하다(病身-) cf. 종노릇하다, 시어머니 노릇 하다, 머슴 노릇 하다
병신자식(病身子息) <~ 효도한다.>
병신춤(病身-)
병실 같다(病室-)
병실 문(病室門)
병아리 고르기
병아리(를) 고르다
병아리기르기/육추(育雛)
병아리(를) 기르다
병아리 떼 cf. 개미 떼, 양 떼, 송사리 떼, 모기떼
병어입 cf. 메기입
병어조림

병원 가다(病院-) cf. 학교 가다
병원놀이(病院-) cf. 놀이
병원 다니다(病院-)
병 이름(病-)
병인양요(丙寅洋擾)
병자수호조규(丙子修好條規)
병자호란(丙子胡亂) cf. 임진왜란
병작반수(제)[竝作半收(制)]
병정개미(兵丁-) cf. 일개미, 여왕개미
병정놀이(兵丁-) cf. 전쟁놀이, 산대놀이, 놀이
병정벌(兵丁-) cf. 여왕벌, 일벌
병정타령(兵丁-)
병조림(瓶-) cf. 통조림
병 주다(病-) cf. 약 주다
병 주둥이(瓶-)
병주머니(病-) <그는 ~다.>
병줄(病-)(오래 계속해서 앓는 병)
병중(病中) <~에는 조심해야 한다.>
병집(病-)
병충해 막기(病蟲害-)
병충해(를) 막다(病蟲害-)
병치레하다(病-) cf. 옷치레, 면치레
병풍 같다(屛風-)
병풍바위(屛風-) cf. 너럭바위, 부채바위, 사자바위, 곰바위
병해충(病害蟲)
병행되어 오다(竝行-)
병행시켜 오다(竝行-)
병행조(竝行調)
병 허리(瓶-) cf. 병 주둥이
병환 나다(病患-) cf. 병나다
볕가림 cf. 해가림, 볕 가림(편수 자료 '농·생명')
볕가림망(-網)
볕 나다 cf. 불볕 나다
볕 들다 cf. 장마 들다
보강해 놓다(補强-)
보강해 주다(補講/補强-)
보건식량(保健食糧) cf. 비상식량
보건·위생비(保健·衛生費)
보격 조사(補格助辭)
보고(조사) <나~ 가라고 한다.>
보고그리기 cf. 보고부르기, 듣고부르기
보고 그리다
보고 나서/난 다음
보고 나타내기
보고 나타내다
보고놓기 cf. 듣고놓기
보고 놓다
보고대회(報告大會) cf. 궐기 대회
보고드리다(報告-) cf. 인사드리다
보고 듣고 느끼다
보고 듣다 <보고 들은 대로 말하다.>
보고문 쓰기(報告文-)
보고문(을) 쓰다(報告文-)
보고받다(報告-) cf. 받다
보고 배우다
보고부르기 cf. 듣고부르기
보고 부르기 cf. 악보 보고 부르기
보고선상(報告線上) <~에 있지 않았다.>
보고 싶다
보고 싶어하다
보고 알기
보고 오다
보고치기/보고 연주하기(-演奏-)
보고해 오다(報告-)
보관료율(保管料率)
보관시켜 놓다(保管-)
보관 중인(保管中-) cf. 임대 중인
보관해 두다(保管-)
보관해 오다(保管-)
보관해 주다(保管-)
보글보글(부사) cf. 부글부글
보금자리
보금자리 치다
보급되어 가다(補給/普及-)
보급되어 나갔다(補給/普及-)
보급받다(補給-) cf. 받다
보급받아 오다(補給-)

보급시켜 가다(補給/普及-)
보급시켜 주다(補給/普及-)
보급해 주다(補給/普及-)
보기 나름이다 *cf.* 하기 나름이다
보기 드물다
보기 딱하다
보기 때문에 *cf.* 때문에
보기 싫다
보기 싫어하다
보기 어렵다
보기 좋다
보꾹방(-房)
보나마나 *cf.* 하나마나, 나마나
보나마나하다 *cf.* 하나마나하다, 나마나하다
보내기보다는 *cf.* 하기보다는, 기보다는, 보다
보내 놓다
보내는 대로 *cf.* 대로
보내는 이
보내다시피 하다 *cf.* 다시피 하다
보내 다오
보내 달라다
보내 드리다
보내 버리다
보내 보다
보내 오다
보내 주다
보냈을뿐더러 *cf.* ㄹ뿐더러
보냈을 뿐만 아니라 *cf.* ㄹ 뿐 아니라
보는 대로 *cf.* 하는 대로, 대로(의존 명사)
보는 둥 마는 둥 하다 *cf.* 둥(의존 명사)
보는 듯 마는 듯 *cf.* 듯(의존 명사)
보는 듯하다 *cf.* 듯하다(보조 용언)
보다(동사) *cf.* 쳐다보다, 들여다보다
(조사) *cf.* 너보다, 나보다, 그것보다, 돈보다, 했다기보다
(부사) *cf.* 보다 더 빨리, 보다 더 높게
(보조 용언) *cf.* 먹어 보다, 두드려 보다, 슬픈가 보다
보다 높은/높게/높다
보다 더
보다마다요 *cf.* 하다마다요, 다마다(어미)
보다 많은
보다 말고 *cf.* 하다 말고, 가다 말고
보다 못한 나머지
보다못해 *cf.* 하다못해, 울다 못해, 웃다 못해
보다시피 *cf.* 아다시피, 다시피
보다 좋은
보다 큰
보답 받다(報答-) <충분한 보답(을) 받고 있다.>
보답받다(報答-) <충분히 보답받고 있다.>
보답해 주다(報答-)
보던 중(-中)
보도 관제(報道管制) *cf.* 사격 관제, 등화관제, 교통관제, 항공관제
보도 듣도 못 하다
보도블록(步道-) *cf.* 유리블록, 우드블록, 시멘트 블록
보도해 주다(報道-)
보득솔 *cf.* 다복솔
보든가 말든가
보든 말든 간에(-間-)
보듬어 안다
보듯 하다 <소 닭 ~.>
보따리상권(褓-商圈)
보따리 싸다(褓-)
보따리장사(褓-)
보따리장수(褓-) *cf.* 봇짐장수, 등짐장수, 방물장수, 기름 장수, 생선 장수
보따리 풀다(褓-)
보라색(-色) *cf.* 보랏빛
보라치마 *cf.* 다홍치마, 반물치마, 옥색 치마, 연분홍 치마
보라치마연(-鳶) *cf.* 방패연, 가오리연
보란→보레인[보란]
보란 듯이 <나 ~> *cf.* 여봐란듯이
보람되다 *cf.* 모순되다
보람 없다
보람 있다

보람줄(책 따위에 표지를 하도록 박아 넣은 줄) *cf.* 가름끈, 갈피끈
보람차다 *cf.* 줄기차다
보랏빛 *cf.* 장밋빛, 연둣빛, 잿빛, 쥣빛, 모싯빛, 포돗빛, 산홋빛, 마놋빛, 청삿빛, 주톳빛 살구빛, 치자빛, 앵두빛, 버찌빛
보러 가다/보러 오다
보료방석(-方席) *cf.* 부들방석, 꽃방석
보류시켜 놓다(保留-)
보류해 두다(保留-)
보류해 오고 있다(保留-)
보르나병(-病)(소 등의 뇌척수막염)
보르네오 섬
보르도액(-液)
보르반(-盤)
보름 긴(-間)
보름 동안 *cf.* 한 달 동안
보름가량(-假量) *cf.* 열흘가량, 가량(접미사)
보름게(음력 보름께에 잡히는 게) *cf.* 그믐게
보름나물
보름날 *cf.* 대보름날
보름달 *cf.* 초승달
보름달 밤
보름떡
보름밤
보름사리
보름새기(민속)
보름째 *cf.* 째(접미사)
보름차례(-茶禮) *cf.* 설차례, 추석차례, 한식차례, 동지차례
보름치 *cf.* 열흘치, 오늘치, 치(접미사)
보리갈이
보리개떡 *cf.* 밀개떡, 봄보리개떡
보리농사(-農事) *cf.* 벼농사, 밀농사, 고추 농사, 담배 농사, 마늘 농사, 수수 농사
보리누름
보리바둑(아무렇게나 두는 바둑) *cf.* 보리장기, 보리윷
보리 바람
보리밟기
보리밥 *cf.* 쌀밥, 옥수수밥
보리밥 짓기 *cf.* 쌀밥 짓기
보리밥덩이 *cf.* 수수밥덩이
보리밭 *cf.* 감자밭, 땅콩밭, 옥수수밭, 참외밭, 수박밭, 인삼밭, 밀밭, 조밭
보리밭 가
보리밭 길 *cf.* 밀밭 길, 과수원 길
보리수나무(菩提樹-)
보리수제비 *cf.* 도토리수제비
보리숭늉
보리숲
보리쌀
보리씨 *cf.* 고추씨, 수박씨, 호박씨, 시금치씨, 옥수수씨, 해바라기씨, 볍씨
나팔꽃 씨, 분꽃 씨, 코스모스 씨, 단풍나무 씨, 아카시아꽃 씨
보리알 *cf.* 밀알, 쌀알, 콩알, 모래알
보리윷 *cf.* 보리장기, 보리바둑
보리장기(-將棋) *cf.* 보리바둑
보리죽(-粥) *cf.* 쌀죽, 율무죽
보리줄무늿병(-病)
보리차(-茶) *cf.* 옥수수차, 결명자차
보리찻물(-茶-) *cf.* 찻물
보리타작(-打作) *cf.* 콩타작
보리피리 *cf.* 파피리, 버들피리, 옥피리
보릿가루 *cf.* 송홧가루, 계핏가루, 겨잣가루
보릿고개 *cf.* 감잣고개
보릿단 *cf.* 수숫단
보릿대춤(발동작 없이 손만 흔들어 추는 춤)
보릿사루 *cf.* 쌀자루, 밀자루, 도토리 자루
보릿짚 *cf.* 볏짚, 귀릿짚, 호밀짚, 밀짚, 조짚
보릿짚모자(-帽子) *cf.* 밀짚모자
보막이(洑-)
보먼주머니(의학)
보무당당하나(步武堂堂-)
보물단지(寶物-) *cf.* 애물단지, 술단지
보물덩이(寶物-) *cf.* 금덩이, 흙덩이
보물 상자(寶物箱子) *cf.* 연장 상자, 보석 상자

보물 지도(寶物地圖) *cf.* 그림지도, 역사 지도, 작전 지도, 방언 지도, 문화 지도, 관광 지도
보물 찾기(寶物-) <보물(을) 찾기 위하여 …>
보물찾기(寶物-) <~놀이를 하다.>
보물찾기놀이(寶物-) *cf.* 놀이
보물(을) 찾다(寶物-)
보받이돌
보배 같다
보배스러워 보이다
보병것(步兵-)(보병목으로 지은 옷) *cf.* 무명것
보복당하다(報復當-) *cf.* 당하다
보복받다(報復-) *cf.* 받다
보복할 듯하다(報復-) *cf.* 듯하다
보복해 주다(報復-)
보브 씨(-氏)
보브 집
보살감투(菩薩-)(돼지고기 부위)
보살펴 다오
보살펴 드리다/보살펴 주다
보살펴 오다
보살핌 속에
보살핌 없이도
보살할미(菩薩-)
보상받다(補償-) *cf.* 받다
보상해 주다(補償-)
보상화무늬 벽돌(寶相花文塼)
보석 같다(寶石-)
보석 상자(寶石箱子) *cf.* 보물 상자, 연장 상자
보선해 놓다(補選-)
보셋집(保稅-) *cf.* 대폿집
보송보송하다
보수 받다(報酬-) *cf.* 편지 받다
보수 없다(報酬-)
보수 주다(報酬-)
보수주의(保守主義)
보수 중인(補修中-) *cf.* 수리 중인
보수해 놓다(補修-)
보스락장난(조심스럽게 하는 장난)
보스콥 인 *cf.* 베이징 인, 자바 인
보스턴 차 사건(-茶事件)
보슬보슬(부사) *cf.* 부슬부슬
보슬비 *cf.* 이슬비, 가랑비, 부슬비
보슬비 내리다
보습학교(補習學校) *cf.* 노작학교, 야간 학교
보시다시피 *cf.* 아시다시피, 다시피
보신각 종(普信閣鐘) *cf.* 봉덕사종, 상원사 종, 성덕 대왕 신종, 에밀레종
보싯돈(布施-) *cf.* 시줏돈, 연봇돈
보싸움(洑-) *cf.* 물싸움, 자리싸움, 몸싸움
보쌈(褓-)
보쌈김치(褓-)
보아 가며 일하다
보아 넘기다
보아 놓다
보아 두다
보아란 듯이 *cf.* 봐란 듯이, 여봐란듯이
보아 오다
보아 주다 <그림을 ~.>
보아주다(살펴 이해하다.) <사장님, 형편 좀 보아주십시오.>
보아하니(부사) <~ 학생인 듯한데….> *cf.* 보자 하니
보아한들(부사) <~ 뚜렷한 방안도 없을 듯한데….>
보안등(保安燈) *cf.* 비상등, 신호등
보암보암(짐작할 수 있는 겉모양) <~으로는 할 것 같다.>
보암직하다(형용사) *cf.* 바람직하다
보았나 보다 *cf.* 했나 보다
보았을 리 없다(-理-) *cf.* 리
보았자 <해 ~ 별수 없다.>
보어 반지름(-半-)
보여 다오
보여 달라다
보여 드리다/보여 드리고 싶다
보여야 말이지 *cf.* 말이다/말이야
보여 오다
보여주기 <~의 문학>

보여주기와 그려내기
보여 주다
보온밥통(保溫-桶) *cf.* 보온병
보온병(保溫甁)
보완해 가다(補完-)
보완해 나가다(補完-)
보완해 놓다(補完-)
보유해 두다(保有-)
보유해 오다(保有-)
보은 집회(報恩集會)
보이저호(-號) *cf.* 챌린저호, 셔먼호
보이지 않는 손
보일 듯 말 듯하다 *cf.* 듯하다
보일러수(-水)
보일러실(-室) *cf.* 화장실
보일 만큼 *cf.* 만큼(의존 명사)
보일뿐더러 *cf.* ㄹ뿐더러
보일 뿐 아니라 *cf.* ㄹ 뿐 아니라
보일·샤를 법칙(-法則)
보일유(-油) *cf.* 베르가모트유
보자마자 *cf.* 자마자
보자 보자 하니 *cf.* 듣자듣자하니
보자 하니 *cf.* 보아하니
보잘것도 없다
보잘것없다 *cf.* 들을 것 없다
보잘것이 없다
보장받다(保障-) *cf.* 받다
보장해 드리다(保障-)
보장해 주다(保障-)
보전해 오다(保全-)
보조 국사(普照國師) *cf.* 대각 국사, 서산 대사(휴정 대사)
보조 닻(補助-)
보조 동사(補助動詞)
보조 맞추다(步調-)
보조받다(補助-) *cf.* 받다
보조 용언(補助用言)
보조적 연결 어미(補助的連結語尾)
보조해 주다(補助-)
보조 형용사(補助形容詞)
보존되어 오다(保存-)
보존력장(保存力場)
보존해 나가다(保存-)
보존해 오다(保存-)
보지 못하기나 한 듯이 *cf.* 듯이
보지 못하다
보지 못한 채 *cf.* 채
보지 않다
보채낚기 *cf.* 던질낚시, 흘림낚시
보초 서다(步哨-)
보추 없다(진취성이 없다.)
보충해 주다(補充-)
보크족(-族)
보태어 쓰다
보태 주다
보탬 되다
보탬 없다/없이
보통 걸음으로 걷기(普通-)
보통 경찰제(普通警察制) *cf.* 헌병 경찰제
보통굽기(普通-)
보통내기(普通-)(여간내기)
보통 때 같으면(普通-)
보통 때(普通-) *cf.* 여느 때
보통례(普通禮) *cf.* 최경례
보통 명사(普通名辭) *cf.* 고유 명사
보통빠르게(普通-)
보통염(普通鹽)
보통주(普通株) *cf.* 우선주, 후배주, 공모주
보통지식(普通知識)
보통창고(普通倉庫) *cf.* 보세 창고
보통·평등·직접·비밀 선거(普通·平等·直接·祕密選擧)
보통학교(普通學校) *cf.* 초등학교, 심상소학교
보편주의(普遍主義)
보편타당성(普遍妥當性)
보편화되다(普遍化-)
보편화되어 가다(普遍化-)
보플명주(-明紬)

보험 들다(保險-)
보험료율(保險料率)
보헤미아 유리(-琉璃) *cf.* 베네치아 유리, 아라비아고무, 파라고무
보호망 주머니(保護網-) *cf.* 위문 주머니
보호 무역주의(保護貿易主義)
보호받다(保護-) *cf.* 받다
보호받아 오다(保護-)
보호 아래(保護-)
보호주의(保護主義)
보호털(保護-)
보호해 오다(保護-)
보호해 주다(保護-)
복고사상(復古思想) *cf.* 개화사상, 계몽사상, 배외사상, 민본 사상, 철학 사상, 자연법사상, 민주 사상, 자주 사상
복고주의(復古主義)
복관절(複關節) *cf.* 고관절
복구렁이(福-) *cf.* 업구렁이
복구해 놓다(復舊-)
복국 *cf.* 조깃국, 민엇국, 뭇국
복권시켜 주다(復權-)
복귀해 오다(復歸-)
복낙원(復樂園) *cf.* 실낙원
복날(伏-) *cf.* 초복날, 중복날, 말복날
복놀이(伏-)
복달임(伏-)
복더위(伏-) *cf.* 삼복더위, 불볕더위, 가마솥더위, 찜통더위
복덩어리(福-)
복덩이(福-)
복도 꾸미기(複道-)
복동기관(複動機關) *cf.* 단동기관, 왕복 기관
복되다(福-)
복률성과급(複率成果給) *cf.* 단순 성과급
복률시간급(複率時間給) *cf.* 단순 시간급
복면강도(覆面强盜) *cf.* 무장 강도
복무규정(服務規程) *cf.* 근무 규정
복무연한(服務年限) *cf.* 근무 연한, 수업 연한, 파병 연한
복무 중(服務中) *cf.* 근무 중
복무해 오다(服務-)
복물(伏-)(복을 전후해서 오는 비)
복바가지(福-) *cf.* 욕바가지, 똥바가지, 물바가지, 쇠죽바가지
복받다(福-)
복 받았다네(福-) <푸짐한 ~.>
복받쳐 오르다
복 벗다(服-) *cf.* 복 입다
복부르다(復-)(초혼하다.)
복부르스트 소시지
복부외과(腹部外科) *cf.* 신경외과, 일반 외과
복부인(福婦人)
복비례(複比例)
복사건(複事件)
복사꽃/복숭아꽃 *cf.* 배꽃, 사과꽃
복사대비(覆紗對比)(미술)
복사되다(複寫-)
복사뼈←복숭아뼈
복사 안개(輻射-) *cf.* 증발 안개, 이류 안개, 전선 안개
복사 용지(複寫用紙) *cf.* 등사 용지, 필기 용지, 인쇄용지, 포장용지
복사해 오다(複寫-)
복사해 주다(複寫-)
복쇄상구조(複鎖狀構造)(지구과학)
복수안(複數案) *cf.* 단일안
복수 표준어(複數標準語)
복수해 주다(復讐-)
복숭아꽃 *cf.* 살구꽃, 배꽃, 개나리꽃
복숭아밭 *cf.* 감자밭, 감귤밭, 앵두밭, 딸기밭, 배밭, 사과밭, 포도밭, 자두밭, 미역밭
복숭아뼈→복사뼈 *cf.* 무릎뼈, 갈비뼈, 정강이뼈, 엉치뼈, 사등뼈, 사골뼈
복숭아털
복숭앗빛 *cf.* 딸기빛, 치자빛, 앵두빛, 살구빛 포돗빛, 장밋빛, 잿빛, 핏빛, 산홋빛, 상앗빛, 청잣빛, 주홋빛

복슬강아지
복슬개
복습해 오다(復習-)
복쌈(伏-)(복날에 들깻잎으로 싸서 먹는 쌈)
복어 독(-魚毒) *cf.* 진주담치 독
복 없다(福-) <복 없는 년>
복역 중(服役中) *cf.* 근무 중
복요리(-料理) *cf.* 도미 요리, 넙치 요리
복원시켜 놓다(復元-)
복원해 내다(復元-)
복원해 놓다(復元-)
복음주의(福音主義)
복 입다(服-) *cf.* 복 벗다
복잡다기하다(複雜多岐-)
복잡다단하다(複雜多端-)
복잡다양하다(複雜多樣-)
복잡반응(複雜反應) *cf.* 간단반응, 교차 반응, 은거울 반응, 불꽃 반응
복잡해 보이다(複雜-)
복잡해져 가다(複雜-)
복잡해진만큼(複雜-) *cf.* 느니만큼, 만큼
복장거리(腹臟-) *cf.* 근심거리
복장 주머니(伏藏-)(탱화 불상에 칠보를 넣어서 다는 주머니)
복장거리 <~라도 하고 싶은 심정이다.>
복제해 놓다(複製-)
복조리(福-)
복종해 오다(服從-)
복주감투(방한모의 일종)
복주머니 만들기(福-)
복주머니(福-)
복직시켜 주다(復職-)
복찻다리(큰길을 가로지른 개천에 놓은 다리)
복철(伏-)(삼복이 든 시기)
복 타다(福-)(복을 타고 나다.)
복 터지다(福-)
복판치기놀음(농악)
복판 키(複板-) *cf.* 단판 키
복합란(複合卵) *cf.* 단일란

복합핵(複合核)
복허리(伏-)(복중) *cf.* 산허리
복화실험(複化實驗)
볶는염불(-念佛)
볶는염불소리
볶는타령
볶아 놓다
볶아대다 *cf.* 대다
볶아 먹다
볶아치다
볶은고추장(-醬)
볶은장(-醬)
볶음밥
볶음수란(-水卵)
본(本)(관형사) *cf.* 본 어미니회는, 본 대학에서는, 본 학회에서는
본-(本)(접두사) *cf.* 본국, 본값, 본바탕
본가댁(本家宅) *cf.* 친정댁, 처가댁
본값
본 검사(本檢事) <~가 신청한….>
본격화되어 가다(本格化-)
본격화하다(本格化-)
본고사(本考査) *cf.* 예비 고사
본고장(本-)
본관(本官)
본교(本校)
본궤도(本軌道)
본그늘(本-)
본그림(本-)
본그림지(本-)
본기둥(本-)
본길(本)
본남편(本男便) *cf.* 전서방
본능주의(本能主義)
본다 해도 *cf.* 먹는다 해도
본 대로 느낀 대로 *cf.* 대로(의존 명사)
본 대로 들은 대로
본 대학에서는(本大學-) *cf.* 본 학과에서는
본데없다(보고 배운 것이 없다.)

본데없이 <~ 자라서 예의가 없다.>
본동사(本動詞) *cf.* 조동사
본 둥 만 둥 *cf.* 먹는 둥 마는 둥, 하는 둥 마는 둥, 둥
본 둥 만 둥 하다
본딧말 *cf.* 반대말, 안내말, 풀이말, 토박이말
본때 보여 주다
본때 보이다
본때 있다/있게
본뜨기(本-)
본뜨다(本-)
본뜻(本-)
본루판(本壘板)
본마누라(本-) *cf.* 작은마누라
본마음(本-)
본 만큼 아는 만큼
본말(本-)
본모양(本模樣)
본밑(本-)(본밑천)
본밑천(本-)
본바느질(本-) *cf.* 시침바느질
본바닥(本-)
본바탕(本-)
본받다(本-) <어진 사람을 ~.>
본 받다(本-) <나쁜 본(을) 받지 마라.>
본받아 오다(本-)
본받을 만하다(本-) *cf.* 만하다
본받음 직하다(本-) *cf.* 있음 직하다, 되었음 직하다, 직하다(보조 용언)
본밭(本-)(본디의 밭, 근본이 되는 밭)
본보기(本-)
본보기 내다(本-)
본보깃감(本-)
본보다(本-)
본보여 주다(本-)
본부인(本夫人) *cf.* 작은부인
본빨래(本-) *cf.* 애벌빨래
본 사건(本事件) <~을 기소한….>
본설계도(本設計圖) *cf.* 가설계도
본숭만숭하다
본용언(本用言) *cf.* 보조 용언
본 위원회(本委員會) *cf.* 본 회장('이 회장'의 뜻으로는)
본의 아니다(本意-)
본이름(本-)
본 일 없다
본잎(本-)
본저장(本貯藏)
본 적이 없다 *cf.* 적(의존 명사)
본 적이 있다
본정신(本精神) *cf.* 제정신
본 제품(本製品)
본조 아리랑(本調-)
본존불(本尊佛)
본존불상(本尊佛像)
본줄기(本-) *cf.* 원줄기
본증거금(本證據金) *cf.* 예납 증거금
본 지 오래 되다 *cf.* 지
본집(本-) <아버지의 ~….>
본채(本-)
본 척도 안 하다
본척만척하다 *cf.* 본 둥 만 둥
본체만체하다 *cf.* 본 둥 만 둥
본초 자오선(本初子午線)
본초강목(本草綱目)
본 초등학교 교과서(本初等學校敎科書)
본토박이(本土-) *cf.* 토박이
본 학교는(本學校-)
본 협의회(本協議會)
본형용사(本形容詞)
본 회에서(本會-)
본회의(本會議) *cf.* 국회 본회의
본 회의(本會議) *cf.* 이 회의, 이번 회의
본 회의장(本會議場)('이 회의장'의 뜻으로는)
본회의장(本會議場)
볼가 강(-江)
볼가·돈 운하(-運河)
볼가심(적은 양의 음식으로 시장기를 면함.) *cf.*

입가심
볼거리 *cf.* 땔거리, 읽을거리, 이야깃거리, 화젯거리, 골칫거리, 끼닛거리, 말할 거리
볼기 맞다
볼기 치다
볼기짝
볼기짝께 *cf.* 께(접미사)
볼기짝얼레 *cf.* 육모얼레
볼기치기
볼깃살 *cf.* 홍두깨살, 우둔살, 목살
볼까 봐
볼꼴 사납다 *cf.* 심통 사납다, 눈꼴사납다
볼나사(-螺絲) *cf.* 사각나사
볼낯 없다
볼따구니
볼록 거울 *cf.* 오목 거울
볼록 렌즈 *cf.* 오목 렌즈
볼록 줄눈 *cf.* 오목 줄눈
볼록판 인쇄(-版印刷) *cf.* 오목판 인쇄
볼륨 끝
볼만장만(보기만 하고 간섭하지 아니하는 모양)
볼 만하다 *cf.* 만하다
볼맞다(서로 손이 맞다.)
볼맞추다 *cf.* 입맞추다
볼메다
볼멘소리
볼멘소리하다 *cf.* 목멘 소리
볼모 삼다 *cf.* 인질 삼다
볼모 잡다/볼모 잡히다
볼받다 <해진 버선을 ~.>
볼받이
볼 법하다 <영화에서나 ~.> *cf.* 법하다
볼비빔
볼셰비키당(-黨) *cf.* 나치당
볼 수 없다
볼수염(-鬚髥) *cf.* 턱수염
볼썽사납다 *cf.* 눈꼴사납다, 볼꼴 사납다
볼썽없다
볼연지(-臙脂)
볼우물
볼월러 성(-城) *cf.* 윈저 성
볼일
볼일 없다
볼 장 보다 <볼 장 다 보다.>
볼쥐어지르다(빰치다)
볼통스럽다
볼트 머리 *cf.* 나사 머리, 리벳 머리
볼펜 수(-數)
볼펜값 *cf.* 연필값
볼펜대
볼펜심(-心)
볼품
볼품사납다 *cf.* 꼴사납다, 눈꼴사납다, 볼썽사납다, 볼꼴 사납다, 소문 사납다, 욕심 사납다
볼품없다
볼품 있다
볼프람강(-鋼) *cf.* 바나듐강, 텅스텐강
볼호령(-號令) *cf.* 불호령
봄가꾸기 *cf.* 물가꾸기
봄가뭄
봄가을 *cf.* 봄여름
봄·가을 *cf.* 봄가을, 봄여름
봄갈이[春耕] *cf.* 가을갈이
봄갈이팥
봄 거름 *cf.* 가을 거름
봄 결구 배추(-結球-) *cf.* 반결구 배추, 결구 배추, 결구 상추
봄 경치(-景致) *cf.* 가을 경치
봄고치 *cf.* 가을고치
봄곤충(-昆蟲)
봄기운(-氣運)
봄 길 *cf.* 가을 길, 겨울 길, 여름 길, 이른 봄길, 늦가을 길
봄김치 *cf.* 지레김치, 김장 김치
봄꽃 *cf.* 가을꽃
봄꿈
봄나들이 가다
봄나들이/봄나들이하다

봄나물 *cf.* 산나물, 들나물
봄 나비
봄날 *cf.* 여름날, 가을날, 겨울날
봄 날씨 *cf.* 여름 날씨, 가을 날씨, 겨울 날씨
봄낳이 <~ 필무명….>
봄내
봄 내내
봄내음(시어 등에서)
봄노래 *cf.* 여름 노래, 가을 노래, 겨울 노래
봄놀이
봄누에 *cf.* 여름누에, 가을누에
봄눈 <~ 슬듯 하다.>
봄님(봄을 의인화해서)
봄단장(-丹粧)
봄 동산 *cf.* 가을 동산, 겨울 동산, 여름 동산
봄 동산 꾸미기
봄뜰
봄뜻[春情](시어 등에서) *cf.* 여름 뜻, 가을 뜻, 겨울 뜻
봄맞이 *cf.* 여름맞이, 가을맞이, 겨울맞이
봄맞이 가다
봄무 *cf.* 가을무, 봄배추
봄물
봄밀 지대(-地帶)
봄바람 *cf.* 여름 바람, 가을바람, 겨울바람, 늦가을 바람, 초겨울 바람
봄밤 *cf.* 가을밤, 여름밤, 겨울밤
봄 방학(-放學) *cf.* 여름 방학, 겨울 방학
봄 방학 때(-放學-)
봄밭
봄배추김치
봄볕 *cf.* 가을볕
봄보리개떡 *cf.* 밀개떡, 보리개떡
봄부채(장난감의 하나)
봄비 *cf.* 여름비, 가을비, 겨울비
가랑비, 보슬비, 안개비, 이슬비, 장대비, 장맛비, 구슬비
봄비 내리다 *cf.* 비 내리다
봄비 오다 *cf.* 비 오다

봄빛 *cf.* 가을빛
봄뿌림 *cf.* 가을뿌림
봄뿌림 한해살이 화초(-花草)
봄살이(봄에 먹는 음식이나 옷)
봄소식(-消息)(번역문 등에서 '춘신'의 뜻으로) *cf.* 가을 소식, 겨울 소식
봄 소풍(-逍/消風) *cf.* 가을 소풍
봄심기
봄아가씨(봄을 의인화해서)
봄여름 *cf.* 봄가을
봄 오는 소리
봄옷 *cf.* 가을옷, 겨울옷, 여름옷
봄장마 *cf.* 가을장마
봄 정취(-情趣) *cf.* 가을 정취, 겨울 정취
봄채마
봄철 *cf.* 여름철, 가을철, 겨울철
봄추위
봄 타다 *cf.* 여름 타다
봄풀
봄 하늘 *cf.* 가을 하늘
봄 햇살
봄 향기(-香氣)
봇도랑(洑-)
봇돌(아궁이 양쪽에 세우는 돌)
봇둑(洑-) *cf.* 냇둑, 개울둑, 하굿둑
봇둑길(洑-)
봇물(洑-)
봇일(洑-) *cf.* 밭일, 들일, 농사일, 회사일
봇줄(마소에 써래 등을 매는 줄)
봇짐(褓-)
봇짐장수(褓-) *cf.* 도붓장수, 등짐장수, 보따리장수, 방물장수, 채소 장수, 생선 장수
봉건사상(封建思想) *cf.* 사대사상, 적화사상, 민주 사상, 신선 사상, 민본 사상
봉건·신분 사회(封建·身分社會)
봉건주의(封建主義)
봉건 지대(封建地代) *cf.* 노동 지대, 생산물 지대, 화폐 지대
봉급날(俸給-) *cf.* 월급날

봉급 받다(俸給-) *cf.* 전화 받다
봉급생활(俸給生活) *cf.* 연금 생활
봉급생활자(俸給生活者) *cf.* 연금 생활자, 금리 생활자
봉급쟁이(俸給-) *cf.* 월급쟁이
봉급 주다(俸給-)
봉급 타다(俸給-)
봉놋방(-房)
봉당집(封堂-)
봉덕사종(奉德寺鐘) *cf.* 상원사 종, 에밀레종
봉돌(낚시찌)
봉돗소리(奉導-)
봉머리(峯-)
봉변당하다(逢變當-) *cf.* 당하다
봉변 주다(逢變-) *cf.* 망신 주다
봉빠지다 *cf.* 뽕빠지다, 뽕나나
봉사가격(奉仕價格) *cf.* 할인 가격
봉사받다(奉仕-) *cf.* 받다
봉사부장(奉仕部長)
봉사·예술·체육·종교 활동(奉仕·藝術·宗敎活動)
봉사해 오다(奉仕-)
봉사해 주다(奉仕-)
봉산 탈춤(鳳山-) *cf.* 하회 탈춤
봉선화 꽃물(鳳仙花-) *cf.* 진달래 꽃물
봉쇄해 놓다(封鎖-)
봉수대 터(烽燧臺-) *cf.* 원각사 터
봉숭아 가꾸기
봉숭아(를) 가꾸다
봉숭아꽃
봉숭아 꽃물 *cf.* 감물, 갈물, 치자물
봉숭아 꽃잎
봉숭아물 *cf.* 치자물, 창포물, 오디물, 딸기물
봉숭아 씨앗
봉숭아 잎 *cf.* 국화잎, 빙잇잎, 남생이덩굴 잎
봉안해 놓다(奉安-)
봉양해 오다(奉養-)
봉오동 전투(鳳梧洞戰鬪)
봉제완구(縫製玩具) *cf.* 목각 완구, 목제 완구, 조립 완구, 기계인형
봉죽놀이(奉竹-) *cf.* 놀이
봉죽대
봉죽들다(←奉足-)
봉지씌우기(封紙-)(편수 자료 '농·생명')
봉지(를) 씌우다(封紙-)
봉충걸음 *cf.* 배틀걸음, 오리걸음, 종종걸음
봉충다리 <~의 울력걸음>
봉칫날
봉평장(蓬坪場) *cf.* 모란장, 정선장
봉함엽서(封緘葉書) *cf.* 그림엽서, 우편엽서
봉합해 놓다(縫合-)
봉해 놓다(封-)
봉화 올리다(烽火-)
봉홧둑(烽火-) *cf.* 하굣둑, 철볏둑
봉홧불(烽火-) *cf.* 화톳불, 모닥불, 우등불
봉황새자리(鳳凰-)
봐도 봐도 *cf.* 가도 가도, 주어도 주어도
봐란 듯이 *cf.* 보아란 듯이
봐주다(살펴 이해하다) <편의를 ~.>
봐 주다 <아기를 ~.>
봐하니
뵈러 가다
뵙고 싶어하다
-부(部)(접미사) *cf.* 머리부, 중심부
-부(附)(접미사) *cf.* 시한부, 오늘부
부(不)-(접두사) *cf.* 부도덕, 부자유
부(副)-(접두사) *cf.* 부시장, 부총장
부각시켜 주다(浮刻-)
부강해져 가나(富强-)
부게비집히나(억지로 하게 되나.)
부검지 여물(미장 재료로 쓰는 볏짚 부스러기)
부검지(짚의 산부스러기)
부게 보정(-補正)
부결시켜 버리다(否決-)
부과받다(賦課-) *cf.* 받다
부과해 주다(賦課-)
부국강병(富國强兵)
부귀공명(富貴功名)
부껍질(副-)

부끄러움 없다
부끄러워 보이다
부끄러워하다
부끄럼 없다
부끄럼 타다 *cf.* 간지럼 타다
부끄럼성(-性) *cf.* 불뚝성, 내칠성, 냅뜰성
부나비 같다
부넘기 *cf.* 무넘기
부녀 간(父女間) <두 ~에….>
부녀간(父女間) <그들은 ~이다.>
부녀자층(婦女子層)
부다듯하다(열이 몹시 나 몸이 뜨겁다.)
부닥방망이(도깨비들이 가지고 다닌다는 신통한 방망이) *cf.* 도깨비방망이
부담롱(負擔籠)
부담스러워 보이다(負擔-)
부담스러워하다(負擔-)
부담시켜 주다(負擔-)
부담 없다(負擔-)
부담해 주다(負擔-)
부대껴 대다
부대사업(附帶事業) *cf.* 목적 사업
부대설비(附帶設備)
부대시설(附帶施設)
부대조건(附帶條件) *cf.* 부대 청구, 부대 항고, 부대 상고
부대찌개(部隊-)
부도나다(不渡-)
부도내다(不渡-)
부도심(副都心)
부동산업(不動産業)
부동산화물(不動酸化物)
부동자세(不動姿勢) *cf.* 열중쉬어 자세, 사격자세, 편히쉬어 자세
부동주(浮動株) *cf.* 유동주, 안정주, 고정주
부동태화(不動態化)
부돗가(埠頭-) *cf.* 화롯가, 불가, 시냇가
부둥켜안다
부둥팥
부득이하여(不得已-)
부들방석(-方席) *cf.* 짚방석, 바늘방석
부들부들하다
부들부채 *cf.* 태극부채, 진주부채
부들상모(-象毛) *cf.* 뻐상모
부들 어묵(-魚-) *cf.* 찐 어묵, 튀김 어묵, 판붙이 어묵
부듯해하다
부등가리
부등가물(不等價物)
부등깃(어린 새의 깃) *cf.* 꼬리깃, 발갯깃
부딪쳐 오다
부딪치다시피 하다 *cf.* 다시피 하다
부딪히다 <문제에 ~.>
부딪힐 뻔하다 *cf.* 뻔하다
부라퀴(야물고 앙팡진 사람)
부랴부랴(부사)
부랴사랴(부사)
부러뜨려 놓다
부러움 없다
부러워하다
부러워할 만큼 *cf.* 만큼
부러져 나가다
부러져 버리다
부러졌나 봐 *cf.* 보다
부러질 듯 <~ 휘었는데….>
부럼 까다
부럼 깨다
부럼깨물기(민속)
부레끓다(몹시 속상하다.)
부레뜸 <연줄에 ~을 먹였다.>
부레옥잠(-玉簪)
부레풀 *cf.* 쌀풀, 밀가루풀, 갖풀, 밀풀, 녹말풀, 아교풀
부려먹다(편수 자료)
부려 보다
부루말
부룩소(작은 수송아지)
부룩송아지

부릇동(상추의 줄기)
부릇동나물
부르걷다
부르는 듯한/듯하다 *cf.* 듯하다
부르대다
부르동관(-管)(압력이나 온도를 재는 금속관) *cf.* 네슬러관
부르러 오다
부르쥐다
부르짖다
부른기둥 *cf.* 흘림기둥
부른지붕 *cf.* 톱날지붕, 외쪽지붕, 팔작지붕
부를 만큼 *cf.* 만큼
부름말
부름받다 *cf.* 받다
부름 받다 <나라의 ~.>
부름켜
부릅뜨다
부리자르기(편수 자료 '농·생명') *cf.* 꼬리자르기
부리(를) 자르다
부리나케(부사)
부리망(-網)(소의 입에 씌우는 망)
부리병(-瓶) *cf.* 호리병, 매병, 자라병
부리부리하다
부리부리해 보이다
부리선(-線)
부리 토기(-土器)(부리 모양의 주둥이가 달린 토기) *cf.* 귀때 토기
부림말
부림소 *cf.* 고기소, 싸움소
부마크(副-)
부메뉴(副-)
부모 같다(父母-)
부모 곁에(父母-)
부모 노릇 하다(父母-)
부모 노릇(父母-) *cf.* 어른 노릇, 선생 노릇, 자식 노릇, 사상 노릇, 머슴 노릇, 종노릇하다, 병신노릇하다
부모님상(父母-喪)
부모 덕 보다(父母德-) *cf.* 처가 덕 보다
부모 덕에(父母德-) *cf.* 딸 덕에, 원님 덕에
부모 되는 분(父母-)
부모들 간에(父母-間-)
부모모시기(父母-)
부모(를) 모시다(父母-)
부모 밑에(父母-)
부모 없이 자란 놈(父母-)
부모와 자녀 간의 사랑(父母-子女間-)
부모 자식 간에(父母子息間-)
부모 형제간(父母兄弟間) *cf.* 내외간
부·목·군·현(府·牧·郡·縣)
부문 간(部門間)
부반송파(副搬送波)
부방파제(浮防波堤)
부배합(富配合) *cf.* 빈배합
부부간(夫婦間) <그들은 ~이다.> *cf.* 내외간, 모녀간, 부자간, 조손간
부부 간(夫婦間) <두 부부 간에>
부부방(夫婦房) *cf.* 어린이방, 노인방
부부 사이(夫婦-)
부부 싸움(夫婦-) *cf.* 사랑싸움, 바가지싸움
부분뜨기(部分-)(뜨개질)
부분부분(部分部分)
부분 2부 합창(部分二部合唱)
부분적으로나마(部分的-) *cf.* 으로나마
부분집합(部分集合)
부사격 조사(副詞格助辭)
부사구(副詞句)
부사령관(副司令官) *cf.* 총사령관
부사어구(副詞語句) *cf.* 목적어구
부사절(副詞節)
부사절을 안은 문장(副詞節-文章)
부사형 어미(副詞形語尾)
부산과 김해 간(釜山-金海間)
부산광역시(釜山廣域市)
부산대학교(釜山大學校)
부산떨다 *cf.* 요란떨다
부산맞다

부산맞아 보이다
부산스러워 보이다
부산진성(釜山鎭城) *cf.* 동래성
부산진 야유(釜山鎭野遊) *cf.* 동래 야유
부산 피우다 *cf.* 요란 피우다
부산해 보이다
부상당하다(負傷當-) *cf.* 당하다
부상 입다(負傷-)
부생모육지은(父生母育之恩)
부서져 나가다
부서져 버리다
부석사 소조 아미타여래 좌상(浮石寺塑造阿彌陀如來坐像)
부설해 놓다(敷設-/附設-)
부섭마루
부섭지붕 *cf.* 팔작지붕, 눈썹지붕, 맞배지붕
부섭집(집채의 벽에 기대어 지은 집)
부소산성(扶蘇山城) *cf.* 북한산성
부속서류(附屬書類) *cf.* 부수서류, 부속 명세서, 첨부 서류
부속 성분(附屬成分)
부속영업(附屬營業)
부속학교(附屬學校) *cf.* 부속 병원, 개방 학교, 벽지 학교
부수비용(附隨費用) *cf.* 부대 비용, 여행 비용, 수술 비용
부수색인(部首索引)
부수서류(附隨書類) *cf.* 부속서류, 첨부 서류
부수수해 보이다
부순 돌
부순 모래
부숴 버리다
부슬비 *cf.* 가랑비, 이슬비, 장대비, 구슬비
부시쌈지 *cf.* 담배쌈지
부식되어 가다(腐蝕-)
부싯깃 <부싯돌과 ~을 가지고….>
부싯돌 *cf.* 주춧돌, 김칫돌, 다듬잇돌
부썩부썩(부사)
부아 나다(분한 마음이 일어나다.) *cf.* 화나다, 성나다
부아 내다(분한 마음을 일으키다.) *cf.* 화내다, 성내다
부아드로즈유(-油) *cf.* 라벤더유, 보일유
부아통 터지다
부앗가심(부아를 가시게 하는 일)
부앗김에 *cf.* 홧김에, 분김에, 홍김에
부양가족(扶養家族)
부양 주머니(浮揚-)
부양해 오다(扶養-)
부어 가다
부어 나가다
부어내리다
부어 넣다 <물을 동이에 ~.>
부어 보다
부어오르다 *cf.* 부풀어 오르다
부어 주다
부어터지다
부업거리(副業-) *cf.* 일거리, 술잔거리
부엉이살림(부쩍부쩍 늘어나는 살림)
부엉이셈(이해 관계에 어두운 셈)
부엉이집 *cf.* 새집, 제비집, 까치집
부엌굴(-窟)
부엌문(-門) *cf.* 방문, 현관문, 분합문, 다락문 곳간 문, 창고 문, 변소 문, 화장실 문, 욕실 문, 안방 문, 사랑방 문
부엌바닥 *cf.* 방바닥
부엌방(-房)
부엌비 *cf.* 방비, 마당비
부엌살림 *cf.* 바깥살림, 신혼살림, 집안 살림
부엌일 *cf.* 바깥일, 안일, 가게일, 밭일
부엌일 거들기
부엌일 돕기
부엌일(을) 돕다
부엌출입(-出入) *cf.* 바깥출입, 안출입, 안방출입, 사랑 출입
부엌칼 *cf.* 회칼, 도련칼, 해부칼, 배코칼
부여 땅(夫餘/扶餘-) *cf.* 중국 땅
부여받다(賦與/附與-) *cf.* 받다

부여안다/부여잡다
부여족(夫餘族)
부여해 주다(賦與/附與-)
부연착고(附椽着固)
부영양형(富營養型) *cf.* 빈영양형
부영양호(富營養湖) *cf.* 빈영양호
부용꽃(芙蓉-) *cf.* 장미꽃
부원소(副元素)
부원자가(副原子價)
부위원장직(副委員長職)
부유스름해 보이다
부유인생(蜉蝣人生) *cf.* 하루살이인생
부인해 오다(否認-)
부임해 오다(赴任-)
부자간(父子間) <그들은 ~이다.> *cf.* 부녀간
부자 간(父子間) <두 부자 간에>
부자 나라(富者-) *cf.* 거지 나라
부자 되다(富者-) <부자 된 내력> *cf.* 알거지 되다
부자연스러워 보이다(不自然-)
부자유스러워 보이다(不自由-)
부자유친(父子有親)
부작위범(不作爲犯)
부잔교(浮棧橋)
부잠사(副蠶絲)
부잣집(富者-) *cf.* 요릿집, 사삿집, 상갓집
부장 노릇 하다(部長-) *cf.* 어른 노릇, 사장 노릇, 종노릇하다, 병신노릇하다
부재 중(不在中) *cf.* 출장 중
부저기압(副低氣壓)
부적당하다(不適當-)
부적응아(不適應兒)
부적합해 보이다(不適合-)
부전고원(赴戰高原) *cf.* 개마고원, 무산고원
부전령산맥(赴戰嶺山脈) *cf.* 낭림산맥
부절따말(갈기가 검은 절따말) *cf.* 가라말
부점결탄(不粘結炭) *cf.* 점결탄
부정기령(不定期齡) *cf.* 정기령
부정기선(不定期船) *cf.* 정기선

부정기편(不定期便) *cf.* 정기편
부정기형(不定期刑)
부정 부사(不定副詞)
부정정보(不靜定-) *cf.* 정정보
부정 타다(不淨-)
부정 탔나 보다(不淨-)
부정 표현(否定表現)
부정풀이(不淨-)
부정풀이굿(不淨-)
부정합면(不整合面)
부정행위(不貞行爲)
부정행위(不正行爲) *cf.* 탈선행위, 기만행위, 가혹 행위, 범죄 행위
부정형시(不定型詩) *cf.* 정형시
부조정실(副調整室)
부족 간(部族間)
부족하나마(不足-) *cf.* 나마나
부족한데다가(不足-) *cf.* 는데다가
부족한 듯하다(不足-) *cf.* 듯하다
부족함 없이(不足-)
부족해 보이다(不足-)
부족해져 가다(不足-)
부좃돈(扶助-) *cf.* 노잣돈, 일숫돈, 분핫돈, 시줏돈, 쌈짓돈, 주머닛돈
부좃술(扶助-) *cf.* 화햇술
부좃일(扶助-)
부주인공격(副主人公格) *cf.* 주인공격
부주전(父主前) *cf.* 부주전 상서
부숫대넘기(땅재주)
부지런 떨다
부지런 피우다 *cf.* 게으름 피우다
부지런쟁이
부지런해 보이다
부지런해져 가다
부지불식중(不知不識中) *cf.* 은연중에
부지중에(不知中)
부지해 나가다(扶支-)/부지해 오다(扶支-)
부질없다
부쩍부쩍

부착해 놓다(附着-)
부채 만들기
부채(를) 만들다
부채 자랑 *cf.* 힘자랑, 노래자랑, 장기 자랑
부채꼴
부채꼴의 넓이
부채바위 *cf.* 너럭바위, 병풍바위, 사자바위
부채질
부채질해 주다
부채춤 *cf.* 북춤, 탈춤, 학춤
부채춤 추다 *cf.* 춤추다
부챗살 *cf.* 바퀴살, 주름살, 우산살
부챗살 심빼기 발파(-發破)
부챗살빛(일몰 직전이나 직후에 보이는 부챗살 모양의 빛)
부처 간에(部處間-)
부처님 같다
부처님상(-像) *cf.* 그리스도상, 마리아상, 다비드상, 공자상
부처님 오신 날
부쳐 가다
부쳐 내다 <빈대떡을 ~.>
부쳐 놓다
부쳐 먹다
부쳐 오다
부쳐 주다
부쳐지내다 <매부네 집에 ~.>
부쳐하다 <힘에 ~.>
부추겨 놓다
부추겨 올리다
부추겨 주다
부추김치 *cf.* 배추김치
부축해 드리다
부축해 일으키다
부축해 주다
부춛돌(뒷간에 발로 디디게 한 돌)
부출각시(뒷간을 지키는 여자 귀신)
부츠에 몸 지탱하기(-支撑-)
부친전(父親前) *cf.* 하느님전에, 천주님전에, 아버님전
부친전에 여쫘오되(父親前-) *cf.* 부주전 상서, 원전에
부탁 드리다(付託-) <무리한 부탁(을) 드리지 마라.>
부탁드리다(付託-) <잘 좀 ~.>
부탁 받다(付託-) *cf.* 편지 받다
부탁해 오다(付託-)
부탄→뷰테인〔부탄〕
부탄가스→뷰테인가스 *cf.* 메탄가스→메테인가스
부탄가스통(-桶)→뷰테인가스통(-桶) *cf.* 가스통
부티르산(-酸)→뷰티르산(-酸)
부틸고무→뷰틸고무 *cf.* 우레탄고무, 파라고무, 아라비아고무, 가황 고무, 탄성 고무
부판잡고 발차기(浮板-)
부판잡고 발차기하며 팔젓기(浮板-)
부패 지수(腐敗指數) *cf.* 반부패 지수, 행복 지수
부평초 같다(浮萍草-)
부푼점토(-粘土)(건축)(물이 섞이거나 얼어서 부피가 커져 부풀어 오른 점토)
부풀려 놓다
부풀어 오르다
부풀어 올랐다 쭈그러들었다 하였다
부풀어 있다
부품도 그리기(部品圖-)
부품도(를) 그리다(部品圖-)
부픈살(화살) *cf.* 몸빠진살
부픈짐 *cf.* 몽근짐
부피와 들이 단위 알아보기(-單位-)
부피의 단위 알아보기(-單位-)
부피의 큰 단위 알아보기(-單位-)
부피 재기 *cf.* 들이 재기, 길이 재기
부하 노릇(部下-) *cf.* 주인 노릇, 어른 노릇
부하 된 도리(部下-道理) *cf.* 상관 된 도리
부하들 간에(部下-間-)
부항단지(附缸-) *cf.* 신줏단지, 술단지, 똥단지
부호화기(符號化器)
부활시켜 주다(復活-)

부활절날(復活節-) *cf.* 크리스마스날
부흐너 깔때기
북경요리(北京料理) *cf.* 사천요리, 광동요리
북관 개시(北關開市) *cf.* 중강 개시, 화동관 후시, 경원 개시
북규슈(北九州) *cf.* 기타큐슈
북녘 땅 *cf.* 남녘 땅, 미국 땅
북대서양 해류(北大西洋海流)
북돋움하다
북돋워 가다
북돋워 주다
북동쪽(北東-)
북두칠성(北斗七星)
북로 군정서(北路軍政署)
북로 군정서군(北路軍政署軍)
북메우기 *cf.* 테메우기
북 메우다
북바늘
북받쳐 오르다
북받치다
북베트남(北-)
북새질하다
북새통에
북서쪽(北西-)
북소리 *cf.* 장구 소리, 징 소리, 피리 소리
북슬강아지
북실 감기
북실(을) 감다
북아메리카(北-)
북아프리카(北-)
북어 껍질(北魚-) *cf.* 소기 껍질
북어냉국(北魚冷-)
북어보풀음
북어찜(北魚-) *cf.* 아구찜, 복찜, 갈비찜
북없는 직기(-織機)
북엇국(北魚-) *cf.* 동탯국, 뭇국, 시금칫국, 시래깃국, 민엇국
북유럽(北-) *cf.* 남유럽, 동유럽
북유럽학파(北-學派) *cf.* 스웨덴학파, 스톡홀름학파
북장단 *cf.* 입장단, 칼장단, 발장단, 손가락장단, 고갯장단, 푸너리장단
북적도 해류(北赤道海流) *cf.* 남적도 해류
북주기
북 주다
북집 끼우기
북집(을) 끼우다
북쪽 가(北-) *cf.* 남쪽 가, 서쪽 가
북쪽 나라(北-) *cf.* 남쪽 나라, 서쪽 나라
북쪽산(北-産)
북쪽왕관(北-王冠) *cf.* 남쪽왕관
북청 사자놀음(北青獅子-) *cf.* 양주 산대놀이
북청 사자춤 추다(北青獅子-)
북춤마당
북 치고 장구 치다
북 치다 *cf.* 장구 치다
북캐롤라이나(北-)
북태평양 해류(北太平洋海流)
북태평양(北太平洋)
북통 같다(-筒-)
북통배(-筒-) *cf.* 똥배
북풍받이(北風-) *cf.* 바람받이
북풍한설(北風寒雪)
북학론자(北學論者)
북한계선(北限界線)
북한 내에(北韓內-) *cf.* 남한 내에
북한 돕기(北韓-)
북한 땅에(北韓-) *cf.* 남한 땅에, 중국 땅에
북한말(北韓-)
북한말 알기(北韓-)
북한산비(北漢山碑)
북한산성(北漢山城) *cf.* 남한산성
북한측(北韓側) *cf.* 남한측, 미국측
북향재배(北向再拜)
북향집(北向-) *cf.* 시향집, 남향집, 동향집
북회귀선(北回歸線) *cf.* 남회귀선
-분(分)(접미사) *cf.* 10일분 식량, 알코올분
분∨(의존 명사) *cf.* 착한 분, 손님 여러 분

분 *cf.* 이분, 그분, 저분
분 가꾸기(盆-)
분(에) 가꾸다(盆-)
분가루(粉-) *cf.* 쌀가루, 밀가루, 흙가루
분가시(粉-)(분의 화장독)
분가시켜 주다(分家-)
분가해 나가다(分家-)
분간(分間) *cf.* 10분간, 30분간
분간해 주다(分揀-)
분갈이(盆-)
분갈이하다(盆-)
분개없다(分槪-)
분결 같다(粉-)
분골쇄신하다(粉骨碎身-)
분공목(分空目)(조판) *cf.* 배공목
분권전동기(分捲電動機) *cf.* 단권전동기
분권주의(分權主義) *cf.* 중앙 집권주의
분깃(分-)(유산을 나누어 줌.)
분꽃(粉-)
분꽃 씨(粉-) *cf.* 호박씨, 배추씨, 무씨, 시금치 씨, 나팔꽃 씨, 민들레 씨, 봉숭아 씨, 백일홍 씨, 아카시아나무 씨, 딜 씨
분 내다(忿-) *cf.* 화내다, 성내다
ᵛ분네(의존 명사) *cf.* 그댁 분네, 이댁 분네, 지금 오신 분네
분네 *cf.* 그분네, 저분네
분단별(分團別)
분단시켜 놓다(分斷-)
분 단위(分單位) *cf.* 시 단위, 초 단위
분단장(粉丹粧) *cf.* 옷단장, 머리단장(머리치기), 집단장, 몸단장
분단장급(分團長級) *cf.* 장성급, 대령급
분담해 오다(分擔-)
분당되어 버리다(分黨-)
분돋움(忿-)
분란 일으키다(紛亂-)
분류, 정리하다(分類, 整理-)
분류하여 세어보기(分類-)
분류해 놓다(分類-)
분리되어 나가다(分離-)
분리, 사육하다(分離, 飼育-)
분리수거하다(分離收去-)
분리수거 함(分離收去函) *cf.* 배전함, 사물함
분리시켜 놓다(分離-)
분리해 내다(分離-)
분리해 놓다(分離-)
분립주의(分立主義) *cf.* 통합주의
분말식용유(粉末食用油)
분말주스(粉末-)
분명해 보이다(分明-)
분명해져 가다(分明-)
분몰양(分-量)(접미사 '量'은 고유어나 외래어 다음에서는 '양')
분 바르다(粉-) *cf.* 약 바르다
분받침(盆-) *cf.* 책받침, 장독받침
분배 면(分配面) *cf.* 외모 면
분배받다(分配-) *cf.* 받다
분배해 주다(分配-)
분별 깔때기(分別-) *cf.* 분액깔때기
분별없다(分別-) <분별없이 행동하다.>
분별 있다(分別-)
분별해 내다(分別-)
분별해 주다(分別-)
분봉열(分蜂熱)
분산, 주둔하다(分散, 駐屯-)
분산해 놓다(分散-)
분생자병(分生子柄)
분생 포자(分生胞子)/분생 홀씨(分生-)
분서갱유(焚書坑儒)
분석, 검토해 보자(分析, 檢討-)
분석, 정리해 보자(分析, 整理-)
분석족(分析族)
분석, 종합하다(分析, 綜合-)
분석학자(分析學者)
분석해 내다(分析-)
분석해 놓다(分析-)
분석해 보다(分析-)
분세수(粉洗手) *cf.* 비누 세수

분쇄능(粉碎能) *cf.* 흡수능
분쇄해 버리다(粉碎-)
분수끼리 더하기(分數-)
분수 넘치는 짓(分數-)
분수 막대(分數-)
분수 모르는 짓(分數-)
분수 알아보기(分數-)
분수없다(分數-) <분수없이 행동하다.>
분수 있다(分數-)
분수 카드(分數-)
분수탑(噴水塔) *cf.* 취수탑
분식집(粉食-) *cf.* 한식집, 국숫집
분신 같다(分身-)
분신자살(焚身自殺) *cf.* 음독자살, 할복자살, 투신자살, 권총 자살
분실돼 버리다(紛失-)
분실해 버리다(紛失-)
분심기[盆植]
분액깔때기(分液-) *cf.* 분별 깔때기
분양받다(分讓-) *cf.* 받다
분양해 주다(分讓-)
분업주의(分業主義)
분업화해 나가다(分業化-)
분열된 채(分裂-) *cf.* 채(의존 명사)
분열병질(分裂病質)
분열성핵(分裂性核)
분열시켜 놓다(分裂-)
분위기 가스(雰圍氣-)
분유통(粉乳桶) *cf.* 설탕통, 물통, 석유통, 참기름통, 개수통, 설거지통, 빨래통
분자간 힘(分子間-)
분자시계(分子時計) *cf.* 원자시계, 전지시계
분자열(分子熱)
분자운(分子雲) *cf.* 비행운
분쟁 없다(紛爭-)
분절꽂이(分節-)
분젠등(-燈) *cf.* 아크등, 가스등, 석유등
분주해 보이다(奔走-)
분주해져 가다(奔走-)
분주해하다(奔走-)
-분지(分之)(접미사) *cf.* 10분지 1, 분의
분질러 놓다
분천탑(噴泉塔) *cf.* 분수탑, 취수탑, 선전탑
분청사기(粉青沙器)
분청사기 박쥐무늬 편병[粉青沙器蝙蝠文扁甁]
분청사기 박지모란무늬 철채 자라병[粉青沙器剝地牧丹文鐵彩扁甁]
분청사기 상감 모란무늬 병[粉青沙器象嵌牧丹文甁]
분청사기 철화 당초무늬 항아리[粉青沙器鐵畫唐草文壺]
분청자기(粉青瓷/磁器)
분통같다(粉桶-) <도배를 해서 방이 ~.>
분통 터뜨리다(憤痛-)
분통 터지다(憤痛-) *cf.* 열통 터지다
분파주의(分派主義)
분파주의자(分派主義者)
분풀이(憤-) *cf.* 한풀이, 화풀이
분필 가루(粉筆-) *cf.* 메줏가루, 송홧가루, 멸칫가루, 미숫가루
분필갑(粉筆匣) *cf.* 성냥갑, 담뱃갑
분한 없다(分限-)/분한 있다(分限-)
분할, 점령하다(分割, 占領-)
분합들쇠(分閤-)
분합문(分閤門) *cf.* 방문, 현관문, 다락문, 장지문, 부엌문
분핫돈(分下-)(벼슬아치들에게 연례에 따라 나누어 주던 돈)
분항아리(粉-)
분해가솔린(分解-)
분해능(分解能)
분해시켜 주다(分解-)
분해열(分解熱) *cf.* 생성열
분해 죽겠다(憤-)
분향재배(焚香再拜) *cf.* 북향재배
분홍 꽃(粉紅-) *cf.* 노란 꽃, 노랑 꽃, 빨간 꽃, 빨강 꽃
분홍 무늬(粉紅-) *cf.* 초록 무늬
분홍빛(粉紅-) *cf.* 초록빛, 연둣빛, 잿빛

분홍 빛깔(粉紅-)
분홍색(粉紅色-) *cf.* 분홍빛
분홍색 회장저고리(粉紅色回裝-)
분홍 스웨터(粉紅-)
분홍치마(粉紅-) *cf.* 다홍치마, 옥색 치마, 연분홍 치마
분화되어 가다(分化-)/분화되어 오다(分化-)
분화, 발전하다(分化, 發展-)
불(不)-(접두사) *cf.* 불공정, 불완전
불가능해 보이다(不可能-)
불가리아 말
불가리아 어(-語)
불가리아 인(-人)
불가물(아주 심한 가물)
불가분리성(不可分離性)
불가불성(不可不性)
불 가에 *cf.* 물가, 냇가, 바닷가, 호숫가
불가역성(不可逆性) *cf.* 가역성
불가피해 보이다(不可避-)
불간섭주의(不干涉主義)
불감지화(不感知化)
불같은/같다 <~ 성품 때문에….>
불거져 나오다
불건성유(不乾性油) *cf.* 건성유
불건전성(不健全性)
불결해 보이다(不潔-)
불경책(佛經冊) *cf.* 성경책
불고기
불고깃감 *cf.* 횟감, 구잇감
불곰 *cf.* 흰 곰
불공드리다(佛供-) *cf.* 공양드리다, 예불드리다
불공평해 보이다(不公平-)
불교 유신론(佛敎維新論)
불구경 *cf.* 물구경, 눈구경, 꽃구경, 집 구경
불구멍 <난로의 ~….>, <바지에 ~이 나다.>
불구 동사(不具動詞)
불국사 3층 석탑(佛國寺三層石塔)
불국사역(佛國寺驛) *cf.* 서울역, 애오개역
불굴의 한국인상(不屈-韓國人像)

불귀신(-鬼神) *cf.* 물귀신
불규칙 동사(不規則動詞)
불규칙 용언(不規則用言)
불규칙 형용사(不規則形容詞)
불그스레해지다
불그스름해 보이다
불긋불긋하다
불기(-氣) *cf.* 냉기, 온기, 물기
불기둥 *cf.* 물기둥, 바람기둥
불기 없다(-氣-)
불기운 *cf.* 술기운, 약기운
불길 *cf.* 물길
불길 같다
불깃(산불을 막기 위해 놓는 불)
불까다
불꽃
불꽃 같다 *cf.* 불같다
불꽃놀이
불꽃무늬
불꽃 방전(-放電) *cf.* 진공 방전
불꽃 세포(-細胞)
불꽃 튀다
불꽃 틈새
불 끄다
불끈 쥐다
불나다 *cf.* 화재 나다, 홍수 나다
불난리(-亂離) *cf.* 물난리
불내다
불놀이 *cf.* 물놀이
불놀이하다 *cf.* 물놀이하다, 꽃놀이하다
불 놓다
불단속(-團束) *cf.* 입단속, 몸단속
불 당기다
불더미 *cf.* 흙더미
불더위 *cf.* 무더위, 불볕더위
불덩어리 *cf.* 얼음덩어리, 흙덩어리, 눈덩어리
불덩어리 같다
불덩이 *cf.* 얼음덩이, 흙덩이, 눈덩이
불덩이 같다

빨리읽기 <~ 연습을 하다.>
빨리 읽기 <책을 ~ 위하여>
빨리 읽다
빨부리(물부리) *cf.* 총부리, 돌부리, 새부리
빨아 가지고
빨아내다
빨아내 주다
빨아 내주다
빨아 놓다
빨아들이다
빨아 마시다 *cf.* 빨아먹다
빨아먹다
빨아 오다 <옷을 ~.>
빨아올리다
빨아 입나
빨아 주다
빨종이
빨펌프 *cf.* 밀펌프
빵 가게 *cf.* 쌀가게, 꽃 가게, 채소 가게
빵가루
빵가루붙임 스틱
빵꽃
빵끗빵끗
빵떡모자(-帽子) *cf.* 중절모자, 사각모자, 터키모자, 파나마모자
빵모자(-帽子)
빵 부스러기 *cf.* 나무 부스러기
빵 우유죽(-牛乳粥)
빵 장사/장수 *cf.* 엿장수, 떡 장사, 호떡 장수, 채소 장수
빵집 *cf.* 횟집, 죽집, 밥집
빵 효모(-酵母)
빻아 놓다
빼 가다
빼 가지고 가다
빼고 나면
빼고 보니 *cf.* 알고 보니, 하고 보니
-빼기(접미사) *cf.* 곱빼기, 악착빼기, 얼룩빼기, 배기
빼기 알아보기
빼내 가다/빼내 오다
빼내다
빼내 주다
빼놓다 <자료를 빼놓고 오다.>
빼 놓다 <빼어(서) 놓아 두다.>
빼놓을 뻔하다 *cf.* 뻔하다
빼다박았다(그대로 닮았다.)
빼닮다(그대로 닮다)/빼쏘다
빼돌려 놓다
빼돌리다
빼 두다
빼 들다
빼먹다(결석, 결강, 불참) <강의를 ~.>
빼 먹다 <곶감꽂이 빼 먹듯….>
빼물다
빼 버리다
빼 보고 더해 보기
빼앗겨 버리다
빼앗기다시피 하다 *cf.* 다시피 하다
빼앗길까 봐
빼앗다시피 하다 *cf.* 다시피 하다
빼앗아 가다/빼앗아 오다
빼앗아 가지고
빼앗아 먹다
빼앗아 버리다
빼앗아 보다
빼앗아 오다
빼앗아 주다
빼어 가다
빼어나다
빼어 놓다
빼어닮다(그대로 닮다.) → 빼닮다
빼어 두다
빼어 들다
빼어 버리다
빼어 보다
빼어 주다
빼 주다

빼 줄게 *cf.* 큰게
빽빽이/하게
빽 울리다 <기적을 ~.>
빽 지르다 <소리를 ~.> *cf.* 백 울리다
뺄셈식(-式) *cf.* 덧셈식, 곱셈식, 나눗셈식
뺄셈식 알아보기(-式-)
뺄셈 이월 키(-移越-)
뺄셈 익히기
뺄셈(을) 익히다
뺄셈표(-標) *cf.* 덧셈표
뺏겨 버리다
뺏어 가다
뺏어 가다시피 하다 *cf.* 다시피 하다
뺏어 가지고
뺏어 놓다
뺏어 달라고 하다
뺏어 두다
뺏어 먹다
뺏어 버리다
뺏어 오다
뺏어 오다시피 하다
뺏어 주다
뺑댓집(뺑쑥을 이은 보잘것없는 집)
뺑덕어멈 *cf.* 귀덕어멈
뺑덕어미
뺑소니차(-車)
뺑소니치다
뺨가죽
뺨따귀
뺨 때리다 *cf.* 따귀 때리다
뺨 맞다 *cf.* 따귀 맞다
뺨 위
뺨주머니 *cf.* 모이주머니
뺨치게/치다 <어른 ~ 잘 하다.>
뺨칠 만큼 *cf.* 만큼
뻐꾸기 모둠
뻐꾸기 소리 *cf.* 까마귀 소리, 참새 소리
뻐꾸기시계(-時計) *cf.* 비둘기시계
뻐꾹뻐꾹
뻐꾹 왈츠
뻐드렁니 *cf.* 어금니, 송곳니
뻑 지르다 <소리를 ~.> *cf.* 빽 지르다
뻔뻔스러워 보이다
뻔질뻔질하다
뻔질뻔질해지다
뻔찔나게
뻔하다(보조 용언) <할 ~.>, <죽을 ~.>
뻗어 가다
뻗어 나가게 하다
뻗어 나다
뻗어 나오다
뻗어 내려오다
뻗어 내리다
뻗어 들어가다
뻗어 버리다
뻗어 보다
뻗어 있다
뻗정다리 *cf.* 받장다리, 안짱다리
뻗쳐 가다
뻗쳐 나가다
뻗쳐 보다
뻗쳐 오다
뻗쳐오르다 <힘이 ~.>
뻗쳐 있다
-뻘(접미사) *cf.* 할아버지뻘, 조카뻘, 형님뻘
뻘거벗기다
뻘거벗다
뻘거숭이
뻘떡 일어나다
뻣뻣해 보이다
뻣뻣해져 가다
뻥까다
뻥놓다
뻥튀기하다
뼈 갈다
뼈끝(뼈마디의 끝) *cf.* 혀끝, 손끝, 코끝, 머리끝, 명치끝
뼈낚시

뼈낫

뼈다귓국 *cf.* 시금칫국, 조깃국

뼈단지 *cf.* 꿀단지, 똥단지, 술단지

뼈대 만들기

뼈대(를) 만들다

뼈 도구(-道具)

뼈마디

뼈마디 속

뼈마디 수(-數)

뼈맞추기(정골)

뼈맞춤(건축)

뼈바늘 *cf.* 대바늘

뼈 빠지게 <~ 일하다.> *cf.* 뼛골 빠지다

뼈상모(-象毛) *cf.* 부들상모

뼈 속(뼈의 속) *cf.* 뼈마디 속, 살 속, 입 속
뼛속, 귓속, 혓속, 핏속, 콧속, 가슴속

뼈 속속들이

뼈아프게/아픈/아프다 *cf.* 가슴 아프게

뼈 없는 이

뼈 연모

뼈연장

뼈인두

뼈저리게

뼈조직(-組織)

뼈째 먹는 생선(-生鮮)

뼈칼

뼈 화석(-化石)

뺌내기

뺌들이로(잇따라 번갈아 들어서) <~로 달랬지만….>

뼛가루 *cf.* 쇳가루, 횟가루, 돌가루

뼛골 빠지다 *cf.* 뼈 빠지다, 다릿골 빠지다, 골 빠지다, 말라빠지다

뼛골 빼다

뼛골 아프다

뼛국 *cf.* 팥국, 뭇국, 칡국

뼛성(갑자기 내는 짜증) <~을 자꾸 내면 그것도 버릇 된다.>

뼛속 <~에 사무친 원한> *cf.* 핏속, 콧속, 귓속, 뱃속

뼛심

뼛조각 *cf.* 댓조각, 대쪽, 쇳조각, 나뭇조각, 쇠쪽, 뼈쪽, 구리 소삭

뽀드득 뽀드득(동작에 따라)

뽀송뽀송하다

뽐내다

뽑아 가다/뽑아 오다

뽑아 가지고

뽑아내다

뽑아 놓다

뽑아 날라고

뽑아 두다

뽑아 버리다

뽑아 버릴까 보다 *cf.* 해 버릴까 보다, 보다

뽑아 보다

뽑아 쓰다

뽑아 없애다

뽑아 엮다

뽑아올리다

뽑아 주다

뽑혀 가다

뽑혀 나가다/뽑혀 나오다

뽑혀 오다

뽑힘성(-性)

뽕거두기

뽕나다

뽕나무

뽕나무 가지 *cf.* 감나무 가지, 소나무 가지, 사과나무 가지, 나뭇가지

뽕나무밭 *cf.* 딸기밭, 사과밭

뽕나무 잎 *cf.* 감나무 잎, 버드나무 잎, 단풍나무 잎, 아카시아 잎, 단풍나무 잎
나뭇잎, 김잎, 비들잎, 꽃잎, 풀잎, 뽕잎, 단풍잎, 은행잎

뽕나무이

뽕따기

뽕빠지다 *cf.* 뽕나다

뽕썰기

뽕잎 *cf.* 깻잎, 솔잎, 갈잎, 연잎, 감잎, 뽕나무잎, 은행잎
뾰로통해지다
뾰롱뾰롱
뾰족구두
뾰족끝 방전(-放電)
뾰족도깨비
뾰족모자(-帽子) *cf.* 빵떡모자, 사각모자
뾰족뾰족하다
뾰족지붕 *cf.* 톱니지붕, 삿갓지붕
뾰족집 *cf.* 양옥집
뾰족코 *cf.* 주먹코
뿅망치 *cf.* 도드락망치
뿌듯해 보이다
뿌듯해하다
뿌려 가고/가다
뿌려 놓다
뿌려 다오
뿌려 달라고 하다
뿌려 두다
뿌려 버리다
뿌려 보다
뿌려 주다
뿌리골무
뿌리 길이
뿌리 깊이/깊게/깊다
뿌리껍질〔根皮〕 *cf.* 나무껍질
뿌리꽂이 *cf.* 줄기꽂이, 잎눈꽂이
뿌리꽂잇법(-法)
뿌리 꽃
뿌리끊기
뿌리(를) 끊다
뿌리내리다
뿌리내림제(-劑)
뿌리돌리기/뿌리돌림
뿌리등걸
뿌리묘(-苗)
뿌리박다/뿌리박히다
뿌리 빠지다 *cf.* 등골 빠지다, 뼛골 빠지다
뿌리 뽑기
뿌리 뽑다(실제 식물의 뿌리를 뽑는 경우), (폐해의 근원을 없애는 경우)
뿌리 뽑히다
뿌리 솎음
뿌리 없다/없는
뿌리 이음
뿌리잎
뿌리 자르기
뿌리접(-接)
뿌리줄기 *cf.* 비늘줄기, 땅속줄기
뿌리째 *cf.* 송두리째, 째(접미사)
뿌리찾기 <~ 운동>
뿌리채소(-菜蔬) *cf.* 잎채소, 줄기채소
뿌리털
뿌리혹박테리아
뿌리혹병(-病)
뿌림골
뿌림미끼
뿌림새
뿌질뿌질(부사)
-뿐(조사) <너뿐, 나뿐, 그뿐>
ᵛ뿐(의존 명사) <오직 일할 ~이다.>
뿐더러(어미) <할~>
뿐더러,〔문두(文頭)에 나오는 경우〕
뿐만 아니라 <너뿐만 아니라….>
뿐만 아니라,(문두에 나오는 경우)
뿐 아니라 <할 ~>
뿔 공예(-工藝) *cf.* 짚공예, 목공예, 칠공예, 죽공예, 종이 공예, 도자 공예
뿔관자(-貫子) *cf.* 금관자, 옥관자, 대모관자
뿔도장(-圖章) *cf.* 목도장, 고무도장, 옥 도장, 상아 도장
뿔빼기
뿔 빼다
뿔뿔이 흩어지다
뿔싸움
뿔잔(-盞) *cf.* 유리잔, 사기잔, 종이잔
뿔피리 *cf.* 풀피리, 보리피리, 버들피리

뿔피리 불다 *cf.* 풀피리 불다
뿔피리 소리 *cf.* 피리 소리, 장구 소리
뿜어 나오다
뿜어내다
뿜어붙이기
뿜어 붙이다
뿜어 올리다
뿜어져 나오다
뿜어 주다
삐걱삐걱하다
삐딱해 보이다
삐딱해져 가다
삐뚤빼뚤하다
삐뚤어져 가다
삐뚤이 탈 *cf.* 까칠이 탈, 흔들이 탈
삐악삐악(부사)
삐져나오다
삐쩍 마르다
삘기꽃
삘기살(쇠고기의 부위)
삥 돌아 가다(삥 돌아서 가다.)
삥 둘러싸다
삥 둘러앉다
삥삥 돌다
삥삥매다

사

ㅅ 불규칙(-不規則)
ㅅ 불규칙 동사(-不規則動詞)
ㅅ 불규칙 형용사(-不規則形容詞)
사 가다
사가댁(査家宅) *cf.* 사돈댁, 외가댁, 처가댁
사 가지고 가다/오다
사각기둥(四角-) *cf.* 육각기둥
사각나사(四角螺絲) *cf.* 둥근나사
사각돛(四角-) *cf.* 삼각돛
사각모자(四角帽子) *cf.* 파나마모자, 터키모자
사각 목둘레(四角-)
사각뿔(四角-)
사각뿔대(四角-臺)
사각사고(死角事故) *cf.* 교통사고, 의료 사고
사각줄(四角-) *cf.* 평줄, 반원줄, 쥐꼬리줄
사각지대(死角地帶) *cf.* 무풍지대, 안전지대, 산악 지대, 평야 지대, 지뢰 지대
사각지붕(四角-) *cf.* 부섭지붕, 톱날지붕
사각팬티(四角-) *cf.* 삼각팬티, 버뮤다팬츠
사각형그래프(四角形-)
사각형 알아보기(四角形-)
사각형의 네 각의 크기의 합 알아보기(四角形-角-合-)
사갓집(私家-) *cf.* 사삿집
사개 맞다(딱 들어맞다.)
사개맞춤 *cf.* 연귀맞춤
사개 물리다
사개연귀 *cf.* 깍지연귀
4개월 간(四個月間)
4개월 내에(四個月內-)
4개월 동안(四個月-)
4개월여 만에(四個月餘-) *cf.* 만
4개월 전에(四個月前-)
4개월 후에(四個月後-)
4개 항목(四個項目)
사거리(四-) *cf.* 네거리, 삼거리, 오거리
사건기자(事件記者) *cf.* 문화부 기자, 편집 기자, 방송 기자
사건시(事件時) *cf.* 발화시
사계명(四誡命) *cf.* 십계명
사계절(四季節)
사고 나다(事故-) <~가 나고 말았어.>, <큰 사고(가) 나기 전에….>
사고 날 뻔했다(事故-) *cf.* 뻔하다
사고 내다(事故-)
사고당하다(事故當-) *cf.* 당하다
사고무친(四顧無親)
사고뭉치(事故-) *cf.* 실뭉치, 솜뭉치
사고방식(思考方式) *cf.* 행동 방식, 생활 방식, 표현 방식
사고 싶다 *cf.* 싶다
사고 싶어하다 *cf.* 싶어하다
사고 없이/없다(事故-)
사고 일으키다(事故-)
사고전서(四庫全書)
사고 치다(事故-) *cf.* 사기 치다
사고파는 일
사고팔다 *cf.* 주고받다
사곳덩어리(事故-) *cf.* 애굣덩어리, 골칫덩어리, 주쳇덩어리
사공 되어 <바람이 ~….>
사과 가꾸기(沙果-)
사과(나무를) 가꾸다(沙果-)
사과값(沙果-) *cf.* 고추값, 귤값, 배값, 바나나값, 복숭아값, 포도값, 담뱃값
사과 껍질(沙果-) *cf.* 배 껍질, 복숭아 껍질, 바나나 껍질, 귤껍질, 소태껍질, 왕골껍질
사과꽃(沙果-)
사과나무(沙果-)
사과나무 가지(沙果-) *cf.* 소나무 가지, 나뭇가지, 벚나무 가지
사과나무갈색점무늬병(-褐色點-病)
사과는커녕(謝過-) *cf.* 는거녕, 커녕(조사)
사과드리다(謝過-)

사과밭(沙果-) *cf.* 딸기밭, 배밭, 복숭아밭
사과술(沙果-) *cf.* 딸기술, 살구술
사과잎말이나방(沙果-)
사과 주스(沙果-) *cf.* 포도 주스, 복숭아 주스
사과즙(沙果汁) *cf.* 포도즙, 무즙
사과하기는커녕(謝過-) *cf.* 는커녕, 커녕
사과할게(謝過-) *cf.* ㄹ게
사관침(四關鍼)
사관학교(士官學校) *cf.* 하사관 학교, 부사관 학교, 군의 학교
사관후보생(士官候補生) *cf.* 간부 후보생
사교성 없다(社交性-)
사교육(私敎育) *cf.* 공교육
사교춤(社交-)
사군자(四君子)
사군자(四君子) 치다
사귀어 나가다
사귀어 보다
사귀어 오다
사귐성 없다(-性-) *cf.* 귀염성
사귐성 있다(-性-)
사그라져 가다
사그랑주머니(속이 다 삭은 물건)
사그러들다
사그릇(沙-) *cf.* 사기그릇, 옹기그릇, 유리그릇, 유기그릇, 양은그릇, 플라스틱 그릇
사근사근하다
사글세(-貰)
사글셋방(-貰房) *cf.* 셋방, 전세방, 월세방
사글셋집(-貰-) *cf.* 셋집, 전셋집, 월셋집
사금파리
사기그릇(沙器-) *cf.* 놋그릇, 질그릇, 옹기그릇, 유기그릇, 유리그릇, 양은그릇, 플라스틱 그릇, 스테인리스 그릇
사기당하다(詐欺當-) *cf.* 당하다
사기대접(沙器-) *cf.* 놋대접, 스테인리스 대접, 유리 대접
사기도박(詐欺賭博)
사기 돋우다(士氣-)
사기 돋워 주다(士氣-)
사기말(沙器-)(가마터 등에 묻는 사기로 만든 말)
사기업(私企業) *cf.* 공기업
사기 오르다(士氣-)
사기요강(沙器-) *cf.* 놋요강
사기 위해(-爲-) *cf.* 먹기 위해, 하기 위해
사기잔(沙器盞) *cf.* 유리잔, 종이잔
사기충천하다(士氣衝天-)
사기 치다(詐欺-) *cf.* 사고 치다
사기항아리(沙器-) *cf.* 오지항아리
사깃물(沙器-) *cf.* 잿물, 오짓물
사나나달(삼사 일이나 사오 일)
사나 보다 *cf.* 하나 보다, 보다
사나워 보이다
사나워져 가다
사나이다워 보이다
사나이다워져 가다
사날없다(붙임성이 없다.)
사내구실 *cf.* 여자구실, 사람 구실, 남자구실, 남편구실
사내놈 *cf.* 계집년
사내다워 보이다
사내새끼
사내아이 *cf.* 계집아이
사내애 *cf.* 계집애
사내자식(-子息)
사내종 *cf.* 계집종
사내 편(-便) *cf.* 여자 편
사냇값 *cf.* 사람값, 킷값, 나잇값
사냥 가다 <~ 가는데 총 놓고 간다.> *cf.* 소풍 가다, 등산 가다, 천렵 가다
사냥감 *cf.* 횟감, 코뚜렛감, 치맛감, 안줏감
사냥개
사냥개자리
사냥길 *cf.* 취재길, 성묘길
사냥꾼
사냥꾼놈
사냥 나가다
사냥 주머니 *cf.* 연장 주머니

사냥총(-銃) *cf.* 새총, 신호총, 고무총
사냥터 *cf.* 싸움터, 전쟁터, 빨래터, 나루터
사 넣다
4년간(四年間)
4년만(四年-) <~ 기다려라.>
4년 만에(四年-) <~ 돌아오다.>
4년밖에 안 된다(四年-)
4년 전에(四年前-)
4년 후에(四年後-)
사노비(私奴婢) *cf.* 공노비
사 놓다
사 놓아 두다
사는가 싶이/싶게 <~ 살았으며….> *cf.* 싶이
사는 이 *cf.* 파는 이
사다 놓다
사다 달라다
사다 두다
사다 드리다
사다리꼴
사다리꼴나사(-螺絲) *cf.* 둥근나사, 사각나사
사다리꼴 모양(-模樣)
사다리꼴 알아보기
사다리놀이
사다리 모양(-模樣)
사다리보
사다리뽑기
사다리차(-車) *cf.* 지게차, 덤프차
사다리타기놀이
사다 먹다
사다 주다
사닥다리
사단조(-短調) *cf.* 가단조
사 달라고 하다/조르다
사당 문(祠堂門) *cf.* 종묘 문, 창고 문, 불당 문, 성당 문, 안방 문, 사랑방 문, 현관문, 분합문, 사랑문
사당오락(四當五落)
사당지기(祠堂-) *cf.* 등대지기
사당치레(祠堂-) *cf.* 옷치레, 집치레, 조상치레

4대 강 유역 개발(四大江流域開發)
사 대다 <재료를 ~.>
4대문 밖(四大門-) *cf.* 문밖
사대부가(士大夫家)
사대부집(士大夫-) *cf.* 양반집, 중인집, 토반집
사대사상(事大思想) *cf.* 모화사상, 모화사대사상, 배외사상, 민본 사상, 문학 사상, 철학 사상
사대육신(四大肉身)
사대주의(事大主義)
사도행전(使徒行傳)
사돈댁(査頓宅-) *cf.* 사돈집
사돈도령(査頓-) *cf.* 사돈처녀
사돈 맺다(査頓-)
사돈아가씨(査頓-)
사돈어른(査頓-)
사돈집(査頓-) *cf.* 사돈댁, 외갓집, 처갓집
사돈처녀(査頓處女)
사돈총각(査頓總角)
사동문(使動文) *cf.* 피동문
사동 접미사(使動接尾辭)
사동치마(四-) *cf.* 삼동치마, 이동치마
사동 표현(使動表現)
사 두다
사두마차(四頭馬車) *cf.* 쌍두마차
사 드리다
사들여 놓다
사들여 오다
사들이다
사들인 값
4등분 하다(四等分-) *cf.* 5등분 하다, 몇 등분 하다
사또 덕에(使道德-) <~ 호강한다.>
사또 상 같다(使道床-)
사라져 가다
사라져 버리다
사라지고 나면/난 다음
사락사락(부사)
사람 간에(-間-)

사람값 *cf.* 갯값, 똥값, 사냇값, 나잇값
사람 같은 행동(-行動)
사람 같지 않다
사람 구실 하다 *cf.* 남자구실 하다, 사내구실, 여자구실
사람 노릇 하다 *cf.* 남자 노릇 하다
사람다워 보이다 *cf.* 남자다워 보이다
사람대우(-待遇) *cf.* 어른 대우
사람대접(-待接) *cf.* 어른 대접
사람대접 해 주다(-待接-)
사람 되다 *cf.* 어른 되다, 자식 되다, 아내 되다, 며느리 되다
사람 된 도리(-道理) *cf.* 부모 된 도리
사람됨 <외모보다는 ~이 중요하다.>
사람 됨됨이
사람들 간에(-間-)
사람들끼리 *cf.* 끼리(접미사)
사람들 속에
사람들조차 *cf.* 조차(조사)
사람멀미 *cf.* 가마멀미, 뱃멀미, 산멀미, 비행기멀미, 차멀미, 우주멀미
사람 뼈 *cf.* 동물 뼈, 공룡 뼈, 개뼈, 쇠뼈
사람사람이(부사) <~ 거리로 거리로 나오다.>
사람사태(-沙汰) *cf.* 눈사태, 돌사태, 산사태
사람 살려
사람 소리 *cf.* 짐승 소리, 기계 소리
사람 속 <~은 천 길 물속이다.>
사람 속에
사람 수(-數)
사람 잡을 짓/소리 *cf.* 생사람 잡다
사람 조심 *cf.* 차조심, 불조심, 물조심, 말조심
사람 죽이다
사람 축에 *cf.* 학생 축에, 잘 하는 축에
사람투성이 *cf.* 흙투성이, 모순투성이, 투성이
사람 팔자(-八字) <~ 알 수 없다.>
사람 편(-便) <~인 말야.>
사랑놀이 *cf.* 놀이
사랑니 *cf.* 송곳니, 어금니, 틀니, 앞니
사랑마루(舍廊-) *cf.* 대청마루
사랑문(舍廊門)
사랑받아 오다
사랑방(舍廊房) *cf.* 안방, 건넌방, 건넛방
사랑방춤(舍廊房-)
사랑살이(舍廊-)
사랑손님(舍廊-) *cf.* 바깥손님, 안손님
사랑스러워 보이다
사랑스러워하다
사랑싸움 *cf.* 바가지싸움, 집안싸움, 부부 싸움
사랑양반(舍廊兩班) *cf.* 바깥양반
사랑어른(舍廊-) *cf.* 바깥어른
사랑이 쌀 나누기 운동(-運動)
사랑 출입(舍廊出入) *cf.* 안출입, 바깥출입, 부엌출입, 안방 출입
사랑할 만하나 *cf.* 반하다
사랑해 오다
사랑해 주다
사래논
사래밭(마름 등이 부치어 먹는 밭)
사랫길(논밭 사이로 난 길)
사량집(四樑-) *cf.* 칠량집
사러 가다/사러 오다
사러 나가다
사러 나오다
사러 다니다
사러 오고 있다
사레들다/사레들리다
사려 깊다(思慮-)
사려 놓다 <밧줄을 ~.>
사려 두다
사력 댐(砂礫-) *cf.* 흙 댐, 콘크리트 댐, 록필 댐
사령놈(使令-) *cf.* 토인놈
사령무늬(四靈-)
사령 아이(使令-)
사례 찾아보기(事例-)
사로스 주기(-週期)(천문학)
사로자다 <염려가 되어 조바심하며 자다.>
사로잠 <고민 때문에 ~을 잤더니….>
사로잠그다

사로잡다/사로잡히다
사뢰어 주오
사륜마차(四輪馬車) *cf.* 이륜마차
사르 강(-江)
사릅(소, 개, 말 따위의 세 살을 이르는 말) *cf.* 사릅 송아지
사리 때 *cf.* 조금 때, 썰물 때, 밀물 때
사리 밝다(事理-)
사리소리(그물을 당기면서 부르는 소리)
사립대학(私立大學) *cf.* 국립대학, 도립 대학, 민립 대학
사립문(-門) *cf.* 거적문, 다락문, 분합문, 현관문, 미닫이문
사립학교(私立學校) *cf.* 공립학교, 국립 학교, 직할 학교
사릿길(사리를 지어 놓은 것 같은 구불구불한 길)
사 마시다
사막길(沙漠-) *cf.* 눈길, 자갈길, 모랫길
사막화되다(沙漠化-)
사망자 수(死亡者數) *cf.* 부상자 수
사 먹다
사면공격(四面攻擊)
사면묘사(四面描寫)
사멸되어 가다(死滅-)
사멸해 버리다(死滅-)
사모관대(紗帽冠帶)
사모관대 차림(紗帽冠帶-) *cf.* 양복 차림, 군복 차림, 운동복 차림
사모예드족(-族)
사 모으다
사모턱열장이음(紗帽-)
사모턱이음(紗帽-)
사모턱주먹장이음(紗帽-)
사모해 오다(思慕-)
사못집(四-) *cf.* 사방집, 팔작집, 일자집, 이자집, 일잣집
사무기기(事務機器) *cf.* 음향 기기, 컴퓨터 기기, 방송 기기
사무늬김
사무 보는 일(事務-)
사무 보다(事務-)
사무엘서(-書) *cf.* 빌레몬서
사무용지(事務用紙) *cf.* 인쇄용지, 포장용지, 복사 용지
사무 용품(事務用品) *cf.* 주방 용품
사무위원(事務委員) *cf.* 편집 위원, 자문 위원, 연구 위원
사무직원(事務職員) *cf.* 경리 직원, 편집 직원, 임시 직원
사무차관(事務次官) *cf.* 정무차관
사문위원회(査問委員會) *cf.* 사정 위원회, 자문 위원회
사문화되다(死文化-)
사문화되다시피 하다(死文化-) *cf.* 굶다시피 하다, 다시피 하다
사물놀이(四物-)
사미인곡(思美人曲)
4박자(四拍子)
사반면상(四半面像)
4반세기(四半世紀)
사발농사하다(沙鉢農事-)
사발시계(沙鉢時計) *cf.* 벽시계, 탁상시계, 괘종시계, 손목시계, 벽걸이 시계
사발옷(여자의 짧은 바지)
사발젖 *cf.* 대접젖, 병젖(북한)
사발통문(沙鉢通文)
사방 정계(斜方晶系)(표준국어대사전은 '사방+정계'로 보는 견해) *cf.* 육방 정계
사방정계(斜方晶系)('사방정+계'로 보는 견해) *cf.* 육방정계
사방치기(四方-)
사방탁자(四方卓子) *cf.* 응접탁자
사방팔방(四方八方)
사방휘석(斜方輝石)
사범학교(師範學校) *cf.* 산업학교, 공업학교
사변 나다(事變-) *cf.* 난리 나다, 전쟁 나다, 동란 나다, 혁명 나다
사 보내다

사 보내 주다
사 보다
사보이아가(-家) *cf.* 합스부르크가, 록펠러가
사보험(私保險) *cf.* 공보험
사복 차림(私服-) *cf.* 양복 차림, 군복 차림, 운동복 차림, 학생복 차림
사복형사(私服刑事) *cf.* 사복 경찰
사부랑사부랑(부사)
4부자(四父子) *cf.* 3형제
사부작사부작(부사)
사분면차(四分面差) *cf.* 상한차
4분쉼표(四分-標) *cf.* 2분쉼표
사분원점(四分圓點)
4분음(四分音)
4분음표(四分音標)
4분의 1(四分-一) *cf.* 분지
사분편차(四分偏差)
사뿐사뿐 걷기
사뿐사뿐하다
사사건건(事事件件)
4사 3층 석탑(四獅三層石塔)
사사오입 개헌(四捨五入改憲)
4사자 3층 석탑(四獅子三層石塔)
사사프라스유(-油) *cf.* 베르가모트유, 보일유
사삿사람(私私-)
사삿일(私私-) *cf.* 예삿일, 가욋일
사삿집(私私-) *cf.* 사갓집, 가정집, 여염집
사상경찰(思想警察) *cf.* 비밀경찰, 전투 경찰, 청원 경찰
사상시(思想詩) *cf.* 경향시
사상이라기보다는(思想-) *cf.* 라기보다, 보다
4상좌춤(四上佐-)
사상 최대·최고(史上最大·最高)
사색문제(四色問題)(지도 표현의 구별 문제) *cf.* 표기 문제, 환경 문제
사생결단(死生決斷)
사서삼경(四書三經)(사서와 삼경)
사서오경(四書五經)(사서와 오경) *cf.* 삼강오륜
사(G)선(-線)
사설공명가(辭說孔明歌)
사설난봉가(辭說-歌)
사설붙임새(辭說-)
사설시조(辭說時調)
사설지름시조(辭說-時調)
사성통해(四聲通解)
4세기 말(四世紀末) *cf.* 19세기 말
사세부득이(事勢不得已)
사소해 보이다(些少-)
사슬돈(잔돈)
사슬뜨기(뜨개질)
사슬코
사슴 떼 *cf.* 이리 떼, 거미 떼, 벌 떼, 가마우지 떼, 모기떼
사슴 무리 *cf.* 고끼리 무리
사슴뼈 *cf.* 노루뼈, 양뼈
사슴뿔 *cf.* 개뿔, 쇠뿔
사슴 아저씨/사슴 할아버지
사슴우리 *cf.* 돼지우리, 양우리
사슴 인형(-人形)
사시나무 떨듯 *cf.* 듯(어미)
사시사철(四時-)
사시장철(四時長-)
사시절(四時節)
사 신다 <신을 ~.>
사신무늬(四神-)
사실무근(事實無根)
사실문제(事實問題) *cf.* 법률문제, 권리문제, 시간문제, 인구 문제, 환경 문제, 교육 문제, 사회 문세, 노동 문세
사실이야말로(事實-) *cf.* 야말로
사실인즉(事實-) *cf.* ㄴ즉(어미)
사실주의(寫實主義) *cf.* 낭만주의
사실주의 극(寫實主義劇) *cf.* 낭만주의 극, 표현주의 극, 무언극, 일인극, 사상극
사실주의 시(寫實主義詩) *cf.* 낭만주의 시, 서정시, 순수시, 목적시
사실혼(事實婚) *cf.* 법률혼, 형식혼
사실혼주의(事實婚主義)

4십 리(四十里) *cf.* 사십 리
4십 리 길(四十里-) *cf.* 십 리 길, 10리 길, 백 리 길, 100리 길, 천 리 길, 만 리 길, 하룻길
사 쓰다(사서 쓰다.)
사씨남정기(謝氏南征記)
사악해 보이다(邪惡-)
사악해져 가다(邪惡-)
사양길(斜陽-) *cf.* 석양길, 내리막길
사양해 오다(辭讓-)
사언시(四言詩) *cf.* 삼행시, 오언시
사업소세(事業所稅)
사업차(事業次) *cf.* 인사차, 관광차
사역 나가다(使役-)
4연(四聯) *cf.* 1연, 2연, 3연
사 오다 *cf.* 사 가다
사 오다시피 하다 *cf.* 빼앗다시피 하다
사용해 버리다(使用-)
사우디아라비아
사운드 오브 뮤직
사원들 간에(社員-間-) *cf.* 직원 간에
사원전(寺院田)
4월달(四月-)
4월 초파일(四月初八日)
사위 된 도리(-道理) *cf.* 부모 된 도리
사윗감 *cf.* 신붓감, 신랑감, 치맛감, 안줏감
사유 없이/없다(事由-)
사유화되다(私有化-)
사유화하다(私有化-)
4~6등분 하다(四~六等分-)
4·6변려체(四六騈儷體)
사육신(死六臣) *cf.* 생육신
사육신묘(死六臣墓)
사육제극(謝肉祭劇)
4·6판(四·六版)
사육해 오다(飼育-)
4·6화음(四·六和音)
4의 단 곱셈구구(四-段-九九)
사이갈이
사이다 만들기
사이띄우개
사이렌 소리 *cf.* 스피커 소리, 구급차 소리
사이사이(명사)
사이시옷
사이잘삼 *cf.* 마닐라삼, 헤네켄삼
사이좋다/좋게 *cf.* 의좋다/좋게
사이짓기
사이트명(-名)
사인파(-波)
사인펜 *cf.* 사인펜의 펜대
사인펜대 *cf.* 볼펜대, 펜대, 붓대
사인화 이온(-化-)←시안화 이온
사 읽다(사서 읽다.)
사임해 버리다(辭任-)
사 입다(사서 입다.)
사 입혀 주다
사잇길 *cf.* 지름길, 벼랑길, 비탈길, 고갯길
사잇도장(-圖章) *cf.* 거멀도장
사잇빛
사잇소리
사잇소리 현상(-現象)
사자 같다(獅子-) *cf.* 여우 같다, 돼지 같다, 범 같다, 황소 같다, 비호같다
사자굿(使者-)
사자놀이(獅子-)
사자머리(獅子-)(금붕어 품종)
사자 모양(獅子模樣)
사자바위(獅子-) *cf.* 병풍바위, 너럭바위
사자밥(獅子-) *cf.* 개밥
사자소학(四字小學)
사자어금니(獅子-)(없어서는 안 될 사람이나 물건) <~같이 아끼다.> *cf.* 송곳니, 앞니
사자와 얼룩말 놀이(獅子-)
사자왕(獅子王)
사자의 서(死者-書)
사자자리(獅子-)
사자자리별똥별(獅子-)
사자춤(獅子-)

사자코(獅子-) *cf.* 개코, 주먹코, 함실코, 들창코, 주부코, 함실코
사자탈(獅子-)
사자 편(獅子便) *cf.* 사람 편, 호랑이 편
사잣밥(使者-)
사잣짚신(使者-)
사장구(沙-)
사장 노릇 하다(社長-) *cf.* 시장 노릇 하다, 선생 노릇 하다, 종노릇하다, 병신노릇하다
사장님 댁에(社長-宅-) *cf.* 선생님 댁에
사장 되다(社長-) *cf.* 교장 되다, 선생 되다
사장시켜 놓다(死藏-)
사장조(-長調) *cf.* 다장조
사장해 두다(死藏-)
사재기 <물건 - 를 하다.>
사재기하다
사재다
사전 간에(辭典間-)
사절해 버리다(謝絕-)
사절해 오다(謝絕-)
사정사정(事情事情)(명사)
사정사정하다(事情事情-)
사정없이/없다(事情-) <~ 내리는 눈물>
사정 없이/없다(事情-) <특별한 사정(이) 없이 결근하다.>
사제 간(師弟間) *cf.* 부자간, 형제간, 내외간
사죄드리다(謝罪-)
사죄해 오다(謝罪-)
사 주다
시주단자(四柱單子) *cf.* 예물 난사, 물목 단자
사주 덕(四柱德) *cf.* 조상 덕에, 마누라 덕에
사주받다(使嗾-) *cf.* 받다
사주 보다(四柱) *cf.* 관상 보다
사주 세다(四柱-) *cf.* 팔자 세다
사주쟁이(四柱-) *cf.* 관상쟁이
사주팔자(四柱八字)
4 중주(四重奏)
4 중창(四重唱)
4 중창단(四重唱團)

사직 악기조성청의궤(社稷樂器造成廳儀軌)
사직청원서(辭職請願書) *cf.* 휴가 청원서, 피해보상 청원서, 전역 청원서
사직해 버리다(辭職-)
사진발(寫眞-) *cf.* 화장발, 말발, 면도발
사진 찍기(寫眞-)
사진(을) 찍다(寫眞-)
사진책(寫眞冊)
사진첩(寫眞帖)
사채권자(社債權者)
사채놀이(私債-)
사천요리(四川料理) *cf.* 북경요리, 광동요리
사철가꾸기(四-)/주년 재배(周年栽培)
사철나무 잎(四-) *cf.* 단풍나무 잎, 아카시아나무 잎, 플라타너스 잎
사철난(四-蘭)
사첫방(-房)
사촌 누나(四寸-)
사촌 동생(四寸同生)
사촌 언니(四寸-)
사촌 오빠(四寸-)
사촌 형(四寸兄)
사촌 형수(四寸兄嫂)
사춤돌 *cf.* 쐐기돌, 굄돌
사춤쌓기 *cf.* 건성쌓기
사취당하다(詐取當-) *cf.* 당하다
사치스러워 보이다(奢侈-)
사치스러워져 가다(奢侈-)
사치해 보이다(奢侈-)
사치해져 가다(奢侈-)
사카린나트륨
사카족(-族)
사탕 가게(砂糖-) *cf.* 쌀가게, 과일 가게, 채소가게, 잡화 가게
사탕가루(砂糖-) *cf.* 밀가루, 메밀가루, 연탄가루, 고춧가루
사탕값(砂糖-) *cf.* 우표값, 쇠고기값, 우유값
사탕무(砂糖-) *cf.* 사탕수수
사탕발림(砂糖-)

사탕수수(砂糖-) *cf.* 사탕무
사태고기
사태 나다(沙汰-) *cf.* 산사태 나다, 눈사태 나다, 홍수 나다
사태흙(沙汰-)/사태밥(沙汰-)
사택지적비(砂宅智積碑)/사택지적비문(砂宅智積碑文)
사토장이(莎土匠-)
사통백이(四-)
사통팔달(四通八達)
사퇴해 달라고 하다(辭退-)
사퇴해 버리다(辭退-)
사투 끝에(死鬪-) *cf.* 고생 끝에, 노력 끝에
사투상도 그리기(斜投像圖-)
사투상도(를) 그리다(斜投像圖-)
사투상법(斜投像法)
사티로스극(-劇)(고대 그리스 연극)
사파이어혼식(-婚式)(결혼 45주년 기념식)
사팔눈
사팔뜨기
사포 만들기(砂布-) *cf.* 몸만들기
사포텍족(-族)(멕시코에 사는 인디언족)
사표 내다(辭表-)
사표 될 만하다(師表-) *cf.* 모범 될 만하다, 만하다
사프란색(-色)
사필귀정(事必歸正)
사하중(死荷重) *cf.* 활하중
사학 12도(私學十二徒)
사함받다(赦-) *cf.* 받다
사해 주다(赦-)(용서해 주다.)
사향노루(麝香-)
사형당하다(死刑當-) *cf.* 당하다
4형제(四兄弟) *cf.* 사 형제, 3형제
사화산(死火山) *cf.* 활화산, 휴화산
사활강(斜滑降)
사회·경제·문화면(社會·經濟·文化面)
사회·경제적 발전(社會·經濟的發展)
사회관계(社會關係) *cf.* 법률관계, 노동관계, 교육 관계, 노사 관계
사회·국가(社會·國家)
사회극 놀이(社會劇-)
사회단체(社會團體) *cf.* 정치 단체, 압력 단체, 경제 단체
사회도덕(社會道德) *cf.* 공중도덕, 정치 도의, 국민 도덕
사회동원(社會動員) *cf.* 국민 동원
사회면(社會面) *cf.* 신문 사회면, 경제면, 정치면, 문화면
사회·문화적 활동(社會·文化的活動)
사회 방언(社會方言) *cf.* 지역 방언
사회봉사(社會奉仕) *cf.* 노력 봉사, 자원 봉사, 가격 봉사
사회사상(社會思想) *cf.* 정치사상, 경제사상, 모화사대사상, 문학 사상, 철학 사상, 민주 사상, 신선 사상, 화쟁 사상
사회생활(社會生活) *cf.* 개인생활, 신앙생활, 농촌 생활, 단체 생활
사회의식(社會意識) *cf.* 개인의식, 정치의식, 경제 의식, 국민 의식, 패배 의식
사회·정치 단체(社會·政治團體)
사회주의(社會主義)
사회주의자(社會主義者)
사회책(社會册) *cf.* 국어책, 국사책, 미술책
사회 현상(社會現象) *cf.* 자연현상
사회화하다(社會化-)
사후약방문격(死後藥方文格)
사흗날 *cf.* 삼짇날
사흘 간(-間) *cf.* 나흘 간, 이틀 간
사흘거리로(사흘돌이로)
사흘 건너 *cf.* 하루건너, 하루걸러
사흘길 <~에 하루쯤 가서 열흘씩 눕는다.>
사흘 낮 *cf.* 사흘 밤
사흘돌이로 <~ 병을 앓다.>
사흘 동안 *cf.* 닷새 동안, 열흘 동안, 하룻동안, 얼마 동안
사흘 만 <~에 돌아오다.> *cf.* 만
사흘만 <~ 기다려라.>

사흘 밤 *cf.* 사흘 낮, 하룻밤
사흘 밤, 사흘 낮
사흘이 멀다 하고 <~ 싸워 대다.>
사흘째 *cf.* 째
사흘째 되는 날
삭감당하다(削減當-) *cf.* 당하다
삭감돼 버리다(削減-)
삭감해 버리다(削減-)
삭막해 보이다(索漠-)
삭막해져 가다(索漠-)
삭발당하다(削髮當-) *cf.* 당하다
삭발해 버리다(削髮-)
삭방도 만호 겸 병마사(朔方道萬戶兼兵馬使)
삭아 가다
삭아 버리다
삭은니 *cf.* 간니, 어금니, 썩은 이
삭은코(코피가 자주 나는 코) *cf.* 주부코, 함실코, 딸기코
삭제당하다(削除當-) *cf.* 당하다
삭제해 버리다(削除-)
삯돈
삯말
삯바느질
삯방아
삯빨래
삯일 *cf.* 공일, 헛일
-산(産)(접미사) *cf.* 미국산, 중국산
산가지(算-)(셈하는 데 쓰는 물건)
산간벽촌(山間僻村)
산 값 *cf.* 판 값
산개구리(山-)
산거머리(山-)
산 것 *cf.* 죽은 것
산결공기(酸缺空氣)
산결주택(酸缺住宅)
산경무늬(山景-)
산고개(山-)
산고 끝에(産苦-) *cf.* 고통 끝에
산고 치르다(産苦-) *cf.* 곤욕 치르다, 옥고 치르다
산골길(山-) *cf.* 들길, 벌판길
산골 마을(山-) *cf.* 시골 마을, 갯마을, 섬마을
산골 물(山-)
산골바람(山-)
산골짜기(山-)
산구석(山-) *cf.* 방구석, 촌구석
산굽이(山-) *cf.* 강굽이, 물굽이
산그늘(山-) *cf.* 비그늘, 꽃 그늘, 나무 그늘, 바위 그늘, 집 그늘, 울타리 그늘
산기둥(벽 같은 것에 붙어 있지 않고 따로 서 있는 기둥)
산기슭(山-) *cf.* 밭기슭, 강기슭, 섬기슭
산기운(山-)
산길(山-) *cf.* 들길, 바닷길, 밭길, 논길
산까치(山-)
산꼬대(밤중에 산 위에 바람이 불어 몹시 추워짐.)
산꼭대기(山-) <~에 오르다.> *cf.* 머리꼭대기, 지붕 꼭대기
산 꼭대기(山-) <높은 ~에 오르다.>, <이 ~….> *cf.* 산마루, 산이마
산나물(山-) *cf.* 들나물, 밭나물
산나물밥(山-)
산 너머(山-)(산의 저쪽) *cf.* 고개 너머, 어깨 너머, 창 너머
산 너머 저쪽(山-)
산 넘어(山-)(산을 넘어서) *cf.* 고개 넘어서, 창 넘어서
산 넘어 산 넘어서(山-山-)
산놀이(山-) *cf.* 들놀이, 물놀이
산누에(山-) *cf.* 집누에
산능선(山稜線)
산다 하더라도 *cf.* 죽는다 하더라도, 하더라도
산다 해도 *cf.* 먹는다 해도
산단 말이지 *cf.* 말이다/말이지/말이오
산달(産-)
산대놀음(山臺-)
산대놀이(山臺-)
산대도감(山臺都監)

산대도감극(山臺都監劇)
산대잡극(山臺雜劇)
산대탈((山臺-)
산댓속(算-) <~이 빠르다.>
산더미 같다(山-) *cf.* 흙더미, 잿더미, 빚더미
산도깨비(山-)
산도둑(山-)
산돌림(山-)(산기슭에 내리는 소나기)
산동네(山-) *cf.* 달동네
산돼지(山-) *cf.* 집돼지, 멧돼지
산둥 성(山東省)
산들바람 *cf.* 건들바람
산들산들
산등(山-) *cf.* 뭇등
산등성마루(山-) *cf.* 산마루, 영마루, 고갯마루
산등성이(山-)
산디놀음
산디탈
산딸기(山-)
산딸기나무(山-)
산똥(소화되지 않고 나오는 똥)
산뜻해 보이다
산란강도(産卵强度) *cf.* 훈련 강도
산란능력(産卵能力)
산란 수(産卵數) *cf.* 개체 수, 가짓수, 마릿수
산림경제(山林經濟)
산림계(山林契)
산림녹화(山林綠化) *cf.* 도시 녹화 사업
산림처사(山林處士)
산림학자(山林學者) *cf.* 경제학자
산림학파(山林學派) *cf.* 소요학파, 훈고학파, 실학 학파, 강화 학파
산마루(山-) *cf.* 영마루, 고갯마루, 콧마루
산마루께(山-) *cf.* 께
산마루터기(山-)
산마을(山-) *cf.* 섬 마을
산막기(産-)(태권)
산만해 보이다(散漫-)
산만해져 가다(散漫-)
산말 *cf.* 죽은말
산머루알(山-) *cf.* 포도알, 머루알, 호두알
산머리(山-)
산멱통
산모래(山-) *cf.* 강모래, 바닷모래
산모롱이(山-)
산 모양(山模樣)
산모퉁이(山-) *cf.* 길모퉁이, 담 모퉁이
산목숨 <살아도 ~이 아니다.>
산 목숨 *cf.* 죽은 목숨
산 무수물(酸無水物)
산문정신(散文精神) *cf.* 시대정신, 국민정신, 문학 정신, 국방 정신
산물(山-)
산 미끼
산미 증식 계획(産米增殖計劃)
산 밑에(山-)
산바람(山-) *cf.* 골바람, 들바람, 바닷바람
산발치(山-) *cf.* 선산발치, 구름발치
산밭(山-) *cf.* 들밭, 울안밭, 텃밭
산벼락(山-)
산벼랑(山-)
산보 가다(散步-) *cf.* 소풍 가다, 원정 가다, 겸
산보 나가다(散步-)
산보살(-菩薩)
산보할 겸 해서(散步-兼-) *cf.* 쉴 겸 해서
산봉우리(山-) *cf.* 꽃봉오리
산불(山-)/산불 나다(山-) *cf.* 불나다
산비(山-)
산비둘기(山-)
산비탈(山-)
산빛(山-) *cf.* 물빛, 바다빛, 하늘빛
산뽕나무 가지(山-)
산뽕나무 잎(山-)
산사람(山-)(산에서 사는 사람) *cf.* 섬사람, 뭍사람, 바닷사람, 노햇사람
산 사람 *cf.* 죽은 사람
산사태(山沙汰) *cf.* 눈사태, 돌사태, 사람사태
산사태 나다(山沙汰-) *cf.* 눈사태 나다, 사태

나다, 돌사태 나다
산산조각(散散-) 나다 *cf.* 조각나다, 토막 나다
산삼(山蔘)
산새 소리(山-) *cf.* 들새 소리, 물새 소리
산새알(山-) *cf.* 들새알, 물새알, 까치알, 오리알, 꿩알, 메추리알, 비둘기알
산 설고 물 설다(山-)
산성비(酸性-)
산성 염(酸性鹽)
산성천(酸性泉) *cf.* 알칼리천
산성 흙(酸性-)
산세척제(酸洗滌制)
산소땜(酸素-) *cf.* 납땜, 전기땜, 플라즈마 용접
산소리(남에게 굽히지 않으려고 하는 말)
산소마스크(酸素-) *cf.* 방독 마스크
산소·아세틸렌가스 용접(酸素-鎔接)
산소족(酸素族) *cf.* 알루미늄족, 할로젠족
산소통(酸素桶)
산속(山-) <~에 처박혀 살다.>
산손님(山-)(호랑이)
산솟불(酸素-) *cf.* 전깃불, 가스불, 장작불
산송장
산송장 같다
산수무늬 벽돌(山水-甓-)
산수문전(山水文甎)
산수책(算數册) *cf.* 국어책, 음악책, 미술책, 동화책, 만화책, 소설책, 이야기책
산수화가(山水畫家) *cf.* 풍경화가
산스크리트 어(-語)
산신령(山神靈)
산 아래(山-) *cf.* 산 위
산 아미드(酸-)
산아지랑이(山-)
산안개(山-) *cf.* 골안개, 들안개, 물안개
산안개구름(山-) *cf.* 비구름, 소나기구름
산·알칼리 공업(酸-工業)
산어귀(山-) *cf.* 강어귀, 마을 어귀, 동네 어귀, 극장 어귀, 골목 어귀
산언덕(山-) *cf.* 강 언덕
산언저리(山-)
산업공해(産業公害) *cf.* 소음 공해, 먼지 공해
산업도안(産業圖案) *cf.* 상업도안, 선전도안, 상표 도안, 포스터 도안
산업 쓰레기(産業-) *cf.* 음식 쓰레기, 일반 쓰레기
산업예비군(産業豫備軍) *cf.* 향토 예비군
산업 용품(産業用品) *cf.* 자동차 용품
산업 재해(産業災害) *cf.* 노동 재해
산업체와 연구소 간(産業體-硏究所間)
산업 폐수(産業廢水)
산업학교(産業學校) *cf.* 실업학교, 인문 학교
산업 혁명(産業革命) *cf.* 녹색 혁명, 상업 혁명, 명예혁명
산염불(山念佛)
산염화물(酸鹽化物)
산욕열(産褥熱)
산울림(山-)
산울타리[樹壁]
산 위(山-) *cf.* 산 아래
산 이름(山-) *cf.* 강 이름
산이마(山-)
산이별(-離別) *cf.* 죽은 이별
산 이의 성사(-聖事) *cf.* 죽은 이의 성사
산일(山-) *cf.* 들일, 밭일
산 입 <~에 거미줄 치랴?>
산자갈(山-) *cf.* 강자갈, 냇자갈
산자락(山-) *cf.* 강자락, 밥자락, 바닷자락
산잣감(橵子-)
산장지기(山莊-) *cf.* 문지기, 등대지기, 산지기
산적꽂이(한옥 건축)
산적도둑(散炙-)(맛있는 음식을 골라먹는 사람을 이르는 말)
산적정(酸滴定)
산전수전 다 겪다(山戰水戰-)
산절임(酸-)/산저장(酸貯藏)
산정량(酸定量)
산 정상(山頂上) *cf.* 산마루, 물마루, 산이마
산정해 놓다(算定-)

산젯밥(山祭-) *cf.* 젯밥
산조 가야금(散調伽倻琴)
산조 대금(散調大笒)
산 좋고 물 좋다(山-)
산줄기(山-) *cf.* 물줄기, 강줄기
산중(山中) <첩첩 ~에서….>
산 중턱(山-) *cf.* 산허리
산지구멍 *cf.* 장붓구멍, 단춧구멍, 마룻구멍
산지기(山-) *cf.* 문지기, 사당지기, 등대지기
산지못
산지사방(散之四方) <~으로 흩어지다.>
산 지식(-知識)
산지옥(-地獄)
산지촌(山地村)
산지킴이(山-)(호랑이)
산짐승(山-)(산에서 사는 짐승)
산 짐승(살아 있는 짐승)
산집(山-)
산 쪽(山-) *cf.* 바다 쪽, 들 쪽
산 쪽 스키(山-) *cf.* 계곡 쪽 스키
산 채로 *cf.* 채
산책 가다(散策-) *cf.* 소풍 가다
산책길(散策-) *cf.* 피난길, 피서길, 귀성길
산책 나가다(散策-) *cf.* 소풍 나가다
산천초목(山川草木)
산타령(山-)
산타클로스 할아버지
산토끼(山-)(산에서 사는 토끼)
산 토끼(살아 있는 토끼)
산토닌정(-錠) *cf.* 정
산통 깨다(算筒-)
산통 깨지다(算筒-)
산틀막기(태권도)
산티(産-)(산모의 병적 기색)
산판겉목돌(쓸 크기보다 조금 크게 떠낸 돌) *cf.* 마름돌
산학계몽(算學啓蒙)
산해진미(山海珍味)
산허구리(山-)
산허리(山-) *cf.* 산 중턱, 복허리
산호니(珊湖泥) *cf.* 산호모래
산호모래(珊瑚-) *cf.* 강모래, 바닷모래, 냇모래
산호바다(珊瑚-)
산호펄(珊瑚-) *cf.* 개펄
산홋가지(珊瑚-) *cf.* 나뭇가지
산홋빛(珊瑚-) *cf.* 청잣빛, 포돗빛, 상앗빛, 모싯빛, 장밋빛, 산홋빛, 마놋빛
살구빛, 앵두빛, 버찌빛
산화금(酸化金)
산화되어 가다(酸化-)
산화수(酸化水)
산화수법(酸化水法)
산화은(酸化銀)
산화 이온(酸化-)
산화제이철(酸化第二鐵)→삼산화이철/산화철(Ⅲ)
산화제일철(酸化第一鐵)→일산화철/산화철(Ⅱ)
산화지법(酸化池法)
산화질소(酸化窒素)
산화탑(酸化塔)
산후더침(産後-)
산후바라지(産後-) *cf.* 해산바라지, 옥바라지
산후취(-後娶)
산휴강사(産休講師) *cf.* 시간 강사
산흙(山-) *cf.* 밭흙, 논흙
살 가다(煞-)
살가죽 *cf.* 털가죽, 뱃가죽, 등가죽
살같다 *cf.* 쏜살같다
살같이(쏜살같이)
살거름(씨를 뿌릴 때, 씨와 섞어 쓰는 거름)
살걸음(화살의 속도) <~으로 달아나다.>
살것몰림(증권) *cf.* 팔것몰림
살게 마련이다 *cf.* 먹게 마련이다, 게 마련이다, 기 마련이다
살겠는걸 *cf.* 는걸(어미)
살결 *cf.* 물결, 나뭇결, 돌결
살결박(-結縛)
살고 가다 <한세상 ~.>
살고 싶다/살고 싶어하다 *cf.* 먹고 싶다

살고 있다
살고 지고 <산에서 ~.> *cf.* 먹고 지고, 죽고 지고, -지고
살곶이다리
살구꽃 *cf.* 매화꽃, 개나리꽃
살구꽃 피다
살구나무집 *cf.* 감나무집
살구맛 *cf.* 배맛, 사과맛, 딸기맛, 레몬맛
살구빛 *cf.* 앵두빛, 버찌빛, 치자빛, 녹두빛, 모싯빛, 상앗빛, 주톳빛
살구씨 *cf.* 복숭아씨, 해바라기씨
살금살금(부사)
살기등등(殺氣騰騰)
살기 띠다(殺氣-) *cf.* 노기 띠다, 웃음 띠다
실기 싫어하다 *cf.* 싫어하다
살기 어렵다 *cf.* 살기 좋다
살기 어리다(殺氣-) *cf.* 피 어리다, 우정 어리다
살기 좋다 *cf.* 살기 어렵다
살기 차다(殺氣-)
살길 <~이 막막하다.>
살 길 *cf.* 갈 길, 알 길
살 길 찾다
살깃(화살 뒤 끝에 붙이는 새의 깃)
~ 살 나다 <다섯 ~.> *cf.* ~ 살 되다
살날 <~이 얼마 남지 않았다.> *cf.* 죽을 날
살내(살 냄새) *cf.* 머릿내, 땀내, 발내, 입내, 젖내, 흙내, 풀내
살 내리다 *cf.* 살 오르다
살 냄새→살내 *cf.* 발 냄새, 머리 냄새, 입 냄새, 흙냄새, 풋내, 젖내
살눈〔肉芽〕
살다 가다
살다 보면/보니
살담배 *cf.* 잎담배, 씹는담배
살덩어리 *cf.* 고깃덩어리, 흙덩어리
살덩이 *cf.* 고깃덩이, 흙덩이
살돈(노름 밑천의 돈이나 밑천이 되었던 돈)
~ 살 되다 <다섯 ~.> *cf.* ~ 살 나다
살들어차기

살라미 소시지
살랑바람 *cf.* 건들바람, 산들바람
살랑살랑하다
살래살래(부사)
살려 나가다
살려 내다
살려 낼 만큼 *cf.* 만큼
살려 놓다
살려 다오
살려 달라고 하다
살려 두다
살려 보내다
살려 보다
살려 주다
살로 가다
살리실알데하이드
살림꾼
살림 나다 *cf.* 새살림 나다
살림 내다
살림바닥(살림살이를 한 자취를 남긴 지층)
살림방(-房) *cf.* 가겟방
살림붙이 *cf.* 피붙이, 겨레붙이, 쇠붙이
살림살이 *cf.* 세간살이
살림집 *cf.* 가정집, 가겟집
살림 차리다 *cf.* 새살림 차리다
살림터 *cf.* 장터, 빨래터, 마전터
살림푼수
살마루
살 만하다 *cf.* 만하다
살맛 *cf.* 죽을 맛
살맛 나다
살 맞다(煞-)
살모넬라균(-菌)
살문(-門)
살밀이대패 *cf.* 배대패, 남경대패
살바람 *cf.* 칼바람, 채찍바람, 황소바람
살 박히다(煞-)
살방석(-方席)(화살을 닦는 제구)
살벌해 보이다(殺伐-)

살벌해져 가다(殺伐-)
살범벅 *cf.* 피범벅
살분무기(撒噴霧機)
살 붙다 *cf.* 살 빠지다
살붙이 *cf.* 피붙이, 겨레붙이, 쇠붙이
살 붙이다 <초안에 ~.>
살빛 *cf.* 핏빛, 눈빛, 잿빛
살 빠지다 *cf.* 살 내리다, 살 오르다, 살 붙다
살빼기 *cf.* 살찌우기
살 빼다
살살 기다('살살'은 부사)
살 섞다
살성(-性) <~이 좋다.>
살 속에
살손 <~으로 만든 물꼬>
살손 붙이다(정성을 다하다)
살수 대첩(薩水大捷) *cf.* 한산 대첩
살신성인(殺身成仁)
살아가다 <사람답게 ~.>
살아 가다('살아서 갔다'의 뜻으로는)
살아가다 보면
살아 가지고
살아갈 만하다 *cf.* 만하다
살아 계시다
살아 나가다 <꿋꿋하게 잘 ~.>, <감옥에서 꼭 살아(서) 나가야 한다.>
살아나다
살아 나오다
살아남기 위하여
살아남다
살아 다니다
살아 달라고 하다
살아 돌아가다
살아 돌아오다
살아, 말아? *cf.* 죽어, 말아?
살아 보다
살아생전에(-生前-)
살아 숨쉬다
살아오다 <행복하게 ~.>, <혼자만 구사일생으로 ~.>
살아 있나 보다 *cf.* 보다
살아 있다
살아 주다
살아평생(-平生)
살았나 보다
살얼음판(-板) *cf.* 매얼음
살얼음판 같다(-板-)
살없는창(-窓)
살여울(빠른 여울물)
살 오르다 *cf.* 살 내리다
살오징어
-살이(접미사) *cf.* 머슴살이, 처가살이
살인강도(殺人强盜) *cf.* 노상강도, 은행 강도, 무장 강도
살인나다(殺人-)/살인내다(殺人-)
살인마 같다(殺人魔-)
살잎 <용설란의 ~….>
살잡다
살잡히다(주름살이 지다.)
살점(-點) *cf.* 고깃점
살줄치다(연날리기)
살지다
살집 <~이 좋다.> *cf.* 몸집, 맷집
~ 살짜리 *cf.* 두 살짜리, 열 살짜리, 짜리
살짝곰보
살짝굽기
살짝 굽다
살쩍(관자놀이와 귀 사이에 난 머리털)
살쪄 보이다
살찌다/살찌우다
살찌우기 *cf.* 살빼기
살찌워 주다
살차다(성미가 차고 매섭다.)
살창무늬(-窓-)
살코기
살쾡이자리
살터(활터)
살판나다 <살판난 듯이 뛰어다니다.>

살펴 가다
살펴 나가다
살펴 두다
살펴보기/살펴보다 *cf.* 알아보다, 찾아보다
살평상(-平牀) *cf.* 널평상
살포해 놓다(撒布-)
살푸둥이 <~가 좋다.>
살 풀다(煞-)
살풀이(煞-) *cf.* 한풀이, 성주풀이, 풀이
살풀이춤(煞-)
살피꽃밭(도로, 건물 등을 따라 좁고 길게 만든 꽃밭) *cf.* 모둠꽃밭
살피듬
살해당하다(殺害當-) *cf.* 당하다
살해해 버리다(殺害-)
살흙(돌멩이나 모래가 섞이지 않은 흙)
삶아 내다
삶아 놓다
삶아 두다
삶아 먹다
삶아 주다
삶의 질(-質)
삶이야말로 *cf.* 야말로
삼가다
삼 가르다(해산 뒤에 탯줄을 가르다.)
삼각관계(三角關係) *cf.* 이해관계, 사실 관계, 쌍방 관계, 다자 관계, 삼각 무역
삼각기둥(三角-) *cf.* 사각기둥
삼각나사(三角螺絲) *cf.* 사각나사
삼각도법(三角圖法)
삼각돛(三角-) *cf.* 사각돛
삼각 모자(三角帽子)(발레 모음곡)
삼각목둘레(三角-)(V자 모양으로 터진 목둘레)
삼각뿔(三角-)
삼각 석쇠(三角-)
삼각쌍뿔(三角雙-)
삼각의자(三角椅子)
삼각자(三角-)
삼각자 쓰기(三角-)

삼각주 호(三角洲湖)
삼각팬티(三角-) *cf.* 사각팬티, 버뮤다팬츠
삼각형 모양(三角形模樣)
삼각형 알아보기(三角形-)
삼각형자리성운(三角形-星雲)
삼강오륜(三綱五倫) *cf.* 사서삼경, 사서오경
삼강행실도(三綱行實圖) *cf.* 속삼강행실도
3개월 간(三個月間)
3개월 내에(三個月內-)
3개월 동안(三個月-)
삼거리(三-) *cf.* 사거리, 오거리
삼겹살(三-)
삼고초려(三顧草廬)
3관왕(三冠王) *cf.* 2관왕
삼국 간섭(三國干涉)
삼국 동맹(三國同盟) *cf.* 3국 동맹
삼국사기(三國史記)
삼국 시대(三國時代) *cf.* 후삼국 시대, 통일 삼국 시대, 시대
삼국유사(三國遺事)
삼국지연의(三國志演義)
삼 껍질 *cf.* 귤껍질, 나무껍질, 소태껍질, 칡 껍질, 참외 껍질, 사과 껍질, 닥나무 껍질
삼나무 길 *cf.* 밀밭 길, 보리밭 길, 아카시아 길, 과수원 길
3남(三男)(셋째 아들)
3남(三男)(아들 셋) <~ 2녀> *cf.* 3남 2녀
3년간(三年間)
삼년고개(三年-) *cf.* 녹번고개, 만티고개, 버티고개, 박석고개, 남태령고개
3년 내에(三年內-)
3년 동안(三年-)
3년만(三年-) <~ 기다려라.>
3년 만에(三年-) *cf.* 만
3년밖에 안된다(三年-) *cf.* 밖에
3년상(三年喪)
3년상 나다(三年喪-)
3년째 되다(三年-)
3년 후(三年後)

삼눈(눈에 삼이 생기는 병)
삼다/삼아(동사)('삼아'의 형태로 관용적으로 붙여 쓰기도 함.) <벽을 과녁 삼아 사격 연습….>, <연못을 물침대 삼아> *cf.* 문제삼다, 참고삼다, 표준삼다
삼단 같다
3단계·3기조 통일 정책(三段階·三基調統一政策)
3단뛰기(三段-)
3대가꾸기 *cf.* 외대가꾸기
3대 독자(三代獨子)
3 대 1(三對一) *cf.* 삼 대 일, 일대일 대응(수학)
삼도형선(三島型船)
3동네(三洞-)
삼동막살장구
삼동치마(三-) *cf.* 이동치마, 사동치마
삼두근펴기(三頭筋-)
삼두마차(三頭馬車) *cf.* 사두마차
삼두박근(三頭膊筋)/위팔 세갈래근(-筋)
3두 정치(三頭政治)
3등(三等)
3등 가다(三等-) *cf.* 일등 가다, 제일 가다
3등분 하다(三等分-)
3등칸(三等-)
삼량집(三樑-) *cf.* 팔작집, 이량집
3루측(三壘側)
삼루형선(三樓型船)
삼림욕장(森林浴場) *cf.* 해수욕장
삼림재해(森林災害) *cf.* 환경 재해
3마장(三-)/3마장쯤(三-) *cf.* 쯤(접미사)
삼매틀(三枚-)
삼면(三面)(세 방면, 신문의 셋째 면, 수학 용어로서는)
삼 면(三面)(세 페이지) *cf.* 3쪽, 12쪽
삼면기사(三面記事) *cf.* 사회 기사, 사회면 기사, 문화면 기사
3민주의(三民主義)
삼민주의(三民主義) *cf.* 일민주의
3박자 발구르기(三拍子-)
삼발이
삼밧줄
삼밭(蔘-) *cf.* 감자밭, 고구마밭, 고추밭, 담배밭, 배추밭, 옥수수밭, 배밭, 목화밭, 보리밭
3배 하다(三倍-) *cf.* 3등분 하다
3백 석(三百石) <공양미 ~>
삼베고쟁이
삼베옷 *cf.* 무명옷, 비단옷
삼별초군(三別抄軍)
삼복더위(三伏-) *cf.* 복더위, 가마솥더위, 찜통더위, 불볕더위
삼복중(三伏中)
삼복철(三伏-)
삼봉낚시(三鋒-)
3부영양소(三副營養素)
삼부자타령(三父子-)
3부 합창(三部合唱)
3부회(三部會)
3분만(三分-) <~ 있다가….>
3분 만에(三分-) *cf.* 만
3분의 1(三分-一)
삼분텍맞춤(三分-)
3분 하다(三分-) <왕국을 ~.> *cf.* 3등분 하다, 4등분 하다
삼불
삼빛(三-) *cf.* 이빛, 쪽빛
3, 4년(三, 四年)
삼사미길 *cf.* 갈랫길, 쌍갈랫길
3, 4일만(三, 四日-)
3, 4일 만에(三, 四日-) *cf.* 만
삼사 정계(三斜晶系)(표준국어대사전에서는 '삼사+정계'로 보는 견해) *cf.* 육방정계
삼사정계(三斜晶系)('삼사정+계'로 보는 견해)
삼삶는 소리
삼삼오오(三三五五)
3색등(三色燈)
3색판(三色版)
삼서다
삼세번(三-番)
삼신풀이(三神-)

삼신할머니(三神-)
삼실 뽑기
삼십년 전쟁(三十年戰爭)/30년 전쟁(三十年戰爭) *cf.* 백년 전쟁
3십 리(三十里)
3십 리 길(三十里-) *cf.* 십 리 길, 10리 길, 백 리 길, 천 리 길, 하룻길
3십만 냥(三十萬兩)
3십만여 호(三十萬餘戶)
30분간(三十分間)
삼십삼인(三十三人) *cf.* 33인
30세(三十歲)
30세 되던 해(三十歲-)
30 수 년 전에(三十數年前-)
30일(三十日) *cf.* 1월 30일
30일(三十日) <~ 동안 쉬었다.>
30일 내로(三十日內-)
삼씨기름 *cf.* 무씨기름, 면화씨기름
3씩 뛴 수(-數)
삼아 놓다/삼아 두다
삼아 보다
삼아 오다 <가훈으로 ~.>
삼아 주다
3연(三聯) *cf.* 1연, 2연, 3연
3온음(三-音)
삼요오드화 이온(三-化-)
삼원색(三原色) *cf.* 3원색
3월 말경에(三月末頃) *cf.* 시월 말경, 경
3월 말에(三月末-)
3월 중에(三月中-)
3월 초에(三月初-)
3·6판(三·六版)
3의 단 곱셈구구(三-段-九九)
삼이웃(三-)(이쪽저쪽의 가까운 이웃)
3인칭(三人稱)
3일(三日) <~ 만에 돌아오다.>
3일(三日) <오늘은 3월 ~이다.>
3일간(三日間)
3일만(三日-) <~만 기다려라.>
3일 만에(三日-) <~ 오다.> *cf.* 만
삼일절(三一節) *cf.* 3·1절
삼일 정신상(三一精神像)
삼일천하(三日天下)
삼잎수(-繡) *cf.* 쌀알수, 징금수, 벌집수
삼작노리개(三作-)
3장(三章) <공약 ~>
삼장개비장단
삼장 법사(三藏法師)
3점 라인(-點-)
삼정승(三政丞)
삼정이정청(三政釐整廳)
3제 동맹(三帝同盟)
삼족 토기(三足土器) *cf.* 세발 토기
삼종지도(三從之道)
삼종 형제(三從兄弟) *cf.* 재종 형제
삼중 망(三重網) *cf.* 이중 망, 3중 망, 2중 망
삼짇날 *cf.* 하짓날, 동짓날
3차(三次) *cf.* 2차, 12차
삼차부틸(三次-)→삼차뷰틸(三次-)
삼채 뼈단지(三彩-)
삼척동자(三尺童子)
삼천리(三千里)(우리 국토) <~ 금수강산>
삼천 리(三千里)(실제 거리) <~나 떨어졌다.>
삼천리강산(三千里江山)
삼천리금수강산(三千里錦繡江山)
삼천리 방방곡곡(三千里坊坊曲曲)
3천만(三千萬)
삼천포 농악(三千浦農樂)
삼첩반상(三-飯床) *cf.* 오첩반상, 칠첩반상
삼청냉돌(三廳冷突)
3초 룰(三秒-)
삼촌 댁(삼촌의 집을 뜻하는 경우)
삼촌댁(三寸宅)(삼촌의 부인, 즉 숙모를 뜻하는 경우) *cf.* 삼촌의 댁
3총사(三銃士)
삼추 같다(三秋-)
3층밥(三層-)
3층 방(三層房)

3층 석탑(三層石塔)
3층장(三層欌)
3층집(三層-) cf. 단층집, 2층집, 10층 빌딩
3층탑(三層塔)
삼치구이 cf. 도미구이, 갈치구이
삼칼(蔘-) cf. 회칼, 도련칼, 면도칼, 해부칼
삼켜 버리다
삼켜 버릴 듯이 cf. 듯이
삼켜 보다
삼키아학파(-學派) cf. 스토아학파, 엘레아학파, 이오니아학파, 실학 학파, 강화 학파
삼타기
삼타기틀
삼태그물 cf. 가래그물, 자루그물
삼태불(콩나물 등의 잔뿌리)
삼탯국(三太-)(콩나물, 두부, 북어를 넣고 끓인 해장국)
삼투압차법(滲透壓差法)
삼파장 전구(三波長電球) cf. 수은 전구, 텅스텐 전구, 할로겐전구, 백열전구, 주광전구
삼팔따라지(三八-)
삼팔선놀이(三八線-)
3포 왜란(三浦倭亂)
3학년(三學年)
3학년인걸요(三學年-) cf. ㄴ걸(어미)
삼학사(三學士)
삼한갑족(三韓甲族)
삼한 정통론(三韓正統論)
삼한중보(三韓重寶)
삼한통보(三韓通寶)
3해리설(三海里說) cf. 12해리설
삼행시 짓기(三行詩-)
삼현 도드리(三絃-)
삼현영상회상(三絃靈山會相)
3형제(三兄弟) cf. 삼 형제
삼화음(三和音) cf. 칠화음, 구화음, 3화음, 7화음, 9화음
삼회장저고리(三回裝-) cf. 회장저고리, 반회장저고리

삽날 cf. 칼날, 면도날, 도끼날, 가윗날, 자귀날, 송곳날
삽살개 cf. 풍산개, 진돗개
삽살개 간호사(-看護士)
삽입 키(揷入-)
삽입해 놓다(揷入-)
삽자루 cf. 낫자루, 도낏자루, 빗자루, 괭이자루, 호미자루
삽짝지신풀이(-地神-) cf. 대문풀이
삿갓구름 cf. 버섯구름
삿갓반자 cf. 우물반자, 소란반자
삿갓배미 cf. 논배미
삿갓서까래
삿갓 쓰다
삿갓지붕 cf. 톱니지붕, 뾰족지붕, 팔작지붕
삿갓집 cf. 팔작집, 납도리집, 칠량집
삿대질
삿대질당하다(-當-) cf. 당하다
삿되다(邪/私-) <삿된 소견으로 ….>, <삿되게 국법을 어길 수 없다.>
삿무늬
삿무늬 토기(-土器)
삿자리 cf. 대자리, 돗자리
삿자리깔음
-상(相)(명사) cf. 액체상, 고체상
-상(像)(명사) cf. 어머니상, 교사상
-상(上)(접미사) cf. 역사상, 사정상, 인터넷상
상감마마(上監-) cf. 대비마마, 왕비마마, 어마마마, 대감마님, 주인마님
상감청자(象嵌靑瓷/磁)
상감 청자(象嵌靑磁)(편수 자료)
상갓집(喪家-) cf. 잔칫집, 초상집
상갓집 개(喪家-) cf. 서당 개
상갓집 개 노릇(喪家-)
상거래(商去來)
상거지(上-)
상경 용천부 터(上京龍泉府-) cf. 원각사 터
상고대(나무나 풀에 내려 눈처럼 된 서리)
상고머리

상·공업(商工業)
상공업자(商工業者) *cf.* 수산업자, 수출업자
상관관계(相關關係) *cf.* 이해관계, 혈연관계, 보완 관계, 인과 관계
상관 마라(相關-) *cf.* 마/마라/말아라(→마라)
상관 말다(相關-)
상관습(商慣習)
상관없다(相關-)
상관있다(相關-)
상관하지 마(相關-) *cf.* 마라/말아라(→마라)
상근중역(相勤重役) *cf.* 사외 이사
상급반(上級班) *cf.* 하급반
상기된 채(上氣-) *cf.* 채
상기둥(上-)
상기시켜 주다(想起-)
상길(上-) *cf.* 핫길
상납받다(上納-) *cf.* 받다
상납해 오다(上納-)
상냥스러워 보이다
상노인(上老人) *cf.* 중노인
상놈(常-)
상놈 같다(常-)
상늙은이(上-)
상다리(床-) *cf.* 책상다리, 책상 다리, 의자 다리
상담해 보다(相談-)
상당수(相當數) *cf.* 정족수, 일정수, 인원수, 호흡수, 맥박 수, 학생 수
상대 굳기(相對-)
상대 높임법(相對-法)
상대되다(相對-) *cf.* 반대되다, 상반되다
상대 못하다(相對-)
상대방(相對方)
상대정맥관(上大靜脈管) *cf.* 하대정맥관
상대주의(相對主義)
상대 쪽에(相對-) *cf.* 상대편에
상대측(相對側)/상대편(相對便)
상대편 말(相對便-)
상두받잇집(喪-)
상둣도가(喪-都家)
상둣술에 낯내기(喪-)
상로교(上路橋) *cf.* 하로교
상록수림(常綠樹林) *cf.* 낙엽수림
상류 쪽(上流-) *cf.* 하류 쪽
상륙해 보다(上陸-)
상린관계(相隣關係) *cf.* 소유관계, 이해관계, 적대 관계, 우호 관계
상 만들기(床-)
상(을) 만들다(床-)
상머리(床-) *cf.* 밥상머리, 책상머리
상명산법(詳明算法)
상명하복(上命下服)
상모끝(象毛-)
상모놀이(象毛-)
상모놀리기(象毛-)
상물림(床-) *cf.* 대물림
상민 수륙 무역 장정(商民水陸貿易章程)
상반각(上反角) <비행기 앞날개의 ~….> *cf.* 하반각
상반되다(相反-) *cf.* 반대되다, 정반대되다
상반발음(上反發音)
상반신(上半身) *cf.* 하반신
상반칙불궤(上反則不軌)(사진)
상 받다(床-) *cf.* 밥상 받다, 술상 받다
상 받다(賞-) *cf.* 편지 받다, 상장 받다
상밥(床-)
상밥집(床-) *cf.* 밥집, 국숫집, 백반집
상변화(相變化)/상변태(相變態)
상부상조(相扶相助)
상부상조하다(相扶相助-)
상비약(常備藥) *cf.* 구급약
상비해 두다(常備-)
상사 노래(相思-)
상사말씀(喪事-)
상사목(턱이 있는 잘록하게 된 골짜기)
상사별곡(相思別曲) *cf.* 관동별곡
상사소리(못소리)
상삿뱀(相思-)
상상 놀이(想像-)/극놀이(劇-)

상상무늬(想像-)
상상외로(想像外-) *cf.* 예상외로, 예상 밖으로
상상하여 써 보다(想像-)
상상해 내다(想像-)
상상해 보다(想像-)
상소리(常-) *cf.* 객소리, 개구리 소리
상속받다(相續-) *cf.* 받다
상속시켜 주다(相續-)
상속해 주다(相續-)
상쇄시켜 버리다(相殺-)
상쇠놀음
상수도관(上水道管) *cf.* 하수도관
상수리나무 가지 *cf.* 버드나무 가지, 소나무 가지, 나뭇가지, 산홋가지
상수리나무 잎 *cf.* 버드나무 잎, 소나무 잎 나뭇잎, 풀잎, 솔잎, 갈잎
상수리밥 *cf.* 강냉이밥
상수리쌀 *cf.* 옥수수쌀
상수리 제도(上守吏制度)
상수하천(常水河川)
상승일로(上昇一路)
상승장군(常勝將軍) *cf.* 개선장군
상승폭(上昇幅) *cf.* 하락폭, 등락폭
상승해 가다(上昇-)
상승효과(相乘效果) *cf.* 파급 효과, 치료 효과, 시너지 효과
상식 없다(常識-)
상식학파(常識學派) *cf.* 소요학파, 삼림학파
상식화되다(常識化-)
상실당하다(喪失當-) *cf.* 당하다
상실되어 가다(喪失-)
상실한 지(喪失-) <자격을 ~ 이미 오래다.> *cf.* 지
상실해 가다(喪失-)
상실해 버리다(喪失-)
상씨름(上-) *cf.* 포씨름
상아 젓가락(象牙-) *cf.* 나무젓가락, 대나무 젓가락, 놋젓가락, 은젓가락, 스테인리스 젓가락

상아혼식(象牙婚式)(결혼 30돌) *cf.* 진주혼식
상악동염(上顎洞炎)
상앗빛(象牙-) *cf.* 산홋빛, 대춧빛, 포돗빛, 잿빛, 핏빛, 장밋빛, 모싯빛, 버찌빛, 살구빛, 앵두빛, 치자빛
상어놈들아
상어 떼 *cf.* 송사리 떼, 벌 떼, 양 떼, 모기떼
상어지느러미(-魚-)
상업도덕(商業道德) *cf.* 교통도덕, 사회도덕, 공중도덕, 정치 도의
상업도안(商業圖案) *cf.* 산업도안, 상표 도안, 포스터 도안, 공업 디자인
상업보조인(商業補助人)
상업 시대(商業時代) *cf.* 농업 시대
상업신문(商業新聞) *cf.* 기관 신문
상업주의(商業主義)
상업 혁명(商業革命) *cf.* 산업 혁명
상없다(常-)
상여 나가다(喪輿-)
상연해 오다(上演-)
상염색체(常染色體)
상엿소리(喪輿-) *cf.* 노랫소리
상엿집(喪輿-)
상영산 장단(上靈山-)
상영해 오다(上映-)
상용시(常用時)
상용한자(常用漢字) *cf.* 교육한자, 당용 한자
상용해 오다(常用-)
상원사 종(上院寺鐘) *cf.* 봉덕사종
상의드려 보다(相議-)
상의드리다(相議-)
상의 없이(相議-)
상의해 보다(相議-)
상의해 오다(相議-)
상이군경(傷痍軍警)
상이군인(傷痍軍人) *cf.* 상이 경찰
상이기장(傷痍記章) *cf.* 상이 연금
상이용사(傷痍勇士) *cf.* 참전 용사
상일(常-) *cf.* 잡일, 날일

상자 기르기(箱子-)
상자떼기(箱子-) *cf.* 밭떼기
상자 만들기(箱子-)
상자(를) 만들다(箱子-)
상자 모 기르기(箱子-)
상자 모양(箱子模樣)
상자뿌림(箱子-)
상자성체(常磁性體)
상자쌓기(箱子-)
상자(를) 쌓다(箱子-)
상자치기(箱子-)
상장막대(喪杖-) *cf.* 지팡막대
상장 받다(賞狀-) *cf.* 편지 받다, 졸업장 받다
상전 노릇(上典-) *cf.* 종노릇, 머슴 노릇
상전 노릇 하다(上典-) *cf.* 하인 노릇 하다, 종노릇하다, 병신노릇하다
상전댁(上典宅)
상전류(相電流)
상전압(相電壓)
상전이(相轉移)
상점일(商店-)
상정고금예문(詳定古今禮文)
상정해 놓다(上程-)
상제 노릇(喪制-) *cf.* 주인 노릇, 주부 노릇, 죄인 노릇, 종노릇, 병신노릇
상제 되다(喪制-) *cf.* 죄인 되다
상종 못할 놈(相從-)
상종해 오다(相從-)
상좌춤(上佐-)
상좌탈(上佐-)
상주갓(喪主-)
상 주다(賞-) *cf.* 벌주다
상주 모심기 소리(尙州-)
상주시켜 놓다(常住-)
상주인구(常住人口) *cf.* 유동 인구
상중년(上中年)
상·중순(上·中旬) *cf.* 중·하순
상징 놀이(象徵-)
상징 부사(象徵副詞)
상징주의(象徵主義)
상징주의극(象徵主義劇)
상징체계(象徵體系) *cf.* 명령 체계, 사상 체계, 이론 체계, 전달 체계, 지휘 체계, 무기 체계, 의료 체계
상징화하다(象徵化-)
상 차려 주다(床-) *cf.* 밥 차려 주다
상 차리기(床-)
상 차리다(床-)
상차림(床-)
상처 나다(傷處-) *cf.* 흠집 나다
상처 내다(傷處-) *cf.* 흠집 내다
상처당하다(喪妻-) *cf.* 당하다
상처받다(傷處-)
상처 입다(傷處-)
상처 주다(傷處-)
상처투성이(傷處-) *cf.* 흙투성이, 먼지투성이, 피투성이, 빚투성이
상천해대(上淺海帶)
상추 가꾸기
상추(를) 가꾸다
상추밭 *cf.* 파밭, 옥수수밭
상추쌈 *cf.* 쑥갓쌈, 머윗잎쌈, 호박잎쌈
상추씨 *cf.* 토마토씨, 수박씨, 오이씨, 해바라기씨, 호박씨
상추잎 *cf.* 깻잎, 댓잎, 연잎, 솔잎, 들깻잎, 고춧잎, 머윗잎
상측파대(上側波帶) *cf.* 하측파대
상층 구름(上層-) *cf.* 하층 구름, 중층 구름
상층 바람(上層-)
상쾌해 보이다(爽快-)
상쾌해하다(爽快-)
상 타다(賞-)
상 타 오다(賞-)
상투기둥(건축)
상투 끝에 *cf.* 손끝, 발끝, 코끝, 귀끝, 장대끝에, 바지랑대 끝에
상투도리(건축)
상투이음

상투쟁이 *cf.* 양복쟁이
상투제침(판소리)
상투 짜다
상투 틀다
상툿바람에 *cf.* 치맛바람에, 동저고릿바람에 속옷 바람, 내의 바람, 팬티 바람, 파자마 바람, 작업복 바람
상판때기(相-)
상평통보(常平通寶)
상품권값(商品券-)
상품권법(商品券法)
상품 안사기 운동(商品-運動)
상품 작물(商品作物) *cf.* 환금 작물, 특용 작물, 보통 작물
상품화되다(商品化-)
상품화시키다(商品化-)
상품화하다(商品化-)
상피병(象皮病)
상피 붙다(相避-)
상하 관계(上下關係)
상·하급생(上·下級生)
상·하수도(上·下水道)
상하 종횡(上下縱橫)
상·하층수(上·下層水)
상항복점(上降服點) *cf.* 하항복점
상해 버리다(傷-)
상행위(商行爲) *cf.* 성행위, 기만행위, 이적 행위
상행차(上行車) *cf.* 하행차
상현달(上弦-) *cf.* 하현달
상호간에(相互間-)
상호 형(-兄)
샅걸이
샅바씨름
샅바지르다
샅바채우다
샅 보호대(-保護帶)
새- *cf.* 새싹, 새해, 새댁
새ᵛ(관형사) *cf.* 새 옷, 새 친구, 새 학교
새가슴
새것 *cf.* 헌것
새것 같다 *cf.* 헌것 같다
새겨 가다
새겨 가지고
새겨 넣다
새겨 놓다
새겨 두다
새겨듣다 *cf.* 알아듣다, 귀담아듣다
새겨보다 <그 일을 잘 ~.>
새겨 보다 <도장을 ~.>
새겨져 있다
새겨 주다
새그물
새근발딱(부사)
새근새근(부사)
새기개(고고학)
새 기르기
새(를) 기르다
새긴창(-窓)
새 길 *cf.* 옛 길
새김무늬
새김문(-門)
새김창(-窓)
새김칼 *cf.* 회칼, 창칼, 호비칼, 도련칼, 해부칼, 주머니칼, 부엌칼
새꼬랑지 같다 *cf.* 쥐꼬리, 개꼬리
새 꽃
새끼 가지
새끼 고기[幼魚]
새끼공(새끼로 둘둘 뭉친) *cf.* 고무공
새끼그물(북한)
새끼 기르기
새끼(를) 기르다
새끼 꼬다
새끼 낳다 *cf.* 알 낳다
새끼도막 *cf.* 나무토막, 쇠토막, 노끈 도막
새끼 독수리
새끼 돼지
새끼 돼지 따로 먹이기

새끼 두루미
새끼똥구멍(똥구멍 위에 조금 움푹한 곳)
새끼 말 *cf.* 어미 말
새끼바늘(낚시의)
새끼발
새끼발가락 *cf.* 새끼손가락, 엄지발가락
새끼 배다 *cf.* 아이 배다, 아기 배다
새끼 벌레 *cf.* 어미 벌레
새끼 붕어
새끼 사마귀
새끼 사자(-獅子)
새끼 새 *cf.* 어미 새
새끼 소 *cf.* 어미 소
새끼손가락 *cf.* 가운뎃손가락, 엄지손가락
새끼손톱 *cf.* 엄지손톱
새끼 수(-數)
새끼시계(-時計) *cf.* 양초시계
새끼 연어(-鰱魚)
새끼 염소 *cf.* 어미 염소
새끼 오리 *cf.* 어미 오리
새끼 원숭이 *cf.* 어미 원숭이
새끼 제비 *cf.* 어미 제비
새끼줄 *cf.* 철사줄, 고무줄, 줄넘기줄, 동아줄, 전깃줄, 피댓줄, 빨랫줄
새끼 지렁이
새끼집(동물의 아기집)
새끼 쳐 나가다
새끼치기/새끼치기하다
새끼 치다
새끼 타래 *cf.* 실타래, 머리 타래
새끼 토끼 *cf.* 어미 토끼
새끼 호랑이 *cf.* 어미 호랑이
새나가다 <비밀이 ~.>
새 나라
새 나라 새 주인
새나무(풀로 된 땔나무)
새나오다
새날
새노래(전래 동요)
새농민상(-農民像)
새눈 *cf.* 뱀눈, 족제비눈, 뱁눈, 가자미눈
새는 새는
새 다리 *cf.* 개다리, 제비 다리
새달(다음 달)
새대가리 *cf.* 말대가리, 쇠머리
새댁(-宅)
새 돈
새둥주리
새둥지
새들다 <목소리가 새들어 오다.>
새 들어오다
새때(끼니와 끼니 중간 되는 때)
새 떼 *cf.* 개미 떼, 양 떼, 송사리 떼
새 떼 소리
새똥(새의 똥) *cf.* 개똥, 닭똥, 쇠똥, 염소똥
새뜨다
새로 나오다
-새로에('고사하고', '그만두고', '커녕'의 뜻을 나타내는 조사) <비바람은~ 벼락이….>
새로워 보이다
새로워져 가다
새록새록(부사)
새 마을(새로운 마을, 새롭게 개발된 마을)
새마을 가꾸기('새마을' 가꾸기)
새마을 운동(-運動)
새마을호(-號)
새만금 지구(-萬金地區)
새말(새로운 말)
새 맛
새모래덩굴 *cf.* 청미래덩굴, 담쟁이덩굴, 인동덩굴, 포도덩굴, 칡덩굴
새 모습/새 모양(-模樣)
새물(새로 나온 과일이나 생선)
새 물
새물내
새바람
새발뜨기(뜨개질)
새발의 피

새 발자국
새발장식(-裝飾)
새밭(억새가 무성한 밭)
새벽같이 <~ 일어나다.>
새벽 공기(-空氣) *cf.* 밤 공기
새벽길 *cf.* 밤길
새벽꿈 *cf.* 저녁 꿈, 초저녁 꿈
새벽녘 *cf.* 해뜰녘, 해질녘
새벽달 *cf.* 새벽별, 저녁달
새벽 달리기
새벽닭 *cf.* 저녁닭
새벽바람 <~에 사초롱….> *cf.* 아침 바람, 저녁 바람
새벽밥 *cf.* 아침밥, 저녁밥
새벽별(→샛별) *cf.* 저녁 별, 초저녁 별, 샛별
새벽불
새벽빛
새벽 시장(-市場) *cf.* 야시장
새벽 안개 *cf.* 밤안개
새벽어둠
새벽이슬 *cf.* 밤이슬, 아침이슬
새벽일 *cf.* 밤일
새벽잠 *cf.* 저녁잠, 초저녁잠, 그루잠
새벽잠 자다 *cf.* 잠자다
새벽종(-鐘)
새벽차(-車) *cf.* 밤차, 낮차, 아침차
새벽하늘 *cf.* 밤하늘
새보다('망보다'의 은어)
새 복 <~ 건져 내는 복조리>
새봄
새봄맞이 *cf.* 겨울맞이, 가을맞이
새 뿌리
새사람
새사람 되다
새살
새살떨다 *cf.* 궁상떨다, 재롱떨다, 건방 떨다
새살림
새살림 나다 *cf.* 살림 나다, 신혼살림 나다
새살림하다

새살맞다
새삼스러워하다
새 삶
새새끼 *cf.* 개새끼, 쥐새끼
새새틈틈(명사)
새색시
새서방(-書房) *cf.* 전서방
새 세상(-世上)
새소리 *cf.* 벌레 소리, 여치 소리, 귀뚜라미 소리, 매미 소리, 닭 소리, 모깃소리
새 소식(-消息)
새순(-筍) *cf.* 새 잎
새순 기르기(-筍-)
새순꽂이(-筍-)
새 시대(-時代)
새신랑(-新郎)
새실떨다
새싹
새싹 나다
새아기
새아주머니
새 아침
새알(새의 알) *cf.* 산새알, 물새알, 메추리알
새알꼽재기
새앙물
새앙엿
새애기타령
새야 새야
새어 나가다/새어 나오다
새어들다
새어들어 가다
새어들어 오다
새어머니
새어 오다
새예동물(鰓曳動物)
새 옷 *cf.* 헌 옷, 새집, 헌 집, 새 책, 헌 책
새옹밥
새 왕(-王) *cf.* 전왕
새우걸음

새우걸음사위(봉산 탈춤의 춤사위)
새우구이
새우그물
새우다시피하다 *cf.* 굶다시피하다, 다시피하다
새우뜨기(수영)
새우 쌈/새우 싸움 <~에 고래등 터지다.>
새우잠 *cf.* 등걸잠, 귀잠, 노루잠
새우잠 자다 *cf.* 노루잠 자다, 잠자다
새우잡이 *cf.* 고래잡이, 멸치잡이, 참치잡이
새우잡이배 *cf.* 고래잡이배
새우젓 *cf.* 조개젓, 굴젓, 소라젓
새우젓 장수 *cf.* 밀가루 장수
새우튀김 *cf.* 생선튀김, 쇠고기튀김
새 울다 *cf.* 바람 불다
새 움 *cf.* 새싹, 새순
새워 가며 <밤을 ~ 일하다.>
새을(乙)자(-字)
새 인간(-人間)
새잎 *cf.* 새순
새잡다(남의 비밀 이야기를 엿듣다.)
새 잡다 *cf.* 쥐 잡다, 고기 잡다
새잡이
새장(-欌) *cf.* 닭장, 개장
새장가
새장 꾸미기(-欌-)
새장(을) 꾸미다(-欌-)
새 좀 봐 *cf.* 저것 좀 봐, 좀
새중간(-中間)
새 질서(-秩序)
새집 *cf.* 개집, 까치집, 세비집
새집 *cf.* 헌 집
새집옮기기놀이 *cf.* 놀이
새쫓기
새쫓기노래
새 책(-冊) *cf.* 헌 책
새 처방(-處方)
새 천년(-千年)
새 천년맞이 사물놀이(-千年-四物-)
새총(-銃) *cf.* 사냥총, 고무총, 물총
새 출발(-出發)
새치기
새치부리다(몹시 사양하는 체하다.)
새 친구(-親舊)
새침데기
새콤달콤하다
새큼새큼하다
새타령 *cf.* 몽금포타령, 신고산타령
새털
새털 같다
새털구름 *cf.* 조개구름, 뭉게구름
새털바람 *cf.* 솜털바람
새털수(-繡) *cf.* 벌집수, 십자수, 쌀알수
새 테이프
새파래 보이다
새하얘지다
새 학기(-學期)
새 학기 들어(-學期-) *cf.* 올해 들어, 새해 들어, 이번 학기 들어
새 학년(-學年)
새 학년 들어(-學年-)
새해 *cf.* 지난해
새해 들어
새해맞이 *cf.* 추석맞이, 봄맞이
새해 초에(-初-)
색견본(色見本)
색고치(色-)
색 균형(色均衡)
색깔별(色-別)
색날기(색바램)
색노끈(色-) *cf.* 색종이
색다르다(色-)
색도화지(色圖畫紙) *cf.* 색종이
색동두루마기(色-)/색동마고자(色-)
색동옷(色-)
색동저고리(色-)
색동 주머니(色-)
색띠(色-)
색미투리(色-)

색바람(이른 가을에 부는 선선한 바람)
색 바래다(色-)
색바램(色-)(색날기)
색부반송파(色副搬送波)
색분필(色粉筆) *cf.* 색연필
색분해 필터(色分解-)
색사발(色沙鉢)(광산)
색상자(色箱子)
색상환(色相環)
색 셀로판지(色-紙) *cf.* 색종이, 색도화지
색소거 회로(色消去回路)
색소의 퍼짐 그리기(色素-)
색소폰족(-族) *cf.* 오보에족
색수정 필터(色修正-)
색수차(色收差)
색순도(色純度)
색순응(色順應)
색슨족(-族) *cf.* 라틴족
색시걸음 *cf.* 씨암탉걸음, 종종걸음
색시꼴 <~이 박혀 가다.>
색시비(비를 의인화해서)
색시 삼아 <○○일랑 신랑 하고 ○○일랑 ~.>
색시장가 *cf.* 처녀장가
색시 타령 *cf.* 반찬 타령, 음식 타령, 술타령, 신세타령
색 신호(色信號)
색싯감 *cf.* 신랑감, 아냇감, 며느릿감
색싯집(처가 또는 접대부가 있는 술집) *cf.* 신랑집
색 쓰다(色-)
색안경(色眼鏡)
색안경 쓰다(色眼鏡-)
색연필(色鉛筆)
색연필 끝(色鉛筆-) *cf.* 연필 끝, 장대 끝
색연필심(色鉛筆芯)
색연필 정리하기(色鉛筆整理-)
색온도(色溫度)
색온도계(色溫度計)
색올림(色-)
색원체(色原體)
색원판(色原版)
색유리판(色琉璃板)
색이름(色-) *cf.* 음이름
색입체(色立體)
색재현(色再現)
색조화(色調和)
색종이(色-) *cf.* 색도화지
색종이 반지(色-半/斑指)
색종이 접기(色-)
색종이(를) 접다(色-)
색종이 조각(色-) *cf.* 종잇조각, 휴지 조각, 유리 조각
색줏집(色酒-) *cf.* 색싯집
색증감(色增減)
색지수(色指數)
색지움 렌즈(色-)
색채움(色-)
색출해 내다(索出-)
색 카드(色-)
색 테이프(色-) *cf.* 색종이
색편광(色偏光)
색표준(色標準)
색 한지(色韓紙)
색헝겊(色-) *cf.* 색종이
색화상 신호(色畫像信號)
색환등판(色幻燈板)
샌님탈 *cf.* 양반탈, 초라니탈
샐녘 *cf.* 해질녘, 해뜰녘
샐러드유(-油) *cf.* 올리브유, 팜유
샘가[泉邊] *cf.* 우물가, 개울가, 개천가, 바닷가
샘골논 *cf.* 천둥지기논
샘구멍 *cf.* 물구멍, 땀구멍, 숨구멍
샘굿(민속)
샘나다/샘내다
샘물가 *cf.* 우물가, 연못가, 창가, 시냇가, 바닷가
샘물터
샘바르다 <그 사람은 참 ~.>
샘바리
샘받이(샘이 나는 곳)

샘솟다
샘터 *cf.* 빨래터, 사냥터, 나루터, 화장터
샘 터지다
샛강(-江)
샛길 *cf.* 지름길
샛문(-門)
샛바람
샛밥
샛별 같다
샛별눈
샛서방(-書房)
-생(生)(접미사) *cf.* 을해생, 갑자생
생가슴(生-)
생가죽(生-) *cf.* 생고무
생각 같아서는 *cf.* 마음 같아선
생각건대 *cf.* 비유컨대, 요컨대, 짐작건대, 원컨대, 바라건대
생각게 한다 *cf.* 넉넉게 한다, 짐작게 한다
생각 그물 만들기
생각꺼내기 *cf.* 생각넓히기
생각 끝에 *cf.* 논란 끝에, 토론 끝에
생각나는 대로 *cf.* 는 대로, 대로
생각나다 <친구들이 ~.>
생각 나다 <고향 생각(이) 나다.>
생각나자마자 *cf.* 자마자
생각넓히기 *cf.* 생각꺼내기
생각다 못해 *cf.* 보다못해, 하다못해, 견디다 못해, 웃다 못해, 다 못하다, 못하다
생각 따라 <말 따라 ~>
생각 따위
생각 마라/말아라(→마라)/마
생각 못했나 봐요
생각묶기 *cf.* 생각넓히기
생각 않다
생각 없다/생각 있다
생각을 못 하다
생각이신가 보다 *cf.* ㄴ가 보다, 보다
생각주머니 *cf.* 말주머니
생각 중(-中) *cf.* 고민 중
생각지 말고 *cf.* 넉넉지, 익숙지, 섭섭지
생각지 않고는/생각지 않다
생각지 않은 게 아니다
생각키우기 *cf.* 생각넓히기
생각(을) 키우다
생각하다 보니 *cf.* 보다
생각하든 간에(-間-)
생각하며 읽기
생각하자마자 *cf.* 자마자
생각한 대로 *cf.* 대로
생각할 것 없이
생각해 가며
생각해 내다
생각해 보기
생각해 보니
생각해서 말이야/말이다
생각해 오다
생각해 주다
생각했는데도
생갈비(生-)
생갈이(生-)(홍두깨생갈이) *cf.* 마른갈이, 진갈이
생강물(生薑-) *cf.* 오미자물, 치자물, 오미잣국
생강밭(生薑-) *cf.* 토란밭
생강 장수(生薑-) *cf.* 채소 장수, 고기 장수
생강즙(生薑汁) *cf.* 무즙, 칡즙
생거짓말(生-)
생걱정(生-)
생것(生-)(날것)
생겨나다
생겨 먹다 *cf.* 돼먹다, 배워 먹다, 자라 먹다, 먹다(보조 동사)
생겼단 말이에요
생고무(生-) *cf.* 찰고무, 생가죽
생과일주스(生果-) *cf.* 과일주스, 사과 주스
생굴(生-)
생균수(生菌數)
생글생글하다
생긋생긋(부사)
생긋 웃다

생기게 마련이다 *cf.* 먹게 마련이다, 게 마련이다, 기 마련이다
생기 나다(生氣-) *cf.* 윤기 나다, 윤나다
생기 없다(生氣-)
생기 있는 듯하다(生氣-) *cf.* 듯하다
생기 있다(生氣-)
생긴 대로 *cf.* ㄴ 대로, 대로
생길지 <돈이 ~ 모르겠다.>
생김생김
생김수(-數)(좋은 일이 생길 운수)
생나무(生-) *cf.* 날나무
생남례(生男禮) *cf.* 팬잔례
생년월일(生年月日) *cf.* 졸년월일(卒年月日), 몰년 월일(歿年月日), 생몰 연월일
생눈길(生-)
생니(生-) <~를 뽑다.>
생돈(生-) <~을 쓰다.>
생동감 넘치다(生動感-)
생동감 있다(生動感-)
생때같다(生-) <생때같은 사람이 하루아침에 가다.>
생떡국(生-) *cf.* 무리떡국
생떼거지(生-)
생떼 쓰다(生-)
생뚱맞다
생략시켜 버리다(省略-)
생략 표현(省略表現)
생략해 버리다(省略-)
생량머리(生涼-)(초가을 서늘해질 무렵)
생로병사(生老病死)
생리 식염수(生理食鹽水)
생리위생(生理衛生) *cf.* 보건 위생
생리·위생 공간(生理·衛生空間)
생매같다(生-)(북한)
생매잡이(生-)
생매장해 버리다(生埋葬-)
생맥줏집(生麥酒-) *cf.* 맥줏집, 대폿집, 소줏집
생멧소(生-)
생명시(生命詩) *cf.* 산문시, 이념시, 민족시
생목숨(生-) *cf.* 산 목숨, 죽은 목숨
생물군계(生物群系)
생물 이름 알아맞히기 놀이(生物-)
생물자원(生物資源) *cf.* 천연자원, 지하자원, 에너지 자원, 식량 자원, 광물 자원
생물 종(生物種) *cf.* 식물 종
생물학계(生物學系)
생물학자(生物學者)
생미끼(生-)
생배앓다(生-) *cf.* 배 앓다
생배앓이(生-)
생분해성(生分解性)
생분해성 플라스틱(生分解性-)
생사길〔生死路〕 *cf.* 저승길, 극락길, 갈림길
생사람(生-)
생사람 잡다(生-) *cf.* 사람 잡다
생산관계(生産關係) *cf.* 소유관계, 이해관계, 사제 관계, 상하 관계
생산비 면에서(生産費面-)
생산비설(生産費說)
생산업체(生産業體)
생산해 내다(生産-)
생색나다(生色-)/생색내다(生色-)
생색 있다(生色-)
생선 가게(生鮮-) *cf.* 채소 가게, 기름 가게
생선가루(生鮮-) *cf.* 고깃가루, 메줏가루
생선구이(生鮮-) *cf.* 갈비구이
생선국(生鮮-) *cf.* 고깃국, 나물국
생선 부스러기(生鮮-)
생선 비린내(生鮮-) *cf.* 피비린내, 젖비린내, 물비린내
생선뼈무늬(生鮮-)
생선 장사(生鮮-)
생선 장수(生鮮-) *cf.* 채소 장수, 기름 장수
생선조림(生鮮-) *cf.* 두부조림, 무조림
생선 토막(生鮮-) *cf.* 고등어 토막, 나무토막, 쇠토막, 새끼도막
생선튀김(生鮮-) *cf.* 쇠고기튀김
생선회(生鮮膾) *cf.* 육회, 숙회, 강회, 물회

생성열(生成熱) *cf.* 분해열
생수받이(生水-)(땅에서 솟아 나오는 샘물을 받아서 농사를 짓는 논)
생식기병(生殖器病)
생식기소(生殖器巢)
생식깃(生殖-)(새의 번식기에만 나는 깃)
생신날(生辰-) *cf.* 제삿날
생신차례(生辰茶禮) *cf.* 추석 차례, 동지 차례
생야단하다(生惹端-)
생양털(生羊-)
생유약(生釉藥)
생육신(生六臣) *cf.* 사육신
생이별(生離別)
생인발 <~이 나서 발톱이 빠졌다.>
생인손 <~이 나서 손톱이 빠졌다.>
생일날(生日-)
생일맞이(生日-) *cf.* 설맞이, 추석맞이
생일 비교하기 놀이(生日比較-)
생일빔(生日-) *cf.* 추석빔, 설빔
생일상(生日床) *cf.* 제사상, 잔칫상
생일 순서(生日順序) *cf.* 키 순서, 생일순, 키순
생일잔치(生日-) *cf.* 돌잔치, 백일잔치, 육순잔치, 환갑잔치, 회갑잔치, 진갑 잔치, 칠순 잔치, 팔순 잔치, 구순 잔치, 희수 잔치, 미수 잔치, 백수 잔치
생장해 오다(生長-)
생존해 오다(生存-)
생죽음당하다(生-當-) *cf.* 당하다
생쥐꼴 <물에 빠진 ~이 되어….>
생쥐 나라
생쥐왕(-王)
생지옥살이(生地獄-) *cf.* 지옥살이, 살이
생지화학적 순환(生地化學的循環)
생쪽매듭 *cf.* 장구매듭, 석씨매듭, 국화매듭
생채기 나다/생채기 내다
생채기투성이 *cf.* 피투성이, 먼지투성이, 흙투성이, 빚투성이, 투성이
생철학(生哲學)(생의 철학)
생청붙이다(시치미를 떼고 모순되는 말을 하다.)

생체외 배양(生體外培養) *cf.* 영업 외 비용, 무역 외 거래
생태 공원(生態公園)
생트집(生-)
생트집 잡다(生-) *cf.* 트집잡다
생파리같다(生-)(까다롭고 쌀쌀하다.)
생파리 잡아떼듯(生-)
생판 모르는 사이(生-)
생포해 오다(生捕-)
생합성(生合成)
생활고 탓으로(生活苦-) *cf.* 가난 탓으로
생활공간(生活空間) *cf.* 기상공간, 수납공간, 주거 공간, 활동 공간, 우주 공간, 사이버 공간
생활면(生活面) *cf.* 기능면
생활 배수(生活排水) *cf.* 생활하수
생활수준(生活水準) *cf.* 지식수준, 교육 수준, 소득 수준, 소비 수준, 학력 수준, 문화 수준
생활양식(生活樣式) *cf.* 주거 양식, 행동 양식, 활동 양식, 문화 양식
생활용수(生活用水)(표준국어대사전에서는 '생활용+수'로 보는 견해)
생활 용수(生活用水)('생활+용수'로 보는 견해)
생활 용품(生活用品) *cf.* 자동차 용품
생활필수품(生活必需品)
생활하수(生活下水) *cf.* 빗물 하수
생활학교(生活學校) *cf.* 노작학교, 대안 학교
생활해 가다(生活-)
생활해 나가다(生活-)
생활해 오다(生活-)
생활 협동조합(生活協同組合) *cf.* 신용 조합, 신용 협동조합, 발행 조합
생활화되다(生活化-)
생활화해 나가다(生活化-)
생흔 화석(生痕化石)
서강 학파(西江學派) *cf.* 학현 학파
서경별곡(西京別曲) *cf.* 관동별곡
서경 천도 운동(西京遷都運動)
서 계시다 *cf.* 앉아 계시다, 서 있다

서고트족(-族) *cf.* 동고트족
서구 자본주의(西歐資本主義)
서글서글하다
서글서글해 보이다
서금무늬(瑞禽-)
서기 자세 왕(-姿勢王)
서기전(西紀前) *cf.* 기원전, 기원후
서까랫감 *cf.* 기둥감, 들보감, 눈요깃감
서남독일학파(西南獨逸學派) *cf.* 독오학파, 옥스퍼드학파
서남 방언(西南方言) *cf.* 서북 방언
서남아시아(西南-) *cf.* 동남아시아
서남쪽(西南-) *cf.* 남서쪽
서낭님
서너 개(-個)
서너 군데
서너너덧 개
서너 번(-番)
서너 잎
서늘바람
서늘해 보이다
서당 개(書堂-) <~ 3년에 풍월을 한다.> *cf.* 상갓집 개
서당골(書堂-)
서대비원(西大悲院)
서대서양 중앙 해령(西大西洋中央海嶺)
서덜길(돌이 많은 길) *cf.* 돌너덜길
서도 민요(西道民謠) *cf.* 경기 민요, 남도 민요
서도 소리(西道-) *cf.* 남도 소리, 경기 소리
서도 잡가(西道雜歌)
서두르다 보니
서두르지 마/마라/말아라(→마라)
서둘러 가다/서둘러 오다
서둘러 대다
서둘러 해 나가다
서라말(흰 바탕에 거뭇한 털이 난 말) *cf.* 가라말
서러브레드종(-種) *cf.* 아랍종
서러워 보이다
서러워하다
서려 두다
서려 오다
서려 있다
서로 간에(-間-) *cf.* 상호간
서로 군정서(西路軍政署)
서로 반대로 돌기(-反對-)
서로서로(부사)
서로소(-素)
서로치기(서로 바꾸어 가며 해 줌.)
서류 뭉치(書類-) *cf.* 원고 뭉치, 사고뭉치
서류상으로(書類上-)
서른여섯 해째구나 *cf.* 째
서른일곱 살
서름서름해 보이다
서름조(-調)
서리 같은 칼
서리꽃 *cf.* 눈꽃, 이슬꽃, 성에꽃
서리 내리다 *cf.* 비 내리다, 눈 내리다
서리 맞다 *cf.* 눈 맞다, 비 맞다
서리병아리
서리서리(부사)
서리유리(-琉璃) *cf.* 간유리, 젖빛유리
서리 이다/서릿발 이다
서리 치다
서리털(센털)
서리 해(-害) *cf.* 서리 피해, 눈 피해, 바람 피해, 동해
서린꼭지(고고학)
서린무늬(고고학) *cf.* 고사리무늬
서릿김
서릿바람 *cf.* 눈바람
서릿발 *cf.* 눈발, 빗발
서릿발 같다 *cf.* 추상같다
서릿발 치다 *cf.* 빗발치다
서릿점(-點) *cf.* 이슬점
서먹서먹하다
서먹서먹해 보이다/서먹서먹해하다
서면표결(書面表決) *cf.* 기립 표결, 박수 표결,

안건 표결
서명받다(署名-) *cf.* 받다
서명해 주다(署名-)
서방님 말이야(書房-) *cf.* 말이나/말이오
서방 덕에(書房德-) *cf.* 남편 덕에, 계집 덕에, 부모 덕에, 자식 덕에
서방맞다(書房-)/서방맞이(書房-)
서방측(西方側)
서 버리다
서벅돌 *cf.* 푸석돌
서베를린(西-) *cf.* 동베를린
서 보다 *cf.* 앉아 보다
서북 방언(西北方言) *cf.* 서남 방언
서북쪽(西北-) *cf.* 북서쪽
서북 학회(西北學會) *cf.* 한글 학회
서브권(-權)
서비스업(-業)/서비스업종(-業種)
서비스율(-率)
서비스직(-職)
서사모아(西-)
서산 대사(西山大師)(휴정 대사) *cf.* 대각 국사
서산마루(西山-) *cf.* 산마루, 영마루, 고갯마루
서산 마애 삼존불상(瑞山磨崖三尊佛像)
서서 기다리다 *cf.* 앉아 기다리다
서서 먹다 *cf.* 누워먹다
서서불기
서서 불다
서서쏴 *cf.* 앉아쏴, 엎드려쏴
서서 타기 *cf.* 앉아서 타기
서서 헤엄치기(수영)
서수무늬(瑞獸-)
서수사(序數詞) *cf.* 양수사
서수 익히기 놀이(序數-)
서술격 조사(敍述格助辭)
서술어부(敍述語部)
서술어의 자릿수(敍述語-數)
서술절(敍述節)
서술절을 안은 문장(敍述節-文章) *cf.* 안은문장
서술해 나가다(敍述-)
서술해 놓다(敍述-)
서슬 퍼렇다
서슴없다/없이
서슴지 말고/서슴지 않고
서시베리아 저지(西-低地)
서씨체(徐氏體) *cf.* 조맹부체, 추사체
서아시아(西-) *cf.* 동아시아
서양말(西洋-)
서양 사람(西洋-) *cf.* 동양 사람, 아프리카 사람, 중동 사람
서양사학(西洋史學) *cf.* 동양사학, 국사학
서양 자수(西洋刺繡) *cf.* 한국 자수, 동양 자수
서우젯소리(제주 해녀들의 소리)
서운해 보이다
서운해져 가다
서운해하다
서울 가다 *cf.* 시골 가다
서울과 대전 간(-大田間)
서울 구경 *cf.* 시골 구경, 세상 구경
서울길 *cf.* 강릉길, 한양길
서울 길 *cf.* 시골길
서울까투리
서울깍쟁이 *cf.* 알깍쟁이
서울내기 *cf.* 시골내기
서울 놈 *cf.* 시골 놈, 도회 놈, 촌놈, 뱃놈
서울 땅에
서울말
서울무 *cf.* 서울배추, 개성배추
서울발(-發) *cf.* 부산발, 대전발
서울봄무 *cf.* 뚝섬적상추
서울·부산 간이(-釜山間-)
서울 삼촌 댁(-三寸宅)
서울역(-驛)
서울 왔다 가는 길에
서울장(-場) *cf.* 안성장, 강릉장
서울 쥐 *cf.* 시골 쥐
서울 집 *cf.* 고향 집, 시골집
서울 타워
서울특별시(-特別市) *cf.* 제주특별자치도

서울행(-行) *cf.* 경주행, 강릉행, 제주행, 뉴욕행, 부산행
서유견문(西遊見聞)
서유럽(西-) *cf.* 동유럽, 북유럽
서인도 제도(西印度諸島)
서 있다/계시다 *cf.* 앉아 있다
서전서숙(西甸書塾)
서 주다
서쪽(西-)
서쪽 땅(西-) *cf.* 북쪽 땅
서쪽 바다(西-) *cf.* 남쪽 바다
서쪽 하늘(西-)
서캐훑이(빗)
서커스단(-團)
서커시안 서클춤
서투르게나마 *cf.* 나마(어미)
서툴러 보이다 *cf.* 익숙해 보이다
서 푼어치 *cf.* 어치(접미사)
서푼짜리 *cf.* 석 냥짜리
서풍 해류(西風海流)
서해안 고속도로(西海岸高速道路)
서향집(西向-) *cf.* 남향집, 동향집, 북향집
서화담(徐花潭)
-석(石) *cf.* 천석꾼, 만석꾼
ˇ석(石)(의존 명사) *cf.* 쌀 백 석, 천 석, 만 석
석가모니불(釋迦牟尼佛)
석가보(釋迦譜)
석가씨보(釋迦氏譜)
석가여래(釋迦如來)
석고 가루(石膏-) *cf.* 송홧가루, 밀가루
석고상놀이(石膏像-) *cf.* 놀이
석굴암 본존불상(石窟庵本尊佛像)
석난간(石欄干) *cf.* 돌난간, 돌계단
석 냥(-兩) *cf.* 금 석 냥, 은 석 냥
석 냥짜리(-兩) *cf.* 서푼짜리
석 달 남짓 *cf.* 남짓(의존 명사)
석 달 만에 <~ 만나다.> *cf.* 만(의존 명사)
석 달 장마 끝에
석 달만 <~ 기다려라.>

석 되 *cf.* 두 되
석류꽃(石榴-)
석류무늬(石榴-)
석류알(石榴-) *cf.* 호두알, 깨알, 포도알, 쌀알
석마도기(石瑪陶器)(중국 명나라 때 생산되던 도기) *cf.* 분원 사기
석방해 주다(釋放-)
석보상절(釋譜詳節)/석보상절서(釋譜詳節序)
석불상(石佛像)
석비레층(石-層) *cf.* 모래층
석사자상(石獅子像)
석새 삼베 *cf.* 열새 무명, 새(의존 명사)
석새짚신
석쇠무늬 *cf.* 격자무늬
석수장이(石手匠-) *cf.* 돌장이
석씨매듭 *cf.* 장구매듭, 생쪽매듭, 국화매듭
석양녘(夕陽-) *cf.* 해질녘
석양볕(夕陽-) *cf.* 돋을볕
석양빛(夕陽-)
석얼음(물 위에 떠 있는 얼음)
석연찮아 보이다(釋然-)
석유값(石油-) *cf.* 쌀값, 고추값, 담뱃값, 우유값, 옥수수값
석유난로(石油暖爐) *cf.* 가스난로, 전기난로, 연탄난로, 석탄 난로, 장작 난로
석유등(石油燈) *cf.* 가스등, 아세틸렌등
석유램프(石油-) *cf.* 가스램프
석유병(石油甁) *cf.* 맥주병, 소주병, 약주병, 기름병, 술병, 약병, 잉크병
석유풍로(石油風爐) *cf.* 가스풍로, 전기풍로
석유환산톤(石油換算-)
석이채(石耳-) *cf.* 무채, 호박채, 오이채, 계란채, 단근채
석 자 <내 코가 ~다.>
석전제악(釋奠祭樂)
석조 미륵보살 입상(石造彌勒菩薩立像)
석질운석(石質隕石)
석탄가루 *cf.* 숯가루, 탄가루, 고춧가루, 메줏가루, 미숫가루

석탄가스(石炭-) *cf.* 천연가스, 탄산가스, 도시가스, 메테인[메탄]가스, 합성 가스
석탄값(石炭-) *cf.* 고추값, 담뱃값, 석유값
석탄덩이(石炭-) *cf.* 흙덩이, 얼음덩이
석탄재(石炭-) *cf.* 연탄재, 나뭇재, 짚재
석탄 캐기(石炭-)
석탄(을) 캐다(石炭-)
석회질소(石灰窒素)
석횟덩이(石灰-) *cf.* 흙덩이, 얼음덩이
섞갈리다 *cf.* 헷갈리다
섞어 가며 <반말을 ~….>
섞어 가지고
섞어 넣다
섞어 놓다/섞어 두다
섞어 마시다/섞어 먹다
섞어 버리다
섞어 보내다
섞어 써라
섞어 쓰다
섞어 주다
섞어짓기(혼작)
섞어짓기하다
섞어 짓다
섞여 나오다
섞여 살다
섞여 있다
섞이는 듯하다 *cf.* 듯하다
섞이지 않는 액체(-液體)
섞임도(-度)
섞임박자(-拍子)
-선(線)(접미사) *cf.* 경부선, 38선
-선(選)(접미사) *cf.* 명시선, 걸작선
-선(船)(접미사) *cf.* 유람선, 바지선
-선(腺)(접미사) *cf.* 전액선, 림프선
선-(접두사) *cf.* 선무당, 선웃음
선(先)-(접두사) *cf.* 선이자, 선보름
선가속도(線加速度)
선거보복(選擧報復) *cf.* 정치 보복, 관세 보복, 무력 보복, 경제 보복

선거사상(選擧史上)
선거철(選擧-) *cf.* 휴가철, 입학철, 졸업철
선거 치르다(選擧-) *cf.* 혼사 치르다
선 건설, 후 통일(先建設後統一)
선걸음 *cf.* 선바람 <~에 다녀오지.>
선견지명(先見之明)
선고받다(宣告-) *cf.* 받다
선·교 양 종(禪·教兩宗)
선·교 통합(禪·教統合)
선구동물(先口動物) *cf.* 후구동물
선그래프(線-) *cf.* 띠그래프
선금 주다(先金-)
선급선(船級船)
선 긋기(線-)
선남선녀(善男善女)
선네고(先-)
선녀 같다(仙女-)
선녀바위(仙女-) *cf.* 사자바위, 병풍바위
선녀 옷(仙女-)
선녹색(鮮綠色) *cf.* 심녹색, 암녹색, 심록, 암록
선대칭(線對稱) *cf.* 점대칭
선대칭도형(線對稱圖形)
선대칭의 위치(線對稱-位置)
선도주(先導株) *cf.* 우선주, 공모주
선도해 나가다(先導-)
선돌
선동당하다(煽動當-) *cf.* 당하다
선동해 놓다(煽動-)
선동해 오다(煽動-)
선두(를) 다투다(先頭-)
선두 다툼(先頭-) *cf.* 세력 다툼, 권력 다툼
선두 다툼 하다(先頭-)
선두르기(線-)
선둥이(先-)(쌍둥이 중에서 먼저 낳은 사람) *cf.* 후둥이
선들바람 *cf.* 산들바람, 건들바람
선들선들(부사)
선 따라 공치기(線-)
선따라 박기(線-)

선똥(삭지 아니하고 나오는 똥) *cf.* 푸른똥
선뜩선뜩(부사)
선량해 보이다(善良-)
선머리(先-) *cf.* 후머리
선머슴
선명력(宣明曆) *cf.* 이슬람력, 로마력
선명해 보이다(鮮明-)
선명해져 가다(鮮明-)
선무당
선물 꾸러미(膳物-) *cf.* 이삿짐 꾸러미, 돈 꾸러미
선물리기(線-)(가사·실업)
선물 받다(膳物-) *cf.* 편지 받다
선물 주다(膳物-)
선물 주머니(膳物-) *cf.* 위문 주머니, 연장주머니, 얼음주머니, 목욕주머니, 신발주머니
선물환(先物換) *cf.* 현물환
선미등(船尾燈)
선미줄(船尾-)
선민사상(選民思想) *cf.* 중화사상, 유일사상, 경천사상, 민본 사상, 신선 사상
선민의식(選民意識) *cf.* 계급의식, 개인의식, 특권 의식, 동포 의식
선밀도(線密度)
선바람(지금 차리고 나선 그대로의 차림새)
선바람쐬다(낯선 지방으로 돌아다니다.) *cf.* 바람 쐬다
선반턱 *cf.* 문턱
선발('선발로, 선발에' 형태로 쓰임.) <~로서 있는 애에게 또 일을 시킨다.>
선발당하다(選拔當-) *cf.* 당하다
선발되어 오다(選拔-)
선발팀(選拔-) *cf.* 축구팀, 야구팀, 농구 팀, 우승 팀, 대표 팀, 대책 팀
선발해 놓다(選拔-)
선배 노릇 하다(先輩-) *cf.* 선생 노릇 하다
선배 덕에(先輩德-) *cf.* 후배 덕에, 아내 덕에
선번호(線番號) *cf.* 5번선
선벨트(線-)
선별저울(選別-) *cf.* 비중 저울, 접시저울
선별해 내다(選別-)
선별해 놓다(選別-)
선보다 *cf.* 맞선 보다
선보름(先-) *cf.* 후보름
선보이다
선불 <~ 맞은 노루 모양….> *cf.* 된불
선비탈 *cf.* 양반탈, 먹중탈
선사해 드리다(善事-)
선샘 <장마철에 ~ 터지다.>
선생 곁으로(先生-) *cf.* 부모 곁으로
선생 노릇 하다(先生-) *cf.* 의사 노릇 하다, 머슴 노릇 하다, 종노릇하다, 병신노릇하다
선생님놀이(先生-) *cf.* 놀이
선생님 댁(先生-宅)
선생 되는(先生-) *cf.* 아버지 되는, 부모 되는
선생 된 도리(先生-道理) *cf.* 부모 된 도리
선생티가 나다(先生-) *cf.* 촌티, 처녀티, 시골티, 학생 티, 노인 티, 군인 티
선소리(이치에 맞지 않는 덜된 소리) <익은 밥 먹고 ~하다.>
선소리(잡가) *cf.* 앉은소리
선소리산타령(-山-)
선속도(線速度) *cf.* 각속도
선손(先-)
선손 쓰다(先-)/선손 걸다(先-)
선수 닻(船首-)
선수미선(船首尾線)
선수 쓰다(先手-)/선수 치다(先手-)
선술집 *cf.* 목롯집, 대폿집, 니나놋집
선 스펙트럼(線-) *cf.* 연속 스펙트럼
선시력(線視力) *cf.* 점시력
선심 쓰다(善心-) *cf.* 인심 쓰다
선심판(線審判)
선양해 주다(宣揚-)
선어말 어미(先語末語尾)
선언해 버리다(宣言-)
선영 덕(先塋德) *cf.* 인심 덕, 조상 덕
선오염원(線汚染源)

선운동량(線運動量)
선웃음 *cf.* 쓴웃음, 너털웃음, 깔깔웃음
선웃음 치다 *cf.* 눈웃음 치다, 코웃음 치다
선원근법(線遠近法)
선원 매듭(船員-) *cf.* 어부 매듭, 국화매듭
선의지(善意志)
선이자(先利子)
선인놈(船人-) *cf.* 뱃놈
선일 *cf.* 앉은일
선임해 놓다(選任-)
선 자세(-姿勢) *cf.* 앉은 자세
선자추녀 *cf.* 말굽추녀
선잠 *cf.* 단잠, 풋잠
선잠 깨다 *cf.* 잠깨다
선잠 들다 *cf.* 잠들다
선전기구(宣傳氣球) *cf.* 관측기구, 기상 기구
선전도안(宣傳圖案) *cf.* 상업도안, 산업도안, 광고 도안, 포스터 도안
선전류(線電流)
선전탑 꾸미기(宣傳塔-)
선전탑(을) 꾸미다
선전 포고(宣戰布告)
선전해 오다(宣傳-)
선전해 주다(宣傳-)
선전, 확산시키다(宣傳, 擴散-)
선정주의(善政/煽情主義)
선정해 놓다(選定-)
선제골(先制-) *cf.* 결승골, 추가골
선주닉[立-]
선지급(先支給) *cf.* 가지급
선지식(善知識) *cf.* 악지식
선 지원 후 추첨(先志願後抽籤)
선진국 간(先進國間)
선진국병(先進國病) *cf.* 유럽병, 영국병
선짓국 *cf.* 조깃국, 시래깃국, 뭇국, 고깃국
선짓덩이 *cf.* 핏덩이, 흙덩이
선착순(先着順) *cf.* 도착순, 성적순, 가나다순, 키순
선창가(船艙-) *cf.* 부둣가, 바닷가, 호숫가
선창거리(船艙-)
선창 쪽(船艙-)
선 채로 *cf.* 앉은 채로, 누운 채로, 잠든 채로, 채(의존 명사)
선처해 달라고 하다(善處-)
선처해 주다(善處-)
선축척(線縮尺) *cf.* 비축척
선출해 놓다(選出-)
선캄브리아 누대(先-累代)/선캄브리아 이언(-)
선캄브리아대(先-代)
선캄브리아대층(先-代層)
선택 놀이(選擇-)(개별 놀이명이 아닌 경우에)
선택문(選擇文)
선택받다(選擇-)
선택폭(選擇幅)
선택해 보다(選擇-)
선택해 주다(選擇-)
선팽창(線膨脹) *cf.* 부피 팽창
선팽창 계수(線膨脹係數)
선페스트(腺-)
선포해 놓다(宣布-)
선하품
선해리(先解離)
선행 지표(先行指標)
선헤엄
선형동물(線形動物)
선회 체(旋回-)
선후배 간(先後輩間)
섣달 그믐녘
-설(說)(접미사) *cf.* 진화설, 빅뱅설
설-(접두사) *cf.* 설익다, 설깨다
설거지 거들기
설거지(를) 거들다
설거지기(-機)
설거지물 *cf.* 개숫물, 허드렛물, 낙숫물
설거지통(-桶) *cf.* 개수통
설거지해 놓다
설거지해 주다
설계도 그리기(設計圖-)

설계도(를) 그리다(設計圖-)
설계, 제도하다(設計, 製圖-)
설계해 나가다(設計-)
설계해 놓다(設計-)
설 곳 없다
설구이 *cf.* 애벌구이, 마침구이, 재벌구이
설깨다 <잠이 ~.>
설끓다 <탕국이 ~.>
설날 *cf.* 가윗날, 보름날, 까치설날
설늙은이 *cf.* 애늙은이
설 대목 *cf.* 추석 대목, 선거 대목
설득 끝에(說得-)
설득당하다(說得當-) *cf.* 당하다
설득력 없다(說得力-)
설득력 있다(說得力-)
설득 중(說得中) *cf.* 유세 중
설득해 보다(說得-)
설듣다(충분히 듣지 않다.)
설 때 *cf.* 추석 때, 대보름 때, 한식 때
-설랑은(조사) <여기에~ 뛰지마라.>
설렁설렁(부사)
설렁줄 *cf.* 빨랫줄, 전깃줄, 오랏줄, 새끼줄
설렁탕집 *cf.* 곰탕집, 추탕집, 국숫집
설레발(~이 요란하다.)
설레발놓다 <설레발놓지 말고 가만히 있어라.>
설레발이
설레발이섶
설레발치다 <설레발치며 돌아다니다.>
설레설레(부사)
설리번상(-賞) *cf.* 노벨상, 그래미상
설립해 놓다(設立-)
설마르다
설마 하고 <~ 있다가….>
설마하니(부사)
설마 하던 일
설마한들(부사)
설망낚시 *cf.* 방울낚시, 흘림낚시
설맞이 *cf.* 추석맞이, 단오맞이, 대보름맞이
설명과학(說明科學) *cf.* 이론과학, 실험 과학
설명 듣기(說明-)
설명문 쓰기(說明文-) *cf.* 기사문 쓰기
설명문(을) 쓰다(說明文-)
설명 의문문(說明疑問文)
설명 중(說明中) *cf.* 연설 중
설명해 보다(說明-)
설명해 주다(說明-)
설밑 *cf.* 세밑
설밥(설날에 오는 눈)
설보다(대강 보다)
설복당하다(說服當-) *cf.* 당하다
설비해 놓다(設備-)
설빔 *cf.* 추석빔, 생일빔
설사 나다(泄瀉-) *cf.* 배탈 나다, 탈 나다
설삶다
설삶아지다
설상(-床) *cf.* 제사상, 돌상, 환갑상
설상가상 격으로(雪上加霜格-)
설상가상으로(雪上加霜-)
설상차(雪上車) *cf.* 월면차
설상 차림(-床-) *cf.* 돌상 차림, 상차림
설 쇠다 *cf.* 추석 쇠다, 보름 쇠다
설씨녀(薛氏女)
설어 보이다 *cf.* 익숙해 보이다
설 연휴(-連休) *cf.* 추석 연휴
설왕설래하다(說往說來-)
설움당하다(-當-) *cf.* 당하다
설움받다 *cf.* 받다
설움받아 오다
설음식(-飮食) *cf.* 추석 음식, 단오 음식
설익다
설자리(활을 쏠 때에 서는 자리)
설 자리 *cf.* 앉을 자리
설 자리 없다
설 자리 잃다
설잡도리(어설프게 하는 잡도리)
설장구 가락
설점수세제(設店收稅制)
설정값(設定-)

설정하여 주다(設定-)
설정해 놓다(設定-)
설정해 보다(設定-)
실쳐 대다 *cf.* 대다
설치, 운영하다(設置, 運營-)
설치해 나가다(設置-)
설치해 놓다(設置-)/설치해 두다(設置-)
설치해 주다(設置-)
설탕가루(雪糖-) *cf.* 사탕가루, 송홧가루, 메줏가루, 고춧가루
설탕값(雪糖-) *cf.* 고추값, 우유값, 우표값
설탕덩어리(雪糖-) *cf.* 얼음덩어리, 땅덩어리, 비곗덩어리, 석회덩어리
설탕물(雪糖-) *cf.* 꿀물
설탕 용액 층 쌓기(雪糖溶液層-)
설탕절임(雪糖-) *cf.* 초절임, 소금절임
설폰화 반응(-化反應)
설피터널(雪避-)(교통)
-섬[島](우리말 지명에) *cf.* 동백섬, 밤섬
ᵛ섬(외래어 지명에) *cf.* 코르시카 섬, 쿠바 섬, 타이완 섬
섬겨 가다/섬겨 오다
섬겨 나가다
섬 그늘 *cf.* 산그늘, 집 그늘, 나무 그늘
섬기슭 *cf.* 강기슭, 산기슭
섬나라 *cf.* 섬사람, 섬 마을
섬 노래 *cf.* 들노래
섬돌
섬돌 밑에/섬돌 아래
섬록반암(閃綠斑巖)
섬 마을 *cf.* 산마을
섬멸되어 버리다(殲滅-)
섬밥 *cf.* 말밥
섬벅섬벅(부사)
섬사람 *cf.* 뭍사람, 바닷사람, 산사람, 노햇사람, 촌사람, 서울 사람, 도회 사람
섬 색시 *cf.* 섬 총각, 촌색시
섬섬옥수(纖纖玉手)
섬세해 보이다(纖細-)
섬우라늄광(閃-鑛)
섬 우주(-宇宙)
섬지기 *cf.* 되지기, 10섬지기, 지기
섬 지방(-地方)
섬 지역(-地域)
섬진강 물(蟾津江-) *cf.* 압록강 물
섬집 아기
섬 처녀(-處女)/섬 총각(-總角)
섭새김
섭섭지 않게 하다
섭섭해 보이다
섭섭해하다
섭씨온도(攝氏溫度)(표준국어대사전) *cf.* 화씨온도, 열씨온도, 켈빈 온도, 퀴리 온도
섭씨 온도(攝氏溫度)(편수 자료)
섭취해 오다(攝取-)
섯밑(소의 혀)
섰다판 *cf.* 노름판
성(聖)-(접두사) *cf.* 성가정, 성목요일
성(聖)(관형사) *cf.* 성 가브리엘, 성 베드로
성(性)(접미사) *cf.* 가능성, 민첩성, 이벤트성
성가셔하다
성가시러워하다
성간 소광(星間消光)
성 감별(性鑑別)
성 개방(性開放)
성격 때문에(性格-) *cf.* 나이 때문에
성격비극(性格悲劇) *cf.* 성격희극
성격차(性格差) *cf.* 개성차, 나이차
성격 탓으로(性格-) *cf.* 조상 탓, 나이 탓
성 결정(性決定)
성경 읽기(聖經-)
성경(을) 읽다(聖經-)
성경책(聖經冊) *cf.* 국어책, 역사책, 사회책
성공 보수(成功報酬)(변호사 또는 증권의 ~)
성공시켜 주다(成功-)
성과 없다(成果-)
성과 올리다(成果-)
성과학(性科學)

성 관계(性關係) *cf.* 여자관계, 밀월 관계
성광무늬(星光-)
성교육(性教育) *cf.* 법 교육
성급해 보이다(性急-)
성 기능(性機能)
성깔머리(性-)
성깔 부리다(性-) *cf.* 늦장 부리다, 엄살 부리다, 투정 부리다
성나다 *cf.* 화나다, 성깔 나다
성내다 *cf.* 화내다, 성깔 내다
성냥갑(-匣) *cf.* 우유갑, 담뱃갑
성냥갑 모으기(-匣-)
성냥갑(을) 모으다(-匣-)
성냥값 *cf.* 고추값, 우표값, 우유값, 담뱃값
성냥개비 *cf.* 장작개비, 나뭇개비
성냥불 *cf.* 전등불, 남폿불, 깜부기불, 검부잿불, 등걸불
성능면(性能面) *cf.* 기능면, 형식면
성능 좋다(性能-)
성 대결(性對決) *cf.* 실력대결, 남녀 대결
성덕 대왕 신종(聖德大王神鐘) *cf.* 봉덕사종, 상원사 종
성도덕(性道德)
성도착(性倒錯)
성돌기(城-) *cf.* 성밟기
성리대전(性理大全)
성리학자(性理學者)
성만찬(聖晩餐)
성매매(性賣買) *cf.* 부동산 매매
성명없다(姓名-)(이름이 세상에 널리 알려져 있지 않다.)
성모자(聖母子)
성묘 가다(省墓-)/성묘 오다(省墓-) *cf.* 소풍 가다
성묘길(省墓-) *cf.* 귀대길, 취재길, 등굣길, 답삿길, 하굣길
성문 밖(城門-)/성문 안(城門-)
성문열기(城門-)
성 문제(性問題) *cf.* 남녀 문제, 시간문제
성문화해 놓다(成文化-)
성 바실리 대성당(聖-大聖堂)
성 밖에(城-) *cf.* 성 안, 문 안, 문 밖, 문안, 문밖, 대문 밖
성범죄(性犯罪) *cf.* 강력 범죄
성 베드로 대성당(聖-大聖堂)
성별 방언(性別方言) *cf.* 계층 방언, 지역 방언
성복날(成服-) <~ 아침에 양방문>
성부르다(보조 형용사) *cf.* 성싶다
성분 부사(成分副詞) *cf.* 문장 부사
성분 부사어(成分副詞語)
성분비(成分比) *cf.* 구성비
성 불평등(性不平等)
성사시켜 주다(成事-)
성상 관형사(性狀冠形詞) *cf.* 지시 관형사, 수 관형사
성상 부사(性狀副詞) *cf.* 지시 부사, 처소 부사
성상 형용사(性狀形容詞) *cf.* 지시 형용사
성 생리(性生理)
성생활(性生活) *cf.* 사회생활, 금욕 생활
성 소피아 성당(聖-聖堂)
성숙되어 가다(成熟-)
성숙란(成熟卵) *cf.* 미숙란
성숙해 보이다(成熟-)/성실해 보이다(誠實-)
성숙해져 가다(成熟-)
성 습관(性習慣)
성시간(聖時間)
성실해져 가다(誠實-)
성심껏(誠心-)(부사) *cf.* 정성껏
성심성의껏(誠心誠意-)(부사)
성십자가(聖十字架)
성싶다(보조 용언) <일이 잘 될 ~.>
성씨 댁에(成氏宅-) *cf.* 이씨 댁에
성씨 집에(成氏-)
성 안에(城-) *cf.* 성 밖, 문 밖, 문 안, 문밖, 문안, 대문 안
성안해 놓다(成案-)
성애술(흥정을 도와준 대가로 사는 술)
성 양(成孃) *cf.* 이 양, 김 양, 박 양
성업 중인(盛業中-) *cf.* 개업 중인

성에 끼다 *cf.* 안개 끼다
성엣장 *cf.* 얼음장
성역 없다(聖域-)
성 역할(性役割) *cf.* 할아버지 역할
성역화하다(聖域化-)/성역화해 놓다(聖域化-)
성염색체(性染色體)
성원 되다(成員-)
성 유인물 페로몬(性誘引物-) *cf.* 성페로몬
성 유형(性類型)/성 유형화(性類型化)
성육신(成肉身)(기독교)
성 윤리관(性倫理觀)
성의껏(誠意-) *cf.* 정성껏, 힘껏, 마음껏
성의 없다(誠意-)/성의 있다(誠意-)
성인문화(成人文化) *cf.* 아동문화, 청소년 문화, 노인 문화
성인 용품(成人用品) *cf.* 스키 용품
성자다워 보이다(聖者-)
성자답다(聖者-) *cf.* 어른답다, 학생답다
성자숭배(聖者崇拜) *cf.* 자연 숭배
성자크(聖-)
성작 수건(聖爵手巾) *cf.* 바리 수건, 세수수건
성장되어 오다(成長-)
성장, 발달해 가다(成長, 發達-)
성장시켜 주다(成長-)
성장주(成長株) *cf.* 공모주, 우선주
성장해 가다(成長-)/성장해 오다(成長-)
성전환(性轉換)
성 접촉(性接觸) *cf.* 성 관계
성정머리(性情-) *cf.* 성깔머리
성 정체성(性正體性)
성주간(聖週間)
성주기(性週期)
성주독(민속) *cf.* 조상단지
성주받이(민속)
성주신(-神)
성주풀이 *cf.* 살풀이
성즉리설(性卽理說)
성지수(性指數) *cf.* 불쾌지수, 행복 지수
성질나다(性質-) *cf.* 성나다, 화나다
성질내다(性質-) *cf.* 성내다, 화내다
성질부리다(性質-) *cf.* 성깔 부리다
성질 피우다(性質-)
성 차별(性差別) *cf.* 남녀 차별, 인종 차별
성 착취(性搾取)
성천 분지(成川盆地) *cf.* 곡산 분지
성추행(性醜行)
성 충동(性衝動)
성취동기(成就動機) *cf.* 학습 동기, 탈출 동기, 범행 동기, 유학 동기
성취되어 가다(成就-)
성취 지수(成就指數)
성취해 가다(成就-)
성취해 나가다(成就-)
성층쌓기(成層-)(건축)
성큼 다가오다
성탄절날(聖誕節-)
성터(城-) *cf.* 절터, 활터, 나루터, 빨래터, 화장터, 궁터
성토요일(聖土曜日)
성 특성(性特性) *cf.* 남녀 특성, 동특성, 정특성
성페로몬(性-)
성폭력(性暴力)
성폭행(性暴行)
성폭행당하다(性暴行當-)
성풀이 <아랫사람한테 ~하다.>
성 풍속(性風俗)
성 필리(性-)(생물)
성해 가고 있다(盛-)
성 해방(性解放)
성행위(性行爲) *cf.* 상행위, 기만행위, 배신행위, 이적 행위, 가혹 행위
성행해 오다(盛行-)
성형 망(星形網)
성호르몬(性-)
성호사설(星湖僿說)
성호 학파(星湖學派) *cf.* 기호 학파, 영남 학파(편수 자료), 남명 학파, 강화 학파
성화같다(星火-) <재촉이 ~.>

성화 대다(成火-)
성화 바치다(成火-)
성희롱(性戱弄)
섶나무 *cf.* 잎나무, 풋나무, 물거리나무
섶다리 *cf.* 돌다리, 널다리, 구름다리
섶사냥 *cf.* 매사냥, 덫사냥, 몰이사냥
섶코 *cf.* 섶머리
섶폭(옷섶의 너비)
세가락(국악)
세간 나다/세간 내다
세간 내 주다
세간살이 *cf.* 살림살이
세 갈래 길 *cf.* 갈랫길, 쌍갈랫길
세갈래낚시
세 걸음 걷고 한 발 찍기
세게/크게
세게 곧 여리게/크게 곧 작게
세계관학(世界觀學)
세계력(世界曆) *cf.* 로마력, 선명력, 이슬람력
세계만방(世界萬邦)
세계무대(世界舞臺) *cf.* 국제무대, 밤무대, 국내 무대, 지역 무대, 미국 무대
세계 무역 기구(世界貿易機構)(편수 자료 '일반 사회') *cf.* 세계보건기구
세계법(世界法)
세계보건기구(世界保健機構)(편수 자료 '체육') *cf.* 세계 무역 기구(편수 자료 '일반 사회')
세계상(世界像) *cf.* 미래상, 한국인상
세계선(世界線)
세계 속(世界-)
세계시(世界時) *cf.* 표준시
세계 어린이상(世界-像)
세계의식(世界意識) *cf.* 잠재의식, 사회의식, 국가 의식, 안보 의식
세계 일주하기 놀이(世界 一周-)
세계정세(世界情勢) *cf.* 국내 정세, 국제 정세, 한반도 정세
세계정신(世界情神) *cf.* 시대정신, 자유정신, 도전 정신, 호국 정신
세계주의자(世界主義者)
세계화하다(世界化-)
세계화해야 한다(世界化-)
세계휴일(世界休日)(세계력에서 정한 휴일. 12월 31일, 윤년의 6월 31일)
세고리자루(고고학)
세골접이(세 번 포개어 접는 일)
세그루짓기(삼모작)
세금 내다(稅金-)
세금 물리다(稅金-)
세금세공(細金細工) *cf.* 금은 세공
세금 폭탄(稅金爆彈)
세기경(世紀頃) <15 ~> *cf.* 경(접미사)
세기말(世紀末) *cf.* 세기말 사상, 세기말적
세기 말(世紀末) *cf.* 20세기 말
세기 말엽(世紀末葉)
세기말적(世紀末的)
세기병(世紀病) *cf.* 시대병
세기 초(世紀初) *cf.* 20세기 초
세길긴뜨기(코바늘뜨기)
세 끼 밥
세나다(물건 살 사람이 많아 잘 팔리다.)
세나절 *cf.* 한나절, 반나절
세내다(貰-)
세놓다(貰-)
세뇌당하다(洗腦當-) *cf.* 당하다
세뇌되어 가다(洗腦-)
세뇌시켜 주다(洗腦-)
세는나이 *cf.* 만으로, 만 나이로
세단뛰기(-段-)(육상)
세대 간에(世代間-)
세대 교번(世代交番)
세대 방언(世代方言) *cf.* 직업 방언
세대 수(世帶數)/세대수(世代數)
세대차(世代差) *cf.* 연령차
세도막 형식(-形式) *cf.* 두도막 형식
세도 부리다(勢道-) *cf.* 권세 부리다
세도인심(世道人心) *cf.* 세상인심, 세태 인심
세도 정치(勢道政治)

세돗집(勢道-) cf. 양갓집, 반갓집
세들다(貰-)/세들어 살다(貰-)
세레늄
세력권제(勢力圈制)
세력(을) 다투다(勢力-)
세력 다툼(勢力-) cf. 권력 다툼, 이권 다툼, 밥그릇 다툼
세력 다툼 하다(勢力-)
세련돼 보이다(洗練-)/세련되어 보이다(洗練-)
세련되어 가다(洗練-)
세례받다(洗禮-) cf. 받다
세로결 cf. 가로결
세로글씨 cf. 가로글씨
세로끼움표(-標)
세로누르기(유도)
세로돛
세로뜨기 cf. 가로뜨기
세로띠 cf. 가로띠
세로띠잡이(고고학)
세로무늬 cf. 가로무늬
세로선(-線) cf. 가로선
세로셈
세로쓰기 cf. 가로쓰기
세로쓰다 cf. 가로쓰다
세로 열쇠 cf. 가로 열쇠
세로좌표(-座標) cf. 가로좌표
세로줄 cf. 가로줄
세로줄눈 cf. 가로줄눈
세로지(-紙)(종이의) cf. 가로지
세로짜기(조판) cf. 가로짜기
세로축(-軸) cf. 가로축
세로코(뜨개질) cf. 가로코
세로피리
세로획(-劃) cf. 가로획
세름족(-族) cf. 란탄족, 할로겐(할로겐)족
세마치장단 cf. 염불타령장단, 굿거리장단, 배다리장단, 푸너리장단
세망세포(細網細胞)
세망조직(細網組織)

세면도구(洗面道具) cf. 가재도구, 취사도구, 청소 도구, 화장 도구
세 명이 원을 만들어 뛰면서 돌기(-名-圓-)
세모꼴 cf. 삼각형
세모나다 cf. 네모나다
세모띠무늬
세모 모양(-模樣)
세모 모양 만들기 놀이(-模樣-)
세모뿔 cf. 삼각뿔
세모송곳
세모시(細-) <~ 옥색 치마….>
세모지다 cf. 네모지다
세모칼 cf. 둥근칼, 납작칼
세무날(음력 12일과 22일)
세미킬드강(-鋼) cf. 킬드강, 림드강
세미핑거 그립
세밀해 보이다(細密-)
세밑(歲-) cf. 설밑
세발 낙지
세발소반(-小盤) cf. 팔각소반
세발솥
세발자전거(-自轉車) cf. 두발자전거
세발 토기(-土器)(고고학)
세배꾼(歲拜-)
세배 다니다(歲拜-)
세배드리다(歲拜-)
세배 받다(歲拜-) cf. 절 받다
세배치(보통이 크기보다 더 큰 크기)
세뱃값(歲拜-) cf. 절값
세뱃돈(歲拜-) cf. 시줏돈, 쌈짓돈, 주머닛돈
세번겨루기(-番-)(태권도)
세 번째(3 회째) cf. 셋째 번
세벌장대(-長臺)(세 층으로 쌓아 놓은 댓돌)
세 번(-邊)
세부해 놓다(細分-)
세분화하다(細分化-)
세 살 나다
세 살 때
세살문(細-門) cf. 장지문, 빈지문

세 살배기 *cf.* 다섯 살배기, 배기(또래의 아이)
세살장지(細-障-)
세 살 적 *cf.* 어릴 적, 소녀 적, 아이 적, 태곳 적, 소싯적, 적(의존 명사)
세 살 적 버릇
세 살짜리 *cf.* 짜리(접미사)
세상 구경(世上-) *cf.* 바깥 구경
세상길(世上-) <~을 헤쳐 가다.>
세상 끝까지(世上-)
세상 떠나다(世上-)/세상 뜨다(世上-)
세상만사(世上萬事)
세상맛(世上-)
세상모르고(世上-) <~ 자고 있다.>
세상 바뀌다(世上-)
세상 버리다(世上-)
세상 보기(世上-)
세상사(世上事)
세상살이(世上-) *cf.* 인생살이
세상없는(世上-)(세상에 다시 없는)
세상없어도(世上-)(부사)(무슨 일이 있더라도)
세상없이(世上-)(부사)(세상에 다시 없이)
세상에(世上-)(감탄사)
세상 엿보기(世上-)
세상인심(世上人心) *cf.* 세도인심, 세태 인심
세상일(世上-)
세상천지에(世上天地-)
세석기문화(細石器文化) *cf.* 흑도문화, 신석기 문화, 구석기 문화, 청동기 문화
세섯덩이(김을 맬 때에 흙을 떠서 앞으로 덮는 흙덩이)
세세대대로(世世代代-)
세속 5계(世俗五戒)
세속주의(世俗主義)
세속화되어 가다(世俗化-)
-세손(世孫)(접미사) *cf.* 10세손, 대손, 대조
세수수건(洗手手巾) *cf.* 땀수건, 물수건, 손수건, 바리 수건, 성작 수건
세수시켜 주다(洗手-)
세 수의 곱셈 알아보기(-數-)
세수주머니(洗手-)(북한) *cf.* 목욕주머니, 신발 주머니, 연장주머니, 위문 주머니
세숫대야(洗手-) *cf.* 뒷물대야
세숫물(洗手-) *cf.* 목욕물, 개숫물, 설거지물, 허드렛물, 손숫물, 발숫물
세숫비누(洗手-) *cf.* 빨랫비누
세스나기(-機)
세습되어 오다(世襲-)
세습해 나가다(世襲-)
세쌍둥이(-雙-) *cf.* 두쌍둥이
세어 가다
세어 가지고
세어 놓다/세어 두다
세어보기
세어 보다
세어 주다
세영산 장단(細靈山-)
세우란 말이야 *cf.* 말이다/말이오
세운 채 *cf.* 채
세울 만하다 *cf.* 만하다
세워 가다
세워깔기(건축)
세워 나가다
세워 넣다
세워 놓다
세워 놓아 두다
세워 놓은 듯하다 *cf.* 듯하다
세워 달라다
세워 두다
세워막기(검도)
세워 보다
세워 주다
세워총(-銃) *cf.* 앞에총, 걸어총
세월 가다(歲月-)
세월없다(歲月-) <언제 끝나려는지 ~.>
세인트로렌스 강(-江)
세인트헬레나 섬
세일러복(-服)
세잎고리 자루(고고학)

세 자리 서술어(-敍述語)
세 자리 수(-數)
세 자리 수의 덧셈(-數-)/뺄셈
세 자매(-姉妹) *cf.* 두 자매
세장질(어린애를 운동시키는 일) *cf.* 부라질
세제곱
세제곱근(-根)
세제곱미터
세제곱비(-比)
세존단지(世尊-)
세종 대왕릉(世宗大王陵) *cf.* 광개토 대왕릉
세종 대왕상(世宗大王像) *cf.* 비너스상, 다비드상, 단군상
세종 때(世宗-)
세종실록지리지(世宗實錄地理志)
세주다(貰-)
세째자리바꿈
세 쪽 나다 *cf.* 두 쪽 나다
세척솔(洗滌-) *cf.* 시험관솔, 밤송이솔
세척용액(洗滌溶液)(북한)
세치각목 *cf.* 네치각목
세치못 *cf.* 두치못
세코짚신
세탁비누(洗濯-) *cf.* 세숫비누, 빨랫비누
세탁 용구(洗濯用具)
세탁 용수(洗濯用水)('세탁+용수'로 보는 견해)
세탁용수(洗濯用水)(표준국어대사전은 '세탁용+수'로 보는 견해)
세탑값 *cf.* 옥탄(옥테인)값, 요오드값
세태인정(世態仁情) *cf.* 세상인심
세톱박이 *cf.* 두톱박이, 외톱박이
세포내 섭취(細胞內攝取) *cf.* 영업 외 비용
세포막질(細胞膜質)
세포외 소화(細胞外消化)
세포이의 항쟁(-抗爭)
세포질체(細胞質體)
세포핵(細胞核)
세형동검(細形銅劍) *cf.* 비파형 동검
세형 동검(細形銅劍)(편수 자료)

센개 *cf.* 검둥개, 누렁개
센굽이치다
센데다가 <물살도 ~….>, <키도 큰데다가….> *cf.* ㄴ데다가(어미)
센말 <~ 볼기짝 같다.>
센머리 *cf.* 흰머리, 검은 머리
센물 *cf.* 단물
센바람 *cf.* 된바람, 칼바람, 건들바람, 선들바람, 용숫바람
센박/내림박(-拍/-拍) *cf.* 여린박
센불 *cf.* 뭉근한 불
센숫돌 *cf.* 무른숫돌, 가죽숫돌, 금강사숫돌
센 알칼리 *cf.* 약한 산, 약산
센입천장(-天障)/경구개(硬口蓋)
센입천장소리(-天障-)/경구개음(硬口蓋音)
센타우루스자리
센털 *cf.* 하얗게 센 털, 서리털, 강모(剛毛)
센트값(음악)
센트짜리 <10 ~ 사탕….> *cf.* 짜리
센티미터(cm)
셀렌→셀레늄〔셀렌〕
셀렌화 이온(-化-)
셀로판종이(북한)(셀로판지)
셀로판테이프 *cf.* 종이테이프, 비닐 테이프
셀룰로오스→셀룰로스
셀 수 없이
셈놀이
셈속(일의 내용) <~을 모르겠다.>
셈여린/큰작은
셈여림표(-標)
셈 잡다
셈 치고/치다 <잃어버린 ~.>, <살려 주시는 ~.>, <먹은 ~.>
셈 햄 어족(-語族)
셋겸상(-兼床)
셋돈(貰-) *cf.* 전셋돈
셋돈 내다(貰-)
셋돈 받다(貰-)
셋방살이(貰房-) *cf.* 시집살이, 감옥살이

셋잇단음표(-音標) *cf.* 둘잇단음표
셋줄(勢-)(권세의 힘을 빌려 쓸 수 있는 길)
셋집(貰-) *cf.* 전셋집
셋째 가다 *cf.* 둘째 가다, 첫째가다, 으뜸가다
셋째 단(-段)
셋째 딸 *cf.* 넷째 딸, 막내딸
셋째 며느리
셋째 번(-番)(차례) *cf.* 세 번째(횟수)
셋째 사위 *cf.* 둘째 사위, 막냇사위
셋째 아들 *cf.* 넷째 아들, 막내아들
셋째 아이
셋째양반(-兩班)(봉산 탈춤)
셋째 연(-聯)
셋째자리바꿈
셋째 줄
셔먼법(-法)
셔먼호 사건(-號事件) *cf.* 운요호 사건
셰지의 공식(-公式)
소가죽/쇠가죽
소가지[심성(心性)]
소갈딱지 없다
소갈머리 없다 *cf.* 머리(접미사)
소감문 쓰기(所感文-) *cf.* 감상문 쓰기, 설명문 쓰기
소강상태(小康狀態) *cf.* 긴장 상태, 무방비 상태, 정신 상태, 건강 상태
소 같다 *cf.* 황소 같다
소개글/소개말(紹介-)
소개받다(紹介-) *cf.* 안내받다
소개시켜 주다(紹介-)
소개업자(紹介業者) *cf.* 금융업자
소개해 드리다(紹介-)
소개해 보다(紹介-)
소개해 주다(紹介-)
소걸음 *cf.* 황소걸음, 황새걸음, 물레걸음
소걸음 같다
소견머리(所見-) *cf.* 주변머리, 인정머리, 싹수머리, 행실머리, 주책머리
소견머리 없다(所見-)/소견 없다(所見-)

소결핵(-結核)
소경낚시 *cf.* 흘림낚시, 던질낚시
소경노릇 *cf.* 장님 노릇, 선생 노릇, 종노릇
소경노릇 하다 *cf.* 종노릇하다, 병신노릇 하다
소경놀이
소경단청(-丹靑)
소경막대 *cf.* 지팡막대
소경반자 *cf.* 우물반자, 소란반자
소경 잠자기
소고기/쇠고기
소고놀이(小鼓-) *cf.* 놀이
소고를 눕혀 들고 여섯 박 동안 여섯 번 치며 뛰기(小鼓-拍-番)
소고를 몰아치며 뛰기(小鼓-)
소고춤(小鼓-)
소고 치며 걷기(小鼓-)
소고 치며 앉아 뛰기(小鼓-)
소곤소곤(부사)
소곤소곤하다
소구멍(위쪽으로 난 난폿구멍)
소귀신(-鬼神) *cf.* 쇠귀신
소극장 운동(小劇場運動)
소극주의(消極主義) *cf.* 적극주의
소금가마
소금 간
소금구이 *cf.* 양념구이
소금국 *cf.* 뭇국, 북엇국
소금기(-氣) *cf.* 핏기
소금꽃 *cf.* 웃음꽃
소금 만들기
소금(을) 만들다
소금물 *cf.* 설탕물, 석회물
소금물가림
소금밥 *cf.* 소금엣밥
소금밭 *cf.* 펄밭, 자갈밭
소금버캐 *cf.* 침버캐, 오줌버캐, 간장버캐
소금 부대(-負袋) *cf.* 쌀부대, 시멘트 부대
소금 섬
소금엣밥 *cf.* 소금밥

소금 자루 *cf.* 보릿자루, 쌀자루
소금 장사
소금 장수 *cf.* 과일 장수, 군고구마 장수, 그릇 장수, 기름 장수, 두부 장수, 떡 장수, 채소 장수, 나무장수, 약장수, 엿장수
소금쟁이
소금절이 *cf.* 겉절이
소금절임 *cf.* 설탕절임, 초절임
소금짐 *cf.* 나뭇짐
소금쩍
소금 치다 *cf.* 간장 치다
소금합(-盒) *cf.* 팔비누합
소금 항아리(-缸-) *cf.* 고추장 항아리
소급해 올라가다(遡及-)
소기르기(편수 자료 '농·생명')
소 기르다
소기름/쇠기름
소꿉놀이/소꿉놀잇감
소꿉동무 *cf.* 불알친구, 글동무, 술친구
소꿉 만들기
소꿉(을) 만들다
소꿉장난
소꿉질하다
소꿉친구(-親舊) *cf.* 술친구, 글동무, 말동무, 어깨동무, 불알친구
소나기 같다
소나기구름 *cf.* 비구름, 열구름
소나기눈(폭설)
소나기매 *cf.* 뭇매
소나기 바람에
소나기밥/소나기술
소나기 삼 형제(-三兄弟)
소나무 가지 *cf.* 사과나무 가지, 나뭇가지
소나무 껍질 *cf.* 굴참나무 껍질, 귤껍질, 소대껍질, 왕골껍질, 메밀껍질
소나무 도마 *cf.* 피나무 도마, 플라스틱 도마
소나무 말고 *cf.* 말고(동사 '말다'의 부사형. 조사로 보기도 함.)
소나무 빛 <푸른 ~>
소나무 숲 *cf.* 솔숲, 참나무 숲
소나무 씨 *cf.* 솔씨, 나팔꽃 씨, 단풍나무 씨, 아카시아나무 씨
소나무 잎 *cf.* 개나리 잎, 모란 잎, 상수리나무 잎, 작약 잎, 장미 잎, 진달래 잎, 해바라기 잎, 아주까리 잎, 솔잎, 은행잎
소낙눈
소낙비
소날 *cf.* 범날, 원숭이날
소내변압기(所內變壓器) *cf.* 주상 변압기
소녀 같다(少女-)
소녀단원(少女團員)
소녀취미(少女趣味) *cf.* 어른 취미
소녀티(少女-) *cf.* 처녀티, 선생티, 학생 티
소년 같다(少年-)
소년 같아 보이다(少年-)
소년고생(少年苦生) *cf.* 초년고생, 노년 고생
소년단원(少年團員)
소년티(少年-) *cf.* 소녀티, 시골티, 학생 티
소놀이굿
소눈/쇠눈
소눈깔
소다덩어리 *cf.* 설탕덩어리, 얼음덩어리
소다빵
소다 석회(-石灰)
소달구지
소달깃날
소 닭 쳐다보듯 하다
소도둑 *cf.* 바늘 도둑
소도둑놈
소독시켜 주다(消毒-)
소독약(消毒藥)
소독차(消毒車) *cf.* 청소차, 사다리차
소독해 주다(消毒-)
소득세법(所得稅法)
소득 없다(所得-)
소 뜯기기
소띠 *cf.* 개띠, 용띠
소라 껍데기 *cf.* 조개껍데기, 굴 껍데기

소란반자(小欄-) *cf.* 우물반자
소란 부리다(騷亂-)
소란스러워 보이다(騷亂-)
소란스러워져 가다(騷亂-)
소란 피우다(騷亂-)
소록소록(부사)
소름 끼치다
소름 돋다
소리광대 *cf.* 아니리광대
소리굽쇠
소리글자/표음 문자(表音文字) *cf.* 뜻글자, 낱소리글자
소리꾼
소리 나다
소리 나자마자 *cf.* 자마자
소리 내다 <아름다운 ~.>
소리 내지 마라/마
소리 높여/높이
소리대로 적기 *cf.* 어법대로 적기
소리덩이
소리 듣다
소리 들리다
소리마디
소리말
소리맞추기(동작 등을 구령에 맞추는 일)
소리(를) 맞추다
소리명창(-名唱) *cf.* 귀명창
소리북
소리소리 지르다 *cf.* 소리 지르다
소리시늉말 *cf.* 짓시늉말
소리 없는 아우성
소리 없다/없이 <~ 내리는 눈….>
소리쟁이
소리 전하기(-傳-)
소리주머니 *cf.* 모이주머니
소리 지르기/소리 지르다
소리쳐 버리다
소리쳐 부르다
소리치다 *cf.* 물결치다, 파도치다, 큰소리치다, 눈보라 치다, 서릿발 치다
소리치자마자 *cf.* 자마자
소리풀이(명창들이 자기의 독특한 소리로 한바탕 하는 소리)
소리하다 <술 마시고 소리하고 놀았다.
소리 하다 <쓸데없는 ~.>
소립자론(素粒子論)
소립자선(素粒子線)
소릿값(새 편수 자료 문법 용어로서)
소릿결 *cf.* 머릿결, 나뭇결
소릿구멍(현악기의) *cf.* 기름구멍, 샘구멍
소릿길 <~ 50년….>
소릿바람(크게 떨치는 기세)
소마걷이(건축의) *cf.* 도래걷이, 민걷이
소마젤란운(小-雲)
소·만 국경(蘇·滿國境)
소망해 오다(所望-)
소매가격(小賣價格) *cf.* 도매가격, 소비자 가격, 공장도 가격, 소매 시세, 산매 시세, 도매 시세
소매 걷다
소매 걷어붙이다
소매구덩이(거름을 줄 때에 쓰는 농기구)
소매 길이
소매 끝
소매 달기
소매(를) 달다
소매 둘레선(-線)
소매산(-山) <~을 높이다/낮추다.>
소매상인(小賣商人) *cf.* 도매상인
소매상점(小賣商店) *cf.* 도매상점
소매치기 *cf.* 날치기, 들치기
소매치기당하다(-當-) *cf.* 당하다
소매통
소매 폭(幅) *cf.* 소매통
소맷값(小賣-) *cf.* 도맷값
소맷길
소맷동
소맷동냥 <~을 다니다.>

소맷부리
소맷자락 *cf.* 치맛자락, 옷자락, 도포자락, 두루마기자락, 코트자락
소머리 *cf.* 쇠머리
소먹이
소먹이놀이
소 먹이다
소멸되어 가다(消滅-)
소멸해 가다(消滅-)
소멸해 버리다(消滅-)
소목장이(小木匠-) *cf.* 대목장이
소 몰다
소몰이/소몰이꾼
소무탈(小巫-)
소문나다(所聞-)
소문난 잔치(所聞-) <~에 먹을 것 없다.>
소문내다(所聞-) <돈 많다고 소문내지 마라.>
소문 내다(所聞-) <돈 많다는 소문(을) 내지 마라.>, <나쁜 사람으로 ~.>
소문놀이(所聞-)
소문 듣다(所聞-)
소문 사납다(所聞-) *cf.* 인심 사납다, 욕심 사납다, 꼴사납다, 몰골사납다
소문 없다/없이(所聞-) *cf.* 소식 없이
소문자(小文字) *cf.* 대문자
소박당하다(疏薄當-) *cf.* 당하다
소박데기(疏薄-)(소박을 맞은 여자) *cf.* 부엌데기, 새침데기
소박맞다(疏薄-) *cf.* 퇴짜 맞다, 타박 맞다
소박이김치
소박해 보이다(素朴-)
소반 장수(小盤-) *cf.* 상 장수, 체 장수
소밥(素-)(고기 반찬이 없는 밥)
소밥주기(민속)
소방대원(消防隊員) *cf.* 방범대원
소방망루(消防望樓) *cf.* 경계 초소, 교도소 망루, 해수욕장 망루, 수용소 망루
소방펌프(消防-) *cf.* 왕복펌프, 배수펌프, 공기펌프, 분사 펌프, 압축 펌프

소배우자(小配偶者)
소백산맥(小白山脈) *cf.* 태백산맥
소변보다(小便-) *cf.* 대변보다, 용변 보다
소복단장(素服丹粧)
소복소복(부사)
소복 입다(素服-)
소부르주아(小-)
소비자 보건(消費者保健)
소비조합(消費組合) *cf.* 협동조합, 생산 조합, 발행 조합, 신용 조합, 공제 조합
소비해 버리다(消費-)
소뼈/쇠뼈 *cf.* 개뼈, 말뼈, 호랑이뼈
소뿔/쇠뿔 *cf.* 쇠뿔
소산터(화장터)
소삼작노리개(小三作-) *cf.* 삼작노리개
소삼채(素三彩) *cf.* 당삼채
소생시켜 주다(蘇生-)
소설 같다(小說-)
소설 읽기(小說-)
소설(을) 읽다(小說-)
소설책(小說册) *cf.* 동화책, 만화책, 이야기책, 국어책, 영어책, 수학책
소설화되다(小說化-)
소설화하다(小說化-)
소소리바람(살 속으로 스며드는 바람) *cf.* 회오리바람, 돌개바람
소속 없다/없는(所屬-)
소속해 있다(所屬-)
소송 중(訴訟中) *cf.* 심판 중
소수 끝 자리(小數-)
소수나다(농산물이 증가하다.)
소수 두 자리 수 알아보기(小數-數)
소수 둘째 자리(小數-)
소수 둘째 자리의 수(小數-數)
소수 서원(紹修書院) *cf.* 도산 서원
소수성 기(疏水性基) *cf.* 친수성 기, 친유성 기
소수 세 자리 수 알아보기(小數-數)
소수 셋째 자리(小數-)
소수 셋째 자리의 수(小數-數)

소수 알아보기(小數-)
소수자리(小數-)
소수점 아래 두 자리(小數點-)
소수점 키(小數點-)
소수정예주의(少數精銳主義)
소수 첫째 자리(小數-)
소수 첫째 자리의 수(小數-數)
소순환(小循環) cf. 대순환
소스라치다
소슬바람(蕭瑟-) cf. 산들바람, 건들바람
소식 없다/없이(消息-) cf. 소문 없이
소식 전하기(消息傳-)
소신껏(所信-) cf. 마음껏, 힘껏
소신 따라(所信-)
소신 없다(所信-)/소신 있다(所信-)
소실되어 버리다(燒失/消失-)
소심하다 못해(小心-)
소심해 보이다(小心-)
소심해져 가다(小心-)
소싯적(少時-) cf. 태곳적, 처녀 적, 아이 적, 올챙이 적, 적(의존 명사)
소싸움/소싸움놀이 cf. 닭싸움, 말싸움
소아경험방(小兒經驗方)
소아마비(小兒痲痺) cf. 교통마비, 근육 마비, 신경 마비
소아외과(小兒外科) cf. 소아 정신과
소 아주머니
소액체성(疏液體性)
소양강 댐(昭陽江-) cf. 춘천 댐
소여물/쇠여물
소연방(蘇聯邦) cf. 영연방
소영국주의(小英國主義) cf. 대영국주의
소영웅주의(小英雄主義)
소외당하다(疏外當-) cf. 당하다
소외받다(疏外-) cf. 받다
소요학파(逍遙學派) cf. 궤변학파, 중상학파, 강화 학파, 실학 학파
소용돌이무늬
소용돌이비
소용돌이치다 cf. 회오리치다, 요동치다
소용돌이테 cf. 나이테
소용없다(所用-)
소용 있다(所用-)
소우주(小宇宙) cf. 대우주
소우주단(小宇宙團)
소 웃음 cf. 말 웃음
소유관계(所有關係) cf. 생산관계, 이해관계, 사실 관계, 남녀 관계, 가족 관계
소유권 다툼(所有權-)
소유해 오다(所有-)
소음 공해(騷音公害) cf. 산업공해, 먼지 공해
소일거리(消日-) cf. 일거리, 웃음거리, 화젯거리, 읽을거리, 볼거리, 말할 거리
소일터(消日-)
소일해 나가다(消日-)
소일해 오다(消日-)
소작논(小作-)
소작살이(小作-) cf. 머슴살이, 종살이
소작 쟁의(小作爭議) cf. 노동 쟁의
소작 주다(小作-)
소 잡아먹듯 cf. 닭 잡아먹듯
소장급(少壯級) cf. 장사급, 용장급
소 장사
소 장수 cf. 닭 장수, 꽃 장수, 책 장수
소장해 두다(所藏-)
소재삼아(素材-) cf. 시험삼아, 놀이삼아
소전제(小前提) cf. 대전제
소제목별(小題目別)
소조 아미타여래 좌상(塑造阿彌陀如來坐像)
소주잔(燒酒盞) cf. 맥주잔, 양주잔, 막걸리잔
소주제별(小主題別)
소죽가마/쇠죽가마
소 죽은 귀신(-鬼神)
소줏고리(燒酒-) cf. 술고리
소줏불(燒酒-)
소줏집(燒酒-) cf. 대폿집, 맥줏집, 니나놋집, 방석집
소증사납다(동기가 아름답지 못하다.) cf. 눈

꼴사납다, 꼴사납다, 볼꼴 사납다
소진되어 가다(消盡-)
소진해 버리다(消盡-)
소질 없다(素質-)/소질 있다(素質-)
소집단별(小集團別)
소총탄(小銃彈) *cf.* 총탄, 포탄, 대포 탄
소치고 순한 소(-順-) *cf.* 치고(조사)
소 치다 *cf.* 양 치다
소침해 보이다(消沈-)
소쿠라지다
소크라테스학파(-學派) *cf.* 헤겔학파, 삼림학파, 강화 학파
소탕되어 버리다(掃蕩-)
소탕해 버리다(掃蕩-)
소태껍질 *cf.* 나무껍질, 귤껍질, 왕골껍질, 고목 껍질, 소나무 껍질, 굴참나무 껍질
소태맛 *cf.* 감초맛
소통시켜 주다(疏通-)
소품 꾸미기(小品-)
소풍 가다(消風-) *cf.* 구경 가다, 귀양 가다, 천렵 가다
소풍 나가다(消風-)
소풍날(消風-) *cf.* 개학날, 수릿날, 운동회날
소피보다(所避-) *cf.* 뒤보다, 용변 보다, 대변보다, 소변보다
소학언해(小學諺解) *cf.* 대학언해, 훈민정음언해, 금강경언해
소한 추위(小寒-)
소행머리(所行-) *cf.* 행실머리
소행성족(小行星族)
소현 세자(昭顯世子)
소현 세자 빈(昭顯世子嬪)
소홀해져 가다(疏忽-)
소화 기관(消化器管)
소화되어 가다(消化-)
소화샘(消化-)
소화시켜 주다(消化-)
소화오니(消化汚泥)
소화전함(消火栓函) *cf.* 배전함, 분리수거 함
소화해 나가다(消化-)
소화해 내다(消化-)
소환당하다(召還當-) *cf.* 당하다
소환되어 가다(召還-)
소환해 가다(召還-)
-속 *cf.* 뱃속, 콧속, 핏속, 귓속, 땅속, 물속
속 *cf.* 서랍 속, 주머니 속, 흙 속, 가슴속, 마음속
속가량(-假量) *cf.* 겉가량
속가루 *cf.* 겉가루
속가름
속가죽 *cf.* 겉가죽
속간교배(屬間交配) *cf.* 이종 교배, 종간 교잡, 근친 교배
속간해 내다(續刊-)
속감 *cf.* 안감
속감침
속고갱이
속곳바람 *cf.* 저고릿바람, 상툿바람, 내의 바람, 파자마 바람
속공간(-空間)(글씨의)
속구조(-構造)
속궁리(-窮理)
속궁합(-宮合)
속긋(글씨나 그림을 배우는 사람에게 가늘고 흐리게 그려 주는 선이나 획)
속 깊은 사람
속껍데기/속껍질
속 끓다/속 끓이다
속내(내막)
속내의(-內衣)
속눈 <~(을) 뜨다.>
속눈썹 *cf.* 겉눈썹
속눈치
속 다르고 겉 다르다
속다짐
속단추 *cf.* 겉단추
속단해 버리다(速斷-)
속담 겨루기(俗談-)

속담 고르기(俗談-) <알맞은 ～….>
속담 알아맞히기 놀이(俗談-)
속대쌈
속대장경(續大藏經)
속대중 *cf.* 겉대중, 눈대중
속댓국
속더께(찌들어 낀 때)
속도위반(速度違反) *cf.* 법규 위반, 선거법 위반, 통금 위반
속돌
속된 말 *cf.* 거친 말, 야한 말
속뒤집히다
속 들여다보이다
속뜨물 *cf.* 겉뜨물
속뜻
속력 내다(速力-)
속마음
속말 *cf.* 겉말
속멋
속 모르다 *cf.* 내용 모르다
속모양(-模樣) *cf.* 겉모양
속(을) 못 차리다
속물근성(俗物根性) *cf.* 아부 근성, 승부 근성, 거지 근성
속바람(몹시 지쳤을 때, 숨을 고르게 내지 못하는 현상)
속바지
속받침
속발톱
속배포(-排布)
속버선
속병(-病)
속 보이다
속 부분(-部分) *cf.* 겉 부분, 가운데 부분, 중간 부분, 앞부분, 뒷부분
속불꽃 *cf.* 겉불꽃
속블라우스
속비밀(-祕密)
속 빈 강정
속 빼놓다/속 빼다
속 빼다
속뼈대 *cf.* 겉뼈대
속뽑다
속사람(사람의 됨됨이)
속사랑(속으로 하는 사랑)
속사연(-事緣)
속사정(-事情)
속사주(-四柱) *cf.* 겉사주
속삭여 주다
속삭이기놀이
속삭이듯 *cf.* 듯(어미)
속삼강행실(續三綱行實)
속 3 화음(-三和音)
속 상자(-箱子) *cf.* 겉 상자
속상해하다
속상해하지 마/마라
속생각
속성 바꾸기(屬性-)
속성(을) 바꾸다(屬性-)
속셈 모르다
속셈하다
속소리
속속들이
속손톱
속수무책(束手無策)
속 시원하다
속 시원해하다
속시침
속싸개 *cf.* 겉싸개
속 썩다
속 썩이다
속 쓰려 죽겠다
속 쓰리다/속쓰림
속씨름(마음속으로 이런저런 생각을 하는 일)
속씨식물(-植物) *cf.* 겉씨식물
속아 넘어가다
속아 보다
속아 주다

속 안다 <속 안은 배추….>
속앓이 *cf.* 가슴앓이
속앓이하다
속앓이해 오다
속어림 *cf.* 겉어림
속어림하다
속어림해 보다 *cf.* 겉어림해 보다
속언약(-言約)
속없다(악의가 없다.)
속여 가다
속여 넘기다
속여 먹다 *cf.* 놀려 먹다, 곯려 먹다, 잊어 먹다
속여 오다
속여 주다
속여 팔다
속오례의(續五禮儀)
속옷 *cf.* 겉옷
속옷가지 *cf.* 옷가지
속옷 갈아입기
속옷감 *cf.* 바짓감, 양복감, 저고릿감, 치맛감, 이불감, 천막감, 커튼감
속옷 갖추기
속옷(을) 갖추다
속옷 개기
속옷고름
속옷바람 *cf.* 치맛바람, 상툿바람, 팬티 바람, 파자마 바람
속옷 빨기
속옷(을) 빨다
속웃음 *cf.* 겉웃음
속을 수밖에 *cf.* 밖에(조사)
속임낚시 *cf.* 흘림낚시
속임수(-數)
속임수 쓰다(-數-)
속잎 *cf.* 겉잎
속자락 *cf.* 겉자락, 안자락
속잠방이
속저고리 *cf.* 겉저고리
속적삼
속전속결(速戰速決)
속절없다/없이
속정신(-精神)(정신을 잃었다가 어렴풋이 차리는 정신) <이제야 ~이 드나 보다.>
속좁은/좁다
속죄양(贖罪羊)
속 주다
속주름
속주머니 *cf.* 겉주머니, 안주머니
속짐작(-斟酌) *cf.* 겉짐작, 지레짐작, 걸음짐작
속 차리다(자기 실속을 차리다.)
속치레 *cf.* 겉치레
속치마 *cf.* 겉치마
속치장(-治粧) *cf.* 겉치장
속 타다
속타산(-打算)
속 태우다
속 태워 오다
속 터져 죽겠다
속 터지는 일
속 터지다 *cf.* 머리 터지다
속 트이다
속포장(-包裝) *cf.* 겉포장
속표지(-表紙) *cf.* 겉표지
속 풀리다
속해 있다(屬-)
속흙 *cf.* 겉흙
속힘(속에 숨어 있는 힘)
솎아 내다
솎아 놓다
솎아 버리다
솎아베기
솎아 베다
솎아 주다
솎음국 *cf.* 솎음배춧국
솎음배추
솎음배춧국 *cf.* 시금칫국, 시래깃국, 냉잇국
솎음질하다
-손(孫)(접미사) *cf.* 12세손 *cf.* 조

손가늠 *cf.* 눈가늠, 발가늠
손 가다(손이 미치다.)
손가락 *cf.* 발가락
손가락 권총(-拳銃)/손가락총(-銃)
손가락놀이
손가락무늬
손가락 바꾸기
손가락(을) 바꾸다
손가락빗
손가락뼈 *cf.* 발가락뼈
손가락셈
손가락장갑(-掌匣) *cf.* 벙어리장갑
손가락질
손가락질당하다(-當-) *cf.* 당하다
손가락질받다 *cf.* 받다
손가락질하다
손가락짚기
손가락(을) 짚다
손가락표(-標)
손가마
손가마놀이
손가방 *cf.* 끌가방, 들가방, 멜가방
손가짐 *cf.* 몸가짐
손 간 데마다 *cf.* 마다(조사)
손 갈 데 많다 *cf.* 데
손거스러미 *cf.* 판자 거스러미
손거울 *cf.* 몸거울
손 거치다
손 거칠다
손겪다(손을 대접하다.)
손공놀이
손구구(-九九)
손그릇(반짇고리, 벼룻집 등 작은 세간)
손근지럽다(몹시 하고 싶다.)
손금 보다
손금불산입(損金不算入)
손금쟁이
손기계(-機械) *cf.* 발기계
손 기술(-技術) *cf.* 발 기술, 손재간, 발재간

손기척 *cf.* 인기척
손길 *cf.* 발길, 눈길
손길 닿다
손길 잡다
손 까불다
손깍지 *cf.* 무릎깍지
손꼽다
손꼽아 기다리다
손꼽히다
손 끊다(교제나 거래 관계를 끊다.)
손끝 *cf.* 발끝, 코끝, 혀끝, 머리끝, 명치끝
손끝 맵다 *cf.* 손 맵다
손끝찌르기(태권도)
손나발(-喇叭)/손나팔(-喇叭)(북한)
손날
손날등치기(태권도)
손날막기(태권도)
손날 몸통막기(태권도)
손날치기(태권도)
손내리기
손 내리다
손 내밀다
손 넘기다(시기를 잃다.)
손녀 까마귀(孫女-)
손녀딸(孫女-)
손녀사위(孫女-)
손 놀리다
손놀림 *cf.* 몸놀림, 발놀림, 입놀림
손 놓다
손누비 *cf.* 필누비, 틀누비
손님격(-格) *cf.* 주인격
손님맞이 *cf.* 새해맞이, 추석맞이, 맞이
손님 맞이 <학교에 오신 ~….>
손님맞이놀이 *cf.* 놀이
손님방(-房)
손님상(-床) *cf.* 잔칫상, 제사상, 차례상, 연회 상
손님 오다
손다듬질
손다리미 *cf.* 전기다리미, 숯다리미

손 닿다 <그림에 손(이) 닿지 않게 하라.>, <손 닿는 데까지 도와 주다.>

손 대다 <상처에 손(을) 대지 마라.>

손대다 <현금에 손대지 마라.>, <노름에 손대지 마라.>, <손대면 터질 것만 같다.>

손대중 *cf.* 발대중, 눈대중, 손짐작, 손어림

손대중하다

손 들다 <찬성하는 사람은 손(을) 들어라.>

손덕(-德) *cf.* 손속, 수덕

손도끼 *cf.* 주먹도끼

손도장(-圖章) *cf.* 눈도장, 거멀도장

손독(-毒) *cf.* 손톱독, 똥독

손독 오르다(-毒-)

손돌바람(孫乭-)/손돌이바람(孫乭-) *cf.* 칼바람

손돌이추위(孫乭-) *cf.* 꽃샘추위

손동작(-動作) *cf.* 발동작

손들다 <가르쳐도 안 되어 손들었다.>

손들어 버리다

손들어 주다

손등 *cf.* 발등, 콧등, 칼등

손때

손때 맵다

손때 먹이다

손때 묻다

손때 오르다

손 떼다 <책상에서 손(을) 떼라.>, <투기 사업에서 손 떼야 한다.>

손뜨개질

손 뜨겁다(손부끄럽다)

손 뜨다 *cf.* 손 빠르다

손마디 *cf.* 뼈마디, 다릿마디

손 맑다(생기는 것이 없다.)

손맛 *cf.* 입맛, 눈맛

손 맞다

손 맞잡다

손 맵다 *cf.* 손끝 맵다

손 멈추다

손모 내기 *cf.* 기계모 내기

손모 심기 *cf.* 기계모 심기

손모양 겹잎(-模樣-)

손모양 잎(-模樣-)

손 모자라다

손목 *cf.* 팔목, 발목

손목구부리기(체력 운동)

손목돌리기

손목 둘레 *cf.* 허리둘레, 가슴둘레, 발목 둘레, 허벅지 둘레, 종아리 둘레

손목뼈

손목시계(-時計) *cf.* 벽시계, 탑시계, 괘종시계

손목잡기

손목치기(검도)

손밀이대패 *cf.* 자동 대패

손 밑으로

손바구니

손바꿈하다

손바느질 *cf.* 기계 바느질

손바닥 *cf.* 발바닥, 혓바닥

손바닥 너비

손바닥만 하다 *cf.* 주먹만 하다(←만하다)

손바닥뼈 *cf.* 발바닥뼈

손바람(일을 치러 나가는 솜씨) <~이 나다.>

손발 걷다

손발 노릇 *cf.* 수족 노릇

손발 맞다/손발 맞추다

손발 치다

손발톱

손버릇 *cf.* 입버릇, 말버릇

손버릇 사납다 *cf.* 말버릇 사납다, 잠버릇 사납다, 모양 사납다, 꼴사납다, 눈꼴사납다

손 벌리다(돈 따위를 요구하다.)

손보다(손질하여 보살피다.)

손보자기(-褓-)

손봐 주다

손부끄럽다

손부채

손 붙이다(무슨 일에 손을 대다.)

손 비비기 *cf.* 기계 비비기

손 빌다

손빛기
손 빠르다 *cf.* 손뜨다
손빨래 *cf.* 물빨래, 기계 빨래
손 빼다
손 뻗치다
손뼉 소리 *cf.* 박수 소리
손뼉치기
손뼉 치다 *cf.* 장구 치다
손뼘재기
손 뿌리치다
손사래(손을 펴서 휘젓는 일)
손사래 치다 *cf.* 손뼉 치다
손사랫짓 *cf.* 손짓, 고갯짓, 머릿짓, 엉덩잇짓
손상당하다(損傷當-) *cf.* 당하다
손상되어 가다(損傷-)
손상시켜 놓다(損傷-)
손상 없다(損傷-)
손상 주다(損傷-)
손색없다(遜色-) <손색없는 시설을 갖추고….>
손 서투르다
손세탁(-洗濯) *cf.* 기계 세탁
손속(수덕, 손덕)
손수건 *cf.* 세수수건, 물수건, 땀수건, 때수건
손수건감(-手巾-) *cf.* 바짓감, 저고릿감, 치맛감, 양복감, 한복감, 신랑감, 신붓감
손수레
손숫물 *cf.* 세숫물, 개숫물, 설거지물, 목욕물
손쉬워 보이다
손쉽게/쉽다
손스침
손시늉 <~으로 겨우 의사소통을 하다.>
손 시리다←손 시럽다 *cf.* 발 시리다
손실되어 가다(損失-)
손심부름 *cf.* 물심부름
손 싸다
손 싸매다
손써 주다
손쓰다
손 씻기
손 씻다 <그 일에서 손 씻고 나와라.>, <손(을) 씻어라.>
손 씻을 물 *cf.* 손숫물, 발숫물
손씻이하다 <고마워 작은 선물로 ~.>
손아귀 *cf.* 입아귀
손아귀 세다
손아귀힘 *cf.* 아귀힘, 다릿심
손아래 *cf.* 손아랫사람, 손윗사람
손아래 동서(-同壻)
손아래뻘
손아래 처남(-妻男)
손아랫사람 *cf.* 손윗사람
손안 <~에 넣다.>
손 안 <왼쪽 손 안에 있다.>
손어림 *cf.* 눈어림, 손짐작, 손대중
손어림하다
손 없는 날(민속) *cf.* 털 없는 날
손 없다 <손 없는 날에 장 담그다.>
손 여물다
손오공 탈(孫悟空-) *cf.* 먹중탈
손올리기
손(을) 올리다
손위 *cf.* 손윗사람, 손아랫사람
손위 동서(-同壻)
손위뻘 되는 이
손위 처남(-妻男)
손윗사람 *cf.* 손아랫사람
손으로 치기
손을 잡고 물장구치기
손 익다
손일
손자 간에(孫子間-)
손자국〔手迹〕 *cf.* 발자국
손자국 나다 *cf.* 발자국 나다, 자국 나다
손자 꼴뚜기(孫子-)
손자녀석(孫子-) *cf.* 아들녀석
손자놈(孫子-) *cf.* 아들놈
손자 덩굴(孫子-)
손자며느리(孫子-)

손자뻘 되는/되다(孫子-) *cf.* 아저씨뻘 되는
손자새끼(孫子-)
손작다 *cf.* 손크다
손작두 *cf.* 약작두
손작업(-作業)
손잔등
손 잠기다
손 잡고 돌기
손잡고 발맞추어
손잡고 일하다
손잡다 <손잡고 일해 보세.>
손 잡다 <서로 손(을) 잡고 거닐다.>
손잡이
손잡이 쪽
손잡이홅이기
손장난 *cf.* 발장난
손장단 *cf.* 발장단, 칼장단, 입장단
손재간(-才幹) *cf.* 발재간
손 재다
손재봉틀(-裁縫-) *cf.* 손틀, 발재봉틀, 전기 재봉틀
손재주(-才-) *cf.* 발재주
손저울 *cf.* 금저울, 대저울
손전등(-電燈)
손전등 만들기(-電燈-)
손전등(을) 만들다(-電燈-)
손절구 *cf.* 돌절구
손 절이다
손 젓다
손 주다 <호박덩굴을 ~.>
손줄낚기
손줄낚시 *cf.* 흘림낚시, 속임낚시
손지갑(-紙匣)
손질해 놓다
손질해 드리다
손질해 주다
손짐작(-斟酌)(손어림) *cf.* 눈짐작, 발짐작
손짐작하다(-斟酌-)
손짓말 *cf.* 몸짓말

손짓 발짓
손짓 발짓 해 가며
손짓춤
손짚고 긴 장애물 뛰어넘기
손짚고 뒤돌기(체조)
손짚고 뛰어넘기(체조)
손짚고 뛰어오르기(체조)
손짚고 앞돌기(체조)
손짚고 엎드려 다리굽히기
손짚고 옆돌기(체조)
손짚고 오르기(체조)
손짚고 헤엄치기
손짚기
손(을) 짚다
손짚이기(씨름)
손짭손(얄망궂은 손장난)
손 쪽 *cf.* 이마 쪽, 허리 쪽, 등 쪽
손찌검하다
손춤
손치다(물건을 매만져 바로잡다.)
손 치르다
손칼국수 *cf.* 틀국수, 기계국수
손 크다 *cf.* 손 작다
손 타다
손톱괄호(-括弧) *cf.* 꺾쇠괄호
손톱깎이
손톱눈 *cf.* 발톱눈
손톱독(-毒) *cf.* 손독
손톱독 오르다(-毒-)
손톱만큼도 *cf.* 눈곱만큼도
손톱만 하다 *cf.* 만 하다(←만하다)
손톱무늬
손톱묶음 *cf.* 활장묶음, 꺾쇠묶음
손톱 밑의 가시
손톱자국 *cf.* 마맛자국, 곰봇자국, 잇자국, 글씨 자국, 눈물 자국, 수술 자국
손틀켜기 *cf.* 기계켜기
손팔신호(-信號) *cf.* 수기 신호, 교통 신호, 무적 신호

손풀무 *cf.* 디딜풀무, 발풀무
손풍금(-風琴)
손해나다(損害-)
손해내다(損害-)
손해 되다(損害-)
손해 보다(損害-)
손해보전(損害補塡) *cf.* 적자 보전
손해 입다(損害-)
손해 입히다(損害-)
손회목 *cf.* 팔회목, 발회목
손 흔들다
솔가루
솔가리
솔가지 *cf.* 댓가지, 싸릿가지
솔개그늘(솔개만큼 작게 지는 그늘) *cf.* 산그늘
솔개연(-鳶) *cf.* 방패연, 가오리연
솔로 산업(-産業) *cf.* 노인 산업, 실버 산업
솔바람
솔바람 소리 *cf.* 바람 소리
솔바탕(활터에서 솔대까지의 거리)
솔방울
솔방울병(-病)(물고기의 병)
솔방울샘(송과선)(의학)
솔밭 *cf.* 갈대밭, 잔디밭, 고추밭, 고구마밭, 무밭, 배추밭, 가시밭
솔베이법(-法)(암모니아 소다법)
솔벤트유(-油)
솔불(관솔불)
솔뿌리 *cf.* 대뿌리, 칡뿌리
솔선수범(率先垂範)
솔선수범하다(率先垂範-)
솔솔바람
솔숲 *cf.* 대숲, 풀숲
솔이끼
솔잎 *cf.* 버들잎, 은행잎, 갈잎, 오동잎, 연잎
솔잎난류(-蘭類)(편수 자료의 '솔잎 난류'는 잘못)
솔잎송이 *cf.* 밤송이, 꽃송이, 잣송이
솔잎수(-繡) *cf.* 십자수, 새털수, 징금수
솔잎즙(-汁) *cf.* 무즙, 포도즙
솔장수(솔가지나 솔가지를 해다가 파는 장수)
솔장이(-匠-)
솔직해 보이다(率直-)
솔찜
솔찜질
솔 향기(-香氣)
솜 같다
솜덩이 *cf.* 땅덩이, 비곗덩이, 고깃덩이
솜두루마기
솜마개 *cf.* 고무 마개, 코르크 마개
솜마고자
솜먼지
솜뭉치 *cf.* 털뭉치
솜방망이 *cf.* 불방망이, 대추나무 방망이
솜버선 *cf.* 털버선
솜병아리
솜붙이
솜사탕(-沙糖) *cf.* 눈깔사탕, 얼음사탕, 가루사탕, 각사탕, 모래사탕
솜싸개
솜씨 없다
솜씨 있다
솜씨 자랑 *cf.* 노래자랑, 힘자랑, 장기 자랑
솜씨 좋다
솜옷 *cf.* 털옷
솜이불 *cf.* 풀솜 이불, 오리털 이불
솜털
솜털 같다
솜털바람 *cf.* 새털바람
솜털실(면모사)
솜틀집 *cf.* 국숫집, 대폿집, 세탁집
솜화약(-火藥)(면화약)
솟구어 뛰다
솟구쳐 오르다
솟대쟁이(민속)
솟아나다
솟아 나오다
솟아오르다
솟아 올라오다

솟아 있다
솟았단 말이냐 <어디서 그런 힘이 ~.>
솟옷 차림 *cf.* 옷차림, 한복 차림, 내복 차림
솟을나무
솟을대문(-大門)
솟을무늬
솟을빗살문(-門)/솟을살문(-門)
솟을삼문(-三門)
솟을지붕 *cf.* 삿갓지붕, 톱날지붕, 삿갓지붕
송강가사(松江歌辭) *cf.* 노계가사
송곳 같다
송곳날
송곳눈 *cf.* 뱁새눈, 도끼눈
송곳니 *cf.* 어금니, 사랑니, 간니
송곳망치 *cf.* 대갈마치
송곳집
송곳칼
송글송글(부사)
송금절목(松禁節目)
송금해 주다(送金-)
송나라(宋-) *cf.* 당나라, 명나라, 수나라
송낙뿔(두 뿔이 다 옆으로 꼬부라진 쇠뿔) *cf.* 우걱뿔
송덕비(頌德碑) *cf.* 추모비, 노래비
송두리째 *cf.* 째(접미사)
송·배전 부문(送·配電部門)
송사리 떼 *cf.* 물고기 떼, 새 떼, 벌 떼, 하루살이 떼, 모기떼
송수신기(送受信機)
송·수신하다(送·受信-)
송수파기(送受波機)
송수화기(送受話機)
송신해 주다(送信-)
송이지꿀 *cf.* 치너꿀
송아지등 *cf.* 나귀등, 말등, 호랑이등, 고래등, 새우등, 쇠등
송아지떼기(국악)
송알송알(부사)
송어 새끼 *cf.* 잉어 새끼
송운 대사(松雲大師)(유정)
송·원대(宋·元代)
송·원의 문화(宋·元-文化)
송이구름 *cf.* 층구름, 새털구름
송이밥(松栮-)
송이밭(松栮-) *cf.* 도라지밭, 인삼밭
송이버섯(松栮-) *cf.* 팽나무버섯, 싸리버섯
송이송이(부사)
송이술(전국으로 떠낸 술)
송잇국(松栮-) *cf.* 냉잇국
송장헤엄 *cf.* 모잽이헤엄, 개구리헤엄, 개헤엄
송진내(松津)
송진덩어리(松津-) *cf.* 사탕덩어리, 얼음덩어리, 흙덩어리
송파 산대놀이(松坡山臺-) *cf.* 양주 산대놀이
송판때기(松板-)
송편 빚기(松-) *cf.* 만두 빚기
송편소(松-) *cf.* 떡소, 만두소, 김칫소
송환되어 오다(送還-)
송환해 버리다(送還-)
송홧가루(松花-) *cf.* 고춧가루, 메줏가루, 미숫가루, 겨잣가루, 얼레짓가루
솥 걸다
솥 걸어 놓다
솥 뚜껑 <추어탕을 끓이는 ~….>
솥뚜껑 *cf.* 냄비 뚜껑, 주전자 뚜껑
솥뚜껑 같다
솥 속
솥 안
솥전 *cf.* 화로 전, 그릇 전
솥 쪽
쇄목펄프(碎木-) *cf.* 화학 펄프, 재생 펄프
쇠가락(농악)
쇠가죽/소가죽 *cf.* 개가죽, 말가죽, 돼지가죽
쇠갈고리
쇠갈비 *cf.* 돼지갈비, 닭갈비
쇠거울 *cf.* 구리거울, 유리 거울
쇠고기 *cf.* 돼지고기, 양고기, 꿩고기
쇠고기구이 *cf.* 돼지고기구이

쇠고기튀김 *cf.* 돼지고기튀김, 생선튀김
쇠고깃국 *cf.* 뭇국, 시래깃국, 조갯국
쇠고랑 차다
쇠고리
쇠고삐
쇠고집 *cf.* 옹고집, 황소고집, 똥고집
쇠곤봉(-棍棒)
쇠구슬 *cf.* 옥구슬, 은구슬, 상아 구슬, 플라스틱 구슬
쇠귀신 같다(-鬼神-)/쇠귀신같이(-鬼神-) *cf.* 귀신같다
쇠귀에 경 읽기(-經-)
쇠그릇 *cf.* 질그릇, 놋그릇, 사기그릇, 양은그릇, 플라스틱 그릇, 스테인리스 그릇
쇠그물
쇠그물 유리(-琉璃) *cf.* 실리카 유리, 차돌 유리, 석영 유리, 젖빛 유리
쇠긁개
쇠기둥
쇠기름 *cf.* 돼지기름, 콩기름, 개기름
쇠기침(오래도록 낫지 않는 쉰 기침)
쇠꼬리 *cf.* 쥐꼬리, 말꼬리
쇠꼬챙이 *cf.* 대꼬챙이, 나무 꼬챙이
쇠꼴 <~을 베러 산에 갔다.>
쇠눈/소눈
쇠다리 *cf.* 개다리, 닭다리, 돼지다리
쇠단추 *cf.* 금단추, 은단추, 호박단추
쇠달구 *cf.* 목달구
쇠덕석
쇠도끼 *cf.* 돌도끼, 금도끼, 은도끼
쇠도리깨
쇠도장(-圖章) *cf.* 목도장, 뿔도장, 상아 도장, 나무 도장
쇠두엄 *cf.* 돼지거름
쇠똥 *cf.* 말똥, 개똥, 닭똥, 돼지똥
쇠똥 경단(-瓊團)
쇠똥구리
쇠똥덩이 *cf.* 똥덩이, 흙덩이, 말똥덩이
쇠똥 부스러기
쇠똥찜
쇠뚜껑 *cf.* 나무 뚜껑
쇠마치(목공 도구)
쇠막대 *cf.* 구리 막대, 아연 막대
쇠막대기
쇠말뚝 *cf.* 말말뚝, 참나무 말뚝
쇠망치
쇠망치 소리 *cf.* 해머 소리
쇠머리 *cf.* 돼지머리, 말대가리, 못대가리
쇠머리대기(민속) *cf.* 나무쇠싸움
쇠머릿살 *cf.* 갈빗살
쇠몽둥이 *cf.* 나무 몽둥이
쇠뭉치 *cf.* 솜뭉치
쇠바가지
쇠바퀴
쇠받침대
쇠발개발 <~로 방을 더럽혀 놓았다.>
쇠발굽 *cf.* 말발굽
쇠백장 *cf.* 개백장
쇠부리놀이
쇠북
쇠붙이 *cf.* 피붙이, 겨레붙이, 살붙이
쇠붙잇감
쇠뼈 *cf.* 말뼈, 개뼈, 노루뼈, 양뼈, 사슴뼈
쇠뼉다귀 *cf.* 개뼉다귀
쇠뿔 *cf.* 개뿔
쇠사슬
쇠살문(-門)
쇠서받침(목조 건축에서 소의 혀와 같이 생긴 장식)
쇠솥 *cf.* 돌솥, 양은솥, 무쇠솥, 스테인리스 솥
쇠수레
쇠심줄
쇠약해 가다(衰弱-)
쇠약해 보이다(衰弱-)
쇠약해져 가다(衰弱-)
쇠여물/소여물
쇠자[鐵尺] *cf.* 대자, 플라스틱 자
쇠자루칼

쇠잔등 *cf.* 말잔등, 달리는 말 잔등
쇠족(-足) *cf.* 돼지족, 닭다리
쇠주먹
쇠죽(-粥)
쇠죽/소죽가마(-粥-)
쇠죽물(-粥-)
쇠죽바가지(-粥-) *cf.* 가맛바가지, 물바가지, 똥바가지
쇠죽솥(-粥-)
쇠줄 *cf.* 금줄, 은줄, 새끼줄
쇠지랑물(외양간 뒤에 괸 물)
쇠지레
쇠차돌
쇠창살(-窓-)
쇠채줌(농악)
쇠칼 *cf.* 돌칼
쇠코
쇠코뚜레
쇠털(소의 털) *cf.* 개털, 닭털, 사슴털, 새털, 양털, 오리털, 족제비털, 토끼털
쇠털 같은 날
쇠털담배
쇠털벙거지
쇠토막
쇠톱
쇠퇴되어 가다(衰退-)
쇠퇴해 가다(衰退-)
쇠퇴해 버리다(衰退-)
쇠 파이프 *cf.* 동 파이프, 플라스틱 파이프
쇠푼 *cf.* 돈냥, 돈푼
쇠흙손
쇳가루 *cf.* 콩가루, 밀가루, 쌀가루, 철가루, 놀가루, 고춧가루
쇳가루/철가루 붙여보기
쇳내
쇳덩어리 *cf.* 바윗덩어리, 눈덩어리
쇳덩이 *cf.* 바윗덩이, 눈덩이
쇳독(-毒) *cf.* 똥독, 납독
쇳돌
쇳물 *cf.* 바윗물
쇳밥 *cf.* 실밥, 톱밥, 자귓밥, 대팻밥
쇳빛 *cf.* 구릿빛, 모싯빛, 상앗빛, 잿빛
쇳소리
쇳조각 *cf.* 나뭇조각, 유리 조각, 구리 조각, 천 조각, 돌 조각, 대쪽
쇼크 먹다
쇼트혼종(-種)(소 품종)
-수(囚)(접미사) *cf.* 미결수, 양심수
-수(手)(접미사) *cf.* 타자수, 내야수
수(數)-(접두사) *cf.* 수백, 수십, 수백만, 수십만
수(數)(명사) *cf.* 사람 수, 지원자 수, 희생 수, 학교 수, 졸업생 수, 정족수, 일정수, 질량수, 회전수, 주파수, 진동수, 가짓수, 마릿수, 머릿수, 마력수, 호흡수
(관형사) 수 미터, 수 개월, 수 주
수각집(水閣-)(터가 습해 물이 나오는 집)
수감시켜 놓다(收監-)
수감 중(收監中) *cf.* 입원 중
수갑 차다(手匣-)
수갑 채우다(手匣-)
수강해 오다(受講-)
수 개념(數槪念)
수개미 *cf.* 암개미
수개월 간(數個月間) *cf.* 수년, 수 시간, 수 세기, 몇 개월
수개월 내에(數個月內-)
수개월 만에(數個月-) *cf* 만
수개월 전에(數個月前-)
수개월 후에(數個月後-)
수거해 가다(收去-)
수건걸이(手巾-) *cf.* 옷걸이, 양복걸이
수건돌리기(手巾-) *cf.* 보물찾기
수건(을) 돌리다(手巾-)
수고양이 *cf.* 암고양이
수고해 주다
수공구(手工具) *cf.* 목공구
수공업자(手工業者) *cf.* 수출업자
수공업촌(手工業村)

수공업품(手工業品)
수관계(水管系)
수관급(樹冠級) *cf.* 수관 급(편수 자료 '농·생명')
수관 다듬기(樹冠-)
수관폭(樹冠幅) *cf.* 수관 폭(편수 자료 '농·생명')
수 관형사(數冠形詞)
수 관형어(數冠形語)
수군수군하다/거리다/대다
수군 절도사(水軍節度使)
수군 통제영(水軍統制營)
수그러들다
수그루 *cf.* 암그루
수그린 채 *cf.* ㄴ 채, 채
수금해 오다(收金-)
수 깊다(手-)
수꽃 *cf.* 암꽃, 수그루, 수이삭
수꽃술 *cf.* 암꽃술
수꽃이삭 *cf.* 암꽃이삭
수꿩 *cf.* 암꿩
수 나다(數-)
수나라(隋-) *cf.* 당나라, 명나라, 청나라
수나비 *cf.* 암나비
수나사(-螺絲) *cf.* 암나사
수난당하다(受難當-) *cf.* 당하다
수난이대(受難二代)(문학 작품)
수납공간(受納空間) *cf.* 생활공간, 활동 공간, 우주 공간, 사이버 공간, 문화 공간, 복지 공간
수납전표(受納傳票) *cf.* 수입전표, 출고 전표, 경리 전표
수냇소(도조를 내는 소)
수냉로(水冷爐)
수년(數年) *cf.* 몇 년, 수주, 수년 간(數年間), 십 수년 전(十數年前)
수년 간(數年間) *cf.* 몇 년 간
수년 내에(數年內-)
수년 동안(數年-) *cf.* 수 시간 동안, 수 세기 동안, 수 분 동안
수년래(數年來) <~의 꿈이 이루어지다.>
수년 만에(數年-)
수년 안에(數年-)
수년 전에(數年前-)
수년 후에(數年後-)
수놈 *cf.* 암놈
수놓기(繡-)
수놓다(繡-)
수놓아 주다(繡-)
수니파(-派) *cf.* 시아파
수다 떨다 *cf.* 수선 떨다, 아양 떨다
수다 떨지 마/마라
수다 부리다/수다 피우다 *cf.* 넉살 부리다
수다스러워 보이다
수단 좋다(手段-)
수 달리다(手-)
수달피옷(水獺皮-) *cf.* 밍크옷
수·당 제국(隋·唐帝國)
수더분해 보이다
수도꼭지(水道-)
수도 놓다(水道-)
수도 없이(數-) <~ 많다.>
수도치기(手刀-)
수돗가(水道-) *cf.* 냇가, 우물가, 호숫가
수돗물(水道-) *cf.* 호숫물, 시냇물, 바닷물
수돗물 아껴쓰기(水道-)
수동력계(水動力計)
수 때우다(數-)
수땜하다(數-)(나쁜 운수를 때우다.)
수락해 버리다(受諾-)
수렁논 *cf.* 무논
수레모양 토기[車形土器] *cf.* 기마 인물모양 토기, 청자 모리모양 토기
수레바퀴 *cf.* 차바퀴, 자전거 바퀴, 전동차 바퀴, 마차 바퀴
수레 토기(-土器) *cf.* 기마 인물모양 토기
수련 쌓다(修鍊-)
수렴청정(垂簾聽政)
수렴해 주다(收斂-)
수렵무늬 벽돌(狩獵-甓-) *cf.* 귀신무늬 벽돌

수렵문전(狩獵文甎) *cf.* 수렵무늬 벽돌
수렵·채집 생활(狩獵·採集生活)
수로도지(水路圖誌)
수로왕릉(首露王陵)
수록해 놓다(收錄-)
수류탄 던지기(手榴彈-) *cf.* 총유탄 쏘기
수류탄(을) 던지다(手榴彈-)
수륙만리(水陸萬里)
수를 가르고 모으기(數-)
수리떡 *cf.* 느티떡, 두텁떡
수리발 *cf.* 오리발, 노루발, 닭발
수리자금(水利資金) *cf.* 사업 자금, 결혼 자금, 영농 자금, 주택 자금
수리 중(修理中) *cf.* 보수 중
수리해 주다(修理-)
수릿날 *cf.* 단옷날, 가윗날, 동짓날, 삼짇날
수 마일(數-)
수마트라 섬
수막현상(水膜現象) *cf.* 자연현상, 전리 현상, 누수 현상, 결로 현상, 황사 현상, 열대야 현상
수만(數萬) *cf.* 몇만, 기천
수만 개(數萬個)
수만 년 동안(數萬年-)
수만 리(數萬里) *cf.* 수백 리
수만 명(數萬名) *cf.* 수백 명
수많은(數-)
수메르 인(-人)
수면 밑(水面-)
수면 아래(水面-)
수면 중(睡眠中) *cf.* 취침 중, 동면 중
수모당하다(受侮當-) *cf.* 당하다
수 모형(數模型) *cf.* 십 모형, 백 모형
수무지개(쌍무지개에서 빛이 선명한 무지개) *cf.* 암무지개
수묵담채화(水墨淡彩畫)
수바늘(繡-) *cf.* 뜨개바늘, 뜨개질바늘, 그물바늘, 시곗바늘, 금긋기 바늘
수박 겉 핥기
수박 겉 핥기식으로(-式-) *cf.* 뜨거운 죽에 혀 대기식으로
수박덩굴 *cf.* 참외덩굴, 오이덩굴, 담쟁이덩굴
수박맛 *cf.* 참외맛, 꿀맛, 물맛, 밥맛
수박빛 *cf.* 치자빛, 살구빛, 버찌빛, 모싯빛, 장밋빛
수박 살 *cf.* 호박 살
수박색(-色)
수박씨 *cf.* 호박씨
수박씨만 하다 *cf.* 만 하다
수밖에 *cf.* 먹을 수밖에, 갈 수밖에, 밖에(조사)
수발들다 *cf.* 시중들다
수방석(繡方席) *cf.* 부들방석, 가시방석
수배당하다(手配當-) *cf.* 당하다
수 배열표(數配列表)
수배우자(-配偶者) *cf.* 암배우자
수배 중(手配中) *cf.* 수색 중
수배해 놓다(手配-)
수백(數百) *cf.* 수천, 수만, 수백만, 수억, 몇백, 기백, 기천
수백 개(數百個) *cf.* 몇백 개, 기백 개
수백 년간(數百年間)
수백 년 내로(數百年內-)
수백 년 동안(數百年-)
수백 년 전(數百年前)/수백 년 후(數百年後)
수백 대 일(數百對一) *cf.* 일대일(수학), 대
수백 리 길(數百里-) *cf.* 십 리 길, 10리 길, 백 리 길, 천 리 길, 배십 리 길, 하룻길
수백만(數百萬) *cf.* 수백, 수천, 수억, 몇백만
수백 명(數百名) *cf.* 수천 명, 몇백 명
수백 배(數百倍) *cf.* 수천 배
수백 번(數百番) *cf.* 수천 번
수백 보(數百步) *cf.* 수천 보
수백 수천만 년(數百數千萬年)
수백억대(數百億臺) *cf.* 몇백억대, 대
수버선(繡-)
수베개(繡-)
수벡터(數-)
수부채장단(水缶-) *cf.* 푸너리장단

수 분 동안(數分-) *cf.* 몇 분 동안, 수 시간 동안, 10분 동안
수비둘기 *cf.* 암비둘기
수비해 오다(守備-)
수빠지다(남에게 약점이 잡히다.) <수빠지는 짓만 한다.> *cf.* 뽕빠지다, 김빠지다, 밑빠지다, 뼈 빠지다
수사 끝에(搜査-) *cf.* 조사 끝에, 검토 끝에
수사납다(數-) *cf.* 감사납다, 꼴사납다, 모양사납다, 비위 사납다
수사돈 *cf.* 암사돈
수사 의문문(修辭疑問文)
수사 중(搜査中) *cf.* 수배 중
수산기값(水酸基-)
수산업자(水産業者) *cf.* 수출업자
수산화구리(水酸化-)
수산화금(水酸化金)
수산화나트륨(水酸化-)
수산화 이온(水酸化-)
수삼차(數三次) *cf.* 차
수상쩍다(殊常-) *cf.* 미심쩍다, 의심쩍다
수상쩍어 보이다(殊常-)
수상쩍어하다(殊常-)
수상해 보이다(殊常-)
수상해져 가다(殊常-)
수선간 길이(垂線間-)
수선 떨다 *cf.* 수다 떨다, 암상 떨다
수선 부리다 *cf.* 수다 부리다, 암상 부리다
수선쟁이
수선전도(首善全圖)
수선 피우다 *cf.* 수선 부리다, 수다 피우다
수선해 주다(修繕-)
수성 가스(水性-) *cf.* 반수성 가스
수 세기(數-)('수를 세기'의 뜻으로)
수 세기 동안(數世紀-) *cf.* 수개월 동안, 몇 세기 동안
수세미외 씨앗
수소 *cf.* 암소
수소가스(水素-) *cf.* 메테인[메탄]가스, 탄산가스
수소문 끝에(搜所聞-)
수소 별(水素-)
수소·산소 연료 전지(水素酸素燃料電池)
수소 이온(水素-)
수소 이온 농도(水素-濃度)
수소 이온 농도 지수(水素-濃度指數, pH)
수소화(水素化)→하이드라이드/수소화
수소화 이온(水素化-)
수속 밟다(手續-)
수속 중(手續中) *cf.* 운송 중
수속해 놓다(手續-)
수송아지 *cf.* 암송아지
수송 중(輸送中) *cf.* 탑승 중
수송해 주다(輸送-)
수수경단(-瓊團)
수수깡놀이 *cf.* 놀이
수수께끼 같다
수수께끼놀이
수수께끼 알아맞히기 놀이
수수 농사(-農事) *cf.* 옥수수 농사, 벼농사
수수돌(금가루가 섞인 돌)
수수목
수수밥 *cf.* 조밥
수수밥덩이 *cf.* 보리밥덩이
수수방관(袖手傍觀)
수수밭 *cf.* 보리밭, 밀밭, 옥수수밭, 조밭
수수밭 이랑 *cf.* 보리밭 이랑, 밭이랑
수수씨 *cf.* 고추씨, 배추씨, 무씨, 시금치씨, 옥수수씨, 해바라기씨, 호박씨, 분꽃 씨, 코스모스 씨, 단풍나무 씨, 도깨비바늘 씨
수수엿 *cf.* 호박엿, 옥수수엿, 좁쌀엿
수수 이삭 *cf.* 벼 이삭, 조 이삭
수수전병(-煎餠)
수수팥떡
수술길(手術-) *cf.* 수출길
수술 끝에(手術-) *cf.* 연구 끝에, 토의 끝에
수술받다(手術-) *cf.* 받다
수술 중(手術中) *cf.* 진찰 중
수술해 주다(手術-)

수숫겨 *cf.* 보릿겨, 쌀겨
수숫단 *cf.* 볏단, 옥수숫단
수숫단자(-團餈)
수숫대 *cf.* 옥수숫대
수숫묵 *cf.* 메밀묵
수숫잎 *cf.* 볏잎, 담뱃잎, 깻잎, 방앗잎, 머윗잎, 마늘잎, 보리잎, 옥수수잎, 율무잎
수숫잎덩이(호미로 길게 김을 맬 때에 생기는 흙덩이)
수숫잎 소리 *cf.* 갈잎 소리, 오동잎 소리
수습기자(修習記者) *cf.* 수습 행정관
수습사원(修習社員) *cf.* 수습 사무관, 수습 변호사
수습해 놓다(收拾-)/수습해 오다(收拾-)
수시력(授時曆) *cf.* 선명력, 이슬람력
수시변통(隨時變通) *cf.* 임시 변통
수시응변(隨時應變) *cf.* 임기응변, 임시변통
수식해 주다(修飾-)
수신호(手信號)
수심가토리(愁心歌-)
수십 개(數十個)
수십 년간(數十年間) *cf.* 몇십 년간
수십 년 동안(數十年-)
수십 년 만에(數十年-) *cf.* 몇십 년 만에, 만
수십 년 전(數十年前)
수십 년 후(數十年後)
수십 리 길(數十里-) *cf.* 십 리 길, 10리 길, 백 리 길, 천 리 길, 하룻길, 백십 리 길
수십만 개(數十萬個)
수십만 명(數十萬名)
수십만 원대(數十萬-臺)
수십만 톤(數十萬-)
수십 번(數十番) *cf.* 몇십 번
수십 번씩(數十番-) *cf.* 씩
수십억대(數十億臺) *cf.* 백억대
수십억 원(數十億-)
수십 종(數十種) *cf.* 몇십 종
수십 차(數十次)
수 싸움 *cf.* 묘수 싸움

수안 분지(遂安盆地) *cf.* 곡산 분지
수압관로(水壓管路)
수양가다(收養-) *cf.* 시집가다, 장가가다, 근친가다, 휴가 가다
수양 대군(首陽大君) *cf.* 양녕 대군, 양원군
수양딸(收養-) *cf.* 수양아들
수양딸 노릇 하다(收養-)
수양딸 삼다(收養-) *cf.* 아들 삼다, 며느리 삼다, 조카며느리 삼다
수양버들(垂楊-)
수양삼아(修養-) *cf.* 고향삼아, 교훈삼아
수양아들(收養-) *cf.* 수양딸
수양아버지(收養-)
수양어머니(收養-)
수양오다(收養-)
수 양제(隋煬帝) *cf.* 당 고조, 당 태종
수어장대(守禦將臺)
수억(數億)
수억 년(數億年) *cf.* 몇억 년
수억대(數億臺)
수억만(數億萬)
수업받다(授業-) *cf.* 받다
수업 시간 중에(授業時間中-)
수업 중(授業中) *cf.* 연구 중
수없는/없이(數-)
수여리(수벌)
수여받다(授與-) *cf.* 받다
수염 나다(鬚髥-) *cf.* 털 나다
수염낭(繡-)
수염뿌리(鬚髥-)
수염자리(鬚髥-)
수영 가다(水泳-)
수영 야유(水營野遊) *cf.* 동래 야유, 동래 들놀음, 수영 들놀음
수온·염분도(水溫鹽分度)(T-S도)
수완 있다(手腕-)
수완 좋다(手腕-)
수요일날(水曜日-) *cf.* 일요일날
수용, 발전시키다(受容, 發展-)

수용액(水溶液)
수용해 놓다(收容-)
수원수구하다(誰怨誰咎-)
수원집(水原-) *cf.* 남원집
수월관음(水月觀音) *cf.* 양류관음, 백의관음
수월놀이
수월래놀이 *cf.* 놀이
수월찮다
수월해져 가다
수위진폭(水位振幅)
수 위치(數位置)
수유기름(茱萸-) *cf.* 동백기름, 삼씨기름, 고추씨기름, 산초기름, 참기름, 들기름
수은단지(水銀-) *cf.* 꿀단지, 부항단지, 고추장단지
수은등(水銀燈) *cf.* 텅스텐등
수은행나무(-銀杏-)
수의 순서 알아보기(數-順序-)
수의 순서 익히기(數-順序-)
수이삭 *cf.* 암이삭
수일간(數日間) *cf.* 며칠 간
수일 내에(數日內-) *cf.* 며칠 내에
수일 동안(數日-) *cf.* 며칠 동안
수일 전에(數日前-) *cf.* 며칠 전에
수일 후에(數日後-) *cf.* 며칠 후에
수 읽기(數-)
수입되어 오다(輸入-)
수입란(收入欄) *cf.* 기재란, 뉴스난, 어린이난
수입 없다/없이(收入-)
수입 좋다(收入-)
수입해 가다(輸入-)
수입해 오다(輸入-)
수입환(輸入換)
수자원(水資源) *cf.* 물 자원
수작 걸다(酬酌-)
수작 떨다(酬酌-) *cf.* 수다 떨다, 수선 떨다
수작 부리다(酬酌-) *cf.* 수다 부리다, 수선 부리다
수작 붙이다(酬酌-)

수저받침 *cf.* 책받침
수절해 오다(守節-)
수점박이(-點-)
수젓집(-箸-) *cf.* 안경집, 벼룻집, 가위집
수정덩어리(水晶-) *cf.* 얼음덩어리, 눈덩어리
수정덩이(水晶-) *cf.* 얼음덩이, 눈덩이, 석횟덩이, 똥덩이
수정 돌기(受精突起)
수정 시계(水晶時計)/수정 시계(修正時計) *cf.* 원자시계, 분자시계, 암모니아시계
수정응시(水晶凝視)(서양 점 보는 방법)
수정하여 나가다(修正-)
수정해 주다(修正-)
수제비 뜨다
수제비죽(-粥) *cf.* 콩죽, 시래기죽
수제천 장단(壽齊天-)
수·조육류(獸·鳥肉類)
수족 같다(手足-)/수족같이(手足-)
수족 놀리다(手足-)
수 좋다(手-)
수주 간(數週間) *cf.* 수일 간, 몇 주 간
수주 내에(數週內-) *cf.* 몇 주 내에
수주 동안(數週-) *cf.* 몇 주 동안
수주 만에(數週-) *cf.* 몇 주 만에, 만
수주머니(繡-)
수 주일(數週日) *cf.* 몇 주일
수주 전에(數週前-) *cf.* 몇 주 전에
수주 후에(數週後-)
수준 낮다(水準-)
수준 높다(水準-)
수준차(水準差) *cf.* 실력차, 능력차
수줍어 보이다
수줍어하다
수중다리
수중익선(水中翼船)
수중총(水中銃)
수증기압(水蒸氣壓) *cf.* 공기압, 유압
수지비누(樹脂-) *cf.* 세숫비누, 화장비누, 팥비누
수지침(手指鍼)

수직 꼬리날개(垂直-)
수직뛰기(垂直-)(기계 체조)
수직선(數直線)
수직선 긋기(垂直線-) *cf.* 평행선 긋기
수직선(을) 긋다(垂直線-)
수직선놀이하기(數直線-)
수직 알아보기(垂直-)
수직이등분되다(垂直二等分-)(수학)
수질 예보(水質豫報) *cf.* 기상 예보, 강수 예보, 단수 예보
수질 오염(水質汚染) *cf.* 대기 오염, 환경오염
수집, 보관하다(蒐/收集,保管-)
수집, 정리하다(蒐/收集,整理-)
수집해 놓다(蒐/收集-)
수집해 오다(蒐/收集-)
수쪽(채권자가 가지는 엄쪽)
수차(數次)
수차례(數次例) *cf.* 몇 차례
수채 물감(水彩-) *cf.* 그림물감
수 채우다(數-)
수채움(數-)/수채움하다(數-)
수챗구멍 *cf.* 단춧구멍, 장붓구멍, 마룻구멍, 옹잇구멍, 개구멍, 쥐구멍, 바늘구멍
수챗물 *cf.* 개숫물
수척해 가다(瘦瘠-)
수척해 보이다(瘦瘠-)
수척해져 가다(瘦瘠-)
수천 개(數千個) *cf.* 몇천 개
수천 그루(數千-)
수천 급(數千級)
수천 년 동안(數千年-) *cf.* 몇천 년 동안
수천 년 전(數千年前)
수천만 명(數千萬名)
수천만 원대(數千萬-臺) *cf.* 몇천만 원대
수천만 원짜리(數千萬-) *cf.* 짜리
수천 수만(數千數萬)
수청들다(守廳-)
수초낚시(水草-) *cf.* 갯바위낚시
수축색(收縮色) *cf.* 후퇴색
수축, 확대되거나/되다(收縮,擴大-)
수출길(輸出-) *cf.* 취업길, 취재길
수출업체(輸出業體) *cf.* 수입업자
수출입(輸出入)
수출입 금융(輸出入金融)
수출입업자(輸出入業者)
수출해 오다(輸出-)
수치레(數-)(좋은 운수를 몸에 받음.)
수치스러워하다(羞恥-)
수 카드(數-)
수캉아지 *cf.* 암캉아지
수코타이파(-派) *cf.* 파
수크라아제(편수 자료)
수키와 *cf.* 암키와
수탁은행(受託銀行) *cf.* 중앙은행, 인수은행, 수탁 법원, 수탁 판매
수탈당하다(收奪-) *cf.* 당하다
수탈해 가다(收奪-)
수탈해 오다(收奪-)
수탉 *cf.* 암탉
수탕나귀 *cf.* 암탕나귀
수톨쩌귀 *cf.* 암톨쩌귀
수통박이(水筒-)
수퇘지 *cf.* 암퇘지
수퉁니 *cf.* 머릿니, 옷엣니
수틀(繡-) *cf.* 자수틀
수틀리다
수틀 메우기(數-) *cf.* 체붙 메우기
수판셈(數板-)
수판알(數板-)
수평 꼬리날개(水平-)
수평뛰기(水平-)(기계 체조)
수평선 긋기(水平線-)
수평선(을) 긋다(水平線-)
수평심기(水平-)
수평아리 *cf.* 암평아리
수평잡기(水平-)
수풍 댐(水豊-) *cf.* 안동 댐, 충주 댐
수학 귀신(數學鬼神)

수학여행(修學旅行) *cf.* 관광 여행, 탐사 여행, 유람 관광
수합해 놓다(收合-)
수해 나다(水害-) *cf.* 홍수 나다
수해당하다(水害當-) *cf.* 당하다
수해 입다(水害-)
수행해 나가다(遂行-)
수행해 내다(遂行-)
수행해 오다(遂行-)
수혈받다(輸血-) *cf.* 받다
수혜균등(受惠均等) *cf.* 기회균등
수혜주(受惠株) *cf.* 공로주, 공모주
수호해 나가다(守護-)
수호해 오다(守護-)
숙달되어 가다(熟達-)
숙달시켜 주다(熟達-)
숙덕공론(-公論)
숙덕숙덕하다
숙련되어 가다(熟練-)
숙마줄(熟麻-) *cf.* 타락줄, 피댓줄, 새끼줄
숙명 같다(宿命-)/숙명같이(宿命-)
숙모님 댁(叔母-宅)
숙박신고(宿泊申告) *cf.* 결석신고, 분실 신고, 입국 신고, 재산 신고
숙박업소(宿泊業所) *cf.* 민박업소
숙성해 보이다(夙成-)
숙신산(-酸)→석신산
숙신이미드→석신이미드
숙여 보다
숙연해 보이다(肅然-)
숙영낭자전(淑英娘子傳)
숙위 학생(宿衛學生)
숙은사위(검무의 춤사위)
숙인 채 *cf.* ㄴ 채, 채(의존 명사)
숙제 다 하다(宿題-) *cf.* 다 하다, 다하다
숙제 로봇(宿題-)
숙제해 놓다(宿題-)
숙종 대왕(肅宗大王)
숙종 비(肅宗妃) *cf.* 태종 비, 정종 비, 인종 비, 인목 대비, 왕비, 태자비, 세자비
숙주나물 *cf.* 콩나물
숙질간(叔姪間) *cf.* 부자간, 조손간
숙청당하다(肅清當-) *cf.* 당하다
숙청해 버리다(肅清-)
-순(順)(접미사) *cf.* 식순, 선착순, 성적순, 연령순, 연대순, 가나다순, 키순
순(純)-(접두사) *cf.* 순금, 순홍색
순(純)(관형사) *cf.* 순 우리말, 순 엉터리, 순 한글 연구 단체
순각반자(楯桷-) *cf.* 우물반자
순간순간(瞬間瞬間)(명사)
순간온수기(瞬間溫水器) *cf.* 태양열 온수기, 순간 살균
순간접착제(瞬間接着劑) *cf.* 강력 접착제, 저력 접착제
순국선열(殉國先烈) *cf.* 애국선열
순국 소녀 유관순 전(殉國少女柳寬順傳)
순국열사(殉國烈士) *cf.* 순국 애국지사
순국의거(殉國義擧)
순기능(順機能) *cf.* 역기능
순꽂이(筍-) *cf.* 가지꽂이
순댓국집 *cf.* 선짓국집, 염폿국, 뭇국, 해장국
순동화량(純同化量)
순되다(順-)(진실하다.)
순례길(巡禮-) *cf.* 답삿길, 취재길, 성묘길
순매도(純賣渡)
순 매입액(純買入額)/순 매출액(純賣出額)
순면직물(純綿織物)
순문학(純文學) *cf.* 잡문학
순물(두부 만들 때에 나오는 물)
순물질(純物質)
순박해 보이다(淳朴-)
순발신관(瞬發信管)
순방길(巡訪-) *cf.* 순례길, 답삿길
순방향 전압(順方向電壓)
순보험료(純保險料)
순복사(純輻射)
순뽕따기(筍-)

순뽕치기(筍-)
순생산량(純生産量) *cf.* 총생산량
순생산액(純生産額) *cf.* 총생산액
순서값(順序-) *cf.* 기댓값, 목푯값, 절댓값, 유횻값, 임계값, 유효값(편수 자료), 정수값
순서대로 카드놓기 놀이(順序-)
순서도 그리기(順序圖-)
순서도(를) 그리다
순서도용 자(順序圖用-)
순서수(順序數)
순서쌍(順序雙)
순서 있다/있이(順序-)
순서에 맞게 카드 늘어놓기 놀이(順序-)
순서 정하기(順序定-)
순소득(純所得)
순손실(純損失)
순손익(純損益)
순손해(純損害) *cf.* 순이익
순수시(純粹詩) *cf.* 목적시
순수주의(純粹主義)
순시값(瞬時-) *cf.* 실수값, 유효값(편수 자료), 정수값, 절댓값, 기댓값, 유횻값, 순싯값(편수 자료 '공업')
순시 나가다(巡視-) *cf.* 순찰 나가다
순시 중(巡視中) *cf.* 훈시 중, 시찰 중
순시차(巡視次) *cf.* 인사차, 차(접미사)
순식간에(瞬息間-)
순 실현 가치(純實現價値)
순외채(純外債)
순 용수량(純用水量)
순 우리말(純-) *cf.* 순 한글 연구 단체
순음악(純音樂) *cf.* 순문학
순응해 오다(順應-)
순이익(純利益) *cf.* 순손해
순이익금(純利益金)
순이자(純利子)
순잎(筍-)(순이 돋아올라 핀 잎)
순자르기(筍-)
순자산(純資産)
순자산액(純資産額)
순 재생산율(純再生産率)
순정 어리다(純情-) *cf.* 애정 어리다
순정이네 반(-班)
순조로워 보이다(順調-)
순조로워져 가다(順調-)
순종해 오다(順從-)
순주정(純酒精)
순중량(純重量)
순지르기(筍-)
순지르다(筍-)
순 지르다(筍-) <담배 -.>
순진무구하다(純眞無垢-)
순진해 보이다(純眞-)
순찰길(巡察-) *cf.* 항해길, 귀가길, 탐사길, 취재길, 등굣길, 답삿길, 하굣길
순찰 나가다(巡察-) *cf.* 순시 나가다
순찰 다니다(巡察-)
순찰 돌다(巡察-)
순찰 중(巡察中) *cf.* 시찰 중
순찰차(巡察車) *cf.* 소방차, 소독차, 사다리차
순찰차(巡察次) *cf.* 시찰차, 차
순치기(筍-)
순(을) 치다(筍-)
순탄해 보이다(順坦-)
순톤수(純-數) *cf.* 톤수, 배수톤수
순하디순하다(順-順-) *cf.* 착하디착하다
순 한글(純-)
순 한글 신문(純-新聞)
순 한글 연구 단체(純-研究團體)
순해 보이다(順-) *cf.* 독해 보이다
순홍색(純紅色) *cf.* 진홍색
순화되어 가다(醇化-)
순환기계(循環器系) *cf.* 내분비계
순회감사(巡廻監查) *cf.* 순회 대사, 순회 심판소, 순회 재판소, 순회 판사
순회강연(巡廻講演)
순회공연(巡廻公演)
순회도서관(巡廻圖書館) *cf.* 이동도서관, 순회

대사, 순회 우체국
순회문고(巡廻文庫) *cf.* 이동문고
순회병원(巡廻病院) *cf.* 이동 병원, 야전 병원, 노인 병원, 아동 병원
숟가락 놓다(죽다) <그는 어제 조용히 숟가락을 놓았다.>
숟가락질 *cf.* 젓가락질
숟가락집 *cf.* 수젓집
숟가락총
-술(術)(접미사) *cf.* 최면술, 총검술
술값 *cf.* 밥값, 떡값
술 걱정 *cf.* 밥걱정, 반찬 걱정, 자식 걱정
술고래
술구기
술구더기
술국 *cf.* 해장국
술국밥
술기운 *cf.* 약기운, 꽃기운, 감기 기운, 몸살 기운
술 깨다
술 끊다 *cf.* 담배 끊다
술난리(-亂離) *cf.* 물난리
술내기 *cf.* 돈내기, 밥내기
술 냄새 *cf.* 흙냄새, 땀 냄새, 풀 냄새, 입 냄새, 술내, 흙내, 땀내, 풀내, 입내
술 냄새 나다 *cf.* 땀 냄새 나다
술 담금액(-液)
술대접(-待接) *cf.* 밥 대접, 음식 대접, 저녁 대접
술도가(-都家)
술독(-毒) *cf.* 쇳독, 똥독
술 들다
술 따라 주다
술 따르다
술래놀이 *cf.* 놀이
술래 되어/되다
술래를 도와 물건 찾아주기 놀이(-物件-)
술래바꾸기놀이 *cf.* 놀이
술래잡기
술래잡기놀이 *cf.* 놀이
술래 잡다
술렁술렁하다
술마당(술잔치가 벌어진 마당) *cf.* 장마당
술 마시다
술맛 *cf.* 밥맛, 입맛, 장맛
술망나니 *cf.* 개망나니
술 먹은 개 <~라니 탓해 무엇하나?>
술밑 *cf.* 춧밑
술바닥(쟁기의)
술밥
술방구리 *cf.* 동방구리, 알방구리
술배 <~ 따로 있고….>
술버릇 *cf.* 말버릇, 입버릇, 잠버릇
술버릇 사납다 *cf.* 말버릇 사납다, 잠버릇 사납다, 눈꼴사납다, 몰골사납다, 볼썽사납다
술벗 *cf.* 말벗, 글벗
술병(-病)
술병(-甁) *cf.* 기름병, 향수병
술비노래
술비소리(풍어 기원 소리)
술빚 *cf.* 글빚, 말빚
술 빚다
술 빚어 놓다
술사발 *cf.* 밥사발
술상머리(-床-) *cf.* 밥상머리
술상 보다(-床-)
술설사(-泄瀉)
술손님
술 시중 *cf.* 병시중, 물시중
술 시중 들다 *cf.* 물시중들다, 시중들다
술심부름 *cf.* 물심부름
술안주(-按酒) *cf.* 밥반찬
술 익다
술자리
술잔(-盞) *cf.* 물잔
술잔거리(-盞-)
술잔 돌리다(-盞-)
술잔치 *cf.* 밥잔치, 말잔치, 빗잔치
술장사 *cf.* 엿장사, 옷 장사, 책 장사, 채소 장사

술장수 *cf.* 엿장수, 옷 장수, 책 장수, 채소 장수
술적심 <이 서방은 찌개 같은 ~이 있어야 밥을 잘 먹는다.>
술좌석(-座席) *cf.* 술자리
술주전자(-酒煎子) *cf.* 물주전자, 찻주전자
술주정(-酒酊)
술주정꾼(-酒酊-)
술주정뱅이(-酒酊-)
술집 *cf.* 살림집, 상밥집, 국숫집, 병술집
술찜
술추렴(-出斂) <한 사람씩 ~을 한다.>
술 취하다(-醉-)
술친구(-親舊) *cf.* 글친구, 잠동무
술타령 *cf.* 돈타령, 밥타령, 책타령, 신세타령, 자진거 타령, 예신 타령
술탐 *cf.* 식탐
술 탓에
술턱
술판→설페인
술 한 잔 하다(-盞-)
술 항아리(-缸-) *cf.* 고추장 항아리
술 향기(-香氣) *cf.* 꽃 향기
숨 가쁘다
숨 거두다
숨겨 가지고 오다
숨겨 놓다
숨겨 두다
숨겨 두었음 직하다
숨겨 들여오다
숨겨 묻다
숨겨 오다
숨겨 주다
숨결 *cf.* 물결, 바람결, 잠결, 귓결, 꿈결, 아침결, 엉겁결, 나뭇결, 무늿결
숨고르기
숨(을) 고르다
숨구멍 *cf.* 콧구멍, 귓구멍, 눈구멍, 털구멍, 땀구멍, 숫구멍
숨기척 *cf.* 손기척
숨긴 채 *cf.* 채
숨김없다/없이
숨김표(-標) *cf.* 드러냄표
숨 끊기다
숨 끊어지다
숨 넘어가다 *cf.* 해 넘어가다
숨 돌리다
숨 돌릴 겨를 없이
숨 돌릴 새 없이
숨 막혀 보이다
숨 막혀 죽다
숨 막히다
숨바꼭질놀이
숨바꼭질하다
숨 붙어 있다
숨소리 *cf.* 말소리, 목소리, 울음소리, 웃음소리, 기침 소리, 신음 소리
숨소리 나다
숨쉬기/숨쉬기하다
숨 쉬다
숨 쉴 사이 없이 *cf.* 쉴 사이 없이
숨 쉴 새 없이 *cf.* 쉴 새 없이
숨어 다니다
숨어들다
숨어 들어가다 *cf.* 스며들어가다
숨어 버리다
숨어 보다
숨어 살다
숨어 있다
숨어 지내다
숨은가기 *cf.* 같이가기
숨은고장식(-裝飾)(건축)
숨은그림/숨은글지
숨은그림찾기
숨은그림(을) 찾다
숨은눈/잠아(潛芽)
숨은말
숨은 물건 찾기 놀이(-物件-)
숨은상침(-上針)

숨은선(-線)
숨은싸움(암투)
숨은열(-熱)
숨은 5도(-五度)
숨은 이야기
숨은자물쇠 *cf.* 맹꽁이자물쇠, 붕어자물쇠
숨은장
숨은장부촉(-鏃)
숨은 정(-情)
숨은 파일
숨은 8도 (-八度)
숨은흠(-欠) <목재나 철재의 ~ 때문에….>
숨자마자 *cf.* 자마자
숨져 가다
숨져 버리다
숨 죽다
숨 죽이다
숨줄 <~이 멋다.>
숨지다
숨진옷(운명할 때 입었던 옷)
숨차다
숨탄것(동물의 총칭)
숨통 끊어지다
숨통 막히다
숨통 조이다
숨 트이다
숨표(-標)
숫-(접두사)(더럽혀지지 않아 깨끗하다는 뜻을 가진) *cf.* 숫백성, 숫처녀
숫-(접두사)(양, 염소, 쥐, 용 앞에 붙여) *cf.* 숫양, 숫염소
숫값(數-)
숫것
숫구멍〔頂門〕
숫국(진솔대로 있는 사람)
숫기 좋다(-氣-)
숫눈길 <아무도 걷지 않은 ~을 걷다.>
숫대집(數-)(산가지로 하는 놀이)
숫돌물 *cf.* 벼룻물
숫돌바퀴 *cf.* 톱니바퀴, 물레바퀴, 수레바퀴
숫되다
숫막지기 *cf.* 지기, 등대지기
숫보기 <~로만 생각하지 마.>
숫사람(거짓이 없는 사람)
숫색시
숫양(-羊)
숫염소
숫용(-龍) *cf.* 뜬용
숫음식(-飮食)
숫자 나타내기(數字-)
숫자놀음(數字-)
숫자놀이(數字-) *cf.* 놀이
숫자면(數字面) <그 사람은 ~에서는 어두운 편이다.>
숫자 면(數字面)(숫자가 있는 면)
숫자 모양 그리기(數字模樣-)
숫자 키(數字-)
숫자판(數字板) *cf.* 문자판
숫자풀이(數字-)
숫쥐 *cf.* 암쥐
숫처녀(-處女)
숫총각(-總角)
숭고해 보이다(崇高-)
숭글숭글(부사)
숭앙받다(崇仰-) *cf.* 받다
숭앙해 오다(崇仰-)
숭어구이 *cf.* 고등어구이
숭어리(꽃이나 열매가 굵게 모여 달린 덩어리) *cf.* 송아리
숭어알 *cf.* 민어알
숭어턱맞춤
숭유 정책(崇儒政策) *cf.* 억불 정책
숯가루 *cf.* 탄가루, 연탄가루, 쇳가루, 횟가루
숯가마
숯검정
숯내 *cf.* 탄내, 흙내
숯내 나다 *cf.* 연탄내 나다
숯다리미 *cf.* 전기 다리미, 스팀 다리미, 증기

다리미, 손다리미
숯덩이처럼 *cf.* 탄덩이, 처럼(조사)
숯 동강이 *cf.* 나무 동강이
숯등걸 *cf.* 나뭇등걸
숯막
숯머리 *cf.* 불머리
숯불 *cf.* 탄불, 잿불, 검부잿불, 겻불
숯불 갈비집
숯불 빛
숯장수(얼굴이 검은 사람) *cf.* 엿 장수, 쌀장수
숲길 *cf.* 산길, 언덕길
숲 바깥
숲 바닥
숲 밖
숲 사이
숲 속/숲 속 나라 *cf.* 물속, 물속 나라
숲 속의 대장간(-間)
숲정이(마을 근처에 있는 숲)
쉬러 가다
쉬러 오다
쉬쉬하다
쉬쉬해 오다
쉬슬다
쉬어 가다
쉬어 넘다
쉬어 버리다
쉬어 빠지다 *cf.* 썩어 빠지다, 닳아 빠지다, 게을러빠지다
쉬어 오다
쉬어읽기 *cf.* 띄어읽기
쉬어 읽다
쉬어 터지다 *cf.* 볼이 터지다
쉬엄쉬엄(부사)
쉬운데다가 *cf.* ㄴ데다가(어미)
쉬운 듯하다 *cf.* 듯하다
쉬우 말
쉬울 텐데 *cf.* ㄹ 텐데, 터(의존 명사)
쉬워 보이다
쉬워하다
쉬이보다 <체구가 작다고 쉬이보지 마.>
쉬이여기다
쉰 길
쉰남은 <~ 사람이 모였다.> *cf.* 여남은
쉰내
쉰내 나다 *cf.* 구린내 나다, 지린내 나다
쉰 목소리
쉰밥
쉴 사이 없다/없이
쉴 새 없다/없이
쉴 틈 없다/쉴 틈 없이
쉼 없이/없다
쉼터 *cf.* 샘터, 빨래터, 절터, 화장터, 나루터, 마전터, 약수터, 왕궁 터, 봉수대 터
쉼표(-標) *cf.* 마침표, 느낌표
슈뇌르켈차(-車)(사다리 소방차)
슈미트선(-線)(식물구계의 경계선)
슈크로스/설탕
슈테른·게를라흐 실험(-實驗)
슈테판·볼츠만(의) 법칙(-法則)
슈테판·볼츠만 상수(-常數)
슈퍼마켓
슈퍼컴퓨터
슐레지안파(-派)(17세기에 독일에서 일어난 문학 운동)
스가랴서(-書) *cf.* 사무엘서
스나이프급(-級) *cf.* 핀급, 드래건급
스냅 달기
스냅(을) 달다
스린치마 <멀누 쪽 ~….>
스릴감(-感) *cf.* 속도감
스릴러극(-劇)
스멀스멀하다
스며 나오다
스며 내려가다
스며들게 하다
스며들다
스며들어가다/스며들어오다
스며들어 있다

스며 배다
스며 있다
스몬병(-病)(의학)
스무 가지
스무고개/스무고개놀이
스무날
스무날비(음력 2월 20일에 오는 비)
스무 마리
스무 살 되던 해
스물네 살
스물여덟 자(-字)
스스럼없다/스스럼없이
스스럼없어 보이다
스스럼없어하다
스승 갈매기
스승 다람쥐
스승의 날 *cf.* 어버이날, 어린이날
스승 찾아주기
스와니 강(-江)
스웰관(-管)
스쳐 가다
스쳐 가 버리다
스쳐보다 <어디에서 스쳐본 얼굴인데….>
스쳐 오다
스쳐 지나가다
스쳐 지나다
스쳤단 말이야 *cf.* 말이다/말이야/말이오
스칠 듯이 *cf.* 듯이
스침견지낚시 *cf.* 흘림낚시, 던질낚시, 갯바위낚시
스칼라곱
스칼라량(-量)→스칼라양 *cf.* 쓰레기양, 먹이양, 벡터양
스칼라좌(-座)
스커트 길이
스커트 자락 *cf.* 코트 자락, 옷자락
스케이터스 왈츠
스케이트날 *cf.* 칼날, 작두날, 면도날, 가윗날
스케이트장(-場)
스케이트 타기
스케이트 타다
스케치북
스케치판(-板)
스코폴리아근(-根)
스콜라학(-學)
스콤브로이드 중독(-中毒)
스크랩북
스크랩북 만들기
스크랩북(을) 만들다
스크린 선수(-線數)
스크린염(-染) *cf.* 파라핀염
스키 들어 옮기기
스키 용품(-用品) *cf.* 등산 용품
스키장(-場)
스키 타기
스키 타다
스키타이 인(-人)
스키핑 스텝
스킬 바늘 *cf.* 시밍 바늘, 재봉 바늘, 뜨개바늘, 시곗바늘, 수바늘, 작대기바늘
스타급(-級) *cf.* 장관급, 페더급
스타디아선(-線)
스테아르산(-酸)
스테아르산 비누(-酸-)
스테아린초(-醋)
스테인드글라스
스테인리스강(-鋼)
스테인리스 칼 *cf.* 쇠칼, 대칼, 나무칼, 종이칼
스토아학파(-學派) *cf.* 에피쿠르스학파, 신헤겔학파, 칸트학파, 강화 학파, 실학 학파
스트레치형(-型)
스트로급(-級) *cf.* 밴텀급, 페더급
스트론튬석(-石)
스티렌→스타이렌
스티로폼→스타이로폼(화학 용어로서는)
스티로폼 공→스타이로폼 공 *cf.* 고무공, 플라스틱 공
스티로폼 도시락→스타이로폼 도시락

스티로폼 접시→스타이로폼 접시
스티로폼 조각→스타이로폼 조각 *cf.* 나뭇조각, 구리 조각, 아연 조각, 유리 조각, 비누 조각
스티로폼 컵→스타이로폼 컵
스파이럴선(-線)
스펀지법(-法)
스펀지철(-鐵)
스펙족(-族) *cf.* 오렌지족
스펙트럼항(-項)
스펙트럼형(-型)
스포츠머리
스포츠 의류 용품(-衣類用品)
스포츠형(-形)
스프레이류(-類)
스프링강(-鋼)
스플라인축(-軸)
스피드광(-狂)
스피커 소리 *cf.* 사이렌 소리
스핀들유(-油) *cf.* 모빌유
스핀 양자수(-量子數)
슬근슬근(부사) <~ 톱질하세.>
슬금슬금(부사)
슬기로워 보이다
슬기주머니 *cf.* 꾀주머니
슬라브족(-族) *cf.* 라틴족, 앵글로색슨족
슬라브주의(-主義) *cf.* 아랍주의
슬럼프값
슬레이트못 *cf.* 대못, 콘크리트못
슬레이트 지붕 *cf.* 초가지붕, 너와지붕
슬루율(-率)
슬립면(-面)
슬릿사(-絲)
슬쩍슬쩍
슬쩍하다(훔쳐 오다) <남의 물건을 슬쩍해 오면 쓰나?>
슬쩍 하다 <장난을 ~.>
슬퍼 보이다
슬퍼하다
슬퍼할까 봐
슬퍼해 오다
슬프다 못해 *cf.* 외치다 못해, 참다못해, 하다 못해, 다 못하다
슬픈 듯하다
슬픔 어린/어리다 *cf.* 눈물 어린, 감격 어린
습격당하다(襲擊當-) *cf.* 당하다
습격받다(襲擊-) *cf.* 받다
습격, 파괴하다(襲擊, 破壞-)
습격해 오다(襲擊-)
습공기표(濕空氣票)
습관 되다(習慣-) *cf.* 모순되다, 반대되다
습관 들다(習慣-)/습관 들이다(習慣-)
습관 들여 놓다(習慣-)
습관화되다(習慣化-)
습기 차다(濕氣-)
습득시켜 주다(習得-)
습득해 놓다(拾得-)
습득해 오다(習得-)
습식로(濕式爐)
승강이질(昇降-)
승강키(昇降-) *cf.* 방향키, 평형키
승격되어 가다(昇格-)
승격시켜 주다(昇格-)
승경도알(陞卿圖-) *cf.* 바둑돌
승계받다(承繼-) *cf.* 받다
승낙받다(承諾-) *cf.* 받다
승낙 없이(承諾-)
승냥이 떼 *cf.* 가마우지 떼, 이리 떼, 오리 떼
승부가리기(勝負-)
승부 걸다(勝負-)
승부 겨루다(勝負-)
승부 나다(勝負-) *cf.* 결판나다
승부차기(勝負-)
승산 없다(勝算-)/승산 있다(勝算-)
승상 댁(丞相宅) *cf.* 장관 댁, 교장 댁
승승장구하다(乘勝長驅-)
승용차 함께 타기(乘用車-)
승인 나다(承認-) *cf.* 허가 나다
승인받다(承認-) *cf.* 받다

승인 없다/없이(承認-)
승인해 주다(承認-)
승자총통(勝字銃筒) *cf.* 현자총통
승진 바람(昇進-) *cf.* 감원 바람
승화시켜 오다(昇華-)
승화시켜 주다(昇華-)
승화열(昇華熱) *cf.* 융해열, 용융열
-시(時)(접미사) *cf.* 발화시, 비상시, 고조시, 저조시, 유사시, 시태양시, 상용시, 황혼시, 필요시, 천문시
-시(視)(접미사) *cf.* 적대시, 백안시
ᵛ시(市) *cf.* 자립도 낮은 시에는
ᵛ시(時)(의존 명사) *cf.* 2시, 3시, 명령을 어길 시에는, 법을 위반할 시에는
평화 시, 전투 시, 긴급 시(표준국어대사전)(명사) <태어난 시가 언제인가?>
시(媤)-(접두사) *cf.* 시어른, 시동생
시(市) *cf.* 특별시, 직할시, 수원시, 의정부시
시가주의(時價主義) *cf.* 저가주의
시가행진(市街行進) *cf.* 가두 행진, 자전거 행진, 도보 행진
시각맞히기놀이(時刻-)
시각전달(視覺傳達) *cf.* 의사 전달, 음성 전달, 의사 전달, 축의금 전달
시각차(視覺差) *cf.* 견해차
시간 가는 줄 모르다(時間-) *cf.* 날 새는 줄 모르다, 줄(의존 명사)
시간 가다(時間-)
시간각(時間角)
시간값(時間-)
시간 걸리다(時間-)
시간관념(時間觀念) *cf.* 고정관념, 도덕관념, 습득관념, 정조 관념
시간권(時間圈)
시간급(時間給) *cf.* 월급, 일급, 주급
시간기록계(時間記錄計)
시간 끌다(時間-)
시간 나는 대로(時間-)
시간 내에(時間內-)
시간당(時間當) *cf.* 당(접미사)
시간따라(時間-) *cf.* 오늘따라, 그 시간따라, 그해 5월따라, 올해따라, 그해따라, 따라(조사)
시간 때우기(時間-)
시간(을) 때우다(時間-)
시간 맞춰 가다(時間-)
시간문제(時間問題) *cf.* 남북문제, 사실문제, 교육 문제, 노인 문제, 통일 문제
시간 벌기(時間-)
시간 벌다(時間-)
시간 보내다(時間-)
시간 부사(時間副詞) *cf.* 처소 부사, 지시 부사
시간 뺄셈하기(時間-)
시간셈(時間-)
시간 수(時間數) *cf.* 학생 수, 글자 수, 인원 수, 정족수
시간시간마다(時間時間-) *cf.* 마다(조사)
시간 알아보기(時間-)
시간 외에(時間外-)
시간의 덧셈 알아보기(時間-)
시간의 뺄셈 알아보기(時間-)
시간 있는 대로(時間-) *cf.* 대로
시간제한(時間制限) *cf.* 자격 제한, 입찰 제한, 연령 제한
시간 지켜 주다(時間-)
시간 지키기(時間-)
시간(을) 지키다(時間-)
시간차 공격(時間差攻擊)
시간 표현(時間表現)
시건방져 보이다
시건장치(施鍵裝置) *cf.* 안전장치, 집진장치, 가속 장치, 감압 장치, 개폐 장치
시겟금
시겟돈(시장에서 파는 곡식의 값으로 받는 돈)
시겟장수
시경(時頃) *cf.* 5시경, 6시경, 경(접미사)
시계놀이(時計-)
시계 반대 방향(時計反對方向) *cf.* 반시계 방향, 시계 방향

시계 보기(時計-)
시계불알(時計-) *cf.* 시계추
시계 소리(時計-) *cf.* 벨 소리, 나팔 소리
시계열(時系列)
시계열론(時系列論)
시계자리(時計-)
시계 접시(時計-) *cf.* 증발 접시
시계추(時計錘) *cf.* 시계불알
시계탑(時計塔) *cf.* 광고탑, 선전탑
시계태엽(時計胎葉)
시곗바늘(時計-) *cf.* 주삿바늘, 뜨개질바늘, 돗바늘, 니침빈 바늘, 금긋기 바늘
시곗줄(時計-) *cf.* 줄넘기줄, 고무줄
시고모부(媤姑母夫)
시골 가는 길/시골 가다
시골고라니(어리석고 고집 센 시골 사람)
시골구석 *cf.* 촌구석, 방구석, 집구석
시골길 *cf.* 들길, 산길
시골 나들이 길 *cf.* 나들잇길, 항해길, 퇴근길, 성묘길, 취재길
시골내기
시골 놈 *cf.* 서울 놈, 도회 놈, 두멧놈
시골 다녀오다
시골 동네
시골뜨기 *cf.* 촌뜨기, 서울내기
시골말 *cf.* 서울말, 고장말
시골 사람 *cf.* 도회 사람, 섬사람, 뭍사람, 바닷사람, 누행사람
시골 역(-驛)
시골 오다
시골쥐 *cf.* 서울쥐
시골집 *cf.* 서울 집, 고향 집
시골티 *cf.* 촌티, 나이티, 소녀티, 처녀티, 귀티, 선생티, 학생 티, 군인 티
시골티 나다 *cf.* 촌티 나다
시골풍(-風) *cf.* 도회풍
시골 할머니
시골 할아버지 댁(-宅)
시공간(視空間)
시·공간(時·空間)
시공기면(施工基面)
시공 중(施工中) *cf.* 설계 중
시공해 주다(施工-)
시구어테라 중독(-中毒)
시궁창 속에
시금치나물 *cf.* 숙주나물, 콩나물
시금치밭 *cf.* 배추밭, 무밭, 옥수수밭
시금치쌈
시금치토장국(-醬-)
시금칫국 *cf.* 동탯국, 뭇국, 배춧국, 북엇국
C급 *cf.* A급, B급, D급
시급해 보이다(時急-)
시기상조(時機尙早)
시기해 오다(猜忌-)
시끄러운 음(-音)
시끄러워져 가다
시끄러워하다
시끌벅적하다
시끌시끌하다
시끌시끌해지다
시내낚시 *cf.* 여울낚시, 바다낚시, 갯바위낚시
시냅스 틈
시냇가 *cf.* 호숫가, 바닷가, 부둣가, 우물가
시냇물 *cf.* 호숫물, 바닷물, 개천물
시냇물 소리 *cf.* 물소리, 바람 소리
시누스샘(갑각류의 눈자루에 있는 내분비선)
시누이올케
시늉 내다 *cf.* 흉내 내다
시늉말 *cf.* 흉내말, 홀로말, 서로말
시님장단
시 단위(時單位) *cf.* 초 단위, 분 단위
시달려 오다
시달리다 못해 *cf.* 슬프다 못해, 견디다 못해
시달리다시피 하다 *cf.* 다시피
시달해 놓다(示達-)
시답잖다/시답잖아하다
시대든지 간에(時代-間) <어느 ~….>
시대병(時代病)

시대사상(時代思想) cf. 시대정신, 사회사상, 민본 사상, 문학 사상
시대사조(時代思潮)
시대이니만치(時代-) cf. 이니만치, 이니만큼
시대정신(時代精神) cf. 세계정신, 자유정신, 도전 정신, 문학 정신
시대착오(時代錯誤) cf. 시행착오
시대폐색(時代閉塞)
시·도(市·道)
시·도 간(市·道間) <~의 인구 이동>
시도 때도 없이(時-)
시·도청(市·道廳)
시도해 보다(試圖-)
시동 걸다(始動-)
시동 끄다(始動-)
시들기 전에(-前-)
시들병(-病) cf. 어질병, 잎말이병
시들부들
시들시들해 보이다
시들어 가다
시들어 버리다
시들어 보이다
시들어져 가다
시들어 죽다
시들해 보이다
시들해져 가다
시듦병(-病) cf. 시들병
시듦점(-點)
시디시다 cf. 짜디짜다, 쓰디쓰다
시래기죽(-粥) cf. 보리죽, 깨죽
시래깃국 cf. 동탯국, 뭇국, 배춧국, 북엇국
시러베아들/시러베아들놈
시러베장단 cf. 푸너리장단
시려 오다 <손이 ~.>
시련당하다(試鍊當-) cf. 당하다
시련받다(試鍊-) cf. 받다
시련받아 오다(試鍊-)
시련 주다(試鍊-)
시료환자(試料患者) cf. 연구 환자
시루떡
시룻밑
시룻방석(-方席) cf. 맷방석
시룻번
시르다리야 강(-江)
시르죽다 <시르죽은 이같이….>
시름시름(부사)
시름없다
시먼즈병(-病)(내분비 질환)
시멘트길 cf. 아스팔트길
시멘트 모르타르
시멘트 모르타르 바르기
시멘트 바닥 cf. 땅바닥, 방바닥, 흙바닥
시멘트 벽돌(-甓-) cf. 흙벽돌, 유리벽돌
시멘트 부대(-負袋) cf. 쌀부대, 소금 부대
시멘트질(-質) cf. 에나멜질, 상아질
시멘트 차(-車) cf. 밀가루 차, 쓰레기차, 물차, 소방차, 지게차, 유조차
시멘트 풀
시묘살이(侍墓-) cf. 시집살이, 처가살이
시무룩해 보이다
시무 28조(時務二八條)
시민극(市民劇)
시민대회(市民大會) cf. 군중대회, 군민 대회, 도민 대회, 체육 대회, 글짓기 대회
시민들 간에(市民-間-)
시민운동(市民運動) cf. 국민운동, 여성 운동, 의화단 운동, 편모 운동, 농민 운동
시민전쟁(市民戰爭)
시민혁명(市民革命) cf. 명예혁명, 민주주의 혁명, 문자 혁명, 산업 혁명
시밍 바늘 cf. 스킬 바늘, 돗바늘, 뜨개바늘
시반지름(視半-)
시범학교(示範學校) cf. 연구학교, 직할 학교
시분할(時分割)
시비 가리다(是非-)
시비 걸다(是非-)
시비 걸어 오다(是非-)
시비곡절(是非曲折)

시비 끝에(是非-)
시비해 오다(是非-)
시빗거리 *cf.* 화젯거리, 이야깃거리, 말썽거리
시뻘게지다 *cf.* 새빨개지다
시뿌예지다
시사만평(時事漫評) *cf.* 정치 만평, 경제 만평, 사회 만평
시사만화(時事漫畫) *cf.* 학습 만화, 주간 만평, 월간 만평
시사받다(示唆-)
시사용어(時事用語) *cf.* 경제 용어, 기계 용어, 문학 용어
시사터(試射-) *cf.* 활터, 빨래터, 나루터, 화장터, 원각사 터
시사해 주다(示唆-)
시삼촌(媤三寸) *cf.* 시당숙
시상수(時常數)
시·서·화(詩·書·畫)
시선 끌다(視線-) *cf.* 관심 끌다
시선 모으기(視線-)
시선(을) 모으다(視線-)
시설 좋다(施設-)
시설해 놓다(施設-)
시성분석(示性分析) *cf.* 성분 분석, 심리 분석, 원인 분석, 자료 분석, 내용 분석, 시장 분석, 정성 분석, 정량 분석
시세포(視細胞)
시셋값(市勢-) *cf.* 도맷값, 소맷값
시소놀이
시속(時速) *cf.* 분속, 초속
시스선(-線)(액체 가열에 쓰는 발열체)
시시각각으로(時時刻刻-)
시시껄렁하나
시시껄렁해 보이다
시시때때로(時時-)(부사)
시시비비(是是非非)
시시콜콜하다
시시콜콜히(부사)
시시풍덩하다
시시해 보이다
시시해져 가다
시신경(視神經) *cf.* 청신경
시신경염(視神經炎)
시아버지 도깨비(媤-)
시아주버니(媤-)
시아파(-派) *cf.* 수니파
시안산(-酸)→사이안산
시안화(-化-)→사이아나이드/사이안화
시안화메틸(-化-)→사이안화메틸
시안화물(-化物)→사이안화물
시안화 이온(-化-)→사이안화 이온
시안화페닐(-化-)→사이안화페닐
시앗 보다 *cf.* 며느리 보다, 자식 보다
시약병(試藥甁)
시약포지(試藥包紙) *cf.* 시약 포장지
시어머니 도깨비(媤-)
시어 빠지다
시오 리 길(十五里-) *cf.* 십 리 길, 10리 길, 백 리 길, 100리 길, 천 리 길, 만 리 길, 하룻길
시온 산(-山)
시외버스(市外-) *cf.* 시내버스, 마을버스
시원섭섭하다/시원섭섭해하다
시원스러워 보이다
시원스러워하다
시원찮아 보이다
시원치 않다 *cf.* 심심치 않다, 대단치 않다
시원해 보이다
시원해하다
시위 나다(큰물이 나다.) *cf.* 홍수 나다
시위 소리(侍衛-)
시위운동(示威運動) *cf.* 만세 운동
시위잠(활시위처럼 웅크리고 자는 잠) *cf.* 새우잠, 노루잠, 토끼잠
시위 중(示威中) *cf.* 항의 중
시위치(視位置)
시위행진(示威行進) *cf.* 시가행진, 가두 행진, 자전거 행진, 데모 행진, 도보 행진

시·읍·면장(市·邑·面長)
시의원(市議員) cf. 구의원, 도의원
시의적절하다(時宜適切-)
시의회(市議會) cf. 구의회, 도의회
시인거리(是認距離) cf. 명시 거리, 제동 거리, 초점 거리
시인해 버리다(是認-)
시일야방성대곡(是日也放聲大哭)
시작되자마자(始作-) cf. 자마자
시작된 지 하루 만에(始作-) cf. 씨앗을 뿌린 지 열흘 만에, 지, 만(의존 명사)
시작매듭(始作-) cf. 끝매듭
시작종(始作鐘) <~이 울려 수업이 시작되었다.>
시작하자마자(始作-) cf. 자마자
시작해 보다(始作-)
시장 가는 길에(市場-) cf. 학교 가는 길에
시장길(市場-) cf. 등굣길, 학굣길, 성묘길
시장 노릇 하다(市長-) cf. 사장 노릇 하다
시장바구니(市場-) cf. 장바구니
시장 바닥(市場-) cf. 길바닥, 장바닥
시장 보다(市場-) cf. 장 보다
시장에서조차도(市場-) cf. 조차(조사)
시장이야말로(市場-) cf. 야말로(어미)
시장조(-長調) cf. 바장조
시잿돈(時在-) cf. 시겟돈
시전 상인(市廛商人)
시절 좋아/좋은/좋다(時節-)
시접 꺾기
시접(을) 꺾다
시접분
시정되어 가다(是正-)
시정신(詩精神)
시정해 나가다(是正-)
시정해 주다(是正-)
시제 때(時祭-)
시제 지내다(時祭-) cf. 제사 지내다, 장사 지내다, 차례 지내다
시조놀이(時調-)
시조유취(時調類聚)
시조 장단(時調-) cf. 노랫가락 장단
시조 짓기(時調-)
시조(를) 짓다(時調-)
시종일관(始終一貫)
시줏돈(施主-) cf. 주머닛돈, 여윳돈, 쌈짓돈, 곗돈, 시겟돈, 시잿돈
시중들다
시중들어 주다
시중해 주다
시지름(視-)
시집가다(媤-) cf. 장가가다, 근친 가다
시집가 버리다(媤-)
시집보내기(媤-) <대추나무 ~> cf. 나무시집보내기
시집보내다(媤-) cf. 장가보내다
시집살이(媤-) cf. 처가살이, 살이
시집살이하다(媤-)
시집오다(媤-) cf. 시집가다
시 짓기(詩-)
시 짓기 놀이(詩-)
시(를) 짓다(詩-)
시차출근제(時差出勤制) cf. 정시 출근제
시찰 가다(視察-) cf. 견학 가다
시찰 나가다(視察-) cf. 견학 나가다
시찰 다녀오다(視察-) cf. 견학 다녀오다
시찰 다니다(視察-) cf. 견학 다니다
시찰 오다(視察-) cf. 견학 오다
시청측에(市廳側-)
시체더미(屍體-) cf. 흙더미, 잿더미, 퇴비더미
시쳇말(時體-) cf. 요샛말, 머리말, 예사말, 공대말, 인사말
시치고는(時-) cf. 치고
시치미 떼다
시침 떼다
시침바느질
시침바늘 cf. 돗바늘, 잔바늘
시침실
시침질하기
시침 핀 cf. 머리핀, 옷핀, 장식 핀

시카고파(-派)
시카고·피츠버그 지역(-地域)
시카고학파(-學派) *cf.* 옥스퍼드학파, 프라하학파
시켜 가다
시켜 가지고 가다/오다
시켜 나가다
시켜 놓다
시켜 드리다
시켜 먹다 <요리를 ~.>
시켜 버리다
시켜 보내다
시켜 보다 <일을 ~.>
시켜 오다
시켜 주다
시켰단 말이냐 *cf.* 말이다/말이야/말이오
시크족(-族)
시큰둥해 보이다
시큰둥해하다
시클로프로판→사이클로프로페인
시클로헥센→사이클로헥세인
시큼시큼하다
시키는 대로 *cf.* 대로
-시키다(접미사) *cf.* 운동~, 구경~
시태양시(視太陽時)
시태양일(視太陽日)
시테크(時-) *cf.* 재테크
시틋머리 터지다 *cf.* 머리 터지다
시판 중(市販中) *cf.* 판매 중
시판해 오다(市販-)
시한 내에(時限內-)
시한장치(時限裝置) *cf.* 기밀장치, 가속 장치, 개폐 장치, 기폭 장치, 녹음 장치
시한폭탄(時限爆彈)
시할머니(媤-)
시할아버지(媤-)
시행돼 오다(施行-)
시행 중(施行中) *cf.* 실시 중
시행착오(施行錯誤)
시행착오 학습(試行錯誤學習)
시행해 나가다(施行-)
시행해 보다(施行-)
시행해 오나(施行-)
시험공부(試驗工夫) *cf.* 고시 공부, 입시 공부, 수학 공부, 수능 공부
시험관대(試驗管臺)
시험관솔(試驗管-) *cf.* 세척솔, 구둣솔, 면솔
시험관 집게(試驗管-) *cf.* 도가니 집게, 핀치 집게, 뷰렛 집게, 연탄집게, 빨래집게
시험당하다(試驗當-) *cf.* 당하다
시험 때(試驗-)
시험뜨기(試驗-)(뜨개질)
시험 보다(試驗-)/시험 치다(試驗-)
시험삼아(試驗-) *cf.* 공부삼아, 실습삼아, 실험삼아, 연습삼아, 장난삼아, 훈련삼아
시험 예(試驗例)
시험지옥(試驗地獄) *cf.* 교통지옥, 입시 지옥
시험 치다(試驗-)
시험 치르다(試驗-)
시험편(試驗片)
시험해 보다(試驗-)
시호통신(視號通信) *cf.* 전언 통신, 정보 통신, 수기 신호
-식(式)(접미사) *cf.* 동양식, 서양식, 우리식
식구들 간에(食口-間-)
식구 수(食口數) *cf.* 학생 수, 가구 수
식단 짜기(食單-)
식단(을) 짜다(食單-)
식당 쪽에(食堂-)
식당차(食堂車) *cf.* 침대차, 소방차, 구급차
식량난(食糧難) *cf.* 인력난, 인재난
식료품상(食料品商)
식 만들기(式-)
식(을) 만들다(式-)
식모 살다(食母-) *cf.* 머슴 살다
식모살이(食母-) *cf.* 남의집살이, 시집살이
식모아이(食母-)
식목도감(式目都監)

식문화(食文化)
식물 가꾸기(植物-)
식물(을) 가꾸다(植物-)
식물도감(植物圖鑑) *cf.* 동물도감, 나비 도감, 어류 도감, 곤충 도감, 포유동물 도감
식물무늬(植物-)
식물병학(植物病學)
식물인간(植物人間)
식물 철학(植物哲學) *cf.* 과학 철학, 역사 철학, 교육 철학
식물학자(植物學者)
식민사(植民史)
식민사관(植民史觀) *cf.* 민족사관, 황국사관
식민지화되다(植民地化-)/식민지화하다
식변광성(蝕/食變光星)
식별해 내다(識別-)
식사 때에(食事-)
식사 중(食事中) *cf.* 취침 중
식생활(食生活) *cf.* 의생활, 주생활
식생활 용품(食生活用品)
식세포(食細胞)
식수 길(食水-) <~, 뱃길 분리>
식수조림(植樹造林) *cf.* 인공조림, 천연 조림
식쌍성(蝕/食雙星)
식어 가다
식어 버리다
식용 개구리/식용 달팽이(食用-)
식은땀 *cf.* 진땀
식은땀 나다 *cf.* 진땀 나다, 땀나다
식은땀 흘리다 *cf.* 땀 흘리다
식은밥 <~ 신세가 되었다.>
식은 밥 <차갑게 ~….>
식은죽(-粥)
식은죽먹기(-粥-)
식전꼭두(食前-)
식전바람에(食前-) *cf.* 꼭두새벽바람에, 동저고릿바람에
식전잠(食前-) *cf.* 새벽잠, 아침잠
식중독(食中毒)
식칼(食-) *cf.* 부엌칼, 해부칼, 도련칼, 회칼
식탁받침(食卓-) *cf.* 책받침, 화분받침
식탁보(食卓褓) *cf.* 이불보, 책보
식혀 주다
식혯밥(食醯-) *cf.* 고두밥, 지에밥
신(新)-(접두사) *cf.* 신도시, 신학문, 신천지
신(新)$^{\vee}$(관형사) *cf.* 신 캠퍼스, 신 어머니회장, 신 교육과정
신감각파(新感覺派)
신 같다(神-) *cf.* 귀신같다
신 것 *cf.* 단 것, 짠 것. '초'의 경우는 '단것'
신겨 주다
신경과민증(神經過敏症) *cf.* 약물 과민증, 자극과민증, 광과민성
신경독(神經毒)
신경발림(악곡)
신경 쓰다(神經-)
신경 쓰이다(神經-)
신경외과(神經外科)
신경질 나다(神經質-) *cf.* 화나다
신경질 내다(神經質-) *cf.* 화내다
신경질 부리다(神經質-)
신경질쟁이(神經質-)
신경향파(新傾向派)
신계 분지(新溪盆地)
신고 가다 <신을 ~.>
신고 다니다 <신을 ~.>
신고립주의(新孤立主義)
신고받다(申告-)
신고산타령(新高山-) *cf.* 오봉산타령
신고전주의(新古典主義)
신고전학파(新古典學派)
신고해 버리다(申告-)
신고해 오다(申告-)
신골방망이 *cf.* 빨랫방망이, 야구방망이
신교육(新敎育) *cf.* 구교육
신 교육과정(新敎育課程) *cf.* 구 교육과정
신·구교의 싸움(新·舊敎-)
신·구법(新·舊法)

신구사상(新舊思想)
신구학문(新舊學問)
신극사상(新劇史上)
신금속(新金屬)
신기로워 보이다(神奇-)
신기로워하다(神奇-)
신기료장수 *cf.* 신길리장수
신기원(新紀元)
신기하다는 듯이(神奇-) *cf.* 듯이
신기한 듯이(神奇-) *cf.* 듯이
신기해 보이다(神奇-)
신기해하다(神奇-)
신 나다 *cf.* 화나다, 성나다, 신명 나다, 신바람 나다
신날
신낭만주의(新浪漫主義)
신 내리다(神-)
신념인 양(信念-) *cf.* ㄴ 양, 양(의존 명사)
신놀이장단(神-)
신농씨(神農氏) *cf.* 복희씨, 씨
신농약(新農藥)
신다윈설(新-說)
신답풀이(新畓-) *cf.* 논풀이
신대륙(新大陸)
신데렐라찾기놀이
신도시(新都市)
신동맥(腎動脈)
신들리다/신들린 듯이 *cf.* 듯이, 신 내리다
신들림(神-)
신떨음(신이 나는 대로 실컷 함.)
신라 때(新羅-) *cf.* 고려 때
신라마르크스설(新-說)
신라말(新羅-)
신라 말(新羅末) *cf.* 고려 말
신라방(新羅坊)
신라 사람(新羅-) *cf.* 고구려 사람
신라악(新羅樂)
신라어(新羅語)
신라 적(新羅-) *cf.* 고려 적, 아이 적, 소싯적
신라 초(新羅初) *cf.* 고려 초, 조선 초
신랑각시놀음(新郎-)
신랑감(新郎-) *cf.* 신붓감, 치맛감, 횟감, 안줏감, 뜨개질감, 구경감
신랑바위(新郎-) *cf.* 촛대바위, 사자바위
신랑 삼아(新郎-) <○○일랑 색시 삼고 ○○일랑 ~….>
신랑 신부 집(新郎新婦-) *cf.* 신부집
신뢰받다(信賴-) *cf.* 받다
신뢰성 있다(信賴性-)
신뢰해 오다(信賴-)
신뢰해 주다(信賴-)
신맛 *cf.* 단맛, 짠맛, 쓴맛, 매운맛, 떫은 맛
신맛 나다 *cf.* 맛나다
신맬서스주의(新-主義)
신명 나다 *cf.* 신바람 나다
신명 내다 *cf.* 신바람 내다
신명지다
신명풀이 *cf.* 살풀이, 화풀이
신문꽂이(新聞-) *cf.* 책꽂이, 연필꽂이
신문 꾸미기(新聞-)
신문(을) 꾸미다(新聞-)
신문명(新文明)
신문명어(新文明語)
신문물(新文物)
신문지상(新聞紙上)
신문학(新文學)
신문화 운동(新文化運動)
신물 *cf.* 단물
신물 나다 *cf.* 단물나다
신미양요(辛未洋擾)
신민법(新民法)
신 밑 *cf.* 구두 밑
신바닥 *cf.* 발바닥, 땅바닥, 방바닥
신바람 *cf.* 어깻바람, 흙바람
신바람 나다 *cf.* 신명 나다, 신물 나다
신바로크(新-)
신발 가게 *cf.* 구두 가게, 고무신 가게
신발끈 *cf.* 구두끈, 들메끈, 운동화 끈, 군화

끈, 등산화 끈
신발명(新發明)
신발 벗다 *cf.* 양말 벗다
신발 신다 *cf.* 양말 신다, 신발코
신발주머니 *cf.* 신주머니, 목욕주머니, 얼음주머니, 디스켓 주머니
신발코
신방엿보기(新房-)(민속)
신 벗다
신부전증(腎不全症) *cf.* 간부전증, 심부전증
신부집(新婦-) *cf.* 신랑집
신분증명서(身分證明書) *cf.* 재산세 납부 증명서
신붓감(新婦-) *cf.* 신랑감, 사윗감, 혼숫감, 다듬잇감, 빨랫감, 바느질감
신비덩어리(神祕-) *cf.* 화근덩어리, 땅덩어리
신비스러워 보이다(神祕-)
신비스러워하다(神祕-)
신비주의(神祕主義)
신비판주의(新批判主義)
신사다워 보이다(紳士-)
신사복 차림(紳士服-) *cf.* 한복 차림, 양복 차림, 군복 차림, 운동복 차림
신사상(新思想) *cf.* 구사상
신사실주의(新寫實主義)
신사 유람단(紳士遊覽團)(조사 시찰단)
신사임당(申師任堂)
신사조(新思潮)
신사 참배(神社參拜)
신사협정(紳士協定)
신상명세서(身上明細書) *cf.* 거래 명세서, 재산명세서
신상필벌(信賞必罰)
신생기론(新生氣論)
신생명(新生命)
신생아기(新生兒期)
신생활(新生活)
신서적(新書籍) *cf.* 고서적
신석기(新石器) *cf.* 구석기
신석기 시대(新石器時代) *cf.* 구석기 시대
신석기인(新石器人) *cf.* 구석기인
신석기 혁명(新石器革命) *cf.* 녹색 혁명, 산업혁명
신선 같다(神仙-)/신선같이(神仙-)
신선놀음(神仙-) *cf.* 놀음
신선로 모양 굽그릇(神仙爐模樣-)
신선해 보이다(新鮮-)
신설해 놓다(新設-)
신성불가침(神聖不可侵) *cf.* 상호 불가침
신성시하다(神聖視-)
신성시해 오다(神聖視-)
신성해 보이다(神聖-)
신세계 교향곡(新世界交響曲)
신세 끼치다(身世-)
신세대(新世代) *cf.* 구세대
신세 지다(身世-)
신세타령(身世-) *cf.* 돈타령, 술타령
신세타령하다(身世-)
신소리 <구경꾼은 ~를 들으며 웃었다.>
신소리(신을 신고 걸을 때에 나는 소리)
신소설(新小說)
신소재(新所材)
신속, 안전, 정확하게/하다(迅速, 安全, 正確-)
신수 좋은/좋다(身手-)
신수 훤하다(身手-)
신시조(新時調)
신식민주의(新植民主義)
신 신다 *cf.* 구두 신다
신신당부하다(申申當付-)
신신당부해 놓다(申申當付-)
신실재론(新實在論)
신실해 보이다(信實-)
신심리주의(新心理主義)
신아리랑(新-)
신안상인(新案商人)(중국 명나라 말부터 청나라 초기에 활동하던 안후이 성 출신 상인) *cf.* 개성상인, 강경상인
신앙생활(信仰生活) *cf.* 전원생활, 집단생활, 종교 생활, 은거 생활

신앙화되다/신앙화하다(信仰化-)
신약 성서(新約聖書) *cf.* 구약 성서
신어 보다
신여성(新女性) *cf.* 구여성
신역사학파(新歷史學派) *cf.* 역사학파, 신칸트 학파, 이용후생 학파
신열대구(新熱帶區)
신예술(新藝術)
신용 없다(信用-)/신용 있다(信用-)
신용 없어 보이다(信用-)
신용 있어 보이다(信用-)
신용해 오다(信用-)
신운명(新運命)
신원소(新元素)
신월리스신(新-線)(생물 분포 경계선)
신유박해(辛酉迫害)
신유사옥(辛酉邪獄)
신유학(新儒學)
신음 소리(呻吟-) *cf.* 고함 소리, 박수 소리, 아우성 소리, 울음소리, 웃음소리, 숨소리
신음해 오다(呻吟-)
신의 없다/없이(信義-)
신의주평야(新義州平野) *cf.* 나주평야
신이상주의(新理想主義)
신인도주의(新人道主義)
신인문주의(新人文主義)
신인상주의(新印象主義)
신인왕(新人王) *cf.* 타격왕
신인왕전(新人王戰)
신임받다(信任-) *cf.* 받다
신임받아 오다(信任-)
신임해 오다(信任-)
신임해 주다(信任-)
신입생 수(新入生數) *cf.* 학생 수, 학교 수
신입자(新粒子)
신자 된 도리(信者-道理) *cf.* 어버이 된 도리
신자유주의(新自由主義)
신장(-欌)
신장개업(新裝開業)
신장거리(神將-)(무당의 굿거리) *cf.* 거리
신장되어 가다(伸張-)
신장시켜 나가다(伸張-)
신장시켜 주다(伸張-)
신접살림(新接-) *cf.* 신혼살림
신접살이(新接-)/신접살이하다(新接-)
신정맥(腎靜脈) *cf.* 간정맥
신정보(新情報)
신정부(新政府)
신제도(新制度) *cf.* 구제도
신제3기(新第三紀)
신조형주의(新造形主義)
신주머니 *cf.* 돈주머니, 귀주머니, 두루주머니, 속주머니, 바지주머니, 신발주머니, 목욕주머니, 얼음주머니, 위문 주머니
신주싸움(神主-)(민속)
신주치레(神主-) *cf.* 사당치레
신줏단지(神主-) *cf.* 조상단지
신중상주의(新重商主義)
신중해 보이다(愼重-)
신지식(新知識)
신 지피다(神-)(신이 내리다.)
신진 사대부(新進士大夫)
신짚 *cf.* 잇짚, 보릿짚, 볏짚, 밀짚, 조짚
신찐줄(베틀 신끈)
신천지(新天地)
신청 받다(申請-)
신청부같다(사소한 일을 돌볼 여유가 없다.)(마음에 차지 않다.) <신청부같게 여기지 마라.>
신청해 놓다(申請-)
신청해 주다(申請-)
신체 검사 날(身體檢査-)
신체 부위 치기 놀이(身體部位-)
신체시(新體詩) *cf.* 현대시
신체장애자(身體障礙者) *cf.* 정신 장애자, 운동 장애자, 심신 장애자, 파산 장애
신체적성(身體適性) *cf.* 업무 적성, 근무 적성
신체적, 정신적 손상(身體的, 精神的損傷)
신체제(新體制) *cf.* 구체제

신체형(身體刑) *cf.* 벌금형, 금고형, 사회봉사명령
신축·임인년(辛丑·壬寅年)
신축자재(伸縮自在)
신축 중(新築中) *cf.* 건축 중
신축해 놓다(新築-)
신춘문예(新春文藝)
신출귀몰(神出鬼沒)
신출내기(新出-) *cf.* 서울내기, 시골내기, 풋내기, 잔풀내기
신칸트학파(-學派) *cf.* 칸트학파, 역사학파, 강화 학파, 이용후생 학파
신칼돌림(무당춤의 춤사위)
신칼춤(神-)(무당춤)
신탁업법(信託業法)
신통스러워 보이다(神通-)
신통찮아 보이다(神通-)
신통해하다(神通-)
신파극(新派劇)
신페인당(新-黨)
신편제종교장총록(新編諸宗教藏總錄)
신품 사현(神品四賢)
신프로이트파(新-派) *cf.* 파
신플라톤학파(-學派) *cf.* 학파
신피타고라스학파(-學派) *cf.* 학파
신학기(新學期)
신해혁명(辛亥革命)
신행길(新行-)
신행동주의(新行動主義)
신헤겔주의(新-主義)
신헤겔학파(-學派) *cf.* 학파
신호나팔(信號喇叭) *cf.* 기상나팔, 취침나팔, 진격 나팔, 퇴각 나팔
신호 대 잡음비(信號對雜音比)
신호등(信號燈)
신호등 지키기(信號燈-)
신호삼아(信號-) *cf.* 거울삼아, 놀이삼아
신호종(信號鐘)
신호총(信號銃) *cf.* 사냥총, 고무총
신호총 소리(信號銃-) *cf.* 호각 소리, 총소리
신호해 주다(信號-)
신혼부부(新婚夫婦) *cf.* 노인 부부, 중년 부부, 별거 부부
신혼살림(新婚-) *cf.* 신접살림
신혼살림 나다(新婚-) *cf.* 새살림 나다, 살림 나다
신혼살림하다(新婚-)
신혼여행(新婚旅行) *cf.* 밀월여행, 수학여행, 관광 여행, 탐사 여행
신홋불(信號-) *cf.* 봉홧불
신화시대(神話時代) *cf.* 요람시대, 황금시대, 역사 시대, 석기 시대
신흥 무관 학교(新興武官學校)
싣고 가다
싣고 내리다
싣고 다니다
실가락지 *cf.* 금가락지, 옥가락지
실가지 머리꼭지
실감기
실감 나다(實感-) *cf.* 신물 나다, 이골 나다, 살판나다, 성질나다
실감시켜 주다(實感-)
실감 있다(實感-)
실감정증(失感情症) *cf.* 실어증
실개울 *cf.* 실개천
실개천 *cf.* 실개울
실격패(失格敗) *cf.* 판정패, KO 패
실고추 *cf.* 통고추
실구대 소리
실구름 *cf.* 뭉게구름
실구름무늬
실 구멍
실국수 *cf.* 가락국수
실권 잡다(實權-) *cf.* 패권 잡다
실권주(失權株) *cf.* 공로주, 공모주
실그물
실기되어 버리다(失期/機-)
실기둥(단추의)
실 끝 *cf.* 줄 끝

실끝매기
실낙원(失樂園) *cf.* 복낙원
실낚시 *cf.* 대낚시, 갯바위낚시, 흘림낚시
실낱같다
실내(室內)
실내경기(室內競技) *cf.* 실외 경기, 옥내 경기, 옥외 경기, 실내 운동
실내극(室內劇) *cf.* 야외극, 마당극
실내 꾸미기(室內-)
실내마님(室內-)
실내외(室內外)
실내조명(室內照明) *cf.* 야외 조명, 옥내 조명, 운동장 조명, 무대 조명
실내화 빨기(室內靴-)
실눈
실눈 뜨다
실뜨기놀이
실뜯개
실란→실레인
실랑이해 오다
실려 가다/실려 오다
실려 나가다/실려 나오다
실려 들어오다
실려 있다
실력다짐(實力-) *cf.* 우격다짐, 주먹다짐
실력대결(實力對決) *cf.* 무력 대결
실력 되다(實力-) *cf.* 능력 되다, 아침 되다
실력 양성 운동(實力養成運動)
실력 없다(實力-)/실력 있다(實力-)
실력차(實力差) *cf.* 능력차, 견해차
실례 좀 하다(失禮-) *cf.* 물 좀, 돈 좀, 좀(부사)
실루리아계(-系)
실루리아기(-紀)
실리 다툼(實利-) *cf.* 세력 다툼, 이권 다툼, 항권 다툼
실리주의(實利主義)
실리카율(-率)
실리콘유(-油)
실린더유(-油) *cf.* 올리브유, 모빌유
실마력(實馬力)
실만들기(편수 자료 '농·생명')
실망스러워 보이다(失望-)
실망스러워하다(失望-)
실망시켜 주다(失望-)
실망하신 듯이(失望-)
실망한 나머지(失望-) *cf.* 감격한 나머지
실망해 버리다(失望-)
실매기 제책(-製冊)
실매듭
실매듭 짓기
실매듭(을) 짓다
실몽당이(실을 꾸려 감은 뭉치) <~를 풀다.>
실뭉치 *cf.* 솜뭉치, 털뭉치, 사고뭉치, 원고 뭉치
실바람 *cf.* 왕바람, 칼바람
실발항시간(實發航時間) *cf.* 발차 시간, 도착 시간
실밥 *cf.* 톱밥, 줄밥, 대팻밥, 가윗밥, 도맛밥
실백잣(實柏-)
실버들
실버산업(-産業) *cf.* 도시산업, 기간산업, 관광 산업, 군수 산업, 레저 산업
실번지(實番地)
실붙이기(고치실)
실비 *cf.* 가랑비, 이슬비, 부슬비
실비단(-緋緞)
실비중(實比重)
실뽑기
실뽕주기(양잠)
실사구시(實事求是)
실상인즉(實狀/相-) *cf.* ㄴ즉(어미)
실선 긋기(實線-)
실선(을) 긋다(實線-)
실속(實-)(속내용)
실속각(失速角)
실속 없다(實-)
실속 있다(實-)
실속 차리다(實-)
실수배(實數倍)

실수 없다/없게/없이(失手-)
실수요자(實需要者)
실수임금(實收賃金)
실수입(實收入)
실수체(實數體)
실수투성이(失手-) *cf.* 투성이
실수형(實數形)
실습 나가다(實習-)
실습수업(實習授業) *cf.* 이론 수업, 이론 학습, 탐구 수업
실시 중(實施中) *cf.* 수업 중
실시해 나가다(實施-)
실시해 보다(實施-)
실시해 오다(實施-)
실신해 버리다(失神-)
실안개 *cf.* 짙은 안개, 골안개, 산안개
실어 가다 *cf.* 실어 오다
실어 나르다
실어 내다
실어 놓다
실어다 놓다
실어다 주다
실어 보내다
실어 보다
실어 오다 *cf.* 실어 가다
실어 올리고 내리다
실어 주다
실업학교(實業學校) *cf.* 인문 학교
실없는 말 <~이 송사 간다.>
실없다
실연해 보다(實演-)
실오라기
실오리
실외(室外) *cf.* 실내
실용면(實用面) *cf.* 응용면, 활용면
실용신안권(實用新案權)
실용주의(實用主義)
실용화되다(實用化-)
실용화하다(實用化-)
실의 머릿자리 수(實-數)
실의 윗자리 수(實-數)
실 잇기
실(을) 잇다
실잣기 *cf.* 실켜기
실(을) 잣다
실장갑(-掌匣) *cf.* 털장갑, 면장갑, 가죽 장갑
실전화기(-電話機)
실전화놀이(-電話-) *cf.* 놀이
실정 모르다(實情-)
실제값(實際-)
실제면(實際面) *cf.* 실질면, 형식면
실제 증발산량(實際蒸發散量)
실존주의(實存主義)
실종자 수(失踪者數) *cf.* 실직자 수
실증철학(實證哲學)
실지렁이
실직당하다(失職當-) *cf.* 당하다
실직해 버리다(失職-)
실질면(實質面) *cf.* 실제면, 형식면
실질주의(實質主義)
실질 형태소(實質形態素)
실쭉실쭉하다
실채기
실(을) 채다
실천궁행(實踐躬行)
실천해 가다(實踐-)
실천해 나가다(實踐-)
실천해 보다(實踐-)
실천해 오다(實踐-)
실추된데다가(失墜-) *cf.* ㄴ데다가
실켜기 *cf.* 실잣기
실(을) 켜다
실타래 같다
실테뜨기
실톱 *cf.* 띠톱
실패꽂이 *cf.* 편지꽂이
실패 끝에(失敗-) *cf.* 노력 끝에, 연구 끝에
실패 보다(失敗-)

실패 없다(失敗-)
실패해 버리다(失敗-)
실패해 보다(失敗-)
실표뜨기(-標-)
실표(를) 뜨다(-標-)
실핏줄 *cf.* 핏줄
실학사상(實學思想) *cf.* 봉건사항, 정치사상, 사대사상, 문학 사상, 유교 사상, 퇴폐 사상, 원효 사상
실행시켜 보다(實行-)
실행시켜 주다(實行-)
실행해 나가다(實行-)
실행해 오다(實行-)
실험값(實驗-) *cf.* 이론값
실험 끝에(實驗-) *cf.* 연구 끝에, 노력 끝에, 싸움 끝에
실험동물(實驗動物)
실험법칙(實驗法則) *cf.* 자연법칙, 경제 법칙
실험 장치 꾸미기(實驗裝置-)
실험학교(實驗學校) *cf.* 연구학교, 적용 학교
실험해 보다(實驗-)
실현성 없다(實現性-)
실현시켜 나가다(實現-)
실현시켜 보다(實現-)
실현시켜 주다(實現-)
실현이익(實現利益) *cf.* 경상 이익, 영업 이익, 목표 이익
실현해 가다(實現-)
실현해 나가다(實現-)
실효값(實效-) *cf.* 유효값(퍼수 자료), 임계값, 절댓값, 고윳값, 유횻값, 함숫값
실효성 없다(實效性-)
싫단 말이야/말이다 *cf.* 말이다
싫든 좋든 간에(-間-)
싫든지 좋든지 간에(-間-)
싫어져 가다
싫어할 텐데 *cf.* ㄹ 텐데
싫어해 오다
싫증 나다(-症-)
싫증 내다
싫증 내 오다
싫증 느끼다
심각해 보이다(深刻-)
심각해져 가다(深刻-)
심금 울리다(心琴-) *cf.* 가슴 울리다
심기 불편하다(心氣不便-)
심 넣은 날 겹조직(-組織)
심녹색(深綠色) *cf.* 담녹색, 암녹색, 심록, 담록, 암록
심도 있다(深度-)
심돋우개(心-)
심드렁해 보이다
심드렁해하다
심란해 보이다(心亂-)
심란해하다(心亂-)
심려 끼쳐 드리다(心慮-)
심려 끼치다(心慮-)
심령사진(心靈寫眞) *cf.* 실사 사진, 기록 사진, 예술 사진, 풍경 사진, 인물 사진
심리극(心理劇)
심리주의(心理主義)
심리 중(心裏中)(마음 속)
심리학자(心理學者)
심리해 오다(審理-)
심마니말
심멘탈종(-種)(소 품종)
심문당하다(審問當-) *cf.* 당하다
심문받다(審問-) *cf.* 조사받다, 심사받다
심문해 보다(審問-)
심미 가사 장단
심박동(心搏動)
심방사도법(心放射圖法)
심 봉사(沈奉仕)
심부름 가다
심부름값
심부름꾼
심부름 다녀오기
심부름 다니다

심부름 보내다
심부름시키다
심부름 오다
심부름하다
심부름해 주다
심부전(心不全) *cf.* 신부전, 간부전
심사광상(深砂鑛床)
심사 놀다(心思-)
심사받다(審査-) *cf.* 심문받다, 검문받다, 받다
심사 부리다(心思-) *cf.* 심술 부리다, 몽니 부리다
심사 사나워지다(心思-)
심사 사납다(心思-)
심사숙고 끝에(深思熟考-)
심사숙고하다(深思熟考-)
심사숙고해 오다(深思熟考-)
심사 틀리다(心思-) *cf.* 눈꼴틀리다
심산계곡(深山溪谷) *cf.* 심산유곡
심산유곡(深山幽曲)
심살내리다(잔근심이 떠나지 않다.)
심상소학교(尋常小學校) *cf.* 초등학교
심상찮아 보이다(尋常-)
심성이야말로(心性-) *cf.* 야말로
심 소저(沈小姐)
심속(心-) <그 사람 ~을 알 수 없다.>
심술궂다(心術-)
심술기 있다(心術氣-)
심술깨나 *cf.* 돈깨나, 힘깨나, 깨나(조사)
심술꾸러기(心術-) *cf.* 장난꾸러기, 욕심꾸러기, 천덕꾸러기, 엄살꾸러기
심술 나다(心術-)/심술 내다(心術-)
심술 놓다(心術-)
심술덩어리(心術-) *cf.* 욕심덩어리, 근심덩어리, 비곗덩어리, 얼음덩어리
심술도덕(心術道德) *cf.* 교통도덕, 사회도덕
심술딱지(心術-) *cf.* 곰보딱지, 부스럼딱지
심술 떨다(心術-)
심술맞다(心術-) *cf.* 청승맞다
심술부리다(心術-)/심술 피우다(心術-)
심술 사납다(心術-) *cf.* 심통 사납다
심술쟁이(心術-) *cf.* 욕심쟁이, 욕쟁이
심술주머니(心術-) *cf.* 음흉주머니, 눈물주머니, 노래주머니, 고생주머니
심슨선(-線)(수학)
심신 발달면(心身發達面)
심신 장애자(心神障礙者) *cf.* 신체장애자, 운동장애자, 정신 장애자
심심산골(深深山-)
심심소일(-消日)
심심치 않다 *cf.* 생각지 않다, 넉넉지 않다.
심심파적(-破寂)(심심풀이)
심심풀이로
심심해하다
심약해 보이다(心弱-)
심어 가꾸다
심어 놓다
심어 놓아 두다
심어 두다
심어 보다
심어 주다
심의·의결권(審議·議決權)
심의해 오다(審議-)
심이음(心-)
심장외과(心臟外科) *cf.* 신경외과, 일반 외과
심줄(←힘줄)
심즉리설(心卽理說)
심청 전(沈淸傳) *cf.* 효녀 심청 전
심청전(沈淸傳) *cf.* 홍길동전, 유관순전, 순국소녀 유관순 전
심청 탈(沈淸-)
심취되어 가다(心醉-)
심통 나다(心-) *cf.* 심술 나다
심통머리(心-)
심통 부리다(心-) *cf.* 심술부리다
심통 사납다(心-) *cf.* 심술 사납다
심판 내리다(審判-)
심판받다(審判-) *cf.* 받다
심판해 주다(審判-)

심플렉스법(-法)
심해 가다(甚-)
심해 보이다(甚-)
심해저대(深海底帶)
심해져 가다(甚-)
심해투기(深海投棄) *cf.* 해양 투기
심혈관계(心血管系) *cf.* 순환기계
심혈 기울이다(心血-)
심혈 쏟다(心血-)
심호흡(深呼吸)
심화되어 가다(深化-)
심화병(心火病) *cf.* 화병
심화시켜 주다(深化-)
심흥택 해산(-海山)
19세기 말(十九世紀末)
10년(十年) <~ 공부 도로아미타불>
10년 <꼭 ~ 만에 만나다.>
10년 가량(十年假量)
10년간(十年間)
십년감수(十年減壽)
십년공부(十年工夫) <~ 도로아미타불>
10년 내에(十年內-)
10년 되다(十年-)
10년 뒤(十年-)
10년 묵은(十年-) <~ 도라지>
10년 전(十年前)/10년 후(十年後)
십년지기(十年知己)
십 리 길(十里-) *cf.* 10리 길, 백 리 길, 천 리 길, 만 리 길, 하룻길, 백십 리 길
십 리 밖(十里-) *cf.* 천 리 밖, 백 리 밖
십만의 자리의 숫자(十萬-數字)
십 몇 년 전에(十-年前-)
십 모형(十模型) *cf.* 백 모형
10분간(十分間)
10분 내로(十分內-)
10분의 1(十分-一)
14세기경(十四世紀頃) *cf.* 경(접미사)
13세기 초(十三世紀初)
십 수년 만에(十數年-) *cf.* 만

10씩 뛴 수(十-數)
10 알아보기(十-)
10여만 명(十餘萬名)
십오각뿔(十五角-)
15세기 말(十五世紀末)
10원짜리(十-) *cf.* 짜리
16분 음표(十六分音標)
16진법(十六進法)
16진수(十六進數) *cf.* 2진수
10의 자리 수(十-數)
10의 자리 아래 수(十-數)
10의 자리의 수(十-數)
10의 자리의 숫자(十-數字)
십이각뿔(十二角-)
12월 말경에(十二月末頃-) *cf.* 경(접미사)
12월 말에(十二月末-)
12월 중에(十二月中-)
12월 초에(十二月初-)
12음 음계(十二音音階)
십이지 신상(十二支神像)
십이지장충(十二指腸蟲)
십인십색(十人十色)
10일(十日) <3월 10일>
10일(十日) <떠난 지 10일 만에>
10일간(十日間)
십일면관음보살상(十一面觀音菩薩像)
10일에서 20일 동안(十日-二十日-) *cf.* 10일 20일
십일조(十一租)
11화음(十一和音)
십자가 지다(十字架-)
십자나사돌리개(十字螺絲-) *cf.* 일자나사돌리개
십자동굴(十字洞窟)
십자말풀이(十字-)
십자맞춤(十字-)(건축)
십자매 기르기(十姉妹-)
십자매달리기(十字-)(기계 체조)
십자못(十字-)
십자물구나무서기(十字-)(기계 체조)

십자수(十字繡)
십자쌍촉이음(十字雙鏃-)(건축)
십자유전(十字遺傳)
십자장부이음(十字-)(건축)
십자조르기(十字-)(유도)
십자집(十字-) *cf.* 일자집, 이자집, 일잣집
십자축(十字軸)
십자행진(十字行進)
십자형(十字形)
10주간(十週間)
십중팔구(十中八九)
십진계수기(十進計數器)
10진급수(十進級數)
십진기수법(十進記數法)
십진분류법(十進分類法)
10층(十層)
18세기풍(十八世紀風)
싱그러워 보이다
싱글벙글하다
싱글족(-族)
싱둥싱둥하다
싱숭생숭하다/싱숭생숭해지다
싱숭증(-症)
싱싱해 보이다
싱크로전기(-電氣)
ˇ싶다(보조 용언) <물을 먹고 ~.>
싶다 *cf.* 올 듯싶다, 많은 성싶다
싶어 하다(표준국어대사전)
싶어하다(표준국어대사전에서는 보조 용언으로 보지 않고 '고 싶어 하다'로 보지만, 보조 용언으로 보는 견해에 따름.) <가고 ~.>
싶은가 보구나
싶은 대로 *cf.* 대로
싶을 만큼 *cf.* 만큼
싸 가다
싸 가지고 가다/오다
싸개장이(-匠-)
싸고돌다
싸고 싼/싸다 <~ 향기>
싸구려장수
싸구려판
싸 놓다
싸늘해 보이다
싸늘해져 가다
싸다니다
싸데려가다
싸돌아다니다
싸 두다
싸 드리다
싸들다 <싸들고 나타나며….>
싸라기눈 *cf.* 함박눈
싸락눈 *cf.* 함박눈
싸락돌(아라고나이트)
싸래기노름(민속)
싸리꽃
싸리 끝에 *cf.* 나무 끝에, 장대 끝에
싸리말(역신을 쫓는 데 쓰는 싸리로 만든 말) <~을 태우다.>
싸리문(-門) *cf.* 거적문, 장지문, 빈지문
싸리문께(-門-) *cf.* 대문께, 께(접미사)
싸리바자 *cf.* 울바자
싸리발 *cf.* 대발, 갈대발
싸리비 *cf.* 대비, 댑싸리비, 수수비
싸리울 *cf.* 탱자나무 울
싸리 울타리
싸리잎 *cf.* 버들잎, 은행잎, 갈잎, 솔잎, 연잎 개나리 잎, 아카시아 잎, 장미 잎, 모란 잎
싸리재
싸릿가지 *cf.* 댓가지
싸릿개비 *cf.* 댓개비, 장작개비
싸릿골 <~ 동백꽃이 다 떨어진다.> *cf.* 감잣골, 감나뭇골, 느티나뭇골
싸릿골 이야기
싸매다
싸매 들다
싸매 주다
싸 바르다
싸안다

싸 업다
싸여 들다
싸여 버리다
싸여 있다
싸 오다
싸우다 보니
싸우려 들다
싸운 지 *cf.* 지
싸움거리 *cf.* 시빗거리, 화젯거리
싸움 구경 하다(싸움 구경을 하다.) *cf.* 불구경하다
싸움 구경하다(싸움을 구경하다.)
싸움 끝에 *cf.* 노력 끝에, 연구 끝에
싸움 나다 *cf.* 전쟁 나다, 칼싸움 나다
싸움닭 *cf.* 고기닭, 싸움소, 고기소, 차붓소
싸움대장(-大將) *cf.* 울보대장, 지각대장
싸움 말리다
싸움발톱(싸움닭의)
싸움 붙이다 *cf.* 흥정 붙이다
싸움소 *cf.* 고기소, 젖소, 차붓소, 일소
싸움 없다
싸움연(-鳶) *cf.* 방패연, 가오리연
싸움 중(-中) *cf.* 정전 중
싸움터 *cf.* 빨래터, 전쟁터, 약수터, 나루터
싸움패(-牌) *cf.* 건달패, 왈패
싸워 가며/싸워 오다
싸워 나가다
싸워 대다 *cf.* 대다(보조 용언)
싸워 보다
싸워 쌓다
싸워 이기다
싸워 주다
싸웠단 말이야 *cf.* 말이다/말이오
싸이오사이안산 이온(-酸-)←티오시안산
싸잡아서
싸전(-廛)
싸전 가게(-廛-) *cf.* 쌀가게
싸전쟁이(-廛-)
싸 주다
싸 쥐다
싹 가시다
싹기르기
싹 끝
싹나기
싹 나다
싹내기르기/육아 재배(育芽栽培)
싹 비
싹솎기
싹수 노랗다
싹수머리 *cf.* 행실머리, 소견머리, 주변머리
싹수없다/싹수 있다
싹싹 빌다('싹싹'은 부사)
싹싹 쓸다
싹싹해 보이다
싹쓸바람 *cf.* 왕바람, 된바람
싹쓸이하다
싹없다 *cf.* 싹수없다
싹터 오다
싹트기/싹트다
싹틔우기/싹 틔우다
싼값으로 *cf.* 비싼 값으로
싼거리(싸게 사는 일 또는 그 물건)
싼 맛에
싼흥정 *cf.* 비싼흥정
쌀가게 *cf.* 과일 가게, 과자 가게, 꽃 가게, 담배 가게, 반찬 가게, 석유 가게, 식료품 가게, 신발 가게, 실 가게, 채소 가게, 책 가게
쌀가루 *cf.* 고춧가루, 밀가루, 보릿가루, 메줏가루, 송홧가루
쌀가마 나르기
쌀가마(를) 나르다
쌀가마니 *cf.* 쌀부대
쌀값 *cf.* 반찬값, 배추값, 고추값, 담뱃값
쌀개
쌀겨 *cf.* 보릿겨, 수숫겨
쌀과자(-菓子) *cf.* 밀가루 과자
쌀 그릇 *cf.* 밥그릇, 물그릇, 국그릇
쌀깃 <갓난 아이를 ~으로 싸다.>

쌀농사 *cf.* 벼농사, 밭농사, 보리농사, 옥수수 농사, 고구마 농사, 자식 농사
쌀눈
쌀더미 *cf.* 흙더미, 잿더미, 쓰레기더미
쌀독
쌀됫박
쌀뜨물
쌀무거리
쌀바가지 *cf.* 여물바가지, 물바가지, 똥바가지
쌀밥 *cf.* 보리밥, 조밥, 옥수수밥, 기장밥
쌀부대(-負袋) *cf.* 소금 부대, 비료 부대, 시멘트 부대, 밀가루 부대
쌀 불리기
쌀 불리다
쌀쌀맞다
쌀 시장(-市場)
쌀알 *cf.* 깨알, 콩알, 팥알, 보리알, 호두알
쌀알무늬
쌀알수(-繡) *cf.* 자련수, 십자수, 징금수
쌀자루 *cf.* 보릿자루, 옥수수 자루, 도토리 자루, 동냥자루
쌀장사 *cf.* 떡 장사, 고기 장사, 과일 장사, 과자 장사, 군고구마 장사, 채소 장사, 책 장사, 고추 장사, 마늘 장사
쌀장수
쌀튀밥
쌀 한 톨
쌈솔
쌈싸기소리(강원도 민요)
쌈싸우다
쌈질하다
쌈짓돈 *cf.* 주머닛돈, 곗돈, 시줏돈, 여윳돈
쌍(雙)(명사) *cf.* 쌍을 짓다
(접두사) *cf.* 쌍가락지, 쌍권총
쌍가락지(雙-)
쌍갈랫길(雙-) *cf.* 세 갈래 길, 갈랫길
쌍갈지다
쌍고치실(雙-)
쌍구멍(雙-)
쌍권총(雙拳銃)
쌍극성 이온(雙極性-)
쌍극자(雙極子)
쌍극자 모멘트(雙極子-)
쌍극자·쌍극자 힘(雙極子雙極子-)
쌍길(雙-)
쌍꺼풀(雙-)
쌍꺼풀지다(雙-)
쌍끌이 기선 저인망(雙-機船底引網)
쌍날칼(雙-)
쌍다래끼(雙-)
쌍닫이문(雙-門)
쌍닻코묶음(雙-)
쌍동딸(雙童-)
쌍동밤(雙童-)
쌍동아들(雙童-)
쌍두마차(雙頭-) *cf.* 사두마차
쌍두멍에(雙頭-)
쌍둥이 새(雙-)
쌍둥이자리(雙-)
쌍떡잎식물(雙-植物)
쌍룡자물쇠(雙龍-) *cf.* 맹꽁이자물쇠, 붕어자물쇠, 전자자물쇠
쌍무덤(雙-)
쌍무지개(雙-)
쌍미닫이창(雙-窓)
쌍바라지(雙-) *cf.* 바라지창
쌍받침(雙-)
쌍발깨끼(雙-)(탈춤의 춤사위)
쌍방망이질(雙-)
쌍배목(雙-)(쌍으로 된 문고리를 거는 쇠)
쌍벌주의(雙罰主義)
쌍봉낙타(雙峯駱駝) *cf.* 단봉낙타
쌍분합문(雙分閤門)
쌍사대패(雙絲-)
쌍사치기(雙絲-)(건축)
쌍생성(雙生成) *cf.* 쌍소멸
쌍성총관부(雙城摠管府)
쌍성화(雙成火) <~에 내가 죽겠다.>

쌍소리
쌍소멸(雙消滅) *cf.* 쌍생성
쌍심지나다(雙心-)
쌍심지서다(雙心-)
쌍심지세우다(雙心-)
쌍심지오르다(雙心-)
쌍심지 켜다(雙心-)
쌍알(雙-)
쌍여닫이문(雙-門)
쌍여닫이창(雙-窓)
쌍영총(雙楹塚)
쌍술박이(雙-)
쌍지팡이(雙-)
쌍진풀이(雙陣-)(민속)
쌍촉(雙鏃)
쌍촛대바위(雙-) *cf.* 사자바위, 병풍바위, 너럭바위, 곰바위
쌍코(두 줄로 솔기를 댄 가죽신 코)
쌍턱거치(雙-)(건축)
쌍턱장부촉(雙-鏃)
쌍홍잡이(雙-)(줄타기)
쌍홍잡이거중돌기(雙-)
쌍희자(雙喜字)
쌓기공(-工)
쌓기나무/쌓기나무놀이 *cf.* 쌓기놀이
쌓기나무 도막
쌓기놀이 *cf.* 놀이
쌓다 보니/보면
쌓아 가다
쌓아 나가다
쌓아 놓다
쌓아 두다
쌓아 보다
쌓아 오다
쌓아 올리다 *cf.* 빨아올리다, 끌어올리다, 들어올리다, 쏘아 올리다
쌓아 주다
쌓여 가다
쌓여 있다
쌓음 원리(-原理)
쌓일 뻔하다
쌔고 쌔다 <그건 쌔고 쌨어.>
쌔근쌔근(부사)
쌔근쌔근하다
쌘구름 *cf.* 비쌘구름
쌘비구름/적란운(積亂雲)
쌤돌
써 가지고 가다/오다
써 나가다
써내다
써 내려가다
써내려 가다
써넣기
써넣다 <이력서에 기재 사항을 ~.>
써넣어 보다
써 놓다
써 놓아 두다
써 달라고
써 달란 말이야/말이다
써 두다
써레 모양(-模樣)
써레소리
써레질하다
써렛발
써먹다 <영어를 ~.>, <써먹을 놈이 없다.>
써 버리다
써 보내다
써 보다
써 붙이다
써서 주다
써 오다
써 주다
썩 나기지 못해
썩는단 말이다 *cf.* 말이다
썩어 가다
썩어 나가다
썩어 들어가다
썩어 버리다

썩어 빠지다 *cf.* 쉬어 빠지다, 늙어 빠지다, 말라빠지다
썩여 놓다
썩여 두다
썩여 드리다 <속을 ~.>
썩여 주다
썩은 나무 등걸 *cf.* 나뭇등걸
썩은 나뭇등걸
썩은새
썰렁해 보이다
썰매 끌기
썰매놀이
썰매 밀기
썰매 종(-鐘)
썰매타기
썰매 타다
썰맷길
썰물 *cf.* 밀물
썰물 같다/썰물같이
썰물 때 *cf.* 밀물 때, 사리 때, 조금 때
썰소리(만선 뱃노래) *cf.* 띠뱃소리
썰어 가다
썰어 내다
썰어 넣다
썰어 놓다
썰어다 주다
썰어 대다
썰어 두다
썰어 보다
썰어 오다
썰어 주다
썼으니 말이야 *cf.* 했으니 말이야, 다녀왔으니 말이야, 말이다/말이오
썼을망정 *cf.* ㄹ망정(어미)
쏘가리구이
쏘곤쏘곤하다
쏘는 듯하다 *cf.* 듯하다
쏘는 세포(-細胞)
쏘다니다
쏘아 가다
쏘아 놓은 화살
쏘아 대다 *cf.* 대다
쏘아 떨어뜨리다
쏘아 맞히다
쏘아 버리다
쏘아 보다 <총을 ~.>
쏘아보다 <무서운 눈으로 ~.>
쏘아붙여 주다
쏘아붙이다 <짜증 섞인 말을 ~.>
쏘아 올리다
쏘아 죽이다
쏘여 주다
쏙닥쏙닥하다
쏙 빠지다
쏜살같다/쏜살같이 <쏜살같고 총알 같다.>
쏟아 가다
쏟아 내다
쏟아 넣다
쏟아 놓다
쏟아 버리다
쏟아 붓다 <심혈을 ~.>
쏟아 붓다〔쏟아(서) 붓다.〕 <쌀을 쌀독에 ~.>
쏟아 오다
쏟아져 나가다
쏟아져 나오다 <병에서 술이 ~.>, <갑자기 팔 물건이 ~.>, <학생들이 학교에서 ~.>
쏟아져 내리다
쏟아져 들어오다
쏟아 주다
쏠까 말까 하다 <활을 ~.>
쏴붙이다 *cf.* 쏘아붙이다
쏴 죽이다
쐐기돌 *cf.* 사춤돌
쐐기떼기(고고학)
쐐기 문자(-文字) *cf.* 그림 글자, 설형 문자
쐐기 박다
쐐기 박아 놓다
쐐기접(-接/椄) *cf.* 가지접, 쪼개접

쐐기 치다
쑤군대다/거리다
쑤셔 넣다
쑤셔 놓다
쑤셔 대다
쑤셔 박다 *cf.* 우겨 박다, 때려 박다
쑤셔 보다
쑤셔 주다
쑤어 주다
쑥갓 가꾸기
쑥갓(을) 가꾸다
쑥갓나물
쑥갓밭 *cf.* 배추밭, 시금치밭, 무밭
쑥갓쌈 *cf.* 상추쌈, 속대쌈
쑥내머리(판소리)
쑥대밭 *cf.* 가시밭, 갈대밭, 자갈밭, 풀밭, 무밭, 고추밭, 감자밭, 메밀밭, 배추밭, 고구마밭, 시금치밭, 옥수수밭
쑥대밭 되다
쑥댓불 *cf.* 모깃불, 번갯불, 모닥불, 화톳불
쑥덕공론(-公論)
쑥덕공론하다(-公論)
쑥떡 *cf.* 콩떡
쑥밥
쑥방망이(쑥떡을 만들 때 쓰는 방망이)
쑥밭 *cf.* 풀밭, 솔밭, 꽃밭, 갈대밭, 가시밭
쑥밭 되다
쑥버무리
쑥설기떡
쑥송편(-松-)
쑥스러워하다
쑥잎 *cf.* 고춧잎, 머윗잎, 댓잎, 깻잎, 연잎, 고구마잎, 근대잎, 미나리잎, 상추잎, 시금치잎 담쟁이덩굴 잎, 해바라기 잎, 아카시아나무 잎, 자귀나무 잎
쓰개수건(-手巾) *cf.* 세수수건, 땀수건, 손수건
쓰개치마
쓰고 나서/난 다음
쓰고 남은/남다 <~ 물건>
쓰고 버린/버리다 <~ 물건>
쓰고 보니
쓰기책(-册)
쓰는 이 *cf.* 듣는 이, 말하는 이
쓰다 남다
쓰다 달다 <~ 말이 없다.>
쓰다듬어 보다
쓰다듬어 주다
쓰다 버린/버리다
쓰다 보니
쓰든 달든 간에(-間-)
쓰디쓴/쓰다 *cf.* 맵디맵다
쓰란 말이야/말이다
쓰러뜨려 놓다
쓰러져 가다
쓰러져 버리다
쓰러져 자다
쓰러져 죽다
쓰러질 듯하다 *cf.* 듯하다
쓰러질지언정 *cf.* ㄹ지언정(어미)
쓰렁쓰렁(부사) <떨어져 살다 보니 ~ 남같이 되고 말았다.>
쓰레그물
쓰레기 같다
쓰레기더미 *cf.* 흙더미, 퇴비더미, 잿더미, 잔해더미
쓰레기봉투(-封套)
쓰레기양(-量) *cf.* 먹이양
쓰레기장(-場)
쓰레기장 정리하기(-場整理-)
쓰레기 줍기
쓰레기차(-車) *cf.* 사다리차, 지게차, 똥차
쓰레기 치우기
쓰레기(를) 치우다
쓰레기터
쓰레기통(-桶)
쓰레기통 비우기(-桶-)
쓰레받기
쓰시마 섬

쓰여 오다
쓰여 있다
쓰임새
쓰잘머리 없다
쓱싹쓱싹
쓴단 말이야 *cf.* ㄴ단 말이다, 말이다/말이야
쓴맛 *cf.* 단맛, 짠맛, 신맛, 매운맛, 떫은 맛
쓴맛 보다(쓴맛을 보다.)
쓴술(멥쌀 술)
쓴 약(-藥) *cf.* 단 약
쓴 우유(-牛乳)
쓴웃음 *cf.* 선웃음
쓴웃음 짓다 *cf.* 웃음짓다
쓴입맛 다시다
쓴잔 마시다(-盞-)
쓸개 빠진 놈
쓸개주머니 *cf.* 모래주머니, 알주머니, 먹물주머니, 모이주머니, 똥주머니
쓸개즙(-汁) *cf.* 담즙
쓸거리 *cf.* 읽을거리, 볼거리, 말할 거리
쓸 것 못 쓸 것
쓸 겸 <방도 ~ 잔심부름도 할 겸 해서….>
쓸데없는 소리 하지 마/마라
쓸데없는 싸움 하지 마/마라
쓸데없이/없다
쓸려 나가다
쓸려 내려가다
쓸 만하다 *cf.* 만하다
쓸 만해 보이다
쓸모없다/쓸모 있다
쓸 수밖에 *cf.* 할 수밖에, 밖에(조사)
쓸 수 없다/쓸 수 있다
쓸쓸해 보이다
쓸쓸해하다
쓸어 가다
쓸어 내다
쓸어내리다 <머리를 ~.>
쓸어 놓다
쓸어맡기다 <일을 며느리에게 ~.>
쓸어 담다
쓸어 모으다
쓸어버리다 <잡념을 ~.>
쓸어 보다
쓸어안다 <서로 ~.>
쓸어 주다
쓸용 자(-用字) *cf.* 갈지자
쓿은쌀
씀벅씀벅
씀벅씀벅해지다
씁쓰레하다
씁쓰레해하다
씁쓸해하다
씌어대다(영감이 통하다.)
씌어 있다
씌워 놓다
씌워빼기(뜨개질)
씌워 주다
-씨(氏)(접미사)(우리말 성 다음에 붙어 성씨 전체를 대표하는 경우) *cf.* 김씨, 이씨, 박씨 (놀리거나 높이어 말할 때에 붙여) *cf.* 갈비씨, 형수씨, 제수씨, 구씨, 석가씨, 불씨, 섭씨, 제씨, 고씨, 부여씨, 최씨 정권, 해주최씨세보
ˇ씨(氏)(의존 명사)(우리말 성명 또는 외국 성 다음에) *cf.* 홍길동 씨, 이철수 씨, 에디슨 씨, 김 씨(김인호 씨), 이 씨(이인승 씨), 박 씨(박인로 씨)(표준국어대사전)
씨(氏)(대명사) <~는 문단의 거장이다.>
씨가리기/씨고르기 *cf.* 씨가림
씨가림
씨감자 *cf.* 씨조개, 씨옥수수
씨겹조직(-組織)
씨껍질
씨눈
씨눈줄기
씨담그기〔浸種〕
씨도둑
씨도 안 먹는다/먹히다
씨돼지 *cf.* 씨암탉, 씨토끼

씨름꾼
씨름판
씨말
씨받다
씨받이〔採種〕
씨받이밭
씨 뿌려 놓다
씨뿌리 *cf.* 씨감자
씨뿌리기 <~, 김매기, 거름주기 등 할 일이 너무 많다.>
씨 뿌리다
씨뿌림〔播種〕
씨뿌림골
씨뿌림양(-量)
씨뿌림용(-用)
씨소 *cf.* 싸움소, 일소, 차붓소, 씨암탉, 씨돼지
씨수말
씨수소
씨수퇘지
씨실 바꿈 운동(-運動)
씨아손 *cf.* 맷손
씨 안 먹다
씨알 <~이 잘다.>
씨알머리
씨알머리 박히다
씨알머리 없다
씨암소
씨암컷
씨암탉 *cf.* 씨토끼, 씨돼지
씨암탉값
씨암탉걸음 *cf.* 까치걸음, 오리걸음, 토끼걸음
씨암퇘지
씨앗 가게 *cf.* 채소 가게
씨앗귀
씨앗 덮다
씨앗 물가꾸기
씨앗 붙이기
씨앗뿌림
씨앗심기
씨 없는 과실(-果實)
씨 없는 수박
씨오쟁이(씨앗을 담아 두는 오쟁이)
씨우적씨우적거리다
씨은어(-銀魚)
씨조개 *cf.* 씨감자, 씨옥수수
씨족원(氏族員)
씨족장(氏族長)
씨줄〔緯線〕 *cf.* 날줄
씨토끼 *cf.* 씨암탉, 씨돼지
씨호박
씨황소
-씩(접미사) *cf.* 한 사람씩, 두 사람씩
씩둑꺽둑/씩둑씩둑(부사)
씩씩해 보이다
씹고 무엇 하고
씹는담배 *cf.* 살담배, 잎담배
씹어먹다
씹어뱉다 <막말을 ~.>
씹어 삼키다('씹어서 삼키다'의 뜻으로는)
씻가시다
씻겨 가다
씻겨 나가다
씻겨 내다
씻겨 내려가다
씻겨 내리다
씻겨 드리다
씻겨 주다
씻기병(-甁)(세척병) *cf.* 비줌병, 라이덴병
씻김굿
씻는 액(-液)
씻어 가다
씻어 내다
씻어 내리다
씻어 놓다
씻어 두다
씻어 말리다
씻어 버리다
씻어 주다

씻으나마나 *cf.* 나마나
씻으나마나하다 *cf.* 나마나하다
씻은 듯 부신 듯
씻은 듯이 <~ 사라지다.> *cf.* 듯이
씻은 듯하다 *cf.* 듯하다
씻은 액(-液)
씽글씽글
씽긋뻥긋
씽긋씽긋하다

아

아가미뚜껑
아가미뼈
아가미살(참치의)
아가미 썩는 병(-病)
아가미 틈
아갈잡이(입을 틀어막는 짓)
아감구멍 *cf.* 땀구멍, 숨구멍, 숫구멍, 콧구멍
아감덮개
아감딱지
아감뼈 *cf.* 허리뼈, 갈비뼈, 엉치뼈
아공석강(亞共析鋼)
아관긴급(牙關緊急)(턱 근육이 경련을 일으키는 증세)
아관 파천(俄館播遷)
아군측에서(我軍側-) *cf.* 적군측에서
아귀다툼 *cf.* 세력 다툼, 주먹 다툼, 자리다툼
아귀 맞다(들어맞다)/아귀 맞추다
아귀 무르다
아귀세다(마음이 굳세다.)
아귀차다
아귀 크다
아귀힘 *cf.* 손힘, 팔심, 다릿심
아그리파
아금받다(야무지고 다부지다.)
아금손(태권도)
아기 갈매기 *cf.* 어미 갈매기
아기 감자
아기 같다/아기같이 *cf.* 어른 같다, 어른같이
아기 같아 보이다 *cf.* 어른 같아 보이다
아기 개구리 *cf.* 어미 개구리
아기 개미
아기 거미 *cf.* 어미 거미
아기 고양이 *cf.* 어미 고양이
아기 곰 *cf.* 어미 곰
아기 공룡(-恐龍) *cf.* 엄마 공룡
아기 구름
아기 그림자
아기 까치 *cf.* 어미 까치
아기 나무
아기 낳다
아기 너구리 *cf.* 어미 너구리
아기 눈
아기능(-陵) *cf.* 홍릉, 동구릉
아기 다람쥐 *cf.* 어미 다람쥐
아기 닭
아기 독수리
아기 돼지 *cf.* 어미 돼지
아기 두더지 *cf.* 아빠 두더지
아기 말 *cf.* 어미 말
아기 물고기
아기 바람
아기 박
아기 반달곰(-半-) *cf.* 아기 너구리, 아기 다람쥐, 아기 돼지, 아기 사슴
아기 방울새
아기 배다 *cf.* 새끼 배다, 애 배다
아기 백조(-白鳥)
아기 뱀 *cf.* 어미 뱀
아기 뱁새 *cf.* 어미 뱁새
아기 별
아기 병아리
아기 봄 <고운 웃음으로 수를 놓는 ~.>
아기 비둘기 *cf.* 어미 비둘기
아기 빗방울
아기 사슴 *cf.* 어미 사슴
아기살(작고 짧은 화살)
아기상여(-喪輿)(제대로 꾸미지 않은 상여)
아기 새 *cf.* 어미 새
아기 서다 *cf.* 아기 배다
아기 선인장(-仙人掌)
아기 소
아기 소라 *cf.* 어미 소라
아기 손
아기 손바닥만큼 *cf.* 어른 손바닥만큼

아기 신
아기씨름 *cf.* 어른씨름
아기 양말 뜨기(-洋襪-) *cf.* 양말뜨기
아기 여우
아기 염소 *cf.* 어미 염소
아기 오리 *cf.* 어미 오리
아기 잎사귀
아기자기해 보이다
아기잠(누에의 첫 번 잠)
아기 장수(-將帥)
아기 적 *cf.* 아이 적, 처녀 적, 올챙이 적, 소싯적, 태곳적
아기 제비 *cf.* 어미 제비
아기중
아기 쥐 *cf.* 어미 쥐
아기 진달래
아기 진돗개(-珍島-)
아기집(자궁)
아기 집(아기가 사는 집)
아기 참새 *cf.* 어미 참새
아기 참새네
아기 청개구리(-靑-) *cf.* 어미 청개구리
아기 컴퓨터
아기 코끼리 *cf.* 어미 코끼리
아기 토끼 *cf.* 어미 토끼
아기 풀뿌리
아기 하마(-河馬) *cf.* 어미 하마
아기 하이에나
아기 햇살
아기 호랑이(-虎狼-)
아깃아깃/아기적아기적
아까시나무(학명으로서는) *cf.* 아카시아
아까워 보이다
아까워 죽겠다
아까워하다
아깟번(-番) *cf.* 요번, 전번, 먼젓번, 지난번
아껴 가다
아껴 놓다/아껴 두다
아껴 먹다
아껴 써라
아껴 써 오다
아껴쓰기 <~ 운동을 전개하다.>
아껴 쓰기 <아껴(서) 쓰기 위하여>
아껴 쓰다(아껴서 쓰다)
아껴 오다
아껴 입다 *cf.* 아껴 먹다
아껴 주다
아낌없이/없다
아나바다 운동(-運動)
아나 보다 *cf.* 하나 보다, 나 보다, 보다
아나 봐
아낙군수(-郡守)
아날로그시계(-時計) *cf.* 디지털시계
아내 같다
아내같이
아내 까치 *cf.* 남편 까치
아내 덕에(-德-) *cf.* 남편 덕에, 자식 덕에, 아버지 덕에, 어머니 덕에
아내 되는 분 *cf.* 남편 되는 분, 어른 되시는 분, 자제 되는 사람
아내 된 도리(-道理) *cf.* 남편 된 도리
아내 삼다 *cf.* 아우 삼다
아냇감 *cf.* 남편감, 색싯감, 사윗감, 며느릿감
아냐 아냐, <~ 선녀 건널 다린 아니야.>
아냐, 아냐
아네그려 <자네가 먼저 ~.> *cf.* 그려
아네로이드 상자(-箱子) *cf.* 어둠상자, 안개상자, 구급상자, 저항 상자
아녀석(아이녀석)
아뇨 *cf.* 아니요, 아니오
아늑해 보이다
아는 대로 *cf.* 대로
아는 데서 *cf.* 데
아는 듯싶다 *cf.* 듯싶다
아는 듯하다 *cf.* 듯하다
아는 듯해 보이다
아는 척하다 *cf.* 체하다, 척하다
아는 체하다

아니건 간에(-間-) <부자이건 ~….>
아니고말고 *cf.* 그렇고말고, 고말고
아니꼬워하다
아니꼽살스럽다
아니나 다르랴
아니나 다를까
아니 나오나 보이그려 *cf.* 그려
아니 되면 *cf.* 안 되다, 안되다
아니 되오
아니든 간에(-間-) <지식인이든 ~….>
아니리광대 *cf.* 소리광대
아니면 말고
아니스유(-油) *cf.* 올리브유
아니어요/아니에요
아니었나 보다 *cf.* 나 보다, 보다
아니오 <이것이 ~.>
아니올시다 *cf.* 올시다(어미)
아니요 *cf.* 아뇨, 네
아니하다('지' 아래에선 보조 용언) <노력하지 ~.>, <아름답지 ~.>
아니 하다('아니'는 부사) <일을 아니 하다.>
아니할 말로 <~, 자기 아들만도 못하다.> *cf.* 아닐말로
아닌가 보다 *cf.* 그런가 보다, 좋은가 보다, ㄴ가 보다, 보다
아닌가 싶다
아닌걸 <반가운 소식이 ~.>
아닌 걸(아닌 것을) <~ 어쩌나?>
아닌게 아니라
아닌 듯합니다 *cf.* 듯하다
아닌 바에야 *cf.* 바(의존 명사)
아닌 밤중에(-中-) <~ 홍두깨>
아닌지조차도 <우리 꽃이 ~ 모르고 있다.> *cf.* 조차
아닌 척하다 *cf.* 척하다
아닌 디에 *cf.* 터
아닐걸 <그 사람이 ~.>, <사실이 ~.> *cf.* ㄹ걸(어미)
아닐까 보다 *cf.* 보다
아닐까 싶다
아닐까 하고
아닐린청(-靑) *cf.* 턴불 파랑
아닐 말로(아니할 말로)
아닐망정 *cf.* ㄹ망정(어미)
아닐뿐더러 *cf.* ㄹ뿐더러
아닐 뿐 아니라 *cf.* ㄹ 뿐 아니라
아닐 수 없다
아닐 텐데 *cf.* ㄹ 텐데, 터
아동도서관(兒童圖書館)
아동 문학(兒童文學) *cf.* 소녀 문학, 소년 문학, 실존주의 문학, 추리 문학
아동문화(兒童文化) *cf.* 성인문화, 청소년 문화, 노인 문화
아동박물관(兒童博物館) *cf.* 역사박물관, 과학박물관, 교과서 박물관, 군사 박물관
아동 병원(兒童病院) *cf.* 노인 병원
아드리아 해(-海)
아득바득
아득해 보이다
아들 낙지 *cf.* 딸 가자미, 손자 꼴뚜기
아들낳기빌기(민속)
아들 낳다 *cf.* 딸 낳다
아들네 집 *cf.* 손자네 집
아들녀석 *cf.* 딸년, 며늘아기
아들 노릇 *cf.* 딸 노릇, 부모 노릇, 어른 노릇, 머슴노릇, 종노릇
아들놈
아들덩굴
아들 된 도리(-道理) *cf.* 자식 된 도리
아들딸(자녀)
아들, 딸이다
아들뻘 되는 *cf.* 아저씨뻘 되는, 할아버지뻘 되는, 조카뻘 되는
아들삼아 <~ 기르다.> *cf.* 딸삼아
아들아이 *cf.* 딸아이
아들자(캘리퍼스의) *cf.* 어미자
아들자식(-子息) *cf.* 딸자식
아등바등하다

아딧줄(풍향을 맞추기 위해 돛을 매어 놓은 줄)
아뜩아뜩하다
아라리타령 *cf.* 어랑타령
아라비아고무 *cf.* 파라고무, 부타디엔고무
아라비아말 *cf.* 몽고말
아라비아 사람
아라비아 인(-人)
아라비아 춤
아라비아풀
아라우칸족(-族)
아란무늬
아랄 해(-海)
아람 벌다
아람이네 편(-便)
아람족(-族)
아람 줍기
아람 줍다
아랍 어(-語)
아랍 인(-人)
아랍종(-種)(말 품종) *cf.* 서러브레드종
아랑곳 않다
아랑곳없다
아랑곳 여기다
아랑곳하다
아랑곳하지 않다
아래귓간(-間)
아래 그림 *cf.* 윗그림
아래끝 *cf.* 위끝
아래댓사람 *cf.* 우댓사람
아래뜸 *cf.* 위뜸
아래로 볼록
아래로 오목
아래막기(태권도)
아래 방향(-方向) *cf.* 윗방향
아래 상자(-箱子) *cf.* 윗상자
아래 손잡이 *cf.* 위 손잡이, 가운데 손잡이
아래알 <수판의 ~….> *cf.* 윗알
아래알놓기
아래알떨기
아래알·윗알놓기
아래알·윗알떨기
아래옷 *cf.* 윗옷〔上衣〕, 웃옷〔表衣〕
아래위로
아래위턱
아래윗간(-間) <~으로 나누어진 사랑채는….>
아래윗막이
아래윗벌 <~로 맞추다.>
아래윗집
아래쪽 *cf.* 위쪽, 앞쪽, 뒤쪽, 안쪽, 바깥쪽, 왼쪽, 오른쪽, 반대쪽, 양지쪽
아래채 *cf.* 위채
아래층(-層) *cf.* 위층
아래치마(갈퀴의) *cf.* 위치마
아래턱끼움
아래턱뼈
아래 테
아래판그물(안강망)
아래팔뼈
아래편(-便)(아래쪽) *cf.* 왼편, 오른편, 위편, 앞편, 뒤편, 반대편
아래편짝(-便-)
아래 표(-表) <~의 글자를….>
아랫가락
아랫거울(용어로서)
아랫것(낮은 사람)
아랫구멍 *cf.* 윗구멍
아랫길 *cf.* 윗길, 상길, 핫길
아랫깃
아랫녘 *cf.* 윗녘
아랫녘새야
아랫녘장수(화류계 여인)
아랫눈썹 *cf.* 윗눈썹
아랫니 *cf.* 윗니
아랫단 <옷의 ~>
아랫단계(-段階) *cf.* 윗단계
아랫당줄(망건) *cf.* 윗당줄
아랫덧줄(음악) *cf.* 덧줄, 윗덧줄
아랫도리 *cf.* 윗도리

아랫도리옷 *cf.* 윗도리옷
아랫동 *cf.* 윗동
아랫동네(-洞-) *cf.* 윗동네
아랫마구리 *cf.* 윗마구리
아랫마디
아랫마을 *cf.* 윗마을
아랫막이
아랫면(-面) *cf.* 윗면
아랫목 *cf.* 윗목
아랫몸사위
아랫물 *cf.* 윗물
아랫미닫이틀
아랫바람 *cf.* 윗바람
아랫반(-班) *cf.* 윗반
아랫방(-房) *cf.* 윗방
아랫배 *cf.* 윗배
아랫변(-邊) *cf.* 윗변
아랫부분(-部分) *cf.* 윗부분, 뒷부분, 앞부분, 옆부분, 가운데 부분, 중간 부분
아랫사람 *cf.* 윗사람
아랫사람 노릇 하다 *cf.* 어른 노릇 하다
아랫사람 된 도리(-道理) *cf.* 윗사람 된 도리
아랫수염(-鬚髯) *cf.* 윗수염
아랫심 *cf.* 윗심
아랫·윗입술
아랫입술 *cf.* 윗입술
아랫잇몸 *cf.* 윗잇몸
아랫잎(아래에 있는 잎사귀)
아랫자리 *cf.* 윗자리
아랫줄 *cf.* 윗줄
아랫중방(-中枋)
아랫집 *cf.* 윗집
아량 없다(雅量-)/아량 있다(雅量-)
아로새기나
아롱무늬 *cf.* 물방울무늬
아롱이다롱이
아롱지는 듯 *cf.* 듯
아롱지다
아뢰올 말씀은

아르기닌→아르지닌
아른아른해지다
아름다운가 보다 *cf.* ㄴ가 보다, 보다
아름다운 노래 부르기 *cf.* 노래부르기
아름다울 뿐 아니라 *cf.* ㄹ 뿐 아니라
아름다울뿐더러 *cf.* ㄹ뿐더러
아름다움이야말로 *cf.* 이야말로
아름다워 보이다
아름다워져 가다
아름되(대추, 밤 등을 많이 담기 위해 눌러 담는 되)
아름드리
아름드리 나무
아름차다
아리따워 보이다
아리따워지다
아리랑고개 *cf.* 녹번고개, 말티고개, 박석고개
아리랑상(-賞) *cf.* 노벨상, 설리번상
아리랑타령
아리비아 말
아리살짝
아리송하다
아리스토텔레스등(-燈)(성게류의 씹는 기관)
아리스토텔레스학파(-學派) *cf.* 소크라테스학파, 스토아학파, 이용후생 학파
아리아리하다
아리아 인(-人)
아린 맛 *cf.* 단맛, 쓴맛, 짠맛, 매운맛, 신맛, 떫은 맛
아릴기(-基)
아릿줄
아마나촌(-村)
아마씨기름(亞麻-) *cf.* 동백기름, 피마자기름
아마인유(亞麻仁油) *cf.* 아마씨기름
아마존 강(-江)
아말감법(-法)
아말단성(亞末端性)
아망간산염(-酸鹽)
아망 부리다/아망 피우다

아메리카 인디언
아메리카학파(-學派) *cf.* 이탈리아학파, 엘레나학파, 이용후생 학파, 강화 학파
아무개
아무개 아무개
아무 거리낌 없이 *cf.* 거리낌없이
아무 걱정 말고
아무것 *cf.* 어느것
아무것도 모르고
아무것도 아니다
아무 곳 *cf.* 어느 곳, 아무 데
아무 관계 없다(-關係-) *cf.* 관계없다
아무 관련 없다(-關聯-) *cf.* 관련 없다
아무 기약 없다(-期約-) *cf.* 기약 없다
아무다리야 강(-江)
아무 데나 *cf.* 아무 곳이나, 데
아무도 몰래 *cf.* 나도 몰래
아무 때나 *cf.* 어느 때나
아무러하다
아무런 계획 없이(-計劃-)
아무리 보아도 *cf.* 암만 보아도
아무리 생각해 봐도
아무리 해도
아무 말
아무 말도 못하고
아무 말 없이 *cf.* 말없이
아무 사고 없이(-事故-) *cf.* 사고 없다
아무 상관 없다(-相關-) *cf.* 상관없다
아무 생각 없다 *cf.* 생각 없다
아무 소리도 못하고
아무 소리 말고
아무 쓸데 없는/없다 *cf.* 쓸데없다
아무아무
아무아무개
아무 일
아무 일 없이 *cf.* 일없이
아무 조건 없다(-條件-)
아무 짓
아무짝에도
아무짝에도 못 쓴다
아무짝에도 쓸모없다
아무 쪽(아무 방향) *cf.* 어느 쪽
아무 탈 없이(-頉-) *cf.* 탈없이
아무튼 간에(-間-)
아무한테도 *cf.* 누구한테도, 아무에게도
아물아물해지다
아물어 가다/아물어져 가다
아미노화(-化)
아미드→아마이드
아미드화이온(-化-)→아마이드화 이온
아미타여래(阿彌陀如來)
아밀라아제→아밀레이스
아밀로이드증(-症)
아바르족(-族)
아바마마 *cf.* 어마마마, 마마(접미사)
아바스왕 때(-王-) *cf.* 리어왕
아버님 댁에(-宅-) *cf.* 삼촌 댁에, 선생님 댁에
아버지 덕에(-德-) *cf.* 삼촌 덕에, 아들 덕에
아버지 된 도리(-道理) *cf.* 자식 된 도리
아버지뻘 되는 *cf.* 할아버지뻘 되는
아버지상(-像) *cf.* 어머니상, 교사상
아버지 쪽 *cf.* 할머니 쪽
아버지 타령 *cf.* 자전거 타령, 계집 타령
아베수(-數)
아베크족(-族)
아벨상(-賞)
아보가드로수(-數)
아부꾼(阿附-)
아부해 오다(阿附-)
아비뇽 유수(-幽囚)
아비 덕에(-德-) *cf.* 자식 덕에, 조상 덕에
아비 악어(-鰐魚)
아빠 고슴도치
아빠 구름
아빠 까치
아빠 눈사람
아빠 다람쥐
아빠 도깨비

아빠 돼지
아빠 두더지 *cf.* 아기 두더지
아빠 선인장(-仙人掌)
아빠, 엄마/아빠 엄마
아빠 펭귄
아빠 하이에나
아사선상(餓死線上) *cf.* 기아선상, 연장선상, 수사 선상
아삭아삭하다
아서라, 말아라 <~ 아비 어미 죽는다는데 핑계 대지 말고….>
아서왕(-王) *cf.* 리어왕
아세테이트법(-法)
아세톤수(-數) *cf.* 그램 수
아세트니트릴→아세토나이트릴
아세트산(-酸)
아세트산염(-酸鹽)
아세틸가(-價)
아세틸기(-基)
아세틸렌등(-燈) *cf.* 가스등, 석유등
아세틸렌화 이온(-化-)
아소 산(-山)
아소카왕(-王) *cf.* 리어왕
아쉬워 보이다/아쉬워하다
아쉬워해 오다
아쉰 대로
아쉰 소리/아쉰 소리 하다
아쉽게 되다
아스라하다
아스완 댐 *cf.* 후버 댐
아스카 문화(-文化) *cf.* 마들렌 문화, 세석기문화
아스카 사(-寺)
아스테로이드호(-弧)
아스텍족(-族) *cf.* 체로키족, 인디언족
아스파르트산(-酸)→아스파트산(-酸)
아스팔트길 *cf.* 시멘트길, 흙길
아스팔트유(-油) *cf.* 벙커 C 유, 테레빈유
아슬아슬하다/아슬아슬해 보이다
아슴푸레하다
아시는 것 같다
아시다시피 *cf.* 다시피
아시리아학(-學)
아시아면(-綿) *cf.* 이집트면, 인도면, 미국면
아시아·아프리카 지역 간(-地域間)
아시아 주(-洲)
아시아 쪽 *cf.* 유럽 쪽
아시아·태평양 경제 협력체(-太平洋經濟協力體)
아시자마자 *cf.* 죽자마자, 자마자
아안티모니산염(亞-酸鹽)
아양 떨다 *cf.* 아첨 떨다, 어리광 떨다
아양 부리다/아양 피우다 *cf.* 어리광 부리다, 어리광 피우다
아연가루(亞鉛-) *cf.* 흑연가루
아연실색(啞然失色)
아연 조각(亞鉛-) *cf.* 쇳조각, 댓조각, 널조각, 뼛조각, 나뭇조각, 종잇조각, 구리 조각, 유리 조각, 비누 조각
아연·탄소 전지(亞鉛·炭素電池)
아열대숲(亞熱帶-)
아옹다옹하다
아우 노릇 하다 *cf.* 형 노릇 하다, 종노릇하다
아우 되는 분 *cf.* 형 되는 분
아우 된 도리(-道理) *cf.* 형 된 도리, 부모 된 도리, 스승 된 도리
아우로라호(-號)(페트로그라드 혁명의 도화선이 된 러시아 순양함)
아우뻘 *cf.* 아저씨뻘
아우 삼다 *cf.* 형 삼다, 누님 삼다, 아내 삼다
아우성 소리 *cf.* 고함 소리
아우 타다
아욱국 *cf.* 조갯국, 북엇국, 시래깃국
아욱쌈 *cf.* 상추쌈
아욱잎 *cf.* 배춧잎, 방앗잎
아욱장아찌(싱거운 사람을 농으로 이르는 말)
아음속(亞音速) *cf.* 초음속, 극초음속
아이 낳다
아이년/아이놈
아이들 간에(-間-)

아이들끼리 *cf.* 저희들끼리, 끼리(접미사)
아이링식(-式)(화학 반응의 속도를 나타내는 식. 멕시코 태생의 미국 화학자 아이링이 개발)
아이마라스족(-族)(볼리비아의 소수 민족)
아이 말고도 *cf.* 말고(동사 '말다'의 부사형. 조사로 보는 견해도 있음.)
아이 배다 *cf.* 새끼 배다
아이 보다
아이 서다 *cf.* 아기 서다
아이스크림
아이스크림값
아이스크림 상자(-箱子)/아이스크림통(-桶)
아이아버지
아이 아버지 <이 ~ 되는 사람입니다.>
아이 양말 뜨기(-洋襪-)
아이 어르는 소리
아이 어른 할 것 없이
아이 어머니 <이 ~ 되는 사람입니다.>
아이어머니
아이오딘 팅크처←요오드팅크
아이오딘화 이온(-化-)←요오드화 이온
아이 적 *cf.* 처녀 적, 올챙이 적, 태곳적, 소싯적, 적(의존 명사)
아이 지우다
아이하고 *cf.* 너하고, 나하고, 하고(조사)
아인시타이늄→아인슈타이늄
아자무늬(亞字-)
아자문(亞字門) *cf.* 정자문
아장걸음 *cf.* 색시걸음, 새우걸음
아장아장
아저씨 댁에(-宅-) *cf.* 아버님 댁에
아저씨 덕에(-德-) *cf.* 아주머니 덕에, 자식 덕에, 남편 덕에
아저씨뻘 되는 *cf.* 형님뻘 되는, 할아버지뻘 되는, 조카뻘 되는
아저씨하고 *cf.* 너하고, 형하고, 하고(조사)
아조기(-基)
아주까리기름 *cf.* 동백기름, 삼씨기름
아주까리씨
아주낮춤 *cf.* 예사낮춤
아주높임 *cf.* 예사높임
아주머니 댁에(-宅-) *cf.* 선생님 댁에
아주머니뻘 되는
아주머니 집
아주뿌리기〔定播〕/아주 뿌리다〔定播〕
아주뿌림〔定播〕
아주심기〔定植〕/아주 심다〔定植〕
아지드화 이온(-化-)→아자이드화 이온
아지랑이 끼다 *cf.* 구름 끼다, 안개 끼다
아직껏 *cf.* 이제껏
아질산나트륨(亞窒酸-) *cf.* $NaNO_2$
아찔아찔하다
아차산성(阿嵯山城) *cf.* 남한산성
아차 하는 순간(-瞬間)
아차 하다
아첨꾼(阿諂-) *cf.* 아부꾼
아치교(-橋) *cf.* 홍예교
아치형(-形)
아침거리 *cf.* 저녁거리, 끼닛거리, 땟거리
아침결 *cf.* 점심결, 저녁결
아침길 *cf.* 새벽길
아침나절 *cf.* 점심나절, 저녁나절
아침녘에 *cf.* 저녁녘에
아침노을 *cf.* 저녁노을
아침 되다 *cf.* 실력 되다, 반대되다
아침때 *cf.* 점심때, 저녁때
아침뜸 *cf.* 저녁뜸
아침 먹다 *cf.* 저녁 먹다, 점심 먹다
아침 문안(-問安) *cf.* 병문안, 새해 문안
아침 바다 *cf.* 밤 바다
아침 바람 *cf.* 밤바람, 새벽바람
아침밥 *cf.* 점심밥, 저녁밥
아침 밥상(-床) *cf.* 저녁 밥상
아침별 *cf.* 저녁별, 가을별, 여름별
아침상(-床) *cf.* 점심상, 저녁상
아침상식(-上食) *cf.* 저녁상식
아침술 *cf.* 낮술

아침 신문(-新聞) *cf.* 조간신문, 석간신문, 저녁 신문
아침쌀
아침이슬 *cf.* 밤이슬, 새벽이슬
아침 일찍 *cf.* 밤 늦게
아침잠 *cf.* 저녁잠, 낮잠, 새벽잠
아침저녁으로
아침, 점심, 저녁때 *cf.* 아침때, 점심때, 저녁때
아침진지 *cf.* 저녁진지
아침참 *cf.* 점심참, 저녁참, 밤참
아침 해 *cf.* 저녁 해
아침해 저녁놀
아침 햇살 *cf.* 저녁 햇살
아카데미상(-賞) *cf.* 그래미상
아카시아 *cf.* 아까시나무(학명으로는)
아카시아나무 가시 *cf.* 탱자나무 가시
아카시아나무 씨
아카시아 숲 *cf.* 상수리나무 숲, 소나무 숲, 자작나무 숲
아카시아 잎 *cf.* 감나무 잎, 대추나무 잎, 사과나무 잎, 상수리나무 잎, 자작나무 잎
솔잎, 갈잎, 댓잎, 연잎, 나뭇잎, 단풍잎
아칸서스무늬
아쿠타가와상(-賞) *cf.* 노벨상, 현대문학상
아크등(-燈) *cf.* 네온등, 텅스텐등, 삼파장등
아크릴산(-酸)
아크릴판(-板)
아크릴판용(-板用)
아크릴판 자르기(-板-)
아크릴판(을) 자르다(-板-)
아키타개(개 품종) *cf.* 풍산개, 진돗개, 삽살개, 셰퍼드개
아킬레스건(-腱)/아킬레스 힘줄
아디세 게이스(속칭 007 가방)
아파 보이다
아파 오다
아파 죽겠다
아파치족(-族) *cf.* 체로키족, 라틴족
아파트값 *cf.* 집값, 고추값, 담뱃값
아파트날 *cf.* 반상회날
아파트촌(-村) *cf.* 한옥촌
아파하다
아편값(阿片-)
아편굴(阿片窟)
아편쟁이(阿片-) *cf.* 놀음쟁이, 쟁이(접미사)
아폴로 눈병(-病)(출혈성 결막염)
아폴론형(-型) *cf.* 디오니소스형
아프간뜨기
아프간바늘 *cf.* 뜨개바늘, 낚싯바늘, 돗바늘, 주삿바늘, 시침바늘
아프디아픈/아프다 *cf.* 슬프디슬픈, 쓰디쓴
아프리카 땅 *cf.* 아메리카 땅
아프리카 원인(-猿人)
아프리카 인(-人)
아프리카 주(-洲)
아프리카행(-行) *cf.* 서울행, 부산행, 유럽행, 아메리카행, 하와이행
아프트식(-式) <~ 철도> *cf.* 톱니바퀴식 철도
아픈데다가 *cf.* ㄴ데다가(어미)
아피통목(-木) *cf.* 티크목, 나왕목
아흡무날(음력 4일과 18일)
아홉 시(-時) *cf.* 10시, 11시
아홉째 *cf.* 째(접미사)
아황산가스(亞黃酸-) *cf.* 이산화황
아황산나트륨(亞黃酸-)
아흐렛날 *cf.* 이렛날, 닷샛날, 초아흐렛날
악기 다루기(樂器-)
악기(를) 다루다(樂器-)
악기 만들기(樂器-)
악기(를) 만들다(樂器-)
악당놈(惡黨-) *cf.* 불한당놈, 도둑놈
악대놀이(樂隊-)
악대말(거세한 말)
악대소(거세한 소)
악독해 보이다(惡毒-)
악랄해져 가다(惡辣-)
악령 들리다(惡靈-)
악마 같다(惡魔-)

악마같이(惡魔-)
악머구리 끓듯 하다 *cf.* 듯(어미)
악명 높다(惡名-)
악몽 같다(惡夢-)
악몽같이(惡夢-)
악물다 못해 *cf.* 먹다 못해, 웃다 못해
악보 적기(樂譜-)
악보(를) 적다(樂譜-)
악순환되다(惡循環-)
악쓰다
악어가죽(鰐魚-) *cf.* 뱀가죽, 쇠가죽
악용해 오다(惡用-)
악의 없다(惡意-)
악장가사(樂章歌詞) *cf.* 악학궤범
악장치다 <악장치는 바람에 설잠을 자다.>
악지 떨다
악지 부리다 *cf.* 억지 부리다
악지 빼다
악지 세우다
악지식(惡知識) *cf.* 선지식
악지 쓰다
악지 피우다 *cf.* 억지 피우다
악질분자(惡質分子) *cf.* 적색분자, 회색분자, 반동분자, 저질 분자, 돌출 분자
악짓손 *cf.* 억짓손
악착같다(齷齪-) *cf.* 억척같다
악착같이(齷齪-)
악착꾸러기(齷齪-) *cf.* 심술꾸러기, 잠꾸러기
악착 부리다(齷齪-) *cf.* 악지 부리다
악착빼기(齷齪-)
악취 나다(惡臭-) *cf.* 냄새나다, 구린내 나다
악티늄계(-系)
악패듯 *cf.* 듯(어미)
악학궤범(樂學軌範) *cf.* 악장가사
악해 보이다(惡-)
악해져 가다(惡-)
악화되어 가다(惡化-)
악화일로(惡化一路)
안 간 지 오래되다 *cf.* 지(의존 명사)
안간힘 쓰다 *cf.* 간힘 쓰다
안감 *cf.* 속감
안갖춘꽃 *cf.* 갖춘꽃
안갚음(보은) *cf.* 앙가품(보복)
안개 같다 *cf.* 구름 같다, 안개 속 같다
안개같이
안개구름
안개꽃
안개 낀/끼다 <~ 장충단 공원….> *cf.* 구름 끼다
안개비 *cf.* 실비, 가랑비, 부슬비
안개빛
안개상자(-箱子) *cf.* 어둠상자, 문제 상자
안개 속 같다 *cf.* 안개 같다
안걸이 *cf.* 밭걸이
안걸이당기기(씨름)
안걸이뒤집기(씨름)
안걸이잦히기(씨름)
안겨다 주다
안겨 드리다
안겨들다 <품속으로 ~.>
안겨 오다
안겨 주다
안겨지다
안경다리(眼鏡-) *cf.* 쳇다리, 지겟다리
안경 쓰다(眼鏡-)
안경알(眼鏡-)
안경쟁이(眼鏡-) *cf.* 멋쟁이, 마술쟁이
안경집(眼鏡-) *cf.* 벼룻집, 망건집, 가위집
안경테(眼鏡-)
안고 가다/안고 오다 *cf.* 업고 가다
안고 나가다 <어린애를 ~.> *cf.* 업고 나가다
안고나다(남의 책임을 대신 짊어지다.)
안고나서다 <책임을 대신 ~.> *cf.* 안고나다
안고른꽃 *cf.* 고른꽃
안고른잎
안고름(안옷고름)
안고지기(창문의 형태)
안고지다(남을 해치려다가 도리어 해를 입다.)

안구은행(眼球銀行) *cf.* 혈액은행, 정자은행, 피부은행, 골수 은행, 씨앗 은행
안 그래도 *cf.* 그렇지 않아도
안 그렇다 *cf.* 그렇지 않다
안기고 싶어하다 *cf.* 싶어하다
안긴 듯하다 *cf.* 듯하다
안긴문장(-文章) *cf.* 안은문장
안길성(-性) *cf.* 붙임성, 내칠성, 내뻘성, 불뚝성
안길이(집터의)
안깃선(-線)
안껍데기
안 나타나다
안낚시걸이(씨름) *cf.* 바깥낚시걸이
안날(바로 전날)
안 내나 <한 푼 ~.>
안내렌즈(案內-) *cf.* 광각 렌즈, 접사 렌즈
안내받다(案內-) *cf.* 인도받다, 수령받다
안내해 나가다(案內-)
안내해 드리다(案內-)
안내해 보다(案內-)
안내해 오다(案內-)
안내해 주다(案內-)
안녕질서(安寧秩序)
안노인(-老人)(여자 노인) *cf.* 바깥노인
안녹산의 난(安祿山-亂)(안·사의 난)
안다리 *cf.* 밭다리
안다리걸기(씨름) *cf.* 밭다리걸기
안다리걸어치기(씨름) *cf.* 밭다리걸어치기
안다리후리기(씨름)
안다미씌우다(책임을 남에게 넘겨 지우다.)
안달루시안종(-種)(닭 품종) *cf.* 레그혼종
안달머리 *cf.* 인정머리, 주변머리, 행실머리
안달복달하다(조급하게 볶아치다.)
안달 부리다
안달재신(-財神)(몹시 속을 태우며 여기저기 다니는 사람)
안당맞이(민속)
안 당해 본 이는(-當-)
안돌이지돌이
안돌잇길 *cf.* 지돌잇길
안동 댐(安東-) *cf.* 충주 댐, 춘천 댐
안동도호부(安東都護府) *cf.* 웅진도독부
안동 별신굿놀이(安東別神-)
안 돼 <그런 짓 하면 ~.>
안돼 <얼굴이 ~ 보이다.>
안돼 보이다
안 돼요 <공부가 잘 ~.>
안됐다 <시간이 아직 ~.>, <실패했다니 참 ~.>
안됐다는 듯이 <~ 쳐다보다.> *cf.* 듯이
안됐지만 <~ 그만 가시오.>
안되고말고/안 되고말고 *cf.* 고말고(어미)
안 되는 일
안되다 <실패했다니 참 ~.>
안 되다 <그런 짓 하면 안 되는 거다.>
안 되면 <~ 조상 탓.>
안 되었다 <뜻대로 ~.>
안 될 리 없다(-理-)
안 될 말이다/안 될 일
안둘렛기둥
안뒤꼍
안뒤축걸기(-軸-)(유도)
안뒤축후리기(유도)
안뒷간(-間) *cf.* 바깥뒷간
안드라 왕조(-王朝)
안드러냄표(-標) *cf.* 드러냄표
안드로메다관(-管)
안드로메다 성운(-星雲)
안드로메다자리
안 드시니 말이야 *cf.* 말이다/말이오
안뜨기(뜨개질)
안뜨기코(뜨개질)
안뜰(안에 있는 뜰) *cf.* 뒤뜰
안뜰 기관(-器官)/전정 기관(前庭器官)
안락사시키다(安樂死-)
안락의자(安樂椅子) *cf.* 회전의자
안마 군도(鞍馬群島) *cf.* 고군산 군도
안마당 *cf.* 바깥마당, 뒷마당
안마루

안마을
안막은행(眼膜銀行) cf. 안구은행, 피부은행, 신장 은행, 골수 은행
안 먹다
안면각(顔面角)
안면박대(安面薄待) cf. 문전 박대
안면방해(安眠妨害) cf. 수면 방해, 영업 방해, 수업 방해, 공무 집행 방해
안면시수(顔面示數)(얼굴의 모양을 나타내는 기준)
안면치레(顔面-) cf. 인사치레, 체면치레
안목 없다(眼目-)/안목 있다(眼目-)
안무릎
안문(-門) cf. 바깥문
안바탕 cf. 뒷바탕
안반 같다 <안반 같은 궁둥이>
안반뒤지기 <서로 붙들고 ~를 하면서 뒹굴다.>
안받다 <까마귀가 먹이를 ~.>
안받침
안방(-房) cf. 뒷방
안방구석(-房-) cf. 방구석, 두멧구석
안방극장(-房劇場) cf. 노천극장, 야외극장
안방글(-房-)
안방마님(-房-)
안방 문(-房門) cf. 사랑방 문, 현관문, 분합문, 사립문
안방샌님(-房-)
안방 출입(-房出入) cf. 안출입, 바깥출입, 부엌출입
안번지기(씨름)
안벽(-壁) cf. 겉벽, 밭벽
안변평야(安邊平野) cf. 신의주평야, 재령평야
안 보이다 cf. 잘 보이다
안부모(어머니)
안 부정문(-否定文) cf. 못 부정문
안빈낙도(安貧樂道)
안사돈(-査頓) cf. 바깥사돈
안사람(자기의 아내)
안사랑(-舍廊) cf. 바깥사랑

안살림
안살림살이 cf. 살림살이
안상제(-喪制) cf. 바깥상제
안성맞춤(安城-)
안성장(安城場) cf. 서울장, 봉평장
안섶선(-線)
안소리 cf. 바깥소리
안속 <남편의 ~을 잘 모른다.>
안손님(여자 손님) cf. 바깥손님
안수틀(-繡-)
안시 등급(眼視等級)
안시 쌍성(眼視雙星)
안식구(-食口) cf. 바깥식구
안식향산(安息香酸)(벤조산)
안심부름 cf. 바깥심부름
안심시켜 주다(安心-)
안심해 오다(安心-)
안쓰러워 보이다
안쓰러워하다
안쓰럽다
안씨(安氏) cf. 김씨, 이씨, 박씨, 안 씨(안창호 씨)
안씨 댁에(安氏宅-) cf. 이씨 댁에
안씨 집에(安氏-)
안아넘기기(레슬링 등)
안아 들다 <아기를 곧추 ~.>
안아막기(태권도)
안아맡다 <남의 일까지 ~.>
안아 보다
안아 올리다
안아조르기(유도)
안아 주다
안아치다(씨름)
안어버이 cf. 밭어버이
안어울림음(-音)
안어울림 음정(-音程)
안어울림 화음(-和音)
안엣것 cf. 뒤엣것, 앞엣것, 안의 것
안여닫이

안올린벙거지(역사)(장교 이상의 무관이 쓰던 전립)
안옷고름
안용복 해산(安龍福海山) *cf.* 김인후 해산
안울림소리/무성음(無聲音) *cf.* 울림소리
안울림 예사소리(-例事-)
안으로 돌기
안은문장(-文章) *cf.* 안긴문장
안은 문장(-文章) <명사절을 ~>
안은 채 *cf.* 맺은 채, 입은 채, ㄴ 채, 채
안일 *cf.* 바깥일
안 입다
안잠(여자가 남의 집에서 먹고 자면서 일을 도와 주는 일)
안잠자기 *cf.* 안잠
안잠자다
안장가리개(鞍裝-)
안장가죽(鞍裝-)
안장꾸미개(鞍裝-)
안장코(鞍裝-)
안장해 놓다(安葬-)
안전거리(安全距離) *cf.* 제동 거리, 명시 거리, 초점 거리
안전공황(安全恐慌)(경제) *cf.* 안정공황
안전기사(安全技士) *cf.* 운전기사, 건축 기사, 토목 기사, 환경 기사
안전등(安全燈) *cf.* 신호등
안전띠(安全-)
안전마크(安全-)
안전면도기(安全面刀器)
안전밸브(安全-)
안전벨트(安全-)
안전사고(安全事故) *cf.* 교통사고, 인사 사고, 작업 사고
안전색채(安全色彩) *cf.* 산업 색채
안전성냥(安全-)
안전시거(安全視距) *cf.* 안전거리, 안전 수역
안전시설(安全施設) *cf.* 수리 시설, 교육 시설, 위락 시설, 통신 시설, 보안 시설
안전완장(安全腕章) *cf.* 주번 완장, 주장 완장, 헌병 완장
안전용기(安全容器) *cf.* 밀폐 용기, 플라스틱 용기, 세척 용기
안전 용품(安全用品) *cf.* 생활 용품, 주방 용품
안전유리(安全琉璃) *cf.* 강화 유리
안전장치(安全裝置) *cf.* 시한장치, 시건장치, 가속 장치, 냉각 장치, 개폐 장치, 기억 장치, 제동 장치, 보안 장치
안전제일(安全第一)
안전지대(安全地帶) *cf.* 무풍지대, 사각지대, 산악 지대, 위험 지대, 곡창 지대, 위험 지구, 위험 지역
안전표지(安全標識) *cf.* 위험 표지, 도로 표지, 교통 표지, 통행금지 표지, 공중전화 표지
안전핀(安全-) *cf.* 시침핀
안전해 보이다(安全-)
안절부절못하다
안정감 있다(安定感-)
안정되어 가다(安定-)
안정시켜 놓다(安定-)
안정시켜 주다(安定-)
안정 장치(安定-) *cf.* 시건장치, 집전장치, 난방 장치, 제동 장치, 보호 장치
안정화 못(安定化-)/안정화지(安定化池)
안 좋다/안 좋아 보이다
안주머니 *cf.* 속주머니, 겉주머니
안주·박천평야(安州·博川平野) *cf.* 신의주평야
안주삼아(按酒-) <풀 내음 ~> *cf.* 놀이삼아
안주수(安州繡)
안주인(-主人) *cf.* 바깥주인
안줏감(按酒-) *cf.* 횟감, 놀잇감, 다듬잇감
안줏거리(按酒-) *cf.* 양념거리, 추억거리, 김칫거리, 끼닛거리, 땟거리, 곧칫거리
안지름 *cf.* 바깥지름
안지름 깎기
안지름(을) 깎다
안 집(안채 또는 주인집)
안짱걸음

안짱다리 *cf.* 발장다리
안쪽 *cf.* 바깥쪽, 앞쪽, 뒤쪽, 위쪽, 아래쪽, 오른쪽, 왼쪽
안쪽날
안쪽제침 왕복갈이(-往復-)
안쪽 층(-層)
안쫑잡다
안찝(옷 안에 받치는 천)
안차다(겁이 없고 야무지다.)
안채 *cf.* 바깥채
안채비 소리 *cf.* 바깥채비 소리
안출입(-出入) *cf.* 바깥출입
안출해 내다(案出-)
안치수(-數) *cf.* 바깥치수
안치시켜 놓다(安置-)
안치해 두다(安置-)
안침술집
안타까울뿐더러 *cf.* ㄹ뿐더러
안타까울 뿐 아니라 *cf.* ㄹ 뿐 아니라
안타까워하다
안타 수(安打數) *cf.* 홈런 수
안토시아닌→안토사이아닌
안트라센유(-油)
안티몬→안티모니〔안티몬〕
안티몬 거울
안티몬화 이온(-化-)
안팎곱사등이
안팎날(고고학)
안팎날찍개(고고학)
안팎노자(-路資)(오고 가는 데 드는 비용)
안팎드난
안팎뗀석기(-石器)(고고학)
안팎머슴
안팎먹기(증권)
안팎발걸이(양쪽에서 이익을 보려고 각각에 모두 관계를 가지는 일)
안팎벽(-壁)
안팎 붙이기
안팎(을) 붙이다

안팎살림
안팎수(-繡)
안팎식구(-食口)
안팎심부름
안팎연귀(-燕口)
안팎옷
안팎일
안팎장사
안평 대군(安平大君) *cf.* 양원군
안포폭약(-爆藥)
안하무인(眼下無人)
안하무인격(眼下無人格)
안학궁 터(安鶴宮-) *cf.* 대화궁 터
안할 말로 *cf.* 아닐 말로, 아니할 말로
안 해 본 일 없다
안 해 오다
앉기 자세 왕(-姿勢王)
앉아 가다
앉아 계시다 *cf.* 앉아 있다
앉아 기다리다
앉아 놀다
앉아 뭉개다
앉아 배기다
앉아 버리다
앉아버티다 <요구에 응하지 않고 ~.>
앉아 보고 싶다
앉아 보다
앉아불기
앉아서 물장구치기
앉아서 발차기
앉아서 원 그리기(-圓-)
앉아서 타기(썰매) *cf.* 서서 타기
앉아 쉬다
앉아쏴 *cf.* 서서쏴
앉아 윗몸 앞으로 굽히기
앉아 있다/계시다
앉아 주다
앉아 팔 무릎 번갈아 굽혔다 펴기
앉았다 섰다 하다

앉으나마나 *cf.* 하나마나, 나마나
앉으나마나 하다 *cf.* 나마나 하다
앉은걸음(앉은 채 걷는 걸음) *cf.* 잦은걸음
앉은검정
앉은 계원(-契員)
앉은반
앉은뱅이걸음 *cf.* 앉은걸음
앉은뱅이놀이
앉은뱅이모말되기(땅재주)
앉은뱅이저울 *cf.* 대저울, 접시저울, 양팔 저울
앉은뱅이책상(-冊床)
앉은뱅이팔걸음(땅재주)
앉은버꾸놀이
앉은벼락 <~을 당하다.>
앉은사위(진주 칼춤)
앉은소리(잡가) *cf.* 선소리
앉은일(자리에 앉아서 하는 일) *cf.* 선일
앉은자리 <~에서 불고기 5인분을 먹다.>
앉은 자리 <~에 풀도 안 난다.>
앉은 자세(-姿勢)
앉은잠(앉은 채 자는 잠)
앉은장사
앉은장수 *cf.* 도붓장수
앉은절
앉은주낙
앉은주막(-酒幕)
앉은 채로 *cf.* 선 채로, 누운 채로, 엎드린 채로, 채(의존 명사)
앉은키(앉았을 때의 키) *cf.* 선키
앉은키자
앉은헤엄
앉을까 말까 하다 *cf.* 설까 말까 하다
앉을자리 <책상 ~를 고르다.>, <~가 편하다.>
앉을 자리 설 자리
앉을 자리 정하기(-定-)
앉음새
앉음앉음
앉혀 놓다
앉혀 두다
앉혀 주다
앉힐낚시 *cf.* 던질낚시
않기 때문에 *cf.* 했기 때문에
않는 한(-限)
않습니다그려 *cf.* 그려
않아 하다
않았단 말이니 *cf.* 말이다/말이야/말이오
않았을 텐데 *cf.* ㄹ 텐데, 터
않으려나 보다 *cf.* 보다
않으리만큼 *cf.* 하리만큼
않은데다가 *cf.* 않은데도 불구하고
않은 듯하다 *cf.* 듯하다
않은 채 *cf.* 채(의존 명사)
않을 거야 *cf.* 먹을 거야, ㄹ 거야
않을걸 *cf.* ㄹ걸(어미)
않을걸요
않을게요 *cf.* 할게요, ㄹ게요
않을까 봐
않을까 하는/하다
않을 듯하다 *cf.* 듯하다
않을 리 없다(-理-) *cf.* 리(의존 명사)
않을 만큼 *cf.* 먹을 만큼, 만큼(의존 명사)
않을뿐더러 *cf.* ㄹ뿐더러
않을 뿐 아니라 *cf.* ㄹ 뿐 아니라
않을 테니까 말이야 *cf.* 말이다
않을 텐데 *cf.* ㄹ 텐데, 터
알가난 *cf.* 알부자, 알거지
알거나 모르거나 간에(-間-)
알 거두기
알거름
알거지 *cf.* 알부자
알거지 되다 *cf.* 알부자 되다
알건달(-乾達)
알게 되다
알게 모르게
알 게 뭐야
알겨내다
알겨먹다 *cf.* 뜯어먹다
알겯다

알고말고 *cf.* 하고말고, 고말고
알고 모르고 간에(-間-)
알고 보니/알고 보면
알고 싶다
알고 싶어하다 *cf.* 싶어하다(보조 용언)
알고 있나 보다 *cf.* 보다(보조 용언)
알고 있는 대로 *cf.* 대로(의존 명사)
알곡식(-穀食)
알굴리기
알(을) 굴리다
알궁둥이 <~로 매를 맞다.>
알 권리(-權利)
알기 때문에 *cf.* 모르기 때문에
알기 쉽게/쉬운/쉽다
알기 어렵다
알기 전에(-前-)
알 길 *cf.* 갈 길, 살 길
알 길 없다
알까 말까 하다
알까 모를까 하다
알깍쟁이
알깨기
알껍데기 *cf.* 조개껍데기, 굴 껍데기, 소라 껍데기, 전복 껍데기
알껍데기막(-膜)
알끈
알나리깔나리←얼레리꼴레리
알 낳다
알내기
알넣기
알눈(동물의 태반이나 식물의 태아)
알니코 자석(-磁石)
알다가도 모를 일
알다시피 *cf.* 다시피
알데히드→알데하이드
알데히드기(-基)→알데하이드기(-基)
알도스테론증(-症)(의학)
알둥지 <새가 ~를 틀다.> *cf.* 새둥주리
알든 말든 간에(-間-)
알든 모르든 간에(-間-)
알 듯 말 듯하다
알 듯 모를 듯하다
알듯이 <남들이 다 ~….>
알땅
알뚝배기
알뜰 바자회날(-會-) *cf.* 알뜰 시장
알뜰살뜰
알뜰살뜰하다
알뜰 시장(-市場)
알뜰 시장 놀이(-市場-)
알뜰 아이디어상(-賞)
알뜰해 보이다 *cf.* 착해 보이다
알라신(-神)
알락달락하다
알람 소리 *cf.* 벨 소리
알랑방귀 뀌다 *cf.* 방귀 뀌다
알랑쇠(알랑거리는 사람) *cf.* 덜렁쇠, 마당쇠
알랑수(아무리 ~를 써도….)
알랑알랑하다
알래알·윗알놓기
알레르기성(-性)
알렉산드리아학파(-學派) *cf.* 이탈리아학파
알려 놓다
알려 다오
알려 두다
알려 드리다
알려 오다
알려져 버리다
알려져 있다
알려 주기 바란다
알려 주다
알력 다툼(軋轢-) *cf.* 권력 다툼, 세력 다툼, 자리다툼, 말다툼
알로까다 <그 애는 알로깐 놈이다.>
알록달록하다
알루미늄관(-罐)
알루미늄 그릇 *cf.* 스테인리스 그릇, 양은그릇, 사기그릇, 옹기그릇, 유기그릇, 유리그릇

알루미늄 깡통　*cf.* 주석 깡통
알루미늄박(-箔)　*cf.* 금박, 은박
알루미늄 밥통(-桶)　*cf.* 스테인리스 밥통
알루미늄 시루
알루미늄족(-族)　*cf.* 할로젠[할로겐]족
알루미늄 캔　*cf.* 철 캔
알루미늄판(-板)
알리기 전에 말이야(-前-)　*cf.* 말이다/말이오
알리바바 이야기
알 리 없다(-理-)　*cf.* 리
알리자린 옐로
알리자린황(-黃)
알림판(-板)
알 만큼　*cf.* 먹을 만큼, 만큼(의존 명사)
알 만하다　*cf.* 만하다
알매흙(기와를 이을 때 산자 위에 이겨서 까는 흙)
알맹이 없다
알몸뚱이　*cf.* 알궁둥이, 알몸
알 바가 아니다　*cf.* 바
알바늘(실을 꿰지 않은 바늘)
알 바 아니다
알 받다
알밤
알방구리　*cf.* 동방구리, 술방구리
알배기　<~ 생선>　*cf.* 이리박이
알배다　*cf.* 애 배다, 새끼 배다
알부자(-富者)　*cf.* 알거지
알불
알붙이기(농업)
알비노증(-症)
알뿌리　*cf.* 덩이뿌리
알뿌리 꽃
알뿌리 꽃 가꾸기
알뿌리 끼우개
알뿌리나누기
알뿌리(를) 나누다
알뿌리 물가꾸기
알뿐더러　*cf.* ㄹ뿐더러
알 뿐만 아니라　*cf.* ㄹ 뿐 아니라

알사탕(-砂糖)　*cf.* 솜사탕, 눈깔사탕, 얼음사탕
알선받다(斡旋-)　*cf.* 주문받다
알선해 주다(斡旋-)
알속(핵심 또는 실속)　<~ 있는 부자>
알 속　<~에서 나오다.>
알 수 없다
알 수 있다
알쌈　*cf.* 밀쌈, 복쌈
알쏭달쏭하다
알쏭달쏭해 보이다
알아 가지고
알아내기
알아내다
알아내어 보다
알아 놓다
알아눕다
알아두기
알아 두다
알아듣다　*cf.* 새겨듣다, 귀담아듣다
알아듣지 못하다
알아맞혀 보다
알아맞히기
알아맞히기놀이
알아맞히다
알아먹다　<말귀를 못 ~.>
알아보다　*cf.* 살펴보다, 찾아보다
알아보러 가다
알아서 척척
알아주다　<마음을 ~.>　*cf.* 몰라주다
알아주지 않다
알아차리다/알아채다
알았나 보다　*cf.* 먹었나 보다, 했나 보다, 쓰나 보다, 보다
알약(-藥)　*cf.* 가루약, 물약
알운성(국악 발성법)
알은척하다　*cf.* 척하다
알은체하다　*cf.* 체하다
알음알음
알음알이

알이마 <벗겨진 ~….>
알 일 없다
알자마자 *cf.* 가자마자, 자마자
알젓찌개
알주머니 *cf.* 모래주머니, 쓸개주머니
알줄기
알지단〔-鷄蛋〕
알지 못하니 말이야
알지ᵛ못하다
알집
알짜 반응식(-反應式)
알짜배기
알짜힘
알짱알짱하다
알찌개
알차게
알츠하이머병(-病) *cf.* 에디슨병
알칼로이드음료(-飮料) *cf.* 탄산음료, 과실음료, 알코올음료, 발효 음료
알칼리뇨(-尿)
알칼리도(-度)
알칼리성(-性) *cf.* 산성
알칼리염(-鹽) *cf.* 암모늄염
알칼리제(-濟)
알칼리천(-泉) *cf.* 유황천, 산성천
알칼리토(-土)
알캅톤뇨증(-尿症)
알코올램프
알코올성(-性)
알코올음료(-飮料) *cf.* 청량음료, 탄산음료, 유산균 음료, 발효 음료
알코올 중독(-中毒) *cf.* 게임 중독
알킬기(-基) *cf.* 메틸기
알타이 어(-語)
알타이 어계(-語系)
알타이 어족(-語族)
알타이족(-族)
알 턱 없다
알토란 같다(-土卵-) <그가 가진 땅은 ~.>
알트 키
알파벳순(-順)
알파벳 이어쓰기 놀이
알파선(-線)
알파성(-星)
알파파(-波) *cf.* 델타파
알파화미(-化米)
알프스 산(-山)
알프스·히말라야 조산대(-造山帶)
알프스·히말라야 지진대(-地震帶)
앍작빼기 *cf.* 빼기
앍작앍작
앍족빼기 *cf.* 빼기
앍족앍족
앓고 나서/난 다음
앓느니 죽지
앓는 소리 *cf.* 죽는소리, 우는소리
앓아 누워 있다
앓아 눕다
앓아 오다
-앓이(접미사) *cf.* 배앓이, 가슴앓이, 귀앓이
암거래되다(暗去來-)
암거래해 오다(暗去來-)
암것도 아니다 *cf.* 아무것도 아니다
암고양이 *cf.* 수고양이
암그루 *cf.* 수그루, 암이삭
암꽃 *cf.* 수꽃
암꽃술 *cf.* 수꽃술
암꽃이삭 *cf.* 수꽃이삭
암꿩 *cf.* 수꿩
암나사 내기(-螺絲-)
암내
암내 나다
암내 내다
암녹색(暗綠色) *cf.* 담녹색, 심녹색, 암록, 담록, 심록
암놈 *cf.* 수놈
암달러상(暗-商) *cf.* 무기상
암담해 보이다(暗澹-)

암담해져 가다(暗澹-)
암만 보아도 *cf.* 아무리 보아도
암만 해도(아무리 해도) <일을 ~ 끝이 없다.>
암만해도 <이건 ~ 내 잘못인 것 같다.>
암말도 말고 있어라
암말도 없이
암말 말고 <~ 있어.>
암말 없이
암모늄염(-鹽) *cf.* 알칼리염
암모늄 이온
암모니아수(-水) *cf.* 바리타수
암모니아시계(-時計) *cf.* 전자시계, 원자시계
암모니아액(-液)
암물(보얀 빛을 띤 물)
암무지개
암반응(暗反應) *cf.* 명반응
암방전(暗放電)
암배우자(-配偶者) *cf.* 수배우자
암범 *cf.* 수범
암범 같다 *cf.* 범 같다, 호랑이 같다
암벽타기(巖壁-)(용어로서는 '암벽 등반')
암벽(을) 타다(巖壁-)
암사돈(-査頓) *cf.* 수사돈
암산해 보다(暗算-)
암살당하다(暗殺當-) *cf.* 당하다
암살해 버리다(暗殺-)
암상꾸러기 *cf.* 심술꾸러기
암상 나다
암상 내다
암상 떨다 *cf.* 수선 떨다, 수다 떨다
암상 부리다 *cf.* 수선 부리다, 수다 부리다
암상자(暗箱子) *cf.* 어둠상자
암상 피우다
암세계(暗世界)
암세포(癌細胞)
암소 *cf.* 수소
암소 아주머니
암수딴그루/자웅이주(雌雄異株)
암수딴몸/자웅이체(雌雄異體)
암수한그루 *cf.* 자웅동주(용어로서는)
암수한그루/자웅동주(雌雄同株) *cf.* 암수같은그루/자웅동주(편수 자료 '농·생명')
암수한몸/자웅동체(雌雄同體)
암순응(暗順應) *cf.* 명순응
암술대 *cf.* 수술대
암술머리 *cf.* 수술머리
암스트롱포(-砲) *cf.* 바주카포, 로켓포
암시받다(暗示-) *cf.* 받다
암시세(暗時勢)
암시장(暗市場)
암시해 주다(暗示-)
암실램프(暗室-)
암열선(暗熱線)
암운임(暗運賃)
암유전자설(癌遺傳子說)
암이삭 *cf.* 수이삭, 암그루, 수그루
암죽관(-粥管)
암중공작(暗中工作) *cf.* 비밀공작, 정치 공작, 음해 공작
암중모색(暗中摸索)
암중비약(暗中飛躍)
암쥐 *cf.* 숫쥐
암쪽(채무자가 가지는 엄쪽) *cf.* 수쪽
암캉아지 *cf.* 수캉아지
암캐 *cf.* 수캐
암코양이 *cf.* 수코양이
암코철(-鐵)(순도가 매우 높은 철)
암키와 *cf.* 수키와
암탉 *cf.* 수탉
암탉걸음 *cf.* 씨암탉걸음
암탕나귀 *cf.* 수탕나귀
암톨쩌귀 *cf.* 수톨쩌귀
암페어시(-時)
암평아리 *cf.* 수평아리
암행어사(暗行御使)
암허스트호(-號)
암호 키(暗號-)
암호투성이(暗號-)

암호풀기놀이(暗號-)
암흑대륙(暗黑大陸) *cf.* 검은 대륙
암흑사회(暗黑社會) *cf.* 미개사회, 광명 사회
암흑세계(暗黑世界) *cf.* 광명 세계
암흑시대(暗黑時代) *cf.* 황금시대, 광명시대, 계몽 시대, 에도 시대
암흑천지(暗黑天地)
압도당하다(壓倒當-) *cf.* 당하다
압도되어 버리다(壓倒-)
압도해 버리다(壓倒-)
압도해 오다(壓倒-)
압력 넣다(壓力-)
압력받다(壓力-) *cf.* 압제받다, 받다
압력솥(壓力-) *cf.* 고압솥
압록강 가(鴨綠江-) *cf.* 한강 가, 동해 가, 두만강 가, 낙동강 가
강가, 개울가, 바닷가, 연못가, 호숫가
압록강교(鴨綠江橋) *cf.* 한강교, 낙동강교
압록강변(鴨綠江邊) *cf.* 한강변, 압록강 가
압류당하다(押留當-) *cf.* 당하다
압류해 놓다(押留-)
압류해 오다(押留-)
압바스조(-朝) *cf.* 카롤링거 왕조
압박당하다(壓迫當-) *cf.* 압제당하다, 당하다
압박해 오다(壓迫-)
압분자심(壓粉磁心)
압사당하다(壓死當-) *cf.* 당하다
압송되어 오다(押送-)
압송해 가다(押送-)
압송해 오다(押送-)
압수당하다(押收當-) *cf.* 당하다
압수펌프(壓水-) *cf.* 배기펌프, 직동펌프, 동키 펌프, 왕복 펌프, 압축 펌프, 급수 펌프
압수해 버리다(押收-)
압정의 수(押釘-數)
압제받다(壓制-) *cf.* 받다
압축가스(壓縮-) *cf.* 고압가스, 압축공기, 압축 성형
압축되어 가다(壓縮-)
압축비(壓縮比) *cf.* 구성비
압축열(壓縮熱)
압축해 놓다(壓縮-)
압핀(押-) *cf.* 압정
앗아 가다
앗아넣다(끝을 깎아 어긋나게 맞추어 넣다.)
-았나 보다('보다'는 보조 용언) <잡았나 보다.> *cf.* 썼나 보다
앙가발이(다리가 짧고 굽은 사람)
앙가슴(두 젖 사이)
앙가조촘하다 *cf.* 엉거주춤하다
앙감질 *cf.* 깨금질, 깨금다리
앙갚음하다(보복) *cf.* 안갚음(보은)
앙갚음해 주다
앙고라종(-種) *cf.* 친칠라종
앙당그러지다
앙부일구(仰釜日晷)
앙살 부리다 *cf.* 엄살 부리다
앙살 피우다 *cf.* 엄살 피우다
앙상궂다(매우 어설프다.)
앙상한 버들 가지 *cf.* 버들가지
앙상해 보이다
앙심 먹다(怏心-)
앙알앙알하다
앙증맞다
앙증맞아 보이다
앙증스럽다
앙칼져 보이다
앙코르와트
앙탈 떨다
앙탈 부리다 *cf.* 앙살 부리다
앞 *cf.* 앞날, 앞동네, 코앞, 눈앞
앞 *cf.* 청중 앞에서, 여러 사람 앞에서, 보는 앞에서
앞가르마
앞가리개
앞가리다
앞가림
앞가림하다

앞가슴 *cf.* 뒷가슴
앞가슴마디
앞갈망 *cf.* 뒷갈망
앞갈이(그루갈이를 할 때 먼저 재배함.)
앞강토(-强土)(둑을 튼튼히 하기 위해 덧붙이는 흙이나 돌)
앞개울 *cf.* 앞내
앞거리
앞걸어뜨기(뜨개질)
앞걸음
앞골목 *cf.* 뒷골목
앞 골목 <집 ~/마을 ~> *cf.* 뒷골목
앞공중돌기(-空中-)
앞교대(-交代) *cf.* 뒷교대
앞구르기(체조)
앞 구절(-句節) *cf.* 뒷구절, 끝 구절
앞굽이
앞굽이서기
앞그루 *cf.* 뒷그루
앞 글자(-字) *cf.* 뒷글자
앞기둥
앞기약(-期約)(앞일에 대한 기약)
앞길 <~이 구만 리 같다.>
앞 길 <집 ~/마을 ~>
앞깃선(-線)
앞꾸밈음(-音) *cf.* 뒤꾸밈음
앞 끝
앞날 *cf.* 뒷날
앞날개 *cf.* 뒷날개
앞내 *cf.* 앞개울
앞니 *cf.* 어금니, 송곳니, 덧니, 간니
앞니 빠진 갈가지
앞다리 *cf.* 뒷다리
앞다리들기(씨름)
앞다리차기(태권도)
앞다리채기(유도)
앞 다투어 <~ 나가다.>
앞 단어(-單語) *cf.* 뒷단어
앞당겨 주다
앞당기기/당기다
앞덮개 *cf.* 뒷덮개
앞돌기
앞돌아내리기(체조)
앞돌아뛰기(체조)
앞돌아 1회 몸비틀기(-一回-)
앞동산 *cf.* 뒷동산
앞두고/두다 <졸업을 한 달 ~….>
앞뒤
앞뒤 가릴 것 없이 *cf.* 가릴 것 없이
앞뒤 그림
앞뒤로 감기
앞뒤로 다리벌려 뛰기(체조)
앞뒤로 다리벌려 앉기
앞뒤 말
앞뒤짱구 *cf.* 앞짱구, 뒤짱구
앞뒤하다 <설을 앞뒤하여….>
앞·뒷길
앞뒷면(-面)
앞뒷문(-門)
앞뒷집 <우리는 ~에 살았다.>
앞들
앞뜰 *cf.* 뒤뜰
앞마당 *cf.* 뒷마당
앞마루께 *cf.* 께(접미사)
앞마을 *cf.* 뒷마을
앞막이
앞말 *cf.* 뒷말
앞맞추개
앞맵시 *cf.* 뒷맵시
앞머리 *cf.* 뒷머리
앞머리뼈
앞면(-面) *cf.* 뒷면
앞면도(-面刀) *cf.* 뒷면도
앞면뜨기(-面-)
앞모습 *cf.* 뒷모습
앞모양(-模樣)
앞 목둘레선(-線) *cf.* 뒤 목둘레선
앞 못 보다

앞무릎
앞무릎뒤집기(씨름)
앞무릎짚고밀기
앞무릎치기(씨름) *cf.* 뒷무릎치기
앞문(-門) *cf.* 뒷문
앞 문단(-文段) *cf.* 뒷문단
앞 문장(-文章) *cf.* 뒷문장
앞바다 *cf.* 먼바다
앞 바다 *cf.* 연평 앞 바다, 흑산도 앞 바다
앞바닥
앞바람 *cf.* 마파람, 뒷바람
앞바퀴 *cf.* 뒷바퀴
앞바탕(가구의 앞이나 옆에 붙이는 장식)
앞발 *cf.* 뒷발
앞발서기
앞발질하다 *cf.* 뒷발질하다
앞발치기 *cf.* 뒷발치기
앞벌(마을 앞에 있는 벌)
앞보름(초하룻날에서 열닷샛날까지)
앞부분(-部分) *cf.* 뒷부분, 윗부분, 아랫부분
앞부분뜨기(-部分-)
앞사람 *cf.* 뒷사람, 옆 사람
앞산(-山) *cf.* 뒷산
앞산타령(-山-)
앞생각 *cf.* 뒷생각
앞서 가다 *cf.* 뒤서 가다
앞서거니 뒤서거니
앞서 걸어가다
앞서기
앞서다 *cf.* 뒤서다
앞서다시피 하다 *cf.* 다시피 하다
앞서 보이다
앞 선수(-選手)
앞선음(-音)(음악)
앞섶
앞세대(-世代) *cf.* 뒷세대
앞세우고 가다
앞세우다
앞소리/앞소리꾼
앞 소매 둘레선(-線) *cf.* 뒤 소매 둘레선
앞악절(-樂節)
앞앞이
앞어금니
앞 어깨선(-線) *cf.* 뒤 어깨선
앞엇걸기
앞에총(-銃) *cf.* 세워총
앞엣것 *cf.* 뒤엣것, 앞의 것, 뒤의 것, 몸엣것, 옷엣니
앞엣분 *cf.* 뒤엣분, 앞의 분
앞엣사람 *cf.* 뒤엣사람, 앞의 사람
앞엣자리 *cf.* 뒤엣자리, 앞의 자리
앞여밈 *cf.* 뒤여밈
앞으로가 *cf.* 뒤로돌아가
앞으로 구르기
앞으로나란히
앞으로내리기
앞으로 내리다
앞으로누르기
앞으로 던지기
앞으로서서 뒤로뛰기
앞으로서서 뛰기
앞으로 앞으로 <우리는 대한의 어린이, ~….>
앞으로오르기
앞으로 크게 휘돌기
앞 음절(-音節) *cf.* 뒷음절
앞의 것 *cf.* 뒤의 것, 앞엣것, 뒤엣것
앞의 표(-表)
앞이마
앞 이야기 *cf.* 뒷이야기
앞일 *cf.* 뒷일
앞자락 *cf.* 뒷자락
앞자리 *cf.* 뒷자리
앞작은악절(-樂節) *cf.* 뒤작은악절
앞잡이 노릇 하다 *cf.* 간첩 노릇 하다, 종노릇 하다, 병신노릇하다
앞장서다 *cf.* 앞장세우다
앞장서서 가다
앞장서 오다

앞장세우다 *cf.* 앞장서다
앞장 안 서다
앞절(-節) *cf.* 뒷절
앞조각
앞좌석(-座席) *cf.* 뒷자석
앞주머니 *cf.* 뒷주머니
앞줄 *cf.* 뒷줄
앞 중심선(-中心線) *cf.* 뒤 중심선
앞지르기
앞지르다
앞 진동 둘레선(-線) *cf.* 뒤 진동 둘레선
앞질러 가다
앞집 *cf.* 뒷집
앞짧은소리(장래의 불행을 뜻하게 된 말 마디)
앞짱구 *cf.* 뒤짱구
앞쪽 <~에 앉았다.> *cf.* 뒤쪽, 위쪽, 아래쪽, 왼쪽, 오른쪽, 안쪽, 바깥쪽, 반대쪽
앞 쪽(앞 페이지) *cf.* 뒤 쪽(뒤 페이지)
앞찌름(검도)
앞차(-車) *cf.* 뒤차
앞차기(태권도)
앞차다 <그의 태도가 ~.>
앞차올리기
앞찬소리→입찬소리
앞채
앞채기(낚시)
앞처짐
앞치레 *cf.* 뒤치레
앞치마
앞치배(농악)
앞턱
앞턱따기(벌목)
앞튀겨 돌아오르기(체조)
앞트기식(-式)(고고학) *cf.* 구덩식, 굴식
앞트임
앞판(-板) *cf.* 뒤판
앞편짝(-便-) *cf.* 뒤편짝
앞표지(-表紙) *cf.* 뒤표지, 속표지
앞품 *cf.* 뒤품

앞햇돈(씨, 거름 등 밑천이 드는 비용)
애간장(-肝腸)
애간장 녹이다(-肝腸-)
애간장 말리다(-肝腸-)
애간장 태우다(-肝腸-)
애걸하다시피 하다(哀乞-) *cf.* 다시피 하다
애고대고(부사)
애교꾸러기(愛嬌-) *cf.* 심술꾸러기, 장난꾸러기, -꾸러기
애교 떨다(愛嬌-) *cf.* 아양 떨다
애교머리(愛嬌-) *cf.* 깻잎머리
애교 부리다(愛嬌-) *cf.* 아양 부리다
애교 있다(愛嬌-)
애굣덩어리(愛嬌-) *cf.* 골칫덩어리, 사곳덩어리, 화근넝어리
애국 계몽 운동(愛國啓蒙運動)
애국다섯치(품종명)
애국 말이야(愛國-) *cf.* 말이다/말이오
애국부인전(愛國婦人傳)
애국선열(愛國先烈) *cf.* 순국선열
애국시(愛國詩) *cf.* 전쟁시
애국, 애족하다(愛國, 愛族-)
애국정신(愛國情神) *cf.* 애향 정신, 독립 정신, 협동 정신
애국지사(愛國志士) *cf.* 독립지사, 우국지사
애기구덕
애기똥풀꽃
애꾸눈 *cf.* 어릿보기눈
애끊다
애끓다
애놈
애누에
애늙은이 같다 *cf.* 늙은이 같다
애달아하다
애달파지다
애달파하다
애당초(-當初)
애덤 스미스
애들 간에(-間-)

애디슨병(-病)(부신 기능 장애로 생기는 병) *cf.* 알츠하이머병
애로호(-號) *cf.* 셔먼호, 챌린저호
애리조나 주(-州)
애 마르다
애매해 보이다(曖昧-) *cf.* 모호해 보이다
애머슴
애먹다/애먹이다
애먼소리
애면글면 <~ 살다.>
애멸구
애무해 주다(愛撫-)
애물단지(-物-) *cf.* 신줏단지, 흉물단지, 눈물단지, 부항단지
애민휼민(愛民恤民)
애바르다(이익을 좇아 발밭게 덤비다.)
애 배다 *cf.* 새끼 배다, 알배다
애배추 *cf.* 애호박
애벌구이 *cf.* 초벌구이, 재벌구이
애벌김 *cf.* 두벌김
애벌논 *cf.* 두벌논
애벌레
애벌레 그리기
애벌레(를) 그리다
애벌매기 *cf.* 두벌매기
애벌빨래 *cf.* 초벌빨래
애벌염색(-染色)
애 보는 사람
애 서다
애석해하다(哀惜-)
애솔밭 *cf.* 갈대밭, 억새밭
애송나무(-松-)
애송해 오다(愛誦-)
애수 어리다(哀愁-) *cf.* 슬픔 어리다, 눈물 어리다, 우정 어리다
애시당초(-當初)→애당초
애써 보다
애써 오다
애써 주다
애 썩다 *cf.* 애타다
애쓰는 듯하다 *cf.* 듯하다
애쓰다
애아버지 *cf.* 아이 아버지
애어머니 *cf.* 아이 어머니
애어멈 *cf.* 아이 어멈
애엄마 *cf.* 아이 엄마
애옥살림
애옥살이(찌든 생활) <~에 자식만 많다.>
애완동물(愛玩動物)
애완식물(愛玩植物)
애완용종(愛玩用種)
애용해 오다(愛用-)
애용해 주다(愛用-)
애원애원하다(哀願哀願-)
애원조로(哀願調-) *cf.* 구걸조로
애원하는 듯한(哀願-) *cf.* 듯하다
애원하다시피 하다(哀願-) *cf.* 다시피 하다
애원해 오다(哀願-)
애인 노릇 하다(愛人-) *cf.* 선생 노릇 하다
애잇기름(애벌 짠 기름)
애정 속에(愛情-)
애정 어리다(愛情-) *cf.* 감격 어리다, 감동 어리다, 인정 어리다, 정성 어리다, 눈물 어리다
애정 없다(愛情-)
애정 있다(愛情-)
애 졸이다 *cf.* 애타다
애지중지하다(愛之重之-)
애지중지해 오다(愛之重之-)
애착 가지다(愛着-)
애착 없다(愛着-)
애창되어 오다(愛唱-)
애창해 오다(愛唱-)
애처로워 보이다
애처로워하다
애 치레 송장 치레
애타다 *cf.* 속 타다
애타주의(愛他主義)
애태우다 *cf.* 속 태우다

애 터지다
애통 터지다
애통해하다(哀痛-)
애티 나다 *cf.* 처녀티 나다, 소녀티 나다
애호박나물 *cf.* 오이나물, 무나물
애환 어리다(哀歡-) *cf.* 애정 어리다, 눈물 어리다, 동정 어리다
-액(額)(접미사) *cf.* 수출액, 판매액
액때우다(厄-)
액땜하다(厄-)
액막이(厄-)/액막이하다(厄-)
액막이굿(厄-)
액막이타령(厄-)
액면주(額面株) *cf.* 무액면주
액세스권(-權)(정부나 자치 단체의 정보 내용을 알 권리)
액유동성(液流動性)
액젓(液-)
액체 방울(液體-) *cf.* 물방울, 땀방울, 빗방울, 이슬방울, 기름방울, 공기 방울
액풀이하다(厄-)
액화가스(液化-) *cf.* 석유가스, 액화 천연가스, 액화 프로페인[프로판]가스
앤티노크성(-性)
앨라배마 주(-州)
앨러게니 산지(-山地)
앨범 만들기
앨범(을) 만들다
앰버 유리(-琉璃)(황색 유리의 하나) *cf.* 크리스털 유리
앳돼 보이다
앳되다
앵글로색슨족(-族) *cf.* 슬라브족, 라틴족
앵글로아메리카
앵글족(-族)
앵돌아서다
앵돌아앉다
앵두꽃 *cf.* 살구꽃
앵두빛 *cf.* 살구빛, 버찌빛, 치자빛, 포돗빛, 장밋빛, 잿빛, 핏빛, 산홋빛, 상앗빛, 모싯빛
앵두장수(잘못을 저지르고 자취를 감춘 사람)
야간열차(夜間列車) *cf.* 주간 열차, 새벽 열차
야간작업(夜間作業) *cf.* 주간 작업, 주야간 작업, 철야 작업, 야간 전투, 야간 학교
야경국가(夜警國家) *cf.* 경찰국가
야고보서(-書)
야광찌(夜光-)
야구공(野球-) *cf.* 축구공, 농구공, 골프공
야구공값(野球-)
야구공 던지기(野球-)/야구공 잡기
야구놀이(野球-)
야구 방망이(野球-) *cf.* 빨랫방망이, 다듬잇방망이, 부닥방망이
야구팀(野球-) *cf.* 축구팀, 배드민턴 팀
야금야금
야금학자(冶金學者) *cf.* 금속학자
야기부리다 *cf.* 야료 부리다
야다하면(긴급하게 되면)
야단나다(惹端-)
야단맞다(惹端-)
야단법석(惹端-)
야단야단하다(惹端惹端-)
야당 구실(野黨-) *cf.* 사람 구실, 어른 구실
야당 내에(野黨內-)
야당 쪽(野黨-)
야당측(野黨側) *cf.* 여당측
야드파운드법(-法) *cf.* 미터법
야들야들하다
야료 부리다(惹鬧-) *cf.* 추태 부리다
야료 치다(惹鬧-)
야릇해져 가다
야마리없다
-야말로(조사) *cf.* 너야말로, 그야말로, 돈이야말로, 사랑이야말로
야무져 보이다
야바위꾼
야바위 치다 *cf.* 사기 치다
야바윗속 *cf.* 꿍꿍이속, 우렁잇속

야발쟁이
야밤중에(夜-中-)
야비다리(보잘것 없는 사람의 교만) <~ 피우다>
야비다리 치다
야비다리 피우다
야비하다 못해(野卑-) *cf.* 못해
야비해 보이다(野卑-)
야산 모퉁이(野山-) *cf.* 산모퉁이, 산모롱이
야살 부리다 *cf.* 넉살 부리다
야살쟁이
야살 피우다 *cf.* 넉살 피우다
야속해하다(野俗-)
야수 같다(野獸-)
야수같이(野獸-)
야수주의(野獸主義)
야시장(夜市場) *cf.* 새벽시장
야심만만하다(野心滿滿-)
야심 차다(野心-) *cf.* 활기차다, 보람차다, 희망차다, 자랑차다
야외극(野外劇) *cf.* 실내극, 마당극
야외극장(野外劇場) *cf.* 노천극장, 안방 극장, 실내 극장
야외무대(野外舞臺) *cf.* 옥내 무대, 실내 무대, 특설 무대
야외 촬영장(野外撮影場) *cf.* 세트 촬영장
야월선유가(夜月仙遊歌)
야위어 가다
야인놈(野人-) *cf.* 왜놈, 되놈, 오랑캐놈
야자기름(椰子-) *cf.* 해바라기씨기름, 올리브기름, 피마자기름, 동백기름
야적해 놓다(野積-)
야전삽(野戰-) *cf.* 공병삽, 모종삽
야전 수첩(野戰手帖) *cf.* 군인 수첩, 교무 수첩, 경찰수첩
야전잠바(野戰-) *cf.* 야전 침대
야전 침대(野戰寢臺) *cf.* 야전 요새, 간이 침대, 야전 병원
야지랑 떨다 *cf.* 야살 떨다
야지랑 부리다 *cf.* 야살 부리다
야채샐러드(野菜-)
야채수프(野菜~) *cf.* 양고기 스프
야청빛(-青-)
야코죽다 <결코 야코죽지 마라.>
야크기(-機) *cf.* 머스탱기
야학 나가다(夜學-)
야학 다니다(夜學-) *cf.* 학교 다니다
야해 보이다(野-) *cf.* 독해 보이다
약가심(藥-) *cf.* 입가심, 볼가심
약값(藥-) *cf.* 고추값, 물값, 쌀값
약고추장(藥-) *cf.* 볶은고추장
약국집(藥局-) *cf.* 국숫집, 가겟집, 밥집, 한약국집, 대추나무집
약그릇(藥-) *cf.* 국그릇, 밥그릇, 죽그릇
약기운(藥-) *cf.* 술기운, 몸살 기운, 감기 기운
약단지(藥-) *cf.* 꿀단지, 오줌단지, 보물단지
약 달이다(藥-)
약독소(藥毒素)
약(이) 되다(藥-)
약두구리(藥-)(약달이는 자루가 달린 놋그릇)
약막대기(藥-)(약을 짜는 막대기)
약 먹다(藥-) *cf.* 술 먹다
약 먹이다(藥-) *cf.* 술 먹이다
약물(藥-)
약물터(藥-) *cf.* 약수터, 장터, 빨래터, 나루터, 원각사 터
약 반세기 만에(約半世紀-) *cf.* 만
약밥(藥-)
약방문(藥方文)
약밭(藥-)(약초를 심은 밭) *cf.* 약초밭
약병(藥瓶) *cf.* 술병, 향수병, 기름병
약보합(弱保合) *cf.* 강보합
약봉지(藥封紙) *cf.* 과자 봉지, 과일 봉지
약비(藥-)
약비나다(정도가 지나쳐 싫증이 나다.)
약비누(藥-) *cf.* 세탁비누, 세숫비누, 약용 비누
약빠르다
약 뿌려 주다(藥-)

약 뿌리기(藥-)
약(을) 뿌리다(藥-)
약사발(藥沙鉢) *cf.* 밥사발, 묵사발
약삭빠르다 *cf.* 눈치 빠르다
약삭빨리
약상자(藥箱子) *cf.* 과자 상자
약소국가(弱小國家) *cf.* 강대국가, 강소 국가, 인접 국가
약소금(藥-) *cf.* 양칫소금, 돌소금, 꽃소금
약소민족(弱小民族)
약속겨루기(約束-)(태권도) *cf.* 자유겨루기
약속놀이(約束-)
약속드리다(約束-)
약속받다(約束-) <다음 날 주겠다는 ~.> *cf.* 받다
약속 받다(約束-) <다음 날 주겠다는 분명한 약속(을) 받다.>
약속 지키기(約束-)
약속해 놓다(約束-)
약속했단 말이오(約束-) *cf.* 했단 말이오, 먹었단 말이오, 말이다/말이야
약손(藥-)
약손가락(藥-)(무명지) *cf.* 엄지손가락, 집게손가락, 가운뎃손가락, 새끼손가락
약솜(藥-)
약수건(藥手巾) *cf.* 물수건, 손수건, 때수건, 세수수건, 땀수건
약수 알아보기(約數-)
약수터(藥水-) *cf.* 빨래터, 나루터, 장터, 싸움터, 활터, 화장터
약수터로 가는 길 가(藥水-) *cf.* 길가, 길 가
약숟갈(藥-) *cf.* 밥숟가락, 찻숟가락
약술(藥-)
약시중(藥-) *cf.* 물시중, 병시중
약식염천(弱食鹽泉)
약아빠지다 *cf.* 게을러빠지다, 약해 빠지다, 썩어 빠지다, 늙어 빠지다, 빠지다
약 오르다
약 올려 주다
약 올리다
약용 비누(藥用-) *cf.* 약비누, 세숫비누, 빨랫비누, 팥비누
약우물(藥-)
약육강식(弱肉强食)
약은꾀 *cf.* 얕은꾀
약음기(弱音器)
약작두(藥斫-) *cf.* 손작두
약장사(藥-) *cf.* 엿장사, 떡 장사, 책 장사, 고추 장사, 생선 장사
약장수(藥-) *cf.* 엿장수, 떡 장수, 책 장수, 고추 장수, 생선 장수
약장수 같다(藥-)
약재료(藥材料)
약저울(藥-) *cf.* 은저울, 금저울
약전해질(弱電解質) *cf.* 강전해질
약절구(藥-)
약점 없다(弱點-)/약점 있다(弱點-)
약점 잡다(弱點-)
약점 잡히다(弱點-)
약정해 놓다(約定-)
약종이(藥-)
약주걱(藥-) *cf.* 밥주걱, 구둣주걱, 잉크 주걱
약 주다(藥-)
약주머니(藥-) *cf.* 복주머니, 향주머니, 눈물주머니, 이야깃주머니
약천칭(藥天秤) *cf.* 화학 천칭
약초밭(藥草-) *cf.* 인삼밭, 수수밭, 수박밭
약치료(藥治療) *cf.* 물리 치료, 방사선 치료, 수술 요법
약칠해 놓다(藥漆-)
약탈당하다(掠奪當-) *cf.* 당하다
약탈해 가다(掠奪-)
약탕관(藥湯罐)
약 팔다(藥-)
약풀(藥-)
약하디약하다(弱-弱-) *cf.* 쓰디쓰다
약한산(弱-酸) *cf.* 강한 산, 약산(용어로서는)
약한 산성 땅(弱-酸性-) *cf.* 산성 땅

약한 염기(弱-鹽基)
약한 전해질(弱-電解質) *cf.* 강한 전해질
약해 보이다(弱-)
약해 빠지다(弱-) *cf.* 약아빠지다, 썩어 빠지다, 빠지다(보조 용언)
약해져 가다(弱-)
약화되어 가다(弱化-)
약화시켜 주다(弱化-)
얀센 버너 *cf.* 오일 버너, 가스 버너
얀정머리 없다 *cf.* 인정머리 없다
얀정 없다
얄망궂다
얄미워 보이다
얄미워하다
얄찍얄찍하다
얄팍수 <속이 들여다보이는 ~….> *cf.* 꼼수
얄팍썰기 *cf.* 어슷썰기, 깍둑썰기
얄팍해 보이다
얇디얇다 *cf.* 두껍디두껍다
얇아 보이다
얇아져 가다
얇은 렌즈
얇은막(-膜)
얌심꾸러기 *cf.* 욕심꾸러기, 심술꾸러기
얌심 부리다 *cf.* 야지랑 부리다
얌전단지 *cf.* 음흉단지
얌전 떨다
얌전 부리다/얌전 피우다
얌전 빼다
얌전해 가다
얌전해 보이다
얌체 같다
얌체같이
얌체짓 *cf.* 능구렁이짓, 짓
-양(孃)(접미사) *cf.* 안내양
-양(洋)(접미사) *cf.* 대서양, 태평양
양(兩)- *cf.* 양국, 양쪽, 양편
양(洋)-(접두사) *cf.* 양배추, 양담배
양(孃)(의존 명사) *cf.* 김 양, 이 양, 유관순 양, 투발스카 양
양(兩)(관형사) *cf.* 양 가문, 양 무릎, 양 어린이 단체
양(의존 명사)('인, ㄴ, 는' 또는 'ㄹ, 을' 아래에 붙음.) <학자인 ~/잘할 ~으로>
양 가(兩-) *cf.* 양쪽 가
양가죽(羊-) *cf.* 쇠가죽, 돼지가죽, 염소가죽
양갓집(良家-) *cf.* 반갓집, 양반집
양걸침(兩-)(바둑)
양 걸침턱맞춤(兩-)
양 계(兩界)
양고기(羊-) *cf.* 돼지고기, 쇠고기, 닭고기, 어린 양 고기
양광 산지(-山地)
양국 간(兩國間)
양국군(兩國軍)
양귀비꽃 *cf.* 달맞이꽃
양극(兩極)
양극단(兩極端) <~은 일치한다.>
양 극지방(兩極地方)
양극화되다(兩極化-)
양 끝(兩-) *cf.* 한 끝, 양옆, 양손, 양다리, 양발, 양 눈, 양 귀, 양어깨
양 끝각(兩-角)
양끝못(兩-)
양 난 이후(兩難以後)
양날톱(兩-) *cf.* 등대기톱
양냥이줄 *cf.* 가시줄, 고무줄, 줄넘기줄, 두레박줄, 물렛줄, 피댓줄
양녀 노릇 하다(養女-) *cf.* 아들 노릇 하다, 부모 노릇 하다, 종노릇하다, 병신노릇하다
양녀 되다(養女-) *cf.* 며느리 되다
양녀삼다(養女-) *cf.* 며느리삼다
양념간장(-醬) *cf.* 초간장
양념감 *cf.* 횟감, 안줏감, 치맛감, 신랑감, 신붓감, 바느질감, 뜨개질감, 놀림감
양념거리 *cf.* 김칫거리, 끼닛거리, 땟거리
양념구이 *cf.* 소금구이
양념 치다 *cf.* 소금 치다

양념해 놓다
양다리(兩-) *cf.* 양손, 양어깨, 양 끝
양다리 걸치다(兩-)
양다리방아(兩-) *cf.* 외다리방아
양다리허공잡이(兩-虛空-)(줄타기)
양단간에(兩端間-) *cf.* 좌우지간에
양달건조(陽-乾燥) *cf.* 응달건조, 일광건조, 냉동 건조, 진공 건조
양 당사자 간에(兩當事者間-)
양 대가리 *cf.* 북어대가리, 개대가리, 말대가리, 못대가리, 쇠머리, 도미머리
양대 진영(兩大陣營)
양덕 분지(陽德盆地) *cf.* 곡산 분지, 김화 분지
양도해 주다(讓渡-)
양동 마을(陽洞-) *cf.* 하회 마을
양두구육(羊頭狗肉)
양두마차(兩頭馬車) *cf.* 쌍두마차, 사두마차
양딸(養-) *cf.* 양아들
양 떼(羊-) *cf.* 고기 떼, 송사리 떼, 까마귀 떼, 벌 떼, 개미 떼, 모기떼
양 떼 같다(羊-) *cf.* 벌 떼 같다
양떼구름(羊-)[高積雲] *cf.* 뭉게구름, 새털구름, 소나기구름, 버섯구름
양띠(羊-) *cf.* 개띠, 소띠, 원숭이띠
양류관음도(楊柳觀音圖) *cf.* 수월관음도, 백의관음도, 양류 관음(편수 자료)
양마구리 블록(兩-)
양말 벗다(洋襪-) *cf.* 신발 벗다
양말 신다(洋襪-) *cf.* 신발 신다
양먼네이프(兩面-)
양면펴기(兩面-)
양명학파(兩明學派) *cf.* 훈고학파, 고문학파, 주자학파, 이용후생 학파
양 모피(羊毛皮)(양의 털가죽)
양몰이꾼(羊-) *cf.* 소몰이꾼
양묘발(養苗-) *cf.* 채종밭
양무운동(洋務運動) *cf.* 근대화 운동, 5·4 운동, 계몽 운동
양미간에(兩眉間-)

양 민족 간(兩民族間)
양반걸음(兩班-) *cf.* 팔자걸음
양반 수(兩班數) *cf.* 노예 수, 천민 수
양반집(兩班-) *cf.* 양갓집, 반갓집, 중인집
양반춤(兩班-)
양반탈(兩班-) *cf.* 먹중탈
양발(兩-) *cf.* 양손, 양팔, 양다리, 양 눈, 양 볼
양발차기(兩-)(제기의) *cf.* 한발차기
양방향성(兩方向性)
양배추즙(洋-汁) *cf.* 무즙, 생강즙, 칡즙
양벌규정(兩罰規定) *cf.* 쌍벌규정
양변(兩邊)(수학 용어로서)
양보받다(讓步-) *cf.* 받다
양보 없다(讓步-)
양보해 주다(讓步-)
양복감(洋服-) *cf.* 저고릿감, 치맛감
양복 깃(洋服-)
양복바지(洋服-) *cf.* 한복 바지
양복솔 *cf.* 구둣솔, 빨랫솔, 옷솔, 면분솔
양복쟁이(洋服-)
양복저고리(洋服-) *cf.* 한복 저고리
양복짜리(洋服-) *cf.* 장옷짜리
양복 차림(洋服-) *cf.* 한복 차림, 군복 차림, 운동복 차림, 잠옷 차림
양 볼(兩-) *cf.* 양 끝, 양손, 양팔
양볼제비(兩-)(욕심껏 탐내어 먹는 일)
양봉 꿀(養蜂-) *cf.* 토종꿀
양분해 놓다(兩分-)
양뼈(兩-)
양사위(兩-)(춤사위)
양산대(洋傘-) *cf.* 우산대
양산 받고 가다(陽傘-) *cf.* 우산 받고 가다
양산 쓰다(陽傘-) *cf.* 우산 쓰다
양산해 오다(量産-)
양상모놀이(兩象毛-)(농악) *cf.* 상모놀이
양상지기(농악)
양 새끼(羊-) *cf.* 토끼 새끼, 돼지 새끼, 노루 새끼, 염소 새끼, 호랑이 새끼
개새끼, 쥐새끼, 돼지새끼, 여우새끼(욕 또는

애칭으로는)
양색등(兩色燈)(소형 배에 다는 등)
양성 모음(陽性母音) *cf.* 음성 모음, 중성 모음, 이중 모음
양성색(兩性色)(한 꽃자루에 서로 다른 색의 꽃이 피는 식물)
양성 생식(兩性生殖)
양성자 수(陽性子數) *cf.* 양자수(편수 자료)
양성자·양성자 반응(陽性子·陽性子反應)
양성해 오다(養成-)
양성화(兩性花) *cf.* 단성화
양성화되다(陽性化-)
양성화하다(陽性化-)
양성화해 주다(陽性化-)
양소매책상(兩-冊上) *cf.* 외소매책상
양손(兩-) *cf.* 두 손, 두 다리
양손잡이(兩-) *cf.* 왼손잡이
양수걸이(兩手-)(일의 이해관계를 두 군데 걸어 놓음.)(바둑)
양수사(量數詞) *cf.* 서수사
양수체(兩受體)
양순음화(兩脣音化)
양순해 보이다(良順-)
양식거리(糧食-) *cf.* 땔거리, 일거리, 끼닛거리, 읽을거리, 볼거리, 요깃거리, 찌갯거리
양식굴(養殖-) *cf.* 자연산 굴
양식 넙치(養殖-) *cf.* 자연산 넙치
양식 없다(良識-)
양식 있다(良識-)
양심 없다(良心-)
양심 있다(良心-)
양아들(養-) *cf.* 양딸
양약국(洋藥局) *cf.* 한약국
양어깨에(兩-) *cf.* 두 어깨에
양열온상(陽熱溫床) *cf.* 햇볕 온상, 전열 온상, 비닐 온상
양옆(兩-)
양옥집(洋屋-) *cf.* 한옥집
양요릿집(洋料理-) *cf.* 청요릿집
양용매(良溶媒)
양우리(羊-) *cf.* 돼지우리
양원군(楊原君) *cf.* 양녕 대군
양원제(兩院制) *cf.* 단원제
양육해 오다(養育-)
양은그릇(洋銀-) *cf.* 놋그릇, 사기그릇, 유리그릇, 유기그릇, 옹기그릇, 플라스틱 그릇
양은솥(洋銀-) *cf.* 무쇠솥, 돌솥, 곱돌솥, 스테인리스 솥
양의 정수(陽-正數)
양이랑 편조직(兩-編組織)
양이온(陽-) *cf.* 음이온
양자 가다(養子-)
양자 간에(兩者間-)
양자 들어가다(養子-)
양자 들이다(養子-)
양자리(羊-)
양자 보내다(養子-)
양자 수(量子數)
양자수(陽子數)(편수 자료)
양자택일(兩者擇一) *cf.* 삼자 택일, 사자 택일
양작용설(量作用說)
양장미인(洋裝美人) *cf.* 경중미인
양잿물(洋-) *cf.* 잿물
양전극(陽電極)
양전기(陽電氣) *cf.* 음전기
양전기선(陽電氣線)
양전 사업(量田事業)
양전자(陽電子) *cf.* 음전자
양접시(洋-)
양조초(釀造醋) *cf.* 합성초
양조효모(釀造酵母) *cf.* 제빵 효모, 청국장 효모
양주밤(楊州-) *cf.* 평양밤, 공주밤, 함종밤
양주 별산대놀이(楊州別山臺-)
양주 산대놀이(楊州山臺-) *cf.* 송파 산대놀이
양주 소놀이굿(楊州-)
양 주장(兩主將) *cf.* 두 주장
양지머리
양지머리뼈

양지바르다(陽地-) *cf.* 예절바르다(편수 자료), 샘바르다
양지붕식(洋-式)
양지쪽(陽地-) *cf.* 음지쪽, 응달쪽
양지초(羊脂-) *cf.* 백랍초
양 진영 간에(兩陣營間-)
양짝(兩-)(두 짝)
양쪽(兩-) *cf.* 양측, 한쪽
양쪽 간에(兩-間-)
양쪽 끝(兩-)
양쪽 뇌(兩-腦)
양쪽 발(兩-)
양쪽성(兩-性) *cf.* ~ 산화물, ~ 전해물
양쪽 손(兩-) *cf.* 양쪽 발, 한쪽 손
양쪽 접시 저울 *cf.* 접시저울
양쪽 편(兩-便)
양쯔 강(揚子江)
양철가위(洋鐵-) *cf.* 함석가위, 엿가위, 전정가위, 핑킹가위
양철지붕(洋鐵-) *cf.* 함석지붕, 초가지붕, 너와지붕
양철집(洋鐵-) *cf.* 기와집, 초가집, 너와집
양청 도드리(兩淸-)
양초시계(洋-時計) *cf.* 모래시계, 물시계, 해시계, 꽃시계, 불시계
양춘가절(陽春佳節)
양측(兩側) *cf.* 양쪽
양측파대(兩側波帶) *cf.* 상측파대, 하측파대
양치기(羊-)
양치기 할아버지(羊-)
양 치다(羊-) *cf.* 소 치다
양치식물(羊齒植物)
양치질
양친자(養親子) *cf.* 실친자
양칫대야 *cf.* 세숫대야, 뒷물대야
양칫물 *cf.* 버릇물, 세숫물, 손숫물, 허드렛물
양칫소금 *cf.* 돌소금, 꽃소금
양코(洋-)
양코배기(洋-)

양콩잡이(洋-)(바둑)
양탄자 꽃밭(洋-) *cf.* 모둠꽃밭, 살피꽃밭
양태 부사(樣態副詞) *cf.* 접속 부사, 문장 부사
양태 부사어(樣態副詞語)
양태성(樣態性)
양턱(兩-)
양털 같다(羊-)
양털같이(羊-)
양털실(羊-) *cf.* 토끼털실, 털실
양 파(兩派)
양파 같다(洋-)
양파 껍질(洋-) *cf.* 파 껍질, 감자 껍질, 나무껍질, 귤껍질, 소태껍질, 메밀껍질
양파 뿌리(洋-) *cf.* 파뿌리
양파형 꼭지(洋-形-)
양판문(洋板門)
양팔(兩-) *cf.* 두 팔, 양 끝, 양손, 양다리
양팔 간격(兩-間隔)
양팔 걸어돌리기(兩-)
양팔 들고 걷기(兩-)
양팔을 들고 어깨춤을 추면서 돌기(兩-)
양팔 저울(兩-) *cf.* 대저울, 접시저울, 용수철저울, 용수철 저울(편수 자료), 비중 저울
양팔 저울 만들기(兩-) *cf.* 접시저울
양팔 저울 밑그림 그리기(兩-)
양편(兩便)
양편넣기(兩便-) *cf.* 한편넣기
양편쪽(兩便-) *cf.* 한편쪽
양피 장갑(羊皮掌匣) *cf.* 고무장갑, 비닐장갑, 면장갑, 털장갑, 가죽 장갑
양하다(보조 용언) <다 아는 ~.>, <모르는 양하며 시치미를 떼다.>
양해(羊-)
양해시켜 오다(諒解-)
양해해 달라고 하다(諒解-)
양해해 주다(諒解-)
양호학교(養護學校) *cf.* 간호학교
양호해 보이다(良好-)
양호해져 가다(良好-)

양화나루(楊花-)
얕디얕다 *cf.* 깊디깊다
얕보다
얕아 보이다 *cf.* 깊어 보이다
얕은꾀 <~를 피우다.> *cf.* 잔꾀, 약은꾀
얕은맛 *cf.* 짙은 맛
얕은수 *cf.* 얄팍수, 꼼수
얕잡다/얕잡아 보다
얕추 보다 *cf.* 낮추보다
얘기꽃
얘기꾼
얘기장수 *cf.* 얘기꾼
얘기해 놓다
얘기해 두다
얘기해 주다
얘깃거리 *cf.* 문젯거리, 화젯거리, 끼닛거리, 장삿거리, 읽을거리, 볼거리, 말할 거리
얘깃주머니
-어(語)(접미사) *cf.* 한국어, 중국어, 일본어 (외래어 다음에서는) 프랑스 어, 에스파냐 어, 러시아 어
어간마루(방과 방 사이에 있는 마루)
어거리풍년(-豐年)(전에 없이 농사가 잘된 해) <~이 들었지만 가난에서 벗어나지는 못했다.>
어겨 버리다
어겨 오다 <약속을 ~.>
어귀길
어근버근(부사) <서로 ~ 지내더니 등을 돌리고 말았다.>
어글어글하다
어금꺾쇠(양끝이 서로 반대 방향으로 어긋나게 구부러진 꺾쇠)
어금니 *cf.* 송곳니, 간니, 젖니
어금닛소리[아음(牙音)]
어금버금하다
어금쌓기(벽돌을 '之'자 모양으로 쌓기)
어긋나 가다
어긋나가다(어긋나게 나가다.)
어긋나기눈
어긋나기잎/어긋나기 잎차례
어긋나다
어긋날뿐더러 *cf.* 큰뿐더러
어긋날 뿐만 아니라 *cf.* 큰 뿐 아니라
어긋남 없이
어긋맞다
어긋매끼다(어긋나게 맞추다.)
어기려 들다
어기적어기적/어깆어깆
어김없다
어깨걸이
어깨깃
어깨끈 *cf.* 허리끈
어깨너머로 *cf.* 담 너머 저 쪽
어깨너멋글
어깨 너비(어깨통) *cf.* 가슴너비
어깨 높이 *cf.* 가슴높이, 눈높이
어깨누르기(유도)
어깨(를) 누르다
어깨대고 물구나무 서기(체조)
어깨대팔꿈치꺾기(유도)
어깨던지기(낚시)
어깨동갑(-同甲) *cf.* 자치동갑
어깨동무하다
어깨 동작(-動作)
어깨띠 *cf.* 허리띠
어깨띠 두르다
어깨로 메치기(유도)(편수 자료)
어깨메치기(유도)
어깨번호(-番號)
어깨 부분(-部分)
어깨뼈 *cf.* 엉치뼈, 허리뼈, 다리뼈
어깨선(-線) *cf.* 목선, 허리선
어깨선 박기(-線-)
어깨솔기
어깨쇠 <전봇대의 ~>
어깨숨(→어깻숨)
어깨 스치며 돌아 제자리 오기
어깨심(-心)←뽕

어깨점(-點) *cf.* 어깻점(편수 자료 '가사·실업')
어깨차례(-次例)(순서를 거르지 않고 돌아가는 차례)
어깨쳐짐
어깨총(-銃)
어깨춤 *cf.* 엉덩춤
어깨춤 추다 *cf.* 춤추다
어깨치기
어깨치마
어깨통
어깨판
어깨 펴다
어깨허리
어깻등
어깻바대
어깻바람 *cf.* 치맛바람, 신바람, 엉덩잇바람
어깻솔기
어깻숨
어깻자맞춤(-字-)(놀이명)
어깻죽지 *cf.* 날갯죽지
어깻집(어깨의 살집) *cf.* 몸집, 살집, 맷집
어깻짓 *cf.* 눈짓, 엉덩잇짓, 몸짓, 발짓
어녹다(얼다가 녹다가 하다.)
어느 가을 날 *cf.* 어느 겨울 날
어느 것
어느 겨를에
어느 곳
어느 곳이든 간에(-間-)
어느 구름에 <~서 비가 올지… >
어느 귀신(-鬼神) <~이 잡아갈는지….>
어느 날
어느 날 밤
어느 날 새벽
어느 놈
어느 누가
어느 누구든 간에(-間-)
어느 달
어느덧
어느 동네(-洞-)
어느 때보다 더
어느 때쯤
어느만큼 *cf.* 만큼
어느 모로 보니
어느 바람에
어느 분
어느 사이에 *cf.* 어느 틈
어느새
어느 세월에(-歲月-)
어느 식으로(-式-)
어느어느
어느 자리의 수까지(-數-)
어느 작자(-作者)
어느 장단에
어느 정도(-程度)
어느 집
어느 쪽 *cf.* 어떤 쪽, 아무 쪽, 등 쪽, 바다 쪽, 울타리 쪽
어느 천년에(-千年-) *cf.* 어느 세월에
어느 코 <~에다가 바르겠나?>
어느 틈에 *cf.* 어느 사이에
어느 편(-便) *cf.* 어떤 편, 아무 편
어느 한쪽
어느 해
어는점(-點)
어는점 내림(-點-)
어니스트 씨야말로(-氏-) *cf.* 야말로
어두운 색(-色) *cf.* 밝은 색
어두워 가다
어두워 오다
어두워져 가다
어두컴컴하다
어두컴컴해지다
어둑발 <해도 저물어 ~이 내리고….>
어둑새벽
어둑어둑하다
어둠길 *cf.* 밤길
어둠 때문에
어둠상자(-箱子) *cf.* 안개상자

어둠 속에
어디 가나
어디든 간에(-間-)
어디라 없이 <산이란 산은 ~ 다 가 보았다.>
어디 (두고) 보자
어디어디
어디요? <거기가 ~>
어디 있단 말이냐 *cf.* 말이다/말이오
어디 좀 보자 *cf.* 나 좀, 물 좀, 좀
어디쯤
어디 한번 보자(-番-)
어딘지 모르게
어떠어떠하다
어떠할 거야
어떡하란 말이에요 *cf.* 말이다/말이오
어떡하면 되나
어떡한단 말이냐 *cf.* 말이다/말이오
어떡할 테냐
어떡해('어떻게 해'의 준말)
어떤가 말이야 *cf.* 말이다
어떤 것 *cf.* 어느 것, 아무것
어떤 것이든 간에(-間-)
어떤 곳
어떤 녀석
어떤 년
어떤 놈
어떤 때
어떤 면에서(-面-)
어떤 분
어떤 수(-數)
어떤 식으로(-式-)
어떤 이
어떤 일
어떤 자(-者)
어떤 점(-點)
어떤 쪽 *cf.* 어느 쪽
어떨 때
어떻게 되든 간에(-間-)
어떻게 된 셈인지
어떻게든지
어떻게 보면
어떻게 하든 간에(-間-)
어떻게 하면
어떻든 간에(-間-)
어떻든지 간에(-間-)
어랑타령 *cf.* 신고산타령, 도라지타령
어레미논 <~이라서 물을 대기가 어렵다.>
어레미밭
어려 보이다
어려울 만큼 <끼니가 ~….>, <숨쉬기조차 ~….> *cf.* 만큼(의존 명사)
어려움 없다
어려워 말고
어려워 보이다
어려워져 가다
어려워하다
어려웠나 보다 *cf.* 보다
어려 있다 <슬픔이 ~.>
어렴성(-性) <~이 없이 어른께 말대답을 잘 한다.> *cf.* 내칠성, 불뚝성, 귀염성
어렴풋이나마
어렵게 어렵게 <~ 마련한 것이다.>
어렵단 말이야 *cf.* 말이다/말이오
어렵지 않다
어렸을 적 *cf.* 어릴 적, 아이 적, 소싯적, 태곳적, 적(의존 명사)
어루더듬다 *cf.* 어루만지다
어루만져 주다
어른값 *cf.* 나잇값, 사람값, 사냇값
어른 같다 *cf.* 어린애 같다
어른 노릇 하다 *cf.* 부모 노릇 하다, 선생 노릇 하다, 종노릇하다, 병신노릇하다
어른 매미
어른벌레[成蟲]
어른 손바닥만큼 *cf.* 아기 손바닥만큼
어른스러워 보이다
어른씨름 *cf.* 아기씨름
어른어른하다

어름산이→어름사니
어름새(구경꾼을 어르는 춤사위)
어리광 떨다 *cf.* 아양 떨다
어리광 부리다 *cf.* 아양 부리다
어리광 피우다 *cf.* 아양 피우다
어리굴젓 *cf.* 어리뱅어젓, 어리조개젓
어리다(동사이지만 관용적으로 붙여 쓰기도 함.) *cf.* 눈물 어리다, 정성 어리다, 감동 어리다, 피 어리다, 호기심 어리다
어리대다
어리둥절하다
어리둥절해 보이다
어리둥절해하다
어리벙벙하다
어리벙벙해지다
어리보기(머저리)
어리석어 보이다
어리장사
어리장수
어린것(어린아이) <~이 고생을 한다.>
어린 것 <너무 ~을 잡다.>
어린 굴
어린나무 *cf.* 늙은 나무
어린년(어린 계집애) *cf.* 늙은 년
어린놈(어린 사내애) *cf.* 늙은 놈
어린누에
어린눈 *cf.* 어린싹
어린 딸
어린모
어린병아리(용어로서)
어린뿌리
어린 소
어린순(-筍)(애순)
어린 시절(-時節)
어린 싹
어린싹 (용어로서는)
어린 아들
어린 아이 <너무 ~….>, <나이 ~….>
어린아이 <~를 돌보다.>
어린애 <~를 돌보다.>
어린 애 <너무 ~….>
어린애 같다 *cf.* 어른 같다
어린 양(羊)(새끼양의 뜻으로)
어린 음악대(-音樂隊)
어린이극(-劇) *cf.* 아동극
어린이 나라
어린이난(-欄) *cf.* 뉴스난
어린이날 *cf.* 어버이날, 부활절날
어린이다워 보이다
어린이방(-房) *cf.* 공부방, 노인방
어린이상(-像) *cf.* 어머니상
어린이집
어린이회(-會)
어린잎(용어로서는)
어린 잎
어린 잎줄기
어린줄기
어린 참굴
어릴 때
어릴 적에 *cf.* 젊었을 적, 아이 적, 적
어림값
어림셈
어림수(-數)
어림없다
어림잡다/어림잡아 보다
어림재기
어림쟁이
어림짐작으로
어림치다(어림잡다.)
어림해 보다
어림 활용하기(-活用)
어릿광내
어릿광대춤
어릿보기눈(난시안)
어릿어릿하다
어마뜨거라
어마어마하다
어마어마해 보이다

어마지두에(명사)
어말 어미(語末語尾) *cf.* 선어말 어미
어머니 같다
어머니날
어머니 덕에(-德-) *cf.* 아버지 덕에, 자식 덕에, 딸 덕에
어머니 돕기
어머니(를) 돕다
어머니 된 도리(-道理) *cf.* 자식 된 도리
어머니뻘 되는/되다 *cf.* 자식뻘 되는
어머니상(-像) *cf.* 아버지상, 교사상
어머니 쪽 *cf.* 아버지 쪽
어머니 탓
어머니회(-會) *cf.* 어린이회
어묵꼬치(魚-)
어문일치(語文一致) *cf.* 언문일치, 학행일치, 제정일치, 언행일치
어물어물해 오다
어물 장수(魚物-) *cf.* 생선 장수, 곡물 장수
어물쩍어물쩍
어미 개 *cf.* 새끼 개
어미 고기 *cf.* 새끼 고기
어미 꿩 *cf.* 새끼 꿩
어미나무[母樹]
어미 나방 검사(-檢査)
어미 닭[成鷄] *cf.* 새끼 닭
어미 닭 값
어미 독수리
어미 돼지 *cf.* 새끼 돼지
어미딸(모녀) <~이 쌍절구하듯….>
어미 말 *cf.* 새끼 말
어미 백조(-白鳥) *cf.* 새끼 백조
어미 사마귀
어미 사자(-獅子) *cf.* 새끼 사자
어미 새 *cf.* 새끼 새
어미 소 *cf.* 새끼 소
어미 악어(-鰐魚)
어미 여우
어미 연어(-鰱魚) *cf.* 새끼 연어
어미 염소 *cf.* 새끼 염소
어미자 *cf.* 아들자
어미젖
어미 제비 *cf.* 새끼 제비
어미 종달새
어미줄
어미 토끼 *cf.* 새끼 토끼
어미 토끼 기르기
어미 토끼(를) 기르다
어미 학(-鶴) *cf.* 새끼 학
어미핵(-核)
어방놀이(漁坊-)
어버이날 *cf.* 어린이날, 추석날, 동짓날
어버이 섬기기
어버이(를) 섬기다
어법대로 적기(語法-) *cf.* 소리대로 적기
어복장국(-醬-) *cf.* 국수장국
어부 매듭(漁夫-) *cf.* 선원 매듭, 국화매듭
어빡자빡(고르지 않게 포개져 있거나 자빠져 있는 모양)(부사)
어살버살(이러니저러니 말이 많은 모양)
어색해 보이다(語塞-)
어색해져 가다(語塞-)
어색해하다(語塞-)
어서어서
어석소(중간 정도 크기의 송아지)
어석어석하다
어설퍼 보이다
어섯눈(사물의 대강을 이해하게 된 눈) <~이 뜨면서 그 소리에 아픔을 느꼈다.>
어수룩해 보이다
어수물(御水-)
어수선해 보이다
어수우물(御水-)
어스럭송아지 *cf.* 어석소
어스름밤 *cf.* 으스름달밤
어슨 솔기
어슬녘 *cf.* 해질녘, 해뜰녘
어슬렁어슬렁

어슴새벽(조금 어둑하고 희미한 새벽)
어슷비슷하다
어슷시침
어슷썰기 *cf.* 얄팍썰기, 깍둑썰기
어안이 막히다
어안이 벙벙하다
어업·군사 기지(漁業·軍事基地)
어여삐 여기다
어연번듯이(번듯하고 떳떳하다.)(부사)
어영대장(御營大將)
어용학자(御用學者)
어우러져 가다
어우야담(於于野談)
어울러 놓다
어울려 나는 듯하다 *cf.* 듯하다
어울려 놀다
어울려 다니다
어울린음(-音) *cf.* 안어울림음
어울림 음정(-音程) *cf.* 안어울림 음정
어울림 화음(-和音) *cf.* 안어울림 화음
어울무덤(고고학) *cf.* 홑무덤
어울무덤(두 사람 이상 주검을 한데 묻는 무덤)(고고학)
어원사전(語源辭典) *cf.* 국어사전, 고사성어 사전
어유등잔(魚油燈盞) *cf.* 목화씨기름 등잔, 석유 등잔, 콩기름 등잔
어음관계(-關係) *cf.* 법률관계, 소유관계, 채무관계, 가속 관계
어이곡(-哭)(곡하는 방식의 하나)
어이없다는 듯이 *cf.* 듯이
어이없어하다
어이없이/없다
어이자식(-子息)(어머니와 자식을 아울러 이르는 말)
어정뜨다
어정어정
어정잡이(실속이 없는 사람)
어정쩡하다
어정칠월(-七月)(어정어정하는 사이에 7월이 되었다는 뜻)
어제 같구나
어제 낮
어제오늘 <~ 일이 아니다.>
어제오늘 할 것 없이
어제월인석보서(御製月印釋譜序)
어제저녁 *cf.* 그저께 저녁, 그끄저께 저녁, 내일 저녁, 엊저녁
어젯밤 *cf.* 하룻밤, 오늘 밤, 그저께 밤, 그끄저께 밤, 내일 밤, 모래 밤, 글피 밤, 그글피 밤
어중간하다(於中間-)
어중간해 보이나(於中間-)
어중되다(於中-)
어중이떠중이
어지러워 보이다
어지러워하다
어지럼증/어질증(-症)
어지빠르다 <새 일을 시작하기엔 ~.>
어지자지(제기차기)
어진혼(-魂)(어질고 착한 사람의 혼)
어질러 놓다
어질병(-病) *cf.* 시들병
어질어질하다
어쨌든 간(-間)/어쨌든지 간에(-間-)
어쩌고저쩌고하다
어쩌나 싶어/싶다 *cf.* 싶다
어쩌니저쩌니하다
어쩔 도리 없이(-道理-)
어쩔 수 없이/없다
어쩔 줄 모르다
어쩔 줄 몰라 하다
어쭙잖다
어쭙지않다→어쭙잖다
어찌 됐든 간에(-間-)
어찌 되든 간에(-間-)
어찌 되어 *cf.* 어찌하여, 어찌 하여
어찌말
어찌 생각하면
어찌 하다 <그런 짓을 어찌 하겠느냐?>

어찌하다 <감동을 어찌할 수가 없다.>
어찌하여 <~ 그런 짓을 했나?>
어찌할 바 *cf.* 바
어찌할 줄 *cf.* 줄
어찌 해 볼 수가 없다/있어야지
어찔어찔하다
어처구니없다
어처구니없어하다
-어치(접미사) <10만 원어치 물건>
어폐 있다(語弊-)
어항 꾸미기(魚缸-)
어항(을) 꾸미다(魚缸-)
어항 물(魚缸-) *cf.* 우물물, 연못물, 탱크 물
어항 벽(魚缸壁)
어허라달구야(감탄사)
어혈할 뻔하다(瘀血-) *cf.* 뻔하다
어화 굼실 대허리야(국악)
어황·해황(漁況·海況)
억눌린 듯 *cf.* 듯
억대(億臺) *cf.* 천대, 만대
억류당하다(抑留當-) *cf.* 당하다
억류시켜 놓다(抑留-)
억류해 두다(抑留-)
억만장자(億萬長者) *cf.* 백만장자
억매흥정(抑買/賣-)(부당한 값으로 사려고/팔려고 하는 흥정)
억박적박
억보소리
억불 정책(抑佛政策) *cf.* 숭유 정책
억새반지기 *cf.* 반지기
억새밭 *cf.* 가시밭, 갈대밭, 쑥대밭, 풀밭, 자갈밭, 고구마밭, 고추밭, 무밭, 배추밭, 시금치밭
억새풀
억세어 보이다
억세어져 가다
억수 같다 *cf.* 번개 같다, 우레 같다, 황소 같다, 쏜살같다, 감쪽같다
억수장마 *cf.* 건들장마
억 알아보기(億-)
억압당하다(抑壓當-) *cf.* 당하다
억압당해 오다(抑壓當-)
억압받다(抑壓-) *cf.* 받다
억압받아 오다(抑壓-) *cf.* 받다
억압, 수탈하다(抑壓, 收奪-)
억압해 오다(抑壓-)
억울해하다(抑鬱-)
억의 자리(億-) *cf.* 백의 자리, 십의 자리
억제당하다(抑制當-) *cf.* 당하다
억제해 오다(抑制-)
억지감투 *cf.* 벼락감투
억지공사(-工事)(억지로 하는 일)
억지 끼워맞춤
억지놀음
억지놀음하다
억지다짐 *cf.* 우격다짐, 강다짐, 주먹다짐
억지떼 *cf.* 억지투정
억지 부리다 *cf.* 고집 부리다
억지 세다
억지 세우다 *cf.* 고집 세우다
억지소리
억지 쓰다
억지웃음 *cf.* 쓴웃음, 너털웃음, 선웃음
억지춘향(-春香)
억지투정
억지힘
억짓손 *cf.* 악짓손
억척같다 *cf.* 악착같다
억척꾸러기 *cf.* 이꾸러기, 욕심꾸러기
억척 떨다
억척보두(억척스러운 사람)
억척 부리다 *cf.* 위세 부리다
억척빼기
억척스러워 보이다
억천만겁(億千萬劫)
억패듯
억하심정(抑何心情)
언걸먹다 *cf.* 얼먹다

언걸입다
언급되어 오다(言及-)
언급해 두다(言及-)
언급해 오다(言及-)
언니 갈매기
언니 꽃
언니네 집에
언니 노릇 하다 *cf.* 형 노릇 하다, 종노릇하다
언니 댁에(-宅-) *cf.* 아저씨 댁에, 선생님 댁에, 할아버지 댁
언니 되는 분 *cf.* 형 되는 분
언니 된 도리(道理) *cf.* 부모 된 도리
언니뻘 되는 *cf.* 아저씨뻘 되는
언니 집에 *cf.* 형 집에
언덕길 *cf.* 내리막길, 비탈길
언덕 끝에
언덕 너머 *cf.* 어깨너머, 산 너머, 담 너머
언덕 넘어 오지['언덕을 넘어(서) 오지'의 뜻으로는]
언덕마루 *cf.* 산마루, 물마루, 용마루
언덕바지 *cf.* 언덕배기
언덕밥(한쪽은 질게, 한쪽은 되게 짓는 밥)
언덕배기 *cf.* 언덕바지
언덕심기
언덕 아래/언덕 위에
언덕지다 *cf.* 턱지다, 비탈지다
언덕 쪽으로
언두발다(言濾-) *cf.* 받다
언두부(-豆腐)
언 땅
언뜻 듣기에
언뜻 보기에 *cf.* 얼른 보기에
언뜻 보면
언뜻 생각하면
언뜻언뜻(부사)
언뜻하면(부사)
언론·출판·집회·결사의 자유(言論·出版·集會·結社-自由)
언문금란(諺文禁亂)
언문일치(言文一致) *cf.* 언행일치, 제정일치
언 발 <~에 오줌누기>
언 볼기 <~에 곤장 맞기>
언성 높이다(言聲-)
언 손 <~ 불기>
언 안개
언어도단(言語道斷)
언어미(言語美)
언어불통(言語不通) *cf.* 소식불통, 의사소통, 의사 불통, 전화 불통
언어상통(言語相通) *cf.* 언어불통
언어생활(言語生活) *cf.* 경제생활, 사회생활, 주거 생활, 의식주 생활, 정치 생활
언어유희(言語遊戲)
언어폭력(言語暴力) *cf.* 선화폭력, 성폭력
언어학사(言語學史)
언어학자(言語學者) *cf.* 심리학자
언어활동(言語活動) *cf.* 음악 활동, 연예 활동, 창작 활동
언제 들어도
언제, 무엇을
언제 봐도
언제, 어느 때
언제, 어디로, 누구와 함께
언제, 어디서
언제 어디서나
언제, 어디서, 누구와
언제, 어디에서, 무슨
언젯적 <~ 이야기냐?> *cf.* 소싯적, 태곳적, 아이 적, 소녀 적
언중유골(言中有骨)
언진산맥(彦眞山脈) *cf.* 노령산맥, 태백산맥
언짢게 할 수도 있다
언짢아 보이다
언짢아하다
언턱거리(떼를 쓸 만한 근거나 핑계)
언틀먼틀(부사)
언해구급방(諺解救急方)
언행일치(言行一致) *cf.* 언문일치, 제정일치

얹어 가지고 오다
얹어 놓다
얹어 두다
얹어 주다
얹은머리 *cf.* 트레머리, 빗은 머리
얹혀살다 *cf.* 얹혀 지내다
얹혀 있다
얹혀 지내다 *cf.* 얹혀살다
얻게 되다
얻어 가다
얻어 가지다
얻어걸리다
얻어 내다
얻어 두다
얻어 드리다
얻어듣다
얻어맞고 오다
얻어맞다
얻어먹다
얻어먹이다
얻어 쓰다
얻어 오기로
얻어 오다
얻어 주다
얻어터지다
얻으러 가다
얻으러 나가다
얻으러 다니다
얻으러 오다
얼간구이
얼간쌈(배추 속대를 얼간하였다가 먹는 쌈)
얼갈이
얼결에(얼떨결에)
얼굴 가죽 <~이 뻔뻔하다.> *cf.* 뱃가죽, 등가죽, 엉덩이가죽(코도반)
얼굴값 *cf.* 덩칫값, 나잇값, 킷값
얼굴 그리기
얼굴(을) 그리다
얼굴 깎이다
얼굴 꾸미기
얼굴(을) 꾸미다
얼굴 높이 *cf.* 가슴높이, 눈높이, 허리 높이, 천장 높이
얼굴담그기(수영)
얼굴 더럽히다
얼굴 들다
얼굴 뜨겁다
얼굴막기(태권도)
얼굴(을) 막다
얼굴무늬
얼굴 바로지르기
얼굴 반대지르기
얼굴빛 *cf.* 낯색, 얼굴색
얼굴 빛깔
얼굴색(-色) *cf.* 얼굴빛
얼굴선(-線) *cf.* 목선, 허리선, 어깨선
얼굴지르기(태권도)
얼굴(을) 지르다
얼근해져 가다
얼금숨숨(부사)
얼기설기(부사)
얼넘어가다
얼노래(대종교)
얼녹다
얼떨결에(명사)
얼떨떨해지다
얼떨떨해하다
얼뚱아기(얼러 주고 싶은 재롱스러운 아기)
얼뜨다
얼락녹을락하다 *cf.* ㄹ락 말락 하다
얼락배락
얼러꿍덜러꿍
얼러맞추다
얼러메다
얼러방치다
얼러붙다
얼럭광대 *cf.* 어릿광대
얼럭말 *cf.* 얼룩말

얼럭소 *cf.* 얼룩말, 얼룩소, 얼럭말
얼럭집(초가집과 기와집이 섞여 있는 집)
얼렁뚱땅
얼렁방치다
얼렁장사
얼레 머리 <~를 연 쪽으로 내밀어라.>
얼레빗
얼레짓가루 *cf.* 고춧가루, 메줏가루, 후춧가루
얼루기
얼룩('얼루기'의 준말) <~이 진 모양>
얼룩고양이 *cf.* 얼룩말, 얼룩수탉
얼룩덜룩
얼룩말 *cf.* 얼럭말, 얼럭소
얼룩말우리 *cf.* 돼지우리, 양우리
얼룩말 편(-便)
얼룩무늬 *cf.* 줄무늬
얼룩빼기
얼룩소 *cf.* 얼럭말, 얼럭소, 얼룩말
얼룩수탉
얼룩얼룩
얼룩얼룩해지다
얼룩잡기(인쇄의)
얼룩점(-點)
얼룩져 보이다
얼른 보아 *cf.* 얼핏 보아, 언뜻 보아
얼른얼른(부사)
얼마간의(-間-)
얼마 동안 *cf.* 하루 동안, 엿새 동안, 오랫동안
얼마 되지 않다
얼마 만에 *cf.* 오랜만에, 하룻만에
얼마만 하다 *cf.* 만 하다
얼마만큼 *cf.* 만큼(조사)
얼마예요?
얼마 전에(-前-)
얼마짜리냐? *cf.* 짜리
얼마쯤 *cf.* 쯤
얼마 후(-後)
얼먹다(골탕먹다.)
얼바람
얼바람 맞다 *cf.* 바람맞다
얼버무려 넘기다
얼버무려 놓다
얼버무려 버리다
얼버무려지다
얼버무리다
얼보다
얼빠져 보이다
얼빠지다
얼빠진 녀석
얼 빼다
얼뺨 붙이다(얼결에 뺨을 때리다.)
얼승낙(-承諾) *cf.* 반승낙
얼싸매다
얼싸안다
얼싸절싸(부사)
얼싸쥐다
얼쑤절쑤 덩더꿍
얼씨구나절씨구나(감탄사)
얼씬대다/거리다(잠깐 나타났다가 없어지다.)
얼씬없다
얼어 가고 있다
얼어들다
얼어 버리다
얼어붙다
얼어 있다
얼어 죽다
얼어 죽어 버리다
얼어 죽을 놈
얼어 터지다
얼얼해지다
얼없다
얼음가루 *cf.* 설탕가루
얼음 같다/얼음같이
얼음 골짜기 *cf.* 산골짜기
얼음과자(-菓子) *cf.* 얼음사탕
얼음길 *cf.* 눈길, 썰맷길
얼음끌 *cf.* 얼음도끼
얼음낚시 *cf.* 갯바위낚시

얼음냉수(-冷水)
얼음덩어리 *cf.* 흙덩어리, 설탕덩어리, 수정덩어리, 골칫덩어리
얼음덩이 *cf.* 흙덩이, 설탕덩이, 수정덩이, 비곗덩이, 탯덩이, 골칫덩이
얼음도끼 *cf.* 얼음끌
얼음 만들기
얼음(을) 만들다
얼음무늬 *cf.* 물무늬
얼음물 *cf.* 눈석임물
얼음 바다 *cf.* 물바다, 피바다, 불바다, 울음바다, 눈물바다, 웃음바다
얼음 베개 *cf.* 얼음주머니
얼음사탕(-砂糖) *cf.* 솜사탕, 눈깔사탕, 박하사탕, 모래사탕, 계피 사탕, 누룽지 사탕
얼음송곳
얼음싸라기
얼음 안개 *cf.* 골안개, 들안개, 물안개, 산안개, 바다 안개
얼음엿
얼음장 같다 *cf.* 성엣장
얼음장같이
얼음 조각 *cf.* 나뭇조각, 아연 조각, 구리 조각, 대나무 조각, 비누 조각
얼음주머니 *cf.* 얼음 베개
얼음지치기
얼음집
얼음쪽 *cf.* 얼음 조각
얼음찜 *cf.* 모래찜
얼음찜질 *cf.* 더운찜질, 냉찜질, 모래찜질
얼음차(-茶)
얼음타기
얼음판
얼찐거리지 마/마라
얼찐대다/거리다(가까이 붙어서 아첨하다.)
얼찐얼찐하다
얼차려
얼추잡다 *cf.* 어림잡다
얼키설키(부사)
얼토당토않다
얼토당토않아 보이다
얼핏 듣기에는
얼핏 보다/얼핏 보면 *cf.* 얼른 보다
얼핏 보아하니
얽둑빼기
얽매그물 어법(-漁法)
얽매다
얽매이다 보니
얽어 놓다
얽어내다
얽어매다
얽어매 주다
얽어짜임(건축)
얽적빼기 *cf.* 얽죽빼기
얽적얽적하다
얽죽빼기 *cf.* 얽적빼기
얽죽얽죽하다
얽혀 가다
얽혀 있다
얽히고설키다
엄격대위법(嚴格對位法)
엄격해 보이다(嚴格-)
엄격해져 가다(嚴格-)
엄니 <사자, 산돼지의 ~>
엄마 갈매기 *cf.* 새끼 갈매기
엄마 개구리 *cf.* 새끼 개구리
엄마 곁에
엄마 고슴도치
엄마 공룡(-恐龍)
엄마 구름
엄마 까치
엄마 눈사람
엄마 다람쥐 *cf.* 새끼 다람쥐
엄마 닭 *cf.* 새끼 닭
엄마 돼지
엄마 된 도리(-道理) *cf.* 자식 된 도리
엄마 뱁새 *cf.* 새끼 뱁새
엄마 사슴 *cf.* 새끼 사슴

엄마 새 cf. 새끼 새
엄마 선인장(-仙人掌)
엄마 소 cf. 새끼 소
엄마, 아빠/엄마 아빠
엄마 오리 cf. 새끼 오리
엄마 제비 cf. 새끼 제비
엄마 쥐 cf. 새끼 쥐
엄마 청개구리(-靑-) cf. 새끼 청개구리
엄마 펭귄
엄마 품에
엄발나다(벗나가는 태도가 있다.)
엄벙덤벙하다
엄벙뗑(부사) cf. 얼렁뚱땅
엄살궂다
엄살꾸러기 cf. 욕심꾸러기, 잠꾸러기
엄살떨다
엄살 부리다 cf. 앙살 부리다
엄살 피우다 cf. 앙살 피우다
엄수해 오다(嚴守-)
엄숙해 보이다(嚴肅-)
엄숙해져 가다(嚴肅-)
엄습해 오다(掩襲-)
엄정중립(嚴正中立) cf. 엄정 대처
엄지가락(엄지손가락과 엄지발가락)
엄지기둥
엄지머리총각(-總角) cf. 떠꺼머리총각
엄지발가락 cf. 새끼발가락
엄지벌레 cf. 새끼벌레
엄지손 cf. 엄지발
엄지손가락 cf. 새끼손가락, 집게손가락
엄지손톱 cf. 새끼손톱
엄지손톱만 하다 cf. 엄지발톱만 하다, 콩알만 하다, 만 하다(←만하다)
엄지족(-族)(인터넷)
엄쪽(어음을 쪼갠 한 쪽)
엄청나다
엄펑 떨다
엄펑 부리다
엄펑소니(의뭉스럽게 남을 속이거나 곯리는 짓)
엄펑스럽다
엄포 놓다
엄해 보이다(嚴-) cf. 순해 보이다
엄해져 가다(嚴-)
-업(業)(접미사) cf. 출판업, 제조업
업간체조(業間體操) cf. 맨손 체조, 기계 체조, 리듬 체조, 국민 체조
업고 가다
업고 다니다
업고 들다
업고 오다
업구렁이 cf. 업족제비, 업두꺼비
업두꺼비 cf. 업족제비, 업구렁이
업둥이
업무 중(業務中) cf. 근무 중
업신받다
업신여겨 오다
업신여기다
업신여기지 못하다
업신여기지 않고/않다
업신여김
업신여김당하다(-當-)
업어 가도 모르다
업어다 놓다
업어다주기(윷놀이)
업어다 주다
업어던지기(씨름)
업어 던지다
업어 오다
업어 오다시피 하다 cf. 다시피 하다
업어 주고 싶다
업어치기(씨름)
업으나 지나
업자마자 cf. 자마자
업족제비 cf. 업두꺼비
업체 간에(業體間-)
업혀 가다
업혀 다니다
업혀 오다

없고말고 *cf.* 고말고
없기 때문에 *cf.* 때문에
없나 보다 *cf.* 나 보다, 보다
없는가 보다 *cf.* ㄴ가 보다, 보다
없는걸 <소용이 ~.> *cf.* ㄴ걸
없는 것이 없다
없는 게 없다
없는 듯하다 *cf.* 듯하다
없는 듯해 보이다
없는 셈 치다
없는 한(-限) *cf.* 그렇게 하는 한
없다 보니
없다시피 하다 *cf.* 다시피 하다
없다 해도
없단 말이오 *cf.* 말이다/말이야
없듯이 말이야 *cf.* 말이다/말이야
없애 가다 <하나하나 ~.>
없애 놓다
없애 다오
없애 달라다
없애 버리다
없애 주다
없어 보이다 <힘이/끝이/돈이 ~.>
없어서라기보다
없어져 가다
없어져 버리다
없어질까 봐
없어 하다 <할 말이 ~.>
없었기에 망정이지 <사람이 ~….> *cf.* 기에 망정이지('망정'은 '기에', '니', '니까'와 어울리는 의존 명사(표준국어대사전). 그러나 의존 명사로 보지 않고 전체를 관용 어미로도 봄.)
없었을 것을 <붙들지 않았더라면 ~….>
없을 거야 *cf.* ㄹ 거야, 것
없을걸 *cf.* ㄹ걸(어미)
없을 듯하다 *cf.* 듯하다
없을 만큼 *cf.* 만큼(의존 명사)
없을뿐더러 *cf.* ㄹ뿐더러
없을 뿐만 아니라 *cf.* ㄹ 뿐 아니라
없을 성싶다 *cf.* 성싶다
없을쏘냐 *cf.* ㄹ쏘냐
없을 텐데 *cf.* ㄹ 텐데, 터
없이 살다
없이 지내다 <없이 지내도 마음 편하면 된다.>, <집 한칸 ~.>
없이하다(없어지게 하다.)
없지 않다
엇각(-角)
엇갈려 매기
엇갈려 썰기
엇갈려 엮기
엇갈림떼기(고고학)
엇갈아짓기/번갈아짓기(농·생명)
엇걸어 걷기(체조)
엇걸어돌기
엇걸어뜨기(뜨개질)
엇걸어막기
엇걸어잡기(레슬링)
엇걸이촉이음(-鏃-)
엇걸이홈이음
엇겨놓기수(-繡)
엇결 *cf.* 곧은결, 거스름결
엇굽힘
엇막이
엇맞춰이음
엇모리장단
엇모쌓기
엇모토막(벽돌) *cf.* 이오토막
엇붙임(건축)(판소리)
엇붙임걸음(장구놀이)
엇빗금무늬(고고학)
엇빗날(고고학)
엇빗이음
엇시침
엇엮음시조(-時調)
엇치량집(←-七樑-) *cf.* 칠량집, 오량집
엇턱이음
-었나 보다('보다'는 보조 용언) <힘들었나

보다.>, <먹었나 보다.>
엉거주춤(부사)
엉거주춤 앉다
엉거주춤하다 *cf.* 앙가조촘하다
엉겁결에(부사) *cf.* 꿈결, 어느 결에
엉겨들다
엉겨붙다
엉금엉금(부사)
엉기정기 <옷을 방 안에 ~ 벌여 놓았다.>
엉너리 떨다
엉너리 치다
엉너릿손(능청을 떨어 남의 환심을 사다.)
엉덩방아/엉덩방아 찧다
엉덩방아 주저앉기(한국 무용)
엉덩배지기(씨름)
엉덩뼈 *cf.* 갈비뼈, 다리뼈
엉덩이 구리다
엉덩이 길이
엉덩이 둘레 *cf.* 가슴둘레, 허리둘레, 종아리 둘레, 허벅지 둘레
엉덩이 무겁다
엉덩이받침 *cf.* 책받침, 항아리 받침
엉덩이 부분(-部分)
엉덩이 붙이다
엉덩이뼈 *cf.* 엉치뼈, 허리뼈, 등뼈
엉덩이치기
엉덩잇바람 *cf.* 궁둥잇바람, 치맛바람, 어깻바람, 몽둥잇바람
엉덩잇짓 *cf.* 눈짓, 어깻짓, 베냇짓, 활갯짓, 웃음엣짓, 곤댓짓
엉덩짝
엉덩춤
엉뚱해 보이다
엉망 되다
엉망진창(명사)
엉성궂다
엉성해 보이다
엉이야벙이야(부사)
엉켜들다
엉켜 있다
엉큼대왕(-大王)(엉큼한 짓을 하는 사람)
엉큼성큼(부사)
엉터리 같다/엉터리같이
엉터리없다
엊그제 *cf.* 그저께, 그끄저께
엊저녁 *cf.* 어제저녁, 그저께 저녁, 내일 저녁
엎고 제치기(한국 무용)
엎드려 끌어오기
엎드려뛰기(육상)
엎드려 뜨기 *cf.* 누워뜨기, 옆으로 뜨기
엎드려 물장구치기
엎드려 버리다
엎드려뻗쳐
엎드려뻗치다
엎드려쏴 *cf.* 앉아쏴
엎드려 있다
엎드려 절받기
엎드려 팔 굽혀펴기
엎드린 채 *cf.* 누운 채, 채
엎어 놓다/엎어 두다
엎어누르다 <여럿이 한 놈을 ~.>
엎어말다 <엎어만 냉면을 먹다.>
엎어먹다 <그 집 둘째가 그 재산을 다 엎어 먹었지 뭐예요.>
엎어묻기(고고학)
엎어 보다
엎어삶다 <몇 푼이면 엎어삶을 수 있다고….>
엎어 잡고 오르기
엎어질 듯 *cf.* 듯
엎어지기(씨름)
엎은손끝(태권도)
엎지르다
엎질러 놓다
엎질러 버리다
엎집(지붕의 앞쪽은 높고 뒤쪽은 낮게 하여 지은 집)
엎치락뒤치락(부사)/엎치락뒤치락하다
엎치락잦히락(부사)

엎친 데 덮친 격으로(-格-)
에게 해(-海)
에계계(감탄사) *cf.* 애걔걔
-에 관한 한(-關-限) <그 일~….>
에나멜가죽 *cf.* 섀미 가죽
에나멜선(-線) *cf.* 비닐선
에나멜지(-紙) *cf.* 비닐지
에나멜질(-質) *cf.* 시멘트질, 상아질
에너지론(-論)
에너지세(-稅) *cf.* 수도세
에너지원(-源) *cf.* 상수원
에너지·질량 보존(의) 법칙(-法則)
에농데농(국악)
에누다지울음(평양의 민속)
에누리 없다
에누리하다
에누릿속(에누리를 하는 속내)
에돌아가다
에돌이각(-角)
에라스무스상(-賞) *cf.* 노벨상, 그래미상
에리다누스 강(-江)
에리다누스강자리(-江-)
-에 망정이지(→기에 망정이지) *cf.* 망정
에메랄드빛 *cf.* 오렌지빛, 핑크빛, 브론즈빛, 세피아빛, 체리빛, 코발트빛, 바이올렛빛
에메랄드혼식(-婚式)(결혼 55주년 기념)
에멜무지로(헛일하는 셈치고 시험삼아)(부사)
에미상(-賞) *cf.* 노벨상, 그래미상
에밀레종(-鐘) *cf.* 봉덕사종, 상원사 종
에버나이트 막대 *cf.* 유리 막대, 구리 막대, 나무 막대, 지팡막대, 쇠막대
에베레스트 산(-山)
에베소서(-書)
에비온파(-派)
-에서만이라도(조사) <학교~….>
-에서만큼은(조사) <학교~….>
-에서부터(조사) <서울이 무섭다니까 과천~기다.>
-에서처럼(조사) <집~ 해 다오.>
에스겔서(-書)
SD법(-法)
에스라서(-書) *cf.* 로마서
SN비(-比)
S자 굴리기(-字-)
에스키모개
에스키모 인(-人) *cf.* 이누이트 인
에스키모족(-族)
에스터서(-書)
에스테가(-家) *cf.* 합스부르크가
에스테르→에스터
에스테르값→에스터값
에스테르하지가(-家) *cf.* 합스부르크가
S파(-派) *cf.* L파
에스파냐 어(-語)
SP반(-盤) *cf.* LP반
S 형성(-型星)
에어리설(-說)
에어셔종(-種) *cf.* 헤리퍼드종
에어 컨디셔너
에오세(-世)
에움길(굽은길)
에워가다(바른 길로 가지 않고 돌아가다.)
에워싸다/에워싸이다
A급 *cf.* B급, C급, D급
AB형(-型)
에이즈균(-菌) *cf.* 콜레라균, 페스트균
H산(-酸)
H형강(-型/形鋼) *cf.* I 형강
에이콘관(-管)
에인절 지수(-指數)(총 가계 지출에서 과외 수업 등을 포함한 교육비) *cf.* 코스피 지수
에탄→에테인[에탄]
에탄니트릴→에테인나이트릴
에탄아마이드/아세트아마이드
에탄아미드→에탄아마이드
에탄알
에탄올
에탄티올→에테인싸이올

에탄티올산나트륨(-酸-)→에테인싸이올산나트륨
에테인싸이올
에티오피아구(-區)
에틴→에타인〔에틴〕
에펠탑(-塔) *cf.* 바벨탑, 런던탑
F수(-數)
F층(層)
에피스틸리스병(-病)
에피쿠로스학파(~學派) *cf.* 소크라테스학파, 엘레아학파, 강화 학파
엑소펩티다아제(편수 자료)
엑스선(-線)
X선관(-線管)
X선별(-線-)
X축(-軸)
엑슨 밸디스호(-號)
엔간찮다
엔간해서는
엔도펩티다아제(편수 자료)
엔진 소리 *cf.* 모터 소리, 클랙슨 소리
엔테로키나아제(편수 자료)
L 껍질
엘레아학파(-學派) *cf.* 에피쿠로스학파, 소크라테스학파, 강화 학파, 이용후생 학파
엘리뇨 현상(-現象) *cf.* 라니뇨 현상
엘리자베스조(-朝)
엘리제궁(-宮) *cf.* 루브르궁
엘릭시르제(-劑)(좋은 냄새와 단맛이 있어 내복하기 쉬운 약제)
엘바 섬
L파(-派)
LP반(-盤) *cf.* SP반
MK강(-鋼)
MT비(-比)(전동차와 비전동차의 비)
-여(餘)(접미사) *cf.* 10여 년, 100여 년
여간내기
여간 아니다
여간 어렵지 않다
여간 일 아니다
여간해서는 <~ 남의 말 듣지 않는다.>
여겨듣다 <아버지 말씀 ~.> *cf.* 새겨듣다, 귀담아듣다
여겨보다 <선생님이 학생의 얼굴을 ~.>
여겨 오다
여겨져 오다
여겨지기 때문이다
여과 없이(濾過-) <~ 보도하다.>
여관 문(旅館門) *cf.* 호텔 문, 학교 문
여관방(旅館房)
여관집(旅館-) *cf.* 하숙집
여기저기
여남은 개/여남은 명(-個/-名)
여남은째
여년묵다(여러 해 동안 묵다.)
여느 것
여느 곳
여느 날
여느 때 같으면
여느박(-拍)
여느 사람
여느 집
여느 해
여단수족(如斷手足)
여닫이문(-門) *cf.* 미닫이문
여닫이물렁뼈
여닫이창(-窓)
여당 내에(與黨內-)
여당 쪽에(與黨-)
여당측(與黨側) *cf.* 야당측
여덟무날(음력 2일과 17일)
여덟 전자 규칙(-電子規則)
여덟째 번(-番)(차례)
여덟팔자걸음(-八字-) *cf.* 갈지자걸음, 종종걸음, 오리걸음, 씨암탉걸음
여동밥(승려가 귀신에게 주기 위해 떠 놓는 밥)
여동생 토끼
여드렛날 *cf.* 엿샛날, 초여드렛날
여드름 나다 *cf.* 종기 나다

여드름바가지 *cf.* 주책바가지
여드름 자국 *cf.* 수술 자국, 글씨 자국, 마맛 자국, 바큇자국, 곰봇자국
여들없다(멋없고 미련하다.)
여러 가지 모형으로 도형 덮기(-圖形-)
여러 개(-個) *cf.* 한 개, 두 개
여러 고리 화합물(-化合物)
여러 곳/여러 군데
여러 나라
여러 나라 간(-間)
여러 날 동안
여러널식(-式)(고고학) *cf.* 외널식
여러 말 할 것 없이 *cf.* 말할 것 없이
여러면 구슬(-面-)
여러 면에서(-面-)
여러모로
여러 번(-番)
여러분 <손님 ~!>
여러 분 <손님이 ~ 오셨다.>
여러잔 토기(-盞土器)
여러 해 만에 *cf.* 만(의존 명사)
여러해살이
여러해살이 꽃 *cf.* 한해살이 꽃
여러해살이뿌리 *cf.* 한해살이뿌리
여러해살이식물(-植物) *cf.* 한해살이식물
여러해살이 잡초(-雜草)
여러해살이풀 *cf.* 한해살이풀
여러해살이 화초(-花草) *cf.* 한해살이 화초
여러 해 전(-前)
여러 형제 간(-兄弟間) *cf.* 형제간
여력 없다(餘力-)
여력 있다(餘力-)
여름가꾸기
여름 강(-江)
여름 거름 *cf.* 봄 거름, 겨울 거름
여름국화(-菊花) *cf.* 겨울국화
여름깃 *cf.* 겨울깃
여름나기 *cf.* 겨울나기
여름 나다 *cf.* 겨울 나다
여름 나비 *cf.* 봄 나비
여름날 *cf.* 겨울날, 가을날
여름날 밤 *cf.* 여름밤
여름 날씨
여름낳이 *cf.* 봄낳이, 낳이(접미사)
여름내 *cf.* 겨우내, 가을내
여름 내내 *cf.* 겨울 내내
여름누에 *cf.* 봄누에, 가을누에
여름눈 *cf.* 겨울눈
여름 동안 *cf.* 봄 동안
여름맞이 *cf.* 봄맞이, 가을맞이
여름무 *cf.* 봄무, 가을무
여름 바람 *cf.* 겨울바람, 가을바람, 봄바람
여름밤 *cf.* 봄밤, 가을밤, 겨울밤, 한겨울 밤
여름 방학(-放學) *cf.* 겨울 방학
여름 베기
여름 비 *cf.* 봄비, 가을비
여름빛 *cf.* 가을빛, 봄빛
여름 산(-山) *cf.* 겨울 산
여름살이 *cf.* 겨우살이
여름새〔夏鳥〕 *cf.* 겨울새
여름옷 *cf.* 봄옷, 가을옷, 겨울옷
여름일 *cf.* 가을일
여름작물(-作物) *cf.* 겨울작물
여름잠 *cf.* 겨울잠
여름 채소(-菜蔬) *cf.* 봄 채소, 가을 채소
여름 채소 가꾸기(-菜蔬-) *cf.* 채소가꾸기
여름철 *cf.* 봄철, 가을철, 겨울철
여름 철새 *cf.* 겨울 철새
여름타기 현상(-現狀)
여름 타다 *cf.* 봄 타다, 가을 타다
여름털 *cf.* 겨울털
여름학교(-學校) *cf.* 겨울 학교, 계절 학교
여름휴가(-休暇) *cf.* 봄 휴가, 겨울 휴가
여리꾼(가게 앞에서 손님을 끌어들이는 사람)
여린내기
여린내기 악곡(-樂曲)
여린내기 여린박(-拍)
여린말 *cf.* 거센말, 센말

여린박(-拍) *cf.* 센박
여린뼈(물렁뼈) *cf.* 굳뼈
여린입천장(-天障)/연구개(軟口蓋)
여린입천장소리(-天障-)/연구개음(軟口蓋音)
여린줄기(물고기의 여린 지느러미)
여며 가며 <옷깃을 ~….>
여·몽 연합군(麗·蒙聯合軍)
여문코 만들기
여문코(를) 만들다
여물바가지 *cf.* 쇠죽바가지, 물바가지, 똥바가지
여물박
여물어 가다
여물죽(-粥)(소나 말의)
여물통(-桶)
여미어 보나
여밈단 끝
여밈선(-線)
여백 주기(餘白-)
여백(을) 주다(餘白-)
여벌 옷(餘-) *cf.* 단벌 옷
여보게 *cf.* 이보게, 저보게
여보세요/여보시오/여보십시오 *cf.* 저보세요, 이보세요
여봐라
여봐란듯이 *cf.* 나보란듯이, 남 보란 듯이
여봐요
여부없다(與否-)/없이
여부 있나(與否-)
여북하면
여북해야
여 불규칙(-不規則)
여 불규칙 동사(-不規則動詞)
여 불규칙 형용사(-不規則形容詞)
여사장(女社長)
여선생(女先生) *cf.* 남선생
여섯무날(음력 보름과 그믐)
여섯밭고누
여섯 살 나다
여섯 시(-時) *cf.* 6시

여섯잇단음표(-音標) *cf.* 셋잇단음표
여섯 자리의 수(-數)
여섯줄보리 *cf.* 두줄보리
어섯쪽마늘 *cf.* 육쪽마늘
여성 개발 지수(女性開發指數) *cf.* 행복 지수
여성 권한 지수(女性權限指數)
여성마침(女性-) *cf.* 남성마침
여수·순천 10·19 사건(麗水·順天十一九事件)
여수 앞바다(麗水-)
여수장우중문시(與隋將于仲文詩)
여순경(女巡警)
여승무원(女乘務員)
여신도(女信徒)
여·야당(與·野黨)
여염집(閭閻-) *cf.* 가정집, 살림집, 여관집
여왕개미(女王-) *cf.* 일개미, 병정개미
여왕벌(女王-) *cf.* 일벌, 병정벌
여우 같은 놈들 *cf.* 개 같은 놈들, 돼지 같은 놈들, 쥐새끼 같은 놈들
여우고기 *cf.* 개고기, 돼지고기, 닭고기
여우굴(-窟) *cf.* 너구리굴, 두더지굴, 토끼굴
여우놀이
여우볕 *cf.* 뙤약볕, 가을볕, 돋을볕
여우비
여우새끼(욕으로) *cf.* 쥐새끼, 개새끼
여우자리
여우짓 *cf.* 바보짓, 등신짓, 병신짓
여우치 마을
여운 있다(餘韻-)
여운 있어 보이다(餘韻-)
여울견지낚시
여울낚시 *cf.* 바다낚시, 민물낚시, 흘림낚시, 던질낚시, 갯바위낚시
여울돌
여울목
여울물 *cf.* 개울물, 시냇물, 도랑물
여울져 가다
여·원 연합군(麗·元聯合軍)
여위어 가다

여윈잠 *cf.* 겉잠
여유만만하다(餘裕滿滿-)
여유만만해 보이다(餘裕滿滿-)
여유만만해하다(餘裕滿滿-)
여유 없다(餘裕-)
여유 있다(餘裕-)
여유 있어 보이다(餘裕-)
여유작작하다(餘裕綽綽-)
여윳돈(餘裕-) *cf.* 노잣돈, 일숫돈
여의두무늬(如意頭-)
여의사(女醫師)
여의찮아 보이다(如意-)
여자 같다(女子-) *cf.* 남자 같다
여자관계(女者關係) *cf.* 남자관계, 사회관계, 가족 관계, 국제 관계
여자구실(女子-) *cf.* 남자 구실, 남편 구실
여자기(勵磁機)
여자다워 보이다(女子-)
여자다워져 가다(女子-)
여자 된 도리(女子-道理) *cf.* 아내 된 도리
여자든 남자든(女子-男子-)
여자들 간에(女子-間-)
여자 수(女子數) *cf.* 남자 수, 학생 수
여자 아이(女子-) *cf.* 남자 아이
여자 애(女子-) *cf.* 남자 애
여자 어린이(女子-)
여자역(女子役) *cf.* 남자역, 악당역
여장군(女將軍)
여전해 보이다(如前-)
여주 쌀(驪州-) *cf.* 이천 쌀, 김포 쌀, 철원 쌀
여주인공(女主人公) *cf.* 남주인공
여지승람(輿地勝覽)
여지없다/없이(餘地-) <준비가 없어 ~ 실패하고 말았다.>
여지 없이(餘地-) <더 생각할 ~ 승낙하다.>
여직공(女職工)
여진 정벌(女眞征伐) *cf.* 나선 정벌, 대마도 정벌
여진족(女眞族) *cf.* 오랑캐족
여쭈워 보다
여차여차해서(如此如此-)
여차하면(如此-)/여차직하면
여천 앞 바다(麗川-)
여천 앞바다(麗川-) *cf.* 여천 앞 바다
여태껏 *cf.* 여지껏, 이제껏
여하간(如何間)
여하튼 간에(如何-間-)
여학사회(女學士會)
여학생 수(女學生數) *cf.* 학생 수
여한 없다(餘恨-)
여행 가다(旅行-)
여행길(旅行-) *cf.* 귀양길, 항해길, 귀향길, 등굣길, 하굣길, 답삿길, 출근길, 퇴근길, 귀국길
여행 다니다(旅行-)
여행 떠나다(旅行-)
여행면장(旅行免狀) *cf.* 수출 면장, 수입 면장
여행 보내다(旅行-)
여행안내(旅行案內) *cf.* 상품 안내, 관광 안내, 책자 안내, 등산 안내
여행 오다(旅行-) *cf.* 여행 가다, 피난 가다
여행 중(旅行中) *cf.* 출타 중
여행증명(旅行證明) *cf.* 신원 증명, 졸업 증명, 수업 증명
여호수아서(-書) *cf.* 로마서
여호주(女戶主)
-역(役)(접미사) *cf.* 상담역, 감사역
역(逆)-(접두사) *cf.* 역방향, 역효과
역(驛) *cf.* 서울역, 부산역, 종착역
역(役)(명사) *cf.* 1인 2역, 춘향 역, 이 도령 역, 공주 역, 재판관 역
역겨워하다
역결(逆-) *cf.* 엇결
역겹지 않니?
역교배(逆交配) *cf.* 검정 교배
역구내(驛區內)
역극성(逆極性)
역기능(逆機能) *cf.* 순기능
역기전력(逆起電力)
역내전압(逆耐電壓)

역단층(逆斷層)
역대제왕혼일강리도(歷代帝王混一疆里圖)
역동작(逆動作)
역량 있다(力量-)
역마살(驛馬煞) <~이 끼다.>
역마을(驛-)
역마차(驛馬車) *cf.* 포장마차
역모기지론(逆-)
역모션(逆-)
역무배상(役務賠償) *cf.* 노무배상
역박사(曆博士)
역방위법(逆方位法)
역방향(逆方向) *cf.* 순방향
역방향 전압(逆方向電壓)
역버니어(逆-)
역벡터(逆-)
역변류기(逆變流器)
역변환기(逆變換器)
역사급(力士級) *cf.* 장사급, 용장급
역사박물관(歷史博物館) *cf.* 과학박물관, 자연사 박물관, 경찰 박물관, 교과서 박물관
역사상(歷史上)
역사의식(歷史意識) *cf.* 세계의식, 사회의식, 시민 의식, 우월 의식
역사책(歷史冊) *cf.* 물리책, 화학책, 생물책, 동화책, 소설책, 만화책, 얘기책, 불경책, 성경책
역사학자(歷史學者) *cf.* 국사학자
역사학파(歷史學派) *cf.* 훈고학파, 경제학파, 강화 학파
역설해 오다(力說-)
역섬락(逆閃絡)
역성들다 *cf.* 편들다
역성들어 주다 *cf.* 편들어 주다
역성 비누(逆性-) *cf.* 약용 비누, 양성 비누
역성해 주다
역성혁명(易姓革命) *cf.* 명예혁명, 시민혁명, 국민 혁명, 산업 혁명, 녹색 혁명, 상업 혁명
역수입(逆輸入)
역수출(逆輸出)
역습당하다(逆襲當-) *cf.* 당하다
역시간(逆時間)
역십자조르기(逆十字-)(유도)
역 안(驛-) *cf.* 차 안, 찻속
역어셈블러(逆-)
역어음(逆-)
역옹패설(櫟翁稗說)
역원근법(逆遠近法)
역원 취락(驛院聚落)
역U자형 기관(逆-字型機關)
역유토피아(逆-) *cf.* 디스토피아
역 이름(驛-)
역이용당하다(逆利用當-) *cf.* 당하다
역이입(逆移入) *cf.* 역이출
역이출(逆移出) *cf.* 역이입
역적모의(逆賊謀議) *cf.* 강도 모의, 살인 모의, 범죄 모의
역적정(逆適定)
역전되어 가다(逆轉-)
역전사 효소(逆轉寫酵素)
역전패당하다(逆轉敗當-) *cf.* 당하다
역전패하다(逆轉敗-)
역정 나다(逆情-) *cf.* 짜증 나다, 화나다
역정 내다(逆情-) *cf.* 짜증 내다, 화내다
역정 사다(逆情-)
역정풀이(逆情-) *cf.* 화풀이
역제곱 법칙(逆-法則)
역조정 댐(逆調整-) *cf.* 조정 댐
역조정못(逆調整-)
역지사지(易地思之)
역촉매(逆觸媒)
역추력 장치(逆推力裝置)
역카르노 사이클(逆-)
역코스(逆-)
역타이밍(逆-)
역탐지(逆探知)
역펄스(逆-)
역피치 프로펠러(逆-)

역할극 꾸미기(役割劇-)
역할극(을) 꾸미다(役割劇-)
역할극 카드(役割劇-)
역할놀이(役割-) *cf.* 역할 놀이(편수 자료 '가사·실업')
역할 정하기(役割定-)
역함수(逆函數)
역혼합(逆混合)
역효과(逆效果)
엮는목(판소리)
엮어 가다
엮어 가지고
엮어 나가다
엮어 내다
엮어 놓다
엮어 두다
엮어 매다
엮어 보다
엮어 주다
엮은 그물감
엮은이 *cf.* 지은이, 펴낸이
엮음 수심가(-愁心歌)
엮음 시조(-時調)
엮음 아리랑
엮음 형식(-形式)
-연(然)(접미사) *cf.* 학자연, 도사연
연(聯) *cf.* 1연, 2연
연(連)(관형사) *cf.* 연 사흘, 연 닷새
(접두사) *cf.* 연잇다, 연달다
연(連)(의존 명사) *cf.* 종이 10연
연(延)(접두사) *cf.* 연건평, 연인원, 연일수
(관형사) *cf.* 연 2만 명, 연 만여 명
연가 7년명 금동 여래 입상(延嘉七年銘金銅如來立像)
연 강수량(年降水量)
연 강우량(年降雨量)
연개소문(淵蓋蘇文)
연결시켜 보다(連結-)
연결시켜 주다(連結-)
연결 어미(連結語尾) *cf.* 종결 어미
연결, 유통시키다(連結, 流通-)
연결지어 놓다(連結-)
연결짓다(連結-) *cf.* 관련짓다
연결해 주다(連結-)
연계짓다(連繫-) *cf.* 관련짓다
연골막염(軟骨膜炎)
연공가봉(年功加俸)
연공서열(年功序列)
연관지어 보다(聯關-)
연관짓다(連關-) *cf.* 관련짓다
연교차(年較差) *cf.* 일교차
연구개음(軟口蓋音)
연구개음화(軟口蓋音化)
연구, 검토하다(研究, 檢討-)
연구 끝에(研究-) *cf.* 실험 끝에, 노력 끝에
연구되어 오다(研究-)
연구, 보급시키다(研究, 普及-)
연구학교(研究學校) *cf.* 시범학교
연구해 보다(研究-)
연구해 오다(研究-)
연귀맞춤(燕口-) *cf.* 사개맞춤
연극놀이(演劇-) *cf.* 역할놀이
연극배우(演劇俳優) *cf.* 영화배우, 희극 배우
연극·영화계(演劇·映畫界)
연·근해(沿近海)
연금당하다(軟禁當-) *cf.* 당하다
연금해 놓다(軟禁-)
연기 나다(煙氣-) *cf.* 김 나다
연기 내다(煙氣-)
연기마른치(煙氣-)(훈제품)
연기받이(煙氣-)
연기 피우다(煙氣-) *cf.* 냄새 피우다
연기해 놓다(延期-)
연꽃(蓮-)
연꽃 같다(蓮-)
연꽃무늬(蓮-) *cf.* 당초무늬, 인동무늬, 모란무늬, 얼룩무늬, 줄무늬, 물방울무늬
연꽃무늬 기와(蓮-)

연꽃무늬 벽돌(蓮-甓-) *cf.* 흙벽돌, 오지벽돌, 유리벽돌, 붉은 벽돌
연꽃새김(蓮-)
연꽃잎(蓮-)
연꽃타령(蓮-)
연나라(燕-) *cf.* 수나라, 당나라, 명나라
연날리기(鳶-)
연날리기 겨루기(鳶-)
연 날리다(鳶-)
연 높이띄우기(鳶-)
연달아(連-) *cf.* 잇달아, 잇따라
연담도시(聯擔都市) *cf.* 연합 도시, 행정 중심 복합 도시, 위성 도시
연 닷새 동안(連-)
연 닷새째(連-)
연당초무늬(蓮唐草-)
연대순(年代順) *cf.* 시대순, 가나다순, 알파벳순, 나이순
연동 척(聯動-) *cf.* 단동 척
연두색(軟豆色)
연두저고리(軟豆-) *cf.* 다홍치마, 연분홍 치마, 검정 치마, 흰 치마, 흰 저고리, 빨간 치마
연둣빛(軟豆-) *cf.* 자줏빛, 보랏빛, 잿빛, 핏빛
연득없다/연득없이(갑자기 행동하는 면이 있다.) <~ 달려들다.>
연등놀이(燃燈-)
연때(緣-)(인연이 맺어지는 기회)
연락드리다(連絡-) *cf.* 드리다
연락받다(連絡-) *cf.* 받다
연락부절(連絡不絕)
연락 없이/없다(連絡-)
연락해 드리다(連絡-)
연락해 보다(連絡-)
연락해 주다(連絡-)
연려실기술(燃藜室記述)
연로해 보이다(年老-)
연료난(燃料難) *cf.* 재정난, 인재난, 취업난
연륜 쌓다(年輪-)
연륜 있다(年輪-)
연마해 오다(研磨-)
연막전술(煙幕戰術) *cf.* 기만전술, 인해전술, 화해 전술, 위장 전술
연 만들기(鳶-)
연(을) 만들다(鳶-)
연 만여 명(延萬餘名)
연머리(鳶-)
연명해 가다(延命-)
연못가(蓮-) *cf.* 못가, 개울가, 바닷가, 불가
연못물(蓮-) *cf.* 우물물, 호숫물, 바닷물, 시냇물, 낙숫물, 눈석임물
연못 바닥(蓮-) *cf.* 못바닥, 냇바닥, 갯바닥, 강바닥, 땅바닥, 호수 바닥, 우물 바닥
연못 속 *cf.* 우물 속, 호수 속
연못 속에(蓮-)
연발해 오다(連發-)
연밥죽(蓮-粥) *cf.* 감인죽
연백평야(延白平野) *cf.* 김포평야, 나주평야
연변화(年變化) *cf.* 일변화
연보라(軟-)
연보랏빛(軟-) *cf.* 보랏빛, 연둣빛, 연분홍빛
연봇돈(捐補-) *cf.* 시줏돈, 보싯돈
연봉매듭(蓮-) *cf.* 국화매듭, 십자매듭
연분 9등법(年分九等法)
연분 닿다(緣分-)
연분 맺다(緣分-) *cf.* 인연 맺다
연분홍 꽃(軟粉紅-)
연분홍빛(軟粉紅-)/연분홍색(軟粉紅色)
연비 알아보기(連比-)
연뿌리(蓮-) *cf.* 파뿌리, 칡뿌리
연뿌리죽(蓮-粥)
연 사흘 동안(連-)
연 사흘째(連-) *cf.* 째
연삭숫돌(研削-) *cf.* 가죽숫돌, 금강사숫돌
연상시켜 주다(聯想-)
연상하리만큼(聯想-) *cf.* 리만큼
연상학파(聯想學派) *cf.* 소요학파, 스토아학파, 연역학파, 귀납학파, 인구학파, 남명 학파, 실학 학파, 이용후생 학파

연상해 보다(聯想-)
연생보험(聯生保險) *cf.* 상해 보험, 생명 보험, 화재 보험
연 생산량(年生産量) *cf.* 일 생산량
연생연금(聯生年金) *cf.* 종신 연금, 유상 연금, 무상 연금, 유기 연금
연서/이어쓰기(連書/-)
연석회의(連席會議) *cf.* 확대회의, 구수회의, 원탁회의, 원로 회의, 교무 회의
연설조(演說調) *cf.* 훈시조, 강연조
연성분(軟成分) *cf.* 경성분
연세 높은 분(年歲-)
연세 드시다(年歲-) *cf.* 나이 드시다
연세 많다(年歲-) *cf.* 나이 많다
연소되어 버리다(燃燒-)
연 소비량(年消費量)
연소 숟갈(燃燒-) *cf.* 밥숟갈, 찻숟갈
연소해 버리다(燃燒-)
연소핵(燃燒核)
연속 급섬광등(連續急閃光燈)
연속뛰기(連續-)
연속 뛰다(連續-)
연속막기(連續-)
연속무늬(連續-)
연속무늬 꾸미기(連續-)
연속산업(連續産業) *cf.* 주야산업, 기간산업, 관광 산업, 내수 산업, 간척 산업
연속선상(連續線上)
연속 옆돌기(連續-)
연속 옆돌리기(連續-)
연속으로 손짚고 옆돌기(連續-)
연속으로 앞·뒤구르기(連續-)
연수량(年水量)
연수받다(硏修-)
연수 보내다(硏修-)
연습 놀이(演習-)
연습삼아(練習-) *cf.* 장난삼아, 놀이삼아
연습 중(練習中) *cf.* 훈련 중
연습해 오다(練習-)

연시조(聯時調) *cf.* 사설시조
연싸움(鳶-) *cf.* 소싸움, 닭싸움, 개싸움
연씨(燕氏) *cf.* 사씨, 연씨 등의 세력
연알(碾-)
연애결혼(戀愛結婚) *cf.* 중매결혼, 자유 결혼, 자유 혼인
연애 중(戀愛中) *cf.* 열애 중
연애편지(戀愛便紙) *cf.* 위문편지, 문안 편지, 안부 편지, 격려 편지
연애해 오다(戀愛-)
연약해 보이다(軟弱-)
연어알젓(鰱魚-) *cf.* 명란젓
연엑스(X)선(軟-線)
연역학파(演繹學派) *cf.* 기능학파, 귀납학파, 강화 학파, 이용후생 학파
연역해 내다(演繹-)
연연해하다(戀戀-)
연 열흘째(連-) *cf.* 연
연옥색(軟玉色) *cf.* 연보라
연월일(年月日)
연 이마(鳶-)
연이어(連-)
연이율(年利率)
연 이틀 동안(連-)
연 이틀째(連-) *cf.* 째
연인원(延人員) *cf.* 연
연일수(延日數) *cf.* 연
연임해 오다(連任-)
연잇다(連-) *cf.* 연달다
연잎(蓮-) *cf.* 깻잎, 솔잎, 댓잎, 찻잎, 갈잎, 오동잎, 호박잎
연잎쌈(蓮-) *cf.* 호박잎쌈
연자매께(硏子-)('께'는 '그때' 또는 '장소에서 가까운 곳'을 나타내는 접미사)
연자방아(硏子-) *cf.* 물레방아, 디딜방아
연자성체(軟磁性體)
연자줏빛(軟紫朱-) *cf.* 자줏빛, 보랏빛
연작시(連作詩) *cf.* 산문시, 서사시, 풍물시
연장걸이 *cf.* 옷걸이

연장되어 오다(延長-)
연장선상에(延長線上-) *cf.* 일직선상
연장시켜 주다(延長-)
연장전 끝에(延長戰-)
연장주머니 *cf.* 신주머니, 신발주머니, 목욕주머니, 약주머니
연재소설(連載小說) *cf.* 신문 소설, 단편 소설, 장편 소설
연 재주부리기(鳶-)
연재해 오다(連載-)
연전연승(連戰連勝)
연전연패(連戰連敗)
연좌데모(連坐-) *cf.* 연좌시위, 촛불 시위
연좌시위(連坐示威) *cf.* 폭력 시위, 과격 시위, 반정부 시위, 학생 시위
연주무늬(聯珠-)
연주해 보다(演奏-)
연주회용 절대 음높이(演奏會用絕對音-)
연줄(緣-) <~에 회사에 들어오다.>
연줄(鳶-) *cf.* 빨랫줄, 전깃줄, 고무줄
연줄연줄(緣-緣-)(부사)
연줄혼인(緣-婚姻) *cf.* 연애결혼, 자유 결혼
연중무휴(年中無休)
연중행사(年中行事) *cf.* 일중행사, 월중 행사, 주중 행사
연지빛(臙脂-) *cf.* 살빛, 살구빛, 딸기빛, 버찌빛, 앵두빛, 포돗빛, 모싯빛, 복숭앗빛, 장밋빛, 비췻빛
연착륙(軟着陸) *cf.* 경착륙
연 천여 명(年千餘名)
연철광(鉛鐵-)(납이나 철이 끼여 있는 광맥)
연체동물(軟體動物)
연체해 오다(延滯-)
연초록빛(軟草綠-)
연출해 보다(演出-)
연타석(連打席)
연탄가스(煉炭-) *cf.* 메테인[메탄]가스, 탄산가스, 뷰테인[부탄]가스
연탄구멍(煉炭-) *cf.* 불구멍, 공기구멍, 바람구멍, 바늘구멍, 기름구멍
연탄난로(煉炭煖爐) *cf.* 석유난로, 가스난로, 전기난로, 톱밥 난로, 장작 난로
연탄보일러(煉炭-) *cf.* 석유보일러, 중유보일러, 가스 보일러, 벙커C유 보일러
연탄불(煉炭-) *cf.* 장작불, 숯불
연탄아궁이(煉炭-)
연탄장사(煉炭-)/연탄장수(煉炭-) *cf.* 숯장수
연탄재(煉炭-) *cf.* 짚재, 나뭇재, 담뱃재
연탄집게(煉炭-) *cf.* 빨래집게, 핀치 집게, 뷰렛 집게, 도가니 집게, 시험관 집게
연평균(年平均) *cf.* 월평균
연평균 강수량(年平均降水量) *cf.* 연평균 기온, 월평균 기온
연평균 기온(年平均氣溫)
연표놀이(年表-)
연푸른색(軟-)
연필값(鉛筆-) *cf.* 고추값, 배추값, 사과값, 우표값, 우유값, 담뱃값
연필깍지(鉛筆-) *cf.* 연필두겁, 붓두겁
연필깎이(鉛筆-)
연필꽂이(鉛筆-)
연필꽂이 만들기(鉛筆-)
연필꽂이(를) 만들다
연필 끝(鉛筆-) *cf.* 펜 끝, 붓끝
연필 도막(鉛筆-) *cf.* 나무토막, 쇳도막, 무 토막, 초 도막
연필두겁(鉛筆-) *cf.* 붓두겁
연필심(鉛筆芯)
연필쓰기(鉛筆-) *cf.* 경필쓰기(硬筆-)
연필화(鉛筆畫) *cf.* 크레용화, 파스텔화
-연하다(然-)(접미사) *cf.* 학자연하다, 예술가연하다, 처사연하다
연하우편(年賀郵便) *cf.* 군사 우편, 보통 우편, 통상 우편, 청첩장 우편, 광고 우편
연하전보(年賀電報) *cf.* 축하 전보
연한 색(軟-色) *cf.* 짙은 색
연합고사(聯合考査)
연합국측(聯合國側)

연합국 편(聯合國便)
연합 놀이(聯合-)
연해 보이다(軟-)
연해져 가다(軟-)
연행당하다(連行當-) *cf.* 당하다
연행되어 가다(連行-)
연행해 가다(連行-)
연화무늬 와당(蓮花-瓦當)
연회 상(宴會床) *cf.* 잔칫상, 돌상, 환갑상, 제사상, 손님상
연휴 끝에(連休-) *cf.* 토의 끝에, 숙의 끝에, 노름 끝에
열(熱)(명사) <~이 높다.>
(접두사) *cf.* 열경화성, 열기구
(접미사) *cf.* 말라리아열, 뎅기열, 로키산열
열가소성(熱可塑性) *cf.* 열경화성
열 간격(列間隔)
열감(熱-) *cf.* 땔감, 일감, 양념감, 안줏감
열값(熱-)
열 개질(熱改質)
열거해 놓다(列擧-)
열거해 보다(列擧-)
열경련(熱痙攣)
열경화성(熱硬化性)
열계뢰(熱界雷)
열고 나가다 *cf.* 닫고 나가다
열고나다(급히 서두르다.)
열고 나오다 *cf.* 닫고 나오다
열고 닫다
열고 들어오다
열고정 가공(熱固定加工)
열공법(熱工法)
열공학(熱工學)
열관류율(熱貫流率)
열관리(熱管理)
열관리사(熱管理士)
열 교란 잡음(熱攪亂雜音)
열교환기(熱交換器)
열구름
열기관(熱機關)
열기구(熱器具)
열기구(熱氣球)
열기욕(熱氣浴)
열기전력(熱起電力)
열기포(熱氣泡)
열 길 *cf.* 한 길, 다섯 길
열 길 물속 <~ 은 알아도 한 길 사람 속은 모른다.>
열나다(熱-) *cf.* 땀나다
열나절 <~이나 붙잡고 있다.> *cf.* 반나절, 한나절
열나흘
열뇌우(熱雷雨)
열 달 만에 *cf.* 한 달 만에
열당량(熱當量)
열대 기단(熱帶氣團) *cf.* 적도 기단
열대림대(熱帶林帶) *cf.* 온대림대, 냉대림대
열대 수렴대(熱帶收斂帶)
열대음료(熱帶飮料) *cf.* 과실음료, 청량음료
열대작물(熱帶作物) *cf.* 온대 작물, 온대 식물, 한대 식물, 아열대 식물
열댓 명(-名)
열두 개째(-個-) *cf.* 째
열두거리굿
열두무날(음력 5일과 6일, 20일과 21일)
열두물(음력 5일과 6일, 20일과 21일의 밀물과 썰물)
열두 살 된/되다
열두 시(-時) *cf.* 12시
열두째
열두 쪽 병풍(-屛風)
열두 폭 치마(-幅-)
열두 하님
열등의식(劣等意識) *cf.* 위기의식, 경쟁의식, 패배 의식, 질서 의식
열띤/띠다(熱-) <~ 응원을 하다.>
열려 가다
열려 있다

열려 하다
열렬해 보이다(熱烈-)
열렬해져 가다(熱烈-)
열리자마자 *cf.* 자마자
열린계(-系) *cf.* 닫힌계
열린 관(-管)
열린 교육(-敎育)
열린 구간(-區間)
열린도덕(-道德) *cf.* 닫힌도덕
열린둑
열린사회(-社會) *cf.* 닫힌사회
열린 우주(-宇宙)
열린집합(-集合) *cf.* 닫힌집합
열린핏줄계(-系) *cf.* 닫힌핏줄계
열린회로(-回路) *cf.* 닫힌회로
열매가지 *cf.* 꽃가지
열매 그리기
열매(를) 그리다
열매껍질[果皮]
열매맺기
열매 맺는 버릇
열매(를) 맺다
열매맺음
열매(가) 맺히다
열매솎기
열매(를) 솎다
열매 열고 <꽃 피고 ~….>
열매 열리다
열매솎기 대회(-大會)
열매채소(-菜蔬) *cf.* 잎채소, 뿌리채소
열매체(熱媒體)
열무김치 *cf.* 배추김치, 오이김치, 총각김치
열무날(음력 3, 4일과 18, 19일)
열무냉면(-冷麪)
열바람(熱-)
열반응기(熱反應器)
열 받다(熱-)('화나다'의 속된 말)
열방망이(熱-) <~가 치밀어 오다.>
열방사(熱放射)
열 번 찍어(-番-) <~ 안 넘어가는 나무 없다.>
열벡터(列-)
열변성암(熱變成巖)
열변성 작용(熱變成作用)
열변형력(熱變形力)
열변화(熱變化)
열병 앓다(熱病-)
열병합 발전(熱倂合發電)
열복사(熱輻射)
열복통(熱腹痛)
열분배(熱分配)
열분석(熱分析)
열분석법(熱分析法)
열분해(熱分解) *cf.* 열생성
열산란(熱散亂)
열 살 나다 *cf.* 세 살 나다
열상승 기류(熱上昇氣流) *cf.* 상승 기류
열생성(熱生成) *cf.* 열분해
열서너 살 되다 *cf.* 쉰 살 되다
열 서다(列-)
열선정 입력(列選定入力)
열섬(熱-)
열성껏(熱誠-) *cf.* 정성껏, 성의껏, 껏
열성 다하다(熱誠-)
열성분자(熱誠分子) *cf.* 악질분자, 반동분자, 불온 분자, 핵심 분자
열성 어리다(熱誠-)('어리다'는 동사이지만 관용적으로 붙여 쓰기도 함.) *cf.* 감격 어리다, 감동 어리다, 애정 어리다, 인정 어리다, 정성 어리다
열성 없다(熱誠-) *cf.* 성의 없다
열성 있다(熱誠-) *cf.* 성의 있다
열소독(熱消毒)
열소설(熱素說)
열쇠고리
열쇠 꾸러미 *cf.* 달걀 꾸러미, 선물 꾸러미
열쇠층(-層)(지구 과학)
열쇠 함(-函) *cf.* 공구함, 배전함, 소화전함
열쇳구멍 *cf.* 단춧구멍, 수챗구멍, 마룻구멍,

콧구멍, 옹이구멍, 꺾쇠구멍, 기름구멍, 바람구멍, 연탄구멍, 공기구멍, 바자 구멍
열수분비(熱水分比) *cf.* 열 수분비(편수 자료 '수산·해운')
열수 용액(熱水溶液)
열수지(熱收支)
열수축 튜브(熱收縮-)
열 시(-時) *cf.* 10시, 5시
열씨온도(列氏溫度) *cf.* 섭씨온도, 화씨온도, 켈빈 온도, 퀴리 온도, 섭씨 온도(편수 자료)
열악해 보이다(劣惡-)
열악해져 가다(劣惡-)
열 안정제(熱安定劑)
열압축기(熱壓縮機)
열어 가다
열어 나가다
열어 놓다
열어 놓아 두다
열어 놓은 채 *cf.* ㄴ 채, 채
열어 놓자마자 *cf.* 자마자
열어 두다
열어 드리다
열어 보다
열어붙이다 <뒷문을 힘차게 ~.>
열어 오다
열어젖뜨리다 <창문을 ~.>
열어젖히다 <창문을 ~.>
열어 주다
열없다(조금 겸연쩍고 부끄럽다.)
열없어하다
열없이
열었다 닫았다 하다
열에너지(熱-)
열에 아홉
열엑스(X)선(熱-線)
열역학(熱力學)
열역학적 온도(熱力學的溫度)
열역학 제1 법칙(熱力學第一法則)
열역학 제2 법칙(熱力學第二法則)
열엿샛날
열 영향부(熱影響部)
열오염(熱汚染) *cf.* 환경오염, 대기 오염, 수질 오염, 토양 오염
열 올려 오다(熱-)
열 올리다(熱-)
열외로 하다(列外-)
열용량(熱容量)
열용접법(熱鎔接法)
열용해 접착제(熱溶解接着劑)
열운동(熱運動)
열원자로(熱原子爐)
열원자핵(熱原子核)
열융착(熱融着)
열음극(熱陰極)
열응력(熱應力)
열의 벽(熱-壁)
열의 없다(熱意-)
열의 일(해)당량〔熱-(該)當量〕
열의 있다(熱意-)
열이력(熱履歷)
열이온(熱-)
열이온관(熱-管)
열 일 제치다
열잔류자기(熱殘留磁氣)
열잡음(熱雜音)
열장이음
열장장부촉(-鏃)
열재생 전지(熱再生電池)
열저장(熱貯藏)
열저장체(熱貯藏體)
열적다→열없다 <열적어서(열없어서) 머리만 긁는다.>
열적도(熱赤道)
열전기(熱電氣)
열전기 더미(熱電氣-)(열전퇴)
열전기쌍(熱電氣雙)
열전냉각(熱電冷却)
열전달(熱傳達)/열전달률(熱傳達率)

열전대 온도계(熱傳帶溫度計)
열전도(熱傳導)
열전도도(熱傳導度)
열전도율(熱傳導率)
열전력(熱電力)
열전류(熱電流)
열전사 프린터(熱轉寫-)
열전쌍(熱電雙)
열전자(熱電子)
열전자관(熱電子管)
열전자학(熱電子學)
열전지(熱電池)
열전퇴(熱電堆) *cf.* 열전기 더미
열접점(熱接點)
열접착(熱接着)
열정산(熱精算)
열좌욕(熱坐浴)
열중성자(熱中性子)
열중성자로(熱中性子爐)
열중쉬어(列中-) *cf.* 편히쉬어
열중합(熱重合)
열중해 오다(熱中-)
열지수(熱指數)
열진동(熱振動)
열차 여행 놀이(列車旅行-)
열차역(列車驛) *cf.* 전철역
열차편(列車便) *cf.* 항공편, 버스편
열처리(熱處理)
열처리로(熱處理爐)
열천칭(熱天秤)
열충격성(熱衝擊性)
열취약성(熱脆弱性)
열 크래킹(熱-)
열탄성(熱彈性)
열통 터지다(熱-) *cf.* 분통 터지다
열퉁적다
열파동(熱波動)
열팽창(熱膨脹)
열팽창률(熱膨脹率)
열펌프(熱-) *cf.* 배수펌프, 분사 펌프, 물 펌프
열평형(熱平衡)
열폭주(熱暴走)
열풍로(熱風爐)
열피비(熱疲憊)
열하일기(熱河日記) *cf.* 난중일기, 산성일기, 계축일기
열한 시 반(-時半) *cf.* 11시 반, 12시
열함량(熱含量)
열해리(熱解離)
열핵반응(熱核反應)
열현상(熱現象)
열화 같다(熱火-)
열화같이(熱火-)
열화상(熱畫像)
열화학(熱化學)
열확산(熱擴散)
열효율(熱效率)
열흘 간(-間)
열흘길 *cf.* 하룻길
열흘날 *cf.* 초열흘날
열흘 내에(-內-)
열흘째 되다
엷어 가다
엷어 보이다
엷어져 가다
엷은 잿빛
염기 서열(鹽基序列)
염기성암(鹽基性巖)
염기성염(鹽基性鹽) *cf.* 산성염, 중성염, 알칼리염
염기성 흙(鹽基性-)
염다리(鹽-)
염라대왕(閻羅大王)
염량세태(炎凉世態)
염려 놓다(念慮-)
염려 마라(念慮-) *cf.* 마/마라/말아라(→마라)
염려 말게/마라(念慮-)
염려 없다(念慮-)
염려해 오다(念慮-)

염마집(閻魔-)(염라대왕의 화상을 모셔 놓은 집)
염문꾼(廉問-)
염밭(鹽-)
염병 앓다(染病-)
염병할 놈(染病-)
염병할 소리(染病-)
염불 도드리(念佛-)
염불 외듯(念佛-)
염색해 주다(染色-)
염세자살(厭世自殺) *cf.* 음독자살, 투신자살, 할복자살, 권총 자살
염세주의(厭世主義)
염소가스(鹽素-) *cf.* 메테인[메탄]가스, 프로페인[프로판]가스
염소가죽 *cf.* 양가죽, 돼지가죽, 쇠가죽, 물소가죽, 말가죽
염소 마을 *cf.* 여우 마을
염소수염(-鬚髥) *cf.* 고래수염, 팔자수염, 나비수염
염소웃음
염소자리
염소젖 *cf.* 양젖, 쇠젖
염소털 *cf.* 토끼털, 개털, 여우털, 밍크털
염소 할아버지
염의없다(廉義-)(예의를 잊고 부끄러움이 없다.) <염의없는 말이지만 부탁하오.>
염쟁이(殮-)
염증 나다(厭症-)/염증 내다(厭症-)
염치없다(廉恥-)/염치없어하다(廉恥-)
염치 좋다(廉恥-)
염치 차리다(廉恥-)
염탐꾼(廉探-)
염통문(-門)
염통주머니 *cf.* 모래주머니, 쓸개주머니
염포국(殮布-) *cf.* 탕국, 해장국, 고깃국
염풍해(鹽風害)
염화나트륨(鹽化-)
염화비닐(鹽化-)
염화비닐 수지(鹽化-樹脂)
염화암모늄(鹽化-)
염화 이온(鹽化-)
염화칼륨(鹽化-)
염화코발트 종이(鹽化-)
엽면산포(葉面散布)
엽면시비(葉面施肥)
엽병꽂이(葉柄-)
엽병따기(葉柄-)/잎자루따기
엽상식물(葉狀植物)
엿기름
엿기름가루 *cf.* 송홧가루, 메줏가루, 계핏가루, 고춧가루, 유릿가루, 미숫가루
엿기름물
엿누룽지
엿단지
엿듣다
엿맛 *cf.* 꿀맛, 밥맛, 장맛
엿 먹이다 *cf.* 물 먹이다
엿목판(-木板)
엿물
엿반대기 *cf.* 흙반대기, 종이 찰흙 반대기
엿밥 *cf.* 고두밥, 지에밥
엿방망이(투전의 일종)(엿죽방망이)
엿보다/보이다
엿새 간(-間)
엿샛날 *cf.* 이렛날, 닷샛날
엿장사 *cf.* 쌀장사, 떡 장사, 옷 장사
엿장수 *cf.* 쌀장수, 떡 장수, 기름 장수
엿죽방망이
엿치기
엿타령
영감 같다(令監-)
영감놀이(令監-)
영감마님(令監-)('마님'은 접미사) *cf.* 나리마님, 대감마님, 실내마님
영감타령(令監-)
영감탈(令監-) *cf.* 양반탈, 먹중탈
영감태기(令監-)
영계구이(-鷄-) *cf.* 통닭구이

영 계수(-係數)
영고성쇠(榮枯盛衰)
영광되다(榮光-)
영광스러워하다(榮光-)
영구불변(永久不變)
영국·러시아·프러시아·오스트리아 동맹군(英國-同盟軍)
영국병(英國病) *cf.* 유럽병, 선진국병
영국식 쌓기(英國式-)(벽돌쌓기) *cf.* 프랑스식 쌓기, 미국식 쌓기, 네덜란드식 쌓기
영국 왕(英國王)
영남 만인소(嶺南萬人疏)
영남 학파(嶺南學派)(편수 자료)
영남학파(嶺南學派) *cf.* 기호학파, 실존 학파, 강화 학파, 이용후생 학파
영내(營內) *cf.* 영외
영년 주계열(零年主系列)
영노탈
영단 내리다(英斷-) *cf.* 용단 내리다
영도해 나가다(領導-)
영등굿놀이
영등날(靈登-) *cf.* 단옷날, 무싯날
영등할머니(靈登-) *cf.* 삼신할머니
영락대전(永樂大典) *cf.* 패문운부, 사고전서
영락없이/없다(零落-)
영락요(永樂窯) *cf.* 마이센 요, 징더전 요, 경덕진요
영락제 때(永樂帝-) *cf.* 영·정조 때
영롱쌓기(玲瓏-)
영롱해 보이다(玲瓏-)
영롱해져 가다(玲瓏-)
영리사업(營利事業) *cf.* 공익사업, 비영리사업, 영리 단체, 영리 법인, 영리 회사
영리해 보이다
영마루(嶺-) *cf.* 고갯마루, 산마루, 콧마루
영명사 터(永明寺-) *cf.* 원각사 터
영문 모르다
영문법(英文法) *cf.* 영작문
영미법(英美法) *cf.* 대륙법

영민해 보이다(英敏-)
영바람(양양한 의기) *cf.* 신바람
영벡터(零-)
영산놀이(靈山-)
영산회상(靈山會相)
영상·음향 기기(映像·音響器機)
영생불사하다(永生不死-)
영세업자(零細業者)
영수네 집 앞
영수증 받기(領收證-)
영수증철(領收證綴)
영순위(零順位) *cf.* 일순위
영숫자(英數字) *cf.* 한숫자, 로마 숫자
영악스러워 보이다(靈惡-)
0 알아보기(零-)
영암 땅(靈巖-) *cf.* 귀주 땅
영양가 면(營養價面) *cf.* 외모 면에서, 분배 면에서, 경제면, 사회면
영양실조(營養失調) *cf.* 영양 불량, 수출입 실조, 언어 실조
영양 염류(營養鹽類)
영양요리(營養料理) *cf.* 다이어트 요리, 보양 요리, 스태미너 요리, 건강 요리
영어 못하다(英語-)
영어 번역투(英語飜譯套) *cf.* 한문 번역투, 일본어 번역투, 번역투
영업시간(營業時間) *cf.* 영업 마감 시간
영업 외 비용(營業外費用)
영업 외 손익(營業外損益)
영업 외 수익(營業外收益)
영업용 차(營業用車) *cf.* 자가용 차
영업장소(營業場所) *cf.* 약속 장소, 집합 장소, 설치 장소
영업 중(營業中) *cf.* 운행 중
영업집(營業-) *cf.* 가겟집, 가정집
영역 간의(領域間-)
영역 내에서(領域內-)
영역해 놓다(英譯-)
영연방(英聯邦) *cf.* 소연방

영외(營外) *cf.* 영내
영웅 되다(英雄-)
영웅시대(英雄時代) *cf.* 요순시대, 황금시대, 구석기 시대, 후삼국 시대, 계몽 시대
영웅시해 오다(英雄視-)
영웅주의(英雄主義)
영웅호걸(英雄豪傑)
영원무궁토록(永遠無窮-) *cf.* 하도록
영원불멸(永遠不滅)
영원불변(永遠不變)
영원토록(永遠-) *cf.* 하도록
영월 댐(寧越-) *cf.* 춘천 댐, 소양강 댐
영위해 가다(營爲-)/영위해 오다(營爲-)
영위해 나가다(營爲-)
영의 실험(-實驗)
영의정 놈(領議政-)
영이네 집
영인자(零因子)
영·일 동맹(英·日同盟)
영자팔법(永字八法)
영작문(英作文) *cf.* 영문법
영전기장 방출 전류(零電氣場放出電流)
영전되어 가다(榮轉-)
영전위(零電位)
영전해 가다(榮轉-)
영접 나가다(迎接-)
영접해 주다(迎接-)
영·정 시대(英·正時代)
영·정조(英·正祖)
영·정조 때(英·正祖-)
영주 땅(榮/瀛州-) *cf.* 중국 땅, 미국 땅
영주와 농노 간(領主-農奴間)
영창살이(營倉-) *cf.* 감옥살이
영천 댐(永川-) *cf.* 안동 댐
영천수타령(靈泉水-)
영철이네 반(-班)
영출력(零出力)
영치기영차
영토 내에(領土內-)
영 틀려 버리다 *cf.* 영(부사)
0표 하기(零票-)
영한사전(英韓辭典) *cf.* 한영사전, 국어사전, 언어학 사전, 이화학 사전, 수학 사전, 법률학 사전
영해평야(寧海平野) *cf.* 나주평야, 신의주평야
영행금지(令行禁止) *cf.* 통행금지
영행렬(零行列)
영향권 내(影響圈內-)
영향 끼치다(影響-)
영향받다(影響-) *cf.* 받다
영향 주다(影響-)
영·호남(嶺·湖南)
영화감독(映畫監督) *cf.* 무대 감독, 예술 감독, 공사 감독, 촬영 감독
영화배우(映畫排優) *cf.* 연극배우, 희극 배우
영화 소개하기(映畫紹介-)
영화업자(映畫業者)
영흥평야(永興平野) *cf.* 당진평야, 연백평야
옅은 색(-色) *cf.* 짙은 색
옆가늠
옆가지
옆 건물(-建物)
옆걸음 *cf.* 게걸음
옆걸음걷기
옆 교실(-教室)
옆구르기
옆 구르다
옆구리 운동(-運動) *cf.* 다리 운동, 몸통 운동
옆굴리기(레슬링)
옆길 *cf.* 앞길, 곁길, 뒷길
옆넓이
옆 논
옆눈
옆다트
옆도랑
옆도움닫기
옆 동네(-洞-) *cf.* 뒷동네, 옆 마을
옆돌기

옆돌아 뛰기(체조)
옆떼기(고고학)
옆뛰기(체조)
옆 마을 *cf.* 옆 동네
옆마함
옆막기(태권도)
옆막이
옆맞추개
옆머리
옆머리뼈
옆면(-面)
옆모서리
옆모습 *cf.* 앞모습, 뒷모습
옆모양(-模樣)
옆무릎치기(씨름)
옆미끄럼
옆바람 *cf.* 앞바람, 뒷바람
옆 반(-班)
옆방(-房) *cf.* 뒷방
옆벽(-壁) *cf.* 뒷벽, 앞벽
옆 부분(-部分) *cf.* 가운데 부분, 오른쪽 부분
옆 사람 *cf.* 앞사람, 뒷사람
옆 사무실(-事務室)
옆선(-線)
옆선 그리기(-線-)
옆선(을) 그리다(-線-)
옆선·밑선 박기(-線-線-)
옆솔기
옆솔하기
옆얼굴
옆엣분 *cf.* 뒤엣분, 앞엣분
옆엣사람
옆으로 걷기(체조)
옆으로 구르기
옆으로 던지기(낚시)
옆으로 돌기
옆으로 들고 걷기
옆으로 뛰기(체조)
옆으로 뛰며 자기 소고, 남의 소고 치기(-自己小鼓-小鼓-)
옆으로 뜨기
옆으로 세 걸음 걷고 발붙이기
옆으로 오르기
옆자리 *cf.* 앞자리, 뒷자리
옆 좌석(-座席) *cf.* 앞좌석, 뒷좌석
옆줄 *cf.* 앞줄, 뒷줄
옆지르기(태권도)
옆집 *cf.* 앞집, 뒷집
옆쪽 *cf.* 앞쪽, 뒤쪽, 위쪽, 아래쪽
옆쪽 길
옆 차(-車) *cf.* 앞차, 뒤차
옆차기(태권도)
옆채기(낚시)
옆치기(농악)(새치기)
옆치기걸음(한국 무용)
옆 친구(-親舊)
옆트임
옆판(-板)
옆폭(-幅)
옆 학교(-學校)
옆훑이
예각과 둔각 알아보기(銳角-鈍角-)
예각삼각형(銳角三角形)
예견해 오다(豫見-)
예고해 오다(豫告-)
예금해 두다(預金-)
예끼 이놈!
예나 이제나
예년 같으면(例年-) *cf.* 옛날 같으면
예니레
예다제다 <~ 모두 쏟뜨리면 어쩌니?>
예덕선생전(穢德先生傳)
예도옛날
예도옛적
예라, 이놈아
예레미야서(-書)
예로 든 것 말고도(例-) *cf.* 너 말고, 말고(동사 '말다'의 부사형. 조사로 보기도 함.)

예를 들면(例-)/예를 들어 보면(例-)
예리해 보이다(銳利-)
예매해 오다(豫賣-)
예민해 보이다(銳敏-)
예민해져 가다(銳敏-)
예바르다(禮-) *cf.* 예절바르다, 예의바르다(편수 자료)
예방 주사 맞다(豫防注射-)
예방·치료비(豫防·治療費)
예방해 주다(豫防-)
예배드리다(禮拜-)
예배 보다(禮拜-)
예보해 오다(豫報-)
예보해 주다(豫報-)
예부터 *cf.* 예스럽다
예비고사(豫備考査) *cf.* 본고사
예비둑(豫備-)
예비부부(豫備夫婦) *cf.* 예비 신자
예비지식(豫備知識)
예비회담(豫備會談)
예뻐 보이다
예뻐져 가다
예뻐하다
예뻐해 오다
예뻐해 주다
예쁘디예쁜/예쁘다 *cf.* 슬프디슬픈, 착하디착한, 귀엽디귀여운
예쁘장해 보이다
예쁜 꽃목걸이
예쁜이수술(-手術)
예쁠뿐더러 *cf.* ㄹ뿐더러
예쁠 뿐 아니라 *cf.* ㄹ 뿐 아니라
예사낮춤(例事-) *cf.* 아주낮춤
예사내기(例事-)(보통내기)
예사높임(例事-) *cf.* 아주높임
예사말(例事-) *cf.* 혼잣말, 서로말, 공대말, 인사말, 안내말, 혼삿말
예사소리(例事-)[平音]
예산·결산서(豫算·決算書)
예산 세우다(豫算-)
예산 세워 놓다(豫算-)
예산 없다(豫算-)
예산 타령(豫算-) *cf.* 돈타령, 술타령, 신세타령, 자전거 타령, 계집 타령
예삿날(例事-)
예삿일(例事-) *cf.* 사삿일, 가욋일, 허드렛일
예상 밖의/밖으로(豫想-)
예상외로(豫想外-) *cf.* 예상 밖으로
예상찮은 일(豫想-)
예상해 보다(豫想-)
예상해 오다(豫想-)
예서 번뜻 제서 번뜻
예서 위여 제서 위여
예서제서 <~ 들고 일어나다.> *cf.* 게서
예성강도(禮成江圖)
예속상교(禮俗相交)
예속시켜 놓다(隷屬-)
예수남은
예수님 *cf.* 하느님, 군수님, 나라님
예술무용(藝術舞踊) *cf.* 교육무용, 종교 무용, 고전 무용, 현대 무용, 한국 무용
예술품이라기보다는(藝術品-) *cf.* 상품이라기보다는, 이라기보다는
예시글(例示-)
예시해 놓다(例示-)
예약받다(豫約-) *cf.* 받다
예약 없이(豫約-)
예약해 두다(豫約-)
예언해 오다(豫言-)
예연소실식(豫燃燒室式)
예외 없다(例外-)
예우다다기(오이 품종)
예우받다(禮遇-) *cf.* 받다
예우해 주다(禮遇-)
예의바르다(禮儀-)(편수 자료) *cf.* 예절바르다, 양지바르다, 샘바르다, 올바르다
예의범절(禮儀凡節)
예의 없다(禮儀-)

예의 있다(禮儀-)
예의 주시하다(銳意注視-)
예의지국(禮儀之國)
예의 지키다(禮儀-)
예진 같으면 *cf.* 예년 같으면
예전 같지 못하다
예전 같지 않다
예절바르다(禮節-)(편수 자료) *cf.* 예의바르다, 양지바르다, 샘바르다, 올바르다, 예바르다
예정해 놓은 대로(豫定-)
예제없다(여기나 저기나 구별 없다.)
예천 통명 농요(醴泉通明農謠) *cf.* 예천 농요
예측해 보나(豫測-)
예치해 두다(預置-)
예컨대 *cf.* 요컨대, 바라건대, 생각건대
옛∨(관형사) *cf.* 옛 동료, 옛 마을, 옛 모습, 옛 추억
옛- *cf.* 옛글, 옛날, 옛말, 옛일, 옛적, 옛정, 옛집, 옛사람
옛 건물(-建物)
옛것 *cf.* 이제 것, 지금 것, 요새 것
옛글 *cf.* 옛말
옛글(옛날의 글)
옛 기록(-記錄)
옛 길
옛꿈
옛날
옛날 같으면 *cf.* 예년 같으면
옛날 아주 먼 옛날
옛날 옛날 한 옛날에
옛날 옛적
옛날이야기
옛날 일
옛 노래
옛 도읍지(-都邑地)
옛 동료(-同僚)
옛 동무
옛 동산 *cf.* 봄 동산, 꽃동산, 놀이동산
옛 땅
옛 마을
옛말
옛말 같은 소리
옛말풀이 *cf.* 뜻풀이
옛말하다
옛 멋
옛 모습
옛 무덤
옛 문헌(-文獻)
옛 물건(-物件)
옛사람
옛사랑
옛 생각
옛 서울
옛 성터(-城-)
옛 성현(-聖賢)
옛 속담(-俗談)
옛 시절(-時節)
옛시조(-時調)
옛 어른
옛이야기
옛일
옛 자취
옛적
옛적 신라 때(-新羅-)
옛정(-情)
옛 주인(-主人)
옛집
옛 책(-冊)
옛 추억(-追憶)
옛 친구(-親舊)
옛터 <황성 ~에 밤이 되니….>
옛 투(-套)
옛 틀
옛 풍속(-風俗)
옜네
옜다
옜소 *cf.* 옜습니다
옜습니다 <~. 이것 가져가십시오.>

오가다
오가리 들다
오가리솥(위가 욱은 솥)
오가작통법(五家作統法)
오각기둥(五角-)
오각뿔(五角-)
오갈 데 없다
오갈 들다
오갈병(-病)
오갈잎병(-病)
오갈피술
오거나 말거나
오거리(五-) *cf.* 사거리, 삼거리
오건 말건 간에(-間-)
오경대전(五經大全)
오경박사(五經博士)
오경정의(五經正義)
오고 가는 이
오고 나서/난 다음/난 뒤
오고 싶어도
오곡밥(五穀-)
오곡밥먹기(五穀-)(민속)
오곡백과(五穀百果)
오관 떼기/오관 떼다(화투나 골패의)
오광대놀이(五-)
오구굿
오그라들다
오그라들어 가다
오그라뜨리다
오그라져 가다
오그랑망태
오그랑바가지
오그랑박
오그랑벙거지
오그랑장사(밑천까지 까먹는 장사)
오그랑쪽박
오금 걸다
오금걸이(씨름)
오금 꺾다 *cf.* 팔 꺾다
오금드리(오금까지 자란 나무나 풀) *cf.* 아름드리
오금 박다
오금 박히다
오금팽이
오기노법(-法)(피임법)
오기는커녕 *cf.* 는커녕('기'로 끝나는 동사의 명사형에 붙음.)
오기 부리다(傲氣-) *cf.* 심술부리다, 몽니 부리다, 익살 부리다
오기 싫다
오기 싫어지다
오기 싸움(傲氣-) *cf.* 기싸움, 자존심 싸움
오기 어렵다
오나가나 <~ 걱정이다.>, <~ 말썽을….> *cf.* 죽으나 사나
오나마나 *cf.* 나마나
오나마나하다 *cf.* 나마나하다
오나 보다 *cf.* 가나 보다, 자나 보다, 보다
오·남용(誤濫用) <약의 ~….>
오냐오냐(감탄사)
오냐오냐하다
오너라 가너라 하다 *cf.* 오라 가라 하다
오뉘바꿈(상대방의 오뉘와 하는 결혼)
오는가 보다 *cf.* 가는가 보다, 자는가 보다
오는 날이 장날(-場-)
오는 대로 *cf.* 대로(의존 명사)
오는 도중(-途中)
오는 족족 *cf.* 족족(의존 명사)
오는 중이다(-中-)
오늘껏
오늘날 *cf.* 지난날
오늘날 같은 좋은 날
오늘 낮 *cf.* 오늘 밤
오늘내일(-來日) <~ 끝날 일이 아니다.>
오늘 내일(-來日) <~ 이틀 간 쉰다.>
오늘 내일 간에(-來日間-)
오늘내일하다(-來日-) <해산날이 ~.>
오늘따라('따라'는 조사) *cf.* 올해따라, 작년따

라, 그해 겨울따라, 그날따라
오늘 밤 *cf.* 어젯밤, 그저께 밤, 그끄저께 밤, 내일 밤, 모레 밤, 글피 밤, 그글피 밤, 전날 밤, 훗날 밤, 그날 밤
오늘 아침
오늘 안에
오늘 중에(-中-)
오늬무늬
오늬쪽매
오니퇴비(汚泥堆肥) *cf.* 생풀 퇴비, 낙엽 퇴비
오다가다 <~ 만난 사이다.>
오다가다 만난 이
오다 말고 *cf.* 먹다 말고, 하다 말고
오다 말다 하다 *cf.* 먹나 말나 하다
오다 보니
오다시피 하면서
5대 가꾸기
5대(를) 가꾸다 *cf.* 외대 가꾸기
오대양(五大洋) <~ 육대주>
오대호(五大湖)
오던 중에(-中-) *cf.* 가던 중에
오뎅집 *cf.* 라면집, 떡집, 밥집
오도 가도 못 하다
오도독뼈
오도리족(-族) *cf.* 오랑캐족
오돌또기
오동기름(梧桐-) *cf.* 돼지기름, 동백기름, 수유기름
오동색(烏銅色)
오동시게(烏銅時計) *cf.* 뻐꾸기시계
오동잎(梧桐-) *cf.* 나뭇잎, 고춧잎, 머윗잎, 은행잎, 단풍잎, 연잎, 깻잎, 찻잎, 솔잎, 댓잎 게니리 잎, 징미 잎, 진딜래 잎, 사철나무 잎, 상수리나무 잎, 자작나무 잎
오두막집 *cf.* 오막살이집
오두발광(-發狂)
오두방정 *cf.* 녹두방정, 입방정
오두방정 떨다
오두품(五頭品)
오든 말든 간에(-間-)
오들오들
오들오들 떨다
5등분 하였다(五等分-) *cf.* 몇 등분 하다
오디물 *cf.* 창포물, 치자물, 버찌물, 쪽물, 풀물, 갈물, 감물, 오짓물, 쓸갯물
오뚝오뚝
오라 가라 하다 *cf.* 오너라 가너라 하다
오라버니 댁(-宅)(오빠의 집)
오라버니댁(-宅)(오빠의 부인)
오라범댁(-宅)
오라비 되는/되다 <~ 사람의> *cf.* 아비 되는, 어미 되는
오라지다
오라질 넌
오라질 놈
오락가락하다
오랏바람(포졸의 위풍)
오랏줄 *cf.* 밧줄, 피댓줄, 낚싯줄, 빨랫줄, 고무줄, 줄넘기줄
오랑캐꽃 *cf.* 해바라기꽃
오랑캐놈 *cf.* 왜놈
오랑캐 땅
오랑캐족(-族)
오래가다 <싸움이 ~.>
오래 가다('오랫동안 가다'의 뜻으로)
오래간만에(-間-) *cf.* 오랜만에
오래 걸리다
오래달리기(육상)
오래 날리다
오래되다 *cf.* 하루 되다, 닷새 되다
오래매달리기
오래 매딜리나
오래 살고 못 사는 것은
오래 살다
오래오래(부사)
오래 전에(-前-)
오랜 기간(-期間)
오랜 동안→오랫동안

오랜만에 *cf.* 하룻만에, 얼마 만에, 닷세 만에, 만
오랫동안
오량집(五樑-) *cf.* 삼량집, 칠량집
오렌지빛 *cf.* 에메랄드빛, 브론즈빛, 핑크빛, 코발트빛, 체리빛, 코발트빛
오렌지색(-色)
오렌지 주스 *cf.* 망고 주스, 키위 주스
오려 가다
오려 나가다
오려 내다
오려논(올벼를 심어 놓은 논)
오려 놓다
오려다 놓다
오려다 주다
오려 두다
오려 보다
오려붙이기(놀이)
오려 붙이다
오려 주다
오례송편(-松-)
오례쌀
오롱이조롱이 <한 부모가 난 자식도 ~다.>
오류선생(五柳先生)(도연명의 호) *cf.* 백결 선생, 와룡 선생
오륙 년(五六年) *cf.* 삼사 년, 육칠 년
오륜행실도(五倫行實圖)
오르나마나 *cf.* 가나마나, 나마나
오르내리기
오르내리다
오르냐크기(-紀)
오르도비스계(-系) *cf.* 쥐라계
오르도비스기(-紀) *cf.* 쥐라기
오르락내리락하다
오르막굴리기
오르막길 *cf.* 내리막길
오르자마자 *cf.* 내리자마자, 자마자
오르토산뇨증(-酸尿症)→오쏘산뇨증
오르토에스테르→오쏘에스터
오르토크실렌→오쏘자일렌
오른걸음(건축) *cf.* 왼걸음
오른꼬임 *cf.* 왼꼬임
오른나사 *cf.* 왼나사
오른나사의 법칙(-法則)
오른다리 *cf.* 왼다리
오른무릎 *cf.* 왼무릎
오른무릎치기(씨름)
오른발 *cf.* 왼발
오른발 비껴 앞에 딛고 왼발 뒤쪽으로 무릎 굽혀 들기
오른발앞차기
오른배지기(씨름) *cf.* 왼배지기
오른뺨 *cf.* 왼뺨
오른새끼 *cf.* 왼새끼
오른섶
오른손 *cf.* 왼손
오른손끼리 마주치고 각자 돌기(-各者-)
오른손목 *cf.* 왼손목
오른 손바닥/오른손 손바닥
오른손 법칙(-法則) *cf.* 왼손 법칙 <플래밍의 ~>
오른손치기
오른씨름 *cf.* 왼씨름, 바른씨름
오른안걸이(씨름)
오른앞굽이
오른앞서기
오른올 *cf.* 왼올
오른쪽 *cf.* 왼쪽
오른쪽 꼬임
오른쪽 뇌(-腦) *cf.* 왼쪽 뇌
오른쪽 눈 *cf.* 오른눈, 왼쪽 눈, 왼눈
오른쪽 다리 *cf.* 오른다리
오른쪽 맞춤
오른쪽 무릎 *cf.* 오른무릎
오른쪽 발 *cf.* 오른발
오른쪽 부분(-部分)
오른쪽 손 *cf.* 오른손
오른쪽 어깨
오른쪽 팔 *cf.* 오른팔
오른치마 *cf.* 왼치마

오른팔 *cf.* 왼팔
오른팔목 *cf.* 왼팔목
오른편(-便) *cf.* 왼편
오른편짝(-便-) *cf.* 왼편짝
오른편쪽(-便-) *cf.* 왼편쪽
오를레앙가(-家) *cf.* 합스부르크가
오를 수 없을 만큼 *cf.* 만큼
오름길
오름차순(-次順) *cf.* 내림차순
오름폭(-幅) <주가의 ~>
오리거넘유(-油) *cf.* 로트유, 올리브유
오리걸음 *cf.* 게걸음, 거위걸음, 황소걸음, 황새걸음, 가재걸음, 물레걸음
오리나무 도깨비
오리모양 토기(鴨形土器) *cf.* 집모양 도기
오리발 *cf.* 닭발, 족발
오리배
오리병(-甁) *cf.* 자라병, 매병
오리 새끼 *cf.* 제비 새끼
오리숲
오리 아주머니
오리알 *cf.* 메추리알, 타조알
오리알구이
오리온성운(-星雲)
오리온자리
오리털 *cf.* 양털, 토끼털
오림장이(-匠-)
오막살이 *cf.* 움막살이
오막살이집 *cf.* 오두막집
오만 가지(五萬-)/오만 잡동사니/오만 방정/오만 생각
오만무도(傲慢無道)
오만무례(傲慢無禮)
오만 복(五萬福) <~을 가슴에 안아 보다.>
오만불손(傲慢不遜)
오만소리(五萬-)
오만해 보이다(傲慢-)
오만해져 가다(傲慢-)
오망 떨다
오망자루(볼품 없는 작은 자루)
오며 가며
오면가면 *cf.* 오다가다
오목 거울 *cf.* 볼록 거울
오목날(고고학) *cf.* 볼록날
오목놀이(-五目-)
오목누비
오목눈이 *cf.* 움펑눈이
오목 렌즈 *cf.* 볼록 렌즈
오목새김 *cf.* 돋을새김
오목주발(-周鉢)
오목 줄눈 *cf.* 볼록 줄눈
오목해 보이다
오물오물하다
오므라들다
오므라뜨리다
오미잣국(五味子-)
오밀조밀하다(奧密稠密-)
오밀조밀해 보이다(奧密稠密-)
오바댜서(-書)
5반칙 퇴장(五反則退場)
오밤중(-中)(한밤중)
오방돌이(五方-)(별신제)
오방빛(五方-)(청, 백, 적, 흑, 황색)
오방색실(五方色-)
오방주머니(五方-)(다섯 가지 색의 헝겊으로 만든 주머니)
오방진놀이(五方陣-)(농악)
오벼 넣다
오벼 파다
오보에족(-族) *cf.* 색소폰족
오봉산일월도(五峯山日月圖)
오봉산타령(五峯山-)
오붓해 보이다
오비이락격으로(烏飛梨落格-)
오비작오비작하다
오빠·동생 선인장(-仙人掌)
오빠부대(-部隊)
오빠 선인장(-仙人掌)

오빠 집에　*cf.* 누나 집에, 동생 집에
오빠 토끼
오사리잡놈(-雜-)/오색잡놈(五色雜-)
오사바사하다
5·4 운동(五四運動)
오산 학교(五山學校)
오상고절(傲霜孤節)
오색경단(五色瓊團)
오색구름(五色-)
오색실(五色-)
오색영롱하다(五色玲瓏-)
오색찬란하다(五色燦爛-)
오 선생 댁(吳先生宅)
5세기 초(五世紀初)
오소리감투(오소리가죽으로 만든 벙거지)
오솔길　*cf.* 골목길, 고빗길, 나뭇길, 산길, 큰길, 시골길, 과수원 길
오순도순(부사)
오스굿·슐라터병(-病)(무릎 아래 경골의 끝 부분이 붓고 아픈 병)
오스카상(-賞)　*cf.* 퓰리처상
오스트리아군(-軍)
오스트리아·헝가리 제국(-帝國)
오스트발트법(-法)
오슬오슬
오십보백보(五十步百步)
50째 번 주(五十-番州)(하와이)　*cf.* 째
오싹오싹하다
오씨(吳氏)　*cf.* 김씨, 이씨, 박씨, 오 씨(오세창 씨)
오씨 댁에(吳氏宅-)
5씩 뛴 수(五-數)
오언시(五言詩)　*cf.* 칠언시
오언율(五言律)　*cf.* 칠언율
오열 속에(嗚咽-)
오염되어 가다(汚染-)
오염시켜 놓다(汚染-)
오욕칠정(五慾七情)
오용해 오다(誤用-)
오월동주(吳越同舟)
5월 말경에(五月末頃-)
5월 중(五月中)
5월 초(五月初)
5의 단 곱셈구구(五-段-九九)
5의 단 구구(五-段九九)
오이김치　*cf.* 짜개김치
오이꽃/외꽃
오이나물　*cf.* 호박나물
오이냉국(-冷-)　*cf.* 미역냉국
오이덩굴　*cf.* 호박덩굴, 참외덩굴, 수박덩굴
오이모
오이무름
오이볶음
오이선(-膳)　*cf.* 가지선
오이소박이
오이시스신(-神)　*cf.* 헬리오스신
오이씨　*cf.* 고추씨, 복숭아씨, 살구씨, 수박씨, 참외씨, 해바라기씨, 호박씨, 외씨(버선), 목화씨, 박씨, 평지씨, 분꽃씨, 나팔꽃 씨, 단풍나무 씨, 도깨비바늘 씨
오이씨 같은/같다
오이잎벌레
오이지 담그기
오이지(를) 담그다
오인당하다(誤認當-)　*cf.* 당하다
오인받다(誤認-)　*cf.* 받다
오인해 오다(誤認-)
5일(五日)　<5월 5일은 어린이날이다.>
5 일(五日)　<~ 동안 연습하다.>
오일러 공식(-公式)
오일러 회로(-回路)
5·16 군사 정변(五一六軍事政變)
5·18 민주화 운동(五一八民主化運動)
오일펌프　*cf.* 배수펌프, 가솔린펌프, 공기 펌프, 왕복 펌프
오입쟁이　*cf.* 풍각쟁이
오자마자　*cf.* 가자마자, 자마자(어미)
오자투성이(誤字-)　*cf.* 흙투성이, 먼지투성이

오장 긁다(五臟-)
오장 긁어 놓다(五臟-)
오장육부(五臟六腑)
오전반(午前班) *cf.* 오후반, 저녁 반, 새벽 반
오전·오후반(午前·午後班)
오전 중에(午前中-)
오점 남기다(汚點-)
오존계(-計)
오존 구멍
오존양(-量)(접미사 '量'은 고유어나 외래어 다음에서는 '양')
오존층(-層) *cf.* 가스층, 전리층
오존화 이온(-化-)
오종종해 보이다
오주연문장전산고(五洲衍文長箋散稿)
오죽 못났으면
오죽 배고팠으면
오죽잖다
오죽하면/했으면
오줄없다(야무지지 못하다.)
오줌길
오줌 냄새 *cf.* 똥 냄새
오줌 누다 *cf.* 똥 누다
오줌똥
오줌 마려워하다 *cf.* 똥마려워하다
오줌 마렵다 *cf.* 똥마렵다
오줌받이
오줌발
오줌버캐 *cf.* 침버캐, 소금버캐, 김칫버캐
오줌소태
오줌싸개 *cf.* 똥싸개
오줌 싸다 *cf.* 똥 싸다
오줌장군 *cf.* 똥장군, 술장군
오줌주머니 *cf.* 쓸개주머니, 모래주머니
오줌 줄기 *cf.* 물줄기, 불줄기, 핏줄기
오지그릇 *cf.* 질그릇, 놋그릇, 사기그릇, 유기그릇, 유리그릇, 양은그릇, 플라스틱 그릇
오지독
오지랖 넓다
오지 마/마라 *cf.* 가지 마, 하지 마, 마/마라
오지자배기
오지항아리(-缸-) *cf.* 사기항아리
오짓물 *cf.* 잿물, 사깃물
오징어 낚기
오징어(를) 낚다
오징어 말리기
오징어(를) 말리다
오징어잡이 *cf.* 새우잡이, 고래잡이
오징어잡이 나가다
오징어잡이배 *cf.* 고기잡이배, 새우잡이배
오징어젓 *cf.* 꼴뚜기젓, 굴젓, 조개젓
오징어포(-脯) *cf.* 대구포
오징어회(-膾)
오채질굿(五-)(전라도 우도 농악 장단)
5천 원어치(五千-) *cf.* 어치(접미사)
5천 원짜리(五千-) *cf.* 짜리(접미사)
오첩반상(五-飯床) *cf.* 칠첩반상, 구첩반상
5층탑(五層塔) *cf.* 3층탑
오테르·나이센선(-線)
오토바이치기 *cf.* 소매치기, 들치기
오토바이 타기
오톨도톨하다
오퍼상(-商) *cf.* 무역상
오포집(五包-) *cf.* 오량집, 팔작집, 포집
오핑턴종(-種)(닭 품종)
오하이오 주(-州)
오한 나다(惡寒-) *cf.* 땀나다, 열나다
오해받다(誤解-) *cf.* 받다
오해받아 오다(誤解-)
오해 없다(誤解-)
오해해 오다(誤解-)
오 형제(五兄弟) *cf.* 5형제, 삼 형제, 3형제
오호츠크 해 기단(-海氣團)
오후 들어(午後-) *cf.* 올해 들어
옥가락지(玉-) *cf.* 금가락지, 은가락지, 놋가락지
옥가루(玉-)
옥갈다 *cf.* 옥깎다
옥갑야화(玉匣夜話)

옥 같다(玉-) cf. 백옥 같다
옥계청류(玉溪淸流)
옥고 치르다(獄苦-) cf. 산고 치르다, 곤욕 치르다
옥관자(玉貫子) cf. 금관자, 대모관자
옥구슬(玉-) cf. 쇠구슬, 금구슬
옥그릇(玉-) cf. 놋그릇, 오지그릇, 사기그릇
옥깎다 cf. 옥갈다
옥난간(玉欄干) cf. 돌난간
옥내외(屋內外) cf. 국내외, 실내외, 교내외
옥니박이 cf. 덧니박이
옥도끼(玉-) cf. 금도끼, 쇠도끼, 돌도끼
옥 도장(玉圖章) cf. 목도장, 상아 도장, 나무 도장, 고무도장
옥돌(玉-)
옥란 씨(玉蘭氏) cf. 옥란 양, 옥란 여사
옥바라지하다(獄-) cf. 자식바라지, 해산바라지, 뒷바라지
옥비녀(玉-)
옥사쟁이(←獄鎖匠)
옥색 회장저고리(玉色回裝-)
옥생각(옹졸한 생각)
옥소늄 이온
옥수수 가꾸기
옥수수(를) 가꾸다
옥수수기름 cf. 콩기름, 들기름, 올리브기름
옥수수나무 <~ 하모니카는….>
옥수수 농사(-農事) cf. 고추 농사, 감자 농사, 자식 농사, 벼농사, 보리농사
옥수수떡 cf. 찹쌀떡, 감자떡, 수수떡
옥수수묵 cf. 메밀묵, 도토리묵
옥수수밥 cf. 쌀밥, 조밥, 보리밥
옥수수밭 cf. 감자밭, 고구마밭, 고추밭, 땅콩밭, 무밭, 배추밭, 시금치밭, 참외밭
옥수수수염(-鬚髥)
옥수수 씨앗
옥수수엿 cf. 찹쌀엿, 수수엿, 호박엿
옥수수잎 cf. 고춧잎, 머윗잎, 담뱃잎, 배춧잎, 수숫잎, 시금치잎, 해바라기잎, 아주까리잎, 단풍나무 잎
옥수수 잎새
옥수수자루
옥수수 자루 cf. 보릿자루, 쌀자루
옥수수자반
옥수수죽(-粥) cf. 무죽, 녹두죽
옥수수튀김
옥수수 하모니카
옥수숫단 cf. 수숫단
옥수숫대 cf. 수숫대
옥스퍼드지(-地) cf. 개버딘지
옥스퍼드학파(-學派) cf. 런던학파, 스토아학파, 강화 학파, 남명 학파
옥시던트구름
옥신각신(명사)
옥액경장(玉液瓊漿)
옥에 티(玉-) cf. 눈엣가시
옥은종아리(안쪽으로 굽은 종아리)
옥장사(오그랑장사)
옥장이(玉匠-)
옥쟁반(玉錚盤) <~에 구슬 굴러가는 소리….>
옥죄어들다
옥탄→옥테인[옥탄]
옥탄값[옥테인값] cf. 요오드값[아이오딘값]
옥토끼(玉-)
옥퉁소[玉洞簫]
옥피리(玉-) cf. 대피리, 풀피리, 버들피리
옥황상제(玉皇上帝)
온✓(관형사) cf. 온 마을, 온 인류, 온 세상, 온 가족
온 cf. 온갖, 온몸, 온종일, 온통
온 가족(-家族)
온각자리(판소리 장단)
온갖 것
온건해 보이다(穩健-)
온건해져 가다(穩健-)
온 겨레
온고지신(溫故知新)

온 국민(-國民)
온 김에
온 나라 *cf.* 온 동네
온난해져 가다(溫暖-)
온·냉대 기후(溫·冷帶氣候)
온·냉방(溫·冷房)
온 누리
온누리 분지(-盆地) *cf.* 곡산 분지
온다 간다 말 없이 *cf.* 말없이
온다 해도 *cf.* 간다 해도
온단 말이오 *cf.* 말이다/말이야/말이오
온당해 보이다(穩當-)
온대림대(溫帶林帶) *cf.* 한대림대, 열대림대
온데간데없다
온도 읽기(溫度-)
온도 재기(溫度-) <온도계로 ~ 위하여….>
온도(를) 재다(溫度-)
온도 차(溫度差) *cf.* 기온차
온도 차 시계(溫度差時計) *cf.* 암모니아시계, 원자시계, 전자시계, 분자시계, 디지털시계, 아날로그시계, 기계 시계, 수정 시계
온돌 바닥(溫突-) *cf.* 마룻바닥, 땅바닥, 방바닥, 창고 바닥
온돌방(溫突房) *cf.* 마루방
온 동네(-洞-) *cf.* 온 나라, 온 세계
온 듯싶다 *cf.* 듯싶다
온 땅에
온량 지수(溫量指數) *cf.* 북쾌지수, 물가 지수, 가격 지수, 체질량 지수
온마리 <돼지를 ~로 구웠다.>
온 마음
온 마음
온몸
온몸 운동(-運動) *cf.* 온 몸뚱이, 온 머리
온 민족(-民族)
온박음질 *cf.* 반박음질
온밤(하룻밤의 전부)
온 방 안(-房-)
온 백성(-百姓)
온 산에(-山-)
온상 가꾸기(溫床-)
온상(에) 가꾸다(溫床-)
온상 만들기(溫床-)
온상(을) 만들다(溫床-)
온상틀(溫床-)
온 세계(-世界) *cf.* 전 세계
온 세상(-世上)
온순해 보이다(溫順-)
온순해져 가다(溫順-)
온쉼표(-標)
온승낙(-承諾) *cf.* 반승낙
온 식구(-食口)
온실 가꾸기(溫室-)
온실(에) 가꾸다(溫室-)
온실 가스(溫室-)
온실 속에(溫室-)
온실 효과(溫室效果) *cf.* 치료 효과, 광고 효과, 파급 효과, 시너지 효과, 상승효과
온유해 보이다(溫柔-)
온음(-音)
온음계(-音階) *cf.* 반음계
온음계 반음(-音階半音)
온음정(-音程) *cf.* 반음정
온음표(-音標)
온장(-張)
온 정성 다하다(-精誠-)
온 정신(-精神) <~을 쏟아서…>
온정신(-精神) <~이 아니야.> *cf.* 제정신
온정 어리다(溫情-) *cf.* 눈물 어리다, 정성 어리다, 감동 어리다, 호기심 어리다
온정주의(溫情主義)
온종일(-終日)
온 지도 <체계를 달리하여 ~….>, <이곳으로 ~….> *cf.* 지(의존 명사)
온 지 오래되다 *cf.* 지(의존 명사)
온 집안 <~ 식구>
온 집 안에(건물) <~ 늘어놓다.>
온찜질(溫-) *cf.* 냉찜질, 더운찜질

온천물(溫泉-) *cf.* 우물물, 개천물, 호숫물, 바닷물, 도랑물, 개숫물
온 천하(-天下)
온통
온풍난방(溫風暖房) *cf.* 온수난방, 증기난방, 스팀 난방, 온돌 난방, 보일러 난방
온허락(-許諾) *cf.* 반허락
온화해 보이다(溫和-)
온 힘
올(올해의)(관형사) <~ 10월>
올(접두사) *cf.* 올벼, 올되다
올가꾸기하다
올가꾸다
올가미 씌우다
올가을 *cf.* 올겨울, 지난가을, 지난여름, 이번 달, 이번 주, 이번 겨울
올감자 철 *cf.* 감자 철
올 거야 *cf.* ㄹ 거다, 것
올걸('ㄹ걸'은 어미) <그 사람 안 올걸요.>
올 걸로(ㄹ 것으로) <빨리 ~ 알고 있다.>
올게심니(민속)
올겨울 *cf.* 올봄, 올여름, 올가을, 지난겨울, 이번 여름
올겨울 들어
올고사리
올까 말까 하고 있다
올까 봐
올내년(-來年) *cf.* 내후년
올데갈데없다
올되다 *cf.* 늦되다
올 둥 말 둥 하다 *cf.* 둥(의존 명사)
올 들어 *cf.* 올해 들어
올 듯 말 듯하다
올 때만 해도
올라가다
올라가 버리다
올라가 보다
올라갔다 내려갔다 하다
올라 딛고 서는 <~ 자세….>
올라 보다
올라붙다 *cf.* 내려붙다
올라서다
올라앉게 하다
올라앉다
올라오다
올라온 지도 *cf.* 지(의존 명사)
올라와 버리다
올라와 보니
올라채다(탄력을 이용하여 꼭대기에 오르다.)
올라타다 <차에 ~.>
올려 가다
올려놓다 *cf.* 내려놓다
올려놓아 주다
올려다보다
올려다보이다
올려다 주다
올려 받다
올려보내다 *cf.* 내려보내다
올려 보다
올려본각(-角) *cf.* 내려본각
올려본 각(-角)(편수 자료) *cf.* 내려본 각(편수 자료) *cf.* 올려본각
올려붙이다 <따귀를 ~.>
올려 앉히다
올려 주다
올려치기(탈놀이)(권투) *cf.* 내려치기(권투), 어퍼컷
올려치다
올려켜기(바이올린) *cf.* 내려켜기
올려 태우다 <등에 ~.>
올록볼록하다
올리고당(-糖)
올리고세(-世)
올리닫다 <노루가 놀라 ~.>
올리브색(-色) *cf.* 아이보리색
올리브유(-油) *cf.* 팜유
올리삐치다 <글자의 획을 ~.>
올림말

올림음계(-音階) *cf.* 내림음계
올림채(무당 음악에 쓰이는 장단)
올림포스 산(-山)
올림표(-標)
올림표 그리기(-標-)
올림표(를) 그리다(-標-)
올림픽사상(-史上)
올림픽상(-賞)
올림활 *cf.* 내림활
올막졸막하다 <올막졸막한 초가집….>
올망졸망하다 <올망졸망한 예쁜 초가집….>
올망졸망해 보이다
올봄 *cf.* 올여름, 올가을, 올겨울, 작년 봄, 지난봄, 지난여름, 내년 봄, 후년 봄, 이번 여름, 이번 겨울
올빼미눈 *cf.* 새눈, 뱀눈, 뱁새눈, 가자미눈, 도끼눈, 움펑눈
올빼미족(-族) *cf.* 제비족
올 상반기(-上半期)
올새(피륙의 날을 세는 단위)
올 성싶다 *cf.* 성싶다
올수(-繡) *cf.* 징금수, 십자수, 벌집수
올 수밖에 없다 *cf.* 밖에(조사)
올여름 *cf.* 올봄, 올가을, 올겨울, 작년 여름, 지난봄, 지난여름, 내년 여름, 후년 여름, 이번 여름, 이번 겨울
올여름 들어
올 적 감 적 *cf* 적(의존 명사)
올 적에 <시집 ~….>
올 줄 알고 *cf.* 줄
올챙이국수
올챙이묵
올챙이배
올챙이 적 *cf.* 처녀 적, 아이 적, 소싯적, 떼꼬 적, 옛적
올 풀리다
올풀림
올풀림막기
올풀이(날개로 파는 일)
올 하반기(-下半期) *cf.* 올 상반기
올 한 해 동안
올해
올해 내에(-內-)
올해 들어 *cf.* 금년 들어
올해 말에(-末-) *cf.* 금년 말에
올해 안에 *cf.* 금년 안에
올해 중(-中) *cf.* 금년 중
올해 초(-初) *cf.* 금년 초
옭매다
옭매듭 *cf.* 풀매듭
옭매어 잇기
옭아내다
옭아넣다
옭아매 놓다
옭아매다
옭혀들다 *cf.* 빠져들다
옮겨가기
옮겨 가다
옮겨 놓다
옮겨다 놓다
옮겨 다니다
옮겨 두다
옮겨묻기(이장)
옮겨 묻다
옮겨 버리다
옮겨 보다
옮겨 붓다
옮겨 붙다
옮겨 살다
옮겨 싣다
옮겨심기〔移植〕 *cf.* 아주심기
옮겨 심다
옮겨 쓰다
옮겨 앉다 <자리를 옮겨 앉다.>
옮겨 오다
옮겨 읽다
옮겨 적다
옮겨 주다

옮겨 짓다
옮겨 타다 <차를 ~.>
옮겨 태우다
옮길 적마다 *cf.* 적(의존 명사), 마다(조사)
옮김 몸살
옮김바늘(기계 뜨개질)
옮김통(-筒)
옮아가다/옮아오다
옮아앉다 <생산부로 ~.>
옳고 그르다
옳고 그름 *cf.* 길고 짧음, 깊고 얕음
옳고말고 *cf.* 고말고(어미)
옳단 말야 *cf.* ㄴ단 말이다, 말이다/말이오
옳든 그르든 간에(-間-)
옳아 보이다
옳은 길
옳은 말 *cf.* 그른 말
옳은 일
옳이(부사) <~ 들리다.>
옳지 못하다
옳지 않다고 하다
옳지옷 못하면 *cf.* 중지곧 하면, 옷·곧(조사)
옴나위없다
옴니암니(명사)(자질구레한 일을 따지는 일 또는 이래저래 드는 비용)
옴 붙다 <재수가 ~.>
옴쏙옴쏙(부사) <~ 파이다.>
옴씰옴씰(부사) <~ 놀라다.>
옴씹다 *cf.* 곰씹다
옴쟁이
옴죽옴죽(부사)
옴중탈
옴지락옴지락(부사)
옴질옴질(부사)
옴짝달싹(부사)
옴짝달싹 못하다
옴짝달싹 않다
옴짝달싹하다
옴츠러들다
옴츠러들이다
옴켜잡다
옴켜쥐다
옴팡눈 *cf.* 움펑눈
옴포동같다
옴폭날
옴폭옴폭(부사)
옴피우다
옵션거래(-去來)
옷 가게 *cf.* 꽃 가게, 가방 가게, 거울 가게, 고무신 가게, 그릇 가게, 모자 가게, 석유 가게, 식료품 가게, 신발 가게, 양말 가게, 장난감 가게, 담배 가게, 채소 가게, 쌀가게
옷가슴(윗옷의 가슴 부분) <~을 여미다.>
옷가지
옷갈피 *cf.* 책갈피
옷감 *cf.* 양복감, 한복감, 저고릿감, 치맛감
옷감 고르기 <적당한 ~….>
옷감 짜다
옷값 *cf.* 쌀값, 반찬값, 고추값, 담뱃값
옷 개기
옷(을) 개다
옷거리(옷을 입은 맵시)
옷걸이 *cf.* 목걸이, 모자걸이
옷고름
옷궤(-櫃) *cf.* 돈궤, 책궤
옷기장
옷 길이
옷깃
옷깃 바로 하기
옷깃차례(-次例)(오른쪽으로 돌아가는 차례) <~로 술잔을 돌리다.> *cf.* 시계 방향, 반시계 방향
옷농(-籠) *cf.* 장롱, 의롱
옷단장(-丹粧) *cf.* 몸단장, 집단장
옷 만들기 <실제로 ~….>
옷(을) 만들다
옷매무새 <~가 구겨지다.>, <~를 가다듬다.>
옷매무시 <~로 보아 선생임을 알았다.>

옷맵시 <~가 난다.> *cf.* 몸맵시
옷모니터(방사선 오염을 측정하는 기구)
옷 바르게 입기
옷밥 <~ 걱정은 안 해도 된다.>
옷벗기(놀이로서)
옷 벗다
옷 보퉁이 *cf.* 책 보퉁이, 옷보, 책보
옷본(-本)
옷붙이 *cf.* 피붙이, 살붙이
옷 사 입다
옷사치(-奢侈) <~가 심하다.> *cf.* 음식 사치
옷상자(-箱子) *cf.* 사과 상자
옷셋집(-貰-)
옷소매
옷 속에
옷 손질 *cf.* 구두 손질
옷솔 *cf.* 양복솔, 구둣솔, 빨랫솔, 면솔
옷 시장(-市場) *cf.* 어시장, 우시장
옷시중 <~을 들다.> *cf.* 물시중, 병시중
옷 안
옷엣니 *cf.* 머릿니, 수퉁니
옷 입다
옷 입혀 주다
옷자락 *cf.* 치맛자락, 소맷자락
옷장(-欌)
옷장 문(-欌門)
옷 장사 *cf.* 떡 장사, 기름 장사, 엿장사, 쌀장사
옷 장수 *cf.* 떡 장수, 기름 장수, 엿장수, 쌀장수
옷장 안(-欌-)
옷 정리하기(-整理-)
옷 좀 <~ 사 입다.> *cf.* 물 좀 다오, 좀(부사)
옷 주머니 *cf.* 신주머니
옷수제 <~가 말이 아니다.>
옷차림
옷치레 *cf.* 집치레, 면치레, 음식치레
옷치상(-治粧) *cf.* 몸치상, 십치상, 머리치상
옷핀 *cf.* 머리핀
옷 한 벌 *cf.* 벌(의존 명사)
옹(翁)(의존 명사) *cf.* 김 옹, 이종훈 옹
옹고집타령(壅固執-) *cf.* 어랑타령
옹골지다
옹골차다
옹구바지
옹기그릇(甕器-) *cf.* 질그릇, 놋그릇, 사기그릇, 유기그릇, 유리그릇, 플라스틱 그릇, 스테인리스 그릇
옹기밥(甕器-)
옹기솥(甕器-) *cf.* 곱돌솥, 노구솥, 무쇠솥
옹기장사(甕器-) *cf.* 소금 장사, 생선 장사
옹기장수(甕器-) *cf.* 소금 장수, 생선 장수
옹기장이(甕器匠-) *cf.* 미장이, 땜장이
옹기전(甕器廛) *cf.* 싸전
옹기종기(부사)
옹날샘
옹달샘 가
옹달솥 *cf.* 다갈솥
옹달우물(앉아서 풀 수 있는 우물)
옹두리뼈
옹색해 보이다(壅塞-)
옹생원(-生員) *cf.* 꽁생원, 이 생원, 김 생원
옹솥(甕-) *cf.* 노구솥, 가마솥, 걸솥, 곱돌솥
옹알이하다
옹위해 주다(擁衛-)
옹이구멍 *cf.* 바늘구멍, 마룻구멍, 수챗구멍, 공기구멍, 창구멍, 울타리 구멍, 바자 구멍
옹이눈
옹이박이
옹졸해 보이다(壅拙-)
옹치잠바 *cf.* 야전잠바
옹호해 주다(擁護-)
옻나무
옻 안 타다
옻오르다
옻 올리다
옻칠(-漆) *cf.* 캐슈칠, 왁스칠, 니스칠
옻 타다
와 가지고 <공연히 ~ 떠들기만 한다.>
와그너법(-法)(노동 관계법)

와글와글(부사)
와 다오/와 달라고 하다
와 닿다 <그 말이 나에게 ~.>
와들와들(부사)
와들와들 떨다
와룡 선생(臥龍先生) *cf.* 백결 선생, 오류선생
와룡장자(臥龍壯字)
와룡촛대(臥龍-臺) *cf.* 유경촛대, 은 촛대
와 버리다
와병 중(臥病中) *cf.* 병환 중
와 보다
와사등(瓦斯燈) *cf.* 석유등, 아세틸렌등, 가스등
와서 보다
YX형(-型)
와이저선(-船)
와이프온판(-版)(인쇄)
와 있다/계시다
와자크인(-人)(고고학) *cf.* 자바인, 북경인
와 주다
와트만지(-紙) *cf.* 크라운지, 크라프트지
와트시(-時)(Wh)
와트초(-秒)(Ws)
와해되어 버리다(瓦解-)
왁달박달(성질이나 행동이 수선스런 모습)(부사)
왁댓값 *cf.* 해웃값
왁스칠(-하다)(-漆) *cf.* 옻칠, 캐슈칠, 니스칠
왁시글덕시글(부사)
왁자그르르하다
왁자지껄하다
완강해 보이다(頑强-)
완강해져 가다(頑强-)
완결해 놓다(完結-)
완공되어 가다(完工-)
완공해 놓다(完工-)
완두꽃(豌豆-) *cf.* 메밀꽃, 유채꽃(평지꽃)
완두콩(豌豆-)
완두콩밭(豌豆-) *cf.* 기장밭, 녹두밭, 무밭, 배추밭, 밀밭, 보리밭, 수수밭, 조밭, 참외밭, 수박밭, 콩밭, 옥수수밭

완료해 놓다(完了-)
완비하여 가다(完備-)
완성되어 가다(完成-)
완성 못하다(完成-)
완성선 그리기(完成線-)
완성선(을) 그리다
완성시켜 나가다(完成-)
완성시켜 보다(完成-)
완성해 가다(完成-)
완성해 내다(完成-)
완수신호(腕手信號) *cf.* 수기 신호, 불꽃 신호, 횃불 신호, 무적 신호
완수해 놓다(完遂-)
완자걸이(卍字-)
완자무늬(卍字-) *cf.* 격자무늬, 물방울무늬
완자문(卍字門)
완전무결하다(完全無缺-)
완전무결해 보이다(完全無缺-)
완전 4도(完全四度)
완전식품(完全食品)
완전 어울림 음정(完全-音程) *cf.* 불완전 어울림 음정
완전해 보이다(完全-)
완전히 굽기(完全-)
완지향사(完地向斜)
완치되어 가다(完治-)
완치시켜 주다(完治-)
완판본(完板本) *cf.* 경판본, 수진본, 필사본
완패당하다(完敗當-) *cf.* 당하다
완행버스(緩行-) *cf.* 급행버스, 고속버스, 마을버스, 일반 버스
완행열차(緩行列車) *cf.* 급행열차, 보통 열차, 특별 열차
완화되어 가다(緩和-)
완화시켜 주다(緩和-)
완화해 주다(緩和-)
왈가닥달가닥(부사)
왈가닥달가닥하다
왈가왈부하다(日可日否-)

왈자타령(판소리)(편수 자료) *cf.* 왈짜타령
왈짜자식(-子息)(불량한 놈)
왈짜타령
왈짜패(-牌)
왈츠곡(-曲) *cf.* 기악곡, 무도곡, 블루스곡, 탱고곡
왈츠 스텝
왈츠춤 *cf.* 블루스춤, 탱고춤
왔나 보다 *cf.* 먹었나 보다, 나 보다, 보다
왔는데도 *cf.* 하였는데도, ㄴ데도(어미)
왔다 가다
왔다 갔다 하다 <그네처럼 ~.> *cf.* 떴다 가라앉았다 하다, 올라갔다 내려갔다 하다, 주었다 뺏었다 하다
왔다갔다하다(오락가락하다) <정신이 왔다갔다하는 모양이다.>
-왕(王)(접미사) *cf.* 발명왕, 저축왕
왕(王)-(접두사) *cf.* 왕개미, 왕고집, 왕모래
왕(王)-(접두사)(친족 관계를 나타내는 말에 붙어 '祖行'의 뜻을 나타내는) *cf.* 왕고모, 왕고모부, 왕회장
왕가뭄(王-)
왕개미(王-)
왕거미(王-)
왕거미 알집(王-)
왕겨숯(王-) *cf.* 참나무숯, 뜬숯
왕겨탄(王-炭) *cf.* 번개탄
왕고모(王姑母)(대고모)
왕고모부(王姑母夫)
왕고집(王固執)
왕골기직
왕골껍질 *cf.* 귤껍질, 메밀껍질, 소태껍질, 사과 껍질, 배 껍질, 복숭아 껍질
왕골논
왕골방석(-方席) *cf.* 부들방석, 솜방석
왕골속 *cf.* 골속
왕골자리 *cf.* 돗자리, 삿자리
왕관마개(王冠-) *cf.* 나사마개, 코르크 마개
왕궁 터(王宮-) *cf.* 움집터, 집터, 나루터, 원각사 터, 궁궐 터, 미륵사 터
왕 노릇 하다(王-) *cf.* 형 노릇 하다, 동생 노릇 하다, 종노릇하다, 병신노릇하다
왕눈이(王-) *cf.* 들창눈이, 굴젓눈이
왕눈이 도깨비(王-)
왕대공 지붕틀
왕대밭(王-) *cf.* 대밭, 잔솔밭
왕대접〔大鉢〕
왕래해 오다(往來-)
왕림해 주셔서(枉臨-)
왕모래(王-)(굵은 모래) *cf.* 가는 모래
왕못(王-)
왕바람(王-) *cf.* 싹쓸바람
왕방울(王-)
왕방울눈(王-)
왕방울만 하다(王-) *cf.* 만 하다(← 만하다)
왕배야덕배야 <아이고, ~ 중간에서 나만 죽겠다.>
왕벌(王-)
왕복갈이(往復-)
왕복달리기(往復-)(육상)
왕복(을) 달리다(往復-)
왕복뜨기(往復-)(뜨개질)
왕복 펌프(往復-) *cf.* 직동펌프, 압축 펌프, 단동 펌프
왕산같다(王山-) <배가 ~.>
왕성한 듯하다(旺盛-) *cf.* 듯하다
왕성해 보이다(旺盛-)
왕성해져 가다(旺盛-)
왕오천축국전(往五天竺國傳)
왕위 다툼(王位-) *cf.* 알력 다툼, 세력 다툼, 이권 다툼, 자리다툼
왕자감(王子-) *cf.* 당 대표감, 지밧감, 안줏감
왕자 같다(王子-) *cf.* 공주 같다
왕젖(王-)(로열 젤리)
왕중왕전(王中王戰)
왕지기와(삼각형으로 된 암키와)
왕진 가다(往診-) *cf.* 검진 가다
왕진 갔다 오다(往診-)

왕진 오다(往診-)
왕청같다 *cf.* 왕청되다
왕청되다(차이가 엄청나다.)
왕희지체(王羲之體) *cf.* 조맹부체, 추사체
왜각대각하다
왜곡해 오다(歪曲-)
왜관 개시(倭館開市) *cf.* 경원 개시, 북관 개시, 회령 개시
왜냐하면, *cf.* 왜 그런고 하면, 다시 말하면, 왜 그러냐 하면
왜놈(倭-) *cf.* 일본놈, 되놈, 당나라놈
왜말(倭-)
왜무(倭-)
왜밀(倭-)
왜밀기름(倭-) *cf.* 밀기름
왜바람(倭-)(방향 없이 부는 바람)
왜성사과나무(矮性沙果-)
왜소해 보이다(矮小-)
왜양 일체론(倭洋一體論)
왜적 편(倭賊便)
왜죽걸음(팔을 저으며 경망스럽게 걷는 걸음)
왜청빛(倭青-) *cf.* 군청빛
왠지('왜 그런지'의 준말로 보는 견해. 표준국어대사전에서는 이 견해에 따름.) <~ 기분이 우울하다.> *cf.* 웬지
왠지 또 뭔지도 모를
왠지 모르게
외(外) *cf.* 과외, 국외, 예외, 해외
외(外) *cf.* 그 외에도, 이것 외에도, 나 외에도, 그 사람 외에도
외가댁(外家宅) *cf.* 진외가댁
외가 만들기(外家-)
외가(를) 만들다(外家-)
외가붙이(外家-) *cf.* 처가붙이, 일가붙이
외가 쪽(外家-) *cf.* 처가 쪽, 친가 쪽
외간 남자(外間男子)
외갓집(外家-) *cf.* 처갓집, 처외갓집, 이웃집, 사돈집, 잔칫집, 외가, 처가
외강내유(外剛內柔)
외견상으로(外見上-)
외겹실 *cf.* 외올실
외경동맥(外頸動脈) *cf.* 내경동맥, 총경동맥
외고집(-固執) *cf.* 왕고집
외골수(-骨髓) <~ 학자>
외곬으로 <~ 생각하다.> *cf.* 외골수
외교사령(外交辭令)
외교자원(外交資源) *cf.* 지하자원, 인적 자원, 수산 자원, 관광 자원, 식량 자원, 석유 자원, 에너지 자원
외구멍
외국 가다(外國-)
외국 돈(外國-)
외국 땅에(外國-) *cf.* 고국 땅에
외국말(外國-)(외국어)
외국 말(外國-)(토종 말에 대한)
외국 빚(外國-)
외국산(外國産) *cf.* 국내산
외국 쌀(外國-)
외국어투성이(外國語-) *cf.* 투성이(접미사)
외국 유학 가다(外國留學-)
외국인끼리(外國人-) *cf.* 끼리(접미사)
외국환(外國換) *cf.* 내국환
외기러기
외길 *cf.* 쌍길
외길목
외꽃/오이꽃
외나무다리
외나무다리 건너기
외눈박이(애꾸눈이)
외다리
외다리방아
외다리씨름
외대 가꾸기 *cf.* 5대 가꾸기
외대 가꾸다
외대박이(돛대가 하나뿐인 배)
외독무덤(고고학)
외동딸
외동아들

외동자식(-子息)
외딴 계곡(-溪谷)
외딴곳 *cf.* 외딴 마을, 외딴 동네
외딴길 *cf.* 외딴놈, 외딴방, 외딴섬
외딴 길 <아주 ~>
외딴 동네 *cf.* 외딴곳
외딴 마을 *cf.* 외딴곳
외딴방(-房)
외딴섬 *cf.* 외딴 마을, 외딴곳
외딴집(외따로 서 있는 집)
외딴치다(태껸 등에서 혼자 판을 치다.)
외딸 *cf.* 외아들
외떡잎식물(-植物) *cf.* 쌍떡잎식물
외떨어져 있다
외래문화(外來文化) *cf.* 토착문화, 고유문화, 서민 문화, 유목민 문화
외래 키(外來-)
외로워 보이다 *cf.* 바빠 보이다
외로워하기는커녕 *cf.* 커녕(조사)
외로워하다
외로 지나 바로 지나
외롭단 말야 *cf.* 말이다/말이야/말이오
외롭잖다
외마디소리
외마치장단 *cf.* 세마치장단
외며느리 *cf.* 외아들
외면당하다(外面當-) *cf.* 당하다
외면받다(外面-) *cf.* 받다
외면치레(外面-) *cf.* 겉치레, 인사치레
외면치레하다(外面-)
외면하다시피 하다(外面-) *cf.* 다시피 하다
외면해 버리다(外面-)
외면해 오다(外面-)
외모 면(外貌面) *cf.* 분배 면, 형식면, 사회면
외목장사(단독으로 팔아먹는 장사)
외목장수
외무릎가새틀음(줄타기)
외무릎꿇기(줄타기)
외무릎꿇기풍치기(줄타기)

외바퀴차(-車) *cf.* 일륜차
외박장단(-拍-)
외발넘기
외발뛰기
외발자전거(-自轉車) *cf.* 두발자전거, 세발자전거
외발제기 *cf.* 두발제기
외방무덤(-房-)(고고학)(단실묘)
외방살이(外方-) *cf.* 타향살이
외방출입(外房出入) *cf.* 부엌출입, 바깥출입, 안출입, 사랑 출입
외밭 *cf.* 참외밭, 호박밭
외벌매듭 *cf.* 겹매듭
외부대신(外部大臣) *cf.* 학부대신, 외교통상부 장관, 교육과학기술부 장관
외분비선(外分泌腺)
외사촌 누님/형(外四寸-/兄) *cf.* 내종 사촌 형
외사촌 동생(外四寸同生) *cf.* 내종 사촌 동생
외사촌 형제(外四寸兄弟)
외삼촌 댁(外三寸宅)(집) <~에서 묵고 있다.>
외삼촌댁(外三寸宅)(외숙모를 낮추어 이를 때) <우리 ~이 되시는 분> *cf.* 외삼촌의 댁
외상값
외상 긋다
외상모춤(-象毛-)
외상 받다
외상술 *cf.* 개평술
외상없다(조금도 틀림이 없다.)
외상 입다(外傷-)
외손뼉 *cf.* 두 손뼉
외손자놈(外孫子-) *cf.* 손자놈
외수없다(外數-)(예외 없거나 틀림없다.)
외십자조르기(-十字-)(유도)
외씨버선
외일빅이 *cf.* 두일빅이, 두돌빅이
외알제기(마소 따위가 한쪽 굽을 끌면서 걷는 걸음)
외야선(外野線) *cf.* 내야선
외양간두엄(-間-)
외어 가지고 *cf.* 외워 가지고

외어 대다
외어 버리다
외어보기/외워보기
외어 보다
외어부르기〔暗唱〕/외어 부르다 *cf.* 듣고부르기
외어서다(길을 비켜 서다.) <자동차가 와서 ~.>
외어쓰기 *cf.* 받아쓰기, 띄어쓰기
외어 쓰다
외어앉다(길을 비켜 앉다.)
외어 읽다
외여닫이문(-門) *cf.* 쌍여닫이문, 미닫이문
외연 열도(外煙列島) *cf.* 격렬비 열도
외올실(외겹실)
외우나마나 *cf.* 외나마나, 나마나
외우나마나하다 *cf.* 나마나하다
외우다시피 하다 *cf.* 다시피 하다
외우자마자 *cf.* 자마자
외워 쓰다 *cf.* 외어 쓰다
외워 오다
외인부대(外人部隊)
외전굽힘(살풀이춤의 춤사위)
외종형(外從兄) *cf.* 내종형, 고종형
외종 형제간(外從兄弟間)
외주름 *cf.* 맞주름
외주름솔
외주물구석(길에서 들여다보이는 보잘것없는 집)
외주물집 *cf.* 길갓집
외줄낚기
외줄낚시
외줄도드리(거문고 연주 기법)
외줄박이
외줄 팔자매듭(-八字-)
외집단(外集團) *cf.* 내집단
외쪽
외쪽박이
외쪽생각(한쪽에서만 하는 생각)
외쪽송사(-訟事)
외쪽지붕 *cf.* 톱날지붕, 반원지붕, 부섭지붕
외챗집 *cf.* 별챗집, 독챗집

외쳐 대다
외쳐 보다
외출옷(外出-) *cf.* 나들이옷
외출 중(外出中) *cf.* 운전 중
외코신 *cf.* 쌍코신
외톨마늘 *cf.* 육쪽마늘
외톨박이 *cf.* 두톨박이, 세톨박이
외톨밤 *cf.* 쌍동밤, 회리밤
외톨이
외톨자식(-子息)
외통목(장기)
외통집
외투감(外套-) *cf.* 저고릿감, 치맛감, 양복감
외팔걸음(땅재주)
외팔 보
외할머니 댁(外-宅)
외할머니 집(外-)
외할아버지 댁에(外-宅-)
외할아버지편에(外-便-) *cf.* 동생편에
외홍잡이풍치기(줄타기)
외화벌이(外貨-)
왼걸음 *cf.* 오른걸음
왼고개
왼고개 묶음
왼꼬임 *cf.* 오른꼬임
왼나사(-螺絲) *cf.* 오른나사
왼다리 *cf.* 오른다리
왼덧걸이(씨름)
왼돌이줄기(좌선경)
왼뒷굽이서기
왼무릎치기(씨름)
왼발 *cf.* 오른발
왼발목치기(씨름)
왼발앞차기
왼발잡이 *cf.* 왼손잡이
왼배지기(씨름) *cf.* 오른배지기
왼뺨 *cf.* 오른뺨
왼새끼 *cf.* 오른새끼
왼소리(사람이 죽었다는 소문)

왼손 *cf.* 오른손
왼손날 몸통막기
왼 손바닥/왼손 손바닥
왼손 법칙(-法則) *cf.* 오른손 법칙 <플래밍의 ~>
왼손잡이
왼손잡이 용품(-用品)
왼씨름 *cf.* 오른씨름
왼안걸이(씨름)
왼앞굽이
왼오금치기(씨름)
왼올 *cf.* 오른올
왼쪽 *cf.* 오른쪽
왼쪽 가슴 *cf.* 오른쪽 가슴
왼쪽 뇌(-腦) *cf.* 오른쪽 뇌
왼쪽 눈 *cf.* 왼눈
왼쪽 다리 *cf.* 오른쪽 다리, 왼다리, 오른다리
왼쪽 발 *cf.* 왼발
왼쪽 부분(-部分)
왼쪽 손 *cf.* 왼손, 왼쪽 팔, 왼팔, 오른팔
왼치마 *cf.* 오른치마
왼팔 *cf.* 오른팔
왼팔목 *cf.* 오른팔목
왼편(-便) *cf.* 오른편
왼편짝(-便-) *cf.* 오른편짝
욀재주(-才-)/욀총(-聰)
요가학파(-學派) *cf.* 소요학파, 실존 학파, 실학 학파
요강바위 *cf.* 촛대바위, 사자바위
요같이 *cf.* 이같이
요것저것 <~ 다 만져 보다.>
요격당하다(邀擊當-) *cf.* 당하다
요구되어 오다(要求-)
요구르트병(-甁) *cf.* 사이다병, 소주병, 향수병, 콜라병, 주스병, 집기병, 세척병
요구받다(要求-) *cf.* 받다
요구하다시피 하다(要求-) *cf.* 다시피 하다
요구하자마자(要求-) *cf.* 자마자
요구해 오다(要求-)
요구했는데도(要求-) *cf.* ㄴ데도(어미)

요 근래에(-近來-) *cf.* 요(관형사)
요 근처(-近處)
요금표(料金表) *cf.* 운행표
요긴해 보이다(要緊-)
요긴해져 가다(要緊-)
요깃거리(療飢-) *cf.* 끼닛거리, 땟거리
요까짓 것
요까짓 놈
요깟 놈
요깟 일
요나라(遼-) *cf.* 당나라, 수나라, 명나라
요나서(-書)
요날 저날 <~ 미루기만 하다.>
요냥조냥(부사) <~ 지내다.> *cf.* 이냥저냥
요네병(-病)(소나 양 따위의 장판에 생기는 전염병)
요년 *cf.* 이년
요놈 *cf.* 이놈
요다음(하나의 명사) <~에 만나면 혼내 주어야지.> *cf.* 이다음, 그다음, 이담, 그담
요 다음(요번의 다음) <~은 내 차례다.> *cf.* 이 다음, 그 다음
요동 땅(遼東-) *cf.* 강원도 땅, 몽고 땅, 일본 땅, 중국 땅
요동벌(遼東-)(요동 평야) *cf.* 김제벌
요동치다(搖動-) *cf.* 고함치다, 소리치다, 소용돌이치다, 벼락 치다, 서릿발 치다
요따위로 *cf.* 이따위로, 그따위로
요란 떨다(搖亂-) *cf.* 부산 떨다
요란 피우다(搖亂-) *cf.* 소란 피우다
요란할 제(搖亂-) *cf.* 제(의존 명사)
요란해져 가다(搖亂-)
요람시대(搖籃時代) *cf.* 영웅시대, 신화시대, 명치 시대, 봉건 시대
요래라조래라 *cf.* 이래라저래라
요래라조래라하다
요랬다조랬다/요랬다조랬다하다 *cf.* 이랬다저랬다
요러니조러니 *cf.* 이러니저러니
요러니조러니하다

요러조러하다 cf. 이러저러하다
요런대로 cf. 이런대로
요렇듯이 cf. 이렇듯이
요령 없다(要領-)
요령 있다(要領-)
요령주의(要領主義)
요리상(料理床) cf. 잔칫상, 입맷상, 돌상
요리요리되다 cf. 이리이리되다
요리조리 cf. 이리저리
요릿집(料理-) cf. 양요릿집, 청요릿집, 양식집
요마적 cf. 이마적
요만 것 cf. 이만 것
요만조만하다 cf. 이만저만하다
요만치 cf. 저만치
요만큼 cf. 그만큼, 이만큼
요맘때 cf. 그맘때, 조맘때, 고맘때
요망 떨다(妖妄-)
요망해 오다(要望-)
요 며칠 간(-間)
요 며칠 내에(-內-)
요 며칠 사이
요 몇 달 사이
요 모양 요 꼴로(-模樣-) cf. 이 모양 이 꼴로
요모조모 cf. 이모저모
요물단지(妖物-) cf. 흉물단지, 음흉단지
요변쟁이(妖變-)
요비중계(尿比重計)
요사 떨다(妖邪-)
요 사람 cf. 이 사람
요사 부리다(妖邪-)
요사이 cf. 요새
요사이 들어
요사 피우다(妖邪-)
요새 와서
요샛말 cf. 흉내말, 혼잣말, 서로말, 시쳇말
요소 중에(要素中-)
요솟값(要素-) cf. 절댓값, 고윳값, 유횻값, 유효값(편수 자료), 상대값, 순서값
요순시대(堯舜時代) cf. 신라시대, 황금시대, 수난 시대, 왜정 시대
요술 같다(妖術-)/요술같이(妖術-)
요술 거울(妖術-)
요술 방망이(妖術-) cf. 도깨비방망이, 부닥방망이, 벼락방망이
요술 부리다(妖術-) cf. 재주 부리다
요술 부채(妖術-) cf. 요술 항아리, 요술 피리
요술쟁이(妖術-)
요술쟁이 같다(妖術-)
요술 주머니(妖術-) cf. 요술 항아리, 요술 피리, 음흉주머니
요술 피리(妖術-)
요술 항아리(妖術缸-)
요시찰인(要視察人)
요식업자(料食業者) cf. 숙박업자
요실금(尿失禁)
요 아이 cf. 조 아이
요 애(요 아이) cf. 조 애
요약정리(要約整理)
요약해 보면(要約-)
요약해 주다(要約-)
요양 가다(療養-) cf. 피서 가다, 휴가 가다
요양 중(療養中) cf. 입원 중
요염해 보이다(妖艶-)
요염해져 가다(妖艶-)
요오드→아이오딘〔요오드〕
요오드〔아이오딘〕 양이온(-陽-)
요오드화나트륨(-化-)→아이오딘화나트륨〔요오드화나트륨〕
요오드화 이온(-化-)→아이오딘화 이온
요원해 보이다(遙遠-)
요원해져 가다(遙遠-)
요일 추측하기 활동(曜日推測-活動)
요전번에(-前番-)
요절나다(撓折-)
요절내다(撓折-)
요절내 버리다(撓折-)
요절복통하다(腰折腹痛-)
요주만록(蓼洲漫錄)

요주의자(要注意者)
요즈음 같아선
요즈음 같은 때
요즈음같이
요즈음 들어서
요즈음 와서
요즘 같아선
요즘 같은 때
요즘같이
요즘 들어
요즘 말로 *cf.* 요샛말, 시쳇말
요즘 보면
요즘 세상에(-世上-)
요즘 와서
요지경 속(瑤池鏡-)
요지부동(搖之不動)
요지시약(要指示藥)
요 집 *cf.* 이 집
요청받다(要請-) *cf.* 받다
요청 중(要請中) *cf.* 신청 중
요청해 오다(要請-)
요충알(蟯蟲-) *cf.* 편충알, 회충알, 개구리알
요컨대(要-) *cf.* 예컨대, 청컨대, 생각건대, 바라건대, 짐작건대
요크가(-家) *cf.* 록펠러가
요크셔종(-種) *cf.* 바크셔종
요탓조탓 *cf.* 이탓저탓
요 한 달 내내
요한복음(-福音) *cf.* 마태복음, 누가복음
요행수(僥倖數)
요힘베 껍질 *cf.* 바나나 껍질, 사과 껍질, 느릅나무 껍질, 소태껍질, 왕골껍질, 귤껍질
-욕(欲/慾)(접미사) *cf.* 명예욕, 성취욕, 출세욕, 승부욕
욕가마리(辱-) *cf.* 웃음가마리, 가마리
욕감태기(辱-) *cf.* 똥감태기, 흙감태기
욕더미(辱-) *cf.* 잿더미, 흙더미, 더미
욕되다(辱-)
욕먹다(辱-)
욕먹여 주다(辱-)
욕먹이다(辱-)
욕바가지(辱-) *cf.* 똥바가지, 물바가지
욕보다(辱-)
욕보이다(辱-) <한 여자를 돌아가며 ~.>
욕사발(辱沙鉢) *cf.* 묵사발, 밥사발
욕심껏(慾心-)
욕심꾸러기(慾心-) *cf.* 장난꾸러기, 말썽꾸러기, 엄살꾸러기
욕심나다(慾心-) *cf.* 탐나다
욕심내다(慾心-) *cf.* 탐내다
욕심 때문에(慾心-)
욕심 많다(慾心-)
욕심 부리다(慾心-) *cf.* 강짜 부리다, 투정 부리다
욕심 사납다(慾心-)
욕심 없이/없다(慾心-)
욕심쟁이(慾心-)
욕요법(浴療法)
욕쟁이(辱-)
욕전압(浴電壓)
욕지거리하다(辱-) *cf.* 농지거리하다, 반말지거리하다
욕지기나다 *cf.* 구역나다
욕질하다(辱-)
욕해 주다(辱-)
욧속(褥-)(요에 두는 솜) *cf.* 베갯속
-용(用)(접미사) *cf.* 신사용, 교사용, 공업용, 수출용, 자가용, 사무용, 업무용
용감무쌍하다(勇敢無雙-)
용감해 보이다(勇敢-)
용감해져 가다(勇敢-)
용결작용(溶結作用) *cf.* 관공작용, 응결 작용, 분해 작용, 촉매 작용, 용해 작용
용광로 같다(鎔鑛爐-)
용광로같이(鎔鑛爐-)
용궁문놀이(龍宮門-)
용궁부연록(龍宮赴宴錄)
용기 나다(勇氣-) *cf.* 기운 나다

용기 내다(勇氣-) *cf.* 기운 내다
용기 돋워 주다(勇氣-)
용기백배하다(勇氣百倍-)
용기 없다(勇氣-)
용기 잃다(勇氣-)
용기 있다(勇氣-)
용기화(用器畫) *cf.* 자재화
용꿈 꾸다(龍-) *cf.* 개꿈, 단꿈
용눈썹(龍-)
용단 내리다(勇斷-) *cf.* 결단 내리다
용단지(龍-)(가신의 하나) *cf.* 성줏단지
용담유사(龍潭遺詞)
용도별(用途別-) *cf.* 학년별, 수준별, 능력별, 별(접미사)
용돈 받다(用-) *cf.* 편지 받다
용돈 사용 예산·결산서(用-使用豫算·決算書)
용돈 쓰기(用-)
용돈(을) 쓰다(用-)
용돈 아껴쓰기(用-)
용돈(을) 얻어 쓰다(用-)
용돈 주다(用-)
용 되다(龍-) <용 될 고기는 모이 철부터 안다.>, <자식 덕분에 용 됐다.>
용두머리(龍頭-)
용두사미(龍頭蛇尾)
용둣골 *cf.* 감잣골, 싸릿골, 피맛골
용띠(龍-) *cf.* 소띠, 개띠, 뱀띠, 돼지띠
용렬해 보이다(庸劣-)
용마놀이(龍馬-)
용마루(龍-)
용맹스러워 보이다(勇猛-)
용머리재(龍-)
용방망이(龍-)(형구)
용배수로(用排水路)
용변 보다(用便-) *cf.* 대변보다, 소변보다
용병대장(傭兵隊長) *cf.* 기병대장, 포병대장
용불용설(用不用說)
용비어천가(龍飛御天歌)
용빼는 재주(-才-)
용사급(勇士級) *cf.* 장사급, 역사급
용서받다(容恕-) *cf.* 허락받다
용서받지 못할(容恕-)
용서 없다(容恕-)
용서해 다오(容恕-)
용서해 달라고 하다(容恕-)
용서해 주다(容恕-)
용석이놈
용솟음치다(湧-)
용수철 늘이기(龍鬚鐵-)
용수철 저울(龍鬚鐵-)(편수 자료)
용수철저울(龍鬚鐵-) *cf.* 대저울, 앉은뱅이저울, 접시저울
용수철저울 만들기(龍鬚鐵-)
용숫바람(龍鬚-)(회오리바람)
용심꾸러기 *cf.* 장난꾸러기, 심술꾸러기
용심부리다 *cf.* 재롱부리다, 투정 부리다
용심쟁이
용싸움(龍-)
용쓰다
용알(龍-)
용알뜨기(龍-)(민속)
용어풀이(用語-) *cf.* 뜻풀이
용역받다(用役-) *cf.* 하청받다, 받다
용역 주다(用役-)
용오름(龍-)(소용돌이 물기둥)
용왕길(龍王-)(민속)
용왕마마(龍王-) *cf.* 상감마마, 대비마마
용왕맞이(龍王-)(민속)
용용 나라
용울음(龍-)(갑자기 내는 큰 울음)
용의 알(龍-)(포구락을 할 때에 던지는 나무공)
용의주도하다(用意周到-)
용의주도해 보이다(用意周到-)
용이해 보이다(容易-)
용이해져 가다(容易-)
용인해 주다(容認-)
용자창(用字窓) *cf.* 완자창, 격자창
용장급(勇壯級) *cf.* 장사급, 용사급

용접해 놓다(鎔接-)

용주사 범종(龍珠寺梵鐘) *cf.* 봉덕사종, 보신각 종, 상원사 종

용지(用紙)(명사) *cf.* 전보용지, 인쇄용지, 포장용지, 사무용지, 등사 용지

용짓감(用紙-)

용천평야(龍川平野) *cf.* 신의주평야

용총줄(돛대에 매어 놓은 줄)

용코로(영락없이) <~ 걸려들었다.>

용트림(龍-)(거들먹거리다) <미꾸라짓국 먹고 ~하다.>

용틀임(용의 모양을 틀어 새긴 장식)

용해도곱〔溶解度積〕

용해열(溶解熱)

용호놀이(龍虎-)

우거져 가다

우거지상(-像)(잔뜩 찌푸린 얼굴 모양) <무엇이 불만인지 잔뜩 ~을 하고 다닌다.> *cf.* 울상

우거짓국 *cf.* 비짓국, 시금칫국, 조갯국

우걱뿔(안으로 굽은 뿔) *cf.* 송낙뿔

우걱뿔이(우걱뿔이 난 소)

우겨넣다

우겨 대다 *cf.* 웃어 대다, 대다(보조 용언)

우겨 박았다 *cf.* 쑤셔 박다, 때려 박다

우격다짐 *cf.* 주먹다짐, 억지다짐, 강다짐

우격다짐하다

우국지심(憂國之心)

우귀날(于歸-)(신부가 대례를 치르고 시집으로 들어가는 날)

우그러들다

우그러지다

우그렁쪽박

우그려잡다

우글우글(부사)

우글우글하다

우글우글해지다

우글쭈글하다

우긋우긋하다

우김성(-性) *cf.* 불뚝성, 부끄럼성

우김질(우기는 일)

우는 걸세 *cf.* 웃는 걸세, ㄴ 걸세, 것일세

우는 듯하다 *cf.* 듯히다

우는소리 <잘 사는데도 ~만 한다.> *cf.* 죽는소리, 앓는 소리

우는 소리 <매미 ~.>

우는 아이

우당탕하다

우대받다(優待-) *cf.* 대우받다, 받다

우대받아 오다(優待-)

우대해 오다(優待-)

우대해 주다(優待-)

우댓사람 *cf.* 아래댓사람

우도굿(右道-) *cf.* 좌도굿

우두머리

우둔해 보이다(愚鈍-)

우드블록 *cf.* 유리블록

우등상장(優等賞狀) *cf.* 개근상장, 정근상장

우뚝 서다

우뚝 솟다

우뚝우뚝(부사)

우뚝우뚝하다

우라닐 양이온(-陽-)

우락부락하다

우락부락해 보이다

우랄·알타이 어계(-語系)

우랄 어족(-語族)

우람스러워 보이다

우람차다 *cf.* 우렁차다

우량종자(優良種子) *cf.* 개량종자, 우량 품종, 우량 혈통

우러나오다

우러러보다

우러러보이다

우렁이각시

우렁잇속 같다 *cf.* 꿍꿍이속, 야바윗속

우렁차다 *cf.* 우람차다

우레 같다

우레같이
우레아→유레아/요소
우레탄고무 *cf.* 아라비아고무, 파라고무, 부틸고무
우렛소리 *cf.* 천둥소리, 파도 소리, 고함 소리
우려내다
우려먹다
우려 속에(憂慮-)
우려 없다/없이(憂慮-)
우려해 오다(憂慮-)
우로나란히(右-) *cf.* 좌로나란히
우로봐(右-) *cf.* 좌로봐
우로어깨총(右-銃)
우록수림(雨綠樹林) *cf.* 침엽수림, 활엽수림, 열대 우림
우롱당하다(愚弄當-) *cf.* 당하다
우르두 어(-語)
우리 가족(-家族)
우리 것
우리 겨레
우리 곁에
우리 고장
우리구멍(논물이 빠지도록 뚫어 놓은 구멍)
우리글 *cf.* 우리말, 우리 말과 글
우리끼리 *cf.* 자기들끼리, 끼리(접미사)
우리나라 *cf.* 이웃 나라, 우리 마을, 우리 동네, 다른 나라
우리나라 꽃
우리 나라꽃(우리의 '나라꽃'의 뜻으로는)
우리나라 쪽으로
우리 나름대로 *cf.* 자기 나름대로, 나름
우리 나름의
우리 동네(-洞-)
우리들 간에(-間-)
우리들 중에(-中-)
우리 땅
우리 때만 해도
우리 마을
우리 마을 꾸미기
우리말 *cf.* 우리글, 우리 말과 글
우리 말고는 *cf.* 너 말고는, 자네 말고는, 말고(동사 '말다'의 부사형. 조사로 보는 견해도 있음.)
우리 말과 글
우리말 도로찾기 운동(-運動)
우리말 살리기
우리말식으로(-式-) *cf.* 한자말식으로
우리말 쓰기
우리말 쓰다
우리말 찾기 *cf.* 우리말 쓰기
우리말 책(-冊) *cf.* 한글책, 국어책
우리 몸에
우리 반(-班)
우리 사주 조합(-社株組合)
우리 선생님(-先生-)
우리 손으로
우리식 사회주의(-式社會主義)
우리 식으로(-式-)
우리 아기
우리 아버지
우리 어머니
우리 외에(-外-)
우리의 피 속에 *cf.* 핏속, 콧속, 귓속
우리 은하(-銀河)
우리 중에(-中-)
우리 집
우리 집 뜰
우리 집사람
우리 집안
우리 쪽에
우리 측(-側) *cf.* 상대측
우리판문(-板門)(문의 울거미를 짜고 넓은 판자를 끼운 문)
우리 편(-便) *cf.* 상대편
우리 편 선수(-便選手)
우리 학교(-學校)
우린감 *cf.* 땡감, 단감
우릿간(-間)(우리로 사용하는 간)
우무죽(-粥)
우묵우묵하다

우묵주발(-周鉢)
우묵해 보이다
우물가 *cf.* 시냇가, 바닷가, 호숫가, 연못가
우물곁에 *cf.* 환자 곁에, 장독 곁에
우물고누
우물귀신(-鬼神)
우물길
우물둔덕
우물마루(井자로 짠 마루) *cf.* 널마루, 다락마루, 귀틀마루
우물물 *cf.* 개울물, 시냇물, 호숫물, 바닷물
우물 바닥 *cf.* 호수 바닥, 연못 바닥, 냇바닥, 강바닥, 논바닥, 못바닥
우물반자 *cf.* 소란반자
우물 속에
우물 안 개구리
우물 앞
우물에서 숭늉 찾는 격(-格)
우물우물해 오다
우물집(우물 위에 지붕을 만든 것)
우물쭈물(부사)
우물쭈물하다
우물쭈물해 오다
우물천장(-天障)
우물 터 *cf.* 약수터, 빨래터, 절터, 나루터
우므러들다
우박 같다(雨雹-)
우박같이(雨雹-)
우박 맞다(雨雹-) *cf.* 벼락 맞다
우박 지나(雨雹-) *cf.* 벼락 지다
우발사고(偶發事故) *cf.* 우발 전쟁
우벼 넣다
우벼 파다
우변(右邊) *cf.* 좌변
우 불규칙 동사(-不規則動詞)
우산걸음(雨傘-)(출썩거리며 걷는 걸음) *cf.* 비척걸음, 갈지자걸음, 팔자걸음
우산꽂이(雨傘-) *cf.* 편지꽂이
우산대(雨傘-) *cf.* 양산대
우산살(雨傘-) *cf.* 양산살, 바퀴살
우산 속에(雨傘-)
우산이끼(雨傘-)
우산 장수(雨傘-) *cf.* 부채 장수
우산 해곡(于山海谷)
우선멈춤(優先-)
우선순위(優先順位) *cf.* 상속 순위, 물권 순위, 배당 순위
우선주(優先株) *cf.* 후배주
우세스럽다
우세승(優勢勝) *cf.* 판정승, 한판승
우세해 보이다(優勢-)
우세해져 가다(優勢-)
우셋거리 <한다는 짓이 남의 ~나 하고….>
우송하자마자(郵送-) *cf.* 자마자
우송해 주다(郵送-)
우수 어리다(憂愁-) *cf.* 피땀 어리다, 인정 어리다, 감동 어리다, 어리다(동사)
우숫물(雨水-) *cf.* 유둣물, 백중물, 낙종물
우스갯소리 *cf.* 웃음엣소리
우스갯짓 *cf.* 몸짓, 날갯짓, 웃음엣짓
우스갯짓 같다
우스꽝스러워 보이다
우스꽝스러워지다
우스꽝스럽다
우스워하다
우습게보다 <우리를 너무 우습게보는 게 아녜요?>
우습다 못해 *cf.* 견디다 못해, 보다못해
우승열패(優勝劣敗)
우승컵(優勝-) *cf.* 우승배, 준우승컵
우승 팀(優勝-) *cf.* 준우승 팀, 축구팀, 야구팀
우신예찬(愚神禮讚)(종교 비판서)
우아해 보이다(優雅-)
우애결혼(友愛結婚) *cf.* 중매결혼, 연애결혼, 자유 결혼
우여곡절 끝에(迂餘曲折-)
우왕좌왕하다(右往左往-)
우왕좌왕해 오다(右往左往-)

우울해 보이다(憂鬱-)
우울해하다(憂鬱-)
우원사고(于遠思考)
우월주의(優越主義)
우유갑(牛乳匣) cf. 성냥갑, 담뱃갑
우유값(牛乳-) cf. 고추값, 마늘값, 담뱃값
우유 나르기(牛乳-)
우유(를) 나르다(牛乳-)
우유 다루기(牛乳-)
우유(를) 다루다(牛乳-)
우유병(牛乳瓶) cf. 소주병, 맥주병, 양주병, 향수병, 기름병
우유부단(優柔不斷)
우유 빛깔(牛乳-)
우유색(牛乳色) cf. 우윳빛, 젖빛
우유잔(牛乳盞) cf. 찻잔, 소주잔, 맥주잔, 커피잔, 막걸리잔
우유죽(牛乳粥) cf. 타락죽
우유통(牛乳桶) cf. 분유통, 쌀통, 물통
우유 팩(牛乳-)
우윳빛(牛乳-) cf. 젖빛, 핏빛, 잿빛
우이독경(牛耳讀經)
우자집(-字-) cf. 정자집
우잣길(-字-)('ㅜ'자로 생긴 길)
우정 맺다(友情-)
우정 어리다(友情-) cf. 감격 어리다, 감동 어리다, 인정 어리다, 정성 어리다, 어리다(동사)
우조 가락 도드리(羽調-)
우조타령(羽調-)
우주멀미(宇宙-) cf. 사람멀미, 가맛멀미, 뱃멀미, 비행기멀미
우주여행(宇宙旅行) cf. 달나라 여행
우죽 덞기
우죽(을) 덞다
우죽불(쇠죽불)
우줅우줅(부사)
우중충해 보이다
우중충해지다
우지 마라 cf. 하지 마라, 놓지 마라, 마/마라
우직해 보이다(愚直-)
우진각지붕(隅-閣-) cf. 합각지붕, 팔작지붕
우진각집(隅-閣-) cf. 팔작집, 맞배집
우쭐기(-氣) cf. 교만기
우쭐해 보이다
우쭐해하다
우체국 일(郵遞局-)
우체국장(郵遞局長)
우측면도(右側面圖)
우측통행(右側通行) cf. 좌측통행
우툴두툴하다
우편배달(郵便配達) cf. 가정배달, 택배 배달, 신문 배달, 우유 배달, 퀵서비스 배달
우편엽서(郵便葉書) cf. 연하 엽서, 그림 엽서, 사진 엽서
우편집배원(郵便集配員)
우편환(郵便換) cf. 전신환
우편환금(郵便換金)
우포늪
우표값(郵票-) cf. 고추값, 우유값, 담뱃값
우표딱지(郵票-)
우표 장사(郵票-) cf. 과일 장수, 골동품 장사, 증권 장사, 채권 장사, 채소 장사, 쌀장수
우표 장수(郵票-) cf. 과일 장수, 군고구마 장수, 증권 장수, 채권 장수, 채소 장수
우표책(郵票冊) cf. 그림책, 동화책, 만화책, 소설책, 이야기책
우향우(右向右) cf. 좌향좌
우환덩어리(憂患-) cf. 골칫덩어리
우회전성(右回轉性) cf. 좌회전성
우회해 가다(迂廻-)
우회해 오다(迂廻-)
욱신욱신(부사) <~ 뒷골이 쑤시다.>
욱여넣다
욱여들다
욱여싸다
욱은박공(-牔栱)
욱은지붕 cf. 반원지붕, 톱날지붕, 외쪽지붕
욱일승천(旭日昇天)

욱죄다 cf. 옥죄다
욱하다 <욱하는 성질>
운김 <~에 일을 마쳤다.>
운 나쁘게/나쁘다(運-) cf. 운 좋게
운동도 잘하는 이(運動-)
운동모자(運動帽子) cf. 방한모자
운동복 차림(運動服-) cf. 신사복 차림, 군복 차림, 양복 차림, 잠옷 차림
운동사상(運動史上) cf. 선거사상
운동선수(運動選手) cf. 체육 선수, 수영 선수, 배드민턴 선수
운동은 잘 못하다(運動-)
운동이야말로(運動-) cf. 너야말로, 야말로
운동자금(運動資金) cf. 운영 자금, 운전 자금, 활동 자금, 결혼 자금, 사업 자금, 영농 자금
운동장 가(運動場-)
운동 중(運動中) cf. 운전 중
운동틀(運動-)
운동하던 중에(運動-中-)
운동할 겸 해서(運動-兼-) cf. 겸
운동화 끈(運動靴-) cf. 구두끈, 신발끈, 농구화끈, 군화 끈, 골프화 끈
운동회날(運動會-) cf. 학예회날, 크리스마스날, 어린이날
운 떼다(韻-)
운명론자(運命論者) cf. 개척론자, 숙명론자
운명을 같이하다(運命-)
운반되어 오다(運搬-)
운반일(運搬-)
운반·퇴석 작용(運搬·堆積作用)
운반해 오다(運搬-)
운석 구덩이(雲石-) cf. 무덤구덩이, 진흙 구덩이
운송업자(運送業者) cf. 수출업자
운수 나쁘다(運數-) cf. 재수 나쁘다
운수불길(運數不吉)
운수 사납다(運數-) cf. 팔자 사납다
운수업자(運輸業者) cf. 운송업자
운수 없다(運數-) cf. 재수 없다
운수 좋다(運數-) cf. 재수 좋다
운영상(運營上)
운영 중(運營中) cf. 집행 중
운영해 나가다(運營-)
운영해 오다(運營-)
운요호(雲揚號) cf. 제너럴 셔먼호
운요호 사건(雲揚號事件) cf. 셔먼호 사건
운전기사(運轉技士) cf. 택시 기사
운전대 놓다(運轉-) cf. 숟가락 놓다
운전대 잡다(運轉-)
운전면허(運轉免許) cf. 총기 소지 면허, 약사 면허, 개업 면허
운전 중(運轉中) cf. 운영 중
운전해 오다(運轉-)
운 좋다/좋게도(運-) cf. 운 나쁘게, 재수 좋게도
운 좋은 이(運-)
운치 없다(韻致-)
운치 있다(韻致-)
운학무늬(雲鶴-) cf. 매화무늬
운항 중(運航中) cf. 항해 중
운행 중(運行中) cf. 운전 중
운행해 오다(運行-)
운형자(雲形-)
울가망 <~이 된 얼굴>
울고 나서 cf. 웃고 나서, 먹고 나서
울고 넘는 <~ 박달재는….>
울고불고 야단이다
울고불고하다
울고 싶다
울고 있다
울고 있단 말야 cf. 하고 있단 말야, 다는 말이다, 말이다/말이오
울긋불긋(부사)
울긋불긋하다
울까 말까 하다가
울다 말고 cf. 웃다 말고, 하다 말고
울대마개/후두개(喉頭蓋)
울 뒤 cf. 집 뒤, 울 안, 울안

울 듯 말 듯하다 *cf.* 듯하다
울 듯이[울뜨시] <~ 목멘 소리로 말하다.> *cf.* 듯이
울듯이 <옛날에 내가 ~ 당신도 울고 있네요.> *cf.* 듯이
울뚝밸
울렁울렁하다
울렁울렁해지다
울레줄레(부사) <~ 매달린 식구….>
울려 나오다
울려 대는 듯하다 *cf.* 대다, 듯하다
울려들다
울려 보내다
울려오다
울려 퍼지다/울려 퍼져 가다
울력걸음(봉산 탈춤의 춤사위)
울력다짐 <~으로 하는 바람에 일이 쉬 끝났다.> *cf.* 우격다짐, 군령다짐
울력성당(-成黨)(떼지어 협박하다.)
울렸을까 말까 하다
울릉 대지(鬱陵臺地)
울릉 분지(鬱陵盆地) *cf.* 곡산 분지, 김화 분지
울리자마자 *cf.* 떠나자마자, 자마자
울림구멍(현악기)
울림도(-度)
울림막대 *cf.* 소리막대
울림소리/유성음(有聲音) *cf.* 안울림소리
울림줄(작은북)
울림통(-筒)
울며 가다
울며 겨자먹기로
울며불며 <~ 애원하다.>
울며불며하다
울 밑 *cf.* 담 밑, 나무 밑
울바자 *cf.* 싸리바자
울 밖 *cf.* 담 밖
울보대장(-大將) *cf.* 싸움대장, 지각대장
울부짖다
울산광역시(蔚山廣域市)
울섶
울숲
울안(결합도에 따라) *cf.* 집 안, 집안
울안밭
울 안에 *cf.* 울 밖에
울어 대다 *cf.* 짖어 대다, 떠들어 대다, 대다
울어 버리다
울어 쌓다 *cf.* 떠들어 쌓다, 웃어 쌓다, 쌓다
울어예는(울면서 날아가는)
울울창창하다(鬱鬱蒼蒼-)
울음가마리 *cf.* 웃음가마리, 욕가마리, 가마리
울음기 <~가 섞인 음성으로….>
울음(이) 나다
울음바다 *cf.* 웃음바다, 눈물바다, 피바다, 물바다, 불바다
울음보
울음보따리 *cf.* 웃음보따리, 이야기보따리
울음 섞이다
울음소리 *cf.* 웃음소리, 목소리, 숨소리, 말소리, 죽는소리, 앓는 소리, 신음 소리, 우는 소리
울음 울다
울음주머니 *cf.* 모이주머니, 모래주머니
울음판 <~ 된 상가>
울적해 보이다(鬱寂-)
울적해하다(鬱寂-)
울지 마 *cf.* 먹지 마, 마라/마/말아라(→마라)
울창해 보이다(鬱蒼-)
울창해져 가다(鬱蒼-)
울타리 구멍 *cf.* 바자 구멍, 오존 구멍
울타리묶음
울타리 밖에 *cf.* 울 밖
울타리법(-法)(포도 재배)
울타리섬/방해사주(妨害砂州)
울타리 속
울타리 안에 *cf.* 울 안
울타리 치다
울퉁불퉁하다
울퉁불퉁해 보이다

울화통 터지다(鬱火-)
울홧술(鬱火-) *cf.* 제삿술, 대렛술
움 나다 *cf.* 싹 나다
움 돋다
움돋이
움막 같다 *cf.* 고래등 같다, 대궐 같다
움막살이 *cf.* 판잣집살이, 시집살이
움막집 *cf.* 귀틀집, 통나무집
움 묻다 *cf.* 움파다
움불(움막에서 피우는 불)
움브리아파(-派)(화파)
움잎
움직 도르래 *cf.* 고정 도르래
움직여 가다
움직여 보다
움직여 주다
움직이는 듯하다 *cf.* 듯하다
움직이는 풍선 맞히기(-風船-)
움직일 수 있게 한 도르래
움직임새
움직임 없이
움직임 익히기(체육)
움집
움집살이 *cf.* 움막살이, 시집살이
움집터 *cf.* 집터, 화장터, 왕궁 터, 원각사 터
움츠러들다
움츠러들어 버리다
움츠려 보다
움치러뜨리다/트리다
움켜 내나
움켜잡다/움켜잡히다
움켜쥐다
움트다 *cf.* 싹 트다
움파다 *cf.* 움묻다
움평눈 *cf.* 자라눈, 밥풀눈, 뱁새눈
움포대(-砲臺)
움푹움푹(부사)
움푹 패다
웃거름 *cf.* 덧거름

웃고 나서
웃고 넘어가다
웃국
웃기는 소리
웃기떡
웃녘새야(전래 동요에서는)
웃다리 풍물(-風物)
웃다 말고 *cf.* 울다 말고, 먹다 말고, 자다 말고, 하다 말고
웃도드리(국악)
웃돈
웃돌다
웃물(죽의 위의 국물)
웃보다
웃비걷다(비가 오다가 잠시 개다.)
웃어넘기다 <그 일은 웃어넘길 일이 아니다.>
웃어 대다 *cf.* 떠들어 대다, 울어 대다, 짖어 대다, 대다(보조 용언)
웃어른
웃어 버리다
웃어 보다
웃어 보이다
웃어 쌓다 *cf.* 떠들어 쌓다, 우겨 쌓다
웃어 제끼다
웃어 주다
웃옷〔表衣〕 *cf.* 속옷, 윗옷〔上衣〕
웃을 듯 울 듯 하다
웃을락 말락 하다 *cf.* ㄹ락 말락 하다
웃을 일 <~이 아니다.>
웃음가마리 *cf.* 놀림가마리, 욕가마리
웃음거리 *cf.* 자랑거리, 이야깃거리, 읽을거리
웃음거리 되다
웃음경 삼아
웃음꽃 *cf.* 눈꽃
웃음꽃 피다
웃음(이) 나다
웃음 띠다
웃음바다 *cf.* 울음바다, 눈물바다, 피바다, 물바다, 불바다

웃음바다 되다
웃음밖에 안 나온다 *cf.* 밖에(조사)
웃음보따리 *cf.* 울음보따리
웃음빛
웃음살
웃음소리 *cf.* 울음소리, 목소리, 숨소리, 말소리, 죽는소리, 고함 소리
웃음 속에
웃음 없다
웃음엣말/웃음엣소리 *cf.* 우스갯소리
웃음엣짓 *cf.* 우스갯소리, 날갯짓, 어깻짓
웃음집(웃음보) <~이 벌어지다.>
웃음짓다 *cf.* 눈물짓다, 행복한 웃음 짓다
웃음총(-銃)
웃자라다
웃자란 가지 치기 *cf.* 가지치기
웃자람 가지
웃지 마라 *cf.* 울지 마라, 놀지 마라, 마/마라/말아라(→마라)
웃지 못할 일
웃통 벗다
웅덩이 바닥 *cf.* 연못 바닥, 호수 바닥, 냇바닥
웅덩이 속
웅변대회(雄辯大會) *cf.* 변론대회, 궐기 대회, 체육 대회
웅성웅성하다
웅숭깊다
웅얼대다/거리다
웅얼웅얼하다
웅장해 보이다(雄壯-)
웅진도독부(熊津都督府) *cf.* 안동도호부
웅크러뜨리다/트리다
웅크린 채 *cf.* ㄴ 채, 채(의존 명사)
워낭 소리 *cf.* 고들개 소리
워라말 *cf.* 얼럭말
-워 보이다 <가벼워 보이다.>, <무거워 보이다.>, <쉬워 보이다.>
워싱턴 주(-州)
-워하다 <몹시 무서워하다.>, <몹시 추워하다.>, <몹시 미워하다.>
-원(院)(접미사) *cf.* 양로원, 학술원
-원(園)(접미사) *cf.* 유치원, 식물원
-원(願)(접미사) *cf.* 증명원, 사직원
-원(員)(접미사) *cf.* 편수원, 연구원
원(元)-(접두사) *cf.* 원그림, 원줄기
원(元/原)-(접두사) *cf.* 원주민, 원작자
원가주의(原價主義)
원가지(原-) *cf.* 덧가지
원각사비(圓覺寺碑)
원각사지(圓覺寺址) *cf.* 원각사 터
원각사지 10층 석탑(圓覺寺址十層石塔)
원고 모으기(原稿-)
원고(를) 모으다(原稿-)
원고 뭉치(原稿-) *cf.* 종이 뭉치, 솜뭉치, 실뭉치, 사고뭉치, 털뭉치
원고용지(原稿用紙) *cf.* 인쇄용지, 포장용지
원고 쪽(原告-) *cf.* 피고 쪽
원광 법사(圓光法師) *cf.* 대각 국사
원구상순부(原口上脣部)
원그래프(圓-) *cf.* 띠그래프
원그래프 그리기(圓-)
원그래프 알아보기(圓-)
원그래프의 정보 읽기(圓-情報-)
원기둥(圓-) *cf.* 각기둥
원나라(元-) *cf.* 당나라, 명나라, 수나라
원님 덕에(-德-) *cf.* 아내 덕에, 자식 덕에, 부모 덕에, 참고서 덕에
원님 역(-役) *cf.* 사또 역
원단위법(原單位法)
원도 한도 없이(願-恨-)
원두덩굴(園頭-) *cf.* 수박덩굴, 참외덩굴
원두밭(園頭-)
원두커피(原豆-) *cf.* 인스턴트커피, 즉석커피
원둘레(圓-) *cf.* 원주
원료값(原料-) *cf.* 물건값, 재료값, 담뱃값
원료당(原料糖)
원료유(原料乳)
원료탄(原料炭)

원리합계(元利合計)
원 만들기(圓-)
원(을) 만들다(圓-)
원만해 보이다(圓滿-)
원만해져 가다(圓滿-)
원말(原-) *cf.* 본디말, 반대말
원망거리(怨望-) *cf.* 문젯거리, 관심거리, 골칫거리, 화젯거리
원망 듣다(怨望-)
원망스러워지다(怨望-)
원망스러워하다(怨望-)
원망하기는커녕(怨望-) *cf.* 좋아하기는커녕, 먹기는커녕, 커녕(조사)
원망해 오다(怨望-)
원 모양(圓模樣) *cf.* 막대 모양, 띠 모양
원밀이(圓-)
원바닥(元-)
원반던지기(圓盤-)(육상)
원반(을) 던지다(圓盤-)
원방패(圓防牌)
원뿌리(元-)(식물의 근본이 되는 뿌리)
원뿔(圓-) *cf.* 각뿔
원뿔면(圓-面)
원삭동물(原索動物)(편수 자료)
원산장(元山場) *cf.* 모란장, 봉평장
원산 총파업(元山總罷業)
원산 학사(元山學舍)
원상태(原狀態)
원상회복(原狀回復) *cf.* 명예 회복, 피로 회복, 경기 회복, 원상 복구
원색동물(原索動物)
원생대층(原生代層)
원섬유(原纖維)
원성 듣다(怨聲-)
원수 같다(怨讐-)
원수같이(怨讐-)
원수 갚다(怨讐-)
원수 갚아 주다(怨讐-)
원수덩어리(怨讐-) *cf.* 흙덩어리, 땅덩어리, 눈덩어리, 골칫덩어리
원수 되다(怨讐-) *cf.* 앙숙 되다
원수 되어 버리다(怨讐-)
원수 지다(怨讐-) *cf.* 척지다
원수풀이(怨讐-) *cf.* 한풀이
원숙해 보이다(圓熟-)
원숙해져 가다(圓熟-)
원순 모음(圓脣母音) *cf.* 평순 모음
원순열(圓順列)
원숭이걸음(원숭이처럼 걷는 춤사위)
원숭이날 *cf.* 범날, 소날, 뱀날
원숭이놀이
원숭이띠 *cf.* 닭띠, 뱀띠, 용띠, 돼지띠
원숭이 엉덩이(猿-)
원숭이 의사(-醫師)
원시 바다(原始-) *cf.* 원시 우주, 원시 은하
원시산업(原始産業) *cf.* 교육산업, 기간산업, 정보 산업, 지식 정보 산업
원시생활(原始生活) *cf.* 전원생활, 취미생활, 봉급생활, 동거 생활, 부부 생활
원시 창자(原始-)
원 알아보기(圓-)
원앙 부부(鴛鴦夫婦)(←잉꼬부부)
원어치 *cf.* 100원어치, 1000원어치, 100달러어치, 어치(접미사)
원얽음무늬(圓-)
원 없이(願-) *cf.* 원도 한도 없이
원옥살이(寃獄-) *cf.* 감옥살이, 시집살이
원운동(圓運動) *cf.* 각운동, 장운동, 가속 운동, 브나로드 운동, 원심 운동
원원종(原原種)
원원종포(原原種圃)
원자가 전자(原子價電子)
원자각(原子殼)
원자구름(原子-) *cf.* 전자구름
원자기호(原子記號)
원자단(原子團)
원자력선(原子力船)
원자시(原子時)

원자시계(原子時計) *cf.* 분자시계, 전자시계, 아날로그시계, 디지털시계
원자열(原子熱)
원자운(原子雲)
원자핵(原子核)
원잣값(原子-)
원재판소(原裁判所)
원적외선(遠赤外線)
원정 가다(遠征-) *cf.* 소풍 가다
원정 갔다 오다(遠征-)
원정길(遠征-) *cf.* 토벌길, 과거길 관광길, 귀양길, 귀향길, 여행길, 출근길, 퇴근길
원조 받다(援助-) *cf.* 편지 받다, 통지 받다
원조직(原組織)
원조해 오다(援助-)/원조해 주다(援助-)
원주각(圓周角)
원주 분지(原州盆地) *cf.* 김화 분지, 곡산 분지
원주율(圓周率)
원줄기(元-)
원 중심에 공 굴려넣기(圓中心-)
원짜리 *cf.* 10원짜리, 500원짜리, 1000원짜리, 짜리(접미사)
원축구(圓蹴球)
원치 않다(願-)
원칙대로(原則-) *cf.* 대로(조사)
원칙 아래(原則-) *cf.* 원칙하
원칙 없다(原則-)/원칙 있다(原則-)
원칙하(原則下) *cf.* 원칙 아래
원컨대(願-) *cf.* 바라건대, 요컨대, 생각건대, 짐작건대, 청컨대
원탁회의(圓卓會議) *cf.* 구수회의, 연석회의, 간부 회의, 교무 회의
원터(院-) *cf.* 성터, 활터, 나루터, 빨래터
원통뜨기(圓筒-)
원통해하다(寃痛-)
원판놀이(圓板-)
원판돌리기놀이(圓板-)
원편광(圓偏光)
원 풀어 주다(願-) *cf.* 한 풀어 주다
원풀이하다(願-/怨-)
원하는 대로(願-) *cf.* 바라는 대로, 대로
원하든 원하지 않든 간에(願-願-間-)
원한 맺히다(怨恨-)
원한 사다(怨恨-)/원한 품다(怨恨-)
원핵생물(原核生物)
원핵세포(原核細胞)
원형 이어달리기(圓形-)
원형질(原形質) *cf.* 후형질
원형질막(原形質膜)
원형질체(原形質體)
원형 춤(圓形-)
원활해 보이다(圓滑-)
원활해져 가다(圓滑-)
월(月) *cf.* 월 소비량, 월 생산량 징역 1월
월(月)(특정 월) *cf.* 1월, 2월, 3월, 유월, 시월
월각차(月角差)
월경(月頃) *cf.* 8월경, 시월경, 경(접미사)
월경나이(月經-) *cf.* 초경 나이
월계꽃(月桂-) *cf.* 장미꽃
월계수잎(月桂樹-) *cf.* 국화잎, 고춧잎, 담뱃잎, 머윗잎, 방앗잎(쌈)
월권행위(越權行爲) *cf.* 탈선행위, 부정행위, 부당 행위, 정당 행위
월귤잎(越橘-) *cf.* 은행잎, 오동잎
월급날(月給-) *cf.* 봉급날
월급 받다(月給-) *cf.* 편지 받다
월급 봉투(月給封套)
월급쟁이(月給-)
월급제(月給制) *cf.* 일급제, 주급제, 연봉제
월급 주다(月給-)
월급 타 오다(月給-)
월급 타다(月給-)
월남 망국사(越南亡國史)
월남사 터 *cf.* 원각사 터, 감은사 터
월남치마(越南-) *cf.* 집시치마
월드 컵 대회(-大會)
월래소리(거문도뱃노래)

월리스선(-線)(아시아구와 오스트레일리아구로 나누는 경계선)
월말(月末) *cf.* 월말 결산, 월말경에
월 말(月末) *cf.* 3월 말, 9월 말
월 말경(月末頃) *cf.* 10월 말경
월말경(月末頃) *cf.* 경(접미사)
월면차(月面車) *cf.* 설상차
월 생산량(月生産量) *cf.* 연 생산량
월세계(月世界)
월 소비량(月消費量) *cf.* 연 소비량
월수입(月收入) *cf.* 일수입, 연수입
월숫돈(月收-) *cf.* 일숫돈
월요일날(月曜日-) *cf.* 토요일날
월이율(月利率) *cf.* 연이율
월인석보(月印釋譜)
월인천강지곡(月印千江之曲)
월일란(月日欄)
월정사 팔각 9층 석탑(月精寺八角九層石塔)
월평균(月平均) *cf.* 연평균 강수량
월하노인(月下老人)
월하미인(月下美人)(선인장 이름)
월 회비(月會費) *cf.* 연 회비
웨버선(-線)(지리학상의 동물 분포 경계선)
웨버씨 골편(-氏骨片)
웨섹스종(-種)(돼지) *cf.* 바크셔종, 두록저지종, 햄프셔종
웬 *cf.* 웬걸(감탄사), 웬만큼(부사)
(관형사) <웬 소문이냐?>, <웬 떡이냐?>
웬걸(감탄사) <~, 그렇게 했을라구?>
웬 걸('웬 것을'의 준말로 쓰일 경우)
웬 놈 *cf.* 웬 사람, 웬 자(者)
웬 떡 <이게 ~이냐?>
웬만큼
웬만하면
웬만한
웬말 <그게 ~이냐?>
웬 말 <너는 ~이 그리 많으냐?>
웬 사람
웬 소리
웬 속
웬일 <네가 ~로 여길 왔니?>
웬 일 <~을 그렇게 많이 하니?>
웬일인지 모르겠다
웬 잔말이냐/웬 잔소리냐
웬지('웬일인지'의 준말로 보는 견해. 표준국어대사전에서는 '왠지'를 쓰고 있음.)
웰갑판선(-甲板船)
웰터급(-級) *cf.* 페더급, 밴텀급
위간경변증(僞肝硬變症)
위경련(胃痙攣)
위계질서(位階秩序) *cf.* 교통질서, 공공질서, 상하 질서, 행락 질서, 국제 질서
위 구절(-句節)(위의 구절)
위궤양(胃潰瘍)
위그든 씨(-氏)(외국 성명에 잇달리는 경우에)
위 그림(위의 그림)
위급해 보이다(危急-)
위급해져 가다(危急-)
위기관리(危機管理) *cf.* 건강관리, 선거 관리, 인기 관리, 질병 관리, 안전 관리
위기의식(危機意識) *cf.* 문제의식, 열등의식, 특권 의식, 질서 의식
위기일발(危機一髮)
위꼬임
위끝 *cf.* 아래끝
위내시경(胃內視鏡)
위누르기(유도)
위대해 보이다(偉大-)
위도 띠뱃놀이(蝟島-)(편수 자료의 '띄뱃놀이'는 잘못)
위딸림조(-調)
위뚝비뚝
위뜸 *cf.* 아래뜸
위로드리다(慰勞-)
위로 바로펴기
위로받다(慰勞-) *cf.* 위안받다, 사랑받다, 받다
위로와 격려의 말 하기(慰勞-激勵-)
위로해 드리다(慰勞-)

위로해 주다(慰勞-)
위 마침꼴
위문 가다(慰問-) cf. 문안 가다
위 문장(-文章)(위의 문장)
위문 주머니(慰問-) cf. 선물 주머니, 연장주머니, 신발주머니, 얼음주머니
위문편지(慰問便紙) cf. 문안 편지, 안부 편지, 격려 편지, 축하 편지
위반할 시에는(違反-時-)
위반해 오다(違反-)
위버스 매듭 cf. 선원 매듭
위부인(衛夫人)
위불위없다(爲不爲-)(틀림이나 의심이 없다.)
위상공간(位相空間)(수학) cf. 생활공간, 수납공간, 주거 공간, 복지 공간
위상차(位相差)
위생도기(衛生陶器) cf. 생활 도기
위생차(衛生車) cf. 청소차, 소방차, 구급차
위생풍치림(衛生風致林)('풍치림'은 '경관림'으로 순화)
위성 도시(衛星都市) cf. 모도시, 연담도시, 연합도시, 행정 도시
위성사진(衛星寫眞) cf. 항공사진, 결혼사진, 졸업 사진, 인물 사진, 관광 사진
위세 부리다(威勢-)
위세척(胃洗滌) cf. 장세척
위세 피우다(威勢-)
위수관계(胃水管系)
위신경증(胃神經症)
위신 떨어지다(威信-)
위신 세워 주다(威信-)
위신 지키다(威信-)
위아래
위, 아래 <~에 있다.> cf. 위아래
위아랫물지다 cf. 홍수 지다
위아랫집
위안거리(慰安-)
위안받다(慰安-) cf. 위로받다
위안해 주다(慰安-)
위압당하다(威壓當-) cf. 견제당하다, 당하다
위압받다(威壓-) cf. 압제받다, 받다
위앞문(胃-門)
위엄 있다(威嚴-)
위엄 있어 보이다(威嚴-)
위엄차다(威嚴-) cf. 활기차다
위없다(가장 높고 좋다.)
위에서 아래로 치며 걷기(소고를)
위원 간의(委員間-)
위원장직(委員長職) cf. 회장직, 고문직
위으뜸음(-音)
위이중직(緯二重織)
위인전기(偉人傳記)
위인전 읽기(偉人傳-)
위임받다(委任-) cf. 위탁받다, 받다
위임예식(委任禮式)
위임해 놓다(委任-)
위임해 버리다(委任-)
위임해 주다(委任-)
위장번호(僞裝番號) cf. 어깨번호, 차량 번호, 비밀 번호, 고유 번호
위장해 놓다(僞裝-)
위정척사(衛正斥邪)
위정척사 (운동)[衛正斥邪(運動)]
위조문서(僞造文書) cf. 비밀문서, 공개 문서, 허위 문서
위조지폐(僞造紙幣) cf. 위조 화폐, 변조 화폐, 위조 어음
위조해 놓다(僞造-)
위·진·남북조 시대(魏·晉·南北朝時代)
위짝 cf. 아래짝
위쪽 cf. 아래쪽, 앞쪽, 뒤쪽, 왼쪽, 오른쪽, 안쪽, 바깥쪽
위채 cf. 아래채
위촉받다(委囑-) cf. 위임받다, 받다
위·촉·오의 삼국(魏·蜀·吳-三國)
위촉해 놓다(委囑-)
위축당하다(萎縮當-) cf. 당하다
위축되기는커녕(萎縮-) cf. ㄴ커녕(조사)

위출혈(胃出血) *cf.* 장출혈
위층(-層) *cf.* 아래층
위치마(갈퀴의) *cf.* 아래치마
위치 좋다(位置-) *cf.* 경치 좋다, 자리 좋다
위카메라(胃-)
위탁받다(委託-) *cf.* 위임받다
위탁해 놓다(委託-)
위태로워 보이다(危殆-)
위태로워져 가다(危殆-)
위태위태하다(危殆危殆-)
위태해 보이다(危殆-)
위턱 *cf.* 아래턱
위턱구름〔上層雲〕
위턱뼈 *cf.* 아래턱뼈, 허리뼈, 엉치뼈
위 테 *cf.* 아래 테
위판(-板)
위판멎이(-板/版-)
위판 손잡이(-板/版-)
위팔 *cf.* 아래팔
위팔 두갈래근(-筋)/이두박근
위팔뼈
위팔 세갈래근(-筋)/삼두박근
위편(-便) *cf.* 아래편, 앞편, 뒤편
위편성물(緯編成物) *cf.* 경편성물
위편짝(-便-) *cf.* 아래편짝
위폴립(胃-) *cf.* 장폴립
위풍늠름하다(威風凜凜-)
위풍당당하다(威風堂堂-)
위풍당당해 보이다(威風堂堂-)
위해당하다(危害當-) *cf.* 위협당하다, 당하다
위해 주다(爲-)
위험수당(危險手當) *cf.* 가족수당, 전투 수당, 물가 수당, 야근 수당, 비행 수당
위험스러워 보이다(危險-)
위험시하다(危險視-)
위험시해 오다(危險視-)
위험천만해 보이다(危險千萬-)
위험해 보이다(危險-)
위험해져 가다(危險-)
위협당하다(威脅當-) *cf.* 압제당하다
위협받다(威脅-) *cf.* 압제받다
위협받아 오다(威脅-)
위협사격(威脅射擊) *cf.* 경고 사격, 실탄 사격, 조준 사격, 영점 사격, 수정 사격
위호르몬(胃-)
위확장(胃擴張)
위효소(胃酵素)
윈강 석굴(-石窟) *cf.* 룽먼 석굴
윈저가(-家) *cf.* 록펠러가, 합스부르크가
윈저궁(-宮) *cf.* 루브르궁
윌리스선(-線)
윌리엄 공(-公)
윌슨병(-病)(간이나 뇌에 구리가 쌓여 생기는 병)
윗 *cf.* 윗입술, 윗잇몸, 윗마을
윗가슴 둘레 *cf.* 가슴둘레
윗간(-間)
윗거울
윗걸고리
윗계층(-階層) *cf.* 아랫계층
윗구멍 *cf.* 아랫구멍
윗그림 *cf.* 아랫그림
윗글 *cf.* 아랫글
윗길 *cf.* 아랫길, 상길, 핫길
윗날 *cf.* 아랫날
윗넓이 *cf.* 아랫넓이
윗녘 *cf.* 아랫녘
윗놈 *cf.* 아랫놈
윗눈꺼풀
윗눈썹 *cf.* 아랫눈썹
윗니 *cf.* 아랫니
윗단계(-段階) *cf.* 아랫단계
윗단 만들기(-段-)
윗단(을) 만들다(-段-)
윗당줄 *cf.* 아랫당줄
윗덧줄 *cf.* 아랫덧줄
윗도리 *cf.* 아랫도리
윗동 *cf.* 아랫동, 아랫동아리
윗동네(-洞-) *cf.* 아랫동네

윗동아리 *cf.* 아랫동아리
윗마구리 *cf.* 아랫마구리
윗마을 *cf.* 아랫마을
윗막이 *cf.* 아랫막이
윗머리 *cf.* 아랫머리
윗면(-面) *cf.* 아랫면
윗목 *cf.* 아랫목
윗몸 *cf.* 아랫몸, 아랫도리
윗몸 운동(-運動)
윗몸일으키기
윗몸(을) 일으키다
윗문자(-文字)
윗물 *cf.* 아랫물
윗물 맑기
윗바람 *cf.* 아랫바람
윗반(-班) *cf.* 아랫반
윗방(-房) *cf.* 아랫방
윗방아기(-房-)
윗방향(-方向)
윗배 *cf.* 아랫배
윗벌 *cf.* 아랫벌
윗변(-邊) *cf.* 아랫변
윗부분(-部分) *cf.* 아랫부분, 뒷부분, 앞부분, 가운데 부분, 중간 부분, 옆 부분
윗북침(-針)
윗사람 *cf.* 아랫사람
윗사람 노릇 하다 *cf.* 아랫사람 노릇 하다
윗사람 된 도리(-道理) *cf.* 아랫사람 된 도리
윗사랑 *cf.* 아랫사랑
윗사랑방(-舍廊房)
윗상자(-箱子) *cf.* 아래 상자
윗손잡이
윗수염(-鬚髥) *cf.* 아랫수염
윗실걸기
윗실꽂이
윗알 <수판의 ~….> *cf.* 아래알
윗알놓기
윗알떨기
윗옷 *cf.* 아래옷

윗입술 *cf.* 아랫입술
윗잇몸 *cf.* 아랫잇몸
윗잎 *cf.* 아랫잎
윗자락 *cf.* 아랫자락
윗자리 *cf.* 아랫자리
윗점(-點) *cf.* 아랫점
윗접시 저울 *cf.* 접시저울
윗줄
윗중방(-中枋) *cf.* 아랫중방
윗집 *cf.* 아랫집
유감스러워하다(遺憾-)
유감 없다(遺憾-)
유감 있다(遺憾-)
유감천만(遺憾千萬)
유개념(類槪念) *cf.* 종개념
유건 나팔(有鍵喇叭)/마개 나팔(-喇叭)
유격대원(遊擊隊員)
유경촛대(鍮檠-臺) *cf.* 와룡촛대, 은 촛대
유고시에(有故時-)
유골육종(類骨肉腫)
유관순전(柳寬順傳) *cf.* 심청전, 순국 소녀 유관순 전, 효녀 심청 전
유괴당하다(誘拐當-) *cf.* 당하다
유괴해 가다(誘拐-)
유교 구신론(儒敎求新論)
유교주의(儒敎主義)
유구무언(有口無言)
유급당하다(留級當-) *cf.* 낙제당하다, 당하다
유기그릇(鍮器-) *cf.* 유리그릇, 질그릇, 놋그릇, 사기그릇, 옹기그릇, 플라스틱 그릇
유기물층(有機物層)
유기인제(有機燐劑)
유기장이(鍮器匠-)
유기해 두다(遺棄-)
유기해 버리다(遺棄-)
유기형(有期刑) *cf.* 무기형
유난 떨다 *cf.* 청승 떨다
유난스러워 보이다
유년필독(幼年必讀)

유념해 두다(留念-)
유다르다(類-)
유달리(類-)
유대 교(-敎)
유대 인(-人)
유도되어 나오다(誘導-)
유도뢰(誘導雷) *cf.* 직격뢰
유도해 나가다(誘導-)
유도해 내다(誘導-)
유동 바퀴(遊動-)
유동주(流動株) *cf.* 부동주
유둣물(流頭-) *cf.* 우숫물
유들유들하다
유들유들해 보이다
유럽병(-病) *cf.* 영국병, 선진국병
유럽 인(-人)
유럽 주(-洲)
유럽 쪽
유력시되다(有力視-)
유력해 보이다(有力-)
유령 같다(幽靈-)
유령같이(幽靈-)
유례없다(類例-) <세계에도 유례없는 일이다.>
유례 있다(類例-)
유록색(柳綠色) *cf.* 청록색, 초록색
유료화하다(有料化-)
유리걸식(流離乞食)
유리관(琉璃管) *cf.* 구리관, 플라스틱관, 주물관, 고무관
유리구슬(琉璃-) *cf.* 쇠구슬, 은구슬, 옥구슬, 상아 구슬, 플라스틱 구슬
유리그릇(琉璃-) *cf.* 유기그릇, 사기그릇, 옹기그릇, 놋그릇, 양은그릇, 나무 그릇, 플라스틱 그릇, 스티로폼 그릇
유리 뚜껑(琉璃-)
유리 막대(琉璃-) *cf.* 나무 막대, 구리 막대, 아연 막대, 쇠막대
유리문(琉璃門) *cf.* 철문
유리물(琉璃-) *cf.* 쇳물
유리방(琉璃房)
유리벽돌(琉璃甓-) *cf.* 흙벽돌, 오지벽돌, 시멘트 벽돌
유리병(琉璃甁) *cf.* 플라스틱병
유리블록(琉璃-) *cf.* 우드블록
유리상액(琉璃狀液)
유리 섬유(琉璃纖維) *cf.* 면섬유, 모섬유, 탄소섬유
유리솜(琉璃-) *cf.* 철솜
유리 안경알(琉璃眼鏡-) *cf.* 플라스틱 안경알
유리알(琉璃-) *cf.* 돌알, 모래알
유리알처럼(琉璃-) *cf.* 처럼
유리 온실(琉璃溫室)
유리잔(琉璃盞) *cf.* 종이잔, 사기잔, 플라스틱 잔
유리 조각(琉璃-) *cf.* 나뭇조각, 구리 조각, 아연 조각, 대나무 조각, 비누 조각, 헝겊 조각, 나무쪽, 대쪽, 쇳조각, 뼛조각, 댓조각
유리종이(琉璃-) *cf.* 기름종이, 유산종이, 거름종이
유리창(琉璃窓)
유리창 닦기(琉璃窓-)
유리창(을) 닦다(琉璃窓-)
유리체강(琉璃體腔)
유리체액(琉璃體液)
유리칼(琉璃-) *cf.* 해부칼, 도련칼, 회칼
유리컵(琉璃-) *cf.* 종이컵, 플라스틱 컵
유리판(琉璃板)
유리해 보이다(有利-)
유리해져 가다(有利-)
유린당하다(蹂躪當-) *cf.* 압제당하다, 당하다
유린해 놓다(蹂躪-)
유림외사(儒林外史)
유릿가루(琉璃-) *cf.* 송홧가루, 미숫가루, 고춧가루, 메줏가루, 겨잣가루
유만부동(類萬不同)
유망해 보이다(有望-)
유명무실하다(有名無實-)
유명무실해 보이다(有名無實-)
유명을 달리하다(幽明-)

유명해져 가다(有名-)
유모살이(乳母-) *cf.* 식모살이
유무상통(有無相通)
유·무죄 간에(有·無罪間-)
유·무형(有·無形)
유·무효(有·無效)
유물론자(唯物論者)
유발시켜 주다(誘發-)
유방구름(乳房-)
유배 가다(流配-) *cf.* 귀양 가다
유배당하다(流配當-) *cf.* 당하다
유별나다(有別-)
유복해 보이다(裕福-)
유 분리기(油分離器)
유 분산제(油分散劑)
유·불·도(儒佛道)
유·불리를 떠나(有·不利-)
유·불 사상(儒佛思想)
유사시에(有事時-)
유상주(有償株) *cf.* 무상주
유서 깊다(由緖-)
유선속(流線束)
유선형동물(類線形動物)
유세길(遊說-) *cf.* 성묘길, 신행길, 답삿길
유세 나가다(遊說-)
유세 다니다(遊說-)
유세 부리다(有勢-) *cf.* 유세 피우다
유세 중(遊說中) *cf.* 연설 중
유세 피우다(有勢-) *cf.* 거드름 피우다
유순해 터지다(柔順-) *cf.* 물러 터지다, 느려 터지다, 불어 터지다, 게을러터지다
유스타키오관(-管)
유식 불교(唯識佛敎)
유식해 보이다(有識-)
유식해져 가다(有識-)
유신론자(有神論者) *cf.* 무신론자
유신 체제(維新體制)
유실되어 버리다(流失/遺失-)
유심론자(唯心論者)
유아 용품(幼兒用品) *cf.* 일상 용품, 여성 용품, 노인 용품, 가정용품
유압차(油壓差)
유야무야되다(有耶無耶-)
유야무야되어 버리다(有耶無耶-)
유언비어(流言蜚語)
유언해 두다(遺言-)
유엔군(-軍)
유엔군측(-軍側)
유역 분지(流域盆地)
유연관계(類緣關係) *cf.* 혈연관계, 상관관계, 인과 관계, 근친 관계, 밀월 관계, 원한 관계, 자매 관계
유연체조(柔軟體操) *cf.* 맨손 체조
유연해 보이다(柔軟-)
유예시켜 나가다(猶豫-)
유용되어 오다(流用-)
유용해 오다(流用-)
유월 말경에(六月末頃-) *cf.* 경(접미사)
유유상종하다(類類相從-)
유응집소(類凝集素)
유의 관계(類義關係) *cf.* 반의 관계, 의미 관계, 상하 관계
유의미(有意味) *cf.* 무의무
유의어군(類義語群) *cf.* 반대어군
유의해 두다(留意-)
유인당하다(誘引當-) *cf.* 유혹당하다, 당하다
유인해 오다(誘引-)
유일무이하다(唯一無二-)
유일사상(唯一思想) *cf.* 선민사상, 사회사상, 사대사상, 천신 숭배 사상, 청교도 사상
유임해 오다(留任-)
유입되어 오다(流入-)
유전고무(油展-) *cf.* 이소프렌고무, 아라비아고무, 파라고무, 경질 고무, 경화 고무
유전되어 오다(遺傳-)
유전부호(遺傳符號) *cf.* 전신 부호
유전자량(遺傳子量)
유전자설(遺傳子說)

유전자원(遺傳資源) *cf.* 천연자원, 지하자원, 광물 자원, 식량 자원, 인적 자원
유전자은행(遺傳子銀行) *cf.* 혈액은행, 피부은행, 골수 은행, 종자 은행
유전자풀(遺傳子-)
유전자형(遺傳子型)
유제품(乳製品)
유조직(柔組織)
유족해 보이다(裕足-)
유즐동물(有櫛動物)
유지, 발전시키다(維持, 發展-)
유지돼 오다(維持-)
유지방(乳脂肪) *cf.* 체지방
유지시켜 주다(維持-)
유지용수(維持用水) *cf.* 공업용수
유지해 나가다(維持-)/유지해 오다(維持-)
유지해 주다(維持-)
유찰시켜 버리다(流札-)
유채색(有彩色) *cf.* 무채색
유충렬전(劉忠烈傳)
유치산업(幼稚産業) *cf.* 원시산업, 도서산업, 의료 산업, 철강 산업
유치해 보이다(幼稚-)
유치해 오다(誘致-)
유칼리유(-油) *cf.* 팜유, 올리브유
유쾌해 보이다(愉快-)
유쾌해져 가다(愉快-)
유쾌해하다(愉快-)
유통·관광업(流通·觀光業)
유통, 보급되다(流通, 普及-)
유폐해 놓다(幽閉-)
유프리데스 강(-江)
유학 가다(留學-) *cf.* 군대 가다, 소풍 가다
유학길(留學-) <~에 오르다.> *cf.* 유세길
유학승(留學僧)
유학 오다(留學-)
유학 중(留學中) *cf.* 체류 중
유한계급(有閑階級) *cf.* 유산 계급, 무산 계급, 지배 계급, 피지배 계급

유한마담(有閑-)
유행잡지(流行雜紙) *cf.* 패션 잡지, 종합 잡지, 문학 잡지
유행 타다(流行-)
유행해 오다(流行-)
유현상론(唯現象論)
유형동물(紐形動物)
유형무형(有形無形)
유형 민속자료(有形民俗資料) *cf.* 무형 민속자료
유형별로(類型別-) *cf.* 형태별로, 별(접미사)
유형화되다(類型化-) *cf.* 정형화되다
유형화하다(類型化-) *cf.* 정형화하다
유혹당하다(誘惑當-) *cf.* 유괴당하다, 당하다
유혹해 오다(誘惑-)
유화기름(油畫-)
유화 부인(柳花婦人)
유황가루(硫黃-) *cf.* 황가루
유황빛(硫黃-)
유회되어 버리다(流會-)
유 회수기(油回收機)
유효값(有效-)(편수 자료)
유효화하다(有效化-) *cf.* 무효화하다
유횻값(有效-) *cf.* 절댓값, 고윳값, 초깃값, 함숫값, 순서값, 좌표값, 임계값
유흥업소(遊興業所)
육각기둥(六角-) *cf.* 팔각기둥
육각뿔(六角-) *cf.* 오각뿔
육갑 떨다(六甲-) *cf.* 주접떨다, 오망 떨다
6개 시(六個市)
6개월 간(六個月間)
육계사주(陸繫砂洲)
육관 대사(六觀大師) *cf.* 서산 대사
육군 사관학교(陸軍士官學校) *cf.* 육군 대학, 육군 보병 학교
6대주(六大洲) *cf.* 6 대양
육두구유(肉頭簆油) *cf.* 피마자유
육두문자(肉頭文字)
6등분 하다(六等分-) *cf.* 몇 등분 하다
육모방망이(六-)

육모썰기(六-)
육모얼레(六-) *cf.* 볼기짝얼레
육박해 오다(肉薄-)
육방망이(六-)(12명이 메는 상여) *cf.* 팔방망이
육방정계(六方晶系)('육방정+계'로 보는 견해) *cf.* 사방정계
육방 정계(六方晶系)(표준국어대사전에서는 '육방+정계'로 보는 견해)
육법전서(六法全書)
6분의 1(六分-一) *cf.* 2분의 1, 분지, 분의
육삭둥이(六朔-) *cf.* 팔삭둥이
63 빌딩(六三-)
육성시켜 주다(育成-)
육성해 나가다(育成-)
육성해 오다(育成-)
육성회비(育成會費)
육순 잔치(六旬-) *cf.* 돌잔치, 생일잔치, 회갑잔치, 칠순 잔치, 팔순 잔치
육식 공룡(肉食恐龍) *cf.* 초식 공룡
육십갑자(六十甲子)
6의 단 곱셈구구(六-段-九九)
6·25 전쟁(六二五戰爭)
육자배기목(六字-)
육자배기토리(六字-)
육전조례(六典條例)
육종학자(育種學者) *cf.* 유전학자
6중주곡(六重奏曲)
육중해 보이다(肉重-)
육지 말(陸地-)
육지면(陸地綿) *cf.* 해도면, 인도면, 애급면
육지 소(陸地-)
육지 쪽으로(陸地-) *cf.* 바다 쪽으로
육체미 자랑(肉體美-) *cf.* 장기 자랑, 솜씨 자랑, 노래자랑, 힘자랑
육촌 동생(六寸同生) *cf.* 사촌 동생
육촌 형(六寸兄) *cf.* 사촌 형
육칠 년(六七年) *cf.* 칠팔 년, 6, 7년, 7, 8년
육칠월흐린날(六七月-)(국악)
육하원칙(六何原則)
육해공군(陸海空軍)
육·해상 교역(陸·海上交易)
6화음(六和音) *cf.* 3화음, 9화음
윤곽얼룩(輪廓-)
윤곽 잡다(輪廓-) *cf.* 균형 잡다
윤곽 잡히다(輪廓-)
윤기 나다(潤氣-) *cf.* 윤나다
윤기 돌다(潤氣-)
윤나다(潤-) *cf.* 윤기 나다
윤내다(潤-)
윤달(閏-)
윤동짓달(閏冬至-)
윤두서상(尹斗緖像)
윤똑똑이(자기만 잘나고 영악한 체하는 사람)
윤리·도덕적 차원(倫理·道德的次元)
윤리학사(倫理學史)
윤리학자(倫理學者) *cf.* 서양사학자
윤사월(閏四月)
윤슬(햇빛이나 달빛에 비치어 반짝이는 잔물결) *cf.* 물비늘
윤씨 댁에(尹氏宅-) *cf.* 이씨 댁에
윤정이네 반(-班)
윤척없다(倫脊-)(조리가 없다.)
윤 초시 댁(尹初試宅) *cf.* 최 사장 댁
윤택해 보이다(潤澤-)
윤택해져 가다(潤澤-)
윤형동물(輪形動物)
-율(率)(접미사) *cf.* 백분율, 전도율
-율(律)(접미사) *cf.* 인과율, 오언율
율령격식(律令格式)
율리우스력(-曆) *cf.* 로마력, 이슬람력, 선명력
율무죽(-粥) *cf.* 녹두죽, 팥죽, 깨죽
율법주의(律法主義)
율학박사(律學博士)
융성해져 가다(隆盛-)
융자받다(融資-) *cf.* 허락받다
융자받아 오다(融資-)
융자학파[永嘉學派] *cf.* 영가학파
융자해 주다(融資-)

융통성 없다(融通性-)/융통성 있다(融通性-)
융통해 오다(融通-)
융해 곡선(融解曲線)
융해열(融解熱) *cf.* 희석열
융화시켜 주다(融和-)
윷가락
윷놀이
윷놀이하다
윷말
윷밭
윷진아비(지면서도 자꾸 하자고 조르는 사람)
윷판
으깨어 버리다
으깬 감자
-으나마나(어미) <먹으나마나>, <있으나마나>, <하나마나>
-으나마나하다(어미) <먹으나마나하다.>
-(으)니만큼(어미) <열심히 일했으니만큼 성과가 좋을 것이다.>
으뜸가다 *cf.* 제일가다, 버금가다, 다섯째 가다
으뜸꼴(기본형)
으뜸 되다 *cf.* 첫째 되다, 둘째 되다, 버금 되다, 셋째 되다
으뜸 3화음(-三和音)
으뜸상(-賞) *cf.* 버금상
으뜸음(-音)
으뜸음조(-音調)
으뜸 7화음(-七和音)
으뜸화음(-和音)
으르대다
으름장 놓다
-(으)리만큼(어미) <밥도 못 먹으리만큼 기운이 없다.>
-으리만큼(어미) <숨까지 끊~ 결심이 굳다.>
으리으리해 보이다
으스대다
으스름달
으스름달밤 *cf.* 어스름밤
으쓱으쓱
으쓱해 보이다
윽박지르다
은가락지(銀-) *cf.* 금가락지, 옥가락지, 놋가락지
은가루(銀-) *cf.* 금가루, 돌가루
-은가 보다 <기분이 좋은가 보다> *cf.* 보다
은거울(銀-)
은거울 반응(銀-反應)
은결(銀-)
은구슬(銀-) *cf.* 쇠구슬, 금구슬, 유리구슬, 플라스틱 구슬
은그릇(銀-) *cf.* 쇠그릇, 놋그릇, 양은그릇, 스테인리스 그릇, 플라스틱 그릇
은나라(殷-) *cf.* 하나라, 당나라, 초나라
은닉해 두다(隱匿-)
-은네(어미) <놀고는 싶은네 돈이 없다.>
-은 데 <구경하고 싶은 데를 다 가 보았다.> *cf.* 데(의존 명사)
-은 데다가 <좋은 데다가 취직시켜 주다.> *cf.* 데(의존 명사)
-은데다가(어미) <환경도 좋은데다가 머리도 좋다.>
은도금(銀鍍金) *cf.* 금도금, 주석 도금, 크롬 도금
은도끼(銀-) *cf.* 금도끼, 쇠도끼
은돈(銀-) *cf.* 금돈, 쇠돈
은둔사상(隱遁思想) *cf.* 도피사상, 둔피사상, 신선 사상
-은 듯싶다 <너무 많은 듯싶다.>, <실수한 듯싶다.> *cf.* 듯싶다
-은 듯하다 <너무 많은 듯하다.> *cf.* 듯하다
은딱지(銀-) *cf.* 금딱지
은메달(銀-) *cf.* 금메달, 동메달
은모래(銀-) *cf.* 금모래
은봇낯춤(隱-)
은못촉(隱-鏃)
은문자(銀文字) *cf.* 금문자, 금자
은물(銀-) *cf.* 쇳물, 금물
은물결(銀-) *cf.* 금물결, 황금물결
-은바('인데'의 뜻을 가진 어미) <은혜가 태산 같은바….>

-은 바('바'는 '일, 방법'을 뜻하는 의존 명사) <내가 말씀드린 바와 같다.>

은박지(銀箔紙) *cf.* 금박지, 먹박지

은반지(銀半指) *cf.* 금반지, 백금반지, 구리반지

은방울(銀-) *cf.* 금방울

은본위제(銀本位制) *cf.* 금본위제

은붙이(銀-) *cf.* 금붙이, 쇠붙이, 살붙이, 피붙이, 겨레붙이

은비(銀-) *cf.* 금비, 구슬비

은비녀(銀-) *cf.* 금비녀, 옥비녀, 놋비녀

은빛(銀-) *cf.* 금빛, 구릿빛

은 빛깔(銀-) *cf.* 금 빛깔

은사 되는 분(恩師-) *cf.* 스승 되는 분

은사슬(銀-) *cf.* 쇠사슬

은산 별신제(恩山別神祭)

은살대(隱-)

은살대붙임(隱-)

은 상자(銀箱子) *cf.* 금 상자, 나무 상자, 종이 상자

은생 누대(隱生累代)/은생 이언(隱生-)

은세계(銀世界)(소설명)

(눈 쌓인 곳을 이르는 말) <거리는 눈이 쌓여 ~가 되었다.>

은세공(銀細工) *cf.* 금세공, 죽세공, 금은 세공

은수저(銀-) *cf.* 놋수저, 스테인리스 수저

은시계(銀時計) *cf.* 금시계

은신시켜 주다(隱身-)

은어 떼(銀魚-) *cf.* 송사리 떼, 망둥이 떼, 개미 떼, 모기떼

은어 맛(銀魚-) *cf.* 밥맛, 고기맛, 생선 맛

은어알(銀魚-) *cf.* 청어알, 명태알, 숭어알, 붕어알, 송어알, 민어알, 개구리알

은연중에(隱然中-) *cf.* 부지불식중에

은율 탈춤(殷栗-) *cf.* 하회 탈춤, 봉산 탈춤

은은해 보이다(隱隱-)

은장도(銀粧刀)

은장식(銀粧飾) *cf.* 금장식

은장이(銀匠-)

은장이음(隱-)

은쟁반(銀錚盤) *cf.* 옥쟁반, 나무 쟁반

은저울(銀-) *cf.* 금저울

은적정(銀滴定)

은 전기량계(銀電氣量計)

은제 굽다리 접시(銀製-)

은종이(銀-) *cf.* 금종이, 색종이, 먹종이

은줄(銀-) *cf.* 금줄

-은즉(어미) *cf.* ㄴ즉

-은즉슨(어미) *cf.* ㄴ즉슨

-은지(어미) <얼마나 좋은지 모르겠다.>

-은 지('지'는 의존 명사) <죽은 지 10년 된다.>

은진미륵(恩津彌勒)

-은 척하다 <못 들은 척하다.> *cf.* 척하다

-은 체하다 <못 들은 체하다.> *cf.* 체하다

은촉붙임(隱鏃-)

은촉이음(隱鏃-)

은 촛대(銀-) *cf.* 놋 촛대

은총받다(恩寵-) *cf.* 눈총받다

은총 속에(恩寵-)

은총 입다(恩寵-)

-은커녕(어미) <밥은커녕 죽도 못 먹는다.> *cf.* ㄴ커녕, 커녕

은컵(銀-) *cf.* 유리 컵, 플라스틱 컵

은테(銀-) *cf.* 금테

은테두리(銀-) *cf.* 금테두리

은퇴해 버리다(隱退-)

은퇴 후에(隱退後-)

은팔찌(銀-) *cf.* 금팔찌, 옥팔찌

은폐해 버리다(隱蔽-)

은피리(銀-) *cf.* 풀피리, 버들피리, 옥피리

은하계(銀河系)

은하면(銀河面)

은하핵(銀河核)

은행나무 그늘(銀杏-) *cf.* 나무 그늘, 산 그늘

은행나무 줄기(銀杏-)

은행 돈(銀行-) *cf.* 회사 돈, 나랏돈

은행 말고도(銀行-) *cf.* 너 말고도, 말고(동사 '말다'의 부사형. 조사로 보는 견해도 있음.)

은행 문(銀行門) *cf.* 학교 문

은행불(銀行拂)
은행알(銀杏-) *cf.* 밤알, 깨알, 쌀알, 개암알
은행업자(銀行業者)
은행잎(銀杏-) *cf.* 오동잎, 단풍잎, 버들잎, 솔잎, 갈잎, 쑥잎, 호박잎
아카시아나무 잎, 참나무 잎, 감나무 잎
은행잎 썰기(銀杏-)
은혈덮장(隱穴-)
은혈못(隱穴-)
은혜 갚다(恩惠-)
은혜받다(恩惠-) *cf.* 은총받다
은혜 베풀다(恩惠-)
은혜 입다(恩惠-)
-을걸(어미) <그 사람은 아마 안 먹을걸.> *cf.* ㄹ걸
-을걸요(어미) <그렇지 않을걸요.>
-을 것이다 <먹을 것이다.>
-을까 말까 하다 <먹을까 말까 하다.>
-을까 보다 <먹을까 보다> *cf.* ㄹ까 보다
-을까 봐 <먹을까 봐….>
-을 듯싶다 <있을 듯싶다> *cf.* 듯싶다
-을 듯이 <잡아먹을 듯이> *cf.* 듯이
-을 듯하다 <먹을 듯하다> *cf.* 듯하다
-을라치면(어미) <먹을라치면….>, <잡을라치면….>
-을락 말락 <닿을락 말락>
-을락 말락 하다 <닿을락 말락 하다> *cf.* ㄹ락 말락 하다
을러 대다 *cf.* 울어 대다, 웃어 대다, 윽박질러 대다, 떠들어 대다, 대다(보조 용언)
을러방망이 치다 <을러방망이 쳐서 돈을 빼앗다.>
-을망정(어미) <돈은 없을망정….>, <힘은 없을망정….> *cf.* ㄹ망정
을묘왜변(乙卯倭變)
을미개혁(乙未改革)
을미사변(乙未事變)
을미왜변(乙未倭變)
-을 바에는 <기왕 늦은 바에는….> *cf.* ㄹ 바에, 바(의존 명사)
-을밖에(어미) <약을 먹으니 나을밖에….> *cf.* ㄹ밖에
-을 뻔하였다 <죽을 뻔하였다.> *cf.* 뻔하다
-을뿐더러 *cf.* ㄹ뿐더러
-을 뿐 아니라 *cf.* ㄹ 뿐 아니라
을사오적(乙巳五賊)
을사조약(乙巳條約)
-을세말이지(어미) <그가 내 말을 들을세말이지….>
-을수록(어미) <들을수록 재미있다.>
-을 수밖에 <약을 먹으니 나을 수밖에….>
을씨년스러워 보이다
을씨년스럽다
-을 양으로 <죽을 양으로 보든 것을 양보했다.> *cf.* ㄹ 양으로, 양(의존 명사)
을유자(乙酉字) *cf.* 계미자
을자진(乙字陣)(민속) *cf.* 일자진
을자집(乙字-) *cf.* 일자집, 이자집, 일잣집
-을작시면(어미) <보고 있을작시면 우습기 이를데 없다.> *cf.* ㄹ작시면
을지문덕(乙支文德)
을지문덕전(乙支文德傳) *cf.* 홍길동전, 심청전
-을지언정(어미) *cf.* ㄹ지언정
을지훈련(乙支訓鍊)
을해자(乙亥字) *cf.* 갑인자, 계미자
읊어 가고 있다
읊어 나가다
읊어 내다
읊어 보다
읊어 주다
음극선관(陰極線管)
음길이(音-)
음넓이(音-)
음높이(音-)
음독자살(飮毒自殺) *cf.* 투신자살, 분신자살, 할복자살, 권총 자살
음되먹임(陰-)/음귀환(陰歸還)/부귀환(負歸還)
음료수값(飮料水-) *cf.* 담뱃값, 고기값

음료수대(飮料水代)
음료수 병(飮料水甁) *cf.* 보온병, 간장병
음료수 캔(飮料水-) *cf.* 음료수 통
음료수 통(飮料水桶)
음미할 만하다(吟味-) *cf.* 만하다
음미해 보다(吟味-)
음미해 볼 만하다(吟味-) *cf.* 만하다
음부티족(-族)
음분극(陰分極)
음빛깔(音-) *cf.* 음이름, 색이름
음산해 보이다(陰散-)
음성 모음(陰性母音) *cf.* 양성 모음
음성 언어(音聲言語) *cf.* 시각 언어
음식가지(飮食-)
음식값(飮食-) *cf.* 사과값, 옷값, 밥값, 담뱃값, 연료값
음식 나라(飮食-)
음식 만들기(飮食-)
음식(을) 만들다(飮食-)
음식 맛(飮食-) *cf.* 밥맛, 장맛, 고기맛
음식물비(飮食物費)
음식상(飮食床) *cf.* 손님상, 밥상, 요리상
음식 솜씨(飮食-) *cf.* 글솜씨, 말솜씨
음식·숙박업(飮食·宿泊業)
음식 쓰레기(飮食-) *cf.* 산업 쓰레기, 일반 쓰레기
음식 장사(飮食-) *cf.* 과일 장사
음식 중에(飮食中-)
음식 찌꺼기(飮食-) *cf.* 기름 찌꺼기
음식치레(飮食-) *cf.* 집치레, 옷치레, 사당치레
음식타령(飮食-) *cf.* 돈타령, 술타령, 계집타령, 신세타령, 자전거 타령, 예산 타령
음악다방(音樂茶房) *cf.* 극장식당
음악 소리(音樂-) *cf.* 피아노 소리, 장구 소리
음양지기(陰陽之氣)
음에너지(音-)
음운 규칙(音韻規則)
음운 문자(音韻文字)/음소 문자(音素文字)
음운 변화(音韻變化)
음운 체계(音韻體系) *cf.* 학문 체계, 의료 체계, 산업 체계, 무기 체계
음으로 양으로(陰-陽-)
음의 정수(陰-正數)
음이름(音-) *cf.* 색이름
음이름부르기(音-) *cf.* 계이름부르기
음자리(音-)
음자리표(音-標)
음전기(陰電氣) *cf.* 양전기
음전자(陰電子) *cf.* 양전자
음전하(陰電荷) *cf.* 양전하
음절 문자(音節文字) *cf.* 표의 문자, 표음 문자
음절 수(音節數)
음절이루기(音節-)/성음(成音)
음절(을) 이루다(音節-)
음지 식물(陰地植物)
음지쪽(陰地-) *cf.* 응달쪽, 양지쪽
-음직스럽다(접미사) *cf.* 믿음직스럽다
-음직하다(접미사) *cf.* 믿음직하다, 먹음직하다, 바람직하다
-음 직하다('직하다'는 보조 용언) *cf.* 있었음 직하다, 되었음 직하다
음침해 보이다(陰沈-)
음탕해 보이다(淫蕩-)
음판 악기(音板樂器) *cf.* 금관 악기, 가락 악기, 리듬 악기, 찰현악기
음표(音標)
음표대로 소고 치며 엽걸음질치고 돌기(音標-小鼓-)
음향관제(音響管制) *cf.* 교통관제, 보도 관제, 사격 관제
음향옴(音響-)
음흉스러워 보이다(陰凶-)
음흉주머니(陰凶-) *cf.* 허영주머니, 꾀주머니, 심술주머니
음흉해 보이다(陰凶-)
읍 들머리(邑-)
읍·면계(邑·面界)
읍·면사무소(邑·面事務所)

읍사무소(邑事務所) *cf.* 면사무소, 동사무소
응고값(凝固-) *cf.* 정수값, 임계값, 좌표값, 절댓값, 고윳값, 기댓값
응고열(凝固熱) *cf.* 융해열, 희석열
응급수단(應急手段) *cf.* 비상수단, 기동수단, 교육 수단, 생산 수단, 거래 수단
응급조치(應急措置) *cf.* 비상조치, 긴급 조치
응낙받다(應諾-) *cf.* 허락받다
응낙해 주다(應諾-)
응달건조(-乾燥) *cf.* 양달건조, 냉동 건조
응달 밭
응달지다 *cf.* 양달 지다
응달쪽 *cf.* 음지쪽, 양지쪽
응답 없다(應答-)
응답해 주다(應答-)
응보형론(應報刑論)
응석꾸러기 *cf.* 장난꾸러기, 욕심꾸러기
응석둥이 *cf.* 재롱둥이
응석받다
응석 부리다/응석 피우다
응씨배(應氏杯)(바둑)
응어리지다 *cf.* 멍어리지다
응용과학(應用科學) *cf.* 기초 과학, 기초 의학, 응용 수학, 응용 역학
응용면(應用面) *cf.* 활용면
응용 악식(應用樂式) *cf.* 기초 악식
응용 편(應用篇) *cf.* 기초 편
응용해 오다(應用-)
응원 소리(應援-) *cf.* 음악 소리, 만세 소리, 고함 소리, 고동 소리
응원해 주다(應援-)
응접세트(應接-)
응접탁자(應接卓子)
응집력설(凝集力說)
응축되어 버리다(凝縮-)
응축열(凝縮熱) *cf.* 융해열, 응고열, 희석열
응해 보다(應-)
응해 오다(應-)
응해 주다(應-)
의가 나다
의가소성 유체(擬可塑性流體)
의견 나누기(意見-)
의견 내다(意見-)
의견묻기놀이(意見-)
의견 없다(意見-)
의견 중에(意見中-)
의결권주(議決權株) *cf.* 지배주
의결해 버리다(議決-)
의기소침하다(意氣銷沈-)
의기소침해 보이다(意氣銷沈-)
의기소침해하다(意氣銷沈-)
의기양양하다(意氣揚揚-)
의기양양해 보이다(意氣揚揚-)
의기양양해하다(意氣揚揚-)
의기투합하다(意氣投合-)
의논, 결정하다(議論, 決定-)
의논 끝에(議論-) *cf.* 토론 끝에, 논의 끝에
의논드리다(議論-)
의논해 보다(議論-)
의논해 오다(議論-)
의논해 주다(議論-)
의뢰받다(依賴-) *cf.* 받다
의뢰해 놓다(依賴-)
의뢰해 오다(依賴-)
의료은행(醫療銀行) *cf.* 정자은행, 피부은행, 유전자은행, 골수 은행, 씨앗 은행
의리 없다(義理-)
의리 있다(義理-)
의무화되다(義務化-)
의무화시키다(義務化-)
의무화하다(義務化-)
의문 나나(疑問-) *cf.* 의심나다
의문덩어리(疑問-)
의문스러워하다(疑問-)
의문형 어미(疑問形語尾)
의뭉 떨다 *cf.* 음흉 떨다, 청승 떨다, 궁상떨다
의뭉스러워 보이다
의미 관계(意味關係) *cf.* 반의 관계, 상하 관계

의미 깊다(意味-)
의미 변화(意味變化)
의미심장하다(意味深長-)
의미심장해 보이다(意味深長-)
의미 없다(意味-)
의미 있다(意味-)
의미 종류(意味種類)
의방유취(醫方類聚)
의붓딸
의붓아들
의붓아버지
의붓어머니
의붓자식(-子息)
의사 까치(醫師-)
의사 노릇 하다(醫師-) *cf.* 선생 노릇 하다, 종노릇하다, 병신노릇하다
의사소통(意思疏通) *cf.* 의견 소통, 차량 소통, 정의 소통
의생활(衣生活) *cf.* 식생활, 주생활
의석수(議席數) *cf.* 의원 수
의성 부사(擬聲副詞)
의식 없다(意識-)
의식 있다(意識-)
의식주(衣食住)
의식 차리다(意識-) *cf.* 정신 차리다
의식해 오다(意識-)
의식화되다(意識化-)
의심 가다(疑心-)
의심꾸러기(疑心-) *cf.* 장난꾸러기, 욕심꾸러기, 눈치꾸러기
의심나다(疑心-) *cf.* 의문 나다
의심 많다(疑心-)
의심받다(疑心-) <의심받을 짓 하지 마시오.>
의심 받다(疑心-) <남의 의심 받을 짓….>
의심받아 오다(疑心-)
의심스러워하다(疑心-)
의심 어리다(疑心-) *cf.* 눈물 어리다, 감격 어리다, 어리다
의심 없다(疑心-)
의심쩍다(疑心-)
의심할 만큼(疑心-) *cf.* 만큼
의심해 보다(疑心-)
의심해 오다(疑心-)
의아스러워하다(疑訝-)
의아해하다(疑訝-)
의암 선생 행장기(義菴先生行狀記)
의역해 놓다(意譯-)
의연체동물(擬軟體動物)
의연해 보이다(毅然-)
의열단원(義烈團員)
의욕 나다(意慾-) *cf.* 욕심나다
의욕 내다(意慾-)
의욕 없다(意慾-)
의원 간에(議員間-)
의원면직(依願免職) *cf.* 권고사직, 명예퇴직
의원 수(議員數) *cf.* 회원 수
의유당 김씨(意幽堂金氏)
의의 없다(意義-)
의의 있다(意義-)
의자 밑에(椅子-)
의자 위에(椅子-)
의자차(椅子車) *cf.* 침대차, 소방차, 사다리차
의장수(艤裝數)
의장직(議長職) *cf.* 회장직, 교장직, 교수직
의젓잖다
의젓해 보이다
의젓해져 가다
의존 말고(依存-)(의존하지 말고)
의존 명사(依存名辭)
의존해 오다(依存-)
의존 형태소(依存形態素)
의좋다(誼-) *cf.* 사이좋다
의지가지없다(依支-) <의지가지없는 가련한 사람이다.>
의지감약(意志減弱) *cf.* 정신박약
의지 감탄사(意志感歎詞)
의지박약(意志薄弱) *cf.* 정신박약
의지야말로(意志-) *cf.* 야말로

의지 없다/없이(依支-)
의지한 채(依支-) *cf.* ㄴ 채, 채
의지할 곳 없다(依支-)
의지할 데 없다(依支-)
의지해 오다(依支-)
의탁해 살다(依託-)
의탁해 오다(依託-)
의태 부사(擬態副詞) *cf.* 의성 부사, 성분 부사
의학감주(醫學紺珠)
의학책(醫學冊) *cf.* 국어책, 역사책, 동화책, 만화책, 소설책
의해서라기보다는(依-) *cf.* 라기보다는
의혹 없다(疑惑-)
의혹 품다(疑惑-)
의화단 운동(義和團運動)
의회놀이(議會-)
의회주의(議會主義)
-이 *cf.* 늙은이, 젊은이, 어린이
ˇ이(의존 명사) *cf.* 모르는 이, 아는 이
이가(李哥) *cf.* 김가, 박가, 송가, 가(접미사)
이 가운데에서 *cf.* 이 중에서
이간 붙이다(離間-)
이간, 분열시키다(離間, 分裂-)
이간시켜 놓다(離間-)
이간질하다(離間-)
이 갈다
이 갈리다
이 같은 *cf.* 그 같은
2개월 간의(二個月間-)
이 거리 저 거리 각 거리(국악 악곡)
이거야말로 *cf.* 야말로(조사)
이것들이야말로
이것 때문에
이것 말고도 *cf.* 그것 말고도, 너 말고도, 말고 (동사 '말다'의 부사형. 조사로 보는 견해도 있음.)
이것 말고 저것 *cf.* 말고
이것 밖에 <~도 많이 있다.> *cf.* 밖(명사)
이것밖에 <돈이 ~ 없다.> *cf.* 밖에(조사)
이것보다 못하다
이것 외에(-外-)
이것이야말로 *cf.* 야말로
이것저것
이겨 가는 마당에
이겨 나가다
이겨 내다
이겨 버리다
이겨 보다
이견 없다/없이(異見-)
이고 지고 걸어가다
이곧 *cf.* 중지곧 하면, 곧(조사)
이골 나 있다
이골 나다
이 골 물 <~이 주루루룩, 저 골 물이 쏼쏼>
이 골짝 저 골짝
이곳 *cf.* 그곳, 저곳, 어느 곳, 아무 곳
이곳 외에(-外-)
이곳저곳
이관되어 오다(移管-)
이구동성으로(異口同聲-)
이국 땅(異國-) *cf.* 조국 땅
이국정취(異國情趣) *cf.* 남국 정취, 북극 정취, 지중해 정취
이국취미(異國趣味)
이 군(李君) *cf.* 박 군, 김 군, 송 군
이○○ 군(李-君)
이권 다툼(利權-) *cf.* 권력 다툼, 세력 다툼
이권화되다(利權化-)
이권화하다(利權化-)
이글이글(부사)
이글이글하다
이기건 지건 간에(-間-)
이기든 지든 간에(-間-)
-이기 때문에 <학생이기 때문에….>
이기주의(利己主義)
이기죽대다/거리다
이긴 편(-便) *cf.* 진 편
이까짓 것

이까짓 게
이까짓 놈 *cf.* 제까짓 놈
이까짓 일 *cf.* 그까짓 일
이깟놈 *cf.* 제깟놈
이깟 일 가지고
이꾸러기 *cf.* 잠꾸러기, 욕심꾸러기, 심술꾸러기, 장난꾸러기, 말썽꾸러기
이끌고 가다
이끌고 나가다
이끌려 나오다
이끌어 가다
이끌어 나가다
이끌어 내다
이끌어들이다 *cf.* 끌어들이다
이끌어 오다
이끌어 올리다
이끌어 왔다
이끌어 주다
이끎음(-音)
이끎화음(-和音)
이끗(利-)(재물의 이익이 되는 실마리) <~을 생각하고 우격다짐하다.>
이 끝
이끝원(二-圓)
-이나마(조사) <이것이나마….>, <몸이나마 성해야지.>
이나저나(이러나저러나)
이날 낮
이날따라 *cf.* 그날따라, 오늘따라, 올해따라, 그해 겨울따라, 따라(조사)
이날 밤
이날 아침
이날 오후(-午後)
이날 이때까지
이날 일
이날 저 날 하다
이날 중에(-中-)
이날 하루 동안
이내 몸
이내 신세(-身勢)('이내'는 '나의'를 강조하는 관형사)
이냥저냥
이 녀석 <~, 그냥 둘 수 없어.>
이 녀석아
이년 *cf.* 이놈
2년간(二年間)
2년 남짓(二年-)
2년 내에(二年內-)
2년 동안(二年-)
2년4작(二年四作) *cf.* 2년3작, 1년 1작
2년3작(二年三作) *cf.* 1년 1작
2년생 *cf.* 1년생
이년아
이놈 *cf.* 이년
이놈(이것) <우리 ~ 심도록 하세.>
이 놈(듣는 이에 대한 낮춤 표현)
이놈아
이놈의 계집애
이놈의 당나귀(-唐-)
이놈 저놈 모두
이놈 저놈 하다 <이놈 저놈 하며 마구 대하다.>
이누이트족(-族) *cf.* 에스키모족, 인디언족
이 눈치 저 눈치 봐 가며
-이니만큼(어미) <학생이니만큼> *cf.* 만큼
이다음(하나의 명사) <~에 만나자.>
이 다음(이번의 다음) <~은 내 차례다.>
이닦기
이닦기놀이
이 닦다
이단시하다(異端視-) *cf.* 경원시하다
이단시해 오다(異端視-)
이달 내에(-內-) *cf.* 이 주, 이해, 지난달, 다음달
이달 들어
이달 말경에(-末頃-)
이달부터
이달분(-分-)
이달 중에(-中-)

이달 초에(-初-)
이담에
2 대 1로(二對一-)
이 댁(-宅) *cf.* 그 댁
이 도령(李-) *cf.* 정 도령
이동 도(移動-)
이동시켜 보자(移動-)
이 동안 *cf.* 그동안, 이즈음
이동 중(移動中) *cf.* 활동 중
이동치마 *cf.* 삼동치마, 사동치마
이동파출소(移動派出所) *cf.* 이동 병원, 이동 우체국
이동해 가다(移動-)
이동해 보다(移動-)
이동해 오다(移動-)
이동, 확산하다(移動, 擴散-)
이두박근(二頭膊筋)/위팔 두갈래근(-筋)
2두정치(二頭政治) *cf.* 양두 정치
이득 되다(利得-) *cf.* 문제되다, 해 되다
이득 보다(利得-) *cf.* 손해 보다
이들 가운데
이들 간의(-間-)
이들 내에서(-內-)
이들밖에 <~ 믿을 사람이 없다.>
이들 밖에(이들 외에도) <~도 있다.>
이들 아이
이들 외에도(-外-)
이듬해 *cf.* 다음해
이듬해 봄
2등(二等) *cf.* 1등
2등 가다(二等-) *cf.* 둘째가다, 으뜸가다, 셋째가다, 넷째 가다
2등 되는(二等-)
이등변삼각형(二等邊三角形)
이등분되다(二等分-)(수학 용어로서)
2등분점(二等分點)
2등분 하다(二等分-) *cf.* 몇 등분 하다
2등칸(二等-) *cf.* 1등칸, 3등칸
이따가(부사)
이따금(부사)
이따위(대명사) <~가 다 있어?>
(관형사) <나이가 몇인데 ~ 짓을 해?>
이따위로 *cf.* 저따위로, 그따위로
이따위 짓 *cf.* 저따위 짓, 그따위 짓
이 땅에
이 땅 위에
이때 *cf.* 이때까지
이때 *cf.* 이때껏
이때 마침 *cf.* 그때 마침
이때까지
이때껏
이때나 저때나 하고
이때마다 *cf.* 그때마다
이 때문에
이때부터
이때야말로 *cf.* 야말로(조사)
이똥(이에 끼는 누런 버캐)
이라크군(-軍) *cf.* 이스라엘군
이란 인(-人)
이랑 만들기
이랑세우기
이래 가지고는 *cf.* 그래 가지고는, 저래 가지고
이래라저래라 <~ 간섭하지 마.> *cf.* 요래라 조래라
이래라저래라하다
이래 봬도 *cf.* 저래 봬도, 그래 봬도
이래저래(부사) <~ 고민이 많다.>
이랬나 보다 *cf.* 했나 보다, 보다
이랬다저랬다 <~ 변덕이 심하다.> *cf.* 요랬다조랬다
이랬다저랬다하다
이러고저러고
이러고저러고해서
이러구러
이러나저러나
이러는가 보다 *cf.* 는가 보다, 보다
이러니저러니
이러니저러니하다

이러다 보니
이러던 중에(-中-)
이러던 차에(-次-)
이러려니 하다 *cf.* 그러려니 하다
이러이러한 이유로(-理由-)
이러잖아도 <~ 되는데….>
이러저러한 이유로(-理由-)
이러지도 저러지도 못하다
이러쿵저러쿵(부사)
이러쿵저러쿵하며
이러한즉 *cf.* ㄴ즉
이럭저럭(부사)
이럭저럭해서
이런가 보다 *cf.* 그런가 보다, 보다
이런 가운데
이런가 하면
이런 것으로
이런고로(-故-) <~ 그곳을 떠나게 되다.> *cf.* 그런고로
이런 날
이런 놈
이런대로 <~ 쓸 만하다.> *cf.* 그런대로
이런 뜻에서
이런만큼 *cf.* 이러니만큼, 만큼
이런 면에서(-面-)
이런 바에야
이런 반면(-反面)
이런 생각 저런 생각
이런 속에서
이런 식으로(-式-) *cf.* 그런 식으로
이런 양으로(-樣-) <~는 갈 수 없다.>
이런 일 저런 일
이런 자는(-者-)
이런저런(관형사) <~ 일로 해서….>
이런 점에서(-點-)
이런 줄 모르고 *cf.* 그런 줄 모르고
이런 중에도(-中-)
이런즉 *cf.* ㄴ즉
이런 쪽으로 *cf.* 그런 쪽으로
이런 탓으로
이럴 때
이럴 수밖에 *cf.* 밖에(조사)
이럴 즈음 *cf.* 그럴 즈음
이렁저렁(부사) <~ 결말을 짓게 되다.>
이렁저렁해서
이렇게밖에 안 된다 *cf.* 밖에
이렇게 보면
이렇게 볼 때
이렇게 이렇게 해서
이렇게 하면
이렇게 해서
이렇기 때문에
이렇다 저렇다 말하다
이렇다 저렇다 하지 마/마라
이렇다 할 <~ 실적이 없다.> *cf.* 저렇다 할
이렇단 말이냐 *cf.* 그렇단 말이야
이렇든 저렇든 간에(-間-)
이렇듯이
이렇지 못한/못하다
이렇지 않다
이레만에 *cf.* 만
이렛날 *cf.* 닷샛날, 초이렛날
이렛동풍(-東風)(오래 부는 동풍)
이력 나다(履歷-) *cf.* 이골 나다
이력현상(履歷現象)(히스테리시스) *cf.* 수막현상, 자연 현상, 황사 현상, 노화 현상
이로워 보이다(利-)
이론과학(理論科學) *cf.* 응용과학, 기초 과학, 이론 물리학, 이론 경제학, 이론 철학
이루 다 <~ 말할 수 없는 일이다.> *cf.* 이루(부사)
이루어 가다
이루어 나가다
이루어 내다
이루어 놓다
이루어 드리다
이루어 오다
이루어져 가다

이루어져 오다
이루어 주다
이룩하여 오다
이룩해 가다
이룩해 나가다
이룩해 내다
이룩해 놓다
이뤄 나가다
이뤄 내다
이뤄 놓다
이뤄 오다
이뤄져 가다/이뤄져 오다
이뤄 주다
이류 안개(移流-) *cf.* 활승 안개, 전선 안개, 증발 안개, 골안개, 물안개
이륜구동(二輪驅動) *cf.* 사륜 구동, 삼륜 구동
이른 감이 있다(-感-) *cf.* 늦은 감이 있다
이른 대로 *cf.* 지시한 대로, 대로(의존 명사)
이른모 *cf.* 만이앙모
이른바[소위(所謂)]
이른 봄 *cf.* 늦은 봄, 이른 여름, 늦은 여름, 이른 가을, 늦은 가을, 이른 겨울, 늦은 겨울, 이른 초겨울
이른 새벽
이른 아침
이를 데 없다 *cf.* 데
이를 테면 <선생님께 ~ 일러라.> *cf.* 터
이를테면(부사) <~, 그는 산 역사책이다.>
이름값 <~을 못하다.>
이름 걸다
이름나다
이름 날리다
이름내다
이름 높다
이름 모르다
이름 붙이다
이름 소개하기 놀이(-紹介-)
이름 쓰기
이름 없다
이름 있다
이름자(-字) *cf.* 이름 석 자
이름 짓기
이름 짓다
이름 팔다
이름표(-標)
이름풀이
이리 되어(이렇게 되어)
이리 뒤적 저리 뒤적
이리 뒤척 저리 뒤척
이리 떼 *cf.* 양 떼, 사슴 떼, 물고기 떼, 벌 떼, 모기떼
이리 뛰고 저리 뛰고 하다
이리박이 <~ 대구> *cf.* 알배기 생선
이리 붙고 저리 붙고 하다
이리 와 봐
이리이리되다
이리저리(부사)
이리 핑계 저리 핑계
이리하여 *cf.* 그리하여
이마받이하다(이마로 부딪치는 것)
이마방아 *cf.* 입방아, 붓방아, 떡방아
이마빼기 *cf.* 빼기(접미사)
이마 쪽 *cf.* 어깨 쪽, 배 쪽
이만것 <~ 가지고 그러나?> *cf.* 그만것
이만저만하다
이만치 *cf.* 이만큼
이만큼
이만하다 <크기가 ~.>
이만하면 *cf.* 그만하면
이 말
이말 저말 *cf.* 이 말 저 말
이 말 저 말 하다
이 말 한 마디
이막때 *cf.* 그막때
이맘때쯤 *cf.* 쯤
이맛돌 *cf.* 머릿돌
이맛등(-燈)
이맛머리

이맛살 *cf.* 주름살
이맛전(이마)
이면경계(裏面境界)
이면공작(裏面工作) *cf.* 정치 공작, 음해 공작, 교란 공작, 침투 공작
이면치레(裏面-) *cf.* 체면치레
이모님 댁에(姨母-宅-)
이모님 집에(姨母-)
이모 씨(李某氏) *cf.* 최모 씨
이 모양 저 모양(-模樣-模樣)
이모저모
이모 집(姨母-) *cf.* 고모 집, 이모님 댁
이모 할머니(姨母-) *cf.* 고모 할머니
이목구비(耳目口鼻)
이 몸
이무깃돌(이무기 머리처럼 만든 돌)
이 무렵에 *cf.* 그 무렵에
이문 남기다(利文-) *cf.* 이익 남다
이문 없다(利文-)
이미드화 이온(-化-)
이·미용비(理·美容費)
이·미용사(理·美容師)
이미지관(-管)
이민 가다(移民-)
이민 가 버리다(移民-)
이민 떠나다(移民-)
이민 보내다(移民-)
이민 오다(移民-)
이민자 수(移民者數) *cf.* 입국자 수, 출국자 수, 사망자 수
이 바보놈아
이바지해 오다
이바짓값(원래 물건값보다 조금 낮추어 받는 값)
이 박 저 박(국악 악곡)
이 밖에(이 이외에) <~ 두 가지가 더 있다.>
이 밖에도
이반속도(離反速度) *cf.* 탈출 속도, 이탈 속도, 주행 속도, 순항 속도, 제한 속도, 경제속도
이 반 저 반(-班-班) <~ 돌아다니다.>
이 밤에
이밥 *cf.* 조밥, 보리밥
이번 같은(-番-) *cf.* 요번 같은
이번같이(-番-)
이번 달 내에(-番-內-) *cf.* 이달, 이해, 이 주
이번 달 들어(-番-) *cf.* 이해 들어
이번 달 안에(-番-)
이번에야말로(-番-) *cf.* 저번에야말로, 요번에야말로, 야말로(조사)
이번 주 내에(-番週內-) *cf.* 이 주, 지난주
이번 주 들어(-番週-)
이번 주 안에(-番週-)/이번 주 중에(-番週中-)
이번 주 초에(-番週初-)
이번 참에(-番-)
이별하는 듯하다(離別-)
이·병·호·형·예·공의 6부(吏·兵·戶·刑·禮·工-六部)
이보게 *cf.* 저보게
이보세요 *cf.* 저보세요, 여보세요
이복동생(異腹同生)
이복형제(異腹兄弟)
이봐
이봐요
이부동생(異父同生)
이부자리
2부 합창(二部合唱)
이부형제(異父兄弟)
이분(대명사) *cf.* 이이, 그이, 저이
2분쉼표(二分-標) *cf.* 4분쉼표
2분음표(二分音標)
2분의 1(二分-一) *cf.* 분의(접미사)
이불 속 <~에서 활개 친다.>
이불귀
이불깃
이불삼아 <갈대밭 ~….>
이불속 <~을 넣다.>
이불솜
이불안 <새하얀 ~….>
이불잇 *cf.* 베갯잇, 욧잇
이불자락 *cf.* 옷자락, 치맛자락, 두루마기자락

이불장(-欌)　*cf.* 양복장
이불줄(가로로 뻗어 있는 광맥)
이불짐
2-뷰탄온
이비인후과(耳鼻咽喉科)
이빛(二-)　*cf.* 초빛, 삼빛
이 빠진 것 같다
이 빠진 듯이
이빨공룡(-恐龍)　*cf.* 초식 공룡, 육식 공룡
이빨 속　*cf.* 잇속(이의 생긴 모양)
이빨 없다/없는
이빨 자국　*cf.* 마맛자국, 망건자국, 손톱자국, 여드름 자국, 글씨 자국, 눈물 자국
이뿐 아니라　*cf.* 뿐(접미사)
이사 가다(移徙-)/이사 오다(移徙-)　*cf.* 소풍 가다
이사 가 버리다(移徙-)
이사 다니다(移徙-)
이 사람이야말로　*cf.* 야말로(조사)
이 사람 저 사람
이사부 해산(異斯夫海山)　*cf.* 김인후 해산, 심흥택 해산, 동태평양 해령
이사시켜 주다(移徙-)
이사야서(-書)　*cf.* 로마서
이사이　<~ 안녕한지요?>　*cf.* 요사이
이사해 오다(移徙-)
이삭 목
이삭 목 도열병(-稻熱病)
이삭 줍기
이삭(을) 줍다
이삭 패기
이삭 패다
이산가족 찾기(離散家族-)
이산소(1+) 이온(二酸素-)
이 산 저 산(-山-山)
이산화망간(二酸化-)
이산화망간(二酸化-)→이산화방가니즈〔이산화망간〕
이산화질소(二酸化窒素)
이산화탄소(二酸化炭素)
이산화황(二酸化黃)
2, 3년 내에(二三年內-)
2, 3일간(二三日間)
2, 3일 만에(二三日-)
이삿날(移徙-)　*cf.* 제삿날, 소풍날
이삿짐(移徙-)
이삿짐 꾸러미　*cf.* 짐 꾸러미, 열쇠 꾸러미
이삿짐 나르기(移徙-)
이삿짐 나르기 놀이(移徙-)　*cf.* 놀이
이삿짐(을) 나르다(移徙-)
이삿짐센터(移徙~)　*cf.* 치킨 센터, 선물 센터, 연구 센터
이삿짐 차(移徙-車)　*cf.* 청소차, 쓰레기차, 시멘트 차
이상값(理想-)
이상 없디(異常)
이상 있다(異常-)
이상주의자(理想主義者)
이상하리만큼(異常-)　*cf.* 리만큼
이상해 보이다(異常-)
이상해져 가다(異常-)
이상해하다(異常-)
이상화되다(理想化-)
이상화하다(理想化-)
이새(이사이)
이새끼　*cf.* 저새끼, 이놈
이색분자(異色分子)　*cf.* 과격분자, 악질분자, 돌출 분자, 테러 분자
이색인종(異色人種)
2색판(二色版)　*cf.* 3색판
이생규징전(李生窺墻傳)
이 서방(李書房)　*cf.* 김 서방
이 선생 댁(李先生宅)
이성 긴에(異性間-)
이성사촌(異性四寸)
이성 잃다(理性-)
이성 있디(理性)
이성주의자(理性主義者)
이성질체(異性質體)
이성질화(異性質化)

이성화당(異性化糖)
이세계설(二世界說)
2세 국민(二世國民)
2세포기(二細胞期)
이소부탄→아이소뷰테인
이소부틸→아이소뷰틸
이소적 종 분화(異所的種分化)
이소펜탄→아이소펜테인
이소프렌고무→아이소프렌고무 *cf.* 아라비아고무, 파라고무, 경질 고무
이소프로필→아이소프로필
이소효소(-酵素)
이숙질간(姨叔姪間)
이 순간(-瞬間) *cf.* 그 순간
이순신 장군(李舜臣將軍)
이순신전(李舜臣傳) *cf.* 충무공 이순신 전, 유관순전, 순국 소녀 유관순 전
이순신 탈(李舜臣-)
이슥해져 가다
이슬꽃 *cf.* 눈꽃, 서리꽃
이슬람 교(-敎)
이슬람 교도(-敎徒)
이슬람교국(-敎國)
이슬람권(-圈)
이슬람력(-曆) *cf.* 로마력, 그레고리력, 선명력
이슬람법(-法) *cf.* 로마법
이슬람적(-的)
이슬마루(배의 뜸집의 대들보)
이슬받이
이슬방울 *cf.* 비눗방울, 눈물방울, 빗방울, 물방울, 기름방울, 공기 방울
이슬비 *cf.* 부슬비, 가랑비, 구슬비
이슬비 내리다 *cf.* 가랑비 내리다
이슬아침 *cf.* 꼭두새벽
이슬양(-量) *cf.* 기름양, 먹이양
이슬점(-點) *cf.* 서릿점
이슬 젖다
이슬지다
이슬털기(진도 씻김굿)
이승잠(병중에 정신 없이 자는 잠)
이승희 양(-孃)/씨(이 양/이 씨)
-이시여(조사) <하늘이시여!>
이식해 놓다(移植-)
이심전심으로(以心傳心-)
이십각뿔(二十角-)
2십 몇 년 전에(二十-年前-)
24방위(二十四方位)
21개 군(二十一個郡)
이쑤시개
이씨(李氏) *cf.* 김씨, 이가, 김가, 씨, 이 씨(이인승 씨)(표준국어대사전)
이씨네(李氏-)
이씨 댁에(李氏宅-) *cf.* 황보씨 댁에
이씨 집에(李氏-) *cf.* 황보씨 집에
2씩 뛴 수(二-數)
이 아이 *cf.* 그 아이, 저 아이
이알(이밥의 낱알) <~이 곤두서다.>
이앓이 *cf.* 배앓이
이 애 *cf.* 그 애, 저 애
이애저애하다 <누구더러 이애저애하는 거야?> *cf.* 이놈 저놈 하다
이야기글 *cf.* 동화글
이야기꽃 *cf.* 웃음꽃
이야기 꾸며 쓰기
이야기 꾸미기
이야기(를) 꾸미다
이야기꾼
이야기 끝에
이야기나라
이야기되다 <속내까지 이야기되지는 못했다.> *cf.* 말되다
이야기 듣기
이야기(를) 듣다
이야기 만들기
이야기(를) 만들다
이야기보따리 *cf.* 웃음보따리, 울음보따리
이야기 소리
이야기식으로(-式-) *cf.* 논문식으로

이야기의 바다
이야기 이어가기 *cf.* 말 이어가기
이야기잇기 *cf.* 말잇기
이야기(를) 잇다
이야기 장단 <~에 도낏자루가 썩는다.>
이야기쟁이
이야기 좀 *cf.* 말 좀, 물 좀, 좀
이야기책(-冊) *cf.* 동화책, 만화책, 소설책, 국사책, 영어책, 미술책
이야기체(-體) *cf.* 설명문체
이야기 토막
이야기해 보다
이야기해 주다
이야깃거리 *cf.* 화젯거리, 시빗거리, 자랑거리, 읽을거리, 볼거리, 씨닷거리
이야깃거리 정하기(-定-)
이야깃주머니 *cf.* 이야깃보따리, 말주머니(만화의) *cf.* 얘깃주머니
-이야말로(조사) <통일이야말로 우리가 살 길이다.>
이야말로(부사) <~ 치유하는 길이다.>
이야홍타령 *cf.* 어랑타령
이어가기
이어 가다 *cf.* 이어 오다
이어갈이
이어 나가다
이어 나는/나다
이어내림지붕 *cf.* 욱은지붕, 부섭지붕
이어 놓다/이어 두다
이어날리기[繼走]
이어 달리다
이어 달리며 문장쓰기 놀이(-文章-)
이어동의(_語同義)
이어 맞추다
이어받다
이어 보다
이어쓰기 *cf.* 띄어쓰기, 받아쓰기
이어 쓰다
이어 오다 *cf.* 이어 가다
이어적기/연철(連綴)
이어 적다
이어져 가다
이어져 나가다
이어져 내려오다
이어져 오다
이어주기
이어주기놀이 *cf.* 놀이
이어 주다
이어진 문장(-文章) <대등하게 ~>
이어진문장(-文章) *cf.* 대등하게 이어진 문장
이어짓기[連作]
이어 짓다
이어짜기(조판)
이엉시붕 *cf.* 초가지붕, 너와지붕
이에 따라 *cf.* 그에 따라
이에 반해(-反-)
이에 비하여(-比-)
이에짬(두 물건을 맞붙여 이은 짬)
2연(二聯) *cf.* 1연, 3연, 4연
이오니아식(-式) *cf.* 도리아식
이오니아학파(-學派) *cf.* 스토아학파, 엘레네학파, 이용후생 학파, 강화 학파
이오토막(二五-)(벽돌의) *cf.* 칠오토막
이온빛
이온수(-水)
이온식(-式)
이온식량(-式量)
이온쌍(-雙)
이온화능(-化能)
이온화도(-化度)
이온화열(-化熱) *cf.* 전리열
이와 날리 *cf.* 그와 달리
이와 더불어
이와 함께
이완되다(弛緩-)
이완시켜 주다(弛緩-)
이외(以外) <학생 ~에는 들어오지 마라.>
이 외(-外) <물건이 ~에도 많이 있다.>

이 외에도(-外-)(이것 이외에도)
이용, 개발하다(利用, 開發-)
이용녹지(利用綠地) *cf.* 존재녹지
이용당하다(利用當-) *cf.* 당하다
이용돼 오다(利用-)
이용되어 오다(利用-)
이용하는 데(利用-) <~ 목적이 있다.> *cf.* 데(의존 명사)
이용하는데(利用-) <남들은 ~ 나는 안 한다.> *cf.* 는데(어미)
이용해 오다(利用-)
이용후생(利用厚生)
이용후생 학파(利用厚生-) *cf.* 경세치용 학파
이웃 간에(-間-)
이웃 같다
이웃끼리 *cf.* 우리끼리, 학교끼리, 저희들끼리, 끼리(접미사)
이웃 나라 *cf.* 먼 나라
이웃 노인(-老人)
이웃 돕기
이웃 돕기 운동(-運動)
이웃(을) 돕다
이웃 동네(-洞-)/마을
이웃 땅
이웃분(이웃 사람) *cf.* 동넷분
이웃 사람
이웃 사랑
이웃사촌(-四寸)
이웃 알아보기
이웃 어른
이웃이야말로 *cf.* 야말로(조사)
이웃 중에(-中-)
이웃집 *cf.* 동넷집
이웃하다
2원화되다(二元化-)
2원화하다(二元化-)
2월 말경에(二月末頃-) *cf.* 경(접미사)
이월시켜 놓다(移越-)
2월 중(二月中)
2월 초(二月初)
이위계약(異位契約)(보험)
이유를 들어 내 생각 쓰기(理由-)
이유 말하기 주사위 놀이(理由-)
이유식 만들기(離乳食-)
이유식(을) 만들다(離乳食-)
이유 없다(理由-)/이유 있다(理由-)
이유인즉(理由-) *cf.* ㄴ즉
이유 중의 하나(理由中-)
이율곡(李栗谷) *cf.* 이퇴계
이율배반(二律背反)
이은말[句]
이음구슬(고고학)
이음낚시
이음독무덤
이음돌
이음수(-繡)
이음 자리
이음줄
2의 네제곱(二-)
2의 다섯제곱(二-)
2의 단 곱셈구구(二-段-九九)
2의 배수(二-倍數)
2의 세제곱(二-)
이의 없다(異議-)
2의 제곱(二-)
이이(이 사람)(대명사) *cf.* 그이, 저이
이 이상(-以上)
이익 나다(利益-) *cf.* 이문 남기다
이익 남다(利益-)
이익 내다(利益-)
이익 되다(利益-)
이익 없다(利益-)
이익 학파(李瀷學派) *cf.* 강화 학파
이인삼각(二人三脚)
이인승 씨(-氏)(이 씨)(표준국어대사전)
2인칭(二人稱)
이일원론(理一元論)
이 일 저 일

이자(-者)(이 사람) <~가 바로 범인이다.>
이 자리
이자식(-子息) <~이 괜히 까불고 있다.> *cf.* 이놈
이 자식(-子息) <못난 ~을 용서해 주십시오.>
이자 없이(利子-) <~ 돈을 대출해 주다.>
이자집(二字-) *cf.* 일자집, 을자집, 일잣집
二자형 정지(二字形停止)
이 잡듯이 *cf.* 쥐 잡듯이, 개 잡듯이
이 잡듯 하다 *cf.* 쥐 잡듯 하다, 개 잡듯 하다
이잣돈(利子-) *cf.* 일숫돈, 노잣돈
이장님 댁(里長-宅) *cf.* 선생님 댁
이장어른(里長-) *cf.* 구장어른, 주인어른
이장 일(里長-) *cf.* 면장 일, 군수 일, 과장 일, 국장 일
이장 집(里長-) *cf.* 군수 집, 장관 댁
이재민 수(罹災民數) *cf.* 피난민 수
이적해 놓다(移籍-)
이 전 대통령(李前大統領)
이 전 장관(李前長官)
이전해 가다(移轉-)
이 점(-點) *cf.* 그 점
이점쇄선(二點鎖線) *cf.* 일점쇄선
이 정도밖에(-程度-) *cf.* 밖에
이제 것 *cf.* 옛것과 이제 것, 지금 것
이제껏 <~ 뭐 했나?>
이제나저제나(부사)
이제니지제니 하고 < 기다리다.>
이제 보니
이제야말로 *cf.* 야말로
이제 와서
이제저제 <~ 기다리다가 때만 놓쳤다.>
이젤자리(별자리)
이젯말 *cf.* 요샛말
이종간(姨從間)
이종간 경쟁(異種間競爭)
이종동생(姨從同生) *cf.* 외사촌 동생, 고종 사촌 동생
이종 사촌(姨從四寸)
이종형(姨從兄) *cf.* 외사촌 형, 고종형, 외종형
이종 형제(姨從兄弟) *cf.* 외종 형제
이 주(-週) *cf.* 이달, 이해, 지난주, 이번 주
이주시켜 놓다(移住-)
이주해 가다(移住-)
이주해 오다(移住-)
이죽이죽(부사)
이중극(二重劇)
2중 망(二重網) *cf.* 3중 망
이중 모음(二重母音) *cf.* 단모음
이중벽(二重壁)
이중사고(二重思考)(사회, 의학) *cf.* 논리적 사고, 집중적 사고
이중상(二重像)
이중생활(二重生活) *cf.* 독립생활, 이중 방송, 학창 생활, 도시 생활
이중성(二重星)
이중성격(二重性格)
이 중에서(-中-)
이중인격(二重人格) *cf.* 중다성격
이중인격자(二重人格者)
2중장부(二重帳簿) *cf.* 이중 저당
이중주곡(二重奏曲)
이즈막 *cf.* 요즈막
이즈음(얼만 전부터 이제까지의 무렵) *cf.* 그즈음, 요즘
이 즈음(이 무렵)
이지리저 가다
2진법(二進法) *cf.* 10진법, 16진법
이질화되어 가다(異質化-)
이질화하다(異質化-)
이 집 안에
이 집안에
이 집 밖에
이 집 저 집
이집트력(-曆) *cf.* 이슬람력, 로마력, 선명력
이집트면(-綿) *cf.* 미국면, 인도면, 재래면
이집트자(-字) *cf.* 로마자, 그리스자
이쪽[我方] *cf.* 저쪽[彼方]

이쪽〔此方〕 *cf.* 그쪽, 저쪽, 어느 쪽, 어떤 쪽, 아무 쪽
앞쪽, 뒤쪽, 위쪽, 아래쪽, 왼쪽, 오른쪽, 안쪽, 바깥쪽, 저쪽〔彼方〕, 이쪽〔我方〕
이 쪽(이 페이지)
이쪽 길
이쪽은 이쪽대로
이쪽저쪽
이쪽 편으로(-便-)
이쯤 되고 보니/보면
이쯤 되면
이쯤 되자
이쯤 해서 *cf.* 그쯤 해서
이차곡면(二次曲面)
이차곡선(二次曲線)
2차떼기(二次-)(고고학)
2차매장량(二次埋藏量)
이차부틸(二次-)→이차뷰틸
이채가락(二-)/두마치(국악 장단)
이채로워 보이다(異彩-)
이천 쌀(利川-) *cf.* 여주 쌀, 김포 쌀, 철원 쌀
2200년 전(二千二百年前)
2020년경(二千二十年頃)
이춘풍전(李春風傳)
이춤(몸을 일기죽거리며 어깨를 으쓱거리는 짓) <~을 추다.>
이 충무공(李忠武公) *cf.* 민 충정공
2층 방(二層房)
2층집(二層-) *cf.* 단층집, 3층집
이켠에서
이타이이타이병(-病)(공해병)
이탈리아군(-軍) *cf.* 프랑스군, 유엔군
이탈리아 어(-語)
이탈리아학파(-學派) *cf.* 네덜란드학파, 키레네학파, 강화 학파, 이용후생 학파
이탈하여 가다(離脫-)
이탈해 버리다(離脫-)
이탓저탓하다 *cf.* 이 핑계 저 핑계 대다
이태 동안(2년 동안)
이태 만에(2년 만에) *cf.* 만에
이태밖에 안 남다 *cf.* 밖에
이태 전에(-前-)
이태 후에(-後-)
이탤릭체(-體) *cf.* 센추리체, 휴먼체
이테르븀→이터븀
이토록 *cf.* 그토록
이트륨족(-族) *cf.* 란탄〔란타넘〕족, 할로겐〔할로겐〕족
이튿날
이틀 간(-間)
이틀갈이 *cf.* 하루갈이
이틀거리(학질)
이틀 동안 *cf.* 하루 동안, 사흘 동안, 닷세 동안, 오랫동안
이틀만 <~ 기다려라.>
이틀밖에 안 남다
이틀 밤
이틀 사이에
이틀 전만 해도(-前-)
이틀째
이틈 <~에 음식물이 끼다.> *cf.* 문틈, 바위틈
이 틈에 <~ 끼어서 이길 수 있을지?>
이판사판 <~이니 마음대로 하시오.>
이 판에 *cf.* 씨름판, 노름판
이팔청춘(二八青春)
이편(-便) *cf.* 저편, 이쪽, 저쪽
이편짝(-便-)
2-프로판온
2-프로판올
이플루오르화칼슘(二-化-)→다이플루오린화칼슘
이플루오린화수소 음이온(二-化水素陰-)
이 핑계 저 핑계 대다 *cf.* 이탓저탓하다
이하선염(耳下腺炎)
이하짜리(以下-) <만 원 ~>, <20평 ~> *cf.* 자짜리 붕어, 짜리(접미사)
이합집산(離合集散)
이합체화(二合體化)
이해, 감상하다(理解, 鑑賞-)

이해관계(利害關係) *cf.* 소유관계, 법률관계, 사실 관계, 노사 관계, 가족 관계, 대인 관계, 인과 관계, 교육 관계
이해득실(利害得失)
이해 들어 *cf.* 금년 들어
이해부터
이해 속에서(理解-)
이해시켜 주다(理解-)
이해타산(利害打算)
이해하려 들다(理解-)
이해해 두다(理解-)
이해해 주다(理解-)
이행되어 가다(履行-)
이행해 나가다(履行-)
이행해 오다(履行-)
2-헥센
이형공대(異形孔臺)
이형벽돌(異形甓-)
이혼당하다(離婚當-) *cf.* 당하다
이혼시켜 주다(離婚-)
이혼해 버리다(離婚-)
이혼해 주다(離婚-)
이화명나방(二化螟-)
이화 학당(梨花學堂) *cf.* 배재 학당, 휘문 의숙, 양정 의숙
이황화 이온(二黃化-)
익공집(翼工-) *cf.* 박공집
익모초물(益母草-) *cf.* 창포물, 생강물, 소금물
익비죽 *cf.* 남비죽
익살꾸러기 *cf.* 장난꾸러기, 욕심꾸러기
익살꾼
익살 떨다 *cf.* 궁상떨다, 넉살 떨다, 수작 떨다, 아양 떨다
익살낮나
익살 부리다
익살쟁이
익숙잖다
익숙지 못하다
익숙지 않다
익숙해 보이다
익숙해 있다
익숙해져 가다
익어 가다
익어 버리다
익은누에(숙잠)
익은말(관용어)
익은소리(습관음)
익은이(삶아 익힌 쇠고기)
익혀 가다
익혀 나가다
익혀 놓다
익혀 두다
익혀 먹다
익혀 오다
익혀 주다
익힘불질(마침구이의 과정)
-인(人)(접미사)(한국어 다음에서는) *cf.* 한국인, 원시인
(외래어 다음에서는) 그리스 인, 프랑스 인, 러시아 인
인가난(人-) *cf.* 인물가난
인가물(人-)
인가받다(認可-) *cf.* 허가받다, 받다
-인가 보다 <학생인가 보다.>, <진짜인가 보다.>, <짐승인가 보다.> *cf.* 보다(보조 용언)
-인가 봐 <아, 사랑인가 봐.> *cf.* 보다
인가해 주다(認可-)
인간관계(人間關係) *cf.* 이해관계, 소유관계, 대인 관계, 상호 관계, 협력 관계
인간다워져 가다(人間-)
인간 대 인간으로(人間對人間-)
인간 되다(人間-) *cf.* 사람 되다
인간 된 도리(人間-道理)
인간됨(人間-) *cf.* 사람됨
인간띠(人間-)
인간말짜(人間末-) *cf.* 인간쓰레기
인간문화재(人間文化財) *cf.* 무형 문화재, 유형 문화재, 중요 무형 문화재

인간쓰레기(人間-) *cf.* 산업 쓰레기, 생활 쓰레기, 일반 쓰레기, 음식 쓰레기, 인간말짜
인간 중심주의(人間中心主義)
인감도장(印鑑圖章) *cf.* 인감 증명
인감 증명(印鑑證明) *cf.* 호적 증명(가족 관계 등록 증명), 거주지 증명, 재산세 증명
인격주의(人格主義)
인계받다(引繼-) *cf.* 인수받다, 받다
인계해 주다(引繼-)
인공 가루받이(人工-)
인공 단위생식(人工單位生殖)
인공두뇌(人工頭腦) *cf.* 전자두뇌, 인공 기상
인공뢰(人工雷)
인공 섬(人工-)
인공암(人工癌)
인공영양(人工營養) *cf.* 자연영양, 천연영양
인공위성(人工衛星) *cf.* 인공두뇌, 인공 지구 위성, 인공 지능
인공조명(人工照明) *cf.* 주광조명, 자연조명, 햇빛 조명
인공 지능(人工知能)
인공통풍(人工痛風) *cf.* 자연통풍, 강제통풍
인공호흡(人工呼吸) *cf.* 산소 호흡, 복식 호흡, 흉식 호흡, 인공 신장
인공호흡기(人工呼吸器)
인과응보(因果應報)
인구관행(人口慣行)(낙태, 피임 등) *cf.* 인구 정책
인구 문제(人口問題) *cf.* 남북문제, 사회 문제, 경제 문제, 식량 문제
인구분포도(人口分布圖) *cf.* 해양 자원 분포도, 자원 분포도, 상가 분포도
인구센서스(人口-) *cf.* 인구 조사
인구수(人口數) *cf.* 인원수, 학생 수, 학교 수, 학급 수
인구압(人口壓)
인구요인(人口要因)(낙태, 피임 등)
인구학파(人口學派) *cf.* 역사학파, 실학 학파
인권상담소(人權相談所) *cf.* 법률 상담, 취업 상담소
인권 선언(人權宣言) *cf.* 권리 장전
인기 높다(人氣-)
인기 없다(人氣-)
인기 있다(人氣-)
인기 좋다(人氣-)
인기주(人氣株) *cf.* 공모주
인기척 나다(人-)
인기척 내다(人-)
인기척 들리다(人-)
인기척 소리에(人-)
인기척 없다/없이(人-)
인날(人-)(음력 초이렛날)
인내심 있다(忍耐心-)/없다
인내해 오다(忍耐-)
인누에(허물을 벗은 누에)
인단백질(燐蛋白質)
인당(人當) <1인당 10,000원씩> *cf.* 열 사람당, 당(접미사)
인더스 강(-江)
-인데도(어미) <추운 날씨인데도 불구하고 이렇게….>
인도면(印度綿) *cf.* 이집트면, 미국면, 재래면
인도받다(引導-) *cf.* 인계받다, 받다
인도받아 가다(引導-)
인도 사람(印度-) *cf.* 소련 사람
인도 소(印度-)('인도의 소'의 뜻으로는)
인도양 중앙 해령(印度洋中央海嶺)
인도·유럽 어족(印度·-語族)
인도·이슬람 문화(印度·-文化)
인도주의(人道主義)
인도해 가다(引導-)
인도해 나가다(引導-)
인도해 주다(引導-)
인도호랑이(印度虎狼-) *cf.* 시베리아호랑이
인동덩굴(忍冬-) *cf.* 담쟁이덩굴, 으름덩굴, 댕댕이덩굴
인동무늬(忍冬-) *cf.* 당초무늬, 연화무늬
인두겁 쓰고(人-)(사람의 형상을 하고)

인둣불 *cf.* 화롯불
인디고 카민
인디언자리(별자리)
인디언지(-紙) *cf.* 켄트지, 크라운지, 마닐라지, 인디아지(편수 자료 '공업')
인똥가리기(양잠) *cf.* 잠똥가리기
인류학자(人類學者) *cf.* 조류학자
-인만큼/이니만큼(~이니까, ~이므로) <엄연한 사실인만큼 부인할 수 없다.>, <어디까지나 학생인만큼….> *cf.* 이니만큼(어미)
-인 만큼(분량, 정도) <정성들인 만큼 소득이 있다.> *cf.* 만큼(의존 명사)
인망 높다(人望-) *cf.* 덕망 높다
인면수심(人面獸心)
인멸되어 가다(湮滅-)
인명사전(人名事典) *cf.* 백과사전, 어원사전, 지명 사전
인문·사회적 조건(人文·社會的條件)
인문주의(人文主義) *cf.* 자연주의
인물가난(人物-) *cf.* 인가난, 돈가뭄
인물값(人物-) *cf.* 얼굴값
인물고사(人物考査) *cf.* 면접시험, 면접 고사, 필기 고사, 지필 고사
인물 기르기(人物-)
인물(을) 기르다(人物-)
인물 나다(人物-)
인물 되다(人物-) <훌륭한 인물(이) 되겠다는 마음을 가지고….>
인물됨(人物-)(됨됨이) *cf.* 사람됨, 인간됨
인물 알아맞히기 놀이(人物-)
인물 완성하기 놀이(人物完成-)
인물 좋다(人物-)
인물주의(人物主義)
인물추심(人物推尋)
인물평론(人物評論) *cf.* 시사평론, 문학 평론, 정치 평론
인민공사(人民公社)
인민재판(人民裁判)
인민주의(人民主義)
인민헌장(人民憲章) *cf.* 어린이 헌장, 자연보호 헌장
인민협정(人民協定)(영국 청교도 혁명기의 헌법 초안)
인발(印-)(도장의 형적) *cf.* 화장발, 면도발, 기도발, 면발
인발 집게(引拔-) *cf.* 도가니 집게, 시험관 집게, 핀치 집게, 빨래집게, 연탄집게
인방 블록쌓기(引枋-)
인버러지(人-) <은혜를 모르는 ~ 같은 놈>
인보험(人保險) *cf.* 물보험
인본주의(人本主義)
인사 가다(人事-) *cf.* 위문 가다
인사는커녕(人事-) *cf.* 기커녕, 는커녕(어미), 커녕(조사)
인사닦음(人事-)
인사드리다(人事-) *cf.* 드리다
인사땜(人事-)(인사치레)
인사를 잘하다(人事-) *cf.* 공부를 잘하다
인사말(人事-) *cf.* 머리말, 안내말, 겸사말
인사말놀이(人事-)
인사 받다(人事-)
인사범절(人事凡節) *cf.* 예의범절
인사비밀(人事祕密)
인사 사고(人事事故) *cf.* 안전사고, 인신사고, 교통사고
인사성 없다(人事性-)/인사성 있다(人事性-)
인사시켜 주다(人事-)
인사 여쭙다(人事-) *cf.* 문안 여쭙다
인사이동(人事異動)
인사정신(人事精神)(~ 없다, ~ 모르다.)
인사차(人事次) *cf.* 답례차, 연구차, 답사차, 휴양차, 차(접미사)
인사치레(人事-) *cf.* 체면치레, 외면치레, 겉치레, 음식치레, 면치레
인사치레하다(人事-)
인사하기놀이(人事-)
인산염(燐酸鹽)
인산이수소 이온(燐酸二水素-)

인삼밭(人蔘-) *cf.* 고구마밭, 땅콩밭, 수박밭, 수수밭, 참외밭, 배추밭, 고추밭
인삼찻집(人蔘-) *cf.* 찻집
인상 깊다(印象-) *cf.* 감명 깊다
인상 나쁘다(印象-) *cf.* 인상 좋다
인상되어 가다(引上-)
인상시켜 주다(引上-)
인상 좋다(印象-) *cf.* 인상 나쁘다
인상주의(印象主義)
인상착의(人相着衣)
인상해 버리다(引上-)
인색해 보이다(吝嗇-)
인색해져 가다(吝嗇-)
인생고초(人生苦楚)
인생극장(人生劇場)
인생길(人生-) *cf.* 황혼길, 출세길, 나그넷길
인생독본(人生讀本)
인생복덕방(人生福德房)
인생살이(人生-) *cf.* 세상살이
인생철학(人生哲學) *cf.* 자연철학, 도덕철학
인생행로(人生行路) *cf.* 답사 행로, 정치 행로, 애정 행로
인석장이(茵席匠-)
인센티브제(-制) *cf.* 성과급제
인솔하고 가다(引率-)
인솔해 가다(引率-)
인쇄용지(印刷用紙) *cf.* 포장용지, 사무용지, 복사 용지
인쇄주걱(印刷-) *cf.* 밥주걱, 구둣주걱
인쇄해 주다(印刷-)
인수은행(引受銀行) *cf.* 수탁은행, 외환은행
인수인계(引受引繼)
인수해 가다(引受-)
인수해 버리다(引受-)
인스턴트식품(-食品) *cf.* 퓨전식품, 자연식품, 가공 식품
인습도덕(因習道德)
인습주의(因襲主義)
인식시켜 주다(認識-)
인식해 오다(認識-)
인신공격(人身攻擊) *cf.* 정치 공격, 집중 공격
인신매매(人身賣買)
인신사고(人身事故) *cf.* 인사 사고, 교통사고, 안전사고
인심 나다(人心-)
인심 나쁘다(人心-) *cf.* 인심 좋다
인심덕(人心德) <~을 입다.> *cf.* 인덕, 부모 덕, 자식 덕, 처가 덕
인심 사납다(人心-) *cf.* 욕심 사납다
인심 사다(人心-)
인심소관(人心所關) *cf.* 팔자소관, 업무 소관
인심 쓰다(人心-) *cf.* 선심 쓰다
인심 잃다(人心-)
인심 좋다(人心-)
인어 공주(人魚公主)
인연 끊다(因緣-)
인연 맺다(因緣-)
인왕제색도(仁王霽色圖)
인용절을 안은 문장(引用節-文章)
인용해 오다(引用-)
인원수(人員數) *cf.* 정족수, 학생 수, 사원 수
인육시장(人肉市場)(몸을 파는 곳)
인·의·예·지·신(仁義禮智信)
인자스러워 보이다(仁慈-)
인자하지 못하다(仁慈-)
인자해 보이다(仁慈-)
인적·경제적 교류(人的·經濟的交流)
인적 드문 곳(人跡-)
인적·물적 자원(人的·物的資源)
인적 없다(人跡-)
인절미대장(-大將) *cf.* 울보대장, 싸움대장
인정간(人情間) <~에 가 보아야지.>
인정되어 오다(認定-)
인정 때문에(人情-)
인정 많다(人情-)
인정머리 없다(人情-)
인정미 넘치다(人情味-)
인정미 없다(人情味-)

인정받다(認定-) *cf.* 받다
인정받아 오다(認定-)
인정사정없이/없다(人情事情-) <~ 내쫓다.>
인정 어리다(人情-) *cf.* 정성 어리다, 눈물 어리다, 어리다
인정 없다(人情-)/인정 있다(人情-)
인정전 악기조성청의궤(仁政殿樂器造成廳儀軌)
인정해 달라다(認定-)
인정해 오다(認定-)
인정해 주다(認定-)
인조가죽(人造-) *cf.* 합성 피혁
인조고기(人造-) *cf.* 인조 섬유
인조 고무(人造-) *cf.* 천연고무, 합성 고무
인조물감(人造-) *cf.* 천연물감, 합성물감
인조반정(仁祖反正)
인조버터(人造-) *cf.* 인조고기
인조양모(人造羊毛) *cf.* 인조 섬유
인종 간(人種間)
인종주의(人種主義)
인종학자(人種學者) *cf.* 육종학자, 생태학자
인주 자국(印朱-) *cf.* 수술 자국, 글씨 자국, 눈물 자국, 여드름 자국, 곰봇자국, 마맛자국, 바큇자국, 손톱자국, 붓자국
인준해 주다(認准-)
인줄(人-)
-인즉슨(조사) <사실인즉슨 내 잘못이다.>
인지질(燐脂質)
인척간(姻戚間)
인천광역시(仁川廣域市)
인천 국제공항(仁川國際空港)
인천 독(仁川-) *cf.* 울산 독, 옥포 독
인출해 가다(引出-)
인치당 도트 수(-當-數)
인치당 문자 수(-當文字數)
인치당 비트 수(-當-數)
인칭 대명사(人稱代名詞)
인터넷바다
인터넷왕(-王) *cf.* 반칙왕, 판매왕
인파 속에(人波-)
인파 중에(人波中-)
인품 좋다(人品-) *cf.* 인심 좋다
인플루엔자균(-菌)
인하되어 가다(引下-)
인하해 주다(引下-)
인해 전술(人海戰術) *cf.* 화해 전술, 지연 전술, 공격 전술
인현왕후전(仁顯王后傳)
인형 같다(人形-)
인형같이(人形-)
인형극놀이(人形劇-)
인형놀이(人形-) *cf.* 탈놀이
인환세포(印環細胞) *cf.* 공변세포
인회암가루(燐灰岩-) *cf.* 단백질가루, 화강암가루, 돌가루
-일(日)(접미사) *cf.* 국경일, 기념일
일 *cf.* 들일, 막일, 볼일, 노동일, 농사일, 나라일, 나랏일[國事], 집안일, 학교일, 회사일, 들일, 허드렛일, 예삿일, 사삿일, 가욋일
군수 일, 조합장 일, 면장 일, 변호사 일
일(日)(의존 명사) *cf.* 십여 일, 이십 일 동안
일(日)(특정 연월일) *cf.* 8월 15일
일가문중(一家門中)
일가붙이(一家-) *cf.* 겨레붙이, 피붙이, 살붙이
일가족(一家族)
일가친척(一家親戚)
일각대문(一角大門)
ˇ일간(日間) *cf.* 5 일간, 10 일간
일간(日間) *cf.* 일간 작업량, 일간 다시 만나자, 수일간
일감 *cf.* 땔감, 안감, 횟감, 옷감
일감 면에서(-面-) *cf.* 분배 면에서
일갓집(一家-) *cf.* 친척집, 친정집, 친구 집
일개미 *cf.* 병정개미, 여왕개미
1개월 가량(一個月假量)
1개월 간(一個月間)
1개월 내(一個月內)
1개월 전(一個月前)
1개월 후(一個月後)

일거리
일거수일투족(一擧手一投足)
일거양득(一擧兩得)
-일경(日頃)('경'은 접미사) *cf.* 3월 1일경
일곱무날(음력 그믐과 초하루, 보름과 16일)
일곱 발 놀이
일곱 번째(-番-)(횟수)
일곱 시(-時)
일곱이레(아이가 난 지 49일 되는 날)
일곱째 번(-番)(차례)
일과 속에(日課-)
일과 후에(日課後-)
일관성 없다(一貫性-)/일관성 있다(一貫性-)
일관해 오다(一貫-)
일광건조법(日光乾燥法) *cf.* 냉동 건조, 진공 건조, 열풍 건조
일광욕실(日光浴室)
일교차(日較差) *cf.* 월교차, 연교차
일구어 가다
일구어 내다
일구어 놓다
일구어 오다
일구이언하다(一口二言-)
일그러져 가다
1급비밀(一級祕密) *cf.* 2급비밀, 3급비밀
일기도 완성하기 놀이(日氣圖完成-)
일기도 읽기(日氣圖-)
일기도(를) 읽다(日氣圖-)
일기도형(日氣圖型)
일기 쓰기(日記-)
일기(를) 쓰다(日記-)
일기 좋다(日氣-)
일기죽알기죽
일깨워 나가다
일깨워 주다
일껏(모처럼 애써서)
일끝(일의 단서)
일 나가다
일 나갔다 오다
일내다(일을 저지르다.)
일년(一年) *cf.* 일년근(一年根), 일년생(一年生), 일년주(一年酒)
1년(一年) *cf.* 1년에 한 번씩, 2년, 3년
1년가량(一年假量)('가량'은 정도를 나타내는 접미사)
1년간(一年間) *cf.* 2년간, 10년간, 이 년간
1년 남짓(一年-)
1년 내내(一年-)
1년 내에(一年內-)
1년 동안(一年-) *cf.* 2년 동안, 이 년 동안
1년 된(一年-)
1년 된 검둥이(-年-)
1년 만에(一年-) *cf.* 만
1년생근(一年生根) *cf.* 6년생근
1년 이상(一年以上)
1년 1작(一年一作) *cf.* 2년3작, 2년4작
1년 전(一年前)
일년주(一年酒) *cf.* 천일주, 백일주
1년 중(一年中) *cf.* 1주 중
1년 후(一年後) *cf.* 일년 후, 2년 후, 이 년 후
일노래
일단락되어 가다(一段落-)
일단락짓다(一段落-)
일단정지(一旦停止) *cf.* 우선멈춤
일당(日當)
일당주의(一黨主義)
일대다 관계(一對多關係)
일대일 관계(一對一關係)
일대일 대응(一對一對應)(수학 용어로서)
일 대 일로(一對一-) *cf.* 5 대 1
일더위 *cf.* 늦더위
일도 창해하면(一到滄海-)
일동장유가(日東壯遊歌)
일되다 *cf.* 늦되다, 올되다
일등 가다(一等-) *cf.* 제일가다, 2등 가다
일등 되는/되다(一等-)
1등상(一等賞) *cf.* 2등상, 3등상, 우등상, 개근상, 정근상, 특상, 장려상, 상(접미사)

1등칸(一等-) *cf.* 2등칸, 3등칸
1등표(一等票)
1등 하다(一等-) *cf.* 3등 하다
일 때문에
일떠나다
일떠서다
일러 놓다
일러두기
일러두다
일러바치다
일러 보다
일러 오다
일러 주다 *cf.* 알려 주다, 가르쳐 주다
일련번호(一連番號)
1렬 나사(一列螺絲) *cf.* 두줄나사
일렬로 매기(一列-)
일렬종대(一列縱隊) *cf.* 일렬횡대, 2열 종대
일렬횡대(一列橫隊) *cf.* 일렬종대, 2열 횡대
일로매진하다(一路邁進-)
일로평안(一路平安)
일류병(一流病)
일류신사(一流紳士)
일리일해(一利一害)
일·만 연합 부대(日·滿聯合部隊)
일만의 자리(一萬-)
일 말고도(사고 파는) *cf.* 너 말고도, 말고(동사 '말다'의 부사형. 조사로 보는 견해도 있음.)
일 말이야 *cf.* 돈 말이야, 말이다/말이오
일망무제(一望無際)
일망타진하다(一網打盡-)
일맥상통하다(一脈相通-)
일머리 <~를 파악하다.>
일면(一面)(신문의 첫째 면) <~ 기사>
일면(一面)(한쪽 모습) <~만을 보고 평가할 수는 없다.>
일면(一面)(한쪽) *cf.* 1면, 2면, 3면, 4면
일 면(一面)(한 페이지, 행정 구역인 하나의 면) <책의 ~, 10개 면 중의 ~>
일목요연하다(一目瞭然-)
일몰 전(日沒前)
일몰 후(日沒後)
일무소식(一無消息)
일문일답(一問一答)
일문일답하다(一問一答-)
일문일족(一門一族)
일물일가의 법칙(一物一價-法則)
일물일권주의(一物一權主義)
1민족 2국가 2체제 2정부(一民族二國家二體制二政府)
1민족 1국가 1체제 2정부(一民族一國家一體制二政府)
일반교양(一般敎養)
일반수(一般數)(수학) *cf.* 격단수
일반식(一般式)
일반폐기물(一般廢棄物) *cf.* 핵폐기물, 음식 폐기물
일반항(一般項)
일반화되다시피 하다(一般化-) *cf.* 대중화되다시피 하다, 다시피 하다
일반화하다(一般化-)
일발필중(一發必中)
일방(一方)
일방통행(一方通行) *cf.* 쌍방 통행
일방통행식으로(一方通行式-) *cf.* 양방 통행
일벌백계(一罰百戒)
일변화(日變化) *cf.* 연변화
일 보다(일을 맡아 처리하다.)
일 보러 가다
일본군 쪽(日本軍-) *cf.* 미군 쪽
일본놈(日本-) *cf.* 중국놈, 미국놈
일본뇌염(日本腦炎)
일본 땅에(日本-) *cf.* 중국 땅, 미국 땅
일본말(日本-)(일본어)
일본무(日本-) *cf.* 조선무
일본 사람(日本-)
일본식 집(日本式-)
일본제(日本製) *cf.* 미국제, 중국제
일본측(日本側) *cf.* 한국측, 미국측

일본 해구(日本海溝)
일부다처(一夫多妻) *cf.* 일부일처
일부다처주의(一夫多妻主義)
일부분(一部分) <홍수로 건물 ~이 허물어졌다.> *cf.* 몇 부분, 한 부분, 여러 부분
일부일부(一夫一婦) *cf.* 일부다처
일부일처주의(一夫一妻主義)
1분(一分)
1분 내에(一分內-)
일분 일초(一分一秒)(←일 분 일 초) *cf.* 1분 1초
1분 전(一分前)
1분 후(一分後)
일사불란(一絲不亂)
일사천리로(一瀉千里-)
일산화이질소(一酸化二窒素)
일산화탄소(一酸化炭素)
일삼고 있다
1, 3-부타디엔→1, 3-뷰타다이엔
일삼아 오다
일삼아 하다
일상다반사(日常茶飯事)
일상생활(日常生活) *cf.* 사회생활, 개인생활, 취미 생활, 학창 생활
일상화되다(日常化-)
일상화되다시피 하다(日常化-) *cf.* 죽다시피, 다시피 하다
일생 동안(一生-) *cf.* 평생 동안
일생일대(一生一代)
일생 중에서(一生中-)
일생토록(一生-)
일석이조(一石二鳥) *cf.* 일거양득
일선 동조론(日鮮同祖論)
1세제곱미터 *cf.* 1 m^3
1세제곱센티미터 *cf.* 1 cm^3
일소 *cf.* 고기소, 싸움소, 차붓소
일소해 버리다(一掃-)
일손
일손 놓고 있다
일손 도와 주다
일손 돕기 <농촌 ~ 운동을 벌이다.>
일손(을) 돕다
일손 떼다
일손 쉬다
일솜씨 *cf.* 말솜씨, 글솜씨, 음식 솜씨
일수놀이(日收-)
일수놀이하다(日收-)
일수빚(日收-)
일순간에(一瞬間-)
일숫돈(日收-) *cf.* 월숫돈, 이잣돈
일시불로(一時拂-)
일시켜 놓다
일식집(日食-) *cf.* 중국집, 한식집
일신되어 가다(一新-)
일신해 놓다(一新-)
일심동력(一心同力)
일심전력(一心專力)
일어 가지고 <쌀을 ~….>
일어나다
일어나 보다
일어나 앉다
일어나서 말하기 놀이
일어나자마자 *cf.* 자마자
일어난 일 말하기
일어날 뻔하다 *cf.* 뻔하다
일어서자마자 *cf.* 자마자
일어앉다
일억의 자리(一億-)
일언반구(一言半句)
일언지하에(一言之下-)
일없다(소용없다) <화를 내도 ~.>
1연(一聯) *cf.* 2연, 3연, 4연
일엽편주(一葉片舟)
일옷(작업복) *cf.* 잠옷
일요일 내내(日曜日-) *cf.* 겨울 내내, 하루 내내, 내내(부사)
일요일날(日曜日-) *cf.* 수요일날
일용품 만들기(日用品-)

일용품(을) 만들다(日用品-)
일월놀음(日月-)(농악)
1월 말경에(一月末頃-) *cf.* 월말경, 경(접미사)
일월성신(日月星辰)
1월 초(一月初) *cf.* 월초
일위 소동(一位小童)
일으켜 놓다
일으켜 드리다
일으켜 세우다
일으켜 앉히다
일으켜 주다
일으킨데다가 *cf.* ㄴ데다가(어미)
일은커녕 *cf.* ㄴ커녕(어미), 커녕(조사)
일을 못하다/일을 잘하다
1의 단 곱셈구구(一-段-九九)
일의 양(-量)
일의 열(해)당량[-熱(該)當量]
일의 자리(一-) *cf.* 십의 자리
일의 자리 수(一-數) *cf.* 십의 자리 수
일의 자리 숫자(一-數字) *cf.* 십의 자리 숫자
일의전심(一意傳心)
일인(一人) *cf.* 일인일기
일 인(一人) *cf.* 1인당
일인극(一人劇) *cf.* 무언극, 사상극, 낭만주의극, 사기극
일인일기(一人一技) <~ 교육>
1인칭(一人稱) *cf.* 2인칭, 3인칭
일일생활권(一日生活圈) *cf.* 반일 생활권
일임해 놓다(一任-)
일임해 두다(一任-)
일임해 주다(一任-)
일자리
일자매기(一字-)(서까래 끝을 '一'자 되게 자르는 일) *cf.* 방구매기
일자진(一字陣) *cf.* 을자진
일자집(一字-)(건물 평면이 '一'자로 된 집) *cf.* 말집, 모말집, 팔작집, 일잣집
일자형(-字形) *cf.* 갈지자형
일 잘못 하다
일 잘 못한다(일을 잘하지는 못한다.)
일잠(일찍 자는 잠) *cf.* 초저녁잠
일잣집(一字-)(용마루가 '一'자 모양으로 된 집) *cf.* 일자집
일장검(一長劍)
일장일단(一長一短)
일장춘몽(一場春夢)
일장통곡(一場痛哭)
일 저지르다
일 저질러 놓다
일점분사(一點噴射)
1점쇄선(一點鎖線) *cf.* 2점쇄선
일점일획(一點一劃)
일점혈육(一點血肉)
일정 잡기(日程-)
일제 강점기하(日帝强占期下)
1제곱미터 *cf.* 1 m^2
1제곱센티미터 *cf.* 1 cm^2
일제 때(日帝-)
일제측(日帝側) *cf.* 미국측
일제하에서(日帝下-)
일조석일(一潮汐日)
일조의 자리(一兆-)
일조일석(一朝一夕)
일조점호(日照點呼) *cf.* 일석점호, 아침 점호, 저녁 점호
일조편법(一條鞭法)
일 좀 해라 *cf.* 밥 좀 먹어라, 좀(부사)
일주기(日週期)
1주기(一週忌) *cf.* 2주기, 이 주기
일주기성(日週期性)
일주년(一週年) *cf.* 2주년, 3주년, 이 주년, 삼주년
1주년(一週年) *cf.* 일주년, 2주년, 이 주년, 10주년
1주야(一晝夜)
1주일(一週日) *cf.* 일주일, 2주일, 이 주일, 3주일, 몇 주일
1주일 간(一週日間)

1주일 된다(一週日-)
1주일 만에(一週日-)
1주일밖에 안 남다(一週日-) *cf.* 밖에(조사)
1주 1의결권의 원칙(一株一議決權-原則)
일중독(-中毒)
일중행사(日中行事) *cf.* 연중행사, 월중 행사, 주중 행사
일직선상(一直線上)
일진광풍(一陣狂風)
일진일퇴하다(一進一退-)
일진흑운(一陣黑雲)
일찌감치
일찌거니
일찍 오는 순(-順) *cf.* 도착순
일찍일찍
1차(一次)(한 차례) *cf.* 2차, 3차, 5차, 수십 차, 제 26 차 민방위 훈련
일차떼기(一次-)(고고학)
일 찾아가기
일채가락(--)/외마치(국악 장단)
일처리(-處理)
1초(一秒) *cf.* 2시 30분 1초
1초 가량(一秒假量)
1초 내에(一秒內-)
1초 전에(一秒前-)
일축해 버리고(一蹴-)
일취월장하다(日就月將-)
일층(一層)
일층 더(一層-) *cf.* 한층 더, 더욱더
일치단결(一致團結)
일치단결하다(一致團結-)
일 치르다
일컬어 오고 있다
일컬어져 오다
1킬로미터 *cf.* 1km
일터 *cf.* 싸움터, 빨래터, 놀이터, 나루터
일파만파(一波萬波)
일패도지하다(一敗塗地-)
일편단심(一片丹心)
일편지한(一片之恨/至恨)
일평생(一平生)
일품요리(一品料理) *cf.* 코스 요리
일하기는커녕 *cf.* 는커녕(어미), 커녕(조사)
일하는 듯하다 *cf.* 듯하다
일하는 만큼만 *cf.* 만큼(의존 명사)
일하는 체하다 *cf.* 체하다
일하다 말고 *cf.* 놀다 말고, 잠자다 말고
일하다 보니
일하던 중에(-中-)
일하든 말든 간에(-間-)
1학년(一學年) *cf.* 일 학년
일한사전(日韓辭典) *cf.* 한일사전, 어원사전, 국어사전, 수학 사전
일할 거리 *cf.* 읽을거리, 말할 거리
일함수(一函數)
일해 가다
일해 나가다
일해 놓다
일해 달라고 하다
일해 보다
일해 오다
일해 주다
일확천금(一攫千金)
일회(一回) *cf.* 일회용 상품, 일회용품
1회(一回) <~에 한하여 연임할 수 있다.>
일회용 시대(一回用時代)
1회용 컵(一回用-)
일회용품(一回用品)
1회전 시켜서/시키다(一回轉-) *cf.* 2회전 시키다, 3회전 하다, 회전하다
읽고 나서 *cf.* 먹고 나서
읽고 난 후(-後)
읽고 싶다
읽고 싶어하다 *cf.* 싶어하다(보조 용언)
읽고 오다
읽는 이 *cf.* 지은이, 듣는 이, 말하는 이, 글 다듬은 이, 글쓴 이
읽는이[讀者](용어로서는) *cf.* 듣는이, 말하는이

읽다 말고 *cf.* 잠자다 말고, 말고
읽다 보니 *cf.* 하다 보니
읽다 보면 *cf.* 하다 보면
읽어 가다
읽어 나가다
읽어 내다
읽어 내려가다
읽어 대다 *cf.* 웃어 대다, 짖어 대다, 떠들어 대다, 대다(보조 용언)
읽어 두다
읽어들이다 *cf.* 받아들이다, 거둬들이다
읽어 버리다
읽어 보다
읽어 오다
읽어 주다/읽어 드리다
읽었기나 한 듯 *cf.* 듯
읽을거리 *cf.* 볼거리, 먹을거리, 땔거리, 웃음거리, 이야깃거리, 화젯거리, 말할 거리, 더 읽을 거리
읽을 만하다 *cf.* 만하다
읽을 이
읽을 적에 <시를 ~….> *cf.* 적(의존 명사)
읽혀 오다
잃다시피 하다 *cf.* 다시피 하다, 다시피
잃어 가다
잃어버리다 *cf.* 잊어버리다
잃어버린 셈 치고/치다 *cf.* 먹은 셈 치고
잃어 주다
잃은 채 <정신을 ~….> *cf.* 누운 채로, ㄴ 채, 채(의존 명사)
잃을 법 <~하지 않습니까?> *cf.* 법하다
잃지 말았으면 하다
잃지 않다
임검 나오다(臨檢-) *cf.* 조사 나오다
임계값(臨界-) *cf.* 순서값, 좌표값, 상대값, 유효값(변수 자료), 유횻값, 설냇값, 최댓값
임계비(臨界比)
임금 노릇 *cf.* 신하 노릇, 어른 노릇, 종노릇
임금 노릇 하다
임금님 귀 <~ 당나귀 귀>
임금 왕(-王)
임금 자리 *cf.* 대신 자리, 장관 자리
임금 제비
임금 지수(賃金指數) *cf.* 불쾌지수, 물가 지수, 행복 지수, 가격 지수, 체질량 지수
임기 내에(任期內-)
임기응변(臨機應變)
임노동자(賃勞動者)
임대해 주다(賃貸-)
임명권자(任命權者) *cf.* 발령권자
임명받다(任命-) *cf.* 받다
임명, 파견하다(任命, 派遣-)
임명해 주다(任命-)
임박해 오다(臨迫-)
임박해져 가다(臨迫-)
임술 농민 봉기(壬戌農民蜂起)
임시방편(臨時方便)
임시변통(臨時變通)
임신서기석(壬申誓記石)
임신 중(姙娠中) *cf.* 회임 중
임오군란(壬午軍亂)
임원경제지(林園經濟志)
임자 만나다
임자말 *cf.* 풀이말
임자 없는 몸
임진왜란(壬辰倭亂) *cf.* 병자호란
임파관계(淋巴管系) *cf.* 림프관계
임하 댐(臨下-) *cf.* 안동 댐
입가/입 가장자리 *cf.* 귓가, 눈가
입가심하다 *cf.* 볼가심하다
입걱정 *cf.* 돈 걱정, 쌀 걱정, 집 걱정, 자식 걱정
입건해 놓다(立件-)
입고 가다/입고 오다
입고 다니다
입구자(-口字)집 *cf.* 일자(一字)집
입국시켜 주다(入國-)
입금시켜 주다(入金-)

입금해 주다(入金-)
입기 좋다 *cf.* 먹기 좋다, 눕기 좋다
입기 편하다(-便-) *cf.* 먹기 편하다, 눕기 편하다, 자기 편하다
입길 <~에 오르내리다.>
입김 *cf.* 콧김
입김 넣다(영향을 주다.)
입김 탓
입내 나다 *cf.* 땀내 나다
입내쟁이 *cf.* 흉내쟁이
입 냄새 *cf.* 땀 냄새, 살 냄새, 발 냄새, 입내, 땀내, 발내, 살내
입 냄새 나다 *cf.* 땀 냄새 나다
입노릇(음식 먹는 일을 속되게 이르는 말)
입 놀리다(함부로 지껄이다.) <또다시 함부로 입 놀렸다가는 그대로 두지 않겠다.> *cf.* 주둥이 놀리다
입놀림 *cf.* 손놀림, 몸놀림, 붓놀림
입는 둥 마는 둥 하고 *cf.* 둥
입 다물다
입다짐 <비밀을 지키겠다고 ~을 하다.> *cf.* 속다짐, 울력다짐, 귓속다짐
입 닥치다
입단속(-團束) *cf.* 불단속, 몸단속
입담 좋다
입덧 나다 *cf.* 뱃덧 나다, 덧나다
입도선매(立稻先賣) *cf.* 배추 밭떼기
입되다(음식에 까다롭다.) <입된 아이>
입때껏(여때껏)
입 떼다
입 뜨다
입력값(入力-)
입력받는다(入力-) *cf.* 받다
입력시켜 놓다(入力-)
입력, 실행하다(入力, 實行-)
입력해 놓다(入力-)
입마개 *cf.* 귀마개
입 막다
입막음 *cf.* 입씻김
입막음하다
입막음해 놓다
입말
입맛 *cf.* 밥맛, 장맛, 눈맛, 글맛, 귀맛
입맛 나다 *cf.* 맛나다
입맛 다시다
입맛 당기다
입맛대로 *cf.* 생각대로, 멋대로, 대로(조사)
입맛 돋워 주다
입맛 돌다
입맛 따라
입맛 떨어지다
입맛 맞다
입맛 쓰다
입맛 없다
입 맞추다 *cf.* 눈 맞추다
입맞춤하다 *cf.* 눈맞춤
입맵시 *cf.* 입매, 옷맵시, 몸맵시
입맷거리(허기나 면할 정도의 술이나 밥) *cf.* 끼닛거리, 땟거리
입맷상(-床) *cf.* 돌상, 잔칫상, 제사상
입 모양(-模樣) *cf.* 귀 모양, 손 모양
입바르다
입바른 말
입바른 소리
입밖에 <자기 ~ 모른다.> *cf.* 밖에(조사)
입 밖에 <비밀을 ~ 내지 마라.>
입 밖에 내지 않다
입발림 <~ 소리를 하다.>
입방귀 *cf.* 코방귀
입방아 찧다 *cf.* 떡방아 찧다, 붓방아 찧다
입방정 *cf.* 녹두방정, 오두방정
입버릇 *cf.* 술버릇, 말버릇, 잠버릇
입버릇 사납다
입 벌리다
입 벌린 채 *cf.* ㄴ 채, 채(의존 명사)
입벌림
입법화되다(立法化-)
입법화하다(立法化-)

입빠르다(들은 이야기를 참지 못하고 남에게 말하다.)
입성(옷)
입소리(구강음)
입속(입의 속) *cf.* 콧속, 귓속 <사탕을 ~에 넣다.>
입속말 *cf.* 귓속말
입속말하다
입수해 오다(入手-)
입술가벼운소리
입술소리/순음(脣音)
입시 때(入試-)
입신양명(立身揚名)
입신출세하다(立身出世-)
입심 겨루다
입심 좋다(잘 떠들다.)
입씨름 *cf.* 말씨름, 팔씨름
입 씻기다
입씻김 *cf.* 입막음
입 씻다(이익 따위를 혼자 차지하다.)
입 씻다(입을 씻다)
입씻이
입아귀 *cf.* 손아귀
입안[口腔](문법)
입 안
입 안의 소리
입안해 놓다(立案-)
입 앞 *cf.* 눈앞, 코앞
입양되어 가다(入養-)
입양 보내다(入養-)
입양아 수(入養兒數) *cf.* 사생아 수
입양해 오다(入養-)
입어 보다
입언저리 *cf.* 눈언저리
입에 발린 소리
입에 올려 버릇하면
입 열다
입요기(-療飢) *cf.* 눈요기
입원 중(入院中) *cf.* 치료 중

입으나마나 *cf.* 나마나
입으나마나하다 *cf.* 나마나하다
입은 채 *cf.* 벗은 채, ㄴ 채, 채
입인사(-人事) *cf.* 눈인사
입장객 수(入場客數) *cf.* 관람객 수
입장단 *cf.* 칼장단, 발장단, 손장단
입장시켜 주다(入場-)
입정 놀리다
입정 사납다(입버릇이 점잖지 않다.)
입조심(-操心) *cf.* 말조심, 불조심, 물조심
입조심하다(-操心-)
입 주위(-周圍)
입증시켜 주다(立證-)
입증할 만하다(立證-) *cf.* 만하다
입증해 주다(立證-)
입짓 *cf.* 손짓, 눈짓
입 짧다
입찬말 <~은 묘 앞에서나 해라.>
입찬소리
입천장(-天障)
입천장뼈(-天障)
입천장소리(-天障)
입체낭독(立體朗讀) *cf.* 입체 녹음, 입체 방송, 입체 인쇄
입체도형(立體圖形)
입춘대길(立春大吉)
입·출고시(入·出庫時) *cf.* 시
입출량법(入出量法)
입출력(入出力)
입·출력문(入·出力文)
입춤(立-)(서서 추는 춤)
입치다꺼리(먹이는 일) <벌어서 ~나 한다.> *cf.* 뒤치다꺼리
입치레(끼니를 때우는 일) *cf.* 음식치레, 글치레, 눈치레
입큰바리(고고학)
입·퇴원 관리(入·退院管理)
입학 때(入學-) *cf.* 졸업 때
입학생 수(入學生數) *cf.* 졸업생 수

입학시켜 주다(入學-)
입학시험(入學試驗) *cf.* 졸업 시험
입학하자마자(入學-) *cf.* 자마자
입헌주의(立憲主義)
입혀 가지고 오다
입혀 놓다
입혀 다오
입혀 드리다
입혀 보내다
입혀 보다
입혀 주다
입화면(立畫面) *cf.* 측화면
입회시켜 주다(入/立會-)
입회해 주다(立會-)
잇구멍(利-)(재물이 생길 만한 길)
잇단음표(-音標)
잇달다 *cf.* 잇따르다
잇달아 오다
잇대다
잇따르다 *cf.* 잇달다
잇몸
잇몸소리
잇병(-病)
잇새
잇소리/치음(齒音)
잇속 <~이 고르다.>
잇속(利-) <~에 밝다.>
잇속 차리다(利-)
잇자국 *cf.* 마맛자국, 칼자국, 손톱자국
잇줄(利-) <~만 좇아다닌다.>
잇짚(메벼의 짚) *cf.* 볏짚, 보릿짚, 밀짚
있거나 말거나
있건 말건 간에(-間-)/있건 없건 간에(-間-)
있게 마련이다 *cf.* 게 마련이다, 기 마련이다
있겠는걸 *cf.* 했겠는걸, ㄴ걸(어미)
있고 난 후(-後)
있고말고 *cf.* 했고말고, 고말고(어미)
있고 없고 간에(-間-)
있고 없는 데에 따라
있긴 있다
있나 보다 *cf.* 쓰나 보다, 보다(보조 용언)
있느니만큼 *cf.* 느니만큼(어미)
있는가 보다 *cf.* ㄴ가 보다, 보다
있는 건지 없는 건지 *cf.* 것인지
있는 걸세 *cf.* 걸세
있는 대로 *cf.* 대로(의존 명사)
있는데다 <접해 ~….> *cf.* ㄴ데다가
있는데 말이야 *cf.* 말이다/말이오
있는 데 비해(-比-) *cf.* 데
있는 듯 없는 듯 하다 *cf.* 듯 하다, 듯하다
있는 듯싶다 *cf.* 듯싶다
있는 듯하다 *cf.* 듯하다
있는만큼(있느니만큼)(-이므로, -이니까) <위험이 ~….>
있는 만큼(분량, 정도) <가지고 ~만 내놓도록 해라.>
있는 중(-中) <여행하고 있는 중이다.>
있는지조차 *cf.* 조차(조사)
있는 채로 *cf.* 벗은 채로, 채(의존 명사)
있는 체하다 *cf.* 체하다
있는 한(-限)
있다는 말이오 *cf.* 말이다/말이야
있다 해도
있던 중(-中) <일하고 있던 중….>
있던 터였다
있든 없든 간에(-間-)
있듯이 *cf.* 듯이
있어 보이다
있어서라기보다는 *cf.* 라기보다
있어 왔다
있었군그래 *cf.* 그래
있으나마나 *cf.* 나마나
있으나마나하다 *cf.* 나마나하다
있으니 말이오 *cf.* 말이다/말이오
있을 거야 *cf.* ㄹ 거야, 것
있을걸요 *cf.* ㄹ걸(어미)
있을 게다
있을까 말까 하다

있을까 싶을 만큼 *cf.* 만큼
있을까 하고
있을 따름이다 *cf.* 따름
있을 때마다 *cf.* 마다(조사)
있을 리 없다(-理-) *cf.* 리
있을 만한/만하다 *cf.* 만하다
있을망정 *cf.* 을망정(어미)
있을 법한 *cf.* 법하다
있을뿐더러 *cf.* ㄹ뿐더러(어미)
있을 뿐 아니라 *cf.* ㄹ 뿐 아니라
있을 성싶다 *cf.* 성싶다
있을 수밖에 *cf.* 밖에(조사)
있을 텐데 *cf.* 터
있음 직하다('직하다/직스럽다'를 보조 용언으로 보는 견해) *cf.* 듬직하다/듬직스럽다, 먹음직하다/먹음직스럽다, 바람직하다/바람직스럽다, 됨 직하다, 함 직하다
있음 직해 보이다 *cf.* 됨 직해 보이다
있지 말고 <내 등에만 ~….>
잉걸불(이글이글 타는 숯불) *cf.* 깜부기불, 등걸불, 화톳불
잉꼬부부(-夫婦)→원앙 부부
잉아걸이
잉어걸이(국악)
잉어 떼(-魚-) *cf.* 모기떼, 피라미 떼, 잡어 떼, 숭어 떼, 벌 떼
잉크 굳힘
잉크 낡
잉크 묻힘 롤러
잉크 바르기
잉크병(-瓶) *cf.* 석유병, 맥주병, 향수병, 소주병, 양주병, 세척병
잉크 얼룩
잉크 오름
잉크 이김 롤러
잉크 주석 *cf.* 밥수건
잉크집
잉크 찍기
잉크투성이 *cf.* 진흙투성이, 기름투성이

잊고 싶다
잊어 가다
잊어 다오
잊어 달라고 하다
잊어버리다 *cf.* 잃어버리다
잊어 주다
잊은 지 *cf.* 지(의존 명사)
잊은 채 *cf.* 채(의존 명사)
잊을 만하다 *cf.* 만하다
잊을 뻔하다 *cf.* 뻔하다
잊지 마/마라
잊지 말고
잊지 못할 <~ 옛일>
잊지 못해 하다
잊혀져 가다
잊혀진 채로 *cf.* 채
잎꽂이 *cf.* 가지꽂이, 줄기꽂이, 잎줄기꽂이
잎나무 *cf.* 섶나무, 풋나무, 물거리나무
잎눈
잎눈꽂이 *cf.* 가지꽂이, 줄기꽂이
잎담배 *cf.* 살담배
잎덩굴손
잎따기
잎떡음
잎마름병(-病)
잎말이명나방(-螟-)
잎 말이야 *cf.* 너 말이야, 말이다/말이오
잎말잇병(-病) *cf.* 깜부깃병
잎망울
잎맥(-脈)
잎분석(-分析)(영양 상태를 알아보는 방법)
잎뽕따기
잎뽕치기(양잠) *cf.* 가지뽕치기
잎살
잎상추
잎샘추위 *cf.* 꽃샘추위, 손돌이추위
잎 섬유(-纖維)
잎성냥
잎숟가락

잎자루
잎줄기
잎줄기채소(-菜蔬) *cf.* 뿌리채소, 줄기채소
잎집〔葉鞘〕
잎집무늬마름병(-病)
잎차례(-次例)
잎채소(-菜蔬) *cf.* 줄기채소, 뿌리채소
잎파 가꾸기
잎혀

자

-자(者)(접미사) *cf.* 연구자, 운전자, 배신자, 위선자, 이자, 그자
ᵛ자(者)(의존 명사) *cf.* 어떤 자, 떠드는 자
자가당착(自家撞着)
자가 면역(自家免疫) *cf.* 자기 면역
자가발전(自家發電)
자가보험(自家保險) *cf.* 자기보험
자가 분해(自家分解)
자가비판(自家批判)
자가소비(自家消費)
자가 수분(自家受粉)
자가 수정(自家受精) *cf.* 타가 수정
자가용림(自家用林)
자가용차(自家用車) *cf.* 영업용차
자가운전(自家運轉) *cf.* 손수 운전
자가 중독(自家中毒)
자각해 오다(自覺-)
자갈길 *cf.* 흙길, 황톳길, 진흙길, 모랫길, 돌길, 돌너덜길
자갈논 *cf.* 샘골논, 천둥지기논, 무논, 다랑논
자갈돌 *cf.* 주먹돌, 호박돌, 모오리돌
자갈땅
자갈밭 *cf.* 가시밭, 쑥대밭, 잔디밭, 쑥밭
자갈사막(-沙漠) *cf.* 모래사막
자갈투성이 *cf.* 흙투성이, 먼지투성이, 욕투성이, 진흙투성이
자갈흙 *cf.* 모래흙
자개구름 *cf.* 조개구름, 조각구름
자개그릇 *cf.* 사기그릇, 유리그릇
자개농(-籠)
자개바람(쥐가 나서 근육이 굳어지는 증세)
자개장롱(-欌籠)
자갯돌 *cf.* 조약돌
자겠단 말이냐 *cf.* 하겠단 말이냐, 말이다/말이오
자격 갖추다(資格-)
자격시험(資格試驗) *cf.* 면허 시험
자격 없다(資格-)
자격 있다(資格-)
자격주(資格株) *cf.* 실권주
자결주의(自決主義)
자고 가다
자고 나가다
자고 나서 *cf.* 먹고 나서
자고 나오다
자고 난 후/다음(-後)
자고 싶다
자고 싶어하다 *cf.* 싶어하다(보조 용언)
자고 오다
자고이래로(自古以來-)
자국걸음(조심스럽게 걷는 걸음)
자국 나다 *cf.* 흠집 나다
자국 내다 *cf.* 흠집 내다
자국눈(잔설)
자국물(발자국에 괸 물)
자국제어(自局制御)
자귀 나다
자귀날 *cf.* 끌날, 톱날, 칼날, 면도날, 대팻날
자귓밥 *cf.* 톱밥, 끌밥, 대팻밥, 가랫밥, 호밋밥, 실밥
자그락자그락하다
자그마해 보이다
자극감수성(刺戟感受性)
자극받다(刺戟-) *cf.* 받다
자극해 주다(刺戟-)
자근자근(부사)
자글자글(부사)
자급자족하다(自給自足-)
자급자족해 오다(自給自足-)
자기감정(自己感情)(심리)
자기 겪음(磁氣-)
자기거래(自己去來)
자기 과시(自己誇示) *cf.* 자기 현시
자기극(磁氣極)

자기기만(自己欺瞞)
자기 길(自己-) <묵묵히 ~을 가다.>
자기 나름대로(自己-) *cf.* 대로(조사)
자기도취(自己陶醉)
자기 딴에는(自己-) *cf.* 제 딴에는, 내 딴에는, 딴(의존 명사)
자기력계(磁氣力計)
자기력선(磁氣力線)
자기력선 다발(磁氣力線-)
자기력선속(磁氣力線束)
자기력선속계(磁氣力線速計)
자기력선속선(磁氣力線束線)
자기 마당(磁氣-)
자기만족(自己滿足)
자기모순(自己矛盾)
자기 몫(自己-) *cf.* 제 몫
자기반(磁氣盤)
자기반성(自己反省)
자기변명(自己辨明)
자기변호(自己辯護)
자기병(磁氣瓶) *cf.* 라이덴병, 비중병
자기비판(自己批判)
자기선전(自己宣傳)
자기소개(自己紹介)
자기 소외(自己疏外)
자기 쏠림(磁氣-)
자기 식으로(自己式-)
자기신용(自己信用)
자기앞 수표(自己-手票)
자기앞 어음(自己-)
자기앞 환어음(自己-換-)
자기 양자수(磁氣量子數)
자기완성(自己完成)
자기운(磁氣雲) *cf.* 원자운
자기유(資器釉)
자기 일(自己-)
자기의식(自己意識) *cf.* 자아의식, 개인의식, 국가 의식, 특권 의식
자기 자리(自己-)
자기 자신(自己自身)
자기주장(自己主張)
자기중심(自己中心)
자기 집(自己-) *cf.* 남의 집, 남의집살이
자기 쪽(自己-) *cf.* 상대 쪽
자기 파(自己派) *cf.* 반대파
자기편(自己便) *cf.* 우리 편, 너희 편, 상대편
자기편끼리(自己便-) *cf.* 상대편끼리, 우리 편끼리
자기표현(自己表現)
자기 현시(自己顯示) *cf.* 자기 과시
자기혐오(自己嫌惡)
자기화율(磁氣化率)
자기확산(自己擴散)
자기희생(自己犧牲)
자꾸만자꾸만(부사)
자꾸자꾸(부사)
자나 깨나(늘) *cf.* 오나가나, 보나마나, 앉으나 서나, 죽으나 사나
자나마나 *cf.* 나마나
자나마나하다 *cf.* 나마나하다
자나 보다 *cf.* 먹나 보다, 보다
자네 말고 *cf.* 너 말고, 나 말고, 말고(동사 '말다'의 부사형. 조사로 보는 견해도 있음.)
자넨종(-種)(산양 품종) *cf.* 토겐부르크종
자녀 된 도리(子女-道理) *cf.* 부모 된 도리
자녀들 간에(子女-間-)
자녀 수(子女數)
자녹색(紫綠色) *cf.* 심녹색, 청록색, 황록색
자는 둥 마는 둥 하다 *cf.* 둥
자는 듯 조는 듯
자는 범 코침주기
자는 척 *cf.* 척
자다 깨다
자다 깨다 하다
자다 말고 *cf.* 먹다 말고
자도 자도 <~ 졸렵다.> *cf.* 가도 가도, 봐도 봐도
자동신호(自動信號)

자동언어(自動言語)
자동운동(自動運動)
자동저울(自動-) cf. 전자저울, 용수철저울, 양팔 저울
자동 조정되다(自動調整-)
자동차 그리기(自動車-)
자동차(를) 그리다(自動車-)
자동차놀이(自動車-)
자동차 문(自動車門) cf. 차문, 기차 문, 비행기 문
자동차 바퀴(自動車-) cf. 기차 바퀴, 자전거 바퀴, 찻바퀴, 수레바퀴, 톱니바퀴
자동차 수(自動車數) cf. 비행기 수
자동차·조선 공업(自動車·造船工業)
자동찻길(自動車-) cf. 기찻길, 마찻길, 뱃길, 나뭇길, 항해길, 사전서길
자동총(自動銃)
자동카메라(自動-)
자동판매기(自動販賣機)
자동화시켜 주다(自動化-)
자동화해 나가다(自動化-)
자두빛 cf. 살구빛, 앵두빛, 치자빛, 버찌빛, 포도빛, 모싯빛, 장밋빛, 상앗빛
자드락길(산기슭의 비탈진 땅에 난 작은 길)
자드락밭
자디잔/잘다 cf. 가늘디가는
자라 가다 <무럭무럭 ~.>
자라나니만큼 cf. 니만큼(어미)
자라나다 <쑥쑥 ~.>
자라눈(엉덩이 양쪽에 오목하게 들어간 자국)
자라 다오 cf. 해 다오
자라목 <그는 ~라서 키가 작아 보인다.>
자라병(-甁) cf. 매병, 오리병
자라병춤(-甁-)(민속춤)
자라 오다
자라 주다
자라춤(양주 별산대 춤사위)
자람가지 cf. 열매가지, 자람 가지(편수 자료 '농·생명')
자랐나 보다 cf. 보다
자랑 같습니다만
자랑거리 cf. 화젯거리, 문젯거리, 골칫거리, 웃음거리
자랑삼아 cf. 장난삼아, 농담삼아, 연습삼아
자랑스러워 보이다
자랑스러워하다
자랑차다 <자랑찬 목소리> cf. 보람차다, 활기차다
자랑하듯 cf. 듯(어미)
자랑할 만하다 cf. 만하다
자랑해 오다
자러 가다 cf. 쉬러 가다
자러 들어오다
자러 오다 cf. 쉬러 오다
자력갱생(自力更生)
자력선속(磁力線束)
자련수(-繡) cf. 쌀알수
재롱잔치 cf. 노래잔치
자료글(資料-) cf. 자료 화면, 학생 글
자료 다루기(資料-)
자료(를) 다루다(資料-)
자료 모으기(資料-)
자료(를) 모으다(資料-)
자료 정리하기(資料整理-)
자료 화면(資料畫面) cf. 자료글
자루그물 cf. 날개그물, 후릿그물, 쾡이그물
자루눈(새우, 게, 달팽이 따위의)
자루 두부(-豆腐)
자루매기[袋綴](제책)
자루바가지(손잡이가 있는 바가지)
자루솔
자루솥
자루 수(-數) cf. 보따리 수
자르개(고고학)
자르는톱 cf. 켜는톱, 동가리톱, 동톱, 내릴톱
자르는톱니 cf. 켜는톱니
자리갈이(누에치기)
자리값 알아보기
자리건너뛰기놀이

자리걷이
자리걷이하다
자리그물 *cf.* 후릿그물, 두릿그물, 가래그물
자리끼 <머리맡에는 ~가 있었다.>
자리 나다
자리낚시 *cf.* 흘림낚시
자리다툼 *cf.* 말다툼, 세력 다툼, 이권 다툼, 밥그릇 다툼
자리다툼하다
자리 뜨다
자리맡 *cf.* 머리맡
자리매김하다
자리바꾸기(놀이명으로서)
자리바꾸기놀이
자리(를) 바꾸다
자리 바꾸어 달리기
자리바꾸어 거꾸로가기
자리바꿈
자리바꿈하다
자리보기(민속)
자리 보다
자리보전(-保全) <병석에 ~하고 누워 있다.>
자리싸움 *cf.* 감투싸움, 감정싸움, 머리싸움, 사랑싸움
자리올림
자리옮김
자리옷 <~ 바람으로 손님을 맞다.> *cf.* 잠옷, 나들이옷
자리의 숫자(-數字) <2835에서 ~와 수를 알아보자.>
자리잡기놀이
자리 잡다 <좋은 자리(를) 잡아 주다.>
자리 잡다 <추억이 자리 잡고 있다.>
자리 잡아 가다
자리 잡아 나가다
자리 잡아 오다
자리 잡혀 가다
자리 잡히다
자리지움 키
자리 지키기
자리(를) 지키다
자리 찾기
자리(를) 찾다
자리하다 <남쪽에 자리하고 있다.>
자립극단(自立劇壇)
자립 명사(自立名辭)
자립자영하다(自立自營-)
자립정신(自立精神) *cf.* 자주정신, 민족정신, 구국 정신, 협동 정신, 호국 정신
자립 형태소(自立形態素)
자립해 나가다(自立-)
자릿값
자릿날(돗자리의 날)
자릿내(쉰 냄새)
자릿대
자릿상(-床)
자릿세(-貰)
자릿세 내다(-貰-)
자릿수(-數) *cf.* 십의 자리 수
자릿수의 합(-數-合)
자릿장(-欌)
자릿저고리
자릿적삼
자릿점(-點)
자릿조반(-早飯)
-자마자(어미) *cf.* 도착하자마자, 앉자마자
자막대
자만자족(自慢自足)
자매간(姉妹間)
자매결연(姉妹結緣)
자매단체(姉妹團體) *cf.* 자매 회사
자매들 간에(姉妹-間-)
자매부락(姉妹部落)
자매 중(姉妹中) *cf.* 형제 중
자매 학교(姉妹學校)
자매 회사(姉妹會社) *cf.* 자매 학교
자멸해 버리다(自滅-)
자명종 소리(自鳴鐘-) *cf.* 시계 소리

자명종 시계(自鳴鐘時計)
자명해져 가다(自明-)
자모순(字母順) *cf.* 가나다순, 알파벳순
자목적(自目的)(철학) *cf.* 타목적
자문받다(諮問-) *cf.* 받다
자문자답하다(自問自答-)
자물단추 *cf.* 똑딱단추, 매듭단추, 두구멍단추
자물쇠
자물통(자물쇠)
자반 갈치 토막 *cf.* 자반 고등어
자반뒤지기(씨름, 농악)
자반뒤집기(몹시 아파 엎치락뒤치락하다.)
자발없다(참을성 없다.)
자배건품(煮焙乾品)
자백받다(自白-) *cf.* 받다
자백해 버리다(自白-)
자백해 오다(自白-)
자벨수(-水)(표백액)
자본주(資本株) *cf.* 성장주, 투기주
자본주의(資本主義)
자볼기 <아내에게 ~를 맞겠다.>
자빠뜨리다
자빠질 듯 *cf.* 듯
자빡대다(딱 잡아떼어 거절하다.)
자뼈(팔뼈)
자사선(自社船)
자산, 부채, 자본 계정의 마감(資産, 負債, 資本 計定)
자산어보(玆山魚譜)
자산주(資産株) *cf.* 성장주
자살골(自殺-) *cf.* 역전 골, 결승 골, 동점 골
자삼장단
자상해 보이다(仔詳-)
자생자결(自生自決)
자석놀이(磁石-)
자석 젓개(磁石-)
자선기금(慈善基金) *cf.* 통화 기금, 개발 기금, 남북 협력 기금, 장학 기금
자선냄비(慈善-)
자선 병원(慈善病院)
자선투표(慈善投票)
자세자세(仔細仔細)(아주 자세하게)(부사)
자세해 보이다(仔細-)
자세히 읽기(仔細-)
자손 치더라도 *cf.* 그렇다손 치더라도, 다손 치더라도, '-ㄴ다손'(어미) '치다'(동사). 그러나 전체를 관용 어미로 보자는 견해도 있음.
자수바늘(刺繡-) *cf.* 뜨개바늘, 시겟바늘, 아프칸바늘, 낚싯바늘, 재봉 바늘
자수성가(自手成家)
자수성가하다(自手成家-)
자수실(刺繡-) *cf.* 뜨개실, 바느질실
자수해 오다(自首-)
자승자박(自繩自縛)
자승자박되다(自繩自縛-)
자승자박하다(自繩自縛-)
자식 간(子息間) *cf.* 형제간, 부자간, 모녀간
자식 걱정(子息-) *cf.* 집 걱정, 돈 걱정
자식 노릇(子息-) *cf.* 부모 노릇, 어른 노릇, 종노릇, 병신노릇
자식놈(子息-)
자식 농사(子息農事) *cf.* 벼농사, 논농사, 보리농사, 옥수수 농사
자식 덕에(子息德-) *cf.* 아비 덕에, 아내 덕에
자식 된 도리(子息-道理) *cf.* 부모 된 도리
자식 두다(子息-)
자식들 간에(子息-間-)
자식들 중에(子息-中-)
자식바라지(子息-) *cf.* 옥바라지, 해산바라지
자식복(子息福) *cf.* 여복, 연복
자식새끼(子息-)
자식 없다(子息-)
자식작용(自食作用)(생물) *cf.* 응결작용, 길항 작용, 소화 작용, 조혈 작용, 이뇨 작용
자신감 있다(自信感-)
자신만만하다(自信滿滿-)
자신만만해 보이다(自身滿滿-)
자신만만해져 가다(自身滿滿-)

자신만만해하다(自身滿滿-)
자신 없다(自信-)/자신 있다(自信-)
자신 없어 보이다(自信-)
자신 없어져 가다(自信-)
자신 없어 하다(自信-)
자신 있어 하다(自信-)
자신 있게 말하기(自信-)
자신 있어 보이다(自信-)
자아내다 *cf.* 우려내다
자아비판(自我批判)
자아실현(自我實現)
자아올리다 <지하수를 ~.>
자아의식(自我意識) *cf.* 집단의식, 직업의식, 국가 의식, 우월 의식
자아주의(自我主義)
자업자득(自業自得)
자여자 발전기(自勵磁發電機) *cf.* 타여자 발전기, 자려 진동
자연감정(自然感情)
자연개조(自然改造)
자연경관(自然景觀) *cf.* 문화 경관
자연공원(自然公園) *cf.* 생태 공원, 잔디 공원, 둔치 공원, 해상공원
자연금(自然金) *cf.* 자연은, 자연동
자연낙차(自然落差)(물리)
자연도태(自然淘汰) *cf.* 인공 도태, 인위 도태
자연 독(自然毒)
자연동(自然銅) *cf.* 자연황
자연력(自然曆)
자연로그(自然-)
자연목적(自然目的)
자연미용(自然美容)
자연민족(自然民族)(인공적인 문화가 뒤진 민족) *cf.* 문화민족
자연박물관(自然博物館)(북한)
자연법론(自然法論)
자연법사상(自然法思想)(철학) *cf.* 법치국사상, 정치사상, 문학 사상, 신선 사상
자연법칙(自然法則) *cf.* 실험법칙, 경제 법칙, 두음 법칙, 말음 법칙
자연법학파(自然法學派) *cf.* 중농학파, 신역사학파, 실존 학파, 이용후생 학파
자연변증법(自然辨證法)(철학)
자연보호(自然保護) *cf.* 문화재 보호, 재산 보호, 환경 보호
자연보험료(自然保險料)
자연본체(自然本體)(유도)
자연 부락(自然部落)('부락'은 '마을'로 순화)
자연사 박물관(自然史博物館) *cf.* 역사박물관, 고인쇄 박물관, 교과서 박물관, 민속 박물관, 도깨비 박물관
자연생활(自然生活) *cf.* 전원생활, 도시 생활, 농촌 생활
자연선택(自然選擇)(생물) *cf.* 인위 선택
자연선택설(自然選擇說)
자연식품(自然食品) *cf.* 가공 식품, 인스턴트식품, 퓨전 식품
자연수(自然數)
자연수끼리 더하기(自然數-)
자연수열(自然數列)
자연스러워 보이다(自然-)
자연시(自然詩)
자연식(自然食)
자연신(自然神) *cf.* 인간신
자연신교도(自然神敎徒)
자연영양(自然營養) *cf.* 인공영양
자연유량(自然流量)
자연은(自然銀) *cf.* 자연금
자연재해(自然災害) *cf.* 기상재해, 산업 재해
자연조건(自然條件) *cf.* 결혼 조건, 투자 조건, 이민 조건, 생활 조건
자연조명(自然照明) *cf.* 실내조명, 인공조명, 주광조명, 햇빛 조명
자연주의(自然主義)
자연철(自然鐵) *cf.* 자연금
자연치료(自然治療) *cf.* 물리 치료, 약물 요법, 방사선 치료
자연통풍(自然通風) *cf.* 인공통풍, 강제통풍

자연해동(自然解凍)
자연현상(自然現象) *cf.* 사회 현상, 노화 현상, 열대야 현상, 착시 현상, 일탈 현상
자연환경(自然環境) *cf.* 인공 환경
자연황(自然黃) *cf.* 자연동
자오선각차(子午線角差)
자외선램프(紫外線-) *cf.* 적외선램프
자외선 지수(紫外線指數) *cf.* 체질량 지수
자용제련(自鎔製鍊)
자웅동주(雌雄同主)/암수한그루
자웅동체(雌雄同體)/암수한몸
자웅이주(雌雄異主)/암수딴그루
자웅이체(雌雄異體)/암수딴몸
자원입대(自願入隊) *cf.* 징집입대
자위 돌다 <밤돌이 ~.>
자위 뜨다 <뱃속에서 아기가 ~.>
자위본능(自衛本能) *cf.* 보호 본능, 성적 본능, 생식 본능
자위전쟁(自衛戰爭) *cf.* 침략 전쟁, 교통 전쟁, 입시 전쟁
자위행위(自慰行爲) *cf.* 탈선행위, 범죄 행위, 간접 행위, 의료 행위
자유겨루기(自由-)(태권도) *cf.* 약속겨루기
자유곡척(自由曲尺)
자유기구(自由氣球) *cf.* 계류기구, 관측기구, 선전기구, 기상 기구
자유노동(自由勞動) *cf.* 고용 노동, 임금 노동
자유농민(自由農民)(역사)
자유농업(自由農業)
자유대위법(自由對位法) *cf.* 엄격대위법
자유도항(自由渡航)
자유로워 보이다(自由-)
자유로워하다(自由-)
자유롭게 쓰기(自由-)
자유·민주·인권 타령(自由·民主·人權-)
자유방임(自由放任)
자유방임주의(自由放任主義)
자유변주곡(自由變奏曲) *cf.* 엄격 변주곡
자유분방(自由奔放)
자유분방하다(自由奔放-)
자유사상가(自由思想家)
자유선거(自由選擧) *cf.* 공명선거, 부정선거, 공개 선거, 비밀 선거, 직접 선거, 간접 선거, 평등 선거
자유세계(自由世界) *cf.* 공산 세계
자유수입(自由輸入)/자유수출(自由輸出)
자유시 참변(自由市慘變) *cf.* 간도 참변
자유스러워 보이다(自由-)
자유스러워하다(自由-)
자유스럽기는커녕(自由-) *cf.* 는커녕(어미)
자유연기(自由演技) *cf.* 규정연기, 규정 종목
자유연애(自由戀愛)
자유의사(自由意思) *cf.* 자유 의지
자유의지(自由意志)
자유자재로(自由自在-)
자유정신(自由精神) *cf.* 자주정신, 준법정신, 독립 정신, 도전 정신, 협동 정신
자유주의(自由主義)
자유직업(自由職業)
자유천지(自由天地)
자유항구(自由港區)
자유항시(自由港市)
자유해방(自由解放)
자유행동(自由行動)
자유형 익히기(自由型-)
자유화되다(自由化-)/자유화시키다(自由化-)
자유화율(自由化率)
자유화하다(自由化-)
자유혼(自由魂)
자율화하다(自律化-)
자음 동화(子音同化) *cf.* 모음조화, 모음 동화
자음자(子音字) *cf.* 모음사
자의든 타의든 간에(自意-他意-間-)
자의식(自意識)
자이나 교(-敎)
자이나파(-派)
자임해 오다(自任-)
자자손손(子子孫孫)

자작곡(自作曲)
자작극(自作劇)
자작시(自作詩)
자장가삼아(-歌-) *cf.* 베개삼아, 놀이삼아
자장노래 *cf.* 자장가
자장자장(감탄사)
자장타령
자재값(資材-) *cf.* 원료값
자재문(自在門)
자재화(自在畫) *cf.* 용기화
자전거길(自轉車-) *cf.* 찻길, 기찻길, 자동찻길, 마찻길
자전거 바퀴처럼(自轉車-) *cf.* 자동차 바퀴, 기차 바퀴, 찻바퀴, 톱니바퀴, 수레바퀴, 숫돌바퀴
자전거 타기(自轉車-)
자전거(를) 타다(自轉車-)
자전거 타령(自轉車-) *cf.* 음식 타령, 예산 타령, 돈타령, 신세타령
자전거펌프(自轉車-) *cf.* 배기펌프, 직동펌프, 분사 펌프, 공기 양수 펌프
자주 고름(紫朱-)
자주국방(自主國防)
자주독립(自主獨立)
자주·독립 의식(自主·獨立意識)
자주방위(自主防衛)
자주 빛깔(紫朱-)
자주색(紫朱色)
자주자주(부사)
자주정신(自主精神) *cf.* 자립정신, 준법정신, 독립 정신, 도전 정신
자주·평화·민주의 3원칙(自主·平和·民主-三原則)
자주 하기 때문에 <이사를 ~….>
자줏물(紫朱-) *cf.* 분홍물, 초록물
자줏빛(紫朱-) *cf.* 장밋빛, 보랏빛, 연둣빛, 잿빛, 쥣빛, 핏빛, 대춧빛
살구빛, 앵두빛, 버찌빛
자줏빛무늿병(紫朱-病)
자중운반(自重運搬)
자지러들다
자지러뜨리다/트리다
자진강강술래
자진굿거리
자진난봉가(-歌)
자진농부가(-農夫歌)
자진모뜬소리
자진모리/자진모리장단
자진방아타령
자진배따라기
자진산타령(-山-)
자진삼채(-三-)
자진삼채굿(-三-)
자진아리
자진염불(-念佛)
자진육자배기(-六字-)
자진절로소리
자진타령장단
자진푸너리
자진한잎
자진해서 하다(自進-)
자질구레하다/자질구레해지다
자질구레해 보이다
자질 문자(資質文字)
자짜리 <~ 잉어….> *cf.* 짜리(접미사)
자채쌀(紫彩-) <여주, 이천 ~로 밥을 짓다.> *cf.* 김포 밀따리
자책골(自責-)
자처울다(닭이 새벽을 재촉하여 울다.)
자초지종(自初至終)
자촉이음 *cf.* 장부촉이음
자취방(自炊房) *cf.* 하숙방
자취 없이/없다 <~ 사라지다.>
자치기
자치동갑(-同甲) <한 살 차이나는 ~이다.>
자·치어기(仔·稚魚期)
자치통감(資治通鑑)
자칫 잘못하면
자칫하면 <~ 우리가 다칠 뻔했다.>

자코뱅당(-黨) *cf.* 지롱드당, 휘그당
자투리땅
자판 다루기(字板-)
자판(을) 다루다(字板-)
자폐증아(自閉症兒)
자포자기하다(自暴自棄-)
자포자기해 오다(自暴自棄-)
자행해 오다(恣行-)
자화되다(磁化-)
자화자찬(自畫自讚)
자회사(子會社) *cf.* 모회사
자호본체(自護本體)(유도)
작(昨)- *cf.* 작일, 작년
작(昨)(관형사) *cf.* 작 19일
작거나 크거나
작건 크건 간에(-間-)
작고 예쁜/예쁘다
작고 작은/작다
작고 크고 간에(-間-)
작곡, 보급하다(作曲, 普及-)
작기는커녕 *cf.* 는커녕(어미), 커녕(조사)
작년 말(昨年末)
작년 봄(昨年-)
작년 여름(昨年-)
작년 초(昨年初)
작년 한 해(昨年-)
작다 하더라도 *cf.* 크다 하더라도, 많다 하더라도
작달비 *cf.* 장대비, 가랑비, 부슬비
작대기모 *cf.* 꼬창모
작대기바늘 *cf.* 대바늘, 돗바늘, 뜨개바늘
작대기찜질 *cf.* 몽둥이찜질, 매찜질
작동시켜 주다(作動-)
작동 중(作動中-) *cf.* 운행 중
작두날(←斫刀-) *cf.* 면도날, 쟁기날, 대팻날, 가윗날
작두바탕(←斫刀-)
작두춤(←斫刀-)
작두칼(←斫刀-) *cf.* 배코칼, 주머니칼, 도련칼, 회칼
작두콩
작두타기(←斫刀-)
작든 크든 간에(-間-)
작디작은/작다 *cf.* 가늘디가는
작문정치(作文政治)(시정만을 늘어놓는 정치) *cf.* 공작 정치
작물 북한계선(作物北限界線)
작벼리(물가의 모래벌판에 돌이 섞여 있는 곳)
작살나다
작살내다
작살비 *cf.* 장대비, 작달비, 이슬비, 가랑비
작성해 놓다(作成-)
작성해 보다(作成-)
작심삼일(作心三日)
작아 보이다
작업가설(作業假說)(연구를 손쉽게 하기 위한 수단으로 내세우는 가설)
작업 끝에(作業-)
작업반원(作業班員)
작업반장(作業班長)
작업복 차림(作業服-) *cf.* 양복 차림, 한복 차림, 군복 차림, 운동복 차림
작업시켜 놓다(作業-)
작업장별(作業場別) *cf.* 직장별
작업 중(作業中) *cf.* 훈련 중
작업해 오다(作業-)
작용·반작용 법칙(作用·反作用法則)
작용소론(作用素論)
작용인(作用因)
작용해 오다(作用-)
작위범(作爲犯) *cf.* 부작위범
작은가 보다 *cf.* ㄴ가 보다, 보다
작은개자리 *cf.* 거문고자리
작은계집[妾] *cf.* 큰계집
작은고모(-姑母) *cf.* 큰고모
작은고모부(-姑母夫) *cf.* 큰고모부
작은골[小腦] *cf.* 큰골
작은곰(별자리 이름으로) *cf.* 큰곰

작은곰자리
작은꾸리(소의 앞다리의 안쪽에 붙은 살)
cf. 큰꾸리, 꾸리살
작은놈(작은아들) *cf.* 큰놈
작은누이 *cf.* 큰누이
작은달 *cf.* 큰달
작은 대문자(-大文字) *cf.* 대문자
작은댁(-宅) *cf.* 큰댁
작은동서(-同壻) *cf.* 큰동서
작은되 *cf.* 큰되
작은따님 *cf.* 큰따님
작은따옴표(-標) *cf.* 큰따옴표
작은따옴표/낫표 *cf.* 큰따옴표
작은딸 *cf.* 큰딸
작은마누라 *cf.* 큰마누라
작은 마침/코데타
작은말 *cf.* 큰말
작은말표(-標) *cf.* 큰따옴표
작은매부(-妹夫) *cf.* 큰매부
작은며느리 *cf.* 큰며느리
작은모쌓기(벽돌) *cf.* 길이모쌓기
작은 목소리 *cf.* 큰 목소리
작은 못 *cf.* 큰 못, 잔못
작은방(-房) *cf.* 큰방
작은 별
작은보
작은북 *cf.* 큰북
작은사랑(-舍廊) *cf.* 큰사랑
작은사위 *cf.* 큰사위
작은삼촌(-三寸) *cf.* 큰삼촌
작은 생물(-生物)
작은설(섣달 그믐날)
작은 소리 *cf.* 큰 소리
작은손녀(-孫女) *cf.* 큰손녀
작은손자(-孫子) *cf.* 큰손자
작은 수(-數) *cf.* 큰 수
작은아가씨 *cf.* 큰아가씨
작은아기(막내딸이나 막내며느리)
작은아들 *cf.* 큰아들
작은아버지 *cf.* 큰아버지
작은아씨 *cf.* 큰아씨
작은아이 <우리 ~> *cf.* 큰아이
작은 아이 <키가 ~> *cf.* 큰 아이
작은악절(-樂節) *cf.* 큰악절
작은애
작은어머니 *cf.* 큰어머니
작은언니 *cf.* 큰언니
작은오빠 *cf.* 큰오빠
작은외삼촌(-外三寸) *cf.* 큰외삼촌
작은이 *cf.* 큰이
작은 이 <키가 ~가 형이다.>
작은이모(-姨母) *cf.* 큰이모
작은 일 *cf.* 큰 일
작은 집 <더 ~으로 이사하다.>
작은집 *cf.* 작은댁, 큰집, 큰댁
작은창자 *cf.* 큰창자
작은처남(-妻男) *cf.* 큰처남
작은칼(죄수의 목에 씌우는 칼) *cf.* 큰칼
작은키나무층(-層)
작은할머니 *cf.* 큰할머니
작은할아버지 *cf.* 큰할아버지
작은형(-兄) *cf.* 큰형
작은 형(-兄) <키가 ~이 찾아오다.>
작은형수(-兄嫂) *cf.* 큰형수
작을뿐더러 *cf.* ㄹ뿐더러(어미)
작을 뿐 아니라 *cf.* ㄹ 뿐 아니라
작정해 놓다(作定-)
잔- *cf.* 잔돌, 잔소리, 잔심부름, 잔솔밭
잔-(접두사) *cf.* 잔꾀, 잔심부름
잔✓(형용사의 관형사형) cf. 너무 잔 도토리
잔가락(짧고 빠른 소리)
잔가랑니 *cf.* 가랑니, 수퉁니, 옷엣니, 머릿니
잔 가지('굵은 가지'에 대응하는 말로)
잔가지(용어로서)
잔걱정 <~이 그리 많은지?>
잔걸음
잔걸음치다
잔걸음하다

잔결꾸밈음(-音)
잔고기(자질구레한 고기)
잔 골재(-骨材) *cf.* 굵은 골재
잔구멍(좁게 내다보는 관점)
잔글씨 *cf.* 큰 글씨
잔글짜(-字) *cf.* 큰 글자
잔금무늬
잔금무늬유(-釉)
잔기침 *cf.* 큰기침, 밭은기침, 마른기침
잔기침하다
잔꾀
잔꾀 부리다 *cf.* 꾀부리다
잔꾀 피우다 *cf.* 꾀피우다
잔누비
잔눈치
잔다듬 *cf.* 도드락다듬
잔다리밟다 <그는 잔다리밟아 그 자리에 오른 사람이다.>
잔달음질
잔돈 *cf.* 푼돈
잔돈푼
잔돌
잔돌밭 *cf.* 돌밭, 가시밭, 잔솔밭, 너덜밭
잔 둥 만 둥 하다 *cf.* 둥(의존 명사)
잔 드리다(盞-) *cf.* 잔 올리다
잔디밭 *cf.* 풀밭, 억새밭, 갈대밭, 쑥대밭
잔딧불 *cf.* 모깃불, 화톳불, 모닥불
잔말 *cf.* 잔소리
잔말 마라/마/말아라(→마라) *cf.* 해, 말아?
잔말 말고 <~ 앉아 있어.>
잔말쟁이
잔말하다
잔머리 굴리다
잔멸치
잔모래 *cf.* 가는 모래, 왕모래, 굵은 모래
잔못 *cf.* 큰못
잔무늬 거울 *cf.* 거친무늬 거울
잔물결 *cf.* 거친 물결
잔물결통(-桶)

잔바느질
잔바느질하다
잔바늘 *cf.* 돗바늘, 중바늘, 대바늘, 왕바늘
잔바람 *cf.* 거친 바람, 찬바람
잔받침(盞-) *cf.* 책받침, 화분받침
잔방귀
잔별 <하늘엔 ~도 많고 우리네 살림엔 사연도 많다.>
잔병(-病)(자주 앓는 자질구레한 병)
잔병꾸러기(-病-)
잔병치레(-病-) *cf.* 병치레, 인사치레
잔병치레하다(-病-)
잔부끄러움
잔불 *cf.* 큰불
잔불질
잔비누질
잔뼈
잔뿌리 *cf.* 굵은 뿌리
잔사설(-辭說)(쓸데없이 늘어놓는 말)
잔살림 *cf.* 큰살림
잔살 합판문(-合板門)
잔새우 *cf.* 왕새우
잔석기(-石器) *cf.* 간석기, 뗀석기
잔셈
잔소리 *cf.* 잔말
잔소리꾼
잔소리 듣다
잔소리 말고 듣기나 해
잔소리하지 마라 *cf.* 마/마라/말아라(→마라)
잔소리해 오다
잔 속(盞-) <~에 파리가 빠지다.>
잔속 <남의 ~도 모르고 그런 말을 한다.>
잔손
잔손 가다
잔손금
잔손질/잔손질하다 *cf.* 큰손질
잔솔가지 *cf.* 솔가지
잔솔밭 <~에서 바늘찾기>
잔솔잎 *cf.* 떡갈잎, 갈잎

잔솔포기 *cf.* 풀포기, 나무 포기
잔술 <자주색 ~을 달다.>
잔술(盞-) *cf.* 병술, 됫술, 말술
잔술집(盞-) *cf.* 병술집
잔시중 *cf.* 물시중, 몸시중, 병시중
잔시중하다
잔식구(-食口)
잔신경(-神經) <~을 쓰다.>
잔심부름
잔심부름하다
잔여기간(殘餘期間) *cf.* 전세 기간, 채용 기간
잔 올리다(盞-) *cf.* 잔 드리다
잔인무도하다(殘忍無道-)
잔인해 보이다(殘忍-)
잔일 *cf.* 큰일
잔입 <~이라 입맛이 없다.> *cf.* 마른입
잔잎[小葉]
잔자갈 *cf.* 굵은 자갈
잔잔누비
잔잔해 보이다(潺潺-)
잔잔해져 가다(潺潺-)
잔재미
잔재미 보다
잔재주 <그는 ~가 있는 사람이다.>
잔재주 부리다 *cf.* 재주 부리다
잔재주 피우다 *cf.* 재주 피우다
잔정(-情) <~이 많은 사람>
잔주(-註) <~를 달다.>
잔주름
잔주름 잡히다 *cf.* 주름잡다
잔주접 <~이 들어 잘 자라지 못했다.>
잔줄
잔짐
잔짐승 *cf.* 큰짐승
잔치설거지 *cf.* 비설거지
잔치옷
잔치 음식(-飮食) *cf.* 제사 음식
잔치 치르다 *cf.* 장사 치르다
잔치 터 *cf.* 샘터, 싸움터, 나루터, 활터
잔치해 주다
잔침질
잔칫날 *cf.* 회갑날, 장삿날, 생일날
잔칫상(-床) *cf.* 제사상, 생일상, 돌상
잔칫집 *cf.* 상갓집, 가겟집, 부잣집, 처갓집, 초상집
잔칫집 같다
잔칼질
잔칼질하다
잔털
잔파도(-波濤)
잔파동(-波動)
잔풀(어린풀)
잔풀내기
잔해더미(殘骸-) *cf.* 쓰레기더미, 퇴비더미, 잿더미, 흙더미
잔허리(가는허리) *cf.* 개미허리, 진허리
잔혹해져 가다(殘酷-)
잗다듬다
잗다랗다
잗다래지다
잗달다
잘 가
잘 나가다
잘나가다 <회사에서 한참 ~.>
잘나다(생긴 모양이 좋다.)
잘난 것 *cf.* 못난 것
잘난 척하다 *cf.* 척하다
잘난 체하다 *cf.* 체하다
잘났어 <저만 ~.>
잘 놀고 있다
잘다 하더라도
잘 대해 주다(-對-)
잘도 한다
잘되고 못 됨은
잘되고 있다
잘되다 <보급이 ~.>, <농사가 ~.>, <자손이 ~.>
잘되어 가다
잘된 곳

잘된 부분(-部分)
잘된 점(-點)
잘된 점과 잘못된 점(-點-點)
잘될 리 없다(-理-)
잘 들어 주다
잘라 가다
잘라 끼우다
잘라 내다
잘라 말하다
잘라매다
잘라 먹다 <바나나를 ~.>
잘라먹다 <장사 밑전을 ~.>
잘라 버리다
잘라버림
잘라 보자
잘라 붙이다
잘라올림
잘려 나가다
잘 먹다
잘못 가다
잘못 건드리다
잘못되다(그릇되거나 실패로 돌아가다.)
잘못되어 가다
잘못되었단 말이오 *cf.* 말이다/말이야
잘못된 <~ 글>, <~ 발음>, <~ 생활 태도>
잘못 듣다
잘 못 먹다 <술은 잘 못 먹는다.>
잘못 먹다 <음식을 잘못 먹어 탈이 나다.>
잘 못 보다(잘 보지는 못한다.) <밤눈을 잘 못 본다.>
잘못 보다 <사람을 잘못 보았다.>
잘못 보이다
잘 못 살다 <그는 잘 못 사는 사람이다.>
잘못 살다 <인생을 잘못 살았다고 후회하나.>
잘못 생각하다
잘 못 쓰다(잘 쓰지는 못한다.)
잘못 쓰다(틀리게 쓰다.)
잘못 알다
잘못 알아듣다

잘 못 알아듣다(잘 알아듣지 못하다.)
잘 못 알아보다(잘 알아보지 못하다.)
잘못 알아보다(틀리게 알아보다.)
잘못 없다
잘못이기나 한 듯 *cf.* 듯
잘못 읽다
잘못 잡다
잘못 짚다 <손을 잘못 짚어서 다치다.>
잘못짚다 <용의자를 잘못짚었다.>
잘못 키우다
잘 못 키우다
잘못하는 일
잘못하다
잘못 하다 <계산을 잘못 해서 손해 보다.>
잘 못 하다 <나는 노래는 잘 못 한다.>
잘못한 일
잘못한 점(-點)
잘 보이다
잘보임거리(-距離)/명시 거리(明視距離)
잘 빠지다 <단추가 ~.>
잘빠지다 <체격이 ~.>
잘사는('잘살고 못사는'의 뜻으로)
잘 살다('잘'을 강조하는 경우에는) <~가 와라.>
잘생겨 보이다
잘생기다 <얼굴이 ~.> *cf.* 못생기다
잘 쓴 글
잘 오다
잘 익다
잘 입다
잘 자라다
잘잘못
잘잘못간에(-間-)
잘코사니(고소하게 여기는 일)
잘하다 <공부를 ~.>, <일을 ~.>, <청소를 ~.>
잘하다 <잘한 일을 칭찬하다.>, <우기를 잘 하는 사람이다.>
잘한 일과 잘못한 일
잘해 나가다
잘해 내다

잘해 다오
잘해야(부사) <~ 본전이다.>, <~ 1년에 한 두 번 다녀갈 정도다.>
잘해 보자
잠가 놓다
잠가 두다
잠가 둔 채 *cf.* ㄴ 채, 채(의존 명사)
잠가 버리다
잠가 주다
잠겨 버리다
잠겨 있다
잠결에 *cf.* 꿈결에, 바람결에, 귓결에
잠귀 밝다
잠귀 빠르다
잠귀 어둡다
잠귀 엷다
잠귀 질기다
잠금장치(-裝置) *cf.* 시건장치, 기밀장치, 냉각 장치, 기속 장치
잠기운 <~이 가시지 않았다.> *cf.* 약기운, 술기운
잠깐 동안 *cf.* 오랫동안
잠깐만 <~ 기다려라.>
잠깐 만 <~에 다 완성하다.> *cf.* 만(의존 명사)
잠깐 사이
잠깐잠깐(부사)
잠깐 후에(-後-)
잠 깨다 *cf.* 술 깨다
잠꼬대 같은/같다 <~ 소리 다 한다.>
잠꾸러기 *cf.* 욕심꾸러기, 꾸러기
잠나라 *cf.* 꿈나라
잠누에
잠동무 *cf.* 글동무, 술친구
잠든 듯 *cf.* 듯
잠들기 전에(-前-)
잠들다
잠들듯이 *cf.* 듯이(어미)
잠들어 버리다
잠들어 있다
잠똥가리기(蠶-)(양잠) *cf.* 인똥가리기
잠 못 들다
잠 못 자다
잠방울 꿈방울
잠버릇 *cf.* 입버릇, 말버릇, 술버릇
잠복근무(潛伏勤務) *cf.* 잠복 초소
잠복시켜 놓다(潛伏-)
잠복해 있다(潛伏-)
잠 속에 *cf.* 꿈 속에
잠수종(潛水鐘)
잠시나마(暫時-) *cf.* 나마(조사)
잠시 동안(暫時-) *cf.* 잠깐 동안, 하루 동안, 오랫동안
잠시 뒤(暫時-)
잠식당하다(蠶食當-) *cf.* 당하다
잠식해 가다(蠶食-)
잠식해 오다(蠶食-)
잠실벌(蠶室-) *cf.* 황산벌
잠실 운동장(蠶室運動場)
잠 오다 *cf.* 졸음 오다
잠옷 *cf.* 일옷
잠옷 바람으로 *cf.* 내의 바람으로, 파자마 바람으로, 저고릿바람, 상툿바람, 동저고릿바람, 팬티 바람
잠은커녕 *cf.* 은 커녕(어미)
잠입해 오다(潛入-)
잠자고 오다
잠자는 숲속의 미녀(-美女)
잠자다
잠자리
잠자리 개기
잠자리(를) 개다
잠자리 날개 같다
잠자리 떼 *cf.* 송사리 떼, 양 떼, 벌 떼, 가마우지 떼, 모기떼
잠자리매듭 *cf.* 국화매듭, 외벌매듭, 개심매듭
잠자리비행기(-飛行機)
잠자리채 *cf.* 매미채

잠잠해져 가다(潛潛-)
잠재되어 있다(潛在-)
잠재우다
잠재워 놓다
잠재워 주다
잠재의식(潛在意識) *cf.* 개인의식, 선민의식, 사회의식, 우월 의식, 질서 의식
잠재해 있다(潛在-)
잠적해 버리다(潛跡-)
잠투정 *cf.* 밥투정, 술투정, 반찬 투정
잠투정하다
잡것(雜-)
잡곡밥(雜穀-)
잡곡타령(雜曲-)
잡과다식(雜果茶食)
잡기 위해(-爲-) *cf.* 하기 위해
잡나 보다 *cf.* 나 보다, 보다
잡녀석(雜-) *cf.* 잡놈, 잡년
잡는 체 <소년은 쇠파리라도 ~….> *cf.* 체(의존 명사)
잡담거리(雜談-) *cf.* 소일거리, 농담거리, 화젯거리, 이야깃거리
잡동사니(雜-)
잡되다(雜-)
잡된 생각(雜-)
잡말(雜-)
잡맛(雜-)
잡매다 *cf.* 잡아매다
잡매 주다
잡목 솎아내기(雜木-)
잡살뱅이
잡상인(雜商人)
잡색놀이(雜色-)
잡생각(雜-)
잡소리(雜-)
잡소리 나다(雜-) *cf.* 소리 나다
잡소문(雜所聞)
잡손실(雜損失)
잡손질(雜-) *cf.* 끝손질, 잔손질
잡손질하다(雜-)
잡수익(雜收益)
잡식구(雜食口)
잡아 가다 <고기를 잡아 가며 생활하다.>
잡아가다 <범인을 ~.>, <자리를 ~.>
잡아 가두다
잡아 가지고
잡아끊다
잡아끌다
잡아낚다
잡아내다
잡아내리다
잡아넣다
잡아 놓고 오다
잡아 놓다 <범인을 잡아 놓고 전화를 건다.>
잡아늘여 놓다
잡아늘이다
잡아 다오 *cf.* 해 다오
잡아당겨 주다
잡아당기다
잡아 두다 <손님을 ~.>
잡아들다 <초겨울에 ~.>
잡아들이다 <폭력배를 일제히 ~.>
잡아떼다 <혐의 사실을 딱 ~.>
잡아떼지 마라/마
잡아 뜯다 <머리를 ~.>
잡아매다
잡아매 두다
잡아먹다
잡아먹어 버리다
잡아먹히다
잡아 몰고 오르기
잡아 묶다 <돼지를 잡아 묶어 놓는다.>
잡아 부다
잡아 비틀다
잡아 빼다 <자기가 한 일이 아니라고 ~.>
잡아 뽑다 <못을 ~.>
잡아 오다 <범인을 ~.>, <오래 전부터 한강에서 고기을 잡아 왔다.>

잡아 주다 <손을 ~.>, <나비를 ~.>
잡아 죽이다
잡아 쥐다 <머리채를 ~.>
잡아채다 <머리채를 ~.>
잡아타다 <택시를 ~.>
잡아 흔들다 <잡아 흔들어 깨다.>
잡았나 보다 *cf.* 써나 보다, 보다
잡으러 가다
잡으러 다니다
잡으러 오다
잡으려는 듯 *cf.* 듯
잡으면서 말이야/말이다
잡은것(채광에 쓰이는 연장의 총칭)
잡은 듯하다 *cf.* 듯하다
잡은 채 *cf.* 채(의존 명사)
잡을까 말까 하다
잡을 만하다 *cf.* 만하다
잡을손(일을 다잡아 하는 솜씨)
잡을 테면 잡아라 *cf.* 터
잡음 나다(雜音-) *cf.* 탈 나다, 소리 나다, 소음 나다
잡음 내다(雜音-)
잡음 없다/없이(雜音-)
-잡이(접미사) *cf.* 칼잡이, 총잡이, 못줄잡이
잡이자(雜利子)
잡일(雜-) *cf.* 밭일, 땜일, 공일
잡자마자 *cf.* 먹자마자, 자마자
잡장개비(雜杖-) *cf.* 장작개비, 나뭇개비
잡지꽂이(雜誌-) *cf.* 신문꽂이
잡지 마라 *cf.* 마/마라/말아라(→마라)
잡지 수(雜誌數) *cf.* 학교 수, 교직원 수
잡채기(씨름)
잡채밥(雜菜-) *cf.* 짜장밥
잡체시(雜體詩) *cf.* 신체시
잡탕말(雜湯-)
잡혀 가다 <자리가 ~.>
잡혀가다 <수사 기관에 ~.>
잡혀 나오다
잡혀 먹다 <금반지를 전당포에 ~.>, <호랑이한테~.>
잡혀 오다
잡혀 있다
잡혀 주다 <일부러 잡혀 주었다.>
잡혀 죽다
잡혔나 보다 *cf.* 써나 보다, 보다
잡히어 죽느니
잡히자마자 *cf.* 놓아 주자마자, 자마자
잡힐 듯 말 듯하다 *cf.* 듯하다
잡힐 듯이 *cf.* 듯이
잡힐 듯 잡힐 듯 하면서도 *cf.* 듯
잡힐손(쓸모가 있는 재간) <~이 있는 사람>
잣 가게 *cf.* 쌀가게, 옷 가게, 과자 가게
잣가루 *cf.* 콩가루
잣값 *cf.* 쌀값, 고기값
잣기름 *cf.* 콩기름, 호두기름, 목화씨기름
잣나무 잎 *cf.* 솔잎, 갈잎, 연잎, 월계수잎, 아카시아 잎, 참나무 잎, 느티나무 잎
잣눈(한 자쯤 내린 눈) *cf.* 발등눈
잣대
잣불 *cf.* 횃불, 봉홧불
잣불놀이 *cf.* 쥐불놀이, 들불놀이
잣송이 *cf.* 밤송이, 포도송이, 머루송이, 꽃송이, 만두송이
잣송진(-松津)
잣엿 *cf.* 콩엿, 깨엿
잣 장수 *cf.* 쌀장수, 생선 장수, 비단 장수
잣죽(-粥) *cf.* 쌀죽, 개암죽
-장(丈)(접미사) *cf.* 노인장, 주인장
-장(狀)(접미사) *cf.* 초대장, 임명장
-장(長)(접미사) *cf.* 이사장, 공장장
-장(帳)(접미사) *cf.* 일기장, 단어장
-장(張)(접미사) *cf.* 구름장, 얼음장
-장(莊)(접미사) *cf.* 이화장, 돈암장
-장(場)(접미사) *cf.* 골프장, 경마장
-장(葬)(접미사) *cf.* 삼일장, 고려장
장(長)-(접두사) *cf.* 장거리, 장파장
장가가다 *cf.* 시집가다, 근친 가다
장가들다/장가들이다

장가보내다 *cf.* 시집보내다
장가오다 *cf.* 시집오다
장갑 끼다(掌匣-)
장갑차전(裝甲車戰) *cf.* 전차전
장거리(場-) *cf.* 저잣거리, 주막거리
장거리달리기(長距離-)
장거리(를) 달리다(長距離-)
장건건이(醬-)
장경판전(藏經版殿)
장관 자리(長官-) *cf.* 총리 자리, 사장 자리
장광설 끝에(長廣舌-) *cf.* 설교 끝에
장교반(將校班) *cf.* 하사관반, 사병반
장 구균(腸球菌)
장구놀이(장구재비가 춤을 추며 장구를 치는 놀이) *cf.* 씽징구놀이
장구매듭 *cf.* 국화매듭, 잠자리매듭
장구머리(건축)
장구목 마을
장구벌레
장구 소리 *cf.* 꽹과리 소리, 피리 소리
장구 장단 *cf.* 북장단, 칼장단, 입장단
장구채 *cf.* 북채, 양금채
장구춤
장구치기 *cf.* 북치기
장구 치다 *cf.* 북 치다
장 9 화음(長九和音)
장국 끓이기(醬-)
장국(을) 끓이다(醬-)
장국밥(醬-) *cf.* 국밥
장국밥집(醬-) *cf.* 곰탕집, 설렁탕집
장국상(醬-床)
장군놀이(將軍-)
장군 댁(將軍宅) *cf.* 장관 댁
장군 되다(將軍-)
장군 멍군(將軍-)
장군이야말로(將軍-) *cf.* 야말로
장군 집(將軍-) *cf.* 장관 집, 교장 집
장군총(將軍塚)
장귀틀(長-)

장기 두다(將棋-) *cf.* 바둑 두다
장기은행(臟器銀行) *cf.* 안구은행, 혈액은행, 골수 은행, 문제 은행
장기 자랑(長技-) *cf.* 힘자랑, 노래자랑
장기짝(將棋-)
장기타령(將棋-)
장기튀김(將棋-)(한 군데 일이 다른 데로 옮겨 미침.) *cf.* 도미노 현상, 파급 현상
장기판(將棋-)
장기화하다(長期化-)
장끼전(-傳) *cf.* 별주부전, 놀부전, 춘향전
장끼타령
장난감 *cf.* 놀림감, 구경감
장난감 가게 *cf.* 과자 가게, 학용품 가게
장난감 강아지 *cf.* 장난감 기차
장난감 같다
장난감 고릴라 *cf.* 장난감 강아지
장난감 기차(-汽車) *cf.* 장난감 자동차
장난감 놀이 <대나무로 만든 ~….> *cf.* 장난감놀이
장난감놀이 *cf.* 놀이
장난감 만들기
장난감(을) 만들다
장난감 비행기(-飛行機)
장난감 자동차(-自動車) *cf.* 장난감 기차
장난감 차(-車)
장난감 말
장난감 청진기(-聽診器)
장난감 총(-銃)
장난 같다
장난같이
장난기 섞이다(-氣-)
장난꾸러기 *cf.* 말썽꾸러기, 욕심꾸러기
장난꾼
장난말 <실없는 ~을 잘한다.>
장난삼아/삼다 *cf.* 공부삼아, 심심풀이삼아, 연습삼아, 운동삼아, 휴양삼아
장난치다
장난치지 마라 *cf.* 마/마라/말아라(→마라)

장난터 *cf.* 놀이터, 전쟁터, 원각사 터, 봉수대 터
장난하지 마라
장날(場-)
장날같이(場-)
장님술래
장님총(-銃)
장다리꽃
장·단기(長短期) *cf.* 중·장기
장단꼴
장단 맞다/장단 맞추다
장단 안 맞다
장단점(長短點)
장단 치다 *cf.* 장구 치다, 북 치다
장 담가 놓다(醬-)
장 담그기(醬-) *cf.* 김장 담그기
장(을) 담그다(醬-)
장담해 오다(壯談-)
장대 같다(長-)
장대같이(長-)
장대 끝(長-) *cf.* 추녀 끝, 처마 끝, 마루 끝, 바지랑대 끝
장대높이뛰기(長-) *cf.* 멀리뛰기
장대비(長-) *cf.* 가랑비, 부슬비, 이슬비, 작달비, 여우비, 모종비
장대추위(長-) *cf.* 잎샘추위, 손돌이 추위
장대타기(長-)
장대패(長-) *cf.* 배대패, 평밀이대패
장도막(場-)(장날과 장날 사이의 동안)
장도칼(粧刀-) *cf.* 부엌칼, 해부칼, 주머니칼
장독(醬-)
장독간(醬-間)
장독대(醬-臺)
장독대 너머(醬-臺-) *cf.* 어깨 너머로, 너머, 넘어
장독받침(醬-) *cf.* 책받침, 분받침, 화분받침
장독소(腸毒素)
장독소래기(醬-)(장독을 덮는 뚜껑)
장돌림(場-) *cf.* 장돌뱅이
장돌뱅이(場-)
장돌이(場-)
장례날(葬禮-) *cf.* 혼인날, 잔칫날, 제삿날
장례식 때(葬禮式-) *cf.* 결혼식 때
장례일(葬禮-) *cf.* 혼례일
장례 지내다(葬禮-) *cf.* 제사 지내다, 차례 지내다, 장사 지내다
장례 치르다(葬禮-) *cf.* 장사 치르다
장롱 쪽(欌籠-)
장리변/장리빚(長利-)
장릿벼(長利-)
장마 끝 *cf.* 가물 끝
장마당(場-) *cf.* 술마당
장마 들다 *cf.* 볕 들다
장마 때 *cf.* 가물 때
장마루(長-)(긴 널을 깔아서 만든 마루)
장마루널(長-) *cf.* 마룻널
장마비
장마 전선(-前線) *cf.* 한대 전선, 한랭 전선
장마 지다
장마철
장만해 놓다
장만해 두다
장만해 주다
장맛(醬-) *cf.* 밥맛, 술맛, 국맛, 꿀맛
장맛날
장맛비 *cf.* 가랑비, 이슬비, 부슬비, 장대비, 작달비, 모종비
장맞이(길목을 지키다가 사람을 만나는 것)
장모 집(丈母-) *cf.* 처갓집, 아들 집
장모 편에(丈母便-) *cf.* 장인 편에
장목비
장물아비(贓物-)
장미급(薔薇級) *cf.* 용장급
장미꽃(薔薇-)
장미꽃 꽃즙(薔薇-汁)
장미꽃 꽃잎(薔薇-)
장미색(薔薇色)(장미의 색깔)
장미유(薔薇油) *cf.* 제라늄유, 올리브유
장밋빛(薔薇-) *cf.* 연둣빛, 보랏빛, 자줏빛, 잿

빛, 핏빛, 산홋빛, 상앗빛, 마놋빛, 포돗빛, 대춧빛
버찌빛, 살구빛, 앵두빛, 치자빛
장바구니(場-)
장바닥(場-)
장반자(長-)
장백산맥(長白山脈) *cf.* 태백산맥
장변놀이(場邊-) *cf.* 빗놀이
장보기(場-)
장 보다(場-)
장 보러 가다(場-)
장 보러 나가다(場-)
장 보아 오다(場-)
장부맞춤 *cf.* 연귀맞춤, 끼워맞춤
장부빈턱맞춤
장부촉끼움(-鏃-)
장부촉이음(-鏃-)
장부턱맞춤
장부켜기톱 *cf.* 동가리톱, 내릴톱
장붓구멍 *cf.* 단춧구멍, 콧구멍, 귓구멍, 마룻구멍, 댓구멍, 열쇳구멍, 수챗구멍, 옹이구멍, 비녀장구멍
장사급(壯士級) *cf.* 페더급, 용장급, 역사급
장사꾼 같다
장사꾼같이
장사꾼 역(役-)
장사 나가다
장사놀이 *cf.* 놀이
장사눈 <~이 여간 밝지 않다>
장사 다녀오다
장사 다니다
장사 못하다
장사 안 하고 있다
장사일 *cf.* 농사일
장사 잘되다
장사 잘하다
장사 지내다(葬事-) *cf.* 제사 지내다, 차례 지내다, 장례 지내다
장사 지내 주다(葬事-)
장사 지낸 지 사흘 만에(葬事-) *cf.* 지(의존 명사), 만(의존 명사)
장사진(長蛇陣)
장사차(-次) *cf.* 상의차, 협의차, 논의차, 연구차, 차(접미사)
장사 치러 주다(葬事-)
장사 치르다(葬事-) *cf.* 장례 치르다
장삼놀음(長衫-)
장삼자락(長衫-) *cf.* 옷자락, 치맛자락, 소맷자락, 두루마기자락, 도포자락
장3화음(長三和音)
장삿거리 *cf.* 이야깃거리, 읽을거리, 화젯거리, 기삿거리, 시빗거리, 골칫거리
장삿길 *cf.* 여행길, 성묘길, 귀향길, 항해길, 퇴근길, 취재길, 하굣길, 귀갓길, 등굣길, 답삿길
장삿길 떠나다
장삿날(葬事-) *cf.* 제삿날, 결혼날, 잔칫날
장삿목 *cf.* 길목
장삿배
장삿속으로 *cf.* 꿍꿍이속, 잇속
장삿짐
장생불사(長生不死)
장생불사하다(長生不死-)
장 서다(場-)
장선받이(長線-)
장 선생 댁(張先生宅)
장성 댐(長城-) *cf.* 춘천 댐, 화천 댐
장 세기(場-)
장 세우다(場-)
장세척(腸洗滌) *cf.* 위세척
장 속(欌-)
장수벌(將帥-)(여왕벌) *cf.* 일벌, 병정벌
장승같다 *cf.* 호랑이 같다
장 승상 댁(張丞相宅)
장시세(場時勢)
장식깃(裝飾-) *cf.* 치렛깃
장식무늬(裝飾-)
장식썰기(裝飾-)
장식시침(裝飾-)

장식일꾼(裝飾-)
장식 핀(裝飾-) *cf.* 머리핀, 옷핀
장식해 놓다(裝飾-)
장신구 만들기(裝身具-)
장신구(를) 만들다(裝身具-)
장심도촬영(長深度撮影) *cf.* 접사 촬영
장씨(張氏) *cf.* 이씨, 김씨, 고씨, 장택상 씨 (장 씨)
장씨 댁에(張氏宅-) *cf.* 이씨 댁에, 황보씨 댁에, 양씨 댁에
장악하여 가다(掌握-)
장악해 놓다(掌握-)
장애경계(障礙境界)(군사) <지크프리트선과 같은 ~>
장애물넘기(障碍物-)
장애물(을) 넘다(障碍物-)
장애물 넘어 달리기(障碍物-)
장애물놀이(障碍物-)
장애물달리기(障碍物-)
장애물(을) 달리다(障碍物-)
장애상자(障礙箱子)(심리)
장앳줄 *cf.* 빨랫줄, 피댓줄, 고무줄, 줄넘기줄
장어구이(長魚-) *cf.* 삼치구이, 고등어구이
장어통발(長魚-) *cf.* 미꾸라지통발
장엄해 보이다(莊嚴-)
장운동(腸運動)
장원질소리(壯元-)
장유유서(長幼有序)
장유착증(腸癒着症)
장음계(長音階) *cf.* 단음계
장음정(長音程) *cf.* 단음정
장의 용품점(葬儀用品店) *cf.* 생활 용품
장읫감(葬儀-) *cf.* 혼숫감
장이론(場理論)
장이온 현미경(場-顯微鏡)
장인바치 일(匠人-)
장인어른(丈人-)
장인 집(丈人-) *cf.* 장모 집, 아들 집, 주인집, 처갓집, 외갓집, 사돈집, 사돈댁
장인 편에(丈人便-) *cf.* 장모 편에
장잎(이삭이 나오기 전에 마지막으로 나오는 잎) *cf.* 떡잎
장작가리(長斫-) *cf.* 볏가리, 노적가리
장작개비(長斫-) *cf.* 성냥개비, 나뭇개비
장작더미(長斫-) *cf.* 흙더미, 잿더미, 욕더미, 빚더미, 퇴비더미, 쓰레기더미, 잔해더미
장작모시(長斫-) *cf.* 세모시
장작바리(長斫-)
장작불(長斫-) *cf.* 숯불, 우죽불
장작윷(長斫-) *cf.* 콩윷
장전 돋움체(한국 무용)
장전 디딤체(한국 무용)
장전시키다(裝塡-)
장전해 놓다(裝塡-)
장점막(腸粘膜)
장조림(醬-) *cf.* 고추조림, 콩조림
장주기조(長週期潮)
장중첩증(腸重疊症)
장지두꺼비집(障-)
장지문(障-門) *cf.* 분합문, 지게문, 빈지문
장지살(障-)
장진걸음(한국 무용)
장짓가락(長指-) *cf.* 가운뎃손가락
장쪽박(醬-)(간장 쪽박)
장착해 놓다(裝着-)
장출혈(腸出血) *cf.* 위출혈
장 치고 초 치다(醬-醋-)
장치기
장치기채
장치다(말이 누워서 등을 땅에 비비다.)(장치기를 하다.)(독장치다.)
장치해 두다(裝置-)
장7화음(長七和音)
장카타르(腸-) *cf.* 위카타르
장타령(場-)
장타령꾼(場-)
장터(場-) *cf.* 샘터, 절터, 집터, 흉터
장터거리(場-)

장터어름(場-)
장티푸스균(腸-菌) *cf.* 페스트균, 이질균
장판돌(壯版-)(선광할 때에 쓰는 돌)
장판문(-門) *cf.* 거적문, 사립문
장판방(壯版房) *cf.* 흙방, 마루방
장판 색(壯版色)
장폐색증(腸閉塞症)
장항아리(醬缸-) *cf.* 술항아리, 꿀항아리
장해 보이다(壯-)
장협착(腸狹窄)
장호흡(腸呼吸)
장화 신다(長靴-) *cf.* 운동화 신다, 구두 신다
장화홍련전(薔花紅蓮傳)
장황해 보이다(張皇-)
장흘림(단청의)
장흥정하다(場-)
잦아들다
잦은걸음 *cf.* 잔걸음, 색시걸음, 오리걸음, 종종걸음
잦은몰이→자진모리
잦은방귀
잦혀 놓다
잦혀뛰기
재가받다(裁可-) *cf.* 허가받다, 받다
재가해 주다(裁可-)
재간둥이(才幹-)
재간 없다(才幹-)
재간 있다(才幹-)
재갈번지
재갈 물리다
재강죽(-粥) *cf.* 녹두죽, 전복죽
재개발되다(再開發-)
재건해 놓다(再建-)
재검토해 볼 만하다(再檢討-) *cf.* 만하다
재결정(再結晶)
재결합(再結合)
재교부해 주다(再交付-)
재교육시키다(再教育-)
재구성되다(再構成-)
재구성해 보다(再構成-)
재기동시키다(再起動-)
재기발랄하다(才氣潑剌-)
재기불능하다(再起不能-)
재기소(再起訴)
재나용선(再裸傭船)
재난당하다(災難當-) *cf.* 당하다
재난 입다(災難-)
재 너머(고개 저 쪽) <~에 사는 김 서방>
재 넘어 <자동차가 재(를) 넘어(서) 간다.>
재넘잇바람 *cf.* 손돌이바람, 채찍바람, 바닷바람
재녹음(再錄音)
재녹화(再錄畫)
재능 없다(才能-)
재능 있다(才能-)
재담 소리(才談-) *cf.* 우스갯소리, 노랫소리
재도급(再都給)
재래면(在來棉) *cf.* 육지면, 애급면, 미국면
재래시장(在來市場)
재래식(在來式)
재령평야(載寧平野) *cf.* 연백평야, 김포평야
재롱둥이(才弄-) *cf.* 귀염둥이
재롱 떨다(才弄-)
재롱받이(才弄-)
재롱 부리다(才弄-)
재롱이 엄마(才弄-)
재롱 피우다 *cf.* 재주 피우다
재료 모으기(材料-)
재료부비(材料副費)
재목감(材木-) *cf.* 땔감
재무제표(財務諸表)
재묻은떡(무당이 굿에 쓰고 남은 떡)
재미나다
재미나 보이다
재미 보다
재미 붙이다 *cf.* 취미 붙이다
재미삼아 하다 *cf.* 장난삼아 하다
재미스러워하다
재미없게 되다

재미없다
재미없어 보이다
재미없어지다
재미없어 하다
재미있게 꾸미기
재미있게 찍어 보기
재미있고 경쾌하게(-輕快-)
재미있는 낱말맞히기놀이 *cf.* 낱말맞히기놀이
재미있는 말놀이
재미있는 양(-樣) *cf.* 양(의존 명사)
재미있는 이야기 하시오 *cf.* 이야기하다
재미있다
재미있단 말야 *cf.* 말이다/말이오
재미있어 보이다
재미있어져 가다
재미있어하다
재미있어할 만하다
재미 적다
재미적다 <새로 시작한 사업이 ~.>, <내 말 무시하면 ~.>
재밋거리 *cf.* 흥밋거리, 이야깃거리
재받이돌(벽난로의)
재발견(再發見) <역사의 ~>
재발열(再發熱)
재방송해 주다(再放送-)
재배당되다(再配當-)
재배당해 주다(再配當-)
재배치(再配置)
재배치해 놓다(再配置-)
재배 하직하니(再拜下直-)
재배해 오다(栽培-)
재벌구이(再-) *cf.* 초벌구이, 애벌구이
재벌바르기(再-) *cf.* 초벌바르기
재보험(再保險)
재봉 바늘(裁縫-) *cf.* 금긋기 바늘, 나침반 바늘, 뜨개바늘, 작대기바늘, 돗바늘, 시곗바늘
재봉실(裁縫-) *cf.* 뜨개실
재봉틀 다루기(裁縫-)
재분류(再分類)
재분배(再分配)
재분할되다(再分割-)
재분해되다(再分配-)
재산상(財産上) *cf.* 신분상
재산 싸움(財産-) *cf.* 파벌 싸움, 자존심 싸움, 밥그릇 싸움, 계파 싸움, 패싸움, 집안싸움, 당파싸움, 사랑싸움
재산 없다(財産-)
재삼재사(再三再四)
재삼태기
재상 집(宰相-) *cf.* 교장 댁
재상집(宰相-)(재상가) <~의 딸> *cf.* 양반집, 부잣집
재생고무(再生-) *cf.* 재생 섬유, 재생 타이어
재생산(再生産) *cf.* 확대 재생산, 축소 재생산
재생산되다(再生産-)
재생시켜 주다(再生-)
재생유(再生油)
재석 수(在席數) *cf.* 재적수, 의원수
재선거(再選擧)
재수굿(財數-)
재수술(再手術)
재수 없다(財數-)
재수입(再輸入)
재수 있다(財數-)
재수 좋다(財數-)
재수출(再輸出)
재수출되다(再輸出-)
재수해 보다(再修-)
재승덕박(才勝德薄)
재시공(再施工)
재시험 보다(再試驗-)
재시험 치르다(再試驗-)
재신문(再訊問)
재심사(再審査)
재압연용(再壓延用)
재앙당하다(災殃當-) *cf.* 당하다
재앙 입다(災殃-)
재야인사(在野人事)

재야측(在野側)
재양치다 <모시를 ~.> *cf.* 쟁치다
재어 가다
재어 놓다
재어 두다
재어 보다 *cf.* 달아보다
재어 주다
재 올리다(齋-)
재우치다 <일을 ~.>
재워 놓다/재워 두다
재워 보내다
재워 주다
재위시에(在位時-) *cf.* 즉위시에, 시
재음미(再吟味)
재의결되다(再議決-)
재이용수(再利用水)
재인식시켜 주다(再認識-)
재임명되다(再任命-)
재임명해 주다(再任命-)
재임용(再任用)
재임 중에(在任中-) *cf.* 근무 중에
재입찰(再入札)
재잘재잘(부사)
재장바르다(좋지 않은 일이 생겨 꺼리침하다.)
<재장바르게 입질부터 한다.>
재재바르다(유쾌한 느낌이 있다.)
재적수(在籍數) *cf.* 재석 수
재적송표(再積送標)
재조명(再照明)
재조명해 보다(再照明-)
재조정(再調整)
재종간(再從間)
재종숙(再從叔)
재종조할아버지(再從祖-) *cf.* 6대조 할아버지
재종형(再從兄) *cf.* 고종형, 이종형, 육촌 형, 사촌 동생
재종 형제(再從兄弟) *cf.* 육촌 형제
재주껏 *cf.* 힘껏, 능력껏
재주꾼(才-)
재주넘기(才-)/재주넘다(才-)
재주놀이(才-)
재주 많다(才-)
재주 말고(才-) <~ 뭐가 있니?>
재주 부리다(才-)
재주 없다(才-)/재주 있다(才-)
재주 피우다(才-) *cf.* 재롱 피우다
재줏소리(판소리)
재직 중(在職中) *cf.* 근무 중
재진료비(再診療費) *cf.* 초진비
재채기하다
재처리하다(再處理-)
재촉해 나서다
재추대되다(再推戴-)
재추대해 주다(再推戴-)
재출발(再出發)
재취 자리(再娶-) *cf.* 후취 자리
재치 있다(才致-)
재침략(再侵略)
재침전(再沈澱)
재탈환되다(再奪還-)
재택근무(在宅勤務) *cf.* 회사 근무, 출퇴근 근무
재통일되다(再統一-)
재통일하다(再統一-)
재투자(再投資)
재투표(再投票)
재판관 역(裁判官役) *cf.* 피고 역, 변호사 역
재판날(裁判-)
재판놀이(裁判-)
재판매(再販賣)
재판받다(裁判-) *cf.* 심판받다, 받다
재판 중(裁判中) *cf.* 심판 중
재편되어 가다(再編-)
재평가되다(再評價-)
재평가받다(再評價-) *cf.* 심판받다, 받다
재평가세(再評價稅)
재평가액(再評價額)
재평가해 주다(再評價-)
재포기(再曝氣)(편수 자료의 '폭기'는 '포기'의

잘못)
재학습법(再學習法)
재학 중(在學中) *cf.* 수학 중
재할인료(再割引料)
재할인받다(再割引-)
재항고(再抗告)
재현해 내다(再現-)
재확인되다(再確認-)
재확인시켜 주다(再確認-)
재활용률(再活用率)
재활용품(再活用品)
재훈련(再訓練)
재흡수(再吸收)
잰걸음
잰걸음쳐 나가다
잼보리 대회 놀이(-大會-)
잿간(-間)
잿길
잿더미 *cf.* 흙더미, 퇴비더미, 쓰레기더미, 잔해더미, 욕더미, 산더미, 장작더미
잿더미 되다
잿더미 속
잿돈(齋-)
잿물 *cf.* 양잿물
잿물 내리다
잿물벽돌(-甓-) *cf.* 오지벽돌, 붉은 벽돌
잿물시루
잿밥(齋-) *cf.* 젯밥, 사잣밥
잿불 *cf.* 화롯불, 장작불, 검부잿불
잿빛 *cf.* 쥣빛, 횟빛, 우윳빛, 구릿빛, 핏빛, 포돗빛, 상앗빛, 산홋빛, 모싯빛, 마놋빛
앵두빛, 살구빛, 버찌빛
잿빛 무늬
쟁기날 *cf.* 도낏날, 가윗날, 대팻날, 면도날, 호미날
쟁기지게 *cf.* 물지게, 똥지게, 꼴지게, 나무지게
쟁기질하다
쟁깃고기(각을 뜨고 뼈를 바르지 않은 고기)
쟁깃밥 *cf.* 톱밥, 까뀟밥, 호밋밥
쟁반 같다(錚盤-)
쟁반국수(錚盤-)
쟁쟁해 보이다(錚錚-)
쟁점화되다(爭點化-)
쟁점화하다(爭點化-)
저 가운데 *cf.* 이 가운데
저 갈 길 가다
저같이 *cf.* 나같이
저것들 말이야 *cf.* 말이다
저것 때문에
저것 말고 이것 *cf.* 말고(동사 '말다'의 부사형. 조사로 보는 견해도 있음.)
저것 밖에 <~도 많이 있다.>
저것밖에 <~ 없다.> *cf.* 밖에(조사)
저것 좀 보렴 *cf.* 좀(부사)
저격당하다(狙擊當-) *cf.* 당하다
저고리 걸기
저고리(를) 걸다
저고리 차림 *cf.* 양복 차림
저고릿감 *cf.* 횟감, 치맛감, 양복감, 사윗감
저고릿바람 *cf.* 상툿바람, 동저고릿바람, 내의바람, 팬티 바람, 파자마 바람
저 골 물 <이 골 물 ~….>
저곳 *cf.* 이곳, 그곳, 어느 곳, 아무 곳
저곳 외에(-外-)
저공비행(低空飛行) *cf.* 고공비행, 곡예비행, 활공 비행, 정찰 비행
저공해차(低公害車)
저금통(貯金筒)
저금통장(貯金通帳) *cf.* 예금 통장, 예금 증서, 적금 통장
저기압(低氣壓) *cf.* 고기압
저기예요 *cf.* 이에요
저기 저기 저 달은
저까짓 것
저까짓 게
저까짓 놈
저까짓 일
저깟 놈

저 끝
저나마 <~ 없으면….> *cf.* 그나마, 나마
저 너머 사방으로(-四方-)
저녀석 <~이 그만….>, <~ 봐라.>
저 녀석 <~을 불러 와라.>
저녁거리 *cf.* 끼닛거리, 땟거리
저녁곁두리
저녁 그늘
저녁 길 *cf.* 밤길, 새벽길
저녁 꿈 *cf.* 초저녁 꿈, 새벽꿈
저녁 나들이
저녁나절 *cf.* 아침나절, 점심나절
저녁내
저녁노을 *cf.* 아침노을
저녁 늦게 *cf.* 밤늦게
저녁달
저녁닭 *cf.* 새벽닭
저녁때 *cf.* 아침때, 점심때
저녁뜸 *cf.* 아침뜸
저녁마을
저녁 먹다
저녁먹이
저녁 무렵 *cf.* 점심 무렵
저녁밥 *cf.* 아침밥, 점심밥
저녁 별 *cf.* 새벽별, 샛별, 초저녁 별
저녁볕 *cf.* 아침볕, 가을볕, 여름볕, 봄볕
저녁상(-床) *cf.* 아침상, 점심상
저녁상식(-上食) *cf.* 아침상식
저녁술 *cf.* 낮술
저녁쌀 *cf.* 아침쌀
저녁연기(-煙氣)
저녁잠 *cf.* 아침잠, 새벽잠
저녁차(-車) *cf.* 밤차, 새벽차
저녁잠 <~을 먹다.> *cf.* 아침잠, 저녁잠
저녁 해 *cf.* 아침 해
저녁 햇살 *cf.* 아침 햇살
저년/저놈
저놈의 독수리
저다지(부사) <~도 속이 좁을까?>
저당권자(抵當權者)
저당 잡다(抵當-) *cf.* 볼모 잡다
저당 잡히다(抵當-) *cf.* 볼모 잡히다
저 댁에(-宅-) *cf.* 이 댁에
저들 간에(-間-) *cf.* 그들 간에
저들 중에(-中-)
저따위로 *cf.* 이따위로, 그따위로
저따위 짓 *cf.* 이따위 짓, 그따위 짓
저딴(저따위)
저 때문에
저래 가지고 <~ 되겠어?>
저래봬도 *cf.* 이래봬도
저랬나 보다 *cf.* ㅆ나 보다, 보다
저러는 동안
저러던 중에(-中-)
저러려니 하고/하다 *cf.* 그러려니 하다
저러저러하다 *cf.* 이러이러하다
저런가 보다 *cf.* ㄴ가 보다, 보다
저런 가운데
저런가 하면
저런 걸
저런 게 아니다
저런 놈 <~을 그대로 둬?>
저런대로 *cf.* 그런대로, 이런대로, 대로
저런 데까지 *cf.* 데
저런 데서
저런 때에
저런 면에서(-面-)
저런 비에야 *cf.* 비
저런 식으로(-式-)
저런 자는(-者-)
저런 점(-點-)
저런 쪽으로
저런 뒷으로
저럴 거야 *cf.* 것이야
저럴 때마다 *cf.* 마다
저럴 바에야 *cf.* 바
저렇게밖에 안 된다 *cf.* 밖에(조사)
저렇기 때문에

저려 오다 <다리가 ~.>
저름나다(말이나 소가 다리를 절게 되다.)
저리 가 있어라
저리 되다
저릿저릿하다
저만저만하다 *cf.* 이만저만하다
저만치(부사)
저맘때 *cf.* 이맘때
저 멀리
저며 놓다
저며 먹다
저며썰기 *cf.* 깍둑썰기, 어슷썰기
저며 오다
저며 주다/저며 두다
저명인사(著名人事) *cf.* 지명인사, 유명 인사, 학계 인사, 정계 인사, 지도층 인사
저물녘
저물어 가다
저발열량(低發熱量)
저번에야말로(-番-) *cf.* 이번에야말로
저병원성(低病原性) *cf.* 고병원성
저보강보(低補强-)
저보게(감탄사) *cf.* 이보게
저보세요/저보시오/저보십시오(감탄사) *cf.* 이보세요, 여보세요
저봐라 *cf.* 이봐라
저분(대명사) *cf.* 이분, 그분, 이이, 저이
저분 말고 *cf.* 너 말고 네 친구, 이것 말고 저것, 말고(동사 '말다'의 부사형. 조사로 보는 견해도 있음.)
저 산 너머(-山-)(저 산 저쪽)
저 산 넘어(-山-)(저 산을 넘어)
저산소증(低酸素症)
저새끼 <~가 까불고 있다.> *cf.* 저놈
저선미루선(低船尾樓船)/저선수루선(低船首樓船)
저세상(-世上)(저승)
저세상 가다(-世上-)(죽다)
저소득층(低所得層) *cf.* 고소득층
저속도 촬영(低速度撮影) *cf.* 고속도 촬영
저속도층(低速度層)
저 속에 *cf.* 이 속에, 그 속에
저속해 보이다(低俗-)
저속해져 가다(低俗-)
저수해 두다(貯水-)
저술해 내다(著述-)
저승 가다 *cf.* 천당 가다
저승 간 뒤에/다음에
저승길 *cf.* 황천길, 피난길
저승꽃(검버섯)
저승말
저승문(-門) *cf.* 지옥문
저승빛
저승사자(-使者)
저승혼사굿(-婚事-)
저 아이 *cf.* 이 아이, 그 아이
저 애 *cf.* 이 애, 그 애
저어 가다/저어 오다
저어 나가다
저어 보다
저어 주다 <노를 ~.>, <물을 ~.>
저에너지 물리학(低-物理學)
저오염 산업(低汚染産業)
저온균(低溫菌) *cf.* 고온균, 중온균
저온 뜨임(低溫-) *cf.* 고온 뜨임
저온 풀림(低溫-)
저운동성(低運動性)
저울눈
저울질하다
저울추(-錘) *cf.* 다림추
저의 없다(底意-)/있다
저이(대명사) *cf.* 이이, 그이, 저분
저인구 밀도(低人口密度)
저자를 불러라(-者-) *cf.* 그자, 이자
저자식(-子息) <~이 까불고 있다.> *cf.* 저놈
저 자신이(-自身-)
저작권법(著作權法)
저 잘난 멋에
저잣거리 *cf.* 장거리, 주막거리

저장뿌리(貯藏-)
저장해 놓다(貯藏-)
저장해 두다(貯藏-)
저장해 보다(貯藏-)
저장해 오다(貯藏-)
저 정도밖에(-程度-) *cf.* 이 정도밖에, 밖에
저조시(低潮時) *cf.* 고조시
저 좀 보세요 *cf.* 나 좀 보세요, 좀(부사)
저주받다(詛呪-) *cf.* 받다
저주파관(低周波管)
저주해 오다(詛呪-)
저지난달 *cf.* 지난달, 지난주
저지난밤
저지난번(-番)
저지난해 *cf.* 지난해, 지난주, 이번 주
저지당하다(沮止當-) *cf.* 당하다
저지종(-種)(젖소 품종) *cf.* 건지종
저지해 오다(沮止-)
저질러 놓다
저질러 오다
저질화되다(低質化-)
저 쪽(저 페이지의 뜻으로는)
저쪽 *cf.* 이쪽(此方), 그쪽, 어느 쪽, 어떤 쪽, 아무 쪽
앞쪽, 뒤쪽, 위쪽, 아래쪽, 왼쪽, 오른쪽, 안쪽, 바깥쪽, 저쪽[彼方], 이쪽[我方]
저쪽[彼方] *cf.* 이쪽[我方]
저쪽 길
저쪽 끝
저쪽 땅
저쪽 멀리
저쪽 산(-山)
저쪽 언덕
저쪽은 저쪽대로
저쯤 *cf.* 이쯤, 그쯤, 어디쯤
저처럼 *cf.* 너처럼
저촉받다(抵觸-) *cf.* 받다
저축왕(貯蓄王) *cf.* 판매왕, 생산왕, 타격왕
저축해 두다(貯蓄-)
저축해 오다(貯蓄-)
저탄소강(低炭素鋼) *cf.* 고탄소강
저팽창류(低膨脹流)
저편(-便)(저쪽) *cf.* 이편[此方], 그편, 어느 편, 아무 편
저편(-便) <~ 사람> *cf.* 저쪽
저편짝(-便-) *cf.* 이편짝
저하되어 가다(低下-)
저 할 나름이다
저합금강(低合金鋼) *cf.* 고합금강
저항 상자(抵抗箱子) *cf.* 어둠상자, 안개상자
저항시(抵抗詩) *cf.* 민족시, 사상시, 참여시
저항 없다(抵抗-)
저항해 오다(抵抗-)
저혈당증(低血糖症) *cf.* 고혈당증
저혈압증(低血壓症) *cf.* 고혈압증
저휘발성탄(低揮發性炭)
저희들 간에(-間-)
저희들 깐에는 *cf.* 깐(의존 명사)
저희들 중에(-中-)
저희 집/저희 집 일
적거나 많거나 간에(-間-)
적그리스도(敵-)
적금 들다(積金-)
적나라하다(赤裸裸-)
적다 해도 *cf.* 많다 해도
적당해 보이다(適當-)
적당해져 가다(適當-)
적대분자(敵對分子) *cf.* 적색분자, 이색분자, 돌출 분자
적대시해 오다(敵對視-)
적대해 오다(敵對-)
적도 기단(赤道氣團) *cf.* 열대 기단
적도면(赤道面)
적도 반류(赤道反流) *cf.* 적도 잠류
적도의식(赤道儀式) *cf.* 경위의식
적도 잠류(赤道潛流) *cf.* 적도 반류
적도파(赤道波)
적란운(積亂雲)/쌘비구름

적립해 가다(積立-)/적립해 오다(積立-)
적립해 두다(積立-)
적막강산(寂寞江山)
적막해 보이다(寂寞-)
적막해져 가다(寂寞-)
적바림(나중에 참고하기 위해 적어 둠.)
적발당하다(摘發當-) *cf.* 당하다
적발해 내다(摘發-)
적색맹(赤色盲) *cf.* 녹색맹
적산계기(積算計器) *cf.* 기록계기, 지시계기, 비행계기, 항해 계기, 항법 계기
적색경보(赤色警報) *cf.* 청색경보, 황색경보
적색구역(赤色區域)(공산주의 세력)
적색분자(赤色分子) *cf.* 반동분자, 불평분자, 테러 분자, 불온 분자
적색혁명(赤色革命) *cf.* 명예혁명, 역성혁명, 녹색 혁명, 산업 혁명
적선지대(赤線地帶)(홍등가) *cf.* 사각지대, 무풍지대, 지뢰 지대, 곡창 지대
적선하는 셈 치고(積善-) *cf.* 노는 셈 치고
적선해 주다(積善-)
적셔 가다
적셔 가지고
적셔 놓다
적셔 보다
적셔 주다
적쇳가락(炙-) *cf.* 젓가락, 윷가락
적수공권(赤手空拳)
적신호(赤信號) *cf.* 청신호
적심쌓음/쌓기(積心-)(건축)
적십자기(赤十字旗) *cf.* 녹십자기
적십자정신(赤十字精神) *cf.* 적십자 원칙
적십자측(赤十字側)
적아세포(赤芽細胞)
적어 가다/적어 오다
적어 나가다
적어 내다
적어 넣다
적어 놓다
적어 보내다
적어 보다
적어 보이다
적어 주다
적열 메짐(赤熱-) *cf.* 청열 메짐
적외선등(赤外線燈) *cf.* 자외선등, 백열등, 텅스텐 등
적외선램프(赤外線-) *cf.* 자외선램프, 텅스텐 램프
적외선막(赤外線膜)
적외선성(赤外線星)
적외선원(赤外線源)
적용받다(適用-) *cf.* 받다
적용해 오다(適用-)
적유산맥(狄踰山脈) *cf.* 낭림산맥, 멸악산맥
적은가 보다 *cf.* 많은가 보다, 보다
적을뿐더러 *cf.* ㄹ뿐더러(어미)
적을 뿐 아니라 *cf.* ㄹ 뿐 아니라
적응되어 가다(適應-)
적응부전(適應不全) *cf.* 기능 부전, 신부전, 심부전
적응해 나가다(適應-)
적응해 오다(適應-)
적이나하면(형편이 다소라도 되면)(부사)
적자 나다(赤字-) *cf.* 흑자 나다
적자 내다(赤字-) *cf.* 흑자 내다
적자 보다(赤字-) *cf.* 흑자 보다, 손해 보다
적자생존(適者生存)
적잖다
적재되어 있다(積載-)
적재적소(適材適所)
적재정량(積載定量)
적재해 놓다(積載-)
적적할까 봐
적적해 보이다(寂寂-)
적절해 보이다(適切-)
적조 현상(赤潮現象) *cf.* 녹조 현상
적중해 오다(的中-)
적지 않다 *cf.* 적잖다

적토길(赤土-) *cf.* 황토길, 진흙길, 자갈길
적합해 보이다(適合-)
적혀 있다
적화사상(赤化思想) *cf.* 계몽사상, 반전사상, 민본 사상, 퇴폐 사상
-전(展)(접미사) *cf.* 시화전, 개인전
-전(戰)(접미사) *cf.* 육박전, 청백전
-전(傳)(접미사) *cf.* 춘향전, 심청전, 유관순전
-전(殿)(접미사) *cf.* 대웅전, 근정전
전(全)ᵛ(관형사) *cf.* 전 가족, 전 시민, 전 회원, 전 사원
전(前)ᵛ(관형사) *cf.* 전 대통령, 전 서울시장
전(全)-(접두사) *cf.* 전교생, 전국, 전속력, 전세기, 전음계, 전반사
전(前)-(접두사) *cf.* 전날, 전달, 전전달, 전처, 전해, 전주
전가산기(全加算器)
전 가족(全家族)
전가하려 하다(轉嫁-)
전가해 버리다(轉嫁-)
전감산기(全減算器)
전갈자리 *cf.* 큰곰자리
전 같으면(前-) *cf.* 옛날 같으면
전개도 그리기(展開圖-) *cf.* 겨냥도 그리기
전개도(를) 그리다(展開圖-)
전개도 알아보기(展開圖-)
전개되어 가다(展開-)
전개해 나가다(展開-)
전개해 오다(展開-)
전공과목(專功科目) *cf.* 선택 과목, 이수 과목, 필수 과목
전 공무원(全公務員) *cf.* 전 경찰, 전 군인
전과 달리(前-)
전과음(轉過音)
전 과정(全過程 / 全課程)
전과정 평가(全過程評價)
전광석화(電光石火)
전광욕(電光浴) *cf.* 일광욕
전광전구(電光電球) *cf.* 백열전구, 할로젠〔할로겐〕전구, 텅스텐 전구, 삼파장 전구
전교생(全校生)
전교생 수(全校生數) *cf.* 전 학급 수
전 교수(前教授)
전 교수(全教授)(모든 교수, 전씨 성의 교수)
전 교원(全教員) *cf.* 전 공무원
전 교육부 장관(前教育部長官)
전 교직원(全教職員)
전구 갈아 끼우기(電球-)
전구에 불 켜기(電球-)
전 구청장(全/前區廳長)
전국 곳곳에서(全國-)
전국구 의원(全國區議員)
전 국무 위원(全國務委員)
전 국무총리(前國務總理)
전 국민(全國民) *cf.* 전 유권자
전 국토(全國土)
전 국회의원(前/全國會議員)
전군(全軍) <~의 간부화>
전 군수(前郡守)
전 군 수협장(前郡水協長)
전근 가다(轉勤-) *cf.* 이사 가다
전근대 사회(前近代社會)
전근되어 오다(轉勤-)
전근 보내다(轉勤-)
전근시켜 주다(轉勤-)
전근해 오다(轉勤-)
전기가오리(電氣-) *cf.* 전기뱀장어
전기·기계 설비공(電氣·機械設備工)
전기 기타(電氣-)
전기꽂이(電氣-) *cf.* 편지꽂이
전기난로(電氣暖爐) *cf.* 석유난로, 가스난로, 석탄 난로, 장작 난로
전기냄비(電氣-)
전기냉장고(電氣冷藏庫) *cf.* 전기 냉장고(편수 자료 '공업')
전기다리미(電氣-)
전기담요(電氣毯-)
전 기동력(全起動力)

전기력선(電氣力線)

전기력선 다발(電氣力線-)/전기력선속(電氣力線束)(편수 자료)

전기로강(電氣爐鋼) *cf.* 평로강

전기맷돌(電氣-)

전기메기(電氣-) *cf.* 전기가오리

전기면도기(電氣面刀器)

전기밥솥(電氣-)

전기밥통(電氣-桶)

전기방석(電氣方席)

전기뱀장어(電氣-長-)

전기보일러(電氣-) *cf.* 석유보일러, 연탄보일러, 중유보일러, 가스 보일러

전기삽(電氣-) *cf.* 공병삽, 야전삽, 모종삽

전기세탁기(電氣洗濯機) *cf.* 전기 브레이크, 전기 소리굽쇠, 전기 수진기, 전기 진동기

전기솥(電氣-)

전기스탠드(電氣-)

전기스토브(電氣-) *cf.* 전기난로, 석탄난로, 장작 난로

전기 악기(電氣樂器) *cf.* 가락 악기, 리듬 악기, 전자 악기

전 기업체(全企業體)

전기온돌(電氣溫突) *cf.* 온수온돌(북한)

전기온수기(電氣溫水器) *cf.* 태양열 온수기

전기욕(電氣浴)

전기용품(電氣用品) *cf.* 생활 용품, 주방 용품

전기의자(電氣椅子)

전기인두(電氣-)

전기작살(電氣-)

전기장판(電氣壯版)

전기쟁반(電氣錚盤)

전기·전자 제품(電氣·電子製品)

전기종(電氣鐘)

전기 중세 국어(前期中世國語)

전기 진동기(電氣振動器)

전기진자(電氣振子)/전기 흔들이(電氣-)

전기 청진기(電氣聽診器)

전기초인종(電氣超人鐘)

전기칼(電氣-) *cf.* 기계칼

전기톱(電氣-) *cf.* 기계톱

전기풍로(電氣風爐) *cf.* 석유풍로, 가스풍로, 숯 풍로

전기 프라이팬(電氣-)

전깃불(電氣-) *cf.* 화롯불, 번갯불, 소줏불, 전등불

전깃불 쪽(電氣-)

전깃줄(電氣-) *cf.* 빨랫줄, 낚싯줄, 피댓줄, 시곗줄, 고무줄, 줄넘기줄

전깍쟁이(全-) <돈 한 푼 안 쓰는 ~이다.>

전나무 가지 *cf.* 소나무 가지, 단풍나무 가지

전나무 숲 *cf.* 아카시아 숲

전나무 잎 *cf.* 오동잎, 단풍잎, 버들잎, 나뭇잎, 느티나무 잎, 소나무 잎, 자작나무 잎

전날(前-) *cf.* 훗날

전날 밤(前-)

전남편(前男便) *cf.* 전서방, 후남편

전냇집(殿內-)(길흉을 점치는 집)

전념하다시피 하다(專念-) *cf.* 다시피 하다

전념해 오다(專念-)

전다리(前-)(그전의 지위)

전다리 <~를 끌고 온양까지 온다.>

전 단계(前段階) *cf.* 앞 단계

전답윤환(田畓輪換)

전달 말에(前-末-) *cf.* 이달 말에

전달받다(傳達-) *cf.* 받다

전달 초에(前-初-) *cf.* 이달 초에

전달해 보다(傳達-)

전달해 주다(傳達-)

전담시켜 놓다(全擔-)

전담하다시피 하다(全擔-) *cf.* 다시피 하다

전담해 오다(全擔-)

전당업자(典當業者) *cf.* 보험업자

전당 잡히다(典當-) *cf.* 볼모 잡히다

전대띠(戰帶-)

전대미문(前代未聞)

전 대통령(前大統領)

전도띠(傳導-)

전도양양(前途洋洋)
전도요원(前途遙遠)
전도 자금(前渡資金)
전동기 만들기(電動機-)
전동차 소리(電動車-) *cf.* 기차 소리, 비행기 소리, 자동차 소리
전두리 <그릇의 ~>
전등갓(電燈-)
전등갓걸이(電燈-)
전등갓 만들기(電燈-)
전등불(電燈-) *cf.* 전깃불, 남폿불, 등잔불, 촛불, 봉홧불, 잉걸불
전등빛(電燈-)
전등알(電燈-)
전라남도(全羅南道)
전라남·북도(全羅南·北道)
전라도 땅(全羅道-)
전라북도(全羅北道)
전라좌도수군절도사(全羅左道水軍節度使)
전락되어 가다(轉落-)
전락시켜 버리다(轉落-)
전란가루(全卵-)/전란분(全卵粉)
전락해 가다(轉落-)
전락해 버리다(轉落-)
전래되어 오다(傳來-)
전래해 오다(傳來-)
전력달리기(全力-)
전력량계(電力量計)
전력투구하다(全力投球-)
전례 없다(典例/前例-)
전류력계형 계기(電流力計型計器)
전류손(電流損)
전리층파(電離層波)
전립선암(前立腺癌)
전립선염(前立腺炎)
전립선증(前立腺症)
전만 못하다(前-) *cf.* 못하다
전망 없다(展望-)
전망 있다(展望-)
전망 좋다(展望-)
전망해 오다(展望-)
전맞춤(廛-) *cf.* 안성맞춤
전 매스컴(全-)
전매익금(專賣益金)
전매특허(專賣特許) *cf.* 신안 특허, 발명 특허, 의장 전용권
전면깎기(全面-) *cf.* 측면깎기
전 면장님(前面長-)
전멸되어 버리다(全滅-)
전멸시켜 버리다(全滅-)
전멸해 버리다(全滅-)
전몰군경(戰歿軍警)
전몰장병(戰歿將兵)
전무식하다(全無識-)
전무이사(專務理事) *cf.* 상무이사, 대표 이사
전무후무하다(前無後無-)
전문대학(專門大學)
전문어 사전(專門語辭典)
전문학교(專門學校) *cf.* 전문대학
전문화되어 가다(專門化-)
전문화되어 있다(專門化-)
전문화하다(專門化-)
전 미국(全美國) *cf.* 전 일본, 전 중국
전민변정도감(田民辨正都監)
전 민족(全民族)
전바닥(磚-)('벽돌 전'의 '전바닥') *cf.* 흙바닥, 타일 바닥, 시멘트 바닥
전반사(全反射)
전반생(前半生)
전방송파 방식(全放送波方式)
전방층 쌓기(前方層-)
전번(前番) *cf.* 지난번, 지지난번, 전전번
전병코(煎餅-) *cf.* 사자코, 함실코, 주먹코
전보 받다(電報-) *cf.* 편지 받다
전보용지(電報用紙) *cf.* 인쇄용지, 포장용지, 사무용지, 복사 용지
전보 치다(電報-)
전복되어 버리다(顚覆-)

전복시켜 버리다(顚覆-)
전복쌈(全鰒-) *cf.* 고기쌈, 상추쌈
전복죽(全鰒粥) *cf.* 홍합죽
전봇대(電報-)
전봇대 같다/전봇대같이(電報-)
전봇줄(電報-) *cf.* 전깃줄
전부인 양(全部-樣) *cf.* 양(의존 명사)
전 부총리(前副總理)
전북평야(全北平野) *cf.* 호남평야
전분비선(全分泌腺) *cf.* 외분비선
전분 6등급(田分六等級)
전비교기(全比較機)
전사내(前-) *cf.* 전서방
전 사원(全/前社員)
전산화해 놓다(電算化-)
전색맹(全色盲) *cf.* 부분 색맹
전 생애(全生涯)
전선 강수(前線降水)
전선면(前線面)
전선 안개(前線-) *cf.* 증발 안개, 활승 안개
전설 모음(前舌母音) *cf.* 중설 모음, 후설 모음, 이중 모음
전성기기(前性器期)(심리학)
전성시대(全盛時代) *cf.* 황금시대, 영웅시대, 수렵 시대, 에도 시대
전성 어미(轉成語尾)
전 세계(全世界) *cf.* 온 세계
전 세계인(全世界人)
전 세계적으로(全世界的-)
전세방(傳貰房)
전세살이(傳貰-) *cf.* 셋방살이, 시집살이, 감옥살이, 살이
전세월(前歲月)
전세차(專貰車)
전셋돈(傳貰-)
전셋집(傳貰-) *cf.* 셋집
전소해 버리다(全燒-)
전속력(全速力)
전속력 내다(全速力-)
전수가결(全數可決) *cf.* 거수가결, 만장일치 가결, 과반수 가결
전수두(全水頭)
전수로왕릉(傳首露王陵)
전수받다(傳受-) *cf.* 받다
전수해 주다(傳受-)
전순열(全順列)
전술(全-)(전내기의 술)
전승되어 오다(傳承-)
전승, 발전시키다(傳承, 發展-)
전승시켜 주다(傳承-)
전 시간(前時間) <~에 배운 내용이다.>
전시경제(戰時經濟) *cf.* 자유 경제, 통제 경제, 계획 경제, 전쟁 경제
전시녹음(前時錄音)(영화에 쓸 음악을 미리 녹음하는 일)
전시대(前時代) <~에 비하여….>
전시되어 있다(展示-)
전 시민(全市民)
전 시장(全/前市長)
전시해 놓다(展示-)
전시해 보자(展示-)
전시회 준비하기(展示會準備-)
전신(全身)
전신사진(全身寫眞) *cf.* 증명사진, 여권 사진, 명함판 사진, 영정 사진
전신상(全身像) *cf.* 반신상
전 신자들(全信者-)
전신환(電信換) *cf.* 우편환
전심전력(全心全力/專心專力)
전아내(前-) *cf.* 전남편
전 아시아(全-) *cf.* 전 유럽
전양방성(全兩方性)
전안구염(全眼球炎)
전어머니(前-) *cf.* 새어머니
전업농가(專業農家)/전업농(專業農) *cf.* 겸업농가, 전업 주부
전에 없이(前-)
전 역량(全力量) <~을 쏟아….>

전열선(電熱線)
전열 온상(電熱溫床) *cf.* 햇볕 온상, 양열온상, 비닐 온상
전염병설(傳染病說)
전염병원(傳染病源)
전염성 병(傳染性病)
전염시켜 주다(傳染-)
전왕(前王) *cf.* 새 왕
전 왕(前王) *cf.* 그 전 왕
전용해 오다(轉用/專用-)
전원도시(田園都市) *cf.* 암흑 도시, 과밀 도시, 행징 도시
전원생활(田園生活) *cf.* 자연생활, 도시 생활, 농촌 생활
전원주택(田園住宅) *cf.* 농촌 주택
전위차계(電位差計)
전 위험 담보(全危險擔保)
전위차계법(電位差計法)
전 유권자(全有權者) *cf.* 전 국민
전 유럽(全-) *cf.* 전 아시아
전 의원(全議員)(모든 의원, 전씨 성의 의원)
전 의원(前議員)(전의 의원)
전이모사(轉移模寫)
전이열(轉移熱)
전이중화(全二重化)
전인격(全人格)
전 인류(全人類)(모든 인류)
전인미답(前人未踏)
전 인민(全人民)
전 일본(全日本) *cf.* 전 미국, 전 중국, 전미
전일제(全日制) *cf.* 정시제, 2부제, 3부제
전입신고(轉入申告) *cf.* 결석신고, 퇴거 신고, 전출 신고
전입해 오다(轉入-)
전자가스(電子-)
전자건판(電子乾板) *cf.* 유리 건판, 필름 건판
전자계산기(電子計算機)
전자관(電子管)
전자관 시계(電子管時計) *cf.* 원자시계, 전자시계, 아날로그시계, 디지털시계, 전파시계
전자구름(電子-) *cf.* 원자구름, 비행기구름
전자기력(電磁氣力)
진자기설(電磁氣說)
전자기장(電磁氣場)
전자기파(電磁氣波)
전자기학(電磁氣學)
전자기힘(電磁氣-)
전자껍질(電子-) *cf.* K껍질, L껍질, M껍질, N껍질, 전자 부껍질
전자두뇌(電子頭腦) *cf.* 인공두뇌
전자레인지(電子-) *cf.* 가스레인지, 석유 레인지, 전자 레인지(편수 자료 '공업')
전자 바다 모형(電子-模形)
전자볼트(電子-)
전자 부껍질(電子副-) *cf.* 전자껍질
전자 빔(電子-)
전자살(電子-)
전자수첩(電子手帖) *cf.* 경찰수첩, 군인 수첩, 교무 수첩
전자시계(電子時計) *cf.* 원자시계, 디지털시계, 아날로그시계
전자쌍(電子雙)
전자쌍 반발(電子雙反撥)
전자쌍받개(電子雙-)/전자쌍 받개(편수 자료 '화학')
전자쌍주개(電子雙-)/전자쌍 주개(편수 자료 '화학')
전자쌍 생성(電子雙生成)
전자쌍 소멸(電子雙消滅)
전자오락(電子娛樂)
전자 용품(電子用品) *cf.* 전기용품, 생활 용품
전자자물쇠(電子-) *cf.* 맹꽁이자물쇠, 붕어자물쇠, 쌍룡자물쇠
전자저울(電子-) *cf.* 접시저울, 양팔 저울, 용수철저울, 용수칠 저울(편수 자료)
전자 지갑(電子-)
전자 지도(電子地圖) *cf.* 그림지도, 방언 지도, 문화 지도, 관광 지도
전자창(田字窓) *cf.* 아자창, 용자창
전자총(電子銃) *cf.* 고무총, 화약총, 가스총

전자파관(電磁波管)
전자·화학 공업(電子·化學工業)
전 장관(全長官)(모든 장관, 전씨 성의 장관)
전 장관(前長官)(전의 장관)
전 장병들(全將兵-)
전 재산(全財産)(모든 재산)
전재해 놓다(轉載-)
전쟁가스(戰爭-) *cf.* 독가스
전쟁 같다(戰爭-)
전쟁고아(戰爭孤兒)
전쟁 나다(戰爭-) *cf.* 싸움 나다
전쟁놀이(戰爭-)
전쟁미망인(戰爭未亡人)
전쟁상인(戰爭商人) *cf.* 무기 상인
전쟁시(戰爭詩) *cf.* 애국시, 참여시
전쟁 일으키다(戰爭-)
전쟁 전에(戰爭前-)
전쟁 중(戰爭中) *cf.* 전투 중
전쟁 치르다(戰爭-)
전쟁터(戰爭-) *cf.* 싸움터, 활터, 빨래터, 나루터, 약수터, 사냥터, 원각사 터
전전걸식(轉轉乞食)
전전긍긍하고 있다(戰戰兢兢-)
전전긍긍해 오다(戰戰兢兢-)
전전날(前前-)
전전년(前前年)
전전달(前前-)
전 전동력(全電動力)
전전반측(輾轉反側)
전전번(前前番) *cf.* 전번, 지난번, 지지난번
전전압 기동(全電壓起動)
전전주(前前週)
전전 주일(前前週日)
전전해(前前-) *cf.* 재작년
전전해 오다(轉轉-)
전정가위(剪定-) *cf.* 전지가위, 함석가위
전제 아래(前提-)
전제와 결론 간(前提-結論間)
전제주의(專制主義)
전제하(前提下)
전조등(前照燈) *cf.* 후미등, 탐조등, 깜빡이등
전 조작기(前造作期)
전주(前週) *cf.* 이 주, 다음주, 이해, 이달, 이번 주, 지난주
전주계열 단계(前主系列段階)(지구 과학)
전주등(全周燈)
전주며 걷기(한국 무용)
전주며 다지기(한국 무용)
전주며 앉기(한국 무용)
전 주민들(全住民-)
전주 반닫이(全州半-)
전지분유(全脂粉乳) *cf.* 탈지분유
전주비빔밥(全州-) *cf.* 함흥냉면, 평양냉면
전 주일(前週日) *cf.* 전주, 이 주일
전 중국(全中國)
전증다리미(電蒸-) *cf.* 전기다리미, 증기다리미
전지가위(剪枝-) *cf.* 전정가위, 함석가위
전지끼우개(電池-) *cf.* 플러그
전지 수(電池數) *cf.* 배터리 수
전 지역(全地域)
전지전능하다(全知全能-)
전지훈련(轉地訓鍊) *cf.* 집체 훈련, 기동 훈련, 합숙 훈련
전 직원(全職員)
전진해 나가다(前進-)
전진해 오다(前進-)
전진, 후퇴하기(前進後退-)
전짓다리(삼 등을 삼을 때에 쓰는 기구) *cf.* 지겟다리, 쳇다리
전짓불(電池-) *cf.* 전깃불
전찻길(電車-) *cf.* 기찻길, 뱃길, 자동찻길, 마찻길, 자전거길, 비행기길
전찻삯(電車-) *cf.* 버스삯, 기찻삯
전 책임(全責任)
전 책임 지다(全責任-) *cf.* 책임지다
전처(前妻)
전처리제(前處理制)
전처소생(前妻所生) *cf.* 후처소생

전천후기(全天候機) *cf.* 전천후 전투기
전철 밟다(前轍-)
전체의식(全體意識) *cf.* 개인의식, 계급의식, 국가 의식, 경제 의식
전체주의(全體主義)
전 총리(前總理)
전추출액(全抽出額)
전출되어 가다(轉出-)
전출 신고(轉出申告) *cf.* 전입신고, 결석신고, 퇴거 신고
전출·입 신고(轉出·入申告)
전출해 가다(轉出-)
전측면각(全側面角)
전토기(-土器)
전통극(傳統劇) *cf.* 마당극, 전통춤
전통놀이(傳統-)(체육)
전통문화(傳統文化) *cf.* 고유문화, 외래문화, 음주 문화, 구석기 문화, 전통 음악, 전통 문학
전통 없다(傳統-)
전통 있다(傳統-)
전통주머니(箭筒-) *cf.* 연장주머니, 신발주머니
전통주의(傳統主義)
전통춤(傳統-) *cf.* 전통극
전투과성 막(全透過性膜)
전투 끝에(戰鬪-)
전투 중(戰鬪中) *cf.* 작전 중
전투태세(戰鬪態勢) *cf.* 경계 태세, 공격 태세, 방어 태세
전파시계(電波時計) *cf.* 원자시계, 분자시계, 전자시계, 디지털시계, 아날로그시계, 수정 시계
전파 항법(電波航法)
전하값(電荷-)
전하러 오다(傳-)
전하수(電荷數)
전학 가다(轉學-) *cf.* 유학 가다
전학 가 버리다(轉學-)
전 학년(全學年)
전학 다니다(轉學-)
전 학생(全學生)
전학 오다(轉學-)
전학 온 지(轉學-) *cf.* 지(의존 명사)
전학해 가다(轉學-)
전학해 오다(轉學-)
전할 길 없다(傳-)
전항(前項)(법 용어, 수학 용어에서) *cf.* 전조, 전 절, 전 목
전해(前-)(지난해)
전해 가다(傳-)
전해 내려오다(傳-)
전해 놓다(傳-)
전해 달라고 하다(傳-)
전해 두다(傳-)
전해 드리다(傳-)
전해 듣다(傳-)
전해 보다(傳-)
전해 오다(傳-)
전해 주다(傳-)
전화 걸기 놀이(電話-)
전화 걸다(電話-)
전화 걸어 주다(電話-)
전화놀이(電話-) *cf.* 놀이
전화드리다(電話-) *cf.* 드리다
전화박스(電話-)
전화 받다(電話-) *cf.* 편지 받다, 전보 받다
전화번호(電話番號) *cf.* 수험 번호, 차량 번호, 좌석 번호, 비밀 번호, 참가 번호
전화 번호 빙고놀이(電話番號-)
전화벨(電話-)
전화벨 소리(電話-) *cf.* 초인종 소리
전화폭력(電話暴力) *cf.* 언어폭력, 성폭력, 집단 폭력
전화위복(轉禍爲福)
전화해 보다(電話-)
전화해 주다(電話-)
전환되어 가다(轉換-)
전환시켜 주다(轉換-)

전환열(轉換熱)
전환해 나가다(轉換-)
전환해 버리다(轉換-)
전 회원들 간에(全會員-間-)
전 회원들 중에(全會員-中-)
전 회장(前會長)
전후곡절(前後曲折)
전후좌우(前後左右)
전후해서(前後-)
전흉선 호르몬(前胸腺-)
절간 같다(-間-)/절간같이(-間-)
절간고구마(切干-)
절감시켜 주다(節減-)
절값 *cf.* 세뱃값
절개 있다(節槪-)
절구떡
절구방아 *cf.* 물레방아, 물방아, 디딜방아, 연자방아
절구질하다
절구통 같다(-桶-)/절구통같이(-桶-)
절굿공이
절단해 놓다(切斷-)
절대가인(絕代佳人)
절대 농지(絕對農地) *cf.* 상대 농지
절대다수(絕對多數) *cf.* 비교다수
절대명령(絕對命令) *cf.* 긴급 명령, 작전 명령, 공격 명령, 후퇴 명령
절대무기(絕對武器)
절대복종(絕對服從)
절대정신(絕代精神)(헤겔 철학) *cf.* 자유정신, 국민정신, 모험 정신, 호국 정신
절대 없다(絕對-)
절대전(絕對戰)
절대주의(絕對主義)
절대지(絕對知)(철학)
절댓값(絕對-) *cf.* 목푯값, 최곳값, 최젓값, 고윳값, 상숫값, 유횻값, 상대값, 임계값, 순서값, 정수값, 좌표값, 유효값(편수 자료)
절도 없다(節度-)
절도 있다(節度-)
절 뒤 *cf.* 집 뒤, 절 앞
절따말(붉은 빛깔의 말) *cf.* 가라말, 부절따말
절뚝절뚝(부사)
절뚝절뚝하다
절량농가(絕糧農家)
절로소리(들노래) *cf.* 자진절로소리
절름발이
절름절름(부사)
절름절름하다
절망해 버리다(絕望-)
절묘해 보이다(絕妙-)
절 문 안(-門-) <신성한 ~에서….>
절박해 보이다(切迫-)
절박흥정(切迫-)
절 받다 *cf.* 인사 받다
절 받으실 분
절벽 같다(絕壁-)
절벽같이(絕壁-)
절세가인(絕世佳人)
절 시키세 <풀각시 ~.>
절실해 보이다(切實-)
절실해져 가다(切實-)
절 앞 *cf.* 절 뒤
절약해 오다(節約-)
절여 놓다
절여 두다
절여 주다
절 엿
절인사(-人事) *cf.* 눈인사
절절매다
절제 없다(節制-)
절제 있다(節制-)
절제해 오다(節制-)
절지동물(節肢動物)
절집 <~ 계율>
절차 밟다(節次-)
절차상(節次上) *cf.* 형식상
절차 없이(節次-)

절차탁마(切磋琢磨)
절체절명(絶體絶命)
절충 끝에(折衷-) *cf.* 논의 끝에, 협의 끝에, 회의 끝에
절충해 오다(折衷-)
절치부심(切齒腐心)
절터 *cf.* 샘터, 활터, 빨래터, 나루터, 싸움터, 왕궁 터, 원각사 터
절해고도(絶海孤島)
젊디젊다/젊은 *cf.* 늙디늙은
젊어 보이다
젊어져 가다
젊었을 적 *cf.* 어릴 적, 처녀 적, 아이 적
젊으신네
젊은것(젊은이)
젊은 날
젊은이 <~들이 열심히 일을 하다.>
젊은 이 <새파랗게 ~가 놀고 있다.>
젊은이답다/다운 *cf.* 어른다운, 어린이다운
젊은이들 간에(-間-)
젊은이들 중에(-中-)
젊은 축에 들다
젊은 층(-層) *cf.* 중년층, 늙은 층
-점(店)(접미사) *cf.* 백화점, 할인점
점거당하다(占據當-) *cf.* 점령당하다, 당하다
점거해 버리다(占據-)
점검받다(點檢-) *cf.* 검사받다, 받다
점검해 보다(點檢-)
점검해 주다(點檢-)
점광원(點光源)
점그래프(點-) *cf.* 막대그래프
점근 거성 가지(漸近巨星-)
점내기(點-)
점 대 다 지점(點對多地點)
점 대 점(點對點)
점대칭(點對稱) *cf.* 선대칭
점대칭도형(點對稱圖形)
점령당하다(占領當-) *cf.* 점거당하다, 당하다
점령해 버리다(占領-)
점말 동굴(-洞窟)
점무늬(點-) <라우에 ~>
점무늬낙엽병(點-落葉病)
점 발생원(點發生源)
점박이(點-) *cf.* 차돌박이, 소박이, 이리박이, 박이, 알배기, 장승백이
점박잇결(點-) *cf.* 무늿결, 곧은결
점 배열(點配列)
점배출원(點排出元) *cf.* 선배출원
점 보다(占-)(점치다)
점보제트(-機)
점뿌림(點-)[點播] *cf.* 줄뿌림, 곧뿌림, 골뿌림, 흩어뿌림
점뿌림하다(點-)
점상 마을(點狀-)
점선 긋기(點線-)
점선(을) 긋다(點線-)
점수 따기(點數-) <~에만 힘쓰고 있다.>, <점수(를) 따기 위하여….>
점수(를) 따다(點數-)
점수 매기다(點數-)
점수 받다(點數-)
점수 주다(點數-)
점수차(點數差) *cf.* 실력차, 게임차
점수판 맞히기 놀이(點數板-) *cf.* 놀이
점수판(을) 맞히다(點數板-)
점수화하다(點數化-)
점쉼표(點-標)
점시력(點視力) *cf.* 선시력
점심값(點心-) *cf.* 저녁값
점심거리(點心-) *cf.* 저녁거리, 끼닛거리
점심나절(點心-) *cf.* 아침나절, 저녁나절
점심때(點心-) *cf.* 아침때, 저녁때
점심때쯤(點心-) *cf.* 쯤(접미사)
점심 먹다(點心-) *cf.* 아침 먹다
점심밥(點心-) *cf.* 아침밥, 저녁밥
점심상(點心床) *cf.* 아침상, 저녁상
점심시간(點心時間) *cf.* 아침시간, 저녁시간
점심참(點心-) *cf.* 아침참, 저녁참

점 용접(點鎔接) cf. 맞댄 용접
점유해 버리다(占有-)
점음표(點音標)
점입가경(漸入佳境)
점 잇기(點-)
점(을) 잇다(點-)
점자책(點字册) cf. 그림책, 국어책
점잔 부리다
점잔 빼다
점잔 피우다
점잖아 보이다
점쟁이(占-)
점적병(點滴甁) cf. 시약병
점점 더(漸漸-)
점접촉(點接觸)
점지해 주다
점직하다(부끄럽고 미안하다.)
점집합(點集合)
점찍기(點-)
점(을) 찍다(點-) <맞는 답에 점(을) 찍으시오.>
점찍다(點-) <속으로 점찍어 두다.>
점찍어 놓다(點-)
점찍어 두다(點-)
점쳐 보다(占-)
점치다(占-)
점탄성체(點彈性體)
점토놀이(粘土-)
점퍼 차림 cf. 양복 차림, 한복 차림
접객업소(接客業所)
접객업자(接客業者)
접경지대(接境地帶) cf. 안전지대, 사각지대, 고원 지대, 계절풍 지대, 우범 지대
접근해 가다(接近-)
접근해 오다(接近-)
접눈(椄-)
접는선(-線)(용어로서는)
접대해 주다(接待-)
접동새 소리 cf. 꾀꼬리 소리, 새소리
접목시켜 주다(椄木-)
접부채 cf. 쥘부채
접붙이기(椄-)
접붙이다(椄-) cf. 흘레붙이다
접선시켜 주다(接線-)
접속 부사어(接續副詞語)
접속 조사(接續助辭)
접수시켜 놓다(接受-)
접수창구(接受窓口) cf. 대민 창구, 은행 창구, 민원 창구, 수납 창구, 직원 창구
접수해 주다(接受-)
접순(椄筍)
접시돌리기
접시 물 <~에 빠져 죽다.>
접시받침(건축의 소로)
접시 밥 <~도 담을 탓이다.> cf. 공깃밥
접시저울 cf. 용수철저울, 용수철 저울(편수 자료), 앉은뱅이저울, 대저울, 양팔 저울
접시춤
접싯불 cf. 종짓불
접안렌즈(接眼-) cf. 대물렌즈
접어 가면서 <종이를 ~….>
접어 나가다
접어놓다 <생각을 ~.>
접어 놓다 <종이를 잘 접어(서) 놓아라.>
접어 두다 <그런 걱정은 접어 둬라.>, <종이를 잘 접어(서) 둬라.>
접어들다 <장마철에 ~.>
접어 들다 <종이를 잘 접어(서) 들어라.>
접어 보다
접어 올리다
접어주다 <바둑을 석 점 접어주고 두다.>
접어 주다 <우산을 접어(서) 주다.>, <종이를 ~.>
접었다 폈다 하다
접음 상자(-箱子)
접의자(摺椅子)
접이문(-門)
접지방식(接地方式) cf. 비접지 방식

접지주걱(摺紙-)(제본) *cf.* 구둣주걱, 밥주걱, 양주걱, 잉크 주걱
접질리다
접착테이프(接着-) *cf.* 양면테이프
접촉면(接觸面)
접촉시켜 주다(接觸-)
접촉해 오다(接觸-)
접촉황산(接觸黃酸)
접칼(椄-) *cf.* 해부칼, 도련칼, 회칼
접칼(摺-) *cf.* 접자, 주머니칼, 부엌칼
접해 오다(接-)
접혀 있다(接-)
접힘선(-線)
젓가락(箸-) *cf.* 숟가락
젓가락돈(箸-)
젓가락질(箸-) *cf.* 숟가락질
젓갈붙이 *cf.* 고기붙이, 겨레붙이, 붙이(접미사)
젓구멍 *cf.* 소릿구멍
젓소리
-정(亭)(접미사) *cf.* 세검정, 총석정
-정(艇)(접미사) *cf.* 고속정, 잠수정
-정(整)(접미사) *cf.* 1만원정
정각뿔(正角-)
정갈해 보이다
정감 넘치는/넘치다(情感-)
정감 어리다(情感-) *cf.* 눈물 어리다, 감동 어리다, 순정 어리다, 어리다
정감 있다(情感-)
정강말(무엇을 타지 않고 제 발로 걸어가는 사람을 농담조로 이르는 말)
정강이뼈 *cf.* 무릎뼈, 복숭아뼈, 엉치뼈
정거장 쪽(停車場-)
정겨워 보이다(情-)
정결정(正結定)
정결해 보이다(淨潔-)
정경부인(貞敬夫人)
정과정곡(鄭瓜亭曲)
정교분리(政敎分離) *cf.* 정교일치, 정경 분리
정교해 보이다(精巧-)
정구각형(正九角形)
정구공(庭球-) *cf.* 탁구공, 배구공, 축구공
정권 다툼(政權-) *cf.* 이권다툼, 세력다툼, 밥그릇 다툼, 자리다툼, 말다툼
정권 잡기(政權-) *cf.* 권력 잡기, 주도권 잡기
정권하(政權下)
정귀벗김(精鬼-)(민속)
정금은행(正金銀行) *cf.* 정액은행, 인수은행, 외환 은행, 특별 은행
정글짐놀이
정글화(-靴) *cf.* 등산화
정기불(定期拂) *cf.* 일시불
정기후학(靜氣候學) *cf.* 동기후학
정나미 떨어지다(情-) *cf.* 정떨어지다
정난시(正亂視) *cf.* 부정 난시
정년 되다(停年-)
정년퇴직(停年退職) *cf.* 명예퇴직, 불명예제대, 명예 제대
정다각형(正多角形)
정다듬
정다워 보이다(情-)
정다워하다(情-)
정당 간에(政黨間-)
정당방위(正當防衛)
정당성 있다(正當性-)
정당화시켜 주다(正當化-)
정당화시키다(正當化-)
정당화하다(正當化-)
정당화해 오다(正當化-)
정덕이용후생(正德利用厚生)
정도나마 *cf.* 나마(조사)
정도밖에 <그 ~> *cf.* 밖에(조사)
정돈시켜 놓다(整頓-)
정돈해 놓다(整頓-)
정동행성(征東行省)
정되먹임 제어(正-制御)
정들다(情-)
정들어 가다(情-)
정들이다(情-)

정떨어지다(情-) *cf.* 정나미 떨어지다
정략결혼(政略結婚)
정략혼인(政略婚姻)
정력 세다(精力-)
정렬부인(貞烈夫人)
정렬해 놓다(整列-)
정례화되다(定例化-)
정례화하다(定例化-)
정류창 쪽으로(停留場-)
정류탑(精溜塔)
정리란(整理欄) *cf.* 광고란, 합격란, 소식란, 어린이난, 뉴스난
정리, 발표하다(整理, 發表-)
정리, 정돈하다(整理, 整頓-)
정리해 놓다(整理-)
정리해 두다(整理-)
정리해 버리다(整理-)
정리해 보다(整理-)
정림사지(定林寺址) *cf.* 정림사 터, 정림사지 5층 석탑, 원각사지, 원각사 터
정림사지 5층 석탑(定林寺址五層石塔)
정림사 터(定林寺-) *cf.* 원각사 터, 감은사 터
정마그마기(正-期)
정맥압(靜脈壓) *cf.* 동맥압
정머리 cf. 도끼머리
정면 공격(正面攻擊) *cf.* 측면 공격, 후면 공격, 집중 공격
정면뛰기(正面-)(육상)
정면버티기(正面-)
정면충돌(正面衝突) *cf.* 측면 충돌, 후미 충돌, 의견 충돌, 무력 충돌, 자동차 충돌
정명가도(征明假道)
정명해 가다(精明-)
정묘호란(丁卯胡亂) *cf.* 임진왜란, 병자호란
정무총감(政務摠監)
정문일침(頂門一鍼)
정미의병(丁未義兵)
정밀해져 가다(精密-)
정반대되다(正反對-) *cf.* 반대되다, 중심되다
정반응(正反應) *cf.* 역반응
정받이(精-)(편수 자료 '농·생명')
정방정계(正方晶系)('정방정+계'로 보는 견해) *cf.* 사방정계
정방 정계(正方晶系)(표준국어대사전은 '정방+정계'로 보는 견해)
정배살이(定配-) *cf.* 귀양살이, 처가살이
정벌바름(正-) *cf.* 애벌바름, 초벌바름
정보기관(情報機關) *cf.* 첩보 기관, 교육 기관, 수사 기관, 자매기관, 개발 기관, 국가 기관, 행정 기관, 입법 기관
정보 수집하기(情報蒐集-)
정보 전달하기(情報傳達-)
정보 통신·전자 공업(情報通信·電子工業)
정보화·개방화 사회(情報化·開放化社會)
정보활동(情報活動) *cf.* 수사 활동, 간첩 활동, 연구 활동, 첩보 활동
정복당하다(征服當-) *cf.* 점령당하다, 당하다
정복 입다(正服-) *cf.* 사복 입다
정복 차림(正服-) *cf.* 군복 차림, 양복 차림, 운동복 차림, 등산복 차림
정복해 버리다(征服-)
정부군(政府軍) *cf.* 반란군, 반정부군
정부측(政府側) *cf.* 노조측
정부통령(正副統領)
정·부통령 선거(正·副統領選擧)
정분나다(情分-)
정 붙이고 살다(情-)
정비되어 가다(整備-)
정비례 관계식(正比例關係式)
정비, 유지되다(整備, 維持-)
정비해 두다(整備-)
정사각뿔(正四角-)
정사각형(正四角形)
정사각형 모형(正四角形模型)
정사각형 심기(正四角形-)
정사각형 알아보기(正四角形-)
정사공신(定社功臣)
정사 울(整砂-)

정산해 주다(精算-)
정삼각뿔(正三角-)
정삼각형(正三角形)
정삼각형 알아보기(正三角形-)
정상화되어 가다(正常化-)
정상화시키다(正常化-)
정상화하다(正常化-)
정상 회담(頂上會談) *cf.* 수뇌 회담, 실무자 회담
정 서방(鄭/丁書房)
정서주의(情緒主義)
정 선생 댁에(鄭/丁先生宅-)
정선 아리랑(旌善-) *cf.* 진도 아리랑, 밀양 아리랑
정성 디헤 오디(精誠-)
정성 들이다(精誠-)
정성스러워 보이다(精誠-)
정성 어리다(精誠-) *cf.* 감격 어리다, 감동 어리다, 동정 어리다, 온정 어리다, 인정 어리다, 어리다
정성 없다(精誠-)
정성을 다하다(精誠-)
정세포(精細胞) *cf.* 난세포
정 소리 *cf.* 총소리, 종소리, 새소리, 기적 소리, 망치 소리
정속금릉쇄사(正續金陵瑣事)
정수분자(精粹分子) *cf.* 불순분자, 악질분자, 핵심 분자, 돌출 분자
정수압(靜水壓) *cf.* 동수압
정숙해 보이나(貞淑-)
책 장수(政丞宅) *cf.* 판서 댁, 참판 댁, 장관 댁, 교장 댁, 교수 댁
정승 집(政丞-) *cf.* 장관 집, 교장 집
정시제(定時制) *cf.* 전일제, 2부제, 3부제
정신과학(精神科學)
정신 나가다(精神-) *cf.* 넋 나가다
정신 나다(精神-)
정신노동(精神勞動) *cf.* 육체노동
정신 들다(精神-)
정신머리(精神-) *cf.* 머리
정신문명(精神文明) *cf.* 물질문명
정신문화(精神文化) *cf.* 물질문화
정신박약(精神薄弱) *cf.* 의지박약
정신박약증(精神薄弱症)
정신반추(精神反芻)
정신병자(精神病者)
정신병질(精神病質)
정신 빠지다(精神-)
정신 뽑다(精神-)
정신 사납다(精神-)
정신생활(精神生活) *cf.* 물질생활, 신앙생활, 은둔 생활, 도피 생활
정신세계(精神世界) *cf.* 물질세계, 여성 세계, 주믹 세세, 작품 세세
정신없다(精神-)
정신외과(精神外科) *cf.* 정형외과, 일반 외과
정신 있다(精神-)
정신적, 사회적 자유(精神的, 社會的自由)
정신 차리다(精神-)('정신(을) 차리다'의 뜻으로)
정신 팔리다(精神-)
정십자수(正十字繡) *cf.* 십자수, 쌀알수, 징금수
정액은행(精液銀行) *cf.* 정자은행, 혈액은행, 유전자은행, 골수 은행, 씨앗 은행
정어리기름 *cf.* 고래기름, 두꺼비기름, 동백기름, 콩기름
정어리깻묵 *cf.* 콩깻묵, 들깻묵
정어리잡이 *cf.* 고래잡이, 새우잡이, 참치잡이
정역학(靜力學) *cf.* 동역학
성연해 보이다(整然-)
정예분자(精銳分子) *cf.* 불순분자, 악질분자, 적색분자, 돌출 분자, 테러 분자
정예화되어 가나(精銳化-)
정오각뿔(正五角-)
정오각형(正五角形)
징온 동물(定溫動物) *cf.* 냉혈 동물
정원 꾸미기(庭園-)
정원(을) 꾸미다(庭園-)
정원세포(精原細胞)

정유재란(丁酉再亂) cf. 임진왜란, 병자호란
정육각뿔(正六角-)
정육각형(正六角形)
정육면체(正六面體)
정육면체의 부피 알아보기(正六面體-)
정의 내리다(定義-)
정의투합(情意投合) cf. 의기투합
정의해 놓다(定義-)
정이품 소나무(正二品-)
정이품송(正二品松)
정자나무(亭子-) cf. 당산나무
정자돌이(井字-)(농악 동작)
정자매듭(井字-) cf. 국화매듭, 나비매듭
정자살문(井字-門) cf. 아자문
정자쓰기(正字-) cf. 흘림쓰기
정자집(丁字-) cf. 우자집
정자은행(精子銀行) cf. 혈액은행, 안구은행, 유전자은행, 문제 은행, 골수 은행
정재파비(定在波比)
정전기 가려막기(靜電氣-)
정전기 가리개(靜電氣-)
정전기 가리기(靜電氣-)
정전기력(靜電氣力)
정전기장(靜電氣場)
정전기학(靜電氣學)
정 전 장관(鄭/丁前長官)
정전제(丁田制)
정절부인(貞節夫人)
정정당당하다(正正堂堂-)
정정보(靜定-) cf. 부정정보
정정해 놓다(訂正-)
정제탑(精製塔) cf. 정류탑
정족산성(鼎足山城) cf. 남한산성
정족수(定足數) cf. 일정수, 재적수, 회전수
정주간(鼎廚間)
정주학파(程朱學派) cf. 칸트학파, 훈고학파, 주자학파, 양명학파
정중해 보이다(鄭重-)
정지간사격(停止間射擊) cf. 위협사격, 엄호 사격, 조준 사격, 집중 사격, 배분 사격
정지거리(停止距離) cf. 명시 거리, 초점 거리, 제동 거리
정지경례(停止敬禮) cf. 거수경례
정지당하다(停止當-) cf. 금지당하다
정지등(停止燈) cf. 신호등, 깜박이등, 전조등
정지시켜 놓다(停止-)
정지액(停止液) cf. 현상액
정지한 채(停止-) cf. ㄴ 채, 채
정직해 보이다(正直-)
정착되어 가다(定着-)
정착액(定着液) cf. 현상액
정착해 나가다(定着-)
정착해 버리다(定着-)
정찰 나가다(偵察-)
정채덩어리(精彩-) cf. 얼음덩어리, 흙덩어리, 골칫덩어리, 화근덩어리
정책 세우기(政策-)
정처 없다/없이(定處-)
정체불명(正體不明) cf. 원인 불명, 국적 불명, 소재지 불명, 수취인 불명
정체 모를(正體-)
정체 전선(停滯前線) cf. 장마 전선, 한랭 전선
정체 중(停滯中) cf. 운전 중
정취 있다(情趣-)
정치·경제·군사적 요충지(政治·經濟·軍事的要衝地)
정치·경제면(政治經濟面)
정치·경제·문화 공동체(政治·經濟·文化共同體)
정치·경제·문화면(政治·經濟·文化面)
정치·경제·사회·문화적(政治經濟社會文化的)
정치·경제·사회 생활(政治·經濟·社會生活)
정치·경제적(政治經濟的)
정치·경제 체제(政治·經濟體制)
정치교수(政治教授) cf. 정치군인
정치·군사적 입지(政治·軍事的立地)
정치군인(政治軍人) cf. 정치교수
정치권력(政治權力)
정치놀음(政治-)

정치 말인가요(政治-) *cf.* 말이다/말이오
정치·사법권(政治·司法權)
정치사상(政治思想) *cf.* 경제사상, 사회사상, 문학 사상, 기독교 사상, 도교 사상, 유교 사상, 철학 사상
정치·사회 단체(政治·社會團體)
정치·사회·문화면(政治·社會·文化面)
정치·사회 의식(政治·社會意識)
정치·사회적 질서(政治·社會的秩序)
정치·사회적 측면(政治·社會的側面)
정치의식(政治意識) *cf.* 작업의식, 기업의식, 경제 의식, 우월 의식, 혈연 의식
정탐해 오다(偵探-)
정토사 홍법국사 실상탑(淨土寺弘法國師實相塔)
정토 신앙(淨土信仰) *cf.* 미륵 신앙
정통주의(正統主義)
정통학파(正統學派) *cf.* 기호학파, 칸트학파, 이용후생 학파, 실학 학파, 기호 학파(편수 자료)
정특성(靜特性) *cf.* 동특성
정하중(靜荷重) *cf.* 동하중
정학당하다(停學當-) *cf.* 퇴학당하다, 당하다
정학시켜 버리다(停學-)
정해 가지고(定-)
정해 놓다(定-)
정해 두다(定-)
정해 보다(定-)
정해져 있다(定-)
정해 주다(定-)
정 형(鄭/丁兄) *cf.* 이 형, 김 형, 박 형
정형시(定型詩) *cf.* 자유시, 부정형시
정형외과(整形外科) *cf.* 신경외과, 일반 외과
정형화하다(定型化-)
정혜 공주 묘(-公主墓)
정혜쌍수(定慧雙修)
정화되어 가다(淨化-)
정화시켜 주다(淨化-)
정화해 주다(淨化-)
정확해 보이다(正確-)
정확해져 가다(正確-)
젖가슴 *cf.* 앞가슴, 새가슴, 뒷가슴, 앙가슴
젖꼭지
젖내
젖내 나다 <젖내 나는 어린애 같은 이라니….>
젖 내림
젖 냄새 *cf.* 풀 냄새, 살 냄새, 땀 냄새, 흙냄새, 풀내, 살내, 흙내, 땀내
젖 냄새 나다 *cf.* 땀 냄새 나다
젖니 *cf.* 어금니, 금니, 송곳니, 독니
젖동냥 *cf.* 귀동냥, 눈동냥
젖동생
젖 떨어지다
젖떼기
젖 떼다
젖맛 *cf.* 밥맛, 술맛, 장맛
젖 맛 <엄마가 내게 주던 ~….>
젖 먹던 힘
젖먹이
젖먹이 송아지
젖멍울
젖몸살
젖무덤 *cf.* 젖퉁이
젖버듬하다(자빠질 듯 뒤로 기운 듯하다.) *cf.* 잣바듬하다
젖병(-甁) *cf.* 우유병, 소주병, 향수병, 맥주병
젖부들기(젖가슴의 살코기)
젖비린내 *cf.* 피비린내, 물비린내, 생선 비린내
젖비린내 나다 *cf.* 비린내 나다
젖빛 *cf.* 우윳빛, 잿빛, 쥣빛, 장밋빛, 포돗빛, 산홋빛, 앵두빛, 살구빛, 버찌빛, 치자빛
젖빛약(-藥)
젖빛 유리(-琉璃) *cf.* 유백 유리
젖소 *cf.* 고기소, 싸움소, 차붓소
젖소 기르기
젖소 키우기
젖송이(젖 속의 멍울)
젖어들다

젖어들어 오다
젖어미
젖어 버리다
젖어 보다
젖어 오다
젖은 걸레 *cf.* 마른걸레, 물걸레, 진걸레
젖은 빨래 *cf.* 마른 빨래
젖은 수건(-手巾) *cf.* 마른수건
젖주럽(젖이 부족해서 아이가 잘 자라지 못하는 상태)
젖주접
젖줄 *cf.* 핏줄, 탯줄
젖지 않다
젖 짜다
젖퉁이 *cf.* 젖무덤
젖혀 놓다 *cf.* 제쳐 놓다
젖혀 두다
젖혀뛰기(육상)
젖힌목(판소리)
젖힘상추
-제(劑)(접미사) *cf.* 소화제, 진통제, 소염제
-제(制)(접미사) *cf.* 양원제, 대통령제
-제(製)(접미사) *cf.* 한국제, 외국제
제(第)-(접두사) *cf.* 제일, 제2
제(劑)(의존 명사) *cf.* 보약 한 제
제가끔
제각각(-各各)
제각기(-各其)
제 갈 길 가다
제갈동지(-同知)(부잣집 늙은이)
제값
제값 받다
제값 주다
제값 하다
제거당하다(除去當-) *cf.* 도륙당하다, 당하다
제거시켜 버리다(除去-)
제 거예요 *cf.* 내 거예요
제거해 버리다(除去-)
제거해 오다(除去-)
제 것 *cf.* 내 것
제게르추(-錘)
제겨내다 <나무를 ~.>
제겨디디다
제겨잇다
제격(-格)
제고장(본고장)
제곱근(-根)
제곱근 키(-根-)
제곱근표(-根表)
제곱근 풀이(-根-)
제곱미터 *cf.* m^2
제곱센티미터 *cf.* cm^2
제곱킬로미터 *cf.* km^2
제공받다(提供-) *cf.* 공여받다, 받다
제공받아 오다(提供-)
제공해 오다(提供-)
제공해 주다(提供-)
제구멍박이(김맬 때에 흙덩이를 떠서 그 자리에 덮는 일)
제구실(으레 앓는 역질)
제구실 <~도 못하다.>
제국신문(帝國新聞) *cf.* 독립신문, 황성신문
제국주의(帝國主義) *cf.* 민주주의
제권판결(除權判決)(법)
제기놀이 *cf.* 놀이
제 기능(-機能)
제기돼 오다(提起-)
제기접시(祭器-)
제기 중(提起中) *cf.* 신청 중
제기차기
제기차기놀이 *cf.* 놀이
제기차기하다
제기(를) 차다
제기해 놓다(提起-)
제기해 보다(提起-)
제 길
제깃물(장물에 채우는 소금물)
제까짓 것 *cf.* 네까짓 것

제까짓 게 *cf.* 게(것이)
제까짓 년 *cf.* 네까짓 년
제까짓 놈 *cf.* 네까짓 놈
제 깐에는 *cf.* 내 깐에는, 자기 깐에는, 네 깐에는
제깟 녀석 *cf.* 네깟 녀석
제깟 놈 *cf.* 네깟 놈
제꺽제꺽(부사)
제 나라
제 나름대로 *cf.* 내 나름대로, 네 나름대로
제날
제날짜
제너럴 셔먼호(-號)
제너럴 셔먼호 사건(-號事件) *cf.* 운요호 사건
제 논에 물 대기
제눈(식물) *cf.* 막눈
제 눈
제 눈에 안경(-眼鏡)
제달 <~에 공사를 마치다.>
제 닭 잡아먹기식의(-式-)
제 닭 잡아먹다
제대각시
제대되어 오다(除隊-)
제대로근(-筋)
제대로 된
제대로 못하다
제도기 쓰기(製圖器-)
제도기(를) 쓰나(製圖器-)
제도문화(制度文化) *cf.* 토착문화, 성인문화, 음주 문화, 공동체 문화
제도 용구(製圖用具) *cf.* 용기, 용수, 용지, 용품
제도 용구 쓰기(製圖用具-)
제도 용지(製圖用紙) *cf.* 포장용지, 인쇄용지
제도학파(制度學派) *cf.* 정통학파, 소요학파, 실학 학파, 강화 학파
제도화시키다(制度化-)
제도화하다(制度化-)
제도화해 놓다(制度化-)
제 돈 내고 놀다

제동 걸다(制動-) *cf.* 시동 걸다
제동마력(制動馬力)
제 딴에는 *cf.* 내 딴에는, 자기 딴에는, 네 딴에는
제 딸
제 땅
제때 <시간에 맞춰 ~에 오라.>
제때 안 하다
제때에
제때제때
제 떡 <~ 먹이다.>
제 똥 <~ 구린 줄 모른다.>
제 뜻
제라늄유(-油) *cf.* 올리브유, 로트유, 장미유
제량갓(濟涼-)(제주도산 갓) *cf.* 통량갓
제 마음대로
제 맘대로
제 맛
제망매가(祭亡妹歌) *cf.* 도이장가, 모죽지랑가, 찬기파랑가
제 멋 <각자 타고난 ~을 살려라.>
제멋 <사람은 다 ~에 산다.>
제멋대로(부사)
제 명(-命)(타고난 제 목숨) <그 사람은 ~에 가지 못하다.>
제명당하다(除名當-) *cf.* 거세당하다, 당하다
제명해 버리다(除名-)
제 모습
제 모습 찾기
제 목소리 내다
제 몫
제 몫 다하다
제 몸
제 몸 속에
제물국수
제물낚시 *cf.* 흘림낚시, 던질낚시, 미끼낚시
제물땜
제물로(저절로, 스스로)
제물에

제물포역(濟物浦驛)
제미붙을(감탄사)
제 밑 <~이 구리다.>
제밑동생(-同生)
제바닥 <~을 떠나 본 적이 없다.>
제바람에 <~에 넘어지다.>
제발 덕분에(-德分-)
제 발등
제 발로 걸어오다/제 발로 오다
제 발 저리다 <도둑이 ~.>
제 방법(諸方法)
제백사하고(除百事-)
제백사하다(除百事-)
제 버릇 <~ 개 줄까?>
제보받다(提報-) *cf.* 제공받다
제보해 주다(提報-)
제분·제당 공업(製粉·製糖工業)
제붙이(제살붙이)
제비꼬랑지 *cf.* 새꼬랑지
제비꽃
제비 다리 *cf.* 참새 다리, 황새 다리, 새 다리, 개다리
제비몰이
제비부리 <~자줏빛 댕기를….>
제비부리댕기
제비뽑기
제비 새끼 *cf.* 돼지 새끼, 두루미 새끼, 토끼 새끼, 개새끼, 쥐새끼, 여우새끼
제비족(-族)
제비 주둥이
제비집 *cf.* 새집, 개집, 까치집
제비집 찾기(놀부의)
제비초리(머리 뒤에 뾰족하게 내민 털)
제비추리(쇠고기의 한 부위)
제비턱 *cf.* 주걱턱
제빛 *cf.* 제 색깔
제사날로(제 혼자의 생각으로)
제사드리다(祭祀-) *cf.* 제사 지내다
제4면각(第四面角)
제사 모시다(祭祀-) *cf.* 제사 지내다
제4사분면(第四四分面)
제사상(祭祀床) *cf.* 돌상, 입맷상, 잔칫상
제사상속(祭祠相續) *cf.* 재산 상속
제사 지내다(祭祀-) *cf.* 장사 지내다
제 살 깎아먹기식으로(-式-)
제 살 깎아 먹다
제살붙이 *cf.* 일가붙이, 피붙이, 겨레붙이
제살이
제3각법(第三角法)
제3기(第三紀)
제3면각(第三面角)
제3사분면(第三四分面)
제삼자(第三者)
제삿감(祭祀-)
제삿날(祭祀-) *cf.* 장렛날, 결혼날, 파제삿날
제삿밥(祭祀-) *cf.* 잿밥
제삿술(祭祀-) *cf.* 대렛술
제 새끼 귀여운 것만 알고
제 생각 같아선
제 생각에
제서 번뜻 <예서 번뜻 ~….>
제서 위여 <예서 위여 ~….>
제석굿(帝釋-)
제 세상(-世上) <~ 만나다.>
제 세상 만난 듯이(-世上-) *cf.* 듯이
제세안민(濟世安民)
제소리 <이제 ~가 나오는군.>
제 속 <~을 끓이다.>
제 손/제 손으로
제수받다(除授-) *cf.* 받다
제승방략(制勝方略)
제시간(-時間) <~에 들어오다.>
제시간 안에(-時間-)
제시해 보자(提示-)
제시해 오다(提示-)
제시해 주다(提示-)
제 식구(-食口)
제아무리(부사) <~ 잘난 체해도….>

제안받다(提案-) *cf.* 제보받다, 받다
제안해 오다(提案-)
제압당하다(制壓當-) *cf.* 당하다
제압해 버리다(制壓-)
제 앞가림도 못하다
제 앞가림 하다
제약당하다(制約當-) *cf.* 당하다
제약받다(制約-) *cf.* 받다
제약 없다(制約-)
제약해 오다(制約-)
제어문(制御文)
제언제조(堤堰提調)
제 역할 다하다(-役割-)
제왕절개(帝王切開)
제왕운기(帝王韻紀)
제외당하다(除外當-) *cf.* 소외당하다, 당하다
제외시켜 놓다(除外-)
제외해 놓다(除外-)
제외해 버리다(除外-)
제우스신(-神)
제웅놀음
제육구이(←猪肉-)
제육조림(←猪肉-)
제6차 경제·사회 발전 5개년 계획(第六次經濟·社會發展五個年計劃)
제의받다(提議-) *cf.* 제안받다, 받다
제의해 오다(提議-)
제2면각(第二面角)
제2사분면(第二四分面)
제이인산칼륨(第二燐酸-)→인산이수소칼륨
제일가다(第一-) *cf.* 첫째가다, 둘째가다, 셋째가다
제일 먼저(第一-) *cf.* 제일 나중
제1면각(第一面角)
제1사분면(第一四分面)
제일선(第一線)
제 1, 2 차(第一, 二次)
제일인산칼륨(第一燐酸-)→인산수소칼륨
제일인자(第一人者)
제일주의(第一主義)
제일 큰 일은(第一-) *cf.* 큰일
제자 다람쥐(弟子-) *cf.* 선생 다람쥐
제자루칼 *cf.* 주머니칼, 해부칼, 부엌칼
제자리 <~에 놓다.>, <~를 떠나다.>
제 자리 <언제부터인가 ~를 만들다.>
제자리걸음
제자리깨끼(탈춤)
제자리높이뛰기(육상)
제자리멀리뛰기(육상)
제자리무늬/제자리무늬뜨기(뜨개질)
제자리에서(구령)
제자리에서 돌기
제자리에서 방향바꾸기(-方向-)
제자리에 서서 손짚고 옆돌기
제자리음(-音)
제자리접(-椄) *cf.* 가지접, 쪼개접
제자리찾기놀이
제자리표(-標)
제자백가(諸子百家)
제 자식(-子息) <~만 귀엽다고….>
제 자신(-自身)
제작, 배포하다(製作, 配布-)
제작, 보급되다(製作, 普及-)
제작, 생산하다(製作, 生産-)
제작해 놓다(製作-)
제작해 주다(製作-)
제 작나 죽/체
제 잘못
제재당하다(制裁當-) *cf.* 억지당하다, 당하다
제재·펄프·제지 공업(製材-製紙工業)
제재해 오다(制裁-)
제적당하다(除籍當-) *cf.* 퇴학당하다
제적해 버리다(除籍-)
제정, 공포하다(制定, 公布-)
제정 러시아(帝政-)
제정신(-精神)
제정, 실시하다(制定, 實施-)
제정일치(祭政一致) *cf.* 언행일치, 어문일치,

학행일치, 언문일치
제정해 놓다(制定-)
제조가스(製造-) *cf.* 석탄가스, 천연가스, 탄산가스
제조업자(製造業者) *cf.* 생산업자
제조해 오다(製造-)
제 주견(-主見)
제주 말(濟州-)('제주산 말'이라는 뜻으로는)
제주말(濟州-)(품종명으로는)
제주말[濟州語]
제주생면(祭酒生面)(퇴주로 생색을 낼 정도로 인색한 사람)
제주소(濟州-)(품종명으로는)
제주 칠머리당굿(濟州-堂-)
제주특별자치도(濟州特別自治道)
제주 해협(濟州海峽) *cf.* 대한 해협
제지내다(祭-) *cf.* 제사 지내다
제지당하다(制止當-) *cf.* 억지당하다, 당하다
제지해 버리다(制止-)
제집 드나들듯 하다 *cf.* 하듯, 듯(어미)
제 집안(자기 문중, 자기의 가까운 일가붙이)
제집 안(제집의 안) <~ 청소>
제짝
제천 의식(祭天儀式) *cf.* 국가 의식, 동포 의식, 선민의식, 종교의식
제철 만나다
제철 맞다
제철·제강 공장(製鐵·製鋼工場)
제청해 주다(提請-)
제쳐 놓다 *cf.* 젖혀 놓다
제쳐 두다
제출물로(제힘으로)
제출받다(提出-) *cf.* 제안받다, 받다
제출·심의권(提出·審議權) <법률안의 ~>
제출해 놓다(提出-)
제 코 <~가 석 자나 된다.>
제 탓 *cf.* 자기 탓, 내 탓
제터(祭-)
제턱
제트류(-流)
제트기(-機) *cf.* 프로펠러기
제트탄(-炭) *cf.* 번개탄, 왕겨탄
제판
제풀에
제품업자(製品業者) *cf.* 수출업자
제품의 연구·개발(製品-研究·開發)
제품화되다(製品化-)
제품화하다(製品化-)
제 피붙이 *cf.* 제 살붙이
제 핏줄
제한과 보장 간(制限-保障間)
제한당하다(制限當-) *cf.* 당하다
제 한 몸
제한받다(制限-) *cf.* 받다
제한 없다(制限-)
제한적이나마(制限的-) *cf.* 나마(조사)
제한 폭(制限幅) *cf.* 변동 폭
제한해 버리다(制限-)
제한해 오다(制限-)
제 할 일
제행무상(諸行無常)
제혀쪽매 *cf.* 딴혀쪽매
제혀 이음
제환이네 반(-班)
제힘 <~으로 생활비를 벌다.>
제 힘껏 *cf.* 내 힘껏
젠장맞을
젠장칠(젠장)
젯날(祭-) *cf.* 곗날
젯메쌀(祭-)
젯밥(祭-) *cf.* 잿밥, 사잣밥, 제삿밥
젯술(祭-) *cf.* 대렛술
져 나르다 <짐을 ~.>
져다 놓다
져다 주다
져 주다 <일부러 ~.>
-조(祖)(접미사) *cf.* 12대조, 대손
조가비상 깨짐(-狀-)

조각구름 *cf.* 뭉게구름, 새털구름, 조개구름
조각구름 떼 *cf.* 가마우지 떼, 까치 떼
조각그림 맞추기 놀이
조각나다 *cf.* 토막 나다
조각 나다 <여러 ~.> *cf.* 조각나다, 산산조각 나다
조각내다
조각내어 깎기
조각놀이(組閣-)
조각달 *cf.* 초승달, 새벽달, 보름달
조각모으기(정보)
조각베
조각보(-褓)
조각비늘구름
조간신문(朝刊新聞) *cf.* 석간신문, 토요 신문, 일요 신문
조각장이(彫刻匠-)
조각조각
조각칼(彫刻-) *cf.* 부엌칼, 도련칼, 해부칼, 회칼, 도련칼
조각하늘
조각해 놓다(彫刻-)
조같이 *cf.* 요같이, 저같이, 같이
조개관자(-貫子)←가이바시라(키조개)
조개구름 *cf.* 뭉게구름, 새털구름, 조각구름
조개껍데기(조가비) *cf.* 게 껍데기, 소라 껍데기, 굴 껍데기
조개껍데기 가면(-假面)
조개더미(패총의 새 용어)
조개도려(한복)
조개뜨기(뜨개질)
조개류 독(-類毒) *cf.* 진주담치 독, 복어 독
조개무늬뜨기
조개밥 *cf.* 홍합밥
조개볼
조개송편(-松-)
조개젓 *cf.* 굴젓, 새우젓, 조기젓, 밴댕이젓
조개 줍기
조개(를) 줍다
조개찌개
조개춤(조가비를 들고 추는 춤)
조개탄(-炭) *cf.* 구멍탄, 구공탄
조개턱(끝이 뾰족한 턱)
조갯날(고고학)
조갯살(조개의 살) *cf.* 게살, 조개관자
조갯속게(몸이 연약한 사람)
조건 속에(條件-)
조건 없다/없이(條件-)
조건 있다/있는(條件-)
조공 바치다(朝貢-)
조국 땅(祖國) *cf.* 디국 땅(이국 땅)
조그마해 보이다
조그마해져 가다
조금날(潮-) *cf.* 한사리날
조금 느리게(음악 용어로서)
조금 느리다
조금 더
조금 때(潮-) *cf.* 사리 때, 썰물 때, 밀물 때
조금물(潮-) *cf.* 썰물, 날물
조금밖에 안 된다 *cf.* 밖에(조사)
조금 빠르다
조금 세게(음악의 셈여림)
조금씩 조금씩
조금 여리게(음악의 셈여림)
조금 열기
조금이나마 *cf.* 나마(조사)
조금 전에(-前-)
조금치 <~도 부끄럼이 없다>
조급해 보이다(躁急-)
조급해하다(躁急-)
조기구이
조기 껍질 *cf.* 메밀껍질, 왕골껍질, 소태껍질, 북어 껍질, 굴참나무 껍질, 돼지 껍질
조기잡이 *cf.* 고래잡이, 고기잡이, 새우잡이
조기잡이 나가다
조기잡이하다
조기젓 *cf.* 굴젓, 새우젓, 어리뱅어젓
조기조림

조깃국　*cf.* 명탯국, 북엇국, 뭇국, 배춧국
조깃배　*cf.* 새우배, 오징어배, 홍어잡이 배
조까지로(부사)　*cf.* 이까지로, 그까지로, 저까지로
조까짓 것　*cf.* 이까짓 것
조끼적삼
조끼 주머니　*cf.* 양복 주머니
조끼치마
조끼 품에서
조끼허리　*cf.* 어깨허리
조끼허리통치마
조난당하다(遭難當-)　*cf.* 당하다
조년　*cf.* 저년, 요놈
조놈　*cf.* 저놈, 요놈
조는 듯하다　*cf.* 듯하다
조는 체하다　*cf.* 체하다
조다짐(조밥을 먹는 일)
조달감실(調達監室)　*cf.* 휼병감실
조달, 융통하다(調達, 融通-)
조달해 주다(調達-)
조당수　*cf.* 보리당수
조따위　*cf.* 이따위
조라떨다(경망스럽게 해서 일을 망치다.)
조라술(산신제나 용왕제에 쓰는 술)
조랑말
조랑망아지
조런대로(부사)　*cf.* 그런대로, 요런대로
조력해 오다(助力-)
조력해 주다(助力-)
조련찮다
조로아스터교(-教)
조롱거리(嘲弄-)　*cf.* 웃음거리, 화젯거리
조롱당하다(嘲弄當-)　*cf.* 당하다
조롱동자(-童子)(난간의 동자기둥)
조롱떡국
조롱박잔(-盞)
조롱받다(嘲弄-)　*cf.* 받다
조롱받아 오다(嘲弄-)
조롱옥(-玉)(패물)
조롱이떡
조롱이떡국
조롱조롱
조류 속에(潮流-)
조리개값(카메라의)
조리개 구멍
조리돌리다
조리 없다(條理-)
조리 있다(條理-)
조리 장수　*cf.* 나무 장수, 체 장수
조림 캔
조립식 벽(組立式壁)
조립해 가다(組立-)
조립해 놓다(組立-)
조마조마하다
조마조마하면서 말이다　*cf.* 말이다
조마조마해하다
조마증(-症)　<~이 나다.>　*cf.* 조촘증, 헛헛증, 궁금증, 헛헛증
조막만 하다　*cf.* 눈꼽만하다, 대문짝만하다, 쥐방울만하다, 나만 하다, 콩알만 하다, 만하다
조막손
조맘때　*cf.* 요맘때
조망해 보다(眺望-)
조맹부체(趙孟頫體)　*cf.* 구양순체, 왕희지체
조명도계(照明度計)
조명탑(照明塔)　*cf.* 광고탑, 선전탑
조명해 보다(照明-)
조목조목(條目條目)(명사)/조목조목이(條目條目-)(부사)
조무래기 패
조문 가다(弔問-)　*cf.* 조상 가다, 문상 가다
조·미 수호 통상 조약문(朝·美修好通商條約文)
조·미 수호 통상 조약(朝·美修好通商條約)
조바꿈(調-)
조바심 나다
조바심 내다
조바심치다

조반상(朝飯床) *cf.* 아침상, 저녁상
조반석죽(朝飯夕粥)
조밥
조방경영(粗放經營) *cf.* 집약 경영
조방경작(粗放耕作) *cf.* 집약경작
조방꾸니
조방농업(粗放農業) *cf.* 집약적 농업
조밭 *cf.* 밀밭, 보리밭
조변석개(朝變夕改)
조별(組別) *cf.* 모둠별
조부식(粗腐植)
조빼다(조촐한 태도를 나타내다.)
조사, 검토하다(調査, 檢討-)
조사당하다(調査當-) *cf.* 당하다
조사, 등록시키다(調査, 登錄-)
조 사람 *cf.* 요 사람
조사료(粗飼料) *cf.* 농후 사료
조사받다(調査-) *cf.* 받다
조사, 발표해 보다(調査, 發表-)
조사, 분석하다(調査, 分析-)
조사 빙고놀이(調査-)
조사, 연구하다(調査, 硏究-)
조사 중(調査中) *cf.* 수사 중
조사, 토론해 보다(調査, 討論-)
조사하기놀이(調査~)
조사해 보다(調査-)
조삼모사(朝三暮四)
조상거리(祖上-)(민속)
조상굿(祖上-)
조상단지(祖上-) *cf.* 성줏단지, 신주단지
조상 대대로(祖上代代-)
조상 덕(祖上德) *cf.* 부모 덕, 아들 덕, 아내 덕, 회사 덕
조상 묘(祖上墓)
조상설비(調相設備)(전기)
조상신(祖上神)
조상에게조차(祖上-) *cf.* 나에게조차, 학생에게조차, 조차(조사)
조상치레(祖上-) *cf.* 사당치레, 옷치레, 음식치레

조석간만의 차(潮汐干滿-差)
조석거리(朝夕-) *cf.* 끼닛거리, 땟거리
조석공양(朝夕供養)
조석상식(朝夕上食) *cf.* 아침상식, 저녁상식
조선 건국 동맹(朝鮮建國同盟)
조선 건국 준비 위원회(朝鮮建國準備委員會)
조선경국전(朝鮮經國典)
조선 교육회(朝鮮敎育會)
조선 국권 회복단(朝鮮國權回復團)
조선기와(朝鮮-) *cf.* 양기와
조선낫 *cf.* 왜낫
조선놈(朝鮮-) *cf.* 왜놈, 되놈
조선말(朝鮮-)
조선 말과 글(朝鮮-)
조선무(朝鮮-) *cf.* 일본무, 서울배추
조선 물건 쓰기 운동(朝鮮物件-運動)
(조선) 물산 장려회[(朝鮮)物産獎勵會]
조선 민립 대학 기성회(朝鮮民立大學期成會)
조선 민주주의 인민 공화국(朝鮮民主主義人民共和國)
조선방역지도(朝鮮方域地圖)
조선배추(朝鮮-) *cf.* 양배추, 서울배추
조선백자(朝鮮白磁) *cf.* 고려청자
조선 불교 유신론(朝鮮佛敎維新論)
조선 상고사(朝鮮上古史)
조선상고사(朝鮮上古史)(편수 자료)
조선성악연구소(朝鮮聲樂硏究所)
조선소(朝鮮-)
조선 옷(朝鮮-) *cf.* 한복, 중국 옷
조선정악전습소(朝鮮正樂傳習所)
조선조 말(朝鮮朝末) *cf.* 조선조 초
조선통보(朝鮮通寶)
조선 통신사 행렬도(朝鮮通信使行列圖)
조사하기놀이(調査-)
조선글(朝鮮-) *cf.* 중국글, 일본글
조선말(朝鮮-) *cf.* 중국말, 일본말
조선 혁명당(朝鮮革命黨)
조선호박(朝鮮-)
조성해 놓다(造成-)

조·소 경제 문화 협정(朝·蘇經濟文化協定)
조소당하다(嘲笑當-) *cf.* 당하다
조소받다(嘲笑-) *cf.* 받다
조손간(祖孫間) *cf.* 부자간
조수입(粗收入)
조숙해 보이다(早熟-)
조숫물(潮水-) *cf.* 바닷물, 썰물, 밀물
조실부모하다(早失父母-)
조심성 없다(操心性-)
조심성 있다(操心性-)
조심스러워하다(操心-)
조심조심(操心操心)
조심해 오다(操心-)
조 아이 *cf.* 이 아이, 그 아이
조아팔다(헐어서 조금씩 팔다.)
조 알아보기(兆-)
조 애 *cf.* 이 애
조약돌 *cf.* 주먹돌, 호박돌, 모오리돌, 뭉우리돌, 자갈돌, 부춘돌
조약밭
조언 듣다(助言-)
조언해 주다(助言-)
조여들다 *cf.* 죄어들다
조여 오다 *cf.* 죄어 오다
조엽수림(照葉樹林) *cf.* 침엽수림, 활엽수림
조옮김(調-)
조옮김 악기(調-樂器)
조용수량(粗用水量)
조용조용히(부사)
조·용·조(租庸調)
조·용·조 제도(租庸調制度)
조용해 보이다
조용해져 가다
조으는목(국악)
조음 방법(調音方法)
조음역(調音域)
조음 위치(調音位置)
조작해 놓다(造作-)
조잡들다 *cf.* 주접들다
조잡해 보이다(粗雜-)
조잡해져 가다(粗雜-)
조절, 완화하다(調節, 緩和-)
조절해 가다(調節-)
조절해 주다(調節-)
조정, 관리하다(調整, 管理-)
조정버터(調整-)(식물성 버터를 혼합한 버터)
조정지식(調整池式)
조정해 나가다(調整-)
조정해 놓다(調整-)
조정해 주다(調整-)
조제분유(調製粉乳) *cf.* 탈지분유, 전지분유
조제해 주다(調劑-)
조져 놓다
조져 버리다
조조할인(早朝割引) *cf.* 심야 할인, 심야 할증 <택시의 심야 할증>
조종해 오다(操縱-)
조준틀(照準-)
조줄 *cf.* 평줄, 쥐꼬리줄, 삼각줄
조지방(粗脂肪)
조직 내에(組織內-)
조직면(組織面) *cf.* 교리면, 구조면
조직범죄(組織犯罪) *cf.* 단독 범죄
조직해 놓다(組織-)
조직해 보다(組織-)
조직화되다(組織化-)/조직화하다(組織化-)
조짐머리 <어여머리에 떨구지도 하고 ~도 했다.>
조짚 *cf.* 볏짚, 보릿짚, 밀짚, 잇짚
조촐해 보이다
조촘증(-症) *cf.* 조마증, 헛헛증, 궁금증
조치 없다/없이(措置-)
조카네 집 *cf.* 형네 집, 아저씨 집
조카놈 *cf.* 아들놈
조카 되다 *cf.* 며느리 되다
조카들 간에(-間-)
조카들 중에(-中-)
조카딸

조카며느리
조카뻘 되는 이 *cf.* 아저씨뻘 되는 이
조카사위
조카자식(-子息)
조카 집에
조핏가루 *cf.* 후춧가루, 얼레짓가루, 고춧가루, 메줏가루
조포기 *cf.* 풀포기, 벼포기, 콩포기
조합해 놓다(組合-)
조 형(曺/趙兄) *cf.* 이 형, 박 형
조형놀이(造形-) *cf.* 놀이
조화무궁(造化無窮)
조화 부리다(造化-)
조화시켜 가다(調和-)
조화시켜 주다(調和-)
조화 있다(調和-)
조화점렬(調和點列)
조화 피우다(造化-)
조홧속(造化-) *cf.* 꿍꿍이속, 야바윗속
조효소(粗酵素)
조회대(朝會臺)
조회 때(朝會-)
조회해 보다(照會-)
-족(族)(접미사) *cf.* 만주족, 몽고족, 장발족, 란탄족, 할로젠[할로겐]족, 색소폰족, 바이올린족, 캥거루족
족관절(足關節)
족내혼(族內婚) *cf.* 족내혼
족두리 쓰다
족두리하님
족볶이(足-) *cf.* 떡볶이
족쇄 차다(足鎖-)
족외혼(族外婚)
족지걸이(簇子-) *cf.* 양복걸이
족제비눈 *cf.* 백눈, 게눈
족족(어미)(명사로 보는 견해도 있음.) <보는~>, <먹는~>
족집게 같다/족집게같이
족집게장님

족쳐 버리다
족할 따름이다(足-) *cf.* 할 따름이다, 따름(의존 명사)
족형제간(族兄弟間)
존경받다(尊敬-) *cf.* 칭송받다, 받다
존경받아 오다(尊敬-)
존경할 만하다(尊敬-) *cf.* 만하다
존경해 오다(尊敬-)
존귀해 보이다(尊貴-)
존댓말(尊待-) *cf.* 공대말, 예사말, 홀로말, 서로말, 인사말, 혼잣말
존립해 나가다(存立-)
존속되어 오다(存續-)
존속시켜 오다(存續-)
존속해 오다(存續-)
존왕양이(尊王攘夷)
존재로밖에(存在-) *cf.* 밖에(조사)
존재 없다/없는(存在-)
존재외(存在外)(철학)(존재, 비존재의 규정 밖에 있는 것)
존재해 오다(存在-)
존재 형용사(存在形容詞)
존중받다(尊重-) *cf.* 받다
존중해 오다(尊重-)
존중해 주다(尊重-)
졸라 대다 *cf.* 대다(보조 용언)
졸라매다
졸린 눈
졸밥(매한테 주는 미끼) <매의 ~>
졸본 땅(卒本-)
졸아들다 <가뭄으로 강물이 ~.>
졸아붙다 <찌개가 ~.>
졸업생 간에(卒業生間-)
졸업생밖에(卒業生-) <4회 ~ 배출하지 못하다.> *cf.* 밖에(조사)
졸업생 수(卒業生數) *cf.* 입학생 수, 학생 수
졸업식날(卒業式-) *cf.* 입학식날
졸업장 받다(卒業狀-) *cf.* 상장 받다
졸업 전(卒業前) *cf.* 졸업 후에

졸업하자마자(卒業-) *cf.* 자마자
졸업 후에(卒業後-) *cf.* 졸업 전에
졸음 속에
졸음 오다 *cf.* 잠 오다
졸음운전(-運轉) *cf.* 음주 운전
좀(부사) <밥이 ~ 질다.>, <나 ~ 보자.>
좀-(접두사) *cf.* 좀도둑, 좀생원
좀것
좀노릇(좀스러운 일) *cf.* 종노릇, 병신노릇, 어른 노릇
좀 더 <생각을 ~ 해라.>, <~ 쉬었다 와라.>
좀 더 높은
좀 더 알아보기
좀 더 큰
좀도둑
좀도리쌀(한 줌씩 따로 떠낸 쌀)
좀되다 *cf.* 굼되다
좀 만에 *cf.* 만(의존 명사)
좀말(좀스럽게 하는 말)
좀먹다
좀생원(-生員)
좀생이
좀생이구멍(쟁기의 좀생이막대를 끼우는 구멍)
좀생이막대(쟁기의~)
좀생이보기(민속)
좀스럽다
좀약(-藥) *cf.* 파리약, 모기약
좀 전에(-前-)
좀처럼
좀체말(웬만한 말)
좀쳇것(웬만한 물건)
좀쳇놈
좀쳇사람
좀쳇일 *cf.* 예삿일
좁게 돌기
좁디좁은/좁다 *cf.* 넓디넓은, 약하디약한
좁쌀 같다
좁쌀과녁(얼굴이 넓은 사람)
좁쌀눈
좁쌀알 *cf.* 쌀알, 깨알, 보리알
좁쌀엿
좁쌀영감(-令監)
좁쌀죽(-粥) *cf.* 깨죽, 잣죽, 흰죽, 녹두죽
좁쌀책(-冊)
좁쌀친구(-親舊)
좁아 보이다
좁아져 가다
좁아터지다
좁은 간격(-間隔)
좁은 이랑 뿌림/협폭파(狹幅播)
좁혀 가다/좁혀 오다
좁혀 나가다
좁혀 놓다
좁혀 들어가다
좁혀 보다
좁혀 앉다
좁혀 주다
좁혀지기는커녕 *cf.* 는커녕, 커녕
-종(種)(접미사) *cf.* 레그혼종, 미노르카종
종갓집(宗家-)
종개념(種概念) *cf.* 유개념
종결되어 가다(終結-)
종결 어미(終決語尾)
종결짓다(終結-) *cf.* 관련짓다
종결해 버리다(終結-)
종교극(宗敎劇) *cf.* 풍자극, 신파극
종교사학파(宗敎史學派) *cf.* 학파
종교의식(宗敎意識) *cf.* 민족의식, 특권의식, 제천 의식, 국가 의식
종군길(從軍-) *cf.* 유학길, 유세길, 성묘길
종날(민속)
종남매간(從男妹間)
종년 *cf.* 종놈
종노릇 *cf.* 머슴 노릇, 상전 노릇, 선생 노릇, 병신노릇
종노릇하다 *cf.* 머슴 노릇 하다, 병신노릇하다
종놈 *cf.* 종년
종 다양성(種多樣性)

종동축(終動軸)
종두귀감(種痘龜鑑)
종두약(種痘藥)
종두침(種痘鍼)
종드리기놀이 cf. 놀이
종려털(棕櫚-)
종로 쪽으로(鐘路-) cf. 서울 쪽, 부산 쪽
종무소식(終無消息)
종민이네 집
종부돋움(발돋움)
종 분화(種分化)
종사자 수(從事者數) cf. 근무자 수
종사해 오다(從事-)
종살이 cf. 머슴살이, 고용살이, 감옥살이, 시집살이, 남의집살이, 셋방살이
종살이하다
종살이해 오다
종생태학(種生態學)
종소리(鐘-) cf. 북소리, 징 소리, 나팔 소리, 퉁소 소리, 풍경 소리, 피리 소리, 대포 소리
종속노동(從屬勞動) cf. 독립노동, 계절노동
종속시켜 놓다(從屬-)
종속인구(從屬人口) cf. 노동 인구
종속적 연결 어미(從屬的連結語尾)
종속적으로 이어진 문장(從屬的-文章)
종 수(種數) cf. 권수, 부수, 책 수
종신자식(終身子息)(임종한 자식)
종신토록(終身-) cf. 영원토록
종신회원(終身會員) cf. 평생회원, 주말 회원, 수습 회원
종아리 때리다
종아리마디
종아리 맞다
종아리뼈 cf. 무릎뼈, 팔뼈, 복숭아뼈
종아리채 cf. 파리채
종아리 치다
종아이
종알종알(부사)
종업원 수(從業員數)
종없이(종작없이)
종이 가방 cf. 가죽 가방, 비닐 가방
종이값 cf. 고추값, 우표값, 고기값, 담뱃값
종이 구겨 찍기
종이꽃
종이꽃 바구니 cf. 꽃바구니
종이꾸러미 cf. 선물꾸러미, 이삿짐꾸러미
종이끈
종이끼우개
종이 날개
종이더미 <국회, ~ 사라진다.>
종이돈
종이떨기(누에치기)
종이 떼어내기
종이뜨기
종이띠 cf. 삼끈, 노끈, 비닐 끈
종이류(-類)
종이 목걸이
종이뭉치 cf. 쇠뭉치, 솜뭉치
종이배 cf. 종이학, 종이비행기
종이봉투(-封套) cf. 비닐 봉지
종이부채
종이 붙이기
종이(를) 붙이다
종이비누 cf. 물비누, 가루비누
종이비행기(-飛行機) cf. 종이배, 종이학
종이 상자(-箱子) cf. 플라스틱 상자
종이새
종이솜
종이수염(-鬚髥)
종이 아껴쓰기
종이 여물
종이엮기
종이연(-鳶) cf. 방패연, 가오리연
종이옷 cf. 무명옷, 솜옷, 베옷
종이우산(-雨傘)
종이잔(-盞) cf. 유리잔, 사기잔, 플라스틱 잔
종이 접기 cf. 종이 자르기, 종이 말기
종이 접기 놀이

종이(를) 접다 *cf.* 놀이
종잇조각 *cf.* 유리 조각, 구리 조각, 휴지 조각, 나뭇조각, 헝겊 조각, 쇳조각, 댓조각
종이죽(-粥)
종이쪽 *cf.* 나무쪽, 대쪽, 쇠쪽
종이쪽지
종이 찰흙 *cf.* 고무 찰흙
종이 카드
종이칼
종이컵 *cf.* 유리컵, 플라스틱 컵, 사기 컵
종이테이프 *cf.* 셀로판 테이프, 비닐 테이프
종이판(-版)
종이 팩
종이풍선(-風船) *cf.* 고무풍선, 비닐 풍선
종이학(-鶴)
종이호랑이(-虎狼-) *cf.* 종이배, 종이비행기
종일토록(終日-)
종잇장(-張) *cf.* 백지장
종자돈(種子-)
종자매간(從姉妹間) *cf.* 내외종간
종자벼(種子-)
종자식물(種子植物)
종작없다
종적 모르다(蹤迹-)
종전 같으면(從前-)
종조할아버지(從祖-) *cf.* 11대조 할아버지
종조할머니(從祖-)
종족 간에(宗族間-)
종종걸음 *cf.* 총총걸음, 까치걸음, 게걸음, 오리걸음, 황새걸음, 달팽이걸음, 황소걸음
종종걸음 놀다
종종걸음 치다
종종머리
종주먹대다(주먹질하며 위협하다.)
종중논(宗中-)[종답(宗畓)]
종중밭(宗中-)
종중복도(縱重復度)
종중산(宗中山)
종지부 찍다(終止符-) *cf.* 낙인찍다
종짓굽 *cf.* 접싯불
종짓굽붙이기(줄타기 동작)
종짓불
종착역(終着驛) *cf.* 시발역
종 치다(鐘-) *cf.* 북 치다, 장구 치다, 징 치다, 풍구 치다
종파분자(宗派分子(북한)
종합, 분석하다(綜合, 分析-)
종합시험(綜合試驗) *cf.* 기말시험, 중간시험, 모의시험
종합, 정리하다(綜合, 整理-)
종합카드(綜合-)
종합해 보다(綜合-)
종형제간(從兄弟間)
종횡무진(縱橫無盡)
좆같다 *cf.* 개좆같다
좇아가다
좇아오다
좋건 싫건 간에(-間-)
좋겠군그래 *cf.* 그래
좋고 나쁜
좋고말고 *cf.* 가고말고, 하고말고, 고말고
좋다 하더라도
좋단 말야 *cf.* 한단 말야, 말이다/말이야/말이오
좋든 싫든 간에(-間-)
좋아 보이다
좋아져 가다
좋아지내다 <한때는 두 사람이 좋아지내더니….>
좋아하기는커녕 *cf.* 는커녕, 커녕(조사)
좋아하지 마 *cf.* 마/마라/말아라(→마라)
좋아할뿐더러 *cf.* ㄹ뿐더러(어미)
좋아할 뿐 아니라 *cf.* ㄹ 뿐 아니라
좋아해 오다
좋아했나 보다 *cf.* 보다
좋은 대로 하라 *cf.* 할 대로 해라, 대로(의존명사)
좋은 데 <~로 가서 살다.> *cf.* 데
좋은데 <물건은 ~ 값이 비싸다.> *cf.* ㄴ데

(어미)
좋은데다가 *cf.* ㄴ데다가(어미)
좋은 일 하였구나 *cf.* 일하다
좋은 쪽으로
좋을 거야 *cf.* ㄹ 거야, 것
좋을 듯하다 *cf.* 듯하다
좋을 리 없다(-理-) *cf.* 리
좋을 만한/만하다 *cf.* 만하다
좋을뿐더러 *cf.* ㄹ뿐더러
좋을 뿐 아니라 *cf.* ㄹ 뿐 아니라
좋을 성싶다 *cf.* 성싶다
좋을 텐데 *cf.* ㄹ 텐데, 터
좋지 못하다
좋지 않다
좌경화되다(左傾化-)
좌도굿(左道-) *cf.* 우도굿
좌불안석이다(坐不安席-)
좌석 수(座席數) *cf.* 걸상 수, 학생 수, 의석 수, 정족수
좌석표(座席票) *cf.* 입석표
좌시해 오다(坐視-)
좌우 각 진(左右各陣)
좌우각진(左右各陣)(무용)
좌우각진굿(左右各陣-)
좌우 대칭(左右對稱)
좌·우익(左右翼)
좌우치기(左右-)(농악)
좌우퍼넘기기(左右-)(농악)
좌우편(左右便)
좌절당하다(挫折當-) *cf.* 당하다
좌절되어 버리다(挫折-)
좌절해 버리다(挫折-)
좌지우지하다(左之右之-)
좌지우지해 오다(左之右之-)
좌질굿(左-)
좌천당하다(左遷當-) *cf.* 당하다
좌천되어 버리다(左遷-)
좌충우돌하다(左衝右突-)
좌측면(左側面) *cf.* 우측면
좌측면도(左側面圖) *cf.* 우측면도
좌측통행(左側通行) *cf.* 우측통행
좌표값(座標-) *cf.* 임계값, 순서값, 정수값, 절댓값, 기댓값, 함숫값
좌표공간(座標空間)(수학)
좌표축(座標軸)
좌표평면(座標平面)
좌향앞으로가(左向-)
좌향좌(左向左) *cf.* 우향우
좌회전성(左回轉性) *cf.* 우회전성
좨기밥 *cf.* 주먹밥
죄다짐(罪-)(죄에 대한 갚음)
죄 되다(罪-)
죄 많다(罪-)
죄밑(罪-)(죄를 지지른 불안) <지각한 것이 ~이 되어….>
죄받다(罪-) *cf.* 받다
죄사함받다(罪赦-)
죄송스러워하다(罪悚-)
죄송해하다(罪悚-)
죄수옷(罪囚-)
죄스러워하다(罪-)
죄악시되다(罪惡視-)
죄악시하다(罪惡視-)
죄악시해 오다(罪惡視-)
죄암죄암(감탄사)
죄암질
죄어들다
죄어 매다
죄어 오나
죄어 지내다
죄어치다(죄어서 물리치다.)
죄 없다(罪-) <아무 죄 없는 사람>
죄의식 없다(罪意識-)
죄인 된 마음(罪人-)
죄임성(-性)(바싹 다그치는 마음)
죄 있다(罪-)
죄주다(罪-) *cf.* 죄받다, 벌주다, 벌받다
죄 중에(罪中-)

죄짓다(罪-)
죄책감 때문에(罪責感-) *cf.* 때문
죔나사(-螺絲)
죔줄
죗값 받다(罪-)
죗값 치르다(罪-)
주(駐)-(접두사) *cf.* 주미 대사, 주일 대사, 주독일 대사
주(主)-(접두사) *cf.* 주성분, 주목적, 주계열
주간신문(週刊新聞) *cf.* 일간신문, 조간신문, 석간신문, 토요 신문
주개념(主槪念) *cf.* 빈개념
주객전도(主客顚倒)
주거·광열비(住居·光熱費)
주거나 말거나
주거니 받거니
주거 용품(住居用品) *cf.* 장의 용품
주걱꺾쇠
주걱뼈
주걱턱 *cf.* 제비턱
주검받침(고고학)
주격 조사(主格助辭)
주견머리(主見-) *cf.* 소견머리
주경기장(主競技場)
주계약자(主契約者)
주계열(主系列)
주계열성(主系列星)
주고 가다
주고 나서
주고 난 뒤에
주고 난 지 *cf.* 떠난 지, 지(의존 명사)
주고말고 *cf.* 고말고(어미)
주고받고 하다
주고받기/주고받다
주고 보니 *cf.* 먹고 보니, 하고 보니
주고 싶다
주고 싶어하다 *cf.* 싶어하다(보조 용언)
주고 있다
주곤 하다 *cf.* 먹곤 하다
주공격수(主攻擊手)
주공급원(主供給源)
주과포혜(酒果脯醯)
주관객(主觀客)
주관해 나가다(主管-)
주광전구(晝光電球) *cf.* 백열전구, 할로젠[할로겐]전구, 수은 전구, 텅스텐 전구, 삼파장 전구
주광조명(晝光照明) *cf.* 인공조명, 자연조명, 햇빛 조명
주근깨
주근깨박이 *cf.* 점박이, 차돌박이, 소박이, 알배기
주근깨투성이 *cf.* 먼지투성이, 흙투성이, 재투성이, 빚투성이, 투성이(접미사)
주기·광도 관계(週期光度關係)
주기는커녕 *cf.* 는커녕, 커녕(조사)
주기능(主機能) *cf.* 부기능
주기도문(主祈禱文)
주기억 장치(主記憶裝置)
주기율표(週期律表)
주나라(周-) *cf.* 하나라, 한나라, 당나라
주나마나하다 *cf.* 나마나하다
주나 보다 *cf.* 가나 보다, 하나 보다, 보다
주낙배
주낙줄
주날개(主-)
주노즐(主-)
주눅 들다
주눅 들어 보이다
주는 대로 *cf.* 하는 대로, 대로(의존 명사)
주는 데 <돈 많이 ~로 가 버리다.> *cf.* 데
주는데 <돈은 많이 ~ 일이 힘들다.> *cf.* 는데
주는 척하다 *cf.* 척하다
주니 나다(싫증이 나다.)
주니 내다
주니어급(-級) *cf.* 웰터급
주닛대치마
주다시피 하다 *cf.* 다시피 하다

주단면도(主斷面圖)
주 달다(註-)
주대각선(主對角線)
주도권 다툼(主導權-) *cf.* 세력 다툼, 이권 다툼, 자리다툼
주도권 싸움(主導權-) *cf.* 자리싸움, 머리싸움, 편싸움, 자존심 싸움, 밥그릇 싸움
주도권 잡기(主導權-) *cf.* 권력 잡기
주도면밀하다(周到綿密-)
주도산업(主導産業) *cf.* 교육산업, 기간산업, 군수 산업, 문화 산업, 성장 산업
주도하(主導下) *cf.* 명분하에
주도해 나가다(主導-)
주도해 오다(主導)
주독코(酒毒-) *cf.* 딸기코
주동문(主動文) *cf.* 사동문, 피동문
주동축(主動軸)
주둔시켜 놓다(駐屯-)
주둥이 까다
주둥이 놀리다 *cf.* 입 놀리다
주득점원(主得點源)
주든 말든 간에(-間-)/주든지 말든지
주든 안 주든 간에(-間-)
주등기(主登記)
주란사실(-紗-)
주렁주렁하다
주력주(主力株) *cf.* 인기주
주력해 오다(注力-)
주례 서다(主禮-)
주례 세우디(主禮-)
주로 하다(主-)
주룩주룩(부사)
주름살 잡히다
주름살 지다
주름살투성이 *cf.* 주근깨투성이, 흙투성이, 상처투성이, 빚투성이, 먼지투성이, 모순투성이, 투성이(접미사)
주름상자(-箱子) *cf.* 어둠상자, 안개상자
주름위(-胃)
주름잡고 다니다
주름잡다
주름잡히다 *cf.* 주름살 잡히다
주름 주기
주름 주다
주름 지다
주름치마
주름투성이 *cf.* 투성이(접미사)
주릅들다(흥정을 붙여 주다.)
주리 틀다 <주리를 틀어야 정신을 차리겠느냐?>
주린 배
주릿대
주릿방망이(주릿대)
주믹거리(酒幕-) *cf.* 상거리, 저잣거리
주막쟁이(酒幕-)
주막집(酒幕-) *cf.* 여염집, 객줏집
주막집 딸(酒幕-)
주말여행(週末旅行) *cf.* 신혼여행, 수학여행, 관광 여행, 탐사 여행
주머니(일부 명사에 붙어) *cf.* 고생주머니, 병주머니, 꾀주머니, 근심주머니
주머니그물 *cf.* 자루그물, 쾡이그물, 후릿그물
주머니돌리기놀이
주머니떨이
주머니 만들기
주머니(를) 만들다
주머니밑천
주머니 속에
수머니 차다
주머니칼 *cf.* 부엌칼, 해부칼, 도려칼
주머니코 *cf.* 주먹코, 빈대코, 사자코, 매부리코
주머니 털다
주머닛감 *cf.* 수맷감, 두루마깃감, 바짓감, 저고릿감, 조낏감
주머닛돈 *cf.* 쌈짓돈, 곗돈, 시줏돈, 나랏돈, 회삿돈
주먹곤죽(-粥)
주먹구구(-九九)

주먹구구식으로(-九九式-)
주먹다짐
주먹다짐하다 *cf.* 우격다짐, 억지다짐
주먹 다툼 *cf.* 말다툼, 자리다툼, 이권 다툼, 밥그릇 다툼, 정권 다툼
주먹대패
주먹도끼
주먹떼(드문드문 심는 뗏장) *cf.* 줄떼
주먹만 해 보이다 *cf.* 만 하다(←만하다)
주먹맛 *cf.* 매맛, 몽둥이맛
주먹밥
주먹비 <여러 사람한테 ~를 맞다.>
주먹뺨
주먹상투
주먹세례(-洗禮) *cf.* 몽둥이세례, 물세례, 불세례
주먹심 *cf.* 다릿심, 허릿심
주먹 싸움 *cf.* 칼싸움, 말싸움, 기싸움, 몸싸움
주먹 야구(-野球) *cf.* 발야구
주먹장맞춤
주먹장부촉(-鏃)
주먹장이음
주먹조르기(유도)
주먹지르기(태권도)
주먹질당하다(-當-) *cf.* 당하다
주먹총(-銃) *cf.* 화약총, 고무총, 가스총, 공기총
주먹총질(-銃-)
주먹치기(어린이 유희)
주먹코 <메기입에 ~….> *cf.* 매부리코, 말코, 사자코, 주부코
주목거리(注目-) *cf.* 구경거리, 골칫거리
주목당하다(注目當-) *cf.* 당하다
주목받다(注目-) *cf.* 받다
주목받아 오다(注目-)
주목적(主目的)
주목표(主目標)
주목할 만하다(注目-) *cf.* 만하다
주목해 오다(注目-)
주문 받다(注文-) *cf.* 편지 받다
주문해 놓다(注文-)
주문해 오다(注文-)
주물 덧붙임(鑄物-)
주물러 놓다
주물러 대다
주물러 드리다
주물러 보다
주물러빨기 *cf.* 비벼빨기
주물러 빨기 <빨래를 ~ 위하여….>
주물러 빨다
주물러서 만들기(공작)
주물러 주다
주물럭주물럭하다
주물모래(鑄物-)
주민 간(住民間)
주민들 간(住民-間)
주반응(主反應)
주발뚜껑(周鉢-) *cf.* 솥뚜껑, 냄비뚜껑
주발효(主醱酵) *cf.* 후발효
주방 용품(廚房用品) *cf.* 산업 용품, 자전거 용품, 성생활 용품
주방향(主方向)
주·배수(注·排水)
주밸브(主-)
주변머리 *cf.* 주책머리, 소견머리, 싹수머리
주변머리 없다
주변성(-性)
주변압기(主變壓器)
주변 없다/없이
주변 좋다
주보급로(主補給路)
주부코 *cf.* 주먹코, 사자코, 빈대코
주브레이크(主-)
주사기놀이(注射器-) *cf.* 놀이
주사 놓다(注射-)
주사 맞다(注射-)
주사니것(紬-)(명주로 만든 옷)
주사약(注射藥) *cf.* 내복약, 설사약
주사위놀이
주사위 던지기

주사위(를) 던지다
주사위 만들기
주사위(를) 만들다
주사위뼈
주사 전자 현미경(走査電子顯微鏡)
주사코(酒齇-)(북한) *cf.* 주부코
주산단지(主産團地) *cf.* 부업 단지, 농공 단지, 공업 단지
주산맥(主山脈)
주산물(主産物)
주산업(主産業)
주삿바늘(注射-) *cf.* 낚싯바늘(→낚시), 시곗바늘, 뜨개바늘, 금긋기 바늘, 나침반 바늘
주색인 영역(主索引領域)
주색잡기(酒色雜技)
주석 달기(註釋-)
주석(을) 달다(註釋-)
주석학파(注釋學派) *cf.* 훈고학파, 고문학파, 실학 학파, 이용후생 학파
주석해 놓다(註釋-)
주석혼식(朱錫婚式) *cf.* 진주혼식, 은혼식
주선해 드리다(周旋-)/주선해 주다(周旋-)
주섬주섬(부사)
주성분(主成分)
주세포(主細胞)
주셨습니다그려 *cf.* 했습니다그려, 그려(조사)
주수병(酒水瓶) *cf.* 점적병, 시약병
주수직권(主垂直圈)
주순환(主循環)
주술무늬(呪術-)
주스병(-瓶) *cf.* 콜라병, 요구르트병
주스통(-桶) *cf.* 통조림통
주시경 님(周時經-)
주시경 선생 묘(周時經先生墓)
주시 속에(注視-)
주식값(株式-)
주식물(主食物)
주식회사(株式會社) *cf.* 합자 회사, 합명 회사, 유한 회사, 무한 회사

주신 대로 *cf.* 대로(의존 명사)
주심도리(건축)
주심이음(柱心-)
주심 직권승(主審職權勝)
주심포집(柱心包-)(건축) *cf.* 다포집, 이포집
주야간제(晝夜間制)
주야산업(晝夜産業) *cf.* 원시산업, 교육산업, 주도산업, 군수 산업, 전략 산업
주야은행(晝夜銀行) *cf.* 중앙은행, 할인은행, 시중 은행, 발권 은행
주야장천(晝夜長川)
주양자 수(主量子數) *cf.* 양자 수, 양자수(편수 자료 '물리'), 주 양자수(편수 자료 '공업')
주어 가며 <일을 ~….>
주어 놓고
주어도 주어도 *cf.* 자도 자도, 가도 가도
주어 버리고 말았다
주어 버리다
주어 보내다
주어 오다 <용돈을 하루 1000원씩 ~.>
주어졌는데도 *cf.* ㄴ데도(어미)
주업무(主業務)
주었나 보다 *cf.* 싸나 보다, 보다
주었단 말이지 *cf.* 말이다/말이오
주옥같다(珠玉-) *cf.* 깨알 같다, 밀알 같다
주 왕조 시대(周王朝時代)
주요시되다(主要視-)
주요시하다(主要視-)
주요인(主要因)
주워 가다
주워 걸치다 <옷을 ~.>
주워 나르기
주워 나르다 <돌을 ~.>
주워 내다
주워 달라고 하다
주워 담다
주워대다 *cf.* 떠들어 대다, 웃어 대다, 대다
주워듣다 <어디서 주워들은 이야기다.>
주워 들다 <막대를 ~.>

주워 먹다
주워 모으다 <벼 이삭을 ~.>
주워 보다
주워섬기다 <산 이름을 주워 섬기며 산악인 행세를 하다.>
주워 오다
주워 주다
주원료(主原料)
주원인(主原因)
주원자가(主原子價)
주웠단 말이냐 *cf.* 말이다/말이오
주응력면(主應力面)
-주의(主義)(명사) *cf.* 민주주의, 계몽주의, 자연주의
주의 깊다(注意-)
주의 끌다(注意-)
주의 날(主-)
주의받다(注意-) *cf.* 경고받다
주의시(主意詩)(의지적인 내용을 표현한 시) *cf.* 주지시
주의시켜 오다(注意-)
주의주의(主意主義)
주의해 나가다(注意-)
주음부호(注音符號) *cf.* 한어 병음 자모, 모스 부호
주인 노릇(主人-) *cf.* 자식 노릇, 어른 노릇
주인댁(主人宅) ('안주인'의 높임말)
주인댁(主人宅) ('주인집'의 높임말) *cf.* 가게 주인 집
주인 된(主人-) *cf.* 식구 된, 종업원 된
주인 된 권리(主人-權利) *cf.* 자식 된 권리
주인마누라(主人-)
주인마님(主人-)
주인 말(主人-)
주인아씨(主人-)
주인아저씨(主人-)
주인아주머니(主人-)
주인어른(主人-) *cf.* 이장어른, 사돈어른
주인 없는/없다(主人-)
주인집(主人-) *cf.* 주인댁
주인 찾아주기 놀이(主人-)
주일(週日) *cf.* 1주일, 3주일
주입시켜 놓다(注入-)
주자가례(朱子家禮)
주자마자 *cf.* 앉자마자, 자마자(어미)
주자학파(朱子學派) *cf.* 양명학파
주장 글(主張-)
주장, 교환하다(主張, 交換-)
주장되어 오다(主張-)
주장삼다(主張-)
주장해 오다(主張-)
주재료(主材料) *cf.* 주원료
주저기압(主低氣壓) *cf.* 부저기압
주저롭다(넉넉지 못하여 아쉽거나 곤란하다.)
주저리주저리
주저 말고 해라(躊躇-)
주저앉아 버리다
주저앉히다
주저 없다/없이(躊躇-)
주저주저하다(躊躇躊躇-)
주저항선(主抵抗線)
주저해 오다(躊躇-)
주전도감(鑄錢都監)
주전론자(主戰論者) *cf.* 주화론자
주전부리/주전부릿감
주전산기(主電算機)
주전자운전수(酒煎子運轉手)(작부)
주접 들다
주접떨다 *cf.* 육갑 떨다, 오망 떨다
주정꾼(酒酊-)
주정꾼으로밖엔(酒酊-) *cf.* 으로밖에는, 밖에
주정받이(酒酊-)
주정뱅이(酒酊-)
주정 부리다(酒酊-)
주정주의(主情主義)
주제꼴 <~이 사납다.>
주제넘다
주제 정하기(主題定-)

주제 찾기(主題-)
주제(를) 찾다(主題-)
주조리실(主調理室)
주조정실(主調整室) *cf.* 부조정실
주조해 놓다(鑄造-)
주중(週中) *cf.* 주말, 월중, 월말
주증폭기(主增幅器)
주지시(主知詩) *cf.* 목적시, 서사시, 사상시
주지시켜 두다(周知-)
주지 않다
주지주의(主知主義)
주지탈(主持-) *cf.* 양반탈
주차시켜 놓다(駐車-)
주차해 놓다(駐車-)
주책 떨다(←主着-)
주책망나니(←主着-) *cf.* 개망나니
주책맞다(←主着-)
주책머리(←主着-) *cf.* 주변머리, 싹수머리, 인정머리
주책바가지(←主着-)
주책 부리다(←主着-)
주책 피우다(-主着-)
주책없어 보이다(←主着-)
주체궂다(짐스럽고 귀찮다.)
주체 높임말(主體-)
주체 높임법(主體-法) *cf.* 객체 높임법
주체 못하다
주체사상(主體思想)(북한)
주쳇덩어리 *cf.* 골칫덩어리, 근심덩어리
주최해 나가다(主催-)
주최해 오다(主催-)
주춤병(-病) *cf.* 조춤증, 조마증, 헛헛증
주춤서기
주춤주춤
주춧돌 *cf.* 툇돌, 댓돌, 빨랫돌, 디딤돌
주클러치(主-)
주톳빛(朱土-) *cf.* 포돗빛, 상앗빛, 모싯빛, 비췻빛, 황톳빛, 마놋빛
버찌빛, 앵두빛, 살구빛, 녹두빛, 치자빛
주트러스(主-)
주트지(-紙) *cf.* 크라프트지, 켄트지
주특기(主特技)
주파수(周波數) *cf.* 진동수, 질량수, 회전수
주파수계(周波數計)
주파수대(周波數帶)
주프로그램(主-)
주현 공부법(州縣工賦法)
주·현군(州·縣軍)
주홍빛(朱紅-)
주홍색(朱紅色)
주화론자(主和論者) *cf.* 주전론자
주황빛(朱黃-)
주황색(朱黃色)
주효소(主酵素)
죽 가마(粥-)(~ 끓듯 풀떡인다.)
죽 같다/같은(粥-)
죽거나 말거나
죽거나 살거나 간에(-間-)
죽건 말건 간에(-間-)
죽계별곡(竹溪別曲) *cf.* 관동별곡, 성주별곡
죽고 나면
죽고 나서
죽고 난 지 *cf.* 지(의존 명사)
죽고 난 후에(-後-)
죽고 말았다
죽고 못 살다
죽고 사는 문제(-問題)
죽고 살기식으로(-式-)
죽고 싶다
죽고 죽어 <이 몸이 ~….>
죽공예품(竹工藝品) *cf.* 목공예품, 금속 공예품, 한지 공예품
죽그릇(粥-) *cf.* 국그릇, 밥그릇, 찌개그릇
죽기로(부사) <~로 싸워 진지를 지키다.>
죽기 살기로
죽기 살기식으로(-式-)
죽 끓듯 하다(粥-) <변덕이 ~.>
죽 끓이다(粥-)

죽는소리 *cf.* 우는소리, 앓는 소리
죽는소리하다 <노상 ~.>
죽는 시늉 *cf.* 먹는 시늉, 자는 시늉, 하는 시늉, 씻는 시늉
죽 늘어서다 *cf.* 죽(부사)
죽다시피 하다 *cf.* 다시피, 다시피 하다
죽든 살든 간에(-間-)
죽든지 살든지
죽 떠먹은 자리(粥-)
죽물(粥-) *cf.* 밥물
죽방울(장난감)
죽부인(竹夫人)
죽부인전(竹夫人傳)
죽살이(죽음과 삶)
죽살이치다(힘을 모질게 쓰다.)
죽세공예(竹細工藝)
죽세공품(竹細工品) *cf.* 금세공품, 은세공품
죽술(粥-)
죽식간에(粥食間-) <~ 요기나 하자.>
죽 쑤다(粥-) <죽(을) 쑤어(서) 먹다.>, <이번 시험은 죽 쑤고 말았다.>
죽어 가다
죽어 나가다
죽어나다 <마누라 등쌀에~.>
죽어 넘어지다
죽어 다오
죽어 대령이라(-待令-)
죽어라, 살아라 하면서
죽어 버리다
죽어 보세
죽어 없어지다
죽어 있다
죽어지내다 <남편에게 ~.>
죽었나 보다 *cf.* 쓰나 보다, 보다
죽었다 깨도 못한다
죽여 가며 <숨을 ~….>
죽여 놓다
죽여 놨냐 말야 *cf.* 말이다
죽여 달라고 하다
죽여 버리다
죽여 보다
죽여 없애다
죽여 없애 버리다
죽여 주다
죽여주다 <그 모습이 나를 ~.>
죽여 줄 테다 *cf.* 터이다
죽으나 사나 *cf.* 앉으나 서나
죽은 듯이 *cf.* 쥐죽은 듯이
죽은 마디
죽은 목숨 *cf.* 산 목숨
죽은옹이
죽은 이 <~의 명단>
죽은이별(-離別) *cf.* 산이별
죽은 자식(-子息)
죽은 줄만 알았다
죽은 지 오래다 *cf.* 지
죽은피 *cf.* 놀란 피
죽을 것 같다
죽을고 <~로 몰아넣으려고 그러나?>
죽을 고비
죽을 고생(-苦生)
죽을 날 *cf.* 살날
죽을 둥 살 둥
죽을 똥을 싸다
죽을 맛 *cf.* 살맛
죽을 번 살 번
죽을병(-病)
죽을병 들다(-病-)
죽을 뻔 *cf.* 살 뻔
죽을 뻔 댁(-宅)
죽을 뻔 살 뻔
죽을 뻔했다 *cf.* 뻔하다
죽을상(-相)
죽을죄(-罪)
죽을 지경이다(-地境-)
죽을힘
죽을힘을 다하다
죽음 같다

죽음터 <~로 끌려가다.>
죽이 맞는다
죽인 채 <숨을 ~> *cf.* ㄴ 채, 채
죽일 년
죽일 놈
죽자꾸나 하고
죽자마자 *cf.* 하자마자, 자마자
죽자 사자 하고
죽자 사자 하는 사이
죽젓개(粥-)
죽제품(竹製品) *cf.* 목제품
죽지 꺾인 새
죽지도 살지도 못하다
죽지 못해 살다
죽지 않고
죽지 않는 한(-限) *cf.* 살아 있는 한
죽치고 앉아 있다
죽피방석(竹皮方席) *cf.* 짚방석, 부들방석
준강도죄(準强盜罪)
준결승전(準決勝戰)
준경제재(準經濟財)
준계약(準契約)
준고정비(準固定費)
준공해 놓다(竣工-)
준국제 사법(準國際私法)
준금속(準金屬)
준금치산자(準禁治産者)
준급행 열차(準急行列車)
준기소 명령(準起訴命令)
준다 해도 *cf.* 먹는다 해도
준말[略語] *cf.* 본디말
준문서(準文書)
준물권(準物權)
준밀리파(準-波)
준범죄(準犯罪)
준법률(準法律)
준법정신(遵法精神) *cf.* 고발정신, 민족정신, 독립 정신, 호국 정신
준변동비(準變動費)
준별제권자(準別除權者)
준보다(準-) *cf.* 교정보다
준보석(準寶石)
준비관제(準備管制)(등화관제의 하나) *cf.* 등화관제, 경제관제, 보도 관제, 사격 관제
준비 끝에(準備-) *cf.* 논의 끝에
준비시켜 놓다(準備-)
준비 없다(準備-)
준비은행(準備銀行) *cf.* 수탁은행, 중앙은행, 특별 은행, 출제 은행
준비 중(準備中) *cf.* 착수 중
준비하지 못하다(準備-)
준비해 가다(準備-)/준비해 오다(準備-)
준비해 놓다(準備-)
준비해 두다(準備-)
준비해 보다(準備-)
준비해 주다(準備-)
준사기죄(準詐欺罪)
준사법적 기능(準司法的機能)
준상행위(準商行爲) *cf.* 준(접두사)
준성전파원(準星電波源)
준세사(準細絲) *cf.* 준태사
준안정 상태(準安定狀態)
준예산(準豫算)
준위임(準委任)
준인체계 가구(準人體系家具)
준입법적 기능(準立法的機能)
준입자(準粒子)
준자유 전자 이론(準自由電子理論)
준전문가(準專門家)
준점유(準占有)
준조세(準租稅)
준준결승(準準決勝)
준중거리 탄도 미사일(準中距離彈道-)
준지대(準地代)
준태사(準太絲) *cf.* 준세사
준평원(準平原)
준표면파(準表面波)
준항고(準抗告)

준현행범(準現行犯)
준혈족(準血族)
준환경(準環境)
준회원(準會員) *cf.* 정회원
줄감개/줄 감기
줄 감다
줄거리
줄걸 <그 사람에게는 아마 안 ~요.> *cf.* ㄹ걸(어미)
줄 걸 <틀림없이 ~로 알고 있다.> *cf.* 할 걸, 것을
줄게 <이 색종이 너 ~.> *cf.* ㄹ게
줄고 느는 *cf.* 죽고 사는, 때리고 맞는
줄곧
줄광대
줄그무개
줄글
줄 긋기
줄(을) 긋다
줄기감기
줄기꽂이 *cf.* 잎눈꽂이, 가지꽂이
줄기둥〔列柱〕
줄뒤짐(하나하나 차례로 뒤지다.)
줄기마름병(-病)
줄기머리
줄기 세포(-細胞)
줄기줄기
줄기차다 *cf.* 보람차다, 활기차다
줄기채소(-菜蔬) *cf.* 뿌리채소
줄기초(-基礎)
줄기파 가꾸기
줄까 말까 하고 있다
줄깎기 *cf.* 막깎기
줄 끌어오기
줄 끝 *cf.* 실 끝, 바늘 끝, 털끝, 손끝, 일끝
줄나다(표준량보다 적게 나다.)
줄넘기
줄넘기놀이 *cf.* 놀이
줄넘기줄 *cf.* 허수아비줄, 고무줄, 새끼줄, 전깃줄, 피댓줄, 물렛줄, 오랏줄
줄넘기하다
줄놀이
줄 놓다
줄눈
줄눈대
줄눈 마감
줄다리기
줄다리기하다
줄달다 <손님이 ~.>
줄달음질
줄달음질치다
줄달음치다
줄달음하다
줄담배 *cf.* 줄도망, 줄방귀, 줄번개, 줄초상, 줄바둑
줄담배 피우다 *cf.* 담배 피우다
줄 대다
줄 던지고 받기
줄도망하다(-逃亡-)
줄돌리기
줄돌리는 방향을 다르게 하여 줄넘기
줄돌리는 빠르기를 다르게 하여 넘기
줄 돌리다
줄드리다
줄 듯싶다 *cf.* 듯싶다
줄 듯 줄 듯 하면서 <~ 안 준다.>
줄 듯하다 *cf.* 듯하다
줄등(-燈)
줄때(줄줄이 낀 때)
줄떼 *cf.* 주먹떼
줄떼공(-工)
줄떼붙이기
줄띄기
줄띄우다 <재목에 ~.>
줄레줄레(경망스럽게 행동하는 모양)(부사)
줄로 균형잡기(-均衡)
줄루족(-族) *cf.* 인디언족, 잉카족
줄 만한/만하다 <도움을 ~ 사람>

줄 많이 빼앗기
줄 맞추기
줄맺히다 <학풍은 다르지만 관점이 같아 하나로 ~.>
줄모 *cf.* 허튼모
줄목(중요한 대목) <~을 무사히 넘기다.>
줄 몸에 감기
줄무늬 *cf.* 얼룩무늬, 점무늬
줄무늬잎마름병(-病)
줄무더기
줄바둑 *cf.* 줄담배
줄바름(건축)(일지선이 되게 하는 일)
줄밖(열외)
줄반장(-班長)
줄받침(음악)
줄밥(매를 길들이기 위해 주는 먹이) <~에 매로구나.> *cf.* 졸밥
줄밥 *cf.* 톱밥, 대팻밥, 자귓밥, 호밋밥
줄방귀 *cf.* 줄담배, 줄도망, 줄초상
줄방석(-方席) *cf.* 부들방석, 왕골방석, 짚방석
줄버력
줄번개 *cf.* 줄담배, 줄도망, 줄초상, 줄바둑
줄 번호(-番號) *cf.* 어깨번호
줄부채 *cf.* 태극부채, 부들부채
줄불
줄불놀이 *cf.* 놀이
줄뿌리기
줄뿌림[條播] *cf.* 점뿌림, 흩어뿌림
줄사다리
줄서기
줄 서다
줄 세우다
줄 세워 놓다
줄 수밖에 없다 *cf.* 밖에(조사)
줄어 가다
줄어들기는커녕 *cf.* 는커녕(어미), 커녕(조사)
줄어들다
줄어들어 가다
줄어듦
줄어 버리다
줄어져 가다
줄여 가다
줄여 나가다
줄여 놓다
줄여 달라고 하다
줄여 말하다
줄여 버리다
줄여 보다
줄여 보이다
줄여 쓰다
줄어 입다
줄여 잡다
줄여 주다
줄엮음
줄열(-熱)(물리)
줄 운동(-運動) *cf.* 공 운동, 마루 운동
줄의 법칙(-法則)
줄의 실험(-實驗)
줄 이어
줄인비(-比) *cf.* 늘인비
줄인자
줄인코(뜨개질)
줄임표(-標)
줄자 *cf.* 대자, 쇠자
줄잡기
줄(을) 잡다
줄잡다(줄어잡다.)
줄잡아도
줄잡이
줄조리개
줄조이개(악기의 ~)
줄죽음 *cf.* 떼죽음
줄줄 세다
줄줄이
줄지어 가다
줄짓다
줄 체조(-體操)
줄초상(-初喪)

줄초상 나다(-初喪-) *cf.* 초상나다
줄축구(-蹴球)
줄축구놀이(-蹴球-) *cf.* 놀이
줄 치다
줄칼(줄)
줄타기
줄타기놀이
줄타기 외교(-外交)
줄타기하다
줄 타다
줄 테니 *cf.* ㄹ 터이다, 터
줄통뽑다(속 옷깃을 뽑아올리다.)
줄팔매
줄팽이
줄팽팽이(언제나 켕기어 있는 상태)
줄폭탄(-爆彈) <~이 터지다.>
줄표(-標)
줄풍류(-風流) *cf.* 대풍류
줄행랑 놓다
줄행랑 부르다(-行廊-)
줄행랑치다(-行廊-)
줄 흔들기/줄(을) 흔들다
줌밖에 <한 ~ 안 된다.>
줌 안에
줍는목(판소리)
줍다시피 하다 *cf.* 다시피 하다
줏대 없다/없이(主-)
줏대 있다(主-)
-중(中) *cf.* 은연중, 무의식중, 부지중, 그중
중(中) *cf.* 진행 중, 회의 중, 꽃 중의 꽃, 학생들 중, 이 중, 금년 중, 오전 중, 공부하는 중, 일하는 중
중간 고리매듭(中間-)
중간고사(中間考査) *cf.* 종합고사, 기말 시험
중간 끼워맞춤(中間-)
중간노선(中間路線) *cf.* 중립 노선, 친미 노선, 친일 노선
중간눈줄(中間-)
중간 되는 곳(中間-)
중간따기(中間-)(남보다 앞질러 중간에서 차지하는 일)
중간물질(中間物質)(화학) *cf.* 중산 생성물, 중간 화합물
중간발표(中間發表) *cf.* 최종 발표
중간베기(中間-)
중간보고(中間報告) *cf.* 최종 보고, 종합 보고, 최초 보고
중간소리(中間-)
중간신고(中間申告) *cf.* 숙박신고, 전입신고, 법정 전염병 신고, 진급 신고
중간 열매가지(中間-) *cf.* 자람가지
중간 옷(中間-) *cf.* 속옷, 겉옷
중간이득(中間利得)
중간중간에(中間中間-)
중간착취(中間搾取)
중간층(中間層) *cf.* 가운데층
중간치(中間-)
중갈이(中-)
중강 개시(中江開市) *cf.* 왜관 후시, 중강 후시, 북관 후시, 책문 후시, 만상 후시, 화동관 후시, 경원 개시
중강요죄(重强要罪)
중강 후시(中江後市) *cf.* 경원 개시, 만상 후시, 북관 후시
중개업자(仲介業者)
중거리달리기(中距離-)
중거리(를) 달리다(中距離-)
중계방송(中繼放送) *cf.* 중계 무역, 중계 금융, 중계 전송망
중계해 주다(中繼-)
중고값(中古-)
중·고등학교(中·高等學校) *cf.* 초·중·고등학교
중·고등 학생(中·高等學生)
중고차(中古車)
중공업화율(重工業化率)
중공축(中空軸)
중구난방(衆口難防)
중국글(中國-) *cf.* 일본글, 영국글, 독일글

중국놈(中國-) *cf.* 왜놈, 되놈, 미국놈
중국 땅(中國-) *cf.* 미국 땅, 한국 땅, 요동 땅, 일본 땅, 호주 땅
중국말(中國-)(중국어)
중국어(中國語)
중국옷(中國-)
중국인과 러시아 인 간의(中國人-人間-)
중국집(中國-) *cf.* 일식집, 중식집, 양식집
중국 쪽(中國-) *cf.* 미국 쪽, 한국 쪽
중국차(中國茶)
중국측(中國側) *cf.* 미국측, 한국측
중국·티베트 어족(中國-語族)
중굿날(重九-)
중궁마마(中宮媽媽) *cf.* 마마
중·근세사(中近世史) *cf.* 근·현대사
중금학파(重金學派) *cf.* 중농학파, 중상학파, 이용후생 학파, 강화 악파
중·남부(中·南部)
중·남부 아프리카(中·南部-)
중·남부 지방(中·南部地方)
중·남아메리카(中·南-)
중노동(重勞動) *cf.* 경노동
중노릇 *cf.* 머슴 노릇, 종노릇, 중질, 병신노릇
중노인(中老人)/중늙은이(中-)
중농 정책(重農政策) *cf.* 중상 정책
중농주의(重農主義) *cf.* 중상주의
중농학파(重農學派) *cf.* 중상학파, 중금학파
중다성격(重多性格)(심리) *cf.* 이중성격
중단되어 버리다(中斷-)
중단 없다(中斷-)
중단해 버리다(中斷-)
중닭 기르기(中-) *cf.* 어미닭 기르기, 병아리 기르기
중대가리(빡빡 깎은 머리)
중·대형(中·大形)
중도매인(中都賣人)
중동끈(치마 위에 눌러 띠는 끈)
중동 땅(中東-) *cf.* 미국 땅, 요동 땅, 중국 땅, 일본 땅
중동무이(중간에서 흐지부지 하거나 끊어 버림)
중동바지
중동치레(中-)(허리 부분의 치레)
중둥꺾기
중둥밥(重-)(팥 삶은 물에 흰쌀을 안쳐서 지은 밥)
중력 마당(重力-)(중력장)(물리)
중립면(中立面)
중립축(中立軸)
중립축비(中立軸比)
중력분(中力粉) *cf.* 강력분, 박력분
중립주의(中立主義)
중매 들다(仲媒-)
중매 서다(仲媒-)
중매쟁이(仲媒-)
중모리장단 *cf.* 중중모리장단
중모음(重母音)/이중모음(二重母音)
중매결혼(仲媒結婚) *cf.* 연애결혼, 자유 결혼
중매해 주다(仲媒-)
중바늘(中-) *cf.* 돗바늘, 잔바늘, 작대기바늘
중병 걸리다(重病-)
중병 들다(重病-) *cf.* 병들다
중병아리(中-) *cf.* 약병아리
중복허리(中伏-)
중부 방언(中部方言)
중·북부(中·北部)
중뿔나다(中-)
중산모자(中山帽子) *cf.* 피나미모자, 디스킨모, 터키모자, 베레모
중살이
중상년(中上年)
중·상류(中·上流)
중상모략하다(中傷謀略-)
중상주의(重商主義)
중상 정책(重商政策) *cf.* 중농 정책
중상학파(重商學派) *cf.* 중금학파, 중농학파, 실학 학파, 이용후생 학파, 강화 학파
중·서부(中·西部)
중선거구(中選擧區) *cf.* 대선거구

중선거구제(中選擧區制) *cf.* 대선거구제, 소선거구제
중설 모음(中舌母音) *cf.* 전설 모음, 후설 모음, 이중 모음
중성 땅(中性-) *cf.* 산성 땅
중성 모음(中性母音) *cf.* 양성 모음, 음성 모음, 이중 모음
중성자별(中性子-)
중성자속(中性子束)
중성자수(中性子數)
중성자탄(中性子彈)
중성화되다(中性化-)
중성 흙(中性-) *cf.* 산성 흙
중세 국어(中世國語)
중소(中-)
중소기업(中小企業) *cf.* 대기업, 영세 기업
중·소 분쟁(中·蘇紛爭)
중송아지(中-)
중수소핵(重水素核)
중수소화 이온(重水素化-)
중순양함(重巡洋艦) *cf.* 경순양함
중시해 오다(重視-)
중신 서다(中-) *cf.* 중매 서다
중신어미(中-)
중실화죄(重失火罪)
중심각(中心角)
중심되다(中心-) *cf.* 문제되다, 반대되다
중심력장(中心力場)
중심 무너뜨리기 놀이(中心-)
중심 문장(中心文章) *cf.* 뒷받침 문장
중심 문장 쓰기(中心文章-) *cf.* 뒷받침 문장 쓰기
중심살(中心-)(연의)
중심살 붙이기(中心-)
중심삼아(中心-) *cf.* 기준삼아, 목표삼아, 지표삼아, 표준삼아, 농담삼아
중심인물(中心人物) *cf.* 주변 인물, 핵심 인물, 중요 인물, 가공 인물
중심 잃다(中心-)
중심주의(中心主義)
중심핵(中心核)
중씨름(中-)
중앙값(中央-)
중앙난방(中央煖房) *cf.* 지역난방, 단독 난방, 온돌 난방, 보일러 난방
중앙러시아(中央-)
중앙시베리아(中央-)
중앙아메리카(中央-)
중앙아시아(中央-)
중앙아시아 대지(中央-臺地)
중앙아프리카(中央-)
중앙은행(中央銀行) *cf.* 수탁은행, 할인은행, 중앙 정부, 지방 은행, 보통 은행, 시중 은행, 일반 은행, 중앙 은행(편수 자료 '상업')
중양놀이(重陽-)
중양성자(重陽性子)
중언부언(重言復言)
중얼중얼하다
중역학(重力學)
중온균(中溫菌) *cf.* 고온균, 저온균
중요시되어 오다(重要視-)
중요시해 오다(重要視-)
중요해 보이다(重要-)
중용해 오다(重用-)
중원 고구려비(中原高句麗碑)
중원 고구려비문(中原高句麗碑文)
중의적삼(中衣-) *cf.* 고의적삼
중이온(重-)
중인집(中人-) *cf.* 양반집, 토반집
중·일 전쟁(中·日戰爭)
중입자수(重粒子數) *cf.* 양자수
중·장거리(中·長距離)
중·장기(中·長期) *cf.* 중·단기
중절로소리(中-)
중절모자(中折帽子) *cf.* 빵덕모자, 파나마모자
중중모리/중중모리장단
중중성자(重中性子)
중지곧 하면(中止-) *cf.* 옳지옷 못하면, 곧·옷

(조사)
중지당하다(中止當-) *cf.* 당하다
중지해 오다(中止-)
중진걸음(한국 무용)
중천해대(中淺海帶)
중체서용(中體西用)(역사)
중축척도(中縮尺度)
중층 구름(中層-) *cf.* 하층 구름, 상층 구름
중크롬산나트륨(重-酸-)→다이크로뮴산나트륨 [다이크롬산나트륨]
중크롬산암모늄(重-酸-)→다이크로뮴산암모늄 [디이크롬산암모늄]
중크롬산암모늄 가루(重-酸-)→다이크로뮴산암모늄 가루
중탄소강(中炭素鋼)
중탄산타트륨(重炭酸-)→탄산수소나트륨
중탕냄비(重湯-)
중풍 걸리다(中風-)
중풍 들다(中風-)
중풍 맞다(中風-)
중·하순(中·下旬)
중하위권(中下位圈)
중학교(中學校) *cf.* 초등학교, 고등학교
중학교 다니다(中學校-)
중학생 옷(中學生-)
중한사전(中韓辭典) *cf.* 한중사전, 국어사전, 수학 사전, 한국사 사전
중허리(中-)
중허리시조(中-時調)
중화사상(中華思想) *cf.* 모화사상, 사대사상, 문학 사상, 철학 사상
중화시험(中和試驗) *cf.* 발색 시험, 절연 시험, 점적 시험
중화열(中和熱) *cf.* 수화열
중화요리(中華料理) *cf.* 프랑스 요리, 이탈리아 요리, 타이 요리, 일본 요리, 한국 요리, 베이징요리, 쓰촨요리, 광둥요리
중홧값(中和-) *cf.* 절댓값, 기댓값, 함숫값, 초깃값, 고윳값, 유횻값, 임곗값, 순서값, 상대값, 유효값(편수 자료)
중화시켜 주다(中和-)
중황란(中黃卵) *cf.* 등황란
중·후기(中·後期)
중흥사지 정4년명 청동 은입사 향로(重興寺趾正四年銘青銅銀入絲香爐)
중히 여기다(重-)
쥐뜯기다 <수염을 ~.>
쥐바르다 <검댕을 얼굴에 ~.>
쥐고 흔들다
쥐구멍 *cf.* 개구멍, 문구멍, 창구멍, 단춧구멍, 바늣구멍, 수챗구멍, 열쇳구멍, 상붓구멍
쥐꼬리만 하다 *cf.* 콩알만하다, 귀방울만하다, 나만 하다, 만 하다(←만하다)
쥐꼬리톱 *cf.* 붕어톱, 양날톱, 실톱
쥐 나다
쥐날 *cf.* 범날, 뱀날, 원숭이날
쥐덫
쥐도 새도 모르다
쥐똥 *cf.* 새똥, 누에똥, 개똥
쥐띠 *cf.* 개띠, 뱀띠, 용띠, 원숭이띠
쥐라기(-紀)
쥐락펴락
쥐방울
쥐방울만하다 *cf.* 콩알만하다, 너만 하다, 학생만 하다, 만 하다
쥐벼룩
쥐불
쥐불놀이 *cf.* 놀이
쥐불 놓다
쥐뿔같다 *cf.* 개뿔같다
쥐새끼(욕으로서) *cf.* 개새끼, 여우새끼, 돼지새끼
쥐 새끼
쥐 수리
쥐 숨듯이 *cf.* 듯이
쥐 숨듯 하다 *cf.* 듯
쥐알봉수(잔꾀가 많은 사람을 비웃는 말)
쥐어뜯다

쥐어바르다
쥐어박다
쥐어 보다
쥐어뿌리다
쥐어 주다
쥐어지르다
쥐어짜다
쥐어치다
쥐어틀다
쥐어흔들다
쥐었다 폈다 하다
쥐여살다
쥐여지내다
쥐 오르다 *cf.* 쥐 나다
쥐 오줌
쥐장난(몹시 작고 얄미운 짓거리)
쥐 잡다
쥐 잡듯이
쥐 잡듯 하다 *cf.* 이 잡듯 하다, 개 잡듯 하다
쥐정신(-精神)(금방 잊어버리는 정신)
쥐좆같다 *cf.* 개좆같다
쥐주머니(민속)
쥐 죽은 듯이 <~ 조용하다.>
쥐 죽은 듯하게 <~ 괴괴하다.>
쥐코밥상(-床)(간단히 차린 밥상)
쥐포육장수(-脯肉-)(좀팽이짓을 하는 사람)
쥐해 *cf.* 원숭이해, 돼지해
쥔댁(-宅)
쥔마누라
쥔마님
쥔아씨
쥔아저씨
쥔아주머니
쥔어른
쥔쥐새끼
쥔쥐새끼놀이(강강술래)
쥔집
쥔 채 <개구리를 ~….> *cf.* ㄴ 채, 채
쥘부채 *cf.* 접부채, 태극부채

쥘손
쥘쌈지(소매나 호주머니에 넣게 된 쌈지)
쥣빛 *cf.* 잿빛, 팥빛, 장밋빛, 연둣빛, 보랏빛, 모싯빛, 포돗빛, 산홋빛, 상앗빛, 구릿빛, 주퉃빛, 마놋빛
살구빛, 버찌빛, 앵두빛, 치자빛, 자두빛
즈음하여
즈크화(doek 靴) *cf.* 축구화, 스파이크화
즉석요리(卽席料理)
즉석조리(卽席調理)
즉석카메라(卽席-)
즉시즉시(卽時卽時)(부사) <~ 보고해 주시오.>
즉시통화(卽時通話) *cf.* 즉시 인도, 즉시 항고, 즉시 강제
즉위하자마자(卽位-) *cf.* 자마자
즉흥시(卽興詩) *cf.* 산문시, 서사시
즉흥시인(卽興詩人)
즐거워 보이다
즐거워서라기보다도 *cf.* 좋아서라기보다는, 라기보다는
즐거워하다
즐겁고말고 *cf.* 고말고
즐겨 그리다
즐겨 듣다
즐겨 뛰다
즐겨 마시다
즐겨 먹다
즐겨 보다
즐겨 부르다
즐겨 쓰다
즐겨 오다
즐겨 읽다
즐겨찾기(정보)
즐겨 찾다
즐겨 하다
즐길 만하다 *cf.* 만하다
즐비해 보이다(櫛比-)
즙내다(汁-)
즙내 먹다(汁-)

즙물(汁-)
-증(症)(접미사) *cf.* 답답증, 헛헛증
-증(證)(접미사) *cf.* 등록증, 제대증
증가값(增加-) *cf.* 좌표값, 순서값, 정수값 절댓값, 고윳값, 초깃값
증가되어 오다(增加-)
증가수열(增加數列)
증가시켜 주다(增加-)
증가함수(增加函數)
증가해 오다(增加-)
증거 없다(證據-)
증것거리(證據-)
증권업자(證券業者) *cf.* 수출업자
증기난로(蒸氣煖爐) *cf.* 전기난로, 가스난로, 석탄난로, 장작 난로
증기난방(蒸氣煖房) *cf.* 온수난방, 중앙난방, 지역난방, 온돌 난방, 보일러 난방
증기 찜 소독(蒸氣-消毒)
증기 찜 약(蒸氣-藥)
증깃밥(蒸氣-) *cf.* 가맛밥
증대되어 오다(增大-)
증대시켜 주다(增大-)
증류탑(蒸溜塔)
증명사진(證明寫眞) *cf.* 전신사진, 여권 사진, 명함판 사진
증명해 보이다(證明-)
증명해 주다(證明-)
증발 가스(蒸發-)
증발되어 버리다(蒸發-)
증발 안개(蒸發-) *cf.* 복사 안개, 활승 안개, 전선 안개
증발열(蒸發熱) *cf.* 희석열, 기화열
증발 접시(蒸發-) *cf.* 시계 접시
증발해 버리다(蒸發-)
증 3·4·6 화음(增三·四·六和音)
증 3 화음(增三和音)
증설해 놓다(增設-)
증손녀(曾孫女)
증손녀딸(曾孫女-)
증손자(曾孫子)
증손자뻘 되는/되다(曾孫子-) *cf.* 조카뻘 되는
증식되어 오다(增殖-)
증액되어 오다(增額-)
증언해 주다(證言-)
증오 속에(憎惡-)
증 5·6 화음(增五·六和音)
증오해 오다(憎惡-)
증원시켜 주다(增員-)
증원해 주다(增員-)
증 6 화음(增六和音)
증음정(增音程)
증인 서다(證人-)
증인 서 주다(證人-)
증인 세우다(證人-)
증정받다(贈呈-) *cf.* 기증받다, 받다
증정해 주다(贈呈-)
증제차〔蒸製茶〕 *cf.* 발효차, 덖음차
증조부모(曾祖父母)
증조할머니(曾祖-) *cf.* 고조할머니, 11대조 할머니, 11대조 할머니
증조할머니뻘 되는/되다(曾祖-) *cf.* 아저씨뻘 되는
증조할아버지(曾祖-) *cf.* 고조할아버지
증조할아버지 묘(曾祖-墓)
증조할아버지뻘 되는/되다(曾祖-)
증증거금(增證據金)
증진되어 가다(增進-)
증진되어 오다(增進-)
증진시켜 주다(增進-)
증축해 놓다(增築-)
증폭시켜 주다(增幅-)
증화음(增和音) *cf.* 감화음
-지(地)(접미사) *cf.* 휴양지, 출생지, 양복지
-지(紙)(접미사) *cf.* 모조지, 중질지, 아트지, 크라프트지, 선방지
-지(誌)(접미사) *cf.* 여성지, 주간지
ˇ지(의존 명사)(어떤 일이 있었던 때로부터 지금까지의 동안) <집 나간 지 닷새가 되었다.>

지각 나다(知覺-) *cf.* 철나다
지각대장(遲刻大將) *cf.* 싸움대장, 울보대장
지각 들다(知覺-) *cf.* 철들다
지각망나니(知覺-) *cf.* 술망나니, 개망나니
지각머리 없이/없다(知覺-) *cf.* 지각없다
지각없다(知覺-)(철없다)
지각없어 보이다(知覺-)
지각 있다(知覺-)
지거나 이기거나 간에(-間-)
-지거리(접미사) *cf.* 반말지거리, 욕지거리
지건 이기건 간에(-間-)
지게막대기 *cf.* 지겟작대기
지게목발 노래
지게문(-門) *cf.* 사립문, 겨릅문, 거적문
지게미밥
지게벌이 <~로는 생활이 어렵다.>
지게송장
지게 지다
지게차(-車) *cf.* 사다리차, 소방차, 구급차
지게코(올가미)
지겟가지
지겟다리 *cf.* 쳇다리
지겟작대기 *cf.* 지게막대기
지겨워 보이다
지겨워져 가다
지겨워하다
지경다지기/지정다지기(地釘-)
지경돌(地境-) *cf.* 주춧돌, 첨곗돌, 빨랫돌
지경 밖으로(地境-)
✓지고('싫어라'의 뜻을 지닌 보조 용언) *cf.* 하고 지고, 가고 지고, 먹고 지고, 울고 지고, 살고 지고
지고 가다/지고 오다
지고 다니다 *cf.* 이고 다니다
지고 소매
지고지선하다(至高至善-)
지고지순하다(至高至純-)
지고 피다 <꽃이 ~.>
지공예(紙工藝)
지광 국사(智光國師) *cf.* 보조 국사
지광 국사 현묘탑(智光國師玄妙塔)
지구 나라(地球-) *cf.* 하늘나라, 달나라
지구본(地球-)(편수 자료 '지구 과학') *cf.* 지구의
지구상의(地球上-)
지구의(地球儀)(편수 자료 '물리') *cf.* 지구본
지구촌(地球村)
지그폭 내기기(-幅-機)
지금 것(只今-)(지금의 것) *cf.* 옛 것, 이제 것
지금껏(只今-) *cf.* 이제껏
지금 막(只今-) *cf.* 이제 막
지금 와서(只今-) *cf.* 이제 와서
지금이야말로(只今-) *cf.* 야말로(어미)
지금쯤(只今-) *cf.* 내일쯤, 쯤(접미사)
지급받다(支給-)
지급받아 오다(支給-)
지급해 주다(支給-)
지긋지긋하다
지긋지긋해져 가다
지긋지긋해하다
지긋해 보이다
-지기(접미사) *cf.* 문지기, 등대지기, 산지기
지껄여 대다 *cf.* 떠들어 대다, 대다(보조 용언)
지껄지껄(부사)
지껄지껄하다
지끈지끈(부사)
지끈지끈하다
지나가는 말로
지나가다
지나 가다(지나서 가다) <영이네 집 앞을 ~.>
지나가 버리다
지나간 밤 *cf.* 지난 밤
지나고 나서
지나고 보니
지나다니다
지나 업으나
지나 오다(지나서 오다.) <철수네 집 앞을 ~.>
지나오다 <지나온 일을 생각하면….>

지나조생(支那早生)(품종명)
지나지 않는다
지나쳐 가다
지나처 버리다
지나쳐보다
지나쳐 오다
지나쳤을 리 없다(-理-)
지나치게 싶게/싶을
지나치다
지나치리만큼 *cf.* (으)리만큼
지나칠 만큼 *cf.* 지나치리만큼, 만큼(의존 명사)
지나칠 뻔하다 *cf.* 뻔히다
지난가을 *cf.* 올가을
지난겨울 *cf.* 올겨울
지난날
지난달〔前月〕 *cf.* 지지난달〔前前月〕, 지난주, 지난해, 이달
지난달 말에(-末-)
지난달 초(-初)
지난밤〔去夜〕 *cf.* 지지난밤(그저께 밤)
지난번(-番) *cf.* 지지난번
지난봄
지난여름 *cf.* 지난가을
지난 연말(-年末)
지난 일
지난주(-週) *cf.* 지난달, 지난해, 이 주
지난 주말(-週末)
지난주 말(-週末)
지난 주초(-週初)
지난주 초(-週初)
지난 지 <행사가 ~ 열흘> *cf.* 떠난 지, 지
지난해〔去年〕 *cf.* 지지난해(그러께)
지난해 말(-末)
지난해 초(-初)
지날결에 <~ 잠깐 들렀다.>
지날 때마다 *cf.* 마다
지날말 <~같이 물어 보았다.>
지남 조바꿈(-調-)
지났나 보다 *cf.* 먹었나 보다, 보다
지내 놓고 보니/보면
지내다 보면
지내듣다
지내보다
지내 오다
지낼 만하다 *cf.* 만하다
지네꼬리밟기놀이 *cf.* 놀이
지네발 *cf.* 노루발, 새발, 설레발
지네발연(-鳶) *cf.* 방패연, 가오리연
지네철
지녀 가다/지녀 오다
지녀 보다
지노귀굿(-鬼-)(민속)
지느러미뼈
지닌 채 *cf.* ㄴ채, 채
지닐성(-性) *cf.* 참을성
지닐재주(-才-)
지닐총(-聰)
지단백질(脂蛋白質)
지댓돌(址臺-) *cf.* 첨겟돌, 주춧돌
지덕합일설(知德合一說) *cf.* 지행합일설
지덕복 합일설(知德福合一說)
지덕 사납다(地德-) *cf.* 인심 사납다
지·덕·체(智·德·體)
지도놀이(地圖-)
지도받다(指導-) *cf.* 받다
지도받아 오다(指導-)
지도 아래(指導-)
지도 읽기(地圖-)
지도(를) 읽다(地圖-)
지도자감(指導者-) *cf.* 당 대표감, 대통령 후보감
지도책(地圖冊) *cf.* 국어책, 지리책, 역사책
지도층(指導層) *cf.* 피지배층, 고위층
지도하에(指導下-) *cf.* 지휘하에
지도해 나가다(指導-)
지도해 주다(指導-)
지독해 보이다(至毒-)
지독해져 가다(至毒-)
지돌잇길 *cf.* 안돌잇길

지동 치다(地動-) *cf.* 천둥 치다
지둥 치다(地-) *cf.* 천둥 치다, 벼락 치다
지둥 치듯이(地-)
지랄 같다/지랄같이 *cf.* 개떡 같다, 개좆같다
지랄버릇
지랄병(-病) *cf.* 뱃병, 허릿병
지랄쟁이
지랄증(-症)
지렁이고무 *cf.* 찰고무, 아라비아고무, 파라고무
지렁이 굴 속(-窟-)
지렁이 기르기
지레결혼(-結婚)
지레 꿰지다
지레김치 *cf.* 봄김치, 김장 김치
지레뜸(뜸이 들기 전에 밥을 푸는 일)
지레목(산줄기가 끊어진 곳)
지레 받침
지레짐작(-斟酌) *cf.* 속짐작, 어림짐작, 겉짐작
지레 채다(미리 짐작하다.)
지렛대
지렛목
지려밟다→지르밟다
지로 용지(-用紙) *cf.* 포장용지, 인쇄용지
지로제(-制)
지롱드당(-黨) *cf.* 자코뱅당, 휘그당
지뢰밭(地雷-) *cf.* 가시밭, 갈대밭, 쑥대밭, 자갈밭, 잔디밭, 솔밭, 대밭, 풀밭, 땅콩밭, 배추밭, 시금치밭, 참외밭, 호박밭
지루해 보이다
지루해하다
지르되다(더디게 자라다.) *cf.* 늦되다
지르밟다
지르보다
지르신다
지르잡다
지름길 *cf.* 사잇길, 고빗길
지름나무(마루 따위에 가로질러 놓은 나무)
지름물매
지름시조(-時調) *cf.* 사설시조
지릅고개(지름길이 되는 고개)
지릅뜨다
지리멸렬하다(支離滅裂-)
지리부도(地理附圖) *cf.* 역사 부도, 사회과 부도, 관광 지도, 방언 지도
지리산자락(智異山-)
지리학자(地理學者) *cf.* 경제학자
지린내 *cf.* 구린내
지린내 나다 *cf.* 구린내 나다
지린 성(吉林省)
-지 마라 *cf.* 가지 마라, 하지 마라, 먹지 마라, 마/마라/말아라(→마라)
지망없다(志望-)
지망해 오다(志望-)
지면고르기(地面-)/정지 작업(整地作業)
지명당하다(指名當-) *cf.* 당하다
지명받다(指名-) *cf.* 받다
지명 수배하다(指名手配-)
지명인사(指名人士) *cf.* 저명인사, 유명 인사
지명 찾기(地名-)
지명(을) 찾다(地名-)
지명해 주다(指名-)
지목당하다(指目當-) *cf.* 당하다
지목받다(指目-) *cf.* 받다
지목받아 오다(指目-)
지목해 오다(指目-)
지물포집(紙物鋪-) *cf.* 살구나무집, 감나무집
지반자(紙-) *cf.* 토반자
지방간(脂肪肝)
지방군(地方軍) *cf.* 중앙군
지방말(地方-) *cf.* 서울말
지방세법(地方稅法)
지방시(地方時) *cf.* 국소시, 표준시
지방알코올(脂肪-)
지방종자(脂肪種子)
지방혈증(脂肪血症)
지배당하다(支配當-) *cf.* 당하다
지배되어 오다(支配-)
지배받다(支配-) *cf.* 받다

지배 아래(支配-)
지배층(支配層) *cf.* 지도층, 피지배층, 고위층
지배하에(支配下-) *cf.* 지도하에
지배해 가다(支配-)/지배해 오다(支配-)
지봉유설(芝峰類說)
지불해 주다(支拂-)
지분(종이가루)
지붕 꼭대기 *cf.* 뒷산 꼭대기, 천궁 꼭대기, 산꼭대기
지붕 끝 *cf.* 처마 끝
지붕 높이 *cf.* 천장 높이, 허리 높이, 눈높이
지붕돌
지붕돌받침
지붕마루
지붕 밑 *cf.* 처마 밑
지붕 삼고 <하늘을 ~ 별들을 가족 삼고….>
지붕 위
지붕이기
지붕(을) 이다
지붕창(-窓)
지붕틀
지새는달 *cf.* 뜨는 달
지새우다
지성껏(至誠-) *cf.* 정성껏
지속돼 오다(持續-)
지속시켜 나가다(持續-)
지속해 오다(持續-)
지숫기(한국 무용)
지승 공예(紙繩工藝) *cf.* 목공예, 도자 공예
지시계기(指示計器) *cf.* 기록계기, 측정 계기
지시 관형사(指示冠形詞)
지시 대명사(指示代名詞)
지시 대상(指示對象)
지시받다(指示-) *cf.* 받다
지시 부사(指示副詞)
지시 없다(指示-)
지시해 주다(指示-)
지시 형용사(指示形容詞)
지식 없다(知識-)

지시인급(指示人給)
지식분자(知識分子) *cf.* 과격분자, 극렬분자, 돌출 분자, 불온 분자
지식수준(知識水準) *cf.* 임금 수준, 학력 수준, 기술 수준
지식 있다(知識-)
지식·정보 산업(知識·情報産業)
지신밟기(地神-)(민속)
지신(을) 밟다(地神-)
지신풀이(地神-)(민속)
지어 가다/지어 오다
지어 나가다
지어내다
지어 놓다
지어 달라다 <약을 ~.>
지어 두다
지어 드리다
지어먹다(마음을 다잡아 짓다.) <마음을 ~.>
지어 먹다 <밥을 ~.>
지어 보다
지어붓다(회를 녹여 붓다.)
지어 올리다
지어 주다
지어총(-銃)
지에밥 *cf.* 고두밥, 강정밥
지역 간(地域間)
지역감정(地域感情) *cf.* 국민감정, 생활 감정, 민족 감정
지역구 내(地域區內)
지역난방(地域暖房) *cf.* 중앙난방, 온수난방, 증기난방, 온돌 난방
지역 방언(地域方言) *cf.* 직업 방언
지역 번호(地域番號) *cf.* 국번호, 우편 번호, 전화 번호
지역별(地域別)
지역 사회(地域社會)
지역주의(地域主義)
지연시켜 오다(遲延-)
지옥 가다(地獄-) *cf.* 천당 가다, 극락 가다

지옥 같다(地獄-)
지옥문(地獄門) cf. 하늘문
지옥사자(地獄使者) cf. 저승사자
지옥살이(地獄-) cf. 감옥살이, 시집살이
지옥세계(地獄世界) cf. 극락세계
지옥장부(地獄-)(건축)
지우개 도막 cf. 나무토막, 연필 도막
지우개 키
지우개 털어 오기
지웃기(한국 무용)
지워 가다
지워 놓다
지워 버리다
지워 보내다
지워 보다
지워 주다
지원 나가다(支援-)
지원 나오다(支援-)
지원받다(支援-) cf. 받다
지원받아 오다(支援-)
지원병제(志願兵制) cf. 징집제
지원해 주다(支援-)
지은이(작자, 저자) <이 책의 ~가 누구냐?> cf. 글쓴이, 듣는이, 말하는이, 듣는 이, 말하는 이
지은 이 <이 책을 ~가 누구냐?>
지은이난(-欄)
지은 지 오래되다 cf. 지
지을 만하다 <농사~.> cf. 만하다
지인달사(至人達士)
지자기 줄무늬(地磁氣-)
지자기선(地磁氣線)
지장 받다(指章-)
지장받다(支障-) cf. 받다
지장받아 오다(支障-)
지장보살(地藏菩薩)
지장 없다(支障-)
지장 주다(支障-)
지장 찍다(指章-) cf. 도장 찍다
지저분해 보이다
지저분해져 가다
지적당하다(指摘當-) cf. 당하다
지적 받다(指摘-) <감사원의 지적(을) 받고….>
지적받다(指摘-) <잘못을 ~.> cf. 받다
지적받아 오다(指摘-)
지적해 보자(指摘-)
지적해 주다(指摘-)
지전춤(紙錢-)(무당춤)
지점치고는(地點-) cf. 학생치고는, 공무원치고는, 치고(조사)
지점토(紙粘土)
지정받다(指定-) cf. 받다
지정은제(地丁銀制)
지정해 놓다(指定-)
지정해 주다(指定-)
지조 없다(志操-)
지조 있다(志操-)
지중해성(地中海性) cf. 해양성, 대륙성
지중해식(地中海式)
지지 기둥(支持-)
지지난달 cf. 지지난해, 지지난 주
지지난번(-番) cf. 지난번
지지난 주(-週) cf. 지난주
지지난해
지지누르다
지지랑물(초가집에서 떨어지는 낙숫물)
지지름돌
지지리 가난하다 cf. 지지리(부사)
지지리 못나다
지지리 못살다
지지받다(支持-) cf. 받다
지지부진해 오다(遲遲不進-)
지지틀(支持-)
지지해 주다(支持-)
지진것 cf. 가루것
지진 나다(地震-) cf. 산사태 나다, 눈사태 나다, 화재 나다, 돌사태 나다
지진 일어나다(地震-)

지질도학(地質圖學)
지질맞다(언행이 변변하지 못하다.)
지질편편하다
지짐질하다
지청구꾸러기 *cf.* 꾸러기
지청구 대다
지청구 먹다 *cf.* 욕먹다
지체 댐(遲滯-)
지체 높다
지체부자유자(肢體不自由者)
지체 없다/없이(遲滯-)
지체해 오다(遲滯-)
지쳐 떨어지다 *cf.* 곯아떨어지다, 녹아떨어지다
지쳐 버리다
지쳐 보다
지쳐 보이다
지쳐 있다
지출란(支出欄) *cf.* 수입란, 투고란, 가정란, 뉴스난, 어린이난
지출 중(支出中) *cf.* 지급 중
지출해 오다(支出-)
지치게 하다
지치다시피 하다 *cf.* 다시피 하다
지친것(의존 명사) *cf.* 선생 지친것, 기생 지친것
지칠 대로 지친/지치다 *cf.* 대로(의존 명사)
지칠 줄 모르다 *cf.* 줄
지켜 가다
지켜 갈 만하다 *cf.* 만하다
지켜 나가다
지켜 내다
지켜 달라고 하다
지켜 드리다
지켜보고 있다
지켜보다 <말없이~.>
지켜봐 달라고 하다
지켜봐 주다
지켜 서다
지켜 오다
지켜 주다
지크프리트선(-線) *cf.* 마지노선
지탄받다(指彈-) *cf.* 규탄받다, 받다
지탄받아 오다(指彈-)
지탱시켜 주다(支撐-)
지탱해 나가다(支撐-)
지탱해 놓다(支撐-)
지탱해 주다(支撐-)
지팡막대
지팡설손(땅재주)
지팡이 짚다
지퍼 넣다
지퍼 달기
지퍼(를) 달다
지퍼 확인하기(-確認-)
지표면(地表面) *cf.* 해수면
지프차(-車)
지피지기(知彼知己)
지하공작(地下工作) *cf.* 이면공작, 비밀공작, 배후 공작, 정치 공작
지하 묘지(地下墓地, 카타콤)
지하보도(地下步道) *cf.* 횡단보도
지하상가(地下商街) *cf.* 도매 상가, 연립 상가, 복합 상가
지하수면(地下水面)
지하수위(地下水位)/지하수층(地下水層)
지하수학(地下水學)
지하신문(地下新聞) *cf.* 지하 운동
지하 여장군(地下女將軍) *cf.* 천하 대장군
지하자원(地下資源) *cf.* 천연자원, 인적 자원, 광물 자원, 지하수 자원, 석유 자원
지하철역(地下鐵驛) *cf.* 기차역
지하투쟁(地下鬪爭) *cf.* 계급투쟁, 임금 투쟁, 단협 투쟁, 노선 투쟁, 이념 투쟁
지행일치(知行一致) *cf.* 언행일치, 언문일치
지행합일설(知行合一說)
지향 없다(指向-)
지향해 오다(指向-)
지형 뜨기(紙型-)

지형(을) 뜨다(紙型-)
지형지물(地形地物)
지혜 겨루기(智慧-)
지혜로워 보이다(智慧-)
지혜 있다(智慧-)
지휘명령(指揮命令) *cf.* 작전 명령, 공격 명령, 후퇴 명령
지휘칼(指揮-) *cf.* 부엌칼, 해부칼, 도련칼
지휘하에(指揮下-)
직각삼각자(直角三角-)
직각삼각형(直角三角形)
직간비율(直間比率)(직접세와 간접세의 비율)
직거래하다(直去來-)
직거래해 오다(直去來-)
직관주의(直觀主義)
직능급(職能給) *cf.* 능력급
직동펌프(直動-) *cf.* 배기펌프, 왕복 펌프, 축류 펌프, 터빈 펌프
직매해 오다(直賣-)
직면해 있다(直面-)
직렬 연결(直列連結)(편수 자료)
직렬연결(直列連結) *cf.* 병렬연결
직렬접속(直列接續) *cf.* 병렬접속, 병렬연결, 직렬 변압기
직립 원인(直立猿人)
직무급제(職務給制) *cf.* 성과급제
직·병렬 회로(直·竝列回路)
직분 다하다(職分-)
직사각형(直四角形)
직사각형보(直四角形-)
직사각형심기(直四角形-)
직사각형 알아보기(直四角形-)
직사각형파(直四角形波)
직사포탄(直射砲彈) *cf.* 곡사포탄, 로켓포탄, 박격포탄, 총탄, 포탄
직삼각형 알아보기(直三角形-)
직선박기(直線-) *cf.* 곡선박기
직선지치기(直線-)(스케이팅)
직속상관(直續上官) *cf.* 직속 선배, 직속 부하, 직속 부대
직수입해 오다(直輸入-)
직수출하다(直輸出-)
직심스럽다(直心-)
직언해 주다(直言-)
직업 방언(職業方言) *cf.* 계층 방언, 지역 방언
직업소개소(職業紹介所) *cf.* 결혼상담소
직업 없다/없이(職業-)
직업여성(職業女性) *cf.* 직장 여성
직업윤리(職業倫理) *cf.* 직장 윤리, 공연 윤리, 출판 윤리
직업의식(職業儀式) *cf.* 계급의식, 위기의식, 국가 의식, 목표 의식, 패배 의식
직업 중에서(職業中) *cf.* 직장 중에서
직업학교(職業學校) *cf.* 직업 훈련소, 직할 학교, 성인 학교
직역해 놓다(直譯-)
직원 간(職員間)
직원들 간(職員-間)
직원회의(職員會議) *cf.* 간부 회의, 실국장 회의, 임원 회의, 팀장 회의
직육면체(直六面體)
직육면체 알아보기(直六面體-)
직육면체의 부피 알아보기(直六面體-)
직장결혼(職場結婚) *cf.* 사내 결혼
직장 나가다(職場-)
직장 내(職場內) *cf.* 회사 내
직장 생활(職場生活) *cf.* 군대 생활, 취미 생활, 학교생활, 사회생활
직장 여성(職場女性) *cf.* 직업여성
직장일(職場-) *cf.* 회사일, 나라일
직접, 간접으로(直接, 間接-)
직접 높임(直接-)
직접 높임말(直接-)
직접 높임법(直接-法)
직접떼기(直接-)(고고학) *cf.* 간접떼기
직접 명령문(直接命令文)
직접 인용절(直接引用節)
직접파(直接波)

직지심경(直指心經)
직지심체요절(直指心體要節)
-직하다(접미사) *cf.* 굵직하다, 높직하다, 되직하다, 묵직하다
-직하다(접미사) *cf.* 바람직하다, 믿음직하다, 먹음직하다, 음직하다
ᵛ직하다(보조 용언) *cf.* 있음 직하다, 옴 직하다, 되었음 직하다, 믿었음 직하다
직행갈이(直行-)
진각 국사(眞覺國師) *cf.* 대각 국사
진갈이 *cf.* 마른갈이
진감 선사 비명(眞鑑禪師碑銘)
진갑 잔치(進甲-) *cf.* 육순 잔치, 돌잔치, 생일잔치, 노래잔치
진걸레 *cf.* 마른걸레, 젖은걸레
진격해 오다(進擊-)
진경산수화(眞景山水畫)
진공청소기(眞空淸掃機) *cf.* 스팀 청소기
진구렁(진흙 구렁)
진군나팔(進軍喇叭) *cf.* 기상나팔, 진혼나팔, 취침나팔, 퇴각 나팔
진급시켜 주다(進級-)
진나라(晉/秦-) *cf.* 당나라, 수나라, 명나라
진나라놈(晉/秦-) *cf.* 일본놈, 중국놈, 미국놈
진날 *cf.* 마른날 <~ 개 싸대듯….>
진녹색(-綠色) *cf.* 천녹색, 암녹색, 담녹색, 심녹색
진눈 *cf.* 마른눈
진눈깨비
진다리 붓
진다 하더라도 *cf.* 이긴다 하더라도, 먹는다 하더라도
진단 내리다(診斷-) *cf.* 판단 내리다
진단 학회(震檀學會) *cf.* 한글 학회
진단해 보다(診斷-)
진달래꽃
진달래빛 *cf.* 딸기빛
진대 붙이다(떼를 쓰다시피 괴롭게 굴다.)
진덕 여왕(眞德女王)
진도 아리랑(珍島-) *cf.* 밀양 아리랑, 정선 아리랑, 강원도 아리랑
진돗개(珍島-) *cf.* 풍산개, 삽살개
진동 둘레선(-線)
진동수(振動數) *cf.* 주파수, 마력수, 학생 수
진동수설(振動數說)
진동한동(급해서 서두르는 모양)
진동항아리(-缸-)(민속)
진두지휘(陣頭指揮)
진두지휘하다(陣頭指揮-)
진둥걸음(급해서 서두르는 걸음)
진득진득
진딧물
진땀 *cf.* 식은땀
진땀 나다 *cf.* 땀나다
진땀 내다
진땀 빼다 *cf.* 땀 빼다
진땀 흘리다 *cf.* 땀 흘리다
진 땅 *cf.* 마른 땅
진력나다(盡力-)/진력내다(盡力-)
진료받다(診療-) *cf.* 치료받다, 받다
진릿값(眞理-) *cf.* 절댓값, 고윳값, 기댓값 상대값, 정수값, 좌표값, 순시값, 임계값
진반찬(-飯饌) *cf.* 마른반찬
진발
진발열량(眞發熱量)
진밥 *cf.* 된밥
진배없다
진버짐 *cf.* 마른버짐
진보되어 오다(進步-)
진보라색(津-色)
진보랏빛(津-) *cf.* 연둣빛, 보랏빛, 잿빛, 핏빛
진보주의(進步主義)
진보해 오다(進步-)
진부정가심(-不淨-)(민속) *cf.* 집가심
진부해 보이다(陳腐-)
진분수(眞分數) *cf.* 가분수
진뺏기(陣-)
진뺏기놀이(陣-) *cf.* 놀이

진사 노릇(進士-) cf. 양반 노릇, 머슴 노릇, 종노릇, 병신노릇
진사 댁(進士宅) cf. 대감 댁, 영상 댁
진상 가다(進上-)
진·선·미·성(眞善美誠)
진성 여왕(眞聖女王)
진수성찬(珍羞盛饌)
진술해 놓다(陳述-)
진시황릉(秦始皇陵)
진신 cf. 마른신
진신발
진실해 보이다(眞實-)
진쌀
진씨, 황씨(秦氏, 黃氏) <~가 정치를 주도하다.> 황인철씨(황 씨)
진안주(-按酒) cf. 마른안주
진압당하다(鎭壓當-) cf. 당하다
진압되어 가다(鎭壓-)
진압해 달라고 하다(鎭壓-)
진압해 버리다(鎭壓-)
진양조장단(-調-)
진열해 놓다(陳列-)
진영이밖에 cf. 너밖에, 나밖에, 밖에(조사)
진오기굿→지노귀굿(민속)
진일 cf. 마른일, 궂은일
진잎(푸성귀 잎의 날것이나 절인 것)
진잎밥
진잎죽(-粥)
진자리 cf. 마른자리
진자리 마른자리 <~ 갈아 뉘시며….>
진자시계(振子時計) cf. 추시계, 전자시계, 태엽시계, 디지털시계
진작시켜 주다(振作-)
진저리 나다
진저리쳐지다
진저리치다
진전되어 가다(進展-)
진전되어 오다(進展-)
진전 없다(進展-)
진전해 오다(進展-)
진절머리 나다
진절머리 내다
진정되어 가다(鎭靜-)
진정시켜 주다(鎭靜-)
진종일(盡終日) cf. 온종일
진주 같다(眞珠-)
진주광택(眞珠光澤) cf. 스테인리스 광택, 놋그릇 광택, 나무 광택, 포마이커 광택
진주교배(眞珠交配)(품종명)
진주담치 독(眞珠淡-毒) cf. 뱀독, 복어 독
진주부채(眞珠-) cf. 태극부채, 줄부채, 부들부채
진주 분지(晉州盆地) cf. 곡산 분지, 대구 분지, 장수 분지
진주비빔밥(晉州-) cf. 전주비빔밥, 평양냉면, 함흥냉면
진주빛(眞珠-)(진주의 색깔) cf. 핑크빛, 브론즈빛, 물빛, 하늘빛, 오렌지빛, 앵두빛, 살구빛, 치자빛, 버찌빛
연둣빛, 보랏빛, 잿빛, 핏빛, 장밋빛, 포돗빛, 산홋빛, 상앗빛, 마놋빛, 청잣빛, 주톳빛
진주색(眞珠色)
진주알(眞珠-) cf. 바둑알
진주해 오다(進駐-)
진주혼식(眞珠婚式)(결혼 30주년) cf. 은혼식, 금혼식
진지 드시다
진지키기(陣-)
진지해 보이다(眞摯-)
진짓상(-床) cf. 잔칫상, 입맷상, 제사상
진짜 꿀(眞-) cf. 가짜 꿀
진짜배기(眞-) cf. 알짜배기, 가짜배기
진찬합(-饌盒) cf. 마른찬합
진찰받다(診察-) cf. 진료받다, 받다
진창길 cf. 흙탕길, 황톳길, 진흙길
진창말이(몸이나 옷이 젖은 흙투성이가 되는 일) <진창에 쓰러지는 바람에 온몸이 ~가 되었다.>
진 채 <무리를 ~….> cf. ㄴ 채, 채

진체강동물(眞體腔動物)
진출몰시(眞出沒時)
진충보국하다(盡忠報國-)
진 치다(陣-) cf. 배수진 치다
진타작(-打作) cf. 물타작, 마른타작
진탕만탕(-宕-宕)
진태양시(眞太陽時)
진태양일(眞太陽日)
진터(陣-) cf. 활터, 싸움터
진토 되다(塵土-)
진통 겪다(陣痛-)
진통 끝에(陣痛-) cf. 격론 끝에, 토의 끝에
진통 없다/없이(陣痛-)
진퇴양난(進退兩難)
진퇴유곡(進退維谷)
진펄
진 편(-便) cf. 이긴 편
진편포(-片脯) cf. 마른편포
진풀이(陣-)(농악)
진풀이굿(陣-)
진피아들(지지리 못난 사람)
진하사은겸주청사행(進賀使恩兼奏請使行)
진학시켜 주다(進學-)
진·한 교체기(秦·漢交替期)
진한양반(辰韓兩班)(강령 탈춤) cf. 마한양반, 변한양반
진행되는 한(進行-限) cf. 한
진행되어 오다(進行-)
진행시(進行時)
진행시켜 나가는/나가다(進行-)
진행시켜 보곤 하다(進行-)
진행 완료시(進行完了時)
신행 중에 있는(進行中-)
진행파관(進行波管)
진행해 나가다(進行-)
진허리 cf. 잔허리
진혼나팔(鎭魂喇叭) cf. 진군나팔, 기상나팔
진홍빛(眞紅-) cf. 주황빛
진화해 오다(進化-)
진흙
진흙 구덩이 cf. 흙구덩이, 무덤구덩이
진흙길 cf. 흙탕길, 황톳길, 진창길, 모랫길
진흙땅 cf. 모래땅
진흙물
진흙상(-像) cf. 석고상, 청동상, 대리석상
진흙집 cf. 벽돌집
진흙탕 싸움 cf. 자존심 싸움, 감투싸움
진흙투성이 cf. 먼지투성이, 흙투성이, 피투성이, 빚투성이, 투성이(접미사)
진흥왕 순수비(眞興王巡狩碑)/-척경비(-拓境碑)
질것(진흙을 구워 만든 물건의 총칭)
질것[질껏](짐을 지는 데 쓰는 도구의 총칭)
질겨 보이다
실경잎쌈 cf. 호박잎쌈, 미나리잎쌈
질그릇 cf. 오지그릇, 옹기그릇, 사기그릇, 양은그릇, 플라스틱 그릇, 스테인리스 그릇
질그릇 시루
질그릇 조각 cf. 유리 조각, 구리 조각, 비누 조각, 나뭇조각, 종잇조각
질까 봐 <나한테 ~….> cf. 이길까 봐, 먹을까 봐, 놀까 봐, 할까 봐, 보다
질 나쁘다(質-)
질 낮다(質-)
질냄비 cf. 스테인리스 냄비, 양은냄비
질 높다(質-)
질 듯하다 cf. 이길 듯하다, 잡힐 듯하다, 할 듯하다, 듯하다
질땅
질뚱바리(행동이 더디고 소견이 좁은 사람)
질량·광도 관계(質量光度關係)
질량수(質量數) cf. 주파수, 회전수, 진동수, 마릿수, 번지수, 머릿수, 인원수, 학생 수
질러가다/질러오다 <길을 ~.>
질러 놓다 <막대를 ~.>
질러 대다 <소리를 계속 ~.> cf. 떠들어 대다, 대다
질러먹다 <점심을 ~.>
질러 버리다

질러 보다 <소리를 ~.>
질린 듯한 *cf.* 듯하다
질림조(-調)
질문받다(質問-) *cf.* 받다
질문 정하기(質問定-)
질문지법(質問紙法)
질문해 오다(質問-)
질방구리 *cf.* 사기방구리
질벅질벅하다
질병 없다(疾病-)
질병코(-甁-) *cf.* 사자코, 활동코
질산 이온(窒酸-)
질서 있다(秩序-)
질서 정연하다(秩序整然-)
질서 정연해 보이다(秩序整然-)
질서 지키기(秩序-)
질서(를) 지키다(秩序-)
질소 산화물(窒素酸化物)
질소 이온(窒素-)
질소화물(窒素化物)
질소화유(窒素化油)
질소화 이온(窒素化-)
질솥 *cf.* 옹솥, 노구솥, 곱돌솥
질 수밖에 없다 *cf.* 할 수밖에 없다, 밖에
질식해 버리다(窒息-)
질 좋다(質-) *cf.* 질 나쁘다
질질거리다
질질 끌고 가다
질질 끌다
질질 끌려가다
질참흙 *cf.* 모래참흙
질책당하다(叱責當-) *cf.* 당하다
질책받다(叱責-) *cf.* 받다
질탕치다(跌宕-)
질투 나다(嫉妬-)
질투 내다(嫉妬-)
질투해 오다(嫉妬-)
질트리코모나스증(膣-症)
질풍 같다(疾風-)/질풍같이(疾風-) *cf.* 노도 같다
질풍노도(疾風怒濤)
질흙 *cf.* 찰흙, 참흙, 진흙, 모래참흙
질흙땅
짊어지우다
짐 꾸러미 *cf.* 달걀 꾸러미, 돈 꾸러미, 선물 꾸러미, 이삿짐 꾸러미
짐 꾸려 놓다
짐 꾸리기
짐(을) 꾸리다
짐꾼
짐 나르기
짐(을) 나르다
짐 날라 주다
짐더미 *cf.* 흙더미, 퇴비더미, 잿더미, 빚더미, 욕더미, 쓰레기더미, 조개더미
짐밀이꾼
짐바리(마소의 등에 실어 나르는 짐)
짐바릿삯
짐배 *cf.* 놀잇배
짐 보따리 *cf.* 돈 보따리, 이불 보따리
짐 부려 놓다
짐 부리다 *cf.* 짐 싣다
짐삯 *cf.* 기찻삯
짐수레
짐수레 바퀴 *cf.* 수레바퀴
짐승 같다
짐승 같아 보이다
짐승 기르기
짐승(을) 기르다
짐승노래(구전 민요)
짐승니
짐승들 간에(-間-)
짐승 부리다
짐승털니
짐승 토기(-土器) *cf.* 짐토기
짐 싣다 *cf.* 짐 내리다
짐 실어 주다
짐 실은 채 *cf.* ㄴ 채, 채

집 싸 가지고 가다
집 싸 놓다
짐 싸 주다
짐자동차(-自動車) cf. 화물 자동차, 소방차, 청소차
짐작 가다(斟酌-)
짐작건대(斟酌-) cf. 생각건대, 바라건대
짐작할 따름이다(斟酌-) cf. 나갈 따름이다, 참을 따름이다, ㄹ 따름이다, 따름(의존 명사)
짐작해 가다(斟酌-)
짐작해 보다(斟酌-)
짐장수 cf. 봇짐장수
짐 지다
짐짝
집(輯)(의존 명사) cf. 문학 농인지 제 2 집, 앨범 2 집
-집(접미사) cf. 박집, 윤집, 개성집
-집(접미사) cf. 칼집, 흠집
-집(集)(접미사) cf. 논문집, 소설집, 단편집
집가심(민속) cf. 진부정가심
집값 cf. 담뱃값, 쌀값, 밥값
집 걱정 cf. 돈 걱정, 자식 걱정
집게다리
집게 달린 전선(-電線)
집게발(게나 가재의)
집게발톱 <게의 ~에 물렸다.>
집게뼘
집게손가락 cf. 엄지손가락, 가운뎃손가락, 약손가락, 새끼손가락, 검지손가락(복수 표준어)
집게주먹(태껸)
집결해 놓다(集結-)
집계산(-計算)(바둑)
집계해 보다(集計-)
집골목(집 사이의 골목)
집 구경 cf. 꽃구경, 불구경, 세상 구경, 바깥 구경
집구석 cf. 방구석, 촌구석, 두멧구석
집 그늘 cf. 나무 그늘, 산그늘
집 근처(-近處) cf. 학교 근처
집 기둥
집기병(集氣瓶) cf. 씻기병, 세척병, 비중병
집 꼴 cf. 학교 꼴, 나라 꼴, 회사 꼴
집 나가다(집을 나가다. 집이 팔리다.)
집나귀
집 나온 후(-後)
집내기(바둑)
집내기 하다(바둑)
집누에 cf. 산누에
집념 어리다(執念-) cf. 감동 어리다, 눈물 어리다, 어리다
집단 간(集團間) cf. 국가 간, 학교 간
집단검사(集團檢查) cf. 개별검사, 집단 검진
집단 따돌림(集團-)
집단생활(集團生活) cf. 단독 생활, 유목 생활, 은둔 생활, 단체 생활, 사회생활
집단속(-團束) cf. 문단속, 불단속, 몸단속
집단의식(集團意識) cf. 직업의식, 개인의식, 사회의식, 목적의식, 목표 의식, 특권 의식, 국가 의식, 혈연 의식
집단정신(集團精神) cf. 단체정신, 국민정신, 모험 정신, 호국 정신
집단주의(集團主義)
집단토의(集團討議) cf. 집단 토론
집단행동(集團行動) cf. 개인행동, 단체행동, 개별 행동
집단혼(集團婚)
집단화되다(集團化-)
집대성되다(集大成-)
집대성하다(集大成-)
집대성해 놓다(集大成-)
집돼지 cf. 집오리, 산돼지, 집비둘기
집 둘레
집 뒤 cf. 울 뒤
집 뒤 뜰(집 뒤의 뜰)
집 뒤뜰 cf. 뒤뜰, 앞뜰
집뒤짐 <~을 당하다.>
집들이
집들이하다

집 떠나다
집만 못하다 *cf.* 못하다
집말
집메주
집모양 토기〔家形土器〕 *cf.* 오리모양 토기
집 모퉁이 *cf.* 산모퉁이, 담 모퉁이
집무 중(執務中) *cf.* 근무 중
집무편람(執務便覽) *cf.* 회사 편람, 띄어쓰기 편람, 기계 편람, 교정 편람
집무해 오다(執務-)
집문서(-文書) *cf.* 땅문서
집 밖
집배기관(集排氣管)
집 보다
집 보러 다니다
집 보아 주다
집불이(세시풍속) *cf.* 달불이
집비둘기 *cf.* 멧비둘기, 집오리, 집돼지
집사람 *cf.* 안사람
집 사 주다
집 살 돈 *cf.* 옷 살 돈
집살이(시집살이)
집성항법(集成航法) *cf.* 대권 항법
집세 내다(-貰-)
집소 *cf.* 들소, 물소
집 속에
집 손질하기
집(을) 손질하다
집수리(-修理) *cf.* 배 수리, 자동차 수리
집 수색(-搜索) *cf.* 몸수색
집수세포(集受細胞)
집시치마 *cf.* 월남치마, 이동치마
집 안
집안(가정) <가난한 ~에서 자라나다.>
(가족, 일가) <~ 싸움 그만 하라.>
집 안(건물의 안) <~ 청소 잘하라.>
집안 가꾸기
집안(을) 가꾸다
집안간(-間)
집안닦달
집안사람 *cf.* 이 집안 사람
집안 사람 <한 ~.>
집 안 사람(집 안에 있는 사람)
집안 살림 *cf.* 회사 살림, 학교 살림, 교회 살림, 부엌살림
집안 식구(-食口)(가족)
집안 심부름(집 속에서 하는 심부름)
집안싸움 *cf.* 감투싸움, 자리싸움, 머리싸움, 밥그릇 싸움, 주도권 싸움
집안 어른(당내, 문중의 어른)
집 안에
집안일/집안일(을) 하다
집안일 돕기
집안일(을) 돕다
집 안팎
집알이 *cf.* 집들이
집 앞
집 앞 뜰(집 앞의 뜰) *cf.* 집 뒤 뜰
집 앞뜰 *cf.* 앞뜰, 뒤뜰
집약해 놓다(集約-)
집어 가다/집어 오다
집어 가지고
집어내다
집어 넣다 <손으로 조금씩 집어(서) 넣다.>
집어넣다 <순서에 ~.>
집어던지다 <돌을 ~.>, <약속을 ~.>
집어 들다 <손으로 책을 ~.>, <연탄을 ~.>
집어뜯다→꼬집다
집어먹다 <남의 재산을 ~.>
집어 먹다 <손으로 집어(서) 먹다.>
집어삼켜 버리다
집어삼키다 <남의 재산을 ~.>
집어세다
집어쓰다 <남의 돈을 집어쓰고 안 갚다.>
집어 쓰다 <손으로 모자를 집어(서) 쓰다.>
집어 올리다
집어 주다
집어 치우다 <방 안의 쓰레기를 손으로 집어

(서) 치우다.>
집어치우다 <하던 사업을 ~.>
집어타다 <자동차를 ~.>
집 없는 이
집엣것들
집엣나이 *cf.* 세는나이, 만으로
집오리 *cf.* 집토끼, 집비둘기, 집돼지
집 완성하기 놀이(-完成-)
집인 양(-樣) *cf.* 인 양, 양(의존 명사)
집일(집에서 하는 일) *cf.* 들일, 논일, 밭일
집 임자 *cf.* 집주인, 책 임자, 땅 임자
집 잡히다
집장(-醬)
집 장만해 주다
집 징사 *cf.* 옷 상사, 쌀상사
집적위험(集積危險)
집전장치(集電裝置) *cf.* 시한장치, 기밀장치, 가속 장치, 점화 장치
집 주위(-周圍)
집주인(-主人) *cf.* 그 집 주인, 땅 주인, 차 주인
집 주인 <아들을 일곱 둔 ~.>
집중된 듯하다(集中-) *cf.* 듯하다
집중등산(集中登山)
집중포화(集中砲火) *cf.* 십자 포화
집중해 보자(集中-)
집중해 오다(集中-)
집쥐 *cf.* 들쥐
집 지어 놓다
집 지어 주다
집지킴
집짐승 *cf.* 들짐승
집짐승 고르기
집짐승(을) 고르다
집짓기/집(을) 짓다(바둑, 놀이)
집 쪽
집채 같다
집채만 하다 *cf.* 만 하다(←만하다)
집치레 *cf.* 옷치레, 음식치레, 면치레, 사당치레
집치레하다
집치장(-治粧) *cf.* 옷치장, 몸치장
집칸 <~이나마 장만했다.>
집터 *cf.* 절터, 싸움터, 빨래터, 활터, 왕궁 터, 원각사 터, 황룡사 터
집터 다지는 소리
집토기(-土器) *cf.* 짐승 토기, 집모양 토기, 오리모양 토기
집토끼 *cf.* 집돼지, 산토끼, 집비둘기
집파리
집필 중(執筆中) *cf.* 연설 중
집합관(集合管)
집합족(集合族)
집행해 가다(執行-)
집행해 버리다(執行-)
집행해 오다(執行-)
-짓(접미사) *cf.* 눈짓, 발짓, 손짓
✓짓(명사) *cf.* 나쁜 짓, 하는 짓, 미운 짓, 웃기는 짓
짓-(접두사) *cf.* 짓누르다, 짓이기다
짓거리
짓것(첫물의 버선이나 옷)
짓고땡
짓 나다
-짓다(동사) *cf.* 결론짓다, 관련짓다, 매듭짓다, 웃음짓다
짓다 *cf.* 글 짓다, 밥 짓다, 집 짓다
짓망신(-亡身)(아주 심한 망신)
짓뭉개 놓다
짓뭉개 버리다
짓밟아 놓다
짓밟아 버리다
짓밟혀 죽다
짓부릅뜨다
짓부수다
짓소리
짓시늉말
짓조르다
짓쳐들어오다

징거매다 *cf.* 동여매다
징걸이
징검다리 *cf.* 돌다리
징검다리 건너기 놀이
징검돌
징검바늘 *cf.* 돗바늘, 시침바늘, 대바늘, 뜨개바늘
징검바늘시침
징계당하다(懲戒當-) *cf.* 당하다
징계받다(懲戒-) *cf.* 받다
징계해 버리다(懲戒-)
징그러워 보이다
징그러워하다
징글맞다
징글징글하다
징금수(-繡) *cf.* 올수, 십자수, 쌀알수
징더전 요(景德鎭窯) *cf.* 마이센 요, 츠저우 요(磁州窯), 경덕진요, 자주요
징발당하다(徵發當-) *cf.* 당하다
징발해 가다(徵發-)
징 소리 *cf.* 꽹과리 소리, 나팔 소리, 장구 소리, 피리 소리, 정 소리, 북소리, 총소리
징수해 오다(徵收-)
징역 가다(懲役-)
징역감(懲役-) *cf.* 구류감, 사형감, 파면감, 퇴학감, 정학감, 사윗감, 횟감, 치맛감
징역 살다(懲役-)
징역살이(懲役-) *cf.* 감옥살이, 처가살이
징역살이하다(懲役-)
징용 가다(徵用-) *cf.* 군대 가다, 감옥 가다
징집당하다(徵集當-) *cf.* 당하다
징크유(-油) *cf.* 올리브유
짖어 대다 *cf.* 웃어 대다, 울어 대다, 떠들어 대다, 대다(보조 용언)
짖어 쌓다 *cf.* 웃어 쌓다, 떠들어 쌓다, 흔들어 쌓다, 쌓다(보조 용언)
짖어 주다
짙어 가다
짙어 오다
짙은맛 *cf.* 얕은맛
짙은 색(-色) *cf.* 옅은 색
짙은 안개 *cf.* 실안개
짙푸르다
짚가리
짚고 넘어가다(시비를 가리고 지나가다.)
짚고 다니다
짚공예(-工藝) *cf.* 목공예, 대공예
짚그물 <~로 고기 잡을까?>
짚깔기
짚단 *cf.* 볏단, 보릿단, 옥수숫단
짚단더미 *cf.* 퇴비더미, 짚더미
짚더미 *cf.* 흙더미, 조개더미, 쓰레기더미, 퇴비더미, 빚더미, 욕더미
짚동 *cf.* 나뭇동
짚둥우리
짚둥지
짚뭇
짚방석(-方席) *cf.* 줄방석, 부들방석
짚북데기
짚불 *cf.* 겻불, 검부잿불
짚수세미
짚신감발
짚신골 *cf.* 신골
짚신벌레
짚신짝
짚 싸기
짚어 가다
짚어 내다
짚어 보기
짚어 보다
짚어 주다
짚여물
짚은 채 *cf.* ㄴ 채, 채
짚자리 *cf.* 대자리, 삿자리, 멍석자리
짚재 *cf.* 나뭇재, 연탄재, 화산재
짚주저리(볏짚으로 우산처럼 만들어 덮게 한 물건)
짚털

짜 가다
짜개김치(오이김치의 하나) *cf.* 오이김치
짜그락대다/거리다
짜그라뜨리다/트리다
짜그락짜그락하다
짜부라뜨리다/트리다
짜깁기
짜깁기하다
짜내다
짜넣음무늬(뜨개질)
짜 놓다
짜는목(판소리)
짜 두다
짜드라오다(한목 쏟아져 오다.)
짜드라웃다(한꺼번에 야단스럽게 웃다.)
짜드락나다(감추던 일이 터져 나오다.)
짜디짠 *cf.* 쓰디쓴
-짜리(접미사) *cf.* 100원짜리, 자짜리 잉어 양복짜리, 잠옷짜리, 장옷짜리
짜릿짜릿하다
짜릿짜릿해지다
짜 맞추다
짜 맞춰 놓다
짜 버리다
짜 보다
짜부라져 가다
짜여 있다
짜 오다
짜임새
짜임새 없다
짜임새 있다
짜증 나다
짜증 내다
짜증 부리다 *cf.* 심술부리다
짜증 섞이다
짜증스러워 보이다
짜증스러워하다
짝(수량을 나타내는 말 뒤에 쓰여) *cf.* 갈비 한 짝, 짐 한 짝
('곳'의 뜻) <아무 ~에도 못 쓸….>
('꼴'의 뜻) <이게 무슨 ~이람.>
짝-(접두사) *cf.* 짝눈, 짝사랑, 짝신
-짝(접미사) *cf.* 낯짝, 등짝, 볼기짝
짝갈이(농사)
짝과 마주 잡고 옆으로 걷기
짝과 함께 균형잡기(-均衡-)
짝과 함께 밀며 버티기
짝과 함께 줄넘기
짝눈 *cf.* 짝젖
짝두름(농악)
짝맞추기놀이
짝 맞추다
짝 맞춰 놓다
짝 맺어 주다
짝바꾸기놀이
짝버선
짝사랑하다
짝사랑해 오다
짝산(-酸)
짝산·짝염기(-酸-鹽基)
짝수(-數) *cf.* 홀수
짝수점(-數點)
짝수 줄 *cf.* 홀수 줄
짝수 집합(-數集合)
짝순열(-順列) *cf.* 홀순열
짝숫날(-數) *cf.* 홀숫날
짝신
짝 없는/없다 <~ 사람 손 들어라.>
짝없다 <미안하기 짝없는 일>
짝염기(-鹽基)
짝젖 *cf.* 짝눈
짝지어 그리기
짝지어 보기
짝지어 주다
짝지음
짝진 전자(-電子)
짝짓기
짝짓기놀이

짝짓기하다
짝짓기 행동(-行動)
짝짓다
짝짜꿍짝짜꿍
짝찾기
짝찾기놀이
짝 채우다
짝 채워 주다
짝체조(-體操) *cf.* 짝축구
짝축구(-蹴球) *cf.* 짝체조
짝하다
짝함수(-函數)
짝힘
짝힘의 팔
짠 것 *cf.* 단 것, 신 것
짠돌이
짠맛 *cf.* 단맛, 신맛, 쓴맛, 매운맛, 떫은 맛, 아린 맛
짠맛 나다 *cf.* 신맛 나다
짠물(바닷물)
짠물고기 *cf.* 바닷물고기, 민물고기
짠물내기 *cf.* 서울내기, 시골내기
짠바닥
짠바람
짠지무침 *cf.* 장아치무침
짠짓국 *cf.* 김칫국
짤그락대다/거리다
짤그락짤그락하다
짤깍눈 *cf.* 쩔꺽눈
짤각눈이 *cf.* 쩔꺽눈이
짤막짤막하다
짤막짤막해지다
짤짤이(주책없이 싸다니는 사람)
짧아 보이다
짧아져 가다
짧은 관형절(-冠形節)
짧은글 <~ 지어 봐라.>
짧은 글 <너무 ~을 써내다.>, <장문 말고 ~을 지어 보자.>
짧은글 짓기 *cf.* 글짓기
짧은글(을) 짓다
짧은 꼴 부정문(-否定文) *cf.* 긴 꼴 부정문
짧은 꾸밈음(-音)
짧은 끈
짧은 달(낮의 길이가) *cf.* 긴 달
짧은대패 *cf.* 긴대패
짧은뜨기(뜨개질) *cf.* 긴뜨기
짧은 말 *cf.* 긴 말
짧은 말 한 마디
짧은 머리 *cf.* 단발머리, 긴 머리
짧은목(판소리)
짧은 문장(-文章)
짧은바늘(시계의) *cf.* 긴바늘
짧은 바지 <무릎이 드러날 정도로 ~….> *cf.* 짧은바지, 긴바지
짧은바지 *cf.* 긴바지
짧은반지름 *cf.* 긴반지름
짧은 부정문(-否定文) *cf.* 긴 부정문
짧은 섬유(-纖維) *cf.* 긴 섬유
짧은소리(문법 용어 '短音')
짧은 소리(용어가 아닌 '긴 소리 짧은 소리') <긴 소리 짧은 소리 하며 어이 갈꼬?>
짧은소매 *cf.* 긴소매
짧은 시간 내에(-時間內-)
짧은 시일 내에(-時日內-)
짧은앞꾸밈음(-音)
짧은 열매가지 *cf.* 자람가지
짧은작(화살) *cf.* 긴작
짧은 지름 *cf.* 긴 지름
짧은 쪽 *cf.* 긴 쪽
짧은치마 *cf.* 긴치마, 짧은바지
짬 나다
짬 나는 대로 *cf.* 틈나는 대로, 대로(의존 명사)
짬 내 주다 *cf.* 틈내 주다
짬짜미(밀약)
짬짬이(짬이 날 때마다)
짱구머리
짱구 볼트

-째(접미사) *cf.* 껍질째, 열매째, 씨째, 열 개째, 통째
째려보다 *cf.* 노려보다
째못(나무 못이 빠지지 않도록 박는 쐐기)
-째 번(-番)(차례) *cf.* 둘째 번, 셋째 번, 번째
짹소리 *cf.* 찍소리
짹소리 못하다
쨈빛(두 빛깔을 조화시키기 위해 덧칠하는 빛깔·엷은 색깔 위에 덧칠하는 짙은 색깔)
쨍 하고 해 뜰 날
쩌렁쩌렁하다
쩍 갈라지다
-쩍다(접미사) *cf.* 미안쩍다, 수상쩍다
쩍말없다(일이 잘 되어 더 말할 나위 없다.)
쩍쩌기(민속)
쩍쩍이가락(편수 자료)
쩍하다 <쩍하면 알아듣다.>
쩔꺽눈
쩔꺽눈이 *cf.* 짤각눈이
쩔뚝쩔뚝
쩔뚝쩔뚝하다
쩔쩔매다
쩡쩡 울리다
쪄내다 <감나무 가지를 ~.>
쪄 먹다
쪼개꽂이 *cf.* 잎눈꽂이, 가지꽂이
쪼개어 보다
쪼개접(-椄) *cf.* 가지접
쪼개심선(-線)
쪼갠 듯한 *cf.* 듯하다
쪼그라들다
쪼그라들어 가다
쪼그랑할멈
쪼그려뛰기
쪼그려뜨기(수영)
쪼그려 앉았다 허리 펴 뛰어오르기
쪼글쪼글하다
쪼아 내다
쪼아 놓다
쪼아대다
쪼아떼기
쪼아 먹다
쪼아 보다
쪼아 쌓다 *cf.* 짖어 쌓다, 웃어 쌓다, 울어 쌓다, 쌓다(보조 용언)
-쪽 *cf.* 동쪽, 서쪽, 북쪽, 남쪽, 동남쪽
유리쪽, 종이쪽, 대쪽, 쇠쪽, 뼈쪽
ˇ쪽 *cf.* 등 쪽, 배 쪽, 정거장 쪽, 가까운 쪽
사과 한 쪽, 두 쪽 나다
쪽가위 *cf.* 전정가위, 함석가위, 핑킹가위
쪽거울 *cf.* 몸거울, 손거울
쪽걸상(-床)
쪽 곧은 길 *cf.* 곧은길, 굽은길, 좌로 굽은 길
쪽김치
쪽다리
쪽대문(-大門)
쪽도 못 쓰다
쪽마늘
쪽마루 *cf.* 툇마루
쪽매널무늬
쪽매붙임
쪽문(-門)
쪽박신세(-身世) *cf.* 따라지신세
쪽박 차다(거지가 되다.)
쪽배 <하얀 ~는….>
쪽빛〔藍色〕
쪽빛 바다
쪽수(-數)(페이지 수, 깨진 부분의 수) *cf.* 그두 수, 보기 수, 학생 수
마릿수, 머릿수, 말수〔斗數〕, 됫수〔升數〕, 가짓수
쪽을 못 쓰다(꼼짝 못하다.)
쪽잠(짧은 틈을 타서 불편하게 자는 잠)
쪽지 글
쪽지 편지(-便紙)
쪽판붙임(-板-) *cf.* 쪽매붙임
쫄깃쫄깃하다
쫑알쫑알하다

쫑파티
쫓겨 가다
쫓겨 가다시피 하다 *cf.* 다시피 하다
쫓겨 가자마자 *cf.* 자마자
쫓겨 나가다/쫓겨 나오다
쫓겨나다
쫓겨나다시피 하다 *cf.* 다시피 하다
쫓겨나자마자 *cf.* 자마자
쫓겨다니다
쫓겨 들어오다
쫓겨오다
쫓겨오다시피 하다
쫓고 쫓기다
쫓기다 못해 *cf.* 견디다 못해, 참다 못해
쫓아가다
쫓아 나가다
쫓아 나오다
쫓아내다
쫓아내다시피 하다
쫓아 내려가다
쫓아 내려오다
쫓아내자마자 *cf.* 자마자
쫓아다니다
쫓아다니다시피 하다 *cf.* 다시피
쫓아 들어가다
쫓아 들어오다
쫓아 버리다
쫓아 보내다
쫓아오다
쬐러 나가다 <햇볕을 ~.>
쬐어 보자
쬐어 주다
쭈그러들다
쭈그러들어 가다
쭈그러뜨리다/트리다
쭈그러져 들다 *cf.* 쭈그러들다
쭈그렁바가지
쭈그렁밤
쭈그렁밤송이 <~ 삼 년 간다.>

쭈글쭈글해 보이다
쭈글쭈글해지다
쭈뼛쭈뼛
쭈뼛쭈뼛해지다
쭉 들이키다
쭉 벋다
쭉 뻗은 채로 *cf.* 채(의존 명사)
쭉정밤
-쯤(접미사) *cf.* 12시쯤, 얼마쯤, 어디쯤, 지금쯤, 그해 말쯤
찌개 만들기
찌개(를) 만들다
찌개주걱 *cf.* 밥주걱, 구둣주걱
찌갯거리 *cf.* 국거리, 끼닛거리, 땟거리
찌갯그릇 *cf.* 국그릇
찌고 말리기를 아홉 번(-番)
찌그러뜨리다/트리다
찌그러져 가다 *cf.* 일그러져 가다
찌끼술
찌낚시 *cf.* 흘림낚시, 대낚시, 속임낚시
찌는 듯하다 *cf.* 듯하다
찌든 때 *cf.* 결은 때
찌들어 가다
찌들지 않은/않다
찌르개(고고학)
찌르륵 찌르륵
찌른목(판소리)
찌른 채 *cf.* 채(의존 명사)
찌를 듯이 <하늘을 ~> *cf.* 듯이(부사)
찌맞춤(낚시의)
찌뿌드드하다
찌뿌드드해지다
찍개
찍는목(판소리)
찍소리 *cf.* 짹소리
찍소리 못하다
찍어 가다/찍어 오다
찍어 가지고
찍어내기

찍어 내다 <도끼로 나무를 ~.>
찍어 넣다
찍어 놓다
찍어 누르다
찍어 달라다
찍어당기다(근육이 죄어들어 켕기다.)
찍어 두다
찍어매다(대강대강 꿰매다.)
찍어 먹다
찍어 버리다
찍어 보기
찍어 보다
찍어 쌓다
찍어 주다
찍어차기(태권도)
찍어 차다
찍음채
찍혀 있다
찐 감자 *cf.* 찐쌀, 찐조, 찐보리, 찐만두, 찐 고구마, 찐 옥수수
찐 고구마
찐덥지다
찐득찐득하다
찐득찐득해지다
찐만두(-饅頭) *cf.* 잘 찐 만두, 군만두
찐빵
찐보리
찐쌀
찐 어묵(-魚-) *cf.* 튀김 어묵
찐 옥수수
찐조
찔꺽눈(진물진물한 눈) *cf.* 짝깍눈
찔꺽눈이
찔끔찔끔
찔러 넣다/찔러 넣어 주다
찔러 두다
찔러 버리다
찔러보다(자극을 주어 속마음을 알아보다.)
찔러 보다 <옆구리를 ~.>
찔러주다 <선배가 돌아가는 이야기를 ~.>
찔러 주다
찔러 죽이다 *cf.* 던져 죽이다
찔레꽃가뭄(음력 5월에 드는 가뭄)
찔레 덤불 *cf.* 나무 덤불, 가시덤불
찔려 가지고
찔 리도 없고(-理-) <아홉 번이나 ~….> *cf.* 할 리도 없고
찜부럭 내다(걸핏하면 짜증을 내다.)
찜부럭 부리다
찜없다(아무 틈이 생기지 아니하다.)
찜질방(-房)
찜 쪄 먹다
찜찜해하다
찜통(-桶)
찜통더위(-桶-) *cf.* 가마솥더위, 삼복더위
찡얼찡얼하다
찡하게 하다
찡해지다
찢겨 나가다
찢뜨려 놓다
찢어 가지다
찢어 놓다
찢어발기다
찢어 버리다
찢어 보다
찢어져 나가다
찢어 주다
찢어 죽이다
찧고 까불다
찧어 가지고 오다
찧어 놓다
찧어 오다
찧어 주다

차

-차(次)(접미사) *cf.* 인사차, 사업차
-차(差)(접미사) *cf.* 개인차, 견해차, 기온차, 빈부차
ˇ차(次)(의존 명사) *cf.* 서울에 왔던 차에, 제1차
차가다 <독수리가 닭을 ~.>
차 가다 <설날이 거의 ~.>
차가운 물 *cf.* 찬물, 더운물, 미지근한 물
차가워 보이다
차가워져 가다
차갈매(茶-)(차를 가루로 만드는 맷돌)
차 값 <미국산 ~이 내리다.> *cf.* 찻값
차고 다니다
차고앉다(일을 맡아서 자리를 잡다.) <회장 자리를 ~.>
차곡차곡
차광안경(偏光眼鏡) *cf.* 차광 용기, 차광 크림, 색안경
차근차근(부사)
차근차근하다
차근차근해 보이다
차근차근히 하다
차꼬기와 *cf.* 왕지기와
차꼬마루
차꼬막이(용마루의 양쪽으로 끼우는 수키와)
차 끓이기(茶-)
차나무(茶-)
차내기
차 내다
차 내던지다
차넣기
차 넣다
차단당하다(遮斷當-) *cf.* 당하다
차단시켜 놓다(遮斷-)
차단한 채(遮斷-) *cf.* ㄴ 채, 채
차단해 놓다(遮斷-)
차단해 주다(遮斷-)
차 대접(茶待接) *cf.* 술대접, 밥 대접
차돌 같다
차돌같이
차돌리기(씨름)
차돌박이 *cf.* 토박이, 소박이, 이리박이, 박이
차 드리기(茶-)
차 드리다(茶-)
차듯이 <물을 ~….> *cf.* 듯이
차등화하다(差等化-)
차디차다 *cf.* 덥디덥다, 쓰디쓰다, 무덥디무덥다, 다디달다
차 때문에(車-)
차떼기(車-) <배추를 ~로 사다.> *cf.* 밭메기
차려 가다/차려 오다
차려 가지다
차려 내다 <밥상을 ~.>
차려 놓다
차려 드리다 *cf.* 차려 주다
차려 먹다
차려 보다
차려입다 <제복을 ~.>
차려 주다
차례총(-銃) *cf.* 앞에총, 쉬어총
차렵것 *cf.* 홑것
차렵두루마기
차렵이불(솜을 얇게 두어 만든 이불)
차렵저고리
차령산맥(車嶺山脈) *cf.* 소백산맥, 노령산맥
차례가기(次例-)(음악)
차례 다툼(次例-) *cf.* 세력 다툼, 자리다툼
차례대로(次例-) *cf.* 순서대로, 대로(조사)
차례 알아보기(次例-)
차례 지내기(茶禮-)
차례 지내다(茶禮-) *cf.* 제사 지내다
차례지다(次例-)(몫으로 배당되다.)
차례 지키기(次例-)
차례 지키다
차례차례(次例次例)

차례탑(茶禮塔)(탑처럼 괴어 놓은 제물)
차렛걸음(次例-)(차례대로 일을 진행하는 방법) *cf.* 갈지자걸음, 팔자걸음
차림표(-表)
차마 말 못할 일
차마 못 볼 것을 보다
차마 못 잊다
차마 못하는
차 마시기(茶-)
차 마시다(茶-)
차머리(車-) *cf.* 뱃머리
차멀미(車-) *cf.* 뱃멀미, 가마멀미, 비행기멀미, 산멀미, 사람멀미, 물멀미, 불멀미
차 문에(車門-)
차 밑(車-)
차바퀴(車-) *cf.* 수레바퀴, 톱니바퀴, 숫돌바퀴, 물레바퀴, 자전거 바퀴, 기차 바퀴
차 밖(車-) *cf.* 차 안
차받침(茶-)(차 거르는 도구) *cf.* 책받침
차 버리다
차별 없다(差別-)
차별화되다(差別化-)
차별화시키다(差別化-)
차별화하다(差別化-)
차분해 보이다
차분해져 가다
차분해지다
차붓소(車夫-) *cf.* 고기소, 씨름소, 부림소
차비 차리다→채비 차리다
차 사고(車事故) *cf.* 선박 사고
차선폭(車線幅)
차 소리(車-) *cf.* 기차 소리, 비행기 소리
차 속(車-) <돌아오는 ~에서….> *cf.* 찻속
차 시간(車時間)
차 안(車-) *cf.* 차 밖
차압당하다(差押當-) *cf.* 당하다
차압해 버리다(差押-)
차양반탈(次兩班-) *cf.* 양반탈
차오르기
차오르다
차올리는 듯하다 *cf.* 듯하다
차 올리기(茶차-)
차 올리다(茶-) <공을 높이 ~.>
차올리다
차용해 오다(借用-)
차운시(次韻詩)
차원 높다(次元-)
차이 나다(差異-)
차이 내다(差異-)
차이 없다(差異-)
차일시피일시(此一時彼一時)
차일피일(此日彼日)
차일피일해 오다(此日彼日-)
차입해 주다(差/借入-)
차 있다 <가득 ~.>
차장 자리(次長-) *cf.* 부장 자리, 장관 자리
차전놀이(車戰-) *cf.* 농악놀이, 산대놀이, 놀이
차조기죽(-粥) *cf.* 아욱죽, 시래기죽
차조밥 *cf.* 쌀밥, 보리밥, 강냉이밥, 고구마밥
차조심(車操心) *cf.* 길조심, 물조심, 불조심, 몸조심, 깡패 조심, 도둑 조심, 유괴범 조심
차좁쌀
차 주인(車主人) *cf.* 집주인, 땅 주인, 책방 주인
차지하는 듯 *cf.* ㄴ 듯, 듯(의존 명사)
차지해 버리다
차지향사(次地向斜)
차질 없다(蹉跌-)
차차로(次次-)
차창 밖(車窓-) *cf.* 달리는 차 창 밖
차창 안(車窓-)
차창 쪽(車窓-)
차출해 오다(差出-)
차츰차츰
차 치고 포 친다(車-包-)
차치기(車-) *cf.* 소매치기, 들치기
차 타고 가다(車-)
차편(車便) <강릉행 ~에 보내다.> *cf.* 선편,

인편, 항공기편, 김철수 편, 박 과장 편
차폭등(車幅燈) cf. 전조등, 후미등, 깜박이등
차 한 잔(茶-盞) cf. 커피 한 잔
-착(着)(접미사) cf. 김포 공항착, 발(發)
착 가라앉다
착각 일으키다(錯覺-)
착감각증(錯感覺症)
착 달라붙다
착륙등(着陸燈) cf. 유도등, 신호등
착살맞다
착살부리다 cf. 간살부리다, 재롱부리다, 익살부리다, 안달 부리다, 오기 부리다
착색유리(着色琉璃) cf. 젖빛 유리, 유백 유리, 착색 사진
착실해 보이다(着實-)
착오 생기다(錯誤-)
착오 없다(錯誤-)
착오 일으키다(錯誤-)
착유업자(搾乳業者) cf. 축산업자
착이온(錯-)
착잡해하다(錯雜-)
착착 감기다
착착 달라붙다
착취당하다(搾取當-) cf. 당하다
착하디착하다 cf. 순하디순하다
착한 척하다 cf. 척하다
착향료(着香料)
착화열(着火熱)
착화합물(錯化合物)
찬 가게(饌-) cf. 쌀가게, 옷 가게, 채소 가게
찬가위(饌-)
찬값(饌-) cf. 반찬값
찬거리(饌-) cf. 김칫거리, 양념거리, 끼닛거리
찬 곳 cf. 더운 곳
찬 공기(-空氣) cf. 더운 공기, 찬 바람(더운 바람), 찬바람
찬국 cf. 김칫국, 오이찬국, 냉국, 미역찬국
찬그릇(饌-) cf. 밥그릇, 국그릇, 찻그릇, 반찬그릇
찬기(-氣) cf. 더운 기
찬 기운 cf. 더운 기운
찬기파랑가(讚耆婆郎歌)
찬김 <유리창에 ~이 서리다.> cf. 더운 김
찬 달 <가을 하늘에 뜬 ~>
찬동해 오다(贊同-)
찬란해 보이다(燦爛-)
찬마루(饌-) cf. 찬방
찬물 <~도 위아래가 있다.>, <잘되는 일에 ~ 끼얹지 마라.> cf. 더운물, 뜨거운 물, 미지근한 물
찬 물 <너무 ~에 들어가지 마라.>
찬물때 cf. 간물때
찬물받이(찬물배미)
찬물배미 cf. 논배미
찬미받다(讚美-) cf. 받다
찬미해 오다(讚美-)
찬 바닷물
찬바람 <문틈으로 ~이 들어오다.>
찬 바람 cf. ~ 더운 바람
찬바람머리 cf. 들머리
찬반양론(贊反兩論)
찬밥 cf. 더운밥, 찬밥 신세
찬밥 더운밥 가릴 때가 아니다
찬밥 먹다
찬방(-房) cf. 냉방
찬방(饌房) cf. 찬마루
찬비 <~가 내리다.>
찬비 맞다 cf. 비 맞다
찬색(-色) cf. 더운색
찬 서리
찬성시(讚聖詩) cf. 애국시, 민족시
찬성 쪽(贊成-)(찬성하는 쪽) cf. 반대 쪽
찬성측(贊成側) cf. 반대측
찬성투표(贊成投票) cf. 반대투표
찬성해 오다(贊成-)
찬성했는걸(贊成-) cf. ㄴ걸(어미)
찬술 cf. 더운술, 쓴술(멥쌀술)
찬약(-藥) cf. 더운약

찬양받다(讚揚-) *cf.* 받다
찬양해 오다(讚揚-)
찬요리(-料理) *cf.* 더운 요리
찬웃음 <~을 짓다.>
찬 음식(-飮食) *cf.* 더운 음식
찬 이슬
찬 이슬 맞다 *cf.* 이슬 맞다
찬조받다(贊助-) *cf.* 받다
찬조받아 오다(贊助-)
찬조해 주다(贊助-)
찬중성자(-中性子)
찬찜질 *cf.* 냉찜질, 얼음찜질, 더운찜질
찬칼(饌-) *cf.* 부엌칼, 해부칼, 도련칼
찬피 동물(-動物) *cf.* 더운피 동물, 변온 동물, 정온 동물
찬합집(饌盒-)
찰가난(매우 심한 가난)
찰거머리
찰거머리 같다
찰거머리같이
찰것
찰곡식(-穀食)
찰구식(-舊式)
찰깍쟁이 *cf.* 알깍쟁이
찰나주의(刹那主義)
찰나 찰나(刹那刹那)
찰떡같다
찰떡같이
찰떡궁합(-宮合) <그 내외는 ~이다.>
찰떡근원(-根源)
찰람찰람하다 <찰람찰람 넘치는 물동이.>
찰랑찰랑하다
찰밥
찰벼 *cf.* 찰옥수수, 차조
찰부꾸미
찰수숫가루 *cf.* 옥수숫가루
찰시루떡
찰싹찰싹하다
찰쌈지 *cf.* 줄쌈지, 담배쌈지
찰쌓기 *cf.* 메쌓기, 사춤쌓기
찰진흙판(-板)
찰찰 넘치다
찰현악기(擦絃樂器) *cf.* 타악기, 관악기, 리듬 악기, 금관 악기, 목관 악기, 멜로디 악기
찰흙 *cf.* 참흙, 질흙, 진흙
찰흙놀이
찰흙덩어리 *cf.* 돌덩어리, 흙덩어리, 소다덩어리, 화근덩어리, 골칫덩어리
찰흙덩이 *cf.* 돌덩이, 흙덩이, 소다덩이
찰흙 반대기 *cf.* 흙 반대기
찰흙 빚기
찰흙 주걱
찰흙판(-板)
참가시켜 주다(參加-)
참가자 수(參加者數) *cf.* 신청자 수, 학생 수
참가죽 *cf.* 겉가죽, 속가죽
참가 중(參加中) *cf.* 신청 중
참가해 오다(參加-)
참값 *cf.* 숫값, 절댓값, 최곳값, 순시값, 임의값, 좌표값
참견해 오다(參見-)
참고 견디다
참고삼아/삼다(參考-) *cf.* 거울삼다, 근거삼다
참관해 오다(參觀-)
참교육(-敎育)
참기름 *cf.* 들기름, 면화씨기름, 콩기름, 산초기름, 포도씨기름
참기 어렵다
참기 힘들다
참깨 *cf.* 들깨
참깨죽(-粥) *cf.* 들깨죽, 콩죽, 전복죽
참깻잎 *cf.* 들깻잎
참나무
참나무 도깨비
참나무 숲 *cf.* 소나무 숲, 오리나무 숲
참나무 잎 *cf.* 은행나무 잎, 느티나무 잎
참나무통(-桶)
참다래밭 *cf.* 포도밭, 딸기밭

참다못해 cf. 하다못해, 견디다 못해, 굶주리다 못해
참따랗다('참따랗게' 형태로 주로 쓰임.)
참담해 보이다(慘憺-)
참담해하다(慘憺-)
참답다('참다운' 형태로 주로 쓰임.)
참대못 cf. 대못, 쇠못
참댓가지 cf. 댓가지, 싸릿가지
참돈[참 : 똔](상여꾼에게 주는 돈)
참되다 cf. 거짓되다
참뜻
참마음
참말
참맛
참매듭
참매미 소리 cf. 여치 소리, 귀뚜라미 소리, 새소리, 종소리
참모습
참물(만조 때의 물)
참밥
참배 중(參拜中) cf. 수업 중
참배해 오다(參拜-)
참변당하다(慘變當-) cf. 당하다
참비중(-比重)
참빗장수(성격이 꼼꼼하고 좀스런 사람)
참사람
참사랑
참살당하다(斬殺當-) cf. 당하다
참삶
참새가슴 cf. 새가슴
참새고기 cf. 개고기, 돼지고기
참새구이 cf. 삼치구이, 메추리구이
참새네 글
참새네 말
참새 노래
참새 떼 cf. 기러기 떼, 개미 떼, 송사리 떼, 벌 떼, 모기떼
참새 소리 cf. 까치 소리, 제비 소리, 새소리
참새알 cf. 꿩알, 메추리알, 오리알, 거위알, 개구리알, 연어알
참새 옷
참새젓 cf. 새우젓, 조개젓
참생활(-生活)
참석시켜 주다(參席-)
참석자 간에(參席者間-)
참석 중인(參席中-) cf. 참가 중
참석해 오다(參席-)
참석해 주다(參席-)
참석해 주시다(參席-)
참소당하다(讒訴當-) cf. 당하다
참숯 cf. 뜬숯, 깜부기숯
참숯불 cf. 숯불, 깜부기불
참신해 보이다(斬新-)
참아 가다/참아 오다
참아 나가다
참아 내다
참아 보다
참아 주다
참여시(參與詩) cf. 순수시, 목적시
참여시켜 주다(參與-)
참여 없다/없이는(參與-)
참여해 오다(參與-)
참외덩굴 cf. 수박덩굴, 댕댕이덩굴, 고구마덩굴, 나팔꽃 덩굴, 강낭콩 덩굴
참외맛 cf. 고기맛, 꿀맛, 딸기맛, 배맛, 수박맛, 장맛, 밥맛
참외밭 cf. 감자밭, 고구마밭, 땅콩밭, 무밭, 배추밭, 수박밭, 오이밭, 인삼밭, 호박밭
참용액(-溶液)
참을성(-性) cf. 견딜성
참을성 없다(-性-)
참을성 있다(-性-)
참을성 있어 보이다(-性-)
참 음식(-飮食)
참자유(-自由)
참작해 주다(參酌-)
참 전기 비저항[眞電氣比抵抗]/참 전기 저항률(-電氣抵抗率)

참주제(-主題) *cf.* 가주제
참죽순(-筍) *cf.* 두릅순, 죽순, 가죽순
참죽쌈
참죽잎쌈 *cf.* 호박잎쌈, 머윗잎쌈
참줄(채산이 될 만한 광맥)
참지 못하다 *cf.* 못하다
참치 살 *cf.* 가자미 살, 대구 살, 민어 살
참치 캔 *cf.* 고등어 캔, 꽁치 캔
참판 댁(參判宅) *cf.* 장관 댁, 교장 댁
참패당하다(慘敗當-) *cf.* 당하다
참패해 버리다(慘敗-)
참해 보이다
참호열(塹壕熱) *cf.* 뎅기열, 로키산열
참혹해 보이다(慘酷-)
참흙땅 *cf.* 모래땅
찹쌀가루 *cf.* 쌀가루, 보릿가루, 밀가루
찹쌀떡
찹쌀막걸리 *cf.* 좁쌀막걸리
찹쌀밥 *cf.* 콩밥, 조밥
찹쌀엿 *cf.* 수수엿, 호박엿
찻간(車間)(차에 사람을 태우는 칸)
찻감(茶-) *cf.* 옷감, 치맛감, 양념감
찻값(茶-) *cf.* 밥값, 술값, 커피값, 담뱃값
찻값(車-) *cf.* 차 값(미국산 ~)
찻거르개(茶-)
찻그릇(茶-) *cf.* 밥그릇, 찬그릇, 국그릇
찻길(車-) *cf.* 기찻길, 자동찻길, 자전거길
찻길 놀이(車-)(놀이명이 아닌 경우에는)
찻길놀이(車-)
찻물(茶-)
찻삯(車-) *cf.* 뱃삯, 버스삯, 기찻삯
찻속(車-) *cf.* 차 속(달리는 ~)
찻숟가락(茶-)/찻숟갈(茶-)
찻잎(茶-) *cf.* 댓잎, 깻잎, 엿잎, 솔잎, 갈잎
찻잔받침(茶盞-) *cf.* 책받침, 장독받침, 그릇받침, 그릇 받침(편수 자료)
찻잔 속에(茶盞-)
찻종(茶鍾) <차가 ~에 담겨 있다.>
찻주전자(茶酒煎子) *cf.* 술주전자, 물주전자

찻집(茶-) *cf.* 국숫집
창가(窓-) *cf.* 유리창 가, 차창 가
창가 쪽(窓-)
창갈이 *cf.* 천갈이, 굽갈이
창 곁에(窓-)
창고 문(倉庫門) *cf.* 사랑방 문, 사당 문
창고 안(倉庫-)
창고업자(倉庫業者) *cf.* 운송업자
창고지기(倉庫-) *cf.* 등대지기, 문지기
창구멍(이불, 버선 따위를 뒤집는 구멍)
창구멍(窓-) <창으로 찌르면 창구멍, 아니면 창 구멍>
창 나다 *cf.* 바닥나다
창난젓 *cf.* 명란젓, 새우젓, 어리굴젓
창날(槍-) *cf.* 칼날
창냇벌 *cf.* 왯벌
창 너머로(窓-) *cf.* 담 너머로
창대돌(窓臺-)
창던지기(槍-)
창(을) 던지다(槍-)
창립총회(創立總會) *cf.* 학급 총회, 주주 총회, 발기인 총회
창머리(窓-)
창문가(窓門-) *cf.* 창가
창문 꾸미기(窓門-)
창문 너머(窓門-)
창문 밑(窓門-)
창문 밖(窓門-)
창문 열기(窓門-)
창문짝(窓門-)
창문 쪽(窓門-)
창문턱(窓門-)
창문틀(窓門-)
창문홈(窓門-)
창민요(唱民謠)
창 밑(窓-)
창밑(활의 도고지 밑)
창 바깥(窓-)
창 바깥쪽(窓-)

창밖(窓-) *cf.* 차창 밖, 창 안
창받이
창백해 보이다(蒼白-)
창백해져 가다(蒼白-)
창부리(槍-)
창부타령(倡夫-)
창부타령조(倡夫-調)
창살(窓-)
창살무늬(窓-) *cf.* 문살무늬
창살문(窓-門)
창살 없는(窓-)
창 선반 꾸미기(窓-盤-)
창설해 놓다(創設-)
창세전(創世前) *cf.* 기원전
창세후(創世後) *cf.* 기원후
창송녹죽(蒼松綠竹)
창수 형(-兄) *cf.* 승구 형
창씨개명(創氏改名)
창안해 내다(創案-)
창안해 보다(創案-)
창 앞(窓-)
창 옆(窓-)
창 위(窓-)
창유리(窓琉璃) *cf.* 판유리, 강화 유리, 크리스털 유리, 연질 유리, 경질 유리
창자간막(-間膜)
창작연(創作鳶)
창작열(創作熱)
창잡이(槍-) *cf.* 칼잡이, 총잡이
창조, 계승하다(創造, 繼承-)
창조해 나가다(創造-)
창조해 내다(創造-)
창조해 오다(創造-)
창졸간에(倉卒間-)
창집(倉-)(나라에서 곡식을 쌓아 두는 집)
창 쪽(窓-) *cf.* 방 쪽, 배 쪽, 안방 쪽, 부엌 쪽, 등 쪽, 지느러미 쪽, 머리 쪽
창출해 내다(創出-)
창칼 *cf.* 납작칼, 호비칼, 주머니칼, 부엌칼, 해부칼
창턱(窓-)
창틀(窓-)
창틈(窓-) *cf.* 문틈, 바위틈, 돌 틈
창포물(菖蒲-) *cf.* 치자물, 오디물, 버찌물, 풀물, 갈물, 감물, 딸깃물, 오짓물, 쓸갯물
창포 뿌리(菖蒲-) *cf.* 칡뿌리, 이뿌리, 풀뿌리, 나무뿌리, 파뿌리, 승검초 뿌리, 삽초 뿌리, 소나무 뿌리
창포에 머리 감기(菖蒲-)
창피당하다(猖披-) *cf.* 당하다
창피스러워하다(猖披-)
창피해하다(猖披-)
창호 가게(窓戶-) *cf.* 목재 가게, 유리 가게, 합판 가게, 물역 가게
찾고 다니다
찾고 보니/보면
찾고 싶다
찾는 듯하다 *cf.* 듯하다
찾다 찾다 못해
찾아가다 *cf.* 찾아오다
찾아 가며 <사전을 ~ 이해하다.>
찾아가 보니/보면
찾아 가지고
찾아 나가다
찾아 나서다
찾아내다
찾아 넣어 보자
찾아다니다
찾아 두다
찾아 드리다 *cf.* 찾아 주다
찾아들다 <작대기를 ~.>
찾아(서) 들어가면
찾아들어 가면
찾아 먹다
찾아 모으다
찾아보기
찾아보다
찾아뵙다 *cf.* 만나 뵙다

찾아 붙이다
찾아 써 보자
찾아오다 *cf.* 찾아가다
찾아 읽어 보다
찾아 주다
찾아 헤매다
찾았대서인지(찾았다고 해서인지)
찾으러 가다
찾으러 나가다
찾으러 다니다
찾으러 오다
찾을모(쓸 만한 점이나 가치)
-채(접미사) *cf.* 사랑채, 안채, 바깥채
ᵛ채(의존 명사) <앉은 ~로 절을 받다.> *cf.* 굶은 채, 옷 입은 채로
ᵛ채(의존 명사) *cf.* 집 한 채, 이불 한 채
채(명사) *cf.* 무채, 오이채
채(명사) *cf.* 장구채, 북채, 양금채
채(부사) <날이 ~ 밝기 전에….>, <말이 ~ 끝나기 전에….>
채 가다
채굴해 내다(採掘-)
채궁자리(채로 치는 북의 오른쪽 자리)
채그릇
채그물 *cf.* 쾡이그물, 후릿그물, 두릿그물, 걸그물, 끌그물
채근받다(採根-) *cf.* 독촉받다
채근받아 오다(採根-)
채근해 오다(採根-)
채끝(쇠고기의 한 부위)
채 끝나기도 전에(-前-) *cf.* 채(부사)
채독벌레(菜毒-)
채록해 놓다(採錄-)
채료 그릇(彩料-) *cf.* 밥그릇, 국그릇, 반찬 그릇
채마머리(菜麻-) *cf.* 밭머리
채마밭(菜麻-) *cf.* 배추밭, 채소밭, 무밭
채 마치기 전에(-前-) *cf.* 채(부사)
채 못 되어
채반가름(-盤-)(양잠)
채반상(-盤相) <미륵처럼 생긴 ~ 얼굴>
채반치기
채받이(등심 끝머리에 있는 살)
채발 *cf.* 마당발
책글씨(冊-)
책벌레 *cf.* 일벌레, 돈벌레
채비 차리다
채삼꾼(採蔘-)
채소 가게(菜蔬-) *cf.* 곡식 가게, 생선 가게
채소 가꾸기(菜蔬-)
채소(를) 가꾸다(菜蔬-)
채소 데쳐 말리기
채소밥 *cf.* 나물밥, 오곡밥, 밤밥, 콩나물밥
채소밭(菜蔬-) *cf.* 꽃밭, 무밭, 배추밭, 고추밭, 채마밭, 감자밭
채소와 약초 가꾸기(菜蔬-藥草-)
채소 잎(菜蔬-)
채소 장사(菜蔬-) *cf.* 생선 장사, 과일 장사
채소 장수(菜蔬-)
채소적(菜蔬炙)
채소전(菜蔬煎)
채소(를) 절이다(菜蔬-)
채소절임(菜蔬-)
채송아 씨 *cf.* 코스모스 씨, 분꽃 씨
채신머리사납다 *cf.* 꼴사납다, 눈꼴사납다, 볼꼴 사납다, 심술 사납다
채신머리없다/채신없다
채신머리없이 보이다
채신사납다 *cf.* 채신머리사납다
채썰기
채 썰다
채씨(蔡氏) *cf.* 이씨, 김씨, 강씨, 채영신 씨(채 씨)
채어 가다
채영신 씨(-氏)(채 씨)
채움말 *cf.* 도움말
채움재(-材)
채워 가다/채워 오다
채워 넣다

채워 놓다
채워 두다
채워 보다
채워 심기
채워 주다
채점해 주다(採點-)
채종기름(菜種-) *cf.* 고추씨기름, 해바라기씨기름
채종밭(採種-) *cf.* 씨받이밭
채집망(採集網) *cf.* 포충망, 정보망
채집해 오다(採集-)
채찍낚시 *cf.* 흘림낚시, 던질낚시
채찍바람 <~에 빨리 달리다.>
채찍질
채찍질해 오다
채찍질해 주다
채취해 오다(採取-)
채칼 *cf.* 해부칼, 도련칼, 회칼, 부엌칼
채택시켜 주다(採擇-)
채택해 주다(採擇-)
-책(責)(접미사) *cf.* 해결책, 연락책
책(冊) *cf.* 국어책, 수학책
책 가게(冊-) *cf.* 쌀가게, 기름 가게
책가방(冊-) *cf.* 돈가방, 손가방, 끌가방, 멜가방, 들가방, 서류 가방, 여행 가방
책가위(冊-)(북커버)
책갈피(冊-)
책값(冊-) *cf.* 고추값, 우표값, 공책값
책거리(冊-) *cf.* 책씻이
책·걸상(冊-床)
책 구경 *cf.* 집 구경, 불구경
책궤(冊櫃) *cf.* 옷궤, 돈궤
책껍데기(冊-) *cf.* 책가위
책꽂이(冊-)
책꽂이 만들기(冊-)
책꽂이(를) 만들다(冊-)
책날개(冊-)
책 내다(冊-)
책뚜껑(冊-)
책망 듣다(責望-) *cf.* 꾸중 듣다, 꾸지람 듣다
책망받다(責望-) *cf.* 받다
책망해 오다(責望-)
책매기(冊-)(제본)
책(을) 매다(冊-)
책 목록 작성하기(冊目錄作成-)
책문 후시(柵門後市) *cf.* 중강 개시, 중강 후시, 경원 개시, 북관 개시
책받침(冊-) *cf.* 그릇받침, 장독받침, 찻잔받침, 그릇 받침(편수 자료)
책방(冊房)
책벌레(冊-)
책보(冊褓) *cf.* 상보
책보자기(冊褓-) *cf.* 도시락 보자기
책 보퉁이(冊-) *cf.* 옷 보퉁이, 책보
책상다리(冊床-)
책상 다리(冊床-)(책상의 다리) *cf.* 상다리
책상다리가새틀음(冊床-)(줄타기)
책상머리(冊床-) <책임자가 ~만 지켜서야….>
책상물림(冊床-) <현장을 모르는 ~들의 헛소리다.>
책상 밑(冊床-)
책상보(冊床褓) *cf.* 상보
책상 수(冊床數) *cf.* 걸상 수
책상 앞(冊床-)
책상양반(冊床兩班)(평민이지만 학식과 덕망이 높은 사람)
책상 위(冊床-)
책상 줄 맞추기(冊床-)
책상퇴물(冊床退物) <세상 물정 모르는 ~> *cf.* 기생퇴물
책 속(冊-)
책송곳(冊-)
책씻이(冊-)(책거리)
책옹알이(冊-)
책 이름(冊-)
책 읽기(冊-)
책(을) 읽다(冊-)
책임감 없다(責任感-)

책임감 있다(責任感-)
책임(을) 다하다(責任-)
책임 때문에(責任-)
책임 맡다(責任-)
책임 아래(責任-) *cf.* 책임하에
책임 없다(責任-)
책임 있다(責任-)
책임자 구실(責任者-) *cf.* 선생 구실
책임자 노릇(責任者-) *cf.* 선생 노릇, 어른 노릇, 자식 노릇, 종노릇, 병신노릇
책임지다(責任-)
책임지우다(責任-)
책잡다(責-)
책잡히다(責-)
책잡힐 일(責-)
책 장사(册-) *cf.* 쌀장사, 기름 장사
총대 메다(册-) *cf.* 쌀장수, 기름 장수
책정해 놓다(策定-)
책치레(册-) *cf.* 옷치레, 집치레, 사당치레
책탁자(册卓子)
챌까 말까 *cf.* 할까 말까
챌린저호(-號) *cf.* 셔먼호, 애로호
챗국(무채로 만든 국)
챗돌(태질하는 돌)
챗배
챗열(채찍 따위에 달리어 늘어진 끈)
챙겨 가다
챙겨 가지다
챙겨 넣다
챙겨 놓다
챙겨 담다
챙겨 두다
챙겨 드리다
챙겨 먹다
챙겨 보다
챙겨 오다
챙겨 입다
챙겨 주다
챙기려무나 <아침 식사나 ~.>
처가붙이(妻家-) *cf.* 외가붙이, 일가붙이
처가살이하다(妻家-) *cf.* 시집살이
처갓집(妻家-) *cf.* 외갓집, 처가, 외가, 진외가
처남댁(妻男宅) *cf.* 삼촌댁
처남의 댁(妻男-宅)
처넣다
처넣어 두다
처녀 같다(處女-) *cf.* 총각 같다
처녀꼴(處女-) <~이 박이다.>
처녀 때(處女-) *cf.* 총각 때
처녀비행(處女飛行) *cf.* 시험 비행
처녀 아이(處女-) *cf.* 총각 아이, 남자 아이, 여자 아이
처녀 애(處女-) *cf.* 총각 애, 여자 애, 남자 애, 거지 애
처녀왕(處女王)(아직 교미하지 않은 여왕벌)
처녀자리(處女-)
처녀장가(處女-) *cf.* 첩장가
처녀장가 가다(處女-) *cf.* 장가가다
처녀장가 들다(處女-) *cf.* 장가들다
처녀 적(處女-) *cf.* 아이 적, 올챙이 적, 소싯적, 태곳적
처녀티 나다(處女-) *cf.* 선생티, 노총각 티, 노처녀 티
처녀항해(處女航海) *cf.* 시험 항해
처단해 버리다(處斷-)
처닫다(거칠게 닫다.)
처담다
처담아 두다
처대다
처들이다 <돈을 ~.>
처때다
처량해 보이다(凄涼-)
처량해져 가다(凄涼-)
처량해하다(凄涼-)
처리해 가다(處理-)
처리해 내다(處理-)
처리해 버리다(處理-)
처리해 주다(處理-)

처마 가 *cf.* 댓돌 가
처마 끝 *cf.* 추녀 끝, 마루 끝, 바늘 끝, 손끝, 발끝, 코끝
처마도리
처마돌림
처마 물 *cf.* 낙숫물
처마 밑 *cf.* 추녀 밑
처마 반자
처마 서까래
처마시다 <술을 ~.>
처마 홈통
처맛기슭 *cf.* 산기슭, 강기슭
처맡기다
처매다
처매 주다
처먹다
처먹이다 <술을 ~.>
처박다
처박아 두다 <옷을 장롱 속에 ~.>
처박혀 지내다
처박히다 <촌구석에 처박혀 살다.>
처방 내다(處方-)
처방 없다/없이(處方-)
처벌당하다(處罰當-) *cf.* 당하다
처벌받다(處罰-) *cf.* 받다
처벌해 달라다(處罰-)
처벌해 오다(處罰-)
처분해 버리다(處分-)
처분해 주다(處分-)
처세 잘하다(處世-)
처소 부사(處所副詞) *cf.* 성분 부사, 문장 부사
처소격 조사(處所格助辭)
처시하(妻侍下)(아내에게 눌려 사는 사람)
처신사납다(處身-) *cf.* 채신사납다, 꼴사납다, 인심 사납다, 욕심 사납다
처신없다(處身-)
처싣다(마구 싣다.)
처엎다(마구 엎다.)
처외가(妻外家)
처우 잘하다(處遇-)
처음 가다
처음값
처음 같다
처음 듣다
처음 오다
처음 있다
처자빠지다
처자식(妻子息)
처쟁이다 <창고에 물건을 ~.>
처조카(妻-)
처지르다
처진 어깨
처짐각법(-角法)
처참해 보이다(悽慘-)
처치해 버리다(處置-)
처칠 경(-卿) *cf.* 러셀 경
처해 있다(處-)
처형당하다(處刑當-) *cf.* 사형당하다, 당하다
처형해 버리다(處刑-)
척(隻) *cf.* 배 한 척
척 보면 안다
척사윤음(斥邪綸音)
척삭동물(脊索動物)(편수 자료)
척색동물(脊索動物)
척 알아보다 *cf.* 척(부사)
척지다(隻-) *cf.* 원수지다
척짓다(隻-) <척지을 짓은 않는 사람이다.>
척척박사(-博士)
척척해져 가다
척추동물(脊椎動物)
척하다(과장한 태도) *cf.* 체하다
척하다(보조 용언) <전혀 모르는 ~.>
척하면 삼천리(-三千里)
천 갈래 만 갈래(千-萬-) <가슴이 ~ 찢어지다.>
천갈이 *cf.* 창갈이, 굽갈이
천거받다(薦擧-) *cf.* 받다
천거해 주다(薦擧-)
천것(賤-) *cf.* 상것

천공개물(天工開物)
천공수(穿空數)
천구의(天球儀) *cf.* 지구의, 지구본
천국 같다(天國-)
천궁 꼭대기(天宮-) *cf.* 산꼭대기, 머리꼭대기, 지붕 꼭대기
천금 같다(千金-)(매우 소중한)
천기누설(天機漏洩)
천 길(千-) *cf.* 만 길
천길만길(千-萬-) <~ 나락으로 떨어지다.>, <자기가 한 짓이 아니라고 천길만길 펄쩍 뛰었다.>
천길만길 뛰다(千-萬-)
천 냥(千兩)
천냥빚(千兩-)
천 년(千年)(실제 기간) <~ 동안>
천년(千年) <어느 ~에….>
천 년간(千年間)
천 년 동안(千年-)
천 년 된/되다(千年-) *cf.* 만 년 된
천 년 만 년(千年萬年) *cf.* 천년만년
천년만년(千年萬年) <~ 살고지고….>
천년 사직(千年社稷)
천년송(千年松)
천 년여 동안(千年餘-) *cf.* 1000년여 동안
천 년 전(千年前) *cf.* 1000년 전
천 년 후(千年後) *cf.* 1000년 후
천녹색(淺綠色) *cf.* 심녹색, 담녹색, 암녹색, 천록, 심록
천 단춧구멍
천당 가다(天堂-) *cf.* 지옥 가다, 극락 가다
천대당하다(賤待當-) *cf.* 당하다
천대받이(賤待-) <천대받는 사람들> *cf.* 받이(접미사)
천대 받다(賤待-) <남의 ~.>, <심한 천대 받으며 살아왔다.> *cf.* 받다(동사)
천대받아 오다(賤待-)
천대양층(淺大洋層)
천대해 오다(賤待-)
천덕꾸러기(賤-) *cf.* 욕심꾸러기, 장난꾸러기, 잠꾸러기, 심술꾸러기
천도복숭아(天桃-)
천둥 같은 소리
천둥 번개
천둥 번개 치다 *cf.* 천둥 치다, 번개 치다
천둥 번개 하다
천둥벌거숭이
천둥소리 *cf.* 고함 소리, 파도 소리, 고동 소리, 우렛소리
천둥에 개 뛰어들듯
천둥지기
천둥지기논 *cf.* 샘골논, 다랑논
천둥지둥
천둥 치다 *cf.* 소리치다, 눈웃음치다, 선웃음 치다, 번개 치다, 벼락 치다
천렵 가다(川獵-) *cf.* 사냥 가다, 등산 가다
천리(千里)(대단히 먼 거리) *cf.* 천리 만리
천 리(千里)(실제의 거리) *cf.* 천 리, 십 리, 10리, 백 리, 100리, 만 리
천리강산(千里江山) *cf.* 삼천리강산
천리경(千里鏡)
천 리 길(千里-) *cf.* 십 리 길, 10리 길, 백 리 길, 100리 길, 천 리 길, 만 리 길, 하룻길, 사십 리 길
천리동풍(千里同風)(천 리까지 같은 바람이 분다는 뜻으로 태평한 세월) *cf.* 만리동풍
천리만리(千里萬里)
천 리 밖(千里-) *cf.* 십 리 밖
천리장성(千里長城) *cf.* 만리장성
천리타향(千里他鄕) *cf.* 만리타향
천마총(天馬塚)
천막감(天幕-) *cf.* 이불감, 치맛감, 사윗감
천막생활(天幕生活) *cf.* 텐트 생활, 움막 생활, 땅굴 생활
천막집(天幕-) *cf.* 판잣집
천막 치다(天幕-) *cf.* 텐트 치다
천만 년(千萬年)
천만년(千萬年) <~ 길이 빛날 위대한 업적>

천만다행(千萬多幸)
천만뜻밖에도(千萬-)
천만 번(千萬番)
천만번(千萬番) <~ 후회해도 소용 없다.>
천만부당하다(千萬不當-)
천만의외(千萬意外)
천만의 자리의 숫자(千萬-數字)
천만장자(千萬長者) *cf.* 백만장자
천 명(千名)
천명사상(天命思想) *cf.* 경천사상, 모화사상, 문학 사상, 철학 사상
천 몇백 년 전(千-百年前) *cf.* 천 수백 년 전
천 모형(千模型) *cf.* 십 모형, 백 모형
천문 단위(天文單位)(편수 자료)
천문단위(天文單位) *cf.* 계량 단위, 측량 단위, 층서 단위, CGS 단위, SI 단위
천문시(天文時)
천문 시계(天文時計) *cf.* 수정 시계, 항성 시계, 디지털시계, 아날로그시계, 원자시계
천문학자(天文學者)
천박해 보이다(淺薄-)
천박해지다(淺薄-)
천방지축(天方地軸)
천백 번(千百番)
천백번(千百番) *cf.* 천만번
천 번(千番) <백 번이고 ~이고….>
천 번 만 번(千番萬番) *cf.* 천번만번
천번만번(千番萬番)
천벌받다(天罰-) *cf.* 받다
천변집(川邊-) *cf.* 길갓집, 골목집, 거릿집
천봉만학(千峯萬壑)
천부당만부당하다(千不當萬不當-)
1000분의 1(千分-一) *cf.* 분의, 분지
천불(天-)(저절로 일어난 불)
천사만사(千事萬事)
천산대렵도(天山大獵圖)
천상바라기(天上-) *cf.* 먼산바라기
천상천하(天上天下)
천생배필(天生配匹)
천생재주(天生才-)
천석꾼(千石-) *cf.* 만석꾼
천숫물(千手-)(절에서 스님이 공양할 때에 먼저 떠 놓는 물) *cf.* 손숫물, 발숫물
천시당하다(賤視當-) *cf.* 당하다
천시되어 오다(賤視-)
천시받다(賤視-) *cf.* 받다
천시해 오다(賤視-)
천신굿(薦新-)(무당이 봄이나 가을에 몸주에게 올리는 굿)
천신만고 끝에(千辛萬苦-) *cf.* 고생 끝에
천안 삼거리(天安-)(음악)
천야만야하다(千耶萬耶-) <천야만야한 낭떠러지>
천양지차(天壤之差)
천억의 자리의 숫자(千億-數字)
천여 개(千餘個)
천여 년 전(千餘年前)
천연가스(天然-) *cf.* 석탄가스, 메테인[메탄]가스, 탄산가스, 뷰테인[부탄]가스, 합성 가스, 자연가스
천연고무(天然-) *cf.* 합성 고무, 인조 고무
천연기념물(天然記念物)
천연꼬임(天然-)
천연남(天然藍)
천연물감(天然-) *cf.* 합성물감, 인조물감
천연백색(天然白色)
천연산(天然産) *cf.* 자연산
천연색텔레비전(天然色-) *cf.* 흑백텔레비전
천연생성물(天然生成物)
천연생활(天然生活) *cf.* 자연생활
천연수지(天然樹脂) *cf.* 합성수지
천연연료(天然燃料) *cf.* 고체 연료, 액체 연료, 화석 연료
천연염료(天然染料) *cf.* 인조염료, 합성염료, 천연 물감, 화학 염료
천연영양(天然營養) *cf.* 자연영양
천연자원(天然資源) *cf.* 지하자원, 광물 자원, 식량 자원, 인적 자원
천연주광색(天然晝光色)

천연치즈(天然-) *cf.* 천연 피혁
천연해 보이다(天然-)
천우신조(天佑神助)
천 원짜리(千-) *cf.* 만 원짜리, 짜리(접미사)
천음속류(遷音速流)
천음속 비행(遷音速飛行) *cf.* 초음속 비행, 음속 비행
천의 자리의 숫자(千-數字)
천인단애(千仞斷崖)
천인만장(千仞萬丈)
천인상관설(天人相關說)
천인절벽(千仞絶壁)
천일기도(千日祈禱) *cf.* 백일기도
천일제염(天日製鹽) *cf.* 재염, 재제염
천일 야화(千一夜話)(아라비안나이트)
천일염전(天日鹽田)
천자만홍(千紫萬紅)
천장 높이(天障-) *cf.* 눈높이, 마루높이(건축), 허리 높이, 어깨 높이
천재말〔天才馬〕
천재일우(千載一遇)
천재 중에(天才中-) *cf.* 학생 중에
천재지변(天災地變)
천정 거리(天頂距離)(지구과학)
천정부지(天井不知) <~의 물가> *cf.* 천장
천제사상(天帝思想) *cf.* 민본사상, 천명사상, 중화사상, 문학 사상, 철학 사상
천 조각 *cf.* 쇳조각, 돌조각, 나뭇조각, 헝겊 조각, 구리 조각, 비누 조각
천주교도(天主敎徒) *cf.* 기독교도
천주교회(天主敎會)
천주실의(天主實義)
천중적부(天中赤符)
천지간에(天地間-) <~ 어찌 일이…>
천지 속에(天地-)
천지신명(天地神明)(조화를 맡은 신령)
천지일색(天地一色)
천진무구하다(天眞無垢-)
천진난만하다(天眞爛漫-)
천진난만해 보이다(天眞爛漫-)
천진암 터(天眞庵-) *cf.* 원각사 터, 첨성대 터
천차만별하다(千差萬別-)
천천히 곱게
천천히 넘기
천천히 달리기 *cf.* 힘껏 달리기
천추만대(千秋萬代)
천측창(天測窓)(비행기나 우주선의)
천치짓(天痴-) *cf.* 바보짓, 등신짓, 미친 짓
천칭자리(天秤-)
천태만상(千態萬象)
천태사교의(天台四敎儀)
천파만파(千波萬波)
천편일률적으로(千篇一律的-)
천하대세(天下大勢)
천하 대장군(天下大將軍) *cf.* 지하 여장군
천하루 동안 *cf.* 하루 동안, 오랫동안, 하룻밤
천하만사(天下萬事)
천하무적(天下無敵)
천하없어도(天下-)/천하없이(天下-)
천하일색(天下一色)
천하잡년(天下雜-)
천하잡놈(天下雜-)
천하장사(天下壯士) <그 사람은 인물이 영특하고 힘이 ~야.>
천하제일(天下第一)
천한 말(賤-) *cf.* 고운 말, 바른 말
-철(綴)(접미사) *cf.* 신문철, 답안철, 서류철, 보관철
철가루/쇳가루(鐵-) *cf.* 쇳가루, 횟가루, 흙가루, 고춧가루, 메줏가루, 미숫가루, 송홧가루
철거당하다(撤去當-) *cf.* 당하다
철거해 버리다(撤去-)
철겹다
철골빔(鐵骨-) *cf.* 나무 빔, 콘크리트 빔
철공일(鐵工-) *cf.* 목공일, 대장일
철공장(鐵工場)
철공진(鐵共振)
철광상(鐵鑛床)

철광석 같다(鐵鑛石-)
철 그르다 <철 그른 동남풍>
철근비(鐵筋比)
철길(鐵-) *cf.* 뱃길
철꽃(철따라 피고 지는 꽃)
철끈(鐵-)
철나다 <철나자 망령 난다.>
철노동자(-勞動者) *cf.* 계절노동자
철 늦은/늦다 *cf.* 철 이른
철다툼(철을 놓치지 않으려고 서두름.)
철 대문(鐵大門)
철덩어리(鐵-) *cf.* 덩어리, 쇳덩어리
철도곡선(鐵道曲線)
철도편(鐵道便) *cf.* 배편, 항공편
철두철미하다(徹頭徹尾-)
철두철미해 보이다(徹頭徹尾-)
철둑(鐵-) *cf.* 냇둑, 밭둑, 논둑, 하굣둑
철둑길(鐵-)
철들다 <철들자 망령이라더니.> *cf.* 망령 들다, 철나다
철들어 가다
철따구니
철따구니 없다
철따라 *cf.* 계절따라, 따라(조사)
철딱서니 없다
철렁 내려앉다
철로변(鐵路邊) *cf.* 강변, 대로변, 압록강 변, 한강변, 고속도로변
철롯둑(鐵路-) *cf.* 냇둑, 개울둑, 봇둑, 하굣둑
철릭짜리 *cf.* 양복짜리
철 막대(鐵-) *cf.* 쇠막대, 대막대, 나무 막대, 구리 막대, 알루미늄 막대
철 만나다 <철모르고 날뛰다.>
철망유리(鐵網琉璃) *cf.* 젖빛 유리, 강화 유리
철망 치다(鐵網-) *cf.* 철조망 치다
철매염제(鐵媒染劑)
철면피 같다(鐵面皮-)
철모르다
철모를 적 *cf.* 적(의존 명사)
철 못 만난/만나다
철 묵은 색시
철문(鐵門)
철바뀜
철바람
철반자(鐵-) *cf.* 토반자, 지반자
철벙철벙하다
철벽같다(鐵壁-)
철벽진(鐵壁陣) *cf.* 공격진, 수비진
철봉놀이(鐵棒-) *cf.* 놀이
철봉대(鐵棒-)
철봉 씨름(鐵棒-)
철봉 운동(鐵棒-) *cf.* 뜀틀 운동, 마루 운동, 맨손 운동
철봉에 다리걸어 올라 돌기(鐵棒-)
철봉에 다리를 걸어 돌기(鐵棒-)
철봉에 뛰어올라 정면버티기에서 앞으로 돌아내리기(-鐵棒-正面-)
철봉에서 뛰어오르기(鐵棒-)
철봉에서 매달리기(鐵棒-)
철봉 위에서 뛰어내리기(鐵棒-)
철사 망(鐵絲網) *cf.* 철망, 이중 망
철사매기(鐵絲-)(제본) 실매기, 풀매기
철사 자르기(鐵絲-)
철사(를) 자르다(鐵絲-)
철사줄(鐵絲-) *cf.* 고무줄, 빨랫줄, 숙마줄
철새 같다/철새같이
철새족(-族) *cf.* 눈치족, 얌채족
철석같다(鐵石-)
철선솔(鐵線-) *cf.* 밤송이솔, 양복솔, 면분솔
철섬유증(鐵纖維症)
철손각(鐵損角)
철솜(鐵-) *cf.* 유리솜
철수네 반(-班)
철수해 버리다(撤收-)
철썩철썩(부사)
철없다
철없어 보이다
철옹산성(鐵甕山城) *cf.* 남한산성

철요법(鐵療法)
철이네 집
철 이른/이르다 *cf.* 철 늦은, 때 이른
철저해 보이다(徹底-)
철제품(鐵製品) *cf.* 목제품, 석제품
철 조각(鐵-) *cf.* 쇳조각, 돌조각, 나뭇조각, 아연 조각, 구리 조각
철조망길(鐵條網-) *cf.* 돌담길, 과수원 길, 보리밭 길
철조 비로자나불 좌상(鐵造毘盧遮那佛坐像)
철쭉꽃
철창 너머로(鐵窓-)
철창생활(鐵窓生活) *cf.* 가정생활, 신앙생활, 유치장 생활, 종교 생활, 감옥 생활
철창신세(鐵窓身勢) *cf.* 감옥 신세, 유치장 신세, 노인 신세
철채 자기(鐵彩瓷/磁器) *cf.* 청화 자기
철침착증(鐵沈着症)
철 캔(鐵-) *cf.* 알루미늄 캔
철컥 소리
철컹 소리
철크롬선(鐵-線)
철통같다(鐵桶-)/철통같이(鐵桶-)
철판 말뚝(鐵板-) *cf.* 쇠말뚝, 콘크리트 말뚝
철폐해 버리다(撤廢-)
철화같다(鐵火-)
철화무늬(鐵畫-)
철회해 버리다(撤回-)
첨가해 주다(添加-)
첨셋돌(檐階-) *cf.* 지댓돌, 수춧돌
첨단·고급 제품(尖端·高級製品)
첨두부하(尖頭負荷)
첨두시(尖頭時)
첨두아치(尖頭-)
첨두작살(尖頭-)
첨둣값(尖頭-) *cf.* 절댓값, 고윳값, 기댓값, 초깃값, 실수값, 임계값, 좌표값
첨부해 놓다(添附-)
첨성대 터(瞻星臺-) *cf.* 원각사 터, 천진암 터
첨예분자(尖銳分子) *cf.* 과격분자, 극렬분자, 추종 분자, 핵심 분자
-첩(帖)(접미사) *cf.* 그림첩, 사진첩
첩살이(妾-) *cf.* 시집살이, 감옥살이
첩자 짓(諜者-) *cf.* 간첩 짓, 여우짓, 바보짓, 천치짓, 등신짓, 미친 짓
첩장가(妾-) *cf.* 처녀장가
첩쟁이(妾-)
첩지머리 *cf.* 어여머리, 큰머리
첩첩산중(疊疊山中)
첫- *cf.* 첫가을, 첫눈, 첫사랑, 첫국밥, 첫인사
첫ˇ(관형사) *cf.* 첫 거래, 첫 시험, 첫 휴가
첫가물
첫가을
첫가지
첫개
첫 개막(-開幕)
첫걸
첫걸음 <사회 생활의 ~….>
첫겨울
첫 과제(-課題)
첫 교실(-教室)
첫 구절(-句節)
첫국밥 <산모가 허겁지겁 ~을 먹다.>
첫 근무지(-勤務地)
첫 글자(-字)
첫기제(-忌祭)
첫길(처음으로 가는 길)
첫나들이 가다 *cf.* 나들이 가다
첫나들이하다
첫날
첫날밤 <결혼 ~에….>
첫날 밤 <노착한 ~에….>
첫낯
첫눈
첫눈 내리는 밤
첫딱지('떼다', '열다'의 목적어로 쓰여) <~를 떼다.>
첫 단계(-段階)

첫 단락(-段落)
첫 단추
첫 달
첫닭
첫닭울이(첫닭이 울 무렵)
첫 대면(-對面)
첫대목
첫더위
첫도
첫 도읍지(-都邑地)
첫돌(첫째 돌) *cf.* 첫 모임, 첫 생일, 두 돌, 세 돌, 420 돌
첫돌맞이 *cf.* 맞이
첫 두 줄
첫딸
첫마디
첫 만남
첫말
첫맛 <~은 단데 갈수록 쓴맛이 난다.>
첫머리 *cf.* 끝머리
첫머리 부분(-部分)
첫머리 쓰기
첫먹춤(봉산탈춤)
첫 모음(-母音)(첫째의 모음)
첫 모임
첫 문자(-文字)
첫 문장(-文章)
첫물(그해 처음으로 나는 홍수)
첫물지다(첫 홍수가 나다. 과일이 첫 번째 많이 열리다.)
첫발
첫발 들여 놓다
첫발자국
첫밥 <누에에 ~을 주다.>
첫배
첫번(-番)
첫번 뜬 꿀(-番-)
첫 번째(-番-)(횟수) *cf.* 다섯 번째, 첫째 번, -째 번
첫 번째 옮겨심기(-番-)
첫봄〔初春〕 *cf.* 첫여름, 첫가을, 첫겨울
첫 부분(-部分) *cf.* 끝 부분
첫사랑
첫 사업(-事業)
첫새벽 <이른 ~에….>
첫 생산품(-生産品)
첫서리 *cf.* 첫눈
첫선
첫선 보다 *cf.* 선보다, 맞선 보다
첫소리/초성(初聲) *cf.* 끝소리, 가운뎃소리
첫손가락 꼽다
첫손가락 꼽히다
첫손 꼽다
첫손 꼽히다
첫솜씨
첫수(-手)
첫순간에(-瞬間-)
첫 순서(-順序)
첫술 <~에 배부를 수는 없다.> *cf.* 막술
첫 시간(-時間)(첫째 시간) *cf.* 끝 시간
첫아기
첫아들
첫아이
첫얼음
첫여름〔初夏〕 *cf.* 첫가을, 첫겨울
첫 연(-聯) *cf.* 끝 연
첫영성체(-領聖體)
첫울음
첫윷
첫 음(-音)(첫째의 음)
첫 음절(-音節)(첫째의 음절) *cf.* 끝 음절
첫이레
첫인사(-人事) *cf.* 끝인사
첫인사말(-人事-)
첫인상(-印象)
첫 일요일(-日曜日)
첫 임금
첫입

첫 자리
첫자리(첫째가는 등급이나 자리)
첫 자음(-子音)(첫째의 자음)
첫자진한잎(국악)
첫잠 *cf.* 선잠, 헛잠, 단잠
첫 장(-章)
첫 접촉(-接觸)
첫정(-情)
첫 주(-週)
첫 주일(-週日)
첫 줄
첫째가다 *cf.* 제일가다, 으뜸가다, 둘째 가다
첫째 날
첫째날개깃
첫째날개덮깃
첫째 단
첫째 단 뜨기
첫째 되는/되다 *cf.* 둘째 되는
첫째 딸
첫째 며느리
첫째 번(-番)(차례) *cf.* 첫 번째
첫째 별
첫째 아들 *cf.* 둘째 아들, 셋째 아들
첫째자리바꿈
첫째 작은악절(-樂節)
첫째 항(-項)
첫째항(-項)(수학 용어로서)
첫차(-車) *cf.* 막차
첫 차(-車) <아침 ~>
첫추위
첫출발(-出發)
첫코
첫판 <~을 이기다.>
첫풀이(사돈 사이에 처음으로 주고받는 서물)
첫해
첫해산(-解産)
첫 행(-行)
첫행보(-行步)
첫혼인(-婚姻) *cf.* 재혼

첫 휴일(-休日)
첫 힘
-청(廳)(접미사) *cf.* 산림청, 병무청
청개구리 같다(青-)
청개구리 거꾸리(青-)
청결해 보이다(清潔-)
청구멍(請-)(청약을 할 만한 곳)
청구영언(青丘永言)
청구해 오다(請求-)
청기와(青-) *cf.* 오지기와
청기와 장수(青-) <~ 심사> *cf.* 옹기장수
청나라(清-) *cf.* 당나라, 수나라, 송나라
청나라측(清-側)
청나라 쪽(清-) *cf.* 미국 쪽, 영국 쪽
청나일(靑-) *cf.* 백나일
청년자제(青年子弟)(장래성이 있는 젊은 사람) *cf.* 노인자제
청년재사(青年才士)
청년 투르크당(青年-黨)
청단놀이(青丹-)(예천 탈놀이)
청대콩 *cf.* 풋콩
청동 거울(青銅-) *cf.* 유리 거울
청동검(青銅劍)
청동기·철기 문화(青銅器·鐵器文化)
청동 도끼(青銅-) *cf.* 돌도끼, 쇠도끼, 금도끼
청동 바라기(青銅-)
청동 방울(青銅-)
청동 은입사 포류수금무늬 정병(青銅銀入絲蒲柳水禽-淨甁)
청동팔주령(青銅八珠鈴)
청동화로(青銅火爐) *cf.* 청동 거울, 청동 방울, 질화로, 곱돌화로, 백동 화로, 무쇠 화로
청둥호박 *cf.* 애호박, 늙은호박
청량리행 열차(清涼里行列車)
청량음료(清涼飲料) *cf.* 탄산음료, 알코올음료, 발효 음료, 과즙 음료, 한방 음료
청렴결백(清廉潔白)하다
청령 사령(聽令司令)
청록색(青綠色) *cf.* 심녹색, 담녹색, 천녹색

청룡날(靑龍-)(산의 청룡 줄기) *cf.* 백호날
청룡 열차(靑龍列車)
청마산성(靑馬山城) *cf.* 남한산성
청맹과니(靑盲-)
청미래덩굴 *cf.* 인동덩굴, 으름덩굴, 담쟁이덩굴, 댕댕이덩굴
청바지(靑-)
청백리상(淸白吏賞)
청부 맡다(請負-)
청부받다(請負-) *cf.* 받다
청부업자(請負業者)
청부 주다(請負-)
청사 내에(廳舍內-)
청사마구리(靑絲-)(옛날 책 제책)
청사 밖(廳舍-)
청산녹수(靑山綠水)
청산리 대첩(靑山里大捷)
청산별곡(靑山別曲)
청산유수(靑山流水)
청산해 버리다(淸算-)
청상과부(靑孀寡婦) *cf.* 마당과부
청색경보(靑色警報) *cf.* 적색경보, 황색경보
청석돌(靑石-)(점판암)
청성가진한잎(淸聲-)(국악)
청소년기(靑少年期) *cf.* 장년기, 노년기
청소년끼리(靑少年-) *cf.* 끼리(조사)
청소년상(靑少年像)
청소년층(靑少年層) *cf.* 청장년층
청소일(淸掃-) *cf.* 미장일, 칠일
청소차(淸掃車) *cf.* 쓰레기차, 사다리차, 소방차, 지게차, 구급차, 이삿짐 차, 시멘트 차, 밀가루 차
청소해 주다(淸掃-)
청솔가지(靑-) *cf.* 솔가지
청순해 보이다(淸純-)
청승꾸러기 *cf.* 천덕꾸러기
청승 떨다
청승 떨지 마라 *cf.* 마/말아라(→마라)
청승맞다
청승맞아 보이다
청승주머니 *cf.* 허영주머니, 음흉주머니
청실홍실(靑-紅-) <~ 엮어서 정성을 들여…>
청아한 듯하다(淸雅-) *cf.* 듯하다
청약받다(請約-) *cf.* 받다
청약해 두다(請約-)
청어구이(靑魚-) *cf.* 대구구이, 도루묵구이
청어엮기놀이(靑魚-) *cf.* 청어풀기
청어엮자(靑魚-)(전래 동요) *cf.* 고사리꺾자
청어풀기(靑魚-) *cf.* 청어엮기
청어풀이(靑魚-)
청열 메짐(靑熱-) *cf.* 적열 메짐
청와대측(靑瓦臺側) *cf.* 군측
청요릿집(淸料理-) *cf.* 양요릿집, 한식집, 일식집
청유형 어미(請誘形語尾)
청·일 양국(淸·日兩國)
청·일 전쟁(淸·日戰爭)
청자기빛(靑瓷/磁器-) *cf.* 청잣빛
청자 꽃접시(靑瓷-)
청자 상감 국화무늬 주전자(靑瓷/磁象嵌菊花文注子)
청자 상감 당초무늬 보시기(靑瓷/磁象嵌唐草-)
청자 상감 당초무늬 주전자(靑瓷/磁象嵌唐草文注子)
청자 상감 모란무늬 방구리(靑瓷/磁象嵌牧丹-)
청자 상감 모란무늬 항아리(靑瓷/磁象嵌牧丹文壺)
청자 상감 운봉무늬 꽃모양 대접(靑瓷/磁象嵌雲鳳文花形大楪)
청자 상감 운학무늬 매병(靑瓷/磁象嵌雲鶴-梅甁)
청자 상감 진사채 포도동자무늬 주전자 및 승반〔靑瓷/磁象嵌辰砂彩葡萄童子文注子及承盤〕
청자 상감 초화무늬 과형 주전자(靑瓷/磁象嵌草花文瓜形注子)
청자색(靑瓷/磁色) *cf.* 청잣빛
청자 양각 죽절무늬 병(靑瓷/磁陽刻竹節文甁)
청자 오리모양 연적(靑瓷/磁鴨形硯滴)
청자 음각 국당초무늬 대접(靑瓷/磁陰刻菊唐草文大楪)
청자 음각 초화무늬 과형 주전자(靑瓷/磁陰刻草花文瓜形注子)
청자 음각 화훼무늬 받침잔(靑瓷/磁陰刻花卉-盞)

청자 인물모양 주전자(青瓷/磁人物形注子)
청자 정병(青瓷/磁淨甁)
청자 죽순모양 주전자(青瓷/磁竹筍形注子)
청자 칠보 투각 향로(青瓷/磁七寶透刻香爐)
청잣빛(青瓷/磁-) *cf.* 산홋빛, 상앗빛, 마놋빛, 모싯빛, 연둣빛
백자빛, 앵두빛, 치자빛, 녹두빛, 버찌빛, 살구빛
청장관전서(青莊館全書)
청·장년(青壯年)
청·장년층(青壯年層) *cf.* 청소년층
청정무구(淸淨無垢)
청정에너지(淸淨-) *cf.* 청정 채소, 청정 수역
청 제국(淸帝國)
청중 분석하기(聽衆分析-)
청지기(廳-) *cf.* 묘지기, 산지기, 문지기, 등대지기, 창고지기
청천대낮(青天-)
청천백일(青天白日)
청천벽력(青天霹靂)
청천벽력 같다(青天霹靂-)
청천벽력같이(青天霹靂-)
청춘과부(青春寡婦)
청춘사업(青春事業)
청춘소년(青春少年)
청춘스타(青春-)
청치마(青-) *cf.* 남치마
청지마연(青-鳶) *cf.* 방패연, 가오리연
청 태조(淸太祖) *cf.* 당 태조
청 팀(青-) *cf.* 백 팀, 황 팀
청포 장수(淸泡-) *cf.* 두부 장수, 묵 장수
청풍계도(淸風溪圖)
청풍명월(淸風明月)
청·프랑스 전쟁(淸-戰爭)/청·프 전쟁(淸-戰爭)
청해 오다(請-)
청해진 터(淸海鎭-) *cf.* 원남사 터, 원각사 터
청홍 모시 조각보(青紅-)
청화 백자(青華白瓷/磁)
청화 백자 매조무늬 항아리(青華白瓷/磁梅鳥-缸-)
청화 백자 매죽무늬 각병(青華白瓷/磁梅竹-角甁)
청화 백자 보상 당초무늬 접시(青華白瓷/磁寶相唐草文楪)
청화 백자 산수무늬 화병(青華白瓷/磁山水-花甁)
청화 백자 항아리(青畫白瓷/磁壺)
청화 백자 화조무늬 항아리(青畫白瓷/磁花鳥文壺)
체가름
체결해 두다(締結-)
체계 없다(體系-)
체계 있다(體系-)
체계 잡혀 있다(體系-)
체계화하다(體系化-)
체곗돈(遞計-)(돈놀이로 쓰는 돈)
체곗집(遞計-)
체납해 오다(滯納-)
체내 시계(體內時計) *cf.* 배꼽시계, 생물학 시계, 손목시계
체내외(體內外)
체념해 버리다(諦念-)
체념해 오다(諦念-)
체력 기르기(體力-)
체력(을) 기르다(體力-)
체력 싸움(體力-) *cf.* 몸싸움, 머리싸움
체력 운동(體力運動)
체로키족(-族) *cf.* 푸에블로족
체류 중인(滯留中-) *cf.* 계류 중
체머리 흔들다
체면 가리다(體面-)
체면 깎이다(體面-)
체면 사납다(體面-) *cf.* 볼사납다, 체신머리사납다, 욕심 사납다, 운수 사납다
체면 살려 주다(體面-)
체면 없다(體面-)
체면 차리다(體面-)
체면치레(體面-) *cf.* 인사치레, 면치레, 집치레
체면치레하다(體面-)
체선별기(-選別機)
체세포(體細胞) *cf.* 뇌세포, 생식 세포
체세포배(體細胞胚)

체수면(體睡眠) *cf.* 뇌수면
체수없다(體-)
체순환(體循環) *cf.* 폐순환
체심입방격자(體心立方格子) *cf.* 면심입방격자
체육공원(體育公園) *cf.* 근린공원, 해상공원, 해중공원, 놀이 공원, 생태 공원
체육부장(體育部長) *cf.* 환경부장
체 장수 *cf.* 옷 장수, 쌀장수
체쟁이(滯-)(체증을 내리게 하는 것을 업으로 하는 사람)
체제하(體制下) *cf.* 통제하
체조직(體組織)
체지각령(體知覺領)
체질 타령 말고(體質-)
체 진동기(-振動機)
체코총(-銃)
체크무늬
체통 없다(體統-)
체통 잃다(體統-)
체통 지키다(體統-)
체팽창률(體膨脹率) *cf.* 선팽창률
체포, 구금하다(逮捕, 拘禁-)
체포당하다(逮捕當-) *cf.* 당하다
체포, 투옥, 학살당하다(逮捕, 投獄, 虐殺當-) *cf.* 당하다
체포해 가다(逮捕-)
체포해 오다(逮捕-)
체하다(보조 용언) <아는 ~./먹는 ~.>
체험담(體驗談) *cf.* 경험담, 실패담
체험해 가다(體驗-)
체험해 보다(體驗-)
첸시 요(-窯) *cf.* 징더진 요, 츠저우 요
쳇것(명색이 그런 사람이나 물건) <양반 ~이….>
쳇다리 *cf.* 지겟다리
쳇바퀴 *cf.* 차바퀴, 수레바퀴, 톱니바퀴, 물레바퀴, 자전거 바퀴, 자동차 바퀴, 기차 바퀴
쳇발(베틀의)
쳇병(-病)(거짓으로 꾸민 병)
쳇불관(-冠)
쳇줄(體-)(습자의 본보기가 되는 한 줄의 글씨)
쳐 가다
쳐내다
쳐내려오다 *cf.* 쳐들어가다
쳐넘기기(펀칭)
쳐 넘기다 <공을 ~.>
쳐 놓다 <그물을 ~.>
쳐다보고 있다
쳐다보다
쳐다보지도 않는다
쳐다보지 마/마라/말아라(→마라)
쳐다본즉 *cf.* ㄴ즉(어미)
쳐 대다 <곤장을 ~.> *cf.* 대다
쳐들다
쳐들어가다 *cf.* 쳐내려오다
쳐들어오다
쳐 물리치다
쳐 보다
쳐부수다
쳐서넘기기
쳐 없애다
쳐 오다
쳐올리기
쳐올리다
쳐주다 <값을 ~.>
쳐 주다 <전보를 ~.>
쳐 죽이다(때려죽이다) *cf.* 찔러 죽이다, 던져 죽이다
초(秒)(의존 명사) *cf.* 일 분 일 초, 1초, 2초
초-(初)(접두사) *cf.* 초가을, 초여름
초-(超)(접두사) *cf.* 초음속, 초인간, 초능력
초ᵛ(初)(의존 명사) *cf.* 내년 초에, 20세기 초에
초가삼간(草家三間)
초가성성(超加成性)
초가을(初-)
초가지붕(草家-) *cf.* 너와지붕, 함석지붕
초가집(草家-) *cf.* 기와집, 너와집
초간(秒間) *cf.* 30초간, 10초간, 1분간, 1시간,

1년간, 일 분간, 한 시간, 이 년간
초감각적 지각(超感覺的知覺)
초값(秒-) *cf.* 시간값
초강력강(超强力鋼) *cf.* 초고장력강
초개 같다(草芥-)
초개같이(草芥-)
초겨울(初-)
초격자(超格子)
초경합금(超硬合金)
초계 비행(哨戒飛行) *cf.* 곡예비행, 고공비행, 활공 비행
초고밀도 집적 회로(超高密度集積回路)
초고속도강(超高速度鋼)
초고온(超高溫) *cf.* 초저온
초고장력강(超高張力鋼) *cf.* 초강력강
초고주파(超高周波) *cf.* 초저주파
초고진공(超高眞空)
초고층 대기(超高層大氣)
초과산화 이온(超過酸化-)
초국가주의(超國家主義)
초군아이(樵軍-)
초근목피(草根木皮)
초깃값(初期-) *cf.* 고윳값, 기댓값, 유횻값, 임계값, 유효값(편수 자료), 좌표값, 순서값
초나라(楚-) *cf.* 한나라, 진나라, 명나라
초나흗날(初-)
초내열 합금(超耐熱合金)
초년고생(初年苦生)
초능력(超能力)
초다듬이질(初-)
초다짐(初-)(시장기를 가시려고 미리 조금 먹음.) <~으로 떡을 좀 먹다.>
초 단위(秒單位) *cf.* 분 단위, 시 단위
초단파(超短波)
초단파대(超短波帶)
초닷샛날(初-) *cf.* 초엿샛날
초당 문자 수(秒當文字數)
초당 비트 수(秒當-數)
초당 인치 수(秒當-數)
초대되어 오다(招待-)
초대받다(招待-) *cf.* 받다
초대장 꾸미기(招待狀-)
초대장(을) 꾸미다(招待狀-)
초대장 내기(招待狀-)
초대장(을) 내다(招待狀-)
초대장 만들기(招待狀-)
초대장(을) 만들다(招待狀-)
초대장 보내기(招待狀-)
초대장 보내다(招待狀-)
초대칭성(超對稱性)
초대해 주다(招待-)
초대형주(超大型株)
초 도막 *cf.* 쇠토막, 나무토막, 양초 도막, 비누 도막
초도순시(初度巡視)
초동목수(樵童牧竪)
초두랄루민(超-)
초등학교(初等學校) *cf.* 고등학교, 기술학교, 직할 학교, 비정규 학교
초등학생(初等學生) *cf.* 중학생, 고등학생
초등학생 옷(初等學生-)
초라니탈 *cf.* 양반탈
초라해 보이다
초라해져 가다
초로인생(草露人生)
초록물(草綠-) *cf.* 분홍물, 먹물
초록 바다(草綠-)
초록별(草綠-)
초록빛(草綠-) *cf.* 자줏빛, 보랏빛, 주홍빛, 주황빛
초록색(草綠色)
초록 잎(草綠-) <~ 돋았다 가고….>
초롱그물류(-類) *cf.* 가래그물류, 들그물, 끌그물, 후릿그물, 쨍이그물
초롱불 *cf.* 호롱불
초롱초롱하다
초립둥이(草笠-)
초맛살(소의 대접살에 붙은 살코기) *cf.* 홍두

깨살, 부채살, 토시살, 갈빗살
초목금수(草木禽獸)
초무침(醋-) *cf.* 겨자무침
초물(初-)(염전에서 처음 걸러 낸 물)
초미량 저울(超微量-)
초미립자(超微粒子)
초미분체(超微粉體)
초미세 구조(超微細構造)
초벌공론(初-公論)(애벌로 하는 대략적인 공론)
초벌구이(初-) *cf.* 재벌구이, 애벌구이
초벌 굽다(初-) *cf.* 재벌 굽다
초벌바르기(初-)
초벌(을) 바르다(初-)
초벌바름(初-) *cf.* 재벌바름
초벌빨래(初-) *cf.* 애벌빨래, 애빨래
초병(醋甁) *cf.* 기름병, 향수병, 간장병
초병마개(醋甁-)(몹시 시큰둥한 사람)
초복날(初伏-) *cf.* 중복날, 말복날
초봄(初-) *cf.* 초여름, 초가을, 초겨울
초불변강(超不變鋼) *cf.* 불변강
초빛(初-) *cf.* 이빛, 삼빛
초사흗날(初-) *cf.* 사흗날
초사흘(初-)
초상나다(初喪-) *cf.* 줄초상 나다
초상집(初喪-)
초상집 개 같다(初喪-)
초상 치르기(初喪-)
초상(을) 치르다(初喪-)
초새김(草-)(화초무늬를 새기는 일)
초생달(初生-)(민요, 동요 등에서는 인정)
cf. 초승달
초속(秒速) *cf.* 시속, 분속, 광속
초속도(初速度) *cf.* 종속도
초속도(超速度) *cf.* 초스피드
초스피드(超-)
초승달(初-) *cf.* 보름달
초시간적(超時間的)
초시계(秒時計)
초식 공룡(草食恐龍) *cf.* 육식 공룡
초식 동물(草食動物) *cf.* 육식 동물
초아흐렛날(初-) *cf.* 아흐렛날
초 알아보기(秒-)
초어스름(初-)
초여드렛날(初-)
초여름(初-)
초연신(超延伸)
초연해 보이다(超然-)
초열흘날(初-) *cf.* 열흘날
초염기성암(超鹽基性巖)
초엿샛날(初-)
초요기(初療飢) *cf.* 초다짐
초우라늄(超-)
초우라늄 원소(超-元素)
초우주(超宇宙)
초원길(草原-) *cf.* 비단길, 도자기길, 비단길,
바닷길, 숲길, 과수원 길, 보리밭 길
초월의식(超越意識) *cf.* 제천의식, 선민의식,
우월 의식, 패배 의식
초은하단(超銀河團)
초음속(超音速)
초음역(超音域)
초응력(超應力)
초이렛날(初-) *cf.* 이렛날
초이튿날(初-)
초인간적(超人間的)
초인격적(超人格的)
초인종 단추(招人鐘-) *cf.* 누름단추
초인종 소리(招人鐘-) *cf.* 종소리, 장구 소리
초읽기(秒-) <~에 들어가다.>
초임계압(超臨界壓)
초자연적(超自然的)
초자연주의(超自然主義)
초잡다(草-)
초저공비행(超低空飛行) *cf.* 고공비행, 저공비
행, 활공 비행, 초계 비행
초저녁(初-)
초저녁잠(初-) *cf.* 저녁잠, 새벽잠, 식전잠
초저온(超低溫) *cf.* 초고온

초저주파(超低周波) *cf.* 초고주파
초전도(超傳導)
초전도체(超傳導體)
초절임(醋-) *cf.* 소금절임, 사탕절임, 소금절이
초점 맞추다(焦點-)
초점 없다(焦點-)
초조대장경(初雕大藏經)
초조해 보이다(焦燥-)
초조해져 가다(焦燥-)
초조해하다(焦燥-)
초주검 되다(初-)
초주검 되어 오나(初-)
초중원소(超重元素)
초지(抄紙)/종이뜨기
초지일관(初志一貫)
초청되어 오다(招請-)
초청받다(招請-) *cf.* 받다
초청받아 가다(招請-)
초청받아 오다(招請-)
초청해 오다(招請-)
초청해 주다(招請-)
초초두랄루민(超超-) *cf.* 초두랄루민
초췌해 보이다(憔悴-)
초췌해져 가다(憔悴-)
초친놈(醋-)(사람답게 될 희망이 없는 사람)
초친맛(醋-)
초콜릿색(-色) *cf.* 크림색
초토화되다(焦土化-)
초토화시키다(焦土化-)
초투자율(初透磁率)
초파리 기르기(醋-)
초파리(를) 기르다(醋-)
초하룻날(初-) *cf.* 하룻날
초행길(初行-) *cf.* 신행길, 나그넷길, 징싯길
초현대적(超現代的)
초현실주의(超現實主義)
초혜집(이쑤시개 따위를 넣는 통)
초호장치(招弧裝置) *cf.* 집전장치, 시한장치, 가속 장치, 개폐 장치
초호화판(超豪華版)
촉꽂이(건축)
촉구멍(鏃-) *cf.* 장붓구멍, 창구멍
촉구해 오다(促求-)
촉나라(蜀-) *cf.* 오나라, 당나라, 명나라
촉망받고 있다(囑望-)
촉망받다(囑望-) *cf.* 받다
촉박해져 가다(促迫-)
촉법소년(觸法少年) *cf.* 반사회성 소년, 비행 소년, 법령 위반 소년
촉이음(鏃-)
촉진되어 가다(促進-)
촉침요법(鏃鍼療法) *cf.* 한방 요법, 마사지 요법, 방사선 요법, 물리 요법, 화학 요법, 약물 요법, 정신 요법
-촌(村)(접미사) *cf.* 대학촌, 선수촌
촌구석(村-) *cf.* 산구석, 방구석, 집구석
촌길(村-) *cf.* 시골길, 산길
촌놈(村-)
촌놈 같다(村-)
촌닭(村-)
촌닭 같다(村-)
촌뜨기(村-)
촌뜨기 같다(村-)
촌마누라(村-)
촌무지렁이(村-) *cf.* 시골무지렁이
촌백성(村百姓)
촌보리동지(村-同志)(시골 사람을 낮잡아 이르는 말)
촌사람(村-) *cf.* 산사람, 뱃사람, 섬사람, 노햇사람, 시골 사람, 도시 사람
촌살림(村-)
촌색시(村-) *cf.* 섬 색시, 서울 색시, 시골 색시, 도회 색시
촌샌님(村-)
촌생원(村生員)
촌수(寸數)
촌스러워 보이다(村-)
촌아이(村-)

촌장 일(村長-) *cf.* 이장 일, 군수 일, 과장 일, 사장 일
촌집(村-)
촌철살인(寸鐵殺人)
촌티(村-) *cf.* 시골티, 나이티, 귀티, 처녀티
촌티 나다(村-) *cf.* 도회 티 나다, 티 나다
촌티 벗다(村-)
촌할아버지(村-)
촛국(醋-) *cf.* 뱃국, 김칫국
촛농(-膿)
촛대(-臺)
촛대다리(-臺-) *cf.* 무다리
촛대바위(-臺-) *cf.* 병풍바위, 너럭바위, 사자바위
촛물→촛농
촛밑(醋-) *cf.* 술밑
촛불
촛불 같다 <바람 앞의 ~.>
촛불놀이
촛불이나 별 모양으로 뛰기(-模樣-)
총(總)-(접두사) *cf.* 총감독, 총결산, 총동원, 총정리, 총사령관, 총천연색
총˅(總)(관형사) *cf.* 총 작업 시간, 총 10,000명, 총 운전 자금, 총 학생 수
총 가닥 수(總-數)
총각 같다(總角-) *cf.* 처녀 같다
총각김치(總角-)
총각 딱지 떼다(總角-)
총각무(總角-)
총각타령(總角-)
총각티 나다(總角-) *cf.* 처녀티 나다, 선생 티 나다, 군인 티 나다, 소녀티/소년티 나다
총감독(總監督)
총값(銃-) *cf.* 총알값
총 강수량(總降水量)
총개머리(銃-)
총걸이(銃-)
총검거(總檢擧)
총격당하다(銃擊當-) *cf.* 당하다
총격받다(銃擊-) *cf.* 받다
총결산(總決算)
총결산하다(總決算-)
총결집(總結集)
총 경기의 수(總競技-數)
총 경지 면적(總耕地面積)
총계수법(總計數法)
총계정 원장(總計定元帳)
총공격(總攻擊)
총공세(總攻勢)
총공세(를) 취하다(總攻勢-取-)
총 광합성량(總光合成量)
총구멍(銃-) *cf.* 창구멍, 문구멍, 숨구멍, 개구멍, 가늠구멍
총궐기(總蹶起)
총궐기하다(總蹶起-)
총 글자 수(總-字數)
총기초(總基礎)
총 낙차(總落差)
총 단어 수(總單語數)
총대리점(總代理店)
총대 메다(銃-)
총돌격(總突擊)
총동맹(總同盟)
총동원(總動員)
총동원되다시피 하다(總動員-) *cf.* 총궐기하다시피 하다, 다시피 하다
총동원되어 오다(總動員-)
총동원령(總動員令)
총동원하다(總動員-)
총 동화량(總同化量)
총득점(總得點)
총득표(總得票)
총력안보(總力安保)
총력외교(總力外交)
총력전(總力戰)
총리대신(總理大臣) *cf.* 문부대신, 학부대신, 교육과학기술부 장관, 국무총리
총망라되어 있다(總網羅-)

총망라하다(總網羅-)
총 맞다(銃-)
총 맞아 죽다(銃-)
총 매입액(總買入額)
총 매출액(總賣出額)
총면적(總面積)
총명예지(聰明叡智)
총목록(總目錄)
총 무게(總-)
총반격(總反擊)
총받이(銃-) *cf.* 총알받이
총 발열량(總發熱量)
총 발전량(總發電量)
총 배기량(總排氣量)
총본부(總本部)
총본영(總本營)
총부리(銃-) *cf.* 돌부리, 물부리
총부문비(總部門費)
총비용(總費用)
총비용액(總費用額)
총사냥(銃-) *cf.* 매사냥, 덫사냥, 개사냥
총사령관(總司令官)
총사령부(總司令部)
총사직하다(總辭職-)
총사퇴(總辭退)
총살당하다(銃殺當-) *cf.* 당하다
총살해 버리다(銃殺-)
총살형(銃殺刑) *cf.* 교수형, 교살형
총색인(總索引)
총생산(總生産)
총생산량(總生産量)
총생산물(總生産物)
총생산액(總生産額)
총서기(總書記)
총석돌(叢石-)
총선거(總選擧)
총소득(總所得)
총소리(銃-) *cf.* 종소리, 천둥소리, 우렛소리, 대포 소리, 포 소리, 나팔 소리, 징 소리, 천둥 소리
총소리 나다(銃-) *cf.* 소리 나다
총 소비량(總消費量)
총손상품 시가(總損傷品時價)
총수량(總數量)
총수요(總需要)
총수익액(總收益額)
총수입(總收入)
총수입금(總收入金)
총 수입액(總輸入額)
총 수출액(總輸出額)
총 수확량(總收穫量)
총 쏘다(銃-) *cf.* 대포 쏘다, 활 쏘다
총알(銃-) *cf.* 대포알, 로켓포알
총알값(銃-) *cf.* 총값
총알구멍(銃-) *cf.* 단춧구멍, 마룻구멍, 창구멍
총알받이(銃-) *cf.* 총받이
총알 탄 차(銃-車)
총알택시(銃-)
총애받다(寵愛-) *cf.* 받다
총애받아 오다(寵愛-)
총애해 오다(寵愛-)
총에너지(總-) *cf.* 총열량
총역량(總力量)
총연습(總練習)
총연습하다(總練習-)
총연장(總延長)
총열량(總熱量) *cf.* 총에너지
총영사관(總領事館)
총예산(總豫算)
총 용수량(總用水量)
총 운전 자본(總運轉資本)
총원가(總原價)
총유권자(總有權者)
총유권자 수(總有權者數)
총유탄(銃榴彈) *cf.* 수류탄
총 음절 수(總音節數)
총 이용량(總利用量)
총이익률(總利益率)

총인(總燐)
총인구(總人口)
총인구수(總人口數) *cf.* 인구수, 인원수
총 인원수(總人員數)
총자루(銃-) *cf.* 칼자루
총 작업량(總作業量)
총 작업 시간(總作業時間)
총 재무 자원(總財務資源) *cf.* 총 인적 자원
총적량(總積量)
총점검하다(總點檢-)
총점검해 보다(總點檢-)
총정보량(總情報量)
총중량(總重量)
총지배인(總支配人)
총지출액(總支出額)
총지휘하다(總指揮-)
총진격(總進擊)
총질소(總窒素)
총질하다(銃-) *cf.* 칼질하다
총집결(總集結)
총집결되다(總集結-)
총집중시키다(總集中-)
총책임자(總責任者)
총천연색(總天然色)
총청산(總淸算)
총총걸음 *cf.* 종종걸음, 통통걸음, 까치걸음, 게걸음, 황새걸음, 황소걸음, 가재걸음
총총들이(蔥蔥-) <하늘에 별이 ~ 박혀….>
총출동하다(總出動-)
총출연하다(總出演-)
총칼(銃-)
총톤수(總-數)
총통화(總通貨)
총퇴각하다(總退却-)
총퇴장(總退場)
총파업하다(總罷業-)
총파탄(總破綻)
총판매(總販賣)
총평균법(總平均法)
총평수(總坪數)
총 학생 수(總學生數)
총학생회(總學生會)
총합계(總合計)
총획색인(總劃索引) *cf.* 부수색인
촬영해 주다(撮影-)
최-(最)(접두사) *cf.* 최고위, 최상급
최가놈(崔哥-) *cf.* 김가놈
최경례(最敬禮) *cf.* 평경례
최고급(最高級)
최고도(最高度)
최고위층(最高位層)
최고차항(最高次項)
최고·최저 온도계(最高最低溫度計)
최근 들어(最近-) *cf.* 올해 들어, 요즘 들어
최근세(最近世)
최근친(最近親)
최남단(最南端) *cf.* 최북단
최다수(最多數)
최댓값(最大-) *cf.* 최솟값, 목푯값, 기댓값, 실수값, 임계값, 좌표값, 순서값
최대공약수(最大公約數)
최대급행(最大急行)
최대한도(最大限度) *cf.* 최소한도
최대화되다(最大化-)
최대화하다(最大化-)
최도통전(崔都統傳)
최동단(最東端) *cf.* 최서단
최루가스(催淚-) *cf.* 신경가스
최루피스톨(催淚-) *cf.* 최루탄 발사기
최면 걸리다(催眠-)
최면당하다(催眠當-) *cf.* 당하다
최모 씨(崔某氏) *cf.* 이모 씨
최북단(最北端) *cf.* 최남단
최빈값(最頻-) *cf.* 대푯값, 최솟값, 기댓값, 유횻값, 초깃값, 실수값, 임계값, 좌표값, 순서값, 유효값(편수 자료)
최상급(最上級)/최상품(最上品)
최상층(最上層)

최서단(最西端)
최선두(最先頭)
최선봉(最先鋒)
최소공배수(最小公倍數)
최소량(最少量)
최소 요구값(最小要求-)
최소한도(最小限度) *cf.* 최대한도
최솟값(最小-) *cf.* 최댓값, 기댓값, 절댓값, 실수값, 임계값, 좌표값, 순서값
최씨 고집(崔氏固執) *cf.* 옹고집
최외각(最外殼)
최우량(最優良)
최우량종(最優良種)
최우선적(最優先的)
최우수상(最優秀賞)
최일선(最一線)
최장기(最長期)
최적임자(最適任者)
최젓값(最低-) *cf.* 최곳값, 절댓값, 기댓값, 실수값, 임계값, 좌표값, 순서값
최 전 대통령(崔前大統領)
최전선(最前線)
최종값(最終-) *cf.* 최초값, 최빈값
최종재(最終財)
최 참봉 댁(崔參奉宅)
최첨단(最尖端)
최초값(最初-) *cf.* 최종값, 최빈값
최치원 선생 묘(崔致遠先生墓)
최하급(最下級) *cf.* 최상급
최하위(最下位) *cf.* 최상위
최하층(最下層) *cf.* 최상층
최혜국(最惠國)
최확값(最確-)
최후통첩(最後通牒)
추가골(追加-) *cf.* 결승골, 신제골
추가령 지구대(楸哥嶺地溝帶)
추가말뚝(플러스말뚝)
추가해 오다(追加-)
추격당하다(追擊當-)
추구해 가다(追求/究-)
추구해 나가다(追求/究-)
추구해 오다(追求/究-)
추궁당하다(追窮當-) *cf.* 당하다
추궁받다(追窮-) *cf.* 받다
추근추근하다
추깃물(송장에서 나오는 물)
추녀 끝 *cf.* 지붕 끝, 마루 끝, 장대 끝, 손끝, 코끝, 발끝
추녀마루
추녀 물
추녀 밑
추녀허리
추대해 주다(推戴-)
추레해 보이다
추려 내다
추려 놓다
추려 두다
추려 버리다
추려 보다
추려 주다
추렴 내다
추리, 상상하다(推理, 想像-)
추리해 나가다(推理-)
추리해 내다(推理-)
추리해 보다(推理-)
추방당하다(追放當-) *cf.* 당하다
추방되어 오다(追放-)
추방해 버리다(追放-)
추사체(秋史體) *cf.* 구양순체, 석봉체
추산해 보다(推算-)
추상같다(秋霜-) <호령이 ~.>, <추상같은 호통을 치다.> *cf.* 서릿발 같다
추상같이(秋霜-)
추상무늬(抽象-)
추상주의(抽象主義)
추상화되다(抽象化-)
추상화시키다(抽象化-)
추상화하다(抽象化-)

추서다(허약해진 몸이 차차 회복되다.)
추서해 주다(追敍-)
추석날(秋夕-) *cf.* 가윗날, 대보름날, 설날
추석 대목 *cf.* 설 대목
추석 때(秋夕-) *cf.* 설 때, 한식 때
추석맞이(秋夕-) *cf.* 설맞이, 단오맞이
추석비(秋夕-) *cf.* 겨울비
추석빔(秋夕-) *cf.* 설빔, 생일빔
추석상 차림(秋夕-) *cf.* 상차림, 설상 차림
추세우다('추서다'의 사역형)
추수 때(秋收-) *cf.* 파종 때, 농사 때
추수철(秋收-) *cf.* 수확철
추수해 들이다(秋收-)
추썩추썩하다
추악해 보이다(醜惡-)
추앙받다(推仰-) *cf.* 받다
추앙받아 오다(推仰-)
추어내다
추어 보다
추어세우다→추세우다
추어올리다 <바지를 ~.>, <옆에서 조금만 추어올려 주면 기고만장한다.>
추어주다 <사람들이 추어주자 좀 쑥스러워했다.>
추억거리(追憶-) *cf.* 화젯거리, 소일거리
추억 어리다(追憶-) *cf.* 감회 어리다, 눈물 어리다, 감동 어리다, 어리다
추워 보이다
추워져 가다
추워 죽겠다
추워하다
추월당하다(追越當-) *cf.* 당하다
추웠나 보다 *cf.* 쓰나 보다, 보다
추위 막기
추위 막다
추위 타다 *cf.* 더위 타다
추인받다(追認-) *cf.* 받다
추인해 주다(追認-)
추임새(판소리에서 '좋지', '얼씨구', '흥' 따위)
추자 군도/열도(楸子群島/列島)

추잔상(抽殘像)
추잡스러워 보이다(醜雜-)
추잡스러워져 가다(醜雜-)
추저분해 보이다
추적 끝에(追跡-) *cf.* 수소문 끝에
추적당하다(追跡當-) *cf.* 당하다
추적받고 있다(追跡-)
추적받다(追跡-) *cf.* 받다
추적 중(追跡中) *cf.* 수소문 중
추적해 나가다(追跡-)
추적해 보다(追跡-)
추적해 오다(追跡-)
추정해 보다(推定-)
추종해 오다(追從-)
추진기류(推進機流)
추진되어 가다(推進-)
추진되어 오다(推進-)
추진 중(推進中) *cf.* 계획 중
추진해 나가다(推進-)
추진해 오다(推進-)
추징당하다(追徵當-) *cf.* 당하다
추천받다(推薦-) *cf.* 받다
추천해 주다(推薦-)
추체험(追體驗)
추출탑(抽出塔) *cf.* 충전탑, 선전탑, 취수탑
추출해 내다(抽出-)
추측하기놀이(推測-)
추측하여 말하기 놀이(推測-)
추측해 보다(推測-)
추켜 달다
추켜들다
추켜세우다 <눈썹을 ~.>, <몸을 ~.>
추켜 안다
추켜올리다 <치맛자락을 ~.>
추켜잡다 <치맛자락을 ~.>, <멱살을 ~.>
추켜 주다
추태 부리다(醜態-)
추파 던지다(秋波-)
추풍낙엽(秋風落葉)

추해 보이다(醜-)
추행당하다(醜行當-) *cf.* 당하다
축가다(縮-)
축구공(蹴球-) *cf.* 배구공, 야구공, 농구공, 탁구공, 골프공
축구팀(蹴球-) *cf.* 야구팀, 배구 팀, 농구 팀
축나다(縮-)
축내다(縮-)
축대 밑(築臺-) *cf.* 담 밑, 울 밑
축대 쌓다(築臺-)
축댓돌(築臺-) *cf.* 층샛돌, 댓돌, 툇돌
축류 펌프(軸流-) *cf.* 배수펌프, 배기펌프, 제트 펌프, 터빈 펌프
축마력(軸馬力) *cf.* 실마력
축바퀴(軸-)
축방향 결합(軸方向結合)
축배 들다(祝杯-)
축배잔(祝杯盞) *cf.* 소주잔, 맥주잔, 막걸리잔
축복받다(祝福-) *cf.* 받다
축복해 주다(祝福-)
축볼트(軸-)
축삭 돌기(軸索突起)(편수 자료)
축색돌기(軸索突起) *cf.* 신경 돌기
축세포(軸細胞)
축소, 격하시키다(縮小, 格下-)
축소되어 가다(縮小-)
축소시켜 주다(縮小-)
축여 수다
축음기 바늘(蓄音機-) *cf.* 금긋기 바늘, 나침반 바늘, 낚싯바늘, 시곗바늘, 뜨개바늘
축이음(軸-)
축적되어 가다(蓄積-)
축적해 가다(蓄積-)
축적해 나가다(蓄積-)
축적해 놓다(蓄積-)
축적해 오다(蓄積-)
축전 쳐 주다(祝電-)
축전 치다(祝電-)
축제날(祝祭-) *cf.* 장례날, 투표날, 제삿날, 장삿날
축제일(祝祭日)
축조해석(逐條解析) *cf.* 축조심의, 확대 해석, 확상 해석
축 직각 방향(軸直角方向)
축 처져 버리다
축축해 보이다
축출당하다(逐出當-) *cf.* 당하다
축출돼 버리다(逐出-)
축출해 버리다(逐出-)
축하드리다(祝賀-)
축하와 감사의 말 하기(祝賀-感謝-)
축하해 드리다(祝賀-)
축하해 주다(祝賀-)
춘단 말이오/말이다 <춤을 ~.>
춘추대의(春秋大義)
춘추·전국 시대(春秋戰國時代)
춘풍추우(春風秋雨)
춘하추동(春夏秋冬)
춘향전(春香傳)
춘향 전(春香傳) <만고 열녀 ~> *cf.* 효녀 심청 전
춘화처리(春花處理)
출가외인(出嫁外人)
출감되어 나오다(出監-)
출결석(出缺席)
출국시켜 주다(出國-)
출근길(出勤-) *cf.* 등굣길, 하굣길, 귀갓길, 귀향길, 퇴근길, 성묘길, 취재길, 치료길
출근하자마자(出勤-) *cf.* 자마자
출렁다리 *cf.* 구름다리, 무지개다리, 복찻다리
출렁출렁하다
출력해 주다(出力-)
출마해 보다(出馬-)
출발점(出發點)
출발하자마자(出發-) *cf.* 자마자
출산 중(出産中) *cf.* 회임 중
출생지주의(出生地主義)
출생하자마자(出生-) *cf.* 자마자

출석 부르다(出席-)
출석생 수(出席生數) cf. 지각생 수
출석수(出席數) cf. 결석 수
출석 중(出席中) cf. 출강 중
출세시켜 주다(出世-)
출세주의(出世主義)
출셋길(出世-) cf. 혼삿길, 장삿길, 답삿길, 취재길, 성묘길, 순례길
출연시켜 주다(出演-)
출연 중(出演中) cf. 연출 중
출연해 보다(出演-)
출영 가다(出迎-)
출영 나가다(出迎-)
출옥시켜 주다(出獄-)
출입길(出入-) <~에 친구를 만나다.>
출입문(出入門)
출입옷(出入-) cf. 나들이옷
출·입항(出·入港)
출입해 오다(出入-)
출자해 주다(出資-)
출장 가다(出張-)/출장 오다(出張-) cf. 여행 가다, 소풍 오다
출장 갔다 오다(出張-)
출장길(出張-) cf. 항해길, 퇴근길, 성묘길, 귀갓길, 답삿길, 등굣길, 하굣길
출장 나가다(出張-)
출장 나오다(出張-)
출장 보내다(出張-)
출장 중(出張中) cf. 출타 중
출전해 보다(出戰-)
출제해 놓다(出題-)
출중나다(出衆-)
출출한 판이다
출출해하다
출타 중(出他中) cf. 출장 중
출퇴근길(出退勤-) cf. 출근길, 퇴근길, 항해길
출퇴근시켜 주다(出退勤-)
출퇴근하다(出退勤-)
출판문화(出版文化) cf. 인쇄 문화, 기업 문화, 노인 문화
출판업자(出版業者) cf. 인쇄업자
출판해 내다(出版-)
출품해 보다(出品-)
출항 날(出港-) cf. 행선 날
춤가락
춤곡(-曲)
춤극놀이(-劇-)
춤 동작(-動作) cf. 춤사위, 몸동작, 손동작, 발동작
춤 모음곡(-曲)
춤바람
춤바람 나다 cf. 바람나다
춤사위
춤솜씨 cf. 노래 솜씨, 음식 솜씨
춤음악(-音樂)
춤집
춤추기
춤추는 방향(-方向)
춤추다 <노래 부르고 춤춘다.>
춤칼
춤판
춥기 때문에 cf. 덥기 때문에
충격값(衝擊-)
충격받다(衝擊-) cf. 받다
충격 주다(衝擊-)
충격파관(衝擊波管)
충고받다(忠告-) cf. 받다
충고해 주다(忠告-)
충당해 오다(充當-)
충돌수(衝突數)(물리)
충돌 없다(衝突-)
충돌해 버리다(衝突-)
충동구매(衝動購買) cf. 공동 구매, 대량 구매
충렬탑 비(忠烈塔碑)
충만해 보이다(充滿-)
충무공 이순신 장군(忠武公李舜臣將軍)
충분조건(充分條件) cf. 필요조건
충분해 보이다(充分-)

충성 바치다(忠誠-)
충성스러워 보이다(忠誠-)
충신열사(忠臣烈士) *cf.* 애국선열
충실해 보이다(充實-)
충원되어 오다(充員-)
충원시켜 주다(充員-)
충원해 주다(充員-)
충전탑(充塡塔) *cf.* 추출탑
충전해 놓다(充電-)
충정 어리다(忠情-) *cf.* 눈물 어리다, 감동 어리다, 정성 어리다, 집념 어리다, 어리다
충족시켜 나가다(充足-)
충족시켜 주다(充足-)
충주 댐(忠州-) *cf* 화천 댐, 춘천 댐
충줏집 말야(忠州-) *cf.* 말이다/말이오
충직스러워 보이다(忠直-)
충청남도(忠清南道)
충청남·북도(忠清南·北道)
충청북도(忠清北道)
충충해 보이다
충항아리(-缸-)(청룡을 그려 넣은 긴 타원의 사기 항아리)
취급 당하다(取扱當-) <시골 사람 ~.>
취급당하다(取扱當-) *cf.* 당하다
취급받다(取扱-) *cf.* 받다
취급해 오다(取扱-)
취미 붙이다(趣味-) *cf.* 재미 붙이다
취미삼아(趣味-) *cf.* 장난삼아, 핑계삼아
취미삼아 하다(趣味-)
취미 없다(趣味-)
취미 있다(趣味-)
취바리
취바리 노래
취바리춤
취바리탈
취사선택하다(取捨選擇-)
취생몽사(醉生夢死)
취소당하다(取消當-) *cf.* 당하다
취소시켜 버리다(取消-)
취소해 달라다(取消-)
취소해 버리다(取消-)
취수 댐(取水-)
취수탑(取水塔) *cf.* 추출탑, 충전탑, 광고탑
취쌈 *cf.* 머윗잎쌈, 상추쌈, 호박잎쌈
취약해 보이다(脆弱-)
취업길(就業-) *cf.* 수출길, 취재길, 답삿길
취업시켜 주다(就業-)
취업 중(就業中) *cf.* 출장길
취임 전(就任前) *cf.* 취임 후
취임해 오다(就任-)
취재길(取材-) *cf.* 성묘길, 치료길, 답삿길
취재 나가다(取材-)
취재 중(取材中) *cf.* 송고 중
취재해 오다(取材-)
취조당하다(取調當-) *cf.* 당하다
취조해 보다(取調-)
취직시켜 주다(就職-)
취직자리(就職-) *cf.* 일자리
취침나팔(就寢喇叭) *cf.* 기상나팔, 진혼나팔, 진격나팔, 퇴각 나팔
취타 장단(吹打-)
취하해 버리다(取下-)
취한 듯(醉-) *cf.* ㄴ 듯, 듯(의존 명사)
취해 가다(醉-)
취해 버리다(醉-)
취해 보다(醉-)
취해 있다(醉-)
취해 자빠지다(醉-)
췻국 *cf.* 팟국, 뭇국, 시래깃국
츠저우 요(磁州窯) *cf.* 징더전 요, 첸시 요
-측(側)(접미사) *cf.* 상대측, 아군측, 미국측
✓측(側)(의존 명사) *cf.* 반대하는 측에서, 찬성하는 측에서, 이긴 측에서
측량없다(測量-) *cf.* 한량없다
측량해 보다(測量-)
측면깎기(側面-) *cf.* 전면깎기
측면(을) 깎다(側面-)
측백나무 잎(側柏-)

측백수림(側柏樹林) *cf.* 침엽수림, 활엽수림
측신경절(側神經節)
측원자가(側原子價)
측은해 보이다(惻隱-)
측은해하다(惻隱-)
측정맥(側靜脈)
측정오차(測定誤差)(북한)(편수 자료 '수학') *cf.* 계통 오차, 우연 오차, 수단 오차, 방법 오차, 개인 오차
측정해 보다(測定-)
측정해 온바(測定-) *cf.* ㄴ바(어미)
측화구(側火口)
측화면(側畫面) *cf.* 입화면, 평화면
-층(層)(접미사) *cf.* 1층, 8층, 위층, 청소년층, 노년층
✓층(層)(명사) *cf.* 여러 층, 낮은 층, 높은 층
층거리 꾸밈음(層-音)(편수 자료)
층거리꾸밈음(層-音)
층구름(層-)
층단 들여쌓기(層段-)
층단 떼어쌓기(層段-)
층댓돌(層臺-) *cf.* 층곗돌, 툇돌
층돌(層-) *cf.* 층샛돌, 댓돌
층리면(層理面) *cf.* 성층면
층무늬(層-) *cf.* 줄무늬, 얼룩무늬
층밀리기(層-)/층밀림(層-)
층밀리기 변형(層-變形)
층상수(層狀水)
층샛돌(層-) *cf.* 층댓돌, 툇돌
층수(層數)
층식 떼기(層式-)
층암절벽(層岩絕壁)
층지다(層-) *cf.* 턱지다
층집(層-)
층차분석(層次分析)(지리) *cf.* 시성분석, 정량분석, 원인 분석, 시료 분석
층층다리(層層-) *cf.* 구름다리
층층시하(層層侍下)
층하 두다(層下-)

층흐름(層-)(층류)
-치(値)(접미사) *cf.* 기대치, 한계치
-치(접미사) *cf.* 보름치 식량, 당년치
✓치(의존 명사) *cf.* 한 달 치의 봉급, 세 명 치의 봉급, 1년 치의 양식
치가 떨리다(齒-)
치감다
치개다
치거슬러/치거스르다 <머리만 ~….>
치거슬리다
치걷다
-치고(조사) <학생치고 그것을 모르는 사람 없다.>, <네 물건치고 쓸 만한 것 없더라.>, <서양 사람치고 키가 작다.>
✓치고(동사) <그 돈 기부한 셈 ~ 잊어버려라.>
치고 가다
치고 나오다
치고는(조사) *cf.* -치고
치고 닦아 세우다 *cf.* 닦아세우다
치고 달리기
치고받고 하다 *cf.* 때리고 맞고 하다
치고 빠지기
-치고서(조사) *cf.* -치고
치근덕대다/거리다
치근막염(齒根膜炎)
치긋다
치기배(-輩)
치기 어리다(稚氣-) *cf.* 광기 어리다, 눈물 어리다, 피 어리다, 어리다
치는 듯하다 *cf.* 듯하다
치다꺼리/치다꺼리하다
치다꺼리해 주다
치다 보니 <땅을 ~….>
치닫다
치달리다
치더듬다
치떠보다(눈을 치뜨고 보다.) *cf.* 칩떠보다
치(를) 떨다(齒-)
치 떨리다(齒-)

치뛰다
치뜨다(눈을 위로 뜨다.)
치뜨리다
치량집(←七樑-)　*cf.* 오량집, 칠량집
치러 가다
치러 나가다
치러 내다
치러 보다
치러 주다
치렁치렁(부사)
치렁치렁하다
-치레(접미사)　*cf.* 겉치레, 옷치레, 인사치레, 체면치레, 외면치레, 사당치레
치레걸이
치렛감
치렛거리
치렛깃
치렛말　*cf.* 인사말
치료길(治療-)　<~이 열리다.>　*cf.* 답삿길, 장삿길, 항해길, 성묘길
치료받다(治療-)　*cf.* 받다
치료받아 오다(治療-)
치료비(治療費)　*cf.* 병원비, 입원비, 퇴원비
치료해 주다(治療-)
치룽장수
치르고 보니　*cf.* 하고 보니, 먹고 보니
치른 끝에　<전쟁을 ~….>
치마꼬리([illegible]치마 자락의 끝)
치마끈
치마머리(본머리에 덧둘러서 감는 딴머리)
치마 밑　*cf.* 바지 밑
치마바지
치마 속
치마연(-鳶)　*cf.* 방패연, 가오리연
치마 입다　*cf.* 바지 입다
치마 저고리(치마와 저고리의 뜻으로는)
치마저고리　*cf.* 바지저고리
치마저고리 차림　*cf.* 군복 차림, 한복 차림
치마 짓고　<~ 저고리 지어….>
치마폭(-幅)　<~이 넓다.>
치마허리
치맛감　*cf.* 천막감, 두루마깃감, 바짓감, 잠옷감, 저고릿감, 적삼감, 조낏감
치맛말기(치마허리)
치맛바람　*cf.* 어깻바람, 엉덩잇바람, 궁둥잇바람, 몽둥잇바람
치맛자락　*cf.* 소맷자락, 옷자락, 두루마기자락
치맛주름
치매기다
치먹이다
치명상당하다(致命傷當-)　*cf.* 당하다
치명상 입다(致命傷-)
치몰려 오다
치몰리다
치밀다
치밀려 오다
치밀어 오르다
치밀해 보이다(緻密-)
치받다
치받들다
치받이　*cf.* 내리받이
치받치다
치벋다
치뻗다
치부해 버리다(置簿-)
치붓글(置簿-)　<~ 정도 한다.>
치붙나
치사랑　*cf.* 내리사랑
치산치수(治山治水)
치상핵(齒狀核)
치성터(致誠-)　*cf.* 빨래터, 나루터
치솟아 오르다　*cf.* 솟아오르다
치솟아 올라가다
치수 넣기(-數-)(제도)
치수 넣다(-數-)
치수선(-數線)
치수 재기(-數-)
치쉬다

치신머리사납다 *cf.* 채신머리사납다
치신머리없다
치신사납다
치신없다
치실(齒-)
치쌓다
치쓸다
치아 뿌리(齒牙-) *cf.* 나무뿌리, 이뿌리, 파뿌리
치아열(齒牙熱)
치양지설(致良知說)
치여 죽다 *cf.* 밟혀 죽다
치열해 보이다(熾烈-)
치열해져 가다(熾烈-)
치오르다
치올라가다
치올리다
치외법권(治外法權)
치우다(보조 동사. 동사 다음에 '어 치우다'의 형태로 쓰임.) *cf.* 먹어 치우다, 갈아 치우다, 해우치다, 때려치우다
치우쳐 있다
치우침 없다
치워 가며/가다
치워 나가다
치워 놓다
치워도 치워도 끝없다
치워 두다
치워 드리다
치워 버리다
치워 주다
치유길(治癒-) *cf.* 치료길, 황천길
치유해 주다(治癒-)
치읽다
치자물(梔子-) *cf.* 쪽물, 풀물, 갈물, 감물, 오디물, 버찌물, 창포물, 딸깃물, 모싯물
치자빛(梔子-) *cf.* 머루빛, 딸기빛, 버찌빛, 앵두빛, 잿빛, 핏빛, 장밋빛, 모싯빛, 산홋빛, 상앗빛, 마놋빛, 주톳빛
치장거리(治粧-)
치장서까래(治粧-)
치장쌓기(治粧-)
치장줄눈 *cf.* 가로줄눈, 세로줄눈
치장해 놓다(治粧-)
치적면(治績面) *cf.* 성과면, 실적면, 면
치졸해 보이다(稚拙-)
치중해 오다(置重-)
치지도외하다(置之度外-)
치켜들다
치켜뜨다
치켜 보이다
치켜세우다 <옷깃을 ~.>
치켜 올라가다
치켜(서) 올리며 <안경을 ~….>
치켜올리다 <바우는 눈썹을 치켜올리며….>
치평요람(治平要覽)
치화평(致和平)
치환도금(置換鍍金)
칙살맞다
칙살부리다 *cf.* 착살부리다
칙칙해 보이다
친(親)-(접두사) *cf.* 친동생, 친아버지
친구 간(親舊間) *cf.* 친척간
친구끼리(親舊-)
친구네 집(親舊-)
친구놈(親舊-)
친구 덕에(親舊德-) *cf.* 임금 덕, 부모 덕
친구 되는 분(親舊-) *cf.* 선생님 되는 분
친구 된 도리(親舊-道理) *cf.* 학생 된 도리
친구 따라(親舊-) <~ 강남 가다.>
친구 별(親舊-)
친구분(親舊-)
친구삼다(親舊-) *cf.* 벗삼다
친구 중에(親舊中-) *cf.* 학생 중에
친구 집(親舊-) *cf.* 친척집
친구찾기놀이(親舊-)
친구 하다(親舊-) *cf.* 동무 하다
친근감 있다(親近感-)
친근해 보이다(親近-)

친근해져 가다(親近-)
친다 말이에요 <장난을 ~?> *cf.* 말이다/말이오
친동기간(親同氣間)
친동생(親同生)
친동생 같다(親同生-)
친동생같이(親同生-)
친딸(親-) *cf.* 친아들
친러(親-)(←친러시아) *cf.* 친미, 친일
친부모(親父母)
친부모 같다(親父母-)
친부모같이(親父母-)
친분 있다(親分-)
친사돈(親査頓) *cf.* 겹사돈
친석원소(親石原素)
친손자처럼(親孫子-) *cf.* 처럼
친수성(親水性) *cf.* 소수성, 친유성
친수성 기(親水性基) *cf.* 친유성 기
친아들(親-) *cf.* 친딸
친아들 같다(親-)
친아들같이(親-)
친아버지(親-)
친어머니(親-)
친언니(親-)
친유성 기(親油性基) *cf.* 친수성 기
친자식(親子息) *cf.* 양자식
친 적이 있다 <아저씨를 ~.> *cf.* 한 적이 있다
친절해 보이다(親切-)
친정댁(親庭宅)
친정 동생(親庭同生)
친정 부모(親庭父母)
친정붙이(親庭-) *cf.* 시집붙이, 피붙이
친정살이(親庭-) *cf.* 시집살이, 처가살이
친정살이하다(親庭-)
친정아버지(親庭-)
친정어머니(親庭-)
친정 언니(親庭-)
친정 오빠(親庭-)
친정 조카(親庭-)
친정집(親庭-) *cf.* 시집
친정 쪽(親庭-) *cf.* 시집 쪽
친척간(親戚間) *cf.* 친구 간
친척댁(親戚宅) *cf.* 친척집
친척들 중(親戚-中)
친척분(親戚-)
친척 중(親戚-中)
친척집(親戚-) *cf.* 친척댁, 일갓집, 친구 집
친친/칭칭 감다(복수 표준어) *cf.* 친친/칭칭(부사)
친친/칭칭 동여매다(복수 표준어)
친칠라종(-種) *cf.* 앙고라종
친할머니(親-)
친할아버지(親-)
친해 가지고(親-)
친해 놓다(親-)
친해 두다(親-)
친해 보이다(親-)
친해 보자(親-)
친해져 가다(親-)
친행길(親行-) *cf.* 혼행길, 근친길
친형(親兄)
친형제 같다(親兄弟-)
친형제같이(親兄弟-)
칠공예(漆工藝) *cf.* 목공예, 죽공예
칠교판(七巧板)
7년 만에(七年-) *cf.* 칠 년 만에, 여러 해 만에, 만(의존 명사)
7년 전쟁(七年戰爭) *cf.* 백년 전쟁
7대양(七大洋) *cf.* 5대주
칠뜨기 같다
칠뜨기같이
칠량집(七樑-) *cf.* 오량집
칠막 뜯김(漆膜-)
칠 만큼 *cf.* 할 만큼, 먹을 만큼, 만큼(의존 명사)
칠면조고기(七面鳥-) *cf.* 닭고기, 오리고기
칠목기(漆木器)
칠무늬 토기(漆-土器)
칠백의총(七百義塚)
칠버꾸(七-)(농악)

칠보단장(七寶丹粧)
칠보뒤꽂이(七寶-)
칠분도미(七分搗米) *cf.* 오분도미
칠뽑기(漆-)
칠삭둥이(七朔-) *cf.* 팔삭둥이
칠석날(七夕-) *cf.* 단옷날, 한가윗날
칠석물(七夕-) *cf.* 복물
칠언 율시(七言律詩) *cf.* 오언 율시
칠언 절구(七言絕句) *cf.* 오언 절구
7·5조(七·五調)
칠오토막(七·五-)(벽돌의) *cf.* 이오토막
7월 말(七月末)
7월 초(七月初)
칠월 칠석(七月七夕)
7의 단(七-段)
7의 단 곱셈구구(七-段-九九)
칠첩반상(七-飯床) *cf.* 오첩반상, 구첩반상
칠칠찮다
칠 텐데… <눈보라가 ~> *cf.* ㄹ 터인데, 터
칠판지우개(漆板-)
7, 8년(七, 八年)
7, 8월(七, 八月)
칠 푼(七-) <노랑돈 ~ 잘라먹은 놈>
칠푼바지(七分-) *cf.* 반바지
칠해 가다(漆-)
칠해 나가다(漆-)
칠해 놓다(漆-)
칠해 두다(漆-)
칠해 주다(漆-)
칠현금(七絃琴)
7화음(七和音)
칠흑 같다(漆黑-)
칠흑같이(漆黑-)
칠흑빛(漆黑-)
칡 껍질 *cf.* 귤껍질, 소태껍질, 메밀껍질, 왕골껍질, 삼 껍질, 나무껍질, 닥나무 껍질
칡끈
칡넝쿨 *cf.* 칡덩굴
칡덤불
칡덩굴 *cf.* 인동덩굴, 댕댕이덩굴, 담쟁이덩굴
칡범
칡뿌리 *cf.* 파뿌리, 양파 뿌리
칡소 *cf.* 흑소
칡잎 *cf.* 고춧잎, 나뭇잎, 배춧잎, 고구마잎, 은행잎, 꽃잎, 풀잎, 연잎, 깻잎, 오동잎
침강되어 가다(沈降-)
침공당하다(侵攻當-) *cf.* 당하다
침공해 오다(侵攻-)
침구경험방(鍼灸經驗方)
침구멍(鍼-)
침놓다(鍼-)
침담그다(沈-) <감을 ~.> *cf.* 장 담그다
침대보(寢臺褓) *cf.* 이불보, 책보
침대칸(寢臺-)
침략당하다(侵略當-) *cf.* 당하다
침략주의(侵略主義)
침략해 오다(侵略-)
침 마르다 <침 마를 정도로 칭찬하다.>
침 맞다(鍼-)
침 맞으러 가다(鍼-)
침몰된 채(沈沒-) *cf.* ㄴ 채, 채
침몰시켜 버리다(沈沒-)
침몰해 버리다(沈沒-)
침묵 끝에(沈黙-) *cf.* 생각 끝에
침묵 속(沈黙-)
침묵시위(沈黙示威) *cf.* 무력시위, 폭력시위, 민주화 시위, 학생 시위
침묵 지키다(沈黙-)
침 발린 말 <~을 잘하는 사람….>
침방울 *cf.* 땀방울, 빗방울, 비눗방울
침뱉기 <누워서 ~.>
침 뱉기 <못 먹는 떡에 ~.>
침 뱉어 주다
침버캐 *cf.* 오줌버캐, 소금버캐, 장버캐
침범당하다(侵犯當-) *cf.* 당하다
침범해 오다(侵犯-)
침 삼키다
침 속

침수되어 가다(沈/浸水-)
침수식물(沈水植物)
침식, 유실시키다(浸蝕, 流失-)
침식당하다(浸蝕當-) *cf.* 당하다
침식되어 가다(浸蝕-)
침식층(浸蝕層) *cf.* 퇴적층
침식호(浸蝕湖)
침안주(-按酒)(강술을 먹음.)
침엽수림(針葉樹林) *cf.* 활엽수림
침엽수지(針葉樹脂)
침울해 보이다(沈鬱-)
침울해하나(沈鬱-)
침입당하다(侵入當-) *cf.* 당하다
침입해 오다(侵入-)
침쟁이(鍼-) *cf.* 요술쟁이, 월급쟁이, 간판장이, 미장이
침 주기 <호박에 ~>
침주다(鍼-)
침착해 보이다(沈着-)
침착해져 가다(沈着-)
침탈당하다(侵奪當-) *cf.* 약탈당하다, 당하다
침통해하다(沈痛-)
침투시켜 놓다(浸透-)
침투해 오다(浸透-)
침 튀기다
침해당하다(侵害當-) *cf.* 침략당하다, 당하다
침해받다(侵害-) *cf.* 받다
침흘리개 *cf.* 코흘리개
침 흘리다
칩거 중(蟄居中) *cf.* 은거 중
칩거해 오다(蟄居-)
칩떠보다 *cf.* 내립떠보다
칩 저항기(-抵抗器)
칫솔(齒-) *cf.* 옷솔, 구둣솔, 빨랫솔, 면솔
칫솔걸이(齒-)
칫솔질(齒-)
칭기즈 칸
칭량병(秤量甁)('평량병'은 잘못)
칭병사직(稱病辭職)
칭송되다(稱頌-)
칭송되어 오다(稱頌-)
칭송받다(稱頌-) *cf.* 받다
칭송받아 오다(稱頌-)
칭얼대다/거리다
칭얼칭얼하다
칭찬거리(稱讚-) *cf.* 웃음거리, 관심거리, 거리
칭찬 듣다(稱讚-)
칭찬 들어오다(稱讚-)
칭찬받다(稱讚-) *cf.* 받다
칭찬 이어가기(稱讚-)
칭찬해 주다(稱讚-)
칭칭/친친 동여매다(복수 표준어)
칭크유(-油) *cf.* 실린더유, 로트유
칭해져 오다(稱-)

카

카네기 홀
카논법(-法)(교회를 규율하는 법)
카농포(-砲) *cf.* 바주카포, 로켓포
카노사의 굴욕(-屈辱)
카니슈카왕(-王) *cf.* 리어왕, 아서왕
카드 가리키기 놀이
카드 기억하기 놀이(-記憶-)
카드놀이 *cf.* 윷놀이, 화투놀이, 놀이
카드 돌리기 놀이
카드 말판 놀이
카드 맞히기 놀이/카드 모으기 놀이
카드 빨리 집으며 말하기 놀이
카드 빨리치기 놀이
카드사(-絲) *cf.* 코머사
카드식(-式)
카드 연결하기 놀이(-連結-)
카드 전달하기 놀이(-傳達-)
카드 집기 놀이
카드 짝맞추기 놀이
카드 추측하기 놀이(-推測-)
카드 팔기 놀이
카라마조프가의 형제(-家-兄弟)
카라쿨종(-種)(모피용 양의 종류)
카라호토 성(-城)
카랑카랑하다
카레가루
카르바메이트제(-劑)→카바메이트제
카르바지드→카바자이드
카르복시산(-酸)→카복실산
카르브알데히드→카브알데하이드
카르셀등(-燈)
카르텔선(-船)(교전국 사이에 교통을 위하여 사용하는 선박)
카를 4세(-四世) *cf.* 헨리 5세
카리브족(-族) *cf.* 라틴족, 슬라브족
카리브 해(-海) *cf.* 아랍 해
카리우스법(-法)(유기 화학물의 정량법)
카망베르 치즈
카메라눈
카멜레온액(-液)
카멜레온자리
카밀레유(-油) *cf.* 장미유, 캐러웨이유
카바밀기(-基)
카바이드등(-燈) *cf.* 가스등, 석유등
카보닐기(-基)
카복시산(-酸)
카복시펩티다아제(편수 자료)
카본지(-紙) *cf.* 켄트지, 와트만지
카비네판(-判) *cf.* 명함판, 5·7판
카빈총(-銃) *cf.* 모제르총
카스피 해(-海)
카시오페이아자리
카우보이모자(-帽子) *cf.* 밀짚모자, 베레모자, 파나마모자, 터키모자
카이저수염(-鬚髥) *cf.* 팔자수염
카카오기름 *cf.* 야자기름, 목화씨기름
카키색(-色)
카키캠벨종(-種)(집오리 품종)
카타르기(-期)(의학)
카타르성염(-性炎)
카탈라아제→카탈레이스
카톨릭 교(-敎) *cf.* 이슬람 교, 유대 교
카플란수차(-水車)
카풀제(-制)
카필라 성(-城)
칸 *cf.* 칸막이, 칸칸이
ˇ칸(명사) *cf.* 방 한 칸, 빈 칸
칸디다균(-菌)
칸디다증(-症)
칸막이
칸막이 끼우기
칸막이(를) 끼우다
칸막이 만들기
칸막이(를) 만들다

칸막이벽(-壁)
칸막이해 놓다
칸살
칸살잡기
칸 수(-數)(칸의 수)
칸수(-數)(집의 칸살의 수)
칸트학파(-學派) *cf.* 헤겔학파, 신칸트학파, 청년 헤겔 학파, 소장 헤겔 학파, 강화 학파
칼 갈다
칼 갈아 주다
칼갈이
칼감(성질이 표독한 사람)
칼국수 *cf.* 틀국수, 가락국수, 기계국수
칼귀
칼깃(새의 칼깃) *cf.* 부등깃
칼꽂이
칼끝 *cf.* 손끝, 발끝, 코끝, 혀끝
칼날 *cf.* 톱날, 끌날, 면도날, 호미날, 도낏날, 괭잇날, 대팻날
칼날 같다 *cf.* 끌날같다
칼날같이
칼눈(칼의)
칼담배
칼데라호(-湖)
칼등 *cf.* 발등, 손등, 콧등
칼로 물 베기
칼륨 비누
칼륨 유리(-琉璃) *cf.* 크리스털 유리, 소다 유리, 소다 석회 유리
칼리구(-球)
칼리포스법(-法)
칼리포르늄→캘리포늄
칼막이끌
칼 맞나
칼 맞아 주다
칼머리 <형구의 ~>
칼바람 *cf.* 된바람, 센바람, 왕바람
칼뱅주의(-主義)
칼뱅파(-派)
칼벼락
칼부림
칼부림 나다
칼부림하다
칼싸움
칼싸움 나다 *cf.* 싸움 나다
칼싹두기
칼쓰기
칼 쓰다 <죄인이 ~.>
칼 씌우다
칼자국 *cf.* 발자국, 곰봇자국, 망건자국
칼자국 나다 *cf.* 자국 나다
칼자루 *cf.* 빗자루, 도낏자루, 괭이자루, 호미자루, 곡괭이자루, 까뀌자루
칼자루 끝 장식(-裝飾)
칼자루 잡다
칼잠 *cf.* 괭이잠, 노루잠
칼잡이 *cf.* 총잡이, 창잡이
칼장단 *cf.* 손장단, 발장단, 입장단
칼질당하다(-當-) *cf.* 당하다
칼질 소리
칼집 <생선에 ~을 내다.>
칼집 *cf.* 가위집, 안경집, 망건집, 대팻집
칼집붙이(칼집에 만든 장식)
칼춤
칼춤 추다 *cf.* 춤추다
칼침(-鍼)
칼침 맞다(-鍼-) *cf.* 침맞다
칼침 주다(-鍼-) *cf.* 침주다
칼코겐→칼코젠
칼코등이
칼 품다
캄브리아기(-紀)
캄캄절벽(-絶壁)
캄캄칠야(-漆夜)
캄캄해져 가다
캐 가다
캐나다발삼(발산나무에서 얻은 수지. 렌즈 접착제)

캐내다
캐 놓아 두다
캐 들어가다
캐러 가다
캐러멜갑(-匣) *cf.* 우유갑, 성냥갑, 비눗갑
캐러웨이유(-油) *cf.* 카밀레유, 장미유
캐묻다 <죄상을 ~.>
캐물어 오다
캐시미어산양(-山羊)
캐시미어실
캐시미어종(-種)
캐어 가다
캐어 내다 *cf.* 캐내다
캐어 놓다
캐어들이다 *cf.* 거둬들이다
캐어 먹다
캐어묻다 <시시콜콜한 것까지 ~.>
캐어 보다
캐어 오다
캐어 주다
캐 오다
캐 주다
캔류(-類) *cf.* 병류
캔틸레버보
캘리포니아종(-種)
캘리포니아 주(-州)
캘릭호(-號)
캠버각(-角)
캠축(-軸)
캠프촌(-村) *cf.* 텐트촌, 천막촌, 판자촌
캠핑 가다 *cf.* 소풍 가다
캠핑 갔다 오다
캡 소매 *cf.* 티어소매, 퍼프소매
캥거루족(-族)
커 가다
커 갈수록
커 나가다 *cf.* 해 나가다
커낼선(-線)
-커녕(조사) *cf.* 공부는커녕, 슬퍼하기는커녕, 놀기는커녕, 좋아하기는커녕, -커녕(어미)
커닝하다
커다래 보이다
커 버리다
커 보이다
커 오다
커져 가다
커튼 자락 *cf.* 소맷자락, 치맛자락, 도포자락, 두루마기자락
커튼 치다
커피 맛 *cf.* 밥맛, 꿀맛, 장맛, 음식 맛
커피물 *cf.* 찻물, 밥물, 설거지물, 국수물
커피병(-甁) *cf.* 콜라병, 사이다병, 맥주병
커피빛 *cf.* 핑크빛, 오렌지빛, 감빛, 살구빛, 녹두빛, 앵두빛, 버찌빛
잿빛, 핏빛, 장밋빛, 모싯빛, 산홋빛, 상앗빛, 마늣빛, 청잣빛, 대춧빛
커피색(-色)
커피잔(-盞) *cf.* 술잔, 맥주잔, 소주잔, 막걸릿잔, 양주잔
커피차(-茶) *cf.* 코코아차, 유자차
커피콩
커 효과(-效果)(물리)
컨베이어로(-爐)
컨테이너선(-船) *cf.* 바지선
컬러 다리 *cf.* 무지개다리, 구름다리, 홍예다리, 복찻다리, 출렁다리
컬러복사기(-複寫機/器) *cf.* 흑백 복사기, 컬러 사진, 컬러 슬라이드
컬러텔레비전 *cf.* 흑백텔레비전, 컬러 사진
컬럼비아호(-號) *cf.* 셔먼호
컴백설(-說)
컴컴해지다
컴퍼스 쓰기
컴퍼스(를) 쓰다
컴퓨터값
컴퓨터 끄기
컴퓨터(를) 끄다
컴퓨터 다루기

컴퓨터(를) 다루다
컴퓨터망(-網)
컴퓨터방(-房)
컴퓨터 켜기
컴퓨터(를) 켜다
컵받침 *cf.* 책받침, 장독받침, 분받침, 그릇받침, 그릇 받침(편수 자료)
컵 속
컵 안
케냐산(-産) *cf.* 미국산, 중국산
K 껍질 *cf.* L 껍질, M 껍질, N 껍질
케이블 카
케이슨병(-病)
케이지식(-式)(양계) *cf.* 배터리식
케이프 소매 *cf.* 캡 소매
케케묵다
케톤기(-基)
케톤뇨증(-尿症) *cf.* 알칼리뇨
케톤체(-體)
케페우스자리
켄타우루스자리
켄트지(-紙) *cf.* 크라프트지, 크라운지
켜 걸름 들여쌓기
켜고 끄다
켜고말고요 *cf.* 고말고(어미)
켜나마나 <불을 ~….> *cf.* 일 하나마나, 나마나(어미)
켜나마나하다 *cf.* 나마나하다
켜내다
켜 놓다
켜는톱 *cf.* 내릴톱, 자르는톱, 동가리톱, 붕어톱
켜는톱니 *cf.* 자르는톱니
켜 대다
켜 두다
켜 드리다
켜 들고 있다
켜 보다
켜쌓기[布積] *cf.* 메쌓기, 찰쌓기
켜 쌓다
켜져 있다
켜 주다
켠 채 *cf.* ㄴ 채, 채(의존 명사)
켤레
켤레근(-根)
켤레면(-面)
켤레선(-線)
켤레축(-軸)
켤레호(-弧)
켤렛점(-點)
켯속(일의 갈피) <~이 노랗다.>
켰다 껐다 하다
코감기(-感氣) *cf.* 목감기, 콧물감기, 몸살감기
코 값(을) 하다
코걸이
코걸이줄
코 고는 소리
코고무신
코 골다
코끝 *cf.* 혀끝, 손끝, 발끝, 머리끝, 명치끝
코끼리걷기
코끼리 아저씨 *cf.* 사슴 할아버지
코나팔(-喇叭)(코 고는 소리)
코납작이
코노웰드법(-法)
코 높다
코니시종(-種) *cf.* 레그혼종
코 닦다
코대답(-對答)(건성으로 하는 대답) *cf.* 말대답
코등이싸움(검도)
코딩 용지(-用紙)
코딱지만 하다 *cf.* 눈곱만하다, 대문짝만하다, 강남콩만 하다, 나반 하나, 반 하나
코 떼다
코뚜렛감 *cf.* 횟감, 치맛감, 불땔감
코란경(-經)
코로나선(-線)
코르벳함(-艦)(소형 군함)
코르시카 섬

코르크 마개 *cf.* 고무마개, 플라스틱 마개
코르크질(-質)
코르크층(-層)
코르크판(-板)
코리데일종(-種)
코리아 바람 *cf.* 미국 바람, 외국 바람
코리올리 효과(-效果)(물리)
코리올리 힘(물리)
코린내
코린내 나다 *cf.* 구린내 나다, 흙 냄새 나다, 땀 냄새 나다
코린트식(-式) *cf.* 이오니아식, 도리아식
코마개(고고학) *cf.* 귀마개
코 만들기
코(를) 만들다
코맹맹이 소리
코머거리 *cf.* 귀머거리
코머사(-絲) *cf.* 카드사
코 먹은 듯하다 *cf.* 듯하다
코 먹은 소리 *cf.* 코맹맹이 소리
코멘소리 *cf.* 볼멘소리
코 묻은 돈 <~을 알겨먹다.>
코밑 <시험이 ~으로 다가오다.> *cf.* 말밑, 세밑
코밑수염(-鬚髥) *cf.* 턱수염
코바늘 *cf.* 대바늘, 뜨개바늘, 돗바늘, 시침바늘
코바늘뜨기(뜨개질)
코발트색(-色)/코발트빛 *cf.* 카키색
코발트지법(-紙法)
코발트청(-靑)
코배기 *cf.* 양코배기
코 베다
코 베어 가다
코 빠지다(기가 죽고 맥이 빠지다.)
코빼기도 못 보다
코뼈 *cf.* 갈비뼈, 엉치뼈
코뿔소
코 세다
코숭이(산줄기의 끝) *cf.* 산코숭이
코스닥 지수(-指數) *cf.* 나스닥 지수, 코스피 지수, 물가 지수, 불쾌지수
코스모스꽃
코스모스 꽃길 *cf.* 벚꽃길
코스모스 꽃잎
코스모스 씨 *cf.* 분꽃 씨, 강낭콩 씨
코스피 지수(-指數) *cf.* 코스닥 지수
코신
코싸쥐다 <야단맞고 ~.>
코 아래 <~ 진상>
코 아래 진상(-進上)
코안[鼻腔](문법)
코안경(-眼鏡)
코앞(가까운 거리) <~에 두고도 몰라보다.>
코 앞 <그의 ~에 대다.>, <양반 ~에 들이대다.> *cf.* 눈앞
코약(-藥)
코어 모래 *cf.* 주물모래
코어판
코언저리 *cf.* 눈언저리, 입언저리
코웃음 *cf.* 눈웃음
코웃음 짓다 *cf.* 웃음짓다, 눈웃음짓다
코웃음 치다 *cf.* 눈웃음치다, 선웃음 치다
코잇기
코주부
코줍기(뜨개질)
코지(-紙) <~를 주머니에 넣고 다니다.>
코쭝배기
코찡찡이
코친종(-種)(닭 품종) *cf.* 레그혼종
코침 주다
코카주(-酒)
코코아차(-茶) *cf.* 커피차, 유자차, 모과차
코코야자(-椰子)
코크스로(-爐) *cf.* 토머스로
코 큰 소리(잘난 체하는 소리) *cf.* 큰소리
코킹법(-法)
코킹제(-劑)
코타령(콧소리로 부르는 타령)
코털

코투레
코트자락 *cf.* 소맷자락, 치맛자락, 옷자락, 두루마기자락, 도포자락, 스커트자락
코트지(-紙) *cf.* 아트지
코 풀다
코피 나다 *cf.* 피나다
코피 쏟다
코피 터지다
코피 흘리다
코허리
코훌쩍이
코흘리개
코 흘리다
콕크로포트·월턴 장치(-裝置)
콘덴서지(-紙)
콘크리트공(-工)
콘크리트교(-橋)
콘크리트 다리 *cf.* 돌다리
콘크리트 댐 *cf.* 흙 댐, 사력 댐
콘크리트치기
콘크리트(를) 치다
콜라병(-瓶) *cf.* 주스병, 요구르트병
콜로라도 주(-州)
콜록쟁이
콜롬보근(-根)(건위제로 쓰는 생약)
콜타르 물감 *cf.* 인조물감, 천연물감, 합성염료, 인조염료
콜타르칠(-漆) *cf.* 페인트칠, 에나멜칠
콥트직(-織) *cf.* 개버딘직
콧구멍 *cf.* 귓구멍, 눈구멍, 목구멍, 숨구멍
콧구멍홈(콧구멍 언저리의 조금 오목한 부분)
콧기름
콧길
콧김 *cf.* 입김
콧김 세다 *cf.* 입김 세다
콧날
콧날 밀개(고고학)
콧노래
콧노래 부르다
콧노래 소리 *cf.* 노랫소리, 코방귀 소리, 피리소리, 장구 소리
콧노리 *cf.* 콧등노리, 배꼽노리, 관자놀이
콧대 꺾어 놓다
콧대 낮추다
콧대 높다
콧대 세다
콧대 세우다
콧등 *cf.* 발등, 손등, 칼등
콧등노리 *cf.* 콧노리, 배꼽노리, 관자놀이
콧마루 *cf.* 산마루, 고갯마루, 영마루
콧물 *cf.* 눈물
콧물감기(-感氣) *cf.* 몸살감기, 코감기, 목감기
콧물 나다 *cf.* 눈물 나다
콧바람
콧방귀
콧방귀 뀌다 *cf.* 방귀 뀌다
콧방아
콧방아 찧다
콧방울(코의 양쪽으로 방울처럼 내민 부분) *cf.* 침방울, 핏방울, 눈물방울
콧벽쟁이(-壁-)(콧구멍이 작은 사람)
콧병(-病) *cf.* 입병, 눈병, 귓병
콧부리 <~가 시큰하다.>
콧살 *cf.* 이맛살, 주름살
콧소리 *cf.* 입소리
콧소리되기(비음화)
콧속 *cf.* 귓속, 핏속, 뱃속, 입속, 눈 속
콧수(-數)(뜨개질)
콧수염(-鬚髥)
콧숨 <콧구멍에서 ~이 나오다.>
콧잔등 *cf.* 쇠잔등, 말잔등
콧장단 *cf.* 입장단, 칼장단, 젓가락 장단
콩 가꾸기
콩가루 *cf.* 밀가루, 보릿가루, 메밀가루, 팥가루, 송홧가루, 메줏가루
콩가루 같다
콩가루 되다
콩가루 집안

콩가지
콩강정 *cf.* 깨강정, 잣강정
콩 꺾자 콩 꺾자(국악 악곡)
콩고물 *cf.* 팥고물
콩과식물(-科植物)
콩국
콩국수 *cf.* 밀국수, 메밀국수
콩기름 *cf.* 들기름, 참기름, 목화씨기름
콩기름 방울 *cf.* 기름방울
콩기름불
콩깍지
콩깍지째 *cf.* 째
콩깻묵 *cf.* 들깻묵
콩꺾기(씨름)
콩꼬투리 *cf.* 팥꼬투리, 말꼬투리
콩나물 가꾸기
콩나물(을) 가꾸다
콩나물국 *cf.* 미역국, 우거짓국, 시래깃국
콩나물국밥
콩나물 그릇 *cf.* 쌀 그릇
콩나물무침 *cf.* 숙주나물무침
콩나물밥
콩나물시루
콩나물죽(-粥) *cf.* 보리죽, 시래기죽
콩나물콩
콩 낟
콩 났네 팥 났네 하다
콩다식(-茶食) *cf.* 쌀다식, 송화다식, 녹말다식
콩 단백질(-蛋白質)
콩대우 파다(이랑 사이에 콩을 심다.)
콩떡 *cf.* 쌀떡, 수수팥떡, 보리개떡
콩마당
콩마당질 *cf.* 보리타작
콩멍석 <모기에 물려 ~이 되다.>
콩메뚜기
콩밥 *cf.* 쌀밥, 보리밥, 조밥, 옥수수밥
콩밥 먹다(감옥살이하다.)
콩밭 *cf.* 가시밭, 갈대밭, 솔밭, 쑥대밭, 잔디밭, 지뢰밭, 고구마밭, 땅콩밭, 무밭, 배추밭, 수수밭, 시금치밭, 옥수수밭, 인삼밭, 참외밭, 깨밭
콩밭 매다
콩볶기(민속의 하나)
콩 볶는 듯한 소리 *cf.* 듯하다
콩 볶다
콩 볶듯 하다 *cf.* 콩 튀듯 하다
콩서리하다 *cf.* 수박서리하다
콩서리해 먹다
콩심기(민속의 하나)
콩 심다 *cf.* 팥 심다
콩알 *cf.* 쌀알, 깨알, 보리알
콩알만 하다 *cf.* 만 하다(←만하다)
콩알만 해 보이다
콩엿 *cf.* 호박엿, 깨엿, 수수엿
콩잎 *cf.* 깻잎, 연잎, 머윗잎, 솔잎, 팥잎
콩자반 *cf.* 고등어자반, 김자반, 가루자반
콩장(-醬)
콩주머니 *cf.* 도장주머니, 동전주머니
콩주머니넣기
콩주머니던지기
콩주머니(를) 던지다
콩죽(-粥) *cf.* 팥죽, 보리죽
콩 줄기 *cf.* 나무 줄기
콩쥐팥쥐전(-傳)
콩짚
콩짜개
콩켸팥켸(사물이 뒤섞인 모양) <모든 것이 ~다.>
콩타작(-打作) *cf.* 보리타작, 밀타작
콩 튀듯 팥 튀듯
콩 튀듯 하다 *cf.* 콩 볶듯 하다
콩팔칠팔하다(마구 지껄이다.)
콩팥 겉질(-質)
콩팥 깔때기(생물)
콩팥단위(-單位)(의학) *cf.* 가축단위, 구성단위, 천문단위, 화폐 단위, 학급 단위
콩포기 *cf.* 풀포기, 벼포기
콱 막히다 *cf.* 콱(부사)

콸콸 쏟아지다
쾌 <북어 한 ~>
쾌락주의(快樂主義)
쾌삭강(快削鋼) *cf.* 고장력강, 초고장력강, 합금강, 크롬강
쾌재 부르다(快哉-) *cf.* 만세 부르다
쾌적해 보이다(快適-)
쾌지나 칭칭 나네(국악 악곡)
쾌활하단 말이야(快活-) *cf.* 말이다/말이오
쾌활해 보이다(快活-)
쾰른파(-派)(중세 말기의 화파)
쿠르드족(-族)
쿠르쿠마 종이 *cf.* 리트머스 종이
쿠린내 *cf.* 고린내, 구린내/쿠린내 나다
쿠로시오 해류(-海流) *cf.* 리만 해류, 적도 해류, 동한 해류, 북태평양 해류
쿠빌라이 칸
쿠샨 인(-人)
쿠퍼쌍(-雙)(물리) *cf.* 열전쌍
쿠퍼선(-腺)/구퍼샘(생물)
쿠포왕(-王) *cf.* 아서왕, 리어왕
쿡 찌르다
쿤트관(-管)(물리)
쿨롱 힘(물리)
쿨리지관(-管)(물리)
쿨쿨 자다
쿵더쿵쿵더쿵(부사)
쿵쾅쿵쾅하다/거리다
퀘벡 주(-州)
퀘이커파(-派)(개신교의 교파)
퀴비에관(-管)
퀴리 온도(-溫度) *cf.* 켈빈 온도, 섭씨온도, 화씨온도, 열씨온도
퀴즈놀이
퀴즈왕(-王) *cf.* 발명왕
Q값(전기 회로에서 공진의 예리함을 나타내는 값)
큐티쿨라층(-層)(생물)
크거나 말거나 *cf.* 죽거나 말거나
크거나 작거나 간에(-間-)
크건 작건 간에(-間-)
크게 또는 작게 쓰기 놀이
크고 고운 <~ 한 송이 모란….>
크고 작고 간에(-間-)
크고 작은 사건(-事件)
크고 큰/크다
크기 비교하기(-比較-)
크나 작으나
크나큰/크다
크놉액(-液)(식물 배양액) *cf.* 링거액
크니만큼 *cf.* 만큼(어미)
크다맣다
크다 해도
크든 작든 간에(-間-)
크디큰/크다 *cf.* 작디작은
크라프트지(-紙) *cf.* 코로나지, 아트지
크레오소트유(-油) *cf.* 모빌유
크레용화(-畫) *cf.* 파스텔화, 연필화
크레졸 비눗물
크레졸수(-水) *cf.* 바리타수, 마그마수
크레타 섬
크레타 인(-人)
크레틴병(-病)(갑상선 기능 저하증)
크레파스 정리하기(-整理-)
크레파스화(-畫) *cf.* 파스텔화, 연필화
크로마뇽인(-人) *cf.* 자바인
크로스바식(-式)
크롤러형(-型)
크롤법(-法)(화공)
크롬→크로뮴〔크롬〕
크롬강(-鋼) *cf.* 니켈강, 바나듐강
크롬니켈강(-鋼)
크롬몰리브덴강(-鋼)
크롬바나듐강(-鋼)
크롬 벽돌(-壁-)
크롬산칼륨(-酸-)→크로뮴산칼륨〔크롬산칼륨〕
크룩스관(-管)(물리)
크리스마스날 *cf.* 추석날, 설날, 어린이날

크리스마스 이브
크리스마스 캐럴
크리스털 유리(-琉璃)
크리스트교(-教) *cf.* 유대교, 이슬람교
크릴새우잡이 *cf.* 잡이(접미사)
크림 그릇 *cf.* 국그릇, 밥그릇, 찌개 그릇, 화채 그릇
크림빵 *cf.* 팥빵
크메르족(-族) *cf.* 게르만족
크세논→제논
크세논등(-燈)→제논등(-燈) *cf.* 텅스텐등
크실렌→자일렌
크실리톨→자일리톨
큰-(접두사)(친족 관계를 나타내는 명사에 붙어) *cf.* 큰아버지, 큰사위, 큰어머니, 큰형, 큰누나, 작은-
큰✓ *cf.* 키가 큰 형, 큰 사건
큰가래
큰가 보다 *cf.* 작은가 보다, 아닌가 보다, 그런가 보다, 보다
큰가 봐 *cf.* 작은가 봐
큰 강(-江)
큰 개
큰개(큰개자리)
큰개자리 *cf.* 큰곰자리
큰 걸음 *cf.* 잔걸음
큰경례 *cf.* 큰절, 최경례
큰계집[本妻] *cf.* 작은계집
큰고모(-姑母) *cf.* 작은고모
큰고모네(-姑母-)
큰고모부(-姑母夫)
큰곰(곰의 종류로서는)
큰곰자리 *cf.* 사자자리
큰 공
큰 공 굴리기
큰굿
큰 그릇
큰 글씨 *cf.* 작은 글씨, 잔글씨
큰 글짜(-字) *cf.* 잔글짜
큰기침 *cf.* 잔기침
큰기침하다
큰길[大路]
큰길 가 *cf.* 길가
큰 길을 닦았다('커다란 길'이란 뜻으로는)
큰꾸리(앞다리의 바깥쪽에 붙은 살) *cf.* 작은꾸리
큰 나라
큰 나무
큰 놈(큰 것) <더 ~을 가져와라.>
큰놈(큰아들) <우리 ~이다.>
큰누나 *cf.* 작은누나
큰누에
큰 눈 <~을 껌벅거리며….>
큰눈[大雪]
큰달 *cf.* 작은달
큰 닭(몸집이 큰 닭) *cf.* 작은 닭
큰닭[成鷄] *cf.* 새끼 닭, 어미 닭
큰닭 기르기
큰닭(을) 기르다
큰댁(-宅) *cf.* 작은댁
큰 도끼 *cf.* 손도끼, 주먹도끼
큰 도움
큰 돈 <내게는 그렇게 ~이 없다.>
큰돈 <장사해서 ~을 벌다.>
큰 돌
큰동서(-同壻) *cf.* 작은동서
큰되 *cf.* 작은되
큰따옴표(-標)/겹낫표 *cf.* 작은따옴표
큰딸 *cf.* 작은딸
큰딸 노릇 하다 *cf.* 며느리 노릇 하다
큰 뜻
큰 뜻 품다
큰마누라 *cf.* 작은마누라
큰 마을
큰마음 *cf.* 큰맘
큰마음 먹다
큰말 *cf.* 작은말
큰말[大斗] *cf.* 작은말[小斗], 큰되, 작은되

큰맘 먹다

큰매부(-妹夫) *cf.* 작은매부

큰매형(-妹兄) *cf.* 작은매형

큰며느리 *cf.* 작은며느리

큰 모험 삼아(-冒險-) *cf.* 모험삼아

큰 목소리

큰 몫

큰 못 *cf.* 작은 못

큰못(대못) *cf.* 잔못

큰무당 *cf.* 새끼 무당, 선생무당

큰 문(-門)(규모가 큰 문)

큰문(-門)(삼문 중에서 으뜸가는 문)

큰물〔洪水〕

큰물 지다

큰 미사(-彌撒)

큰바늘 *cf.* 작은바늘, 돗바늘, 잔바늘

큰바람(풍력 계급의 이름으로)

큰바스(악기명으로)

큰바위너설('너설'은 바위나 돌 따위가 삐죽삐죽 나온 곳)

큰 바위 얼굴(작품명)

큰방(-房)

큰 배

큰 벌(-罰)

큰 변화 없이(-變化-)

큰 별

큰 병(-病)

큰병아리 *cf.* 중병아리

큰보표(-譜表)

큰 복 받다(-福-)

큰부자(-富者)

큰북 *cf.* 작은북

큰북 소리 *cf.* 장구 소리, 피리 소리, 징 소리

큰불〔大火〕

큰불 나다 *cf.* 불나다

큰비(오래도록 많이 오는 비)

큰비녀

큰비 오다

큰 사고(-事故)

큰사람 <~이 되기는 틀렸다.>

큰 사람 <키가 ~은 싱겁다.>

큰사랑(-舍廊) *cf.* 작은사랑

큰사위 *cf.* 작은사위

큰사전(-辭典) *cf.* 중사전, 소사전

큰 사전(-辭典) <더 큰 사전을 찾아보다.>

큰사폭(-邪幅)(한복)

큰 산(-山)

큰산소(-山所)

큰살림

큰 상(-床)(커다란) <더 ~을 가져와라.>

큰상(-床) <회갑 때 ~을 받다.>

큰상물림(-床-)

큰상 받다(-床-) *cf.* 상 받다

큰 상 받다(-賞-)

큰상 차리다(-床-)

큰서방님(-書房-) *cf.* 작은서방님

큰선비 *cf.* 큰스님

큰 섬

큰 성과 없이(-成果-)

큰센바람(풍력 계급의 이름)

큰 소

큰 소리(크게 내는 소리) <~로 외치다.>

큰소리(호언장담) <~ 치고 있다.>

큰소리치다 *cf.* 소리치다

큰소리하다

큰 손 <~으로 한 움큼 집다.>

큰손 <증권가의 ~….>

큰손녀(-孫女) *cf.* 작은손녀

큰손님

큰손자(-孫子) *cf.* 작은손자

큰 손해(-損害)

큰 솥 <부엌에서 가장 ~….>

큰솥(안방 부엌에 거는 가장 큰 솥)

큰 수(-數) *cf.* 작은 수

큰 수의 법칙(-數-法則)

큰 숲

큰스님 *cf.* 큰선비

큰 싸움

큰아가씨 *cf.* 작은아가씨
큰아기(맏딸) <우리 ~>
큰 아기 <키가 ~>
큰아기네
큰아들 *cf.* 작은아들
큰아버지 *cf.* 작은아버지
큰아버지 댁(-宅)
큰아씨 *cf.* 작은아씨
큰아이(큰아들이나 큰딸) <우리 ~….>
큰 아이 <키가 ~….>
큰아주머니 *cf.* 작은아주머니
큰악절(-樂節) *cf.* 작은악절
큰어금니
큰어머니 *cf.* 작은어머니
큰언니 *cf.* 작은언니
큰오빠 *cf.* 작은오빠
큰오빠토끼
큰온음(-音)
큰올케
큰옷(예식 때 겉에 입는 옷)
큰외삼촌(-外三寸) *cf.* 작은외삼촌
큰이 *cf.* 작은이
큰 이 <키가 ~….>
큰이모(-姨母) *cf.* 작은이모
큰이모부(-姨母夫) *cf.* 작은이모부
큰인물(-人物)
큰일(큰 의식) <이거 ~이구나.>, <집안의 ~ 치르다.>
큰 일 <그 일은 매우 ~이다.>
큰일 나다 *cf.* 일 나다, 탈 나다
큰일 날 뻔하다 *cf.* 뻔하다
큰일 날 소리
큰일 내다(큰 문제나 사고를 일으키다.)
큰일이네그려 *cf.* 그려
큰일 저지르다
큰일 저질러 놓다
큰일 치르다
큰 입
큰입구몸(-口-)(한자의 부수)

큰자귀
큰 자식(-子息) <다 큰 ~>
큰자식(-子息)(맏아들)
큰잔치
큰저울
큰 절(-節)(딸린 절에 대하여 주된 절)
큰절 <어른께 ~을 올리다.>
큰 절 <황룡사를 능가하는 ~이다.>
큰절하다
큰제목(-題目)
큰제사(-祭祀)
큰조카 *cf.* 작은조카
큰 죄(-罪)
큰 집(큰 건물) <더 ~을 사서 이사하다.>
큰집 <~ 잔치에 작은집 돼지 잡는다.>
큰집 *cf.* 큰댁
큰창자 *cf.* 작은창자
큰처남(-妻男) *cf.* 작은처남
큰처제(-妻弟) *cf.* 작은처제
큰처형(-妻兄)
큰 체하다 *cf.* 체하다
큰춤
큰치마 *cf.* 긴치마
큰칼
큰코 <~ 다칠 뻔했군.>
큰코다치다
큰키나무층(-層)(교목층)
큰탈 나다(-頉-)→큰일 나다 *cf.* 탈 나다, 일 나다, 사고 나다
큰탈 난 줄 알고(-頉-)→큰일 난 줄 알고
큰탈 없이(-頉-)→큰일 없이
큰톱
큰 포식 세포(-捕食細胞)
큰 폭 인상(-幅引上)
큰할머니 *cf.* 작은할머니
큰할아버지 *cf.* 작은할아버지
큰항아리(-缸-)
큰형(-兄) *cf.* 작은형
큰형님(-兄-) *cf.* 작은형님

큰형수(-兄嫂) *cf.* 작은형수
큰활
큰 힘/큰 힘 입다
클라리넷족(-族) *cf.* 만돌린족
클라인 대롱(수학)
클라크수(-數)(화학)
클러몬트호(-號) *cf.* 챌린저호
클러치축(-軸)
클러치판(-板)
클로드법(-法)
클로로포름→클로로폼
클로버꽃
클로버잎
클론 인간(-人間)
클린 산업(-産業)
클립 수(-數)
클립 폭내기기(-幅-機)
큼지막해 보이다
큼직해 보이다
키내림 <곡식을 ~하다.>
키니코스학파(-學派) *cf.* 칸트학파, 헤겔학파, 이용후생 학파, 강화 학파
키다릿병(-病) *cf.* 곰팡잇병, 고리무늿병, 잎말잇병, 물렁썩이병
키대기/키 대 보기
키돋움
키레네학파(-學派) *cf.* 스토아학파, 밀레투스학파, 이용후생 학파, 강화 학파, 남명 학파
키순(-順) *cf.* 성적순
키 순서(-順序) *cf.* 나이 순서, 키순
키워 가다/키워 오다
키워 나가다
키워 내다
키워 놓다
키워 다오
키워 달라다
키워 보다
키워 주다
키 작은 고기압(-高氣壓) *cf.* 키 큰 고기압
키 작은 놈 *cf.* 키 큰 놈
키 작은 나무
키재기
키 재다
키 큰 고기압(-高氣壓) *cf.* 키 작은 고기압
키틴질(-質)
킥판을 잡고 물장구치기(-板-)
킬드강(-鋼) *cf.* 림드강, 탄소강, 텅스텐강, 고장력강, 쾌삭강
킬레이트단(-團)
킬레이트화(-化)
킬로그램원기(-原器) *cf.* 미터원기
킬로그램중(-重)
킬로리터 *cf.* kL
킬로미터 *cf.* km
km 단위 알기(-單位-)
킬로미터매시(-每時) *cf.* km/h
킬로수(-數)
킬로암페어시(-時)
킬로와트시(-時) *cf.* kWh
킬로톤
킬리만자로 산(-山)
킷값 *cf.* 덩칫값, 나잇값
킷값도 못하다 *cf.* 나잇값, 덩칫값
킹조지 섬

타

타(他)-(접두사) *cf.* 타고장, 타곳, 타구역, 타국, 타지방, 타인, 타향
(명사) *cf.* 타의 모범
타(他)$^{\vee}$(관형사) *cf.* 타 대학, 타 업소, 타 새마을 부녀회, 타 어린이회, 타 회관
타 가다
타개해 나가다(打開-)
타게 되다
타격받다(打擊-) *cf.* 받다
타격 입다(打擊-)
타격 주다(打擊-)
타결짓다(妥結-) *cf.* 결론짓다
타고 가다/타고 오다
타고 나가다
타고 나서 <차를 ~….>
타고난/나다 <~ 재주>, <~ 팔자>
타고 난 다음 <차에 ~….>
타고 남다
타고 넘다
타고 다니다
타고 싶다
타고 올라가다
타고을(他-)
타고장(他-)
타곳(他-)
타관 땅(他官-) *cf.* 고향 땅
타관바치(他官-)(다른 고장에서 온 사람)
타관살이(他官-) *cf.* 타향살이
타관송치(他管送致)(의학)
타관 타다(他官-)(타관에서 얼울리지 못하다.) *cf.* 낯 타다, 여름 타다, 추위 타다
타교생(他校生) *cf.* 본교생
타구역(他區域)
타국인(他國人) *cf.* 내국인, 본국인
타나 보다 *cf.* 보다
타내다
타넘기/타넘다
타넘듯이
타 놓다
타누르기(씨름)
타는점(-點) *cf.* 녹는점, 끓는점
타다(타동사) *cf.* 가을 타다, 여름 타다, 더위 타다, 추위 타다, 때 타다, 손 타다, 낯 타다
타다 남은/남다
타다 먹다
타당자극(妥當刺戟)(심리)
타당해 보이다(妥當-)
타 대학(他大學)
타도해 버리다(打倒-)
타들다
타 들어가다/타 들어오다
타락되어 가다(墮落-)
타락시켜 놓다(墮落-)
타락줄(←터럭줄)(사람의 머리털을 꼬아서 만든 줄) *cf.* 숙마줄, 고무줄
타락해 버리다(墮落-)
타래무늬
타래버선
타래송곳 *cf.* 도래송곳, 비비송곳
타래실
타래엿
타래타래(부사)
타러 가다/오다
타령 장단(편수 자료)
타로감자
타르지(-紙) *cf.* 파라핀지
타르타르산(-酸)→타타르산
타 먹다
타목적(他目的)(철학) *cf.* 자목적
타민족(他民族)
타밀족(-族) *cf.* 크메르족
타박 놓다
타박 맞다 *cf.* 퇴짜 맞다
타박받다

타박상 입다(打撲傷-)
타박 주다 *cf.* 핀잔주다, 면박 주다
타박타박(부사)
타방면(他方面)
타 버리다
타 산업(他産業) *cf.* 타 기업, 타 업종
타살당하다(他殺當-) *cf.* 살해당하다, 당하다
타성바지(他姓-) *cf.* 각성바지
타수(打數)
타수용(他受用)(불교) *cf.* 자수용
타악기(打樂器) *cf.* 현악기, 관악기, 금관 악기
타 오다
타오르다
타 올라가다/오다
타원구멍(楕圓-)(심장의)
타원주머니(楕圓-)(의학) *cf.* 모래주머니
타월감 *cf.* 옷감, 치맛감, 조끼감, 안줏감
타유공물(他有公物)(법)
타이곤관(-管)
타이기록(-記錄) *cf.* 신기록
타이르다
타이어 줄다리기
타이완형 독감(-型毒感) *cf.* 홍콩형 독감
타이태닉호(-號) *cf.* 셔먼호
타이트 소매 *cf.* 캡 소매, 케이프 소매
타이틀전(-戰) *cf.* 데뷔전
타일 꾸미기
타일러 보내다
타일러 주다
타임 머신
타자되다(打字-)
타자왕(打字王) *cf.* 홈런왕, 발명왕
타자 치다(打字-)
타자해 주다(打字-)
타작마당(打作-) *cf.* 뒷마당, 안마당
타작 소리(국악)
타작해 오다(打作-)
타제품(他製品)
타조고기(駝鳥-)
타조알(駝鳥-)
타 종교(他宗敎)
타 주다
타 죽다
타지마할 묘당(-墓堂)
타지방(他地方)
타 지역(他地域)
타진기구(打診氣球) *cf.* 관측기구, 기상 기구, 선전 기구
타진추(打診槌)(의학) <~로 무릎을 쳐 보다.>
타진해 보다(打診-)
타트라 산지(-山地)
타파해 버리다(打破-)
타 학교(他學校)
타향살이(他鄕-)
타향살이하다(他鄕-)
타협되어 가다(妥協-)
타협해 오다(妥協-)
타 회사(他會社)
탁구공(卓球-) *cf.* 축구공, 농구공, 배구공
탁발 그릇(托鉢-) *cf.* 국그릇, 밥그릇, 화채 그릇
탁발스님(托鉢-)
탁방나다(坼榜-)
탁방내다(坼榜-)
탁본 뜨다(拓本-)
탁상공론(卓上空論)
탁상시계(卓上時計) *cf.* 손목시계, 벽시계, 탑시계, 괘종시계
탁상연설(卓上演說)
탁상일기(卓上日記) *cf.* 그림일기
탁상전화(卓上電話) *cf.* 휴대 전화
탁상출판(卓上出版)
탁상 행정(卓上行政)
탁월해 보이다(卓越-)
탁잣밥(卓子-)(부처님 앞의 탁자에 차려 놓은 밥) *cf.* 제삿밥
탁잣손(卓子-)(까치발)
탁족놀이(濯足-)
탁지아문(度支衙門)

탁 치다
탁 털어놓다
탁 트이다
탁해 보이다(濁-)
탄가루(炭-) *cf.* 숯가루, 돌가루, 연탄가루
탄값(炭-)
탄내(炭-) *cf.* 숯내, 낸내, 구린내
탄내 나다(炭-) *cf.* 구린내 나다, 향내 나다
탄도금(-鍍金)
탄력 없다(彈力-)
탄력 있다(彈力-)
탄로 나다(綻露-) *cf.* 들통 나다
탄불갈이(炭-)
탄산가스(炭酸-)
탄산나트륨(炭酸-)
탄산수소나트륨(炭酸水素-)
탄산수소 이온(炭酸水素-)
탄산염암(炭酸鹽巖)
탄산음료(炭酸飮料) *cf.* 알코올음료, 유산 음료, 유산균 음료, 발효 음료
탄산칼륨(炭酸-)
탄성 고무(彈性-)
탄성 올리다(歎聲-)
탄성 지르다(歎聲-) *cf.* 함성 지르다, 소리 지르다, 고함지르다
탄성 후효과(彈性後效果)
탄소강화법(炭素鋼化法)
탄소공구강(炭素工具鋼)
탄소 벽돌(炭素甓-) *cf.* 내화 벽돌
탄소·질소·산소 순환 반응(炭素·酸素·質素循環反應)(CNO 循環反應)
탄소화 이온(炭素化-)
탄숫가루(炭素-)
탄수화물(炭水化物)
탄알(彈-) *cf.* 총알, 대포알, 로켓포알
탄알받이(彈-)
탄압당하다(彈壓當-) *cf.* 당하다
탄압받다(彈壓-) *cf.* 받다
탄압받아 오다(彈壓-)
탄압해 오다(彈壓-)
탄약 상자(彈藥箱子) *cf.* 사과 상자, 라면 상자, 케이크 상자, 어둠상자, 안개상자, 주름상자
탄일종(誕日鐘)
탄 채 <자전거를 ~….> *cf.* ㄴ 채, 채
탄탄대로(坦坦大路)
탄탈→탄탈럼[탄탈]
탄탄해 보이다(坦坦-)
탄핵당하다(彈劾當-) *cf.* 당하다
탄화수소(炭化水素)
탈(脫)-(접두사) *cf.* 탈공업화, 탈공해, 탈대중화, 탈이념화
탈가치적(脫價値的)
탈거리(頉-)
탈것[車] *cf.* 들것, 날것
탈공업화(脫工業化)
탈공해(脫公害) *cf.* 탈도시, 탈공업 사회
탈광대
탈 나다(頉-)/탈 내다(頉-)
탈냉전(脫冷戰)
탈놀음 *cf.* 박첨지놀음, 각시놀음, 놀음
탈놀음굿
탈놀이 *cf.* 산대놀이, 광대놀이
탈당해 버리다(脫黨-)
탈대중화(脫大衆化)
탈락당하다(脫落當-) *cf.* 당하다
탈락시켜 버리다(脫落-)
탈락해 버리다(脫落-)
탈 만들기
탈 말리기
탈머리굿(민속)
탈 모양뜨기(-模樣-)
탈바가지 *cf.* 물바가지, 술바가지, 똥바가지, 욕바가지, 해골바가지
탈바꿈
탈바꿈되다
탈바꿈해 가다
탈바꿈해 오다
탈 벗다

탈분화(脫分化)
탈산업화(脫産業化)
탈상굿(脫喪-)
탈색탄(脫色炭)
탈석유 정책(脫石油政策)
탈선해 버리다(脫線-)
탈선행위(脫線行爲) *cf.* 월권행위, 일탈행위, 가해 행위, 물권 행위
탈소(脫蘇) <~의 계기> *cf.* 탈스탈린
탈수소 반응(脫水素反應)
탈스탈린(脫-) *cf.* 탈소
탈 쓰다 <사람의 탈 쓰고 어찌….>
탈아미노(脫-)
탈아미노 반응(脫-反應)
탈없이(頉-) <요즘 ~ 잘 지내고 있나?>
탈 없이(頉-) *cf.* 별 탈 없이, 아무 탈 없이
탈염소제(脫鹽素劑)
탈옥해 나오다(脫獄-)
탈지대두박(脫脂大頭粕) *cf.* 탈지 옥수수박
탈지분유(脫脂粉乳) *cf.* 전지분유
탈지유(脫脂乳)
탈진되어 가다(脫盡-)
탈진해 버리다(脫盡-)
탈출탑(脫出塔) *cf.* 추출탑, 선전탑, 광고탑
탈출해 오다(脫出-)
탈춤
탈춤놀이 *cf.* 놀이
탈춤마당 *cf.* 놀이마당, 타작마당, 춤마당
탈춤 추기
탈춤 추다 *cf.* 춤추다
탈취당하다(奪取當-) *cf.* 당하다
탈취해 가다(奪取-)
탈퇴해 버리다(脫退-)
탈학교론(脫學校論)
탈형광색(脫螢光色)
탈환해 오다(奪還-)
탈활성(脫活性)
탈활성제(脫活性制)
탐관오리(貪官汚吏)
탐구해 보다(探究-)
탐나다(貪-) *cf.* 욕심나다
탐내다(貪-) *cf.* 욕심내다
탐라총관부(耽羅摠管府)
탐미주의(耽美主義)
탐방 가다(探訪-)
탐방 나가다(探訪-)
탐색해 보자(探索-)
탐스러워 보이다
탐욕 부리다(貪慾-) *cf.* 욕심 부리다
탐욕스러워 보이다(貪慾-)
탐조등(探照燈) *cf.* 전조등, 후미등
탐지해 내다(探知-)
탐탁스럽다('~스럽지 않다'의 형태로)
탐탁스러워하다
탐탁지 않아 하다
탐탁해하다
탐탁해하지 않다
탐탐치 않다
탐험 가다(探險-)
탐험 나가다(探險-)
탐화봉접(探花蜂蝶)
탑기단(塔基壇)
탑돌이(塔-)
탑망원경(塔望遠鏡)
탑모양 뼈단지〔塔形骨壺〕
탑삭나룻 *cf.* 텁석나룻
탑삭부리 *cf.* 텁석부리
탑새기주다(남의 일을 방해하여 망치다.)
탑손(보습을 쥐는 손)
탑시계(塔時計) *cf.* 벽시계, 손목시계, 탁상시계, 괘종시계
탑 쌓다(塔-)
탓 *cf.* 조상 탓, 날씨 탓
탓하다 <남을 탓하지 마라>
탓 하다 <남의 탓(을) 하지 마라.>
탓하려 들기는커녕 *cf.* ㄴ커녕, 커녕(조사)
탓함 직도 하다 *cf.* 있음 직도 하다, 하였음 직도 하다, 직하다(보조 용언)

탔겠네그려 *cf.* 그려(조사)
-탕(湯)(접미사) *cf.* 설렁탕, 십전대보탕
탕감받다(蕩減-) *cf.* 받다
탕감시켜 주다(蕩減-)
탕감해 주다(蕩減-)
탕개붙임
탕개틀다
탕갯줄 *cf.* 시곗줄, 새끼줄, 밧줄, 동아줄, 타락줄, 고무줄
탕거리(湯-) *cf.* 국거리, 끼닛거리
탕건바람(宕巾-) *cf.* 속옷바람, 동저고릿바람
탕건집(宕巾-) *cf.* 안경집, 칼집, 창집, 가위집
탕구트족(-族) *cf.* 게르만족
탕국물(湯-) *cf.* 국국물, 국수물, 커피물
탕 밖에서(湯-)
탕 속에서(湯-)
탕진해 버리다(蕩盡-)
탕평갓(蕩平-)
탕평옷(蕩平-)
태곳적(太古-) *cf.* 옛적, 소싯적, 올챙이 적, 처녀 적
태권도
태권도 사범 보내 주기(跆拳道師範-)
태극무늬(太極-)
태극부채(太極-) *cf.* 부들부채, 진주부채
태극 품세(太極-)
태깔 나다(態-) *cf.* 때깔 나다
태대각간(太大角干)
태도야말로(態度-) *cf.* 야말로(조사)
태만해 보이다(怠慢-)
태만해져 가다(怠慢-)
태백산맥(太白山脈) *cf.* 소백산맥
태백산성(太白山城) *cf.* 남한산성
태백·소백산맥(太白·小白山脈)
태산 같다(泰山-)
태산준령(泰山峻嶺)
태수놈(太守-) *cf.* 군수놈, 미국놈, 왜놈, 중국놈, 일본놈
태안반도(泰安半島) *cf.* 옹진반도, 태안반도
태양 같다(太陽-)
태양년(太陽年) *cf.* 태음년
태양력(太陽曆) *cf.* 태음력
태양시(太陽時) *cf.* 태음시, 진태양시
태양신(太陽神)
태양신궁(太陽神宮)
태양열(太陽熱)
태양일(太陽日) *cf.* 태음일
태양풍(太陽風)
태어나다
태어나자마자 *cf.* 자마자(어미)
태어난 지 *cf.* 지(의존 명사)
태없다(態-)(뽐내는 빛이 없다.)
태연스러워 보이다(泰然-)
태연자약하다(泰然自若-)
태연자약해 보이다(泰然自若-)
태연해 보이다(泰然-)
태연해하다(泰然-)
태워 가다
태워 놓다
태워 다오
태워다 주다
태워 달라다
태워 드리다
태워 버리다
태워 보내다
태워 보다
태워 없애다
태워 오다
태워 주다
태음년(太陰年) *cf.* 태양년
태음시(太陰時)
태음월(太陰月) *cf.* 태양월
태음일(太陰日) *cf.* 태양일
태자궁(太子宮)
태종 무열왕릉비(太宗武烈王陵碑)
태주할미
태질치다
태클 들어넘기기

태평성대(太平聖代)
태평스러워 보이다(太平-)
태평 아리랑(太平-) *cf.* 진도 아리랑, 강원도 아리랑
태평양상에(太平洋上-) *cf.* 동해상에, 서해상에, 대양상에
태평양시(太平洋時)
태평양판(太平洋板)
태평천국(太平天國)
태평천하(太平天下)
태평한화골계전(太平閑話滑稽傳)
태평해 보이다(太平-)
태평해하다(太平-)
태풍 같다(颱風-)
태풍같이(颱風-)
태풍 불다(颱風-)
태풍의 눈(颱風-)
택시값 *cf.* 버스값, 버스삯
택일단자(擇日單子) *cf.* 사주단자, 물목 단자, 예물 단자
택해 주다(擇-)
탬버린 소리 *cf.* 피아노 소리, 캐스터네츠 소리, 풍금 소리
탬워스종(-種)(돼지 품종) *cf.* 바크셔종, 두록저지종
탯거리(態-) <궁녀들의 아름다운 ~….>
탯덩이(胎-)(못난 사람) *cf.* 흙덩이, 골칫덩이, 핏딩이, 비겟딩이
탯들 *cf.* 뒷들, 덧들
탯줄(胎-) *cf.* 핏줄, 젓줄, 밧줄, 빨랫줄, 못줄, 시곗줄, 고무줄, 거미줄, 새끼줄
탯줄 잡듯 하다(胎-)
탱자나무 가시 *cf.* 아카시아나무 가시
탱자나무 울 *cf.* 탱자나무 울타리, 싸리울
탱자나무 울타리
탱자벌
탱크로(-爐)
탱탱공
-터 *cf.* 싸움터, 놀이터, 전쟁터, 절터, 빨래터, 나루터, 약수터, 움집터
✓터(명사) *cf.* 왕궁 터, 미륵사 터, 원각사 터, 청해진 터
(의존 명사) 그런 터에, 시장할 터인데, 친한 터에
터널 가마
터널놀이
터널 씌우기
터널(을) 씌우다
터널요(-窯) *cf.* 터널 가마
터놓고 말하다
터놓고 지내다
터 놓다 <길을 ~.>, <양쪽을 터 놓고 중간을 막다.>
터놓다 <터놓고 지내다.>
터다지다 *cf.* 지정다지다
터닦기
터(를) 닦다
터덜터덜(부사)
터돋움
터득해 나가다(攄得-)
터득해 오다(攄得-)
터뜨려/트려 놓다
터무니없다
터무니없어 보이다
터 버리다
터벅터벅
터 보다
터부룩해지다
터빈유(-油) *cf.* 실린더유, 모빌유
터 세다
터스컨모(~帽) *cf.* 베레모, 터키모자, 파나마모, 방한모, 빵떡모자
터 오다
터잡기(건축, 인쇄)
터 잡다
터져 나오다
터져 버리다
터졌다 하면

터주 노릇(-主-) *cf.* 주인 노릇
터 주다 <길을 ~.>
터주항아리(-主缸-)
터줏가리
터줏고기(-主-)
터줏대감(-主大監)
터줏자리(-主-)
터지다(보조 용언) *cf.* 물러 터지다, 불어 터지다, 느려 터지다, 유순해 터지다, 쉬어 터지다, 게을러터지다
터지든 말든 간에(-間-)
터진다 해도
터진목(틔어 있는 길목)
터질 것 같다
터질 듯이 *cf.* 듯이
터질 만큼 *cf.* 만큼
터짐소리(파열음)
터키군(-軍) *cf.* 한국군, 유엔군
터키담배 *cf.* 쿠바 담배
터키모자(-帽子) *cf.* 파나마모자, 빵떡모자, 베레모, 밀짚모자
터키옥(-玉)
터키 인(-人)
터키탕(-湯)(순화 용어 '증기탕')
턱(명사) <승진/영전 ~을 내다.>, <합격 ~을 내다.>
턱 *cf.* 문턱, 창턱
ˇ턱(의존 명사) <그가 그럴 ~이 없다.>, <늘 그냥 그 ~이다.>
턱걸이
턱걸이주먹장이음(건축)
턱걸이하다
턱끼움(건축)
턱 대다
턱맞춤(턱끼움)
턱밀이(씨름)
턱밑(가까운 곳) <~에 두고도 못 찾다.>
턱 밑(턱의 밑) <~에 수염이 나다.>
턱밑샘
턱받이
턱받치개(바이올린의)
턱받침 *cf.* 책받침, 그릇받침, 그릇 받침(편수 자료), 분받침, 장독받침
턱뼈 *cf.* 다리뼈, 허리뼈, 등뼈
턱솔비늘판벽(-板壁)(건축)
턱솔이음(건축)
턱솔쪽매널깔기(건축)
턱수염(-鬚髥) *cf.* 볼수염
턱 아래
턱없는/없이/없다 <~ 요구를 하다.>
턱이음
턱장부촉(-鏃)(건축)
턱주먹장(건축)
턱지다
턱짓 *cf.* 손짓, 발짓
턱찌꺼기(먹다 남은 음식)
턱 쳐들기
털가죽 *cf.* 살가죽
털갈이 *cf.* 깃갈이
털곰팡이
털구멍 *cf.* 땀구멍, 숨구멍, 콧구멍
털깎기
털끝 *cf.* 손끝, 발끝, 코끝, 머리끝, 명치끝
털끝만큼도 *cf.* 만큼(조사)
털낚시 *cf.* 찌낚시, 흘림낚시, 미끼낚시, 속임낚시
털내의(-內衣) *cf.* 면내의
털듯이 <먼지를 ~….> *cf.* 듯이
털 듯이(털 것처럼)
털모자(-帽子) *cf.* 가죽 모자, 밍크 모자
털목도리 *cf.* 밍크 목도리, 여우 목도리
털뭉치 *cf.* 실뭉치
털바늘 *cf.* 털낚시
털방석(-方席) *cf.* 줄방석, 부들방석
털반대기 *cf.* 흙반대기
털버선 *cf.* 솜버선
털벙거지
털보 도깨비

털복숭아
털북숭이
털비 *cf.* 수수비, 싸리비
털세움근(-筋)
털수건(-手巾)(타월) *cf.* 면수건
털신 *cf.* 가죽신, 비단신, 고무신, 헝겊신
털실 *cf.* 비단실, 무명실
털실 오라기 *cf.* 실오라기, 무명실 오라기
털쌘구름/권적운
털썩 앉다
털썩 주저앉다
털썩이잡다(일을 망치다.)
털씻기
털어 가다
털어 내다
털어 넣다 <입 안에 ~.>
털어놓고 말해서/말하면
털어놓다 <고민거리를 ~.>
털어 놓다 <먼지를 털어 놓고 ….>
털어 달아나다
털어 대다 *cf.* 밀어 대다, 대다(보조 용언)
털어먹다 <장사 밑천을 다 ~.>
털어 모으다
털어 버리다
털어 보다
털어 주다
털 없는 날(민속) *cf.* 손 없는 날
털옷 *cf.* 솜옷
털외투(-外套) *cf.* 털내의
털장갑(-掌匣) *cf.* 가죽 장갑, 면장갑
털주머니(모낭)
털층구름/권층운(卷層雲)
털태우기[燒毛]
털 태우다
털토시 *cf.* 등토시
텀벙텀벙하다
텁석나룻 *cf.* 구레나룻
텁석부리(텁석나룻이 많이 난 사람) *cf.* 혹부리, 탑삭부리

텃골
텃논
텃도지(-賭地)
텃마당 *cf.* 안마당, 타작마당
텃밭
텃밭머리 *cf.* 밭머리
텃새 *cf.* 나그네새
텃세(-勢)
텃세(-貰)(터를 빌려 쓰고 내는 세)
텃세 부리다(-勢-) *cf.* 유세 부리다, 위세 부리다, 착살부리다, 기세부리다
텅 비다
텅 비어 버리다
텅 빈 집
텅스텐강(-鋼) *cf.* 킬드강, 림드강, 고장력강
텅스텐등(-燈) *cf.* 할로젠[할로겐]등, 삼파장등, 형광등
텅스텐선(-線)
텅텅 비다
테니스공 *cf.* 축구공, 탁구공, 골프공, 배구공
테두리 내에서(-內-)
테두리 밖에
테두리보
테두리선 긋기(-線-)
테두리선(을) 긋다(-線-)
테두리 속
테두리 안에
테레빈유(-油) *cf.* 루트유, 톨유
테르니핀인(-人) *cf.* 베이징인
테르밋강(-鋼) *cf.* 탄소강
테르밋법(-法)
테르븀→터븀[테르븀]
테메우다 <그릇을 ~.>
테 밖
테 안
테받다 *cf.* 본받다
테설궂다(성격이나 행동이 덜렁거리다.)
테스트 씨(-氏)(소설 이름)
테쌓기(윤적법)

테이블보(-褓)
테이블 산(-山)
테이블 스푼 *cf.* 티 스푼
테이러 칼라
테이·삭스병(-病)(생물)
테일러급수(-級數)
테 잇기
테 잇다
테크노새비족(-族)(전자 문명에 앞선 소비층)
테타니병(-病)(생물)
텍사스 주(-州)
텍스처 실
텐더기(-機)
텐트촌(-村) *cf.* 천막촌, 판자촌
텐트 치다 *cf.* 천막 치다
텔레비전극(-劇) *cf.* 라디오극
텔루르→텔루륨[텔루르]
텔루르금(-金)
텔루르화 이온(-化-)
템스 강(-江)
토건업자(土建業者) *cf.* 건축업자
토굴집(土窟-) *cf.* 토담집, 귀틀집, 움집
토기장이(土器-) *cf.* 옹기장이
토끝(피륙의 끝) *cf.* 화도끝
토끼걸음 *cf.* 황소걸음, 게걸음, 황새걸음
토끼고기 *cf.* 돼지고기, 쇠고기, 고래고기, 양고기, 노루고기, 닭고기
토끼그물
토끼 기르기
토끼(를) 기르다
토끼날 *cf.* 범날, 쥐날, 원숭이날
토끼 다루기
토끼(를) 다루다
토끼뜀
토끼띠 *cf.* 용띠, 뱀띠, 원숭이띠
토끼몰이 *cf.* 소몰이, 양몰이
토끼 아저씨
토끼 아주머니
토끼잠 *cf.* 선잠, 단잠, 귀잠, 노루잠, 칼잠
토끼잠(을) 자다 *cf.* 잠자다
토끼 잡다
토끼잡이/토끼잡이하다
토끼장(-欌) *cf.* 새장, 개장, 닭장
토끼장 문(-欌門)
토끼전(-傳) *cf.* 별주부전, 심청전
토끼집 *cf.* 개집, 새집, 개미집, 까치집
토끼타령 *cf.* 몽금포타령, 신고산타령
토끼털 *cf.* 양털, 쥐털, 개털
토끼 편에 서다(-便-)
토끼풀
토끼풀매듭 *cf.* 납작이매듭, 도래매듭, 잠자리매듭, 국화매듭
토끼해 *cf.* 용해, 소해
토끼화상(-畫像)
토 달다
토담길(土-) *cf.* 골목길, 담길, 보리밭길
토담장이(土-匠-)
토담집(土-) *cf.* 토굴집, 귀틀집, 움집
토대삼아(土臺-) <한·미 동맹 ~….>
토대 위에(土臺-) *cf.* 기반 위에
토라져 버리다
토란국(土卵-) *cf.* 나물국, 조갯국, 시래깃국
토란잎 *cf.* 연잎
토렌치코트
-토록(조사) *cf.* 이토록, 그토록, 평생토록
토론거리(討論-) *cf.* 웃음거리, 화젯거리, 비솟거리, 기삿거리, 시빗거리
토론해 보다(討論-)
토리당(-黨) *cf.* 휘그당
토리첼리 단위(-單位)(물리)
토리첼리(의) 진공(-眞空)
토마루(土-) *cf.* 툇마루, 우물마루, 쪽마루
토마스학파(-學派) *cf.* 칸트학파, 밀레투스학파, 이용후생 학파, 강화 학파
토마토 가꾸기
토마토(를) 가꾸다
토막 *cf.* 쇠토막, 나무토막, 생선 토막, 연필도막, 비누 토막

토막고기 생선(-生鮮)
토막구름 *cf.* 조개구름, 삿갓구름
토막극(-劇)(촌극) *cf.* 마당극
토막글
토막 기사(-記事)
토막길 *cf.* 갈랫길, 굽잇길, 갈림길
토막 나다 *cf.* 조각나다
토막나무
토막 내다 <나무를 ~.>, <세 ~.> *cf.* 조각내다
토막 뉴스
토막말 <~로 간신히 안부를 묻다.>
토막반찬(-飯饌)
토막생각 <잠깐의 ~이 전부다.>
토막소리(판소리)
도막 소식(-消息)
토막집 *cf.* 움막집, 귀틀집
토막 치다
토막토막(명사)(부사)
토머스강(-鋼) *cf.* 킬드강, 림드강, 크롬강
토머스로(-爐) *cf.* 코크스로
토머스배(-杯)
토머스법(-法) *cf.* 베서머법
토목건축(土木建築)
토박이말(고유어) *cf.* 들온말, 흉내말, 안내말, 차돌박이
토반자(土-) *cf.* 지반자
토반집(土班-) *cf.* 양반집, 중인집
토벌 나가다(討伐-)
토벌당하다(討伐當-) *cf.* 당하다
토벌해 버리다(討伐-)
토분 바르기(土粉-)
토분(을) 바르다(土粉-)
토사 나나(吐瀉-) *cf.* 설사 나나
토사불알
토색질하다(討索-)
토 신생(免先生)
토스카나식(-式) *cf.* 도리스식, 이오니아식
토스카나파(-派)(13세기 이탈리아 화파)
토실토실해 보이다
토양선충(土壤線蟲)
토양수대(土壤水帶)
토양 오염(土壤汚染) *cf.* 환경오염, 대기 오염, 수질 오염, 축산 배설물 오염
토요일날(土曜日-) *cf.* 일요일날
토요일 밤(土曜日-) *cf.* 일요일 밤
토우장식 목 항아리〔土偶裝飾長頸壺〕
토의되어 오다(討議-)
토의해 보다(討議-)
토의해 오다(討議-)
토장국(土醬-) *cf.* 된장국, 맑은장국
토종개(土種-) *cf.* 토종벌
토종 개구리(土種-)
토종꿀(土種-) *cf.* 양봉 꿀
토종꿀 맛(土種-) *cf.* 꿀맛, 물맛
토종닭집(土種-)
토종말(土種-)
토종벌(土種-)
토착문화(土着文化) *cf.* 고유문화, 외래문화, 전통문화, 고대 문화, 군사 문화
토착화되다(土着化-)/토착화하다(土着化-)
토 처사(免處士)
토치 램프/토치 버너
토해 내다(吐-) *cf.* 뱉어 내다
토해 버리다(吐-)
톡 쏘다 *cf.* 톡(부사)
톡 튀다
톤세(-稅)(톤수를 기준으로 내는 세금)
톤수(-數)
톨 *cf.* 쌀 한 톨, 밤 한 톨
톨유(-油) *cf.* 로트유, 테레빈유
톱길 <톱질을 하기 전에 ~을 낸다.>
톱날 *cf.* 대팻날, 가윗날, 괭잇날, 호미날, 까뀌날, 면도날
톱날낫
톱날시붕 *cf.* 외쪽시붕, 욱은시붕, 삿삿지붕
톱날파(-波)
톱니
톱니나사(-螺絲)

톱니날떼기(고고학)
톱니무늬
톱니바퀴 *cf.* 쳇바퀴, 차바퀴, 수레바퀴, 물레바퀴, 숫돌바퀴, 자전거 바퀴, 기차 바퀴
톱니바퀴열(-列)
톱니 수(-數)
톱니잎
톱니파(-波)
톱몸
톱밥 *cf.* 대팻밥, 자귓밥, 가윗밥, 실밥, 줄밥, 가랫밥, 호밋밥
톱손
톱자국 *cf.* 칼자국, 잇자국
톱자루 *cf.* 빗자루, 도낏자루, 삽자루, 호미자루, 괭이자루
톱장이(-匠-)
톳 *cf.* 김 열 톳
-통(通)(접미사)(의존 명사) <소식통에 의하면 그는 미국통이다.> *cf.* 외교통, 경제통, 광화문통
ᵛ통(의존 명사) <난리~에 헤어지다.>, <떠드는 ~에 잠을 못 자다.>, <차가 밀리는 ~….>
ᵛ통(桶)(의존 명사) *cf.* 물 한 통, 페인트 두 통, 막걸리 한 통
ᵛ통(通)(의존 명사) *cf.* 편지 한 통, 전보 한 통, 서류 한 통
통(桶) *cf.* 물통, 술통, 똥통, 밥통
통가죽
통것(통으로 된 것)
통겨주다 <몰랐던 것을 ~.>
통계 내다(統計-)
통계연감(統計年鑑) *cf.* 출판 연감, 바둑 연감, 통계 연보, 통계 자료
통계피(-桂皮) *cf.* 통후추, 통마늘
통계학자(統計學者) *cf.* 경제학자
통고받다(通告-) *cf.* 받다
통고 없이(通告-)
통고해 버리다(通告-)
통곡 소리(痛哭-) *cf.* 곡소리, 울음소리, 웃음소리, 숨소리, 아우성 소리, 함성 소리
통곡의 벽(痛哭-壁)
통과시켜 주다(通過-)
통과해 버리다(通過-)
통과해 오다(通過-)
통관업자(通關業者) *cf.* 수출업자
통구덩이(건축)
통구멍(목재의 옆면에 다른 재목의 머리를 끼우려고 파낸 구멍)
통국수(낚시 미끼)
통그물 *cf.* 후릿그물, 두릿그물, 쾡이그물
통기둥
통기타(筒-)
통김치
통김치쌈
통꼭지(톱의 바깥쪽에 달린 손잡이)
통꽃
통꽃받침 *cf.* 꽃받침
통꾸밈(筒-)(인쇄)
통끼움(筒-)
통나무다리 *cf.* 외나무다리
통나무배
통나무집 *cf.* 오두막집
통다리끼움
통다리뜨기(씨름)
통닭구이
통닭집
통량갓(統凉-) *cf.* 평량갓
통리기무아문(統理機務衙門)
통마늘
통마루 *cf.* 우물마루, 쪽마루, 널마루
통만두(桶饅頭)
통맞춤
통메우다(桶-)
통메장이(桶-匠-)
통밀어(부사) <~ 얼마나 되나?>
통바름(筒-)(인쇄)
통바지 *cf.* 나팔바지

통발(筒-)
통배추김치
통보드리다(通報-)
통보리쌀 *cf.* 납작보리
통보받다(通報-) *cf.* 받다
통보해 오다(通報-)
통보해 주다(通報-)
통뼈 *cf.* 허리뼈, 다리뼈, 엉치뼈
통사적 사동문(統辭的使動文)
통사적 피동문(統辭的被動文)
통사정하다(通事情-)
통사정해 오다(通事情-)
통상추 *cf.* 통배추
통성 혐기성 균(通性嫌氣性菌)
통성명하다(通姓名-)
통속 <그놈도 한~이다.>
통속가요(通俗歌謠) *cf.* 대중가요, 통속 문학, 통속 소설, 고전 음악
통 속에(桶-)
통속화되어 가다(通俗化-)
통솔해 오다(統率-)
통송곳 *cf.* 도래송곳
통수능(通水能) *cf.* 투과능
통술(桶-)
통신·교통 시설(通信·交通施設)
통씨름 *cf.* 띠씨름, 샅바씨름
통얼룩잡기(筒-)(인쇄)
통역 잘하다(通譯-)
통열량계(桶熱量計)
통용해 오다(通用-)
통일강령(統一綱領) *cf.* 행동 강령
통일 낱말 맞히기 놀이(統一--) *cf.* 낱말 맞히기 놀이
통일놀이(統一-)
통일 신라(統一新羅)
통장수(桶-) *cf.* 쌀장수, 소금 상수, 젓갈 장수
통장작(-長斫)
통장작불(-長斫-) *cf.* 숯불, 장작불, 우죽불
통정대부(通政大夫)
통젖(桶-)(통의 손잡이)
통제, 간섭하다(統制, 干涉-)
통제당하다(統制當-) *cf.* 당하다
통제받다(統制-) *cf.* 받다
통제 아래(統制-)
통제하명(統制下命)
통제해 오다(統制-)
통제해 준다(統制-)
통조각(통으로 된 조각)
통조림(桶-) *cf.* 병조림
통조림통(桶-桶) *cf.* 병조림병, 깡통
통주저음(通奏低音)/숫자저음(數字低音)
통줄 *cf.* 등근줄
통줄눈 *cf.* 치상줄눈, 가로줄눈, 세로줄눈
통줄눈깔기(건축)
통줄눈쌓기(건축)
통줄 주다(연날리기)
통지기 <어머니는 양반집의 ~ 노릇을 했다.> *cf.* 문지기, 등대지기
통지받다(通知-) *cf.* 연락받다, 받다
통지표(通知表)
통지해 주다(通知-)
통짜다
통째로 *cf.* 째
통째썰기 *cf.* 어슷썰기, 얄팍썰기
통차기(桶-)(술래잡기)
통차지하다
통찰, 분석, 탐구하다(洞察, 分析, 探究-)
통첩받다(通牒-)
통치바
통치하(統治下) *cf.* 압제하
통치해 오다(統治-)
통쾌해 보이다(痛快-)
통쾌해하다(痛快-)
통탄해하다(痛歎-)
통통걸음 *cf.* 종종걸음, 오리걸음, 게걸음, 황새걸음, 토끼걸음
통통배 *cf.* 똑딱선
통통별

통틀어
통폐합되다(統廢合-)
통폐합시키다(統廢合-)
통폐합하다(統廢合-)
통학길(通學-) *cf.* 출근길, 퇴근길, 항해길
통학시켜 주다(通學-)
통합, 개편하다(統合, 改編-)
통합, 분리하다(統合, 分離-)
통합시켜 버리다(統合-)
통합, 편제하다(統合, 編制-)
통합해 버리다(統合-)
통해 오다(通-)
통행금지(通行禁止) *cf.* 출입 금지, 수입 금지, 사용 금지, 수출 금지, 비행 금비
통행면장(通行免狀) *cf.* 여행면장, 수출 면장, 수입 면장
통행해 오다(通行-)
통화주의(通貨主義) *cf.* 은행주의
통화 중(通話中) *cf.* 실행 중
통화해 보다(通話-)
통후추 *cf.* 통고추, 통깨
톺아보다(샅샅이 살피다.)
퇴각해 버리다(退却-)
퇴고해 보자(推敲-)
퇴교당하다(退校當-) *cf.* 당하다
퇴근길(退勤-) *cf.* 출근길, 항해길, 여행길, 피난길, 귀향길, 등굣길, 귀갓길, 답삿길
퇴근하자마자(退勤-) *cf.* 자마자(어미)
퇴근해 버리다(退勤-)
퇴내다(退-)
퇴놓다(退-)
퇴락되어 가다(頹落-)
퇴물림쌓기(退-)(성벽 쌓기)
퇴박맞다(退-) *cf.* 퇴짜 맞다, 소박맞다
퇴보해 버리다(退步-)
퇴비더미(堆肥-) *cf.* 흙더미, 잿더미, 빚더미, 욕더미, 쓰레기더미, 조개더미, 자재더미
퇴비주기(堆肥-)
퇴비(를) 주다(堆肥-)
퇴색해 가다(退色-)
퇴역해 버리다(退役-)
퇴원해 버리다(退院-)
퇴위당하다(退位當-) *cf.* 당하다
퇴장당하다(退場當-) *cf.* 당하다
퇴장해 버리다(退場-)
퇴적열(堆積熱)
퇴줏그릇(退酒-) *cf.* 모삿그릇, 모잇그릇, 국그릇, 죽그릇, 쌀 그릇
퇴직해 버리다(退職-)
퇴진해 버리다(退陣-)
퇴짓돌(처마 밑에 돌려 놓은 장대석) *cf.* 주춧돌, 지댓돌, 첨곗돌
퇴짜 놓다(退-) *cf.* 딱지 놓다
퇴짜 맞다(退-) *cf.* 소박맞다, 퇴박맞다, 딱지 맞다
퇴폐주의(頹廢主義)
퇴폐풍조(頹廢風潮) *cf.* 외래 풍조, 과소비 풍조, 불신 강조
퇴학당하다(退學當-) *cf.* 당하다
퇴학시켜 버리다(退學-)
퇴해 주다(退-)(다시 물러 주다.)
퇴화되어 가다(退化-)
퇴화해 버리다(退化-)
툇기둥(退-)
툇돌(退-) *cf.* 댓돌, 탯돌, 머릿돌, 이맛돌
툇마루(退-) *cf.* 대청마루, 쪽마루
-투(套)(의존 명사) *cf.* 말투, 반말투, 글투
ᵛ투(套)(의존 명사) *cf.* 귀찮다는 투의 목소리, 비꼬는 투
투겁도끼(고고학)
투겁창(-槍)
투과능(透過能) *cf.* 통수능
투과성 막(透過性膜)
투기사업(投機事業) *cf.* 전매 사업, 환경 사업
투기업자(投機業者)
투명 종이(透明-)
투박스러워 보이다
투병 중(鬪病中) *cf.* 와병 중

-투성이(접미사) *cf.* 먼지투성이, 흙투성이, 욕투성이, 상처투성이, 피투성이
투시 도법(透視圖法)
투시화법(透視畫法)(편수 자료)
투시 화법(透視畫法)
투신자살(投身自殺) *cf.* 음독자살, 할복자살, 분신자살, 권총 자살
투옥, 납치되다(投獄, 拉致-)
투옥당하다(投獄當-) *cf.* 당하다
투융자(投融資)
투자율계(透磁率計)
투자해 주다(投資-)
투쟁해 나가다(鬪爭-)
투전타령
투정 부리다 *cf.* 익살 부리다, 어지 부리다, 야살부리다, 기승부리다
투정질하다
투지만만하다(鬪志滿滿-)
투팔스카 양(-孃)
투포환(投砲丸)
투표날(投票-) *cf.* 장례날, 개학날, 잔칫날
투표 상자(投票箱子) *cf.* 탄약 상자, 사과 상자, 어둠상자, 안개상자, 주름상자
투표용지(投票用紙) *cf.* 인쇄용지, 포장용지, 복사 용지
투표일(投票日)
투표해 주다(投票-)
투항해 오다(投降-)
투해머(投-)
투호놀이(投壺-) *cf.* 놀이
투호삼작노리개(投壺三作-)
툭 지나
툭툭 털다
툭하면 *cf.* 걸핏하면
툰드라토(-土)
툰베리관(-管)(물리) *cf.* 벤투리관
퉁겨 주다
퉁구스 어군(-語群)
퉁김 현악기(-絃樂器)
퉁때(엽전에 묻은 때)
퉁맞다
퉁명부리다 *cf.* 야살부리다, 간살부리다, 투정부리다, 앙탈 부리다
퉁명스러워 보이다
퉁바리맞다 <퉁바리맞을 것을 각오하고 말하다.>
퉁방울눈 *cf.* 왕눈, 뱁새눈, 가자미눈, 도끼눈
퉁소 소리 *cf.* 피리 소리, 해금 소리, 북소리
퉁어리적다(옳고 그른지도 모르고 아무 생각없이 행동하는 데가 있다.)
-퉁이(접미사) *cf.* 눈퉁이, 젖퉁이, 미련퉁이, 심술퉁이
퉁퉁걸음 *cf.* 통통걸음, 송종걸음
퉁퉁별
퉁퉁 붓다
튀각산자(-饊子)
튀겨 거꾸로오르기
튀겨 돌아 물구나무서기
튀겨보내기
튀겨 보다
튀겨서 맞히기
튀겨 주다
튀김가루 *cf.* 튀김옷
튀김 기름
튀김옷 *cf.* 튀김가루
튀김찜
튀는 듯하다 *cf.* 듯하다
튀는목(판소리)
튀르크 어군(-語群)
튀밥
튀어 나가다
튀어나오다 <말이 불쑥 ~.>, <이마에 혹이 ~.>
튀어 버리다
튀어 오르다
튀테스 여신(-女神)
튀하다
튕겨 보다
튜브 타고 놀기

트라이아세트아마이드
트라이아스기(-紀) *cf.* 쥐라기
트라이앵글
트래킹제(-制)(수준별 수업 제도)
트랙 볼
트랜스유(-油) *cf.* 실린더유
트랜지스터 시계(-時計) *cf.* 전자시계, 원자시계, 디지털시계, 아날로그시계, 액정 시계
트러스교(-橋) *cf.* 라멘교
트러스보
트럼펫 소리 *cf.* 피리 소리, 캐스터네츠 소리
트레머리 *cf.* 얹은머리
트레몰로풍(-風) *cf.* 발라드풍
트레바리(남의 말에 이유 없이 반대하기를 좋아하는 성격)
트레방석(-方席) *cf.* 부들방석, 뒤트레방석
트로이 인(-人)
트로이카춤
트로코이드파(-波) *cf.* 사인파, 코사인파
트롤리선(-線)
트롤선(-船) *cf.* 외끌이선, 쌍끌이선
트롬본족(-族) *cf.* 만돌린족
-트리다/-뜨리다(접미사) *cf.* 넘어트리다/뜨리다, 망가트리다/뜨리다
트리메틸→트라이메틸
트리아세트→트라이아세트
트리요오드화 이온(-化-)→트라이아이오딘화(-化) 이온
트리코직(-織) *cf.* 개버딘진, 콥트직
트여 있다
트임 쪽
트집거리
트집 걸다
트집 나다
트집바탈(트집만 부리는 일)
트집 부리다
트집삼아
트집 쓰다
트집 잡다/트집 잡히다 *cf.* 흠잡다, 흠잡히다
트집해 오다
특별관람석(特別觀覽席) *cf.* 일반 관람석
특별나다(特別-) *cf.* 유별나다
특별시도(特別市道)
특색 없다(特色-)
특색 있다(特色-)
특성 없다(特性-)
특성 있다(特性-)
특성화되다(特性化-)
특성화하다(特性化-)
특수학교(特殊學校) *cf.* 양호학교, 맹아 학교
특수화되다(特殊化-)
특수화하다(特殊化-)
특유운동(特有運動)(천문학) *cf.* 낙하 운동, 모세관 운동, 가속 운동, 낙하 운동
특윳값(特有-) *cf.* 절댓값, 최곳값, 기댓값, 초깃값, 좌표값, 임계값, 순시값
특이해 보이다(特異-)
특임되다(特任-)
특전 주다(特典-)
특징 없다(特徵-)
특징 있다(特徵-)
특징짓다(特徵-)
특허 받다(特許-) *cf.* 편지 받다
특화 산업(特化産業) *cf.* 조선 산업, 철강 산업, 항공 산업
튼입구(-口)(오른쪽이 터진 입구. ㄷ)
튼튼해 보이다
튼튼해져 가다
틀거지
틀걸기
틀계단(-階段) *cf.* 상자계단
틀국수 *cf.* 칼국수, 기계국수
틀누비 *cf.* 손누비
틀니 *cf.* 간니, 송곳니, 어금니, 앞니
틀려먹다 *cf.* 글러 먹다
틀렸단 말야 *cf.* 말이다/말이오
틀림없다
틀림없어 보이다

틀림없이
틀 무렵 <먼동이 ~> *cf.* 할 무렵, 도착할 무렵
틀바느질 *cf.* 손바느질
틀비계
틀 속에
틀어넣다 <좁은 자리에 ~.>
틀어 놓다
틀어막다
틀어막히다
틀어박다
틀어박히다
틀어 보다
틀어잡다 <멱살을 ~.>
틀어 주다 <녹음기를 ~.>
틀어쥐다 <멱살을 ~.>
틀어지다 <줄을 ~.>
틀 잡다/잡히다
틀 주형법(-鑄型法)
틀톱 *cf.* 실톱
틈나는 대로 *cf.* 대로
틈나다
틈내다
틈내 주다
틈바구니
틈 사이/틈새
틈새 산업(-産業)
틈새시장(-市場)
틈 없다
틈타다
틔워 주다
티(의존 명사) *cf.* 시골티, 촌티, 고생티, 관료티, 소녀티, 처녀티, 노처녀 티, 선생 티, 군인 티, 궁한 티
티격나다(사이가 벌어지다.)
티격태격(부사)/티격태격하다
티그리스 강(-江)
티끌 같다
티끌같이
티끌더미 *cf.* 흙더미, 욕더미, 잿더미, 쓰레기더미
티끌세상(-世上)
티 나다 <너무 티 나지 않게 하라.>
티 나지 않게
티 내다 <너무 티 내지 마라.>
티눈 박히다 *cf.* 가시 박히다
티몰 블루 *cf.* 턴불청
티몰프탈레인
티베스티 산지(-山地)
티베트계(-系)
티베트족(-族)
티베트·히말라야 산지(-山地)
티셔츠
티스푼 *cf.* 테이블 스푼
티어소매(주름 잡힌 천을 단 소매) *cf.* 퍼프소매
티어 스커트
티 없고 거짓 없이
티없다
티 없다 <아무 티 없는 물건>
티오람 수화제 2배액(-水和劑二倍液)
티오시안산 이온(-酸-)→싸이오사이안산 이온
티오카르보닐→싸이오카보닐
티오펜→싸이오펜
티오포스겐→싸이오포스젠
티오황산(-黃酸)→싸이오황산
T 자
티크목(-木) *cf.* 나왕목, 아피통목
티탄→타이타늄[티탄]
티탄백(-白)
티탄산(-酸)
티티우스·보데 법칙(-法則)(지구 과학)
티푸스균(-菌)
T 항원(-抗原)
T 형강(-形/型鋼) *cf.* H 형강, I 형강
Tic-Tac-Toc놀이
팀장님(-長-)

파

-파(派)(접미사) cf. 왕당파, 시아파, 훈구파
파 가다
파 가 버리다
파 가지고 가다
파 간 자리
파강회(-膾) cf. 미나리강회
파견 나가다(派遣-)
파견 나오다(派遣-)
파견되어 가다(派遣-)
파견해 놓다(派遣-)
파견해 오다(派遣-)
파견해 주다(派遣-)
파계해 버리다(破戒-)
파고들다[專心, 沒頭]
파고 들어가다 <흙 속으로 ~>
파고들어가다 cf. 파고들다, 들어가다
파고들어오다 cf. 파고들다, 들어오다
파괴되어 가다(破壞-)
파괴소화(破壞消火) cf. 냉각소화, 질식소화, 분말 소화, 포말 소화, 탄산 소화
파괴시켜 버리다(破壞-)
파괴주의(破壞主義)
파괴해 버리다(破壞-)
파굴파리
파김치 cf. 배추김치, 물김치
파김치 되다
파 껍질 cf. 양파 껍질, 감자 껍질, 메밀껍질
파 나가다
파 나가 보다
파나다(破-)
파나마모자(-帽子) cf. 터스컨모, 터키모자, 베레모, 중절모자, 빵떡모자
파나물
파내다 cf. 퍼내다, 떠내다
파 내려가다
파 내려오다
파노라마망원경(-望遠鏡) cf. 파노라마 사진
파 놓다
파는 이 cf. 사는 이
파는목(판소리)
파도넘기(波濤-)
파도 넘다(波濤-)
파도 모양 만들기(波濤模樣-)
파도 소리(波濤-) cf. 천둥소리, 고함 소리
파도치다(波濤-) cf. 소리치다, 물결치다, 눈보라 치다, 박수 치다, 서릿발 치다
파도타기(波濤-)
파도(를) 타다(波濤-)
파 들어가다
파딱파딱하다
파라고무 cf. 아라비아고무
파라상태(-狀態)(화학) cf. 바닥상태, 들뜬상태, 혼수상태, 평형 상태, 액화 상태
파라볼라 안테나
파라·크실렌→파라·자일렌
파라티푸스균(-菌) cf. 장티푸스균
파라핀납(-蠟) cf. 동물랍
파라핀염(-染) cf. 스크린염
파라핀유(-油)
파라핀지(-紙) cf. 아트지, 코트지, 황산지
파란 공 cf. 빨간 공
파란 구슬
파란 꽃
파란 대문 집(-大門-)
파란만장하다(波瀾萬丈-)
파란 많다(波瀾-)
파란빛 cf. 흰빛, 푸른빛, 빨간빛
파란색(-色)
파란색 단추(-色-)
파란색 테이프(-色-)
파란 없다/없이(波瀾-) <~ 살아오다.>
파란 잎
파란중첩(波瀾重疊)
파란 하늘

파랑 구슬
파랑 끈
파랑 비
파랑새
파랑새 되어 <나는 나는 한 마리 ~….>
파랑 잎
파랑 주머니
파랑콩 *cf.* 흰콩, 푸렁콩
파랗디파랗다 *cf.* 붉디붉다
파래 보이다
파래소리(농악)(논에 물대며 하는 소리)
파래져 가다
파랫국 *cf.* 선짓국, 송잇국
파력 발전(波力發電) *cf.* 풍력 발전, 태양열 발전, 원사력 발선
파렴치하다(破廉恥-)
파렴치한(破廉恥漢)
파르스름하다
파르스름해지다
파릇파릇하다
파릇파릇해지다
파리 날리다 <장사가 안 되어 ~.>
파리 떼 *cf.* 양 떼, 개미 떼, 송사리 떼, 까마귀 떼, 모기떼
파리똥
파리 목숨 *cf.* 따라지목숨, 사람 목숨
파리 잡다/잡듯
파리파(-派)(파리에 모였던 예술가 집단)
파리해 보이다
파·마늘 다진 것
파마머리 *cf.* 댕기머리
파먹다 <땅이나 ~.>
파 먹다 <벌레가 ~.>
파면당하다(罷免當-) *cf.* 면지당하다, 당하다
파면해 버리다(罷免-)
파멸당하다(破滅當-) *cf.* 파괴당하다, 당하다
파멸되어 가다(破滅-)
파멸시켜 버리다(破滅-)
파멸해 버리다(破滅-)
파문당하다(破門當-) *cf.* 출척당하다, 당하다
파문 일다(波紋-)
파묻다 <땅에 김칫독을 ~.>, <그의 행동을 ~.>
파묻어 놓다
파묻어 두다
파묻어 버리다
파묻어 주다
파묻혀 버리다
파묻혀 살다
파묻혀 있다
파묻혀 지내다
파묻히다 <일에 ~.>
파밑동 *cf.* 무밑동, 나무 밑동
파밭 *cf.* 마늘밭
파 버리다
파벌 싸움(派閥-) *cf.* 당파싸움, 감투싸움, 계파 싸움, 자존심 싸움, 주도권 싸움
파벌주의(派閥主義)
파벽돌(破甓-) *cf.* 오지벽돌, 붉은 벽돌
파 보다
파뿌리 <검은 머리 ~ 되다.> *cf.* 칡뿌리
파뿌리 되다
파삭파삭하다
파산당하다(破産當-) *cf.* 당하다
파산해 버리다(破産-)
파상열(波狀熱)(브루셀라병)
파상풍균(破傷風菌)
파생 접사(派生接辭)
파생적 사동문(派生的使動文)
파생적 피동문(派生的被動文)
파선해 버리다(破船-)
파셰식(-式)(수학)
파 소리 *cf.* 도 소리
파손되어 버리다(破損-)
파수 보다(把守-) *cf.* 망 보다
파수 서다(把守-)
파스칼의 원리(-原理)
파스텔화(-畫) *cf.* 크레파스화, 연필화
파시스트당(-黨) *cf.* 나치당, 지롱드당

파 심기
파(를) 심다
파악 중(把握中) *cf.* 심사 중
파악해 내다(把握-)
파악해 놓다(把握-)
파안대소(破顔大笑)
파업 중(罷業中) *cf.* 시위 중
파여 있다
파 오다
파 올리다 *cf.* 퍼 올리다
파운드화(-貨) *cf.* 달러화, 마르크화, 엔화
파울러수(-水)(의약)
파울 볼
파울선(-線)
파유리(破琉璃)
파이 껍질 *cf.* 양파 껍질, 굴참나무 껍질, 나무껍질, 귤껍질, 왕골껍질, 소태껍질
파이렉스 유리(-琉璃)
파인유(-油) *cf.* 올리브유, 팜유
파 일구다
파일뜨기(뜨개질)
파일명(-名)
파임내다(일치한 의견을 나중에 다른 소리를 해서 일을 그르치다.)
파자마 바람 *cf.* 팬티 바람, 작업복 바람, 저고릿바람, 속곳바람, 상툿바람, 치맛바람
파자쟁이(破字-)
파자점(破字占)
파장국(-醬-)
파장머리(罷場-) *cf.* 머리
파적거리(破寂-) *cf.* 일거리, 소일거리, 화젯거리, 문젯거리
파적삼아(破寂-) *cf.* 장난삼아
파제삿날(破祭祀-) *cf.* 제삿날, 파젯날
파젯날(破祭-) *cf.* 파제삿날
파 주다
파죽음 되다
파직당하다(罷職當-) *cf.* 당하다
파직시켜 버리다(罷職-)
파찬국 *cf.* 미역찬국, 오이찬국, 김찬국
파초잎(芭蕉-) *cf.* 깻잎, 연잎, 솔잎, 갈잎, 은행잎, 오동잎, 단풍잎, 은행나무 잎, 단풍나무 잎, 참나무 잎
파킨슨병(-病)(중추 신경계의 퇴행성 질환) *cf.* 알츠하이머병
파투 나다(破鬪-)
파투 내다(破鬪-)
파피리 *cf.* 버들피리, 풀피리
파피에 콜레(입체파의 한 기법)
파헤쳐 나가다
파헤쳐 내다
파헤쳐 놓다
파헤쳐 보다
파헤치다
파형철(波形鐵)
파혼당하다(破婚當-) *cf.* 이혼당하다, 당하다
파혼해 버리다(破婚-)
-판(명사) *cf.* 씨름판, 노름판
-판(版)(접미사) *cf.* 개정판, 증보판
ᵛ판(의존 명사) *cf.* 장기 한 판, 시장한 판에, 나서야 할 판에, 기다리던 판에
판(板)(명)(지구의 겉부분을 둘러싸는 암판)(접미사) *cf.* 유라시아판, 아프리카판, 아라비아판, 인도판, 호주판, 태평양판, 북미판, 카리브판, 나즈카판, 코코스판, 남미판, 남극판
판가(板架) <대장경판의 ~>
판가름 나다
판가름 내다
판가름하다
판가름해 주다
판갈이(板/版-)
판 값 *cf.* 산 값
판걸이(版-)
판결 내리다(判決-) *cf.* 판정 내리다
판결받다(判決-) *cf.* 받다
판관사령(判官使令)(아내가 시키는 대로 잘 따르는 사람)
판구이(版-)

판꽂이 *cf.* 우산꽂이, 편지꽂이
판나다 <허구한 날 먹기만 하다가 ~.>
판놀음
판다르다 <그의 성격이 보기와는 ~.>
판단 내리다(判斷-)
판단 없이(判斷-)
판단해 보다(判斷-)
판단해 주다(判斷-)
판독해 내다(判讀-)
판돈
판돈 떼다
판들다(재산을 다 써서 없애다.)
판때리다(선악을 가려 판단하다.)
판막음
판막음하다
판막이
판 만들기(版-)
판(을) 만들다(版-)
판말뚝(板-) *cf.* 널말뚝, 쇠말뚝, 말말뚝
판매해 오다(販賣-)
판명 나다(判明-) *cf.* 결론 나다
판몰이
판박이(版-)
판박이그림(版-)
판 밖(일이 벌어진 자리 밖)
판별되다(判別-)
판별해 내다(判別-)
판본체로 쓰기(板本體-)
판본체 쓰기(板本體-)
판본체(로) 쓰다(板本體-)
판붙이 어묵(板 魚-) *cf.* 부들 어묵, 찐 어묵, 튀김 어묵
판사 자리(判事-) *cf.* 검사 자리, 교장 자리
판소리
판소리 여섯 마당/열두 마당
판수이다 <판수익은 일 처리가 믿음직스럽다.>
판설다 <일하는 폼이 ~.>
판싸움 <~으로 승부를 겨루다.> *cf.* 패싸움, 자존심 싸움
판쓸이
판씨름 *cf.* 상씨름
판에 박은 듯(版-) *cf.* 듯
판유리(板琉璃)
판으로 만들기(板-)
판이해 보이다(判異-)
판자때기(板子-)
판자벽(板子壁)
판자촌(板子村) *cf.* 아파트촌, 한옥촌
판잣집(板子-) *cf.* 움막집, 귀틀집
판잣집살이(板子-) *cf.* 오두막살이, 살이
판정 내리다(判定-) *cf.* 판결 내리다, 결정 내리다, 결론 내리다, 진단 내리다
판정받다(判定-) *cf.* 받다
판정 의문문(判定疑問文)
판정해 주다(判定-)
판짜기(版-)(인쇄)
판 짜다(版-)
판치다
판판해 보이다
팔가락지
팔 가로누워 꺾기
팔각기둥(八角-) *cf.* 육각기둥, 사각기둥
팔각뿔(八角-)
팔각소반(八角小盤) *cf.* 개다리소반
팔각시(八角詩) *cf.* 팔족시
팔각시계(八角時計) *cf.* 뻐꾸기시계, 벽시계, 괘종시계, 손목시계, 사발시계, 모시계
팔각지붕(八角-) *cf.* 팔작지붕, 톱날지붕
팔삼아 안아넘기기
8개조(八個條)(법률) *cf.* 8개항
8개항(八個項) *cf.* 8개조
팔걸어 엎굴리기(레슬링)
팔걸음(물구나무서기)
팔걸이
팔걸이의자(-椅子) *cf.* 회전의자, 안락의자
팔걸쳐 흔들기(체조)
팔고 가다/팔고 오다
팔고 다니다

팔고 사는/사다
팔고 싶어하다 *cf.* 싶어하다
팔고 있다
팔관보(八關寶)
팔괘무늬(八卦-)
8, 9년(八, 九年)
팔구부리기(체력 운동)
팔굽치기(태권도)
팔굽혀 매달리기
팔굽혀 짚어지기(한국 무용)
팔굽혀펴기(체력 운동)
팔굽혀펴며 흔들기(체조)
팔굽히기/팔 굽히다
팔꿈치
팔끌며 한다리 태클(레슬링)
팔 내림체(한국 무용)
팔 놀리다 *cf.* 손 놀리다
팔놀림 *cf.* 손놀림, 입놀림
팔 높이 *cf.* 눈높이, 허리 높이, 천장 높이
팔다리('수족'의 뜻으로)
팔 다리('팔과 다리'의 뜻으로)
팔 다리 좁히기
팔다리힘 기르기
팔당 댐(八堂-) *cf.* 안동 댐, 춘천 댐
팔도강산(八道江山)
팔도지리지(八道地理志)
팔동작(-動作) *cf.* 손동작, 발동작
팔두령 동구(八頭領銅具)
팔 둘레 *cf.* 가슴둘레, 허리둘레, 종아리 둘레, 허벅지 둘레
8등분점(八等分點)
팔등신(八等身)
팔딱팔딱(부사)
팔뚝 둘레 *cf.* 엉덩이 둘레, 허벅지 둘레, 허리 둘레, 가슴둘레
팔뚝만 하다 *cf.* 눈곱만하다, 대문짝만하다, 동생만 하다, 만 하다
팔라파(-派)(힌두 미술)
팔랑개비
팔랑개비 만들기
팔랑개비(를) 만들다
팔랑헤당(-黨) *cf.* 나치당, 지롱드당
팔러 가다/팔러 오다
팔러 갔다 오다
팔러 나가다
팔러 다니다
팔려 가다/팔려 오다
팔려 나가다
팔려 다니다
팔려 버리다
팔로 허리감기(한국 무용)
팔마디 *cf.* 손마디
팔마비(八馬碑)
팔만대장경(八萬大藏經)
팔만대장경판(八萬大藏經板)
팔매치기
팔맷돌
팔먹중춤(八-)(봉산 탈춤)
팔모금
팔모기둥(八-)
팔모썰기(八-) *cf.* 어슷썰기, 깍둑썰기, 납작썰기, 얄팍썰기
팔 모양(-模樣)
팔모얼레(八-) *cf.* 볼기짝 얼레
팔모지다(八-) *cf.* 육모지다, 모지다
팔모지붕(八-) *cf.* 톱날지붕, 외쪽지붕
팔밀이 *cf.* 손밀이
팔방돌이(八方-)
팔방망이(八-)(16명이 메는 상여)
팔방미인(八方美人)
팔방통보(八方通寶)
팔버티어 내리기(체조)
팔 버티어 옆뛰기
팔버티어 오르기(체조)
팔베개
8분음(八分音)
8분음표(八分音標)
8분의 7(八分-七) *cf.* 분의, 분지(조사)

팔 빗장지르기(레슬링)
팔뼈 *cf.* 목뼈, 손목뼈, 복숭아뼈
팔삭둥이(八朔-) *cf.* 칠삭둥이
팔선녀(八仙女)
팔소매
팔심 *cf.* 다릿심, 허릿심, 팔 힘
팔심 세다
팔씨름/팔씨름하다 *cf.* 발씨름
팔아 가다/팔아 오다
팔아 내다
팔아넘기다 <전답을 다 ~.>
팔아 달라다
팔아두들기기(증권)
팔아먹다 <전답을 ~.>
팔아 버리다
팔아 보다
팔아 없애다
팔아 주다
팔아 치우다 *cf.* 해치우다, 때려치우다, 먹어치우다
팔얽어 비틀기(유도)
팔 올림체(한국 무용)
팔 운동(-運動) *cf.* 발 운동
팔월대보름(八月大-) *cf.* 정월 대보름
8월 말경에(八月末頃-) *cf.* 8월 초에
8월 말에(八月末-)
8월 중에(八月中-)
8월 초에(八月初-) *cf.* 8월 말에
8의 단 곱셈구구(八-段-九九)
팔이(집비사) *cf.* 신문팔이, 껌팔이
팔자걸음(八字-) *cf.* 갈지자걸음, 일자걸음
팔자 고쳐 주다(八字-)
팔자 고치다(八字-)
팔자 늘어지다(八字-)
팔자땜(八字-) *cf.* 액땜, 수땜
팔자 사납다(八字-) *cf.* 운수 사납다
팔자 세다(八字-) *cf.* 사주 세다
팔자수염(八字鬚髥) *cf.* 카이저수염, 턱수염, 볼수염

8자 이어달리기(八字-)
팔자 좋다(八字-)
팔자타령(八字-) *cf.* 돈타령, 반찬타령, 술타령
팔자타령하다(八字-)
八자형 정지(八字形停止)(스케이팅)
팔작지붕(八作-) *cf.* 맞배지붕, 눈썹지붕, 톱날지붕, 외쪽지붕
팔작집(八作-) *cf.* 맞배집, 뱃집, 일자집, 일잣집, 이자집
팔 잡아 돌리기
팔재간(-才幹)(씨름) *cf.* 다리재간, 손재간
팔젓기
8조목(八條目)
8조 법금(八條法禁)
팔종성법(八終聲法)
팔죽지 *cf.* 어깻죽지
팔진미(八珍味)
팔짓하다 *cf.* 눈짓하다, 엉덩잇짓하다
팔짚고 다리벌려 뛰기
팔짚고 뛰어넘기
팔짚고 엎드리기
팔짚고 옆으로 뛰어넘기
팔짝 뛰다
팔짝팔짝(부사)
팔짱 끼다
팔짱 지르다
팔찌 끼다 *cf.* 반지 끼다
팔척장신(八尺長身)
팔촌 동생(八寸同生)
팔촌 형(八寸兄)
8층(八層)
팔팔결(엄청나게 다름.)
팔팔 끓다
팔팔 뛰다
팔팔해 보이다
팔풍받이(八風-)(팔방에서 오는 바람을 다 받는 곳) *cf.* 바람받이
8회 말(八回末) *cf.* 8회 초
팔회목 *cf.* 손회목, 발회목

팔 휘돌리기(한국 무용)
팔흔들기
팔(을) 흔들다
팔 힘 기르기
팜유(-油) *cf.* 올리브유, 파인유
팟국 *cf.* 뭇국, 칡국, 깻국, 고깃국, 시래깃국
팟종 *cf.* 마늘종
팡이실
팡파짐해 보이다
팥가루 *cf.* 콩가루, 쌀가루, 밀가루, 보릿가루
팥고물 *cf.* 콩고물
팥꼬투리 *cf.* 콩꼬투리, 말꼬투리
팥단자(-團餈) *cf.* 수수단자
팥뒤주
팥떡 *cf.* 콩떡, 봄보리개떡
팥물
팥물밥
팥밥 *cf.* 콩밥, 조밥
팥비누 *cf.* 세숫비누, 빨랫비누, 약비누
팥비누합(-盒)
팥빙수(-氷水)
팥시루떡
팥알만 하다 *cf.* 콩알만 하다, 주먹만 하다, 송아지만 하다, 눈꼽만하다, 대문짝만하다, 쥐방울만하다, 만 하다(←만하다)
팥잎 *cf.* 고춧잎, 콩잎, 깻잎, 연잎
팥죽(-粥) *cf.* 녹두죽, 시래기죽
팥죽 먹기(-粥-)
팥죽빛(-粥-)
팥죽 쑤다(-粥-)
팥죽할멈(-粥-) *cf.* 합죽할미
패가망신하다(敗家亡身-)
패거리(牌-)
패거리끼리(牌-) *cf.* 저희들끼리, 끼리(접미사)
패권(을) 다투다(霸權-)
패권 다툼(霸權-) *cf.* 자리다툼, 세력 다툼, 묏자리 다툼, 주도권 다툼
패권(을) 잡다(霸權-)
패기 넘치다(霸氣-)
패기만만해 보이다(霸氣滿滿-)
패기 없다(霸氣-)
패기 있다(霸氣-)
패 나오다
패대기치다
패 떼다(牌-)
패랭이고누
패랭이꽃
패리티 지수(-指數)(농산물 가격 산출 방식)
패배당하다(敗北當-) *cf.* 패소당하다, 당하다
패배주의(敗北主義)
패배해 버리다(敗北-)
패소당하다(敗訴當-) *cf.* 당하다
패소해 버리다(敗訴-)
패싸움 벌이다(牌-)
패싸움하다(牌-)
패쓰다(霸-)
패어 나오다 <이삭이 ~.>
패역무도하다(悖逆無道-)
패전당하다(敗戰當-)
패 주다
패 죽이다 *cf.* 때려죽이다, 찔러 죽이다, 던져 죽이다, 쳐 죽이다
패차다(牌-)
패키지여행(-旅行)('한묶음 여행'으로 순화) *cf.* 신혼여행, 수학여행, 단체 여행
패트롤제(-制)
패해 버리다(敗-)
팬잔례(-禮)(첫딸을 낳고 친구에게 한턱 내는 일) *cf.* 생남례
팬케이크
팰릿차(-車)(화물차의 일종)
팻감(霸-)(바둑)
팻돈(牌-)
팻말(牌-) *cf.* 푯말
팽개쳐 놓다/팽개쳐 두다
팽개쳐 버리다
팽배해 가다(澎湃/彭排-)
팽이놀이 *cf.* 놀이

팽이돌리기
팽이돌이
팽이싸움 *cf.* 연싸움, 물싸움, 불싸움
팽이채 *cf.* 파리채, 북채, 양금채
팽이치기
팽이치기하다
팽이(를) 치다
팽창되어 가다(膨脹-)
팽창시켜 주다(膨脹-)
팽창주의(膨脹主義)
팽팽해 보이다
팽팽해져 가다
팽 하고 소리 나다
퍅퍅 대들다
퍅퍅 쏘다
퍼 가다
퍼 오다
퍼내다 *cf.* 펴내다, 떠내다, 빼내다
퍼내도 퍼내도
퍼내 주다
퍼넘기기(농악)
퍼 넣다
퍼 놓다
퍼 담다 <쌀을 ~.>, <천천히 퍼(서) 담다.>
퍼더버리다(퍼지르다)
퍼더앉다 <방바닥에 ~.>
퍼덕대다/거리다
퍼 드리다 <쌀을 ~.>
퍼늘이다 <밖의 것을 안으로 ~.>
퍼런빛/퍼런색(-色)
퍼마시다 <술을 ~.>
퍼먹다 <밥을 ~.>
퍼부어 버리다
퍼부어 주다
퍼붓다
퍼석퍼석하다/퍼석퍼석해지다
퍼센트 덧셈 뺄셈 키
퍼 싣다
퍼 올리다 *cf.* 파 올리다

퍼져 가다
퍼져 나가다
퍼져 눕다
퍼 주다
퍼지르다
퍼질러 앉다
퍼짐성(-性) *cf.* 메짐성
퍼텐쇼미터
퍼텐셜 우물
퍼프소매 *cf.* 티어소매, 퍼프 소매(편수 자료 '가사·실업')
펀치기(-器)
펀펀해 보이다
펄떡펄떡하다
펄럭펄럭하다
펄선(-線)
펄스광(-光)
펄스열(-列)
펄스폭(-幅)
펄썩 뛰다
펄썩 주저앉다
펄쩍펄쩍(부사)
펄펄 날다/펄펄 날리다
펄펄 뛰다
펄프재(-材)
펌프선(-船)
펑크 나다/펑크 내다
펑크족(-族)
페가수스자리 *cf.* 큰곰자리
페닝족(-族)
페널티 킥
페놀 레드
페놀프탈레인 용액(-溶液)
페니실륨노타툼
페니키아 인(-人) *cf.* 로마 인
페니키아자(-字) *cf.* 로마자
페닐기(-基)
페닐케톤뇨증(-尿症)(생물)
페닐히드라진→페닐하이드라진

페더급(-級) *cf.* 밴텀급
페디스털 말뚝
페루면(-綿) *cf.* 미국면, 인도면, 애급면
페르마(의) 원리(-原理)
페르미상(-賞) *cf.* 그래미상, 에미상, 노벨상
페르세우스자리(별자리)
페르시아 만(-灣)
페르시아 어(-語)
페리파토스학파(-學派) *cf.* 밀레투스학파, 스토아학파, 이용후생 학파, 실학 학파
페름기(-紀)
페미나상(-賞)(프랑스 문학상) *cf.* 현대문학상
페스트균(-菌)
페인트옷
페인트의 양(-量) *cf.* 쓰레기의 양
페인트칠(-漆) *cf.* 옻칠, 캐슈칠
페인트통(-桶) *cf.* 석유통, 기름통
페트리 접시 *cf.* 시계 접시, 증발 접시
페트병(-甁) *cf.* 플라스틱병, 유리병
펜글씨 *cf.* 붓글씨
펜 끝 *cf.* 연필 끝
펜실베이니아기(-紀)
펜치날 *cf.* 가윗날, 괭잇날, 가랫날, 대팻날 면도날, 도끼날, 쟁기날, 호미날
펜클럽
펜탄→펜테인[펜탄]
펜테인[펜탄]등(-燈) *cf.* 가스등, 석유등
펩티드→펩타이드
펠링액(-液) *cf.* 펠링 용액
펠트지(-紙) *cf.* 아스팔트지
펠티에 효과(-效果)
펴 가다
펴 나가다
펴내다 <책을 ~.> *cf.* 짜내다, 해내다, 퍼내다, 떠내다, 빼내다
펴낸 분
펴낸이 *cf.* 글쓴이, 지은이, 듣는이, 말하는이, 듣는 이, 말하는 이
펴놓다 <마음 속을 숨김없이 ~.>
펴 놓다 <종이를 펴(서) 놓았다.>
펴 놓은 채 *cf.* ㄴ 채, 채(의존 명사)
펴 둔 채
펴들기(한국 무용)
펴 들다(펴서 들다) <책을 ~.>
펴 말리다
펴묻기(고고학)
펴 보다
펴 보이다
펴 오다
펴 주다
펴짐성(-性)
편(便) *cf.* 동편 하늘, 아래편, 교통편, 기차편, 장인 편에
편(篇) *cf.* 전편, 후편
ᵛ편(便)(의존 명사) *cf.* 좋은 편, 후한 편, 박한 편, 자는 편에서, 뜸한 편
ᵛ편(篇)(의존 명사) *cf.* 소설 한 편
편 가르기(便-) *cf.* 편 나누다
편 가르기 하다(便-)
편 가르다(便-)
편 갈리다(便-)
편견 없이/없다(偏見-)
편곡해 놓다(編曲-)
편광면(偏光面)
편 나누기(便-) *cf.* 편 가르기
편달해 주다(鞭撻-)
편도선염(扁桃腺炎)
편들다(便-) *cf.* 역성들다
편들어 주다(便-)
편리한 대로(便利-) *cf.* 대로
편리해 보이다(便利-)
편리해져 가다(便利-)
편리해진 만큼(便利-) *cf.* 만큼
편물옷(編物-) *cf.* 뜨개옷
편비내(방죽이 무너지지 않게 갈대 등을 둘러 치는 일)
편삭대엽(編數大葉)
편서풍대(偏西風帶) *cf.* 무역풍대

편성해 놓다(編成-)
편손끝지르기(태권도)
편싸움(便-) *cf.* 패싸움
편싸움질하다(便-)
편싸움하다(便-)
편쌈하다(便-)
편씨름(便-) *cf.* 판씨름, 상씨름
편안해 보이다(便安-)
편안해하다(便安-)
편애해 오다(偏愛-)
편의주의(便宜主義)
편윷(便-) *cf.* 보리윷, 콩윷
편입시켜 주다(編入-)
편장단(編)(국악)
편 조지(編組織)
편지글(便紙-)
편지꽂이(便紙-) *cf.* 우산꽂이
편지꽂이 만들기(便紙-)
편지꽂이(를) 만들다(便紙-)
편지드리다(便紙-) *cf.* 드리다
편지 받을 사람(便紙-)
편지 받자마자(便紙-) *cf.* 자마자
편지 보다(便紙-)
편지 쓰기(便紙-)(○○에게) <그에게 편지(를) 쓰기가 싫다.>, <~교육을 하다.>
편지 올리다(便紙-)
편지첩(便紙帖)
편지체(便紙體)
편지투(便紙套) *cf.* 말투, 글투
편지틀(便紙)
편지해 주다(便紙-)
편집국장(編輯局長)
편집국장실(編輯局長室)
편집부장(編輯部長) *cf.* 학교장, 교열부장, 사회부장, 정치부장, 총무과장, 인사계장
편집해 주다(編輯-)
편짓다(便-) *cf.* 무리짓다
편짜다(便-)
편짝(便-) *cf.* 이 편짝, 저 편짝

편찻값(偏差-) *cf.* 한곗값, 절댓값, 최곳값, 유횻값, 순시값, 좌표값, 임계값, 유효값(편수자료)
편찬해 내다(編纂-)
편찮아 보이다(便-)
편찮아하다(便-)
편 채 *cf.* ㄴ 채, 채(의존 명사)
편철해 두다(編綴-)
편편찮다(便便-)
편한 대로(便-) *cf.* 대로(의존 명사)
편해 보이다(便-)
편해져 가다(便-)
편해하다(便-)
편협해 보이다(偏狹-)
편형동물(扁形動物)
편환 늘림(偏環-)
편환 옮김(偏環-)
편환 줄임(偏環-)
편히쉬어(便-) *cf.* 열중쉬어
편히앉아(便-)
펼쳐 가다
펼쳐 나가다
펼쳐 놓다
펼쳐 두다
펼쳐 들다 <책을 ~.>
펼쳐 보다
펼쳐 보여 주다
펼쳐 보이다
펼쳐 오다
펼쳐 있나
펼쳐 주다
펼친그림(전개도)
펼침화음(-和音)
평가락지매듭(平-) *cf.* 국화매듭, 잠자리매듭
평가받다(評價-) <엄격히 ~.> *cf.* 받다
평가 받다(評價-) <좋은 평가(를) 받기를 바란다.>
평가받아 오다(評價-)
평가해 보다(評價-)

평가해 주다(評價-)
평강 공주(平岡公主)
평걸음(平-)
평경례(平敬禮) cf. 평절, 최경례
평균값(平均-) cf. 대푯값, 기댓값, 절댓값, 임계값, 순시값, 좌표값
평균대놀이(平均臺-) cf. 놀이
평균대에 오르기(平均臺-)
평균대 운동(平均臺運動) cf. 마루 운동, 줄 운동
평균 알아보기(平均-)
평균 키(平均-)
평균해 보다(平均-)
평난간(平欄干)
평대패(平-) cf. 배대패, 긴 대패
평등무차별(平等無差別)
평등주의(平等主義)
평등해 보이다(平等-)
평뜨기(坪-)(도급 형식)
평량갓(平涼-)(패랭이) cf. 통량갓, 제량갓
평로강(平爐鋼) cf. 전로강
평머리못(平-)
평면갈이(平面-)
평면 거울(平面-) cf. 포물면 거울
평면 깎기(平面-)
평면도 그리기(平面圖-)
평면도(를) 그리다(平面圖-)
평면도법(平面圖法)
평면도형(平面圖形)
평면뜨기(平面-)
평미레(平-)(말질을 할 때에 쓰는 방망이)
평민극(平民劇)
평민주의(平民主義)
평밀이대패 cf. 배대패, 남경대패
평밀이하다(平-)
평바닥(平-)
평바이스
평반자(平-) cf. 우물반자, 순각반자
평범해 보이다(平凡-)
평벨트
평복 차림(平服-) cf. 군복 차림, 양복 차림, 운동복 차림, 한복 차림
평분시(平分時)
평사위(平-)
평상시에(平常時-) cf. 비상시에
평생교육(平生教育) cf. 가정교육, 학교 교육, 학원 교육, 사회 교육, 공중 교육
평생 동안(平生-)
평생소원(平生所願)
평생직장(平生職場)
평생회원(平生會員) cf. 명예 회원, 주중 회원, 주말 회원
평서형 어미(平敍形語尾)
평소 같으면(平素-)
평순 모음(平脣母音) cf. 원순 모음
평시조(平時調)
평안남도(平安南道)
평안남·북도(平安南·北道)
평안북도(平安北道)
평안해 보이다(平安-)
평안해지다(平安-)
평양냉면(平壤冷麪) cf. 함흥냉면, 전주비빔밥
평양말(平壤-) cf. 서울말
평양반닫이(平壤-)
평양평야(平壤平野)
평영 익히기(平泳-)
평오목 렌즈(平-)
평온해 보이다(平穩-)
평온해져 가다(平穩-)
평으로 내는 소리/평성(平聲)
평이해 보이다(平易-)
평절(平-) cf. 큰절
평정되어 가다(平定-)
평정해 놓다(平定-)
평정 해산(平頂海山)(편수 자료 '지구 과학')
평정해산(平頂海山)(편수 자료 '지리')
평조다스름(平調-)(국악)
평조 단소(平調短簫)
평조직(平組織)

평조회상(平調會上)
평준화되다(平準化-)
평준화되어 가다(平準化-)
평줄(平-) *cf.* 사각줄, 쥐꼬리줄
평지돌출(平地突出) <~로 태어나서….>
평지씨기름 *cf.* 유채씨기름, 포도씨기름
평지풍파(平地風波)
평집(平-) *cf.* 퐂집, 칠량집
평키(平-)
평타포기(平打布機)
평탄 깨짐(平坦-)
평탄해 보이다(平坦-)
평판 좋다(評判-)
평평해 보이다(平平-)
평해 주다(評-)
평행사변형(平行四邊形)
평행사변형 알아보기(平行四邊形-)
평행선 긋기(平行線-) *cf.* 수직선 긋기
평행 알아보기(平行-)
평형감각(平衡感覺) *cf.* 언어 감각, 예술 감각
평형 원자력 간 거리(平衡原子力間距離)
평형키(平衡-) *cf.* 방향키, 승강키
평화로워 보이다(平和-)
평화로워져 가다(平和-)
평화스러워 보이다(平和-)
평화시(平和時) *cf.* 비상시, 전투시
평화의 한마당 잔치(平和-)
평화주의(平和主義)
폐간당하다(廢刊當-) *cf.* 당하다
폐간해 버리다(廢刊-)
폐간호(廢刊號) *cf.* 창간호
폐건전지(廢乾電池)
폐구간(廢區間) *cf.* 개구간
폐기시켜 버리다(廢棄-)
폐기해 나가다(廢棄-)
폐기해 버리다(廢棄-)
폐 끼쳐 주다(弊-)
폐 끼치다(弊-)
폐동맥(肺動脈) *cf.* 폐정맥
폐디스토마(肺-) *cf.* 간디스토마
폐문해 버리다(閉門-)
폐백닭(幣帛-)
폐백대추(幣帛-)
폐백 드리다(幣帛-)
폐백털기(幣帛-)(민속)
폐병쟁이(肺病-) *cf.* 아편쟁이
폐 속(肺-) *cf.* 뼛속, 핏속, 콧속, 피 속
폐쇄당하다(閉鎖當-) *cf.* 당하다
폐쇄시켜 버리다(閉鎖-)
폐쇄 집합(閉鎖集合)
폐쇄해 버리다(閉鎖-)
폐순환(肺循環) *cf.* 체순환
폐식용유(廢食用油)
폐업해 버리다(廢業-)
폐위당하다(廢位當-) *cf.* 당하다
폐정 개혁안(弊政改革案)
폐정맥(肺靜脈) *cf.* 폐동맥
폐정식로(閉頂式爐)
폐지둑(廢止-)
폐지시켜 버리다(廢止-)
폐지해 버리다(廢止-)
폐진균증(肺眞菌症)
폐집합(閉集合) *cf.* 개집합
폐차시켜 버리다(廢車-)
폐차해 버리다(廢車-)
폐출혈(肺出血) *cf.* 장출혈
폐칸디다증(肺-症)
폐타이어(廢-)
폐페스트(肺-)
폐품 모으기(廢品-)
폐품(을) 모으다(廢品-)
폐허화되어 가다(廢墟化-)
폐활량(肺活量)
폐활량계(肺活量計)
폐회로 텔레비전(閉回路-)
폐휴지(廢休紙)
폐휴지함(廢休紙函) *cf.* 배전함, 분리수거 함
폐흡충증(肺吸蟲症)

포개 놓다
포개 보다
포개 쌓다
포격당하다(砲擊當-) *cf.* 폭격당하다, 당하다
포경선단(捕鯨船團) *cf.* 원양선단
포구물(浦口-) *cf.* 바닷물
포기김치
포기나누기
포기(를) 나누다
포기 수(-數)
포기하다시피 하다(抛棄-) *cf.* 다시피 하다
포기해 버리다(抛棄-)
포달 부리다 *cf.* 투정 부리다, 점잔 부리다, 재롱부리다, 기승부리다
포도당액(葡萄糖液)
포도덩굴(葡萄-) *cf.* 박덩굴, 칡덩굴, 호박덩굴
포도밭(葡萄-) *cf.* 사과밭, 딸기밭, 수박밭
포도 뿌리(葡萄-) *cf.* 양파 뿌리, 구기자나무 뿌리, 파뿌리, 칡뿌리
포도뿌리혹벌레(葡萄-)
포도색(葡萄色) *cf.* 대추색, 바나나색, 살구색, 자두색, 버찌색, 밤색, 오렌지색, 하늘색
포도송이(葡萄-) *cf.* 밤송이, 잣송이, 머루송이
포도송이무늬(葡萄-)
포도알(葡萄-) *cf.* 개암알, 머루알, 호두알, 밤알, 좁쌀알
포도알균(葡萄-菌)
포도잎바구미(葡萄-)
포돗빛(葡萄-) *cf.* 바나나빛, 살구빛, 자두빛, 버찌빛, 앵두빛, 진주빛
대춧빛, 가짓빛, 연둣빛, 자줏빛, 장밋빛, 구릿빛, 보랏빛, 쥣빛, 잿빛, 핏빛, 모싯빛, 산홋빛, 상앗빛, 청잣빛, 마놋빛, 주톳빛, 복숭앗빛
포동포동하다
포로 구하기(捕虜-救-)
포로 만들기
포르투갈 어(-語)
포르피릴환(-環)
포름산(-酸)→폼산/개미산
포름알데히드→폼알데하이드
포말 같다(泡沫-)
포목 장사(布木-)
포목 장수(布木-) *cf.* 채소 장수, 과일 장수
포물면 거울(抛物面-) *cf.* 평면 거울
포박당하다(捕縛當-) *cf.* 당하다
포박해 오다(捕縛-)
포복절도하다(抱腹絶倒-)
포상받다(褒賞-) *cf.* 받다
포상홍수(布狀洪水)
포석정 터(鮑石亭-) *cf.* 원각사 터
포섭당하다(包攝當-) *cf.* 당하다
포섭해 버리다(包攝-)
포 소리(砲-) *cf.* 총소리, 종소리, 대포 소리, 기관총 소리
포수놀이(砲手-)
포수비누(抱水-) *cf.* 물비누, 가루비누, 약비누
포스베리뛰기
포스터 그리기
포스터(를) 그리다
포스터물감
포스포늄 이온
포슬눈 *cf.* 함박눈, 가랑눈, 싸락눈
포승줄(捕繩-)
포 쏘다(砲-) *cf.* 대포 쏘다
포씨름(布-) *cf.* 상씨름
포악스러워 보이다(暴惡-)
포옹당하다(抱擁當-) *cf.* 당하다
포옹해 주다(抱擁-)
포위, 공격하여 오다(包圍, 攻擊-)
포위당하다(包圍當-) *cf.* 당하다
포위해 버리다(包圍-)
포유동물(哺乳動物)
포자낭 자루〔胞子囊柄〕
포자 생식(胞子生殖)
포장마차집(布帳馬車-) *cf.* 대폿집, 맥줏집
포장 수력(包裝水力)(전기)
포장시험(圃場試驗)(농업) *cf.* 폭로시험, 비파괴 시험

포장용지(包裝用紙) *cf.* 인쇄용지
포장집(布帳-)
포장해 놓다(鋪/包裝-)
포장해 주다(包裝-)
포쪽(脯-)
포착해 내다(捕捉-)
포착해 오다(捕捉-)
포촌놈(浦村-) *cf.* 노햇사람
포충망(捕蟲網) *cf.* 채집망
포켓형(-型)
포탈해 오다(逋脫-)
포토크로믹 유리(-琉璃)
포트 풀먹이기
포피린 고리
포학무도하다(暴虐無道-)
포학해 보이다(暴虐-)
포환던지기(砲丸-)
포환던지기하다(砲丸-)
포환(을) 던지다(砲丸-)
포획해 오다(捕獲-)
폭격당하다(爆擊當-) *cf.* 습격당하다, 당하다
폭격 맞다(爆擊-)
폭넓다(幅-)
폭등해 버리다(暴騰-)
폭락되어 버리다(暴落-)
폭락해 버리다(暴落-)
폭력 쓰다(暴力-)
폭력주의(暴力主義)
폭로, 규탄하다(暴露, 糾彈-)
폭로시험(暴露試驗)(화학) *cf.* 냉각 시험, 비파괴 시험, 인장 시험
폭로해 버리다(暴露-)
폭리 취하다(暴利-)
폭발 가스(爆發-) *cf.* 메테인[메탄]가스, 천연가스, 액화 가스
폭발해 버리다(爆發-)
폭사당하다(爆死當-) *cf.* 압사당하다, 당하다
폭사해 버리다(爆死-)
폭삭 내려앉다
폭삭 무너지다
폭삭폭삭하다
폭스병(-病)
폭스폴인(-人) *cf.* 자바인, 베이징인
폭염 속에(暴炎-)
폭우 소리(暴雨-) *cf.* 빗소리, 천둥 소리, 폭풍우 소리, 함성 소리, 대포 소리
폭죽놀이(爆竹-)
폭탄선언(爆彈宣言) *cf.* 개회 선언, 폐회 선언, 비핵화 선언, 탈당 선언
폭죽 소리(爆竹-)
폭탄 소리(爆彈-) *cf.* 대포 소리, 기관총 소리
폭탄(이) 터지다(爆彈-)
폭탄 터지듯 하다(爆彈-) *cf.* 듯
폭파 뚫기 공법(爆破-工法)
폭파약(爆破藥)
폭파음(爆破音)
폭파해 버리다(爆破-)
폭포 소리(瀑布-) *cf.* 물소리, 바람 소리
폭포수 같다(瀑布水-)
폭포수같이(瀑布水-)
폭풍 같다(暴風-)
폭풍같이(暴風-)
폭풍 속에(暴風-)
폭풍우 소리(暴風雨-) *cf.* 빗소리, 폭우 소리, 천둥 소리, 함성 소리, 대포 소리
폭풍의 눈(暴風-) *cf.* 태풍의 눈
폭행해 오다(暴行-)
폴란드 말
폴란드 어(-語)
폴란드 인(-人)
폴란드·차이나종(-種)(돼지 품종)
폴리아
폴카 스텝
폼산니트릴
폼 잡다
폼 재다
폿소리(砲-) *cf.* 포 소리
폿집(包-) *cf.* 다폿집, 오폿집

퐁당퐁당(부사) <~ 돌을 던지자.…>
퐁텐블로파(-派)(16세기 프랑스 화파) *cf.* 바르비종파
푀양당(-黨)
표결에 부치다(表決-)
표고버섯 *cf.* 송이버섯, 능이버섯
표고조림
표기해 놓다(表記-)
표 끊다(票-)
표 끊어 주다(票-)
표 나게 하다(表-)
표 나다(表-)
표독스러워 보이다(慓毒-)
표독해 보이다(慓毒-)
표류해 오다(漂流-)
표를 그려서 해결하기(表-解決-)
표리일체하다(表裏一體-)
표면거칠기(表面-) *cf.* ▽▽▽
표면살(表面-)
표면색(表面色)
표면압(表面壓)
표면적(表面積)
표면층(表面層)
표면파(表面波)(물리)
표명해 오다(表明-)
표방해 오다(標榜-)
표밭(票-)
표변해 버리다(豹變-)
표본공간(標本空間)(수학)
표본병(標本甁)
표상주의(表象主義)
표수층(表水層)
표시물 꾸미기(表示物-)
표시물(을) 꾸미다(表示物-)
표시주의(表示主義)
표시해 놓다(表示-)
표시해 주다(表示-)
표음주의(表音主義)
표적삼아(標的-) *cf.* 삼아
표정속도(表定速度)(교통) *cf.* 경제속도, 순항속도, 성장 속도
표정운임(表定運賃)
표정짓기(表情-)
표제란 그리기(表/標題欄-)
표제란(을) 그리다(表/標題欄-)
표제 붙이기(標/表題-)
표제(를) 붙이다(標/表題-)
표조각(票-) *cf.* 뼛조각, 쇳조각, 나뭇조각, 유리 조각, 구리 조각, 비누 조각, 걸레 조각
표주박면(瓢-面)
표준검사(標準檢査) *cf.* 발췌 검사, 발취 검사, 샘플 검사
표준 되다(標準-) *cf.* 으뜸 되다
표준말(標準-) *cf.* 시골말
표준삼아(標準-) *cf.* 근거삼아, 기준삼아, 목표삼아, 지침삼아
표준삼아 오다(標準-)
표준시(標準時) *cf.* 지방시, 국소시
표준 시계(標準時計) *cf.* 수정 시계, 원자시계, 전자시계, 디지털시계, 아날로그시계
표준식(標準食) <당뇨병 환자의 ~….> *cf.* 영양식, 환자식
표준액(標準液)
표준화되다(標準化-)
표준화하다(標準化-)
표지판 꾸미기(標識板-)
표지판(을) 꾸미다(標識板-)
표창받다(表彰-) *cf.* 받다
표창장 받다(表彰狀-) *cf.* 상장 받다
표창해 주다(表彰-)
표해 놓다(表-)
표해 두다(表-)
표현 그대로(表現-)
표현놀이(表現-)
표현대리(表現代理)(법)
표현면(表現面)
표현, 이해하다(表現, 理解-)
표현주의(表現主義)

표현주의극(表現主義劇) *cf.* 무언극, 일인극, 사상극
표현해 놓다(表現-)
표현해 보다(表現-)
표현해 주다(表現-)
푯대(標-)
푯대 끝에(標-) *cf.* 장대 끝에, 바지랑대 끝에
푯돌(標-)
푯말(標-) *cf.* 팻말
푸거가(-家) *cf.* 합스부르크가, 록펠러가
푸근푸근하다
푸근해 보이다
푸너리장단 *cf.* 굿거리장단, 세마치장단, 염불타령장단
푸념 섞인/섞이다
푸는목(판소리)
푸는 장단
푸니쿨리푸니쿨라
푸닥거리
푸대접당하다(-待接當-) *cf.* 당하다
푸대접받다(-待接-) *cf.* 받다
푸대접받아 오다(-待接-)
푸대접해 오다(-待接-)
푸란→퓨란
푸렁콩
푸르고 푸른/푸르다
푸르다 못해 *cf.* 붉다 못해, 울다 못해, 보다못해, 하다못해
푸르디푸른/푸르다 *cf.* 붉디붉은
푸르키녜 섬유(-纖維)(생물)
푸른가지꽂이[綠枝插] *cf.* 푸른 가지 꽂이(편수자료 '농·생명')
푸른곰팡이
푸른누룩곰팡이
푸른 듯하다 *cf.* 듯하다
푸른별 모둠
푸른빛 *cf.* 푸른색, 검은빛, 노란빛, 붉은빛, 파란빛, 하얀빛
푸른 빛깔 *cf.* 붉은 빛깔
푸른산 맑은물(-山-)(포스터 등에서는)
푸른색(-色)
푸른 소나무 숲
푸른얼음
푸른 펄
푸리에 법칙(-法則)
푸릇푸릇하다
푸새김치
푸서리(잡초가 무성하고 거친 땅)
푸석돌 <~에 불난다.> *cf.* 차돌, 서벽돌
푸석살 *cf.* 대살
푸섶길 *cf.* 숲길, 오솔길
푸솜(타지 않은 날솜)
푸아송비(-比)/푸아송의 비(-比)(물리)
푸에블로족(-族) *cf.* 체로키족
푸에블로호(-號)
푸접 없다(인정 없이 쌀쌀하기만 하다.)
푸접 있다
푸접 좋다
푸줏간(-間)
푸짐해 보이다
푹 고다 *cf.* 푹(부사)
푹 꺼지다
푹 눌러 쓰다
푹 빠져 있다
푹 수그리다
푹신푹신해 보이다
푹해져 가다
푼거리(몇 푼어치씩 팔고 사는 일)
푼내기흥정
푼단 말이오 *cf.* 말이다/말이야
푼돈
푼돈거리 *cf.* 땔거리, 볼거리, 추억거리
푿소가죽 *cf.* 쇠가죽, 말가죽, 돼지가죽
푿소고기
풀가락
풀각시
풀각시놀음/놀이
풀깎기

풀꽃
풀꽃 냄새 *cf.* 풀 냄새
풀끝(풀의 아주 적은 분량)
풀 냄새 *cf.* 몸 냄새, 살 냄새, 땀 냄새, 흙냄새, 입 냄새
풀내, 몸내, 흙내, 살내, 땀내, 입내
풀 냄새 나다 *cf.* 땀 냄새 나다
풀농사(-農事) *cf.* 논농사, 벼농사, 보리농사, 자식 농사
풀대님(대님을 치지 않고 다니는 일)
풀덤불 *cf.* 가시덤불
풀땜질
풀떼기
풀뜸
풀려 가다
풀려 나가다
풀려나다
풀려나오다
풀려 오다
풀리는 성싶다 *cf.* 성싶다
풀림마개핀(뜨개질)
풀매기하다(제본) *cf.* 실매기, 철사매기
풀매듭 *cf.* 옭매듭
풀맷돌
풀머리(머리를 땋거나 걷어올리지 않은 머리)
풀먹이기 *cf.* 풀빼기
풀 먹이다
풀무질 소리
풀무질하다
풀물
풀물감
풀 방구리 <~에 쥐 드나들 듯…> *cf.* 동방구리
풀방석(-方席) *cf.* 부들방석, 줄방석, 가시방석
풀밭 *cf.* 자갈밭, 억새밭, 모래밭, 갈대밭
풀밭자락 *cf.* 밭자락, 산자락
풀벌레
풀벌레 소리 *cf.* 여치 소리, 매미 소리
풀베기
풀베는소리(민요)
풀 베다
풀 베어 오다
풀비
풀빛 *cf.* 달빛, 감빛, 물빛
풀빼기 *cf.* 풀먹이기
풀 빼다
풀 뽑기
풀 뽑다
풀뿌리 <~ 민주주의> *cf.* 파뿌리, 칡뿌리
풀뿌리 민주주의(-民主主義)
풀사위
풀 서다
풀숲
풀쌈(←풀싸움)
풀쌈놀이 *cf.* 놀이
풀써는소리(민요)
풀 쑤다 *cf.* 죽(을) 쑤다, 죽쑤다
풀씨
풀어 가다
풀어 나가다
풀어내다
풀어놓다 <사람을 ~.>
풀어 놓다 <보자기를 ~.>
풀어 대다
풀어 던지다
풀어뜨기(뜨개질)
풀어먹다
풀어먹이다(민속)
풀어 보다
풀어쓰기 *cf.* 모아쓰기
풀어쓰기 *cf.* 띄어쓰기, 받아쓰기
풀어쓰다 *cf.* 모아쓰다, 받아쓰다, 띄어 쓰다, 붙여 쓰다
풀어 주다
풀어헤치다 <가슴을 ~.>
풀옷
-풀이(접미사) *cf.* 살풀이, 독살풀이, 심심풀이, 망발풀이

풀이말
풀이 죽다
풀이하다
풀이해 나가다
풀이해 놓다
풀이해 보자
풀이해 주다
풀잇법(-法)
풀잎 *cf.* 꽃잎, 나뭇잎, 솔잎, 댓잎, 연잎, 깻잎, 갈잎
풀잎 역(-役) *cf.* 방자 역
풀잎피리 *cf.* 버들피리, 보리피리
풀자마자 *cf.* 자마자(어미)
풀주머니 *cf.* 묵주머니
풀 죽다
풀 죽은 모습
풀줄기〔草莖〕 *cf.* 나무 줄기
풀집(풀을 파는 집)
풀쳐생각 <~하고 너무 걱정하지 마시오.>
풀치마
풀칠매기(호부장)(제본) *cf.* 실매기, 철침매기, 자루매기
풀칠해 나가다(-漆-)
풀칼
풀포기
풀풀 날다
풀피리 *cf.* 뿔피리, 버들피리
풀 향기(-香氣) *cf.* 풀 냄새
풀 향기 나다(-香氣-)
품 *cf.* 날품팔이, 품삯, 품갚음
-품(品)(접미사) *cf.* 모조품, 창작품
✓품(의존 명사) *cf.* 날뛰는 품이, 서두르는 품이
품값 *cf.* 품삯
품값 받다
품갚음 *cf.* 안갚음
품갚음하다
품고 가다
품고 다니다
품고 오다
품고 있다
품귀해져 가다(品貴-)
품돈(품삯으로 받는 돈)
품바타령
품버리다 <일부러 품버릴 필요가 없다.>
품삯 *cf.* 품값
품속 <~에 감추다.>
품 속 <봄의 따스한 ~에….>
품안 <~의 자식>
품 안 <봄의 따스한 ~에….>
품앗이
품앗이굿
품앗이 일
품앗이하다
품앗이해 주다
품어 가지고
품어 보다
품어 안다
품어 오다
품어 주다
품위 없다(品位-)
품위 있다(品位-)
품위 지키다(品位-)
품음 직하다만 *cf.* 있음 직하다, 하였음 직하다, 직하다(보조 용언)
품절되어 가다(品切-)
품종 간 교배(品種間交配)
품질 나쁘다(品質-)/품질 좋다(品質-)
품칼(모시풀의 껍질을 까는 데 쓰는 칼)
품 팔다
품 팔러 가다
품팔이꾼
품팔이하다
풋-(접두사) *cf.* 풋콩, 풋고추, 풋사랑
풋거름
풋거름 작물(-作物)
풋것
풋고추
풋고추조림 *cf.* 고추조림

풋곡식(-穀-)
풋과일(-果-)
풋김치
풋나물
풋내 *cf.* 문내
풋내기
풋내 나다 *cf.* 문내 나다
풋담배
풋대추
풋바람
풋바심하다
풋베기
풋벼바심하다
풋병아리
풋보리 *cf.* 풋콩, 풋수수
풋사과
풋사랑
풋솜씨
풋수염(-鬚髥) *cf.* 콧수염, 턱수염
풋술
풋심(어설프게 내는 힘)
풋인사(-人事)
풋잠 *cf.* 헛잠, 선잠
풋잠 들다
풋절이
풋정(-情)
-풍(風)(접미사) *cf.* 서양풍, 복고풍, 민요풍, 발라드풍, 바사노바풍
풍각쟁이(風角-)
풍겨 나다
풍겨 나오다
풍겨 오다
풍겨 주다
풍경 소리(風磬-) *cf.* 인경 소리, 풍금 소리
풍계묻이(물건을 감추어 두고 찾아내는 내기)
풍구질하다(風-)
풍구타령(風-)
풍금땡금놀이(여자 아이 놀이)
풍금 소리(風琴-) *cf.* 종소리, 총소리, 나팔 소리, 퉁소 소리, 피아노 소리
풍금 치는 소리(風琴-)
풍금 치다(風琴-) *cf.* 나팔 불다, 피아노 치다
풍긴단 말이야 *cf.* 말이다/말이오
풍년 같다(豊年-)
풍년같이(豊年-)
풍년거지(豊年-) <~가 더 섧다.> *cf.* 흉년거지
풍년 들다(豊年-) *cf.* 흉년 들다
풍농굿(豊農-)
풍 떨다(風-) *cf.* 허풍 떨다
풍력 발전(風力發電) *cf.* 파력 발전, 태양열 발전, 조력 발전
풍롯불(風爐-) *cf.* 화롯불, 화톳불, 모닥불, 난롯불
풍류놀이(風流-) *cf.* 놀이
풍데잇과(-科)
풍마구리[風磨-]
풍만해 보이다(豊滿-)
풍만해져 가다(豊滿-)
풍물놀이(風物-)
풍물시(風物詩) *cf.* 풍자시, 음유시
풍물재비(風物-)
풍물패(風物牌)
풍미해 오다(風靡-)
풍부해 보이다(豊富-)
풍비박산되다(風飛雹散-)
풍석질하다(風席-)
풍선껌(風船-)
풍선 나라(風船-)
풍선놀이(風船-)
풍선 오래치기 게임(風船-)
풍선치기(風船-)
풍선터뜨리기(風船-)
풍선터뜨리기놀이
풍선(을) 터뜨리다(風船-)
풍성해 보이다(豊盛-)
풍성해져 가다(豊盛-)
풍수신앙(風水信仰) *cf.* 기복 신앙, 토템 신앙, 토속 신앙

풍수쟁이(風水-)[地官]
풍수지리(風水地理)
풍수지리설(風水地理說)
풍수해(風水害)
풍악 소리(風樂-) *cf.* 피리 소리, 피아노 소리
풍악 울리다(風樂-)
풍안집(風眼-) *cf.* 안경집
풍어놀이(豊魚-)
풍요로워 보이다(豊饒-)
풍요해 보이다(豊饒-)/풍족해 보이다(豊足-)
풍자극(諷刺劇) *cf.* 신파극, 종교극
풍자시(諷刺詩) *cf.* 순수시, 서정시
풍족해져 가다(豊足-)
풍차바지(風遮-)
풍채 좋다(風采-)
풍채치고는(風采-) *cf.* 치고
풍치다(風-) *cf.* 허풍 치다
풍치 좋다(風致-) *cf.* 경치 좋다
풍향계 만들기(風向計-)
풍향계(를) 만들다(風向計-)
풍화되어 가다(風化-)
퓨젤유(-油) *cf.* 디젤유
퓨즈 갈아끼우기
퓰리처상(-賞) *cf.* 노벨상, 에미상, 그래미상
프라운호퍼선(-線)(물리)
프라이팬
프라하학파(-學派) *cf.* 이탈리아학파, 네덜란드학파, 이용후생 학파, 남명 학파
프란체스코회(-會)
프랑스군(-軍) *cf.* 이탈리아군, 영국군
프랑스령(-領) *cf.* 미국령
프랑스 말
프랑스빵 *cf.* 독일빵
프랑스 사람
프랑스식 쌓기(-式-) *cf.* 영국식 쌓기, 미국식 쌓기, 네덜란드식 쌓기
프랑스 어(-語)
프랑스 인(-人)
프랑스측(-側)
프랑크족(-族) *cf.* 라틴족, 게르만족
프랑크푸르트 소시지
프랑크·헤르츠(의) 실험(-實驗)
프레트설(說)(지구 과학)
프랭클린 씨 댁(-氏宅)
프랭키 말뚝(현장치기 콘크리트 말뚝)(토목)
프러시안 파랑
프럭토스/과당
프레세페성단(-星團)
프레시네 공법(-工法)
프레스 박음
프레온가스 *cf.* 메테인[메탄]가스
프레이즈공(-工) *cf.* 인쇄공, 조립공, 선반공
프레이즈반(-盤) *cf.* 보르반
프로리파아제(편수 자료)
프로시저명(-名)
프로판→프로페인[프로판]
프로판알
프로페인[프로판]가스
프로페인[프로판]가스통(-桶)
프로펠러기(-機) *cf.* 제트기
프로펠러선(-船)
프리건족(-族) *cf.* 마사이족, 오레지족
프리마돈나
프리지아 마침
프리 킥
프리핸드법(-法)
프린트법(-法)
프릿유(-釉)
플라스틱 구슬 *cf.* 유리구슬, 옥구슬, 쇠구슬, 은구슬
플라스틱 그릇 *cf.* 유리그릇, 사기그릇, 유기그릇, 스테인리스 그릇
플라스틱 도미
플라스틱류(-類) *cf.* 캐류
플라스틱 막대 *cf.* 유리 막대, 아연 막대
플라스틱 바구니 *cf.* 대바구니
플라스틱 밥통(-桶) *cf.* 스테인리스 밥통
플라스틱병(-瓶) *cf.* 유리병

플라스틱 안경알(-眼鏡-) *cf.* 유리 안경알
플라스틱 자 *cf.* 대자, 줄자, 셀룰로이드 자
플라스틱 잔(-盞) *cf.* 종이잔, 유리잔, 사기잔, 나무 잔
플라스틱통(-桶) *cf.* 고무통
플라스틱판(-版)
플라이급(-級)
플라이스토세(-世)
플라이오세(-世)
플라타너스 잎 *cf.* 버즘나무 잎
플랑드르악파(-樂派)
플랑드르파(-派)(15세기 미술 유파)
플랜더스의 개
플랜지 이음
플랜지축(-軸)
플랫폼
플러그날 *cf.* 바이트날, 면도날, 가윗날
플러그 다루기
플러그(를) 다루다
플러그 묘(-苗)
플러스마이너스
플러스알파
플러시문(-門)
플레밍의 오른손 법칙(-法則)(물리)
플레밍의 왼손 법칙(-法則)(물리)
플레어 이음
플레이트 보
플로지스톤설(-說)(화학)
플루오르→플루오린
플루오르화물(-化物)→플루오린화물(-化物)
플루오르화붕소(-化硼素)→플루오린화붕소
플루오르화 이온(-化-)→플루오린화 이온
플리커 잡음(-雜音)(깜빡임 잡음)(전기)
플린트 유리(-琉璃)
피(被)-(접두사) *cf.* 피상속인, 피선거권
피가수(被加數) *cf.* 피제수
피거품 *cf.* 물거품, 오줌 거품
피검사(-檢査) *cf.* 소변 검사, 대변 검사, 오줌 검사

피격당하다(被擊當-) *cf.* 습격당하다, 당하다
피고름
피고름 나다
피고 지고 하다 <무궁화꽃이 여름 내내 ~.>
피고 지는 꽃처럼
피고 쪽(被告-)
피고측(被告側) *cf.* 변호사측
피곤하니 말이다(疲困-) *cf.* 말이다/말이오
피곤해 보이다(疲困-)
피곤해져 가다(疲困-)
피곤해 죽겠다(疲困-)
피곤해하다(疲困-)
피골상접(皮骨相接)
피교육자(被敎育者)
피끓다
피 나누다
피나는 <~ 노력을 하다.>
피 나는 <피(가) 나는 상처를 싸매다.>
피나는 노력(-努力)
피 나오다
피난 가다(避難-) *cf.* 피난 오다, 피란 가다
피난 나오다(避難-)
피난살이(避難-) *cf.* 시집살이, 감옥살이
피난살이하다(避難-)
피난 오다(避難-) *cf.* 피난 가다
피난 중(避難中) *cf.* 전투 중
피 냄새 <고기의 ~….> *cf.* 풀 냄새
피눈물 나다 *cf.* 눈물 나다
피눈물 흘리다
피돌기
피동 접미사(被動接尾辭)
피둥피둥하다
피딱지 *cf.* 코딱지
피땀 *cf.* 비지땀, 구슬땀
피땀 어리다 *cf.* 눈물 어리다, 우정 어리다, 정성 어리다, 어리다
피땀 흘려 가며 일하다
피땀 흘리다 *cf.* 땀 흘리다
피똥 *cf.* 곱똥

피똥 누다 *cf.* 똥 누다
피똥 싸다 *cf.* 똥 싸다
피라미드형(-形)
피난길(避難-)/피란길(避亂-) *cf.* 귀양길, 귀향길, 등굣길, 하굣길, 출근길, 퇴근길, 항해길
피로(pyro)-(접두사)(가열에 의한 현상이나 발열 현상) *cf.* 피로갈롤, 피로인산
피로 때문에(疲勞-) *cf.* 때문
피로 탓에(疲勞-) *cf.* 탓
피로해 보이다(疲勞-)
피로해하다(疲勞-)
피리디늄 이온
피리 불다 *cf.* 나팔 불다
피리 산조(-散調) *cf.* 해금 산조
피리 소리 *cf.* 나팔 소리, 거문고 소리, 퉁소 소리, 풍금 소리, 피아노 소리, 북소리, 종소리, 새소리
피린진(-疹)(피린제로 인한 발진)
피림프
피 마르다
피마자유(蓖麻子油) *cf.* 아주까리기름, 면화씨기름, 동백기름
피 말리다
피맛골 *cf.* 싸릿골
피맺힌 한(-恨)
피멍
피멍울
피 붇나/피 묻히나
피바다 *cf.* 물바다, 불바다
피바람 <~을 일으기다.>
피밭 *cf.* 기장밭, 갈대밭
피배서인(被背書人)
피범벅 되다 *cf.* 꿀범벅, 기름범벅, 땀범벅
피변조파(被變調波)
피보니치수열(數列)
피보상자(被補償者)
피보험물(被保險物)
피보험자(被保險者)
피보호국(被保護國)
피부색(皮膚色)
피부은행(皮膚銀行) *cf.* 안구은행, 정자은행, 골수 은행, 신장 은행, 종자 은행
피붙이 *cf.* 겨레붙이, 일가붙이, 살붙이
피브리노겐→파이브리노젠
피비리다 *cf.* 생선 비리다
피비린내 *cf.* 생선 비린내
피비린내 나다 *cf.* 생선 비린내 나다
피사리하다
피살당하다(被殺當-) *cf.* 당하다
피새나다(은밀한 내용이 발각되다.)
피새놓다(매우 중요한 체하며 이을 방해하다.)
피서 가다(避暑-) *cf.* 피난 가다
피서 다녀오다(避暑-)
피서 오다(避暑-)
피 속 <끓는 ~에는….> *cf.* 핏속, 뼛속, 콧속, 혓속
피스톤식(-式)
피시펌프 *cf.* 배기펌프, 가솔린펌프, 고기 펌프, 진공 펌프
피신해 오다(避身-)
피아노곡(-曲) *cf.* 바이올린곡
피아노선(-線)(탄소강으로 만든 강선)
피아노 소리 *cf.* 나팔 소리, 풍금 소리, 피리 소리, 퉁소 소리, 바이올린 소리
피아노 치다 *cf.* 풍금 치다
피아트로(-爐)
피압박(被壓迫)
피압지하수(被壓地下水) *cf.* 자유 지하수
피어나다
피 어린/어리다 *cf.* 눈물 어린, 감동 어린, 피땀 어린, 어리다
피어오르다
피어 있나
피오르
피워 내다
피워 놓다
피워 대다 <고집을 ~.> *cf.* 먹어 대다, 떠들어 대다, 웃어 대다, 대다(보조 용언)

피워 두다
피워 물다
피워 보다
피워 오다
피워 올리다
피일시차일시(彼一時此一時)
피자극성(被刺戟性)
피자식물(被子植物) *cf.* 나자식물
피장파장
피정복민(被征服民)
피제수(被除數) *cf.* 피가수
피죽(-粥)
피죽바람(-粥-) <~이 불면 흉년이 든다.>
피죽상자(皮竹箱子) *cf.* 나무 상자, 종이 상자
피지배층(被支配層)
피차간에(彼此間-)
피차없다(彼此-)
피차일반(彼此一般)
피츠제럴드·로렌츠 수축(-收縮)(물리)
피치면(-面)
피치원(-圓)
피코 겹단
피코뜨기(레이스뜨기)
피토관(-管)(물리)
피 토하다(-吐-)
피투성이 *cf.* 흙투성이, 먼지투성이, 욕투성이, 빚투성이, 투성이
피폐해져 가다(疲弊-)
피해 가다(避-)
피해 나가다(避-)
피해 다니다(避-)
피해당하다(被害當-) *cf.* 당하다
피해망상(被害妄想) *cf.* 과대망상
피해 버리다(避-)
피해 보다(被害-)
피해 없다(被害-)
피해 오다(避-)
피해 입다(被害-)
피해자측(被害者側) *cf.* 가해자측
피해 주다(避-)
피 흘려 가며 싸우다
피 흘려 싸우다
피 흘리다
픽 쓰러지다
픽 웃다
핀급(-級) *cf.* 급(접미사)
핀꽂이
핀둥이 주다 *cf.* 핀잔주다
핀둥핀둥(부사)
핀 만큼 <자두꽃이 ~ 자두가 열리고….> *cf.* 만큼(의존 명사)
핀시침
핀잔 듣다
핀잔맞다
핀잔먹다
핀잔받다
핀잔주다 *cf.* 타박 주다, 면박 주다
핀치 꼭지
핀치 집게 *cf.* 빨래집게, 연탄집게, 뷰렛 집게
필(匹) *cf.* 말 한 필
필(疋) *cf.* 비단 한 필
필기도구(筆記道具) *cf.* 가재도구, 세면도구, 수렵 도구, 청소 도구
필기시험(筆記試驗) *cf.* 면접시험, 지필 시험, 실기 시험, 이론 시험, 면허 시험
필기해 두다(筆記-)
필누비(疋-)
필 댐
필라멘트사(-絲)
필리핀판(-板) *cf.* 태평양판
필연성 있다(必然性-)
필요시(必要時) *cf.* 유사시
필요 없다(必要-)
필요충분조건(必要充分條件)
필요하단 말이야(必要-) *cf.* 말이다/말이오
필요한 만큼(必要-) *cf.* 만큼(의존 명사)
필요할 텐데(必要-) *cf.* ㄹ 텐데, 터
필요해 보이다(必要-)

필적할 만하다(匹敵-) *cf.* 만하다
필통값(筆筒-)
필통 만들기(筆筒-)
필통(을) 만들다(筆筒-)
필화 입다(筆禍-)
핌피 현상(-現象)
핍박당하다(逼迫當-) *cf.* 압박당하다, 당하다
핍박받다(逼迫-) *cf.* 압박받다, 받다
핍박받아 오다(逼迫-)
핏값(피의 값, 피 판 대금) *cf.* 고추값, 배추값
핏골집(순댓국집)
핏기 가시다(-氣-)
핏기 없다(-氣-)
핏기 잃다(-氣-)
핏대 세우다
핏대 올려 가며 말하다
핏대 올리다
핏덩어리 *cf.* 흙덩어리, 비곗덩어리, 탯덩어리
핏덩이 *cf.* 흙덩이, 비곗덩이, 탯덩이
핏물 *cf.* 콧물, 눈물
핏발 *cf.* 면돗발, 면발, 화장발, 사진발
핏발 서다
핏방울 *cf.* 물방울, 땀방울, 비눗방울, 눈물방울, 이슬방울, 기름방울
핏빛 *cf.* 구릿빛, 잿빛, 흙빛, 연둣빛
핏속 *cf.* 뼛속, 콧속, 우리의 피 속에는
핏자국 *cf.* 잇자국
핏줄 *cf.* 탯줄, 밧줄
핏줄기 *cf.* 물줄기, 땅줄기
핑거 페인팅(풀그림)
핑계 대다
핑계삼아 *cf.* 구실삼아, 방패삼아, 변명삼아
핑계 없는 <~ 무덤이 없다.>
핑계하나
핑곗거리 *cf.* 골칫거리, 기삿거리
핑 돌다 <눈물이 ~.>
핑킹가위 *cf.* 함석가위, 전정가위, 쪽가위

하

ㅎ 불규칙(-不規則)
ㅎ 불규칙 형용사(-不規則形容詞)
하(下)(접미사) *cf.* 지도하에, 지배하에
하거나 말거나
하건 말건 간에(-間-) *cf.* 가건 말건 간에
하게그려 *cf.* 그려
하게체(-體) *cf.* 하오체
하겠다는 걸(하겠다는 것을) <~ 어쩌나?>
하겠던걸 *cf.* ㄴ걸(어미) <그 사람은 그렇게 ~.>
하계휴가(夏季休暇) *cf.* 여름휴가, 동계 휴가
-하고(조사) <연필하고 책하고 노트를 가져오다.>, <너하고 나하고는 친구 사이다.>
ˇ하고 <"네." 하고 대답하다.>, <'얼마나 좋을까?' 하고 생각하다.>
-하고는(조사) <너하고는 절교다.>
하고많은 <~ 것 중에서 하필 그것이야?>
하고말고(하다마다) *cf.* 먹고말고, 가고말고, 고말고(어미)
하고 싶다/하고 싶어하다 *cf.* 싶어하다
하고 싶은 대로만 *cf.* 대로
하고자 하다
하고 지고 *cf.* 살고 지고, 지고(보조 용언)
하관(이) 빨다(下顴-)←하관이 빠르다
하관시(下棺時)
하교 후(下校後) *cf.* 방과 후
하굣길(下校-) *cf.* 등굣길, 퇴근길, 항해길
하굿둑(河口-) *cf.* 냇둑, 강둑, 밭둑, 개울둑
하극상하다(下剋上-)
하기 나름 <자기 ~ 이다.>
하기 때문에 *cf.* 그렇기 때문에, 먹기 때문에
하기보다는 *cf.* 먹었다기보다는, 보다(조사)
하기 싫어하다
하기학교(夏期學校) *cf.* 여름학교, 계절 학교
하기휴업(夏期休業)
하긴 그래/하긴 그렇다
하나 가득
하나같다 <하나같이 그 꼴이냐?>
하나 되는 우리
하나 되어 <두 몸이 ~….>
하나 둘/하나 둘씩
하나 둘이 아니다
하나라(夏-)
하나마나 *cf.* 나마나
하나마나하다 *cf.* 나마나하다
하나밖에 *cf.* 밖에(조사)
하나씩 둘씩
하나씩 하나씩
하나쯤이야 *cf.* 쯤(접미사)
하나하나(명사)(부사)
하나 하면 *cf.* 둘 하면
하냥다짐(죽기를 맹세하는 다짐) *cf.* 군령다짐, 주먹다짐, 우격다짐
하느니 마느니 *cf.* 사느니 마느니
하느니만큼/하는만큼 *cf.* 느니만큼(어미)
하느님 맙소사
하느님전에(-前-) *cf.* 부친전에, 신령님전에, 천주님전에, 부모님전에, 아버님전에
하느작하느작하다
하는가 보다 *cf.* 먹는가 보다, 가는가 보다
하는 거야 *cf.* ㄴ 거야
하는 걸까 *cf.* ㄴ 걸까
하는 김에 *cf.* 김
하는 대로 *cf.* 대로(의존 명사)
하는데 <공부를 ~ 친구가 찾아오다.>
하는 데 <공부하는 데 힘쓰다.>
하는 둥 마는 둥 하다 *cf.* 둥(의존 명사)
하는 듯 *cf.* ㄴ 듯
-하는 등(-等) *cf.* 등(의존 명사)
하는 만큼 <일하는 만큼 보수를 주다.> *cf.* 만큼(의존 명사)
하는 말이야 *cf.* 말이다
하는 바에야 *cf.* 먹는 바에야
하는 수 없다/없이 *cf.* 할 수 없이

하는 외에(-外-)
하는지 안 하는지 <~ 모르겠다.>
하는 척하다 *cf.* 척하다
하는 체하다 *cf.* 체하다
하는 한(-限)
하는 한편(-便)
하늘가(하늘의 끝) *cf.* 마당 가, 운동장 가 길가, 냇가, 바닷가
하늘가재→사슴벌레
하늘 같은 <~ 우리 은사님….>
하늘같이
하늘구멍 <우거진 숲 속에서 ~이 내다보이다.>, <하늘구멍이 열리더니 빛이….>
하늘길 *cf.* <~ 활짝 열리다.> 바닷길, 뱃길
하늘 끝
하늘나라 *cf.* 달나라, 별나라, 꿈나라, 지구 나라, 지상 세계
하늘 높이
하늘눈(신통한 심안)
하늘땅
하늘문(-門) *cf.* 지옥문
하늘 밑에
하늘빛 <파란 ~ 물감> *cf.* 바다빛
하늘색(-色)
하늘 아래/하늘 위에
하늘 자전거(-自轉車)
하늘의 별 따기
하늘 '천' 자(-天字) *cf.* 한일자로, 갈지자로
하늘 천 하렷다(-天-)
하늘축(-軸)
하늘코(올무의 일종)
하늘하늘하다
하늬바람(서풍) *cf.* 마파람
하늬쪽(서쪽)
하다못해 *cf.* 보다못해, 참다못해, 견디다 못해, 바리다 못해
하다 보니 *cf.* 먹다 보니, 일하다 보니
하다 보면 *cf.* 먹다 보면
하다시피 하다 *cf.* 기다시피, 빌다시피 하다, 다시피 하다
하다하다 못하여
하달해 놓다(下達-)
하대동맥(下大動脈) *cf.* 상대동맥
하대정맥관(下大靜脈管) *cf.* 상대정맥관
하더란 말이다 *cf.* 말이다
-하던 중(-中) *cf.* 여행하던 중에, 일하던 중에, 공부하던 중에
하드롱지(-紙) *cf.* 켄트지, 코트지, 아트지
하든 간에(-間-)
하든 말든 간에(-間-)
하디·바인베르크 법칙(-法則)(생물)
하라는 대로 *cf.* 대로(의존 명사)
하라체(-體)
하락되어 가다(下落-)
하락폭(下落幅) *cf.* 상승폭, 등락폭
하락해 버리다(下落-)
하례드리다(賀禮-)
하롱하롱(부사)
하루갈이 *cf.* 이틀갈이
하루건너 *cf.* 사흘 걸러
하루걸러 *cf.* 이틀 걸러
하루 낮 하루 밤 *cf.* 하룻밤
하루 내내
하루돌이 *cf.* 사흘돌이로
하루 동안 *cf.* 오랫동안, 이틀 동안, 사흘 동안, 보름 동안, 한 달 동안
하루만 <오늘 ~ 놀아라.>
하루 만에 <~ 돌아오다.> *cf.* 오래만에
하루바삐 *cf.* 한시바삐, 하루빨리
하루밖에 <~ 안 남다.> *cf.* 밖에(조사)
하루빨리 *cf.* 하루바삐, 한시바삐
하루 사이에 *cf.* 하루 새
하루살이
하루 새 *cf.* 하루 사이, 하룻밤 새
하루속히 *cf.* 하루빨리, 한시바삐
하루아침에 *cf.* 하루 저녁에
하루 앞두고
하루 이틀 간(-間)

하루 이틀도 아니고
하루 이틀 만에
하루 이틀에
하루 저녁에 *cf.* 하루아침에
하루 전만 해도(-前-)
하루 전에(-前-)
하루 종일(-終日)
하루 종일 놀기(-終日-)
하루 종일 잠자기(-終日-)
하루 중에(-中-)
하루치 *cf.* 보름치, 당년치, 한 달 치
하루치기 <~로 다녀가다.> *cf.* 당일치기
하루하루(명사)(부사)
하루해
하루 후에(-後-)
하룻강아지(난 지 얼마 되지 않은 어린 강아지) <~ 범 무서운 줄 모르다.>
하룻것
하룻길 *cf.* 십 리 길, 10리 길, 백 리 길, 100리 길, 천 리 길
하룻날 *cf.* 초하룻날
하룻망아지
하룻밤(한 밤) *cf.* 이틀 밤, 사흘 밤, 하루 낮 하루 밤
하룻밤 사이에
하룻밤 새에
하룻볕 <~에 다 탔다.>
하룻비둘기
하룻저녁
하르방 *cf.* 돌하르방
하르터섐
하릅강아지(나이가 한 살 된 강아지)
하릅망아지
하릅송아지
하리놀다(윗사람에게 일러바치다.)
하리들다(중간에 방해가 생기다.)
하리쟁이(윗사람에게 남을 헐구하는 사람)
하릴없는/없이/없다
하마우리(河馬-) *cf.* 돼지우리, 양우리
하마터면
-하며(조사) <연필하며 책하며 노트를 이리 가져와라.>
ᵛ하며(동사) <노래를 ~ 걸어가다.>
하면 할수록
하버보슈법(-法)(암모니아 합성법)
하사관반(下士官班) *cf.* 장교반, 사병반
하사받다(下賜-) *cf.* 받다
하상계수(河狀係數) *cf.* 하황계수, 점성 계수, 팽창 계수
하소서체(-體)
하소연해 오다
하소하는 듯 *cf.* 듯(의존 명사)
하수도관(下水道管) *cf.* 상수도관
하수도물(下水道-) *cf.* 상수도물, 개천물, 설거지물, 개숫물
하숙방(下宿房)
하숙시켜 주다(下宿-)
하숙집(下宿-) *cf.* 여관집
하숙 치다(下宿-)
하식 군(-君)
하실 텐데 *cf.* ㄹ 텐데, 터
하십시오체(-體)
하얀 구름 *cf.* 흰구름
하얀 꽃 *cf.* 노란 꽃, 파랑 꽃
하얀 눈
하얀빛
하얀 색(-色) <너무 ~은 칠하지 마라.>
하얀색(-色) <온 세상이 ~이다.>
하양 병아리 *cf.* 노랑 병아리
하얘 보이다
하얼빈 역(哈爾濱驛)
하염없다
하염직하다
하엽무늬(荷葉-)
하였것다 *cf.* 것다
하였단 말인가? <누가 그처럼 어리석은 소리를 ~?>
하오체(-體) *cf.* 하게체

하옥당하다(下獄當-) *cf.* 당하다
하우스병(-病)(비닐하우스에서 일하는 사람이 걸리는 병)
하우씨(夏雨氏) *cf.* 복희씨
하우저식(-食)(영양 식사법)
하위문화(下位文化) *cf.* 고급문화, 대중문화, 귀족 문화, 서민 문화
하위분류(下位分類)
하육처자(下育妻子)
하의상달(下意上達) *cf.* 상의하달
하의식(下意識)(잠재 의식이나 무의식)(심리)
하이델베르크인(-人) *cf.* 베이징인
하이드라지늄 이온
하이드로늄 이온
하이라이트판(-版)
하인 노릇(下人-) *cf.* 상전 노릇, 주인 노릇, 머슴 노릇, 종노릇, 병신노릇
하인들에게서조차(下人-) *cf.* 그들에게서조차, 조차, 에게서조차
하인 취급(下人取扱) *cf.* 노예 취급, 거지 취급, 머슴 취급, 애 취급
하자는 대로 *cf.* 대로
하자마자 *cf.* 자마자
하자 없다(瑕疵-)
하자 있다(瑕疵-)
하자투성이(瑕疵-) *cf.* 흙투성이, 먼지투성이, 피투성이, 빚투성이, 모순투성이, 투성이
하잔 말이요 *cf.* 말이다/말이야
하잘것없다
하잘것없어 보이다
하지 마/마라/말아라(→마라)
하지 마시오
하지 말 걸 하고 *cf.* ㄹ 걸, 것을
하지 못하다 *cf.* 못하다
하지 않은 채 *cf.* ㄴ 채, 채
하직차(下直次) *cf.* 인사차, 연구차
하짓날(夏至-) *cf.* 동짓날, 삼짇날
하지점(夏至點) *cf.* 동지점
하찮아 보이다
하찮아하다
하청받다(下請-) *cf.* 받다
하청 주다(下請-)
하체돌리기(下體-)(레슬링)
하측파대(下側波帶) *cf.* 상측파대
하층 구름(下層-) *cf.* 상층 구름, 중층 구름
하트형(-形) *cf.* 다이아몬드형
하품 나오다
하항복점(下降服點) *cf.* 상항복점
하해 같다(河海-)
하해같이(河海-)
하현달(下弦) *cf.* 상현달
하황계수(河況係數) *cf.* 하상계수, 점성 계수, 팽창 계수
하회 마을(河回-)
하회 민속 마을(河回民俗-)
하회 별신굿(河回別神-)
하회 별신굿놀이(河回別神-)
하회 별신굿 탈놀이(河回別神-)
하회 부네탈(河回-)
하회탈(河回-)
학과 간(學科間)
학과별(學科別) *cf.* 교과별
학교 가기(學校-)
학교 가기 전(學校-前)
학교 가는 길(學校-)
학교 가는 길 그리기(學校-)
학교(를) 가다(學校-)
학교 간(學校間) *cf.* 대학 간, 군청 간
학교 갔다 오다(學校-)
학교 길(學校-) *cf.* 유학길
학교 다니다(學校-)
학교들 간에(學校-間-)
학교 뜰(學校-)
학교(를) 보내다(學校-) *cf.* 교회 보내다
학교생활(學校生活) *cf.* 가정생활, 전원생활, 단체 생활, 군대 생활, 직장 생활
학교생활 그리기(學校生活-)
학교 수(學校數) *cf.* 학생 수, 학급 수

학교 앞 길(學校-) cf. 앞길
학교에서조차(學校-) cf. 조차, 에서조차
학교 외에(學校外-)
학교일(學校-) cf. 회사일, 교회일
학교차(學校差) cf. 실력차
학교측(學校側) cf. 교회측
학급 내(學級內)
학급당 학생 수(學級當學生數)
학급 수(學級數)
학급 신문(學級新聞) cf. 상업신문
학기 동안(學期-)
학기 말(學期末) cf. 학기 초, 기말
학기말 시험(學期末試驗)
학기 중(學期中) cf. 재학 중
학기 초(學期初) cf. 학기 말
학 나무(鶴-)(나무 이름이 아닌 경우에)
학날(鶴-) cf. 쥐날
학내(學內) cf. 학내 문제, 교내
학년 말(學年末) cf. 학년 초
학년말 고사(學年末考査) cf. 중간고사, 기말 고사
학년말 시험(學年末試驗) cf. 중간시험, 기말 시험
학년별(學年別) cf. 학기별, 별
학년 초(學年初) cf. 학년 말
학대당하다(虐待當-) cf. 당하다
학대받다(虐待-) cf. 받다
학대받아 오다(虐待-)
학대해 오다(虐待-)
학력고사(學力考査) cf. 중간고사, 면접 고사, 월말 시험, 기말 시험, 학력 검사
학력급(學歷給) cf. 능력급
학마을(鶴-)
학발동안(鶴髮童顔)
학벌 좋다(學閥-)
학부간본(學部刊本)
학부대신(學部大臣) cf. 군부대신, 법부대신, 법무 장관, 교육과학기술부 장관
학부모님(學父母-)
학부모회(學父母會)
학비 내다(學費-)
학살당하다(虐殺當-) cf. 암살당하다, 당하다
학살해 버리다(虐殺-)
학생 간(學生間)
학생 글(學生-) cf. 자료글
학생 된 도리(學生-道理) cf. 선생 된 도리, 부모 된 도리
학생들 가운데(學生-)
학생들 간에(學生-間-)
학생들 중에(學生-中-)
학생 때(學生-)
학생 속에(學生-)
학생 수(學生數) cf. 학교 수, 학급 수, 인원 수, 정족수, 호흡수
학생의 평균 키(學生-平均-)
학생 중에서(學生中-) cf. 선생 중에서
학생 티(學生-) cf. 시골티, 촌티, 나이티, 처녀티, 선생 티, 공무원 티, 노처녀 티
학생회 일(學生會-) cf. 변호사 일
학생회장(學生會長)
학수고대하다(鶴首苦待-)
학술 용어 사전(學術用語辭典) cf. 국어사전
학술원상(學術院賞) cf. 예술원상
학습란(學習欄) cf. 광고란, 가정란, 구인란, 뉴스난, 어린이난
학습지 교사(學習紙敎師) cf. 가정교사, 방문 교사, 학원 교사
학습해 오다(學習-)
학식 있다(學識-)
학예회날(學藝會-) cf. 운동회날, 추석날
학용품값(學用品-)
학용품 고르기(學用品-)
학용품(을) 고르다(學用品-)
학용품 사기(學用品-)
학용품(을) 사다(學用品-)
학용품 아껴쓰기(學用品-)
학원 교사(學園敎師) cf. 학습지 교사, 양호 교사, 보육 교사, 가정교사
학원 내(學園內) cf. 학교 내
학위 받다(學位-)

학위 주다(學位-)
학자들 말이죠(學者-) *cf.* 그 사람들 말입니다
학점 따다(學點-) *cf.* 점수 따다
학질모기(瘧疾-)
학체 굽힘(鶴體-)(한국 무용)
학춤(鶴-)
학행일치(學行一致) *cf.* 언행일치, 언문일치, 제정일치, 정교일치
학현 학파(學峴學派) *cf.* 서강 학파, 남명 학파
학회일(學會-)
한-(접두사) *cf.* 한시름, 한패
한-(접두사) *cf.* 한데, 한저녁
한-(접두사) *cf.* 한가운데, 한동안, 한세상
-한(限)(접미사) <10월 말일한(末日限) 제출해 주시기 바람.>
ˇ한(限)(의존 명사) <내가 살아 있는 한 도와주겠다.>, <될 수 있는 한….>
한ˇ(관형사) *cf.* 한 고향, 한 민족, 한 반
한 가닥
한가득
한가락(국악)
한가락 <~ 하는 사람>
한 가락 <노래를 ~ 뽑다.>
한 가락 뽑다
한가락 하다
한가로워 보이다(閑暇-)
한가로워져 가다(閑暇-)
한가슴 <한숨만 ~ 다 재우고….>
한가운데
한가윗날 *cf.* 단옷날, 한식날, 추석날
한가을 *cf.* 한겨울, 한여름
한 가정(-家庭)
한 가족(-家族)
한 가지 <~만 알고 두 가지는 모른다.>
한가지 <품질이 ~다.>, <내외가 ~로 마음씨가 고왔다.>
한가하다 못해(閑暇-) *cf.* 복잡하다 못해
한가해 보이다(閑暇-)
한가해져 가다(閑暇-)

한갓되다/한갓지다
한강 가(漢江-) *cf.* 압록강 가, 라인강 가
한강 다리(漢江-) *cf.* 낙동강 다리
한강 물(漢江-) *cf.* 남한강 물, 압록강 물, 강물, 시냇물, 우물물, 바닷물, 호숫물
한강변(漢江邊) *cf.* 압록강변
한강수타령(漢江水-)
한걱정〔大念慮〕
한걱정 놓다
한걱정하다
한 건 하다(-件-)
한 건 한 건을(-件-件-)
한 걸음 <~ 뒤로 물러서다.>
한걸음 <비보를 듣고 ~에 달려오다.>
한 걸음 나아가
한 걸음 내디디며 한 발 들고 돌기
한 걸음 더
한 걸음 더 나아가
한 걸음 두 걸음씩
한 걸음 물러서다
한 걸음 비켜 서다
한 걸음 한 걸음
한 걸음 한 걸음 나아가면
한 것 같다 *cf.* 할 것 같다
한 겨레
한겨레(우리 겨레)
한 겨레 한 가족(-家族)
한 겨레 한 나라
한겨울 *cf.* 한여름, 한가을
한겨울 내내
한결같다
한결같이
한결 더
한겻(반나절)
한계선상(限界線上)
한계혁명(限界革命)(경제) *cf.* 적색혁명, 시민혁명, 명예혁명, 산업 혁명, 상업 혁명, 군사 혁명
한 고개 너머 부잣집(-富者-)
한고비 <더위가 ~ 지나다.>

한 고비 <어려운 일이 ~ 더 남아 있다.>

한고비 넘기다

한고비 지나다

한 고을

한고조(漢高祖) *cf.* 당 태종, 수양제

한골 나가다(-骨-)

한 곳 <그런 곳이 ~만 아니다.>

한곳(일정한 곳) <~에 오래 머무르다.>

한곳에

한구석에 *cf.* 방 한구석에, 한옆에, 방구석에

한 구절 한 구절(-句節-句節)

한 국가(-國家) <한 민족이 ~를 만들어….>

한국교육개발원(韓國教育開發院)

한국교육과정평가원(韓國教育課程評價院)

한국독립운동지혈사(韓國獨立運動之血史)

한국 땅에(韓國-) *cf.* 미국 땅에

한국말(韓國-)

한국말(韓國-)(한국어)

한국 무용(韓國舞踊) *cf.* 고전 무용, 현대 무용

한국 미술 5천년전(韓國美術五千年展)

한 국민(-國民) <~을 한 덩어리로 묶다.>

한국 사람(韓國-) *cf.* 외국 사람, 미국 사람

한국산(韓國産)

한국성과학연구소(韓國性科學研究所)

한국소(韓國-) *cf.* 조선소

한국식(韓國式) *cf.* 미국식, 러시아식

한국은행(韓國銀行)

한국인상(韓國人像)

한국 자수(韓國刺繡) *cf.* 서양 자수, 동양 자수, 전통 자수, 현대 자수

한국 주도하에(韓國主導下-)

한국측(韓國側) *cf.* 미국측, 프랑스측

한국통사(韓國痛史)

한군데(일정한 곳) <시선이 ~로 쏠리다.>

한 군데 <갈 곳이 ~가 아니다.>

한 군현 세력(漢郡縣勢力)

한 귀로 듣고 한 귀로 흘리다

한 귀로 듣다

한 그루

한 그루밖에 *cf.* 밖에(조사)

한그루짓기(일모작) *cf.* 두그루짓기

한 그릇

한근심

한글 공부 하기(-工夫-) <~가 재미있다.>

한글날 *cf.* 어린이날, 어버이날, 추석날

한글 맞춤법(-法)

한글 맞춤법 통일안(-法統一案)

한글책(-冊) *cf.* 국어책, 영어책, 미술책

한글판(-版) *cf.* 영어판, 에스파냐판

한글학교(-學校) *cf.* 연구학교, 음악 학교

한글 학회(-學會) *cf.* 조선어 학회

한길(큰길)

한길 <~로 매진하다.>

한길가 *cf.* 길가

한길긴뜨기(뜨개질)

한꺼번에

한껏 <~뽐내다.>

한 끝(끝이 난 한쪽) *cf.* 양 끝, 두 끝

한끝 <~을 잡다.>, <명석 ~으로 덮어 두었다가….>

한 끼 밥

한 나라('하나의 나라', '같은 나라'를 뜻할 경우) *cf.* 한동네, 한마을, 한 국가, 한 민족

한나라(우리 나라)

한나라(漢-) *cf.* 당나라, 명나라, 청나라

한나라 때(漢-) *cf.* 신라 때, 당나라 때

한 나라 한 겨레

한나절 *cf.* 반나절

한나절밖에 *cf.* 밖에(조사)

한·난류(寒·暖流)

한날 <~에 태어났다.>

한날한시에(-時-) <~ 난 손가락도 짧고 길다.>

한낮

한낱

한 냥(-兩) <~쭝>

한 놈 *cf.* 두 놈

한눈(한 번 봄, 잠깐 봄) <~에 들다>, < ~에 볼 수 있다.>, <~에 반하다.>

한 눈(한쪽 눈, 眼·萌芽) <~으로만 본다.>, <~에서 두 잎이 나온다.> *cf.* 두 눈, 양 눈
한 눈먼 사람
한 눈 먼 사람
한눈 붙이다 <아침에야 겨우 ~.>
한눈에 알아보기
한눈팔다 *cf.* 곁눈 팔다
한 닢 <가마니 ~….>
한다는(관형사) <씨름판에는 ~ 선수가 다 모이다.> *cf.* 한다하는
한다는 걸 말야 *cf.* 말이다/말이오
한다는 말이니
한다는 말이다/말이오
한다리 태클(레슬링)
한 다리 걸치다
한 다리 끼다
한 다발 *cf.* 두 다발
한다하는(관형사) <~ 사람들이 모여….>
한다 하더라도
한다 해도
한 단락(-段落)
한단 말이다 *cf.* 말이다/말이오
한 단밖에 <볏짚 ~ 못 든다.>
한 달 간(-間) *cf.* 반달 간
한 달 내내
한 달 내에(-內-)
한 달 넘게
한 달만
한 달 사이에
한 달 새에
한 달여 동안(-餘-)
한 달여 만에(-餘-) *cf.* 만
한 달 월급(-月給)
한달음에 <~에 달려오다.>
한 달치 *cf.* 두 달치, 1년치, 반달치
한·당의 훈고학풍(漢·唐-訓詁學風)
한대 전선(寒帶前線) *cf.* 한랭 전선
한대중(전과 다름없는 같은 정도)
한댁(-宅)(살림살이의 규모가 큰 집)

한더위
한 덩어리 <관중이 ~가 되다.>
한 덩이 *cf.* 두 덩이, 두세 덩이
한데(한 곳, 한 군데) <~ 어울리다.>, <~ 모이다.>, <~ 살다.> *cf.* 한 곳, 두 곳, 한 군데, 두 군데
한 데 <일을 ~서 돈을 받아라.>
한데 나앉다 <집이 경매에 붙여져 ~.>
한데 모아 놓다
한데 모아들이다
한데 모이다
한데 묶다
한데 뭉치다
한데 어울리다
한데우물
한뎃가마(고고학)
한뎃뒷간(-間) *cf.* 안뒷간
한뎃부뚜막
한뎃부엌
한뎃솥
한뎃잠 *cf.* 발칫잠, 돌꼇잠
한도 끝도 없다(限-)
한도 내에서(限度內-)
한도막(음악 용어) <~ 형식> *cf.* 두도막 형식, 세도막 형식
한 도막(하나의 도막) <갈치 ~>
한도막 형식(-形式) *cf.* 두도막 형식
한도 밖의(限度-)
한도 안의(限度-)
한도 이외(限度外-)
한독사전(韓獨辭典) *cf.* 국어사전, 한영사전, 언어학 사전, 이화학 사전
한 돌(1주년, 1주기) *cf.* 두 돌, 세 돌, 열 돌, 첫돌(첫째 번 돌)
한돌림 <술이 ~ 돌다.>
한동갑(-同甲) *cf.* 자치동갑
한동기(-同氣)
한동기간(-同氣間)
한동네(-洞-) *cf.* 한마을, 한 나라, 한 국가,

한 민족
한동생(-同生)
한동아리
한동안
한되다(恨-)
한됫병(-甁) *cf.* 됫병
한두(관형사) *cf.* 한두 사람, 한두 가지
한두 가지가 아니다
한두 개(-個)
한두 군데
한두 달 동안
한두 번이 아니다(-番-)
한두 번쯤(-番-)
한두 잔(-盞)
한두째
한두 차례(-次例)
한두 해
한두해살이 *cf.* 여러해살이
한두해살이 꽃
한두해살이 꽃 가꾸기
한두해살이 화초(-花草)
한둘 아니다
한 둥 만 둥 하다
한들한들하다
한 듯싶다 *cf.* 듯싶다.
한 듯이 *cf.* ㄴ 듯이, 듯이
한 듯하다 *cf.* 듯하다
한땀수(-繡)(기계 자수)
한 땀 한 땀
한때 <그가 ~는 고생을 했다.>, <손님이 ~에 몰리다.>, <즐거운 ~를 즐기다.>
한때심기〔假植〕 *cf.* 아주심기
한때 옮겨심기
한 떨기 <~장미꽃>
한뜻 *cf.* 한마음, 한마을, 한동네, 한 나라, 한 민족
한랭 전선(寒冷前線) *cf.* 한대 전선, 장마 전선
한량없다(限量-)
한려 수도(閑麗水道)
한림별곡(翰林別曲) *cf.* 관동별곡, 서경별곡
한림학사(翰林學士)
한마당 <축제의 ~이 되어….>
한마디 <~ 대답해 주다.>
한 마디로 말하면
한 마디 말 <~도 없이….>
한 마디 말 없이
한 마디 못하다
한 마디씩
한 마디 없이
한 마디의 말
한 마디 하다
한 마디 한 마디
한마루공사(-公事)(일 처리를 전례와 다름없이 하는 일)
한마을 *cf.* 한동네, 한 나라, 한 민족
한마음 <~ 한뜻이 되기가 어렵다.> *cf.* 한동네, 한 민족, 한 나라
한마음 *cf.* 한마음 운동
한마음으로
한마음 한뜻
한·만 국경(韓·滿國境)
한 많다(恨-)
한말(韓末) *cf.* 구한 말(舊韓末)
한 말 *cf.* 쌀 한 말
한말로 *cf.* 한말로 말해서
한 말씀
한 말씀 드리겠다
한 말씀 해 주십시오
한맘 한뜻
한맛(근본 취지는 결국 같다는 불교 용어)
한 맺히다(恨-)
한 명당(-名當) *cf.* 1사람당, 당(접미사)
한 모금 <물 ~ 마시다.>
한 모퉁이 *cf.* 한 구석, 한 옆
한목(한꺼번에 죄다.)
한목소리 <국민들은 ~로 물가 안정을 호소했다.>
한목소리 내다

한목숨 <이 ~ 나라에 바치다.>
한목에 <~ 넘겨 주다.>
한 몫 <~을 들다.>, <한 사람 늘었으니 ~을 더 놓도록 해라.>
한몫 <~ 톡톡히 벌다.>, <이번 작전에 신병이 ~을 했다.>, <마을 회의에 ~을 낄 수 있다.>
한몫 끼다
한몫 들다
한몫 보다
한몫 잡다 <수출로 ~.>
한몫하다 <이번 일에는 그 사람이 ~.>
한몫 해내다
한 몸 <나 ~ 어떻게 못 살겠니?>, <우리는 ~이야.>
한 몸같이
한무날(음력으로 10일과 25일)
한무릎 <~ 물러앉다.>
한무릎공부(한동안 착실히 하는 공부)
한 무릎 펴고 앉구르기
한문 번역투(漢文飜譯套) *cf.* 한문투, 영어 번역투
한문책(漢文冊) *cf.* 국어책, 미술책, 음악책, 동화책, 만화책, 소설책, 이야기책
한문화(漢文化)
한물가다
한물 지나다
한물지다
한미 간에(韓美間-)
한 민족(-民族)('같은 민족'을 뜻할 경우) *cf.* 한 나라, 한 국가, 한동네, 한마음
한민족(韓民族)
한 민족 간의(-民族間-)
한밑천
한밑천 잡다
-한 바 없다
-한 바 있다
한바다 <배를 타고 ~로 나가다.>
한바닥 <종로 ~>
한 바퀴 <운동장 트랙을 ~ 더 돌다.> *cf.* 반 바퀴
한바탕
한바탕 늘어놓다
한바탕하다
한 박 한 걸음으로 걷기(-拍-)
한 박에 한 걸음씩 재근재근 걷기(-拍-)
한 박 한 걸음 걷기(-拍-)
한반도(韓半島)
한 반 친구(-班親舊)(같은 반 친구)
한 발 늦다
한 발 더 나아가
한발돋움(무당춤의 춤사위)
한 발 들고 거듭뛰기
한 발 들고 뛰기
한 발 들고 3박 동안 세번 뛰기(-三拍-番-)
한 발로 딛고 뛰어넘기
한 발로 뛰기
한 발 앞서 가다
한 발 앞서다
한 발짝
한 발쯤
한발차기 *cf.* 양발차기
한 발 한 발
한밤(한밤중)
한 밤 <~ 자고 나서 보니….>
한밤 묵히기〔二夜包〕(농·생명)
한 밤 자고 나면
한밤중에(-中-)
한밥(누에의 마지막 잡힌 밥, 또는 배부르게 먹는 밥)
한밤 <~ 차리지 않게 제때에 오너라.>
한방(-房) <~ 쓰는 사이이다.>
한방 놓다
한 방울
한배(국악)
한 배 <우리는 ~를 탄 사람이다.>
한 배 <돼지가 ~에 새끼 아홉 마리를 낳았다.>
한배〔同腹〕 <모두 ~에서 난 형제들이다.> *cf.* 각배

한 번(-番)〔一回〕 <턱걸이를 ~밖에 못 한다.> *cf.* 두 번, 세 번, 네 번, ….
한번(-番)〔一旦〕 <언제 ~ 놀러 와라.>, <~ 가면 다시 오기 어렵다.>, <동네 인심 ~ 고약하다.>
한번겨루기(-番-)(태권도)
한 번 꼴로(-番-)
한 번 더(-番-)
한 번도 빠짐없이(-番-)
한 번만(-番-) <우리, ~ 더 만나자.> *cf.* 한 번만, 두 번만, 세 번만 하다가
한번매기(-番-)
한 번밖에(-番-) *cf.* 밖에(조사)
한 번씩(-番-) *cf.* 씩
한 번에 쓰기(-番-)
한 번쯤(-番-) *cf.* 두 번쯤, 세 번쯤, 열 번쯤
한 보따리
한복감(韓服-) *cf.* 양복감
한복집(韓服-) *cf.* 양복집
한복 차림(韓服-) *cf.* 양복 차림, 군복 차림
한복판
한봄 *cf.* 한여름, 한겨울
한 부분(-部分) *cf.* 몇 부분, 여러 부분
한 분 한 분
한불사전(韓佛辭典) *cf.* 한영사전, 국어사전, 문학 사전
한붓그리기(수학)
한빛탑(-塔)
한 뼘
한 뿌리
한 사람 *cf.* 두 사람, 세 사람
한사람 <그는 요전에 마주쳤던 사람과 ~이다.>
한 사람밖에 *cf.* 밖에(조사)
한 사람 빠짐없이
한 사람 한 사람
한사리〔大潮〕
한산 대첩비(閑山大捷碑)
한산 모시 짜기(韓山-) *cf.* 모시짜기, 베짜기
한산해 보이다(閑散-)
한살되다(부부가 되다. 하나가 되다.)
한 살 되다 *cf.* 두 살 되다
한살이〔一生〕
한 상 잘 차리다(-床-)
한생전(限生前)(한평생)
한 서리다(恨-) *cf.* 원한 서리다
한석봉 탈(韓石峰-) *cf.* 양반탈
한성순보(漢城旬報)
한 세대(-世代)
한세상(-世上) <~ 사는 것을 가지고….>
한소끔
한·소 정상 회담(韓·蘇頂上會談)
한속
한 손 *cf.* 조기 한 손
한손놓다('일이 일단 끝나다'를 뜻할 경우)
한 손 놓다(실제로 한쪽 손을 놓을 경우)
한 손 떼다
한 손씩 짚고 옆돌기
한 손 엎어잡기
한 손에 쥐다
한 손으로 잡고/잡다
한손잡이(외손잡이)
한 손 접다
한송정 가(寒松亭-)
한솥밥 <~을 먹고 사는 식구>
한솥엣밥(한솥밥)
한 수 한 수의(-首/手-首/手-)
한순간에(-瞬間-)
한술 <~ 더 떠서 나대는 사람>
한 술 <밥 ~도 못 얻어 먹다.> *cf.* 두 술, 세 술
한술 더 떠서
한술 밥 <~에 배 부르랴.>
한숨
한숨겨워하노라 *cf.* 눈물겨워하다
한숨 놓이다
한숨 돌리다
한숨 못 자다

한숨 소리 *cf.* 한탄 소리, 울음소리, 웃음소리
한숨 쉬다
한숨에(단숨에)(부사) <~에 달려가다.>
한숨짓다 *cf.* 눈물짓다
한습(소나 말의 한 살)
한시(-時)(잠깐 동안) <~도 자지 못하다.>
한 시간 남짓(-時間-)
한 시간 내에(-時間內-)
한 시간 만에(-時間-) *cf.* 만
한 시간 반 남짓 밖에(-時間半-)
한 시간여 만에(-時間餘-)
한시도 못 잊다(-時-)
한시름
한시름 놓다
한시름 놓이다
한시바삐(-時-) <~ 아들을 만나기 위해….> *cf.* 하루바삐, 하루빨리, 한시빨리
한 시 반(-時半)
한시빨리(-時-) *cf.* 하루빨리
한 식경(-食頃)
한 식구 같다(-食口-)
한식날(寒食-) *cf.* 단옷날, 추석날
한식 때(寒食-) *cf.* 설 때, 추석 때
한식집(韓食-) *cf.* 양식집, 일식집
한심스러워 보이다(寒心-)
한심스러워하다(寒心-)
한심해 보이다(寒心-)
한 쌍(-雙)
한 아름 *cf.* 두 아름, 세 아름
한 알의 밀알
한 알 한 알
한약국집 *cf.* 약국집
한약업사(韓藥業士)
한약종상(韓藥種商) *cf.* 약종상
한 어미 자식(-子息)
한없다/없이(限-)
한여름 *cf.* 한가을, 한겨울, 한봄
한여름 내내
한여름 밤 *cf.* 한겨울

한영사전(韓英辭典) *cf.* 국어사전, 이화학 사전, 철학 사전
한옆 *cf.* 한구석, 한 모퉁이
한 오리 <~의 희망을 가지고….>
한오백년(-五百年)(민요)
한옥촌(韓屋村) *cf.* 아파트촌
한올꼬임
한올꿰기
한올지다
한 울안
한 울타리 *cf.* 한동네
한 움큼 *cf.* 두 움큼
한음식(-飮食)(끼니때가 아닌 때 차린 음식)
한 음절(-音節)
한이레(첫이레) *cf.* 두이레
한인 애국단(韓人愛國團)
한 일 가운데서
한·일 간(韓·日間)
한·일 문화 교류(韓·日文化交流)
한일사전(韓日辭典) *cf.* 국어사전, 일한사전, 어원사전, 언어학 사전
한일자로(-一字-) *cf.* 갈지자로, 여덟팔자로
한·일 협정(韓·日協定)
한입 <입에 밥이 ~이다.>, <~에 털어넣다.>
한 입 건너
한 입 베어먹다
한 잎 두 잎 떨어지다 <낙엽이 ~.>
한 자 *cf.* 두 자, 석 자
한 자루
한자리 <~에 모이다.>
한 자리 서술어(-敍述語)
한 자리 수(-數) *cf.* 자릿수
한 자리 아래 숫자(-數字)
한 자리의 수(-數)
한자리하다(출세하다.) <한자리해 보겠다고 설친다.>
한자말(漢字-)(한자어)
한자어(漢字語)
한 자 한 자(-字-字)

한 잔(-盞) <소주를 ~밖에 못 마시다.>
cf. 두 잔, 석 잔, 넉 잔, …
한잔(-盞)
한잔 걸치다(-盞-)
한잔 내다(-盞-) *cf.* 한턱 내다
한잔 먹다(-盞-) *cf.* 한턱 먹다
한 잔 부어라(-盞-)
한 잔 술(-盞-)
한잔하다(-盞-) <우리, 잠깐 ~.>, <한잔한 얼굴이다.>
한잠 <~이 들면 업어 가도 모른다.>
한 잠 <누에가 ~을 자고 나다.> *cf.* 두 잠, 석 잠
한잠도 못 자다
한잠 자고 일어나다
한장군놀이(韓將軍-) *cf.* 놀이
한 장 치 <봄누에 ~에서….> *cf.* 하루치 식량, 2주일치 식량
한 장 한 장(-張-張)
한저녁(때가 지난 뒤에 차린 저녁) *cf.* 한점심
한 적 없다
한 적 있다
한적해 보이다(閑寂-)
한전제(限田制)
한 점 부끄러움 없다(-點-)
한점심(-點心)(때가 지난 뒤에 차린 점심) *cf.* 한저녁
한 점 의혹 없다(-點疑惑-)
한 접시
한정시켜 놓다(限定-)
한 조각
한종일(-終日)
한 주먹 <땅콩을 ….>
한주먹 <~에 때려뉘다.>
한 주일 간(-週日間)
한 주일 내내(-週日-)
한줄기 <~로 이어 온 우리 겨레>, <소나기 ~가 쏟아지다.>
한 줄 한 줄

한 줌은 못 되다
한 줌 흙
한중간(-中間) *cf.* 한가운데
한·중 간에(韓·中間-) *cf.* 한·일 간에
한중사전(韓中辭典) *cf.* 중한사전, 국어사전, 어원사전, 철학 사전
한·중 양 군(韓·中兩軍)
한·중 연합군(韓·中聯合軍)
한증가마(汗蒸-) *cf.* 숯가마
한지 바르기(韓紙-)
한 지붕 밑에
한 지역 사회(-地域社會)
한 짐 *cf.* 두 짐, 석 짐
한 집(하나의 가옥, 가정) <~ 걸러….>
한집 <철수와 영이는 ~에 산다.>
한 집 두 집
한집안(하나의 일가붙이, 한 문중) *cf.* 한집안 구성원
한집 안(한 가옥, 가정의 안)
한집안간(-間) *cf.* 집안간
한집안 식구(-食口)
한집 안에
한집안 일
한집에서
한집 한 울안에 *cf.* 한 울타리
한 집 한 집
한 짝
한 쪽 *cf.* 사과 한 쪽, 배 한 쪽, 반쪽
한쪽 *cf.* 한쪽 눈, 양쪽 사람
한쪽 구석에 *cf.* 한구석, 한옆에, 한 모퉁이
한쪽 끝
한쪽 눈
한쪽 다리 *cf.* 양다리, 양쪽 다리
한쪽 발 *cf.* 한쪽 손, 한 손
한쪽 손
한 쪽씩 <마늘 ~>
한쪽 접시 저울 *cf.* 양쪽 접시 저울, 접시저울
한 차례(-次例) <오전에 ~…. 오후에 ~….>
한차례(-次例) <폭소가 ~ 터졌다.>

한 차례씩(-次例-)
한 차원 높다(-次元-)
한참같이 cf. 이틀같이, 하루같이
한참 동안
한참 뒤에
한참 만에 cf. 만
한참씩
한참 있다가
한참 후에(-後-)
한창나이(젊은 나이)
한창 더울 때
한창 더위
한창때
한천질(寒天質)
한절 <수박이 ~이다.>
한 철 <여름 ~ 벌어 1년 살다.>
한 첩(-貼) <보약 ~을 짓다.>
한추위
한축 <손님들이 ~ 들어오다.>
한층(-層)(한 단계 더) <생활이 ~ 윤택해지다.>
한 층(-層) cf. 두 층, 세 층, 몇 층, 여러 층
한층 더(-層-) cf. 일층 더, 더욱더
한 층 한 층(-層-層)
한 치 건너 두 치
한 치 앞도 못 보다
한 치의 착오도 없다(-錯誤-)
한 치 한 치
한치 한치 <업적을 ~ 쌓아올렸기에….>
한 칸
한칼 <~에 베어 버리다.>
한켠에
한탄스러워지다(恨歎-)
한탄스러워하다(恨歎-)
한탄해 오다(恨歎-)
한탕 <~ 벌이다.>
한 탕 뛰다 cf. 두 탕 뛰다
한탕 치다
한 탕 하다
한턱내다
한턱먹다
한턱 쓰다
한턱하다
-한테(조사) cf. 나한테, 너한테, 그 사람한테
한통(한통속)
한 통(-通/-桶) <편지 ~>, <물 ~>
한통속 <저놈은 그놈들과 ~이다.>
한통치다(나누지 않고 한데 합치다.)
한 판 <바둑 ~을 더 두다.>
한판 cf. 한판 승부
한판 붙다
한팔업어치기(유도)
한 팔 잃다 <그 사람과는 상대가 되지 않는 ~다.>
한팔접이
한패(-牌) cf. 한편
한 편(-便)(한쪽 편) <~은 학생들이고, 다른 편은 근로자들이다.>
한 편(-篇) <~의 글>, <~의 시>, <소설 ~>
한편(-便) <공부하는 ~ 운동도 하라.>, <너와 나는 ~이다.>
한편넣기(-便-) cf. 양편넣기
한편덧판 용접(-板鎔接)
한편쪽(-便-) <~ 이야기만 듣고 말하지 말라.> cf. 양편쪽
한평생(-平生)
한 포기
한 폭(-幅)
한 푼(-分)
한 푼 두 푼(-分-分)
한 푼 받다(-分-)
한 푼 없이(-分-)
한 푼 한 푼(-分-分)
한풀 <기세가 ~ 꺾이다.>
한풀 꺾이다
한 풀다(恨-)
한풀이(恨-)
한풀이하다(恨-)

한풀 죽다
한 필(-匹) *cf.* 필
한 핏줄
한 핏줄 한 겨레
한 학교(-學校)
한 해 *cf.* 한 해 두 해
한해 *cf.* 한해살이 식물, 두해살이 화초, 여러 해살이 화초
한 해 동안 *cf.* 하루 동안, 이틀 동안, 여태 동안, 오랫동안
한 해 살림
한해살이
한해살이 꽃 *cf.* 여러해살이 꽃
한해살이뿌리 *cf.* 여러해살이뿌리
한해살이 식물(-植物) <~를 꺾다.> *cf.* 여러해살이 식물
한해살이 잡초(-雜草)
한해살이풀 *cf.* 두해살이풀, 여러해살이 꽃
한해살이 화초(-花草) *cf.* 두해살이
한 해 한 해 <~ 나이가 먹어 가면서….>
한허리 <~를 꺾다.>
한 형제(-兄弟)(같은 형제)
할 것 없이 <너나 ~….>
할게요 *cf.* ㄹ게
할금할금(부사)
할까 말까 하고 있다 *cf.* ㄹ까 말까 하다
할까 봐 <실패할까 봐 걱정이다.>
할끔할끔(부사)
할 나름이다 <자기 ~.> *cf.* 나름(의존 명사)
할당받다(割當-) *cf.* 받다
할당해 주다(割當-)
할 둥 말 둥 하다 *cf.* 둥(의존 명사)
할 듯 말 듯하다
할 듯싶다 *cf.* 듯싶다
할 듯하다 *cf.* 듯하다
할 듯 할 듯하다 <말을 ~가 안 하다.>
할 따름이다('따름'은 'ㄹ, 을' 아래 붙어 '그뿐' 임을 나타내는 의존 명사)
할딱할딱(부사)
할딱할딱하다
할 때 말고는 *cf.* 말고(동사 '말다'의 부사형. 조사로 보는 견해도 있음.)
할 때에
할라스 바람
할라파근(-根)[할라파의 뿌리. 하제(하제)로 씀.]
할로겐→할로젠
할로젠[할로겐]전구(-電球) *cf.* 백열전구, 텅스텐 전구, 수은 전구, 삼파장 전구
할로젠족(-族) *cf.* 란타넘[란탄]족
할로젠화물(-化物)
할론가스 *cf.* 탄산가스
할 리 없다(-理-) *cf.* 그럴 리 없다, 리
할마마마(-媽媽) *cf.* 할바마마, 마마
할 만하다 *cf.* 만하다
할 말 다 하다
할 말 못하다
할 말 없다
할 말이 없어 하다
할 말 하다
할머니 댁(-宅) *cf.* 선생님 댁, 아저씨 댁
할머니들 간에(-間-)
할머니 방(-房)
할머니뻘 되는 *cf.* 조카뻘 되는, 아저씨뻘 되는, 숙항 되는
할머니 집
할머니 편이다(-便-)
할미광대
할미광대탈
할미꽃
할미쟁이
할미탈 *cf.* 미얄탈, 양반탈
할 바를 모르다
할바마마(-媽媽) *cf.* 할마마마, 마마
할밖에 <찬란하다 ~….> *cf.* ㄹ밖에
할 법하다 *cf.* 법하다
할 뻔하였다 *cf.* 뻔하다
할뿐더러 *cf.* ㄹ뿐더러(어미)
할 뿐만 아니라 *cf.* ㄹ 뿐 아니라

할 뿐 아니라
할 뿐이다
할 성싶다 *cf.* 성싶다
할 소리 못할 소리
할 수밖에 없다 *cf.* 밖에
할 수 없다/없이
할 수 있는데 말이야 *cf.* 말이다/말이오
할아버지들 간에(-間-)
할아버지 말고도 *cf.* 말고
할아버지 방(-房)
할아버지뻘 되는/되다 *cf.* 아저씨뻘 되는
할아버지 집/댁(-宅)
할애받다(割愛-) *cf.* 받다
할애해 주다(割愛-)
할양받다(割讓-) *cf.* 받다
할 양으로(-樣-) *cf.* 양
할인은행(割引銀行) *cf.* 중앙은행, 태환 은행, 특별 은행, 출제 은행
할인해 주다(割引-)
할 일 없다
할 줄 모르다
할 줄 알다
할 짓 못할 짓 다 하다
할 짓 없어서 그 짓 했겠나
할짝할짝하다
할 텐데 *cf.* ㄹ텐데, 터
할푼리(割-厘)
할푼리 알아보기(割分厘-)
핥아 가며 <개가 ~ 꼬리치다.>
핥아 대다 *cf.* 짖어 대다, 웃어 대다, 물어 대다, 대다(보조 용언)
핥아먹다 *cf.* 긁어먹다, 긁어 먹다
핥아 버리다
핥아 부다
핥아세다 <남의 재산을 ~.>
핥아 주다
-함(函)(접미사) *cf.* 사서함, 투표함
함(含)-(접두사) *cf.* 함질산황
함경남도(咸鏡南道)
함경남·북도(咸鏡南·北道)
함경북도(咸鏡北道)
함경산맥(咸鏡山脈) *cf.* 태백산맥, 노령산맥
함경평야(咸鏡平野) *cf.* 김포평야, 나주평야
함께 가다
함께 나서다
함께 놀다
함께 말이야 *cf.* 말이다/말이오
함께 부르기
함께 살다
함께 생각해 보기
함께 타다
함께하기 *cf.* 홀로하기
함께하다 <두 사람은 운명을 ~.> *cf.* 같이하다, 같이 하다
함께 하다 <술을 ~.>, <일을 ~.> *cf.* 같이 하다
함께 해 오다
함락당하다(陷落當-) *cf.* 당하다
함락시켜 버리다(陷落-)
함락해 버리다(陷落-)
함몰당하다(陷沒-) *cf.* 당하다
함몰되어 가다(陷沒-)
함박꽃
함박꽃웃음 *cf.* 함박웃음
함박눈
함박송이
함박웃음
함부로덤부로(부사)(마음 내키는 대로 마구 또는 대충대충)
함부르크종(-種)(닭 품종) *cf.* 레그혼종
함빡 젖다
함석가위 *cf.* 전지가위, 전정가위, 핑킹가위
함석지붕 *cf.* 양철지붕, 초가지붕, 너와지붕, 슬레이트 지붕
함석집 *cf.* 양철집
함성 지르다(喊聲-) *cf.* 고함지르다, 소리 지르다, 탄성 지르다
함속(函-)(함 속에 넣는 물건)

함숫값(函數-) *cf.* 절댓값, 기댓값, 최댓값, 임계값, 실효값, 좌표값
함실아궁이
함실코(코가 두려빠져 입천장과 붙은 코)
함안 분지(咸安盆地) *cf.* 대구 분지, 곡산 분지, 김화 분지, 진주 분지
함양시켜 주다(涵養-)
함양해 나가다(涵養-)
함으로 해서(그렇게 하는 것으로 해서)
함정코(陷穽-)(올가미)
함자물쇠(函-) *cf.* 쌍룡자물쇠, 맹꽁이자물쇠
함지박
함지박만 하다 *cf.* 만 하다(←만하다)
함지 밥 *cf.* 양푼 밥
함지배(북한)
함진아비(函-)
함질황산(含窒黃酸)
함초롬해지다
함축성 있다(含蓄性-)
함평 들노래(咸平-) *cf.* 동래 들놀음
함포 사격(艦砲射擊)
함흥냉면(咸興冷麪) *cf.* 평양냉면, 전주비빔밥
함흥차사(咸興差使)
합각마루(合閣-)
합각머리(合閣-)
합각지붕(合閣-) *cf.* 팔작지붕, 우진각지붕
합각집(合閣-) *cf.* 팔작집, 맞배집
합각처마(合閣-)
합격시켜 주다(合格-)
합격자 수(合格者數) *cf.* 불합격자 수
합계해 보다(合計-)
합당해 보이다(合當-)
합동결혼식(合同結婚式)
합류해 오다(合流-)
합리화되다(合理化-)
합리화시켜 주다(合理化-)
합리화하다(合理化-)
합목적성(合目的性)
합법수단(合法手段) *cf.* 불법수단, 고압수단, 생산 수단, 통신 수단
합법주의(合法主義)
합법칙성(合法則性)
합법화되다(合法化-)
합법화하다(合法化-)
합법화해 주다(合法化-)
합병당하다(合併當-) *cf.* 당하다
합병해 놓다(合併-)
합보시기(盒-)
합산해 보다(合算-)
합살머리(쇠고기 부위)
합석시켜 주다(合席-)
합섬면(合纖綿)
합성보(合成-)
합성색(合成色)
합성수지(合成樹脂) *cf.* 천연수지, 합성 세제, 합성 섬유, 합성 수지(편수 자료 '공업')
합성염료(合成染料) *cf.* 천연염료, 인조염료, 합성 향료, 합성 피혁
합성주(合成酒) *cf.* 양조주, 화학주
합성초(合成醋) *cf.* 양조초, 과일초
합성풀(合成-) *cf.* 부레풀, 밀풀, 아교풀
합성해 내다(合成-)
합쇼체(-體) *cf.* 하게체
합수머리(合水-) *cf.* 밭머리, 들머리
합수치다(合水-) *cf.* 물결치다, 파도치다
합숙해 오다(合宿-)
합스부르크가(-家) *cf.* 록펠러가, 윈저가
합승해 오다(合乘-)
합용 병서(合用竝書) *cf.* 각자 병서
합의해 버리다(合意-)
합의해 주다(合意-)
합장단(合-)
합장매듭(合掌-)
합제비의 이(合除比-理)
합종연횡(合從連橫)
합죽할미
합집합(合集合)
합창단원(合唱團員) *cf.* 무용단원

합쳐 보다(合-)
합해 보다(合-)
합해 주다(合-)
핫것 *cf.* 겹것
핫길(下-) *cf.* 윗길, 상길
핫두루마기 *cf.* 홑두루마기, 겹두루마기
핫바지
핫아비 *cf.* 홀아비
핫어미 *cf.* 홀어미
핫옷
핫저고리
핫퉁이(두툼한 옷을 입은 사람을 낮잡아 이르는 말)
-항(港)(접미사) *cf.* 인천항, 자유항
-항(行)(접미사) *cf.* 조항(祖行), 숙항(叔行), 질항(姪行)
항갑상선제(抗甲狀腺劑) *cf.* 항히스타민제
항공구난(航空救難) *cf.* 해상 구난
항공로망(航空路網) *cf.* 도로망, 철도망
항공마일(航空-)
항공모함(航空母艦)
항공사진(航空寫眞) *cf.* 위성사진
항공소음(航空騷音) *cf.* 도시 소음, 공장 소음, 자동차 소음
항공편(航空便) *cf.* 기차편, 선박편, 버스편
항구여일(恒久如一)
항다반사(恒茶飯事)(일상 있는 일)
항렬자(行列字)
항말라리아제(抗-劑) *cf.* 항갑상선제
항목별(項目別) *cf.* 소항별, 연령별
항문성격(肛門性格)(심리학)
항바이러스제(抗-劑)
항복받다(降伏-) *cf.* 받다
항복해 버리다(降伏-)
항복해 오다(降伏-)
항비타민(抗-)
항사독소(抗蛇毒素)
항산성균(抗酸性菌)
항성년(恒星年)
항성시(恒星時)
항성 시계(恒星時計) *cf.* 전자관 시계, 전파시계, 전자시계
항성월(恒星月)
항성일(恒星日)
항수정소(抗受精素)
항아리매듭(缸-) *cf.* 국화매듭, 잠자리매듭
항아리무늬(缸-)
항아리치마(缸-)
항온 풀림(恒溫-) *cf.* 저온 풀림
항우울제(抗憂鬱劑)
항원 항체 반응(抗原抗體反應)
항의당하다(抗議當-) *cf.* 당하다
항의해 오다(抗議-)
항이뇨제(抗利尿劑)
항이뇨 호르몬(抗利尿-)
항쟁해 오다(抗爭-)
항쳐붙이기
항콜레스테롤제(抗-劑) *cf.* 항말라리아제
항타기초(抗打基礎) *cf.* 말뚝 기초
항펩신제(抗-劑)
항플라스민제(抗-劑)
항해길(航海-) *cf.* 등굣길, 귀갓길, 하굣길, 답삿길, 학교길, 등산길, 취재길, 성묘길
항해 끝에(航海-) *cf.* 방랑 끝에, 여행 끝에
항해박명(航海薄明)
항해 중(航海中) *cf.* 운항 중
항혈우병 인자(抗血友病因子)
항호르몬(抗-)
항효소(抗酵素)
항히스타민제(抗-劑) *cf.* 항펩신제
해(의존 명사) <그 물건은 내 ~다.>
-해(海)(접미사)(우리말 지명에) *cf.* 북극해
✓해(海)(접미사)(외래어 지명에) *cf.* 아라비아 해, 카리브 해, 아랄 해, 발트 해
해 가다
해가림[太陽-] *cf.* 볕가림
해 가며 <일을 ~ 공부하다.>
해 가지고 <장사를 ~….>

해갈시켜 주다(解渴-)
해감내
해거름
해거리하다
해결 나다(解決-) *cf.* 결정 나다, 결판나다
해결되어 가다(解決-)
해결 보다(解決-)
해결시켜 주다(解決-)
해결할 만하다(解決-) *cf.* 만하다
해결해 가다(解決-)
해결해 나가다(解決-)
해결해 드리다(解決-)
해결해 보다(解決-)
해결해 주다(解決-)
해고당하다(解雇當-) *cf.* 당하다
해고해 버리다(解雇-)
해골바가지(骸骨-) *cf.* 탈바가지
해괴망측하다(駭怪罔測-)
해괴망측해 보이다(駭怪罔測-)
해괴해 보이다(駭怪-)
해그림자 *cf.* 달그림자
해금 산조(奚琴散調)
해금 소리(奚琴-) *cf.* 거문고 소리, 퉁소 소리
해껏 <그는 날마다 ~ 일했다.>
해 끼치다(害-)
해 나가다
해 나가다 보니
해내고 말다
해내다 *cf.* 펴내다, 짜내다, 빼내다, 캐내다
고안해 내다, 만들어 내다, 생각해 내다
해내외(海內外)
해낼걸 *cf.* ㄹ걸(어미)
해 넘어가다 *cf.* 해 돋다, 해뜨다, 해지다
해넘이 *cf.* 해돋이
해녀놀이(海女-)
해 놓고 보니/해 놓다
해님 *cf.* 달님, 군수님, 나라님
해 다오
해 달라고/달라다

해답해 주다(解答-)
해당분자(害黨分子) *cf.* 과격분자, 극력분자, 돌출 분자, 불온 분자
해대다(마구 대들다) *cf.* 떠들어 대다
해 대다 <질문을 ~.>
해도면(海島綿) *cf.* 육지면, 이집트면, 미국면
해도 해도 너무 한다
해독시켜 주다(解毒-)
해독해 내다(解讀-)
해 돋다 *cf.* 해지다, 해 넘어가다
해 돋을 무렵 *cf.* 해뜰 무렵, 해질 무렵
해돋이 *cf.* 해넘이
해동가요(海東歌謠)
해동갑('해가 질 때까지 계속함'을 이르는 말)
해동고승전(海東高僧傳)
해동공자(海東孔子)
해동머리(解凍-) *cf.* 해토머리, 환절머리
해동성국(海東盛國)
해동역사(海東繹史)
해동중보(海東重寶)
해동통보(海東通寶)
해 두다
해 드리다
해 뜨기 전(-前) *cf.* 해 지기 전
해 뜨다 *cf.* 해 지다
해뜰녘 *cf.* 해질녘
해뜰 때 *cf.* 해질 때
해뜰 무렵 *cf.* 해질 무렵
해라체(-體) *cf.* 합쇼체
해로워 보이다(害-)
해롱해롱하다
해류병(海流瓶) *cf.* 라이덴병, 씻기병
해리열(解離熱) *cf.* 융해열
해마을 *cf.* 달마을, 별마을
해망쩍다
해맞이
해머던지기(육상)
해머(를) 던지다
해 먹다

해면동물(海綿動物)
해명해 주다(解明-)
해모수님(解慕漱-)
해몽해 주다(解夢-)
해묵다 <해묵은 과제>
해묵히다
해바라기꽃
해바라기박(-粕) *cf.* 대두박
해바리기성(-性) *cf.* 아부성
해바라기씨 *cf.* 고추씨, 무씨, 배추씨, 복숭아 씨, 살구씨, 참외씨, 시금치씨, 아카시아나무 씨, 분꽃 씨, 단풍나무 씨, 도깨비바늘 씨
해바라기잎 *cf.* 고구마잎, 옥수수잎, 단풍나무 잎, 상수리나무 잎, 아카시아나무 잎
해방둥이(解放) *cf.* 광복둥이
해방시켜 주다(解放-)
해방 전(解放前) *cf.* 광복 전
해방 후(解放後) *cf.* 광복 후
해 버리고 말았다
해변길(海邊-) *cf.* 강변길, 호숫길
해 보고 싶다
해 보다
해 보이다
해 본 말이다
해 본 적이 없다
해 봄 직하다 *cf.* 있음 직하다, 옴 직하다, 2시는 되었음 직하다, 직하다(보조 용언) 먹음직하다, 믿음직하다, 바람직하다
해부칼(解剖-) *cf.* 부엌칼, 도련칼, 회칼
해부해 보다(解剖-)
해산구완(解産-) *cf.* 병구완
해산달(解産-)
해산당하다(解散當-) *cf.* 당하다
해산때(解産-) <~도 벗지 못하다.>
해산미역(解産-)
해산바라지(解産-) *cf.* 옥바라지, 자식바라지
해산시켜 버리다(解散-)
해산어미(解産-)
해산타령(수영 야유)
해산할미(解産-)
해상공원(海上公園) *cf.* 근린공원, 해중공원, 체육공원, 놀이 공원, 자연 생태 공원, 테마 공원
해상붕(海上棚) *cf.* 대륙붕
해상비(解像比)
해석해 버리다(解析-)
해석해 보다(解析-)
해석해 주다(解釋-)
해설해 주다(解說-)
해소되어 가다(解消-)
해소시켜 주다(解消-)
해소해 버리다(解消-)
해소해 주다(解消-)
해수면(海水面) <~의 상승으로 농경지가 침수되다.> *cf.* 지표면
해수욕객(海水浴客)
해수욕장(海水浴場)
해시계(-時計) *cf.* 물시계, 불시계, 모래시계
해쓱해 보이다
해안탱크(海岸-) <석유 저장을 위한 ~>
해 안으로 <~ 와야 한다.>
해안둑(海岸-)
해안파(海岸波)
해암탉(그해에 새로 난 암탉)
해약해 주다(解約-)
해양성 기단(海洋性氣團)
해양 오염(海洋汚染) *cf.* 환경오염, 대기 오염, 토양 오염, 수질 오염
해어뜨리다/-트리다
해 오다
해외 나들이(海外-)
해요체(-體) *cf.* 하게체
해운업자(海運業者) *cf.* 운송업자
해웃값 *cf* 와댓값
해웃돈
해이해져 가다(解弛-)
해인사 대장경판(海印寺大藏經板)
해일 경보(海溢警報) *cf.* 공습경보, 화재경보, 일기 예보, 비행예보

해임당하다(解任當-) cf. 해고당하다, 당하다
해임해 버리다(解任-)
해 입다
해자쟁이(解字-) cf. 파자쟁이
해장거리(←解酲-)
해장국(←解酲-)
해장술(←解酲-)
해 저문 뒤에 cf. 날 저문 뒤에
해적수단(害敵手段) cf. 방어 수단, 침략 수단, 이적 수단
해제경보(解除警報) cf. 적색경보, 황색경보
해제끼다 <일을 와닥닥 ~.>
해제해 주다(解除-)
해조비료(海藻肥料) cf. 화학 비료
해 주다
해주 최씨(海州崔氏) cf. 최씨, 최무선 씨(최 씨)
해주 탈춤형(海州-形)
해죽해죽(부사)
해 줄 겸 해서(-兼-) cf. 먹을 겸 해서
해중공원(海中公園) cf. 해상공원, 근린공원, 체육공원, 놀이 공원, 자연 생태 공원, 테마 공원
해중합(解重合)
해지기 전에(-前-)
해지다 <옷이 ~.>
해 지다 cf. 해 뜨다
해직당하다(解職當-) cf. 해고당하다, 당하다
해질녘 cf. 해뜰녘
해질 무렵 cf. 해뜰 무렵
해짐작(-斟酌)(북한) <~을 하고 길을 떠나다.> cf. 해가늠
해쭉해쭉하다
해찰궂다(마음에 내키지 않아 이것저것 집적거리는 버릇이 있다.)
해체(-體) cf. 해라체, 합쇼체
해체되어 가다(解體-)
해체해 버리다(解體-)
해치무늬(獬豸-)
해치우다 cf. 때려치우다, 먹어 치우다, 팔아 치우다
해치워 버리다
해칠까 봐
해칠 뻔하다 cf. 뻔하다
해코지당하다(-當-) cf. 당하다
해코지하다(害-)
해토머리(解土-) cf. 해동머리
해파리 떼 cf. 피라미 떼, 하루살이 떼, 모기떼
해파리뜨기(수영)
해파리형(-型)
-해하다 cf. 못마땅해하다, 미안해하다
해협식민지(海峽植民地)
핵가족(核家族)
핵가족제(核家族制)
핵가족화되다(核家族化-)
핵개발(核開發)
핵겨울(核-)(핵전쟁이 일어나는 추위 현상)
핵결합 에너지(核結合-)
핵공학(核工學)
핵과열(核過熱)
핵광전 효과(核光電效果)
핵구조(核構造)
핵농축(核濃縮)
핵단백질(核蛋白質)
핵먼지(核-)
핵무기(核武器)
핵무장(核武裝)
핵문제(核問題)
핵물리학(核物理學)
핵미사일(核-)
핵반격(核反擊)
핵반경(核半徑)
핵반응(核反應)
핵반응식(核反應式)
핵발전소(核發電所)
핵변환(核變換)
핵병기(核兵器)
핵보유국(核保有國)
핵분열(核分裂)

핵분열 에너지(核分裂-)
핵불안(核不安)
핵불확산법(核不擴散法)
핵붕괴(核崩壞)
핵산란(核散亂)
핵상 교번(核相交番)/핵상 교대(核相交代)
핵생성(核生成)
핵소모(核消耗)
핵스핀(核-)
핵실험(核實驗)
핵알레르기(核-)
핵에너지(核-)
핵연료(核燃料)
핵연쇄 반응(核連鎖反應)
핵완화(核緩和)
핵우산(核雨傘)
핵유제(核乳劑)
핵융합(核融合)
핵융합 기술(核融合技術)
핵융합로(核融合爐)
핵융해(核融解)
핵응용학(核應用學)
핵의학(核醫學)
핵이론(核理論)
핵이성질체(核異性質體)
핵이성체(核異性體)
핵 이식란(核移植卵)
핵자기 공명(核磁氣共鳴)
핵자력계(核磁力計)
핵자수(核子數)
핵 잠수함(核潛水艦) *cf.* 핵폭탄
핵 재킹(核-)
핵전력(核戰力)
핵전쟁(核戰爭)
핵전하(核電荷)
핵접합(核接合)
핵질량(核質量)
핵추진 위성(核推進衛星)
핵충격(核衝擊)
핵치환(核置換)
핵클럽(核-)
핵탄두(核彈頭)
핵폐기물(核廢棄物)
핵포획(核捕獲)
핵폭발(核爆發)
핵폭탄(核爆彈)
핵항성계(核恒星系)
핵화학(核化學)
핵확산 금지(核擴散禁止)
핵황달(核黃疸)(의학)
햄릿형(-型) *cf.* 돈키호테형
햄프셔종(-種)(닭 품종) *cf.* 코친종, 함부르크종, 레그혼종, 토넨종
햇감사
햇것
햇곡식(-穀食)
햇과일
햇김치 *cf.* 묵은 김치
햇나물
햇녹두
햇누룩
햇닭 *cf.* 묵은닭
햇덩이 <~이가 서산으로 뉘엿뉘엿 넘어가다.>
햇동(햇곡이 나올 때까지의 동안)
햇무리 *cf.* 달무리
햇무리구름
햇물
햇발
햇버섯
햇병아리
햇볕 나다 *cf.* 볕 나다, 불볕나다
햇볕받기
햇볕 받다
햇볕살
햇빛 속에
햇살
햇솜
햇수(-數) *cf.* 달수, 날수, 일수

햇수수
햇잎 *cf.* 묵은잎
했나 보다 *cf.* 갔나 보다, 먹었나 보다, 쓰나 보다
했다는 듯 *cf.* ㄴ 듯
했단 말이오 *cf.* 말이다/말이야
했으니 말이다 *cf.* 말이다
-행(行)(접미사) *cf.* 부산행 열차, 뉴욕행 비행기, 제주행 여객선
행동거지(行動擧止)
행동반경(行動半徑) *cf.* 곡률 반경, 회전 반경
행동주의(行動主義)
행동해 오다(行動-)
행동화시키다(行動化-)
행동화하다(行動化-)
행랑것(行廊-) *cf.* 아랫것
행랑방(行廊房) *cf.* 사랑방
행랑붙이(行廊-) *cf.* 일가붙이, 겨레붙이
행랑살이(行廊-) *cf.* 처가살이, 시집살이
행랑살이하다(行廊-)
행랑아범(行廊-)
행랑어멈(行廊-)
행방불명(行方不明) *cf.* 정체불명, 원인 불명, 소재지 불명, 수취인 불명
행벡터(行-)
행보 중(行步中)
행복스러워 보이다(幸福-)
행복스러워하다(幸福-)
행복한 웃음 짓다(幸福-) *cf.* 웃음짓다
행복해 보이다(幸福-)
행복해하다(幸福-)
행사순(行事順) *cf.* 진행순
행사 전(行事前)
행사 중(行事中)
행사해 오다(行使-)
행상 나가다(行商-)
행상 노릇 하다(行商-) *cf.* 선생 노릇 하다
행상 다니다(行商-)
행상소리(行喪-) *cf.* 상엿소리
행선 날(行船-) *cf.* 출항 날
행성상 성운(行星相星雲)
행세해 오다(行勢-)
행셋거리(行勢-) *cf.* 소일거리, 장삿거리
행수 군관(行首軍官)
행실 나쁘다(行實-) *cf.* 품행 나쁘다
행실머리(行實-) *cf.* 주변머리, 인정머리, 안달머리, 싹수머리, 주책머리(접미사)
행실 바르다(行實-)
행운유수(行雲流水)
행정계엄(行政戒嚴) *cf.* 군사계엄
행정법학(行政法學)
행정 중심 복합 도시(行政中心複合都市)
행주 빨기
행주(를) 빨다
행주산성(幸州山城) *cf.* 남한산성
행주치마
행줏감 *cf.* 치맛감, 혼숫감, 바짓감
행진곡풍(行進曲風)
행진무용(行進舞踊) *cf.* 예술무용, 교육무용, 종교 무용, 현대 무용, 고전 무용
행진 운동(行進運動)
행진해 가다(行進-)
행차길(行次-)
행차칼(行次-)(형구의 하나)
행패 부리다(行悖-) *cf.* 트집 부리다, 투정 부리다, 난동 부리다, 재롱부리다
행하여 가다(行-)
행하여 보다(行-)
행하여 오다(行-)
행해 가다(行-)
행해 보다(行-)
행해 오다(行-)
향권 다툼(鄕權-) *cf.* 정권 다툼, 이권 다툼, 알력 다툼, 패권 다툼, 자리다툼
향기 나다(香氣-)
향기로워지다(香氣-)
향기 맡다(香氣-) *cf.* 냄새 맡다
향기 있다(香氣-)

향기 좋다(香氣-) *cf.* 냄새 좋다
향내(香-) *cf.* 풀내, 땀내, 살내, 똥내, 문내
향내 나다(香-) *cf.* 냄새나다, 비린내 나다
향내 맡다(香-) *cf.* 냄새 맡다
향냄새(香-) *cf.* 풀 냄새, 땀 냄새, 살 냄새
향냄새 나다(香-)(행내 나다.)
향락주의(享樂主義)
향방 없다(向方-)
향·부곡민(鄕·部曲民)
향불(香-) *cf.* 촛불, 숯불
향불 피우다(香-)
향상되어 가다(向上-)
향상되어 오다(向上-)
향상시켜 가다(向上-)
향상시켜 주다(向上-)
향선생(鄕先生)(지방에서 명망 있는 사람)
향수병(香水瓶) *cf.* 기름병, 맥주병, 잉크병, 소주병, 양주병
향수 어리다(鄕愁-) *cf.* 감동 어리다, 피땀 어리다, 정감 어리다, 어리다
향악곡(鄕樂曲)
향약구급방(鄕藥救急方)
향약집성방(鄕藥集成方)
향유고래기름(香油-) *cf.* 정어리기름
향유해 오다(享有-)
향정신성 의약품(向精神性醫藥品)
향조필기(香祖筆記)
향주머니(香-) *cf.* 신주머니, 돈주머니, 귀주머니, 풀주머니, 묵주머니
향토색 짙다(鄕土色-)
향피리(鄕-)
향해 가다(向-)
-허(許)(접미사)(그쯤 되는 곳) <낙양성 10리 ~ 에….>
[평교(平交) 이하의 사람 성명 뒤에 붙여] *cf.* 김○○허
허가 나다(許可-)
허가 내다(許可-)
허가 내 주다(許可-)
허가받다(許可-) *cf.* 받다
허가 없다/없이(許可-)
허가해 주다(許可-)
허겁지겁(부사)
허공 속에(虛空-)
허공잡이(虛空-)(줄타기) *cf.* 공중제비
허구한 날(許久-)
허깨비걸음(허둥지둥 걷는 걸음)
허나이테(虛-)
허난설헌(許蘭雪軒)
허덕허덕(부사)
허덕허덕하다
허덕허덕해 오다
허둥지둥
허둥지둥하다
허드레옷
허드렛물 *cf.* 개숫물, 설거지물
허드렛일 *cf.* 궂은일, 마른일, 막일
허드슨 강(-江) *cf.* 포토맥 강
허들넘기(육상)
허락되는 한(許諾-限)
허락 맡다(許諾-)
허락 맡아 오다(許諾-)
허락받다(許諾-) *cf.* 받다
허락 없다/없이(許諾-)
허락하는 한(許諾-限)
허락하에(許諾下-) *cf.* 승낙하에
허락해 주다(許諾-)
허랑방탕하다(虛浪放蕩-)
허름해 보이다
허릅숭이(일을 실답지 않게 하는 사람)
허리감아치기(씨름)
허리 감아 치다
허리굽히기
허리 굽히다
허리감기(한국 무용)
허리감아 들어던지기
허리 기술(-技術) *cf.* 손기술, 발기술, 다리 기술
허리길이(재단) *cf.* 꼬리 길이

허리꺾기(씨름) *cf.* 허리감아치기
허리(를) 꺾다
허리껴치기(유도)
허리끈
허리 높이 *cf.* 눈높이, 가슴높이 지름
허리둘레 *cf.* 가슴둘레, 목둘레, 허벅지 둘레, 종아리 둘레, 배 둘레, 팔 둘레, 엉덩이 둘레
허리둘레선(-線)
허리등뼈
허리띄기(유도)
허리띠 *cf.* 머리띠
허리띠쇠
허리맞춤(건축)
허리뼈 *cf.* 엉치뼈, 다리뼈
허리샅바
허리선(-線) *cf.* 어깨선, 목선
허리 싸움 *cf.* 머리싸움
허리씨름 *cf.* 말씨름, 발씨름, 다리씨름
허리 아프다 *cf.* 다리 아프다, 가슴 아프다
허리옮겨치기(유도)
허리옷(요의)
허리잡고 들기(레슬링)
허리잡기(유도)
허리잡이(양주 별산대)
허리접(-椄) *cf.* 가지접, 쪼개접
허리죄기(씨름)
허리질러(절반을 타서, 절반이 되는 곳에)(부사)
허리짬(허리나 허리춤 근처)
허리채기(유도)
허리춤
허리치기(검도 등)
허리칼
허리통
허리튀겨감기(유도)
허리튀기(유도)
허리 펴고 살다
허리폭(-幅)
허리후리기(유도)
허릿단
허릿매(허리의 맵시) <~가 곱다.>
허릿물(허리까지 차는 물 깊이) *cf.* 발목물, 자국물
허릿살(연의)
허릿심 *cf.* 다릿심
허망해하다(虛妄-)
허무맹랑하다(虛無孟浪-)
허무맹랑해 보이다(虛無孟浪-)
허무주의(虛無主義)
허무해하다(虛無-)
허물벗기(탈피)
허물 벗다 *cf.* 누명 벗다
허물어 내다
허물어 놓다
허물어뜨려 버리다/허물어뜨리다
허물어 버리다
허물어져 가다
허물없다 <그 사람과는 허물없는 사이이다.>
허물없어 보이다
허발 치다(虛發-)(헛걸음하다)
허방다리(함정)
허방 짚다 *cf.* 허탕 짚다
허벅다리 *cf.* 넓적다리
허벅다리걸기(유도)
허벅다리들기
허벅다리(를) 들다
허벅다리올리기
허벅다리(를) 올리다
허벅살
허벅지 둘레 *cf.* 팔 둘레
허벅춤(제주)
허비적허비적하다
허비해 버리다(虛費-)
허비해 오다(虛費-)
허 생원 댁(許生員宅)
허섭스레기(남은 찌꺼기)←허접쓰레기
허세 부리다(虛勢-) *cf.* 오기 부리다, 텃새부리다, 기세부리다, 야살부리다
허수아비 같다

허술찮다
허술해져 가다
허심탄회(虛心坦懷)
허약해 보이다(虛弱-)
허약해져 가다(虛弱-)
허여멀겋다
허여멀쑥하다
허영수 씨(-氏)(허 씨)
허영주머니(虛榮-) *cf.* 음흉주머니
허용받다(許容-) *cf.* 허락받다, 받다
허용차(許容差)
허용해 오다(許容-)
허용해 주다(許容-)
허우대 좋다
허우적대다
허우적허우적하다
허울 좋다 <허울 좋은 개살구>
허위넘다 <고개를 ~.>
허위단심 <~하고 백 리 길을 왔는데….>
허위의식(虛僞意識) *cf.* 잠재의식, 집단의식, 특권 의식, 패배 의식
허위허위(부사)
허장성세(虛張聲勢)
허전해 보이다
허전해하다
허전허전하다
허점 잡다(虛點-) *cf.* 액점 잡다
허점 잡히다(虛點-)
허점투성이(虛點-) *cf.* 상처투성이, 피투성이, 걱정투성이, 투성이
허정개비(옹골차지 못한 사람)
허주굿(무당이 되려고 할 때에 처음 신을 받아들이는 굿)
허천대고(확실한 계획이 없이 마구)
허초점(虛焦點)
허탈해 보이다(虛脫-)
허탈해하다(虛脫-)
허탕 짚다 *cf.* 허방 짚다
허탕 쳐 버리다
허탕 치다
허텅지거리(꼭 집어 바로 말하지 않는 말)
허투루 듣지 마라 *cf.* 마/마라/말아라(→마라)
허튼(관형사) *cf.* 허튼 일, 허튼 놈
허튼계집
허튼구들
허튼돈
허튼모 *cf.* 줄모
허튼목(사냥)
허튼발(사냥)
허튼뱅이
허튼소리
허튼수작(-酬酌)
허튼시침
허튼양상치기(경기 농아)
허튼장(건축)
허튼짓하다
허튼춤
허튼타령 *cf.* 흥타령
허튼타령장단
허튼톱(나무를 켜기도 하고 자르기도 하는 톱)
허파꽈리
허파막(-膜)
허팟병(-病) *cf.* 키다릿병, 곰팡잇병, 붉은점무늿병, 물렁썩이병
허풍 떨다(虛風-)
허풍 세다(虛風-)
허풍쟁이(虛風-)
허풍쟁이 같다(虛風-)
허풍 치다(虛風-)
허해 보이다(虛-)
허허눙눙
허허바다
허허벌판
허허실실(虛虛實實)
허허 씨(-氏)
허허탄식(歔歔歎息)
허황해 보이다(虛荒-)
헌- *cf.* 헌계집, 헌솜, 헌신짝

헌$^{\vee}$(관형사) *cf.* 헌 가구, 헌 구두, 헌 양복
헌 가구(-家具)
헌걸차다
헌것 *cf.* 새것
헌것투성이 *cf.* 흙투성이, 상처투성이, 결점투성이, 먼지투성이, 피투성이, 투성이
헌계집
헌 구두 *cf.* 헌 짚신
헌금해 주다(獻金-)
헌 기름통(-桶)
헌 돈
헌머리 <~에 이 모이듯….>
헌 모자(-帽子)
헌병 경찰제(憲兵警察制) *cf.* 보통 경찰제
헌솜
헌쇠
헌 신문지(-新聞紙)
헌신짝
헌신짝같다
헌신짝 버리듯 하다
헌신해 오다(獻身-)
헌 옷 *cf.* 새 옷
헌 옷 입다
헌 종이
헌 집 *cf.* 새집
헌 집 고치기
헌 짚신 *cf.* 헌 구두
헌 책(-冊) *cf.* 새 책
헌 책과 옷(-冊-)
헌책방(-冊房)
헌터경(-卿) *cf.* 처칠경, 러셀경
헌팅턴 무도병(-舞蹈病)(생물)
헐가방매(歇價放賣) *cf.* 헐값 방매
헐값(歇-)
헐거워 보이다
헐거워져 가다
헐떡증(-症) *cf.* 조춤증, 조맛증, 헛헛증
헐뜯다
헐뜯다 못해 *cf.* 떠들다 못해
헐뜯지 마라/마
헐렁이차기→헐렁차기
헐렁차기 *cf.* 발 들고 차기
헐려 나가다
헐려 버리다
헐수할수없이/없다 <~ 이 짓을 하네.>
헐어 내다
헐어 놓다
헐어 버리다
헐어 주다
헐잡다(歇-)
헐해 보이다(歇-)
험난해 보이다(險難-)
험난해져 가다(險難-)
험담해 오다(險談-)
험상궂다(險狀-)
험상궂어 보이다(險狀-)
험상스러워 보이다(險狀-)
험악해 보이다(險惡-)
험악해져 가다(險惡-)
험해 보이다(險-)
헛-(접두사) *cf.* 헛걸음, 헛가래
헛가래
헛간(-間)
헛간 같다(-間-)
헛간채(-間-) *cf.* 사랑채
헛걱정
헛걸음
헛걸음시키다
헛걸음질
헛걸음치다
헛것
헛고생(-苦生)
헛고생하다(-苦生-)
헛공론(-公論)
헛공부(-工夫)
헛구역질(-嘔逆-)
헛구호(-口號)
헛글

헛금줄(-禁-)
헛기다리다
헛기르다
헛기운
헛기침하다
헛길 <~을 걷다.>
헛김나다 *cf.* 김 나다
헛꼬임
헛꿈
헛노릇(쓸데없는 헛된 일)
헛농사(-農事) <올해는 가뭄 피해로 ~를 지었다.>
헛놓다
헛다리짚다
헛다리품 <~만 팔고 왔다.>
헛돈
헛돌다
헛되다
헛된 말
헛듣다(건성으로 들어 넘기다.)
헛들리다
헛디디다
헛똑똑이구나
헛말
헛맹세
헛맹세하다
헛먹다 <나이를 ~.>
헛물
헛물관(-管)
헛물켜다 *cf.* 물켜다
헛바람
헛바퀴
헛발질
헛방(-放)
헛방귀
헛방놓다(-放-)
헛배 부르다
헛배우다
헛보이다
헛불
헛불놓다(헛방놓다.)
헛뿌리
헛살다
헛삶이(논을 그냥 써레질해 두는 일)
헛생각
헛생색(-生色)
헛세월(-歲月)
헛소동(-騷動)
헛소리
헛소문(-所聞)
헛소문 나다(-所聞-) *cf.* 소문나다
헛소문 내다(-所聞-) *cf.* 소문내다
헛소문 듣다(-所聞-)
헛손질
헛손질하다
헛수(-手) <~를 두다.>
헛수고/헛수고하다
헛수술
헛스윙
헛심
헛아궁이
헛애 쓰다 *cf.* 애쓰다
헛약다
헛약속(-約束)
헛열매
헛웃음
헛웃음 치다 *cf.* 웃음치다
헛일 *cf.* 공일, 삯일
헛잎
헛자
헛잠 *cf.* 풋잠, 선잠, 건잠
헛잡다 <문고리를 ~.>
헛장담(-壯談)
헛장사
헛장사(-葬事)
헛제삿밥(-祭祠-) *cf.* 안동의 ~
헛조직(-組織)
헛집

헛짓
헛짚다
헛찾다
헛챔질(낚시)
헛총(-銃)
헛치다
헛치레 *cf.* 겉치레, 속치레
헛침 <~을 뱉다.>
헛코
헛코골다 *cf.* 코골다
헛헛증 나다(-症-) *cf.* 조맛증, 조춤증, 헐떡증
헛헛하다
헛헛해하다
헝가리안 스티치
헝가리 인(-人)
헝겊신 *cf.* 가죽신, 비단신
헝겊 조각 *cf.* 쇳조각, 나뭇조각, 종잇조각, 구리 조각, 비누 조각, 유리 조각
헝겊 주머니 *cf.* 가죽 주머니
헝클어뜨리다 / -트리다
헝클어졌다기보다는 *cf.* 다기보다는, 보다
헝클이다
헤겔학파(-學派) *cf.* 칸트학파, 역사학파, 강화학파, 실학 학파
헤너값(화학)
헤네켄삼 *cf.* 마닐라삼, 사이잘삼
헤노포디유(-油)(명아주에서 뽑은 기름), 기생충 구제약
헤도닉샘(유미류의 취선)
헤롯당(-黨) *cf.* 나치당
헤르메스상(-像) *cf.* 비너스상, 다비드상, 예수상, 모나리자상
헤르니아대(-帶)
헤르쿨레스자리
헤리퍼드종(-種)(소 품종) *cf.* 건지종
헤벌려 놓다
헤브라이 인(-人)
헤브루 말
헤비급(-級) *cf.* 밴텀급
헤살 놓다
헤살 치다
헤살 부리다
헤식어 보이다
헤아려 가다
헤아려 내다
헤아려 보다
헤아릴 수 없이
헤어나다
헤어 다니다
헤어져 버리다
헤어져 살다
헤어지고 나서
헤어지고 싶어하다 *cf.* 싶어하다
헤어지기 어렵다
헤어지나마나 *cf.* 나마나
헤어지나마나하다 *cf.* 나마나하다
헤어지다시피 하다 *cf.* 다시피 하다
헤어지자마자 *cf.* 자마자
헤엄다리 *cf.* 헤엄발
헤엄발 *cf.* 헤엄다리
헤엄쳐 가다
헤엄쳐 건너다
헤엄쳐 나오다
헤엄쳐 다니다
헤엄쳐 오다
헤엄치기
헤엄치다
헤이그·로테르담 지역(-地域)
헤일 듯하다 *cf.* 듯하다
헤집어 놓다
헤쳐 나가다/헤쳐 나오다
헤쳐 놓다
헤쳐막기(태권도)
헤쳐 버리다
헤쳐 보다
헤테로 고리(화학)
헤퍼지다
헤프너촉(-燭)(광도의 단위)

헥산→헥세인〔헥산〕
헥소스
헨레 고리(생물)
헬리오스신(-神)
헵탄→헵테인〔헵탄〕
헷갈리다 *cf.* 헛갈리다, 섞갈리다
헹가래 치다
헹궈 내다
헹궈 놓다
혀 깨물다
혀 꼬부라진 소리
혀꼬부랑이
혀끝 *cf.* 코끝, 손끝, 발끝, 머리끝, 명치끝, 마루 끝, 처마 끝, 바늘 끝, 추녀 끝
혀끝소리〔舌端音〕
혀 닦기
혀두들김소리(문법)
혀떨림소리(문법)
혀 모양(-模樣)
혀뿌리〔舌根〕
혀옆소리
혀짤배기소리
혀쪽매(건축)
혀 차는 소리
혁명 운동(革命運動) *cf.* 시민운동, 독립운동, 농촌 운동, 계몽 운동
혁세공(革細工) *cf.* 죽세공, 은세공
혁신 도시(革新都市) *cf.* 행정 중심 복합 도시
현(現)-(접두사) *cf.* 현세기, 현존재, 현주소
현(現)∨(관형사) *cf.* 현 편수관, 현 서울역장
현가장치(懸架裝置) *cf.* 기밀장치, 집전장치, 감속 장치, 개폐 장치, 조명 장치
현감 댁(縣監宅) *cf.* 장관 댁
현관문 밖에(玄關門-)
현관 밖에(玄關-) *cf.* 문 밖에
현관 앞(玄關-)
현관 쪽(玄關-)
현 국면(現局面)
현 규정(現規程/定)
현금 받다(現金-)
현기증 나다(眩氣症-)
현 남편(現男便) *cf.* 전남편, 전서방
현 단계(現段階) <~로선 무어라 말할 수 없다.>
현대 국어(現代國語) *cf.* 고대 국어, 중세 국어, 근대 국어
현대미(現代美) *cf.* 고전미
현대병(現代病)
현대시(現代詩) *cf.* 근대시
현대화되다(現代化-)
현대화시키다(現代化-)
현대화하다(現代化-)
현란해 보이다(絢爛-)
현명해 보이다(賢明-)
현모양처(賢母良妻)
현무암층(玄武巖層)
현물환(現物換)
현미경자리(顯微鏡-)
현미밥(玄米-) *cf.* 오곡밥, 잡곡밥
현미음기(顯微音器)
현상 붙다(懸賞-)
현 상황에서(現狀況-)
현석이예요 *cf.* 이에요
현세기(現世紀) *cf.* 전세기
현세대(現世代)
현세주의(現世主義)
현 소유자(現所有者)
현수교(懸垂橋)
현숙해 보이다(賢淑-)
현 시국(現時局)
현시대(現時代)
현 시장(現市長)
현시점(現時點) *cf.* 현 위치
현실감 나다(現實感-) *cf.* 실감 나다
현실감 있다(現實感-)
현실주의(現實主義)
현실화되다(現實化-)
현실화되어 가다(現實化-)
현실화해 주다(現實化-)

현악 합주(絃樂合奏) *cf.* 관악 합주, 기악 합주
현 위치(現位置) *cf.* 현시점
현 인사 제도(現人事制度)
현장감 있다(現場感-)
현재 시제(現在時制)
현 정권(現政權)
현 정부(現政府)
현 제도(現制度)
현존재(現存在)(실존 철학)
현주소(現住所-)
현지답사(現地踏査) *cf.* 현장 답사, 고적 답사, 유적 답사, 현지 방송, 현지 출장
현지처(現地妻)
현지탄층(現地炭層)(광산)
현 집행부(現執行部)
현 체제(現體制)
현혹당하다(眩惑當-) *cf.* 당하다
현혹시켜 주다(眩惑-)
현화사 7층 석탑(玄化寺七層石塔)
현화식물(顯花植物)
현 회장단(現會長團)
현 회칙(現會則)
혈기 왕성하다(血氣旺盛-)
혈기 왕성해 보이다(血氣旺盛-)
혈당값(血糖-)
혈량감소(血量減少) *cf.* 체중 감소, 유량 감소, 수출 감소, 인구 감소, 매연 감소
혈맥상통(血脈相通) *cf.* 기맥상통
혈색소뇨(血色素尿)
혈암유(頁巖油) *cf.* 광물유, 기계유
혈압 오르다(血壓-)
혈압 올라가다(血壓-)
혈액가스(血液-)(혈액 속에 있는 산소 따위)
혈액독(血液毒)
혈액은행(血液銀行) *cf.* 정자은행, 피부은행, 유전자은행, 골수 은행, 종자 은행
혈연관계(血緣關係) *cf.* 남자관계, 유연관계, 가족 관계, 교육 관계
혈우병성 관절염(血友病性關節炎)
혈육 간(血肉間) *cf.* 내외간, 부자간
혈의 누(血-淚)
혈청은행(血清銀行) *cf.* 장기은행, 피부은행, 신장 은행, 골수 은행
혐기생활(嫌氣生活) *cf.* 호기생활
혐기성 균(嫌氣性菌) *cf.* 호기성 균
혐의쩍다(嫌疑-) *cf.* 미심쩍다
협대역 망(狹帶域網)
협동놀이(協同-) *cf.* 놀이
협동조합(協同組合) *cf.* 발행 조합, 공제 조합, 판매 조합, 신용 조합
협력 없다/없이(協力-)
협력해 나가다(協力-)
협력해 오다(協力-)
협력해 주다(協力-)
협박당하다(脅迫當-) *cf.* 당하다
협박받다(脅迫-) *cf.* 받다
협박받아 오다(脅迫-)
협상 끝에(協商-) *cf.* 협의 끝에, 토론 끝에
협상해 오다(協商-)
협소해 보이다(狹小-)
협약 맺다(協約-)
협의 끝에(協議-) *cf.* 논란 끝에, 토론 끝에
협의 중(協議中) *cf.* 논의 중
협의해 나가다(協議-)
협의해 오다(協議-)
협정 맺다(協定-)
협조 없이/없다(協助-)
협조해 나가다(協助-)
협조해 오다(協助-)
협조해 주다(協助-)
협해계약(協諧契約)(법률)
협화음(協和音) *cf.* 불협화음
협회장상(協會長賞)
협회전(協會展) *cf.* 그룹전
혓바늘
혓바닥
혓바닥 내밀듯이[드시](내미는 것처럼)
혓바닥 내밀 듯이[뜨시](내밀 것처럼)

혓소리〔舌音〕
혓속 *cf.* 뼛속, 귓속, 핏속, 콧속
혓줄기
-형(刑)(접미사) *cf.* 벌금형, 금고형
-형(型)(접미사) *cf.* 최신형, 기본형, 비반형
-형(形)(접미사) *cf.* 타원형, 피라미드형
-형(兄) *cf.* 큰형, 작은형
ᵛ형(兄) *cf.* 사촌 형, 육촌 형, 이종 형 김 형, 박 형, 김철수 형
형강 보(形/型鋼-)
형 개미(兄-) *cf.* 아우 개미
형 깊이(型-)
형넣기(形-)
형 노릇(兄-) *cf.* 아우 노릇, 부모 노릇
형님 같다(兄-) *cf.* 누님 같다
형님 댁에(兄-宅-)
형님 덕에(兄-德-) *cf.* 처가 덕에
형님 되는 분(兄-)/형님뻘 되는(兄-)
형님 삼다(兄-) *cf.* 며느리 삼다
형님 집에(兄-)
형님 쪽(兄-)
형단조(型鍛造)
형, 동생 하는 사이(兄, 同生-)
형 되는 분(兄-)
형 된 도리(兄-道理) *cf.* 아우 된 도리
형만 못하다(兄-)
형만 한/하다(兄-) <~ 아우 없다.>
형무소 가다(刑務所-)
형뻘 되는(兄-) *cf.* 조카뻘 되는, 아저씨뻘 되는, 숙항 되는, 조항 되는
형상짓다(形象-) *cf.* 결정짓다
형상화되다(形象化-)
형상화시키다(形象化-)
형상화하다(形象化-)
형성되어 가다(形成-)
형성, 발전되다(形成, 發展-)
형성시켜 주다(形成-)
형성의 소(形成-訴)
형성해 가다(形成-)
형성해 나가다(形成-)
형성해 주다(形成-)
형세 없다(形勢-)
형수씨(兄嫂氏) *cf.* 제수씨
형식 갖추다(形式-)
형식면(形式面-) *cf.* 실제면, 경제면
형식시험(形式試驗) *cf.* 마찰 시험, 비파괴 시험, 내구 시험, 안정성 시험
형식주의(形式主義) *cf.* 요식주의
형식 형태소(形式形態素)
형식혼(形式婚) *cf.* 사실혼, 법률혼
형식혼주의(形式婚主義)
형식화되다(形式化-)
형식화하다(形式化-)
형용사구(形容詞句)
형의 면제(刑-免除)
형이상적 악(形而上的惡)
형이상학(形而上學) *cf.* 형이하학
형이야말로(兄-) *cf.* 자네야말로, 야말로
형이하학(形而下學) *cf.* 형이상학
형적 없다(形迹-)
형제간(兄弟間) *cf.* 여러 형제 간
형제 같다(兄弟-)
형제같이(兄弟-)
형제 개미(兄弟-)
형제끼리만(兄弟-) *cf.* 끼리(접미사), 만(조사)
형제들 간(兄弟-間)
형제들 중(兄弟-中)
형제 사이에(兄弟-)
형제지매간(兄弟姉妹間) *cf.* 형제간, 자매간
형제 중(兄弟中)
형 집에(兄-) *cf.* 동생 집에
형집행장(刑執行場)
형 쪽으로(兄-)
형태주의(形態主義)
형틀(刑-)
형편 되는 대로(形便-) *cf.* 대로
형편없다(形便-)
형편 피다(形便-)

형평 운동(衡平運動)(역사)
형평 잃다(衡平-)
형 표면(型表面)
형형색색(形形色色)
형 흘수(型吃水)
혜경궁 홍씨(惠慶宮洪氏)
혜성 같다(彗星-)
혜성같이(彗星-)
혜소국사비(惠素國師碑)
혜택받다(惠澤-) *cf.* 받다
혜택 주다(惠澤-)
호가되다(呼價-)
호각 불다(號角-) *cf.* 피리 불다
호각 소리(號角-) *cf.* 나팔 소리, 피리 소리, 장구 소리, 피아노 소리, 북소리, 총소리
호감 가다(好感-)
호감정(好感情) *cf.* 악감정
호강살이
호강스러워 보이다
호강스러워하다
호강시켜 드리다
호강해 오다
호걸 같다(豪傑-)
호걸남자(豪傑男子)
호걸스러워 보이다(豪傑-)
호걸웃음(豪傑-) *cf.* 너털웃음, 껄껄웃음
호격 조사(呼格助辭) *cf.* 서술격 조사, 격조사
호경기(好景氣) *cf.* 불경기
호곡 소리(號哭-) *cf.* 통곡 소리, 피리 소리, 곡소리, 울음소리, 웃음소리, 말소리
호광등(弧光燈) *cf.* 아크등, 가스등, 석유등
호구 단자(戶口單子) *cf.* 호적단자, 사주단자, 물목 단자
호글랜드액(-液)
호기 부리다(豪氣-)
호기생활(好氣生活) *cf.* 혐기생활
호기성 균(好氣性菌) *cf.* 혐기성 균
호기심 어리다(好奇心-) *cf.* 감동 어리다, 눈물 어리다, 정감 어리다, 어리다
호기심 있는/있다(好奇心-)
호기음(呼氣音) *cf.* 흡기음
호기 있다(豪氣-)
호남 우도 농악(湖南右道農樂)
호남 좌도굿(湖南左道-)
호남 좌도 농악(湖南左道農樂)
호남평야(湖南平野) *cf.* 김해평야
호년(呼-)('년'자를 붙여 부름.)
호노자식(胡奴子息) *cf.* 호래자식, 후래자식. '호로자식'은 잘못
호당성 균(好糖性菌) *cf.* 호염성 균
호두각집(虎頭閣-) *cf.* 팔작집, 맞배집
호두과자(-菓子)
호두기름(胡-) *cf.* 잣기름, 수유기름, 동백기름
호두까기(胡-)
호두까기 인형(-人形)
호두(를) 까다(胡-)
호두밭(胡-) *cf.* 배밭, 사과밭, 복숭아밭, 포도밭, 가시밭, 갈대밭, 솔밭, 쑥대밭, 잔디밭, 지뢰밭
호두송이(胡-) *cf.* 밤송이, 잣송이, 포도송이, 머루송이, 만두송이
호두알(胡-) *cf.* 깨알, 쌀알, 밤알, 개암알
호두엿(胡-) *cf.* 콩엿, 깨엿
호두잠(←胡桃簪)
호둣속(胡-) <~ 같은 미로를 헤매다.>
호들갑 떨다 *cf.* 호들갑 떨다
호들갑 부리다 *cf.* 흐들갑 부리다
호들갑 피우다
호떡집(胡-) *cf.* 빵집, 김밥집, 일식집, 양식집
호락논쟁(湖洛論爭)(조선 후기 성리학)
호락호락하다
호락호락해 보이다
호랑무늬누에(虎狼-)
호랑이가죽(虎狼-) *cf.* 양가죽, 쇠가죽, 물소가죽, 돼지가죽, 말가죽, 뱀가죽
호랑이 같다(虎狼-) *cf.* 사자 같다
호랑이굴(虎狼-窟) *cf.* 범굴, 여우굴, 두더지굴, 너구리굴, 호랑이 굴(표준국어대사전)
호랑나비 알

호랑이날(虎狼-)
호랑이님(虎狼-)
호랑이띠(虎狼-) *cf.* 용띠, 뱀띠, 쥐띠
호랑이 밥(虎狼-) *cf.* 개밥, 사자밥
호랑이우리(虎狼-) *cf.* 돼지우리, 양우리
호랑이 입(虎狼-)
호랑이탈(虎狼-)
호랑이해(虎狼-) *cf.* 돼지해
호랑이 형님(虎狼-兄-)
호랑 장군(虎狼將軍)
호래자식(-子息)
호령바람(號令-) <~에 모두 놀랐다.> *cf.* 호통바람
호령해 오다(號令-)
호령호령하다(號令號令-)
호롱불 *cf.* 등잔불, 남폿불, 모닥불, 화롯불
호루라기 불다
호루라기 소리 *cf.* 호각 소리, 나팔 소리
호류 사(法隆寺)
호르몬제(-劑)
호르텐시우스법(-法) *cf.* 로마법
호리병(←葫蘆瓶) *cf.* 매병, 자라병
호리호리해 보이다
호만 궤도(-軌道)(우주)
호명당하다(呼名當-) *cf.* 당하다
호명해 보다(呼名-)
호모 사피엔스
호모 사피엔스 사피엔스
호모 에렉투스
호미걸이(씨름)
호미날 *cf.* 칼날, 면도날, 괭이날, 도낏날, 대팻날, 가윗날, 가랫날
호미씻이/호미씻이하다 *cf.* 책씻이
호미자락(호미의 끝 부분)
호미자루 *cf.* 빗자루, 도낏자루, 괭이자루, 곡괭이자루
호미타령
호밀짚(胡-) *cf.* 보릿짚, 밀짚, 잇짚, 볏짚, 귀릿짚

호밋밥 *cf.* 가랫밥, 톱밥, 대팻밥, 자귓밥
호박 가꾸기
호박(을) 가꾸다
호박 같다
호박고누 *cf.* 시발고누
호박고지 *cf.* 박고지
호박 구슬(琥珀-) *cf.* 상아 구슬, 유리구슬, 쇠구슬, 은구슬, 옥구슬
호박김치
호박꽃 *cf.* 나팔꽃
호박나라
호박나물 *cf.* 오이나물, 애호박나물, 무나물
호박덩굴 *cf.* 수박덩굴, 참외덩굴, 박덩굴, 호박 덩굴(표준국어대사전)
호박돌 *cf.* 주먹돌
호박무늬(琥珀-)
호박무름
호박밭 *cf.* 감자밭, 고구마밭, 무밭, 배추밭, 수수밭, 시금치밭, 옥수수밭, 인삼밭
호박범벅 *cf.* 꿀범벅, 밀범벅, 땀범벅, 피범벅
호박순(-荀) *cf.* 다래순
호박씨 *cf.* 고추씨, 무씨, 배추씨, 상추씨, 시금치씨, 우엉씨, 복숭아씨, 살구씨, 해바라기씨, 수박씨, 아카시아나무 씨, 딜 씨
호박씨 까다
호박에 침 주기(-鍼-)
호박엿 *cf.* 수수엿, 쌀엿, 좁쌀엿
호박유(琥珀油)
호박오가리 *cf.* 박오가리
호박잎 *cf.* 고춧잎, 깻잎, 머윗잎, 방앗잎, 콩잎, 댓잎, 솔잎, 단풍잎
호박잎쌈 *cf.* 머윗잎쌈
호박주춧돌(-柱-) *cf.* 호박돌
호박죽(-粥) *cf.* 타락죽, 시래기죽, 녹두죽
호방해 보이다(豪放-)
호부 호형을 못하니(呼父呼兄-)
호비칼 *cf.* 창칼, 새김칼, 도련칼, 해부칼
호사스러워 보이다(豪奢-)
호상균병(壺狀菌病)

호색꾼(好色-)
호세야서(-書) *cf.* 이사야서
호소드리다(呼訴-)
호소력 있다/있게(呼訴力-)
호소해 오다(呼訴-)
호송해 오다(護送-)
호수만 하다(湖水-) *cf.* 만 하다
호수 바닥(湖水-) *cf.* 연못 바닥, 냇바닥, 강바닥, 논바닥, 못바닥
호숫가(湖水-) *cf.* 강가, 바닷가, 냇가, 우물가
호숫물(湖水-) *cf.* 바닷물, 연못물, 냇물, 강물
호시탐탐(虎視耽耽)
호언장담(豪言壯談)
호염균(好鹽菌)
호염기구(好鹽基球) *cf.* 호염기성 백혈구(편수자료)
호염성 균(好鹽性菌) *cf.* 호당성 균
호위받다(護衛-) *cf.* 받다
호위병 노릇 하다(護衛兵-) *cf.* 선생 노릇 하다, 부모 노릇 하다, 종노릇하다, 병신노릇하다
호위해 주다(護衛-)
호응 얻다(呼應-)
호응해 주다(呼應-)
호의호식하다(好衣好食-)
호적 단자(戶籍單子) *cf.* 호구 단자, 물목 단자, 사주단자
호적온도(好適溫度) *cf.* 최적 온도, 최고 온도(-계), 최저 온도(-계)
호전되어 가다(好轉-)
호전시켜 주다(好轉-)
호젓해하다
호주머니(胡-)
호지킨병(-病)(악성 림프 육아종)
호천망극하다(昊天罔極-)
호출당하다(呼出當-) *cf.* 당하다
호출음(呼出音)
호출해 가다(呼出-)
호출해 내다(呼出-)
호텔 방(-房) *cf.* 모텔 방, 여관방
호통바람에(호통치는 서슬)
호통 치는 바람에 *cf.* 떠드는 바람에
호통 치다 *cf.* 야단치다, 악장치다
호패 차다(號牌-)
호평받다(好評-) *cf.* 받다
호형호제하다(呼兄呼弟-)
호평받아 오다(好評-)
호호백발(皜皜白髮)
호호탕탕하다(浩浩蕩蕩-)
호화로워 보이다(豪華-)
호화로워져 가다(豪華-)
호화스러워 보이다(豪華-)
호화전분(糊化澱粉)
호화찬란하다(豪華燦爛-)
호황 누리다(好況-)
호황 속에(好況-)
호흡기계(呼吸器系) *cf.* 순환기계
호흡기병(呼吸器病)
호흡 맞다(呼吸-)
호흡뿌리(呼吸-)(식물)
호흡 속에(呼吸-)
호흡수(呼吸數) *cf.* 맥박 수, 인원 수, 학생 수
호흡열(呼吸熱)(호흡할 때에 생기는 열)
호흡을 같이하다(呼吸-)
혹 달리다
혹 떼다
혹 몰라 <~ 맛이 있을지….>
혹부리 영감(-令監) *cf.* 텁석부리 영감
혹사당하다(酷使當-) *cf.* 당하다
혹사시켜 오다(酷使-)
혹사해 오다(酷使-)
혹심해 보이다(酷甚-)
혹평해 주다(酷評-)
혼계영(混繼泳)
혼꾸멍나다(魂-)
혼꾸멍내다(魂-)
혼나다(魂-)
혼나 보다(魂-)
혼날 뻔했다(魂-) *cf.* 뻔하다

혼내다(魂-)
혼내 주다(魂-)
혼동시켜 주다(混同-)
혼동해 오다(混同-)
혼뜨검(魂-)(대단히 혼남) <~ 이 나다/당하다.>
cf. 손찌검
혼뜀(魂-)(대단히 혼냄) <~을 주었다.>
혼란 끝에(混亂-) cf. 전란 끝에
혼란스러워 보이다(混亂-)
혼란시켜 주다(混亂-)
혼란 없다(混亂-)
혼례길 <문성 공주의 ~> cf. 혼인길, 혼삿길, 성묘길
혼례 올리다(婚禮-)
혼례 치르다(婚禮-)
혼미해져 가다(昏迷-)
혼바람나다 cf. 혼나다
혼백상자(魂帛箱子) cf. 백엽상자(백엽상), 어둠상자, 이슬상자, 케이크 상자, 사과 상자
혼·분식(混·粉食)
혼비백산하다(魂飛魄散-)
혼사날(婚事-) cf. 제삿날, 장삿날, 장례날
혼삿길(婚事-) <누구 ~을 막으려고….>
cf. 귀갓길, 혼인길, 성묘길, 귀성길
혼삿말(婚事-) cf. 결혼말, 안내말, 인사말
혼선 빚다(混線-)
혼선(을) 일으키다(混線-)
혼솔(홈질로 꿰맨 옷의 솔기)
혼수상태(昏睡狀態) cf. 백지상태, 갈등상태, 평형 상태, 가사 상태, 건강 상태
혼숫감(婚需-) cf. 빨랫감, 다듬잇감, 눈요깃감, 안줏감
혼신결혼(混信結婚)(종교가 다른 사람끼리 하는 결혼)
혼연일체(渾然一體)
혼연일치(渾然一致)
혼용해 오다(混用-)
혼인길 막히다(婚姻-) cf. 혼삿길, 장삿길
혼인날(婚姻-) cf. 결혼날, 장례날, 제삿날
혼인색(婚姻色)
혼인 잔치(婚姻-)
혼인집(婚姻-) <~에서 신랑 잃다.>
혼인치레(婚姻-) cf. 인사치레, 조상치레
혼자되다 cf. 홀로되다
혼잣말하다 cf. 서로말, 공대말, 인사말, 머리말, 반대말, 안내말, 존댓말, 혼삿말
혼자 부르기 cf. 함께 부르기, 메기고 받아 부르기
혼자 살다
혼잡스러워 보이다(混雜-)
혼잡해 보이다(混雜-)
혼잡해져 가다(混雜-)
혼잣소리
혼잣속
혼잣손(혼자 살림을 꾸려 가는 처지)
혼 좀 나 봐라 cf. 좀(부사)
혼합간장(混合-醬) cf. 양조간장, 화학간장
홀짝놀이
혼쭐나다(魂-)
혼쭐내다(魂-)
혼쭐내 주다(魂-)
혼찌검(魂-) <~ 당하다.> cf. 손찌검, 혼뜨검
혼탁해져 가다(混濁-)
혼합물 분리하기(混合物分離-)
혼합시켜 놓다(混合-)
혼합열(混合熱)
혼합, 적용하다(混合, 適用-)
혼합주(混合酒)
혼합해 놓다(混合-)
혼행길(婚行-) cf. 장삿길, 귀삿길, 하룻길, 답삿길, 성묘길, 신행길, 항해길, 취재길
홀(홑)박자(-拍子)
홀가분해 보이다
홀가분해하다
홀닭소리
홀대받다(忽待-)
홀대받아 오다(忽待-)
홀대해 오다(忽待-)

홀딱 반하다
홀딱홀딱(부사)
홀라들이다(마구 쑤시거나 훑다.)
홀로되다 *cf.* 혼자되다
홀로말(독립어)
홀로서기
홀로 서다
홀로하기 *cf.* 함께하기
홀몸(형제나 배우자가 없는 사람) *cf.* 홑몸
홀볏
홀소리[母音]
홀수(-數)
홀순열(-順列) *cf.* 짝순열
홀수 줄 *cf.* 짝수 줄
홀숫날(-數-) *cf.* 짝숫날
홀시아버지
홀시할아버지
홀씨주머니 *cf.* 홑씨주머니
홀아버지
홀아비
홀아비 같다 *cf.* 과부 같다
홀아비살림
홀앗이살림 *cf.* 과부 살림
홀앗이 생활(-生活) *cf.* 독신 생활
홀어머니
홀어미
홀짝술
홀짝홀짝/홀짝홀짝 울다
홀쭉해 보이다
홀쳐매기
홀쳐매다(단단히 잡아매다.)
홀치기염(-染) *cf.* 스크린염
홀치기염색(-染色)
홀태바지 *cf.* 나팔바지
홀태소매
홀팔서수(한국 무용)
홀홀소리
홈떼기(고고학)
홈런왕(-王) *cf.* 타격왕, 득점왕

홈바퀴
홈붙이너트
홈 속으로
홈 쇼핑
홈자귀
홈질선(-線) *cf.* 바느질선
홈쳐때리다 <얼굴을 ~.> *cf.* 훔쳐때리다
홈켜잡다
홈켜쥐다
홈통받잇돌(-桶-)
홋소리(범패)
홍건적 난(紅巾賊亂)
홍경래 난(洪景來亂)
홍길동 씨(洪吉童氏)
홍길동전(洪吉童傳)
홍길동 탈(洪吉童-)
홍당무 같다(紅唐-)
홍당무같이(紅唐-)
홍동지놀음(洪同知-)
홍두깨다듬이 *cf.* 넓다듬이
홍두깨춤
홍두깨흙(건축)
홍두깻감
홍릉터(洪陵-) *cf.* 능 터
홍무정운역훈(洪武正韻譯訓)
홍백양반(紅白兩班)(고성 오광대)
홍범 14조(洪範十四條)
홍법 국사(弘法國師)
홍보과장(弘報課長) *cf.* 발행과장
홍보해 오다(弘報-)
홍살문(紅-門)
홍색짜리(紅色-)(갓 시집 간 새색시) *cf.* 남색짜리
홍수 나다(洪水-) *cf.* 시위 나다
홍수막이(洪水-)
홍수 물(洪水-) <~이 벌겋네.>
홍수 속에(洪水-)
홍수터(洪水-)
홍스란치마(紅-)

홍실어멈(紅-)
홍안백발(紅顔白髮) cf. 백발홍안
홍어잡이 배(洪魚-) cf. 조깃배, 새우배, 오징어배, 고래잡이배
홍역 치르다(紅疫-)
홍예 높이(虹霓-) cf. 천장 높이, 눈높이
홍예다리(虹霓-) cf. 징검다리, 복찻다리, 구름다리, 돌다리
홍예머리(虹霓-)
홍예밑(虹霓-)(건축)
홍예벽돌(虹霓甓-) cf. 오지벽돌, 유지벽돌, 시멘트 벽돌
홍의 장군(紅衣將軍)
홍익인간(弘益人間)
홍재전서(弘齋全書)
홍치마연(紅-鳶) cf. 방패연, 가오리연, 치마연
홍콩형 독감(-型毒感) cf. 타이완형 독감
홍합죽(紅蛤粥) cf. 전복죽, 대합죽, 시래기죽
홑-(접두사) cf. 홑옷, 홑집, 홑몸
홑겹(한 겹)
홑그루
홑껍데기
홑꽃 cf. 겹꽃
홑단치마
홑도르래
홑두루마기 cf. 겹두루마기, 핫두루마기
홑매듭
홑몸(딸린 사람이 없는 몸, 單身) cf. 홀몸
홑무궁화(-無窮花)
홑무늬
홑무덤
홑문장(-文章) cf. 겹문장
홑바지 cf. 겹바지
홑박자(-拍子)
홑받침 cf. 겹받침
홑버선 cf. 겹버선
홑벌사람(속이 깊지 않은 사람) cf. 홑사람
홑벽치기(-壁-)
홑실 cf. 겹실
홑씨주머니 cf. 홀씨주머니
홑알 구조(-構造) cf. 떼알 구조
홑암꽃술 cf. 겹암꽃술
홑열매
홑옷 cf. 겹옷
홑이불 cf. 솜이불
홑잎 cf. 겹잎
홑자락 cf. 겹자락
홑자리
홑적삼 cf. 겹저고리
홑지다
홑집 cf. 겹집
홑짓기〔單作〕
홑처마 cf. 겹처마
홑층도리
홑치마 cf. 겹치마
홑홀소리〔單母音〕 cf. 겹홀소리
-화(化)(접미사) cf. 기계화, 공업화
-화(花)(접미사) cf. 장미화, 무궁화
-화(畫)(접미사) cf. 풍경화, 서양화
화강암덩어리(花崗岩-) cf. 덩어리, 덩이
화강암가루(花崗岩-) cf. 인회암가루
화강암층(花崗岩層)
화구상 집(畫具商-)
화근거리(禍根-) cf. 두통거리, 화젯거리, 골칫거리, 문젯거리
화근덩어리(禍根-) cf. 골칫덩어리, 핏덩어리
화근덩이(禍根-) cf. 골칫덩이, 핏덩이
화급총망(火急怱忙)
화기애애하다(和氣靄靄)
화기애애해 보이다(和氣靄靄-)
화기애애해지다(和氣靄靄-)
화끈회끈히디/회끈화끈해지다
화나다(火-) cf. 성나다, 골나다, 짜증 나다
화나 보이다(火-)
화내다(火-) cf. 성내다, 골내다, 짜증 내다
화냥년
화냥질하다
화단 가꾸기(花壇-)

화단(을) 가꾸다(花壇-)
화도끝(華-)(피륙의 두 끝에 상표를 넣어서 짠 부분) cf. 토끝
화독내(火毒-) cf. 냇내, 숯내
-화되다(化-)(접미사) cf. 민주화되다, 산업화되다, 정보화되다
화딱지 나다(火-) cf. 화나다, 골나다, 짜증 나다, 불뚱이 나다
화랑세기(花郎世紀)
화랑정신(花郎精神) cf. 군인 정신
화려해 보이다(華麗-)
화려해져 가다(華麗-)
화로 가(火爐-) <불 있는 ~>
화로구이(火爐-) cf. 숯불구이
화로방석(火爐方席)
화롯가(火爐-) cf. 난롯가, 부뚯가, 바닷가, 우물가, 호숫가, 창문가, 백마강 가
화롯불(火爐-) cf. 난롯불, 남폿불, 화톳불, 모닥불, 모깃불
화롯전(火爐-)
화목해 보이다(和睦-)
화목해져 가다(和睦-)
화문쌓기(花紋-)(건축)
화민성속(化民成俗)
화반자(花-) cf. 지반자, 토반자
화발받침(花鉢-) cf. 책받침, 장독받침, 그릇받침, 그릇 받침(편수 자료)
화분 가꾸기(花盆-)
화분(에) 가꾸다(花盆-)
화분갈이(花盆-) cf. 분갈이
화분관핵(花粉管核)
화분받침(花盆-)(화분대) cf. 책받침, 그릇받침, 턱받침, 그릇 받침(편수 자료)
화분 심기(花盆-)
화사해 보이다(華奢-)
화산 가스(火山-) cf. 연탄가스, 메테인[메탄]가스, 탄산가스
화산섬(火山-)
화산성토(火山性土)
화산암괴(火山巖塊)
화산암첨(火山巖尖)
화살자리(별자리)
화산재(火山-) cf. 나뭇재, 짚재, 연탄재
화살재기(양궁)
화산탄(火山彈)
화산퇴(火山堆)
화산펄(火山-)
화산회토(火山灰土)
화산흙(火山-)
화살 같다
화살던지기
화살(을) 던지다
화살 맞다
화살 수(-數)
화살촉(-鏃)
화살표(-標)
화상당하다(火傷當-) cf. 당하다
화상 입다(火傷-)
화색 돌다(和色-)
화석 연료(化石燃料)
화석화되다(化石化-)
화씨 온도(華氏溫度)(편수 자료) cf. 섭씨 온도
화씨온도(華氏溫度) cf. 섭씨온도, 열씨온도, 퀴리 온도, 켈빈 온도
화엄경 변상도(華嚴經變相圖)
화엄경소(華嚴經疏)
화엄경탐현기(華嚴經探玄記)
화엄사 4사 3층 석탑(華嚴寺四獅三層石塔)
화엄일승법계도(華嚴一乘法界圖)
화요일날(火曜日-) cf. 토요일날, 일요일날
화음 밖의 음(和音-音)
화음 삼 형제(和音三兄弟) cf. 3형제, 4형제
화장걸음(-長-)(화장을 벌리고 걷는 모습)
화장발(化粧-) cf. 사진발, 면발, 기도발
화장실 내에(化粧室內-)
화장지통(化粧紙桶) cf. 쓰레기통
화장터(火葬-) cf. 빨래터, 나루터, 약수터
화장품값(化粧品-)

화장합판(化粧合板)
화재경보기(火災警報機) *cf.* 공습경보, 해일 경보, 오존 경보
화재구조대(火災救助袋)
화재 나다(火災-) *cf.* 불나다
화재당하다(火災當-) *cf.* 당하다
화재 입다(火災-)
화쟁 사상(和諍思想) *cf.* 원효 사상, 사회사상, 정치사상
화적질(火賊-) *cf.* 도둑질
화전놀이(花煎-) *cf.* 놀이
화·전 양면 작전(和·戰兩面作戰)
화제삼아(話題-) *cf.* 삼아
화제 정하기(話題定-)
화젯거리(話題-) *cf.* 흥밋거리, 골칫거리, 웃음거리, 이야깃거리, 끼닛거리
화중왕(花中王)
화중지병(畫中之餠)
화채 그릇(花菜-) *cf.* 국그릇, 밥그릇, 죽그릇
화초말[花草馬](실용보다는 호사로 키우는 말)
화초밭(花草-) *cf.* 채소밭, 꽃밭, 고추밭, 장미밭, 배추밭
화초사거리(花草四巨里)
화초쟁이(花草-)
화초집(花草-) *cf.* 꽃집
화초첩(花草妾)
화톳불 *cf.* 화롯불, 담뱃불, 깜부기불, 모닥불
화통도감(火㷁都監)
화투짝(花鬪-)
화투 치다(花鬪-)
화투판(花鬪-)
화툿목(花鬪-)
화폐착각(貨幣錯覺)
화풀이(火-)
화풀이하다(火-)
-화하다(化-)(접미사) *cf.* 민주화하다, 산업화하다, 정보화하다
화학량론(化學量論)
화학·섬유 공업(化學·纖維工業)
화학소방(化學消防) *cf.* 질식소방, 냉각소방, 포말 소화, 액체 소화
화학솜(化學-)
화학식(化學式) *cf.* 분자식
화학식량(化學式量)
화학 저울(化學-) *cf.* 비중 저울, 양팔 저울, 접시저울
화학제품(化學製品) *cf.* 전자제품, 전기 제품
화학조미료(化學調味料) *cf.* 천연 조미료
화합시켜 주다(和合-)
-화해 가다(化-) *cf.* 자유화해 가다
화해굿(和解-)(동해 별신굿)
화해되다(和解-)
-화해 버리다(化-) *cf.* 무효화해 버리다
화해 붙이다(和解-) *cf.* 싸움 붙이다, 흥정 붙이다
화해시켜 주다(和解-)
화해·협력 단계(和解·協力段階)
화햇술(和解-) *cf.* 해장술, 성애술
화형당하다(火刑當-) *cf.* 당하다
화환어음(貨換-)
확고부동하다(確固不動-)
확고해 보이다(確固-)
확고해져 가다(確固-)
확 달려들다
확답해 주다(確答-)
확대되어 가다(擴大-)
확대, 발전시키다(擴大, 發展-)
확대시켜 가다(廓大-)
확대시켜 주다(擴大-)
확대해 나가다(擴大-)
확대해 오다(擴大-)
확대해 주다(廓大-)
확률지(確率紙)
확립시켜 주다(確立-)
확립해 나가다(確立-)
확립해 주다(確立-)
확보해 놓다(確保-)
확산돼 나가다(擴散-)

확산되어 가다(擴散-)
확산시켜 주다(擴散-)
확산압 차(擴散壓差)
확산, 파급되어 가다(擴散, 波及-)
확성기 소리(擴聲器-) *cf.* 마이크 소리, 고함 소리, 스피커 소리
확신시켜 주다(確信-)
확신해 오다(確信-)
확실해 보이다(確實-)
확언해 주다(確言-)
확인시켜 주다(確認-)
확인 없다/없이(確認-)
확인해 두다(確認-)
확인해 보다(確認-)
확인해 주다(確認-)
확장돼 나가다(擴張-)
확장되어 가다(擴張-)
확장해 가다(擴張-)
확장해 나가다(擴張-)
확장해 오다(擴張-)
확정, 공포하다(確定, 公布-)
확정되다시피 하다(確定-) *cf.* 다시피 하다
확정지어 놓다(確定-)
확정짓다(確定-)
확정해 놓다(確定-)
확정해 주다(確定-)
확증 잡다(確證-)
확충되어 가다(擴充-)
확충해 나가다(擴充-)
확 트이다
환갑날(還甲-) *cf.* 회갑날, 진갑날, 돌날, 생일날
환갑상(還甲床) *cf.* 돌상, 입맷상, 잔칫상, 제사상
환갑연(還甲宴) *cf.* 진갑연, 고희연
환갑잔치(還甲-) *cf.* 회갑잔치, 백일잔치, 생일잔치, 육순 잔치, 진갑 잔치, 칠순 잔치, 희수(喜壽) 잔치, 팔순 잔치, 미수(米壽) 잔치
환거래(換去來)
환경 꾸미기(環境-)
환경(을) 꾸미다(環境-)
환경지기(環境-) *cf.* 등대지기, 문지기
환경오염(環境汚染) *cf.* 토양 오염, 대기 오염, 해양 오염
환계약(換契約)
환골탈태하다(換骨奪胎-)
환관리(換管理)
환관세(換關稅)
환급해 주다(還給-)
환기시켜 주다(喚起-)
환기준(換基準)
환기팬(換氣-)
환끝(換-)(환거래 채권, 채무의 잔액)
환난상휼(患難相恤)
환담(을) 나누다(歡談-)
환대받다(歡待-) *cf.* 받다
환대해 주다(歡待-)
환돗집(環刀-) *cf.* 칼집, 수젓집
환멸(을) 느끼다(幻滅-)
환배서(還背書)
환변동 준비금(換變動準備金)
환분석(環分析)
환불해 주다(還拂-)
환산해 보다(換算-)
환상근(環狀筋)
환상주의(幻想主義)
환성 지르다(歡聲-) *cf.* 소리 지르다, 탄성 지르다, 고함지르다
환송 갔다 오다(歡送-)
환송금(換送金)
환송 나가다(歡送-) *cf.* 환영 나가다
환송해 주다(歡送-)
환수당하다(還收當-) *cf.* 압수당하다, 당하다
환수해 버리다(還收-)
환시세(換時勢) *cf.* 외국환 시세
환시장(換市場) *cf.* 외국환 시장
환심(을) 가지다(歡心-)
환심리설(換心理說)
환심(을) 사다(歡心-)
환어음(換-)

환업무(換業務)
환영 나가다(歡迎-) *cf.* 환송 나가다
환영 나오다(歡迎-)
환영받다(歡迎-) *cf.* 받다
환영해 마지않다(歡迎-) *cf.* 빌어 마지않다, 마지않다(보조 용언)
환영해 주듯(歡迎-) *cf.* 듯
환원당(還元糖)
환원해 주다(還元-)
환자금(換資金)
환자식 만들기(患者食-)
환자식(을) 만들다(患者食-)
환잔고(換殘高)
환쟁이
환선해 오나(換錢-)
환전해 주다(換錢-)
환절머리(換節-) *cf.* 해동머리, 해토머리
환정책(換政策)
환중매인(換仲買人)
환증서(換證書)
환집중제(換集中制)
환짓다(丸-)(환약으로 만들다.)
환차손(換差損)
환차익(換差益)
환청산 제도(換淸算制度)
환취결(換就結)(환청산)
환치기(換-)
환태평양 조산대(環太平洋造山帶)
환투기(換投機)
환투매(換投賣)
환평가(換平價)
환평형 자금(換平衡資金)
환하송(換下送)
환해 보이다
환형동물(環形動物)
환호성 울리다(歡呼聲-)
환호 소리(歡呼-) *cf.* 손뼉 소리, 만세 소리, 고함 소리
환호 속에(歡呼-)
환호작약하다(歡呼雀躍-)
환화 고무(環化-)
환환산표(換換算表)
활강 바람(滑降-) *cf.* 활승 바람
활개꺾기(탈춤) *cf.* 활개펴기
활개똥(힘차게 내깔기는 똥)
활개 젓다
활개 짓다
활개춤
활개치기 춤사위
활개 치다 *cf.* 날개 치다
활개펴기(탈춤) *cf.* 활개꺾기
활개 펴다
활갯짓 *cf.* 날개짓, 어깨짓, 엉덩잇짓
활기 띠다(活氣)
활기 없다(活氣-)
활기 있다(活氣-)
활기차다(活氣-)
활기차 보이다(活氣-)
활꼴각(-角)
활달해 보이다(豁達-)
활동력 있다(活動力-)
활동사진(活動寫眞) *cf.* 보도 사진, 풍경 사진, 정물 사진, 기록 사진, 인물 사진
활동시켜 주다(活動-)
활동자리(活動-)
활동주의(活動主義)
활동 중(活動中) *cf.* 근무 중
활동해 오다(活動-)
활능코 *cf.* 매부리코, 들창코, 주먹코, 주부코
활력 넘치다(活力-)
활력 없다(活力-)
활력 있다(活力-)
활 만들기
활(을) 만들다
활 모양(-模樣)
활무늬
활발해 보이다(活潑-)
활벌이줄 *cf.* 벌이줄

활새머리(아래만 돌려 깎는 더벅머리)
활석가루(滑石-)
활성자리(活性-)
활성 창(活性窓)
활성화되어 가다(活性化-)
활성화물(活性化物)
활성화시켜 주다(活性化-)
활성화제(活性化劑)
활성화하다(活性化-)
활 솜씨 *cf.* 말솜씨, 글솜씨, 춤 솜씨, 그림 솜씨, 요리 솜씨
활수면(滑水面)
활승 바람(滑昇-) *cf.* 활강 바람
활승 안개(滑昇-) *cf.* 증발 안개, 이류 안개, 전선 안개
활시위[弓弦]
활쏘기
활 쏘다 *cf.* 총 쏘다
활약해 오다(活躍-)
활동면(活用面) *cf.* 응용면, 실용면
활용시켜 보다(活用-)
활용해 보다(活用-)
활용해 오다(活用-)
활자금(活字金)
활자화되다(活字化-)
활자화시키다(活字化-)
활자화하다(活字化-)
활잡이 *cf.* 총잡이, 손잡이, 앞잡이
활장묶음 *cf.* 손톱묶음, 꺾쇠묶음
활점무늬(-點-)
활주로등(滑走路燈) *cf.* 가로등, 비상등
활줄
활집 *cf.* 안경집, 칼집, 벼룻집
활터 *cf.* 집터, 절터, 싸움터, 빨래터, 샘터, 화장터, 나루터
활하중(活荷重) *cf.* 사하중
활화산(活火山) *cf.* 사화산, 휴화산
활활 타다('활활'은 부사)
활활 타오르다

홧김에(火-) *cf.* 부앗김에, 홍김에
홧담배질(火-)
황갈조식물(黃褐藻植物)
황개비(黃-) *cf.* 성냥개비, 장작개비
황건적 난(黃巾賊亂) *cf.* 황소 난, 홍경래 난
황견계약(黃犬契約)(노동조합에 가입하지 않는 고용 조건으로 하는 노동 계약)
황고집(黃固執) *cf.* 옹고집
황공해하다(惶恐-)
황국사관(皇國史觀) *cf.* 식민사관
황국 협회(皇國協會) *cf.* 독립 협회
황금관(黃金冠)
황금덩어리(黃金-) *cf.* 금덩어리, 은덩어리
황금만능주의(黃金萬能主義)
황금물결(黃金-) *cf.* 금물결, 은물결
황금벌판(黃金-)
황금분할(黃金分割)
황금빛(黃金-)
황금 빛깔(黃金-)
황금색(黃金色) *cf.* 황금빛, 금색, 은색
황금시대(黃金時代) *cf.* 전성시대, 개성 시대, 조선 시대
황금알(黃金-) *cf.* 유리알
황금알 낳다(黃金-)
황금연휴(黃金連休)
황금주(黃金株) *cf.* 우대주, 우선주
황급해 보이다(遑/惶急-)
황당무계하다(荒唐無稽-)
황당무계해 보이다(荒唐無稽-)
황량해 보이다(荒涼-)
황로학파(黃老學派) *cf.* 황로학
황록색(黃綠色) *cf.* 청록색, 심녹색, 담녹색
황룡사 9층(목)탑
황룡사 터(皇龍寺-) *cf.* 원각사 터, 미륵사 터
황보지봉(皇甫芝峰)/황보 지봉
황사비(黃紗-)
황산구리(黃酸-)
황산벌 싸움(黃山-)
황산수소 이온(黃酸水素-)

황산암모늄(黃酸-)
황산 이온(黃酸-)
황산칼륨(黃酸-)
황산화물(黃酸化物)
황새걸음　*cf.* 게걸음, 거위걸음, 달팽이걸음, 황소걸음, 가재걸음, 물레걸음
황새머리(복판만 조금 남기고 모두 밀어버린 머리)
황새목
황새체(한국 무용)
황석산성(黃石山城)　*cf.* 남한산성, 북한산성
황성길(皇城-)　*cf.* 한양길, 서울길
황성 사람(皇城-)　*cf.* 서울 사람, 시골 사람
황성신문(皇城新聞)
황소(黃-)
황소 같다(黃-)　*cf.* 개 같다, 곰 같다, 여우 같다, 쥐 같다
황소같이(黃-)
황소개구리(黃-)
황소걸음(黃-)　*cf.* 게걸음, 거위걸음, 황새걸음, 달팽이걸음, 물레걸음
황소고집(黃-)
황소 난(黃巢亂)
황소만 하다(黃-)　*cf.* 만 하다(←만하다)
황소만 해지다　*cf.* 만 하다
황소바람(黃-)　*cf.* 칼바람, 고추바람
황소뿔(黃-)　*cf.* 쇠뿔
황소숨(黃-)　<~을 씨근거리며….>
황소씨름 지세(黃-姿勢)(씨름)
황소울음(黃-)　*cf.* 늑대 울음, 여우 울음
황소자리(黃-)
황송해 보이다(惶悚-)
황송해하다(惶悚-)
황아장수(荒-)
황여전람도(皇輿全覽圖)
황잡다(골패)(남패를 보다.)
황장갓(黃腸-)(황장목을 베지 못하게 한 산)
황적조식물(黃赤藻植物)
황 정승 댁(黃政承宅)
황 참봉(黃參奉)
황천 가다(黃泉-)　*cf.* 저승 가다
황천길(黃泉-)　*cf.* 저승길, 장삿길, 여행길
황촉불(黃燭-)
황토물(黃土-)　*cf.* 흙탕물
황토밭(黃土-)　*cf.* 모래밭, 자갈밭, 진흙밭
황토배기(黃土-)
황토색(黃土色)
황톳길(黃土-)　*cf.* 진흙길, 모랫길, 자갈길
황 팀(黃-)　*cf.* 청 팀, 백 팀
황폐화하다(荒廢化-)
황폐화해 놓다(荒廢化-)
황해 바다(黃海-)　*cf.* 동해 바다, 남해 바다
황해안(黃海岸)　*cf.* 동해안
황해 쪽(黃海-)　*cf.* 동해 쪽
황혼기(黃昏期)　*cf.* 노년기
황혼녘(黃昏-)　*cf.* 해질녘, 해뜰녘
황혼연설(黃昏演說)
황혼이 깃들다(黃昏-)(←깃들이다)
황홀해 보이다(恍惚-)
황홀해하다(恍惚-)
황화수소 음이온(黃化水素陰-)
황화→설파이드/황화
황화 이온(黃化-)
황후암(黃厚庵)
황희 선생(黃喜先生)
황희 정승(黃喜政丞)
홰치다
횃대매기
횃댓보(-褓)
횃불
횃불싸움　*cf.* 편 싸움, 풀싸움, 팽이싸움
횃불잡이
횃줄　*cf.* 못줄, 빨랫줄, 물렛줄
-회(會)(접미사)　*cf.* 정년회, 송별회, 환송회
회갑날(回甲-)　*cf.* 환갑날, 진갑날, 간칫날, 제삿날
회갑 되다(回甲-)　*cf.* 육순 되다, 칠순 되다
회갑연(回甲宴)　*cf.* 진갑연, 고희연

회갑잔치(回甲-) *cf.* 환갑잔치, 백일잔치, 생일잔치, 육순 잔치, 진갑 잔치, 칠순 잔치, 팔순 잔치, 혼인 잔치
회계 연도(會計年度) *cf.* 결산 연도, 학년도
회고해 보다(回顧-)
회광통신(回光通信) *cf.* 수기통신
회국순례(回國巡禮) *cf.* 국토 순례
회기 중(會期中)
회깟(膾-)
회녹색(灰綠色) *cf.* 청록색, 천녹색, 심녹색
회다지소리(灰-)(민속)
회다짐(灰-) *cf.* 흙다짐
회담 중(會談中) *cf.* 회의 중
회답해 주다(回答-)
회돌이(냇물 등이 굽이도는 곳)
회돌이축(-逐)(바둑)
회동그래지다 *cf.* 휘둥그레지다
회령 개시(會寧開市) *cf.* 경원 개시, 북관 개시, 왜관 개시
회리바람 *cf.* 회오리바람, 돌개바람
회리밤
회목(손목이나 팔목의 잘록한 부분)
회반죽벽(灰-壁)
회백수염(灰白髓炎)
회복시켜 주다(回復-)
회복해 가다(回復-)
회부규범(回附規範)(법) *cf.* 도덕규범
회사 간(會社間)
회사 꼴(會社-) *cf.* 집안 볼
회사 내(會社內)
회사 돈(會社-) *cf.* 나랏돈, 은행돈
회사 문(會社門)
회사일(會社-) *cf.* 나라일, 국회일
회사측(會社側) *cf.* 정부측
회상시켜 주다(回想-)
회상해 보다(回想-)
회색 구름(灰色-)
회색분자(灰色分子) *cf.* 반동분자, 악질분자, 적색분자, 이색분자, 돌출 분자, 핵심 분자

회색빛(灰色-)
회색선전(灰色宣傳) *cf.* 흑색선전, 백색선전
회색시장(灰色市場)
회색 신월환(灰色新月環)(생물)
회색토(灰色土) *cf.* 흑색토, 적색토
회색 토끼 나라(灰色-)
회색혁명(灰色革命) *cf.* 적색혁명, 명예혁명, 녹색 혁명, 문자 혁명, 산업 혁명
회수양모(回收羊毛)
회수해 가다(回收-)
회신해 주다(回信-)
회오리바람 *cf.* 회리바람, 돌개바람
회오리치다 *cf.* 소용돌이치다, 요동치다, 맴돌이치다, 굽이치다
회원들 간(會員-間)
회원들 중(會員-中)
회의주의(懷疑主義)
회의 중(會議中) *cf.* 토론 중
회의학파(懷疑學派) *cf.* 훈고학파, 헤겔학파, 강화 학파, 남명 학파
회장저고리(回裝-) *cf.* 반회장저고리, 삼회장저고리
회적수님(남사당)
회전 가마(回轉-)
회전 거울(回轉-)
회전 그네(回轉-) *cf.* 회전 목마
회전 날개축(回轉-軸)
회전마찰(回轉摩擦) *cf.* 굴림마찰, 미끄럼마찰
회전목마(回轉木馬) *cf.* 회전 그네
회전문(回轉門) *cf.* 미닫이문, 여닫이문
회전 섶(回轉-)(양잠)
회전솥(回轉-)
회전수(回轉數) *cf.* 진동수, 주파수, 마력수, 마릿수, 번지수, 학생 수, 합격자 수
회전수의 비(回轉數-比)
회전의자(回轉椅子) *cf.* 안락의자, 회전 펌프
회전짝(回轉-)
회전창(回轉窓)
회전체(回轉體)

회전축(回轉軸)
회전하여 던지기(回轉-)(포환)
회절 무늬(回折-)
회절발(回折-)(물리)(회절격자)
회절상(回折像)
회중시계(懷中時計) cf. 손목시계, 벽시계, 괘종시계, 사발시계, 탁상시계
회중전등(懷中電燈)
회첨기둥(會檐-)
회쳐 먹다(膾-)
회초릿감 cf. 맷감, 안줏감
회춘시켜 주다(回春-)
회칠(灰-) cf. 흙칠
회포 풀다(懷抱-)
회포 풀어 주다(懷抱-)
회피해 오다(回避-)
회합열(會合熱)
회향유(茴香油) cf. 장미유
획득해 오다(獲得-)
획시대적(劃時代的)
획일주의(劃一主義)
획일화되다(劃一化-)/획일화하다(劃一化-)
획일화되어 가다(劃一化-)
횟가루(灰-) cf. 탄가루, 쇳가루, 숯가루, 뼛가루, 송홧가루, 메줏가루
횟감(膾-) cf. 일감, 안줏감, 양념감, 사윗감, 치맛감, 놀림감, 구잇감
횟돌(灰-)
횟물(灰-)
횟배 앓다(蛔-)
횟배앓이(蛔-) cf. 배앓이
횟수(回數)
횟수계(回數計)
횟수제(回數制) cf. 도수제
횟집(膾-) cf. 고깃집, 복집, 숙집, 밥집
횡단보도(橫斷步道)
횡단해 오다(橫斷-)
횡령해 오다(橫領-)
횡분열(橫分裂) cf. 종분열
횡사구(橫砂丘)
횡설수설하다(橫說竪說-)
횡수막이(橫數-) cf. 액막이
횡액당하다(橫厄當-) cf. 당하다
횡잔교(橫棧橋)
횡중복도(橫重複度)
횡포 부리다(橫暴-) cf. 행패 부리다, 토집 부리다, 말썽 부리다, 악착부리다, 심술부리다
횡행활보하다(橫行闊步-)
횡혈식 무덤(橫穴式-)(고고학)
효과 없다(效果-)
효과 있다(效果-)
효녀상(孝女賞) cf. 열녀상, 효자상
효도해 오다(孝道-)
효력 없다(效力-)
효력 있다(效力-)
효령 대군(孝寧大君) cf. 양녕 대군, 양원군
효 사상(孝思想) cf. 충 사상, 충효 사상
효성스러워 보이다(孝誠-)
효성스러워지다(孝誠-)
효소·기질 복합체(酵素基質複合體)
효소원(酵素原)
효자 노릇(孝子-) cf. 효녀 노릇
효자문(孝子門) cf. 정려문
효자비(孝子碑) cf. 열녀비
효자비각(孝子碑閣)
효자손(孝子-)
효험 보다(效驗-)
효험 없다(效驗-)
효험 있다(效驗-)
후(後) cf. 후백제
ˇ후(後) cf. 그 후, 십 년 후, 결혼 후, 퇴근 후, 명퇴 후
후가계산(後價計算)(농업 경제)
후고구려(後高句麗)
후고구려군(後高句麗軍)
후고구려 사람(後高句麗-)
후고구려인(後高句麗人)
후광 입다(後光-)

후구동물(後口動物) *cf.* 선구동물
후금군(後金軍)
후기 인상주의(後期印象主義)
후기 중세 국어(後期中世國語)
후끈 달다 *cf.* 후끈(부사)
후끈 달아오르다
후끈대다/거리다
후끈후끈하다
후끈후끈해지다
후남편(後男便) *cf.* 전남편
후더침(後-)(더친 병)
후덕군자(厚德君子) *cf.* 양상군자
후덥지근해지다
후둥이(後-)(쌍둥이 중에서 나중에 낳은 사람) *cf.* 선둥이
후들후들(부사)
후들후들 떨리다
후딱후딱(부사)
후래삼배(後來三杯)
후래선배(後來先杯)
후레아들 *cf.* 후레자식
후레자식(-子息) *cf.* 후레아들
후려갈기다
후려내다 <유부녀를 ~.>
후려 때리다 <궁둥이를 채찍으로 ~.>
후려 먹다
후려 보다
후려잡다
후려차기(태권도)
후려치다
후려 패다
후련해져 가다
후련해하다
후리후리하다
후림대수작(-酬酌)
후림불 <~에 말려들다.>
후릿고삐
후릿그물
후릿그물류(-類) *cf.* 두릿그물류, 걸그물류
후릿줄 *cf.* 빨랫줄, 목돗줄, 벼릿줄
후머리(後-) *cf.* 선머리
후물림(後-)
후밋길 *cf.* 골목길, 사잇길, 고갯길
후반생(後半生)
후반신(後半身) *cf.* 전반신
후발열(後發熱) *cf.* 재발열
후배 덕에(後輩德-) *cf.* 선배 덕에
후배주(後配株) *cf.* 우선주
후백제(後百濟)
후백제군(後百濟軍)
후백제 사람(後百濟-)
후백제인(後百濟人)
후벼내기(연장)
후벼 내다
후벼 넣다
후벼 파다
후보름(後-) *cf.* 선보름
후보 키(候補-)
후비적후비적하다
후살이(後-)(개가)
후살이하다(後-)
후삼국(後三國)
후생가스(後生-)
후설 모음(後舌母音) *cf.* 전설 모음, 중설 모음
후세포(嗅細胞)
후송되어 오다(後送-)
후송시켜 주다(後送-)
후신경(嗅神經)
후안무치하다(厚顔無恥-)
후원받다(後援-) *cf.* 지원받다, 받다
후원해 주다(後援-)
후줄근해 보이다
후줏국(後酒-)(술, 간장 등의 진국을 떠내고 다시 물을 붓고 두 번째로 떠낸 액체)
후중추(嗅中樞)
후지 산(富士山)
후진통(後陣痛)
후진해 오다(後進-)

후최면 암시(後催面暗示)(심리)
후추엿 *cf.* 땅콩엿
후출혈(後出血)
후춧가루 *cf.* 메줏가루, 멸칫가루, 겨잣가루, 고춧가루, 미숫가루, 얼레짓가루
후퇴색(後退色) *cf.* 수축색
후퇴해 버리다(後退-)
후프놀이
후프 던지고 받기
후프돌리기
후프 돌리기와 던지고 받기
후프 빨리 넘기
후항(後項)(수학 용어)
후항(後項) *cf.* 전항, 전조
후해 보이다(厚-)
후행손님(後行-)
후형질(後形質) *cf.* 원형질
후환 남기다(後患-)
후환 없다(後患-)
후회막급하다(後悔莫及-)
후회막심하다(後悔莫心-)
후회 없다(後悔-)
후회해 오다(後悔-)
훅 달기
훅(을) 달다
훈고학파(訓詁學派) *cf.* 회의학파, 강화 학파
훈련 끝에(訓練-) *cf.* 노력 끝에
훈련도감(訓練都監)
훈련받다(訓練-) *cf.* 받다
훈련받아 오다(訓練-)
훈련시켜 주다(訓練-)
훈련 중(訓練中) *cf.* 연수 중
훈련해 오다(訓練-)
훈민정음(訓民正音)
훈민정음언해본(訓民正音諺解本)
훈민정음운해(訓民正音韻解)
훈민정음체(訓民正音體)
훈민정음해례본(訓民正音解例本)
훈방되어 나오다(訓放-)
훈방시켜 주다(訓放-)
훈수 들다(訓手-)
훈요 10조(訓要十條)
훈장 받다(勳章-)
훈장 주다(勳章-)
훈장 타다(勳章-)
훈훈해 보이다(薰薰-)
훌라들이다(마구 쑤시거나 훑다.) *cf.* 홀라들이다
훌라후프 건너뛰기
훌라후프 흔들기
훌륭해 보이다
훌쩍훌쩍(부사)
훌쭉해 보이다
훌치기낚시 *cf.* 던질낚시, 흘림낚시, 찌낚시
훌훌 날다 *cf.* 홀홀(부사)
훌훌 털어 버리다
훑개날
훑어가다
훑어 내다
훑어 내리다
훑어 놓다
훑어 보다 <손으로 벼를 훑어(서) 보다.>
훑어보다 <편지를 대충 ~.>
훑어 읽다
훑어 주다
훑이기
훑이기대패 *cf.* 배대패, 남견대패
훔쳐 가다
훔쳐 가 버리다
훔쳐 내다
훔쳐 놓다
훔쳐 듣다
훔쳐때리다 *cf.* 홈쳐때리다
훔쳐 먹다
훔쳐 보다 <남의 것을 훔쳐(서) 본 적이 없다.>
훔쳐보다 <몰래 훔쳐보지 마라.>
훔쳐 오다

훔쳐 주다
훔치개질
훔켜잡다
훔켜쥐다
훗그루(後-)
훗날(後-) *cf.* 뒷날
훗달(後-) *cf.* 다음달
훗배앓이(後-) *cf.* 가슴앓이
훗일(後-) *cf.* 뒷일
훤칠해 보이다
훤해 보이다
훨씬 더
훨씬 전에(-前-)
훨씬 후에(-後-)
훨훨 날아가다 *cf.* 훨훨(부사)
훨훨 타오르다
훼방꾼(毁謗-)
훼방 놀다(毁謗-)
훼방 놓다(毁謗-) *cf.* 방해 놓다
훼방 부리다(毁謗-)
훼방 치다(毁謗-)
훼손돼 버리다(毁損-)
훼손시켜 놓다(毁損-)
훼손해 오다(毁損-)
휘갈겨 쓰다
휘감아 버리다
휘감아 흐르다
휘갑뜨기(뜨개질)
휘갑치기
휘갑치다
휘그당(-黨) *cf.* 나치당, 자코뱅당, 지롱드당
휘돌려 보다
휘돌려 옮기기
휘돌아 가다
휘돌아 나가다
휘돌아다니다 <답답하면 숲 속을 ~.>
휘돌아보다 <장터를 휘돌아보았지만 살 것이 없었다.>
휘돌아 흐르다
휘둘러 대다
휘둘러 보다 <권력을 ~.>
휘둘러보다 <주위를 ~.>
휘둥그레지다 *cf.* 회동그래지다
휘뚜루마뚜루(부사)
휘말려들다
휘말려들어 가다
휘모리장단
휘모리 잡가(-雜歌)
휘몰아 가다
휘몰아들이다
휘몰아 오다
휘몰아쳐 오다
휘몰아치다
휘묻이
휘묻이하다
휘어 꺾다
휘어넘어가다(남의 꾐에 속아 넘어가다.)
휘어대다(범위 안으로 우겨 넣다.)
휘어들다(범위 안으로 끌려들다.)
휘어박다
휘어박히다
휘어붙이다(남을 다루어 굴복시키다.)
휘어 뻗치다
휘어잡다
휘어짐 운동(-運動)
휘장걸음(揮帳-)(말을 둥그렇게 몰아 달리게 하는 걸음)
휘젓는 사위(한국 무용)
휘청걸음 *cf.* 비틀걸음, 팔자걸음
휘청휘청(부사)
휘청휘청하다
휘청휘청해지다
휘파람 불다
휘파람 소리 *cf.* 풀피리 소리, 방망이 소리
휘휘 감다 *cf.* 휘휘(부사)
휘휘 둘러보다
휘휘친친 <얼레에 실 감듯 손에 ~ 감다.>
휠 체어

휨 강도(-强度)
휨 강성(-强性)
휨 모멘트
휨 응력(-應力)
휩싸 가지고
휩싸 쥐다
휩쓸려 가다
휩쓸려 다니다
휩쓸려들다
휩쓸려들어 오다
휩쓸려(서) 들어오다
휩쓸어 놓다
휩쓸어 버리다
휩쓸어 보다
휫손(남을 휘어잡아 부리는 솜씨)
휭하니→휑하니
휴가 가다(休暇-) *cf.* 소풍 가다, 휴양 가다
휴가 나오다(休暇-)
휴가 때(休暇-)
휴가 받다(休暇-) *cf.* 말미 받다
휴가 보내다(休暇-) *cf.* 휴양 보내다
휴가 얻다(休暇-)
휴가 오다(休暇-) *cf.* 소풍 오다
휴가 중(休暇中) *cf.* 휴무 중
휴가차(休暇次) *cf.* 위로차, 격려차
휴가철(休暇-)
휴대 용기(携帶容器)
휴대해 오다(携帶-)
휴립 폭(畦立幅)
휴면눈(休眠-)
휴식시켜 주다(休息-)
휴식 없다(休息-)
휴식 중(休息中) *cf.* 휴양 중
휴식 취하다(休息取-)
휴양 가다(休養-) *cf.* 휴가 가다, 소풍 가다
휴양 갔다 오다(休養-)
휴양 오다(休養-) *cf.* 휴가 오다, 소풍 오다
휴업 중(休業中) *cf.* 수업 중
휴전선 너머(休戰線-) *cf.* 너머(저쪽)

휴전선놀이(休戰線-)
휴지 조각(休紙-) *cf.* 아연 조각, 비누 조각, 나뭇조각, 종이 조각, 쇳조각, 댓조각, 뼛조각
휴지 줍기(休紙-)
휴지(를) 줍다(休紙-)
휴지통(休紙桶) *cf.* 쓰레기통
휴지핵(休止核)
휴직해 버리다(休職-)
흉내내기
흉내내기놀이
흉내 내다
흉내 내 보다
흉내놀이
흉내 도깨비
흉내말 *cf.* 시늉말, 안내말, 요샛말, 시쳇말
흉내소리
흉내쟁이
흉년거지(凶年-) *cf.* 풍년거지
흉년 들다(凶年-)
흉물 떨다(凶物-)
흉물스러워 보이다(凶物-)
흉보다
흉 보다 <남의 ~.>
흉선비대(胸腺肥大)
흉악무도하다(凶惡無道-)
흉악해 보이다(凶惡-)
흉악해져 가다(凶惡-)
흉업다(凶-)
흉잡다
흉잡아 내다
흉잡히다
흉측스러워 보이다(凶測-)
흉터 *cf.* 빨래터, 나루터, 집터, 절터, 샘터, 화장터, 약수터, 원각사 터
흉해 보이다(凶-)
흉허물없다 <흉허물없이 지내는 사이>
흐느껴 울다
흐느적흐느적하다
흐늘흐늘하다

흐들갑 떨다 *cf.* 호들갑 떨다
흐들갑 부리다 *cf.* 호들갑 부리다
흐려 놓다
흐려 보이다
흐려져 가다
흐르고 흘러 <세월은 ~….>
흐름가꾸기(수경 재배의 방법)
흐름소리(유음) *cf.* 된소리, 거센소리
흐름 속에
흐름식(-式)
흐리디흐린/흐리다 *cf.* 맑디맑은
흐리마리 <생각이 ~하다.>
흐리멍덩해 보이다
흐리터분하다
흐린 날 *cf.* 갠 날
흐물흐물하다
흐뭇해 보이다
흐뭇해하다
흐지부지해 버리다
흐트러 놓다
흐트러져 가다
흐트러진층(-層)(고고학)
흐트러짐 없이/없다
흑갈색아롱점(黑褐色-點)
흑도문화(黑陶文化) *cf.* 세석기문화, 목축문화, 청동기 문화, 신석기 문화
흑색선전(黑色宣傳) *cf.* 백색선전, 회색선전
흑색토(黑色土) *cf.* 적색토, 갈색토
흑설 공주(黑雪公主) *cf.* 백설 공주
흑소(黑-) *cf.* 칡소
흑심 품다(黑心-)
흑자 나다(黑字-) *cf.* 적자 나다
흑자 내다(黑字-) *cf.* 적자 내다
흑자 보다(黑字-) *cf.* 저작 보다
흑치상지(黑齒常之)
흔들개비 *cf.* 팔랑개비, 바람개비
흔들 듯하다 *cf.* 듯하다
흔들려 가다
흔들림 없다/없이
흔들림용 받침베개(-用-)
흔들바람 *cf.* 건들바람
흔들바위
흔들배(놀이 기구 '바이킹')
흔들어 가다
흔들어걸치기(체조)
흔들어 깨우다
흔들어내리기(체조)
흔들어 놓다
흔들어 대다 *cf.* 대다
흔들어뒤돌기(체조)
흔들어 보다
흔들어 보이다
흔들어 쌓는다 *cf.* 대들어 쌓다, 떠들어 쌓다, 쌓다
흔들어오르기(철봉, 링, 평행봉 등의)
흔들어 주다
흔들어차오르기
흔들의자(-椅子) *cf.* 안락의자, 회전의자
흔들이 탈 *cf.* 까칠이 탈, 삐뚤이 탈
흔들춤
흔들흔들(부사)
흔전만전 <먹을 것이 ~이다.>
흔적 없다/없이(痕迹-)
흔하디흔하다
흔해 보이다
흔해 빠지다 *cf.* 썩어 빠지다, 빠지다
흔해져 가다
흘겨보다
흘금흘금(부사)
흘깃흘깃(부사)
흘끔흘끔(부사)
흘낏흘낏(부사)
흘러가고 있다
흘러가다
흘러가 버리다
흘러 나가다
흘러나오다
흘러내려가다 *cf.* 흘러내리다, 내려가다

흘러내려오다 *cf.* 흘러내리다, 내려오다
흘러내리다
흘러넘치다
흘러들다
흘러들어가다 *cf.* 흘러들다, 들어가다
흘러들어오다 *cf.* 흘러들다, 들어오다
흘러보다(남의 속을 슬그머니 떠보다.)
흘러오다
흘러 흘러 <세월은 ~….>
흘레구름 *cf.* 새털구름, 자개구름
흘레붙다
흘레붙이다 *cf.* 접붙이다
흘려 가며 먹다
흘려 놓다
흘려듣다
흘려 버리다 <재를 냇물에 ~.>
흘려버리다 <웬만한 이야기는 ~.>
흘려보내다 <한쪽 귀로 ~.>
흘려 보다
흘려 쓰다
흘려 주다
흘려주다 <월급을 여러 번에 ~.>
흘린 채 <피를 ~ 쓰러지다.> *cf.* 채
흘림걸그물 *cf.* 후릿그물, 두릿그물, 걸그물
흘림기둥 *cf.* 부른기둥
흘림낚시 *cf.* 던질낚시, 찌낚시
흘림쓰기〔草書〕 *cf.* 정자쓰기
흘림걸그물
흙가루 *cf.* 돌가루, 밀가루, 쌀가루, 횟가루
흙갈아주기
흙 갈아 주다
흙감태기 *cf.* 욕감태기, 똥감태기
흙강아지 *cf.* 똥강아지
흙구덩이 *cf.* 진흙 구덩이, 무덤구덩이
흙구슬 *cf.* 은구슬, 옥구슬
흙구이〔燒土〕
흙그릇
흙기둥 *cf.* 물기둥, 돌기둥
흙내 *cf.* 흙 냄새, 땀내, 살내, 풀내
흙내 맡다
흙내음→흙냄새
흙냄새 *cf.* 물 냄새, 땀 냄새, 풀 냄새
흙냄새 나다
흙냄새길
흙다리 *cf.* 돌다리
흙다지기공
흙다짐(건축)
흙담집 *cf.* 토담집
흙 댐 *cf.* 사력 댐, 콘크리트 댐
흙더미 *cf.* 퇴비더미, 빗더미, 잿더미, 욕더미
흙더버기
흙덩어리 *cf.* 설탕덩어리, 땅덩어리, 비곗덩어리, 눈덩어리, 고운 흙 덩어리
흙덩이 *cf.* 석탄덩이, 땅덩이, 비곗덩이, 눈덩이, 얼음덩이, 사곳덩이
흙덮기
흙 덮다
흙둑
흙들이다(객토하다)
흙떡꽂이(농업) *cf.* 경단꽂이
흙막이
흙막이공(-工)
흙막이널
흙먼지 *cf.* 돌먼지
흙, 먼지 <흙, 먼지, 바람 등….>
흙모래
흙무더기 *cf.* 돌무더기, 똥무더기
흙무덤 *cf.* 돌무덤, 돌널무덤
흙물
흙뭉치 *cf.* 사고뭉치, 실뭉치, 솜뭉치, 원고 뭉치
흙바닥 *cf.* 땅바닥, 방바닥, 마룻바닥, 부엌바닥, 시멘트 바닥
흙바람 *cf.* 모래바람
흙바탕
흙 밖으로
흙반대기 *cf.* 엿반대기, 고무 찰흙 반대기
흙받기
흙발

흙밥
흙 방바닥(-房-)
흙벽(-壁)
흙벽돌(-甓-) *cf.* 오지벽돌, 시멘트 벽돌
흙벽돌집(-甓-)
흙 부수기
흙부처 *cf.* 돌부처
흙비
흙빛 *cf.* 잿빛, 쥣빛, 핏빛
흙빨래
흙살 *cf.* 살흙
흙색말(-色-)(갈색조)
흙 속 *cf.* 땅속
흙손
흙손끌
흙손받이
흙손질
흙수로(-水路)
흙시멘트
흙싸개(이긴 흙이 마르지 않게 덮는 보) *cf.* 발싸개
흙쌓기
흙 쐐기론(-論)
흙 알갱이 *cf.* 돌 알갱이
흙일 *cf.* 논일, 밭일
흙장난 *cf.* 물장난, 불장난, 말장난
흙주머니
흙주접 <한 작물만 심어 ~이 들다.>
흙집 *cf.* 돌집, 벽돌집
흙 채우기
흙 천장(-天障)
흙칠하다
흙탕길 *cf.* 진흙길, 바윗길, 모랫길, 자갈길
흙탕물 *cf.* 붉덩물
흙투성이 *cf.* 먼지투성이, 욕투성이, 결점투성이, 빚투성이
흙 퍼내기
흙풍로(-風爐)
흙화덕(-火-)

흠가다(欠-)(흠이 생기다.)
흠나다(欠-)(흠이 생기다.)
흠내다(欠-)
흠되다(欠-)
흠뜯다(欠-)(남의 흠을 말하다.)
흠모해 마지않다(欽慕-) *cf.* 존경해 마지않다, 마지않다(보조 용언)
흠모해 오다(欽慕-)
흠빨다 <베를 ~.>
흠 없다(欠-)
흠 있다(欠-)
흠잡다(欠-)
흠집 나다(欠-) *cf.* 자국 나다
흠집 내기(欠-)
흠집 내다(欠-) *cf.* 자국 내다
흠집투성이(欠-) *cf.* 결점투성이, 먼지투성이
흡기음(吸氣音) *cf.* 호기음
흡뜨다
흡사해 보이다(恰似-)
흡수능(吸收能) *cf.* 분쇄능
흡수당하다(吸收當-) *cf.* 당하다
흡수선량(吸收線量)
흡수열(吸收熱)
흡수, 축적되다(吸收, 蓄積-)
흡수, 통합되다(吸收, 統合-)
흡수해 버리다(吸收-)
흡연율(吸煙率)
흡인 병(吸引甁)
흡입통풍(吸入通風)
흡족해 보이다(洽足-)
흡족해하다(洽足-)
흡착열(吸着熱)
흥건해 보이다
흥겨워 보이다(興-)
흥겨워하다(興-)
흥김에(興-) *cf.* 홧김, 부앗김, 분김에
흥 나다(興-) *cf.* 신 나다
흥덕사 터(興德寺-) *cf.* 황룡사 터, 원각사 터
흥망성쇠(興亡盛衰)

흥미 없다(興味-) *cf.* 재미없다
흥미 있다(興味-) *cf.* 재미있다
흥미 없어 보이다(興味-)
흥미 없어 하다(興味-)
흥미 있어 하다(興味-)
흥미 있어 보이다(興味-)
흥미진진하다(興味津津-)
흥미진진해하다(興味津津-)
흥밋거리(興味-) *cf.* 화젯거리, 골칫거리, 문젯거리, 끼닛거리, 읽을거리, 볼거리
흥보전(興甫傳)
흥부네 집(興夫-)
흥부전(興夫傳)
흥부타령(興夫-)
흥분되어 가다(興奮-)
흥분시켜 주다(興奮-)
흥분전도(興奮傳導)
흥선 대원군(興宣大院君)
흥애기 소리
흥얼흥얼대다
흥이야항이야(남의 일에 간섭하여 이래라저래라하는 모양)
흥인지문(興仁之門) *cf.* 동대문
흥정거리 *cf.* 흥밋거리, 화젯거리
흥정꾼
흥정 붙여 주다
흥정 붙이다 *cf.* 싸움 붙이다, 접붙이다
흥정해 보다
흥정해 주다
흥청대다/거리다
흥청망청(부사)
흥청망청 써 버리다
흥청흥청하다
흥타령(興-)
흥해 가다(興-)
흥행업자(興行業者)
흗는목(판소리)
흩어 놓다
흩어 버리다
흩어뿌리기/흩어뿌림〔散播〕 *cf.* 줄뿌림, 점뿌림
흩어져 가다
흩어져 버리다
흩어져 살다
흩어져 있다
희귀해 보이다(稀貴-)
희끄무레하다
희끄무레해지다
희끗희끗해 보이다
희나리쌀 *cf.* 희아리 끝물 고추
희떠워 보이다
희로애락(喜怒哀樂)
희롱당하다(戲弄-) *cf.* 당하다
희롱해 오다(戲弄-)
희망 없다(希望-)
희망 있다(希望-)
희망 주다(希望-)
희망차다(希望-)
희망해 오다(希望-)
희미해 보이다(稀微-)
희미해져 가다(稀微-)
희박해 보이다(稀薄-)
희박해져 가다(稀薄-)
희비애환(喜悲哀歡)
희뿌예지다
희사해 주다(喜捨-)
희생당하다(犧牲-) *cf.* 당하다
희생양(犧牲羊)
희생 없이/없다(犧牲-)
희생자 수(犧牲者數) *cf.* 사망자 수
희생정신(犧牲精神) *cf.* 고발정신, 준법정신, 투쟁 정신, 협동 정신, 절약 정신
희생해 오다(犧牲-)
희석열(稀釋熱) *cf.* 융해열
희소가격(稀少價格)
희소가치(稀少價値)
희소극(喜笑劇)
희수 잔치(喜壽-) *cf.* 고희 잔치, 미수 잔치
희아리 끝물 고추

희어져 가다
희유기체(稀有氣體)
희유원소(稀有元素)
흰가룻병(-病) *cf.* 키다릿병, 갈색무늿병, 곰팡잇병, 붉은별무늿병
흰 강아지
흰개미
흰갯병(-病)(김에 생기는 병)
흰 거품
흰건(-鍵) *cf.* 검은건
흰건반(-鍵盤) *cf.* 검은건반
흰골무떡
흰 곰
흰구름 *cf.* 먹구름, 잿빛 구름, 푸른 물, 푸른 산, 흰 모래, 흰 눈
흰 구슬
흰 깃
흰 나비
흰나비(품종명으로는) *cf.* 배추흰나비
흰누룩
흰 눈
흰 눈송이
흰 닭
흰데다가 <백옥같이 ~….> *cf.* ㄴ데다가
흰돌 *cf.* 감장돌
흰 돛단배(배가 희다는 뜻으로)
흰 돛 단 배(흰 돛을 단 배의 뜻으로)
흰 두루마기
흰등멸구
흰떡 *cf.* 가래떡
흰말 <동궁이 타신 백설 같은 ~….>
흰 말 *cf.* 검은 말
흰머리 *cf.* 검은 머리
흰머리 <음표의 ~….>
흰 면사포(-面紗布)
흰 모래
흰 모래벌판
흰모시(백제)
흰목(터무니없이 자기 힘을 뽐냄.) <~을 쓰다.>, <~ 젖혀 가며 거드럭거린다.>
흰무늬
흰무지
흰 무명
흰 무명옷
흰 바둑돌 *cf.* 검은 바둑돌
흰 바위
흰 바지
흰 바탕
흰밥
흰 봉우리
흰 부채
흰빛 *cf.* 푸른빛, 파란빛, 붉은빛
흰 빛깔
흰빛잎마름병(-病)
흰 사슴
흰살 어류(-魚類) *cf.* 붉은살 어류, 등 푸른 생선
흰서리(센 머리카락을 비유적으로 이르는 말)
흰 서리
흰색(-色)
흰 소
흰소리/흰소리하다
흰 수건(-手巾)
흰 수염(-鬚髥)
흰수작(-酬酌)
흰 실밥
흰쌀
흰 안개
흰 양 떼들(-羊-)
흰 연기(-煙氣)
흰엿 *cf.* 갱엿, 검은엿
흰 옷
흰인(-燐)(화학 용어로서)
흰자가루 *cf.* 노른자가루
흰 자락
흰자막(-膜)
흰자위 *cf.* 노른자위, 흰자, 노른자
흰 장미(-薔薇) *cf.* 붉은 장미

흰 저고리
흰 점(-點)
흰 종이
흰 종이수염(-鬚髥) *cf.* 종이수염
흰죽(-粥)
흰줄(백선)
흰 줄 *cf.* 푸른 줄
흰줄무늬비비추
흰쥐
흰 치마 *cf.* 검정 치마
흰콩
흰팥
흰 헝겊
흰회색(-灰色)
히긴스탑(-塔)
히드록시기(-基)→하이드록시기(-基)
히드록시염(-鹽)→하이드록시염(-鹽)
히드록실암모늄 이온→하이드록실암모늄 이온
히말라얀종(-種) *cf.* 자넨종
히브리법(-法)
히브리서(-書) *cf.* 로마서
히스 다발
히야신스 가꾸기
히야신스(를) 가꾸다
히죽히죽(부사)
히피족(-族)
히타이트족(-族)
-히 하다 *cf.* 소홀히 하다, 원활히 하다
힌두 교(-敎) *cf.* 이슬람 교, 유대 교
힌두 교도(-敎徒)
힌두 어(-語)
힐끔힐끔(부사)
힐끗힐끗(부사)
힐난당하다(詰難當-) *cf.* 당하다
힐 반응(-反應)
힘겨루기
힘겨루기하다
힘 겨루다
힘겨룸하다

힘 겨뤄 보다
힘겨워 보이다
힘겨워져 가다
힘겨워하다
힘기르기
힘(을) 기르다
힘깨나 쓰다
힘껏 달리기 *cf.* 천천히 달리기
힘 나다 *cf.* 기운 나다
힘내기 *cf.* 돈내기
힘내다
힘닿는 대로 *cf.* 대로(의존 명사)
힘닿는 한(-限)
힘닿다
힘든가 보다 *cf.* 보다
힘든다 해도
힘든 운동 하지 마시오(-運動-) *cf.* 운동하다
힘든 일
힘들다
힘들어 보이다
힘들어 죽겠다
힘들어하다
힘들어해하다
힘들여 오다
힘들이다
힘 모으다
힘받이천
힘받잇감
힘 빠지다 *cf.* 땀 빠지다, 김 빠지다
힘 부치다
힘빼기
힘 빼다
힘살
힘세다
힘 솟다
힘써 나가다
힘써 오다
힘써 주다
힘쓰다 *cf.* 힘주다

힘 앞에
힘없는 듯하다 *cf.* 듯하다
힘없다 *cf.* 힘 있다
힘없어 보이다
힘을 다하여
힘입다
힘 있는 대로 *cf.* 대로
힘 있다
힘 있어 보이다
힘자라는 한(-限) *cf.* 힘 부치다
힘자랑하다 *cf.* 장기 자랑, 노래자랑
힘장사(-壯士)
힘점(-點)
힘 좋다
힘주기
힘주다 *cf.* 힘쓰다
힘주어 말하다
힘줄
힘줄기
힘줌말(강세어)
힘줘 말하다
힘차게 힘차게
힘차다
힘차 보이다

우리말 우리글

뒷말 또는 앞말로 찾아보기

가

강가
개울가
갯가
귓가
길가
냇가
논가
눈가
못가
무덤가
물가
바닷가
부둣가
샘가
수돗가
시냇가
연못가
우물가
입가
창가
호숫가
화롯가

건너편 가
건물 가
담장 가
두만강 가
마당 가
마을 가
미시시피강 가
백마강 가
보리밭 가
북쪽 가
불 가
압록강 가
창문 가
책상 가
한길 가
한송정 가

가(家)

곤차가가
록펠러가
메디치가
비스콘티가
에스테가
윈저가
케네디가
합스부르크가

가게

구멍가게
쌀가게

가방 가게
거울 가게
고무신 가게
과일 가게
그릇 가게
꽃 가게
모자 가게
사탕 가게
생선 가게
석유 가게
식료품 가게
신발 가게
양말 가게
옷 가게
장난감 가게
찬 가게
채소 가게
책 가게

가격

소매가격
도매가격

허용 처리

소비자 가격
소매 시세
도매 시세

미등재

판매 가격(용례)
공장도 가격(용례)
출하 가격(용례)
출고 가격(용례)

가다

가져가다
갈려가다(다른 일자리로 ~.)
거슬러 올라가다
건너가다
걸어가다
걸어 내려가다
걸어 올라가다
골로가다
굴러가다
기어가다
기어들어가다
끌려가다
끌어가다
나아가다
날아가다
내가다
내려가다
넘어가다
녹아 들어가다
다가가다
다녀가다
달려가다
대가다(시간에 ~.)
데려가다
도망가다
돌아가다
돌아 들어가다
되돌아가다

되짚어가다 *cf.* 짚어가다
둘째가다
뒤쫓아가다
들어가다
들여가다(안으로 ~.)
따라가다
따라 내려가다
따라 들어가다 *cf.* 따라 들어오다
따라 올라가다
때가다(잡히어가다)
떠나가다
떠내려가다
뛰어가다
뛰어 건너가다
뛰어내려가다
뛰어들어가다 *cf.* 뛰어들어오다
뛰쳐 들어가다
몰려가다
몰아가다
묻어가다(인편에 ~.)
묻어오다(인편에 ~.)
물러가다
밀려가다
버금가다 *cf.* 첫째가다
비켜 지나가다
뻗어 들어가다
살아가다
속아 넘어가다
숨어 들어가다
시집가다 *cf.* 장가가다
오가다
올라가다
옮아가다
으뜸가다
장가가다 *cf.* 시집가다
제일가다 *cf.* 으뜸가다
좇아가다
지나가다
질러가다

쫓아가다
찾아가다
첫째가다 *cf.* 버금가다
쳐가다(더러운 것들을 ~.)
쳐들어가다
축가다
타 들어가다
훑어가다
흘러가다
흘러내려가다
흘러들어가다
흠가다

간추려 가다
강해져 가다
거두어 가다
거쳐 가다
고향 가다
골프 가다
교도소 가다
군인 가다
굳어 가다
굴려 가다
귀양 가다
그려 가다
극락 가다
근친 가다
기울어 가다
기울어져 가다
길 가다
깊어 가다
꺼져 가다
끌고 가다
나들이 가다
낚시 가다
넓혀 가다
녹아 가다
놀러 가다
놀아 가며/가면서

높아 가다
늘어 가다
늙어 가다
다짐해 가다
닦아 가다
달라져 가다
닮아 가다
더해 가다
돌려 가며(일을 ~ 하다.)
돌아서 가다
되어 가다
뒤서 가다 *cf.* 앞서 가다
드리러 가다
들어 가다(나이가 ~.)
들여 가다(힘을 ~.)
능산 가다
딸려 가다 *cf.* 딸려 오다
떠 가다
떼러 가다
만들어 가다
망해 가다
맞아 가다
먹어 가다
멀어져 가다
면회 가다
못 가다
문상 가다
문안 가다
바뀌어 가다
밟아 가다
버텨 가다
번져 가다
베어 가다
변소 가다
변하여 가다
변해 가다
병문안 가다
병원 가다
봄나들이 가다

봄맞이 가다
뵈러 가다
부쳐 가다
북청 가다
불려 가다
불어 가다
붙여 가다
붙잡아 가다
비벼 가다
비추어 가다
빼앗아 가다
뻗어 가다
사 가다
사라져 가다
사러 가다
산보 가다
산책 가다
살다 가다
살져 가다
살펴 가다
3등 가다
새워 가다
서울 가다
성묘 가다
세워 가며(밤을 ~….)
셋째 가다
소풍 가다
손 가다(손이 미치다.)
수영 가다
쉬어 가다
스쳐 가다
시간 가다
시골 가다
시켜 가다
식어 가다
심해 가다
심해져 가다
쌓아 가다
쓸어 가다

아껴 가다
안 가다
앞서 가다 *cf.* 뒤서 가다
야위어 가다
야유회 가다
얻어 가다
없어져 가다
여물어 가다
엮어 가다
오고 가다
오래 가다
옮겨 가다
왔다 가다
움직여 가다
원정 가다
위문 가다
유학 가다
이끌어 가다
2등 가다
이룩해 가다
이사 가다
이어 가다
익어 가다
1등 가다
일러 가며
읽어 가다
잃어 가다
자라 가다(무럭무럭 ~.)
잔손 가다
잡혀 가다
저물어 가다
저승 가다
적셔 가다
조상 가다
주어 가다
주워 가다
죽어 가다
지옥 가다
지켜 가다

짐작 가다
짐작해 가다
참아 가다
찾아 가며(사전을 ~….)
채워 가다
처녀장가 가다 *cf.* 장가가다
처음 가다
천당 가다
천렵 가다
첩장가 가다 *cf.* 장가가다
커 가다
커져만 가다
키워 가다
탐방 가다
파 가다
팔려 가다
퍼져 가다
피난 가다
피서 가다
피해 가다
학교 가다
해 가다
호감 가다
황천 가다
훔쳐 가다
휘몰아 가다
휩쓸려 가다
휴가 가다
휴양 가다

가루

겉가루
겨잣가루
계핏가루
고깃가루
고춧가루
금가루
꽃가루
날가루

노른자가루〔卵黃粉〕
달걀가루
담뱃가루
돌가루
떡가루
메밀가루
메줏가루
목화씻가루
무릿가루
미숫가루
밀가루
박핫가루
번가루
보릿가루
분가루
뼛가루
사탕가루
설탕가루
속가루
송홧가루
쇳가루/철가루
숯가루
쌀가루
얼레짓가루
엿기름가루
유릿가루
은가루
잣가루
조핏가루
카레가루
콩가루
탄가루
탄솟가루
팥가루
횟가루
후춧가루
활석가루
흙가루
흰자가루

검은깨 가루
석고 가루

-가마리

걱정가마리
구경가마리
놀림가마리
맷가마리
욕가마리
울음가마리
웃음가마리

가슴

가운데가슴
냉가슴
덴가슴
맨가슴
새가슴
생가슴
앙가슴
앞가슴
젖가슴

놀란 가슴

가심

볼가심
입가심
진부정가심
십가심

가죽

개가죽
겉가죽
낯가죽
눈가죽
돼지가죽
등가죽
말가죽
뱀장어가죽
뱃가죽
살가죽
생가죽
섀미가죽
속가죽
쇠가죽/소가죽
양가죽
참가죽
털가죽
통가죽
풀소가죽

에나멜 가죽
인조 가죽

가지

꽃가지
나뭇가지
댓가지
솔가지
싸릿가지
청솔가지
콩가지

감나무 가지
꽃나무 가지
버드나무 가지
빛나무 가지
뽕나무 가지
상수리나무 가지
소나무 가지
아카시아나무 가지

가지고

끊어 가지고
나누어 가지고
되어 가지고
떼어 가지고

말아 가지고
맞추어 가지고
몰아 가지고
못 가지고
받아 가지고
사 가지고
싸 가지고
알아 가지고
얻어 가지고
와 가지고
일어 가지고
집어 가지고
찔려 가지고
찢어 가지고
찾아 가지고
태워 가지고
해 가지고
휩싸 가지고

간

가부간
고하간에
그간
금명간
남매간
다년간
다소간
며칠간
몇 년간
몇백 년간
모녀간
모자간
몽매간
부녀간
부부간
부자간
사촌간
3주간
3초간
상호간
수백 년간
수천 년간
10년간
15분간
어중간
얼마간
여하간
5일간
육촌간
1년간
자매간
집안간
찻간
천지간
피차간
한집안간
형제간

가족 간
~건 간에
결론 간에
국가 간
남녀 간
대륙 간
도·농 간
두 달 간
~든 간에
많거나 간에
많든 적든 간에
몇 달 간
무엇이든지 간에
문명인 간(문명인 사이)
민족 간
부족 간
서울 부산 간
석 달 간
10개월 간
어떻든 간에
옳든 그르든 간에
이러나저러나 간에
이렇든 저렇든 간에
이웃 간
지역 간
크고 작고 간에
한 달 간
형제 자매 간

-갈이

가을갈이
개똥갈이
굽갈이
그루갈이
깃갈이
깊이갈이
논갈이
대우갈이
더운갈이
두벌갈이
마른갈이
매갈이(매통에 벼를 가는 일)
물갈이
밭갈이
보리갈이
봄갈이
사이갈이
생갈이
앞갈이
애갈이
애벌갈이
얼갈이
이어갈이
이틀갈이
중갈이
진갈이
창갈이
하루갈이

감

겉감
구경감
구류감
글감
김장감
널감
노리갯감
놀림감
놀잇감
눈요깃감
당 대표감
대통령 후보감
데릴사윗감
땔감
뜨개질감
며느릿감
바느질감
바탕감
본보깃감
불땔감
비단 옷감
사윗감
속감
신랑감
신붓감
아냇감
안감
양념감
양복감
옷감
왕자감
용짓감
일감
장난감
장윗감
저고릿감
주전부릿감
징역감
찻감
총리감
치렛감
치맛감
칼감
팻감
행줏감
혼숫감
횟감

배우자 감

감각

평형감각
허용 처리
운동 감각
위치 감각
미등재
균형 감각
리듬 감각
박자 감각
패션 감각(용례)
현대 감각(용례)

감독

영화감독
허용 처리
무대 감독
미술 감독
촬영 감독
현상 감독
미등재
공사 감독
공사장 감독
기술 감독
무술 감독
배구 감독
시험 감독
예술 감독
음악 감독
전시 감독
축구 감독
카메라 감독
플레잉 감독
훈련 감독

감태기

똥감태기
욕감태기
흙감태기

값

갯값
경곗값
고윳값
교찻값
구릿값
극댓값
극솟값
근삿값
기댓값
나잇값
담뱃값(교과서에서는 과거에 '담배값')
대푯값
덩칫값
도맷값
목푯값
비누홧값
사냇값
소릿값
소맷값
수산기값(북한)
숫값
옥탄[옥테인]값
왁댓값
요솟값

요오드값
원잣값
유횻값 *cf.* 유효값(편수 자료)
절댓값
죗값
중횻값
진릿값
찻값
첨둣값
초깃값
최댓값
최솟값
최젓값
킷값
특윳값
편찻값
핏값
함숫값
해웃값

미등재

거리값
결과값
경계값
고유값
고추값
고치값
그늘값
그림값
높이값
계수값
나머지값
논리값
농도값
마루값(M ~)
무리값
번지값
변수값
복구값(계전기 보증 ~)
부하값
비교값
사과값
상대값
상수값
상태값
수소값(북한)
순서값
순수값
순시값
슬럼프값
실수값
실제값
실효값
쓰레기값(컴퓨터)
애초값
엔탈피값
엔트로피값
온도값
우유값
우표값
유효값(편수 자료)
음수값
응고값
인수값
임계값(편수 자료)
자동차값
자리값(~ 알아보기)
전세값
정수값
조리개값
좌표값
증가값
지시값
채소값
최고값
파고값
한계값
휘발유값
비싼 값
산 값
싼 값
판 값

같다/같아선/같은/-같이…

감쪽같다
감태같다
개좆같다
개코같다
굴왕신같다
귀신같다
끌날같다
금쪽같다
꿈같다
납덩이같다
다락같다
당금같다
댕돌같다
득달같다
득돌같다
똑같다 *cf.* 꼭 같다
뚱딴지같다
매일같이
목석같다
무쪽같다
바둑판같다
벼락같다/벼락같이
벽력같다/벽력같이
불같다
불티같다/같이
비호같다 *cf.* 범 같다
살같다
새벽같이
생때같다
생매같다
성화같다
신청부같다
실낱같다

쏜살같다
악착같다
억척같다
옴포동같다
요같이
장승같다
저같이
주옥같다
쥐뿔같다
쥐좆같다
찰떡같다
철벽같다
철석같다
철통같다
추상같다
하나같다
한결같다
헌신짝같다

가시 같다
감방 같다
강철 같다
개 같다
개돼지 같다
개떡 같다
개똥 같다
개미 떼 같다
개미허리 같다
개 발싸개 같다
거미줄 같다
거울 같다
거인 같다
거지 같다
거지 발싸개 같다
거짓말 같다
거품 같다
걸레 같다
것 같다
고래 같다
고래등 같다
곤죽 같다
광대 같다
괴물 같다
구두쇠 같다
구름 같다
구슬 같다
군자 같다
굴속 같다
굼벵이 같다
귀공자 같다
그 같은
그림 같다
그와 같다
그전 같으면
금석 같다
금수 같다
금실 같다
금싸라기 같다
기적 같다
깨알 같다
꼭 같다 *cf.* 똑같다
꽃 같다
꿀맛 같다
꿈속 같다
나 같은/같다
날것 같다 *cf.* 익은 것 같다
날 것 같다
남 같다
님사 같다
누두 같다
노예 같다
눈딩이 같다
눈엣가시 같다
늑대 같다
늙은이 같다
디 같은/다 길이
달덩이 같다
대궐 같다
대낮 같다
대쪽 같다
도깨비 같다
도박 같다
독버섯 같다
독사 같다
돌대가리 같다
돌덩이 같다
동무 같다
동화 같다
돼지 같다
될 것 같다
떡두꺼비 같다
뜬구름 같다
마음 같아선
맹물 같다
머루알 같다
머저리 같다
먹빛 같다
먹장 같다
먼지 같다
멍텅구리 같다
면도날 같다
모래알 같다
무쇠 같다
물거품 같다
물귀신 같다
민물 같다
밀알 같다
바다 같다
바보 같다
바위 같다
반달 같다
백옥 같다
백지장 같다
버러지 같다
번개 같다
벌 떼 같다
벌레 같다

범 같다 *cf.* 비호같다
벽창호 같다
변명 같다
별 같다
별장 같다
병신 같다
병실 같다
병풍 같다
보배 같다
보석 같다
부나비 같다
부모 같다
부처님 같다
북통 같다
분결 같다
분신 같다
불길 같다
불꽃 같다
불덩어리 같다
불빛 같다
불여우 같다
비단결 같다
빙옥 같다
사자 같다
산더미 같다
산송장 같다
살얼음판 같다
삼추 같다
새것 같다
새털 같다
샛별 같다
서릿발 같다
소 같다
소걸음 같다
소나기 같다
소녀 같다
소년 같다
소설 같다
솜 같다
솜털 같다
송곳 같다
솥뚜껑 같다
쇠귀신 같다
수수께끼 같다
수족 같다
숙명 같다
신 같다
신선 같다
실타래 같다
썰물 같다
쓰레기 같다
아내 같다
악마 같다
악몽 같다
안개 같다
안개 속 같다
알토란 같다
암범 같다
애늙은이 같다
야수 같다
약장수 같다
얌체 같다
양 떼 같다
양털 같다
어른 같다
어린애 같다
어머니 같다
억수 같다
얼음 같다
얼음장 같다
엉터리 같다
여우 같다
여자 같다
열화 같다
영감 같다
예전 같다
예전 같으면
옛날 같으면
오이씨 같다
옥 같다
왕자 같다
요술 같다
요술쟁이 같다
요즈음 같아선/같은
용광로 같다
우렁잇속 같다
우레 같다
우박 같다
우스갯짓 같다
원수 같다
유령 같다
이 같은
이번 같은
이웃 같다
인형 같다
잠꼬대 같다
잠자리 날개 같다
장난 같다
장난감 같다
장대 같다
장사꾼 같다
쟁반 같다
전 같으면
전봇대 같다
전쟁 같다
절간 같다
절구통 같다
절벽 같다
족집게 같다
좁쌀 같다
죽 같다
지랄 같다
지옥 같다
진주 같다
짐승 같다
집채 같다
차돌 같다

찰거머리 같다
처녀 같다
처음 같다
천국 같다
천금 같다
천둥 같다/같은
철광석 같다
철면피 같다
철새 같다
청개구리 같다
초개 같다
총각 같다
친동생 같다
친부모 같다
친형제 같다
칠뜨기 같다
칠흑 같다
칼날 같다
콩가루 같다
태산 같다
태양 같다
태풍 같다
티끌 같다
포말 같다
폭포수 같다
폭풍 같다
풍년 같다
하늘 같다
하해 같다
한 식구 같다
허수아비 같다
허풍쟁이 같다
헌것 같다
헛간 같다
형님 같다
형제 같다
혜성 같다
호걸 같다
호랑이 같다
호박 같다
홀아비 같다
홍당무 같다
화살 같다
황소 같다

감투

노랑감투
벼락감투
보살감투
복주감투
오소리감투

개

검둥개
누렁개
미친개
복슬개
사냥개
삽살개
센개
쌀개
진돗개
큰개
풍산개

상갓집 개
서당 개
술 먹은 개

-개비

나뭇개비
날개비
냇개비
목돗개비
성냥개비
싸릿개비
잡장개비
장작개비
팔랑개비
흔들개비

담배 한 개비

-거리

걱정거리
골칫거리
관망거리
관심거리
구경거리
국거리
군입거리
굿거리
기삿거리
끼닛거리
놀림거리
두통거리
땔거리
땟거리
말거리
말썽거리
먹거리
멋거리
문젯거리
밑거리(단청의 ~)
반찬거리
발거리
복장거리
볼거리
비솟거리
소일거리
술잔거리
시빗거리
싸움거리
싼거리
아침거리
양념거리
언턱거리

옷거리(옷을 입은 맵시)
우셋거리
웃음거리
이야깃거리
이틀거리
일거리
읽을거리
자랑거리
잡담거리
장삿거리
저녁거리
짓거리
찬거리
추억거리
치장거리
핑곗거리
탕거리
하루거리
한턱거리
화근거리
화젯거리
흥밋거리
흥정거리

말할 거리

건조

일광건조

허용 처리

적외선 건조
열풍 건조(~법)

미등재

냉각 건조
자연 건조(용례)
인공 건조(용례)
햇볕 건조

걸레

기름걸레
마른걸레
물걸레
방걸레
진걸레

마른 걸레(빨아서 마른 걸레)
젖은 걸레

걸음

가재걸음
가탈걸음
갈지자걸음
게걸음
까치걸음
깽깽이걸음
껑충걸음
내친걸음
네발걸음
노루걸음
단걸음
달팽이걸음
동동걸음
두루미걸음
뒷걸음
멍석말이걸음
명매기걸음
모걸음
무릎걸음
물레걸음
바른걸음
반걸음
발걸음
발끝걸음
배틀걸음
봉충걸음
배착걸음
비척걸음
비틀걸음
빗사위걸음
살걸음
새우걸음
색시걸음
선걸음
소걸음
씨암탉걸음
아장걸음
앉은걸음
앉은뱅이걸음
암탉걸음
엇붙임걸음
여덟팔자걸음
오른걸음
오리걸음
외팔걸음
왜죽걸음
왼걸음
우산걸음
울력걸음
원숭이걸음
자국걸음
잔걸음
잦은걸음
잰걸음
제자리걸음
종종걸음
진둥걸음
차렷걸음
첫걸음
총총걸음
토끼걸음
통통걸음
퉁퉁걸음
팔자걸음
한걸음
헛걸음
허깨비걸음
화장걸음
황새걸음

황소걸음
휘장걸음
휘청걸음

-걸이

가슴걸이
갓걸이
걸음걸이
귀걸이
금귀걸이
꽃목걸이
나룻걸이
낚시걸이
단판걸이
등잔걸이
마수걸이
모자걸이
목걸이
못걸이
발걸이
발등걸이
밭걸이
빗장걸이(-뒤집기/-잦히기)
소걸이
안걸이
양복걸이
양수걸이
연상걸이
옷걸이
완자걸이
잉어걸이
족자걸이
징걸이
코걸이
턱걸이
팔걸이

것

가루것
갓난것
갖은것
갯것
겹것
공것
군것
귓것
그것
까짓것
날것
늙은것
단것(설탕류, 과자류)
뒤엣것
들것
딴것
뜨갯것
뜬것
뜯이것
몸엣것
무명것
물것
물겹것
박이것
별것
보병것
보잘것(~없이)
산것
새것/헌것
생것
숙탄것
아랫것
아무것
어린것
요만것
이것
이것저것
이만것
잡것
잡은것(광산의 연장)
저것
젊은것
좀것
좀쳇것
주사니것
지친것
질것
짓것(새로 지은 첫물 옷)
차렵것
찰것
천것
쳇것
탈것
통것
풋것
하잘것(~없는)
핫것
햇것
행랑것
헌것/새것
헛것

단 것 *cf.* 신 것, 짠 것
빈 것
산 것
신 것
쓸 것
어느 것
어떤 것
옛 것
온갖 것
왼 것
자기 것
제 것
제까짓 것
짠 것
큰 것
할 것(공부를 ~.)

결

가로결
거스름결
겁결
고깃결
곧은결
귓결
꼬인결
꿈결
나뭇결
널결
눈결
돌결
마음결
말결
머릿결
메아리결
무늿결
무심결
물결
바람결
비단결
살결
세로결
소릿결
손결
숨결
아침결
얼결
얼떨결
엇결
엉겁결
역결
은결
잠결
저녁결
점박잇결
점심결
지날결
한결

경찰

기마경찰
교통경찰
사상경찰
비밀경찰
비상경찰

허용 처리

경제 경찰
고등 경찰
국가 경찰
국립 경찰
군사 경찰
법정 경찰
보안 경찰
보통 경찰
사법 경찰
예방 경찰
산림 경찰
이동 경찰
의무 경찰
전투 경찰
정치 경찰 *cf.* 정치군인
진압 경찰
철도 경찰
청원 경찰
풍속 경찰
해양 경찰
행정 경찰
형사 경찰

미등재

기동 경찰
사복 경찰
헌병 경찰(~제)

계기

기록계기
비행계기
적산계기
지시계기

허용 처리

공업 계기
디지털 계기
항공 계기
항해 계기

미등재

수도 계기
항법 계기
측정 계기

고개

남태령고개
삼년고개
녹번고개
아리랑고개
말티고개
배티고개
박석고개

뮤어 고개
몽주네브르 고개
바로길 고개
브렌네르 고개
볼란 고개
생고타르 고개
심플론 고개
카라코람 고개
카이바르 고개
킬리크 고개

고기

개고기
고래고기
닭고기
돼지고기
말고기

소고기
쇠고기
양고기
오리고기
칠면조고기
타조고기

-고말고

가고말고
가져가고말고
그렇고말고
놀고말고
닮고말고
되고말고
먹고말고
부자고말고
사고말고
아니고말고
알고말고
없고말고
있고말고
자고말고
좋고말고
주고말고
춥고말고
하고말고

고원, 고지, 저지

개마고원
부전고원
무산고원
백마고지

골란 고원
데칸 고원
로렌시아 고원
리비아 고지
멕시코 고원
몽골 고원
브라질 고원
아비시니아 고원
아르메니아 고원
알티플라노 고원
애서턴 고원
원구이 고원(운귀고원)
이란 고원
컴벌런드 고원
코르도판 고원
콜로라도 고원
킴벌리 고원
티베트 고원
파미르 고원
후른베이어 고원

서시베리아 저지
카타라 저지
카스피아 해 연안 저지
흑해 연안 저지

관계

권력관계
남자관계
노동관계
법률관계
사회관계
삼각관계
상관관계
상리관계
생산관계
소유관계
어음관계
여자관계
유연관계
이해관계
인간관계
혈연관계

허용 처리

도제 관계
보완 관계
비례 관계
사실 관계
상호 의존 관계
외교 관계
인과 관계
적대 관계

미등재

가족 관계
갈등 관계
경제 관계
공범 관계(용례)
교육 관계(용례)
국제 관계(용례)
근친 관계(용례)
남녀 관계(용례)
내연 관계
내외 관계
노사 관계
노노 관계
대내 관계
대소 관계
대외 관계
대인 관계
동맹 관계(용례)
밀월 관계(용례)
반상 관계
부자 관계
부채 관계
사세 관계(용례)
상충 관계
상하 관계
선린 관계
신용 관계
선후배 관계
성 관계
여신 관계
우정 관계
우호 관계

원한 관계(~가 없다.)
위치 관계
은원 관계(~가 없다.)
자매 관계
종속 관계
채무 관계
친구 관계
특수 관계
협력 관계
혼인 관계

관념

경제관념
고정관념
기성관념
도덕관념
시간관념

미등재

정조 관념

관리

건강관리
위기관리

허용 처리

가정 관리
경영 관리
계수 관리
공장 관리
공정 관리
공동 관리
국가 관리
노무 관리
동시 관리
매스 관리(경영)
무역 관리
사무 관리
생산 관리
설비 관리
양곡 관리
열 관리
외환 관리(~권, ~법)
원가 관리
위험 관리
유고 관리
은행 관리
이익 관리
인사 관리
작업 관리(~ 프로그램)
창고 관리
선거 관리(~ 위원회)
자금 관리
자재 관리
재료 관리
재무 관리
재산 관리(~권)
적산 관리
정보 관리
진도 관리
토지 관리
통화 관리
품질 관리
학교 관리
행정 관리

미등재

건물 관리(용례)
메모리 관리
문서 관리
범죄자 관리
법정 관리
병적 관리
사전 관리
사후 관리
선수 관리
성적 관리
수감자 관리
시스템 관리
신변 관리
아파트 관리(용례)
안전 관리
연구비 관리
외형 관리
원서 관리
위생 관리
인기 관리(용례)
인맥 관리
인원 관리
매장 관리
자기 관리
자산 관리
제품 관리
조직 관리
주차장 관리
질병 관리(용례)
차량 관리
체력 관리(용례)
책임 관리
통계 관리
특별 관리
학사 관리
회원 관리

광대

각시광대
또랑광대
뜬광대
말광대
소리광대
아니리광대
어릿광대
얼럭광대
줄광대
탈광대
할미광대

교사/강사

가정교사

허용 처리
학원 강사
양호 교사
미등재
보육 교사
방문 교사
학습지 교사

구름

꽃구름
놀구름
높쌘구름
눈구름
뜬구름
띠구름
매지구름
먹구름
먹장구름
명주실구름
모루구름
뭉게구름
밑턱구름
버섯구름
벌집구름
비구름
비늘구름
비층구름
비행기구름
삿안개구름
삿갓구름
새털구름
소나기구름
송이걸음
실구름
쌘구름
양떼구름
열구름
옥시던트구름
원자구름
유방구름
위턱구름
자개구름
전자구름
조각구름
조각비늘구름
조개구름
층구름
털쌘구름
토막구름
햇무리구름
흘레구름
흰구름

뜬 구름
상층 구름
중층 구름
하층 구름
회색 구름

구멍

가늠구멍
개구멍
개미구멍
게재비구멍
고줏구멍
공기구멍
군툿구멍
굴구멍
귓구멍
글구멍
기름구멍
까치구멍
꺾쇠구멍
꽁숫구멍
끌구멍
남폿구멍
노구멍
놀구멍
눈구멍
단춧구멍
댓구멍
도수리구멍
돈구멍
돌구멍
뒷구멍
땀구멍
똥구멍
마룻구멍
말구멍
모랫구멍(주물의)
목구멍
문구멍
물구멍
밑구멍
바늘구멍('바늘귀'의 뜻으로)
바늘구멍(~ 사진기)
바람구멍
방구멍
벌구멍
불구멍
산지구멍
새끼똥구멍
샘구멍
소구멍
소릿구멍
수챗구멍
숨구멍
숫구멍
아감구멍
연탄구멍
열쇳구멍
옹이구멍
우리구멍
울림구멍
잇구멍
잔구멍
장붓구멍

젓구멍
좀생이구멍
쥐구멍
창구멍
청구멍
촉구멍
총구멍
총알구멍
침구멍
콧구멍
털구멍
통구멍
하늘구멍

나사 구멍
리프 구멍
멍석 구멍
물빠진 구멍
바위 구멍
바자 구멍
오존 구멍
울타리 구멍
조리개 구멍

구석

방구석
안방구석
두멧구석
집구석
외주물구석
시골구석
눈구석
촌구석

개천 구석

구이

갈비구이
갈치구이
게구이
고기구이
고등어구이
김구이
꼴뚜기구이
닭구이
도미구이
마늘종구이
마침구이
메기구이
메추리구이
밴댕이구이
뱅어포구이
비웃구이
삼치구이
새우구이
설구이
소금구이
숭어구이
쏘가리구이
애벌구이
양념구이
얼간구이
영계구이
오리알구이
제육구이
조기구이
참새구이
초벌구이
통닭구이
흙구이

국

가릿국
간막국
감잣국
개장국
겟국
고깃국
고운댓국
곤댓국
곰국
국수장국
굴국
김국
김찬국
김칫국
깻국
꽃국
꿩국
나물국
냉잇국
단국
닭고깃국
닭국
동앗국
동탯국
된장국
떡국
만둣국
맑은장국
명탯국
무리떡국
묵국
뭇국
미꾸라짓국
미역국
미역찬국
박국
복국
북어냉국
북엇국
비짓국
뼈다귓국
뼛국
삼탯국
생떡국
생선국

선짓국
속댓국
숚음국
숚음배춧국
송잇국
쇠고깃국
술국
숫국(진솔대로 있는 사람)
시금칫국
시래깃국
쑥국
어복장국
오이찬국
우거짓국
웃국
조갯국
찬국
챗국
촛국
칡국
콩국
콩나물국
토란국
파랫국
파장국
파찬국
팟국
해장국
후춧국

국립/도립/시립

국립공원
국립대학
국립묘지
허용 처리
노립 공원
국립 도서관
국립 박물관
미등재
도립 대학
도립 병원
시립 대학(용례)
시립 도서관(용례)
시립 운동장(용례)
시립 병원(용례)

군도, 열도, 제도

격렬비 열도
고군산 군도
나주 군도
서인도 제도
외연 열도
안마 군도
추자 군도/열도
덕적 군도

갈라파고스 제도
난사 군도
당트르카스토 제도
라인 제도
래카다이브 제도
로보스 제도
로폰텐 제도
루아요테 제도
루이지아드 군도
류큐 제도
리아우 군도(제도)
링가 군도
마니히키 제도
마르키즈 제도
마리아나 제도
마셜 제도
말레이 열도
메르귀 군도
몰디브 제도
몰루카 제도
몰타 제도
미령 태평양 제도
바냐크 제도
바브얀 제도
바이아 제도
바하마 제도
반다 제도
뱅크스 제도
버뮤다 제도
비사야 제도
비스마르크 제도
사모아 제도
사쓰난 제도
사우스셰틀랜드 제도
사우스오크니 제도
산타르 제도
산타크르주 제도
산펠릭스 제도
상기에 제도
서인도 제도
셰틀랜드 제도
소순다 열도
소시에테 제도
소앤틀리스 제도
솔로몬 제도
순다 열도
술라 제도
술루 제도
스발바르 제도
아남바스 제도
아루 제도
아마미 제도
아미란테 제도
아조레스 제도
안다만 제도
안다만니코바르 제도
알다브라 제도
알렉산더 군도
알류산 열도
애드미럴티 제도

앤드리애소프 제도
에게 제도
오크니 제도
오클랜드 제도
윈드워드 제도
차코스 제도
채널 제도
카나리아 제도
카모테스 제도
카보베르데 제도
카이 제도
캐롤라인 제도
케르겔렌 제도
케이맨 제도
코모로 제도
코코스 제도
쿠리아무리아 제도
쿠릴 열도
쿡 제도
퀸샬럿 제도
퀸엘리자베스 제도
키질 제도
타님바르 제도
탈자우드 제도
토켈라우 제도
투강베시 제도
투아모투 군도
퉁사 군도(동사 군도)
트루코 제도
파라산 제도
퍼노 제도
포클랜드 제도
프리빌로프 제도
피닉스 제도
필리핀 제도
하와이 제도
후안페르난테스 제도

굴

너구리굴
도깨비굴
두더지굴
땅굴
뱀굴
범굴
부엉굴
여우굴
오소리굴
토끼굴
호랑이굴

지렁이 굴
호랑이 굴(표준국어대사전)

그늘

산그늘

꽃 그늘
나무 그늘
바위 그늘
집 그늘

-그려

가게그려
갑시다그려
나가세그려
닮았네그려
돌아오십니다그려
아네그려
많습니다그려
주셨습니다그려
크네그려

그릇

갈이그릇
계그릇
국그릇
귀때그릇
낱그릇
놋그릇
대그릇
도깨그릇
독그릇
돌그릇
모삿그릇
모잇그릇
밥그릇
사그릇
사기그릇
손그릇
약그릇
양은그릇
오지그릇
옹기그릇
유기그릇
유리그릇
자개그릇
죽그릇
질그릇
채그릇
퇴줏그릇

나무 그릇
스타이로폼〔스티로폼〕 그릇
스테인리스 그릇
채료 그릇
플라스틱 그릇
화채 그릇

그물

개래그물
걸그물
길그물
깃그물
날개그물

눈썹그물
덮그물
두릿그물
들그물
뜬걸그물
망녕그물
몰입그물
몰잇그물
밑걸그물
배꼽그물
비탈그물
삼태그물
새끼그물
새우그물
실그물
쓰레그물
아래판그물
얽매그물
자루그물
자리그물
쨍이그물
주머니그물
채그물
챗배그물
초롱그물
통그물
후릿그물
흘림걸그물

먹이 그물

극

그림자극
단막극
민속극
부조리극
산대극
서사극
장막극
전통극
평민극

글

광고글
귀글
대화글
말글
머릿글
바탕글
옛글
우리글 *cf.* 우리말
줄글
짧은글
편지글

제 글
짧은 글(너무 ~)

-기

가지치기
건강달리기
고쳐쓰기
공굴리기
공차기
구슬치기
그네뛰기
글다듬기
글쓰기
글읽기
글짓기
김매기
나무심기
널뛰기
농사짓기
높이뛰기
다리걸기
덧붙이기
돌려짓기
된소리되기
등치기
띄어쓰기
말 이어가기
말타기
말하기
모내기
모내기하기
모심기
모아심기/군식
모찌기
몸만들기
무릎치기
물구나무서기
물긷기
물주기
바구니터뜨리기
밥짓기
배지기
벼베기
보물찾기
불우 이웃 돕기
사이짓기
사철가꾸기
살펴보기
상자쌓기
새끼치기
수건돌리기
순시트기
술래잡기
시집보내기(대추나무~)
씨뿌리기
엉덩이치기
연날리기
이삭줍기
이야기 이어가기
이어달리기
이어짓기
이웃돕기

일러두기
자치기
장식썰기
점잇기
종이접기
줄긋기
줄넘기
줄다리기
지신밟기
짝짓기
키대기
파도타기
파일뜨기
팽이치기
포기나누기
풀어쓰기
항쳐붙이기
허리꺾기
활쏘기
흉내내기
흙쌓기

가축 기르기
글감 찾기
나라 만들기
나라 찾기
동물 기르기
문단 쓰기
성냥갑 모으기
숫자 모양 그리기
암나사 내기
외가 만들기
원고 모으기
이야기 만들기
인물 기르기
자료 모으기
자전거 타기
지혜 겨루기
채워 심기
층단 떼어쌓기
켜 걸름 들여쌓기
포스터 그리기
학급 신문 만들기
한밤 묵히기

기금

자선기금

허용 처리

통화 기금
오페크 개발 원조 기금

미등재

개발 기금
발전 기금
동창회 기금(용례)
여행 기금
장학 기금
재단 기금
친목회 기금
향우회 기금
세계 자연 기금
남북 협력 기금

기둥

각기둥
괴머리기둥
귀기둥
깃대기둥
높은기둥
돌기둥
동자기둥
두리기둥
모기둥
물기둥
바람기둥
발기둥
배흘림기둥
버팀기둥
불기둥
빗각기둥
사각기둥
산기둥
상기둥
상투기둥
안둘렛기둥
엄지기둥
원기둥
육각기둥
줄기둥
통기둥
툇기둥
팔각기둥
회첨기둥
흘림기둥

공기 기둥

기름

개기름
고래기름
고추씨기름
동백기름
두꺼비기름
들기름
머릿기름
면화씨기름
무씨기름
밀기름
발기름
배추씨기름
삼씨기름
쇠기름
수유기름
아마씨기름
아주까리기름
애잇기름
왜밀기름
잣기름

정어리기름
참기름
콩기름
평지씨기름
호두기름

기슭

강기슭
산기슭
섬기슭
처맛기슭

개울 기슭

기와

날기와
너새기와
도깨비기와
돌기와
막새기와
오지기와
왕지기와
질기와
차꼬기와
청기와

기초

기초식품
기초화장

허용 처리

기초 과학
기초 어휘
기초 학력
기초 공사
기초 공업
기초 마취
기초 수지
기초 운동
기초 의학
기초 체온
기초 공제

미등재

기초 조사(용례)
기초 학습
기초 단체

기침

곤두기침
군기침
당나귀기침
마른기침
밭은기침
쇠기침
잔기침
큰기침
헛기침

길

가시밭길
갈랫길
갈림길
강릉길
거둥길
곁길
고갯길
고빗길
고샅길
고생길
고향길
곧은길
골목길
곱길
관광길
구듯발길
구실길
굽은길
굽잇길
귀갓길
그길로(부사)
기찻길
꼬부랑길
꽃길
꿈길
나그넷길
나뭇길
낙향길
남도길
내리막길
내왕길
논길
논두렁길
논틀길
농삿길
눈구멍길
눈길
눈사탯길
답삿길
덤불길
도망길
도붓길
도자기길
돈길
돌길
돌너덜길
돌담길
두렁길
둑길
뒤안길
뒷길
들길
등굣길
등·하굣길
말길
망명길
망종길
먼길
먼짓길

모랫길
물길
바닷길
바윗길
발길
밤길
밭길
밭머릿길
뱃길
벌판길
벼랑길
벼룻길
벼슬길
본길
불길
비단길
비탈길
빗길
빙판길
사냥길
사릿길
사막길
사양길
사잇길
산골길
산길
산보길
산행길
삼사미길
상길
샛길
생눈길
서덜길
석양길
성묘길
세상길
소맷길
손길
수출길
순례길
순방길
숫눈길
숲길
시골길
시장길
신행길
쌍길
썰맷길
아랫길
안돌잇길
앞길
어둠길
언덕길
얼음길
에움길
여행길
옆길
옛길
오르막길
오솔길
오줌길
외길
외딴길
용왕길(민속)
우잣길
유세길
유학길
윗길
입길
자갈길
자동찻길
자전거길
자드락길
장삿길
잿길
저승길
종군길
지돌잇길
지름길
찻길
철길
철조망길
첫길
촌길
출근길
출셋길
출입길
출장길
취업길
취재길
치료길
치유길
친행길
큰길
탐사길
토막길
푸섶길
피난길/피란길
하굣길
하늘길
하룻길
한길
핫길
항해길
호숫길
혼례길
혼삿길
혼인길
혼행길
황천길
훍탕길
후밋길

가로수 길
과수원 길
굽은 길(좌로 ~)
그 길로(아까 왔던 ~ 다시 갔다.)

만 리 길
밀밭 길
백 리 길
보리밭 길
사십 리 길
살 길
삼십 리 길
새 길
세 갈래 길
십 리 길
알 길
자기 길
저녁 길
천 리 길

깃

고깃깃
꼬리깃
꽁지깃
동구래깃
목깃
목판깃
발갯깃
부등깃
부싯깃
분깃
불깃
살깃
쌀깃
안깃
어깨깃
옷깃
이불깃
칼깃

깊다

뜻깊다

감명 깊다
뿌리 깊다
사려 깊다
의미 깊다
인상 깊다
주의 깊다

껍질

겉껍질
귤껍질
나무껍질
두부껍질
땅껍질
메밀껍질
물껍질
배껍질(~무늬)
비지껍질
소태껍질
속껍질
씨껍질
알껍질
열매껍질
왕골껍질
전자껍질

감자 껍질
고목 껍질
굴참나무 껍질
느릅나무 껍질
닥나무 껍질
북어 껍질
사과 껍질
소나무 껍질
양파 껍질
전자 부껍질
소기 껍실
참나무 껍질
파이 껍질

-껏

기껏
마음껏
목청껏
밤샛껏
성심껏
성의껏
아직껏
여태껏
오늘껏
요령껏
이때껏
이제껏
일껏
입때껏
정성껏
지금껏
한껏
해껏
힘껏

꼭지

머리꼭지
바람꼭지
수도꼭지
젖꼭지
통꼭지

꽃

갈꽃
갈대꽃
감꽃
개나리꽃
국화꽃
큰꽃
나라꽃
나리꽃
나팔꽃

눈꽃
동백꽃
들꽃
등꽃
매화꽃
메꽃
메밀꽃
무꽃
바위꽃
박꽃
밤꽃
배꽃
배추꽃
백합꽃
벚꽃
복사꽃/복숭아꽃
분꽃
불꽃
살구꽃
석류꽃
수꽃
암꽃
앵두꽃
양귀비꽃
연꽃
오랑캐꽃
외꽃/오이꽃
웃음꽃
월계꽃
이야기꽃
장미꽃
제비꽃
진달래꽃
철쭉꽃
패랭이꽃
풀꽃
함박꽃
호박꽃
홑꽃

미등재

강낭콩꽃
꽈리꽃
난초꽃
능금꽃
능소화꽃
대추나무꽃
도라지꽃
마타리꽃
모과꽃
목련꽃
무궁화꽃
미나리꽃
민들레꽃
백일홍꽃
봉숭아꽃/봉선화꽃
삘기꽃
사과꽃
산수유꽃
상추꽃
수련꽃
수박꽃
싸리꽃
쑥갓꽃
아카시아꽃
완두꽃
유채꽃(평지꽃)
참외꽃
치자꽃
코스모스꽃
클로버꽃
해바라기꽃

노란 꽃
노랑 꽃
빨간 꽃
빨강 꽃
새 꽃
파란 꽃

-꾸러기

걱정꾸러기
겁꾸러기
눈치꾸러기
떼꾸러기
말꾸러기
말썽꾸러기
매꾸러기
방정꾸러기
변덕꾸러기
빚꾸러기
심술꾸러기
악착꾸러기
암상꾸러기
얌심꾸러기
억척꾸러기
엄살꾸러기
욕심꾸러기
용심꾸러기
이꾸러기
익살꾸러기
잔병꾸러기
잠꾸러기
장난꾸러기
지청구꾸러기
천덕꾸러기
청승꾸러기

꿇림

기왓장꿇림
마당꿇림
모말꿇림
무릎꿇림

꿈

개꿈
단꿈
용꿈

새벽 꿈
깊은 꿈

끈

갓끈
구두끈
노끈
신끈
신발끈
종이끈

골프화 끈
운동화 끈
군화 끈
비닐 끈

끝

귀끝
대림끝
뒤끝
똥끝
말끝
머리끝
명치끝
모태끝
바닥끝
바람끝
발끝
붓끝
뼈끝
손끝
쇠끝
일끝
채끝
칼끝
코끝
털끝
토끝
풀끝
한끝
혀끝
화도끝

가지 끝
맨 끝
뫼 끝
바지 끝
벌 끝
양 끝
이 끝
저 끝
저쪽 끝
처마 끝
추녀 끝
한 끝
한쪽 끝

끝에

가물 끝에
갈등 끝에
경쟁 끝에
경합 끝에
고민 끝에
고생 끝에
고통 끝에
공사 끝에
궁지 끝에
노력 끝에
논란 끝에
논의 끝에
다툼 끝에
생각 끝에
실험 끝에
싸움 끝에
연구 끝에
장마 끝에
장광설 끝에
절충 끝에
토론 끝에
토의 끝에
협의 끝에
회의 끝에
훈련 끝에

끼다

곱살끼다
깍지끼다

구름 끼다
기미 끼다
눈곱 끼다
때 끼다
아지랑이 끼다
안개 끼다
팔짱 끼다

끼움

내림턱열장끼움
빗턱끼움
아래턱끼움
장부촉끼움
턱끼움
통끼움

나가다

값나가다
떠나가다
뛰어나가다
뛰쳐나가다
빠져나가다
엇나가다

가꾸어 나가다
고쳐 나가다
그려 나가다
길러 나가다
꾸려 나가다

끌려 나가다
넋 나가다
놀러 나가다
높여 나가다
누려 나가다
다져 나가다
달려 나가다
답사 나가다
돌아 나가다
뒤따라 나가다
따라 나가다
떠받쳐 나가다
떨어져 나가다
만들어 나가다
묻어 나가다
벌여 나가다
벗겨 나가다
뻗쳐 나가다
시켜 나가다
엮어 나가다
울려 퍼져 나가다
이겨 나가다
이끌어 나가다
이어 나가다
읽어 나가다
정신 나가다
조사 나가다
지켜 나가다
집 나가다
쫓겨 나가다
탐방 나가다
토벌 나가다
튀어 나가다
파 나가다
퍼져 나가다
펴 나가다
풀려 나가다
한골 나가다
해결해 나가다
해 나가다
헤쳐 나가다
흘러 나가다

나다

거듭나다
겁나다
게염나다 *cf.* 개염 나다
결딴나다
결판나다 *cf.* 결론 나다
골나다
광나다
구경나다
구역나다 *cf.* 구역질 나다
귀나다
길나다(구걸하는 데 ~.)
깨어나다
끝나다
끝장나다
나타나다
난봉나다
낯나다
냄새나다
네모나다
노망나다 *cf.* 망령 나다
늘어나다
단물나다(단물나도록 입었다.)
달아나다
덧나다
돋아나다
동나다
되살아나다
드러나다
드레나다
들고나다
땀나다
떨려나다
맛나다
모나다
모여나다
몰려나다
몸서리나다
물러나다
뭉쳐나다
밀려나다
바닥나다
바람나다
벗어나다
별쭝나다
병나다
부도나다
불나다
불볕나다
불어나다
빛나다
빼어나다
살아나다
새나다
살인나다
살판나다
생각나다
생겨나다
생색나다
성나다
성질나다
세모나다
소문나다
소수나다(농산물이 증가하다.)
손해나다
솟아나다
쌍심지나다
안고나다
야단나다
약비나다
어긋나다
엄발나다
엄청나다
열나다

열고나다(급히 서두르다.)
요절나다
욕심나다
욕지기나다
유별나다
윤나다 *cf.* 윤기 나다
의심나다
이름나다
일떠나다
일어나다
자라나다
작살나다
잘나다
재미나다
정분나다
조각나다 *cf.* 도막 나다
죽어나다
줄나다
중뿔나다
진력나다
짜드락나다
쫓겨나다
철나다 *cf.* 지각 나다
초상나다 *cf.* 줄초상 나다
축나다
출중나다
타고나다
탐나다
태어나다
특별나다
틈나다
티격나다
판나다
풀려나다
피나다
피새나다
헛김나다 *cf.* 김 나다
혼꾸멍나다
혼나다

혼쭐나다
화나다
흠나다

감정 나다
감칠맛 나다
갑갑증 나다
갓 나다
개염 나다 *cf.* 게염나다
거덜 나다
결론 나다 *cf.* 결판나다
결손 나다 *cf.* 손해나다
결재 나다
경련 나다
고린내 나다
고장 나다
고참 티 나다
광채 나다 *cf.* 광나다
구린내 나다
구역질 나다(용례) *cf.* 구역나다
군내 나다
금빛 나다
기운 나다
김 나다
난리 나다
넌더리 나다
노린내 나다
누린내 나다
눈물 나다
눈병 나다
눈사태 나다
늦바람 나다
도막 나다 *cf.* 조각나다
도회 티 나다
돌사태 나다
동강 나다
동란 나다
동티 나다
들통 나다

딴살림 나다
땀띠 나다
똥내 나다
똥탈 나다
말 나다
망령 나다 *cf.* 노망나다
말썽 나다
맵시 나다
머릿내 나다
멀미 나다
모 나다(여러 ~.)
몸 나다
몸살 나다
무섬증 나다
무배내 나다
물난리 나다
물비린내 나다
박살 나다
발각 나다
발령 나다
발병 나다
발음 나다
발자국 나다
발표 나다
밥맛 나다
배겨 나다
배알 나다
배탈 나다
뱃덧 나다
뱃병 나다
번져 나다
볕 나다
부아 나다
불뚱이 나다
비린내 나다
삐어 나다
사고 나다
사변 나다
사태 나다

산불 나다
산사태 나다
살림 나다
살맛 나다
상처 나다
새소리 나다
새살림 나다
새싹 나다
생각 나다(딴 ~.)
생기 나다
선생 티 나다
설사 나다
세 살 나다
세간 나다
소녀티 나다/소녀티 나다
소리 나다
수 나다
수염 나다
수해 나다
쉰내 나다
승부 나다
승인 나다
시골티 나다
시위 나다(큰물이 나다.)
식은땀 나다
신경질 나다
신 나다
신맛 나다
신명 나다
신물 나다 *cf.* 단물나다
신바람 나다
실감 나다
싫증 나다
싸움 나다
싹 나다
악취 나다
암내 나다
여섯 살 나다
역정 나다 *cf.* 화나다

연기 나다
오한 나다 *cf.* 열나다
용기 나다
윤기 나다 *cf.* 윤나다
의문 나다
의욕 나다
이골 나다
이익 나다
인기척 나다
인물 나다
인심 나다
일곱 모 나다
입덧 나다
입맛 나다
자국 나다
자귀 나다
잡음 나다
전쟁 나다
적자 나다
젖내 나다
조각 나다(여러 ~.)
종기 나다
주니 나다
조바심 나다
줄초상 나다
쥐 나다
지각 나다 *cf.* 철나다
지린내 나다
지진 나다
진땀 나다 *cf.* 땀나다
진저리 나다
진절머리 나다
질투 나다
짓 나다
짜증 나다
짬 나다
차이 나다
창 나다
처녀티 나다

촌티 나다
총소리 나다
칼부림 나다
칼자국 나다
칼싸움 나다
코피 나다
콧물 나다
큰일 나다
탄로 나다
탈 나다
태깔 나다
털 나다
티 나다
토사 나다
트집 나다
파투 나다
판가름 나다
판명 나다
펑크 나다
표 나다
풀내 나다
풀냄새 나다
풍겨 나다
피고름 나다
피눈물 나다
피비린내 나다
해결 나다
햇볕 나다
향기 나다
향내 나다
향냄새 나다
허가 나다
헛소문 나다
헛헛증 나다
혁명 나다
현기증 나다
현실감 나다
화재 나다
홍수 나다

흑자 나다
흠집 나다
흥 나다
힘 나다

-나마나하다

가나마나하다
도와 주나마나하다
되나마나하다
먹으나마나하다
목욕하나마나하다
벗으나마나하다
보나마나하다
씻으나마나하다
앉으나마나하다
오나마나하다
외나마나하다
입으나마나하다
있으나마나하다
자나마나하다
주나마나하다
헤어지나마나하다

나라

꿈나라
달나라
당나라
명나라
별나라
섬나라
송나라
수나라
우리나라
원나라
신나라
천나라
초나라
하늘나라

개미 나라
거지 나라
거인 나라
난쟁이 나라
남쪽 나라
다른 나라
먼 나라
베짱이 나라
부자 나라
생쥐 나라
어린이 나라
이웃 나라
제 나라
지구 나라
풍선 나라

나름

그 나름
그들 나름
내 나름
네 나름
자기 나름
하기 나름

나오다

뛰어나오다
뛰쳐나오다
몰려나오다
빠져나오다
우러나오다
튀어나오다
불려나오다
흘러나오다

기어 나오다
끌려 나오다
따라 나오다
마중 나오다
몰려 나오다
물러 나오다
밀려 나오다
번져 나오다
뻗어 나오다
살아 나오다
솟아 나오다
쏟아져 나오다

나절

반나절
세나절
아침나절
저녁나절
점심나절
한나절

낚시

갈고리낚시
갯바위낚시
걸음낚시
견지낚시
계류낚시
고패낚시
곧은낚시
끌낚시
끝보기낚시
놀림낚시
닻낚시
대낚시
덕낚시
던질낚시
들낚시(씨름의)
띄움낚시
릴낚시
맥낚시
멍텅구리낚시
미끼낚시
민낚시
민물낚시

민지낚시
바다낚시
밤낚시
방울낚시
배낚시
배흘림낚시
뼈낚시
삼봉낚시
설망낚시
세갈래낚시
소경낚시
속임낚시
손줄낚시
수초낚시
스침견지낚시
시내낚시
실낚시
앉힐낚시
얼음낚시
여울견지낚시
여울낚시
외줄낚시
이음낚시
자리낚시
제물낚시
찌낚시
털낚시
훌치기낚시
흘림낚시

날〔日, 刃〕

가랫날
가윗날
가윗날(추석)
가을날
개날
개산날
개학날
겨울날
겹날
겟날
공일날
과것날
괭잇날
귀신날
그날
그믐날
긴긴날
까뀌날
까치설날
끌날
나흗날
낫날
너무날
놋날
다섯무날
다음날
단옷날
닭날
닷샛날
대보름날
대팻날
대회날
덧날
도끼날
돌날
동짓날
돼지날
두렛날
두무날
뒷날
마른날
만날
말날
며칠날
면도날
명절날
무날
무싯날
민날
바깥날
반공일날
반날
백날
백중날
백홋날
뱀날
범날
보름날
복날
봄날
부활절날
사흗날
살날
삼짇날
새날
생일날
설날
세무날
소날
소풍날
송곳날
수릿날
스무날
신날
아홉무날
아흐렛날
안날(바로 전날)
앞날
어린이날
어버이날
여덟무날
여드렛날
여름날
여섯무날
열나흘날
열무날

열이렛날
열흘날
엿샛날
영등날
옛날
오늘날
요날 저날
운동회날
원숭이날
월급날
유둣날
이날
이날 저날
이렛날
이튿날
인날
일곱무날
작두날
잔칫날
장날
장례날
장삿날
쟁기날
제날
제삿날
젯날
졸업식날
주의날
쥐날
지난날
진날(비나 눈이 오는 날)
첫날
청룡날
초나흗날
초닷샛날
초사흗날
초아흐렛날
초여드렛날
초열흘날
초엿샛날
초이렛날
초이튿날
초하룻날
추석날
칠석날
칼날
콧날
크리스마스날
토끼날
톱날
파제삿날
파젯날
하룻날
학날
학예회날
한가윗날
한글날
한무날
한식날
호랑이날
혼사날
환갑날
훗날

갠 날
군민의 날
부처님 오신 날
비 오는 날
스승의 날
어느 날
어느 날
여러 날
출항 날
헹신 날

내

겻불내
고린내
구린내
군내
기름내
낸내
노린내
누린내
단내
땀내
땅내
똥내
머릿내
문뱃내
물비린내
발내
봄내
비린내
살내
새물내
속내
쉿내
숯내
쉰내
암내
입내
자릿내
젖내
젖비린내
지린내
코린내
쿠린내
풀내
풋내
피비린내
해감내
향내
화독내
흙내

-내기

보통내기
서울내기
시골내기
신출내기
여간내기
예사내기
풋내기

내다

가려내다
겁내다
게염내다
결딴내다
결판내다
골내다
광내다
구슬려내다
긁어내다
꾀어내다
끄집어내다
끌어내다
끝내다
끝장내다
나타내다
낯내다
달아내다
담아내다
도려내다
돌라내다
뒤져내다
들부셔내다
들어내다(물건을 ~.)
따로내다(살림을 ~.)
땀내다
떨어내다
뜯어내다
몰아내다
밀어내다
바닥내다
바람내다
발라내다
밝혀내다
부도내다
불내다
불러내다
빚어내다
빛내다
빨아내다
뽑아내다
뿜어내다
살인내다
생색내다
성내다
성질내다
소문내다
손해내다
알겨내다
알아내다
얽어내다
열내다
옭아내다
요절내다
욕심내다
우려내다
의심내다
이름내다
읽어내다
자아내다
작살내다
잡아내다
조각내다
지어내다
진력내다
집어내다
쫓아내다
찾아내다
추어내다
축내다
탐내다
틈내다
풀어내다
한턱내다
혼내다
혼쭐내다
화내다
후려내다
힘내다

감정 내다
감칠맛 내다
갑갑증 내다
결론 내다
결손 내다
고장 내다
기운 내다
넌더리 내다
늦바람 내다
도막 내다
동강 내다
딴살림 내다
말 내다
망령 내다
맵시 내다
멀미 내다
모 내다
박살 내다
발령 내다
발음 내다
발자국 내다
본보기 내다
부아 내다
불뚱이 내다
사고 내다
산불 내다
산림 내다

상처 내다
세간 내다
소리 내다
승부 내다
신경질 내다
신명 내다
싫증 내다
역정 내다
용기 내다
이익 내다
인기척 내다
자국 내다
잡음 내다
조각 내다(여러 ~)
조바심 내다
진절머리 내다
질투 내다
짜증 내다
짬 내다
탈 내다
파투 내다
펑크 내다
허가 내다
흑자 내다
흠집 내다

미등재

갈아 내다
건져 내다
걸러 내다
견뎌 내다
골라 내다
구슬러 내다
구워 내다
그려 내다
그슬려 내다
길어 내다
깨쳐 내다
끓여 내다
닦아 내다
당해 내다
덜어 내다
들추어 내다
두드려 내다
딴살림 내다
떼어 내다
뚫어 내다
막아 내다
만들어 내다
몰려 내다
밀쳐 내다
받아 내다
배겨 내다
뱉어 내다
벗겨 내다
베풀어 내다
베어 내다
부쳐 내다
분별해 내다
빻아 내다
살려 내다
삶아 내다
쓸어 내다
씻어 내다
얻어 내다
엮어 내다
옮겨 내다
이겨 내다
이끌어 내다
이루어 내다
이룩해 내다
잘라 내다
조바심 내다
주워 내다
찌어 내다
차려 내다
참아 내다
치러 내다
팔아 내다
풀어 내다
훔쳐 내다
검증해 내다
계산해 내다
구명해 내다
구성해 내다
구해 내다
도출해 내다
발견해 내다
발명해 내다
복사해 내다
생산해 내다
연구해 내다
인쇄해 내다
주니 내다
창안해 내다
추리해 내다
추산해 내다
토해 내다
판가름 내다
티 내다
헹궈 내다

한 음절의 말

떠내다
빼내다
짜내다
차내다
쳐내다
게내다
피내다
퍼내다
펴내다
해내다

내리다

끌이내리다
녹아내리다
돌아내리다
뛰어내리다

물내리다
물어내리다
쓸어내리다
오르내리다
흘러내리다

결단 내리다
결점 내리다
끄집어 내리다
눈 내리다
단안 내리다
단언 내리다
단정 내리다
따 내리다
땋아 내리다
떨어져 내리다
뛰어 오르내리다
봄비 내리다
비 내리다
살 내리다
신 내리다
영단 내리다
용단 내리다
잿물 내리다
진단 내리다
집어 내리다
판단 내리다
판정 내리다

냄새

향냄새
흙냄새

땀 냄새
똥 냄새
머리 냄새
미역 냄새
바람 냄새
발 냄새
살 냄새
오줌 냄새
이슬 냄새
입 냄새
젖 냄새
풀 냄새
풀꽃 냄새

넘기다

떠넘기다
받아넘기다
웃어넘기다
팔아넘기다

빗어 넘기다(머리를 ~.)

넣다

끌어넣다
몰아넣다
물어넣다
밀어넣다
불어넣다
써넣다
잡아넣다
집어넣다(순서에 ~.)
처넣다

까 넣다
담아 넣다
떠 넣다
불어 넣다(불어서 넣다.)
쏟아 넣다
오비어 넣다
지어 넣다
집어 넣다(집어서 넣다.)
찔러 넣다
채워 넣다

-네

개구리네
김씨네
김 초시네
벗님네
아이네
여자네
영수네
윤 초시네
이씨네
자기네
창수네
호경이네
훈이네

녘

남녘
동녘
동틀녘
들녘
북녘
새벽녘
서녘
해뜰녘
해질녘
황혼녘

노래

길쌈노래
널뛰기노래
달구노래
들노래
물레노래
뱃노래
상사노래
새쫓기노래
얼노래
자장노래

짐승노래
콧노래

돌림 노래
봄 노래
섬 노래
옛 노래

노릇 하다

물노릇하다
종노릇하다

병신노릇 하다
소경노릇 하다
중노릇 하다

구두쇠 노릇 하다
대장 노릇 하다
머슴 노릇 하다
반빗 노릇 하다
부모 노릇 하다
부장 노릇 하다
사장 노릇 하다
상전 노릇 하다
선생 노릇 하다
시어머니 노릇 하다
시장 노릇 하다
어른 노릇 하다
의사 노릇 하다
자식 노릇 하다
하인 노릇 하다

놀림

목놀림
몸놀림
빌놀림
붓놀림
손놀림
입놀림

놀음

각시놀음
광대놀음
꼭두각시놀음
꼭지놀음
눈치놀음
대놀음
들놀음
문쥐놀음
박첨지놀음
버꾸놀음
일월놀음
산대놀음
상쇠놀음
탈놀음

놀이

가마타기놀이
가면놀이
가위놀이
가위바위보놀이
가족놀이
강강술래놀이
개구리놀이
거북놀이
거울놀이
경주놀이
계면놀이
고무줄놀이
공기놀이
공놀이
공차기놀이
관등놀이
관찰놀이
광내놀이
교통놀이
권투놀이
균형잡기놀이
그림자놀이
글자놀이
기차놀이
꼬리잇기놀이
꽃놀이
널뛰기놀이
놀음놀이
농악놀이
농악대놀이
단추놀이
단풍놀이
답교놀이
대감놀이
대문놀이
대장공놀이
대장놀이
도둑잡이놀이
돈놀이
돋보기놀이
돌방아놀이
동네제기놀이
들놀이
들불놀이
등치기놀이
딱지놀이
뜀틀놀이
리듬놀이
마당놀이
말놀이
말잇기놀이
말짓기놀이
말타기놀이
말판놀이
망석중놀이
모의놀이
무동놀이
물감놀이
물놀이
물체놀이

물총놀이
민속놀이
바람개비놀이
바람막이놀이
발견놀이
발공놀이
밤놀이
백정놀이
백중놀이
뱃놀이
법고놀이
별신굿놀이
병원놀이
보물찾기놀이
복놀이(伏-)
봄놀이
봉죽놀이
불놀이
사랑놀이
사물놀이
사자놀이
사채놀이
산놀이
산대놀이
상모놀이
상쇠놀이
새집옮기기놀이
선생님놀이
셈놀이
소꿉놀이
소먹이놀이
손님맞이놀이
쇠부리놀이
수수깡놀이
수수께끼놀이
수월놀이
수월래놀이
수직선놀이
술래놀이
술래잡기놀이
숫자놀이
스무고개놀이
시소놀이
실전화놀이
썰매놀이
악대놀이
양상모놀이
영산놀이
오광대놀이
원숭이놀이
윷놀이
이어주기놀이
일수놀이
자리바꾸기놀이
자리잡기놀이
잣불놀이
장난감놀이
장사놀이
재판놀이
전쟁놀이
점토놀이
정글짐놀이
종드리기놀이
종이접기놀이
주사기놀이
주사위놀이
줄넘기놀이
줄축구놀이
쥐불놀이
지네꼬리밟기놀이
진빼기놀이
짝바꾸기놀이
짝짓기놀이
차전놀이
철봉놀이
촛불놀이
카드놀이
탈놀이
탈춤놀이
투호놀이
평균대놀이
표현놀이
풍류놀이
풍물놀이
풍선터뜨리기놀이
한장군놀이
화전놀이
후프놀이
흉내내기놀이

가을 놀이
겨울 놀이/겨울철 놀이
사회극 놀이
상상 놀이
상징 놀이
연습 놀이
연합 놀이
이삿짐 나르기 놀이

놈

강놈
개잡놈
고놈
그놈
날도둑놈
네놈
당나라놈
도둑놈
되놈
두멧놈
막된놈
뱃놈
불상놈
사내놈
사냥꾼놈
사령놈
상놈

선인놈
섬놈
소도둑놈
수놈
쌍놈
아들놈
아이놈
악당놈
암놈
애놈
야인놈
어린놈
연놈
오사리잡놈
오색잡놈
왜놈
외손자놈
요놈
이놈
자식놈
잡놈
저놈
종놈
천하잡놈
촌놈
큰놈
태수놈

미친 놈
영의정 놈아
큰 놈

농사

구메농사
논농사
무농사
밀농사
밭농사
배메기농사
벼농사
보리농사
사발농사
파농사

고구마 농사
고추 농사
곡식 농사
누에 농사
담배 농사
마늘 농사
배추 농사
수수 농사
옥수수 농사
자식 농사

높다

드높다

격조 높다
기품 높다
소리 높다
연세 높다
이름 높다

놓다

가로놓다
갈라놓다
값놓다
금놓다
까놓다
내놓다
내려놓다
널어놓다
눌러놓다
늘어놓다
다가놓다
덮어놓고
둘러놓다
뒤져놓다
들여놓다
뜯어놓다
빼놓다
수놓다
올려놓다
침놓다
터놓다
털어놓다
풀어놓다

가다듬어 놓다
가려 놓다
갈아 놓다
갖다 놓다
걸어 놓다
고쳐 놓다
골라 놓다
그래 놓고는
그슬려 놓다
깔아 놓다
꺼내 놓다
꺾어 놓다
꼬아 놓다
꾸며 놓다
꿰어 놓다
끌러 놓다
날라다 놓다
남거 놓다
너스레 놓다
넘겨 놓다
닦아 놓다
달래 놓다
달아 놓다
담아 놓다
덖어 놓다
따라 놓다
떠 놓다
떼어 놓다

마음 놓다
망쳐 놓다
맞추어 놓다
매달아 놓다
모아 놓다
목 놓다
묶어 놓다
묻쳐 놓다
묻혀 놓다
바꾸어 놓다
받아 놓다
받쳐 놓다
버티어 놓다
벌여 놓다
벗어 놓다
베껴 놓다
보내 놓다
볶아 놓다
부러뜨려 놓다
불 놓다
붙여 놓다
빗 놓다
빗어 놓다
뿌려 놓다
사려 놓다
새겨 놓다
세워 놓다
손 놓다
심어 놓다
쌓아 놓다
써 놓다
썰어 놓다
쏘아 놓다
쏟아 놓다
쓰러뜨려 놓다
얹어 놓다
엎어 놓다
엮어 놓다
열어 놓다
옮겨 놓다
이룩해 놓다
이야기해 놓다
이어 놓다
저며 놓다
적어 놓다
정해 놓다
제쳐 놓다
지어 놓다
찍어 놓다
차려 놓다
켜 놓다
튀겨 놓다
파 놓다
퍼 놓다
펴 놓다
펼쳐 놓다
피워 놓다
해 놓다
헤살 놓다
훼방 놓다

누비

손누비
오목누비
잔누비
잔잔누비
틀누비
필누비

눈〔眼, 雪〕

가랑눈
가자미눈
개구리눈
거적눈
게눈
겨울눈
곁눈
고리눈
군눈
그물눈
글눈
길눈
까막눈
까치눈
껍질눈
꼭지눈
꽃눈
끝눈
나무눈
도끼눈
도둑눈
돋보기눈
돌려나기눈
두꺼비눈
뜬눈
마른눈
마음눈
먼눈
바깥눈
발톱눈
밤눈
밥풀눈
버들눈
봄눈
비늘눈
사팔눈
살눈
삼눈
샛별눈
소나기눈
숨은눈
싸라기눈
싸락눈
싹눈
속눈
손톱눈
송곳눈

실눈
씨눈
알눈
애꾸눈
어린눈
어릿보기눈
여름눈
오른눈
옴팡눈
옹이눈
왼눈
왕눈
왕방울눈
움펑눈
잎눈
자국눈
자라눈
잣눈
저울눈
족제비눈
좁쌀눈
진눈
짝눈
짤깍눈
찔꺽눈
첫눈
포슬눈
하늘눈
한눈
함박눈

두 눈
오른쪽 눈
왼쪽 눈
체 눈
한 눈
흰 눈

-눈이

고리눈이
굴젓눈이
까막눈이
넙치눈이
네눈이
들창눈이
밥풀눈이
뱁새눈이
사팔눈이
세눈이
애꾸눈이
오목눈이
왕눈이
외고리눈이
움펑눈이
자웅눈이
찔꺽눈이

-ㄴ커녕

가기는커녕
관심은커녕
공부는커녕
기색은커녕
꾸중은커녕
내기는커녕
놀기는커녕
도와주기는커녕
돈은커녕
미당은커녕
먹기는커녕
바라기는커녕
발전하기는커녕
사과하기는커녕
슬퍼하기는커녕
야단은커녕
외로워하기는커녕
원망하기는커녕
위축되기는커녕
일은커녕
일하기는커녕
자유는커녕
자유스럽기는커녕
작기는커녕
좋아하기는커녕
주기는커녕
줄어들기는커녕
칭찬은커녕
크기는커녕
탓하려 들기는커녕

니/이

가랑니
간니
개털니
겹톱니
금니
나삿니
닭니
덧니
독니
동정니
뒤어금니
머릿니
방석니
배냇니
빋니
뻐드렁니
시랑니
사자어금니(~처럼 아끼다.)
삭은니
생니
송곳니
쇠털니
수퉁니
아랫니
앞니

앞어금니
어금니
엄니
옥니
옷엣니
윗니
잔가랑니
젖니
짐승니
짐승털니
큰어금니
톱니
틀니

백금이
부어빼이〔型拔齒〕

-님

고모님
김 선생님
군수님
꽃님
나라님
달님
대감님
도련님
도지사님
따님
마나님
면장님
벗님
별님
봄님
부모님
부처님
사장님
서낭님
서방님
선생님
손님
수녀님
시장님
신부님
아버님
영감님
예수님
온달님
왕자님
원님
의장님
임금님
장로님
주몽님
큰서방님
하느님
학부모님
해님
해모수님

다니다

건너다니다
걸어다니다
굴러다니다
기어다니다
나다니다
나돌아다니다
날아다니다
돌아다니다
따라다니다
떠다니다
떠돌아다니다
뛰어다니다
몰려다니다
싸다니다
싸돌아다니다
쏘다니다
옮겨다니다
지나다니다
쫓아다니다
찾아다니다

못 다니다
헤어 다니다

다리〔脚, 橋〕

가운뎃다리
가위다리
고무다리
곱장다리
구름다리
굴다리
널다리
넓적다리
돌다리
돼지다리
뒷다리
무지개다리
밭장다리
벋정다리
베틀다리
복찻다리
뻗정다리
사닥다리
상다리
섶다리
수중다리
안경다리
안짱다리
앞다리
외나무다리
외다리
전다리
전짓다리
지겟다리
징검다리
쪽다리
책상다리

쳇다리
출렁다리
팔다리('수족'의 뜻으로는)
허방다리
헤엄다리
홍예다리
흙다리

거위 다리
컬러 다리
팔 다리
한쪽 다리

-다손 치더라도

간다손 치더라도
그렇다손 치더라도
늦었다손 치더라도
먹는다손 치더라도
산다손 치더라도
살아난다손 치더라도
잔다손 치더라도
죽는다손 치더라도

-다시피 하다

강요하다시피 하다
구걸하다시피 하다
굶다시피 하다
닳다시피 하다
던지다시피 하다
도망가다시피 하다
동냥하다시피 하다
매달리다시피 하다
명령하다시피 하다
버리다시피 하다
버려지다시피 하다
벗다시피 하다
애걸하다시피 하다
없어 오다시피 하다
외다시피 하다
울다시피 하다
전념하다시피 하다
조르다시피 하다
주다시피 하다
지나치다시피 하다
쫓아다니다시피 하다

다짐

강다짐
군령다짐
귓속다짐
바닥다짐
속다짐
억지다짐
우격다짐
울력다짐
입다짐
조다짐
주먹다짐
초다짐
하냥다짐
회다짐

다툼

말다툼
자리다툼

권력 다툼
뱅수 다툼
뒷자리 다툼
밥그릇 다툼
법정 다툼
선두 다툼
세력 다툼
소유권 다툼
실리 다툼
알력 다툼
왕위 다툼
이권 다툼
정권 다툼
주도권 다툼
주먹 다툼
차례 다툼
패권 다툼
향권 다툼

당기다

갉아당기다
그러당기다
긁어당기다
끄집어당기다
끌어당기다
앞당기다
잡아당기다
찍어당기다

달라/다오

골라 달라
구워 달라
긁어다 다오
깎아 달라
꺼내어 다오
꼬아 달라
꾸어 달라
들어 달라
묻어 달라
보살펴 달라
보여 달라
붙잡아 달라
뿌려 다오
살려 달라
열어 달라
잡아 다오
해 다오
해 달라

-당하다

가압류당하다

감금당하다
감봉당하다
감시당하다
감원당하다
강점당하다
강요당하다
강제당하다
강탈당하다
개망신당하다
개죽음당하다
거부당하다
거세당하다
거절당하다
검문당하다
검사당하다
격추당하다
격멸당하다
견제당하다
견책당하다
결박당하다
결명당하다
경시당하다
경원당하다
계몽당하다
고난당하다
고문당하다
고발당하다
고소당하다
고통당하다
공격당하다
괄시당하다
괴로움당하다
교란당하다
구박당하다
구속당하다
구타당하다
굴복당하다
규제당하다
금지당하다

기습당하다
꾸지람당하다
난도질당하다
난파당하다
날치기당하다
납북당하다
납치당하다
낭패당하다
내사당하다
냉대당하다
노략질당하다
놀림당하다
농간당하다
농락당하다
단속당하다
대파당하다
도난당하다
도외시당하다
도태당하다
독촉당하다
동원당하다
따돌림당하다
떼죽음당하다
망신당하다
말살당하다
먹칠당하다
면박당하다
면직당하다
면책당하다
멸시당하다
모욕당하다
모함당하다
몰살당하다
몰수당하다
무시당하다
무안당하다
묵살당하다
문책당하다
뭇매질당하다

뭇발길질당하다
미행당하다
밀고당하다
박대당하다
박치기당하다
박탈당하다
박해당하다
반격당하다
반박당하다
반죽음당하다
발길질당하다
방망이찜질당하다
방해당하다
배반당하다
배제당하다
배척당하다
백안시당하다
보복당하다
봉변당하다
부상당하다
불신당하다
불신임당하다
불이익당하다
비난당하다
사고당하다
사기당하다
사취당하다
사형당하다
삭감당하다
삭발당하다
삭제당하다
살해당하다
삿대질당하다
상실당하다
상처당하다
생죽음당하다
선동당하다
선발당하다
설득당하다

설복당하다
설움당하다
세뇌당하다
소매치기당하다
소박당하다
소외당하다
소환당하다
손가락질당하다
손상당하다
수난당하다
수모당하다
수배당하다
수탈당하다
수해당하다
숙청당하다
습격당하다
시련당하다
시험당하다
신문당하다
실직당하다
암살당하다
압도당하다
압류당하다
압박당하다
압사당하다
압수당하다
약탈당하다
억류당하다
억압당하다
억제당하다
업신여김당하다
역습당하다
역이용당하다
역전패당하다
연금당하다
연행당하다
오인당하다
완패당하다
외면당하다

요격당하다
우롱당하다
위압당하다
위축당하다
위해당하다
위협당하다
유괴당하다
유급당하다
유린당하다
유인당하다
유혹당하다
이용당하다
이혼당하다
잠식당하다
재난당하다
재앙당하다
저격당하다
저지당하다
적발당하다
점거당하다
점령당하다
정복당하다
정지당하다
정학당하다
제거당하다
제명당하다
제압당하다
제외당하다
제재당하다
제적당하다
제지당하다
제한당하다
조난당하다
조롱당하다
조사당하다
조소당하다
좌절당하다
주먹질당하다
주목당하다

중지당하다
지명당하다
지목당하다
지배당하다
지적당하다
진압당하다
질책당하다
징계당하다
징발당하다
징집당하다
차단당하다
차압당하다
착취당하다
참변당하다
참살당하다
참소당하다
참패당하다
창피당하다
처형당하다
천대당하다
천시당하다
철거당하다
체벌당하다
체포당하다
총격당하다
총살당하다
최면당하다
추격당하다
추궁당하다
추월당하다
추석당하다
추징당하다
추행당하다
축출당하다
취급당하다
취소당하다
취조당하다
치명상당하다
침공당하다

침략당하다
침범당하다
침식당하다
침입당하다
침탈당하다
침해당하다
타살당하다
탄압당하다
탄핵당하다
탈락당하다
탈취당하다
토벌당하다
퇴교당하다
퇴위당하다
퇴장당하다
퇴학당하다
투옥당하다
파면당하다
파멸당하다
파문당하다
파산당하다
파직당하다
파혼당하다
패배당하다
패소당하다
패전당하다
폐간당하다
폐쇄당하다
폐위당하다
포격당하다
포섭당하다
포옹당하다
폭격당하다
폭사당하다
푸대접당하다
피격당하다
피살당하다
피해당하다
핍박당하다

하옥당하다
학대당하다
학살당하다
함락당하다
함몰당하다
합병당하다
항의당하다
해고당하다
해산당하다
해임당하다
해직당하다
해코지당하다
현혹당하다
협박당하다
호명당하다
호출당하다
혹사당하다
화상당하다
화재당하다
화형당하다
환수당하다
횡액당하다
흡수당하다
희롱당하다
희생당하다
힐난당하다

노예 취급 당하다
못 당하다

-대다/-거리다

가물대다/거리다
갈아대다(새것으로 ~.)
건너대다(배를 ~.)
겨냥대다
구슬러대다
깔깔대다/거리다
끌어대다
나대다

나부대다
넌더리대다
닦아대다(남을 ~.)
덜렁대다/거리다
돌라대다
둘러대다
뒤대다
들이대다
등대다
등쌀대다
떠대다
맞대다
몰아대다
무턱대다
뭉그대다
민주대다
버둥대다/거리다
부르대다
붚대다
비비대다
비양대다/거리다
빗대다
뻗대다
손대다
싸대다
씌어대다
어리대다
엇대다
으르대다
으르렁대다/거리다
으스대다
을러대다
잇대다
자빡대다/거리다
종주먹대다
주워대다
줄대다
처대다
출렁대다/거리다

치대다
해대다
휘어대다
흥청대다/거리다

꾸며 대다
놀려 대다
닦아 대다
돌려 대다
떠들어 대다
마셔 대다
마주 대다
먹어 대다
밟아 대다
볶아 대다
비벼 대다
빨아 대다
쏘아 대다
우겨 대다
울어 대다
웃어 대다
졸라 대다
짖어 대다
흔들어 대다

대로

곧이곧대로
그런대로(~ 살아가다.)
나대로
나름대로
너대로
되는대로
마음대로
멋대로
바른대로
원칙대로
이런대로
제멋대로

가는 대로
그런 대로(그러한 대로)
나오는 대로
낚는 대로
닥치는 대로
되는 대로(돈이 ~ 갚겠다.)
될 수 있는 대로
들은 대로
뜻하는 대로
뜻한 대로
마음 내키는 대로
마음먹은 대로
먹는 대로
모르는 대로
발 가는 대로
발음나는 대로
버는 대로
보내는 대로
보는 대로
부르는 대로
생긴 대로
아는 대로
아쉰 대로
없는 대로
원하는 대로
이른 대로
있는 대로
저런 대로
주는 대로
주시는 대로
지시한 대로
지칠 대로
하고 싶은 대로
힘있는 대로
힘 닿는 대로

대지

강원 대지
울릉 대지
중앙 아시아 대지
오자크 대지
우스튜르트 대지
우잉커렛 대지
커내브 대지

대회

군중대회
보고대회
시민대회

허용 처리

궐기 대회
선수권 대회
올림픽 대회
체육 대회

미등재

글짓기 대회(용례)
단합 대회
군민 대회
도민 대회

댁(宅)

대감댁
삼촌댁(작은어머니)
새댁
주인댁
큰댁

교장 선생님 댁
그 댁
김 선생님 댁
김씨 댁
맹 진사 댁
승상 댁
외할머니 댁
이 댁
이씨 댁
이장 댁
장군 댁

장 승상 댁
저 댁
정승 댁
참판 댁
할머니 댁
할아버지 댁

-더미

거름더미
건초더미
고물더미
금더미
나뭇더미
돈더미
돌더미
두엄더미
산더미
시체더미
쓰레기더미
욕더미
자재더미
잔해더미
잿더미
조개더미
종이더미
짐더미
짚더미
퇴비더미
흙더미

열전기 더미

덩굴

노박덩굴
다래덩굴
담쟁이덩굴
댕댕이덩굴
머루덩굴
모이덩굴
박덩굴
새모래덩굴
수박덩굴
오이덩굴
으름덩굴
인동덩굴
참외덩굴
청미래덩굴
칡덩굴
포도덩굴
호박덩굴

가시 덩굴
강낭콩 덩굴
고구마 덩굴
나팔꽃 덩굴

-덩어리/-덩이

걱정덩어리
고깃덩어리
고깃덩이
골칫덩어리
골칫덩이
구름덩이
근심덩어리
납덩이
눈덩어리
눈덩이
돌덩어리
돌덩이
땅덩어리
땅덩이
벼락덩이
불덩어리
불덩이
비곗덩어리
비곗덩이
비켜덩이
사곳덩어리
살덩이
석탄덩이
설탕덩어리
설탕덩이
세섯덩이
소다덩어리
쇠똥덩이
수숫잎덩이
수정덩어리
수정덩이
얼음덩어리
얼음덩이
의문덩어리
주쳇덩어리
탯덩어리
탯덩이
핏덩어리
핏덩이
화근덩어리
흙덩어리
흙덩이

도감

동물도감
식물도감

미등재

곤충 도감
광물 도감
나무 도감
나비 도감
버섯 도감
수목 도감
야생화 도감
어류 도감
조류 도감
화훼 도감

도둑

낮도둑

떼도둑
밤도둑
산적도둑
씨도둑
좀도둑

소 도둑
바늘 도둑

도안, 디자인

상업도안
산업도안
허용 처리
공업 디자인
산업 디자인
미등재
무대 디자인(용례)
의류 디자인(용례)
의상 디자인

돈

가욋돈
거스름돈
곗돈
공돈
군돈
귀떨어진돈
귓돈
금돈
까팡돈
끝돈
낱돈
노랑돈
노잣돈
단돈
도짓돈
뒷돈
뜬돈
맞돈
모갯돈
목돈
뭉칫돈
보싯돈
분핫돈
붙은돈
사슬돈
삯돈
살돈
생돈
세뱃돈
셋돈
시겟돈
시쟀돈
시줏돈
쌈짓돈
앞햇돈
여윳돈
용돈
웃돈
은돈
일숫돈
잔돈
잿돈
종자돈
체곗돈
큰돈
판돈
푼돈
품돈
해웃돈

코 묻은 돈

돌

가른돌
가름돌
갈돌
감돌
갓돌
갯돌
거친돌
걸림돌
고드랫돌
고른돌
고막잇돌
고인돌
곱돌
공깃돌
굄돌
구들돌
굳은돌
귀돌
김칫돌
깔돌
남풋돌
노둣돌
높은주춧돌
누름돌
다듬돌
다듬잇돌
다릿돌
닻돌
댓돌
동돌
동바릿돌
동틀돌
두덕돌
들돌
디딤돌
따낸돌(바둑)
떡돌
마름돌
막돌
맷돌
머릿돌
모오리돌
모퉁잇돌

몽깃돌
무릿돌
무른돌
물렛돌
물차돌
뭉우리돌
밀돌
바둑돌
바윗돌
벼룻돌
벽돌
벽장돌
별똥돌
봇돌
봉돌
부싯돌
부춛돌
불돌
빗돌
빨랫돌
사춤돌
산판겉목돌
서벅돌
선돌
섬돌
속돌
쇠차돌
쉿돌
수수돌
싸락돌
쌤돌
쐐기돌(사춤돌)
여울돌
옥돌
이맛돌
이무깃돌
자갈돌
자갯돌
잔돌
장판돌
조약돌
주먹돌
주춧돌
지경돌
지댓돌
지지름돌
징검돌
차돌
챗돌(태질하는 돌)
첨곗돌
청석돌
총석돌
층돌
층댓돌
층샛돌
탯돌
퇴짓돌
툇돌
푯돌
푸석돌
호박돌
호박주춧돌
횟돌

돌림

망돌림
목돌림
목침돌림
산돌림
신칼돌림
장돌림
처마돌림
한돌림

동무

글동무
길동무
말동무
어깨동무
잠동무

동산

꽃동산
놀이동산
뒷동산
무궁화동산

봄 동산
옛 동산

-동안

그동안
오랫동안
한동안

겨울 동안
낮 동안
며칠 동안
밤 동안
방학 동안
사흘 동안
얼마 동안
여름 동안
오랜 동안(→오랫동안)
이 동안 *cf.* 그동안
이틀 동안
일생 동안
잠깐 동안
잠시 동안
하루 동안
한 달 동안
한참 동안

되다/된/됨…

거듭되다
거짓되다
걱정되다

겅더리되다
그루되다
그릇되다
껑더리되다
늦되다
된소리되기
말되다
모순되다
못되다
반대되다
범벅되다
보람되다
사람됨
상대되다
상반되다
속되다
순되다
오래되다
올되다
인물됨
일되다
정반대되다
지르되다
참되다
충성됨
헛되다
호되다
혼자되다
홀로되다

말길 되다
무지개 되어
버릇 되다
부모 된(~ 도리)
술래 되다
식구 된(~ 도리)
여덟 살 되던 해
여섯 살 되다
열 살 되다
열두 살 되다
예닐곱 살 되다
인물 되다
자식 된(~ 도리)
종업원 된(~ 처지)
주인 된
중심 되는 부분
진토 되어
-쯤 되는
천 년 된
초주검 되다
파랑새 되어
팔 세 되다
하나 되다
학생 된 이
한 살 되다

두다

가만두다
간두다
그만두다
놓아두다
놔두다
눌러두다
던져두다
버려두다
일러두다
접어두다(생각을 ~)

가두어 두다
갈아 두다
감추어 두다
걸이 두다
그냥 두다
그만해 두다
기억해 두다
끼워 두다
남겨 두다
내버려 두다
넣어 두다
놓아는 둔다만
달아 두다
만들어 두다
맡겨 두다
매어 두다
모아 두다
묶어 두다
받아 두다
보아 두다
봐 두다
세워 두다
싸 두다
쌓아 두다
써 두다
아껴 두다
알아 두다
익혀 두다
읽어 두다
잡아매 두다
적어 두다
접어 두다
정해 두다
집어넣어 두다
짜 두다
처박아 두다
해 두다

두렁

논두렁
밭두렁

논밭 두렁

둑

개밋둑
개울둑
냇둑
논둑

물막잇둑
방숫둑
밭둑
봇둑
봉홧둑
철둑
철롯둑
하굿둑

둘레

가슴둘레
목둘레
허리둘레

미등재

골반 둘레
나무 둘레
담장 둘레
머리 둘레
몸 둘레
몸통 둘레
발목 둘레
배 둘레
손목 둘레
솥뚜껑 둘레
엉덩이 둘레
운동장 둘레
윗가슴 둘레
전 둘레(화로)
접시 둘레
쟁반 둘레
종아리 둘레
주둥이 둘레(도자기)
집 둘레
팔 둘레
허벅지 둘레

드리다

기도드리다
도와드리다 *cf.* 도와주다
말씀드리다
사과드리다
인사드리다
축하드리다
편지드리다
내드리다

가르쳐 드리다
가져다 드리다
갖다 드리다
거슬러 드리다
깎아 드리다
달아 드리다
보내 드리다
보여 드리다
읽어 드리다
전해 드리다

듣다

곧이듣다
귀넘어듣다
귀담아듣다
귀여겨듣다
눌러듣다
새겨듣다
알아듣다
얻어듣다
여겨듣다
엿듣다
주워듣다
지내듣다
흘려듣다

들다/들어

갈마들다
갈아들다
감돌아들다
걸려들다
게걸들다
곁들다
골병들다
곱들다
공들다
굽어들다
길들다
깃들다
끌려들다
끼어들다
날아들다
넘나들다
다가들다
달려들다
대들다
덤벼들다
돌아들다
되돌아들다
드나들다
뛰어들다
말려들다
맞들다
멍들다
모아들다
모여들다
몰려들다
밀려들다
밤들다
배어들다
번갈아들다
베어들다
병들다
봉죽들다
새어들다
스며들다
싸들다
역성들다
오그라들다
옴츠러들다
우그러들다

움츠러들다
잠들다
잡아들다
장가들다
잦아들다
접어들다
정들다
젖어들다
줄어들다
쪼그라들다
쭈그러들다
찾아들다
철들다
쳐들다
추켜들다
치켜들다
파고들다〔傳心沒頭〕
펼쳐들다
휘어들다
휩쓸려들다
흘러들다
힘들다

가난 들다
가물 들다
가뭄 들다
감기 들다 *cf.* 병들다
꺼내 들다
나이 들다
내려 들다
단풍 들다
뜸 들다
맛 들다
매 들다
바람 들다
받아 들다
받쳐 들다
볕 들다
빼어 들다
앗아 들다
올해 들어
요즈음 들어서
주워 들다
지각 들다 *cf.* 철들다
집어 들다
처녀장가 들다 *cf.* 장가들다
첩장가 들다 *cf.* 장가들다
축배 들다
펴 들다
펼쳐 들다
풍년 들다
훈수 들다
흉년 들다

들이다

갈마들이다
갈아들이다
거둬들이다
거머들이다
걸터들이다
곁들이다
곱들이다
공들이다
그러들이다
길들이다
깃들이다
끄집어들이다
끌어들이다
눈독들이다
덧들이다
맞아들이다
몰아들이다
물들이다
받아들이다
번갈아들이다
불러들이다
빨아들이다
사들이다
이끌어들이다
잡아들이다
장가들이다
홀라들이다
휘몰아들이다
흙들이다
힘들이다

꽃물 들이다
뜸 들이다 *cf.* 뜸 들다
맛 들이다 *cf.* 맛 들다
정성 들이다

듯이

그렇듯이
나보란듯이 *cf.* 여봐란듯이
물밀듯이
뱉듯이
불일듯이
불현듯이
어연번듯이
여봐란듯이
요렇듯이
이렇듯이
지둥치듯이
하듯이

나 보란 듯이 *cf.* 날 보란 듯이
날 보란 듯이
맺고끊은 듯이
보아란 듯이
봐란 듯이
씻은 듯이

개 잡듯이 하다
쥐 숨듯이
쥐 잡듯이 하다
쥐 죽은 듯이
이 잡듯이 하다

등

거북이등
고래등
낙타등
노새등
뫼등
물고기등
바윗등
발등
새우등
산등
손등
자라등
잔등
콧등
호랑이등

따라

그날따라
그해따라
오늘따라
이날따라
철따라
올해따라

딸

막내딸
수양딸
아들딸
외동딸
외딸
작은딸
조카딸
큰딸

과부 딸
둘째 딸
어린 딸

땀

곁땀
구슬땀
불땀
비지땀
식은땀
진땀
피땀

땅

가문 땅
내 땅
미국 땅
북한 땅
서쪽 땅
여섯 고을 땅
옛 땅
요동 땅
우리 땅
이국 땅
조국 땅
중국 땅
타관 땅

때

간물때
고맘때
그때
그때그때
그맘때
김장때
끼니때
낮때
다저녁때
따지기때
몸때
물때
새때
아침때
여섯때
요날요때
요맘때
이때
이맘때
입때
저녁때
저때
저맘때
점심때
접때
제때
조맘때
찬물때
한때
한창때

고구려 때
밀물 때
방학 때
보통 때
사리 때
설 때
세종 때
식사 때
썰물 때
아무 때
어느 때
여느 때
이날 이때
일제 때
장마 때
조금 때
추석 때
추수 때
한식 때

떡

강냉이떡
메찰떡
밤설기떡
빈대떡
쑥설기떡
옥수수떡
흰떡

떨다

궁상떨다
극성떨다
기승떨다
새살넓다
새실떨다
주접떨다

건방 떨다
넉살 떨다
미련 떨다
발발 떨다
벌벌 떨다
부지런 떨다
수다 떨다
수선 떨다
수작 떨다
아양 떨다
악지 떨다
암상 떨다
오망 떨다
유난 떨다
육갑 떨다
이뭉 떨다
음흉 떨다
익살 떨다
재롱 떨다
청승 떨다
허풍 떨다
호들갑 떨다
흉물 떨다

떼

모기떼
무리떼

가마우지 떼
개미 떼
거미 떼
고기 떼
까치 떼
나비 떼
들쥐 떼
메뚜기 떼
멧돼지 떼
백조 떼
벌 떼
사슴 떼
송사리 떼
승냥이 떼
양 떼
은어 떼
잠자리 떼
조각구름 떼
참새 떼
해파리 떼

떼다

잡아떼다

개평 떼다
물어 떼다
손 떼다
시치미 떼다
시침 떼다
오관 떼다
젖 떼다
코 떼다
판돈 떼다
패 떼다

똥

개똥
고드름똥
꾀똥
낙타똥
누에똥
닭똥
돼지똥
된똥
말똥
먹똥
물똥
물찌똥
밤똥
배내똥
별똥
불똥
산똥
새똥
선똥
쇠똥
염소똥
오줌똥
이똥
쥐똥
피똥
토끼똥
활개똥

뛰다/뛰기

건너뛰다
그네뛰기
널뛰다/널뛰기
뜀뛰다/뜀뛰기

그네 뛰다

띠

머리띠
어깨띠
허리띠

가죽 띠
꽃무늬 띠
붉은 띠

-ㄹ망정

굶을망정
기왓장일망정
놀망정
누더기일망정
누추할망정
떠날망정
못할망정
먹을망정
썼을망정
아닐망정
어릴망정
없을망정
웃을망정
있을망정
잠잘망정
죽을망정

마당

놀이마당
뒷마당
바깥마당
앞마당
텃마당
술마당
안마당
타작마당

판소리 여섯 마당/열두 마당

마루〔軒, 嶺, 頂〕

고갯마루
골마루
귀마루
난간마루
납작마루
널마루
누마루
다락마루
대마루
덜걱마루
동마루
뒷마루
들마루
등마루
등성마루
떨걱마루
물마루
박공마루
산등성마루
산마루
어간마루
영마루
용마루
우물마루
이슬마루
장마루
정강마루
지붕마루
쪽마루
찬마루
추녀마루
콧마루
토마루
통마루
툇마루
합각마루

마을

건넛마을
뒷마을
섬마을
아랫마을
앞마을
학마을

두메 마을
산골 마을
온 마을
우리 마을
이웃 마을

막대/막대기

궁글막대
대막대
둥어리막대
물추리막대
상장막대
소경막대
쇠막대
좀생이막대
지게막대기
지팡막대

구리 막대
나무 막대
유리 막대
플라스틱 막대

-막이

가물막이
골막이
귀막이
덧날막이
뒷막이
물막이

바람막이
방패막이
보막이
아래윗막이
아랫막이
앞막이
액막이
엇막이
옆막이
윗막이
차꼬막이
칸막이
홍수막이
횡수막이

-만 하다/만하다

(←만하다)

그만하다(병세가 ~.)
눈곱만하다
눈곱자기만하다
대문짝만하다
쥐방울만하다

강낭콩만 하다
그 사람만 하다
나만 하다
남만 하다
닭 되들이만 하다
동생만 하다
송아지만 하다
엄지손가락만 하다
주먹만 해 보이다
쥐꼬리만 하다
코딱지만 하다
콩알만 하다
팥알만 하다
형만 하다

말(末)

세기말
연도말
연말
월말
주말
학기말
학년말

고려 말
19세기 말
이달 말
1월 말

말〔語, 馬, 藻〕

가라말
가짓말
간자말
개성말
거센말
거짓말
검정말
겉말
겨레말
겸사말
경주말
곁말
고라말
고샅말
공대말
곰배말
구렁말
구말
궁중말
궂은말
귀엣말
귓속말
글말
글자말
기움말
긴말
꼴시늉말
꽃말
꾸밈말
끝말
끼움말
나라말
낮말
낮은말
낮춤말
낱말
노랫말
농말
높임말
대말
대중말
덜렁말
도움말
독일말
두말
뒷말
들온말
따옴말
딴말
뗏말
막말
반수말
매김말
맺는말
맺음말
머리말
몸말
몽고말
미국말
바닷말
바둑말
바른말

반대말
반말
배달말
뱃사람말
변말
밤말
변한말
별말
본디말
부루말
부름말
부림말
부절따말
붉은말
빈말
사기말
삯말
상말
서라말
서로말
서양말
서울말
센말
소개말
소리말
소리시늉말
속말
시골말
시늉말
시쳇말
실없는말
심마니말
싸리말
씨말
씨수말
아라비아말
악대말
안내말
암말(아무 말)

앞말
어찌말
얼럭말
얼룩말
예사말
옛말
올림말
왜말
외국말
요새말
우리말
웃음엣말
워라말
원말
웬말
이은말
이젯말
익은말
인사말
일본말
임자말
입말
입속말
입찬말
작은말
잔말
잡말
잡탕말
저승말
절따말
정강말
조랑말
조선말
존댓말
좀말
준말
중국말
집말
짓시늉말

참말
천재말
첫말
첫인사말
치렛말
큰말
토막말
토박이말
토종말
팻말
표준말
풀이말
한자말
헛말
혼삿말
혼잣말
홀로말
화초말
흉내말
흙색말(갈색조)
흰말(고유 명사로서)
힘줌말

거친 말
검은 말
고운 말(~ 바른 말)
그른 말
두 말(한 입 가지고 ~하다)
따온 말
라틴 말
러시아 말
바른 말(~ 고운 말)
산 말
새 말
새끼 말
속된 말
아무 말
어미 말
옳은 말

우리 말과 글
육지 말
이 말
저 말
제 말
제주 말
짧은 말
폴란드 말
프랑스 말
할 말
헛된 말
헤브루 말
흰 말

말고

가다 말고
가르치다 말고
공부하다 말고
교복 말고
군인 말고
그것 말고
나 말고
너 말고
놀다 말고
당차다는 것 말고
먹다 말고
사내 말고
여자 말고
연필 말고
오다 말고
울다 말고
웃다 말고
은행 말고
이것 말고
이야기하다 말고
지네 말고
자다 말고
저것 말고
저분 말고
체질 타령 말고
친구 말고
하다 말고
학생 말고

-말이

국말이
김말이
김치말이
달걀말이
멍석말이
무싹말이
물말이
밥말이

맛

감초맛
감칠맛
꿀맛
눈맛
단맛
돈맛
뒷맛
뒷입맛
딴맛
떫은맛
매맛
매운맛
몽둥이맛
불맛
밥맛
살맛
세상맛
소태맛
신맛
쓴맛
얕은맛
입맛
잡맛
주먹맛
짙은맛
짠맛
참맛
첫맛
한맛

김치 맛
딸기 맛
수박 맛
떫은 맛
배 맛
사과 맛
아린 맛
짙은 맛
참외 맛
토종꿀 맛

맞다

걸맞다
능갈맞다
능글맞다
능청맞다
들어맞다
때맞다/맞게
바람맞다
방정맞다
배맞다 *cf.* 눈 맞다
뱅충맞다
변덕맞다
별쭝맞다
빙충맞다
소박맞다
심술맞다
앙증맞다
어긋맞다
얻어맞다
징글맞다
착살맞다

청승맞다
칙살맞다
퇴박맞다
퉁맞다
퉁바리맞다
핀잔맞다

곤장 맞다
난장 맞다
눈 맞다(눈을 맞다)
눈 맞다 *cf.* 배맞다
딱지 맞다
똥창 맞다
매 맞다
물 맞다
배짱 맞다
벼락 맞다
비 맞다
살 맞다
서리 맞다
타박 맞다
퇴짜 맞다

-맞이

가을맞이
겨울맞이
꽃맞이
단오맞이
달맞이
돌맞이
물맞이
바람맞이
백중맞이
봄맞이
새해맞이
생일맞이
서방맞이
설맞이
손님맞이
여름맞이
추석맞이

맞추다

겉맞추다
돌라맞추다
둘러맞추다
들맞추다
들이맞추다
때맞추다
발라맞추다
발맞추다
볼맞추다
얼러맞추다
입맞추다

간 맞추다
금 맞추다
눈 맞추다
아귀 맞추다
짜 맞추다
짝 맞추다

맞춤

거멀맞춤
걸음장맞춤
끼워맞춤
내다지장부맞춤
눈맞춤
무릎맞춤
반턱맞춤
반턱통맞춤
빗턱맞춤
사개맞춤
삼분턱맞춤
숭어턱맞춤
십자맞춤
안성맞춤
연귀맞춤
은못맞춤
장부맞춤
전맞춤
주먹장맞춤
짜맞춤
턱맞춤

매다

꿰매다
끌어매다
달아매다
돌라매다
동여매다
둘러매다
맞매다
목매다
비끄러매다
삥삥매다
싸매다
얽매다
옭매다
옭아매다
잘라매다
잡매다
잡아매다
졸라매다
쩔쩔매다
찍어매다
처매다
친친/칭칭 동여매다

가로질러 매다
논 매다
밭 매다
붙잡아 매다
비틀어 매다

머리

갈꽃머리

갈밭머리
고수머리
귀밑머리
귀퉁머리
단발머리
덩덕새머리
뒷머리
떠꺼머리총각
말머리
맨머리
밭머리
베갯머리
소견머리
소머리
쇠머리
싹수머리
안달머리
어여머리
윗머리
인정머리
주변머리
주책머리
행실머리
첫머리
트레머리
환절머리

먹다

가는귀먹다
갈겨먹다
갉아먹다
걸터먹다
골라먹다
구새먹다
귀먹다
긁어먹다(재물을 ~.)
까먹다(내용을 ~.)
놀고먹다
놀아먹다
놓아먹다
누워먹다
돼먹다
들어먹다
따먹다(정조를 ~.), (돈을 ~.)
떠먹다(죽을 ~.)
떨어먹다→털어먹다
떼먹다
떼어먹다(돈을 ~.)
뜯어먹다('편취하다'의 뜻으로)
마음먹다
받아먹다
배라먹다(뇌물을 ~.)
벌어먹다
부려먹다
붙어먹다
비루먹다
빌어먹다
빨아먹다
빼먹다(시간을 ~.)
알겨먹다
알아먹다
얻어먹다
우려먹다
잘라먹다(밑천을 ~.)
잡아먹다
좀먹다
집어먹다(남의 재산을 ~.)
처먹다
털어먹다
파먹다(땅이나 ~.)
팔아먹다
퍼먹다
핀잔먹다
한턱먹다
핥아먹다
헤먹다

걸러 먹다
골탕 먹다
곯려 먹다
구워 먹다
긁어 먹다(숟갈로 ~.)
까 먹다(밤을 ~.)
꿀 먹은(~ 벙어리)
놀려 먹다
더위 먹다
따다 먹다
따 먹다(밤을 ~.)
땅 파먹다
떠 먹다(떠(서) 먹다.)
떼어 먹다(떡을 ~.)
뜯어 먹다(뜯어(서) 먹다.)
받아 먹다(받아(서) 먹다.)
배워 먹다
백납 먹다
베어 먹다
부쳐 먹다
빼 먹다(곶감꽂이에서 감을 ~.)
빼앗아 먹다
사 먹다
삶아 먹다
생겨 먹다
속여 먹다
안 먹다
열 살 먹다
자라 먹다
잘라 먹다(바나나를 ~.)
잡혀 먹다
점심 먹다
젖 먹다
주워 먹다
지어 먹다
집어 먹다(음식을 ~.)
쪄 먹다
쪼아 먹다
차려 먹다
콩밥 먹다

파 먹다(벌레가 ~.)
한잔 먹다
한턱 먹다
해 먹다
훔쳐 먹다

면

그림면
경험면
규모면
기능면
기술면
내용면
뒷면
사회면
생활면
성능면
숫자면
신국면
앞면
옆면
실용면
실제면
실질면
양면
형식면
활용면

그림 면(그림이 있는 면)
분배 면
숫자 면(숫자가 있는 면)
외모 면
영양가 면

면허

운전면허
허용 처리
개업 면허(~장)
미등재
물리 치료사 면허
약사 면허
약종상 면허
의사 면허
총기 소지 면허

명예/불명예

명예박사
명예시민
명예혁명 *cf.* 군사 혁명/시민 혁명
허용 처리
명예 교수
명예 영사
명예 제대 *cf.* 불명예제대
명예 총영사
명예 퇴직 *cf.* 정년퇴직/공로 퇴직
명예 훼손
미등재
명예 졸업
불명예 퇴직

모르다/몰래/모를

남모를
남몰래
멋모르다
세상모르다
철모르다

나 몰래
영문 모르다

모양

겉모양
금제 나무모양 장신구
기마 인물모양 토기
꽃모양 대접
바퀴모양 토기
본모양
손모양 겹잎
수레모양 토기
집모양 토기
청자 오리모양 토기
탑모양 뼈단지

고리 모양 탄화수소
고리 모양 화합물
독수리 모양
바늘 모양
비늘 모양
사자 모양
써레 모양
이 모양 저 모양
활 모양

모으다

그러모으다
긁어모으다

불러 모으다
사 모으다
쓸어 모으다
주워 모으다

목

갈목
감는목
건널목
걸목
군목
굳은목
긴목
길목
깎는목
끈목
끊는목
끌목
나룻목

너는목
넓은목
노루목
놀량목
누운목
눅은목
느린목
다는목
다릿목
된목
둥근목
뒷목
떼는목
마는목
물목
비는목
바깥목
발회목
방울목
버선목
병목
불목
뽑스런목
상사목
손목
손회목
수수목
아랫목
여울목
엮는목
외길목
외통목
윗목
육자배기목
자라목
젖힌목
조롱목
조으는목
줄목
줍는목
지레목(산줄기가 끊어진 곳)
지렛목
짜는목
짧은목
찌른목
찍는목
터진목
튀는목
파는목
팔회목
한목
허튼목
황새목
회목
훑는목
흰목

무늬

가로무늬
가지무늬(~ 토기)
간섭무늬(물리)
거북등무늬
거친무늬(~ 거울)
격자무늬
구름무늬
귀갑무늬
귀신무늬
금강제비단무늬
길상무늬
꽃무늬
끌어올림무늬/겹침무늬
단독무늬
달무늬
당초무늬(~ 내접)/넝쿨무늬
대접무늬
돋을무늬
돌림무늬
마른모무늬
맞춤무늬
매조무늬(~ 항아리)
매죽무늬(~ 각병)
매화무늬
머리초무늬
모란무늬(~ 방구리)
물결무늬
물무늬
물방울무늬
바둑무늬
바둑판무늬
바위무늬
바사무늬
바탕무늬
박쥐무늬
반룡무늬
배색무늬(동시 ~)
번개무늬
별무늬
빗살무늬(~ 토기)
빗선격자무늬
빗줄무늬
사령무늬
사신무늬
산경무늬
산수무늬(~ 화병)
살창무늬
상상무늬
새김무늬
서금무늬
서수무늬
서쇠무늬
성광무늬
세로무늬
솟을무늬
실구름무늬
쌀알무늬
아관무늬
아롱무늬

아자무늬
얼굴무늬
여의두무늬
연꽃무늬
연주무늬
연화무늬
오늬무늬
완자무늬
용얼굴무늬(~ 벽돌)
운학무늬(~ 매병)
인동무늬
잔금무늬(~유)
잔무늬(~ 거울)
제자리무늬
조개무늬(~뜨기)
줄무늬
체크무늬
칠무늬(~ 토기)
태극무늬
팔괘무늬
해치무늬
호박무늬
흰무늬

노르딕무늬

목숨

따라지목숨
생목숨
파리목숨

매인 목숨
모진 목숨
산 목숨
죽은 목숨

묵

강냉이묵
도토리묵
메밀묵
옥수수묵
올챙이묵

문

거적문
겨릅문
곱살문
광문
굿문
귓문
꽃살문
넌출문
널문
널쪽문
넓살문
다락문
당길문
덧문
도듬문
뒷문
등용문
뙤창문
띠살문
목청문
미닫이문
미세기문
바깥문
바잣문
방문
부엌문
분합문
빈지문
빗살문
사당문
사립문
살문
샛문
성문
세살문
솟을살문
쇠살문
싸리문
쌍여닫이문
안문
앞뒷문
앞문
양판문
염통문
옆문
외여닫이문
위앞문
이중문
장지문
접이문
지게문
쪽문
창문
큰문
현관문
홍살문

교실 문
비늘살 문
사당 문
사랑방 문
사무실 문
안방 문
창고 문

문제

권리문제
남남문제
남북문제
동서문제
동방문제
법률문제
사실문제

시간문제

허용 처리

간도 문제
경제 문제
노동 문제
도시 문제
사회 문제
소작 문제
시험 문제
식량 문제
인구 문제
환경 문제
흑인 문제

미등재

교육 문제
기거 문제
남녀 문제
노인 문제
복습 문제
복지 문제
빈부 문제
성 문제
식사 문제
양육 문제
연습 문제
역사 문제
예습 문제
유산 문제
인권 문제
자녀 문제
재산 문제
정치 문제
집안 문제
총기 문제
통일 문제

문화

고급문화
고유문화
농경문화
대중문화
목축문화
세석기문화
성인문화
아동문화
외래문화
전통문화
제도문화
출판문화
토착문화
하위문화
흑도문화

허용 처리

고대 문화
근대 문화
마들렌 문화
유목민 문화

미등재

공동체 문화
관념 문화
구석기 문화(용례)
군사 문화
국풍 문화
귀족 문화
노인 문화
서민 문화
선비 문화
신석기 문화
양반 문화
유목 문화
음주 문화(용례)
종교 문화
철기 문화
청동기 문화
청소년 문화
학생 문화

물

간물
갇힌물(괴어 있는 물)
갈물
감물
강물
개숫물
개울물
갯물
고로쇠물
고장물
고지랑물
고춧물
공중물
구정물
구지렁물
국국물
국물
국수물
군물
그을음물
길물
꽃물
꿀물
끝물
나비물
낙숫물
낙종물
날물(나기는 물)
냇물
녹물
논물
누렁물
눈물
눈석임물
단물
달물
더운물

덧물
도랑물
독물
돌물
두엄물
뒷물
딸깃물
땟물
똥물
맏물
먹물
먼물
메줏물
모래집물
모싯물
목물
목욕물
묵물
민물
밀물
밀썰물
바닷물
바윗물
반물
발목물
발숫물
밤잔물
밥물
배냇물
백중물
버찌물
벌물
벼룻물
복물
봄물
봇물
봉숭아 꽃물
붉덩물
비눗물
빗물
사깃물
산물
새앙물
샘물
생강물
석회물
설거지물
설탕물
세숫물
센물
소금물
소다물
손숫물
쇠죽물
쇠지랑물
쇳물
수돗물
수챗물
순물
시냇물
신물
썰물
아랫물
암물
약물
양잿물
양칫물
어수물
얼음물
여울물
엿기름물
엿물
오디물
오짓물
우물물
우숫물
웃물
윗물
유둣물
은물
자국물
자줏물
잿물
제깃물
제물
조숫물
죽물
즙물
지지랑물
진물
진흙물
짠물
쪽물
찬물
참물
찻물
창포물
첫물
청숫물
초물
추깃물
치자물
칠석물
콧물
큰물
탕국물
팥물
풀물
피눈물
한물
햇물
허드렛물
허릿물
헛물
황토물
횟물
흙물

흙탕물

갇힌 물(댐에 ~)
뜨거운 물
마실 물
미지근한 물
산골 물
차가운 물

밑

갈퀴밑
날밑
누룩밑
들때밑
말밑
물밑
발밑(발바닥)
밥밑
방밑
본밑
빗밑
섯밑
세밑
술밑
시룻밑
죄밑
창밑(활의 도고지 밑)
촛밑
코밑
턱밑(가까운 곳)

귀 밑
나무 밑
남산 밑
담 밑
마루 밑
바다 밑
발 밑
산 밑
언덕 밑
울 밑
주름 밑
지붕 밑
창 밑
처마 밑
턱 밑
하늘 밑

바가지

가맛바가지
고생바가지
땀바가지
똥바가지
마른바가지
물바가지
복바가지
쇠죽바가지
여드름바가지
여물바가지
욕바가지
자루바가지
주책바가지
탈바가지
해골바가지

바늘

갈고리바늘
그물바늘
긴바늘
꽈배기바늘
낚싯바늘(→낚시)
독바늘
돗바늘
뜨개바늘
뜨개실바늘
못바늘
북바늘
수바늘
시곗바늘
시침바늘
아프간바늘
알바늘
옮김바늘
자수바늘
작대기바늘
잔바늘
주삿바늘
징검바늘
짧은바늘
혓바늘

금긋기 바늘
긴 바늘(시계의 ~)
나침반 바늘
스킬 바늘
시밍 바늘
재봉 바늘
짧은 바늘
축음기 바늘

바다

구름바다
난바다
눈물바다
먼바다(용어로서는)
물바다
불바다
울음바다
웃음바다
인터넷바다
피바다
허허바다

가까운 바다
먼 바다
원시 바다
전자 바다

바닥

가랫바닥
강바닥
갯바닥
고무바닥
곧은바닥
구들바닥
굽바닥
귀긋기뱃바닥
금뱃바닥
긋기뱃바닥
길바닥
꽃바닥
날바닥
낮바닥
냇바닥
논바닥
늪바닥
돌바닥
뒤헛바닥
뒷바닥
등바닥
디딤바닥
땅바닥
마룻바닥
맨바닥
못바닥
밑바닥
반바닥
발바닥
방바닥
뱃바닥
본바닥
부엌바닥
손바닥
술바닥
신바닥
앞바닥
장바닥
전바닥
제바닥
한바닥(종로 ~)
헛바닥
흙 방바닥
흙바닥

개울 바닥
개천 바닥
교실 바닥
굴 바닥
늪 바닥
시멘트 바닥
시장 바닥
연못 바닥
온돌 바닥
우물 바닥
웅덩이 바닥
타일 바닥
호수 바닥

바람

가맛바람
가을바람
간들바람
갈마바람
갈바람
강바람
강쇠바람
갯바람
건들바람
겨울바람
고추바람
골바람
군돗바람
궁둥잇바람
꽁무니바람
꽃바람
꽃샘바람
끝바람
높새바람
높하늬바람
눈바람
늦바람
댓바람
도리깨바람
돌개바람
동저고릿바람
된바람
된새바람
들바람
마당귀바람
막내리바람
맞바람
맞은바람
매운바람
맨대가릿바람
맨머릿바람
먼지바람
명당바람
명지바람
모래바람
모진바람
몽고바람
몽둥잇바람
문바람
물바람
미친바람
바깥바람
바닷바람
밤바람
뱃바람
벌바람
벼락바람
봄바람
비바람
산골바람

산들바람
산바람
살랑바람
살바람
상툿바람
새벽바람
색바람
샛바람
서늘바람
서릿바람
선들바람
선바람
소릿바람
소소리바람
속곳바람
속옷바람
속바람
손돌바람
손돌이바람
손바람
식전바람
신바람
실바람
싹쓸바람
아랫바람
앞바람
어깻바람
얼바람(~맞다)
얼바람(얼기)
엉덩잇바람
열바람
영바람
옆바람
오랏바람
왕바람
왜바람
용숫바람
윗바람
잔바람
재넘잇바람
저고릿바람
제바람(~에….)
짠바람
찬바람(~이 들어오다.)
채찍바람
철바람
치맛바람
칼바람
탕건바람
피죽바람
하늬바람
호령바람
호통바람(~에….)
황소바람
회리바람
회오리바람
흙바람

감원 바람(~에….)
거친 바람
내의 바람
모진 바람
보리 바람
여름 바람
작업복 바람
찬 바람(~ 더운 바람)
파자마 바람
팬티 바람

바르다

면바르다
샘바르다
애바르다
양지바르다
에바르다
예의바르다
예절바르다(편수 자료)
올바르다
입바르다
재장바르다
재재바르다

등살 바르다
행실 바르다

바탕

가맛바탕
겉바탕
고무래바탕
굽바탕
깁바탕
날바탕
늙바탕
만하바탕
밑바탕
본바탕
솔바탕
안바탕
작두바탕
한바탕

바퀴

가락바퀴
귓바퀴
물레바퀴
쇠바퀴
수레바퀴
숫돌바퀴
쳇바퀴
톱니바퀴

기차 바퀴
도르래 바퀴
마차 바퀴
자동차 바퀴
자전거 바퀴

박람회

공업 박람회
국제 박람회
권업 박람회
만국 박람회
산업 박람회

미등재

가공 식품 박람회
건축 박람회
골프 용품 박람회
공구 박람회
교육 박람회
교육 산업 박람회
꽃 박람회
무기 박람회
무역 박람회(용례)
스포츠 용품 박람회
식품·육가공 박람회
엑스포 박람회(용례)
유제품 박람회
유학 박람회
음식 박람회
이민 박람회
전자 박람회
채용 박람회
축제 박람회
취업 박람회

박물관

과학박물관
기념박물관
아동박물관
역사박물관
자연박물관(북한)

허용 처리

가상 박물관
고고학 박물관(아테네 국립 ~)
고궁 박물관
교통 박물관
민속 박물관
산악 박물관
연극 박물관
유적 박물관

미등재

가구 박물관
경찰 박물관
고인쇄 박물관
공룡 화석 박물관
관광 박물관
교과서 박물관
군사 박물관
금융 박물관
김치 박물관
농업 박물관
도기 박물관
도깨비 박물관
도자기 박물관
도자기 생활 박물관
등대 박물관
등잔 박물관
디자인 박물관
마사 박물관
무속 박물관
미술사 박물관
민속 유기 박물관
민속 자연사 박물관
배 박물관
불교 미술 박물관
불교 박물관
산림 박물관
석탄 박물관
선사 박물관
성 문화 박물관
소리 박물관
쉿대 박물관
수리 민속 박물관
스키 박물관
예술 박물관
옹기 민속 박물관
우정 박물관
의상 박물관
의약 박물관
자수 박물관
자연사 박물관
잠사 문화 박물관
잡지 박물관
장신구 박물관
전기 박물관
전기 통신 박물관
종이 박물관
주류 박물관
짚풀 생활사 박물관
철도 박물관
축음기 오디오 에디슨 과학 박물관
출판 박물관
카메라 박물관
탈 박물관
해양 박물관
토지 박물관
통신 박물관
현대 의상 박물관
화석 박물관
화폐 박물관

-박이

금니박이
금박이
네눈박이
대못박이
덧니박이
돈점박이
두눈박이
두대박이
두톨박이
못박이
별박이

본토박이
세톨박이
소박이
수통박이
오이소박이
옥니박이
외대박이
외알박이
외쪽박이
외톨박이
이리박이
점박이
제구멍박이
차돌박이
토박이
판박이

박히다

가꾸로박히다
거꾸로박히다
곤두박히다
들어박히다
오금박히다
틀어박히다
휘어박히다

밖

뜻밖
문밖
싱밖[城外]
창밖

골 밖
그 밖에
금 밖
나라 밖
담 밖
대문 밖
문 밖(문 바깥)
성문 밖
이 밖에
집 밖
차창 밖
천만 뜻밖

-밖에

저 문밖에(저 문 말고는)
할 수밖에(할 뿐이다)
며느릴밖에(욕먹는 건 ~ 없다.)
나빠질밖에(버릇이 ~….)
맞을밖에(때리면 ~….)
헤어질밖에(뜻이 안 맞아 ~….)

반응

간단반응
복잡반응

허용 처리

강박 반응
개환 반응(開環反應)
거부 반응
경악 반응
고열 반응
고차 반응
교차 반응
교환 반응
구금 반응
그람 반응
근도 반응
근신 반응
단락 반응
단위 반응
대굉 반응
말레인 반응
면역 반응
목적 반응
몰루슈 반응
발색 반응
발열 반응
복합 반응
분해 반응
불꽃 반응
붕사 구슬 반응
뷰렛 반응
비가역 반응
심인성 반응
아이오딘[요오드]포름 반응
양극 반응
양성 반응
연쇄 반응
열화학 반응(~식)
원시 반응
유황 반응
은거울 반응
음극 반응
음성 반응
응집 반응
이온 반응
인격 반응
인도페닌 반응
1차 반응
2차 반응
자촉 반응
잠혈 반응
적응 반응
적혈구 응집 반응
전화 반응
절대 반응
접촉 반응
소건 반응
숭간 반응
준해 반응
중화 반응
지연 반응
직접 반응
첨가 반응
촉매 반응
축합 반응

침강 반응
침전 반응
카복실화 반응(편수 자료)
카빌아민 반응(편수 자료)
탈수 반응
탈아미노 반응
탈탈산 반응
턴불청 반응
토양 반응
투베르쿨린 반응
퍼킨 반응
포일겐 반응
폭발 반응
폭주 반응
프리드먼 반응
할로겐화 반응
항원·항체 반응
해제 반응(심리학)
혈침 반응
화학 반응
화학적 반응
회전 반응
흡열 반응
미등재
거울 반응
공통 반응(용례)
과민 반응(용례)
니히드린 반응
병발 반응
산화 반응
알레르기 반응
에테르 교환 반응
전체 반응
피부 반응

반자

구화반자
귀접이반자
널반자
도배반자
목반자
빗반자
삿갓반자
소경반자
소란반자
순각반자
우물반자
장반자
지반자
철반자
토반자
평반자
화반자

받다

각광받다
간섭받다
감면받다
감명받다
감사받다
감수받다
감시받다
감화받다
강요받다
건네받다
검문받다
검사받다
검증받다
견제받다
경멸받다
계시받다
고통받다
공격받다
공급받다
공제받다
공천받다
괄시받다
괴로움받다
교부받다
구박받다
구애받다
구원받다
구제받다
구형받다
권고받다
권유받다
귀여움받다
규제받다
극찬받다
기부받다
기습받다
기증받다
기합받다
낙점받다
낙찰받다
내리받다
내사받다
냉대받다
넘겨받다
놀림받다
눈총받다
다짐받다
단죄받다
대우받다
대접받다
대출받다
도움받다
도전받다
독촉받다
돌려받다
동전받다
되받다
뒤받다
들이받다
딱장받다
떠받다
면박받다

면제받다
면책받다
멸시받다
모욕받다
모함받다
몰아받다
몸받다
묵인받다
물려받다
미움받다
박해받다
반격받다
반허락받다
반환받다
발급받다
발부받다
방해받다
배급받다
배당받다
배정받다
배척받다
버림받다
변상받다
보급받다
보답받다
보복받다
보상받다
보장받다
보조받다
보호받다
복받다
본받다
볼받다
봉사받다
부과받다
부름받다
부여받다
부탁받다
분배받다
불받다
불신받다
불하받다
비난받다
비판받다
사랑받다
사주받다
사함받다
상납받다
상속받다
서명받다
선고받다
선택받다
설움받다
세례받다
소외받다
손가락질받다
수술받다
수업받다
수여받다
수혈받다
숭앙받다
습격받다
승계받다
승낙받다
시련받다
신고받다
신뢰받다
신문받다
신임받다
심사받다
심판받다
안내받다
알선받다
암시받다
압력받다
압제받다
양도받다
양보받다
억압받다
언도받다
업신받다
연락받다
연수받다
열받다
영향받다
예약받다
예우받다
오인받다
오해받다
외면받다
요구받다
요청받다
용서받다
용역받다
우대받다
위로받다
위안받다
위압받다
위임받다
위촉받다
위탁받다
위협받다
은총받다
은혜받다
응낙받다
응석받다
의뢰받다
의심받다
이어받다
인가받다
인계받다
인도받다
인정받다
자극받다
자문받다
자백받다
재가받다

재판받다
재평가받다
재할인받다
저주받다
저축받다
적용받다
전달받다
전수받다
점검받다
제공받다
제보받다
제수받다
제안받다
제약받다
제의받다
제출받다
제한받다
조롱받다
조사받다
조소받다
존경받다
존중받다
죄받다 *cf.* 죗값 받다
죄사함받다
주고받다
주목받다
주의받다
증정받다
지급받다
지도받다
지명받다
지목받다
지배받다
지시받다
지원받다
지장받다
지정받다
지지받다
지탄받다

진료받다
진찰받다
질문받다
질책받다
징계받다
찬미받다
찬양받다
찬조받다
창받다
채근받다
책망받다
처벌받다
천거받다
천대받다
천시받다
청부받다
청약받다
초대받다
초청받다
총격받다
추궁받다
추앙받다
추인받다
추적받다
축복받다
충격받다
취급받다
치료받다
침해받다
칭송받다
칭찬받다
타격받다
탄압받다
탕감받다
테받다
통고받다
통보받다
통첩받다
판결받다

판정받다
평가받다
포상받다
표창받다
푸대접받다
핀잔받다
핍박받다
하사받다
하청받다
학대받다
할당받다
할애받다
할양받다
항복받다
허가받다
허락받다
허용받다
협박받다
혜택받다
호위받다
호평받다
홀대받다
환대받다
환영받다
후원받다
훈련받다

결재 받다
경례 받다
교육 받다
금품 받다
급여 받다
대금 받다
도장 받다
등록 받다
말미 받다
물건 받다
보수 받다
봉급 받다

브리핑 받다
비자 받다
빗물 받다
사주 받다(四柱-)
사표 받다
상 받다
상장 받다
선물 받다
세배 받다
수표 받다
신청 받다
약속 받다(분명한 ~.)
양산 받다
어음 받다
영수증 받다
외상 받다
용돈 받다
우산 받다
원조 받다
월급 받다
융자 받다
의심 받다(남의 ~.)
인사 받다
전보 받다
전화 받다
졸업장 받다
죗값 받다 *cf.* 죄받다
주문 받다
근심 받다
특허 받다
편지 받다
품값 받다
학위 받다
햇볕 받다
현금 받다
훈장 받다
휴가 받다

-받이

개구멍받이
걸레받이
고리받이
고미받이
공수받이
내리받이
덤받이
땀받이
만수받이
물받이
바람받이
밥받이
볼받이
살받이
샘받이
생수받이
성주받이
연기받이
이마받이
이슬받이
창받이
채받이
치받이

받침

겹받침
그릇받침
꽃받침
남배동받침
대접받침
뒷받침
밑받침
분받침
속받침
쇠서받침
쌍받침
안받침
장독받침
접시받침
책받침
턱받침
통꽃받침
화분받침

그릇 받침(편수 자료)

밤

가을밤
간밤
겨울밤
그믐밤
그저께밤
긴긴밤
날밤
달밤
반밤
어젯밤
여름밤
온밤
으스름밤
저지난밤
지지난밤
첫날밤
하룻밤

그날 밤
그 전날 밤
며칠 밤
어느 날 밤
여러 밤
여름날 밤
오늘 밤
이날 밤
이 밤
전날 밤
지난 밤

발

갈개발
갈퀴발
감발
거미발
겨릅발
괴발개발
구둣발
군홧발
기러기발
깃발
까치발
네발
노루발
눈발
닭발
뒷발
마당발
맨발
버선발
붉은발
빗발
새끼발
생인발
서릿발
선발
손발
양발
엄지발
오리발
오른발
왼발
인발
진발
집게발
핏발
햇발
헤엄발
두 발
한 발

밥

가랫밥
가윗밥
가첨밥
감자밥
감투밥
강냉이밥
강밥
강정밥
강조밥
강피밥
개밥
고기밥
고두밥
고봉밥
공밥
구메밥
국밥
군밥
굴밥
귓밥
기장밥
김밥
까치밥
꽁보리밥
꽃밥
끌밥
나물밥
낚싯밥
널밥
녹두밥
높은밥
눈칫밥
눌은밥
대궁밥
대팻밥
더운밥
덮밥
도맛밥
도시락밥
된밥
뒷밥
들밥
떡밥
뗏밥
뚜껑밥
마른밥
말밥
맨밥
먼가랫밥
메밀밥
멥쌀밥
멧밥
못밥
무밥
물만밥
물밥
밑밥
바느질밥
밤밥
뱃밥
별밥
볏밥
보리밥
볶음밥
비빔밥
사잣밥
상밥
상수리밥
새벽밥
새옹밥
샛밥
섬밥
소금밥
소금엣밥

소나기밥
소밥
송이밥
수수밥
술국밥
술밥
실밥
쌀밥
쌀튀밥
쑥밥
아침밥
약밥
언덕밥
여동밥
엿밥
오곡밥
옥수수밥
옷밥
이밥
자귀밥
잡곡밥
장국밥
잿밥
쟁깃밥
저녁밥
점심밥
제삿밥
젯밥
조개밥
조밥
졸밥
좨기밥
주먹밥
줄밥
중둥밥
지에밥
진잎밥
차조밥
찬밥
찬밥(饌-)
찰밥
찹쌀밥
첫국밥
첫밥
초밥
콩나물밥
콩밥
탁잣밥
톱밥
튀밥
팥밥
피밥
한밥
한솥밥
햅쌀밥
호밋밥
흙밥
흰밥

방(房)

가겟방
건넌방
공부방
구둣방
글방
노인방
놀이방
뜰아랫방
부부방
사랑방
새처방
셋방
아랫방
어린이방
윗방
윗사랑방
윗중방
책방

방망이

네방망이
다듬잇방망이
도깨비방망이
벼락방망이
부닥방망이
빨랫방망이
솜방망이
쑥방망이
야구방망이
열방망이
엿방망이(투전)
엿죽방망이
육모방망이
육방망이
을러방망이
팔방망이

대추나무 방망이
박달나무 방망이
요술 방망이

방석

가맛방석
가시방석
깔방석
꽃방석
널방석
도래방석
두트레방석
뒤트레방석
맷방석
바늘방석
보료방석
부들방석
살방석
시룻방석
왕골방석

줄방석
털방석
트레방석

방울

구슬방울
구을방울
기름방울
눈물방울
눈방울
당방울
도돌방울
땀방울
말방울
말종방울
매방울
물방울
비눗방울
빗방울
솔방울
왕방울
이슬방울
죽방울
쥐방울
침방울
콧방울
핏방울

공기 방울

밭

가사리밭
가시밭
갈대밭
갈밭
감탕밭
개똥밭
갯밭
검불밭
계단밭
곡식밭
공바기밭
구슬밭
그루밭
김장밭
꽃밭
난밭
남새밭
너덜밭
녹두밭
논밭
눈밭
당근밭
대밭
도짓밭
돌서덜밭
뒷밭
따비밭
마음밭
말밭
메밀밭
모래밭
무밭
묵밭
묵정밭
밀밭
밤밭
백장미밭
보리밭
복숭아밭
비탈밭
사래밭
산비탈밭
새밭
소금밭
솔밭
쑥대밭
쑥밭
씨받이밭
씨밭
앞밭
애송밭
약밭
약초밭
억새밭
염밭
외밭
원두밭
욽밭
인삼밭
자갈밭
자드락밭
잔디밭
잔솔밭
조밭
조약밭
채마밭
채소밭
채종밭
콩밭
텃밭
파밭
포도밭
풀밭
한밭
화초밭

용례로 등재

감자 밭('감자밭'으로 처리)
고추 밭('고추밭'으로 처리)
배추 밭('배추밭'으로 처리)
참외 밭('참외밭'으로 처리)

미등재

갓밭
고구마밭
국화밭
기장밭
당근밭

더덕밭
도라지밭
딸기밭
땅콩밭
마밭
마늘밭
묘목밭
무밭
미나리밭
배밭
부추밭
사과밭
상추밭
수박밭
수수밭
순무밭
시금치밭
쑥갓밭
앵두밭
양파밭
오리나무밭
오이밭
옥수수밭
완두콩밭
우엉밭
자두밭
작약밭
토란밭
토마토밭
호두밭
호밀밭
호박밭

배〔船, 腹〕

각배
갈치배
거룻배
거위배
고기잡이배
고깃배
고래잡이배
구유배
그림배
꾀배
나룻배
낚싯배
놀잇배
돛단배
뒷배
몰잇배
물윗배
새우잡이배
아랫배
올챙이배
윗배
조각배
조깃배
종이배
주낙배
짐배
쪽배
챗배
첫배
통나무배
헛배
횟배
흰 돛단배

빈 배
흰 돛 난 배

버리다

내버리다
떼어버리다
잃어버리다
잊어버리다
저버리다

가 버리다
감아 버리다
감추어 버리다
갖다 버리다
굳어 버리다
깨뜨려 버리다
꺾어 버리다
끝나 버리다
나가 버리다
날아가 버리다
내다 버리다
녹아 버리다
놓쳐 버리다
누워 버리다
달아나 버리다
도망쳐 버리다
돌려 버리다
돼 버리다
되어 버리다
뒤덮어 버리다
떠나 버리다
떠나가 버리다
떠내려가 버리다
떨어져 버리다
떼어 버리다
만들어 버리다
말라 버리다
말해 버리다
망쳐 버리다
망해 버리다
먹어 버리다
몸에 배어 버리다
묻혀 버리다
배어 버리다
베어 버리다
변해 버리다
보내 버리다
불타 버리다
빼 버리다

사라져 버리다
삼켜 버리다
서 버리다
숨어 버리다
시들어 버리다
싸여 버리다
써 버리다
썩어 버리다
쓰러져 버리다
쓸어 버리다
안 버리다
앉아 버리다
없애 버리다
없어져 버리다
웃어 버리다
주어 버리다
죽어 버리다
지나가 버리다
지워 버리다
지쳐 버리다
짜 버리다
쫓아 버리다
찢어 버리다
타 버리다
팔아 버리다
팽개쳐 버리다
해 버리다
허물어 버리다
휩쓸어 버리다
흘러가 버리다
흘려 버리다

버스, 열차

완행버스
고속버스
관광버스
노선버스
마을버스
시내버스
시외버스
고속버스

허용 처리

완행 열차
직행 열차
직행 버스
직통 버스
굴절 버스

미등재

통근 버스(용례)
통근 열차(용례)
회사 버스
교회 버스
전세 버스
좌석 버스
일반 버스

번

다음번
먼젓번
요번
요전번
이번
저번
저지난번
지난번
지지난번
한번

두 번
몇 번
백 번
서너 번
세 번
수백 번
수십 번
여러 번
한 번

범벅

겨범벅
기름범벅
꿀범벅
눈물범벅
뒤범벅
땀범벅
똥범벅
메밀범벅
밀범벅
피범벅
호박범벅

법칙

누중법칙
실험법칙
자연법칙

허용 처리

결합 법칙
경제 법칙
교환 법칙
규범 법칙
그림 법칙
냉각 법칙(뉴턴의 ~)
두음 법칙
말음 법칙
반사 법칙
배분 법칙
변위 법칙
보존 법칙
분배 법칙
사인 법칙
사회 법칙
에너지 보존 법칙
엥겔 법칙
여현 법칙
역사 법칙
연음 법칙

열역학 법칙
오른손 법칙(플레밍의 ~)
왼손 법칙(플레밍의 ~)
운동 법칙(뉴턴의 ~)
유전 법칙
음운 대응 법칙
절음 법칙
제 1 법칙(열역학 ~)
제 2 법칙(열역학 ~)
제 3 법칙(열역학 ~)
제영 법칙
운동량 보존 법칙
전자기 유도 법칙(패러데이의 법칙)
전하(량) 보존의 법칙
전해 분리 법칙(패러데이의 ~)
지수 법칙
질량 보존(의) 법칙
케플러(의) 법칙
코사인 법칙

미등재

공급 법칙
방사 법칙(빈 ~)
변위 법칙(빈 ~)
수요 법칙
제 1 법칙(뉴턴의 ~)
제 2 법칙(뉴턴의 ~)
제 3 법칙(뉴턴의 ~)
제어 법칙(폐로 ~)
트랜싯 법칙

병(甁, 病)

갈색점무늿병
검은별무늿병
고리무늿병
기름병
깜부깃병
꽃병
누엣병
라이덴병
매병
맥주병
밤색무늿병
배나무검은별무늿병(검은별무늿병)
벼곰팡잇병
보리줄무늿병
보온병
붉은별무늿병
비중병
빗자룻병
사과나무갈색점무늿병(갈색점무늿병)
사이다병
소주병
씻기병
약주병
요구르트병
우유병
잉크병
잎말잇병
자라병
주스병
집기병
커피병
콜라병
키다릿병
페트병
해류병
향수병
호리병
화병
흰가룻병

빈 병

미등재

뽕나무자줏빛날개무늬병→뽕나무자줏빛날개무늿병
곰팡이병→곰팡잇병
물렁썩이병
잔알이병
잿빛곰팡이병→잿빛곰팡잇병
깨씨무늬병→깨씨무늿병

볕

가을볕
돋을볕
뙤약볕
봄볕
불볕
여우볕

보내다

내려보내다
내보내다
돌려보내다
들여보내다
올려보내다
흘려보내다

날려 보내다
사 보내다
시집 보내다
실어 보내다
울려 보내다
장가 보내다

-보고

나보고
너보고
누구보고
학생보고

보다/보기에/보면

거들떠보다
건너다보다
교정보다 *cf.* 준보다
굽어보다

깔보다
나지리보다
낮보다
낮추보다
내다보다
내려다보다
내려보다(내려본각)
내립떠보다
내보다(사진을 ~.)
넘겨다보다
넘어다보다
노려보다
눈여겨보다
눌러보다(눌러보아 주세요.)
달아보다
대변보다 *cf.* 소변보다
대보다(키를 ~.)
대어보다(키를 ~.)
도두보다
돋보다
돌라보다(좌우를 ~.)
돌려보다(책을 ~.)
돌보다
돌아보다
돌이켜보다
되돌아다보다
되돌아보다
둘러보다
뒤돌아보다
뒤보다(용변)
들여다보다
뜯어보다(얼굴을 ~.)
맡아보다(일을 ~.)
몰라보다
물어보다(길을 ~.)
바라다보다
바라보다
살펴보다
새보다(망보다)

선보다 *cf.* 맞선 보다
설보다(대강 보다)
소변보다 *cf.* 대변보다
쉬이보다(사람을 ~.)
스쳐보다
쏘아보다
알아보다
얕보다
얼보다
여겨보다(얼굴을 ~.)
엿보다
올려다보다
우러러보다
우습게보다(사람을 ~.)
준보다 *cf.* 교정보다
지내보다
지켜보다
찾아보다
쳐다보다
치떠보다
치어다보다
칩떠보다
헛보다
훑어보다(대충 ~.)
훔쳐보다(남을 몰래 ~.)
흉보다
흘겨보다

가늠 보다
가 보다
가꾸어 보다
가려 보다
가르쳐 보다
가져 보다
간추려 보다
갈라 보다
건드려 보다
걸어 보다
겨눠 보다

견주어 보다
겹쳐 보다
고쳐 보다
골라 보다
관상 보다
굴러 보다
그려 보다
그어 보다
금 보다
기다려 보다
기울여 보다
길러 보다
깎아 보다
깨물어 보다
꺼내 보다
꼬집어 보다
낌새 보다
나가 보다
나누어 보다
나삐 보다
나와 보다
날아 보다
남 보기에
내려 보다(차에서 ~.)
내렸다 보다
내 보다(흉내를 ~.)
넣어 보다
놀려 보다
뇌어 보다
누려 보다
눈치 보다
눌러 보다(손가락으로 ~.)
느껴 보다
다녀 보다
닦아 보다
담가 보다
답해 보다
대 보다(손을 ~.)
대어 보다(손을 ~.)

더듬어 보다
더운가 보다
덤벼들어 보다
덧붙여 보다
돌려 보다(바퀴를 ~.)
돌려 줘 보다
돌아와 보다
되뇌어 보다
되새겨 보다
두드려 보다
뒤 보다(돌아보다)
뒤져 보다
뒷배 보다
들어 보다
들어가 보다
들어와 보다
들추어 보다
따져 보다
떠 보다(눈을 ~.)
떠올려 보다
뚫어지게 보다
뛰어 보다
뜯어 보다(소포를 ~.)
마주 보다
만나 보다
만들어 보다
만져 보다
말하여 보다
말해 보다
맞선 보다 *cf.* 선보다
맡아 보다(냄새를 ~.)
먹어 보다
메모 보다
모아 보다
몰아 보다
못 보다
묶어 보다
물어 보다(손가락을 ~.)
미루어 보다

밀어 보다
바닥 보다
바로잡아 보다
받아 보다
벌여 보다
불러 보다
붙여 보다
비비대 보다
비집어 보다
비추어 보다
빌려 보다
빌어 보다
뽑아 보다
뿌려 보다
사 보다
살까 보다
살아 보다
상상해 보다
생각해 보다
세어 보다
세워 보다
손금 보다
손대 보다
숨어 보다
시앗 보다
시켜 보다
시험 보다
싸워 보다
써 넣어 보다
써 보다
쓸어 보다
아이 보다
안 보다
안아 보다
앉아 보다
앞 못 보다
어찌 보면
여미어 보다
여쭈어 보다 *cf.* 물어보다

열어 보다
오나 보다
올라가 보다
올라와 보다
와 보다
외어 보다
외쳐 보다
용변 보다 *cf.* 소변/대변보다
읊어 보다
익혀 보다
일 보다
일해 보다
읽어 보다
잘해 보다
잡아 보다
재어 보다
적어 보다
젖어 보다
좀생이 보다(민속의 한 가지)
줄여 보다
지어 보다
짚어 보다
쪼아 보다
찾아가 보다
찾아내 보다
채워 보다
추려 보다
캐어 보다
켜 보다
타 보다
튀겨 보다
파 나가다 보면
펴 보다
편지 보다
펼쳐 보다
풀어 보다
하다 보니
해 보다
훑어 보다(벼를 ~.)

훔쳐 보다(돈을 ~.)
휘둘러 보다
흔들어 보다
흘려 보다

보이다

건너다보이다
내려다보이다
내보이다
돋보이다
들여다보이다
바라다보이다
얼보이다
엿보이다
올려다보이다

가까워 보이다
굵어 보이다
-다워 보이다
돼 보이다(열 살은 ~.)
되어 보이다
드러나 보이다
드러내 보이다
무뚝뚝해 보이다
비쳐 보이다
슬퍼 보이다
시큰둥해 보이다
쓸쓸해 보이다
아름다워 보이다
안 보이다
애처로워 보이다
어려워 보이다
어색해 보이다
예뻐 보이다
우쭐해 보이다
으쓱해 보이다
작아 보이다
커 보이다
힘들어 보이다

부리다

간살부리다
기세부리다
기승부리다
꾀부리다
도섭부리다
배짱부리다
새치부리다
성질부리다
심술부리다
야기부리다
용심부리다
재롱부리다
착살부리다
칙살부리다
퉁명부리다

가살 부리다
가탈 부리다
강짜 부리다
개으름 부리다
거드름 부리다
건방 부리다
게으름 부리다
고집 부리다
권세 부리다
극성 부리다
까탈 부리다
꾀병 부리다
난봉 부리다
넉살 부리다
넌덕 부리다
늑장 부리다
늦장 부리다
독살 부리다
딴전 부리다
딴청 부리다
말썽 부리다
망령 부리다
몽니 부리다
밴덕 부리다
변덕 부리다
성깔 부리다
세도 부리다
수다 부리다
수선 부리다
수작 부리다
신경질 부리다
아망 부리다
아양 부리다
악지 부리다
악착 부리다
안달 부리다
암상 부리다
앙살 부리다
앙탈 부리다
야단 부리다
야살 부리다
야지랑 부리다
얌심 부리다
어리광 부리다
억지 부리다
억척 부리다
엄살 부리다
오기 부리다
요술 부리다
욕심 부리다
위세 부리다
유세 부리다
응석 부리다
익살 부리다
재주 부리다
점잔 부리다
조화 부리다
줄행랑 부리다
추태 부리다
텃세 부리다

투정 부리다
트집 부리다
포달 부리다
행패 부리다
허세 부리다
헤살 부리다
호들갑 부리다
횡포 부리다
훼방 부리다

분

그분
내외분
동넷분
여러분(군민 ~!)
이분
이웃분
저분
친구분

여러 분(오신 분이 ~이다.)

분석

시성분석
층차분석

허용 처리

정량 분석
정성 분석

미등재

심리 분석(용례)
원인 분석(용례)
자료 분석(용례)
상황 분석(용례)
시료 분석(용례)
심층 분석
정세 분석

분자

과격분자
극렬분자
반당분자(북한)
반당이색분자(북한)
반당종파분자(북한)
반동분자
불량분자
불만분자
불순분자
불평분자
악질분자
열성분자
이색분자
적대분자
적색분자
정수분자
정예분자
종파분자(북한)
지식분자
첨예분자
해당분자
회색분자

미등재

극성 분자
돌출 분자
불온 분자(용례)
선동 분자
세포 분자
저질 분자
추종 분자
충성 분자
테러 분자
핵심 분자

분지

경산 분지
곡신 분지
김화 분지
대구 분지
대찬정 분지
단양 분지
덕천 분지
성천 분지
수안 분지
신계 분지
양덕 분지
울릉 분지
온누리 분지
원주 분지
진주 분지
함안 분지

도네츠 분지
머리 분지
아마존 분지
아키텐 분지
쓰시마 분지
쓰촨 분지
중가리아 분지
카타라 분지
타림 분지
투르판 분지

불

검부잿불
겻불
고콜불
관솔불
군불
기름불
깜박불
깜부기불
꽃불
난롯불
남폿불
늦은불
담뱃불
도깨비불
된불

들불
등걸불
등댓불
등불
등잔불
모깃불
모닥불
물불(~ 가리지 않다.)
반딧불
반불
밤불
번갯불
벌불
벼락불
봉홧불
산불
삼불
선불
소줏불
솔불
숯불
쑥댓불
알불
우죽불
움불
잉걸불
잣불
장작불
전깃불
줄불
쥐불
짚불
참숯불
천불
초롱불
촛불
큰불
통장작불
향불
호롱불
화롯불
화톳불
황촉불
횃불
후림불

붓다

내리붓다
들이붓다
퍼붓다

붙다

나붙다
눌어붙다
늘어붙다
달라붙다
덧붙다
들러붙다
들어붙다
말라붙다
맞붙다
불붙다
빌붙다
얼어붙다
졸아붙다

상피 붙다

붙이다

갈라붙이다
갈붙이다(이간하다)
갈아붙이다
걷어붙이다
끈붙이다
덧붙이다
메어붙이다
몰아붙이다
불붙이다
생청붙이다
쏘아붙이다
열어붙이다
접붙이다
흘레붙이다

살손 붙이다(정성을 다하다.)
손 붙이다(무슨 일에 손을 대다.)
발라 붙이다
수작 붙이다
싸움 붙이다
써 붙이다
얼빰 붙이다
진대 붙이다
흥정 붙이다

붙임

나비장붙임
딱지붙임
띠열장붙임
발붙임
변탕붙임
붙임붙임
엇붙임
은살대붙임
은촉붙임
쪽매붙임
탕개붙임

비〔雨, 帚〕

가랑비
가을비
갈목비
겨울비
구슬비
궂은비
꽃비
꿀비
눈비

단비
댑싸리비
모종비
모지랑비
목비
못비
몽당비
바람비
밤비
벌비
보슬비
봄비
부슬비
부엌비
사비
색시비
싸리비
약비
여우비
웃비
이슬비
작달비
작살비
장대비
장맛비
장목비
찬비
큰비
눌비
흙비

빨강 비
파랑 비

비누

가루비누
물비누
빨랫비누
세숫비누
약비누
약용비누
팥비누

종이 비누

비상

비상근무

허용 처리

비상 소집
비상 조치
비상 대기
비상 착륙
비상 활주로
비상 브레이크

빙봉, 빙하

로스 빙봉
매러피스나 빙하
베징 빙하
비어드모어 빙하

빛

가을빛
가짓빛
갈맷빛
감빛
감은빛
거먕빛
검은빛
구릿빛
군청빛
귤빛
금빛
꽈릿빛
남빛
납빛
낯빛
노란빛
노른잣빛
녹두빛
누른빛
눈빛
달걀빛
달빛
대춧빛
딸기빛
도홧빛
마눗빛
먹빛
먼빛
모싯빛
목홍빛
무지갯빛
물빛
반물빛
버찌빛
별빛
보랏빛
복숭앗빛
봄빛
분홍빛
불빛
붉은빛
비췻빛
산빛
산홋빛
살구빛
살빛
삼빛
상앗빛
새벽빛
앵두빛
얼굴빛
연둣빛
연자줏빛
연지빛
오렌지빛

오방빛
왜청빛
우윳빛
유황빛
은빛
이빛
자두빛
자줏빛
장밋빛
잿빛
젖빛
주톳빛
주홍빛
주황빛
쥣빛
진달래빛
진주빛
쪽빛
청잣빛
초록빛
초빛
치자빛
코발트빛
파란빛
팥죽빛
포돗빛
푸른빛
풀빛
핏빛
핑크빛
하늘빛
햇빛
황금빛
흙빛
흰빛

검붉은 빛
금모래 빛(반짝이는 ~)

빠지다

게을러빠지다
김빠지다
닳아빠지다
도려빠지다
두려빠지다
말라빠지다
봉빠지다
뽕빠지다
수빠지다
약아빠지다
얼빠지다

곪아 빠지다
곯아 빠지다
늙어 빠지다
다릿골 빠지다
등골 빠지다
땀 빠지다
똥줄 빠지다
밑 빠지다
발 빠지다
뼈 빠지다
뼛골 빠지다
쉬어 빠지다
시어 빠지다
썩어 빠지다
약해 빠지다
흔해 빠지다

빼다

들고빼다
발빼다(관계를 끊다.)
용빼다
조빼다

거드름 빼다
김 빼다
동곳 빼다
땀 빼다
속 빼다
얌전 빼다
얼 빼다
점잔 빼다
진땀 빼다

뼈

가슴등뼈
가슴뼈
갈비뼈
개뼈
거란지뼈
고두리뼈
골통뼈
광대뼈
굳뼈
궁둥이뼈
꼬리등뼈
꼬리뼈
꽁무니뼈
넓적다리뼈
넓적뼈
네다리뼈
노루뼈
다리뼈
닭뼈
등골뼈
등뼈
말뼈
머리뼈
명치뼈
목등뼈
목뼈
무릎뼈
물렁뼈
발가락뼈
발목뼈

발바닥뼈
복사뼈
빗장뼈
사슴뼈
소뼈
손가락뼈
손목뼈
손바닥뼈
쇠뼈
아감뼈
아래턱뼈
아래팔뼈
양뼈
양지머리뼈
어깨뼈
여닫이물렁뼈
옆머리뼈
오도독뼈
옹두리뼈
위턱뼈
위팔뼈
입천장뼈
자뼈
잔뼈
정강이뼈
종아리뼈
종지뼈
주걱뼈
주사위뼈
지느러미뼈
코뼈
턱뼈
팔다리뼈
허리등뼈
허리뼈
호랑이뼈

사격

위협사격
정지간사격

허용 처리

간접 사격
경고 사격
고정 사격
공격 준비 사격
근접 사격
배분 사격
분포 사격
실탄 사격
요청 사격
엄호 사격
지원 사격
직접 사격
집중 사격
함포 사격

미등재

공포탄 사격
조준 사격(용례)
영점 조준 사격
기관총 사격

사고

교통사고
사각사고
안전사고

허용 처리

보험 사고
의료 사고
항공 사고

미등재

기차 사고
낙뢰 사고
낙반 사고(용례)
선박 사고
열차 사고
음주 사고
익사 사고
인사 사고
자동차 사고(용례)
작업 사고
전복 사고
접촉 사고
지락 사고(전기 -)
질식 사고
추락 사고
추돌 사고
침몰 사고
탄광 사고
폭발 사고

-사납다

감때사납다
감사납다
꼴사납다
눈꼴사납다
몰골사납다
볼썽사납다
볼품사납다
소증사납다
수사납다
채신머리사납다
채신사납다
처신사납다
치신머리사납다
치신사납다

말버릇 사납다
모양 사납다
몸시 사납다
볼꼴 사납다
비위 사납다
소문 사납다
손버릇 사납다
술버릇 사납다
심사 사납다
심통 사납다
심술 사납다

욕심 사납다
운수 사납다
인심 사납다
입버릇 사납다
입정 사납다
잠버릇 사납다
정신 사납다
지덕 사납다
체면 사납다
팔자 사납다

사람

가윗사람
갯사람
군사람
난사람
노햇사람
눈사람
댁사람
두멧사람
뒷사람
뭍사람
바닷사람
뱃사람
별사람
사삿사람
산사람(산에서 사는 사람)
새사람
생사람
섬사람
손아랫사람
손윗사람
숫사람
아랫댓사람
아랫사람
안사람
앞사람
우댓사람
집사람
촌사람
큰사람
홑벌사람

뭇 사람
산 사람
옛 사람
집안 사람

사상

개화사상
경제사상
경천사상
계몽사상
도참사상
도피사상
독립사상
둔피사상
말법사상
모화사대사상
모화사상
반동사상
반전사상
배외사상
법치국사상
복고사상
봉건사상
불온사상
비정치사상
사대사상
사회사상
선민사상
시대사상
신구사상
실학사상
유일사상
은둔사상
자연법사상
적화사상
정치사상
주체사상(북한)
중화사상

허용 처리

문학 사상
천신 숭배 사상

미등재

계몽주의 사상
공산주의 사상
기독교 사상
도교 사상
민본 사상
민주 사상
민주주의 사상
불교 사상
사회주의 사상
신선 사상(용례)
원효 사상
유교 사상
이슬람 사상
자주 사상
전제주의 사상
철학 사상(용례)
청교도 사상
퇴폐 사상
호국 사상
화쟁 사상

사전(辭典, 事典)

과학사전
국어사전
독한사전
방언사전
백과사전
불한사전
어원사전
영한사전
인명사전
일한사전

중한사전
한독사전
한불사전
한영사전
한일사전
한중사전
허용 처리
법률학 사전
전문어 사전
학술 용어 사전
미등재
고사성어 사전
관혼상제 사전(용례)
국사 사전
독서 사전
독어 사전
문학 사전
물리 사전(용례)
미술 사전
민속 사전
불어 사전
세계사 사전
생물학 사전
수학 사전(용례)
영어 사전
영영 사전
언어학 사전(용례)
음악 사전
이화학 사전
일본어 사전
중국어 사전
지명 사전
지학 사전
철학 사전(용례)
한국사 사전
한국 민속 사전(용례)

사탕

가루사탕
개암사탕
눈깔사탕
모래사탕
모사탕
박하사탕
솜사탕
얼음사탕

계피 사탕
오렌지 사탕

사회

미개사회
문명사회
민속사회
암흑사회
허용 처리
고대 사회
근대 사회
복지 사회
봉건 사회
산업 사회
상류 사회
원시 사회
정보 사회
정보화 사회
중류 사회
지식 사회
지역 사회
하류 사회
현대 사회
미등재
개명 사회
공무원 사회
광명 사회
교수 사회
농촌 사회(용례)
민주 사회
독재 사회
미래 사회
신용 사회
주먹 사회
중세 사회
지식 기반 사회
지식 정보 사회
학생 사회
향토 사회

산맥

강남산맥
광주산맥
낭림산맥
노령산맥
마식령산맥
마천령산맥
묘향산맥
부전령산맥
소백산맥
언진산맥
적유산맥
천신산맥
태백산맥
함경산맥

그램피언 산맥
다바 산맥(대파산맥)
과달루페 산맥
그레이트디바이딩 산맥
그레이드스모기 산맥
기렌 산맥
난링 산맥(남령산맥)
네바다 데 산타 마르타 산맥
다베 산맥(대별산맥)
다바 산맥
델카르멘 산맥
동서고츠 산맥
드라켄즈버그 산맥
라다크 산맥

라샐 산맥
라플라타 산맥
래러미 산맥
랭걸 산맥
래벌리 산맥
로키 산맥
루이스 산맥
릴라 산맥
마도케 산맥
마드레 산맥
매켄지 산맥
메디신보 산맥
메사비 산맥
모고욘 산맥
모레나 산맥
미션 산맥
바리산 산맥
베이 산맥
브룩스 산맥
블루리지 산맥
비스마르크 산맥
비룽가 산맥
빅혼 산맥
빈디아 산맥
사얀 산맥
사페드 산맥
샌게이브리얼 산맥
샌환 산맥
세인튼 일라이어스 산맥
센티럴 산맥
셀커크 산맥
수람 산맥
슬라이만 산맥
슈말리아나돌루 산맥
스칸디나비아 산맥
스타노보이 산맥
시야후가이 산맥
시에라네바다 산맥
시호테알린 산맥
신안링 산맥(흥안령산맥)
아라발리 산맥
아라칸 산맥
아울크리크 산맥
안남 산맥
아이금 산맥
아틀라스 산맥
아하가르 산맥
안데스 산맥
알래스카 산맥
알프스 산맥
애디론댁 산맥
애버데어 산맥
애브사러카 산맥
앨버트 산맥
야블로비 산맥
엘브르즈 산맥
엘즈워즈 산맥
오언스탠리 산맥
워새치 산맥
이란 산맥
류판 산맥(육판산맥)
자야위자야 산맥
중가리안알리 산맥
체르스키 산맥
치안 산맥
친링 산맥
카라코람 산맥
카르파디아 산맥
카일라스 산맥
카이코라 산맥
카프카즈 산맥
칸타브리카 산맥
코스트 산맥
쿤룬 산맥(곤륜산맥)
크레이지 산맥
키르기스 산맥
타이완 산맥(대만산맥)
톈산 산맥
토코르푸리 산맥
트랜스히말리야 산맥
티베스티 산맥
파리마 산맥
파크 산맥
패너민트 산맥
페나인 산맥
푸뉴 산맥
포드 산맥
프런트 산맥
플린더스 산맥
해머즐리 산맥
화이트 산맥

산업

교육산업
기간산업
도시산업
바이오산업
실버산업
원시산업
유치산업
주도산업
주야산업

허용 처리

가전 산업
관광 산업
군수 산업
기초 산업
내수 산업
레저 산업
사양 산업
도시 산업
방위 산업
레저 산업
사양 산업
3차 산업
석유 산업
수출 산업

시황 산업
여가 산업
에너지 산업
외식 산업
원자력 산업
1차 산업
2차 산업
유통 산업
장치 산업
전략 산업
정맥 산업
정보 산업
조립 산업
주택 산업
지식 산업
첨단 산업
체험 산업
클린 산업

미등재

간척 사업(용례)
금융 산업
기계 산업
두뇌 산업
문화 산업
벤처 산업
불륜 산업
사행 산업
섬유 산업
성장 산업
섹스 산업
에탄올 산업
유류 산업
자동차 산업
전력 산업
의료 산업
자동차 산업
정보 기술 산업
조선 산업
주력 산업
지원 산업
철강 산업
콘텐츠 산업
틈새 산업
특화 산업(용례)
항공 산업

산지, 산괴

간지 산지
강서 산지
고기빅 산지
민저 산지
바라일 산지
빈슨 산괴
빌카노타 산괴
앨러게니 산지
양광 산지
타트라 산지
티베트·히말라야 산괴
티베스티 산지

살림

각살림
겹살림
곁방살림
단가살림
단칸살림
독살림
딴살림
딴집살림
바깥살림
부엉이살림
부엌살림
새살림
신접살림
신혼살림
안살림
안팎살림
애옥살림
잔살림
큰살림
홀아비살림
홀앗이살림

-살이

가난살이
감옥살이
겨울살이
곁방살이
고공살이
고생살이
고용살이
고을살이
곰살이
공방살이
귀살이
귀양살이
남의집살이
단가살이
단칸살이
더부살이
두해살이
드난살이
딴집살이
막살이
머슴살이
물살이
뭍살이
버슴살이
봄살이
살림살이
세상살이
셋방살이
시묘살이
시집살이
신접살이
안살림살이
애옥살이

여러해살이
여름살이
오막살이
옥살이
외방살이
움막살이
움집살이
인생살이
죽살이
집살이
징역살이
처가살이
친정살이
타향살이
피난살이
하루살이
한살이
한해살이
한두해살이
행랑살이

삯

기찻삯
길품삯
바느질삯
뱃삯
버스삯
찻삯
품삯

삼다/삼아

거울삼다
놀이삼아
대중삼다
동무삼다
모험삼아
문제삼다
벗삼아
비녀삼아
비삼다
시험삼아
웃음경삼아
이불삼아
일삼다
자랑삼아
장난삼아
참고삼다

가족 삼고(별들을 ~….)

상태

갈등상태
들뜬상태
바닥상태
백지상태
혼수상태

허용 처리

평형 상태

미등재

가사 상태
건강 상태(용례)
공백 상태(용례)
공복 상태
과냉각 상태(용례)
과부하 상태
기아 상태
기화 상태
냉각 상태
대치 상태
무방비 상태(용례)
수면 상태
수업 상태
액화 상태
에너지 상태(용례)
유동 상태
전시 상태
정신 상태(용례)
정지 상태
제로 상태
준비 상태
포화 상태
화합 상태
화해 상태
혼돈 상태
휴전 상태

새김

갈비새김
겹새김
나무새김
돋을새김
되새김
섭새김
초새김

새끼

개새끼(욕으로서는)
거미새끼
돼지새끼
여우새끼
쥐새끼
고기 새끼
까치 새끼
꿩 새끼
돼지 새끼
여우 새끼
제 새끼
제비 새끼
쥐 새끼

색

검은색
노란색
녹색
다갈색
보호색
분홍색

붉은색
빨간색
암갈색
얼굴색
연두색
자주색
적갈색
주황색
청록색
초록색
커피색
파란색
푸른색
피부색
하얀색
회색
흰색

장판 색

생활

가정생활
가족생활
개인생활
경제생활
교단생활
교편생활
독립생활
문화생활
물질생활
봉급생활(~자)
사회생활
성생활
신앙생활
언어생활
원시생활
이중생활
일상생활
자연생활
정신생활
전원생활
집단생활
철창생활
학교생활

미등재

감옥 생활
거지 생활
교사 생활
국가 생활
군대 생활
금욕 생활
기자 생활
기초 생활
내무 생활
노인 생활
농촌 생활
단체 생활
도시 생활
도피 생활
독서 생활
동거 생활
방랑 생활(용례)
별거 생활
부부 생활
비렁뱅이 생활
산거 생활(용례)
선수 생활
수도사 생활
여가 생활
연금 생활(~자)
영창 생활
예금 생활(~자)
유목 생활(용례)
유치장 생활
유학 생활
은거 생활
은둔 생활
이민 생활
영창 생활
정치 생활
종교 생활
직장 생활
청빈 생활
취미 생활(용례)
학창 생활(용례)
호화 생활

서다

가로서다
갈라서다
곤두서다
기대서다
내려서다
냅떠서다
넘어서다
늘어서다
다가서다
대서다
돌아서다
둘러서다
뒤서다
들어서다
따로서다(아이가 ~.)
물구나무서다
물러서다
발쇠서다
빗더서다
삼서다
앞장서다
올라서다
외어서다(길을 비켜 서다.)
일어서다

가래톳 서나
들러리 서다
따로 서다(내외가 ~.)
마주 서다

멈춰 서다
멍울 서다
바로 서다
비켜 서다
아기 서다
아이 서다
애 서다
핏발 서다

선수

운동선수

미등재

국가 대표 선수
농구 선수(용례)
배구 선수
배드민턴 선수
수영 선수
야구 선수(용례)
체조 선수
축구 선수
탁구 선수
후보 선수

-성

게으름성
견딜성
고임성
괴성
귀염성
내뛸성
냅뜰성
늘품성
두름성
마음성
먹성
믿음성
밉성
불뚝성
붙임성
뻣성
사귐성
살성
어렴성
입성
주변성
지닐성
참을성

세다

감때세다
굳세다
아귀세다
힘세다

고집 세다
장력 세다

세우다

내세우다
덧세우다
돌려세우다
앞세우다
앞장세우다

내다 세우다
불러 세우다

소

겨릿소
고기소(고기닭)
늙다리소
도짓소
둘암소
들소
물소
배냇소
부룩소
부림소
불암소
불친소
살소
생멧소
수냇소
수소
싸움소(싸움닭)
씨소
씨수소
씨암소
악대소
암소
어석소
얼럭소
얼룩소
일소
젖소
조선소
중소
집소
차붓소
칡소
코뚤소
황소
흑소

검정 소
껌정 소
누렁 소
큰 소

소금

꽃소금
돌소금
두더지소금
약소금
양칫소금

소리

가벼운입술소리
가운뎃소리
갈이소리
갖은소리
개소리
객소리
거센소리
거짓소리
겹닿소리
겹홀소리
고름소리
곡소리
괴소리
군소리
굴림소리
궂은소리
긴소리(용어로서)
깩소리
끝소리
끽소리
낱소리
노랫소리
놀소리
다리아랫소리
닿소리
도리깨소리(소리)
도맛소리
동떨어진소리
된소리
뒷소리
딴소리(~하면 안 돼.)
말소리
맑은소리
맛소리
머리소리
메기는소리
모깃소리
목구멍소리
목소리
목청소리
못소리
문소리
물소리
바깥채비소리
받는소리
받침소리
발소리
뱃소리
버릇소리
별소리
볼멘소리
봉돗소리
북소리
빗소리
사잇소리
산소리
상소리
상엿소리
새소리
생소리
선소리
센입천장소리
속소리
쇳소리
숨소리
신소리
신소리(신에서 나는 ~)
씽소리
안울림소리
안채비소리
앉은소리(선소리)
앞소리
앞짧은소리
어금닛소리
억지소리
여린입천장소리
예사소리
외마딧소리
왼소리
우렛소리
우스갯소리
울림소리
울음소리
웃음소리
웃음엣소리
익은소리
입소리
입술가벼운소리
입술소리
입찬소리
입천장소리
잇소리
잔소리
젓소리
제소리
종소리
죽는소리
짓소리
짹소리
찍소리
천둥소리
첫소리
총소리
콧소리
큰소리(호언장담)
터짐소리
토막소리
판소리
허튼소리
헛소리
혀끝소리
혀짤배기소리
혓소리
혼잣소리
홑닿소리

훌훌소리
훌소리
흐름소리
흰소리

개 짖는 소리
개구리 소리
거문고 소리
경 소리
경적 소리
고동 소리
고함 소리
공부 소리
글 읽는 소리
기관총 소리
기도 소리
기러기 소리
기적 소리
기침 소리
긴 소리
까마귀 소리
까치 소리
꽹과리 소리
꾀꼬리 소리
나팔 소리
낮은 소리
농악 소리
높은 소리
닭 우는 소리
다듬이 소리
다듬질 소리
대포 소리
도 소리
도마질 소리
돌멩이 소리
딴 소리(~는 안 들린다.)
레 소리
마차 바퀴 소리
만세 소리
말굽 소리
말발굽 소리
매미 소리
문 두드리는 소리
문 여는 소리
물레방아 소리
물방울 듣는 소리
미 소리
바람 소리
바스락 소리
바이올린 소리
바퀴 소리
박격포 소리
박수 소리
발자국 소리
방망이 소리
방울 소리
버들피리 소리
벌레 소리
범종 소리
벨 소리
비명 소리
뿔피리 소리
사람 소리
쇠망치 소리
수숫잎 소리
시냇물 소리
신음 소리
아우성 소리
앓는 소리
엔진 소리
음악 소리
응원 소리
장구 소리
전동차 소리
정 소리
종다리 소리
징 소리
짧은 소리
참새 소리
철컥 소리
철컹 소리
초인종 소리
코 고는 소리
코맹맹이 소리
코먹은 소리
코멘 소리
큰 소리 *cf.* 작은 소리
큰북 소리
퉁소 소리
파도 소리
파 소리
포 소리
폭우 소리
폭탄 소리
폭포 소리
폭풍우 소리
풀벌레 소리
풍구 소리
풍금 소리
풍악 소리
피리 소리
피아노 소리
한숨 소리
해금 소리
호각 소리
확성기 소리

속

가슴속
강정속
골속
귓속
글속(~이 깊다.)
굴속
길속
꿈속
꿍꿍이속

나무속 *cf.* 나무결
댓속(대의 속)
땅속
마음속
말속(말의 깊은 속뜻)
맘속
머릿속
물속
바닷속
박속
뱃속
벌잇속
베갯속
불속(전쟁의 ~)
빈속
빗속
뼛속
산속
손속
셈속
실속
알속(실속)
야바윗속
에누릿속
왕골속
욧속
우렁잇속
이불속(~을 두다.)
이빨속
입속
잇속
잔속(~을 보르나.)
장삿속
조홧속
찻속
컷속
콧속
통속(한~이다.)
품속(~에 감추다.)

핏속
한속(같은 뜻이나 마음)
한통속
혓속
혼잣속

가방 속
관 속
구름 속
그 속
글 속(~에 진리가 있다.)
깃 속
꼬투리 속
나무 속(~에 총알이 박히다.)
눈 속
눈길 속
대기 속
말 속(~에 뼈가 있다.)
몸 속
벽장 속
불 속
숲 속
알 속(~에서 나오다.)
어둠 속
옷 속
우물 속
이불 속(~에 들어가다.)
자연 속
산 속(~에 파리가 빠지나.)
소멍 속
집 속
차 속(돌아오는 ~에서….)
책 속
통 속(~에 빠지다.)
품 속
피 속(우리의)
흙 속

손

깍짓손
꺽짓손
내미손
단손
대팻손
덩굴손
뒷손
든손
들손
맨손
맷손
물손
비손
빈손
살손
새끼손
생인손
선손
손짭손
씨아손
악짓손
약손
양손
억짓손
엉너릿손
오른손
왼손
일손
잎덩굴손
잔손
잡을손
잡힐손
조막손
쥘손
탁잣손
탑손
톱손

혼잣손
흙손

두 손
한 손

솔

구둣솔
땟솔
면솔
몽당솔
밤송이솔
빗솔
빨랫솔
양복솔
옷솔
칫솔

송이

구름송이
깻송이
꽃송이
눈꽃송이
눈송이
다래송이
만두송이
머루송이
목화송이
밤송이
불밤송이
솔잎송이
잣송이
쭈그렁밤송이
포도송이
함박송이

솥

가마솥
곱돌솥
국솥
군불솥
노구솥
다갈솥
단솥
딴솥
발솥
밥솥
오가리솥
옹솥
질솥
큰솥
한뎃솥

수

가닥수
가짓수
각진동수
개구수
결수
권수
기공수
끝수
나눗수
날수
당량수
덧수
득점수
득표수
땀수
마력수
마릿수
말수
머릿수
면수
번지수
법정수
부수
생균수
순서수
시상수
아베수
아홉수
양자수(편수 자료)
어림수
외통수
의석수
의장수
인구수
인원수
일정수
자수
자릿수
자연수
재적수
전하수
정족수
제곱수
주파수
진동수
질량수
짝수
천공수
총인구수
콧수
핵자수
햇수
호흡수
홀수
회전수
횟수

글자 수
바퀴 수
사망자 수
산란 수
시간 수
10의 자리 수

양성자 수
음절 수
의원 수
일의 자리 수
재석 수
참가자 수
책 수
총 글자 수
총유권자 수
학교 수
학생 수

수단

고압수단
교통수단
기동수단
비상수단
응급수단

허용 처리

노동 수단
생산 수단
신교통 수단
촬영 수단
통신 수단

미등재

거래 수단
결제 수단
교육 수단
교환 수단
매개 수단
무력 수단
방어 수단
보복 수단
생계 수단
생활 수단
입력 수단
압박 수단
운송 수단
외교 수단
의사소통 수단
이동 수단
저지 수단
전달 수단
지급 수단
지불 수단
최후 수단
테러 수단
통제 수단
투자 수단
파괴 수단
판매 수단
폭력 수단
혁명 수단
홍보 수단

수당

기말수당
위험수당

허용 처리

가족 수당
근무 수당
시간외 근무 수당
실업 수당
잔업 수당
전투 수당
주택 수당
초과 근무 수당
특근 수당
특별 수당
휴업 수당

미등재

물가 수당
법정 수당
벽지 수당
비행 수당
승선 수당
야근 수당
연차 수당
연월차 수당
월차 수당
정근 수당(용례)
직책 수당
철야 수당

수작

개수작
겉수작
허튼수작
후림대수작
흰수작

순회, 야전, 이동

순회강연
순회공연
순회문고
순회도서관
순회병원
순회감사

허용 처리

순회 대사
순회 심판
순회 우체국
순회 재판
순회 판사
야전 병원
이동 대사
이동 도서관
이동 병원

술

강술
공술
귀밝이술
딘술
대폿술
됫술
말술

맑은술
병술
부좃술
소나기술
송이술
쓴술
약술
오갈피술
잔술
전술
조라술
죽술
찌끼술
통술
해장술

숲

갈숲
꽃숲
나무숲
눈막이숲
대숲
모래막이숲
바람막이숲
풀숲

대나무 숲
무궁화 숲
소나무 숲
전나무 숲
참나무 숲

숯

강참숯
그림숯
깜부기숯
등걸숯
뜬숯
참숯

시(詩)

개념시
교술시
구체시
극시
대화시
목적시
무성시(잘 그린 그림)
무운시
무훈시
민족시
사상시
사행시
산문시
생명시
서사시
서정시
순수시
신체시
연애시
이념시
일념시
자유시
전별시
전원시
전쟁시
정형시
주지시
참여시
팔행시
풍물시
풍자시
퇴폐시

미등재

경향시
근대시
모더니즘 시
민중시
상념시
생명시
애국시
연작시
영미시
자연시
저항시
찬성시(讚聖詩)
창작시
현대시

시간

공주시간
비행시간

허용 처리

거래 시간
구속 시간
근로 시간
기동 시간
대기 시간
반응 시간
분열 시간
실동 시간
응답 시간
일조 시간
잠복 시간
지연 시간

미등재

감쇠 시간(펄스)
개시 시간(펄스)
공백 시간
공부 시간
교환 시간
국어 시간
기상 시간(용례)
노출 시간(용례)
대화 시간
동작 시간(북한)
마루 시간

마찰 시간
면회 시간(용례)
보류 시간
분류 시간
수업 시간(용례)
수학 시간
승선 시간(용례)
식사 시간
실행 시간
아침 시간
약속 시간
여유 시간
연산 시간
오락 시간(용례)
운전 시간
운행 시간
이온화 시간
일몰 시간(용례)
일출 시간
자유 시간
작동 시간
잔광 시간
저녁 시간
저장 시간(펄스)
절단 시간
점심 시간(용례)
점호 시간(용례)
점호 시간(용례)
섭근 시간
정전 시간(용낭)
조빈 시긴
중간 시간
지속 시간
지연 시간(펄스)
진폭 시간(펄스)
치단 시긴
처리 시간
체공 시간
체육 시간
취침 시간(용례)
판독 시간
평균 수리 시간
평균 시간(펄스)
항해 시간
활공 비행 시간
회복 시간
회송 시간(용례)
회의 시간(용례)

시대

과도시대
광명시대
신화시대
암흑시대
영웅시대
요람시대
요순시대
전성시대
황금시대

허용 처리

공룡 시대
공업 시대
공포 시대
구석기 시대
구약 시대
군인 황제 시대
군정 시대
그레코로만 시대
기계 시대
남북소 시대
농경 시대
농업 시대
대공위 시대
대항해 시대
통기 시내
무로마치 시대
발견 시대
복사 시대
봉건 시대
빙하 시대
4F 시대
삼국 시대
생물 시대
석기 시대
선사 시대
수렵 시대
수어 시대
신석기 시대
신시 시대(神市 ~)
신약 시대
아마르나 시대(고대 이집트)
아스카 시대
어렵 시대
어류 시대
역사 시대
왕조 시대
왜정 시대
요시노조 시대
원사 시대
원시 시대
원인 시대
전국 시대
정통 칼리프 시대
지질 시대
진한 시대
철기 시대
족삭 시내
청동기 시대
춘추 시대
춘추 전국 시대

미등재

가마쿠라 시대
개성 시대
계몽 시대
고려 시대
권위주의 시대
나라 시대

남해안 시대
대정 시대
대한 제국 시대
명치 시대
무로마치 시대
민주주의 시대
백제 시대
서해안 시대
성공 시대
소화 시대
수난 시대
식민지 시대
야마토 시대
에도 시대
웰빙 시대
일제 시대
절대 왕정 시대
조선 시대
첨단 시대
통일신라 시대
헤이안 시대
후삼국 시대

시험, 고사

기말시험
중간시험
중화시험
입학시험
기밀시험

허용 처리

갱도 시험
기말 고사
중간 고사
경선 시험(傾船~)
냉각 시험
단락 시험
대학 수학 능력 시험
마찰 시험
모의 시험
발색 시험
비파괴 시험
안전성 시험
온도 시험
용출 시험
인장 시험
작열 시험
절연 시험
점적 시험
정색 시험
종합 시험
증류 시험
진급 시험
추가 시험
충격 시험
파괴 시험
평형 시험(~기)
학기말 시험

신고

결석신고
숙박신고
중간신고

허용 처리

분실 신고
사망 신고
실종 신고
입항 신고
전입 신고
조세 신고
출생 신고
통관 신고(~서)
퇴거 신고
합산 신고
혼인 신고
휴업 신고

미등재

귀대 신고
부가세 신고
법정 전염병 신고
부가세 신고
습득물 신고(용례)
외출 신고
입국 신고
입항 신고
재산 신고
조난 신고
조퇴 신고
종합 소득세 신고
진급 신고
출국 신고
출항 신고(용례)
화재 신고
휴가 신고

실

겹실
금실
뜨개실
명주실
바느질실
오색실
외겹실
외올실
은실
자수실
재봉실
홑실

심부름

물심부름
바깥심부름
손심부름
술심부름
안심부름
안팎심부름
잔심부름

담배 심부름

싫어하다

가고 싫어하다
걷고 싫어하다
공부하고 싫어하다
놀고 싫어하다
되고 싫어하다
듣고 싫어하다
먹고 싫어하다
알고 싫어하다
읽고 싫어하다
자고 싫어하다
주고 싫어하다
팔고 싫어하다
하고 싫어하다
헤어지고 싫어하다

싸움

감정싸움
가마싸움
감투싸움
개싸움
고싸움
기싸움
꽃싸움
나무쇠싸움(민속)
눈싸움
당파싸움
두뇌싸움
닭싸움
돌싸움
말싸움
머리싸움
몸싸움
불놓싸움
물싸움
바가지싸움
보싸움
뿔싸움
사랑싸움
소싸움
숨은싸움
신주싸움
연싸움
자리싸움
집안싸움
판싸움
패싸움
팽이싸움
편싸움
풀싸움
횃불싸움

계파 싸움
고래 싸움
당권 싸움
묘수 싸움
부부 싸움
새우 싸움
수 싸움
오기 싸움
자존심 싸움
재산 싸움
주도권 싸움
진흙탕 싸움
체력 싸움
파빌 싸움
허리 싸움

쌈

가짓잎쌈
고기쌈
고추쌈
김쌈
깻잎쌈
머윗잎쌈
미나리잎쌈
밀쌈
박쌈
방앗잎쌈
배추속대쌈
보쌈
복쌈
상추쌈
속대쌈
시금치쌈
쑥갓쌈
아욱쌈
알쌈
얼간쌈
전복쌈
참죽쌈
참죽잎쌈
취쌈
통김치쌈
호박잎쌈

썰기

깍둑썰기
납작썰기
반달썰기
얄팍썰기
어슷썰기
장식썰기
팔모썰기

곱게 썰기
멋대로 썰기
뱀뱃살 모양 썰기
엇갈려 썰기

쓰다

꾀쓰다
내려쓰다
내리쓰다
넘겨쓰다

당겨쓰다
덮어쓰다(누명을 ~.)
돌려쓰다(돈을 ~.)
뒤집어쓰다
들쓰다(이불을 ~.)
떼쓰다
머리악쓰다(기쓰다)
모질음쓰다(기쓰다)
못쓰다(얼굴이 못쓰게 되었다.)
무릅쓰다
벌서다
벌쓰다
변쓰다(암호를 쓰다.)
손쓰다
악쓰다
용쓰다
집어쓰다(돈을 ~.)
힘쓰다

간힘 쓰다
감투 쓰다
고쳐 쓰다
굴레 쓰다
글 쓰다
기 쓰다
내려 쓰다(내려(서) 쓰다.)
노나 쓰다
담타기 쓰다
닦아 쓰다(그릇을 ~.)
덤터기 쓰다
덮어 쓰다(뚜껑을 ~.)
띄어 쓰다
마음 쓰다
말판 쓰다
머리 쓰다
몸 쓰다(몸으로 재간을 부리다.)
못 쓰다(못 쓸 물건)
받아 쓰다
붙여 쓰다
빌려 쓰다
섞어 쓰다
선손 쓰다
선수 쓰다
안간힘 쓰다
억지 쓰다
일기 쓰다
잘 쓰다
줄여 쓰다
집어 쓰다(집어(서) 쓰다)
칼 쓰다
탈 쓰다
편지 쓰다
풀어 쓰다

씌우다

넘겨씌우다
다미씌우다
덮어씌우다
뒤집어씌우다
들씌우다
안다미씌우다

굴레 씌우다
담타기 씌우다
덤터기 씌우다
칼 씌우다

씨〔氏, 種〕

고추씨
김씨 *cf.* 김 씨
꽃씨
담배씨
면화씨
목화씨
무씨
박씨 *cf.* 박 씨
배추씨
버찌씨
볍씨
복숭아씨
복희씨
불씨
사과씨
살구씨
상추씨
수박씨
시금치씨
옥수수씨
외씨
이씨 *cf.* 이 씨
인삼씨
참외씨
포도씨
해바라기씨
호박씨

개더골드 씨
김 씨(김인후 씨)
단풍나무 씨
박 씨(박인로 씨)
보브 씨
분꽃 씨
아카시아나무 씨
위그든 씨
이 씨(이인승 씨)
채 씨(채영신 씨)
코스모스 씨

씨름

네굽씨름
다리씨름
두꺼비씨름
띠씨름
말씨름
맞씨름
멱씨름
민둥씨름

바른씨름
발씨름
상씨름
샅바씨름
선씨름
아기씨름
어른씨름
오른씨름
왼씨름
입씨름
중씨름
판씨름
팔씨름
포씨름
허리씨름

-아/어/와/워하다

가려워하다
가슴아파하다
가여워하다
가엾어하다
간지러워하다
개운찮아하다
객쩍어하다
거북스러워하다
걱정스러워하다
겸연쩍어하다
고마워하다
고달퍼하다
고통스러워하다
곤혹스러워하다
괴로워하다
괴이쩍어하다
귀여워하다
귀찮아하다
그리워하다
근지러워하다
나빠하다
낯없어하다
노여워하다
놀라워하다
눈물겨워하다
다행스러워하다
단조로워하다
두려워하다
따가워하다
맛없어하다
맛있어하다
맥없어하다
멋쩍어하다
메스꺼워하다
면목없어하다
못잊어하다
무서워하다
미심스러워하다
미심쩍어하다
미안쩍어하다
미워하다
반가워하다
배고파하다
배불러하다
배아파하다
번거로워하다
부끄러워하다
부러워하다
사랑스러워하다
서러워하다
성가셔하다
성가시러워하다
수상쩍어하다
수줍어하다
쉬워하다
스스럼없어하다
시끄러워하다
시답잖아하다
시원스러워하다
신기스러워하다
신비스러워하다
실망스러워하다
싫어하다
안타까워하다
아니꼬워하다
아쉬워하다
아파하다
안쓰러워하다
안타까워하다
애달아하다
애달퍼하다
애처러워하다
얄미워하다
어려워하다
어지러워하다
어처구니없어하다
언짢아하다
역겨워하다
열없어하다
염치없어하다
외로워하다
의심스러워하다
의아스러워하다
자랑스러워하다
재미있어하다
조심스러워하다
죄스러워하다
즐거워하다
지겨워하다
징그러워하다
짜증스러워하다
편찮아하다
탐탁스러워하다
한숨겨워하다
한심스러워하다
한탄스러워하다
힘겨워하다
힘들어하다

자신 없어 하다

자신 있어 하다
재미없어 하다

아이

갓난아이
계집아이
딸아이
사내아이
어린아이
큰아이

남자 아이
동네 아이
사령 아이
셋째 아이
여자 아이
원님 아이

안

겉볼안
뜰안
울안
장안
집안(가정)
입안(구강)
품안(~의 자식)
한집안

가게 안
골목 안
굴 안
기차 안
나라 안
능 안
담 안
독 안
뜰 안(좁은 ~)
몸 안
방 안
배 안
버스 안
부엌 안
선 안
솥 안
수레 안
역 안
열흘 안
온 집 안
온 집안(~ 식구)
울 안 *cf.* 울 밖
입 안
점포 안
정자 안
제 집안
집 안 *cf.* 집 밖
차 안
차창 안
창고 안
품 안(봄의 따스한 ~)

안다

곧추안다
그러안다
껴안다
끌어안다
부둥켜안다
부여안다
싸안다
얼싸안다

들어 안다(들어(서) 안다.)
품어 안다

앉다

가라앉다
갈앉다
걸어앉다
걸터앉다
곧추앉다(곧추앉은 자세)
기대앉다
꿇어앉다
나앉다
내려앉다
내앉다(길에 ~.)
늘어앉다
다가앉다
돌아앉다
둘러앉다
뒤돌아앉다
들어앉다
물러앉다
불똥앉다
올라앉다
주저앉다
차고앉다

끼여 앉다
마주 앉다
벌려 앉다
붙어 앉다

앉히다

가라앉히다
걸어앉히다 *cf.* 걸터앉다
꿇앉히다
꿇어앉히다
들여앉히다
주저앉히다

알

감자알
개구리알
개암알
기러기알
까치알
깨알
꿩알

녹두알
눈알
대추알
도롱뇽알
도루묵알
두루미알
물새알
민어알
바둑알
밤알
비둘기알
산새알
석류알
숭어알
승경도알
쌀알
안경알
연어알
오리알
용알
은행알
참새알
청어알
콩알
타조알
팥알
포도알
호두알

호랑나비 알

앞

눈앞
코앞(가까운 거리)

가게 앞
골 앞
글방 앞
대감 앞
대문 앞
동구 앞
동네 앞
마당 앞
마을 앞
맨 앞
무덤 앞
문 앞
방 앞
역 앞
역전 앞
집 앞
창 앞
코 앞
탑 앞

애

계집애
사내애
어린애
처녀애

-야말로

군인이야말로
나야말로
너야말로
남자야말로
돈이야말로
마지막 잎이야말로
모습이야말로
심성이야말로
어니스트 씨야말로
여자야말로
의지야말로
이것들이야말로
이때야말로
이번에야말로
이 사람이야말로
이웃이야말로
이제야말로
장군이야말로
저것들이야말로
지금이야말로
태도야말로
학생이야말로
형이야말로

양식

생활양식

허용 처리

건축 양식
교수 양식
노르만 양식
도리스 양식
레요낭 양식
바로크 양식
비더마이어 양식
생산 양식
앙피르 양식
콜로니얼 양식
플랑부아양 양식
엘리자베스 양식

미등재

간다라 양식
고딕 양식(용례)
고전 양식
굽타 양식
로코코 양식
르네상스 양식
이오니아 양식
전통 양식
주거 양식
코린트 양식(코린트식)
행동 양식
활동 양식(용례)

어리다

감격 어리다

감동 어리다
눈물 어리다
동정 어리다
살기 어리다
순정 어리다
애정 어리다
온정 어리다
우정 어리다
인정 어리다
정감 어리다
정성 어리다
피땀 어리다
피 어리다
호기심 어리다
나이 어리다

어림

겉어림
눈어림
속어림
손어림

어미

귀덕어미
빵덕어미
젖어미
홀어미

없다

가량없다
가뭇없다
가없다
가이없다
간단없다
간데없다
간데온데없다
갈데없다
값없다
거리낌없다
거추없다
거침없다
경없다
경황없다
관계없다 *cf.* 관계있다
구김없다
구성없다
굽힘없다
그지없다
기신없다
기탄없다
까딱없다
까땍없다
깔축없다
꼼짝없이
꾸밈없다
꿈쩍없다
끄떡없다
끊임없다
끝없다
난데없다
남김없다/없이
낯없다
내남없이
너나없이
넋없다
느닷없이
다름없다
다시없다(다시없는 기회)
대중없다
더덜없이
덧없다/더없이
두말없다
두미없다
두서없다
뒷손없다
드리없다
듣잘것없이
뜬금없이
막힘없다
말없다/없이
맛없다
맥없다
멋없다
무람없다
문제없다
물색없다
물샐틈없다
밑도끝도없다
바이없다
밤낮없다/없이
밥맛없다(하는 짓이 ~.)
버르장머리없다
버릇없다
별수없다
보잘것없다
본데없다
볼품없다
부질없다
분별없다 *cf.* 분별 있다
분수없다 *cf.* 분수 있다
빈틈없다
빠짐없다
사정없다/없이(~ 내리는 눈물)
상관없다 *cf.* 상관 있다
상없다
서슴없다
세상없이/없어도
세월없다
소용없다
속절없다
손색없다
수없다
숨김없다
스스럼없다
시름없다
실없다
싹수없다

싹없다
쓸데없다
쓸모없다 *cf.* 쓸모 있다
아낌없다
아랑곳없다
야마리없다
어김없다
어림없다
어이없다
어처구니없다
얼씬없다
얼없다
엉터리없다
어들없다(밋없고 미련하다.)
여부없다
여지없다
연득없다
열없다
염의없다
염치없다
영락없다
예제없이
온데간데없다
옴나위없다
외상없다
외수없다
위없다
유례없다 *cf.* 유례 있다
의지가지없다
인정사정없다/없이
일없다
자발머리없다
지발없다
정신없다
종없다
종작없다
주책없다
지각없다
진배없다

짝없다
쩍말없다
찜없다(틈이 생기지 않다.)
채신머리없다
채신없다
처신없다
천하없어도/없이
철없다
체수없다
측량없다
치신머리없다
치신없다
탈없다
태없다
터무니없다
턱없다
틀림없다
티없다/없이(~ 자란 사람)
하릴없다
하염없다
하잘것없다
한량없다
한없다
허물없다
헐수할수없다
형편없다
흉허물없다
힘없다

가능성 없다
가릴 것 없다
가망 없다
가식 없다
가족 없다
간섭 없다
갈 길 없다
갈등 없다
개성 없다
거짓 없다

걱정 없다
겉잡을 수 없다
겨를 없다
견딜성 없다
결론 없다
결점 없다
경력 없다
경험 없다
계급 없다
계획 없다
고려 없다
관련 없다 *cf.* 관계없다
관심 없다
교양 없다
구별 없다
구분 없다
국경 없다
군더더기 없다
군소리 없다
근거 없다
기교 없다
기별 없다
기운 없다 *cf.* 힘없다
기준 없다
기회 없다
까닭 없다
끈기 없다
나무랄 데 없다
낭비 없다
낯짝 없다
내실 없다
너나 할 것 없이
노력 없다
녹 없는(~ 사람)
눈코 뜰 새 없다
눈물 없이
눈치 없다
눈치코치 없다
능력 없다

다를 게 없다
다시 없다(이런 일은 ~.)
대가 없다
대과 없다
대꾸 없다
대답 없다
대화 없다
도리 없다
도움 없다
동요 없다
동의 없다/없이
두려움 없다
두말할 것 없다
두말할 나위 없이
뒤탈 없다
득점 없이
뚜껑 없다
말 없는(아무 ~ 사람)
말할 수 없다
맛 없다(아무 ~.)
매듭 없다/없이
매력 없다
맵시 없다
멋대가리 없다
면목 없다
면허 없다
모순 없다
목적 없다
목표 없다
묘미 없다
무리 없다
무서움 없다
바람 없다
바탕 없다
박력 없다
발 디딜 틈 없다
발 없다
밥맛 없다(밥맛이 없다.)
법 없이도

변동 없다
변함 없다
변화 없다
별 걱정 없다
별고 없다
별 관계 없다 *cf.* 관계없다
별 관심 없다
별 대책 없다
별 도리 없다
별 뜻 없다
별로 없다
별 무리 없다
별 문제 없다
별 반응 없다
별 볼일 없다
별 불편 없다
별 생각 없다
별 성과 없다
별 쓸모 없다
별 얘기 없다/없이
별 어려움 없다
별 의미 없다
별 의심 없다
별 이득 없다
별 이상 없다
별 이유 없다
별일 없다
별 지장 없다
별 진전 없다
별 차이 없다
별 탈 없다
별 효과 없다
별 흥미 없다
보람 없다
보살핌 없다
보추 없다(진취성이 없다.)
보탬 없다
볼낯 없다
볼일 없다

부끄럼 없다
부담 없다
부러움 없다
부모 없다
부족함 없다
분쟁 없다
분한 없다
불기 없다
불만 없다
불편 없다
불황 없다
비판 없다
빠트림 없다
뿌리 없다
사교성 없다
사귐성 없다
사정 없다(특별한 ~.)
생각 없다
생기 없다
설득력 없다
설자리 없다
성과 없다
성역 없다
소견 없다
소견머리 없다
소득 없다
소리 없다
소문 없다
소식 없다/없이
소신 없다
소질 없다
손상 없다
수입 없다
순서 없다
쉴 새 없다
쉴 틈 없다
쉼 없다
승낙 없다
승산 없다

승인 없다
신용 없다
신의 없다
실력 없다
실속 없다
실수 없다
실패 없다
실현성 없다
실효성 없다
싸움 없다
쓰잘머리 없다
아량 없다
아무 말 없이
악의 없다
안목 없다
알 일 없다
알 턱 없다
애정 없다
애착 없다
약정 없다
얀정머리 없다
얀정 없다
양식 없다
양심 없다
어려움 없다
어쩔 수 없다
없는 게 없다
에누리 없다
여과 없다
여력 없다
여유 없다
여지 없이(생각할 ~….)
여한 없다
연락 없다
열성 없다
열의 없다
염려 없다
예산 없다
예약 없다

예외 없다
오갈 데 없다
오해 없다
온다 간다 말 없이
요령 없다
욕심 없다
용기 없다
용서 없다
우려 없이
운수 없다
운치 없다
웃음 없다
원도 한도 없다
원 없다
원칙 없다
유감 없다
융통성 없다
의견 없다
의미 없다
의식 없다
의욕 없다
의의 없다
의지 없다
의혹 없다
이견 없다
이름 없다
이문 없다
이빨 없다/없는
이상 없다
이유 없다
이의 없다
이익 없다
이자 없다/없이
인기 없다
인기척 없다
인사성 없다
인적 없다
인정머리 없다
인정미 없다

인정 없다
일관성 없다
임자 없다/없는
입맛 없다
자격 없다
자식 없다
자신 없다
자취 없다
잘못 없다
잡음 없다
재간 없다
재미 없다
재산 없다
재수 없다
재주 없다
저의 없다
저항 없다
전례 없다
전망 없다
전통 없다
절도 없다
절제 없다
절차 없다
정처 없다
제약 없다
제한 없다
조건 없다
조리 없다
조심성 없다
조치 없다/없이
존재 없다
죄 없다
주변 없다
주변머리 없다
주인 없다
주저 없다
준비 없다
줏대 없다
중단 없다

증가 없다
증거 없다
지각머리 없다
지시 없다
지식 없다
지장 없다
지조 없다
지체 없다
지향 없다
직업 없다
진전 없다
진통 없다
질병 없다
질서 없다
집 없다
짜임새 없다
차별 없다
차이 없다
차질 없다
착오 없다
참여 없다/없이
참을성 없다
창살 없는(~ 감옥)
책 없이
책임 없다
책임감 없다
처방 없다/없이
철따구니 없다
철딱서니 없다
체면 없다
체통 없다
초점 없다
충돌 없다
취미 없다
치우침 없다
큰탈 없다→큰일 없다
통고 없다
특색 없다
특성 없다
특징 없다
틈 없다
티 없고 거짓 없다
티 없다(아무 ~.)
파란 없다
판단 없다
패기 없다
푸접 없다(인정이 없다)
품위 없다
피해 없다
필요 없다
핏기 없다
핑계 없다
하는 수 없다/없이
한마디 없다
한 푼 없다
할 것 없이
할 리 없다
할 말 없다
할 수 없다
향방 없다
허가 없다
허락 없다
헤아릴 수 없다
협력 없다
협조 없다
형세 없다
혼란 없다
확인 없다
활기 없다
활력 없다
효과 없다
효력 없다
후환 없다
후회 없다
휴식 없다
흐트러짐 없다
흔들림 없다
흔적 없다
흠 없다
흥미 없다
희망 없다
희생 없다

엿

가락엿
가래엿
갱엿
검은엿
고구마엿
깨엿
물엿
밤엿
붉은엿
새앙엿
수수엿
쌀엿
얼음엿
옥수수엿
잣엿
좁쌀엿
콩엿
호두엿
호박엿
후추엿
흰엿

여행

신혼여행
우주여행

미등재

기차 여행
버스 여행
선박 여행
여객선 여행
열차 여행
크루즈 여행

연한

복무연한

허용 처리

근무 연한

수업 연한

미등재

사용 연한

보증 수리 연한

옆

양옆

한옆

그 옆

길 옆

예보, 주의보

비행예보

파랑주의보

허용 처리

강수 예보

강수 확률 예보

계절 예보

기상 예보

단기 예보

일기 예보

작황 예보

상기 예보

한공 기상 예보

해일 경보

홍수 예보

미등재

사격 예보

단수 예보(용례)

단적 예보(용례)

폭풍 예보(용례)

황사 예보

민방공 예보

오다

가져오다

건너오다

금파오다(부잣집 흙을 파오다.)

끌려오다

끌어오다

날아오다

내려오다

내오다(과일을 ~.)

넘어오다

다가오다

다녀오다

닥쳐오다

달려오다

대어오다(약속 시간에 ~.)

대오다

데려오다

돌아오다

뒤따라오다

들려오다

들어오다

들여오다

따라 들어오다

따라오다(나를 ~.)

따오다(글을 ~.)

떠나오다 *cf.* 떠나가다

떠내려오다

띠오디(베기 .)

뛰어내려오다

뛰어들어오다

몰려들어오다

몰려오다

몰아오다(긴장감이 ~.)

밀려 들어오다 *cf.* 밀려 들어가다

밀려오다

불러오다

불어오다

살아오다

솟아 올라오다

시집오다 *cf.* 시집가다

올라오다

옮아오다 *cf.* 옮아가다

울려오다

장가오다 *cf.* 장가가다

좇아오다

지나오다

질러오다 *cf.* 질러가다

짜드라오다

쫓아오다

찾아오다

쳐들어오다

흘러오다

가까워 오다

가꾸어 오다

가르쳐 오다

갈려 오다 *cf.* 갈려 가다

갔다 오다

거슬러 오다

거쳐 오다

걸어 오다(말이나 시비를 ~.)

겪어 오다

견디어 오다

괴롭혀 오다

구해 오다

굴러 오다 *cf.* 굴러가다

기양 오다

기대 오다

기어 내려오다

기어 올라오다 *cf.* 기어 올라가다

길러 오다

길어 오다

꿰아 오다

깔려 오다

꺾어 오다

날라 오다

날아 들어오다 *cf.* 날아 들어가다

내 오다(세금을 꼬박꼬박 ~.)
내빼 오다
놀러 오다
눈 오다
느껴 오다
다니러 오다 *cf.* 다니러 가다
다루어 오다
당해 오다
대어 오다(물건을 ~.)
덤벼 오다
돋아 올라오다
돌아 오다(돌아서 이동하다.)
되어 오다
되짚어 오다 *cf.* 되짚어가다
뒤쫓아 오다 *cf.* 뒤쫓아가다
들어 오다(여러 번 ~.)
들어 오다(들어서 가지고 오다.)
따라 오다(산길을 따라(서) 오다.)
따 오다(밤을 ~.)
딸려 오다 *cf.* 딸려 가다
떠 오다(물을 ~.)
떠나 오다(경주를 떠나서 오다.)
떠 나오다(아침 햇발이 동해를 ~.)
떠들어 오다
뜯어 오다
모셔 오다
믿어 오다
밝아 오다
밝혀 오다
밟아 오다
벌어 오다
보아 오다
부르러 오다
불려 오다
비 오다
빠듯해 오다
뽑아 오다
사 오다
사러 오다
삼아 오다
새어 오다
성묘 오다
스쳐 오다
시골 오다
시켜 오다
쌓아 오다
써 오다
쏟아 오다
안겨 오다
애써 오다
어두워 오다
어리어 오다
얻어 오다
여겨 오다
옮겨 오다
이민 오다
이사 오다
이어 오다
이어져 오다
익혀 오다
일컬어 오다
읽어 오다
읽혀 오다
자라 오다
잡아 오다
저어 오다
전학 오다
전해 내려오다
전해 오다
제비 오다
주어 오다(용돈을 ~.)
주워 오다
즐겨 오다
지나 오다(철수네를 지나(서) 오다.)
지내 오다
지녀 오다
지어 오다
지켜 오다
지켜져 오다
짙어 오다
참아 오다
찾아 오다(물건을 찾아서 이동하다.)
쳐 오다
키워 오다
타 오다
터 오다
팔려 오다
해 오다
행하여 오다
훔쳐 오다
힘써 오다

오르다

괴어오르다
기어오르다
달아오르다
돋아오르다
떠오르다
뛰어오르다
물오르다
벅차오르다
부어오르다
솟아오르다
옻오르다
타오르다
피어오르다

골 오르다
달 오르다
독 오르다
밟아 오르다
부풀어 오르다
살 오르다
손독 오르다
손톱독 오르다
약 오르다

쥐 오르다
치밀어 오르다

오염

환경오염

허용 처리

대기 오염
수질 오염
토양 오염
해양 오염

미등재

공기 오염
식수 오염
언어 오염
하천 오염
혈액 오염

올리다

감아올리다
걷어올리다
꺼올리다
끌어올리다
들어올리다
떠올리다
빨아올리다
자아올리다
차올리다
쳐올리다
추어올리다
추켜올리다
치올리다
치켜올리다

끄집어 올리다
띄워 올리다
들어 올리다
밀어 올리다
받아 올리다
쌓아 올리다
쏘아 올리다
약 올리다
옻 올리다
전해 올리다
접어 올리다
지어 올리다
파 올리다
퍼 올리다
편지 올리다
핏대 올리다
혼례 올리다

옷

가을옷
겉옷
겨울옷
고까옷
꼬까옷
나들이옷
덧옷
돌옷
때때옷
모시옷
무명옷
베옷
봄옷
비단옷
삼베옷
색동옷
속옷
여름옷
웃옷
일옷
자리옷
잠옷
털옷
핫옷

검정 옷
무당 옷
새 옷
선녀 옷
참새 옷
헌 옷
흰 무명 옷
흰 옷

우량, 우수

우량종자

허용 처리

우량 도서
우량 인자
우량 업체

미등재

우수 상품(용례)
우량 품종
우수 인력(용례)
우수 품종
우수 선수(용례)

운동

구심운동
국민운동
기미운동
독립운동
시민운동
시위운동
양무운동
원운동
장운동
특유운동(천문학)

허용 처리

가속 운동
개폐 운동
건습 운동
결합 운동
계몽 운동
계절 운동

공간 운동
공동 운동
공려 운동
공민권 운동
관절 운동
구조 운동
국민주의 운동
국어 운동
국채 보상 운동
궤도 운동
근육 운동
금주 운동
낙하 운동
노동 운동
농민 운동(동학 ~)
다리 운동
단진동 운동
단층 운동
대약진 운동
동학 농민 운동
등배 원운동
등속 운동
디자인 운동
뜀틀 운동
러다이트 운동
리듬 운동
마루 운동
몸 운동
몸통 운동
문예 운동
물산 장려 운동
민권 운동
반사 운동
반탁 운동
반전 운동
반체제 운동
반핵 운동
방황 운동
병진 운동
볼런티어 운동
분자 운동
분절 운동
불매 운동
불수의 운동
브나로드 운동
브라운 운동
삼일 운동
상대 운동
새마을 운동
생장 운동
서점(西漸) 운동
선거 운동
섬모 운동
세차 운동
세포 운동
세포 내 운동
수면 운동
숨쉬기 운동
스와데시 운동
습곡 운동
신문화 운동
신생활 운동
신탁 통치 반대 운동
실내 운동
아메바 운동
여권 운동(여권 신장 운동)
여성 운동
연동 운동
연주 운동
영구 운동
예술 운동
5·18 광주 민주화 운동
옥내 운동
옥스퍼드 운동
옥외 운동
와하브 운동
원형질 운동
유도 운동
유스타틱 운동
의화단 운동
일주 운동
자동 운동
잠행 운동
전신 운동
절대 운동
접촉 운동
정풍 운동
제로디펙트 운동
조륙 운동
조산 운동
조화 운동
종교 개혁 운동
종교 운동
주기 운동
준비 운동
지각 운동
지괴 운동
지구 운동
지하 운동
직선 운동
진동 운동
차티스트 운동
철봉 운동
청년 운동
케플러 운동
타원 운동
트림 운동(trim ~)
파상 운동
팔다리 운동
팔 운동
팽압 운동
편모 운동
평면 운동
평행 운동
평화 운동
포물선 운동
하방 운동

하지 운동
학생 운동
합법 운동
항일 운동
행진 운동
혁명 운동
형평 운동(역사)
호흡 운동
회전 운동

미등재

가슴 운동
개인 운동
결사 운동
공산주의 운동
구국 교육 운동
근대화 운동
금모으기 운동
금연 운동
농지 은행
독립·민주화 운동
농촌 운동
농활 운동
등속도 운동
만세 운동
맹글 운동
모세관 운동
문맹 퇴치 운동
문화 운동
민족 유일당 운동
민족주의 운동
반대 운동
반정부 운동(용례)
반형평 운동
배척 운동(교사 ~)
백제 부흥 운동
보강 운동
보호 운동(날실 ~)
복고주의 운동
부흥 운동
복벽 운동
부흥 운동
북벌 운동(용례)
사회주의 운동
산미 증식 운동
서경 천도 운동
숙정 운동
실력 양성 운동
아나키스트 운동
안구 운동
애국 계몽 운동
연하 운동
요곡 운동(휘어짐 운동)
위정 척사 운동
의병 운동(~ 전쟁)
인클로저 운동
적응 운동
정지 운동(날실 ~)
증산 운동
찬탁 운동
포충엽 운동(용례)
풀기 운동(날실 ~)
활강 운동

울음

강울음
건성울음
귀울음

웃음

겉웃음
깔깔웃음
껄껄웃음
너스레웃음
니딜웃음
눈웃음
비웃음
선웃음
쓴웃음
억지웃음
염소웃음
찬웃음
코웃음
헛웃음
호걸웃음

위

물위
손위
아래위

그 위
길 위
눈 위
둑 위
땅 위
산 위
지붕 위
창 위
책상 위

우물

굴우물
누렁우물
독우물
돌우물
두레우물
먼우물
박우물
볼우물
약우물
어수우물
옹달우물
힌데우물

위조

위조지폐

허용 처리

위조 문서
위조 수표
위조 어음
위조 화폐

미등재

위조 여권
위조 상품
위조 작품
위조 학생증

은행

각막은행
방자은행
수탁은행
안구은행
안막은행
유전자은행
의료은행
인수은행
장기은행
정금은행
정액은행
정자은행
주야은행
중앙은행
피부은행
할인은행
혈액은행
혈청은행

허용 처리

개인 은행
농업 은행
도시 은행
동산 은행
발권 은행
보통 은행
상호 은행
서민 은행
시중 은행
수출입 은행
일반 은행
외국환 은행
외국 은행
외환 은행
정보 은행
지방 은행
태환 은행
토지 은행
특별 은행
특수 은행

미등재

골수 은행(용례)
문제 은행(용례)
신장 은행
씨앗 은행
종자 은행
출제 은행

음료

알코올음료
청량음료
탄산음료

허용 처리

유산균 음료
젖산 음료

미등재

과즙 음료(용례)
발효 음료
천연 음료(용례)
한방 음료

의식

개인의식
경쟁의식
계급의식
공존의식
관료의식
규범의식
기업의식
도덕의식
목적의식
문제의식
민족의식
법의식
사회의식
선민의식
세계의식
역사의식
열등의식
위기의식
자기의식
자아의식
잠재의식
전체의식(全體意識)
정치의식
종교의식
직업의식
집단의식
초월의식
허위의식

허용 처리

방언 의식
제천 의식

미등재

경제 의식
국가 의식
동료 의식
동포 의식
목표 의식
반공 의식
반일 의식
시민 의식
안보 의식
엘리트 의식
우월 의식(용례)
절약 의식(절약 정신)

제천 의식
질서 의식(용례)
특권 의식
패배 의식
혈연 의식

이

그이
글쓴이
깨달은이
꼬부랑늙은이
늙은이
듣는이(용어로서)
말하는이(용어로서)
못난이
상늙은이
설늙은이
애늙은이
어린이
옮긴이
이이
저이
젊은이
젖먹이
중늙은이
지은이
펴낸이

듣는 이
말하는 이
받는 이
보내는 이
키 작은 이(키 작은 놈)
키 큰 이(키 큰 놈)

이론

이론과학

허용 처리

이론 경제학
이론 문학
이론 물리학
이론 철학
이론 법학
이론 천문학
이론 화학

이음

겹치기이음
긴촉이음
길이이음
나비은장이음
덧댄이음
동발이음
ㄷ자턱솔이음
맞대기이음
맞이음
맞장부이음
메뚜기장이음
밑받침이음
반턱이음
빗걸이이음
사모턱열장이음
사모턱이음
사모턱주먹장이음
십자쌍촉이음
십자장부이음
엇걸이촉이음
엇맞춰이음
엇빗이음
엇턱이음
열상이음
은장이음
은촉이음
장부촉이음
촉이음
축이음
턱솔이음
턱이음

겹침 이음
맞대기 이음
변두리 이음
제혀 이음
플랜지 이음
플레어 이음

인

고구려인
도회인
동시대인
동양인
백제인
신라인
유색인
일본인
자연인
조선인
중국인
한국인
현대인

그리스 인
아라비아 인
에스키모 인
유대 인
유럽 인
크레타 인

인공

인공위성
인공호흡
인공영양

허용 처리

인공 골재
인공 교배
인공 기관
인공 기상
인공 두뇌

인공 방사능
인공 부화
인공 수분
인공 원소
인공 지능
인공 심폐

일

가게일
가윗일
가을일
공일
교회일
구움일
국회일
군일
굼일
궂일
궂은일
나라일
나랏일〔國事〕
날일
논일
농사일
대장일
두렛일
뒷일
들일
땜일
뗏일
마른일
마을일
막일
막장일
먼일
바깥일
바닷일
반일
밤일
밭일
별일
볼일
봇일
부엌일
사삿일
삯일
상일
선일
세상일
안일
앉은일
앞일
예삿일
옛일
웬일
잔일
잡일
진일
집안일
철공일
칠일
큰일
학회일
허드렛일
헛일
회사일
훗일
흙일

강습소 일
계리사 일
과장 일
군수 일
면장 일
미용사 일
변호사 일
약제사 일
운전사 일
이 일 저 일
중계사 일
지난 일
품앗이 일

입

구린입
군입
날입
마른입
맨입
메기입
뭇입
병어입
잔입

입다

갈아입다
껴입다
차려입다

바꿔 입다
받쳐 입다
챙겨 입다
치마 입다
해 입다

있다

가만있다/가만있거라(~, 누구지?)
값있다 *cf.* 값없다
관계있다 *cf.* 관계없다
뜻있다
맛있다
멋있다
상관있다 *cf.* 상관없다
재미있다 *cf.* 재미없다

가 있다
가까이 있다

가려 있다
가만 있다(가만히 있다.)
가지고 있다
가치 있다
갇혀 있다
갈 수 있다
갈려 있다
감싸고 있다
감정 있다
강단 있다
개성 있다
개어 있다
걷고 있다
걸려 있다
걸쳐 있다
겁먹고 있다
공신력 있다
관련 있다
관록 있다
관심 있다
광채 있다
괴어 있다
교양 있다
굳어 있다
권력 있다
권위 있다
권한 있다
그려져 있다
기동력 있다
기별 있다
기회 있다
깃들이 있다
깃들여 있다
깊이 있다
깔려 있다
깨어 있다
꼬여 있다
꽂혀 있다
꾸며져 있다
끈기 있다
끼 있다
끼어 있다
끼여 있다
나 있다
나가 있다
나타나 있다
남아 있다
내실 있다
널려 있다
녹아 있다
놓여 있다
누워 있다
눌러 있다
눌려 있다
늘어서 있다
능력 있다
닫혀 있다
달려 있다
담겨 있다
닿아 있다
덮여 있다
돈 있다
돌려 있다
돼 있다
되어 있다
둘려 있다
뒤엉켜 있다
뒤처져 있다
뒤틀려 있다
드러나 있다
들려 있다
들어가 있다
들어서 있다
들어 있다
딛고 있다
따르고 있다
딸려 있다
떠나 있다
떠 있다
떨고 있다
뚫려 있다
뛰고 있다
뜯어져 있다
만연해 있다
맞닿아 있다
맞물려 있다
맞서 있다
맡겨져 있다
맡고 있다
매겨져 있다
매력 있다
맵시 있다
맺혀 있다
머물고 있다
멀리 있다
멈춰 있다
메우고 있다
명망 있다
명분 있다
모르고 있다
모순 있다
모여 있다
몰려 있다
묘미 있다
무게 있다
무늬 있다
묶여 있다
묶여져 있다
문제 있다
묻어 있다
묻혀 있다
물고 있다
물들어 있다
밀도 있다
바뀌어 있다
박력 있다
박혀 있다

배석해 있다
배어 있다
배짱 있다
벌이고 있다
법도 있다
벗겨져 있다
변해 있다
보람 있다
본때 있다
볼일 있다
분별 있다
불고 있다
불만 있다
붙어 있다
비껴 있다
비어 있다
비쳐 있다
빠져 있다
뻗어 있다
뻗쳐 있다
산재해 있다
살고 있다
살아 있다
삶고 있다
상관 있다
생기 있다
생동감 있다
서 있다
서려 있다
섞여 있다
설득력 있다
성과 있다
성의 있다
소신 있다
소용 있다 *cf.* 소용없다
소질 있다
솟아 있다
수완 있다
숨어 있다

숨져 있다
쉬고 있다
스며 있다
스며들어 있다
승산 있다
시간 있다
신뢰성 있다
신용 있다
실려 있다
실속 있다
싸여 있다
싹수 있다 *cf.* 싹수없다
쌓여 있다
쓰여 있다
쓸 수 있다
씌어 있다
씌어져 있다
아량 있다
안목 있다
앉아 있다
애정 있다
양식 있다
어려 있다
얽혀 있다
엎디어 있다
여기 있다
여유 있다
연륜 있다
열려 있다
열성 있다
열의 있다
예의 있다
올라 있다
와 있다
용기 있다
우애 있다
원칙 있다
위엄 있다
유감 있다

의미 있다
의지 있다
이루어져 있다
이상 있다
이유 있다
익어 있다
인사성 있다
인정 있다
일관성 있다
자격 있다
자고 있다
자신 있다
잘 있다
잠겨 있다
재간 있다
재롱 있다
재수 있다
재치 있다
적혀 있다
절개 있다
절제 있다
젖어 있다
조건 있다
조리 있다
조심성 있다
조화 있다
죄 있다
줏대 있다
지각 있다 *cf.* 지각없다
지식 있다
지쳐 있다
질서 있다
짜여 있다
짜임새 있다
참을성 있다
책임 있다
처음 있다
처해 있다
취해 있다

켜져 있다
통일성 있다
트여 있다
특색 있다
팔려 있다
패기 있다
퍼져 있다
펼쳐 있다
품위 있다
피어 있다
현장감 있다
활기 있다
활동력 있다
활력 있다
효과 있다
효험 있다
흠 있다
흥미 있다
흩어져 있다
힘 있다 *cf.* 힘없다
희망 있다

잎

가랑잎
간잎(~에 소금 치듯….)
갈잎
겉잎
겹잎
고자잎
고춧잎
국화잎
깻잎
꼬마잎
꽃잎
나뭇잎
단풍잎
담뱃잎
담쟁이잎
대솔잎
돌려나기잎
들깻잎
떡갈잎
떡잎
뜬잎
마주나기잎
머윗잎
무잎(무청)
묵은잎
미늘잎
바늘잎
배춧잎
방앗잎
버들잎
부추잎
비늘잎
뽕잎
상추잎
새잎
속잎
솔잎
수숫잎
순잎
싸리잎
쑥잎
어긋나기잎
연잎
오동잎
은행잎
산솔잎
잔잎
장잎
진잎
찻잎
콩잎
톱니잎
파초잎
팥잎
풀잎
홑잎
힛잎

가로수 잎
감나무 잎
네 잎 (클로버)
단풍나무 잎
대추나무 잎
상수리나무 잎
소나무 잎
아카시아 잎
어린 잎
은행나무 잎
자작나무 잎
참나무 잎

자국

곰봇자국
귀얄자국
눈물자국(북한)
대팻자국
마맛자국
망건자국
바큇자국
발자국
손자국
손톱자국
잇자국
칼자국

개이빨 자국
글씨 자국
눈물 자국
수술 자국
여드름 자국
이빨 자국
인주 자국

자락

도포자락
두루마기자락
바닷자락
바위자락
밭자락
산자락
소맷자락
앞자락
옷자락
이불자락
치맛자락
코트자락
호미자락

흰 자락

자루〔袋, 柄〕

가랫자루
곡괭이자루
괭이자루
까뀌자루
꼬리자루
꽃자루
낫자루
도낏자루
동냥자루
똥자루
말자루
망치자루
베자루
보릿자루
빗자루
삽자루
쌀자루
오망자루
옥수수자루
칼자루
호미자루

도토리 자루

자리

거문고자리
거적자리
꿈자리
나침반자리
독수리자리
돗자리
두루미자리
뒷자리
마음자리
마차부자리
망원경자리
멍석자리
명당자리
못자리
묏자리
물고기자리
물뱀자리
밑자리
바다뱀자리
방패자리
밭은자리
백조자리
뱀자리
벌린자리
벼슬자리
별자리
사냥개자리
사자자리
삼살방자리
샛자리
세페우스자리
센타우르스자리
수염자리
술자리
쌍둥이자리
안드로메다자리
앞자리
옆자리
오리온자리
왕골자리
윗자리
일자리
작은개자리
작은곰자리
잠자리
제자리
짚자리
카멜레온자리
큰개자리
큰곰자리
페가수스자리
한자리(하다)(출세하다)
황소자리

대신 자리
두 자리 서술어
두 자리 수
두 자리의 수
소수점 아래 두 자리
소수 첫째 자리 수
임금 자리
장관 자리
첫 자리
한 자리

-자마자

가자마자
감자마자
개관되자마자
결혼하자마자
깨우자마자
깨자마자
껴들자마자

끼어들자마자
나가자마자
나오자마자
남기자마자
내놓자마자
내려가자마자
내려오자마자
넣자마자
놓자마자
닿자마자
던지자마자
도착하자마자
돌아가자마자
돌아오자마자
돌아가시자마자
듣자마자
때리자마자
떠나자마자
떨어지자마자
마치자마자
만나 보자마자
먹자마자
면하자마자
명령하자마자
받자마자
발생하자마자
보자마자
숨자마자
생각니지마자
시작하자마자
앉자마자
알자마자
열리자마자
오자마자
울리자마자
일어나자마자
입학하자마자
잡히자마자
잡자마자
재우자마자
주자마자
죽자마자
출근하자마자
태어나자미자
퇴근하자마자
풀자마자
헤어지자마자

자매

자매기관
자매결연
자매단체
자매부락

허용 처리

자매 도시
자매 학교
자매 회사

자반

가루자반
가죽자반
깨자반
고등어자반
김자반
똑도기자반
매듭자반
뱃자반
옥수수자반
공자반

자세

기본자세

미등재

근본 자세
근무 자세
경계 자세
복무 자세
사격 자세
전투 자세
학습 자세

자식

계집자식
딸자식
막냇자식
사내자식
아들자식
조카자식

작용

관공작용(댐의 ~)
용결작용
자식작용

허용 처리

간섭 작용
교결 작용
국소 작용
권력 작용
근접 작용
길항 작용
동화 작용
물리 작용
반사 작용
부화 작용
분급 작용
분비 작용
빙하 작용
산화 작용
상승 작용
상조 작용
석탄화 작용
석화 작용
소화 작용
수격 작용
수격 작용
수화 작용
승화 작용

식세포 작용
약리 작용
완충 작용
우식 작용
운반 작용
원격 작용
유전자 작용
음세포 작용
이화 작용
접촉 작용
정균 작용
정류 작용
제어 작용
조건 반응
조절 작용
증폭 작용
집적 작용
촉매 작용
침식 작용
탄소 동화 작용
탄화 작용
탈질 작용
퇴적 작용
표백 작용
풍화 작용
항생 작용
해당 작용(解糖作用)
형광 작용
혼성 작용
화학 작용
흡수 작용

미등재

고화 작용
매개 작용
모세관 작용
부패 작용
부화 작용
분극 작용
분별 결정 작용
상충 작용
상호 작용
연상 작용
우식 작용
유도 작용
이뇨 작용
재결정 작용
전리 작용
전해 작용
제어 작용
조혈 작용
토양 생성 작용
포드졸화 작용
해식 작용
화석화 작용

잔치

경로잔치
노래잔치
노인잔치
돌잔치
동네잔치
말잔치
밥잔치
백일잔치
빚잔치
생일잔치
술잔치
재롱잔치
환갑잔치
회갑잔치

결혼 잔치
미수 잔치
육순 잔치
진갑 잔치
칠순 잔치
팔순 잔치
혼인 잔치
희수 잔치

잠

개잠
겉잠
겨울잠
고리잠
고주박잠
괭이잠
귀잠
그루잠
꾀잠
꿀잠
나비잠
낮잠
노루잠
늦잠
단잠
도둑잠
돌꼇잠
두벌잠
등걸잠
말뚝잠
발칫잠
발편잠
밤잠
벼룩잠
사로잠
새벽잠
새우잠
선잠
시위잠
식전잠
아침잠
안잠
앉은잠
애기잠
여름잠
여윈잠

이승잠
일잠
첫잠
초저녁잠
칼잠
토끼잠
풋잠
한뎃잠
한잠
헛잠

잡다

거머잡다
걷어잡다
걷잡다
걸어잡다
겉잡다
그러잡다
넘겨잡다
대중잡다
더위잡다
따라잡다
땡잡다
맞잡다
미뤄잡다
바람잡다
바로잡다
부여잡다
붙잡다
빌미잡다
사로잡다
손잡다
싸잡다
얕잡다
어림잡다
얼추잡다
옴켜잡다
움켜잡다
종잡다
주름잡다
줄잡다
책잡다
추켜잡다
틀어잡다
훔켜잡다
휘어잡다
흉잡다
흠잡다

고기 잡다
균형 잡다
마주 잡다
멱살 잡다
바꿔 잡다
발목 잡다
벌이줄 잡다
볼모 잡다
약점 잡다
윤곽 잡다
자리 잡다
저당 잡다
터 잡다
트집 잡다
허점 잡다
확증 잡다

-잡이

고기잡이
고래잡이
길라잡이
길잡이
꼭두잡이
마구잡이
벌치잡이
새잡이
새우잡이
손잡이
앞잡이
오징어잡이
외손잡이
왼손잡이
줄잡이
한손잡이

잡히다

감잡히다
굽잡히다
돌잡히다
물잡히다
붙잡히다
사로잡히다
살잡히다
주름잡히다
흉잡히다

경마 잡히다
균형 잡히다
동살 잡히다
뒷다리 잡히다
멱살 잡히다
발목 잡히다
볼모 잡히다
약점 잡히다
자리 잡히다
주름살 잡히다
저당 잡히다
트집 잡히다
허점 잡히다

장단

고갯장단
궂거리장단
발장단
배다리장단
북장단
세마치장단
손장단

엇모리장단
염불타령장단
외마디장단
입장단
칼장단
푸너리장단
허튼타령장단
휘모리장단

장마

가을장마
건들장마
늦장마
봄장마
억수장마

장사

간거리장사
도붓장사
동무장사
되넘기장사
듣보기장사
뜨내기장사
물역장사
방물장사
뱃장사
보따리장사
안팎장사
앉은장사
어리장사
얼렁장사
오그랑장사
옥장사
외목장사

고기 장사
과일 장사
나무 장사
땅 장사
떡 장사
물 장사
밥 장사
생선 장사
술 장사
쌀 장사
연탄 장사
엿 장사
채소 장사

장수

개장수
고물장수
광우리장수
굽갈리장수
꾸미장수
나무장수
넝마장수
도붓장수
독장수
동무장수
둥우리장수
들병장수
등짐장수
똥거름장수
뜨내기장수
마병장수
마장수
맛장수
매죄료장수
물장수
밥장수
방물장수
배장수
뱃장수
보따리장수
봇짐장수
술장수
숯장수
시겟장수
신기료장수
싸구려장수
쌀장수
아랫녘장수
앉은장수
앵두장수
약장수
어리장수
옹기장수
외목장수
쥐포육장수
짚장수
치룽장수
통장수
황아장수

고추 장수
과일 장수
과자 장수
군고구마 장수
그릇 장수
기름 장수
꽃 장수
농 장수
눈깔사탕 장수
두부 장수
떡 장수
생선 장수
소금 장수
연탄 장수
엿 장수
옷 장수
우표 장수
채소 장수
책 장수
청기와 장수
체 장수

장치

기밀장치
시건장치
시한장치
안전장치
잠금장치
집전장치
초호장치(招弧裝置)
현가장치

허용 처리

가속 장치
감속 장치
격자 장치
계선 장치
구동 장치
구분 장치
귀착 장치
급수 장치
기동 장치
기억 장치
난방 장치
냉각 장치
냉동 장치
단말 장치
단색화 장치
디스플레이 장치
부내 장치
발전 장치
발화 장치
번복조 장치
분열 장치
소화 장치
송신 장치
승탄 장치
안정 장치
연동 장치
연동 장치
연명 장치
연상 장치
연소 장치
연수 장치
연신 장치
완속 장치
완충 장치
외부 기억 장치
유도 장치
유체 장치
윤활 장치
인장 장치
입력 장치
자기 코어 기억 장치
자기 테이프 장치
전기 장치
전력 장치
전자 장치
점화 장치
제동 장치
제어 장치
조향 장치
주변 장치
주사 장치
직접 접근 기억 장치
착륙 장치
창구 장치
추출 장치
출력 장치
측심 장치
테스트 장치(내장 ~)
통제 장치
표시 장치(부채꼴 ~)
항온 장치
항습 장치
현가 장치
현적 장치
환기 장치
호이스트 과속 방지 장치
흡수 장치
흡착 장치

미등재

감압 장치
개폐 장치(용례)
경적 장치
계류 장치
계전기 장치
고장력 장치
고정 장치
공동 장치
광기억 장치
구내 통화 장치
급유 장치(용례)
기어 장치
기폭 장치
노광 장치
녹음 장치
단락 장치
도청 장치(용례)
동력 장치
디스크 장치
디지털 장치
문자 인식 장치
물처리 장치
배류 장치
변압 장치
보호 장치
복구 장치
분리 장치
비화 장치
빛쬠 장치
삽입 장치
신단 장치
속도 조정 장치
송신 전동 장치
승강 장치
승압 장치
실내 배기 장치
아날로그 장치

여자 장치
열펌프 장치
옥내 장치
완속 장치
응답 장치
장력 장치
전사 장치
전압 강하 장치
전해 장치
절환 장치
접지 장치
정화 장치
조명 가감 장치
조명 장치
조속 장치
조종 장치
조타 장치(용례)
주사 장치
주파수 감시 장치
증압 장치
지연 장치
진공 배력 장치
진공 진각 장치
진동 장치(용례)
집중 장치(전신 ~)
집진 장치
차단 장치
체인 운반 장치
충돌 예방 장치
측정 장치
타여자 장치
통풍 장치
평활 장치
폭발 장치
폭탄 장치(용례)
폭파 장치(용례)
퓨즈 장치
피보호 장치
히스테리시스 장치

재주

글재주
땅재주
말재주
발재주
손재주
윗재주
잔재주
지닐재주
천생재주

-쟁이/-장이

가구장이
가살쟁이
가짓말쟁이
각수장이
간살쟁이
간판장이
갈이장이
감투쟁이
강도끼장이
개으름쟁이
거짓말쟁이
걸신쟁이
겁쟁이
게걸쟁이
게으름쟁이
고리장이
고자쟁이
관곽장이
기와장이
꼼꼼쟁이
꼽꼽쟁이
난쟁이
노구쟁이
노래쟁이
담장이
도림장이
도배장이
도채장이
돌도끼장이
돌림쟁이
돌장이
돌쟁이
땜장이
땜쟁이
떼쟁이
또드락장이
뚜쟁이
마전장이
마조장이
말쟁이
망건장이
망건쟁이(망건을 쓴 사람)
매련쟁이
모의장이
몽니쟁이
무두장이
무식쟁이
미련쟁이
미장이
박배장이
발김쟁이
배꼽쟁이
변덕쟁이
비부쟁이
사주쟁이
사토쟁이
소리쟁이
소목장이
손금쟁이
솔장이
솟대쟁이
수선쟁이
싸개장이
싸전쟁이
야발쟁이

야살쟁이
양복쟁이
어림쟁이
염쟁이
오림장이
옥사쟁이
옥장이
옴쟁이
옹기장이
요변쟁이
요술쟁이
욕쟁이
용심쟁이
월급쟁이
은장이
이야기쟁이
익살쟁이
인석장이
입내쟁이
잔말쟁이
점쟁이
조각장이
주막쟁이
중매쟁이
지랄쟁이
첩쟁이
체장이
침쟁이
콜록쟁이
콧벽쟁이
토기장이
토담장이
톱장이
통메장이
풍각쟁이
하리쟁이
할미쟁이
해자쟁이
화초쟁이
환쟁이
흉내쟁이

저고리

갖저고리
겉저고리
겹저고리
고두저고리
깃저고리
까치저고리
깨끼저고리
덧저고리
동구래저고리
동저고리
민저고리
바지저고리
반회장저고리
삼회장저고리
색동저고리
속저고리
자릿저고리
치마저고리
핫저고리
회장저고리

양복 저고리
연두 저고리

적

소싯적
언젯적
태곳적
옛적

본 적(~이 있다.)
아기 적
아이 적
어릴 적
올챙이 적
운 적(~도 있다.)
젊었을 적
처녀 적

정리

교통정리

허용 처리

구획 정리

미등재

경지 정리
사업 정리(용례)
서류 정리(용례)
신병 정리(용례)
인원 정리
징부 정리
재산 정리
전표 정리
집안 정리(용례)
책상 정리(용례)
카드 정리(용례)
회사 정리

정신

고발정신
근로정신
근대정신
근본정신
국민정신
국학정신
단체정신
민족정신
산문정신
세계정신
시대정신
애국정신
인사정신
자립정신
자유정신
자주정신

적십자정신
절대정신(헤겔)
준법정신
집단정신
화랑정신
희생정신

허용 처리

국방 정신(~ 교육원)
반둥 정신

미등재

구국 정신
군인 정신
근로 협동 정신
기독교 정신
도전 정신
독립 정신
모험 정신
문학 정신
민족주의 정신
박애 정신
벤처 정신
봉사 정신
불교 정신
스포츠 정신
승부 정신
애민 정신(용례)
애향 정신
유교 정신
이슬람 정신
자비 정신
자주 독립 정신
저축 정신
절약 정신
창당 정신
청교도 정신
투쟁 정신
협동 정신
호국 정신(용례)

조명

자연조명
인공조명
실내조명
주광조명

허용 처리

간접 조명
직접 조명
야외 조명
무대 조명
운동장 조명

미등재

햇빛 조명
천장 조명

조각

꽃받침조각
나뭇조각
널조각
댓조각
돌조각
뼛조각
쇳조각
종잇조각
통조각

걸레 조각
구리 조각
그릇 조각
기와 조각
비누 조각
아연 조각
유리 조각
천 조각
헝겊 조각
휴지 조각

조림

가자미조림
갈비조림
갈치조림
고등어조림
고추조림
닭조림
두부조림
마늘잎조림
맛살조림
멸치조림
병어조림
병조림
붕어조림
비웃조림
장조림
제육조림
조기조림
통조림
표고조림
풋고추조림

조심

길조심
말조심
몸조심
물조심
불조심
차조심

족족

간데족족

가는 족족
건너는 족족
들어오는 족족
먹는 족족
하는 족족

좋다

사이좋다
의좋다

감촉 좋다
경치 좋다
기분 좋다
넉살 좋다
마음씨 좋다
맛 좋다
머리 좋다
모양 좋다
물 좋다
뱃심 좋다
보기 좋다
사람 좋다
산 좋다
살기 좋다
숫기 좋다
운수 좋다
인물 좋다
인심 좋다
입담 좋다
재미 좋다
재수 좋다
허울 좋다

주다

갈아주다(물건을 ~.)
건네주다(나룻배로 ~./돈을 ~.)
깃주다
내려주다('하사'의 뜻으로)
내주다
넘겨주다
놓아주다(잡은 물고기를 ~.)
돈주다(돈치기에서 겨냥하다.)
돌려주다(빌린 것을 ~.)
들고주다(달아나다)
들려주다(노래를 ~.)
들어주다(요구를 ~.)
몰라주다
몰아주다(표를 ~.)
못주다(못박다)
물려주다
물어주다(외상을 ~.)
밀어주다(회장으로 ~.)
바래다주다
바래주다
보아주다(형편을 ~.)
알아주다 *cf.* 몰라주다
접어주다(석 점 ~.)
죽여주다(나를 ~.) *cf.* 죽여 주다
쳐주다(값을 ~.)
추어주다(잘했다고 ~.)
침주다
탑새기주다
핀잔주다
흘려주다(월급을 ~.)
힘주다

가려 주다
가르쳐 주다
가리켜 주다
가져다 주다
가 주다
간힌 주다
갈아 주다(칼을 ~.)
감싸 주다
갖다 주다
갚아 주다
거름 주다
거슬러 주다
걸쳐 주다
견뎌 주다
곁눈 주다 *cf.* 눈 주다
고쳐 주다
고해 주다
곯려 주다
구워 주다
구해 주다
귀띔해 주다
그어 주다
긁어 주다
기울여 주다
길러 주다
깎아 주다
깔아 주다
깨물어 주다
꺾어다 주다
꺾어 주다
껴안아 주다
꾸며 주다
꾸어 주다
꾸짖어 주다
꿰매 주다
끊어 주다
끌러 주다
나가 주다
나누어 주다
나타내 주다
날려 주다
남겨 주다
낳아 주다
내려 주다(차에서 ~.)
내버려 주다
내보내 주다
내보여 주다
내어 주다
넓혀 주다
넣어 주다
놀아 주다
놓아 주다(침을 ~.)
눈감아 주다
눈 주다
늘려 주다

늘여 주다 *cf.* 늘려 주다
다루어 주다
닦아 주다
달래 주다
달아 주다
닻 주다
대 주다(학비를~, 차를 ~.)
던져 주다
덜어 주다
데려다 주다
돈 주다
돌라 주다
돌려보내 주다
돌려 주다(과제를 ~.)
돌보아 주다
동여매 주다
되어 주다
드러내 주다
들려 주다(손에 ~.)
들어 주다(물건을 ~.)
땋아 주다
때려 주다
떠 주다
떨어뜨려 주다
뗏밥 주다
똥겨 주다(글뜻을 ~.)
똥침 주다
뚱겨 주다
뜯어다 주다
막아 주다
만들어 주다
만져 주다
말아 주다
맞아 주다
맞추어 주다
맡아 주다
매어 주다
면박 주다
못다 주다
못 주다
묶어 주다
묻어 주다
물어다 주다
물어 주다(입으로 ~.)
밀어 주다(차를 ~.)
반겨 주다
받들어 주다
받아 주다
받쳐 주다
발라 주다
밝혀 주다
벗겨 주다
베풀어 주다
보내 주다
보살펴 주다
보아 주다(그림을 ~.)
보여 주다
북돋워 주다
북 주다
불러 주다
불어넣어 주다
불어 주다
붙여 주다
붙잡아 주다
비추어 주다
비켜 주다
빌려 주다
빗겨 주다
빛 주다
빼 주다
뻗쳐 주다
뽑아 주다
뿌려 주다
사다 주다
사 주다
살려 주다
살아 주다
섞어 주다
세워 주다
속 주다
손봐 주다
손 주다(호박덩굴을 ~.)
숨겨 주다
시켜 주다
식혀 주다
실어 주다
실어다 주다
심어 주다
싸 주다
써 주다
썩여 주다(속을 ~.)
쓰다듬어 주다
쓸어 주다
씌워 주다
씻어 주다
안겨 주다
안아 주다
알려 주다
어루만져 주다
얹어 주다
업어다 주다
업어 주다
열어 주다
올라와 주다
올려놓아 주다
옮겨 주다
와 주다
울어 주다
응해 주다
이어 주다
일깨워 주다
일러 주다
읽어 주다
자라 주다
잡매 주다
잡아 주다
잡혀 주다

적셔 주다
전해 주다
접어 주다(종이를 ~.)
주물러 주다
죽여 주다 *cf.* 죽여주다
지어 주다
지켜 주다
집어 주다
짚어 주다
쬐어 주다
참아 주다
찾아 주다
처매 주다
쳐 주다(전보를 ~.)
코침 주다
키워 주다
타박 주다
터 주다
통줄 주다(연날리기)
퉁겨 주다
튀겨 주다
특전 주다
퍼 주다
풀어 주다
품어 주다
피워 주다
핀둥이 주다 *cf.* 핀잔주다
핥아 주다
해 주다
혼내 주다
혼을 내 주다
흘려 주다 *cf.* 흘려주다

주머니

가린주머니
거지주머니
고생주머니
공기주머니
괴불주머니
귀주머니
꿀주머니
노래주머니
눈물주머니
도장주머니
독주머니
동전주머니
두루주머니
똥주머니
말주머니(만화의 ~)
모래주머니
모이주머니
목욕주머니
묵주머니
밥주머니
베주머니
병주머니
보먼주머니
복주머니
뺨주머니
사그랑주머니
살통주머니
수주머니
신발주머니
신주머니
심술주머니
쓸개주머니
알주머니
약주머니
얘깃주머니
얼음주머니
연장주머니
염통주머니
오방주머니
오줌주머니
음흉주머니
이야깃주머니
쥐주머니(민속)
천승주머니
콩주머니
털주머니
풀주머니
향주머니
허영주머니
호주머니
홀씨주머니
홑씨주머니
흙주머니

가죽 주머니
디스켓 주머니
마그마 주머니
바지 주머니
보호망 주머니
복장 주머니
비닐 주머니
사냥 주머니
선물 주머니
양복 주머니
요술 주머니
위문 주머니
조끼 주머니
헝겊 주머니

-주의

감상주의
강권주의
개인주의
계급주의
계몽주의
고전주의
공산주의
권위주의
낙천주의
낭만주의
만능주의
물질 만능주의
물질주의

민족 자결주의
민주주의
보편주의
복고주의
사대주의
사실주의
이기주의
자본주의
전체주의
제국주의
침략주의
평등주의
표현주의
향락주의
현실주의
형식주의

죽

개암죽
굴죽
김치죽
깨죽
단팥죽
닭죽
들깨죽
떡암죽
말죽
무죽
묵물죽
박죽
밤암죽
보리죽
붕어죽
비지죽
살피죽
시래기죽
여물죽
우무죽
우유죽
율무죽
잣죽
재강죽
전복죽
진잎죽
차조기죽
참깨죽
콩죽
타락죽
팥죽
피죽
호박죽
홍합죽
흰죽

줄

가랫줄
가로줄
가시줄
가운뎃줄
가지줄
거미줄
게줄
결승줄
곁줄
고무줄
고팻줄
굽통줄
그넷줄
금줄
꽁숫줄
낌줄
낚싯줄
날줄
늑줄
다림줄
당감잇줄
닻줄
덧줄
돈줄
동아줄
동줄
두레박줄
뒷줄
드림줄
등줄
떡줄
똥줄
뜸줄
마룻줄
망건당줄
맥줄
머릿줄
먹줄
멍엣줄
면줄
명줄
모릿줄
목돗줄
물렛줄
물통줄
민줄
밑줄
발줄
밤돌줄
밥줄
밧줄
배잡잇줄
벌이줄(연의 ~)
벌잇줄(돈벌이를 하는 길)
베리줄(소의 길마 위의 ~)
벼릿줄
병줄
보람줄
봇줄
부싯줄
붙임줄

빨랫줄
삼밧줄
새끼줄
설렁줄
세로줄
셋줄(권세의 ~)
쇠줄
숙마줄
시곗줄
신찐줄
실핏줄
심줄
씨줄
아딧줄
아랫당줄
아랫덧줄
아랫줄
아릿줄
앞줄
양냥이줄
연줄
연철줄
옆줄
오랏줄
용총줄
윗당줄
윗덧줄
은줄
이불줄
이음줄
인줄
잇줄
잔줄
전깃줄
전봇줄
젖줄
줄넘기줄
참줄
철사줄
쳇줄
코걸이줄
타락줄
탕갯줄
탯줄
통줄
포승줄
피댓줄
핏줄
허수아비줄
활벌이줄
활줄
횃줄
후릿줄
힘줄

끝 줄
색종이 줄

줄기

감는줄기
강줄기
곁줄기
곧은줄기
기는줄기
꽃줄기
댓줄기
덩굴줄기
넝이줄기
동줄기
등줄기
땀줄기
땅속줄기
땅위줄기
땅줄기
물속줄기
물줄기
밑줄기
본줄기
불줄기
비늘줄기
빗줄기
뿌리줄기
산줄기
씨눈줄기
알줄기
여린줄기
원줄기
잎줄기
풀줄기
핏줄기
혓줄기
힘줄기

나무 줄기
어린 줄기

쥐다

갈마쥐다
거머쥐다
걷어쥐다
검쥐다
그러쥐다
긁어쥐다
덮싸쥐다(반가워서 ~.)
부르쥐다
옴켜쥐다
움켜쥐다
코싸쥐다
틀어쥐다
홈켜쥐다

구겨 쥐다
모아 쥐다
싸 쥐다
잡아 쥐다(머리채를 ~.)
휩싸 쥐다

지대, 지구, 지역

사각지대
무풍지대
불모지대
안전지대
접경지대

허용 처리

계절풍 지대
고원 지대
곡창 지대
농업 지대
남동 연안 공업 지대
노동 지대
다우 지대
모의 지뢰 지대
몬순 지대
무감 지대
병참 지대
보건 지대
비무장 지대
비핵무장 지대
사막 지대
산간 지대
산림 지대
요새 지대
우범 지대
전원 지대(電源～)
전투 지대
점이 지대
지뢰 지대
파나마 운하 지대
평화 지대
환태평양 지대
황토 지대
흑토 지대

미등재

경제 지대
공장 지대
동토 지대
사바나 지대
산악 지대(용례)
스텝 지대
운하 지대
위험 지구
위험 지역
유전 지대
제3지대
지뢰 지대(용례)
초원 지대
팜파스 지대
프레리 지대
해안 지대
화전 지대
자유 무역 지대

지르다

가로지르다
가새지르다
건너지르다
고함지르다 *cf.* 소리 지르다
골지르다(밭을 세 번째 매다.)
깎아지르다
끄지르다(주책없이 까대다.)
내리지르다
샅바지르다
순지르다
앞지르다
윽박지르다

간살 지르다
개암 지르다
꽥꽥 지르다(소리를 ～.)
불 지르다
빽 지르다
뻑 지르다
소리 지르다 *cf.* 고함지르다
순 지르다(담배 ～.)
탄성 지르다
함성 지르다

지붕

꺾은지붕
꺾인지붕
너와지붕
눈썹지붕
모임지붕
부른지붕
부섭지붕
뾰족지붕
사각지붕
삿갓지붕
솟을지붕
양철지붕
외쪽지붕
우진각지붕
욱은지붕
이어내림지붕
이영지붕
초가지붕
톱날지붕
팔모지붕
팔작지붕
함석지붕
합각지붕

망사르드 지붕
슬레이트 지붕

지수

납작지수(고고학)
불쾌지수
편평지수(고고학)

허용 처리

가격 지수
감성 지수
건조 지수

경기 동향 지수
경기 지수
경기 종합 지수
계절 지수
교육 지수
노령화 지수
노임 지수
물가 지수
부패 지수
생계비 지수
성취 지수
소비자 물가 지수
임금 지수
주가 지수
지능 지수
패리티 지수
학력 지수

미등재

경기 선행 지수
경기 후행 지수
경제 지수
고통 지수
글로벡스 선물 지수
나들이 지수
나스닥 지수
동행 지수
반부패 지수
빅맥(Big Mac) 지수
세계화 지수
어린이 지수
어머니 지수
에인절 지수
운동 지수
자외선 지수
전립선 지수
절대 빈곤 지수
중앙은행 독립성 지수
체질량 지수
코스닥 지수
코스피 지수
해고 제한 지수
행복 지수

직원

기술직원
사무직원

미등재

경리 직원
현장 직원
편집 사원
관리직 직원
기술직 직원
노무직 직원

직하다

굵직하다
높직하다
되직하다
묵직하다
믿음직하다
먹음직하다
바람직하다
보암직하다

됨 직하다
되었음 직하다
두었음 직하다
믿어 봄 직하다
옴 직하다
있음 직하다
탓함 직하다
품음 직하다
하였음 직하다
함 직하다
해 봄 직하다
했음 직하다

진

나뭇진
담뱃진
댓진
송진
쓸개진

진공

진공청소기

허용 처리

진공 방전관
진공 펌프
진공 여과기
진공 증발기
진공 콘덴서
진공 포장기
진공 차단기
진공 분광기

짐승

길짐승
날짐승
들짐승
물짐승
뭍짐승
바다짐승
산짐승
집짐승

뭇 짐승
산 짐승(살아 있는 짐승)

짐작

걸음짐작
겉짐작
눈짐작
발짐작
속짐작

손짐작
어림짐작
지레짐작

집

가겟집
가루집
가시집
가운뎃집
가위집
가윗집
가정집
갓집
갖은폿집
개미집
개집
객줏집
거름집
거미집
거울집
거푸집
건넛집
겹집
곁집
고름집
고미집
곳집
과녁빼기집
구름집
국숫집
귀삼폿집
귀족집
귀틀집
기름집
기생집
기와집
길갓집
까치집
꼭짓집
꽃집
나무집
난든집
날개집
날밤집(밤새워 술을 파는 집)
남향집
납도리집
농삿집
니나놋집
다락집
단골집
닫집
달개집
달집
담집
당집
대팻집
대폿집
댓집
도갓집
도끼집
도망망자집
도장집
돌집
동넷집
동향집
두꺼비집
둘쨋집
뒷집
똥집
뜸집
띳집
마방집
막다른집
말집
망자집
맞배집
모래집
모말집
목로술집
목롯집
몸집
무당집
물집
바디집
바침술집
밥집
방앗간집
배다릿집
백골집
뱃집
벌레집
벌집
벗집
벼룻집
벽돌집
별챗집
병술집
병집
본집
부잣집
북향집
불집
빈집
빵댓집
뾰족집
사갓집
사글셋집
사돈집
사랑집
사삿집
살림집
살집
3층집
삿갓집
상갓집
상두받잇집
상밥집

상엿집
새끼집
새집 *cf.* 헌 집
서향집
선술집
셋집
셋짼집
솜틀집
수각집
수젓집
숟가락집
술집
숫대집(산가지로 하는 놀이)
시골집
아기집
아랫집
안경집
안침술집
알집
앞뒷집
앞집
어깻집
어염집
얼럭집
엇치량집
엎집
염마집
엿집
엽집
옛집
오두막집
오량집
오막살이집
옷셋집
외갓집
외딴집
요릿집
움집
웃음집(~이 벌어지다.)

위아랫집
윗집
을자집
이웃집
이자집
2층집
일갓집
일자집
일잣집
잎집
작은집
잔술집
잔칫집
장인집
적은집(첩)
전냇집
전셋집
제비집
주막집
주인집
찬합집
찻집
처갓집
처녑집
천변집
초가집
초상집
춤집
층집
지랑집
칠량집
칼집
큰집 *cf.* 큰댁
탕건집
토담집
통나무집
판잣집
팔작집
평집

폿집
풀집
핏골집
함석집
호두각집
혼인집
홑집
화초집
활집
횟집
흙집

고향 집
그 집
노인 집
멧새 집
배 주인 집
상동 집
아기 집
어느 집
우리 집
자기 집
저희 집
제 집
친구 집
큰 집
헌 집 *cf.* 새집
화구상 집

짓

고갯짓
곤뎃짓
군짓
궁둥잇짓
날갯짓
눈짓
다릿짓
등신짓
머릿짓

몸짓
바보짓
발짓
배냇짓
손사랫짓
손짓
어깻짓
엉덩잇짓
우스갯짓
웃음엣짓
입짓
턱짓
팔짓
헛짓
활갯짓

미친 짓

짓다

관련짓다
규정짓다
결정짓다
농사짓다
단정짓다
마무리짓다
웃음짓다
이름짓다
줄짓다
밥 짓다

짚

갈짚
귀릿짚
까래짚
밀짚
밑깔이짚
볏짚
보릿짚
신짚
잇짚
조짚
호밀짚

쪽

곁쪽
그쪽
남서쪽
남쪽
동쪽
뒤쪽
마쪽
맞은쪽
바깥쪽
바른쪽
반대쪽
반쪽(사과 ~) *cf.* 한 쪽
북서쪽
북쪽
서쪽
아래쪽
안쪽
앞쪽
양달쪽
양지쪽
양쪽
양편쪽
옆쪽
오른쪽
외쪽
위쪽
응달쪽
이쪽〔我方, 此方〕
이쪽저쪽
저쪽〔彼方〕
하늬쪽
한쪽
한편쪽

강가 쪽
강물 쪽
개울 쪽
금고 쪽
끝 쪽
낮은 쪽
다른 쪽
다리 쪽
대궐 쪽
두 쪽
등 쪽
머리 쪽
문 쪽
바구니 쪽
밭 쪽
배 쪽
솥 쪽
앞 쪽(앞 페이지)
어느 쪽
언덕 쪽
역사 쪽
우리 쪽
울타리 쪽
원두막 쪽
차창 쪽
창문 쪽
창 쪽
청군 쪽
친정 쪽
큰 쪽
한 쪽(사과 ~) *cf.* 반쪽
현이 쪽

쪽매

나비장쪽매
딴혀쪽매
맞댐쪽매
반턱쪽매
오늬쪽매

제혀쪽매

찜

갈비찜
꼬리찜
모래찜
목침찜
몽둥이찜
사태찜
솔찜
쇠똥찜
얼음찜

찜질

겨자찜질
냉찜질
더운찜질
돌찜질
매찜질
모래찜질
몽둥이찜질
솔찜질
얼음찜질
작대기찜질

차다

기차다
꿰어차다(애인을 ~.)
나기차다
들어차다
매몰차다
벅차다
보람차다
세차다
숨차다
아귀차다
알차다
옹골차다
우렁차다
자랑차다
줄기차다
활기차다
희망차다
힘차다

가득 차다
나이 차다
야심 차다

차림

몸차림
옷차림

관대 차림
군복 차림
등산복 차림
신사복 차림
양복 차림
운동복 차림
작업복 차림
치마저고리 차림
학생복 차림
한복 차림

채다

가로채다
건어채다
낌새채다
낚아채다
눈치채다
알아채다
지레채다

책

영어책
국사책
수학책
독일어책
일본어책
중국어책
불어책
에스파냐책
미술책
교련책
과학책
그림책
도덕책
만화책
소설책

옛 책
우리말 책

철

겨울철
농사철
봄철
여름철
제철

감자 철
옥수수 철

촉

깃촉
막장부촉
붓촉
숨은장부촉
십자쌍촉
쌍촉
쌍턱장부촉
열장장부촉
은못촉
장부촉
주먹장부촉
턱장부촉
펜촉

화살촉

추위

강추위
꽃샘추위
늦추위
봄추위
손돌이추위
잎샘추위
장대추위
첫추위
한추위

춤

거드름춤
곱사등이춤
곱사춤
깃대춤
깨끼리춤
깨끼춤
나비춤
넉두리춤
다리춤
덧보기춤
도리깨춤
도살풀이춤
돈돌라리춤
돌단춤
돌춤
두어춤
뚝배기춤
매듭춤
멍석말이춤
목중춤
무당춤
뭇동춤
미얄춤
민사위춤
바라춤
반춤
방패춤
배꼽춤
버꾸춤
벌인춤(이미 ~이니….)
보릿대춤
부채춤
북춤
불춤
살풀이춤
상좌춤
손짓춤
손춤
양반춤
어깨춤
엉덩춤
이춤
입춤
자라춤
장구춤
접시춤
지전춤
칼춤
큰춤
탈춤
학춤
허리춤
허튼춤
홍두깨춤

깨끼식 춤
봉산 탈춤
은율 탈춤
하회 탈춤

치다

고함치다
굽이치다
내동댕이치다
내리치다
눈웃음치다
도망치다
독장치다
독판치다
동댕이치다
되몰아치다
뒤통수치다
뒷걸음치다
뒷북치다
땡땡이치다(수업을 ~.)
떠받치다
마주치다
맞부딪치다
맴돌이치다
메아리치다
몰아치다
몸부림치다
몸서리치다
물결치다
물리치다
물장구치다
부닥치다
부딪치다
빗발치다
뺨치다
뿌리치다
설레발치다
센굽이치다
소리치다
소용돌이치다
솟구치다
악장치다
야단치다
얼러방치다
요동치다
용솟음치다
어림치다
장난치다

점치다
쳐물리치다
큰소리치다
태질치다
파도치다
한통치다
합수치다
헛걸음치다
헤엄치다
홰치다
회오리치다
휘갑치다
휘몰아치다

개헤엄 치다 *cf.* 헤엄치다
거미줄 치다
기름 치다
기타 치다
꽹과리 치다
날개 치다
눈보라 치다
돗자리 치다
맥박 치다
목 치다
박수 치다
발버둥 치다
발장구 치다 *cf.* 물장구치다
배수진 치다 *cf.* 진치다
배구 치다
번개 치다
벼락 치다
볼기 치다
북 치다
사고 치다
사기 치다
서리 치다
서릿발 치다 *cf.* 빗발치다
선웃음 치다
소금 치다
손뼉 치다
손사래 치다
시험 치다
야바위 치다
양념 치다
우박 치다
장구 치다
종 치다
줄 치다
지동 치다
지둥 치다
천둥 치다
커튼 치다
코웃음 치다
토막 치다
풍금 치다
풍물 치다
피아노 치다
하숙 치다
한탕 치다
허발 치다(헛걸음치다)
허탕 치다
허풍 치다
헛웃음 치다
헤살 치다
헹가레 치다
호통 치다
화투 치다
활개 치다
훼방 치다

시레

겉치레
글치레
눈치레
말치레
면치레
병치레
사당치레
속치레
수치레
신주치레
옷치레
외면치레
음식치레
인사치레
입치레
잔병치레
조상치레
중동치레
집치레
책치레
체면치레
헛치레
혼인치레

치마

가운데치마
겉치마
긴치마
남스란치마
도랑치마
몽당치마
사동치마
삼동치마
속치마
스란치마
쓰개치마
아래치마
앞치마
위치마
잇치마
이동치마
주름치마
짧은치마
큰치마
행주치마
홍스란치마

다홍 치마
보라 치마
분홍 치마
빨강 치마
옥색 치마

칼

갈이칼
구두칼
구름칼
굽이칼
나무칼
납작칼
담배칼
대칼
도련칼
도장칼
돌칼
둥근칼
먹칼
면도칼
물칼
바람칼
배코칼
부엌칼
삼칼
새김칼
송곳칼
쇠자루칼
쇠칼
식칼
쌍날칼
작은칼
장도칼
접칼
제자루칼
주머니칼
찬칼
창칼
채칼
큰칼
풀칼
품칼
한칼
해부칼
행차칼
허리칼
호비칼
회칼

코

갈퀴코
개발코
개코
고무코
그물코
기둥코
납작코
돼지코
들창코
딸기코
말코
매부리코
물코
버선코
벽장코
빈대코
사슬코
사자코
삭은코
섶코
쇠코
신발코
쌍코
안장코
양코
여문코
전병코
주독코
주먹코
주부코
주사코
큰코
하늘코
함실코
헛코
활등코

콩

강낭콩
검은콩
검정콩
땅콩
메주콩
완두콩
쥐눈이콩
청대콩
푸렁콩
호콩
흰콩

타다

가로타다(산을 ~.)
갈아타다(차를 ~.)
걸음마타다
걸음발타다
불타다
손타다
애타다
올라타다(차에 ~.)
잡아타다(택시를 ~.)
집어타다(자동차를 ~.)
틈타다

가물/가뭄 타다
간지럼 타다
기차 타다

노염 타다
더위 타다
되짚어 타다
말 타다
배 타다
봄 타다
부끄럼 타다
부정 타다
비행기 타다
아우 타다
여름 타다
자동차 타다
자전거 타다
추위 타다

타령

가난타령
가루지기타령
가세타령
각설이타령
개구리타령
개타령
건드렁타령
곰보타령
군밤타령
근드렁타령
긴아리랑타령
길타령
까투리타령
꼬뚝이타령
넋타령
놀부타령
농사타령
늴리리타령
담바고타령
대꼬타령
도라지타령
돈타령
둥당기타령
등타령
만경산타령
만경타령
매화타령
맹꽁이타령
몽금포타령
무숙이타령
방아타령
밤엿타령
배꽃타령
벌타령
범벅타령
변강쇠타령
비단타령
산타령
새타령
술타령
신고산타령
신세타령
아라리타령
아리랑타령
앞산타령
어랑타령
엿타령
오봉산타령
옹고집타령
왈짜타령
이야홍타령
자식타령
자장타령
자진방아타령
자진타령
장끼타령
잡타령
코타령
토끼타령
팔자타령
품바타령
허튼타령
호미타령
흥부타령
흥타령

계집 타령
반찬 타령
아버지 타령
예산 타령
예산·절차 타령
음식 타령
자전거 타령
체질 타령

타작

들타작
마른타작
물타작
밀타작
보리타작
콩타작

탈

두룽다리탈
먹중탈
사자탈
산대탈
산디탈
양반탈
초라니탈

터

나루터
낚시터
놀이터
두엄터
마전터
배움터
빈터
빨래터

사냥터
샘터
성터
소산터
싸움터
약물터
약수터
옛터
움집터
일터
장난터
장터
전쟁터
절터
죽음터
진터
집터
치성터
홍릉터
홍수터
화장터
활터
흉터

감은사 터
궁궐 터
능허대 터
대화궁 터
만학궁 터
미륵사 터
반월섬 터
봉수대 터
약수 터(영험 있는 ~) *cf.* 약수터
영명사 터
왕궁 터
원각사 터
월람사 터
천진암 터
첨성대 터
청해진 터
황룡사 터

턱

문턱
앞턱
위턱
중턱
창턱
한턱

-투성이

결점투성이
낙서투성이
먼지투성이
모순투성이
문제투성이
비문투성이
빚투성이
상처투성이
실수투성이
오자투성이
자갈투성이
주근깨투성이
주름살투성이
진흙투성이
탈자투성이
피투성이
하자투성이
허점투성이
헌것투성이
흙투성이
흠집투성이

튀김

강냉이튀김
거위튀김
닭튀김
돼지고기튀김
새우튀김
생선튀김
쇠고기튀김
옥수수튀김

트림

게트림
무트림
용트림

틈

문틈
바위틈
빈틈
창틈

난간 틈
대문 틈
돌 틈
쉴 틈
어느 틈

티

귀티
나이티
소녀티/소년티
시골티
애티
처녀티
촌티
총각티

공무원 티
군인 티
노인 티
노총각 티
노처녀 티
선생 티
어린 티

중년 티
학생 티

팀

사전 표제어

야구팀
축구팀

미등재

농구 팀
드림 팀
배구 팀
배드민턴 팀
아이스하키 팀
필드하키 팀
탁구 팀

펌프

가솔린펌프
기름펌프
동키펌프
배기펌프
배수펌프
소방펌프
열펌프
오일펌프
직동펌프
피시펌프

허용 처리

공기 펌프
기어 펌프
분사 펌프
소용돌이 펌프
압축 펌프
왕복 펌프
원심 펌프
이온 펌프
진공 펌프
제트 펌프
축류 펌프
터빈 펌프
프로펠러 펌프
플런저 펌프
확산 펌프

미등재

강제 펌프
고기 펌프
공기 양수 펌프
급수 펌프
기어 펌프
단동식 피스톤 펌프(용례)
단동 펌프
물 펌프
빗물 펌프
송수 펌프
수격 펌프
승압 펌프
양수 펌프

편

건너편
교통편
기차편
덕이편
뒤편
맞은편
바른편
반대편
배편
버스편
비행기편
사람편
상대편
아래편
양편
오른편
왼편
이편
저편
전편
주옥편
차편
한편

반장 편
부자 편
소녀 편
어느 쪽 편
어느 편
왜적 편
우리 편
이쪽 편
자기 편
저 편
토끼 편
한 편

편지

위문편지

미등재

격려 편지(용례)
안부 편지(용례)
문안 편지
위로 편지

평야, 평원

간도평야
금호평야
김포평양
김해평야
나주평야
단천평야
당진평야
덕양평야
박천평야
신의주평야
안주·박천평야
안변평야

연백평야
영해평야
영흥평야
용천평야
재령평야
전북평야
평양평야
호남평야
함경평야

동유럽 평원
둥베이 평원(동북평원)
롬바르디아 평원
솔즈베리 평원
캘리포니아 평야

표지

안전표지
허용 처리
교통 안전 표지
교통 표지
도로 표지
항공 표지
미등재
위험 표지
항로 표지

풀이

골풀이
그림풀이
댕기풀이
독살풀이
독풀이
되풀이
뒤풀이
망발풀이
부정풀이
분풀이
살풀이
삼신풀이
성주풀이
성풀이
신명풀이
심심풀이
십자말풀이
올풀이
이름풀이
제석풀이
한풀이
화풀이

문제 풀이
어휘 풀이

피우다

기세피우다
꽃피우다
꾀피우다
바람피우다
옴피우다

가살 피우다
개으름 피우다
거드름 피우다
건방 피우다
게으름 피우다
극성 피우다
까탈 피우다
난리 피우다
난봉 피우다
넉살 피우다
넌덕 피우다
늑장 피우다
늦장 피우다
담배 피우다
독살 피우다
딴전 피우다
말썽 피우다
망령 피우다
불 피우다
수다 피우다
수선 피우다
심술 피우다
아망 피우다
아양 피우다
아편 피우다
악지 피우다
암상 피우다
앙살 피우다
앙탈 피우다
야살 피우다
얌전 피우다
어리광 피우다
엄살 피우다
연기 피우다
웃음꽃 피우다
위세 피우다
유세 피우다
응석 피우다
잔재주 피우다
재롱 피우다
재주 피우다
점잔 피우다
조화 피우다
향 피우다
향불 피우다
호들갑 피우다

하늘

가을 하늘
갠 하늘
밤 하늘
봄 하늘

학교

간호학교
경찰학교

고등학교
공립학교
공민학교
공업학교
근로학교
노작학교
기술학교
농업학교
모범학교
법정학교
보습학교
부속학교
사관학교
사립학교
사범학교
산업학교
상업학교
시범학교
생활학교
실업학교
연구학교
전문학교
직업학교
초등학교
특수학교
한글학교

허용 처리

각송 학교
개방 학교
공병 학교
교노관 학교
구립 학교
군의 학교
귀족 학교
단급 학교
벽지 학교
병참 학교
보병 학교
부관 학교
성인 학교
수산 학교
야간 학교
음악 학교
자매 학교
전투 병과 학교
정규 학교
정보 학교
정훈 학교
종합 행정 학교
주간 학교
지역 사회 학교
직할 학교
통신 학교
포병 학교
해병 학교
향토 학교
헌병 학교

미등재

경리 학교
국제 학교
대안 학교
병원 학교
비정규 학교
비행 학교
선원 학교
여군 학교
영어 학교
예술 학교
외국어 학교
의무 학교
일반 학교
일어 학교(한성 ~)
자동차 학교
잠사 학교
제과 학교
제빵 학교
조리 학교
준사관 학교
철도 학교
체육 학교
하사관 학교
해양 학교

학파

고문학파
고증학파
구성학파
구역사학파
국상학파
궤변학파
귀납학파
그라처학파
근고학파
금문학파
기능학파
기호학파
기호 학파(편수 자료)
독일·오스트리아학파
독오학파
마르부르크학파
맨체스터학파
밀레투스학파
바이세시카학파
브렌타노학파
빈학파
산림학파
삼키아학파
상식학파
서남독일학파
소요학파
소크라테스학파
스토아학파
신역사학파
신칸트학파
신플라톤학파
신피타고라스학파
신헤겔학파

아리스토텔레스학파
아메리카학파
알렉산드리아학파
양명학파
에피쿠로스학파
엘레아학파
역사학파
연상학파
연역학파
영가(융자)학파
영남학파
영남 학파(편수 자료)
옥스퍼드학파
요가학파
이오니아학파
이탈리아학파
인구학파
자연법학파
정주학파
정통학파
제도학파
주자학파
중금학파
종교사학파
주석학파
중농학파
중상학파
칸트학파
키니코스학파
키레네학파
토마스학파
페리파토스학파
프라하학파
플라톤학파
헤겔학파
회의학파
훈고학파

허용 처리

자유 무역 학파
청년 헤겔 학파

미등재

강화 학파
남명 학파(조식 학파)
실존 학파
실학 학파
서강 학파
서경덕 학파
성호 학파
율곡 학파(이이 학파)
이용후생 학파(이익 학파)
퇴계 학파(이황 학파)
학현 학파

해

그해
다음해
묵은해
새해
안해(바로 전해)
여러해(살이)
올해
이듬해
이해
저지난해
전해(前-)
지난해
첫해

어느 해
여느 해
여러 해
한 해

해구

일본 해구
마리아나 해구
순다 해구
알류산 해구
자바 해구
칠레 해구
케르마테크 해구
케이맨 해구
필리핀 해구
푸에르토리코 해구

해류, 반류, 잠류, 만류

금문 해협
남극 해류
남적도 해류
동그린란드 해류
동오스트레일리아 해류
동한 해류
래브라도 해류
리만 해류
멕시코 만류
모잠비크 해류
북대서양 해류
북태평양 해류
북적도 해류
서풍 해류
알래스카 해류
유카탄 해류
적도 반류
적도 잠류
캘리포니아 해류
쿠로시오 해류
크롬웰 해류
페루 해류
포클랜드 해류

해산, 해령, 해곡

김인우 해산
대서양 중앙 해령
동태평양 해령
서대서양 중앙 해령
심흥택 해산
안용복 해산

우산 해곡
이사부 해산
인도양 중앙 해협

-해하다

갑갑해하다
개운해하다
거북해하다
곤란해하다
괘씸해하다
난처해하다
느긋해하다
다급해하다
답답해하다
당황해하다
대견해하다
덤덤해하다
떳떳해하다
막연해하다
만족해하다
못마땅해하다
미안해하다
분주해하다
불안해하다
불쾌해하다
불편해하다
뿌듯해하다
서먹서먹해하다
서운해하다
섭섭해하다
속 시원해하다
시원섭섭해하다
시원해하다
시큰둥해하다
신기해하다
신통해하다
심란해하다
심드렁해하다
쓸쓸해하다
씁쓰레해하다
애석해하다
애통해하다
야속해하다
어리둥절해하다
어색해하다
여유만만해하다
연연해하다
우쭐해하다
울적해하다
원통해하다
의기소침해하다
의기양양해하다
의아해하다
자신만만해하다
조급해하다
조마조마해하다
죄송해하다
지긋지긋해하다
찜찜해하다
측은해하다
탐탁해하다
태연해하다
통쾌해하다
통탄해하다
편안해하다
편해하다
허망해하다
허전해하다
헛헛해하다
호젓해하다
홀가분해하다
황공해하다
확송해하다
황홀해하다
흡족해하다
흥미진진해하다
힘들어해하다

해협, 협만, 지협, 지구대

금문 해협
대한 해협
대만 해협
명량 해협
제주 해협
추가령 지구대

다르다넬스 해협
댐피어 해협
데이비스 해협
덴마크 해협
도버 해협
드레이크 해협
롬보크 해협
림 해협(협만)
마두라 해협
마젤란 해협
마카사르 해협
말라카 해협
매콜린독 해협
모잠비크 해협
민도로 해협
바시 해협
배스 해협
베스트 협만
보스포루스 해협
비글 해협
빅토리아 협만
산베르나르디노 해협
소아 해협
송네 협만
수리 가오 해협
순다 해협
싱가포르 해협
스카게라크 해협
쓰시마 해협
오슬로 협만

오트란토 해협
윈드 워드 해협
유카탄 해협
지브롤터 해협
쿡 해협
크라 해협(지협)
타타르 해협
토러스 해협
파나마 지협
플로리다 해협
호르무즈 해협
허드슨 해협

-행

강릉행
베이징행
부산행
서울행
아프리카행

행렬

기마행렬
미등재
군인 행렬
데모 행렬
자동차 행렬
피난(란)민 행렬(용례)

행사

일중행사
연중행사
허용 처리
월중 행사
미등재
주중 행사

행위

가장행위
기만행위
배신행위
부정행위(不貞~)
부정행위(不正~)
비송행위(非訟~)
월권행위
자위행위
탈선행위

상행위
성행위
허용 처리
가해 행위
가혹 행위(~죄)
감독 행위
강박 행위
경제 행위
공동 행위
공법 행위
권리 행위
기본 행위
기부 행위
긴급 행위
단독 행위
무인 행위(無因行爲)
물권 행위
방임 행위
범죄 행위
법률 행위
부당 노동 행위
불법 행위
불요식 행위
사법 행위
사실 행위
사후 행위
생전 행위
세력 투쟁 행위
신분 행위
신탁 행위
쌍방 행위
어음 행위
요식 행위
유인 행위
윤락 행위
은닉 행위
이적 행위(용례)
입법 행위
자살 행위(自殺行爲)
자상 행위(自傷行爲)
정기 행위(定期行爲)
작품 행위
쟁의 행위
적법 행위
정당 행위(正當行爲)
준물권 행위
집행 행위
채권 행위
탈법 행위
통치 행위
폭력 행위
폭리 행위
합동 행위
행정 행위
허위 행위
협정 행위
미등재
간첩 행위
강매 행위
개발 행위
거래 행위
계약 행위
구걸 행위
구타 행위
기부 행위
나태 행위
낙태 행위
납치 행위
대출 행위
도굴 행위

도박 행위
도발 행위(무력 ~)
도벌 행위(산림 ~)
도살 행위
도청 행위
매국 행위
매점매석 행위
매혈 행위
모금 행위
모리 행위
모반 행위
무력 행위
민족 반역 행위
밀렵 행위
밀반출 행위(문화재 ~)
밀수입 행위
밀수출입 행위
밀입국 행위
밀주(제조) 행위
밀항 행위
박탈 행위(용례)(기본권 ~)
반당 행위
반대 행위
반미 행위
반복 행위
범법 행위
병역 기피 행위
보복 행위
부역 행위
불공정 거래 행위(용례)
불공정 무역 행위
불량 행위
불법 어로 행위
불법 채취 행위
사기 행위
사행 행위(용례)
살상 행위
살인 행위
선택 행위

성교 행위
성폭력 행위
소비 행위
속도 위반 행위
스파이 행위
애정 행위
야만 행위
월경 행위(국경)
위반 행위(교통 신호 ~)
유객 행위
유괴 행위
음주 행위(가무)
의료 시술 행위
의료 행위
이적 행위(용례)
일탈 행위
입법 행위
자살 행위
자학 행위
자해 행위
적대 행위
절도 행위
접대 행위
정치 행위
추돌 행위
추월 행위
축출 행위
친일 행위
침략 행위
침범 행위(국경 ~)
탈세 행위
탈출 행위
테러 행위
투기 행위
투매 행위
파괴 행위
판매 행위(차내 ~)
포교 행위(종교 ~)
학살 행위(양민 ~)

해당 행위
호객 행위

행정

내무행정

허용 처리

경찰 행정
교육 행정
교통 행정
군사 행정
농업 행정
법무 행정
사법 행정
세무 행정(~의 원칙)
인사 행정
재무 행정
직업 행정

미등재

건설 행정
관세 행정
노동 행정
민원 행정
병무 행정
보건 행정
복지 행정
수산 행정
약사 행정
원호 행정
조세 행정
주택 행정
체신 행정
체육 행정
학사 행정

허리

가는허리
개미허리
등허리
띠허리

말허리
바늘허리
발허리
산허리
어깨허리
잔허리
조끼허리
중허리
진허리
추녀허리
치마허리
코허리
한허리

병 허리(잘록한 ~)

헤엄

개구리헤엄
개헤엄
누운헤엄
모잽이헤엄
발헤엄
선헤엄
송장헤엄
앉은헤엄

혁명

명예혁명
시민혁명
역성혁명
적색혁명
한계혁명

허용 처리

과학 혁명
국민 혁명
군사 혁명
녹색 혁명
농업 혁명
문자 혁명
산업 혁명
상업 혁명

미등재

민주주의 혁명

현상

수막현상
자연현상

허용 처리

황사 현상

미등재

결로 현상
노화 현상(용례)
누수 현상
도피 현상
사막화 현상
열대야 현상(용례)
이온화 현상
전리 현상
핵가족화 현상(용례)

회원

종신회원
평생회원

미등재

명예 회원
신입 회원
부녀 회원
부부 회원
주말 회원
주중 회원

회의

구수회의
긴급회의
연석회의
원탁회의
확대회의

허용 처리

경제 장관 회의
국가 안전 보장 회의
국무 회의
군비 축소 회의
군축 회의
남극 회의
대법관 회의
덤버턴오크스 회의
몬테비데오 회의
반둥 회의
아시아·아프리카 작가 회의
아시아·아프리카 회의
어전 회의
원로 회의
종무 회의
차관 회의
퍼그워시 회의

미등재

간부 회의
감사 위원 회의(용례)
관계자 회의
교무 회의
대책 회의(부동산 ~/물가 ~)
부장 회의
사정 회의(입학 ~/졸업 ~)
수습 회의
실국장 회의
임원 회의
자문 회의
작전 회의
전문가 회의
전략 회의
참모 회의
팀장 회의
편집 회의

휴가

여름휴가

허용 처리

생리 휴가
연차 유급 휴가
연차 휴가
월차 휴가
월차 유급 휴가
유급 휴가
출산 휴가
해산 휴가

미등재

가을 휴가
겨울 휴가
무급 휴가
봄 휴가
산휴 휴가(용례)

흥정

낱흥정
도거리흥정
드림흥정
맞흥정
모개흥정
비싼흥정
싼흥정
억매흥정
장흥정
절박흥정
푼내기흥정

우리말 우리글

부록

1. 글의 오용과 글다듬기

글의 오용은 대체로 어휘면의 오용, 문법면의 오용, 문장 구조면의 오용, 문장 의미면의 오용, 표현상의 오용, 표기상의 오용 등으로 나누어 생각할 수 있는데, 어휘면의 오용이나 표기상의 오용 등은 쉽게 찾아낼 수 있고 쉽게 고칠 수 있으나, 문장 구조면의 오용이나 문법면의 오용은 정신을 가다듬고 찾아내지 않으면 그대로 넘기기가 쉬울 뿐 아니라, 고치기도 쉽지 않다. 따라서, 글을 쓴 다음에는 글다듬기를 통해 글을 다듬어야 글의 오용을 줄일 수 있다. 특히, 편집·교정 분야에 종사하는 사람들은 저자의 의도를 살려 글다듬기를 잘할 수 있어야 저자와 마찰을 없앨 수 있다.

글다듬기는 나타내려는 생각이나 느낌 등이 잘 드러나도록 잘 가다듬어 가는 필수 과정으로서, 단어 수준, 문장 수준, 글 수준에서 철저하게 이루어져야 한다. 단어 수준에서는 문장에 쓰인 단어 하나하나가 적절한지를 주의 깊게 살펴보아 가다듬고, 문장 수준에서는 각 문장이 어법에 맞는지, 뜻이 잘 통하는지 살펴보아 가다듬는다. 그리고 글 수준에서는 문장과 문장, 문단과 문단이 서로 잘 호응이 되는지 살펴보아 가다듬는다.

글에서 오용된 것이 많이 발견되면 글의 품위가 떨어지고, 책의 신용도가 떨어질 뿐 아니라, 글쓴이와 편집·교정자의 교양까지 의심받게 되므로, 글다듬기를 필수적으로 해서 조리 있는 글을 만들어야 한다. 다음에 오용의 유형을 들어 보이고, 다시 오용된 문장의 예를 보인다.

(1) 어휘면의 오용

① 전통적 형태 수용에 의한 오용

가개 → 가게	음달 → 응달
모밀 → 메밀	이즈러지다 → 이지러지다
영글다 → 여물다	줏다 → 줍다

② 변화된 형태 수용에 의한 오용

개이다 → 개다	으시대다 → 으스대다
담다(김치를 ~.) → 담그다	웅큼 → 움큼
바램 → 바람	칼치 → 갈치

③ 특정한 이형태 수용에 의한 오용

걸거치다 → 거치적거리다	까치(담배 한 ~) → 개비
어스름달 → 으스름달	메꾸다 → 메우다

④ 의미 혼란에 의한 오용

가르치다〔敎〕— 가리키다〔指〕	두껍다 — 두텁다

잃어버리다〔失〕— 잊어버리다〔忘〕 껍질〔皮〕— 껍데기〔殼〕
또〔又〕— 또한〔亦是〕 작다 — 적다

⑤ 동의어 반복에 의한 오용

가로수 나뭇잎 신년 새해
남은 여생 절호의 좋은 기회
넓은 광장 푸른 창공

(2) 문법면의 오용

① 조사의 오용

- 어떻게 만들어 보겠다라고(보겠다고) 생각하셨어요?
- LG가 현대에게(현대를) 3 대 2로 이겼습니다.

② 활용 어미의 오용

- 건강하십시오.(건강하시기를 바랍니다.)
- 여기 가만히 있거라.(있어라.)

③ 사역형의 오용

- 상임 위원회를 가동시킬(가동할) 예정입니다.
- 좋은 사람을 소개시켜(소개해) 주마.

④ 능·피동형의 오용

- 지방세가 우세하지 않나 이렇게 보아지는군요.(보이는군요.)
- 경제적인 수명도 연장되어집니다.(됩니다.)

⑤ 시제의 오용

- 김포 공항에 도착하고 있지 않습니다.(도착하지 않았습니다.)
- 많은 시청 바라겠습니다.(바랍니다.)

⑥ 대우법의 오용

- 할아버지 물어(여쭈어) 볼 게 있는데요.
- 과장님이 계장님을 오시랍니다.(오라십니다.)
- 회장님의 말씀이 계시겠습니다.(있겠습니다.)

(3) 문장 구조면의 오용

① 주술 호응

- 천둥(이 울고) 번개가 칩니다.
- 건강한 주말을 보내시고(보내시기 바랍니다.) 저희는 월요일 아침에 다시 뵙겠습니다.

• 좋은 하루 되십시오.(보내십시오.)

② 객술 호응

• 우리나라가 인도에게(를) 16 대 0으로 이겼습니다.
• 지역 주민의 사랑을 받을 것을(받기로) 다짐했습니다.

③ 보술 호응

• 편안한 밤 되시기(보내시기) 바랍니다.
• 중부 지방은 소나기가 (올 것으로) 예상됩니다.

④ 수식 구성

• 상위 그룹을 휩쓸 (것으로) 전망입니다.(전망됩니다.)

⑤ 접속 구성

• 흐리면서(흐리고) 비가 조금 내리겠습니다.

⑷ 문장 의미면의 오용

• 결실이(열매가) 맺어졌으면 하는 바람입니다.
• 금메달을 딴 선수들의 노고를 치하했습니다.(위로했습니다.)
• 팔을(소매를) 걷어붙이고 나섰습니다.
• 나무에 매달려 숨진 채(숨져 있는 것이) 발견되었습니다.

⑸ 표현상의 오용

① 조리에 맞지 않는 표현

• 승객이 얼마나 피해를 입었는지 (소식이) 들어오고(들어와) 있지 않습니다.

② 부적절한 관용적 표현

• 썰어 주시고요(써시고요), 그리고 삶아 주세요.(삶으세요.)

③ 번역문투의 표현

• 도저히 살아질 것 같지 않은 부부입니다.
• 위험할 수 있는 것으로 보고 있습니다.

④ 관용적 표현

• 본격적인 귀성 행렬(귀향)이 시작되고 있습니다.
• 이 시간(시각) 현재 전국 인터체인지의 교통 상황을 전해 드리겠습니다.

(6) 표기의 면

① 표 기

뜨게옷 → 뜨개옷 뒷뜰 → 뒤뜰

싸게 안 되요. → ~ 돼요.

햅쌀 선 뵈. → 선 봬.

② 언어 규범

대통령에(에게/께) 쓴 편지

<교육부, 중학 국어 3-2, 대한교과서(주), 1997.>
<박갑수, 아름다운 우리말 가꾸기, 집문당, 1999.> 등에서

2. 오용된 문장이라고 지적되는 예

오 용	바른 형식	비 고
아들이 아버지를 감시하고, 학생이 선생님을 감시하게 한다고 합니다.	감시한다고 합니다.	
이 회사와 자매 관계 공장은 7개 공장이 있는데…	이 회사의 자매 관계 공장은 7개 있는데…	
우리나라가 수출을 하고 있는 나라는 미국, 일본을 비롯하여	우리나라의 수출 대상국은/우리의 상품을 수출하는 나라는	
격조사는 격을 표시하는 종류에 다음과 같은 것들이 있다.	격을 표시하는 격조사의 종류에는	
나는 앵두꽃 사이를 걸으며 잃어버린 정열이 그리웠다.	잃어버린 정열을 그리워했다.	
이 지역은 겨울 날씨가 따뜻하며, 여름보다 겨울에 강수량이 많은 지중해식 기후가 나타난다.	이 지역은 ~ 지중해식 기후가 나타나는 곳이다.	
우크라이나 지방을 중심으로 하는 흑토 지대에서는 기계를 이용하는 농업이 잘 발달하여 세계적인 밀 생산 지대가 되고 있다.	흑토 지대는 ~ 지대가 되고 있다. 흑토 지대에서는 ~ 지대를 이루고 있다.	
방위표가 없는 지도들은 보통 위쪽이 북쪽이고, 아래쪽은 남쪽으로 보고 있다.	~ 위쪽은 북쪽을, 아래쪽은 남쪽을 가리킨다./~지도에서는 위쪽이 북쪽이고, 아래쪽이 남쪽이다.	
이 고원에는 2000 m가 넘는 산도 많으며, 원시림에 덮여 독특한 경치를 가진 것으로 유명하다.	이 고원은 2000 m가 넘는 산도 많으며, 원시림에 덮여 독특한 경치를 가진 것으로 유명하다.	
쇠똥 단지 속의 알은 그 쇠똥을 먹고 자라게 된다.	쇠똥 단지 속에서 까진 유충은 ~	알이 먹는 것이 아님.

오 용	바른 형식	비 고
해시계는 태양의 그림자가 드리워진 각도나 방향으로 보아 시각을 측정하는 것으로	해시계는 물체의 그림자가 드리워진 각도나 방향으로 시각을 측정하는 것으로	태양은 그림자가 없음.
19세기를 전후한 철도, 자동차 등의 근대 교통수단의 도입은		19세기를 전후한 시기는 18세기부터 20세기까지인데(?)
다른 사람들은 우리들 보기를 괴물처럼 여깁니다.	우리를 괴물처럼 봅니다./ 우리를 괴물처럼 여깁니다.	
창의로운 제품 개발에 꾸준한 노력과 성실한 자세, 책임있는 적극적인 자세로 붉은 벽돌 제품의 기술 개발에 앞장설 것입니다.	꾸준한 노력과 성실한 자세, 책임감 있고 적극적인 자세로 새로운(독창적인) 벽돌 개발에 앞장설 것입니다.	
여하튼 '내일 잊으리'는 각박한 현대 사회에 있어서 진실한 사랑의 경종을 울려 준 작품이었고, 나도 이 작품의 출연을 계기로 많은 팬들을 확보할 수 있었으며, 인기 또한 급상승하기 시작했다.	진실한 사랑을 일깨워 준	'경종'은 다급한 일이나 위험을 경계하기 위해 치는 종이란 뜻이며, '경종을 울린다'는 사전에 경계를 위하여 주의를 환기시키다란 뜻으로 쓰이는 말이다.
국회의원 90여 명이 해외 나들이를 다녀왔다.	해외 나들이를 하였다./ 해외에 다녀왔다.	
영산강이 위험 수위를 넘어서기는 '39년 광주 측후소가 생긴 이래 60년 만에 처음이며	영산강 물(의 높이)이 위험 수위를 넘기는	
특히 대학생을 사녀로 둔 학부모들에게 "평소 자식들과의 대화가 부족했음을 이제 와서야 절실히 느끼고 후회하고 있다."며	대학생 자녀를	
이 드라마의 열기는 국내뿐 아니라 해외 교민들 사이에서도 그대로 반영되고 있다.	사이에도	

오 용	바른 형식	비 고
각자 하나님께로부터 받은 남다른 재능이 있는데도	하나님으로부터	'께로'는 여격, 방위격 조사이다.
자생란 보호 홍보물 설치와 홍보 전단을 제작, 배포하고 있다.	홍보물을 설치하고, 또 홍보 전단을	
모든 산업이 전자 산업과 연관되어져 발전되고	연관되어 발전하고	
남자관계가 얼마나 깨끗지 못한 줄 알고 있느냐?	몹시 난잡한 것을/얼마나 지저분한 것을	
도솔산이란 이름으로 더욱 알려진 전북 도립 공원 선운산은 지금 온통 꽃으로 수놓고 있다.	수놓여 있다.	'수놓고 있다'는 '수놓다'란 동작의 진행시형이다. 천자만홍에 의하여 아름답게 꾸며진다는 뜻이니, 상태를 나타내는 형식인 '-아/-어 있다'로 표현하되, '수놓다'는 피동형 '수놓이다'로 해야 할 것이다.
저희 한국전력공사에서는 고객 편의를 위하여 전기 고장 신고 전화번호를 아래와 같이 통일, 운영하게 되었음을 알려 드리니, 전기 고장 신고 및 휴전 문의시에 많은 이용 있으시기 바랍니다.	알려 드리오니 많이 이용하시기	
며칠 전 대보름날에는 부모님들이 선생님들을 초대했다.	학부모들이 선생님들을, 초대하셨다.	'부모님들이'와 '초대했다'는 경어법상의 호응이 되지 않는다.
'미국 TV에서 본 가장 아름다운 여성 베스트 10'에 선정될 만큼 눈부신 미모를 40대에 들어서도 자랑하는 조앤 콜린스가 주연을 맡았다.	40대에 (접어)들어서도 눈부신 미모를 자랑하는	

오 용	바른 형식	비 고
안방에 적합치 않은 소재를 무리하게 제작하면서	적합지 소재를 가지고 드라마(혹은 영화)를 무리하게	'소재'를 만드는 게 아니라, TV 드라마를 만든다는 뜻일 것이다.
'무한궤도'라는 그룹 이름은 끝없는 음악에 대한 열정을 나타낸다는 뜻으로 붙였다.	음악에 대한 끝없는 열정을	'끝없는'이 수식하는 말은 '음악'이 아니라 '열정'일 것이다. (1) 끝없는 음악에 대한 열정 (2) 음악에 대한 끝없는 열정 처럼 풀이해 볼 수 있으나, (2)의 의미 구조로 보는 게 자연스러울 것이다.
자기는 정신병자이며 마악 입원하고 있던 정신 병원에서 탈출한 처지라고	입원하고 있던 정신 병원에서 막 탈출한 처지라고	부사 '막'은 '입원하고'를 수식하는 게 아니라, '탈출한'을 수식하는 구조이다.
전한준 선생님은 누가 시킨 것도 아닌데 아이들이 매일처럼 꾸준히 달리기를 해 기초 체력이 향상되고 있단다.	누가 시킨 것도 아닌데 아이들이 매일같이 꾸준히 달리기를 해, 기초 체력이 향상되고 있다고 전한준 선생님께서 말씀하셨다.	'있단다(←있다고 한다)'는 '전한준 선생님'과 경어법상 호응되지 않는 형식이다.
그러나 일을 그런 식으로 몰려와 항의한다고 풀어지는 것도 아니어서, 일단 타일러서 돌려보냈다.	그런 식으로 몰려와 항의한다고 일이 풀어지는 것도	
하이파이 오디오나 전기 세탁기 등의 선물 공세가 퍼부어지기도 하고, 젊은 여자들의 경우 사랑의 공세가 전개되기도 한다는 것이다.	선물 공세를 퍼붓기도 하고, 젊은 여자들의 경우 사랑의 공세를 전개하기도 한다는 것이다.	간접 인용법으로 된 문장인데, 이 경우 인용된 내용은 피동문 구조보다 능동문 구조로 표현하는 게 자연스러울 것이다.

오 용	바른 형식	비 고
발 빠른 김용강이 해외 원정 세계 타이틀전 6연패에 종지부를 찍고 타이틀 2차 방어에 성공, 안방 챔피언에서 벗어났다.	해외 원정 세계 타이틀전 6연패에 종지부를 찍고, 발 빠른 김용강이 타이틀 2차 방어에 성공, '안방 챔피언'에서 벗어났다.	김용강이 해외 원정에서 6연패한 것이 아니라, 우리나라 권투 선수들이 해외 타이틀전에서 6연패했다는 뜻일 것이다.
'올바른 농사를 짓자'는 취지의 농민 모임 정농회가 지난 26일 그동안 변함없이 회원들이 생산한 농산물을 사 먹어 준 소비자가 60여 명을 회원 농가인 정상묵 씨의 두물머리 농장에 잉어 매운탕을 끓여 놓고 초대한 것이다.	그동안 회원들이 생산한 농산물을 변함없이 사 먹어 준…	
독자 전화의 주종은 물론 순미 양네 가족들에 대한 동정이다. 얼마나 가난 때문에 못이 박혔으면 그렇게까지 했겠느냐는 게 평균적인 시민들의 감정인 것이다.	가난 때문에 얼마나 가슴에 못이 박혔으면 그렇게까지 했겠느냐는 게 시민들의 일반적(공통적)인 의견인 것이다.	
철부지 외국병에 걸린 여성의 마수에 걸려들게 되지만, 대개 영동 등 고급 술집이 모여 있는 미용실에서 일본 취업 소개가 이루어지고 있다.	외국병에 걸린 철부지 여성이	
출근길이 밀립니까?	출근길에 차가 밀립니까?	
직장 여성의 몸치장은 유행에 민감하기보다는 특이하지 않으면서도 수수한 가운데 자기 멋을 가꿀 줄 아는 여성이 더 건실해 보인다는 사실을 마음속에 새기고, 내적 미를 가꾸도록 하는 게 바람직할 것이다.	멋을 가꾸는 것이 가꾸는 게 바람직한 일일 것이다.	

오 용	바른 형식	비 고
① 망국의 백색 가루를 실현시킬 수도 있다는 경각심이 ② 절실해질 밖에 없다.	① 나라를 망치는 백색 가루가 될 수도 있다는(?) ② 절실해질 수밖에	①은 그 뜻이 이해되지 않는 표현이다. ② '-ㄹ 밖에'는 종결형 어미로 다루어지고 있는 것이다. 예문 같은 경우 '-ㄹ 수밖에'로 써야 할 것이다.
치료와 재발을 악순환하는 재발성 궤양	재발이 되풀이되는(반복되는)	'치유'는 악순환이 아님. * '치료(다스려서 낫게 함.)'도 '치유(병이 나음.)'로 표현하는 것이 좋다.
조치훈도 철저한 실리주의를 고집하며 너는 네 갈 길로 가라, 나는 내 갈 길로 간다고 한 치의 타협을 모른다.	간다고 하는 비타협적인 자세다.	
'모든 것을 김일성 부자의 은혜로만 돌리는 북한 사회의 허구성과 낙후성을 알고선 북한행이 곧 감옥과 같다는 생각에 망명을 결심한 것'이라고 말했다.	북한행이 곧 감옥행과 같다는	
부서 확장의 인력을 담당할 성실한 가족을 찾습니다.	부서 확장에 따른 일(부서)을 담당할	'인력을 담당할'이 '인력 관리'의 뜻은 아닐 것이다.
신혼여행은 일본, 하와이, 미국 등시를 9박 10일 정도 돌 계획을 하고 있다고 밝힌 그는, 벌써부터 그녀에게 잡혀 살는지 모른다고 익살을 떤다.	돌 계획이라고 / 돌 것을 계획하고 있다고	
한국이 전 세계 낚시 용품의 70 %를 점유하고 있다는 사실을 알고 계십니까?	낚시 용품 수요의 70 %를 공급(수출)하고 있다는	

오 용	바른 형식	비 고
17일까지는 매일 선착순 100명의 고객들에 대해서는 올림픽 기념우표를 주는 등 여행용 고급 가방을 선물로 증정하기도 한다.	고객들에게 올림픽 기념우표, 여행용 고급 가방 등을 선물(증정)하기도 한다.	
이번 중국 전통문화 전시회는 산둥 성을 중심으로 한 중국의 전통적이고 대표적인 공예품을 엄선, 75종 4백여 점에 이른다는 전통 공예품들을 보여 준다.	공예품 75종 4백여 점을 보여 준다.	'전통 공예품들을'은 불필요하게 거듭되는 말이다.
눈이나 피부 상처에 고춧가루가 들어가 본 이들은 그 접촉이 얼마나 펄펄 뛰게 아픈지를 알 것이다.	그것이 얼마나 아픈지를 잘 알 것이다. / 펄펄 뛰게 아프다는 사실을 알 것이다.	
무려 1백 39일 동안이나 집에 돌아오지 않고 소식이 끊겼는데도 가족들은 왜 경찰에 실종 신고를 내지 않았을까?	실종 신고를 하지 / 실종 신고서를 내지	
우선 한눈에 '디자인'이 뛰어난 모던한 디자인, 세련된 칼라와 각종 첨단 기능이 고루 갖춰져 있읍니다.	우선 한눈에 드는 뛰어난 디자인, 현대적이며 세련된 색상과 있습니다.	
푸른 물이 오르는 듯한 느낌이지 않는가.	느낌이 들지 않는가.	'-이지+아니하다, 못하다' 형식은 인정되지 않는다.
용모 단정한 대졸 여성으로서 전화 목소리에 자신이 있으시며 스스로 비서직 또는 다재다능하다고 생각하는 여성	있으며 비서직 또는 다른 직에 두루 능력이 있다고 생각하는 여성	
딸을 대학까지 시키고 있는 그 여인의 처지를 동정하는 사람이 있는가 하면	대학 공부까지 시키고	

오 용	바른 형식	비 고
최근 남자 친구를 사귀고 있지만 첫사랑이 될지는 아직 모르겠고, 드라마 때문에 학교 성적이 떨어져 3학년 때는 열심히 공부해 우선 대학의 꿈을 실현시키겠다고	대학 진학의 꿈을 실현하겠다고	
지금 생각하면 나이 50도 채 못돼 세상을 하직한 그를 좀 더 따뜻하게 대해 줬을걸 한다.	따뜻하게 대해 줄걸 하고 후회한다.	
박남정은 스타가 되며 항상 바쁜 것이 홀어머니에게 불효한다는 생각을 떨치지 못하고 있다.	스타가 된 뒤 항상 바쁘기 때문에 홀어머니께 효도하지 못한다는	
많은 만남만큼 술자리도 많은 저에게 실속 양주 조커는 좋은 친구입니다.	만남이 많으니만큼 실속 있는 양주	
문제 타결을 위해 정치인의 역할이 지금이야말로 더 요청되는 것이 국민의 기대이다.	지금 국민은 문제 타결을 위한 정치인의 역할을 기대하고 있다./국민은 지금이야말로 문제 타결을 위해 정치인이 작용해 줄 때라고 생각하고 있다.	
92학년도부터 대입 학력고사 대신 적성 시험으로의 전환을 대비, 본 연구소에서 특별 창안된 적성 검사지를 후세 교육에 사명감을 갖고 전국 시·도 각 지역별로 대행 실시하실 뜻이 계신 분은 지사장으로 모시고자 합니다.	전환을 → 전환에 독창적으로 특별한 적성 검사지를 개발하였습니다. 후세 교육에 대한 사명감을 가지고 지역별로 맡아서 실시할 뜻이 있는 분을 각 시·도 단위 지사장으로 모시고자 합니다.	문맥의 연결이 비논리적이어서 뜻을 파악하기 어렵다.
그것은 그 노래들이 우리들의 실제 생활을 더하거나 뺀 것 없이 있는 그대로 실감 있게 표현해 냈기 때문이리라.	더하거나 빼지 않고	

오 용	바른 형식	비 고
이후의 돈독한 우의는 다른 사람들로 하여금 시기심을 일으키게 할 정도였다고 한다.	다른 사람들이 시기할 정도/다른 사람들로 하여금 시기심을 가지게 할 정도	
사회 분야 대정부 질문에 나선 17일의 국회 본회의에서 야당 의원들은 6공이 5공과 단절 못하는 상황을 집중 난타	17일의 국회 본회의에서 사회 분야 대정부 질문에 나선 야당 의원들은 단절하지 못하는	
마을에 먼저 당도한 정후겸과 김수완은 세자의 궐실에 대해 사실대로 주상 전하에게 고하라고 마을 사람 몇을 잡아 단단히 이르고 있는데	마을 사람 몇을 잡아 세자의 궐실에 대해 사실대로 주상 전하께 고하라고	
더구나 요즘 판매되고 있는 꽃토마토의 수경 재배 용품은 씨앗과 재배 용기, 비료는 물론 재배 안내서까지 함께 세트로 판매되고 있어 웬만한 수경 재배의 초보자라도 쉽게 재배가 가능해졌다.	수경 재배의 초보자라도 쉽게 재배할 수 있게 되었다.	
심야 전력을 이용하면 전기 요금의 40%의 가격으로 24시간 난방 및 온수를 사용할 수 있습니다.	난방을 할 수 있고, 온수를 사용할 수 있습니다.	
그런데 지난 25일 새벽부터 영·호남 지방에 쏟아 부은 집중 호우는 영산강과 섬진강을 범람 직전에 이르게 했고, 인명과 재산 피해 또한 이만저만이 아니다.	쏟아진 비로 인한 인명과 재산의 피해 또한 이만저만한 것이 아니다.	
교회에서 만났던 한 교포는 LA에 있는 자택으로 나를 초청해 공연을 열고 싶다고 제의해 왔다.	공연을 하고 싶다고	

오 용	바른 형식	비 고
우리가 사표를 내기까지 이른 데는 이런 갈등을 겪은 끝이었다.	우리는 이런 갈등을 겪은 끝에 사표를 낸 것이다.(내었다.)	
다만 매제가 현직 대통령이라는 사실은 쉽게 거물이 될 수 있는 배경이라고 볼 수 있지만, 동시에 운신의 폭을 어렵게 하는 최대 장애가 될 수도 있다는 점이다.	운신을 어렵게 하는/운신의 폭이 좁아지게 하는	
이번 영화는 10월 혁명 50주년을 기념하여 [전쟁과 평화]를 제작한 모스 필림이 총력을 기울여 제작한 야심작이다.	이번 영화는 '전쟁과 평화'를 제작했던 모스 필름이 10월 혁명 50주년을 기념하기 위하여 총력을 기울여 제작한 야심작이다.	10월 혁명 50주년을 기념하기 위하여 제작한 것이 '이번 영화'인지 '전쟁과 평화'인지 알 수 없는 표현이다. '전쟁과 평화'라면 '이번 영화는' 다음에 쉼표가 있어야 할 것이다.
사실 한국과 헝가리는 지역적인 거리보다 훨씬 더 먼 이념적인 거리가 있어 왔던 게 사실입니다.	거리가 있었던 게 사실입니다.	
주차는 지정된 주차장에서만 주차하도록 합시다.	주차는 지정된 장소에만 하도록/지정된 장소에만 주차하도록/주차장에만 주차하도록	
서울시 농축과 위생과 수의관은 지방육의 반입이 야간이나 새벽 시간대를 이용, 봉고, 승용차 등 일반 차량으로 이루어지기 때문에 단속이 어려운데다 수도권 인구 증가로 육류 수요는 늘어 지방육 반입이 불가피한 실정이라고 밝혔다.	야간이나 새벽 시간대를 이용하여 지방육이 봉고, 승용차 등 일반 차량으로 반입되기 때문에	

오 용	바른 형식	비 고
칠순을 내일로 바라보는 나로서는 요즘 젊은 여자들이 무척이나 부럽게 느껴집니다.	내일이면 칠순인 부럽습니다.	
때마침 체격과 기술을 겸비한 훌륭한 선수들이 단비처럼 나타나고 있는 현실에서 이들을 올바르게 키워 세계 정상급으로 키울 뚜렷한 방안을 세워 주었으면 한다.	올바르게 키워 세계 정상급으로 자라게 할 수 있는	
각 성마다 한국으로부터의 투자 유치를 위해 경쟁하듯이 호의를 보였다.	한국의 투자를 유치하기 위해	
한국의 평균 신장이 189 cm에 비해 중국은 스타팅 멤버급이 평균 2 m여서, 한국을 높이로 제압하려 할 것이다.	한국 선수들은 평균 신장이 189 cm인 데 비해 중국 스타팅 멤버급의 신장은	
효도는 성의껏 하려고 노력했으나 결론적으로 보면 직접 따뜻한 밥 한 그릇도 손수 지어 드리지 못했고, 그토록 원하셨던 손자도 낳아 드리지 못했기 때문이다.	결론적으로 보면 그러지 못했다(불효했다). 제 손으로 따뜻한 밥 한 그릇도 지어 드리지 못했고	근자에 '손수 운전' 같은 표현이 사용되고 있기는 하나 '손수'는 윗사람의 동작을 말할 때에 쓰는 것이 관례이다.
방송 통신고 강의는 물론 정상 수업까지 지장받고 있다는 것이다.	수업에까지 지장이 있다는	
국가의 틀 속에서 이루어지는 국민운동에 다름 아니다.	운동과 다를 바 없다.	
아가씨 같은 분이 이런 곳에 있으면 안됩니다. 함께 집까지 바라다드리지요	댁까지 바래다드리지요. / 댁까지 함께 가시지요.	
이 방법은…… 생태계를 파괴하지 않으면서 농산물을 재배하는 것이다.	농작물을	

오 용	바른 형식	비 고
도시화된 사회에서 생활한다는 것은 알게 모르게 환경 문제를 일으키는 것이다.	생활하면 일으키게 된다.	주어-서술어 호응 어색
독일인의 근면한 정신은 경제적인 어려움을 극복하고 유럽 최강자로서의 위치를 잃지 않았다.	위치를 지킬 수 있게 하였다.	주어-서술어 호응 어색
동남아시아와 우리나라의 무역 관계는, 우리나라가… 섬유 제품을 이 지역에 수출하고, 이 지역으로부터 광물, 석유, 천연 가스, 고무 등을 수입하고 있다.	동남아시아와 우리나라는 수입하는 무역 관계를 맺고 있다. / 수입하는 관계이다.	'무역 관계'에 호응하는 서술어 없음.
사용 방법은 단순하지만, 그 효과는 프로그램의 능률을 크게 높여 줄 수 있다.	그 효과는(삭제)	
석유 생산은 국내 소비량의 절반 정도를 공급한다.	절반 정도이다.	
세상에 존재하는 모든 것들은 다 영혼을 가지고 있다고 생각하였으며, 우리와 다른 어떤 강력한 힘을 가진 것으로 믿었던 주변의 모든 것들이 숭배의 대상이었다.	우리 조상들은 세상에… 생각하였으며, 주변의 모든 것들이 우리와 다른 강력한 힘을 가진 것으로 믿고, 이를 숭배하였다.	주어가 없음.
수도인 금성은 17만 호나 될 정도로 번성하였다.	수도인 금성은 집이…	주어가 없음.
아마존 강 유역의 열대 우림에는 지구 생물 종의 15~20%가 살고 있고, 많은 양의 산소를 공급하고 있다.	살고 있는데, 이 열대 우림에서는	
이 병의 주요 증상은 심한 요통, 복통, 보행 불능 등의 증상을 나타낸다.	등이다.	

오 용	바른 형식	비 고
앞으로의 시대는, 환경을 보전하고 유지하는 성장이 곧 경제성장의 지름길인 시대이다.	시대가 된다.	주어-서술어 호응어색
이 가운데서 가장 큰 피해를 입은 것이 토지의 침략이었다.	큰 피해는/토지 침략에 따른 피해였다.	주어-서술어 호응어색
이 사건이 방송되자, 혼자 살고 있는 노인들에 대한 관심이 사회적으로 크게 문제가 되었다.	무관심이	주어-서술어 호응어색
열대 우림이 대규모로 파괴되는 것은 한국, 일본 등으로 수출되는 목재 공급을 위하여 대량으로 벌채하고 있기 때문이다.	목재 공급을 위한 벌채 때문이다.	주어-서술어 호응어색
이러한 방랑 생활은, 비록 그가 4년 뒤에 일단 집으로 돌아와 1년 남짓 묵기도 하였지만, 가족을 멀리하는 생활을 계속하였다.	이러한 방랑 생활은(삭제) 생활은 계속되었다.	주어-서술어 호응어색
인구분포는 대부분 공업이 발달하고 생활이 편리한 태평양 연안에 밀집되어 있다.	인구는 대부분 밀집되어 있다.	주어-서술어 호응어색
인쇄할 용지의 크기는 낱장 용지 혹은 연속 용지를 사용한다.	인쇄할 때에는	
작성한 문서를 저장할 때에는 문서 저장 키를 누르면 문서가 저장된다.	된다.	
커서를 다시 이동시켜 지정할 끝 부분에 위치시켜 블록 지정을 한다.	지정할 끝 부분으로 이동시켜	
황소개구리의 크기는 우리의 토종 개구리보다 몇 배나 크다.	황소개구리는	

오 용	바른 형식	비 고
크게 달라진 점은, 평양을 특별시, 남포와 개성을 직할시로 승격시켰고, 자강도와 양강도를 새로 만들었다.	승격시키고 만든 점(것)이다.	주어-서술어 호응 어색
화력 발전은 고성, 울산 등에 발전소가 있고, 기장, 경주, 울진 등에는 대규모 원자력 발전소가 있다.	화력 발전은(삭제) 등에는 화력 발전소가 있고	
퇴계 선생의 학문적 근본 입장은 단순히 이론에서 진리를 찾는 데 그치지 않고 오히려 진리가 평범한 일상생활에 있다는 것이 그의 신념이었다.	이론에서만 평범한 일상생활에서 진리를 찾아야 한다는 것이다.	주어-서술어 호응 어색
103 키로 구성된 자판의 경우에는 왼쪽에… 기능 키가 있고, 오른쪽에는… 제어 키들로 이루어져 있다.	제어 키들이 있다.	'오른쪽에는'과 서술어가 호응되지 않음.
환경 과학과 기술을 개발하면…	환경 과학을 발전시키고	
이에 대한 우리들의 마음가짐을 공부해 보도록 하자.	생각해	
한편, 도표를 가로와 세로의 칸 수를 입력하여 도표를 작성한 다음, 그 크기를 조절하는 프로그램에서는 도표가 밀려나지 않는다.	도표를(삭제) 작성하면	문장 간의 연결이 이상함.
농작물을 기르는 일이나, 메추라기, 자고새 따위의 새를 기르는 곳에서는 피해를 입는 경우가 종종 있다.	기르는 곳이나	'일'과 '곳'이 호응되지 않음.
도에는 안찰사가 파견되고, 그 밑에 주, 군, 현을 두었다.	안찰사를 파견하고, 도 밑에	앞절은 피동, 뒷절은 능동이므로 접속 어색

오 용	바른 형식	비 고
대형 선박의 동력, 지역난방, 바닷물을 담수로 만드는 데 원자로의 열을 이용하고 있다.	바닷물 담수화에	명사구의 접속 어색
도형뿐만 아니라 색깔이나 무늬를 손쉽게 그릴 수 있다.	도형과 무늬를 있을 뿐 아니라, 색깔을 넣을 수 있다.	색깔은 그릴 수 없음.
메탄은 늪지대, 논, 동물의 내장, 매립지 등에서 주로 발생하며, 석유 생산 과정, 도시가스의 누출 등으로도 배출된다.	석유 생산 과정에서도 배출되고,	
삼국은 불교를 적극적으로 받아들여 왕권 강화와 호국 사상으로 활용하였다.	왕권 강화에 이용하면서	'왕권 강화'와 '호국 사상'이 '활용하다'와 호응되지 않음.
숲은 쾌적한 생활환경을 제공하여 주고, 푸르름 그 자체만으로도 정신적 위안과 마음을 안정시켜 주는 효과가 크다.	마음의 안정을	앞부분은 명사구, 뒷부분은 절이므로 접속 어색
역사의 주인공인 인간의 노력에 따라 역사의 발전과 인간의 행복이 증진되어 왔다는…	역사가 발전하고	'역사의 발전'과 '증진되다'가 어울리지 않음.
요즈음에 낙동강, 영산강 등의 상수원이 오염되는 일이 자주 발생하기 때문에 약수터의 물이나 판매되는 생수를 사서 마시는 사람이 많다.	약수터에서 물을 떠다 먹거나 판매되는(삭제)	
우리 한민족은 오래 전부터 한반도를 중심으로 하는 터전에서 동일한 조상, 고유한 문화와 역사를 지니며 공동체를 이루고 살아왔다.	동일 조상의 자손으로서 동일한 조상을 받들며	목적어-서술어 호응이 어색
주변 나라들과 상호 방위 조약이나 집단 안전 보장 기구를 만들었으며…	상호 방위 조약을 맺거나	목적어-서술어 호응이 어색

오 용	바른 형식	비 고
통일 신라는 8세기 후반에 진골 귀족들의 반란과 왕위 다툼, 6두품 세력의 정치적 불만 등이 커지면서 골품 제도가 흔들리게 되었다.	불만 등으로 인해	주어-서술어 호응이 어색
가뭄이 드는 경우에는 자기 논에 물을 먼저 대려고 이웃과 갈등이 생기기도 하였다.	대려고 하다가 / 대려다	'대려고… 갈등이 생기다' 어색
사고가 난 지 10년이 지난 현재도 사고 지역 주변 30 km 내에서의 재거주는 주변에 방사선 물질이 존재해 있고 주변 지하수의 오염 등으로 아직도 어려운 상태이다.	지하수도 오염되어 있어	앞부분은 절, 뒷부분은 명사구이므로 어색
선진국의 농부들은 농기계를 이용하여 스스로의 힘이나 가축으로 농사를 지을 때보다 힘을 훨씬 적게 들일 뿐 아니라, 시간도 적게 걸린다.	함으로써 시간 또한 절약하게 되었다.	앞절은 '농부들은'이 주어, 뒷절은 '시간'이 주어이므로 접속이 어색
국권 침략을 전후해 이 지역에는 많은 학교가 설립되었으며, 또한 신흥 무관 학교를 세워 군사 교육을 실시하여 무장 독립 운동의 기록을 마련해 나갔다.	이 지역에 많은 학교를 설립하였으며	앞부분은 피동 표현, 뒷부분은 능동 표현이므로 접속이 어색
또 타인에게 마음을 쏟는 정신인 충(忠)이 필요하고, 언행이 일치하는 믿음인 신(信)을 강조하였다.	충(忠)과	각 절의 주어가 다름
사냥을 위하여 주먹도끼, 찍개, 찌르개 등을 만들어 쓰고, 음식을 만들기 위해서는 지르개, 밀개, 긁개 등을 사용하였다.	등을 만들어 썼다.	서술어 호응이 어색

오 용	바른 형식	비 고
산림에는 많은 종의 생물들이 살고 있어, 생물들의 낙원이자 자원의 보고라 할 만하다.	산림은	
어머니는 항상 모든 행동은 예의바르고 몸가짐을 단정히 하도록 가르쳤다.	행동을 예의바르게 하고	접속이 어색
우리는 그동안, 나라가 망하거나 또는 정치적인 박해, 인종 차별, 생활의 어려움 등으로 이 나라 저 나라로 떠도는 난민들의 실상들을 많이 보고 들어 왔다.	나라의 멸망	절과 명사구 연결 접속 어색
이처럼 청소년기는 불안하고 위태롭고 미완성이지만 한편 그래서 그만큼 가능성이 많은 시기이기도 하다.	미완성의 시기이지만	
전쟁을 통해 그나마 존재하던 산업 기반 시설이 파괴되었으며, 공산주의 체제의 생산력 저하 때문에 경제적으로 매우 고통스러운 시간을 보내야 했다.	겪으면서 파괴되고	앞부분은 절, 뒷부분은 명사구이므로 접속 어색
그는 광대한 영토를 다스리기 위하여… 체제를 정비하였고, 중요 도시를 연결하는 도로망을 정비하여 교통과 통신의 대동맥으로 삼았다. 한편, 상업이 번창하고 화폐가 널리 사용되었다.	도로망이 정비되고 교역이 활발해짐에 따라/이에 따라	내용 연결이 이상함. 앞 문장은 왕의 치적, 뒷문장은 시대 상황
자원이 고갈되면 자원을 기초로 하고 있는 산업 시설, 소비생활, 교통수단 등과 같은 모든 인간 활동을 계속 유지할 수 없게 된다.	모든 인간 활동을(삭제) 것을	

오 용	바른 형식	비 고
환경에 관심을 가지고 있는 지역 사회의 모든 사람들이 인간과 환경이 조화롭게 어울려 살아가는, 아름답고 환경적으로 건전한 지극의 미래를 가꾸어 나가는 데 도움이 되기를 바란다.	인간과 환경이 조화를 이루는	
우리는… 우리의 역사를 사랑할 뿐 아니라, 오늘의 역사적 과제인 조국 통일과 민족의 번영을 이루는 데 우리 자신이 이바지해야 한다.	우리 자신이(삭제)	
이 방사신을 이용하여 질병의 진단과 치료, 농작물의 품송 개량, 멸균 소독, 공업 제품의 검사 등 의학과 농수산업, 공업에 폭넓게 활용하고 있다.	이용하여(삭제)	의미상 중복
이 지역에서는 그 해결책으로 환경오염이 적은 첨단 산업 개발, 노동력 절약을 위한 기계화 추진, 유럽 연합 회원국 간의 분업화와 협업화 등을 추진하고 있다.	추진(삭제)	중복 표현
자기 생각에는 쌀 수백 톨이 되어도 쌀 한 되가 안 될 것이라는 단순한 생각에서였나.	자기 딴에는 자기 생각에는(삭제)	중복 표현
강원도 양양군의 현남 중학교 학생들은 병든 철새를 돌보느라 공부하는 것만큼이나 바쁘다.	공부하는 것만큼이나(삭제)	
우리나라도 국제 환경 회의에 참여하고, 환경 협약 가입 등을 통해 지구 환경 문제의 해결에 노력하고 있다.	국제 환경 회의의 참여와	앞은 절, 뒤는 명사구이므로 접속이 어색

오 용	바른 형식	비 고
또, 소리나 뜻만이 아니라, 있던 말이 없어지기도 하고 새 말이 생기기도 하였다.	뜻만 변하는 것이 아니라	
일본이 비교적 빠른 시일 안에 근대적 산업화를 이룩할 수 있었던 것도 바로 이와 같은 국가의 통일과 서구의 발전 경험을 효과적으로 이용했기 때문이다.	이와 같은(삭제) 국가 통일을 이룩하고	목적어-서술어 호응이 어색
인간이 사고하는 기능과 컴퓨터가 정보를 처리하는 순서와 과정은 유사하다.	과정과 / 인간의 사고 과정과	'기능'과 '순서와 과정'은 유사하지 않음.
여름에 지내는 마루방과 대청은 바람이 잘 통할 수 있도록 설계되어 있으며, 겨울에 외풍이 실내로 들어오는 것을 막기 위해서 병풍을 쳤다.	설계하였으며 방에 병풍을 쳤다.	'설계되어 있다'의 주어는 대청과 마루방이고, '병풍을 쳤다'의 주어는 사람이므로 어색
윤정이와 동욱이의 우정 관계는 점점 깊어 갔다.	우정은	
정보 사회를 살아가는 사람들은, 각자의 생활에 필요한 다양한 정보를 얼마나 효율적으로 습득해서 활용하느냐에 따라 생활의 질과 성패가 가름된다.	정보 사회에서는	
컴퓨터가 일을 처리하기 위해서는 반드시 그 일의 처리에 대한 명령을 필요로 한다.	명령이 필요하다.	
자동차로부터 유해 가스 배출량을 줄이기 위하여 경유의 사용을 억제하며, 자동차의 불필요한 사용을 삼가야 한다.	자동차로부터 배출되는 유해 가스의 양을	'자동차로부터'에 호응되는 서술어가 없음.
처음, 환경 마크 제도는 1979년에 독일에서 처음 시작되었다.	처음,(삭제)	표현 중복

오　　용	바른 형식	비　　고
컴퓨터를 사용하기 위해서는 먼저 컴퓨터의 각 장치들이 올바른 상태인지를 확인해야 한다. 아울러, 사용자의 명령을 실행할 수 있는 상태가 되어야 한다.	그리고 상태인가를 확인해야 한다.	앞 문장은 능동 구문이고 뒷문장은 피동 구문
자외선의 영향을 받을 수 있는 지구의 모든 것에게 자외선 차단 장치를 해 주어야만 하기 때문이다.	것에	'에게'는 유정 명사에만 쓰임.
태조는 여러 호족들과 혼인 관계를 맺고 왕씨 성을 내리기도 하여 이들을 회유하였다.	맺기도 하고	반드시 혼인 관계를 맺은 것은 아니므로 '고'로 하는 것은 이색
물이 산성화 정도에 따라서 죽는 생물의 종류가 달라진다.	물의 산성화 정도에/물이 산성화된 정도에	

<국어연구소, 국어의 오용 사례집, 1989.>
<국립국어연구원, 교과서 문장 실태 연구 1, 1999.> 등에서

3. 잘못 적기 쉬운 말

(왼쪽은 맞는 표기, 오른쪽은 틀린 표기. 다만, (표는 복수 표준어이거나 준말과 원말, 큰말과 작은말의 관계 또는 뜻이 다른 말임.)

맞는 표기	틀린 표기
가게	가개
가고파	가곺아
가까워	가까와
가까이	가까히
가녀리다	간여리다
가늠(향방을 ~하다.)	(갈음(축사를 ~하다.) (가름(승패를 ~하다.)
가랑이(바짓~)	가랭이
가려고/하려고/울려고	갈려고/할려고/우려고
가려지다	가리워지다
가르마	가리마
가르치다〔教〕	아르치다 (가리키다〔指〕
가름하다(서로 가르다.)	(갈음하다(축사를 ~.)
가리키다〔指〕	(가르치다(아이를 ~.)
가만히	가만이
가무튀튀/거무튀튀	가무틱틱/거무틱틱
가벼이	가벼히
가붓이(옷을 ~ 입다.)	가부시
가슴츠레하다	가슴푸레하다
가시랭이	가스라기/가스랑이/가시라기
가엾다(보기에 너무 ~.)	(가엽다(참 가여운 아이)
가욋일/사삿일/예삿일	가외일/사사일/예사일
가운데	가운대
-가웃(자~, 말~, 되~)	-아웃
가으내	가을내
가을갈이	가을카리
가자미	가재미
가장자리	가상자리
가정란(家庭欄)	가정난
가지다	갖이다
가지런하다	가즈런하다
가타부타	갛다붛다
가팔라지다/가팔라서	가파라지다/가파라서
가풀막(~을 오르다.)	(가팔막('가풀막'의 원말)
각가지〔各種〕	(갖가지〔多種〕
각다귀(곤충)	깍다귀/깔따귀
간니/젖니	간이/젖이
간질이다	간지르다
간판장이	간판쟁이
갈가리 찢어지다	갈갈이 찢어지다
갈강갈강	갈캉갈캉
갈고리	갈구리
갈까마귀	갈가마귀
갈음하다(대신하다)	(가름하다(서로 가르다.)
갈치	칼치
갈피표(-標)/가름끈/보람끈	(책갈피(책장과 책장의 사이)
갉작갉작	각작각작
갉작거리다	각작거리다
감쪽같다	깜족같다
갑자기	갑작히/갑짜기
갓난이(갓난 아이)	간난이
갓모	갈모
갔다 올게	갔다 올께
강강술래	강강수월래
강낭콩	강남콩
강릉(江陵)/홍릉/동구릉	강능/홍능/동구능

강소주	깡소주
강술	깡술
강조밥/꽁보리밥	깡조밥/깡보리밥
강펄	강벌
갖가지〔多種〕	(각가지〔各種〕
갖은(온갖)	가진/가즌/갖인
갖추다	가추다/갖후다
같이	가치
같잖다	가짢다/같쟎다
개구멍	개구녁
개구쟁이	개구장이
개다(날씨가 ~.)	개이다
개다리소반	개다리밥상
개비(장작~, 성냥~)	가치
개암	깨금
객쩍다	객적다
거꾸로	꺼꾸로
거두다	걷우다
거둬들이다(세금을 ~.)	걷어들이다
거드름	거드럼
-거든요	-걸랑요
거르다	걸르다
거머리	그머리
거머쥐다	검어쥐다
거무튀튀/가무튀튀	거무틱틱/가무틱틱
거뭇거뭇	검웃검웃
거북지 않게	거북치 않게
거슴츠레하다	(게슴츠레하다
거시기	거시키
거의	거이
거저(노력이나 대가 없이)	(그지(변함없이 이제까지)
거지	거러지
거추장스럽다	거치장스럽다
거치적거리다	걸거치나
거친/녹슨	거칠은/녹슬은
거침	거칠음

건너다	건느다(북한)
건널목	건늘목(북한)
건넛마을	건넌마을(북한)
건더기	건덕이/건덕지
걷어붙이다	걷어부치다
걷어치우다	걷어치다
걸쭉하다	걸죽하다/걸찍하다
걸핏하면	건뜻하면
겁쟁이	겁장이
겉치레	겉치례
-게 마련이다	(-기 마련이다
게 섰거라	게 섯거라
-게끔	-게시리
게시(揭示)	계시
게양(揭揚)	계양
겨드랑이	(겨드랑
겨레	겨례
겨우살이(~ 준비)	겨울살이
겨자	게자
견해차를 좁히다	이견을 좁히다
결딴나다	결단나다
겸상	맞상
겸연쩍다/계면쩍다	겸연적다/계면적다
-겹다(눈물~, 힘~)	-겨웁다
경구(警句)	경귀
경신(更新)(기록 ~)	(갱신(협상 ~, 여권 ~)
고까옷/꼬까옷	(때때옷
고깔	꼬깔
고다(엿을 ~.)	곻다
고달프다	고닯으다
고랭지(高冷地)	고냉지
고삿(지붕 일 때의 새끼)	(고샅(좁은 골목길)
고생길	고생줄
고수레	고시례
고이	고히
-고자 함	-고저 함

고쟁이	고장이
고주망태	고주망태기
고즈넉이	고즈너기
고집통이	고집퉁이
고추	꼬추
고프다	곺으다
곤두박이다	곤두박히다
곤란	곤난
곤욕(困辱)(심한 모욕)	(곤혹(困惑)(난처하다)
곧이곧대로	고지곳대로
곧이듣다	고지듣다
곧추다(곧추 세워…)	고추다
골골(~거리다)	갤갤(북한)
골똘히	골돌히
골목쟁이	골목장이/골목자기
골병〔朽病〕/싫증	곯병/실증
골짜기	골자기
곯아떨어지다	골아떨어지다
곰곰/곰곰이	곰곰히
곰살갑다/곰살궂다	곰살맞다(북한)
곰팡이	곰팽이
곱다(손해를 보다.)	꼽다
곱빼기(자장면 ~)	곱배기
곱사등이	꼽사등이
곱슬머리/고수머리	곱수머리/곱실머리
곱이곱이(물이 ~ 흐른다.)	고비고비
공랭(空冷)/수랭/유랭	공냉/수냉/유냉
공염불	공념불
공짜	꽁짜
과녁	관녁
과녁빼기	과녁배기
과당 경쟁	과대 경쟁
과랭(過冷)	과냉
과줄	과즐
관디벗김〔←冠帶~〕	관대벗김
광릉(光陵)/강릉/홍릉	광능/강능/홍능
광주리	광우리

괘다리적다	괘다리쩍다
괜스레	괜시리
괴나리봇짐	개나리봇짐
괴로워/새로워	괴로와/새로와
괴발개발	개발쇠발
괴팍	괴팩/괴퍅
구더기 꾀다/쉬슬다	구더기 슬다
구드러지다	굳으러지다
구렁텅이	구렁텡이
구레나룻	구렛나루
-구려(했~, 먹었~)	-구료
구멍	구먹
구법(句法)	귀법
구어박다	구워박다
구태여	구태어
국말이/국밥	국마리
국물	멀국
군것질	(주전부리
굳이	구지
굳히다	굳치다
굵다랗다	굵따랗다
굶주리다	굶줄이다
굼닐다	굽닐다
굼벵이	굼뱅이
굽갈리장수	굽갈이장수
굽갈이	굽가리
굽도리	굽돌이
굽실거리다	굽신거리다
굽실굽실	굽신굽신
굽이굽이	구비구비
귀갓길	귀가길
귀둥이	귀동이
귀때기	귓대기
귀뚜라미	귀뜨라미
귀띔	귀뜸/귀뜀
귀머거리	귀먹어리
귀먹으셨다	귀가 잡수셨다

귀밑머리	귓머리
귀밝이술	귀발기술
귀살머리쩍다	귀살머리적다
귀싸대기	귀쌈
귀얄	귀알
귀엣말	(귓속말
귀이개	귀개/귀후비개
귀지	귀에지
귓불	귓방울
그게 아니에요	그게 아니예요
그러고 나서/그러고는	그리고 나서/그리고는
그러께	그럭게
그맘때	그만때
그믐	그뭄
그슬리다	그스르다/끄스르다
그을다	(끌다(잡아당기다)
그을음	그으름/끄름
그제야	그제서야
그치다	끄치다
글귀(-句)	글구
글자	글짜
글치레(글을 매만져 꾸밈)	글치장
글피	글페
긁적긁적	극적극적
금세	금새
금이빨/금니	금니빨/금이
급랭(急冷)/서랭	급냉/서냉
기겁하다	기급하다
기쁘다	기뻐다
기어이/기어코	기여히
기엄기엄(~ 기어 나오다.)	기염기염
-기에(사랑이 뭐기에…)	-길래
기와집	개와집
기울이다	기우리다
기지개 켜다	기지개 키다
긷다	깃다
길으러(우물을 ~ 간다.)	(길러(머리를 ~….)

길이(연필의 ~)	기리
김	기음
김매다	기음매다
김칫소/만두소	김치 속/만둣소
깃들다(어둠이 ~.)	(깃들이다(새가 ~.)
깃들이다(새가 ~.)	(깃들다(어둠이 ~.)
깃발	깃빨
깊숙이	깊숙히
까끄라기/까라기	깔끄랭이
까다로워/외로워	까다로와/외로와
까다롭다	까탈스럽다
까마귀	깜아귀
까무러지다	까무라지다
까무러치나	까무라치다
까뭉개다	까무느나
까발리다	까발기다(북한)
까슬까슬	까실까실(북한)
깍두기	깍둑이
깍듯이(~ 예의를 차리다.)	(깎듯이(내가 물건 값을 ~….)
깍쟁이(알~)	(깍정이(도토리 ~)
깍정이(도토리 ~)	(깍쟁이(알~)
깎듯이(물건값을 ~….)	(깍듯이(~ 예의를 차리다.)
깔끄럽다	까끄럽다(북한)
깔때기	깔대기
깔쭉이	깔쭈기
깡충깡충	깡총깡총
깨끗이	깨끗히
깨끗지 않다	깨끗치 않다
깨치다(깨달아 알다.)	(깨우치다(깨달아 알게 하다.)
깩소리	꺅소리
꺼림칙하다	(께름칙하다
꺽꺽푸드덕(꿩이 ~하며…)	꺽꺽푸드득
껍질째	껍질채
꼬느다(꼬나 쥐다.)/	꼲아 쥐다/

(물건을 ~.)	(꼲다(글을 ~.)
꼬락서니	꼴악서니
꼬이다/꾀다	(꼬시다(속어)
꼬창모	말뚝모
꼬챙이	꼬창이
꼭두각시	꼭둑각시
꼲다(글을 ~.)	(꼬느다(물건을 ~.)
꼼꼼쟁이	꼼꼼장이
꼼꼼히(~ 검토하다.)	꼼꼼이
꼼짝달싹/옴짝달싹	옴쭉달싹
꼽다(손꼽다)	(곱다(손해를 보게 되다.)
꽁무니바람	꽁지바람
꽁보리밥	깡보리밥/맨보리밥
꽁지깃	꼬리깃
꽂을대	꼬질대
꽃술	꽃수염
꽝꽝거리다	깡깡거리다
꽹과리	꽹가리
꾀까다롭다	꾀까닭스럽다/깨까다롭다
꾀다	(꼬시다(속어)
꾀병쟁이	꾀병장이
꾀자기	(꾀보
꾸러미(선물~)	꾸레미
꾸르륵(~ 소리가 나다.)	꾸르르
꾸불텅꾸불텅	꾸불통꾸불통
꾸지람	(꾸중
꿀꿀이	꿀꾸리
꼽슬꼽슬(털이 ~하다.)	(굽실굽실(허리를 ~….)
끄나풀	끄나불
끄떡없다	끄떽없다
끄트머리	끝으머리
끔직이	끔찍히/끔찌기
끗발	끝발
끝구(-句)	끝귀

끝장	끝짱
끼어들기	끼여들기
끼적거리다	끄적거리다
끼적끼적	끄적끄적
나는〔飛〕(하늘을 ~….)	날으는
나더러/너더러	날더러/널더러
나들이	나드리
나머지	남어지
나무꾼	나뭇군
나무라다	나무래다
나무람	나무램
나배기	나백이/나박이
나붓이	나부시
나의 바람/바라다	나의 바램/바래다
나중	내중
나지막하다	낮으막하다
나직하다	나즉하다
나흗날/사흗날	나흔날/나훗날/사훗날
낚시	낙시/낚씨
낚아채다(낚싯대를 ~.)	낚궈채다/나꿔채다
난봉쟁이	난봉장이
난쟁이	난장이
날갯죽지	날개쭉지
날라 가다〔運〕	날아 가다
날라리	날날이
날름거리다(혀를 ~.)	낼름거리다
날아가다〔飛〕	날라가다
날염(捺染)	나염
날짜	날자
남볼썽(~ 사납다.)	남볼쌍
남세스럽다/남우세스럽다	남사스럽다
납작하다	넓작하다/납짝하다
낭떠러지	낭떨어지
낯선(~ 타향)	낯설은
낯섦/낯선	낯설음/낯설은
내디뎠다/내디딘	내딛었다/내딛은

내리깔다	내려깔다		는….)
내리다(비가 ~.)	나리다	넘어지다	너머지다
내리매기다	내려매기다	넙적넙적(말대답을 ~ 하다.)	(넓적넓적(~ 썰다.)
내리비추다	내리비치다		
내리쌓다	내러쌓다	넙죽(~ 받아 마시다.)	(넓죽(~하다.)
내리지르다/내리질리다	내려지르다/내려질리다	넙죽이(절을 ~ 하다.)	(넓죽이(얼굴 넓은 사람)
내립떠보다	내리떠보다	넙치/광어	넓치
내뻗치다	내뻐치다/내뻗히다	넝쿨/덩굴	덩쿨
냄비	남비	넷째	네째
냉랭하다	냉냉하다	노나 먹다	논아 먹다
냠냠거리다	얌냠거리다	노노법사(老老法師)(노법사의 스승)	노로법시
냠냠이	얌냠이		
너 돈/서 돈	네 돈/세 돈	노랑이	(노랭이(물잠자리의 애벌레)
너름새(일을 주선하는 솜씨)	널음새		
너머(산 ~ 남촌에는….)	(넘어(산 ~ 강 건너)	노랫굿	노래굿
너부렁이/나부랭이	너부렝이	노른자	노란자
너희들	너네들	녹록하다(碌碌-)	녹녹하다
넉넉지/서슴지	넉넉치/서슴치	녹슨/거친	녹슬은/거칠은
넉넉하다	넉근하다	녹이다	녹히다
넋두리	넉두리	녹작지근하다	녹짝지근하다
넋없이	넉없이	놀놀하다(만만하여 보잘것없다.)	놀롤하다
넌지시	넌즈시		
널따랗다	넓다랗다	놀래다	놀래키다
널빤지/널판때기	널판지/널판대기	놈팡이	놈팽이
널찍하다	넓직하다/널직하다	농사일	농삿일
넓적넓적(떡을 ~ 썰다.)	넙적넙적	높다랗다	높따랗다
넓적다리	넙적다리	놓치다	놓지다
넓적바위	넙쩍바위	누더기	누덕이
넓적뼈	넙적뼈	누레지다	누래지다
넓적하다	넙적하다	누르께하다	누르끼하다
넓죽넓죽(떡을 ~ 썰다.)	(넙죽넙죽(~ 받아 먹다.)	눅눅하다	눙눅하다
		눈곱	눈꼽
넓죽이(얼굴이 넓은 사람)	(넙죽이(~ 절을 하다.)	눈까풀	눈까풀
넘성거리다(가끔 넘이다 보다.)	넘싯거리다	눈발	눈빨
		눈살	눈쌀
넘어(산 ~ 강 건너….)	(너머(산 ~ 남촌에	눈썰미	눈쌀미

눈썹	눈섭/눈섶
눈엣가시	눈에가시/눈의가시
눈초리	눈귀/눈꼬리
눌어붙다	늘어붙다(북한)/누러붙다
뉘엿뉘엿	누엿누엿
느껍다	느겹다
느즈러지다	느지러지다
느지감치	늦으감치
느지막이	느즈막이
느지막하다	느즈막하다
늑장	(늦장
는적거리다	는정거리다
늘그막	늙으막
늘름	닐름
늘어놓다	느러놓다
늘어서다	느러서다
늘어지다	느러지다
늘이다〔延, 垂, 擴〕	(늘리다〔增〕
늙다리	노닥다리
늙바탕	(늘그막
늙수그레	늙수구레/늑수그레
늠름하다	늠늠하다
늦둥이	늦동이
늴리리	닐리리
늴리리쿵더쿵	닐리리쿵덕쿵
닁큼	닝큼
다가서다	닥아서다
다가앉다	닥아앉다
다다라/다다르다	다달아/다닫다
다달이	달달이
다디달다/길디길다/자디잘다	달디달다/기디길다/잘디잘다
다르다(서로 같지 않다.)	(틀리다(사실 등이 어긋나다.)
다리미	대리미
다오(해 ~.)	주라
다지기/다진 양념	다대기/다데기
닦다	딲다
닦달하다	닥달하다
단골 노래/단골 장기	십팔번
단박(~에 말하다.)	담박
단조로워/순조로워	단조로와/순조로와
단출하다(식구가 ~.)	단촐하다
단칸살림/단칸살이	단간살림/단간살이
달걀	닭알(북한)
달걀말이/두루마리	달걀마리/두루말이
달리다(힘이 ~.)	(딸리다(앞마당이 딸려 있다.)
달이다(간장을 ~.)	(다리다(다리미로 ~.)
닭볶음탕	닭도리탕
담그다(장을 ~.)	(담다(그릇에 ~.)
담배꽁초	담배꽁추/담배꽁치
담쏙(탐스럽게 안는 모양)	담쑥
담쟁이덩굴	당장이덩굴
답답히(~ 지내다.)	답답이
당겨쓰다	다가쓰다
당기다	(댕기다(불을 ~.)
대구(對句)	대귀
대담한 도둑	대범한 도둑
대	대공
대수로이	대수로히
대접무늬	대접문
대춧빛	대추빛
댁대구루루	댁대그르르
댁대굴댁대굴	댁대글댁대글
댑싸리	대싸리/답싸리
댕기다(불을 ~.)	(당기다(끌어~)
더께	더껑이/더케
더덕북어	노랑태
더덕이	더더기
-더라도	-드라도/-드래도/-더래도

더부륵이	더부룩히
더불어	더부러
더욱이	더우기
더치다(병이 ~.)	덧치다
더펄이	더퍼리
덕지덕지하다	더깨더깨하다/덕게덕게하다
덤불	덤풀
덤터기	덤테기/덤탱이
덥다	더웁다
덥석	덥썩
덧니/젖니	덧이/젖이(북한)
덩굴/넝쿨	덩쿨
덩치	넝지/등치
덩칫값	덩지값/넝시삾
덮이다	덮히다
데려야 뗄 수 없다	뗄려야 뗄 수 없다
데리고(~ 가다.)	데불고/대리고/다리고
데리다(개를 데리고….)	(다리다(옷을 ~.)
데설궂다	데설맞다
도나캐나(무엇이나)	되나캐나
도두뛰다	돋우뛰다
도두보이다	돋우보이다
도떼기시장	돗데기시장/돗대기시장
도련님	도령님
도롱뇽	도롱룡
도리다(칼로 ~.)	놀이다
도리반도리반	도릿도릿
도리어/되레	도리여/도로혀
도배장이	도배쟁이
도스르다	도슬르다
도웁시다[助]	돕시다
도저히	도저이
독자란/레저난	독자난/레저란
독장수셈	독장사구구/독장사궁리

돋구다(안경의 도수를 ~.)	(돋우다(흥미를 ~.)
돋우다(흥을 ~.)	(돋구다(안경을 ~.)
돋치다(가시가 ~.)	돋히다
돌나물	돈나물
돌(첫~)	돐
돌떡	돐떡
돌멩이	돌맹이
돌부리/물부리	돌뿌리/물뿌리
돌아가다	도라가다
돌이켜보다	도리켜보다
돌팔이 의원	돌파리 의원
동갑내기	동갑나기
동강	동가리
동구릉(東九陵)/정릉	동구능/정능
농그라미	동글아미
동그랑땡	똥그랑땡
동네방네	동내방내
동녘	동녁
동병상련	동병상린
됐다/되었다	됬다
되뇌다	되뇌이다
되통스럽다/뒤퉁스럽다	되퉁스럽다
두겁(붓~, 인~)	두껍
두둑(밭~)	(둔덕(언덕이 진 곳)
두둘두둘	두들두들
두레박	드레박
두루마기	두루막이
두루마리/달걀말이	두루말이/달걀마리
두루뭉수리	두리뭉시리(북한)
두루뭉술하다	두루뭉실하다/두루뭉수리하다
두릅나무	드릅나무
두리번두리번	두릿두릿
둔덕(언덕진 곳)	(두둑(밭~)
둘러싸여	둘러쌓여
둘러업다	둘쳐업다
둥그레지다	둥그래지다

-둥이(쌍~, 검~)	-동이
뒤꿈치/팔꿈치	뒷굼치/팔굼치
뒤뜰	뒤뜨락
뒤룩뒤룩/뛰룩뛰룩	디룩디룩/띠룩띠룩
뒤미처(~ 따라가다.)	뒤미쳐
뒤웅박	뒝박
뒤적이다	뒤저기다
뒤처리	뒷처리
뒤축	뒷축
뒤치다꺼리	뒤치닥거리
뒤탈	뒷탈
뒤통수치다	뒤꼭지치다
뒤편	뒷편
뒷갈망/뒷감당	뒷갈무리
뒷입맛	뒤입맛
뒹굴다	딩굴다(북한)
드디어	드디여(북한)
드러나다	들어나다
드러눕다	들어눕다
드문드문/뜨문뜨문	드뭇드뭇/뜨뭇뜨뭇
드잡이(멱살 ~)	뒤잡이/뒤재비
들러리	둘러리
들르다(집에 ~.)	(들리다(소리가 ~.)
들어가다	드러가다
들여다보다	드려다보다
들이(~떠들다.)	드리/디리
들이닥치다	드리닥치다
들이켜다(물을 ~.)	(들이키다(한 칸 ~.)
들이키다(한 칸 ~.)	(들이켜다(물을 ~.)
들입다(~ 밀다.)	드립다/디립다
들쭉날쭉(~ 솟은 봉우리) =들쑥날쑥	(들쑥날쑥(돌들이 ~ 널려 있다.)
들추다(잘못을 ~.)	(들치다(치마를 ~.)
들치다(치마를 ~.)	(들추다(책을 ~/사생활을 ~.)
들큰거리다(남의 속을 ~.)	들컹거리다
등굣길	등교길

등목(엎드려 ~을 하다.)	등물
등쌀(빗쟁이 ~에…)	등살
등용문	등룡문
디뎌(발을 잘못 ~…)	딛어
디뎠다(헛발을 ~.)	딛었다
따 놓은 당상	따논 당상
따라라(물 ~.)	딸아라
따로	따로이
딱따구리	딱다구리
딱따기	딱딱이
딱지를 떼였다(과속을 하다가 ~.)	딱지를 뗐다
딱히	딱이
딴은	딴에는
딴죽(~을 걸다.)	딴족/딴지
딴죽 치다	딴족 치다
딸깍발이	딸깍바리
딸꾹질	딸곡질
땅기다(얼굴이 ~.)	(당기다(입맛이 ~.)
때구루루(~ 구르다.)	때그르르
때때옷	(고까옷/꼬까옷
때우다(점심을 ~.)	(때다(불을 ~.)
땍때굴땍때굴/댁대굴댁대굴	땍대글땍대글
떠꺼머리	더꺼머리
떠꺼머리총각	떡거머리총각
떠다밀다	떼다밀다
떠버리	떠벌이
떠벌리다(자신의 이력을 ~.)	(떠벌이다(사업을 크게 ~.)
떠벌이다(사업을 크게 ~.)	(떠벌리다(자신의 이력을 ~.)
떡볶이(고추장~)	(떡볶기(떡을 볶는 일)
떨떠름하다	떫더름하다
떨떨하다(맵시가 ~.)	떫덜하다
떨어뜨리다(고개를 ~.)	떨구다
떼구루루	떼구르르
똬리	또아리

뙤약볕	뙤악볕
뚜렷이	뚜렷히
뚝배기	뚝빼기
뜨개질	(뜯게질(솔기를 뜯는 일)
뜨덤뜨덤	뜯엄뜯엄
뜨뜻미지근하다	뜻뜨미지근하다
뜨물	뜸물
뜯게질	뜯개질
뜯적거리다	뜨쩍거리다
뜰	뜨락
띄엄띄엄	띠엄띠엄
띠앗머리	띠알머리
-(으)ㄹ걸	-(으)ㄹ껄
-(으)ㄹ게	-(으)ㄹ께
-(으)ㄹ는지	-(으)ㄹ런지
-(으)려고	-(으)ㄹ려고
-(으)려야	-(으)ㄹ려야
-(으)리만큼	-(으)ㄹ이만큼
-리오	-리요
마감	막암
마개	막애
마굿간	말우리
마뜩잖다	맛득잖다
마라(하지 ~.)	(말아(해, ~?)
마름(새끼 한 ~)	미림
마방집	마바리집
마을 가다	마실 가나
마중	맞웅
마침맞다	마치맞다
마침몰라(어찌 될지 모르나)	마치몰라
마흔/서른	마은/설흔
막내둥이	막내동이
막둥이	막동이
막역한 친구(莫逆-)	막연한 친구

만날 놀다	맨날 놀다
만날/매일같이/날마다	맨날
만두소/김칫소	만둣소/김치 속
만듦새	만듬새
만지작거리다	만지적거리다/매무작거리다
만화(설렁탕의 ~)	마나
맏상제	맏상주
맏손자	맏손주
말갛다	맑갛다/맑앟다
말끔(빚을 ~ 갚다.)	말짱
말니[馬虱]	말이
말더듬이	말더디미
말똥거리다	말뚱거리다
말똥말똥	말뚱말뚱
말미암아	말미아마
말본새	말뽄새
말쑥하다	말숙하다
말씀이 있으시겠습니다	말씀이 계시겠습니다
맛깔스럽다	맛깔지다
맛보기	맛빼기
맛쩍다(멋쩍은 짓)	맛적다
망나니	망난이
망령	망녕
망설이다	망서리다
맞갖다(음식이 ~.), (입맛에 꼭 맞다.)	맛갖다/맛갔다
맞갖잖다(맞갖잖은 소리)	맛갖잖다
맞은바라기(마주 바라보이는 곳)	맞은바래기
맞추다(입을 ~, 옷을 ~.)	마추다
맞춤옷	마춤옷
매끈둥하다	메끈덕하다
매우 착하다	너무 착하다
매캐하다	매케하다
맨드라미	맨드래미
맨송맨송	맹숭맹숭/맨숭맨숭

맵시	맵씨
머금다(원한을 ~.)	먹음다
머리글	머릿글
머리끄덩이	머리끄뎅이
머리말	머릿말
머리카락	머리가락
머릿니/옷엣니	머릿이/옷니
머무르다	(머물다
머물러/서둘러	머물어/서둘어
머슴	머스마
머지않아(시간적으로 오래 걸리지 않아.)	(멀지 않아(멀지 않은 곳에…)
먼지떨이	먼지떠리개/먼지털이
멀리뛰기	넓이뛰기
멀찍이/일찍이	멀찌기/일찌기
멋쟁이	멋장이
멋쩍다(세심하고 재미가 없다.)	멋적다
멍석말이	덕석말이
멍울	멍우리
메다	(메이다('메다'의 피동사)
메마르다	매마르다
메밀	모밀
메스껍다	메시껍다
메슥거리다	메식거리다
메우다	메꾸다
멜빵	걸빵
멧부리	멧봉우리
며칟날	며칫날/몇일날
며칠 몇날	몇일 면날
며칠	몇일
명란젓/창난젓	명난젓/창란젓
모가지	목아지
모가치	몫아치
모두거리	모두걸이
모둠냄비	모듬냄비

모둠회	모듬회
모으다	뫃다/뫃으다
모이다	뫃이다
모퉁이	모통이
목거리(목이 아픈 병)	(목걸이(목에 거는 물건)
목돈	몫돈
목메어(~ 울다.)	목메여
몸뚱이	몸둥이
몹시	몹씨
몹쓸(~놈, ~병)	못쓸
못쓰다(얼굴이 못쓰게 상하다.)	몹쓰다
몽땅몽땅	몽딱몽딱
묏자리	묘자리/묘터
무경위하다(無涇渭~)	무경우하다
무늬/보늬/오늬	무니/보니/오니
무더기	무데기
무덤	묻엄
무릅쓰다	무릎쓰다
무릎	무릅
무	무우
무어기에(사랑이 ~….)	무어길래
무자맥질	물자맥질/물자멱질
무지갯빛	무지개빛
무지근하다	무주룩하다/무지륵하다
문구(文句)	문귀
문적문적	문정문정
물끄러미	물끄럼이
물 때	(물이끼(물이끼류)
물맴이	물매미/물매암이
물방울무늬	땡땡이무늬
물부리/발부리	물뿌리/발뿌리
물쿠다	물구다
뭉게뭉게	뭉개뭉개
뭉그적거리다	뭉기적거리다(북한)

뭉크러지다	뭉클어지다
뭉텅	뭉턱
뭐기에(돈이 ~….)	뭐길래
미끄럼(~틀)	미끄름(북한)
미닫이/여닫이	미다지/여다지
미덥다	믿없다/믿업다
미련퉁이	미련통이
미루나무	미류나무
미루다(일을 내일로 ~.)	(밀다(뒤에서 ~.)
미쁘다	믿브다
미숫가루	미싯가루
미장이	미쟁이
밀어붙이다	밀어부치다
밋밋하다	민밋하다
밑동	밑눙
바가지	박아지
바느질	바누질
바동거리다	바둥거리다
바동바동	바둥바둥/바등바등
바둑이	바두기
바라다[望]	(바래다(색이 ~.)
바람[所望](우리의 ~)	바램
바람꼭지	바람꼬다리
바스스(~ 일어나다.)	바시시(북한)
바지락	반지락
박이다(버릇, 생각이 깊이 배다./굳은살이 ~.)	(박히다('박다'의 피동)
반기이	반가히
반닫이/미닫이	반다지/미다지
반대기	소래기
반드시[必]	(반듯이(~ 앉다.)
반반하다(얼굴이 ~.)	뺀뺀하다
반짇고리	반짓고리
받침(책~)	바침
받히다(쇠뿔에 ~.)	(받치다(책받침을 ~.)
발소리	발자국 소리
발가숭이	발가송이
발걸음 소리	발자국 소리
발뒤꿈치	발뒷꿈치
발목쟁이	발목장이
발부리/물부리	발뿌리/물뿌리
발자국	발자욱
밥밑콩	반미콩
밥빼기	밥배기
방긋이/빙긋이	방그시/빙그시
밭다리(씨름)	(밧다리(유도)
밭두둑	밭두덩(북한)
밭둑	밭두덕
밭뙈기	밭때기
밭장다리	받장다리/바짱다리/밭종다리
밭치다(술을 ~.)	(받치다(등이 ~./감정이 ~./내복을 받쳐 입다.)
배갈	빼주/백알/빼갈
배냇니/젖니	배냇이/젖이
배뚫어지다(입이 ~.)	배뚜러지다
배라먹다/빌어먹다	밸어먹다/비러먹다
배불뚝이	배불둑이/배불뚜기
배슬거리다	배실거리다(북한)
배슬배슬	배실배실(북한)
배알	(밸
배짱	뱃장
배착배착	배척배척
배작지근하다	배척지근하다
배추꼬랑이/배추꼬랑잇국	배추꼬리/배추꼬리국
백분율	백분률
뱅어포	백어포
뱉다	베앝다/뱄다
뱉었다(침을 ~.)	뱉았다
뱌비대다	배비대다
뱌비작뱌비작	배비작배비작
뱐주그레하다	밴주그레하다

버들개지	(버들강아지
버르장이	버르쟁이
버짐	버즘
버캐(오줌 ~, 소금~)	버케
번번이	번번히
번쩍이다	번쩌기다
번정다리/안짱다리	번장다리/안쫑다리
벌게지다	벌거지다
벌그죽죽하다(얼굴이 ~.)	벌거죽죽하다
벌다(꽃망울이 ~.)	벙글다
벌레/버러지	벌거지
벌써	벌서
벌쓰다	(벌서다
벌어지다(꽃망울이 ~.)	벙그러지다
벌이다(판을 ~.)	(벌리다(틈을 ~.)
벌임새(벌여 놓은 모양새)	벌림새
법석	법썩
벗겨지다(옷이 ~.)	(벗어지다(머리가 ~.)
벗어부치다	벗어붙이다
벗어지다(머리가 ~.)	(벗겨지다(모자가 ~.)
벚나무	벗나무
베개	벼개
베갯모	베갯마구리
베갯잇	베개잇
베슬거리다(동떨어져 행동하다.)	비슬거리다
벼르다(결전을 ~.)	벼루다
벼쭉정이	벼쭉쟁이
벽창호	벽창우
별미쩍다	별미적다
별안간	벼란간
별의별	벼라별
보늬/무늬/오늬	보니/무니/오니
보무라지	보무라기
보자기	보재기
복낙원/실낙원	복락원/실락원
복사뼈	복숭아뼈
복슬복슬하다	복실복실하다
볶음밥 /비빔밥	볶은밥/비빈밥
본뜨다	본따다
본새(일하는 ~로 보아…)	뽄새
본토박이	본토배기
볼그레하다	볼그래하다
볼때기/볼따구니	볼대기/볼다구니
볼썽사납다	볼쌍사납다
봉죽들다(←奉足~)	봉족들다
부닐다(붙임성 있게 굴다.)	붙닐다
부대(쌀~)	푸대
부둥켜안다	부등켜안다
부등깃(어린 새의 약한 깃)	부둥깃
부랴부랴	불야불야
부랴사랴	붙야살야
부러뜨리다/분지르다	부지르다
부러지다	불어지다
부룩송아지(길들여지지 않은 송아지)	부륵송아지
부리나케	불이낳게
부서뜨리다	부숴뜨리다
부서지다	부숴지다
부수다(문을 ~.)	(부시다(눈이 ~.)
부스러기	부스럭이/부스럭지
부스럭거리다	부시럭거리다(북한)
부스럭부스럭	부시럭부시럭(북한)
부스스	부시시(북한)
부슬부슬	부실부실(북한)
부아(~가 나다.)	(부화('부아'의 옛말)
부엌데기	부엌띠기
부엌	부억
부좃술	부줏술
북데기	북더기
북재비/장구재비	북잡이/장구잡이
분열	분렬
분지르다/부러뜨리다	부지르다
붇기 전에(국수가 ~….)	불기 전에

불나방	부나방
불룩이	불룩히
불리다	불리우다
불문율	불문률
불쾌하다	불캐하다
불현듯이	불연듯이
붉으락푸르락	불그락푸르락
붙박이다	붙박히다
비계(돼지 ~)(공사장의 ~)	비게
비둘기	비들기
비럭질	비렁뱅이질
비로소	비로서
비름나물	비듬나물
비비다	부비다
비비적거리다	부비적거리다
비빔밥/볶음밥	비빈밥/볶은밥
비설거지	비설겆이
비치다(주로 자동사) (속살이 ~.)	(비추다(주로 타동사) (얼굴을 ~./자기 속내를 ~.)
빈털터리	빈털털이
빌어먹다/배라먹다	비러먹다/밸어먹다
빗겨 주다(머리를 ~.)	빗어 주다
빚쟁이	빚장이
빛깔/색깔	빛갈/색갈
빠르다[速]↔느리다	(이르다[早]↔늦다
빨가숭이	빨가송이
빨개지다	빨게지다
빨부리/물부리	빨뿌리/물뿌리
빼곡히	빼곡이
빼닮다/빼쏘다	빼다박다/빼박다
빼앗다	빼았다/빼앝다
빽빽이	빽빽히
뺏어	뺏아
빤죽빤죽	뺀죽뺀죽(북한)
뺨따귀	뺨다귀
뻐꾸기	뻐꾹이
뻐드렁니	(뻐드렁이(뻐드렁니가 난 사람)
뻗정다리	뻗장다리/뻐정다리
뼈다귀	뼉다귀/뼈다구
뽐내다	뽑내다
뾰루지	뾰로지
뾰족하다	뾰죽하다
뿌리째(~ 뽑히다.)	뿌리채
뿔따구	뿔따귀
사그라지다	사그라들다
사글세	삭월세
사라지다/스러지다	살아지다/슬어지다
사무치다	사모치다
사뿐사뿐	사쁜사쁜
사사롭다	사삿되다
사삿일/예삿일/가욋일	사사일/예사일/가외일
-(ㅆ)사오니	-(ㅆ)아오니
사육신/생육신	사륙신/생륙신
사잣밥(저승사자에게 대접하는 밥)	(사자밥(사자의 밥)
사족(~이 멀쩡하다)	(사죽(~을 못쓰다.)
사죽을 못 쓰다(좋아서 ~.)	(사족을 못 쓰다(사지를 못 쓸 정도로 ~.)
사팔뜨기	사팔띠기
사흗날/나흗날	사흩날/사흣날/나흣날
삭둑삭둑	삭독삭독(북한)
삭정이	싹정이/삭생이
삯	삭
삯팔이꾼	(품팔이꾼/품꾼
산 너머 산(산 저쪽 산)	(산 넘어 산(산을 넘어서 산)
산돼지	(멧돼지
산모롱이	산모루/산모랭이
산지사방(散之四方)	삼지사방
살래살래(고개를 ~ 흔들다.)	살레살레

살살이	살사리
살코기	살고기
살쾡이/삵	살괭이
살포시	살폿이
삼가다	삼가하다
삼우제(三虞祭)	삼오제
삼짇날/동짓날	삼짓날/동진날
상노인(上老人)	상로인
상소리	쌍소리
상승률(上昇率)	상승율
상추	상치
상판대기	상판때기/쌍판대기
샅바씨름	삿바씨름/삽바씨름
새까맣다	샛까맣다
새로워/괴로워	새로와/괴로와
새벽녘	새벽녁
새빨갛다	샛빨갛다
새색시	새악시
새아기	새아이
새알심(팥죽의 ~)	옹심이/옹시미
새우다(밤을 ~.)	(새다(날이 ~.)
새치름하다	새치롬하다
새침데기	새침대기/새침떼기
새파랗다	샛파랗다
색깔/태깔/빛깔	색갈/탯갈/빛갈
색시	색씨
샘바르다	새암바르다
샘바리	새암바리
샛노랗다	새노랗다
샛말갛다	새말갛다
생각건대	생각컨대
생각나다	생각히다
생각다 못해	생각타 못해
생살여탈권	생사여탈권
생쥐	새앙쥐
생채기	상채기
서 돈/너 돈	세 돈/네 돈

서두르다	(서둘다
서둘러/머물러	서둘어/머물어
서랍	설합
서른/마흔	설흔/마은
서슴지/넉넉지	서슴치/넉넉치
서울내기/시골내기	서울나기/시골나기
서울뜨기/시골뜨기	서울띠기/시골띠기
석 달/넉 달	세 달/네 달
선녹색/암록색	선록색/암녹색
선봬(선보여)	선뵈
선율	선률
선이자(先利子)	선리자
섣달	섯달
섣부르다	서뿌르다
섣불리	서뿔리
설거지	설걷이/설겆이
설레다	설레이다
설빔/추석빔	설비심/추석비심
설움/서러움	설음/서름
섬뜩	섬찟(북한)
섬뜩하다	섬찟하다/섬찍하다
섭섭히	섭섭이
성글다	(성기다
성냥갑/담뱃갑	석냥곽/담뱃곽
성냥개비/장작개비	성냥개피/장작개피
성냥	석냥
-성싶다	-상싶다
세객(說客)	설객
세수간	세수칸(북한)/세숫간
셋째	세째
소곤거리다/수군거리다	소근거리다/수근거리다
소곤소곤	소근소근
소금쟁이	소금장이
소꿉장난	소꼽장난
소꿉질	소꼽질
소나기	소낙비

소맷값/도맷값	소매값/도매값
소박이(~김치)	소배기/소백이
속병	속앓이
속삭이다	속사기다
손가락	손꼬락/손꾸락
손나발	손나팔(북한)/입나팔
손목시계	팔뚝시계/팔목시계
손뼉	손벽
손톱 깎기(깎는 일)	(손톱깎이(깎는 도구)
손톱깎이(깎는 도구)	(손톱 깎기(깎는 일)
솔개	(소리개
솔다(귀가 ~.)	솗다
솔직히	솔직이
송골송골	송글송글
송년회	망년회
송두리째	송두리채
송판때기	송판대기
쇠고기	(소고기
쇠발개발/괴발개발	개발새발/개발쇠발
쇠서(고기로서 소의 혀)	쇠혀
수고양이	숫고양이
수군거리다	수근거리다
수꿩	수퀑
수나사	숫나사
수놈	숫놈
수단추	숫단추
수돗물	수도물
수레바퀴/차바퀴	수렛바퀴/찻바퀴
수말	숫밀
수벌	수펄
수북이	수북히
수세미	쑤세미
수소	숫소
수수께끼	수수꺼끼
수줍다	수집다
수캉아지	숫강아지
수키와	숫기와

수탉	숫닭
수탕나귀	숫당나귀
수톨쩌귀	숫돌쩌귀
수퇘지	숫돼지
숙맥(菽麥)	쑥맥
순조로워/단조로워	순조로와/단조로와
숟가락	숫가락
술래잡기	술레잡기
숨바꼭질	숨박꼭질
숫양	수양
숫염소	수염소
숫용	수용
숫제	숫쩨
숫쥐(수놈 쥐)	수쥐
숭굴숭굴하다	숭글숭글하다
쉬이보다	수이보다
쉬이여기다	수이여기다
쉰	쉬흔
스라소니	시라소니(북한)
스러지다/사라지다	슬어지다/살아지다
스멀거리다	스물거리다
스미다	숨이다
슬근슬근	실근실근
슬며시	슬몃이
슬프대(슬프다고 하더라.)	(슬프데(슬프더라.)
-습니다	-읍니다
승낙/허락	승락/허낙
시골내기/서울내기	시골나기/서울나기
시구(詩句)	싯귀
시꺼메지다	시꺼매지다
시끄럽다	시끌없다
시끌벅적	시끌벅쩍
시래기	씨레기
시러베아들	실업의아들
시리다/시려(손이 ~….)	시렵다/시려워
시방정토(十方淨土)	십방정토
시뿌예지다	시뿌애지다

시시콜콜히	시시콜콜이
-시압	-시앞
-시오	-시요
시청률	시청율
시큰하다(콧날이 ~.)	(시큼하다(냄새가 ~.)
시큼하다(냄새가 ~.)	(시큰하다(콧날이 ~.)
시허예지다	시허얘지다
신여성	신녀성
신출내기	신출나기
실낙원/복낙원	실락원/복락원
실낱	실날
실없는	실없은
실컷	싫것
싫증/골병	실증/곯병
십상(…로는 ~이다.)	십성
싯누레지다	싯누래지다
싯멀게지다	싯멀개지다
싱검쟁이	심검장이
싸라기	쌀아기/싸래기
싸이다(둘러~.)	(쌓이다(눈이 ~.)
싹둑싹둑	싹독싹독(북한)
싹싹하다	싹삭하다
쌉싸래하다	쌉싸레하다/쌉쓰름하다/쌉싸름하다
쌉쌀하다	쌉살하다
쌍까풀	(쌍꺼풀
쌍동밤	쌍둥밤
쌍둥이/외둥이	쌍동이/외동이
쌓이다(높이 ~.)	(싸이다(둘러~.)
썩이다(속을 ~.)	(썩히다(음식을 ~.)
썩히다(음식을 ~.)	(썩이다(속을 ~.)
쏘였다/쐬었다	쐬였다
쑥덕공론	쑥떡공론
쓰러지다	쓸어지다
씀벅씀벅(눈을 ~….)	썸벅썸벅
씩둑꺽둑	씩둑깍둑

아귀(가) 세다	(아귀차다
아귀맞추다	아구맞추다
아깆거리다	아깃거리다
아는 체하다	알은척하다
아니오(이것이 ~.)	(아니요(예, 아니요)
아니요('예, ~'로 답하시오.)	(아니오(이것이 ~.)
아등거리다	아둥거리다
아등바등	아둥바둥
아래짝	아랫짝
아래층	아랫층
아랫니/윗니	아래이/윗이
아랫목	아랫묵
아름다우냐	아름답냐
아름다워지다	아름다와지다
아름드리	아람드리
아름차다(힘에 겹다, 보람차다)	아람차다
아리땁다	아릿답다
아리송하다	아리숭하다/아리까리하다
아무려나	아무러나
아무튼/여하튼	아뭏든/여핳든
아서라(~, 그럼 못써.)	앗어라
아옹다옹	아웅다웅(북한)
아이고머니	아이구머니(구어)(북한)
아지랑이	아지랭이
악다구니	악따구니
악머구리	악마구리
악바리	악발이
악착빼기	악착배기
안 돼	안 되
안간힘	안까님/안깐힘
안경 쓰다	안경 끼다
안성맞춤	안성마춤
안쓰럽다	안스럽다
안절부절못하다	안절부절하다

안짱다리/벋정다리	안쫑다리/벋짱다리
안치다(밥을 ~.)	(앉히다(자리에 ~.)
안항(雁行)(남의 형제의 높임말)	안행
알 겯는/알 겯다(닭의 ~ 소리)	알 졌는/알 졌다
알금뱅이/얽적빼기	얽음뱅이/얽죽빼기
알다시피/아시다시피	아다시피/알시다시피
알로기(무늬 있는 물건이나 짐승)	알록이
알맞다/알맞은	알맞는다/알맞는
알배기(생선 ~)/이리박이	알박이/이리배기
알사탕	구슬사탕
알쏭달쏭	알송달송
알아맞히다	알아맞추다
알음알이	아름아리/알음알음
앍둑빼기(심하게 얽은 사람)	앍둑배기
앍작빼기	앍작배기
암개미	암캐미
암고양이	암코양이
암구다(교미를 붙이다.)	(앙구다(따뜻한 곳에 묻어 두다.)
암구렁이	암쿠렁이
암꿩	암퀑
암녹색(暗綠色)/연녹색	암록색/연록색
암캉아지	암강아지
암탉	암닭
암톨쩌귀	암돌쩌귀
암퇘지	암돼지
암팡지다	앙팡지다
암평아리	암병아리
앙감질	개금질/깨걸음/깨금질/깨금박질
앙구다(따뜻한 곳에 묻어 두다.)	(암구다(교미를 붙이다.)
앙증맞다	앙징맞다
앙증스럽다	앙징스럽다

앞니/어금니/송곳니	앞이/어금이/송곳이
앞지르다	따라마시다/따라먹다
애개개	애개개(북한)
애고머니	애구머니(구어)(북한)
애달프다	애닯나
애당초	애시당초
애면글면	애명글명
애송이	애숭이(구어)(북한)
애초	애저녁(북한)
애태우다	간태우다
앳되다	애띠다
야금야금	야곰야곰
야멸치다	야멸차다
야반도주	야밤도주
야지랑스럽다	얘지랑스럽다
야트막하다	얕으막하다
약삭빠르다	약삭바르다/약석바르다
얄따랗다	얇다랗다
얄찍하다	얇직하다
얄팍하다	얄쌍하다
양수겸장(兩首兼將)	양수겹장
양지쪽/음지쪽	양지짝/음지짝
얘들아	애들아
어구(語句)	어귀
어깃장	어기짱
어깆거리다	어깃거리다
어깃어깃	어깃버싯
어깻죽지	어깨쭉지
어두침침하다	어둑심심하다
어디	(어데('어디에'의 준말)
어렵쇼	어렵쇼
어레미	얼게미
어리숭하다	어리숙하다
어물쩍	어물쩡
어수룩하다	어리수긋하다/어리

	숙하다
어스레하다	으스레하다
어스름밤/으스름달	으스름밤/어스름달
어슬어슬(~ 저물어 간다.)	어슷어슷
어슴푸레하다	어슴무레하다/어슴프레하다
어연간하다/엔간하다	언간하다
어우러지다	어울어지다/어울러지다
어지간하다	에지간하다
어지빠르다	어짓빠르다
어쨌든지/하여튼지	하옇든지
어쭙잖다	어줍잖다
어쭙지 않다/어쭙잖다	어줍지 않다/어줍잖다
억지(~ 부리다.)	어거지
억척빼기	억척배기
언덕배기/언덕바지	언덕빼기
언뜻	펀뜻
언청이	언챙이
얼갈이	얼가리
얼기설기/얼키설키	얽히설키
얼떨결에	얼떨길에
얼뜨기	얼띠기
얼루기/얼룩	얼룩이
얼른	얼는
얼리다	얼구다
얼음장	어름짱
얽죽얽죽(~ 얽다.)	억죽억죽
얽히고설키다	얼키고설키다
업신여기다	업수이여기다/없신여기다
없소/있소	없오/있오
엉겁결	(얼결
엉망진창	억망진창
엉클다	(헝클다
엉큼하다	응큼하다
엉큼한 생각	응큼한 생각

엊그저께	엇그저께
엎지르다	업지르다
에구머니	에그머니(북한)
-에는	-엘랑
에다(살을 ~.)	에이다
여간내기	여간나기
여느	여늬
여닫이/미닫이	여다지/미다지
여드레	여드래
여물다	영글다
여태까지/여태껏	여지것/여지껏
여태껏/여태	여지껏/여직
여편네	예편네
여하튼/아무튼	여핳든/아뭏든
역이용(逆利用)	역리용
연거푸	연거퍼
연년생(年年生)	연연생
연녹색(軟綠色)/암녹색	연록색/암록색
연륙교(連陸橋)	연육교
연방/연거푸	연신/연거퍼
연필 깎기(깎는 일)	(연필깎이(깎는 도구)
연필깎이(깎는 도구)	(연필 깎기(깎는 일)
열심히	열심으로
열어젖히다/열어젖뜨리다	열어제치다
열없다	열적다/열쩍다
열퉁적다	열퉁쩍다/열통적다
엿보다	엳보다
영락없다	영낙없다
예닐곱	여닐곱
예부터/예로부터	옛부터
예쁘다	이쁘다
예사내기/보통내기	예삿내기
예삿날	예사날
예삿일	예사일
예스럽다/예부터	옛스럽다/옛부터
옜다	옛다/예따
오글오글	오골오골

오달지다	오닥지다
오도카니/우두커니	오도커니
오두막집	오막집
오들오들(~ 떨다.)	오돌오돌
오뚝이	오뚜기
오라비	오래비/올아비
오랜만	오랫만
오례송편	오려송편
오막살이	오막사리
오므리다	오무리다(북한)
오빠	옵바
오순도순	오손도손
오슬오슬(~ 추워진다.)	오실오실
오죽이나	(오죽
오지랖	오지랍
오히려	웨래
옥에 티(관용구)	옥의 티
온갖	온갓
온랭(溫冷)/한랭	온냉/한냉
온	왼
온종일	왼종일
올가미	올개미
올려붙이다(뺨을 ~.)	올려부치다
올바르다	옳바르다
-올시다	-올씨다/-올습니다
옮다(감기가 ~.)	옴다
옳아(~, 그 말이 맞아.)	오라
옴짝달싹/꼼짝달싹	옴쭉달싹
옷 매무시(매고 여미고 하는 뒷단속)	(옷 매무새(매무시를 한 모양새)
옷엣니/머릿니	옷이/머리이(북한)
옹구바지	원구바지
옹알이	옹아리
와스스(낙엽이 ~ 떨어지다.)	와수수
왁자그르르	왁자그르
왈짜	왈자
외골수(~ 학자)	(외곬(~으로 생각하다.)
외곬(~으로 생각하다.)	(외골수(~ 학자)
외길목	외통목
외눈박이	외눈배기
외둥이/외동아들/외동딸	외동이/외둥아들/외둥딸
외딸다	외따르다
외우다	(외다
외치다	웨치다
외톨이	외토리
외풍(外風)	우풍
요술쟁이	요술장이
요즈음	요지음
요컨대	요컨데
욕감태기	욕삼태기
우거지다(숲이 ~.)	욱어지다
우그러지다	욱으러지다
우두둑우두둑	우드득우드득
우두커니/오도카니	우두머니
우들우들	우둘우둘
우러나오다	울어나오다
우러러	우럴어
우레/천둥	우뢰
우려먹다	울궈먹다
우르르(우박이 ~ 떨어진다.)	우루루
우리다	울그다
우므러뜨리다	우무러뜨리다
우므리다	우무리다
우스워	웃으워
우습다	웃읍다
우윳빛	우유빛
울부짖다	울부르싯다
울음	우름
움츠리다	움추리다/웁추리다
움큼	우큼/웅큼
움펑눈	우묵눈
웃기떡	우끼떡

웃돈	윗돈
웃옷〔表衣〕	(윗옷〔上衣〕
웃음	우슴
웃통	우통/위통
웃풍/외풍(-風/外風)	우풍
워낙	원채
원기 회복(元氣回復)/ 기력 회복(氣力-)	피로 회복
윗녘	웃녘
윗바람	웃바람
윗옷〔上衣〕	(웃옷〔表衣〕
유기장이	유기쟁이
유유상종	유류상종
으레	의례/으례
으르다	어르다
으름장(~ 놓다.)	어름장/으름짱
으스대다	으시대다(북한)
으스름달밤/어스름밤	어스름달밤/으스름밤
으스스	으시시(북한)
으슬으슬	으실으실(북한)
윽박지르다	욱박지르다
을러방망이	얼러방망이
읊다	을프다
음지쪽/양지쪽	음지짝/양지짝
응달	음달
응석 부리다	엉석 부리다
의견차/견해차(~를 좁히다.)	이견차를 좁히다
의뭉스럽다	우멍스럽다/으뭉스럽다
의붓아비	어붓아비
의붓자식	어붓자식
의젓하다	으젓하다
이따가(~ 만나자.)	(있다가(한참 ~….)
이따금	잇다금/있다금
이래 봬도	이래 뵈도
이리박이/알배기	이리배기/알박이
이마빼기	이맛배기

이맘때	이만때
이바지	이받이
이바지하다	이받이하다
이상스럽다	요상스럽다
이엉	이영(북한)
-이에요	(-이어요
이여차	이어차
이지러지다	이즈러지다
이키(감탄사)	이크
이튿날	이튼날
이파리	잎파리
익숙지/넉넉지	익숙치/넉넉치
인두겁/붓두겁	인두껍/붓두껍
인사말	인삿말
일그러지다	이그러지다
일으키다	이르키다
일찌거니/일찌감치	일찌가니
일찍이	일찌기
일컬어(일컫다)	일커러
임의롭다	이무롭다
입때껏/여태껏	엽때껏/여지껏
잇단(~ 사고)	잇달은
잇달다/잇단(주로 타동사. '뒤를 이어 달다.')	(잇따르다/잇딴(주로 자동사. '뒤를 이어 따르다.'
있다가(한참 ~….)	(이따가(~ 만나자.)
있사오니	있아오니
자국	자욱
자귀(~가 나다.)	짜구
자그마치	작으마치
자그마한	자그만한
자지러지다	자질어지다
자질구레하다	자잘부레하다
작다리/키다리	작달이/키달이
작달막하다	짝달막하다
작으냐?	작냐?

잔디	잔듸
잔말쟁이	잔말꾸러기
잗다듬다	잣다듬다
잗다랗다	잣다랗다
잘코사니(고소하게 여기는 일)	잘꾸사니/찰코사니
잠가 두다	잠궈 두다
잠그다/잠가	잠구다/잠궈
잠깐	잠간
잠방이	잠뱅이
잠자코	잠잫고
장구	장고
장기짝	장기쪽
장난	작난
장똑또기(醬~)	장똑똑이
상동	장농
장맛비	장마비
장알거리다/짱알거리다	쟁알거리다/쨍알거리다(북한)
장작개비/성냥개비	장작개피/성냥개피
장조림	장졸임
잦바듬하다(뒤로 넘어질 듯 ~.)	자빠듬하다
잦히다	재치다
재간둥이	재간동이
재깔이다/지껄이다	재까리다/지꺼리다
재떨이	재털이/재또리
재미	자미
재봉틀	자봉틀
저녁	저녘
저만큼	저만치
저버리다(기대를 ~.)	저바리다/져버리다
저지르다	저질르다
적이	저으기
적잖은	저잖은
전셋돈/전세금	전셋값
절뚝발이/절름발이	절뚝바리/절름바리

절체절명(絶體絶命)	절대절명
점잖다	점잔하다
접질리다	접지르다
정말 예쁘다	너무 예쁘다
정성들이다	정성드리다
제치다	(제끼다(북한)
조그마하다	조그만하다
조금도	하나도
조리다(장조림)	(졸임(마음 ~)
조몰락거리다	조무락거리다(북한)
조몰락조몰락(물건을 ~.)	(조물조물(나물을 ~)
조무래기	조무라기
조물조물(나물을 ~.)	(조몰락조몰락(물건을 ~)
조이다	(죄다
족집게	쪽집게
존대말	존댓말
졸리다	졸립다/졸렵다
졸음	조름
좀처럼/좀체	좀체로/좀해선
죄다	(조이다
좸좸	잼잼
주근깨	죽은깨
주낙/낚시	주낚/낚시
주르륵주르륵	주루룩주루룩
주리다(제대로 먹지 못해 배를 곯다.)	(줄이다(식사량을 ~.)
주머니칼	손칼
주워/줍다[拾]	줏어/줏다
주워듣다	줏어듣다
주전부리	(군것질
주접	주첩
주책없다	주책이다
주책	주착
주젯덩어리	주쳇바가지
죽데기	죽더기
죽지뼈	쭉지뼈

죽지	쭉지
줄곧	줄곳/줄것
줄달음질	줄다름질
중매쟁이	중매장이
쥐락펴락	펴락쥐락
쥐뿔같다	쥐똥같다
쥐여 주다	쥐어 주다
즐거이	즐거히
-지 마/마라	-지 말아/-지 마라라 /-지 말아라
지게	지개
지긋이(나이 ~ 든 사람)	(지그시(눈을 ~ 감다.)
지껄이다	지꺼리다
지나다(한도가 ~.)	지내다
지루하다	지리하다
-지만	-지만서도
지붕	집웅
지새다	지새우다
지에밥	(고두밥(되게 지어 고들고들한 밥
지저귀다	지저기다
지팡이	지팽이
지푸라기	지프라기/짚푸라기
진구렁	진구렁창
진눈깨비	진누깨비
진드기	찐드기
진작	진작에
진즉(~할 것을….)	(진작
진창	진수렁/진탕
진탕만탕	진창만창
질빵	걸빵
짊어지다	질머지다
집게손가락/검지손가락	지께손가락
집적거리다	찝벅거리다
짓무르다	진무르다/짓물다
짓이기다	진이기다

징건하다	진건하다
징그럽다	징글없다
짚북데기	짚북더기
짚신	짚세기
짜깁기	짜집기
짝짜꿍	짝자꿍/짝짝궁
짤따랗다	짤다랗다
짭짤하다	짭잘하다
짱알거리다	쨍알거리다
-째(통~, 덩이~)	-채
쪼르륵쪼르륵	쪼로록쪼로록
쪽박	족박
쭉정이	쭉쟁이
찌개	찌게
찌꺼기/찌끼	찌꺽지
찌뿌드드하다	찌부드드하다
찌푸리다	지푸리다
찐득거리다	찐덕거리다
찔레꽃	찔래꽃
찜찜하다	(찝찝하다(속어)
찧다(방아를 ~.)	찟다
차란차란/찰랑찰랑(물이 ~.)	(차랑차랑/찰랑찰랑(방울 소리가 ~.)
차리다	채리다
차양	채양
차지다	찰지다
찰나(刹那)	찰라
참따랗다	참다랗다
찻숟갈	차숟갈
찻주전자	차주전자
창 너머(창 저쪽)	(창 넘어(창을 넘어서)
창 넘어(창을 넘어서)	(창 너머(창 저쪽)
창난젓/명란젓	창란젓/명난젓
창알거리다	챙알거리다
창피하다	챙피하다
채신머리사납다	체신머리사납다

채신없다	체신없다/처신없다
채찍	채쭉
책가위	책덮개
책갈피(책장과 책장 사이)	책장
천둥지기	천둥바라기
천만의 말씀	천반에 말씀
천장(건물의 ~)	천정
천칭(天秤)	천평
철겹다	철겨웁다
철딱서니/철따구니	철때기/철딱지
첫돌	첫돐
청록색(青綠色)/연녹색	청녹색/연록색
체하다	(-척하다
쳐들어가다	처들어가다
쳐부수다	쳐부수다/쳐부시다
초승	초생
초저녁	애저녁(북한)
초주검	초죽음
촉촉이	촉촉히
촛농	촛물
총부리/돌부리	총뿌리/돌뿌리
총열(銃-)	총렬
추스르다	추스리다
추어올리다(칭찬하다.)	(추켜올리다(치마를 ~.)
추켜올리다(치마를 ~, 두 손을 ~.)	(추어올리다(칭찬하다.)
출석률	출석율
취업난/취직난	실업난
칩칩하다	칩칩하다(북한)
치다꺼리	치닥거리
치르다/치러(일을 ~….)	치루다/치뤄
치마끈	치맛끈/치맛고름
칠삭둥이	칠삭동이
칩떠보다	치떠보다(북한)
칫솔	잇솔

칸막이	간막이
케케묵다	켸켸묵다
켕기다(뒤가 ~.)	캥기다/켱기다
켜다(기지개를 ~.)	키다
켤레	컬레
코밑(~에 진상)	콧밑
코방아 찧다	콧방아 찧다
코빼기	콧배기
코주부	코보
콧노래	코노래
콧방귀	코방귀
콧방울	콧망울
콩다콩(~ 방아를 찧다.)	콩닥콩
퀴퀴하다	퀘퀘하다(북한)
큰이기	큰애기
큼직이	큼지기
킷값	키값

타이르다	타일르다
탐탁지	탐탁치
태깔/빛깔/색깔	탯갈/빛갈/색갈
터울	터우리
털북숭이	털보숭이
털털이	털터리
토라지다	톨아지다
통째로	통채로
통틀어	통털어(북한)
퇴짜	툇자
툇간	퇴깐
퉁기다/뚱기다(가야금을 ~.)	튕기다
퉤퉤(~ 침을 뱉다.)	퇴퇴
튀기	트기
트림	트름
틈틈이	틈틈히
티격태격	티각태각
티적거리다(성가시게 굴다.)	트적거리다
팃검불	티검불

파드닥파드닥	파다닥파다닥
파라네/파라니/파래지다	파랗네/파랗니/파레지다
파투(破鬪)	파토
판때기/판자때기	판대기
팔꿈치/뒤꿈치	팔굼치/뒷굼치
팔짱 끼다	팔장 끼다
패다/파이다	패이다
팼다/파였다	패였다
퍼드덕(~ 날갯짓을 하다.)	퍼더덕
퍼레지다	퍼래지다
퍽	퍼그나/퍽이나
편짝	편쪽
표지(標識)	표식
푸석이	푸서기
푿소	풀소
풀솜	푿솜
풀숲	풀섶
품앗이	푸마시
풋내기	풋나기
풍뎅이	풍덩이
풍비박산(風飛雹散)	풍지박산
피라미	피래미
피랍(被拉)	피납
피우다(담배를 ~.)	(피다(꽃이 ~.)
핑계	핑게
하고많다	허구많다
하구려	하구료
하기는	하기사
-하기에	-하길래
하늬바람/무늬/보늬	하니바람/무니/보니
하다시피(혼자 다 ~ 한다.)	하다싶이
하려고/가려고	할려고/갈려고
하루거리	하루걸이
하리만큼	할이만큼
하릴없이	할일없이

하마터면	하맣터면/하마트면
하므로(하기 때문에)	(함으로써(해 가지고)
하시기 바랍니다	하시기 바라겠습니다
하시압	하시앞
하여튼지/어쨌든지	하옇든지
하염직하다	하얌직하다
하얬다	하옜다
하잘것없는	허잘것없는
하지 마/마라	하지 말아/말아라
하품	하픔
한 가락 하다	한 가닥 하다
한가득히	한가득이
한결	행결
한길	행길
한뎃솥	한데솥
한몫하다(이번 작전에 ~.)	(한목(~에 갚다.)
한쪽/한편	한켠
할지라도	할찌라도
할짝할짝	핥작핥작
할퀴다	할키다
함박꽃	한박꽃
핫바지	합바지
해님	햇님
해돋이	해도지
해말쑥하다/희멀쑥하다	헤말쑥하다
해망쩍다	해망적다
해방둥이	해방동이
해쓱하다	햇슥하다
해장	해정
해질녘	해질머리
해코지	해꼬지
해팥	햇팥
핼쑥하다	핼쓱하다
햅쌀	햇살
햇볕(따가운 ~)	(햇빛(눈부신 ~)
햇빛(눈부신 ~)	(햇볕(따가운 ~)
허깨비	헛개비

허드레	허드래
허락/승낙	허낙/승락
허섭스레기	허접쓰레기/허섭쓰레기
허우대	허위대
허우적거리다	허위적거리다
허탕치다	헛탕치다
허허실실로	허설쑤로
헌칠하다/훤칠하다	헌출하다
헙수룩하다	허수룩하다
헝겊	헝겁
헝클어지다	헝크러지다
헤엄	헤염(북한)
헤죽헤죽(~ 웃다.)	희죽희죽/휘죽휘죽
헹가래	행가레
혀짤배기소리	혀짜른소리
혁대(革帶)	혁띠
혈혈단신(孑孑單身)	홀홀단신
호드기	호들기
호래아들/호래자식	호로자식
호르르(새가 ~ 날다.)	호로로
혼꾸멍나다	혼구멍나다
혼잣말	혼자말
홀몸〔單身, 隻身〕	(홑몸(혼자의 몸, 임신하지 않은 사람)
홀아비	호라비/호래비
홀쭉이	홀쭈기
홑청	立청
횡허케	횅히니

후드득(비가 ~ 떨어지다.)	후두둑
후드득후드득	후두둑후두둑
훤칠하다/헌칠하다	헌출하다
훼방꾼	헤방꾼
휑하다	횡하다/휭하다
휘둥레지다	휘둥래지다
휘뚜루	휫두로
휘파람	휫바람
휘휘친친	휘휘칭칭(북한)
휴게실(休憩室)	휴계실
흉내말	흉낸말
흉업다	흉헙다
흉측하다	흉칙하다
흐리멍덩하다	흐리멍텅하다(북한)
흐트러지다	흩으러지다
흘끗(~ 쳐다보다.)	(힐끗(~ 돌아보다.)
흠씬	흠뻑
흠집	험집
흥청망청	흥청방청
흩뜨리다/흐트러뜨리다	흐트리다
흩어지다	흐터지다
희뜩거리다	히뜩거리다
희로애락(喜怒哀樂)	희노애락
희롱거리다	헤룽거리다
희멀쑥하다/해말쑥하다	헤말쑥하다
휭하다(머리가 ~)	휑하다(북한)
휭허케(~ 다녀오다.)	휑하니(북한)
히죽이죽	시죽시죽/히주희죽
힘껏	힘것

<이승구, 정서법 자료, 대한교과서(주), 1999.> 등에서

4. 순화해야 할 말이라고 지적되는 예

(1) 일본어투에서 온 말

① 〈의〉

- 서로의 안부를 묻고 난 후
  → 서로, 안부를 서로
- 서로의 소중함을 대화로 일깨운다.
  → 서로, 다 함께 소중하다는 것을
- 건강한 농민 문화의 뿌리내림을 위하여…….
  → 농민 문화가 뿌리내리기
  → 농민 문화가 뿌리내리도록 하기 위하여…….

② 〈와의/과의〉

- 남한의 집권자와의 대화도 표명하고 있다.
  → 집권자와 (대화하기를 바라고 있다.)
- 그들은 해방 후 음악의 윤리성, 사회성, 정치성과의 연관을 중요시했다.
  → 음악이
  → 정치성들과 (연관됨을)
- 정의와의 싸움에서 불의가 이겼다고 해서 불의가 아닌 것은 아니다.
  → 정의와 (싸워서)

③ 〈에의〉

- 5월에의 초대
  → 5월에 (초대합니다)
- 인간과 역사 발전에의 신뢰
  → 역사 발전에 대한
- 조국에의 자긍심, 세계에의 이해가 커져…….
  → 조국에 대한
  → 세계에 대한

④ 〈로의/으로의〉

- 현실 노선으로의 복귀를 주장해 왔던 것
  → 현실 노선으로 (복귀하기를)
- 저는 편집 분야로의 진출을 원합니다.
  → 편집 분야로 (진출하기를)

• 과거로의 여행
  → 과거로 (떠나는, 가는)

⑤ 〈에서의〉

• 일하는 마당에서의 소외가
  → 미당의, 판의, 마당에서, 판에서 (일어난 소외가)
• 남한에서의 삶이 이렇게 고달플 줄 알았다면
  → 남한의, 남한에서 (사는 것이)
• 면회에서의 내 태도 역시 꿈만 같았다.
  → 면회에서 보였던

⑥ 〈로서의/으로서의〉

• 문화 작업의 시작으로서의 의미를 가진다.
  → 시직으로서, 시작이 되는, (을) 시작하는
• 음악 전문인으로서의 그들이 또
  → 전문인으로서, 전문인인
• 상식과 교양으로서의 과학을
  → 교양의, 교양이 되는

⑦ 〈로부터의/으로부터의〉

• 감옥으로부터의 사색
  → 감옥 속의, 감옥에서 (얻은 생각)
• 공해로부터의 해방을 위해
  → 공해에서 (해방되기)
• 억압으로부터의 자유와 착취로부터의 평등을 이루기 위해…….
  → 억압에서
  → 착취에서

⑧ 〈에로의〉와 그 밖의 것

• 혈중에로의 역류를 방지한다.
  → 혈중으로, 핏속으로
  → 거슬러 흐르도록 내버려 둔다.
• 4 년마다의 선거
  → 4 년마다 있는
• 중학교까지의 의무 교육 확대는
  → 중학교까지의, 중학교까지 (의무 교육을 확대하는 것은)
• 왔다리갔다리하다
  → 왔다갔다하다

(2) 순일본어에서 온 말

- 가오다시(かおだし, 顔出し)
  → 얼굴 내밈, 우두머리<상인>
- 겐또(見當, けんとう)
  → 가늠, 어림짐작
- 곤색(紺色, こんいろ)
  → 진남색, 감청색, 감색
- 구사리(쿠사리)(腐り)
  → 면박, 꾸중
- 기레빠시(切端, きれっぱし)
  → 조각, 자투리, 끄트머리
- 기스(きず)
  → 흠, 상처
- 노가다(どかた)
  → 노동자, 노무자, 막노동꾼
- 나라시(均し)
  → 고루펴기
- 노깡(どかん)
  → 토관, 하수도관
- 다시(だし)
  → (맛)국물
- 데나오시(手直, てなおし)
  → 재공사
- 도비라(扉, とびら)
  → 속표지
- 뗑뗑 가라(点点-, てんてんがら)
  → 물방울 무늬, 점박이 무늬
- 마호병(魔法瓶, まほうびん)
  → 보온병
- 모나카(最中, もなか)
  → 팥소 과자
- 무데뽀(無鐵砲, むてっぽう)
  → 무모한 사람, 막무가내, 무턱대고
- 미아이(見合い)
- 간조(勘定, かんじょう)
  → 셈, 계산
- 곤로(焜爐, こんろ)
  → 화로, 풍로
- 곤조(根性, こんじょう)
  → 근성, 본성, 성깔, 심지
- 기도(木戶, きど)
  → 문지기, 안전 요원
- 기마이(氣前, きまえ)
  → 선심, 호기, 한턱 냄.
- 꼬붕(子分, こぶん)
  → 부하
- 나가레(ながれ)
  → 깨짐, 유산, 허사, 무효
- 나까마(仲間, なかま)
  → 중간상, 동아리, 동업자(시세)
- 다대기(たたき)
  → 다진 양념, 다지기
- 단도리(だんどり)
  → 준비, 채비, 단속
- 데모도(てもと)
  → 조수, 허드레 일꾼, 봉죽꾼
- 뗑깡(癲癇, てんかん)
  → 투정, 생떼, 행패, 어거지
- 똔똔(とんとん)
  → 본전, 엇비슷함
- 메지(目地, めじ)
  → 줄눈
- 모도시(戾, もどし)
  → 되돌리기, 되돌림
- 미다시(見出, みだし)
  → 표제, 제목, 찾음표
- 바라시(ばらし)

→ 맞선
- 사시꼬미(差込, さしこみ)
→ 콘센트
- 소보루빵(そぼろ-)
→ 곰보빵
- 시다(下, した)
→ 조수, 보조원
- 쓰끼다시(突き出し, つきだし)
→ 기본 안주, 곁들이 안주, 딸림안주
- 앙꼬(餡子, あんこ)
→ 팥소
- 야지(野次, 彌次, やじ)
→ 야유
- 오방떡(大判-, おおばん-)
→ 왕풀빵
- 오꼬시(おこし)
→ 밥풀과자
- 자바라(じゃばら)
→ 주름물통, 주름관
- 지지미(縮み)
→ 줄임옷
- 찌라시(ちらし)
→ 선전지, 광고 쪽지, 낱장 광고
- 호로(幌, ほろ)
→ 포장, 덮개

→ 뜯기, 해체
- 소데나시(袖-, そでなし)
→ 민소매
- 쇼부(勝負, しょうぶ)
→ 흥정, 결판, 승부
- 신마이(신마에)(新前, しんまえ)
→ 신출내기, 신참
- 아시바(足場, あしば)
→ 발판, 비계
- 야리쿠리(遣繰, やりくり)
→ 둘러치기, 꾸려대기
- 에리(えり)
→ 옷깃
- 오야(爺, 親, おや)
→ 우두머리, 두목, 계주
- 유도리(ゆとり)
→ 융통, 여유
- 지리멸(じり-)
→ 애멸치
- 짬뽕(ちゃんぽん)
→ 초마면, 뒤섞기
- 함바(飯場, はんば)
→ 현장 식당
- 히야시(ひやし)
→ 차게 함.

(3) 일본식 한자어에서 온 말

- 가료(加療, かりょう)
→ 치료
- 각서(覺書, おぼえがき)
→ 다짐장
- 견습(見習, みならい)
→ 수습
- 견출지(見出紙, みだし-)
→ 찾아보기표, 찾음표
- 구배(勾配, こうばい)

- 가봉(假縫, かりぬい)
→ 시침질
- 거래선(去來先, きょらいせん)
→ 거래처
- 견양(見樣, みよう)
→ 서식, 본, 본보기
- 고참(古參, こさん)
→ 선임자, 선참자
- 구좌(口座, こうざ)

→ 물매, 기울기, 오르막, 비탈

- 기라성(綺羅星, きらぼし)
  → 빛나는 별, 뭇별
- 납득(納得, なっとく)
  → 알아듣다, 이해
- 대절(貸切, かしきり)
  → 전세
- 매상고(賣上高, うりあげだか)
  → 판매액
- 명도(明渡, あけわたし)
  → 내어 줌, 넘겨 줌, 비워 줌
- 부지(敷地, しきち)
  → 대지, 터
- 선착장(船着場, ふなつきば)
  → 나루터, 도선장
- 세면(洗面, せんめん)
  → 세수
- 수입(手入, ていれ)
  → 손질
- 시말서(始末書, しまつしょ)
  → 경위서, 전말서
- 식상(食傷, しょくしょう)
  → 싫증남, 물림
- 십팔번(十八番, じゅうはちばん)
  → 애창곡, 장기
- 역할(役割, やくわり)
  → 소임, 구실, 할 일, 임무, 직능
- 이서(裏書, うらがき)
  → 배서
- 잔고(殘高, ざんだか)
  → 잔액, 나머지
- 천정(天井, てんじょう)
  → 천장. '천정부지'에서는 '천정'을 인정
- 축제(祝祭, まつり)
  → 잔치, 축전
- 하명(下命, かめい)
  → 명령, 지시

→ 계좌

- 기합(氣合, きあい)
  → 혼내기, 혼쭐내기, 벌주기, 얼차려
- 내역(內譯, うちわけ)
  → 명세
- 도합(都合, つごう)
  → 합계, 모두
- 명일(明日, みょうにち)
  → 내일, 이튿날, 다음날
- 백묵(白墨, はくぼく)
  → 분필
- 사양서(仕樣書, しようしょ)
  → 설명서, 내용서, 방법서
- 세대(世帶, せたい)
  → 가족, 집
- 수순(手順, てじゅん)
  → 차례, 순서, 절차
- 시건(施鍵, せじょう) 장치
  → 잠금 장치
- 시합(試合, しあい)
  → 경기, 겨루기, 겨룸
- 신병(身柄, みがら)
  → 몸, 사람, 신상
- 언도(言渡, いいわたし)
  → 선고
- 육교(陸橋, りっきょう)
  → 구름다리
- 입장(立場, たちば)
  → 처지, 태도, 조건
- 전향적(前向的, まえむきてき)
  → 적극적, 발전적, 진취적
- 체념(諦念, ていねん)
  → 단념, 포기
- 출산(出産, しゅっさん)
  → 해산
- 할증료(割增料, わりましりょう)
  → 추가금, 웃돈

5. 적절한 표현이 아니라고 지적되는 예

① 뜻이 겹치는 말들(동의어 반복)

같은 동료
기간 동안
내가 보는 견지
넓은 광장
뇌리 속
더러운 누명
매 2년마다
면학에 힘을 쓰다
미술을 그린다
사나운 맹견
소급하여 올라가다
슬픈 비극
신년 새해
역전 앞
전선줄
존재하고 있다
침입해 들어온다
폭음 소리
해변가
회의를 품는다

결실을 맺는다
남은 잔금
내재해 있다
높은 고지
늙은 노모
라인 선상에서
먼저 선취점을 얻었다
명백하게 밝히다
방치해 둔다
산재하고 있다
수확을 거두었다
시끄러운 소음
아름다운 미인
원예를 가꾼다
절호의 좋은 기회
좋은 호조
침전이 가라앉는다
푸른 창공
회고해 본다

② 외래식 표현

철수한테서 전화가 걸려 왔다.
…… 있을 수 있다.
…… 한(했던) 것이다.
……에도 불구하고(in spite of)
……지 않으면 안 된다(must be)

철수가 저 집에서 살고 있다.
…… 있어야 할
……보다는 오히려(rather than)
……하기에 충분하다(enough of)

③ 겹피동

바뀌어 놓이다
잊혀지다

얽혀지다

둘려싸이다

불리어지다

극복되어지다

엮여지다

읽혀지다

생각되어지다

④ 현학적인 표현

공히

누가 기록하다

공해 저감 대책

지난한 일

내용을 숙지하다

결재를 득하다

병역을 필하다

이미지를 제고하다

우천으로 연기하다

<이오덕, 우리글 바로쓰기 1, 2, 한길사, 1992.>
<국립국어연구원, 일본어투 생활 용어 사용 실태 조사, 1996.> 등에서

◆ 참고 인용 도서 ◆

문교부, 「校正便覽」, 서울 : 문교부, 1964.

문교부, 「한글 전용 편람」, 서울 : 문교부, 1969.

문교부, 「한글 맞춤법(문교부 고시 제88-1)」, 서울 : 문교부, 1988.

문교부, 「외래어 표기법(문교부 고시 제88-11)」, 서울 : 문교부, 1985.

문교부, 「편수 자료 Ⅱ-1」, 서울 : 문교부, 1987.

문교부, 「편수 자료 Ⅱ-2」, 서울 : 문교부, 1987.

문교부, 「편수 자료 Ⅱ-3」, 서울 : 문교부, 1987.

문교부, 「편수 자료 Ⅱ-4」, 서울 : 문교부, 1988.

문교부, 「편수 자료 Ⅲ」, 서울 : 문교부, 1987.

문교부, 「편수 자료 Ⅳ」, 서울 : 문교부, 1987.

이승구, 「편수 자료 Ⅴ-1 가나다순 용어편(시안)」(복사본), 서울 : 대한교과서주식회사, 1999.

대한화학회, 「화학술어집(제3개정·증보판)」, 서울 : 도서출판 종로, 1987.

マグロ-ヒル 科學技術用語大辞典編集委員会, 「マグロ-ヒル 科學技術用語大辞典」, 東京 : (株)日刊工業社, 昭和 54.

이희승, 「국어 대사전」, 서울 : 民衆書林, 1995.

김민수 외, 「국어대사전」, 서울 : 금성출판사, 1991.

한글학회, 「우리말 큰사전」, 서울 : 어문각, 1991.

李升九, 「正書法資料」, 서울 : 大韓敎科書株式會社, 1991.

교육부, 「우리글 바로쓰기」, 서울 : 교육부 교육과정 평가정책과, 1998.

이은정, 「띄어쓰기 용례 및 해설」, 서울 : 배산출판사, 1993.

원영섭, 「띄어쓰기·맞춤법 용례」, 서울 : 세창출판사, 1993.

이성구, 「띄어쓰기 실무사전」, 서울 : 애플기획, 1995.

이승구 外, 「교과서 띄어쓰기 용례 조사(5, 6차 1종 교과서)」, 서울 : 한국교과서연구원, 1999.

국립국어연구원, '국어 순화 자료집', 서울 : 국립국어연구원, 1992.

국립국어연구원, '가나다 전화 자료집', 서울 : 국립국어연구원, 1995.

국립국어연구원, '일본어투 생활 용어 사용 실태 조사', 서울 : 국립국어연구원, 1996.

국립국어연구원, 「표준국어대사전(상, 중, 하)」, 서울 : 두산동아, 1999.

국립국어연구원, '교과서 문장 실태 연구(1, 2)', 서울 : 국립국어연구원, 1999, 2000.

국립국어연구원, 「표준국어대사전 편찬 지침 Ⅰ, Ⅱ」, 서울 : 두산동아, 2000.
국어연구소, '국어의 오용 사례집', 서울 : 학술원 부설 국어연구소, 1989.
국어연구소, '국어 순화 자료집', 서울 : 국어연구소, 1988.
한국과학기술총연합회, 「과학기술용어집」, 서울 : 신흥출판사, 1983.
과학기술용어집(제2집)편찬위원회, 「과학기술용어집 제2집」, 서울 : 한국과학기술총연합회, 1978.
創元社, 「理化學大辭典」, 서울 : 創元社, 1976.
創元社, 「生物學大辭典」, 서울 : 創元社, 1975.
大韓電子工學會, 「標準電子工學用語辭典」, 서울 : 教學社, 1986.
유재원, 「우리말 역순사전」, 서울 : 정음사, 1985.
남영신, 「우리말 분류 대사전」, 서울 : 성안당, 1997.
문화체육부, '바른말 고운말', 서울 : 문화체육부, 1996.
이수열, '우리말 바로 알고 쓰기', 서울 : 지문사, 1995.
하희주, '바른말 바른글', 서울 : 을지출판공사, 1990.
박갑수, '우리말, 바로 써야 한다(1, 2, 3)', 서울 : 1995.
이오덕, '우리글 바로쓰기(1, 2)', 서울 : 한길사, 1992.
남영신, '우리말 맞춤법·표준어 사전', 서울 : 한강문화사, 1990.
전영우, '바른 말 고운 말', 서울 : 집문당, 1995.
박갑수, '아름다운 우리말 가꾸기', 서울 : 집문당, 1999.
중앙일보 어문연구소 우리말 바루기 팀, '한국어가 있다', 서울 : 커뮤니케이션북스, 2002.
국립국어원(정희창), '어휘별 규범 해설', 서울 : 국립국어원, 2004.
교육인적자원부, '교과서 편수 자료 Ⅱ-1', 서울 : 대한교과서(주), 2007.
교육인적자원부, '교과서 편수 자료 Ⅱ-2', 서울 : 대한교과서(주), 2007.
교육인적자원부, '교과서 편수 자료 Ⅲ', 서울 : 대한교과서(주), 2007.
교육과학기술부, '교과서 편수 자료 Ⅳ-1', 서울 : 대한교과서(주), 2008.
교육과학기술부, '교과서 편수 자료 Ⅳ-2', 서울 : 대한교과서(주), 2008.
연합통신, '세계 지명 사전', 서울 연합통신, 1989.
대한전기학회, '전기 전자 용어 사전', 서울 : 문운당, 2004.
대한화학회, '유기 화합물 명명법 Ⅰ', 서울 : 청문각, 2000.
대한화학회, '유기 화합물 명명법 Ⅱ', 서울 : 청문각, 2000.
대한화학회, '무기 화합물 명명법', 서울 : 청문각, 2001.

연구 책임	이승구(한국편집·교열학회)		
공동 연구	이인제(한국교육과정평가원)		
	최용기(국립국어원)		
연구 협력	박태호(전 한국교육과정평가원)		
	정희창(국립국어원)		
연구 협조(초판)	이원명	윤정덕	윤광원
	이대영	안종군	이향헌
	김주라	홍현정	정선아
연구 협조(개정판)	정병수	김수연	신대영
	이원명	이충화	문인곤

교육부 정책 과제 답신 보고에 기초하고
표준국어대사전, 교과서 편수 자료에 맞춘

우리말 우리글 바로쓰기 사전

띄어쓰기 편람

대표 편저자 / 이승구
이인제
최용기

펴낸이 / 김창식
펴낸곳 / 대한교과서(주)
박은곳 / 대한교과서(주)

초 판 7쇄 발행 / 2007년 9월 12일
개정판 1쇄 발행 / 2008년 6월 5일

등록 / 1950년 11월 1일 제 16-67 호
주소 / 서울특별시 서초구 잠원동 41-10
전화 / (02) 3475-3860～5, 팩스 / (02) 541-8241

값 / 25,000원
ISBN 978-89-378-6835-1 (13710)